Arne-Patrik Heinze

Systematisches Fallrepetitorium Besonderes Verwaltungsrecht

Berlin

De Gruyter Studium

I0888094

Arne-Patrik Heinze

Systematisches Fallrepetitorium Besonderes Verwaltungsrecht

Berlin

DE GRUYTER

ISBN 978-3-11-031224-9
e-ISBN (PDF) 978-3-11-034196-6
e-ISBN (EPUB) 978-3-11-038256-3

Bibliografische Information der Deutschen Nationalbibliothek
Die Deutsche Nationalbibliothek verzeichnet diese Publikation in der Deutschen Nationalbibliografie; detaillierte bibliografische Daten sind im Internet über http://dnb.d-nb.de abrufbar.

© 2015 Walter de Gruyter GmbH, Berlin/Boston
Einbandabbildung: Minerva Studio/iStock/Thinkstock
Datenkonvertierung und Satz: jürgen ullrich typosatz, Nördlingen
Druck und Bindung: CPI books GmbH, Leck
♾ Gedruckt auf säurefreiem Papier
Printed in Germany

www.degruyter.com

Arne-Patrik Heinze

Systematisches Fallrepetitorium Besonderes Verwaltungsrecht

Berlin

DE GRUYTER

ISBN 978-3-11-031224-9
e-ISBN (PDF) 978-3-11-034196-6
e-ISBN (EPUB) 978-3-11-038256-3

Bibliografische Information der Deutschen Nationalbibliothek
Die Deutsche Nationalbibliothek verzeichnet diese Publikation in der Deutschen Nationalbibliografie; detaillierte bibliografische Daten sind im Internet über http://dnb.d-nb.de abrufbar.

© 2015 Walter de Gruyter GmbH, Berlin/Boston
Einbandabbildung: Minerva Studio/iStock/Thinkstock
Datenkonvertierung und Satz: jürgen ullrich typosatz, Nördlingen
Druck und Bindung: CPI books GmbH, Leck
♾ Gedruckt auf säurefreiem Papier
Printed in Germany

www.degruyter.com

Vorwort und Einführung zur 1. Auflage

Diese Lehrbuchreihe ist aus den Unterrichtsstunden heraus entwickelt worden und somit als Lehrmaterial erprobt. Sie ist in besonderem Maße zur eigenständigen Examensvorbereitung sowie als Unterrichtsgrundlage für Dozenten geeignet, die auf die Erste Juristische Prüfung vorbereiten möchten. Der Anlass für die Kreation einer neuen Lehrbuchreihe in drei Bänden war, dass es für notwendig erachtet wurde, eine Fallsammlung zu verfassen, in der nicht einzelne Fälle oder ehemalige Originalexamensfälle von unterschiedlichen Autoren zusammenhanglos aneinandergereiht werden. Es sollte eine systematische Lernfallsammlung entstehen. Ziel der Sammlung ist es, in drei Bänden – bestehend aus Band I (Verfassungs- und Europarecht), Band II (Allgemeines Verwaltungsrecht) und Band III (Besonderes Verwaltungsrecht) – das für die Erste Juristische Prüfung examensrelevante öffentliche Recht systematisch auf höchstem Niveau abzudecken. Die Fälle sind so konzipiert, dass durch Vernetzungen in allen drei Bänden eine einheitliche Struktur geschaffen wird. Dies wird anders als bei anderen Fallsammlungen dadurch gewährleistet, dass die Fälle von einem Autor stammen, so dass die systematischen Strukturen gebietsübergreifend wiederkennbar sind. Die Fallkonstellationen basieren zum Teil auf Gerichtsentscheidungen und sind zum Teil erfunden. Die drei Bände sind so ausgestaltet, dass eine darüber hinausgehende Literatur zur Examensvorbereitung im Grundsatz allenfalls punktuell erforderlich ist.

Die Konstruktion der Fälle ist so erfolgt, dass problematische Aspekte beim maßgeblichen Prüfungspunkt im Fallaufbau mit den notwendigen abstrakten Hintergründen der Materie gutachtlich in die Falllösung eingearbeitet worden sind. Derart sollte eine perfekte Examensklausur verfasst sein, da zumindest bei guten Prüfern mit wissenschaftlichem Anspruch die Erläuterung des Lösungsweges mit guten Noten belohnt wird – nicht hingegen die Reproduktion auswendig gelernter Schlagworte. Aus meiner anwaltlichen Praxis heraus ist mir jedoch bekannt, dass einige Prüfer bestimmte Formulierungen dennoch lesen möchten. Deshalb sind derartige Schlagworte in die Lösungen implementiert worden. Anfängerhafte Darstellungen in Form der Verwendung so genannter „Theorien" sind bewusst vermieden worden. Es geht nicht darum auswendig Gelerntes – womöglich noch im falschen Zusammenhang – zu reproduzieren. Es geht vielmehr darum, in einem juristischen Denksystem – Jura ist schließlich eine Art Mathematik in Worten – eine plausible Lösung am Gesetzestext mittels der juristischen Methodik zu entwickeln. Streitstände und vertretbare Lösungen sind in dieser Fallsammlung in die methodische Argumentation aufgenommen worden.

Zudem wurden sprachliche Formulierungen vermieden, die einerseits von guten Prüfern zumindest unterbewusst oder bewusst als negativ erachtet werden, andererseits in juristischen Texten grundsätzlich ausgespart werden sollten. So gehören zum Beispiel Formulierungen wie „laut Sachverhalt“ oder „vorliegend“ regelmäßig nicht in gutachtliche Lösungen. Zudem wurde insoweit auf passive Formulierungen geachtet, als aktive Formulierungen fehlerhaft sind. So heißt es zum Beispiel nicht „Das Gesetz sagt ...“, sondern „Im Gesetz steht ...“. Ständige Wiederholungseffekte sind in die Sammlung absichtlich eingearbeitet worden, um durch die Zuordnung eines Problems an verschiedenen Stellen die Gesamtstruktur zu verdeutlichen. Auch Formulierungen sind bei ständig wiederkehrenden Prüfungsfolgen bewusst gleich formuliert, um die Leserinnen und Leser für bestimmte Ausdrucksweisen zu sensibilisieren.

Letztlich wird durch diese Fallsammlung eine Examensvorbereitung auf höchstem Niveau geboten, mittels derer strukturiertes Denken im öffentlichen Recht trainiert werden kann. Gleichzeitig kann sie aber als Nachschlagewerk herangezogen werden, weil die Fälle themenbezogen sind und es durch die dazugehörigen Fallgliederungen ermöglicht wird, einzelne Themengebiete gezielt zu suchen.

Für den verwaltungsrechtlichen Aufbau der Prozessstation wurde ein Aufsatz in der JURA 2012, 175ff. zugrundegelegt, der von den Lesern zum Verständnis grundlegender prozessualer Zusammenhänge einmal intensiv gelesen werden sollte. Um es den Lesern zu ersparen, in der ohnehin begrenzten Examensvorbereitungszeit sämtliche Entscheidungen nachzulesen, sind wichtige Urteilspassagen mit dem Hinweis „zum Ganzen“ und der entsprechenden abgeänderten Urteilspassage in die Falllösungen eingearbeitet worden.

Für sachdienliche Hinweise und Verbesserungsvorschläge bin ich stets dankbar. Ich wünsche einen großen Lernerfolg beim Lesen der Bücher.

Hamburg, August 2014 — Arne-Patrik Heinze

Autor

Der Autor ist im Jahr 1978 als Sohn eines Griechen und einer Deutschen geboren worden. Er ist seit vielen Jahren bundesweit als Dozent im Öffentlichen Recht unter anderem im Bereich der Vorbereitung auf die juristischen Examina tätig. Zudem hat er Berufskolleginnen und Berufskollegen im Anwaltsbereich aus- und fortgebildet. Er war bis zum Jahr 2013 geschäftsführender Gesellschafter der BeckAkademie (Verlag C.H. Beck), die er als Gründungsgesellschafter mit Kollegen etabliert hat. Nunmehr ist er Professor für Öffentliches Recht.

Der Autor ist zudem selbst bundesweit als Rechtsanwalt mit Hauptsitz in Hamburg tätig. Als Rechtsanwalt ist er neben dem Allgemeinen Verwaltungsrecht, dem öffentlichen Wirtschaftsrecht mit Bezügen zum Verfassungs- und Europarecht insbesondere auf Hochschul- und Prüfungsrecht spezialisiert. Im Rahmen dieser Anwaltstätigkeit betreut er unter anderem Widerspruchsverfahren und gerichtliche Verfahren bezüglich der juristischen Examina und universitären Prüfungen.

Arne-Patrik Heinze
Rechtsanwälte Schneider Stein & Partner
www.anwaelte-schneider-stein.de
www.ah-rechtsanwaelte.de

Inhaltsverzeichnis

Besonderes Verwaltungsrecht

Besonderes Verwaltungsrecht – Fall 1 – POR: „Post vom Amt“ (Berlin)

In Berlin hat ein Bürgerbündnis für Sonntag, den 27.1., eine Demonstration zum Gedenken an die Opfer der Shoah, für Toleranz und Integration sowie gegen Fremdenfeindlichkeit und Rassismus angemeldet.

Z ist Mitglied der als rechtsextremistisch eingestuften N-Partei. Zusammen mit anderen Parteimitgliedern plant sie die Teilnahme an der Veranstaltung, um sich kritisch mit den Zielen des Bürgerbündnisses auseinanderzusetzen. In der Vergangenheit hat Z sich bereits mehrfach an Demonstrationen der N-Partei beteiligt, in deren Verlauf es partiell zu massiver Gewaltanwendung gegen Personen und bedeutende Sachwerte durch Gegendemonstranten aus dem linken Spektrum kam. Die zuständige Ordnungsbehörde fürchtet, dass es bei der Demonstration am 27.1. erneut zu gewalttätigen Eskalationen zwischen linken und rechten Demonstranten kommen wird.

Einer der Beamten der zuständigen Behörde setzt sich deshalb telefonisch mit Z in Verbindung und befragt sie zu ihren Absichten. In dem Gespräch bekräftigt Z noch einmal ihren Willen, an der für den 27.1. geplanten Veranstaltung in kritischer Haltung teilzunehmen. Am 2.12. – vor dem 27.1. – versendet die Behörde deshalb ein Schreiben mit folgendem Inhalt an Z:

„Aus ordnungsbehördlichen Erkenntnissen geht hervor, dass Sie im Zusammenhang mit versammlungsrechtlichen bzw. demonstrativen Aktionen polizeilich in Erscheinung getreten sind. Daher ist es nicht auszuschließen, dass Sie auch in Zukunft an demonstrativen Ereignissen teilnehmen werden. Für den 27.1. hat ein Bürgerbündnis eine Demonstration zum Gedenken der Opfer des Nationalsozialismus angemeldet. Bei ähnlich gelagerten Veranstaltungen kam es in der Vergangenheit zu erheblichen gewaltsamen Auseinandersetzungen zwischen Demonstranten und Gegendemonstranten. Auch während der Gedenkveranstaltung am 27.1. ist damit zu rechnen. Zudem kann durch die Teilnahme von Rechtsextremisten an einem Aufzug anlässlich des Tages des Gedenkens an die Opfer des Nationalsozialismus das sittliche Empfinden der Bürgerinnen und Bürger verletzt werden. Die Sicherheitsbehörden und die Polizei sind angehalten, vorbeugende Maßnahmen zu ergreifen, um Störungen der öffentlichen Sicherheit und Ordnung zu verhindern. Im Rahmen dieses Gefährdungsanschreibens fordern wir Sie daher auf, zur Vermeidung weiterführender Maßnahmen gegen Ihre Person keine Störungen der öffentlichen Sicherheit und Ordnung vorzunehmen, nicht zu solchen aufzufordern und sich nicht an diesen zu beteiligen. Wir weisen ausdrücklich darauf hin, dass die oben genannten Forderungen auch für alle zukünftigen Ereignisse, Veranstaltungen und geschichtsträchtigen Tage gelten. Eine Zuwiderhandlung führt zu weiteren sicherheitsbehördlichen Maßnahmen."

Das Schreiben ist mit einer ordnungsgemäßen Rechtsbehelfsbelehrung versehen. Z erhebt ordnungsgemäß Widerspruch. Im ablehnenden Widerspruchsbescheid wird die förmliche Zustellung durch die Post mittels Zustellungsurkunde angeordnet. Der Postbote trifft jedoch weder Z noch einen ihrer Mitbewohner in der Wohnung an. Er wirft das Schriftstück daher am 3.12. im Vorfeld des 27.1. in den von der Wohngemeinschaft der Z gemeinsam genutzten Briefkasten ein. Das Datum der Zustellung hat er auf dem Umschlag vermerkt. An diesem Tag leert M, eine Mitbewohnerin der Z, den gemeinschaftlichen Briefkasten. Sie findet mehrere an sie adressierte Reklamesendungen vor und nimmt diese an sich. Von M unbemerkt befindet sich darunter auch das Schreiben der Behörde an Z. M legt die Reklamesendungen zunächst beiseite. Erst bei einem groß angelegten Wohnungsputz entdeckt M am 20.1., einem Sonntag, zwischen dem Altpapier das an Z adressierte Schreiben der Behörde. Sofort übergibt sie das Schriftstück Z.

Z erhebt am 1.2., einem Freitag, beim örtlich zuständigen Verwaltungsgericht eine Klage gegen das Gefährdungsanschreiben. Sie erklärt, eine frühere Klageerhebung sei ihr im Hinblick auf die verspätete Kenntniserlangung nicht zumutbar gewesen. Um ihr diesbezügliches Vorbringen zu beweisen, legt Z eine eidesstattliche Erklärung der M vor. Wird Z mit ihrer Klage Erfolg haben?

Zusatzfrage 1

Kann Z ihre Klage auch elektronisch erheben und ist das Fehlen eines Hinweises in einer Rechtsmittelbelehrung fehlerhaft im Sinne des § 58 Abs. 2 VwGO?

Zusatzfrage 2

Darf das Urteil des Verwaltungsgerichts elektronisch abgefasst werden?

Bearbeitungsvermerk

Der 27. Januar ist der Tag des Gedenkens an die Opfer des Nationalsozialismus. Er findet anlässlich des Jahrestages der Befreiung des Konzentrationslagers Auschwitz-Birkenau im Jahr 1945 statt.

Schwerpunkte
Gefährdungsanschreiben
Generalklausel
öffentliche Ordnung
Wiedereinsetzung in den vorigen Stand
Zustellung
elektronische Klageerhebung
elektronisches Urteil

Vertiefung
OVG Lüneburg NJW 2006, 391; OVG Magdeburg NVwZ-RR 2012, 720.

Gliederung

1. Komplex: Die Klage

A. Sachurteilsvoraussetzungen (+)
  I. Rechtsweg (+)
  II. Zuständigkeit (+)
  III. Beteiligte (+)
  IV. Statthafte Klageart
    1. Regelungscharakter eines Gefährdungsanschreibens
    2. Regelungscharakter dieses Schreibens
    3. Erledigung
  V. Besondere Sachurteilsvoraussetzungen (+)
    1. Besondere Prozessführungsbefugnis (+)
    2. Klagebefugnis (+)
    3. Vorverfahren (+)
    4. Klagefrist (–)
      a) Zustellung (+)
      b) Fristberechnung (–)
    5. Wiedereinsetzung in den vorigen Stand im Sinne des § 60 VwGO (+)
      a) Wiedereinsetzungsgrund (+)
      b) Antrag und Nachholung (+)
      c) Zwischenergebnis
  VI. Zwischenergebnis

B. Begründetheit
  I. Rechtswidrigkeit des Gefährdungsanschreibens (+)
    1. Rechtsgrundlage (+)

2. Voraussetzungen (+)
   a) Formelle Voraussetzungen (+)
   b) Materielle Voraussetzungen (–)
   aa) Gefahr (+/–)
   (1) Öffentliche Sicherheit
   (2) Öffentliche Ordnung
   bb) Bestimmtheit (–)
3. Zwischenergebnis
II. Rechtsverletzung (+)
C. Ergebnis

2. Komplex: Zusatzfrage 1

3. Komplex: Zusatzfrage 2

Lösungsvorschlag

Die folgende Lösung ist als Lösungsvorschlag zu verstehen und ausführlicher, als es in der Klausurbearbeitung verlangt werden kann. Aufgrund der wissenschaftlichen Freiheit können andere Lösungswege vertreten werden, soweit sie dogmatisch begründbar sind. Die Nachweise aus Rechtsprechung und Literatur sowie die das Verständnis fördernden Randbemerkungen sind in der Examensklausur auszusparen. Die Abkürzung „Alt." steht für Alternativfall, nicht für Alternative.

1. Komplex: Die Klage

Die Klage der Z hat jedenfalls Erfolg, soweit die Sachurteilsvoraussetzungen erfüllt sind und die Klage begründet ist.

A. Sachurteilsvoraussetzungen

Die Sachurteilsvoraussetzungen können erfüllt sein.[1]

---

1 **Hinweis:** Andere Aufbauvarianten werden vertreten (z.B. dreistufig oder Prüfung des Verwaltungsrechtsweges als Untergliederungspunkt der Zuständigkeit des Gerichts). Derartige Aufbauvarianten sind aber mit § 17a Abs. 2 GVG bzw. mit der Überschrift des 6. Abschnitts der VwGO sowie mit § 83 VwGO unvereinbar und daher bei exakter dogmatischer Zuordnung der Prüfungspunkte nicht zu empfehlen. Die Überschrift „Sachurteilsvoraussetzungen" anstelle der Überschrift „Zulässigkeit" ist sinnvoll, weil nach § 63 Nr. 3 VwGO auch der Beigeladene zu

I. Rechtsweg

Ein Rechtsweg muss eröffnet sein. Der Verwaltungsrechtsweg kann eröffnet sein. Anderenfalls kommt ein Verweisungsbeschluss im Sinne des § 17a Abs. 2 GVG i.V.m. § 173 VwGO in Betracht. Mangels aufdrängender Sonderzuweisung kann der Verwaltungsrechtsweg gemäß § 40 Abs. 1 S. 1 VwGO eröffnet sein. Der Verwaltungsrechtsweg ist gemäß § 40 Abs. 1 S. 1 VwGO eröffnet, wenn eine öffentlich-rechtliche Streitigkeit nicht verfassungsrechtlicher Art besteht. Eine öffentlich-rechtliche Streitigkeit ist gegeben, wenn durch die streitentscheidende öffentlich-rechtliche Norm ein Hoheitsträger einseitig berechtigt oder verpflichtet wird bzw. wenn aufgrund typisch hoheitlichen Handelns zwischen den Beteiligten ein Subordinationsverhältnis begründet wird.

Streitentscheidende Norm ist die Generalklausel des § 17 Abs. 1 ASOG. Darin werden die Polizei und die Ordnungsbehörden einseitig berechtigt und verpflichtet, die zur Gefahrenabwehr notwendigen Maßnahmen zu treffen. Ob das Gefährdungsanschreiben als eine typisch hoheitliche Handlungsform im Sinne einer Subordination einzustufen ist, ist für die Eröffnung des Verwaltungsrechtsweges somit unerheblich. Ergänzend besteht aufgrund des Handelns der Behörde zur Gefahrenabwehr im Vorfeld der Versammlung auch ein Sachzusammenhang zum öffentlichen Recht.

Eine öffentlich-rechtliche Streitigkeit ist gegeben. Diese ist mangels doppelter Verfassungsunmittelbarkeit – es streiten nicht Verfassungsorgane über Verfassungsrecht – auch nicht verfassungsrechtlicher Art. Der Verwaltungsrechtsweg ist gemäß § 40 Abs. 1 VwGO eröffnet.

II. Zuständigkeit

Das Verwaltungsgericht ist gemäß § 45 VwGO als Eingangsinstanz für den Streit über das Gefährdungsanschreiben sachlich zuständig, da Anhaltspunkte für abweichende Regelungen wie z.B. § 50 VwGO nicht ersichtlich sind, sodass kein Verweisungsbeschluss gemäß § 17a Abs. 2 GVG i.V.m. § 83 VwGO gefasst werden wird. Die örtliche Zuständigkeit im Sinne des § 52 VwGO ist gegeben.[2]

---

den Beteiligten gehört, das Fehlen einer notwendigen Beiladung i.S.d. § 65 Abs. 2 VwGO aber nur dazu führt, dass das Urteil keine materielle Rechtskraft entfaltet.

Zum gesamten Aufbau: Heinze/Starke JURA 2012, 175 ff.

2 Die örtliche Zuständigkeit ist anzusprechen, wenn es dafür Anhaltspunkte im Sachverhalt gibt. Im Übrigen ist die Prüfung derselben sinnvoll – allerdings nicht notwendig. Gegebenenfalls ist die örtliche Zuständigkeit im Anschluss an die sachliche Zuständigkeit zu prüfen. Ist sie jedoch gemäß § 52 Nr. 2 VwGO ausnahmsweise von der Klageart abhängig, muss sie von der sachlichen Zuständigkeit getrennt nach der Klageart oder deren besonderen Sachurteilsvo-

III. Beteiligte

Z und das Land Berlin als Gebietskörperschaft des öffentlichen Rechts können Beteiligte des Verfahrens sein. Beteiligte sind nach § 63 Nr. 1, 2 VwGO unter anderem der Kläger und der Beklagte. Beteiligungsfähig sind nach § 61 Nr. 1 Alt. 1, 2 VwGO natürliche und juristische Personen. Behörden sind in Berlin grundsätzlich nicht gemäß § 61 Nr. 3 VwGO i.V.m. dem Landesrecht beteiligungsfähig, weil es unter anderem im Berliner Gesetz zur Ausführung der Verwaltungsgerichtsordnung (Bln AG VwGO) keine entsprechende Regelung gibt. Als Klägerin ist Z als natürliche Person gemäß § 61 Nr. 1 Alt. 1 VwGO beteiligungsfähig. Z ist gemäß § 62 Abs. 1 Nr. 1 VwGO mangels gegenteiliger Anhaltspunkte prozessfähig.

Beklagter ist das Land Berlin als Gebietskörperschaft des öffentlichen Rechts. Es ist gemäß den §§ 63 Nr. 2, 61 Nr. 1 Alt. 2 VwGO beteiligungs- und mangels Anhaltspunkten bezüglich des jeweils für die Behörde handelnden Organwalters gemäß § 62 Abs. 1, 3 VwGO prozessfähig.

IV. Statthafte Klageart

Die statthafte Klageart richtet sich im Sinne des § 88 VwGO nach dem klägerischen Begehren unter Berücksichtigung des Anwendungsvorrangs maßnahmespezifischer Rechtsschutzformen und des rechtsstaatlichen Grundsatzes der Effektivität des Rechtsschutzes. Dem klägerischen Begehren entspricht regelmäßig die effektivste Klageart, also nach Möglichkeit die Anfechtungsklage gemäß § 42 Abs. 1 Alt. 1 VwGO als Gestaltungsklage der Verwaltungsgerichtsordnung, soweit sie zielführend ist, es sei denn, es gibt einen ausdrücklichen anderweitigen Antrag mit einem Begehren, das nicht überschritten werden darf. Voraussetzung der Anfechtungsklage ist, dass der Kläger die Aufhebung eines gegenwärtig wirkenden Verwaltungsaktes erstrebt. Ein Verwaltungsakt ist gemäß § 35 S. 1 VwVfG i.V.m. § 1 Bln VwVfG jede Verfügung, Entscheidung oder andere hoheitliche Maßnahme, die eine Behörde zur Regelung eines Einzelfalls auf dem Gebiet des öffentlichen Rechts trifft und die auf unmittelbare Rechtswirkung nach außen gerichtet ist.

Das Gefährdungsanschreiben[3] kann als Verwaltungsakt einzustufen sein. Es handelt sich bei dem Anschreiben um die hoheitliche Maßnahme einer Behörde in einem Einzelfall auf dem Gebiet des öffentlichen Rechts, welche gegenüber Z Außenwirkung entfalten soll. Problematisch ist jedoch der Regelungscharakter

---

raussetzungen bzw. Sachentscheidungsvoraussetzungen erörtert werden, obwohl § 17a Abs. 2 GVG gemäß § 83 VwGO entsprechend anwendbar ist.

3 In der Praxis sind Gefährdungsanschreiben oft im Zusammenhang mit sportlichen Großveranstaltungen, bei Demonstrationen und gegenüber jugendlichen Intensivtätern versendet worden (vgl. zum Ganzen: Hebeler NVwZ 2011, 1364).

des Schreibens. Eine Regelung ist gegeben, wenn die Maßnahme der Behörde aus verobjektivierter Empfängersicht auf die Setzung einer verbindlichen Rechtsfolge gerichtet ist und Rechte des Betroffenen unmittelbar begründet, geändert, aufgehoben, mit bindender Wirkung festgestellt oder verneint werden (vgl. OVG Magdeburg NVwZ-RR 2012, 720).

1. Regelungscharakter eines Gefährdungsanschreibens

Ein Gefährdungsanschreiben oder eine mündlich gehaltene Gefährdungsansprache sind die in einem Einzelfall an einen potenziellen Störer gerichteten Ermahnungen, Störungen der öffentlichen Sicherheit zu unterlassen (vgl. Hebeler NVwZ 2011, 1364). In der Regel wird dem Adressaten mitgeteilt, dass die Polizei oder Ordnungsbehörde über sein bisheriges Verhalten informiert sei und dass polizeiliche Gegenmaßnahmen gegen ihn bei einer weiteren von ihm ausgehenden Störung in dem betreffenden Einzelfall bereits vorbereitet seien. Dies kann damit verbunden sein, dass dem Adressaten nahegelegt wird, sich von einer bestimmten Veranstaltung fernzuhalten. Solange ein Gefährdungsanschreiben derart auf hinweisende, empfehlende und warnende Elemente beschränkt ist, ist es nicht auf die Setzung einer verbindlichen Rechtsfolge gerichtet und somit nicht als Verwaltungsakt einzustufen.

2. Regelungscharakter dieses Schreibens

In dem Schreiben an Z hat die Behörde ihr jedoch aufgegeben, „keine Störungen der öffentlichen Sicherheit und Ordnung vorzunehmen, nicht zu solchen aufzufordern und sich nicht an diesen zu beteiligen.“ Das Anschreiben beschränkte sich nicht auf warnende Hinweise. Z wurde konkret aufgefordert, bestimmte Verhaltensweisen zu unterlassen. Dies konnte aus der Sicht eines verständigen Empfängers in der Lage der Adressatin nicht anders verstanden werden, als dass ihr durch die Behörde einseitig hoheitlich ein bestimmtes Tun bzw. Unterlassen auferlegt wird (vgl. OVG Magdeburg NVwZ-RR 2012, 720). Das Schreiben hatte daher Regelungscharakter. Es handelte sich somit um einen Verwaltungsakt im Sinne des § 35 S. 1 VwVfG i.V.m. § 1 Bln VwVfG.

3. Erledigung

Die Anfechtungsklage ist aber nur statthaft, wenn sich der Verwaltungsakt nicht durch Zeitablauf erledigt hat, weil dann keine Gestaltung mehr möglich wäre. Statthafte Klageart wäre dann die Fortsetzungsfeststellungsklage direkt oder analog § 113 Abs. 1 S. 4 VwGO. Erledigung eines Verwaltungsaktes bedeutet Wegfall der beschwerenden Regelungswirkung (vgl. BVerwG NVwZ 1991, 570), wobei die Erledigung in § 43 Abs. 2 VwVfG i.V.m. § 1 Bln VwVfG geregelt ist. Danach bleibt ein Verwaltungsakt wirksam, solange und soweit er nicht zurückgenommen, widerrufen, anderweitig aufgehoben oder durch Zeitablauf oder auf andere Weise erledigt ist. Eine Erledigung durch Zeitablauf könnte mit der Durchführung der Versammlung am 27.1. eingetreten sein. Allerdings beschränkt sich der Regelungsgehalt des Anschreibens an Z nicht auf die Versammlung am 27.1. Vielmehr sollen die ausgesprochenen Ge- und Verbote für „alle zukünftigen Ereignisse, Veranstaltungen und geschichtsträchtigen Tage" gelten. Somit handelt es sich um einen Dauerverwaltungsakt, der auch auf zukünftige Ereignisse bezogen ist, durch den Z noch immer beschwert ist (vgl. OVG Magdeburg NVwZ-RR 2012, 720).[4] Gegenstand der Klage ist gemäß § 79 Abs. 1 Nr. 1 VwGO der Ausgangsbescheid in Gestalt des Widerspruchsbescheides.

Die Anfechtungsklage im Sinne des § 42 Abs. 1 Alt. 1 VwGO ist die statthafte Klageart.

V. Besondere Sachurteilsvoraussetzungen

Die besonderen Sachurteilsvoraussetzungen können erfüllt sein.

1. Besondere Prozessführungsbefugnis[5]

Besonders prozessführungsbefugt ist gemäß § 78 Abs. 1 Nr. 1 VwGO das Land Berlin als Gebietskörperschaft öffentlichen Rechts, da in Berlin keine Ausführungsvorschrift im Sinne des § 78 Abs. 1 Nr. 2 VwGO besteht.

---

4 Von der Frage, ob es sich bei dem Gefährdungsanschreiben um einen Verwaltungsakt handelt, ist die Frage nach einer Verletzung eigener Rechte zu trennen. Auch Realhandeln der Verwaltung kann als Grundrechtseingriff einzustufen sein.

5 § 78 VwGO enthält eine Regelung über die besondere Prozessführungsbefugnis, die von der Beteiligungsfähigkeit und der Passivlegitimation zu trennen ist (a.A.: § 78 VwGO als Sonderregelung der Passivlegitimation, die aber in der Sachstation, also der Begründetheit, zu prüfen ist, da „Passivlegitimation" der Terminus für den materiell richtigen Klagegegner ist). Die besondere Prozessführungsbefugnis ist ein Unterpunkt bei den besonderen Sachurteilsvoraussetzungen und wird teilweise (vertretbar aber bzgl. der materiell-rechtlichen Passivlegitimation verwechslungsfähig) mit „Klagegegner" überschrieben.

Einige Argumente für die besondere Prozessführungsbefugnis in der Prozessstation:

- § 78 VwGO steht systematisch bei besonderen Sachurteilsvoraussetzungen
- Gesetzgebungskompetenzen
- falsche Behörde bzw. falscher Rechtsträger können nicht zum materiell richtigen Anspruchsgegner im Sinne einer Passivlegitimation werden.

Zum Ganzen: Heinze/Starke JURA 2012, 175 ff.; Ehlers, Festschrift für Menger, S. 379 ff.; Hufen, Verwaltungsprozessrecht, § 12, Rn 38 ff. m.w.N.; vgl. OVG Münster NVwZ 1990, 188.

2. Klagebefugnis

Z muss klagebefugt sein. Die Klagebefugnis nach § 42 Abs. 2 VwGO setzt die Möglichkeit der Verletzung eines subjektiven Rechts voraus. Subjektive Rechte ergeben sich aus Sonderrechtsbeziehungen, einfachen Gesetzen, subsidiär aus Grundrechten, wobei jedenfalls aufgrund des weiten Schutzbereiches des Art. 2 Abs. 1 GG bei unmittelbaren Grundrechtseingriffen für das subjektive Recht direkt auf Grundrechte abgestellt werden kann. Zudem können sich subjektive Rechte aus unmittelbar geltendem Unionsrecht ergeben.

Z ist, wie oben herausgearbeitet, Adressatin eines belastenden Verwaltungsakts in Form des Gefährdungsanschreibens. Sie kann dadurch in ihrer durch Art. 5 Abs. 1 S. 1 GG geschützten Meinungsfreiheit und in der durch Art. 8 Abs. 1 GG geschützten Versammlungsfreiheit, jedenfalls aber in der allgemeinen Handlungsfreiheit aus Art. 2 Abs. 1 GG verletzt sein.[6] Z ist klagebefugt im Sinne des § 42 Abs. 2 VwGO.

3. Vorverfahren

Ein Vorverfahren im Sinne der §§ 68 ff. VwGO ist ordnungsgemäß durchgeführt worden.

4. Klagefrist

Nach § 74 Abs. 1 S. 1 VwGO muss die Klage innerhalb eines Monats nach Zustellung des Verwaltungsaktes erhoben werden.

a) Zustellung

Grundsätzlich richtet sich die einfache Bekanntgabe nach § 41 VwVfG i.V.m. § 1 Bln VwVfG i.V.m. § 43 Abs. 1 VwVfG i.V.m. § 1 Bln VwVfG. Jedoch bleiben gemäß § 41 Abs. 5 VwVfG i.V.m. § 1 Bln VwVfG die Vorschriften über die Bekanntgabe eines Verwaltungsaktes mittels Zustellung unberührt. Daraus folgt, dass § 41 Abs. 1 bis 4 VwVfG i.V.m. § 1 Bln VwVfG auf die Zustellung eines Verwaltungsaktes nicht anwendbar sind, soweit es Spezialregelungen im Verwaltungszustellungsgesetz gibt. Gemäß § 73 Abs. 3 S. 2 VwGO wird ein Widerspruchsbe-

---

6 In Konstellationen, in denen das Gefährdungsanschreiben mangels Regelungswirkung nicht als Verwaltungsakt einzustufen ist, wird im Rahmen der Rechtsverletzung auf die grundrechtlich geschützte Willensentschließungsfreiheit (Art. 5 Abs. 1 S. 1 GG, Art. 8 Abs. 1 GG, Art. 2 Abs. 1 GG) abgestellt, überhaupt an der betreffenden Veranstaltung teilzunehmen (vgl. OVG Lüneburg NJW 2006, 391).

scheid nach den Vorschriften des Verwaltungszustellungsgesetzes des Bundes zugestellt. § 3 VwZG ist gegenüber § 41 VwVfG i.V.m. § 1 Bln VwVfG somit spezieller.

Für die Ausführung der Zustellung ist in § 3 Abs. 2 S. 1 VwZG auf §§ 177 bis 182 ZPO verwiesen worden. Nach § 177 ZPO kann das Schriftstück der Person, der zugestellt werden soll, an jedem Ort übergeben werden, an dem sie angetroffen wird. In § 178 ZPO ist die Ersatzzustellung in der Wohnung, in Geschäftsräumen und Einrichtungen insoweit geregelt, als der Zustellungsadressat nicht angetroffen wird. Wenn eine Ersatzzustellung nach § 178 Abs. 1 Nr. 1, 2 ZPO nicht ausführbar ist, ist eine Ersatzzustellung nach § 180 ZPO durch Einlegen in den Briefkasten möglich. Der zustellende Postbote hat weder Z noch einen ihrer Mitbewohner in der Wohnung angetroffen. Nach § 180 S. 1 ZPO durfte er das Schriftstück daher in einen zu der Wohnung gehörenden Briefkasten oder in eine ähnliche Vorrichtung einlegen, die der Adressat für den Postempfang eingerichtet hat und die in der allgemein üblichen Art für eine sichere Aufbewahrung geeignet ist. So ist es geschehen. Der Postbote hat das Schriftstück in den gemeinschaftlich genutzten Briefkasten der Wohngemeinschaft eingeworfen. Er hat auch das Datum der Zustellung im Sinne des § 180 S. 3 ZPO auf dem Umschlag vermerkt. Das Schriftstück gilt mit der Einlegung gemäß § 180 S. 2 ZPO als zugestellt.[7]

Die Zustellung erfolgte nach alledem im Sinne des § 3 Abs. 2 S. 1 VwZG i.V.m. § 180 S. 2 ZPO i.V.m. § 41 Abs. 5 VwVfG i.V.m. § 1 Bln VwVfG am 3.12.

b) Fristberechnung

Die Klagefrist beträgt gemäß § 74 Abs. 1 S. 1 VwGO einen Monat nach Zustellung des Verwaltungsaktes. Der Verwaltungsakt wurde Z am 3.12. zugestellt. Die Fristberechnung ist in § 57 Abs. 2 VwGO i.V.m. § 222 Abs. 1 ZPO i.V.m. §§ 186ff. BGB geregelt.

Ist für den Beginn einer Frist ein Ereignis – so die Zustellung bei Z – maßgeblich, wird gemäß § 187 Abs. 1 BGB bei der Berechnung der Frist der Tag nicht mitberechnet, in welchen das Ereignis fällt. Da der Tag der Zustellung, also der 3.12., nicht mitzählt, begann die Klagefrist gemäß § 187 Abs. 1 BGB am 4.12. um 00.00 Uhr. Als nach Monaten berechnete Frist endete sie gemäß § 188 Abs. 2 Alt. 1 BGB als solche Frist, deren Beginn ein Ereignis gemäß § 187 Abs. 1 BGB zugrunde liegt, mit dem Ablauf desjenigen Tages, welcher durch seine Be-

7 **Praxishinweis:** In der anwaltlichen Praxis ist es geschickt, der Behörde eine Originalvollmacht zu senden, weil sie dann gemäß § 7 Abs. 1 S. 2 VwZG verpflichtet ist, an den Bevollmächtigten zuzustellen.

nennung oder Zahl dem Tage entspricht, in welchen das Ereignis fällt. Fristende war somit am 3.1. um 24.00 Uhr. Die Erhebung der Klage am 1.2. war also eigentlich verfristet, sodass die Klage eigentlich unzulässig wäre.

5. Wiedereinsetzung in den vorigen Stand im Sinne des § 60 VwGO

Z kann jedoch die Wiedereinsetzung in den vorigen Stand gemäß § 60 VwGO zu gewähren sein.

a) Wiedereinsetzungsgrund

Die Wiedereinsetzung in den vorigen Stand ist nach § 60 Abs. 1 VwGO auf Antrag zu gewähren, wenn jemand ohne Verschulden an der Einhaltung einer gesetzlichen Frist gehindert war. Unverschuldet im Sinne des § 60 Abs. 1 VwGO war eine Fristversäumung nur, wenn dem Antragsteller die Einhaltung der Frist nach den gesamten Umständen unzumutbar war (vgl. BVerwG NJW 1976, 1332).

Z hat zunächst nicht von der Zustellung des Gefährdungsanschreibens erfahren. Erst am 20.1. wurde ihr das wiederaufgefundene Schriftstück von M übergeben. Fraglich ist, ob es Z unter diesen Umständen zumutbar war, die Frist des § 74 Abs. 1 S. 1 VwGO einzuhalten. Ein Verschuldensvorwurf könnte sich daraus ergeben, dass sie nur einen Gemeinschaftsbriefkasten bereitgehalten hat, bezüglich dessen die besondere Gefahr besteht, dass der Zugang von Postsendungen von der Zuverlässigkeit und dem Wohlwollen Dritter (zum Ganzen: BVerwG NJW 1988, 578) abhängt. Es bestand deshalb ein gesteigertes Risiko für den Verlust rechtserheblicher Mitteilungen. Z könnte verpflichtet gewesen sein, einen ausschließlich für sie bestimmten und ihr allein zugänglichen Briefkasten bereitzuhalten.

In einer von mehreren Personen gemeinschaftlich genutzten Wohnung wäre jedoch die Einrichtung eines eigenen Briefkastens für jeden Mitbewohner kaum praktikabel. Bei Familien, die in einer Wohnung zusammenleben, versteht es sich nach der Verkehrsauffassung von selbst, dass die gesamte Familie nur einen Briefkasten bereithält. Dann kann aber für eine Wohngemeinschaft nichts anderes gelten, insbesondere, da diese Form des Zusammenlebens aufgrund der Änderungen der Gesellschaftsstruktur mittlerweile weit verbreitet ist (vgl. BVerwG NJW 1988, 578).

Z kann kein Verschuldensvorwurf daraus gemacht werden, dass sie nur einen Gemeinschaftskasten bereithielt. Die Einhaltung der Klagefrist war ihr aufgrund der verspäteten Kenntnis von der Bekanntgabe unzumutbar. Sie war gemäß § 60 Abs. 1 VwGO ohne Verschulden an der Einhaltung der gesetzlichen Frist gehindert.

b) Antrag und Nachholung

Der nach § 60 Abs. 1 VwGO erforderliche Antrag ist gemäß § 60 Abs. 2 S. 1 Hs. 1 VwGO binnen zwei Wochen nach Wegfall des Hindernisses zu stellen. Zwar hat Z keinen Antrag auf Wiedereinsetzung gestellt, jedoch kann nach § 60 Abs. 2 S. 4 VwGO die Wiedereinsetzung auch ohne Antrag gewährt werden, wenn die versäumte Rechtshandlung gemäß § 60 Abs. 2 S. 3 VwGO innerhalb der Antragsfrist nachgeholt wird.

Auch insoweit erfolgt die Fristberechnung gemäß § 57 Abs. 2 VwGO i.V.m. § 222 Abs. 1 ZPO i.V.m. den §§ 186ff. BGB. Das Hindernis ist am 20.1. weggefallen, als M das Schreiben an Z aushändigte. Fristbeginn im Sinne des § 187 Abs. 1 BGB war der 21.1. um 00.00 Uhr, weil der Tag des Ereignisses, also der Aushändigung, nicht mitzählte. Fristende wäre nach § 188 Abs. 2 Alt. 1 BGB eigentlich am 3.2. um 24.00 Uhr gewesen. Dieser Tag fiel allerdings auf einen Sonntag, sodass die Antragsfrist nach § 57 Abs. 2 VwGO i.V.m. § 222 Abs. 2 ZPO erst mit Ablauf des folgenden Werktages, am Montag, den 4.2., um 24.00 Uhr endete. Z hat die Klage innerhalb dieser Frist am 1.2. erhoben. Damit hat sie die versäumte Rechtshandlung gemäß § 60 Abs. 2 S. 3 VwGO nachgeholt, wodurch zugleich die Stellung des Wiedereinsetzungsantrags nach § 60 Abs. 2 S. 4 VwGO entbehrlich wurde.

Bei der Antragstellung oder im Verfahren über den Antrag sind nach § 60 Abs. 2 S. 2 VwGO die Tatsachen zur Begründung des Antrags glaubhaft zu machen, wobei insoweit § 294 ZPO i.V.m. § 173 S. 1 VwGO maßgeblich ist. Z hat eine eidesstattliche Versicherung der M vorgelegt, um ihre verspätete Kenntnis zu beweisen. Sie hat die Tatsachen zur Begründung damit glaubhaft gemacht.

c) Zwischenergebnis

Z ist gemäß § 60 Abs. 1 VwGO Wiedereinsetzung in den vorigen Stand zu gewähren. Das Verfahren wird in den Stand zurückversetzt, in dem es sich vor Versäumung der Klagefrist aus § 74 Abs. 1 S. 1 VwGO befand.

VI. Zwischenergebnis

Die Sachurteilsvoraussetzungen sind erfüllt und die Klage der Z ist zulässig.

B. Begründetheit

Die Klage ist gemäß § 113 Abs. 1 S. 1 VwGO begründet, soweit der Verwaltungsakt rechtswidrig und der Kläger dadurch in seinen Rechten verletzt ist.

I. Rechtswidrigkeit des Gefährdungsanschreibens

Das Gefährdungsanschreiben kann rechtswidrig sein. Da es sich insoweit um eine Eingriffsverwaltung handelt, gilt der Vorbehalt des Gesetzes. Es bedarf einer Rechtsgrundlage, deren Voraussetzungen erfüllt sind.[8]

1. Rechtsgrundlage

Rechtsgrundlage des Gefährdungsanschreibens kann die Generalklausel des § 17 Abs. 1 ASOG sein. Danach können die Ordnungsbehörden und die Polizei die notwendigen Maßnahmen treffen, um eine im Einzelfall bestehende Gefahr für die öffentliche Sicherheit und Ordnung abzuwehren, soweit keine Spezialvorschriften bestehen. Ein Spezialgesetz oder eine spezielle Grundlage wie zum Beispiel eine Standardmaßnahme für ein Gefährdungsanschreiben sind nicht ersichtlich. Maßgebliche Rechtsgrundlage des Eingriffs ist § 17 Abs. 1 ASOG.

2. Voraussetzungen

Die Voraussetzungen des § 17 Abs. 1 ASOG können erfüllt sein.

a) Formelle Voraussetzungen

Das Gefährdungsanschreiben wurde von der zuständigen Behörde erlassen. Z wurde vor dem Erlass des Verwaltungsaktes von einem Beamten der Behörde ordnungsgemäß im Sinne des § 28 Abs. 1 VwVfG i.V.m. § 1 Bln VwVfG angehört, sodass eine etwaige Entbehrlichkeit der Anhörung gemäß § 28 Abs. 2 VwVfG i.V.m. § 1 Bln VwVfG irrelevant ist. Ein Verwaltungsakt bedarf gemäß § 37 Abs. 2 S. 1 VwVfG i.V.m. § 1 Bln VwVfG grundsätzlich keiner besonderen Form. Soweit die Begründung im Sinne des § 39 Abs. 1 VwVfG i.V.m. § 1 Bln VwVfG ein formelles Element enthält, ist sie ordnungsgemäß erfolgt. Formfehler sind nicht ersichtlich. Das Gefährdungsanschreiben ist formell rechtmäßig.

b) Materielle Voraussetzungen

Materiell bedarf es gemäß § 17 Abs. 1 ASOG einer konkreten Gefahr für die öffentliche Sicherheit oder Ordnung, die durch Z als pflichtige Störerin verursacht worden ist. Der Verwaltungsakt muss zudem gemäß § 37 Abs. 1 VwVfG i.V.m. § 1

---

8 Auch wenn einem Gefährdungsanschreiben der Regelungsgehalt fehlen sollte, ist es dennoch als Eingriff in Grundrechte einzustufen, sodass der Vorbehalt des Gesetzes gilt (vgl. OVG Lüneburg NJW 2006, 391; Hebeler NVwZ 2011, 1364).

Bln VwVfG und nach dem unter anderem in Art. 20 Abs. 3 GG verankerten Rechtsstaatsprinzip inhaltlich hinreichend bestimmt und gemäß § 39 Abs. 1 VwVfG i.V.m. § 1 Bln VwVfG begründet sein.

aa) Gefahr

Eine konkrete Gefahr ist eine Sachlage, bei der im Einzelfall die hinreichende Wahrscheinlichkeit eines Schadenseintritts für die öffentliche Sicherheit oder Ordnung besteht.

(3) Öffentliche Sicherheit

Von der öffentlichen Sicherheit sind der Staat und staatliche Einrichtungen, die Unverletzlichkeit der öffentlichen Rechtsordnung sowie Individualrechte und Individualrechtsgüter umfasst. Die Behörde befürchtet gewalttätige Eskalationen zwischen linken und rechten Demonstranten anlässlich der für den 27.1. angemeldeten Veranstaltung. Deshalb kann eine Gefahr für die Unverletzlichkeit der Rechtsordnung in Form strafrechtlicher Normen wie § 223 StGB und die Rechte und Rechtsgüter des Einzelnen wie zum Beispiel Körper und Leben aus Art. 2 Abs. 2 S. 1 GG bestehen.

Allerdings bedarf es konkreter Anhaltspunkte bei der Behörde dafür, dass es zu gewaltsamen Eskalationen kommen wird.[9] Zwar ist es in der Vergangenheit bei Demonstrationen der N-Partei, an denen auch Z teilgenommen hat, partiell zu massiver Gewaltanwendung gegen Personen und Sachen gekommen. Jedoch bestehen keine konkreten Anhaltspunkte dafür, dass gewaltsame Zusammenstöße linker und rechter Demonstranten auch für den 27.1. geplant sind. Die Sorge, es könnte künftig eine Gefahrenlage entstehen, berechtigt nicht zu Maßnahmen der Gefahrenabwehr (vgl. OVG Magdeburg NVwZ-RR 2012, 720). Zudem ging die Gewalt in der Vergangenheit von Gegendemonstranten aus dem linken Spektrum aus, nicht aber von Anhängern der N-Partei oder sogar von Z selbst. Selbst bei Annahme einer konkreten Gefahr für die öffentliche Sicherheit könnte Z jedenfalls nicht als Verhaltensstörerin in Anspruch genommen werden.

(4) Öffentliche Ordnung

Das Gefährdungsanschreiben könnte durch eine Gefahr für die öffentliche Ordnung gerechtfertigt sein. Die Öffentliche Ordnung ist die Gesamtheit der im Rah-

---

9 Vgl. zum Ganzen: Pieroth/Schlink/Kniesel, Polizei- und Ordnungsrecht, § 8, Rn 46 ff.

men der verfassungsmäßigen Ordnung liegenden ungeschriebenen Regeln für das Verhalten des Einzelnen in der Öffentlichkeit, deren Beachtung nach den jeweils herrschenden Anschauungen unerlässliche Voraussetzung eines geordneten staatsbürgerlichen Zusammenlebens ist (Pieroth/Schlink/Kniesel, Polizei- und Ordnungsrecht, § 8, Rn 46).

Fraglich ist, ob ein derart unbestimmter Rechtsbegriff unter Berücksichtigung des unter anderem in Art. 20 Abs. 3 GG verankerten Rechtsstaatsprinzips noch verfassungsgemäß ist.[10] In einer vielfältigen und pluralistischen Gesellschaft wie der unseren erscheint die Bestimmung herrschender, das heißt von der Mehrheit akzeptierter, Sozialnormen schwierig. Vielmehr besteht die Gefahr, dass Behörden und die Verwaltungsgerichte den Begriff der öffentlichen Ordnung nutzen, um ihre eigenen Anschauungen als gesellschaftlichen Rechtsmaßstab durchzusetzen. Auch aufgrund der Notwendigkeit eines wirksamen Minderheitenschutzes ist die Heranziehung herrschender Sozialnormen problematisch. Eine rechtsnormgelöste Wertung führt zu einer hohen ideologischen Anfälligkeit des Begriffs der öffentlichen Ordnung (Pieroth/Schlink/Kniesel, § 8, Rn 48). Die Maßgeblichkeit ungeschriebener bzw. unbestimmter Normen passt nicht zu einem freiheitlich-demokratischen Rechtsstaat. Eingriffe auf Grundlage der Generalklausel können sehr grundrechtsintensiv sein. Wesentliche Eingriffsermächtigungen sind aber aufgrund einer praktischen Konkordanz unter anderem des Art. 20 Abs. 2 GG und des Art. 20 Abs. 3 GG vom Gesetzgeber zu regeln.

Trotz dieser verfassungsrechtlichen Bedenken ist der Terminus der öffentlichen Ordnung nicht zwingend verfassungswidrig. Zwar ist die Reaktion auf neuartige Gefahren regelmäßig auch mittels des Tatbestandsmerkmals der öffentlichen Sicherheit möglich, jedoch ist die öffentliche Ordnung auch im Grundgesetz in Art. 13 Abs. 7 GG vorausgesetzt worden, sodass sie als Auffangtatbestandsmerkmal bestehen bleiben kann, soweit sie verfassungskonform ausgelegt wird.

Bei verfassungskonformer Auslegung darf zum Beispiel ein Versammlungsverbot nicht auf eine Gefahr für die öffentliche Ordnung gestützt werden (vgl. OVG Koblenz JuS 2013, 671).

Bezüglich des Gefährdungsanschreibens gegenüber Z könnte eine Gefahr für die öffentliche Ordnung gegeben sein, weil Z als Anhängerin der rechtsextremistischen N-Partei am 27.1., dem Jahrestag der Befreiung des Konzentrationslagers Auschwitz-Birkenau und Tag des Gedenkens an die Opfer des Nationalsozialismus, in kritischer Einstellung an einer Demonstration zum Gedenken der Opfer der Shoah, für Toleranz und Integration und gegen Rassismus und

10 In einigen Bundesländern wurde der Terminus der öffentlichen Ordnung mittlerweile aus der polizeilichen und ordnungsbehördlichen Generalklausel gestrichen.

Fremdenhass teilnehmen will. So kann die öffentliche Ordnung verletzt sein, wenn Rechtsextremisten einen Aufzug an einem speziell der Erinnerung an das Unrecht des Nationalsozialismus und den Holocaust dienenden Tag derart durchführen, dass von seiner Art und Weise Provokationen ausgehen, durch welche die sittliche Empfindung der Bürgerinnen und Bürger beeinträchtigt werden (OVG Koblenz JuS 2013, 671). Zwar haben Z und die anderen Anhänger der N-Partei keine konkreten Provokationen geplant, jedoch könnte allein die Teilnahme von Rechtsextremisten an einer Gedenkveranstaltung zum 27.1. eine Provokationswirkung entfalten, in welcher die Gefahr einer erheblichen Beeinträchtigung des sittlichen Empfindens der Bürgerinnen und Bürger enthalten ist – unabhängig davon, ob es zu über die bloße Teilnahme hinausgehenden weiteren Provokationen kommt.

Jedoch darf nicht die für eine Demokratie schlechthin konstituierende Bedeutung der Versammlungsfreiheit aus Art. 8 Abs. 1 GG vernachlässigt werden. Von Schutzbereich des Art. 8 Abs. 1 GG ist auch die Teilnahme an einer Versammlung in kritischer Einstellung zum Versammlungszweck umfasst. Das Gefährdungsanschreiben ist auch nicht mit einer versammlungsrechtlichen Auflage vergleichbar, die etwa die Verschiebung der Versammlung um einen Tag zum Gegenstand hat. Denn Z will an einer konkreten Versammlung teilnehmen, die am 27.1. stattfindet und auch nicht verschoben wird. Die Ausübung ihres Grundrechts aus Art. 8 Abs. 1 GG ist ihr somit nur an diesem bestimmten Tag möglich.

Unter Berücksichtigung der Bedeutung des Art. 8 Abs. 1 GG kann nicht davon ausgegangen werden, dass bereits die bloße Teilnahme der Z an der Gedenkveranstaltung in kritischer Haltung zum Versammlungszweck, ohne dass konkrete Anhaltspunkte für bevorstehende weitere Provokationen bestehen, als eine Gefahr für die öffentliche Ordnung einzustufen ist, wenngleich die Gefahr für die öffentliche Ordnung zusätzlich in der Relation zur Bestimmtheit eines Verwaltungsaktes zu betrachten ist. Je bestimmter und enger ein Verwaltungsakt formuliert ist, desto eher kann verfassungskonform eine Gefahr für die öffentliche Ordnung angenommen werden.

bb) Bestimmtheit

Bezüglich der gegenüber Z ausgesprochenen Verfügung bestehen Zweifel an der hinreichenden Bestimmtheit der Verfügung gemäß § 37 Abs. 1 VwVfG i.V.m. § 1 Bln VwVfG und dem sich unter anderem aus Art. 20 Abs. 3 GG ergebenden Rechtsstaatsprinzip. Für Z muss aus dem Gefährdungsanschreiben klar ersichtlich sein, welche konkreten Ge- und Verbote ihr auferlegt werden. Sie ist lediglich dazu aufgefordert worden, „keine Störungen der öffentlichen Sicherheit und Ordnung vorzunehmen, nicht zu solchen aufzufordern und sich nicht an diesen zu beteiligen“. Der genaue Regelungsinhalt eines so weitreichenden Verbots ist für den Adressaten nicht hinreichend erkennbar. Auch in zeitlicher Hinsicht ist die Regelung auf „alle zukünftigen Ereignisse, Veranstaltungen und geschichtsträchtigen Tage“ erstreckt. Welche genau das sein sollen, macht die Behörde nicht hinreichend deutlich. Somit wird durch das Gefährdungsanschreiben auch das unter anderem in Art. 20 Abs. 3 GG verankerte und in § 37 Abs. 1 VwVfG i.V.m. § 1 Bln VwVfG spezifizierte Bestimmtheitsgebot verletzt (vgl. OVG Magdeburg NVwZ-RR 2012, 720).[11]

3. Zwischenergebnis

Die Voraussetzungen des § 17 Abs. 1 ASOG sind mangels hinreichender Bestimmtheit des Verwaltungsaktes und den damit verbundenen Voraussetzungen der Gefahr nicht erfüllt. Das Gefährdungsanschreiben ist rechtswidrig.

II. Rechtsverletzung

Durch das Gefährdungsanschreiben wird Z in ihren Grundrechten aus Art. 5 Abs. 1 S. 1 GG und Art. 8 Abs. 1 GG sowie – subsidiär – Art. 2 Abs. 1 GG verletzt.

C. Ergebnis

Die Sachurteilsvoraussetzungen der zulässigen Anfechtungsklage gegen das Gefährdungsanschreiben sind erfüllt. Die Klage der Z ist auch begründet, sodass Z damit Erfolg haben wird.

2. Komplex: Zusatzfrage 1

In den §§ 81, 82 VwGO ist die Klageerhebung geregelt. Gemäß § 81 Abs. 1 S. 1 VwGO ist die Klage bei Gericht schriftlich einzureichen. Beim Verwaltungsgericht kann sie gemäß § 81 Abs. 1 S. 2 VwGO auch zur Niederschrift des Urkundsbeamten der Geschäftsstelle erhoben werden.

Schriftform bedeutet bei Einheit der Rechtsordnung im Sinne des sich unter anderem aus Art. 20 Abs. 3 GG ergebenden Rechtsstaatsprinzips in Verbindung mit § 126 Abs. 2 S. 1 BGB grundsätzlich, dass die Klage mit einer eigenhändigen Unterschrift versehen sein muss, die zur Identifizierung des Klägers geeignet ist.

---

11 Vgl. zum Ganzen: Hufen, Verwaltungsprozessrecht, § 23, Rn 3 ff.; Schoch/Schneider/Bier, VwGO, § 55a.

In der gerichtlichen Praxis wird dieses strenge Erfordernis zunehmend aufgeweicht, weil sich zum Beispiel eine Klageerhebung mittels eines Telefaxgerätes über die Jahre entwickelt hat.

Im Justizkommunikationsgesetz vom 22.3.2005 ist die Übermittlung elektronischer Dokumente an die Verwaltungsgerichte in § 55a VwGO geregelt worden. Die Norm ist unter der Überschrift des 7. Abschnitts von Teil II der Verwaltungsgerichtsordnung „Allgemeine Verfahrensvorschriften" verankert und gilt daher für alle Verfahren und alle Instanzen. Durch sie ist der frühere § 86a VwGO ersetzt worden. Nach § 55a Abs. 1 S. 1 VwGO ist die Übermittlung elektronischer Dokumente an das Gericht durch die Beteiligten möglich, soweit dies für den jeweiligen Zuständigkeitsbereich durch Rechtsverordnung der Bundesregierung oder der Landesregierung zugelassen worden ist. Die Rechtsverordnung bestimmt gemäß § 55a Abs. 1 S. 2 VwGO den Zeitpunkt, von dem an Dokumente an ein Gericht elektronisch übermittelt werden können, sowie die Art und Weise, in der elektronische Dokumente einzureichen sind. Der Gesetzgeber hat seine Legislativgewalt bezüglich der elektronischen Dokumentenübermittlung auf die Exekutive delegiert.

Der Bund hat seither die Verordnung über den elektronischen Rechtsverkehr beim Bundesverwaltungsgericht und beim Bundesfinanzhof vom 26.11.2004 erlassen. Entsprechende Verordnungen auf Länderebene gibt es in diversen Bundesländern.

Für Dokumente, die einem schriftlich zu unterzeichnenden Schriftstück gleichstehen, ist gemäß § 55a Abs. 1 S. 3 VwGO eine qualifizierte elektronische Signatur nach § 2 Nr. 3 des Signaturgesetzes vorzuschreiben. Aufgrund des Schriftformerfordernisses in § 81 Abs. 1 S. 1 VwGO gilt das auch für die Klageerhebung.

Wenn in Berlin eine Rechtsverordnung gemäß § 55a VwGO erlassen ist, kann Z ihre Klage unter Beachtung der darin vorgesehenen Form, insbesondere der qualifizierten elektronischen Signatur, auch elektronisch erheben.

Sollte eine Belehrung bezüglich der elektronischen Form unterblieben sein, könnte die Belehrung dennoch fehlerlos sein, sodass nicht die Jahresfrist im Sinne des § 58 Abs. 2 VwGO gelten würde (OVG Bremen, Urteil vom 8.8.2012 – 2 A 53/12; BSG, Urteil vom 14.3.2013 – B 13 R 19 – 12 R), weil für die elektronische Klageerhebung besondere Zugangsvoraussetzungen erforderlich sind, die von den jedermann leicht zugänglichen Möglichkeiten der schriftlichen oder zur Niederschrift zu erhebenden Klagen unterscheiden. Dann wäre ein Fehlen des Hinweises bei teleologischer Auslegung des § 58 Abs. 2 VwGO generell nicht geeignet, die Einlegung des Rechtsbehelfs zu beeinträchtigen. Allerdings wäre eine solche Auslegung mit dem als Grenze der Auslegung maßgeblichen Gesetzeswortlaut unvereinbar, weil die Nichtbelehrung über die elektronische Form jedenfalls irreführend ist (OVG Koblenz, Urteil vom 8.3.2012 – 1 A 11258/11). Somit würde aufgrund der unvollständigen Belehrung die Jahresfrist des § 58 Abs. 2 VwGO gelten.

3. Komplex: Zusatzfrage 2

Form und Inhalt für das verwaltungsgerichtliche Urteil sind in § 117 VwGO geregelt. Nach § 117 Abs. 1 S. 2 VwGO ist das Urteil schriftlich abzufassen und von den mitwirkenden Richtern zu unterzeichnen. Die Möglichkeit einer elektronischen Abfassung des Urteils ist weder in § 117 Abs. 1 VwGO noch in § 55b VwGO ausdrücklich geregelt, wird aber an anderer Stelle für die elektronische Aktenführung zum Beispiel in den §§ 117 Abs. 6 S. 2 und 3, 118 Abs. 2 S. 3, 119 Abs. 2 S. 6 VwGO als selbstverständlich vorausgesetzt. Es muss insoweit grundsätzlich das vollständige Urteil als einheitliches elektronisches Dokument hergestellt werden (vgl. Schoch/Schneider/Bier, § 117, Rn 4a). Anstelle der handschriftlichen Unterzeichnung durch die Richter wird nach § 55a Abs. 3 VwGO die qualifizierte elektronische Signatur gesetzt (vgl. Schoch/Schneider/Bier, § 117, Rn 7a).

Die elektronische Aktenführung ist in § 55b VwGO geregelt. In § 55b Abs. 1 VwGO werden die Bundesregierung und die Landesregierungen zum Erlass entsprechender Rechtsverordnungen ermächtigt. Es handelt sich wie im Rahmen § 55a VwGO um delegierte Legislativgewalt. Entsprechende Verordnungen können erlassen werden, sodass das Verwaltungsgericht sein Urteil anschließend elektronisch abfassen könnte.

Besonderes Verwaltungsrecht – Fall 2 – POR: „Weg mit dem Dachdecker!“ (Berlin)

In einem beschaulichen Stadtteil am Rande Berlins öffnete S an einem Sonntagmorgen ihr Gaubenfenster, um ihre Bettdecken zu lüften. Gerade wollte sie die flauschigen Daunendecken über das vor ihrem Fenster befindliche Geländer werfen, als sie bei einem Blick über die Dächer der angrenzenden Mehrfamilienhaussiedlung erschrak. Auf dem Dach eines der Häuser prangte rot geziegelt auf schwarzem Grund ein etwa vier Quadratmeter großes noch nicht ganz fertiggestelltes Hakenkreuz, das wie ein vierblättriges Kleeblatt angeordnet war.

S, die den Schrecken des Nationalsozialismus zwar nicht am eigenen Leib erfahren hatte, sich aber durch viele Gespräche mit ihrem kriegsgeschädigten Vater sowie durch ein Engagement in einer linksorientierten politischen Gemeinschaft eine sehr dezidierte Meinung gebildet hatte, war empört. Sie rief sofort auf der örtlichen Polizeidienststelle an. Der zuständige statusrechtliche Polizeibeamte P ließ sich den Sachverhalt schildern, war jedoch nicht so recht begeistert darüber, nun hinaus zum Haus der S fahren zu müssen. Er hielt die ganze Sache eher für einen „Nachbarschaftsstreit unter Vorstädtern“ – so wie er ihn oft erlebt hatte. S, die sich während des Telefonats massiv aufregte, ließ nicht locker. Hatte sie doch inzwischen von ihrem Fenster aus auch den vermeintlichen Störenfried ausfindig machen können. Der Dachdecker D, der gerade die letzten Ziegel zu seinem „Werk“ hinauftragen und dann zu Ehren des frühen Feierabends mit einem weiteren Vorstädter – V – noch einen über den Durst trinken wollte, stand noch auf der Leiter weiter unten am Haus. S wollte „da gleich mal hinunter stapfen, um diesem unsäglichen jungen Mann gehörig die Leviten zu lesen“.

Inzwischen sehr skeptisch, ob und von welcher der beteiligten Personen eine Gefahr ausgehen könnte, machte sich P auf den Weg, um „wenigstens seinen Polizeihund Pitt vor die Tür zu lassen“.

Bei seinem Eintreffen erwartete ihn D schon auf der Straße, der versicherte, das Werk fast fertig vollbracht zu haben. Seine Motivation sei dabei aber nicht eine Huldigung des entsprechenden Gedankengutes gewesen. Dass diese Verbindung hergestellt wurde, war ihm vielmehr ein Rätsel. Er habe von der Wohnungseigentümergemeinschaft den Auftrag erhalten, das undichte Dach auszubessern. Dabei wollte er dem in dem Mehrfamilienhaus ansässigen und schwerkranken Rentner R mit einem vierblättrigen Kleeblatt eine Freude machen und so seine besten Genesungswünsche zum Ausdruck bringen.

Unter den aufmerksamen Augen der S stellte P fest, dass D dann besser ein Herzchen auf das Dach hätte zaubern sollen. Er habe in einer seiner Wochenendfortbildungen gerade gelernt, dass die Verwendung hakenkreuzförmiger

Symbole grundsätzlich verboten und nur dann nicht nach § 86 Abs. 3 StGB strafbar sei, wenn sie der staatsbürgerlichen Aufklärung, der Abwehr verfassungswidriger Bestrebungen, der Kunst oder der Wissenschaft, der Forschung oder der Lehre, der Berichterstattung über Vorgänge des Zeitgeschehens oder der Geschichte oder ähnlichen Zwecken diene. Wenn er am folgenden Mittwoch (26.9.) durch die Straße fahre, wolle er von alledem nichts mehr sehen, sonst werde er sich um die Entfernung selbst kümmern. P ordnete an, die roten Dachziegel, die aus dem Kleeblatt heraus ein Hakenkreuz erkennen ließen, abzudecken und durch die schwarzen im Übrigen verwendeten Dachziegel zu ersetzen. Die Anordnung schrieb er mehrfach nieder und warf sie jedem Miteigentümer in den Briefkasten, sodass sie zuging.

Es kam wie es kommen musste: D trank noch einen über den Durst, jedoch änderte sich am Haus in der kommenden Woche nichts mehr.

In der Folgewoche hatten sich die Emotionen der S und der anderen Nachbarn noch immer nicht beruhigt. Sie ermahnten D, der im betreffenden Stadtteil weitere Arbeiten verrichtete, er solle sein „Werk“ endlich entfernen. D sagte an, er sei an Terminen ausgebucht. Er arbeite schließlich nicht ohne Grund am Sonntag. P – nachdem er die Ersatzvornahme ordnungsgemäß festgesetzt hatte – ließ das „Werk“ mithilfe des weisungsgebundenen Handwerkers H schließlich am 8.10. entfernen, da es ihm zu umständlich und weniger effektiv erschien, die Entfernung der 16 köpfigen Wohnungseigentümergemeinschaft aufzuerlegen. Es hatte bereits genug Aufsehen in der Siedlung gegeben. Ein Kostenbescheid über tatsächlich angefallene € 1.800,00 für die Ausbesserungsarbeiten am Dach ging D am 12.10. zu, wobei der Betrag der Höhe nach korrekt ist – unabhängig davon, ob er auf dem Berliner Gesetz über Gebühren und Beiträge in Verbindung mit den maßgeblichen Verordnungen oder auf der Abgabenordnung in entsprechender Anwendung beruht.

Ausgangskonstellation

Wie wird das örtlich zuständige Gericht entscheiden, wenn es D mit inzwischen klarem Kopf gelang, am 8.11. Widerspruch gegen den Kostenbescheid einzulegen, der am 22.11. nach ordnungsgemäßem behördlichem Verfahren zurückgewiesen wurde, und er nunmehr überzeugt von der Rechtswidrigkeit der Anweisung des P bezüglich seines Werkes am 26.11. Klage erhebt mit der Folge, dass die Behörde vor der letzten mündlichen Tatsachenverhandlung alle zuvor nicht erfolgten Anhörungen nachholt? Sollte es auf den Erlass einer Duldungsverfügung gegenüber der Wohnungseigentümergemeinschaft ankommen, ist diese zu unterstellen. Die zuständige Behörde hat mittels der Polizei gehandelt und etwaige Formvorgaben auf allen Handlungsebenen sind eingehalten worden.

Abwandlung

Als P nach seinem Gassi-Ausflug mit Polizeihund Pitt am 23.9. zurück zur Wache fuhr, wollte er noch sein Polizeiauto tanken. An der Tankstelle traf er auf V, der ihm geistig abwesend erschien. Aus dem Kraftfahrzeug des V vernahm P einen süßlichen Geruch, den er noch aus seiner Zeit bei der Bundespolizei am Hamburger Hauptbahnhof kannte. Auf Nachfrage stritt V ab, Drogen zu konsumieren oder auch nur dabei zu haben. P sah sich veranlasst, Polizeihund Pitt zu etwas Spiel und Spaß zu verhelfen und ihn in dem Fahrzeug des V nach Drogen suchen zu lassen. Pitt, der ein noch junger und erst wenige Wochen im Einsatz, sich jedoch noch in der Ausbildung befindlicher Polizeihund war, nutzte entgegen der in ihn gesetzten Hoffnungen die Gelegenheit, um im Fahrzeug des V ein wenig zu wüten und nach Herzenslust ins Armaturenbrett zu beißen. V ist darüber außer sich und will festgestellt wissen, dass diese „Schweinerei" rechtswidrig war und der Staat für die Schäden aufkommen muss. V war drogenfrei.

Wird das Verwaltungsgericht in der Sache entscheiden, wenn V den Antrag stellt, festzustellen, dass der Einsatz des Hundes in Form der Durchsuchung rechtswidrig war, um damit einen Amtshaftungsanspruch vorzubereiten?

Zusatzfrage (zur Abwandlung)

Wird V mit einer Klage beim ordentlichen Gericht erfolgreich sein?

Bearbeitungsvermerk

Soweit es darauf ankommt, sind die haftungsbegründende und die haftungsausfüllende Kausalität zu unterstellen – ebenfalls eine zurechenbare Setzung des Anscheins- bzw. des Verdachtes einer Gefahr durch V (geistige Abwesenheit und Geruch nach Cannabis). Unterstellen Sie, dass die Polizei für sämtliche Handlungen zuständig war. Die Schriftform für die Androhung ist gegebenenfalls eingehalten worden.

Schwerpunkte

Kostenbescheid
Sofortmaßnahmen
gestrecktes Verfahren
Amtshaftung
Gefahren- und Störerprobleme

Vertiefung

Papier, in: Maunz/Dürig, Grundgesetz-Kommentar, Art. 14 Rn 8f.; vgl. BVerfGE 102, 1, 18ff. – Grundstückssanierung bei Altlasten; Depenheuer, in: v. Mangoldt/Klein/Stark, Grundgesetz Kommentar, Band 1, 6. Auflage 2010, Art. 14, Rn 396ff.; Thür. OVG DVBl. 2011, S. 242f.; Thür. OVG DVBl. 2010, S. 1042f.; BVerfG, Beschluss vom 3.11.2000 – 1 BvR 581/00.

Gliederung

1. Komplex: Kostenbescheid

A. Sachurteilsvoraussetzungen (+)
 I. Rechtsweg (+)
 II. Zuständigkeit (+)
 III. Beteiligte (+)
 IV. Statthafte Klageart
 V. Besondere Sachurteilsvoraussetzungen (+)
  1. Besondere Prozessführungsbefugnis (+)
  2. Klagebefugnis (+)
  3. Vorverfahren und Widerspruchsfrist (+)
  4. Klagefrist (+)
 VI. Allgemeines Rechtsschutzbedürfnis (+)
 VII. Zwischenergebnis

B. Begründetheit (–)
 I. Rechtsgrundlage (+)
  1. Kosten der Sofortmaßnahme (–)
  2. Kosten der Vollstreckung (+)
  3. Zwischenergebnis
 II. Voraussetzungen (+)
  1. Handlungsform Verwaltungsakt (+)
  2. Formelle Voraussetzungen (+)
  3. Materielle Voraussetzungen (+)
   a) Rechtmäßigkeit der Vollstreckungsmaßnahme (+)
   aa) Rechtsgrundlage der Vollstreckung (+)
   bb) Voraussetzungen der Vollstreckung (+)
   (1) Formelle Voraussetzungen der Vollstreckung (+)
   (2) Materielle Voraussetzungen der Vollstreckung (+)
   (a) Vollstreckbarer Verwaltungsakt (+)
   (aa) Ge- bzw. Verbotsverfügung (+)
   (bb) Wirksamkeit bzw. Rechtmäßigkeit der Verfügung (+/–)

(aaa) Wirksamkeit (+)
(bbb) Rechtmäßigkeit (+/–)
(cc) Vollziehbarkeit der Verfügung (+)
(b) Art und Weise (+)
(aa) Androhung (+)
(bb) Festsetzung (+)
(cc) Anwendung (+)
(c) Kein Vollstreckungshindernis (+)
cc) Rechtsfolge der Vollstreckung
(1) Entschließungsermessen (+)
(a) Legitimer Zweck (+)
(b) Eignung (+)
(c) Erforderlichkeit (+)
(d) Verhältnismäßigkeit i.e.S. (+)
(2) Auswahlermessen (+)
dd) Zwischenergebnis
b) Kostenpflichtigkeit und Kostenansatz (Gebührenrecht Berlin bzw. AO) (+)

III. Rechtsfolge
1. Rechtsgrundlage der Verfügung vom 23.9. (+)
2. Voraussetzungen (+)
a) Formelle Voraussetzungen (+)
b) Materielle Voraussetzungen (+)
aa) Gefahrentatbestand (+)
bb) Polizeipflichtigkeit (+)
3. Rechtsfolge des § 17 Abs. 1 ASOG
4. Zwischenergebnis

C. Ergebnis

2. Komplex: Abwandlung (Verwaltungsgericht)

A. Sachurteilsvoraussetzungen (–)
I. Rechtsweg (+)
II. Zuständigkeit (+)
III. Beteiligte (+)
IV. Statthafte Klageart
1. Durchsuchung als Duldungsverwaltungsakt (–)
2. Realhandlung (+)
3. Allgemeine Feststellungsklage
V. Besondere Sachurteilsvoraussetzungen (+)
1. Besondere Prozessführungsbefugnis (–)

- 2. Feststellungsinteresse (–)
  - a) Wiederholungsgefahr (–)
  - b) Rehabilitierung (–)
  - c) Präjudizinteresse (–)
- 3. Zwischenergebnis

B. Ergebnis

3. Komplex: Zusatzfrage (Ordentliches Gericht)

A. Sachurteilsvoraussetzungen (+)
- I. Rechtsweg (+)
- II. Sachliche Zuständigkeit (+)
- III. Beteiligungs- und Prozessfähigkeit (+)
- IV. Statthafte Klageart
- V. Entgegenstehende materielle Rechtskraft (–)

B. Begründetheit (+)
- I. Amtshaftung (+)
  - 1. Anspruchsgrundlage
  - 2. Voraussetzungen (+)
    - a) Positive Voraussetzungen (+)
    - aa) „Jemand“ (+)
    - bb) Drittbezogene Amtspflicht (+)
    - (1) Pflicht zum rechtmäßigen Handeln (–)
    - (a) Rechtsgrundlage (+)
    - (b) Voraussetzungen (+)
    - (aa) Formelle Voraussetzungen (+)
    - (bb) Materielle Voraussetzungen (+)
    - (aaa) Gefahrentatbestand (+)
    - (aaaa) Konkrete Gefahr ex post (–)
    - (bbbb) Anscheinsgefahr, Gefahrenverdacht und Putativgefahr
    - (bbb) Polizeipflichtigkeit (+)
    - (c) Rechtsfolge
    - (d) Zwischenergebnis
    - (2) Verletzung der allgemeinen bzw. besonderen Sorgfaltspflicht (+)
    - (3) Haftungsbegründende Kausalität und Zwischenergebnis (+)
    - cc) Rechtswidrigkeit und Verschulden (+)
    - dd) Zwischenergebnis
    - b) Negative Voraussetzungen (+)
  - 3. Anspruchsinhalt und haftungsausfüllende Kausalität (+)
  - 4. Ergebnis

II. Analog § 59 Abs. 1 Nr. 1 ASOG (–)
III. Anspruch aus enteignungsgleichem Eingriff (–)
C. Ergebnis

Lösungsvorschlag

Die folgende Lösung ist als Lösungsvorschlag zu verstehen und ausführlicher, als es in der Klausurbearbeitung verlangt werden kann. Aufgrund der wissenschaftlichen Freiheit können andere Lösungswege vertreten werden, soweit sie dogmatisch begründbar sind. Die Nachweise aus Rechtsprechung und Literatur sowie die das Verständnis fördernden Randbemerkungen sind in der Examensklausur auszusparen. Die Abkürzung „Alt." steht für Alternativfall, nicht für Alternative.

1. Komplex: Kostenbescheid

Die Klage des D hat jedenfalls Erfolg, soweit die Sachurteilsvoraussetzungen erfüllt sind, die Klage zulässig und begründet ist.

A. Sachurteilsvoraussetzungen

Die Sachurteilsvoraussetzungen können erfüllt sein.[1]

I. Rechtsweg

Der Verwaltungsrechtsweg kann mangels aufdrängender Sonderzuweisung gemäß § 40 Abs. 1 S. 1 VwGO eröffnet sein. Im Übrigen kommt ein Verweisungsbeschluss im Sinne des § 17a Abs. 2 GVG i.V.m. § 173 VwGO in Betracht. Der Verwaltungsrechtsweg ist eröffnet, wenn eine öffentlich-rechtliche Streitigkeit nicht verfassungsrechtlicher Art besteht, also wenn durch die streitentschei-

---

1 **Hinweis:** Andere Aufbauvarianten werden vertreten (z.B. dreistufig oder Prüfung des Verwaltungsrechtsweges als Untergliederungspunkt der Zuständigkeit des Gerichts). Derartige Aufbauvarianten sind aber mit § 17a Abs. 2 GVG bzw. mit der Überschrift des 6. Abschnitts der VwGO sowie mit § 83 VwGO unvereinbar und daher bei exakter dogmatischer Zuordnung der Prüfungspunkte nicht zu empfehlen. Die Überschrift „Sachurteilsvoraussetzungen" anstelle der Überschrift „Zulässigkeit" ist sinnvoll, weil nach § 63 Nr. 3 VwGO auch der Beigeladene zu den Beteiligten gehört, das Fehlen einer notwendigen Beiladung im Sinne des § 65 Abs. 2 VwGO aber nur dazu führt, dass das Urteil keine materielle Rechtskraft entfaltet.

Zum Aufbau der Prozessstation: Heinze/Starke JURA 2012, 175 ff.

dende Norm ein Hoheitsträger einseitig berechtigt oder verpflichtet wird bzw. wenn aufgrund typisch hoheitlichen Handelns zwischen den Beteiligten ein Subordinationsverhältnis besteht.

Als streitentscheidende Normen kommen § 19 Abs. 1 S. 1 VwVG i.V.m. den §§ 10 VwVG, 5a S. 1 Bln VwVfG oder § 15 Abs. 2 S. 1 ASOG in Betracht. Welche dieser Normen materiell einschlägig ist, ist zunächst irrelevant, da durch beide Normen Hoheitsträger berechtigt werden, Kostenbescheide zu erlassen. Zudem handelte die Behörde durch den Erlass eines Kostenbescheides typisch hoheitlich in einem Subordinationsverhältnis. Da die Streitigkeit mangels doppelter Verfassungsunmittelbarkeit nicht verfassungsrechtlicher Art und eine abdrängende Sonderzuweisung nicht ersichtlich ist, bleibt es bei der Eröffnung des Verwaltungsrechtsweges. Der Verwaltungsrechtsweg ist gemäß § 40 Abs. 1 S. 1 VwGO eröffnet.

II. Zuständigkeit

Da Anhaltspunkte für eine abweichende Zuständigkeit gemäß §§ 47, 50 VwGO nicht ersichtlich sind, ist das Verwaltungsgericht gemäß § 45 VwGO als Eingangsinstanz sachlich zuständig. Die Klage wurde auch vor dem örtlich zuständigen Gericht im Sinne des § 52 VwGO erhoben. Es wird demnach kein Verweisungsbeschluss gemäß § 17a Abs. 2 GVG i.V.m. § 83 VwGO gefasst werden.[2]

III. Beteiligte

D und das Land Berlin als Gebietskörperschaft öffentlichen Rechts können Beteiligte des Verfahrens sein. Beteiligt sind unter anderem nach § 63 Nr. 1 VwGO der Kläger und nach § 63 Nr. 2 VwGO der Beklagte. D als Kläger ist gemäß § 61 Nr. 1 Alt. 1 VwGO als natürliche Person beteiligungsfähig und gemäß § 62 Abs. 1 Nr. 1 VwGO prozessfähig. Behörden sind gemäß § 61 Nr. 3 VwGO i.V.m. dem Landesrecht nicht beteiligungsfähig. Das Land Berlin ist gemäß § 61 Nr. 1 Alt. 2 VwGO als juristische Person des öffentlichen Rechts in Form einer Gebietskörperschaft beteiligungsfähig und gemäß § 62 Abs. 3, 1 VwGO mangels Anhalts-

2 Die örtliche Zuständigkeit ist anzusprechen, wenn es dafür Anhaltspunkte im Sachverhalt gibt. Im Übrigen ist die Prüfung derselben sinnvoll – allerdings nicht notwendig. Gegebenenfalls ist die örtliche Zuständigkeit im Anschluss an die sachliche Zuständigkeit zu prüfen. Ist sie jedoch gemäß § 52 Nr. 2 VwGO ausnahmsweise von der Klageart abhängig, muss sie von der sachlichen Zuständigkeit getrennt nach der Klageart oder deren besonderen Sachurteilsvoraussetzungen bzw. Sachentscheidungsvoraussetzungen erörtert werden, obwohl § 17a Abs. 2 GVG gemäß § 83 VwGO entsprechend anwendbar ist.

punkten bezüglich des für die Behörde handelnden zuständigen Organwalters auch prozessfähig. D und das Land Berlin sind somit Beteiligte des gerichtlichen Verfahrens.

IV. Statthafte Klageart

Die statthafte Klageart im Sinne des § 88 VwGO richtet sich nach dem klägerischen Begehren unter Berücksichtigung des Anwendungsvorrangs maßnahmespezifischer Rechtsschutzformen und des rechtsstaatlichen Grundsatzes der Effektivität des Rechtsschutzes. Dem klägerischen Begehren entspricht in der Regel die effektivste Klageart, also nach Möglichkeit die Anfechtungsklage gemäß § 42 Abs. 1 Alt. 1 VwGO als Gestaltungsklage.[3] Voraussetzung der Anfechtungsklage ist, dass der Kläger die Aufhebung eines Verwaltungsaktes anstrebt. Ein Verwaltungsakt ist gemäß § 35 S. 1 VwVfG i.V.m. § 1 Abs. 1 Bln VwVfG jede Verfügung, Entscheidung oder andere hoheitliche Maßnahme, die eine Behörde zur Regelung des Einzelfalles auf dem Gebiet des öffentlichen Rechts trifft und die auf unmittelbare Rechtwirkung nach außen gerichtet ist. Durch den gegenüber D erlassenen Kostenbescheid wird dieser verpflichtet, einen den Vorgaben des Gebührenrechts Berlin bzw. der Abgabenordnung (AO) entsprechenden Geldbetrag zu zahlen. Der Kostenbescheid enthält somit eine gegenüber D verbindliche Regelung mit Außenwirkung. Ein Verwaltungsakt ist gegeben. Die Anfechtungsklage ist statthaft.

V. Besondere Sachurteilsvoraussetzungen

Die besonderen Sachurteilsvoraussetzungen können erfüllt sein.

1. Besondere Prozessführungsbefugnis

Da das Landesrecht in Berlin keine Ausführungsvorschrift zu § 78 Abs. 1 Nr. 2 VwGO enthält, ist das Land Berlin als Gebietskörperschaft öffentlichen Rechts gemäß § 78 Abs. 1 Nr. 1 VwGO besonders prozessführungsbefugt.[4]

---

3 Die Anfechtungsklage ist besonders rechtsschutzintensiv, weil das Gericht als Judikative mittels einer Durchbrechung der Gewaltenteilung einen Verwaltungsakt als Rechtssetzungsakt der Exekutive aufhebt.

4 § 78 VwGO enthält nach h.M. eine Regelung über die besondere Prozessführungsbefugnis, die von der Beteiligungsfähigkeit und der Passivlegitimation zu trennen ist (MA: § 78 VwGO als Sonderregelung der Passivlegitimation, die aber in der Sachstation, also der Begründetheit, zu prüfen ist, da „Passivlegitimation" der Terminus für den materiell richtigen Klagegegner ist). Die besondere Prozessführungsbefugnis ist ein Unterpunkt bei den besonderen Sachurteils-

2. Klagebefugnis

D muss klagebefugt sein. Voraussetzung für die Klagebefugnis im Sinne des § 42 Abs. 2 VwGO ist die Möglichkeit der Verletzung eines subjektiven Rechtes. Subjektive Rechte sind aus Sonderrechtsbeziehungen, einfachen Gesetzen sowie subsidiär aus Grundrechten abzuleiten, soweit nicht aufgrund des weiten Schutzbereiches des Art. 2 Abs. 1 GG bei unmittelbaren Grundrechtseingriffen direkt auf Grundrechte abgestellt werden kann.[5]

Zunächst könnte die Möglichkeit einer Verletzung des Eigentumsrechtes des D aus Art. 14 Abs. 1 S. 1 GG maßgeblich sein. Vom Recht auf Eigentum sind dabei die Institutsgarantie – gleichzusetzen mit der Einrichtungsgarantie – sowie die Individualgarantie – gleichzusetzen mit der Bestandsgarantie – erfasst. Durch die Individualgarantie des Eigentums wird unter Zugrundelegung unter anderem des zivilrechtlichen Eigentumsbegriffes des § 903 BGB zwar neben der Sach- und Rechtsherrschaft an einem konkreten Gegenstand auch dessen Tauschwert geschützt, jedoch ist diese eingeschränkte Tauschwertgarantie nicht mit einer generellen Vermögenswertgarantie identisch (vertiefend Papier, in: Maunz/Dürig, Grundgesetz-Kommentar, Art. 14, Rn 8 f.). Das Vermögen als solches wird durch Art. 14 Abs. 1 S. 1 GG nicht geschützt, sodass die Möglichkeit der Verletzung des Eigentumsrechtes aus Art. 14 Abs. 1 S. 1 GG bezüglich des D – der lediglich zahlen soll – nicht besteht. Die entsprechenden Kostennormen sind daher auch nicht als Inhalts- und Schrankenbestimmungen im Sinne des Art. 14 Abs. 1 S. 2 GG einzustufen. Gegenteiliges kann sich aus der Sozialbindung des Eigentums ergeben, soweit durch das Gefahrenabwehrrecht Befugnisse eines Eigentümers eingeschränkt oder eine Zustandshaftung herbeigeführt werden, wobei die Begrenzung der Zustandshaftung durch die Privatnützigkeit des Eigentums zu beachten ist (vgl. BVerfGE 102, 1, 18 ff. – Grundstückssanierung bei Altlasten; Depenheuer, in: v. Mangoldt/Klein/Stark, Grundgesetz Kommen-

---

voraussetzungen und wird teilweise (vertretbar aber bzgl. der materiell-rechtlichen Passivlegitimation verwechslungsfähig) mit „Klagegegner“ überschrieben.

Einige Argumente für die h.M.:

- § 78 VwGO steht systematisch bei den besonderen Sachurteilsvoraussetzungen
- Gesetzgebungskompetenzen
- falsche Behörde bzw. falscher Rechtsträger können nicht zum materiell richtigen Anspruchsgegner im Sinne einer Passivlegitimation werden.

Zum Ganzen: Ehlers, Festschrift für Menger, S. 379 ff.; Hufen, Verwaltungsprozessrecht, § 12, Rn 38 ff. m.w.N.; vgl. OVG Münster NVwZ 1990, 188.

5 **Zur Klagebefugnis:** Ist jemand Adressat eines belastenden Verwaltungsaktes, kann beim subjektiven Recht wegen des unmittelbaren Grundrechtseingriffes nach h.M. direkt auf Grundrechte abgestellt werden. Mittlerweile wird (dogmatisch überzeugend) auch insoweit vermehrt auf vorrangige speziellere subjektive Rechte abgestellt, soweit sie bestehen.

tar, Band 1, 6. Auflage 2010, Art. 14, Rn 396ff.). Insoweit bestehen jedoch keine Anhaltspunkte.

D ist Adressat eines Kostenbescheides, sodass jedenfalls die Möglichkeit einer Verletzung der allgemeinen Handlungsfreiheit aus Art. 2 Abs. 1 GG besteht.

3. Vorverfahren und Widerspruchsfrist

Ein in Berlin nicht gemäß § 68 Abs. 1 S. 2 VwGO i.V.m. dem Landesrecht entbehrliches Vorverfahren im Sinne der §§ 68ff. VwGO wurde von D ordnungsgemäß durchgeführt.

4. Klagefrist

Die Klagefrist von einem Monat nach Zustellung des Widerspruchsbescheides gemäß § 74 Abs. 1 S. 1 VwGO wurde von D durch die rechtzeitige Erhebung der Klage eingehalten.

VI. Allgemeines Rechtsschutzbedürfnis

Es bestehen keine Anhaltspunkte für das Fehlen des allgemeinen Rechtsschutzbedürfnisses.

VII. Zwischenergebnis

Die Sachurteilsvoraussetzungen sind erfüllt und die Klage ist zulässig.

B. Begründetheit

Die Klage des D ist gemäß § 113 Abs. 1 S. 1 VwGO begründet, soweit der Kostenbescheid rechtswidrig und der Kläger D durch diesen Bescheid in seinen Rechten verletzt ist. D als Adressat eines belastenden Verwaltungsaktes ist bei dessen Rechtswidrigkeit zumindest in seinem Grundrecht aus Art. 2 Abs. 1 GG verletzt.

I. Rechtsgrundlage[6]

Maßgeblich ist, ob es eine Rechtsgrundlage gibt, auf welcher der Kostenbescheid bezüglich der Vornahme der Ziegelarbeiten beruht. Die Rechtsgrundlage

---

6 Mit der Verwendung des Terminus „Ermächtigungsgrundlage" werden mehrere Streitstände entschieden bzw. Festlegungen getroffen. Mag er bei unmittelbaren Grundrechtseingriffen un-

auf der Sekundärebene ist davon abhängig, ob es sich um die Kosten einer Ersatzvornahme im gestreckten Verwaltungsverfahren oder die einer Sofortmaßnahme – sei es in Form einer unmittelbaren Ausführung oder in Form eines sofortigen Vollzuges – handelt. Es muss der handelnden Behörde die Befugnis verliehen werden, einen Kostenbescheid als Verwaltungsakt im Sinne des § 35 S. 1 VwVfG i.V.m. § 1 Abs. 1 Bln VwVfG zu erlassen. Als Rechtgrundlagen kommen § 19 Abs. 1 S. 1 VwVG i.V.m. den §§ 10 VwVG, 5a S. 1 Bln VwVfG oder §§ 15 Abs. 2 S. 1 ASOG in Betracht.[7]

1. Kosten der Sofortmaßnahme

Es könnte sich bei dem Kostenbescheid gegenüber D um die Geltendmachung der Kosten einer Sofortmaßnahme gemäß § 19 Abs. 1 S. 1 VwVG i.V.m. den §§ 10 VwVG, 5a S. 1 VwVfG Bln i.V.m. § 6 Abs. 2 VwVG – Kosten des sofortigen Vollzuges – oder gemäß § 15 Abs. 2 S. 1 ASOG– Kosten einer unmittelbaren Ausführung – handeln. Eine Sofortmaßnahme bezüglich der Ziegelarbeiten ist denkbar, wenn kein Verwaltungsakt erlassen wurde, der zur Vornahme der Arbeiten verpflichtet. Es dürfte also kein Verwaltungsakt dem behördlichen Handeln zugrunde gelegen haben. Dabei ist zwischen der unmittelbaren Ausführung und dem sofortigen Vollzug zu unterscheiden. Die unmittelbare Ausführung ist im materiellen Recht außerhalb der Standardmaßnahmen, die Vollstreckungsrecht implizieren können, geregelt. Es handelt sich bei der unmittelbaren Ausführung um eine Handlung für den Betroffenen bzw. um eine solche, die adressatenneutral ist, nicht um eine Handlung gegen seinen Willen. Die unmittelbare Ausführung ist aufgrund ihrer systematischen Stellung nicht dem Vollstreckungsrecht zuzuordnen und daher unanwendbar, wenn bereits ein Verwal-

problematisch verwendbar sein, ist dennoch der weitergehende Terminus „Rechtsgrundlage“ empfehlenswert, da dessen Verwendung weniger fehleranfällig ist.

7 **Es ist zu differenzieren:**
- gestrecktes Verfahren ist Vollstreckung
- verkürztes Verfahren (Verwaltungsakt, jedoch keine Androhung bzw. Festsetzung) ist Vollstreckung
- sofortiger Vollzug als Sonderfall des verkürzten Verfahrens ist Vollstreckung und gleichzeitig Sofortmaßnahme
- unmittelbare Ausführung ist nach überwiegender Auffassung keine Vollstreckung, aber eine Sofortmaßnahme. Es ist vertretbar, die unmittelbare Ausführung als Sonderfall des sofortigen Vollzuges einzustufen. Das ergibt jedoch keinen Sinn, da auf Bundesebene in § 6 Abs. 2 VwVG und z.B. § 19 Abs. 1 BPolG sowie z.B. in Berlin beide Sofortmaßnahmen geregelt sind. Das wäre überflüssig, zumal die unmittelbare Ausführung systematisch nicht im Vollstreckungsrecht geregelt ist.

tungsakt erlassen worden ist, der vollstreckt wird. Im Bundesland Berlin ist die unmittelbare Ausführung ausdrücklich neben dem sofortigen Vollzug geregelt. Der sofortige Vollzug als Spezialfall eines verkürzten Verfahrens, der in Berlin in § 6 Abs. 2 VwVG i.V.m. § 5 S. 1 Bln VwVfG geregelt ist, ist hingegen ebenso wie das allgemeine verkürzte Verfahren und das gestreckte Verfahren dem Vollstreckungsrecht zuzuordnen, sodass insoweit der Wille des Betroffenen gebrochen werden soll. Die Regelungen stehen nämlich anders als die der unmittelbaren Ausführung systematisch im Vollstreckungsrecht. Da die Art des Handelns allerdings nicht von subjektiven Einstellungen des Betroffenen abhängig sein darf, ist ein im Sinne des Art. 20 Abs. 3 GG rechtsstaatlicher verobjektivierter Maßstab zur gegebenenfalls notwendigen Abgrenzung der Sofortmaßnahmen voneinander maßgeblich.

D sollte das Hakenkreuzsymbol entfernen, die roten Ziegel abbauen und stattdessen schwarze Ziegel, die zum übrigen Dach passen, verlegen. Diese Verfügung des P war unmittelbar an D gerichtet und ist als Verwaltungsakt im Sinne des § 35 S. 1 VwVfG i.V.m. § 1 Abs. 1 Bln VwVfG einzustufen. Die Existenz des Verwaltungsaktes steht der Anwendbarkeit des § 6 Abs. 2 VwVG i.V.m. § 5 S. 1 Bln VwVfG auf der Primärebene und damit der Anwendung des § 19 Abs. 1 S. 1 VwVG i.V.m. den §§ 10 VwVG, 5a S. 1 Bln VwVfG i.V.m. § 6 Abs. 2 VwVG auf der Sekundärebene entgegen. § 19 Abs. 1 S. 1 VwVG i.V.m. den §§ 10 VwVG, 5a S. 1 Bln VwVfG i.V.m. § 6 Abs. 2 VwVG und § 15 Abs. 2 S. 1 ASOG kommen damit als Rechtsgrundlage für den an D gerichteten Kostenbescheid nicht in Betracht.

2. Kosten der Vollstreckung

Mit dem Kostenbescheid gegenüber D können aber die Kosten einer Ersatzvornahme im gestreckten oder verkürzten Vollstreckungsverfahren geltend gemacht worden sein. Rechtsgrundlage für die Kosten einer Ersatzvornahme im gestreckten oder verkürzten Verfahren im Übrigen ist § 19 Abs. 1 S. 1 VwVG i.V.m. den §§ 10 VwVG, 5a S. 1 Bln VwVfG i.V.m. § 6 Abs. 1 VwVG oder § 15 Abs. 2 S. 1 ASOG.[8] Zwar könnte diesbezüglich ausschließlich auf das Gesetz über Gebühren und Beiträge in Berlin abgestellt werden, jedoch ist insoweit primär das „Wie" der Kosten, nicht das „Ob" der Kosten geregelt, sodass auch im Hinblick auf die Grundrechtsintensität eine bereichsspezifische Sonderregelung erforderlich ist. Der insoweit erwägenswerte § 10 VwVG i.V.m. § 5a S. 1 Bln VwVfG steht nicht im Abschnitt über die Kosten, sodass maßgebliche Grundlage § 19 VwVG

8 Die Gerichte bzw. die Senate benennen die Rechtsgrundlage unterschiedlich. Einige Stellen auf § 10 VwVG i.V.m. § 5a S. 1 Bln VwVfG ab, andere auf § 19 VwVG i.V.m. § 5a S. 1 Bln VwVfG. Wieder andere zitieren nur das Gesetz über Gebühren und Beiträge in Berlin.

i.V.m. § 10 VwVG i.V.m. § 5a S. 1 Bln VwVfG sein muss. Problematisch ist insoweit allerdings der Verweis auf die Abgabenordnung, weshalb eine Ersetzung der Abgabenordnung bei verfassungskonformer Auslegung im Sinne des sich unter anderem aus Art. 20 Abs. 3 GG ergebenen Rechtsstaatsprinzips im Hinblick auf die Bestimmtheit und Rechtssicherheit durch das Gesetz über Gebühren und Beiträge in Berlin vertretbar ist. Unabhängig davon, ob sich die Höhe der Kosten nach der Abgabenordnung oder nach dem Gesetz über Gebühren und Beiträge in Berlin bemisst, ist diese jedenfalls angemessen. Eine Kosteninanspruchnahme nach den § 19 Abs. 1 S. 1 VwVG i.V.m. den §§ 10 VwVG, 5a S. 1 Bln VwVfG i.V.m. § 6 Abs. 1 VwVG oder § 15 Abs. 2 S. 1 ASOG setzt voraus, dass ein Verwaltungsakt mittels einer Ersatzvornahme vollstreckt worden ist. Die Verfügung des P stellte einen Verwaltungsakt dar. Die Kosten, die durch den Einsatz des H nach Ablauf der dem D gesetzten Frist entstanden sind, waren solche der Vollstreckung. § 19 Abs. 1 S. 1 VwVG i.V.m. den §§ 10 VwVG, 5a S. 1 Bln VwVfG i.V.m. § 6 Abs. 1 VwVG ist als Rechtsgrundlage für den Kostenbescheid gegenüber D maßgeblich.

3. Zwischenergebnis

§ 19 Abs. 1 S. 1 VwVG i.V.m. den §§ 10 VwVG, 5a S. 1 Bln VwVfG i.V.m. § 6 Abs. 1 VwVG ist als Rechtsgrundlage maßgeblich.

II. Voraussetzungen

Die formellen und materiellen Voraussetzungen für den Erlass eines Kostenbescheides auf dem Gebiet der Verwaltungsvollstreckung müssen erfüllt sein.

1. Handlungsform Verwaltungsakt

Die Behörde muss aufgrund des § 19 Abs. 1 S. 1 VwVG i.V.m. den §§ 10 VwVG, 5a S. 1 Bln VwVfG i.V.m. § 6 Abs. 1 VwVG zunächst die Befugnis gehabt haben, den Kostenbescheid als Verwaltungsakt zu erlassen. Der Behörde stehen zur Rechtssetzung die Handlungsformen der Verordnung, der Satzung, des Verwaltungsaktes, des öffentlich-rechtlichen Vertrages sowie der Zusicherung – diese ist möglicherweise als eine Sonderform eines Verwaltungsaktes einzustufen – zu. Diese Handlungsformen muss sie im Sinne des sich unter anderem aus Art. 20 Abs. 3 GG ergebenden dem Rechtsstaatsprinzip verwenden. Erlässt eine Behörde gegenüber einem Betroffenen einen Verwaltungsakt in Form eines Kostenbescheides, stellt dies für ihn über die materiell rechtliche Inanspruchnahme hinaus eine zusätzliche Belastung dar. Die Verwaltung schafft sich hierdurch selbst einen Vollstreckungstitel und zwingt den Bürger – will er die Vollstreckung verhindern – dagegen mit Widerspruch bzw. Klage vorzugehen. Soll der Behörde diese Eingriffsmöglichkeit eingeräumt werden, muss die Verwaltungsaktbefugnis deshalb ausdrücklich gesetzlich geregelt sein (Thür. OVG DVBl. 2011, S. 242f.; Thür. OVG DVBl. 2010, S. 1042f.). Es macht nämlich einen Unterschied, ob die Behörde von ihr geltend gemachte Forderungen einseitig festsetzen und den Bescheid gegebenenfalls für sofort vollziehbar im Sinne des § 80 Abs. 2 S. 1 Nr. 4 VwGO erklären kann oder ob sie den Kostenschuldner auf Zahlung vor einem Verwaltungsgericht verklagen muss. Mit dem Erlass des Verwaltungsaktes kann die Behörde die Rollen der Parteien im Prozess nämlich so umkehren, dass nicht mehr sie, sondern der Adressat des Verwaltungsaktes Kläger ist (vgl. Ipsen, Allgemeines Verwaltungsrecht, Rn 621ff.).

In § 19 Abs. 1 S. 1 VwVG i.V.m. den §§ 10 VwVG, 5a S. 1 Bln VwVfG i.V.m. § 6 Abs. 1 VwVG ist geregelt, dass die Kosten der Ersatzvornahme erhoben werden. Die genannten Regelungen sind derart auszulegen, dass das Erstattungsverlangen durch einen Verwaltungsakt erfolgen kann (vgl. Muckel, Verwaltungsvollstreckung in der Klausur, in: JA 2012, S. 355, 360). Die Handlungsform des Verwaltungsaktes durfte gewählt werden.

2. Formelle Voraussetzungen

In formeller Hinsicht müssen Zuständigkeit, Verfahren und Form gewahrt worden sein. Zuständige Vollstreckungsbehörde im Sinne des Allgemeinen Sicherheits- und Ordnungsgesetzes einschließlich des Anhanges in Form des Ordnungsbehördenkataloges bzw. im Sinne des Allgemeinen Zuständigkeitsgesetzes war die Polizei.

Verfahrensrechtlich kann eine Anhörung des D je nach Rechtsnatur der Vollstreckung erforderlich gewesen sein. Deren Entbehrlichkeit im Rahmen der Verwaltungsvollstreckung gemäß § 28 Abs. 2 Nr. 5 VwVfG i.V.m. § 1 Abs. 1 Bln VwVfG kann aufgrund der Beendigung der Vollstreckung entfallen sein, sodass eine Anhörung bezüglich des Kostenbescheides gemäß § 28 Abs. 1 VwVfG i.V.m. § 1 Abs. 1 Bln VwVfG erforderlich wäre. Letztlich ist es jedoch nicht maßgeblich, ob eine Anhörung entbehrlich war oder nicht, weil die Anhörung jedenfalls vor Abschluss der letzten Tatsacheninstanz eines verwaltungsgerichtlichen Verfahrens im Sinne des § 45 Abs. 2 VwVfG i.V.m. § 1 Abs. 1 Bln VwVfG gemäß § 45 Abs. 1 Nr. 3 VwVfG i.V.m. § 1 Abs. 1 Bln VwVfG nachgeholt wurde und ein etwaiger Fehler somit unbeachtlich ist (Nachholbarkeit genügt sogar: vgl. OVG Münster, Beschluss vom 8.10.2009 – 5 E 1011/09).

Formfehler bestehen nicht. Der Kostenbescheid erging verfahrens- und formfehlerfrei.

3. Materielle Voraussetzungen

Die materiellen Voraussetzungen für den Erlass des Kostenbescheides im Sinne des § 19 Abs. 1 S. 1 VwVG i.V.m. den §§ 10 VwVG, 5a S. 1 Bln VwVfG i.V.m. § 6 Abs. 1 VwVG sind eine rechtmäßige Vollstreckungsmaßnahme, die Kostenpflicht des Betroffenen und ein rechtmäßiger Kostenansatz.

a) Rechtmäßigkeit der Vollstreckungsmaßnahme

Eine Vollstreckungsmaßnahme ist rechtmäßig, soweit eine Rechtsgrundlage gegeben ist, deren Voraussetzungen erfüllt und etwaige Ermessensspielräume – Beurteilungsspielräume gibt es im Vollstreckungsrecht nicht – ordnungsgemäß ausgeübt worden sind.

aa) Rechtsgrundlage der Vollstreckung

Da die Verwaltungsvollstreckung besonders grundrechtsintensiv ist, bedarf es wegen des insoweit aus den Grundrechten abgeleiteten Gesetzesvorbehalts einer Rechtsgrundlage. Die Rechtsgrundlage für die Ersatzvornahme als Vollstreckung eines Verwaltungsaktes im gestreckten Verfahren ist § 6 Abs. 1 VwVG i.V.m. den §§ 9 lit. a, 10 VwVG i.V.m. § 5a S. 1 Bln VwVfG.

bb) Voraussetzungen der Vollstreckung

Die formellen und materiellen Voraussetzungen des § 6 Abs. 1 VwVG i.V.m. den §§ 9 lit. a, 10 VwVG i.V.m. § 5a S. 1 Bln müssen erfüllt sein.

(1) Formelle Voraussetzungen der Vollstreckung

Formell handelte mit der Polizei die zuständige Vollstreckungsbehörde, weil gemäß § 7 VwVG i.V.m. § 5a S. 1 Bln VwVfG die Behörde für die Vollstreckung zuständig ist, die den zu vollstreckenden Verwaltungsakt erlassen durfte – also gemäß § 1 Abs. 1 ASOG i.V.m. § 4 Abs. 1 ASOG. Eine Anhörung des D ist gemäß § 28 Abs. 2 Nr. 5 VwVfG i.V.m. § 1 Abs. 1 Bln VwVfG entbehrlich, jedenfalls aber erfolgt. Die Androhung und die Festsetzung sind formell irrelevant, da ein konkretes Zwangsmittel anzudrohen bzw. festzusetzen ist, sodass ein materieller Bezug besteht. Formfehler bestehen nicht.

(2) Materielle Voraussetzungen der Vollstreckung

Materiell setzt die Ersatzvornahme einen vollstreckbaren Verwaltungsakt als Titel, die rechtmäßige Art und Weise der Vollstreckung und das Nichtbestehen eines der Vollstreckung entgegenstehenden Vollstreckungshindernisses voraus.

(a) Vollstreckbarer Verwaltungsakt

Als der im Sinne des § 6 Abs. 1 VwVG i.V.m. § 5a S. 1 Bln VwVfG vollstreckbare Verwaltungsakt kann die Verfügung des P an D vom 23.9. einzustufen sein.

(aa) Ge- bzw. Verbotsverfügung

Es bedarf einer Ge- bzw. Verbotsverfügung. Ein Verwaltungsakt im Sinne des § 35 S. 1 VwVfG i.V.m. § 1 Abs. 1 Bln VwVfG ist jede Verfügung, Entscheidung oder andere hoheitliche Maßnahme, die eine Behörde zur Regelung eines Einzelfalls auf dem Gebiet des öffentlichen Rechts trifft und die auf unmittelbare Rechtswirkung nach außen gerichtet ist. P gebot D ausdrücklich, sein „Werk“ zu entfernen. Ein Verwaltungsakt ist gegeben.

(bb) Wirksamkeit bzw. Rechtmäßigkeit der Verfügung

Der Verwaltungsakt muss jedenfalls wirksam sein, wobei fraglich ist, ob er auch rechtmäßig sein muss.

(aaa) Wirksamkeit

Der Verwaltungsakt muss auch wirksam sein. Die Wirksamkeit eines Verwaltungsaktes setzt voraus, dass er gemäß §43 Abs.1 VwVfG i.V.m. §1 Abs.1 Bln VwVfG bekannt gegeben, gemäß §43 Abs.2 VwVfG i.V.m. §1 Abs.1 Bln VwVfG nicht erledigt und gemäß § 43 Abs. 3 VwVfG i.V.m. § 1 Abs. 1 Bln VwVfG nicht nichtig unter anderem nach § 44 VwVfG i.V.m. § 1 Abs. 1 Bln VwVfG ist.

Die Bekanntgabe eines Verwaltungsaktes richtet sich grundsätzlich nach § 41 Abs. 1 S. 1 VwVfG i.V.m. § 1 Abs. 1 Bln VwVfG. Danach muss er demjenigen bekannt gegeben werden, für den er bestimmt ist oder der von ihm betroffen wird. Dies ist bezüglich des Beseitigungsgebotes gegenüber D erfolgt.

Ein zur Nichtigkeit führender absoluter Nichtigkeitsgrund im Sinne des § 44 Abs. 2 VwVfG i.V.m. § 1 Abs. 1 Bln VwVfG ist nicht ersichtlich. Auch für eine evidente Nichtigkeit im Sinne des Auffangtatbestandes nach § 44 Abs. 1 VwVfG i.V.m. § 1 Abs. 1 Bln VwVfG bestehen keine Anhaltpunkte. Ebenso kommt eine Aufhebung nicht in Betracht.

(bbb) Rechtmäßigkeit

Fraglich ist, ob der vollstreckbare Verwaltungsakt überdies auch rechtmäßig sein muss, oder ob dessen Wirksamkeit für eine rechtmäßige Vollstreckung genügt.[9] Die Rechtmäßigkeit des der Verwaltungsvollstreckung zugrundeliegenden Verwaltungsaktes könnte erforderlich sein, weil wegen des sich unter anderem aus Art. 20 Abs. 3 GG ableitenden Rechtsstaatsprinzips das Unrecht der Verwaltung nicht durch eine weitere Vollstreckung perpetuiert werden soll. Andererseits gehört zu einer effektiven Gefahrenabwehr zum Schutz der Rechte und Rechtsgüter im Rechtsstaat auch eine effektive Verwaltungsvollstreckung und Gefahrenabwehr im Sinne des Art. 20 Abs. 3 GG. Daher ist für eine rechtmäßige Verwaltungsvollstreckung grundsätzlich ein wirksamer Verwaltungsakt hinreichend. Die auf einen lediglich wirksamen Verwaltungsakt gestützte Verwaltungsvollstreckung kann allenfalls mit Art. 19 Abs. 4 S. 1 GG, in dem ein Rechtsweg gegen Exekutivhandeln gewährleistet wird, unvereinbar sein, soweit der zu vollstreckende Verwaltungsakt – zum Beispiel aus zeitlichen Gründen – nicht einmal im einstweiligen Rechtsschutz angreifbar wäre. Da P hinreichend Zeit zur Entfernung des Symbols auf dem Dach gegeben hatte, war der zu vollstreckende Verwaltungsakt für D angreifbar, sodass er bezüglich der Vollstreckung nicht rechtmäßig sein muss, weil D bis zum Ablauf der Frist am Mittwoch, den 26.9., hätte Rechtsschutz durchführen können. Der Verwaltungsakt musste also nicht rechtmäßig sein.

(cc) Vollziehbarkeit der Verfügung

Der Verwaltungsakt muss vollziehbar im Sinne des § 6 Abs. 1 VwVG i.V.m. den §§ 9 lit. a, 10 VwVG i.V.m. § 5a S. 1 Bln VwVfG sein. Eine wirksame Verfügung ist erst vollziehbar, wenn sie unanfechtbar und damit bestandskräftig ist oder sich die Vollziehbarkeit aus § 80 Abs. 2 VwGO ergibt. In Betracht kommt die sofortige Vollziehbarkeit nach § 80 Abs. 2 S. 1 Nr. 2 VwGO, soweit es sich um eine unaufschiebbare Anordnung oder Maßnahme eines Polizeivollzugsbeamten handelt. Maßgeblich ist, ob die Verfügung unaufschiebbar war. Zum Zeitpunkt der Ver-

9 Es ist strittig, ob der vollstreckbare Verwaltungsakt auch rechtmäßig sein muss. Es ist möglich, mit einem „Jedenfalls-Schluss“ zu arbeiten und die Rechtmäßigkeit mit dem Hinweis zu prüfen, dass der Streitstand dann dahinstehen kann. Allerdings geht das Bundesverwaltungsgericht regelmäßig davon aus, dass der Verwaltungsakt nicht rechtmäßig sein muss. Die Rechtmäßigkeitsprüfung kann allerdings bei der Entbehrlichkeit der Androhung bzw. Festsetzung erforderlich sein, wenn die Entbehrlichkeit nicht auf einer ausdrücklichen Regelung, sondern auf einem „Erst-recht-Schluss“ aus dem sofortigen Vollzug beruht (so z.B. auf Bundesebene und in Berlin). Ebenso kann die Rechtmäßigkeitsprüfung auf der Rechtsfolgenseite der Sekundärebene relevant werden.

fügung des P ziegelte D noch an dem Dach, stand aber kurz vor Abschluss seiner Arbeiten. Spätestens ab Abschluss der Arbeiten könnte man das Hakenkreuz-Symbol unstreitig als solches ausmachen. Dieses befand sich auf dem Dach eines Mehrfamilienhauses und war groß genug, um es über weite Strecken erkennen zu können. Es ist nicht ausgeschlossen, dass der Straftatbestand des § 86a StGB erfüllt wäre. Die Verfügung des P war eilbedürftig, damit unaufschiebbar und somit gemäß § 80 Abs. 2 S. 1 Nr. 2 VwGO sofort vollziehbar.

(b) Art und Weise

Die Verwaltungsvollstreckung in Form der Ersatzvornahme muss in der gesetzlich vorgesehenen Art und Weise durchgeführt worden sein.[10]

(aa) Androhung

Die Vollstreckung muss gemäß § 13 Abs. 1 S. 1 VwVG i.V.m. § 5a S. 1 Bln VwVfG angedroht worden sein, soweit die Androhung nicht entbehrlich war. Dies gilt unabhängig davon, ob die Androhung ihrer Rechtsnatur nach als Verwaltungsakt oder als Realakt einzustufen ist. Eine ausdrückliche Androhung erfolgte gegenüber D nicht. Dieser hatte jedoch bereits eine Mitwirkung an der Entfernung der roten Dachziegel verweigert. Diese Verweigerung war auch ernsthaft und endgültig. Maßgeblich ist, ob eine endgültige Verweigerung zur Entbehrlichkeit der Androhung führen kann. Dies könnte sich nach dem Sinn und dem Zweck der Androhung aus dem sich unter anderem aus Art. 20 Abs. 3 GG ergebenden Rechtsstaatsprinzip ableiten. Eine Androhung ergeht, um den Vollzug einzuleiten und den Pflichtigen ausdrücklich darauf hinzuweisen, dass unter Umständen durch die Anwendung des Verwaltungszwanges in seine Grundrechte eingegriffen wird. Es soll ihm deutlich gemacht werden, dass ihm eine Handlungspflicht erwachsen ist, die nun durch die Behörde mit entsprechenden auch kostenrechtlichen Folgen selbst wahrgenommen werden kann. Auch eine vormalige ernsthafte Weigerung kann unter diesen Umständen nicht zur Entbehrlichkeit der Androhung führen, da sie Ausfluss unreflektierten Denkens des Pflichtigen sein und er bei verständiger Würdigung der Sachlage noch zu einem Einlenken bewegt werden kann. Insoweit ist die Androhung nicht aufgrund der zuvor sei-

---

10 Es wird vertreten, Androhung und Festsetzung bei den formellen Voraussetzungen der Vollstreckung zu prüfen. Da aber zum Beispiel bezüglich der Entbehrlichkeit einer Androhung oder bezüglich der Wahl des Zwangsmittels materielle Tatbestandsmerkmale geprüft werden müssen, ist es sinnvoll, Androhung und Festsetzung bei den materiellen Voraussetzungen zu erörtern.

tens des D artikulierten Weigerung entbehrlich. Eine Entbehrlichkeit der Androhung ist gesetzlich nicht geregelt, sodass insoweit lediglich ein „Erst-recht-Schluss“ aus § 6 Abs. 2 VwVG i.V.m. § 5a S. 1 Bln VwVfG in Betracht kommt,[11] bezüglich dessen inzident jedoch die Rechtmäßigkeit des zu vollstreckenden Verwaltungsaktes maßgeblich wäre. Unabhängig von der Entbehrlichkeit der Androhung wurde sie jedoch jedenfalls mit der Verfügung zusammen im Sinne des § 13 Abs. 2 S. 1, 2 VwVG i.V.m. § 5a S. 1 Bln VwVfG schriftlich im Sinne des § 13 Abs. 1 S. 1 VwVG i.V.m. § 5a S. 1 Bln VwVfG erlassen, wenngleich die Formulierung „Androhung“ nicht gefallen ist, da P gegenüber D ankündigte, bei Nichtbefolgung seiner Verfügung selbst tätig werden zu wollen. Auch eine Frist im Sinne des § 13 Abs. 1 S. 2 VwVG i.V.m. § 5a S. 1 Bln VwVfG war in der Grundverfügung enthalten. Die Vollstreckung wurde nach alledem ordnungsgemäß angedroht.[12]

(bb) Festsetzung

Für die Anwendung des Zwangsmittels könnte eine Festsetzung erforderlich sein. Die Festsetzung ist die Anordnung der Vollzugsbehörde, dass ein Zwangsmittel tatsächlich angewandt werden und in welcher Art und Form dies geschehen soll. Die Festsetzung ist als letzte unmissverständliche Warnung, durch die der Pflichtige Gelegenheit erhalten soll, die Anwendung des Verwaltungszwanges durch Befolgen der Grundverfügung abzuwenden, einzustufen. Unabhängig davon, dass die Festsetzung im Gegensatz zur Androhung bei endgültiger Weigerung des Pflichtigen aufgrund effektiver Gefahrenabwehr im Sinne des sich unter anderem aus Art. 20 Abs. 3 GG ergebenden Rechtsstaatsprinzips entbehrlich sein kann (BVerwG NVwZ 1997, 381, 382; Dünchheim: Die Festsetzung von Zwangsmitteln – ein lästiges Vehikel des Vollstreckungsverfahrens?, in: NVwZ 1997, S. 350ff.; Muckel a.a.O.), ist sie in Berlin gemäß § 14 VwVG i.V.m. § 5a S. 1 Bln VwVfG zwar auch bei der Ersatzvornahme erforderlich, jedoch jedenfalls erfolgt.

---

11 Aufgrund des Verweises auf das Bundesrecht in § 5a S. 1 Bln VwVfG fehlt anders als in den meisten anderen Bundesländern eine Regelung über die Entbehrlichkeit der Androhung, sodass insoweit nur ein „Erst-recht-Schluss“ aus § 6 Abs. 2 VwVG in Betracht kommt. Wegen der dortigen Voraussetzungen „innerhalb ihrer gesetzlichen Befugnisse“ müsste insoweit die Rechtmäßigkeit des zu vollstreckenden Verwaltungsaktes inzident geprüft werden.

12 Das Erfordernis einer zweiten Androhung ist nur beim unmittelbaren Zwang als besonders grundrechtsintensives Zwangsmittel zu erörtern.

(cc) Anwendung

Anwendungsfehler sind bei der Ersatzvornahme im Sinne der §§ 10, 15 VwVG i.V.m. § 5a S. 1 Bln VwVfG nicht ersichtlich, da sich die Vollstreckungsbehörde gemäß § 10 VwVG i.V.m. § 5a S. 1 Bln VwVfG –eine Eigenvornahme ist gesetzlich nicht vorgesehen – zur Vornahme der Ziegelarbeiten eines Dritten bedienen durfte. Pflichtiger ist im Sinne des § 10 Abs. 2 S. 1 VwVG i.V.m. § 5a S. 1 Bln VwVfG derjenige, gegen den sich der Verwaltungsakt richtet. D war als von der Grundverfügung Betroffener Verhaltensstörer im Sinne des § 13 Abs. 1 ASOG, da er die Hakenkreuzsymbolik auf dem Dach befestigt hat. Ob auch die Wohnungseigentümergemeinschaft Störerin – zum Beispiel Zustandsstörerin im Sinne des § 14 Abs. 3 S. 1 ASOG – ist, ist zunächst irrelevant, solange D als Adressat der Vollstreckung Handlungspflichtiger ist. D ist der richtige Vollstreckungspflichtige.

(c) Kein Vollstreckungshindernis

Es ist kein Vollstreckungshindernis, wie beispielsweise eine Erfüllung, ersichtlich. Eine eventuell erforderliche Duldungsverfügung gegenüber der Wohnungseigentümergemeinschaft ist bezüglich der Dacharbeiten zur Abdeckung des Hakenkreuzes erfolgt.

cc) Rechtsfolge der Vollstreckung

Die Vornahme vollstreckungsrechtlicher Maßnahmen steht im Ermessen der zuständigen Behörde, wobei grundsätzlich Auswahlermessen und Entschließungsermessen im Sinne des § 12 ASOG bestehen.

(1) Entschließungsermessen

Das Entschließungsermessen im Sinne des § 12 ASOG darf nicht fehlerhaft ausgeübt worden sein. Ein Ermessensausfall ist nicht ersichtlich. Das Erschließungsermessen kann aber aufgrund einer Ermessensüberschreitung fehlerhaft ausgeübt worden sein. Das ist insbesondere anzunehmen, wenn in unverhältnismäßiger Weise in Grundrechte eingegriffen worden ist. Es könnte derart in die Grundrechte des D auf freie Meinungsäußerung im Sinne des Art. 5 Abs. 1 S. 1 GG, die Kunstfreiheit im Sinne des Art. 5 Abs. 3 S. 1 GG und subsidiär unter Umständen in seine allgemeine Handlungsfreiheit aus Art. 2 Abs. 1 GG eingegriffen worden sein.

(a) Legitimer Zweck

Der gerichtlich ohnehin aufgrund der Einschätzungsprärogative der Verwaltung nur begrenzt überprüfbare Zweck der Vollstreckung war die Durchsetzung der Grundverfügung vom 23.9., die wiederum der Erhaltung der freien demokratischen Grundordnung unter anderem aus den Artt. 1, 20 GG – unabänderbar im Sinne des Art. 79 Abs. 3 GG – sowie dem Schutz des Allgemeinen Persönlichkeitsrechts aus Art. 2 Abs. 1 GG i.V.m. Art. 1 Abs. 1 GG der Opfer des Nationalsozialismus diente. Dieser Zweck war auch legitim, da die Grundverfügung der Verhinderung von Straftaten und in besonderem Maße der Erhaltung des politischen Friedens im demokratischen Rechtsstaat diente.

(b) Eignung

Durch die Ersatzvornahme in Form der Reparaturarbeiten am Dach wurde der Zweck gefördert, weil das Hakenkreuz dadurch entfernt wurde. Die Ersatzvornahme war somit zur Zweckförderung geeignet.

(c) Erforderlichkeit

Die Ersatzvornahme war erforderlich, wenn es kein gleich geeignetes, milderes Mittel zur Erreichung des Zweckes gab. Aufgrund der Lage des Werkes auf dem Dach eines Mehrfamilienhauses scheint es schon aus konstruktionstechnischen Gründen schwer möglich, dieses effektiv zu bedecken. Jedenfalls wären etwaige mildere Mittel nicht gleichartig effektiv gewesen, da jegliche Überdeckungen das Dach optisch nicht als normal hätten erscheinen lassen und nicht hinreichend befestigt gewesen wären. Die Ersatzvornahme war erforderlich.

(d) Verhältnismäßigkeit i.e.S.

Die Ersatzvornahme müsste auch verhältnismäßig im engen Sinne gewesen sein. Demnach dürfte im Hinblick auf die Interessen des D keine Disproportionalität gegeben sein. Insbesondere könnte das Entfernen des Werkes als ungerechtfertigter Eingriff in die Meinungs- bzw. Kunstfreiheit nach Art. 5 Abs. 1 S. 1 GG bzw. Art. 5 Abs. 3 S. 1 GG einzustufen sein. Diesen Grundrechten ist jedoch die unter anderem in den Artt. 1, 20 GG enthaltene freiheitliche Grundordnung als unabänderlichen Verfassungsprinzip im Sinne des Art. 79 Abs. 3 GG entgegenzusetzen.[13]

---

13 Es ist dogmatisch grundsätzlich erforderlich, die Grundrechte systematisch durchzuprüfen. Im Rahmen der Verhältnismäßigkeit ist eine verkürzte Darstellung je nach Fallkonstellation jedoch zugunsten effektiver Schwerpunktsetzung möglich.

Dabei ist die unter anderem für die Maßnahme maßgebliche strafrechtliche Norm des § 86a StGB zu berücksichtigen, die wiederum mit § 90a StGB vergleichbar ist und bezüglich dessen auch die Meinungs- und die Kunstfreiheit maßgeblich sind (zum Ganzen: vgl. BVerfG, Beschluss vom 3.11.2000 – 1 BvR 581/00).

Als rechtsstaatlich verfasste Demokratie ist die Bundesrepublik Deutschland in ihrem von der inneren Zustimmung ihrer Bürger abhängigen Bestand auf ein Mindestmaß an Achtung dieser Bürger ihr gegenüber angewiesen, auch um die Grundrechtsausübung und damit die Kunstfreiheit aus Art. 5 Abs. 3 S. 1 GG selbst wirksam gewährleisten zu können. Darin liegt ein verfassungsrechtlich, aber auch durch § 86a StGB geschütztes Rechtsgut, das bezüglich der Hakenkreuzgestaltung durch D betroffen ist und gegenüber dem die Berufung auf die Kunstfreiheit unter den konkreten Umständen versagt ist (vgl. vertiefend zur Problematik des Unter-Strafe-Stellens der Verwendung ebensolcher Zeichen: Kett-Straub, Das Verwenden nationalsozialistischer Kennzeichen – § 86a StGB im Spannungsfeld zwischen symbolischem Strafrecht, Gefühls- und echtem Rechtsgüterschutz, in: NStZ 2011, S. 601ff.). Bezüglich D geht es um ein Werk, das dauerhaft auf dem Dach sichtbar ist und demnach von vielen Menschen betrachtet werden kann. Die zeitliche Komponente ist weit gefasst. Ferner ist der Adressatenkreis derer, die das Werk betrachten, groß. Es besteht darüber hinaus im Bundesgebiet kein Interpretationsspielraum über die Bedeutung des Hakenkreuzes – anders als in der indischen Kultur, in der die Verwendung ähnlicher Symbole Glück bedeutet. Aus diesen Gründen unter Berücksichtigung des sich aus dem Rechtsstaatsprinzip ergebenden Grundsatz der Effektivität der Gefahrenabwehr und in Abgrenzung der Kunst- und Meinungsfreiheit – soweit in die Meinungsfreiheit eingegriffen wird, stellt das Allgemeine Sicherheits- und Ordnungsgesetz ein allgemeines Gesetz im Sinne des Art. 5 Abs. 2 GG und soweit in die Kunstfreiheit eingegriffen wird, eine Ausprägung verfassungsimmanenter Schranken dar – des D gegenüber der freiheitlich demokratischen Grundordnung erscheint es nicht unverhältnismäßig, dass eine Ersatzvornahme vorgenommen wurde.

D selbst gab zwar an, er habe ein Kleeblatt erschaffen wollen. Die besonderen arbeitstechnischen Erfordernisse – Ziegel werden gemeinhin in Reihen von oben nach unten verlegt und ein späteres Einfügen der zum Kleeblatt im Vergleich zum jetzigen Hakenkreuz fehlenden Ziegel scheint nicht mehr möglich – lassen dies mehr als fraglich erscheinen. Jedenfalls war die Ähnlichkeit mit einem Hakenkreuz für D klar erkennbar. Auch im Hinblick auf einen bloßen fehlgegangenen Genesungswunsch erscheint es nicht disproportional, das Werk zu entfernen. Die Ersatzvornahme war unter Abwägung der freiheitlich demokratischen Grundordnung gegenüber der Meinungs- und Kunstfreiheit des D verhältnismäßig im engen Sinne.

(2) Auswahlermessen

Die Vollstreckung hätte möglicherweise nicht an D als Verhaltensstörer im Sinne des § 13 Abs. 1 ASOG gerichtet werden können, sondern auch an die Wohnungseigentümergemeinschaft als Zustandsstörerin im Sinne des § 14 Abs. 3 S. 1 ASOG. Die Wohnungseigentümergemeinschaft gab D den Auftrag, das Dach zu ziegeln. Sie wies ihn nicht an, die roten Pfannen auf dem Dach in der erfolgten Weise zu installieren. Die Wohnungseigentümergemeinschaft kommt somit lediglich als Zustandsstörerin im Sinne des § 14 Abs. 3 S. 1 ASOG in Betracht. Zwar könnte es möglich sein, die Störereigenschaft der Wohnungseigentümergemeinschaft rechtsstaatlich im Sinne des Art. 20 Abs. 3 GG abzulehnen, weil sie durch D zur Störerin gemacht worden wäre, jedoch ist dies letztlich nicht maßgeblich. Zwar besteht keine Rangigkeit zwischen Handlungs- und Zustandspflichtigen – maßgeblich ist vielmehr das sich rechtsstaatlich unter anderem aus Art. 20 Abs. 3 GG ergebende Gebot effektiver Gefahrenabwehr –, jedoch ist D als unmittelbarer Verhaltensstörer der effektiver in Anspruch zu nehmende Störer, sodass das Auswahlermessen im Rahmen der darauf folgenden Vollstreckung ordnungsgemäß ausgeübt worden ist.[14]

dd) Zwischenergebnis

Die Verwaltungsvollstreckung auf der Primärebene war rechtmäßig.

b) Kostenpflichtigkeit und Kostenansatz (Gebührenrecht Berlin bzw. AO)

Kostenpflichtig auf der Sekundärebene – der Kostenebene – ist gemäß § 19 Abs. 1 S. 1 VwVG i.V.m. den §§ 10 VwVG, 5a S. 1 Bln VwVfG i.V.m. § 6 Abs. 1 VwVG derjenige, der Pflichtiger der Vollstreckung bzw. des zu vollstreckenden Verwaltungsaktes auf der Primärebene ist. D ist als Verhaltensstörer im Sinne des § 13 Abs. 1 ASOG auch Pflichtiger der Vollstreckungsmaßahme im Sinne der §§ 7, 10 Abs. 2 S. 2 VwVG i.V.m. § 5a S. 1 Bln VwVfG und somit der richtige Kostenadressat. Der Kostenansatz für die Kosten der Ersatzvornahme entspricht den Vorgaben des Gesetzes über Gebühren und Beiträge Berlin bzw. denen der Abgabenordnung, sodass er rechtmäßig festgesetzt worden ist.[15]

---

14 **Merke:** Der Verhaltensstörer und der Zustandsstörer sind gleichrangig. Maßgeblich für die Auswahl ist die Effektivität der Gefahrenabwehr (Inanspruchnahme des Verhaltensstörers häufig effektiver).

15 Es wird vertreten, den Kostenansatz erst auf der Rechtsfolgenseite der Sekundärebene zu prüfen. Da es aber konkrete Tatbestandsmerkmale und Vorgaben bezüglich der Höhe gibt und

III. Rechtsfolge des § 19 Abs. 1 S. 1 VwVG i.V.m. den §§ 10 VwVG, 5a S. 1 Bln VwVfG i.V.m. § 6 Abs. 1 VwVG

Nach dem Wortlaut des § 19 Abs. 1 S. 1 VwVG i.V.m. den §§ 10 VwVG, 5a S. 1 Bln VwVfG i.V.m. § 6 Abs. 1 VwVG ist die Entscheidung der Behörde, die Kosten erstattet zu verlangen, gebunden.[16] Da die Interessen des gestörten Betroffenen aber schon auf der Primärebene aus Gründen der effektiven Gefahrenabwehr im Sinne des Art. 20 Abs. 3 GG unberücksichtigt geblieben sind, bedarf es in der Rechtsfolge der Sekundärebene einer verfassungskonformen Auslegung bzw. Reduktion im Sinne des sich unter anderem aus Art. 20 Abs. 3 GG ergebenden Rechtsstaatsprinzips dahingehend, Ermessen anzunehmen.

Die verfassungskonforme Reduktion im Sinne des Art. 20 Abs. 3 GG zugunsten des Ermessens ist jedoch ausgeschlossen, soweit bereits der Grundverwaltungsakt vom 23.9. rechtswidrig war. Es widerspricht dem Grundgedanken des Rechtsstaates, jemandem die Kosten für die Vollstreckung eines rechtswidrigen Verwaltungsaktes aufzuerlegen, wenngleich dieser aus Gründen der effektiven Gefahrenabwehr trotz seiner Rechtswidrigkeit vollstreckt werden durfte. Auf der Kostenebene ist die effektive Gefahrenabwehr nämlich nicht von Relevanz. Bei Nichtberücksichtigung der etwaigen Rechtswidrigkeit des vollstreckten Verwaltungsaktes auf der Sekundärebene würde das geschehene Verwaltungsunrecht durch die Kostenauferlegung rechtsstaatswidrig perpetuiert werden. Maßgeblich ist also, ob die vollstreckte Verfügung vom 23.9. rechtswidrig war.

1. Rechtsgrundlage der Verfügung vom 23.9.

Da etwaige, aufgrund ihrer besonderen Regelungsdichte vorrangig zu prüfende Standardmaßnahmen des Allgemeinen Sicherheits- und Ordnungsgesetzes bezüglich der gegenüber D erlassenen Verfügung nicht ersichtlich sind, kann lediglich auf die Generalklausel des § 17 Abs. 1 ASOG zurückgegriffen werden. Als Rechtsgrundlage kommt § 17 Abs. 1 ASOG in Betracht.

2. Voraussetzungen

Die formellen und materiellen Voraussetzungen des § 17 Abs. 1 ASOG müssen erfüllt sein.

---

somit eine materielle Prüfung zu erfolgen hat, kann der Kostenansatz auch als materielle Voraussetzung auf der Tatbestandsseite („Wie") geprüft werden.

16 Die Rechtsfolge ergibt sich nicht aus dem Kosten- bzw. Gebührenrecht. Dort ist nur das „Wie" der Kosten geregelt, während das „Ob" der Kosten bereichsspezifisch normiert ist.

a) Formelle Voraussetzungen

P, bzw. die Polizei als solche, müsste zuständig gewesen sein. Da das Werk des D noch nicht fertiggestellt war, aber dessen Erklärungsinhalt im fortgeschrittenen Baustadium schon einwandfrei festgestellt werden konnte, war die Vollzugspolizei im Rahmen ihrer kriminalpräventiven Tätigkeit im Sinne des § 1 Abs. 1 S. 1 ASOG i.V.m. § 4 Abs. 1 ASOG zuständig, da der Tag der Verfügung ein Sonntag war und andere Ordnungsbehörden somit nicht erreichbar waren. Verfahrens- und Formfehler sind nicht ersichtlich.

b) Materielle Voraussetzungen

Die materiellen Voraussetzungen müssten erfüllt sein.

aa) Gefahrentatbestand

Es müsste eine Gefahr bestanden haben. Eine konkrete Gefahr ist eine Sachlage, bei der im einzelnen Fall die hinreichende Wahrscheinlichkeit besteht, dass in absehbarer Zeit ein Schaden für die öffentliche Sicherheit oder Ordnung eintreten wird. Die öffentliche Ordnung umfasst die Gesamtheit der ungeschriebenen Regeln für das Verhalten des Einzelnen in der Öffentlichkeit, deren Beachtung nach den jeweils herrschenden Anschauungen als unerlässliche Voraussetzung eines geordneten staatsbürgerlichen Zusammenlebens betrachtet wird. Obgleich die Verwendung von nationalsozialistischer Symbolik gemeinhin als pietätlos angesehen wird und somit wohl der öffentlichen Ordnung zuwiderliefe, ist die öffentliche Ordnung als solche sehr unbestimmt und darf daher aus rechtsstaatlichen Gründen im Sinne des Art. 20 Abs. 3 GG bei verfassungskonformer Auslegung nur subsidiär maßgeblich werden.

Primär kommt es also auf eine konkrete Gefahr für die öffentliche Sicherheit an. Von der öffentlichen Sicherheit sind der Bestand des Staates und seiner Einrichtungen, die öffentliche Rechtsordnung sowie die Rechte und Rechtsgüter des Einzelnen erfasst. P wusste nicht, ob die Aussage des D, er habe ein Kleeblatt erschaffen wollen, eine bloße Schutzbehauptung darstellte. Aus den benannten bautechnischen Besonderheiten beim Eindecken eines Daches durfte er jedoch bei verständiger Würdigung annehmen, es handele sich bei dem fast fertigen Werk tatsächlich um ein Hakenkreuz. Insoweit bestand eine konkrete Gefahr für die öffentliche Sicherheit, da die Rechtsordnung im Sinne des § 86a StGB als Ausprägung der sich unter anderem aus den Artt. 1, 20 GG ergebenden freiheitlich demokratischen Grundordnung zumindest verletzt zu werden drohte, wenn nicht sogar bereits verletzt worden ist. Es kann somit dahinstehen, ob auch das Interesse der Wohnungseigentümergemeinschaft an der Unversehrtheit ihres Eigentumes betroffen war. Die wohl ebenfalls bestehende Gefahr für die öffentliche Ordnung bleibt subsidiär.

bb) Polizeipflichtigkeit

D war als Verhaltensstörer im Sinne des § 13 Abs. 1 ASOG wie im Rahmen der Vollstreckung polizeipflichtig.

3. Rechtsfolge des § 17 Abs. 1 ASOG

Die Rechtsfolge des § 17 Abs. 1 ASOG ist Ermessen. Eine Ermessensreduktion auf null zulasten des D ist irrelevant, da Ermessensfehler wie im Rahmen der Vollstreckung aufgrund der gegenüber der Meinungsfreiheit des D aus Art. 5 Abs. 1 S. 1 Alt. 1 GG sowie dessen Kunstfreiheit aus Art. 5 Abs. 3 S. 1 GG vorrangigen und unter anderem aus den Artt. 1, 20 GG folgenden freiheitlich demokratischen Grundordnung sowie dem Allgemeinen Persönlichkeitsrecht der Opfer des Nationalsozialismus aus Art. 2 Abs. 1 GG i.V.m. Art. 1 Abs. 1 GG nicht ersichtlich sind. Insbesondere die Entscheidung des P im Rahmen seines Auswahlermessens, den Verhaltensstörer D und nicht die Wohnungseigentümergemeinschaft zu verpflichten, ist nicht zu beanstanden.

4. Zwischenergebnis

Die Verfügung des P vom 23.9. war rechtmäßig. Insoweit scheidet eine Ermessensreduktion auf null auch bezüglich der Auferlegung der Kosten aus. Sollte dennoch aufgrund der Möglichkeit der verfassungskonformen Reduktion aus der gebundenen Entscheidung eine Ermessensentscheidung werden, bestehen Ermessensfehler jedenfalls nicht. Ein Ermessenausfall ist nicht ersichtlich. Es wäre aber das Ermessen überschritten worden, soweit unverhältnismäßig in die Rechte des D eingegriffen wurde. Eine Berufung des D auf die Meinungsfreiheit des D aus Art. 5 Abs. 1 S. 1 Alt. 1 GG sowie dessen Kunstfreiheit aus Art. 5 Abs. 3 S. 1 GG kommt auch auf der Sekundärebene aufgrund der vorrangigen und unter anderem aus den Artt. 1, 20 GG folgenden freiheitlich demokratischen Grundordnung sowie dem Allgemeinen Persönlichkeitsrecht der Opfer des Nationalsozialismus aus Art. 2 Abs. 1 GG i.V.m. Art. 1 Abs. 1 GG nicht in Betracht. Es sind keine weiteren Gründe ersichtlich, die zur Unverhältnismäßigkeit der Kostenauferlegung führen könnten. Die Auferlegung der Kosten war verhältnismäßig.

C. Ergebnis

Die Klage des D gegen den Kostenbescheid ist zulässig, die Sachurteilsvoraussetzungen sind erfüllt, jedoch ist sie unbegründet. Sie wird daher keinen Erfolg haben.

2. Komplex: Zusatzfrage (Verwaltungsgericht)

Das Verwaltungsgericht wird in der Sache entscheiden, soweit die Sachurteilsvoraussetzungen erfüllt sind und die Klage zulässig ist.

A. Sachurteilsvoraussetzungen

Die Sachurteilsvoraussetzungen können erfüllt und die Klage kann zulässig sein.

I. Rechtsweg

Der Verwaltungsrechtsweg kann mangels aufdrängender Sonderzuweisung gemäß § 40 Abs. 1 S. 1 VwGO eröffnet sein. Im Übrigen kommt ein Verweisungsbeschluss im Sinne des § 17a Abs. 2 GVG i.V.m. § 173 VwGO in Betracht. Der Verwaltungsrechtsweg ist eröffnet, wenn eine öffentlich-rechtliche Streitigkeit nicht verfassungsrechtlicher Art besteht, also wenn durch die streitentscheidende Norm ein Hoheitsträger einseitig berechtigt oder verpflichtet wird bzw. wenn aufgrund typisch hoheitlichen Handelns zwischen den Beteiligten ein Subordinationsverhältnis besteht.

Als streitentscheidende Norm kommt § 35 ASOG in Betracht, durch den die Verwaltung einseitig zum Durchsuchen einer Sache berechtigt wird. Mangels offensichtlicher Einstufung der Durchsuchung als Rechtssetzungsakt besteht jedoch nicht zusätzlich ein Subordinationsverhältnis. Da die Streitigkeit mangels doppelter Verfassungsunmittelbarkeit nicht verfassungsrechtlicher Art und eine abdrängende Sonderzuweisung nicht ersichtlich ist, bleibt es bei der Eröffnung des Verwaltungsrechtsweges. Der Verwaltungsrechtsweg ist gemäß § 40 Abs. 1 S. 1 VwGO eröffnet.

II. Zuständigkeit

Da Anhaltspunkte für eine abweichende Zuständigkeit gemäß §§ 47, 50 VwGO nicht ersichtlich sind, ist das Verwaltungsgericht gemäß § 45 VwGO als Eingangsinstanz sachlich zuständig. Die Klage wurde auch vor dem örtlich zuständigen Gericht im Sinne des § 52 VwGO erhoben. Es wird demnach kein Verweisungsbeschluss gemäß § 17a Abs. 2 GVG i.V.m. § 83 VwGO gefasst werden.

III. Beteiligte

V und das Land Berlin als Gebietskörperschaft öffentlichen Rechts können Beteiligte des Verfahrens sein. Beteiligt sind unter anderem nach § 63 Nr. 1 VwGO der Kläger und nach § 63 Nr. 2 VwGO der Beklagte. V als Kläger ist gemäß § 61 Nr. 1 Alt. 1 VwGO als natürliche Person beteiligungsfähig und gemäß § 62 Abs. 1 Nr. 1 VwGO prozessfähig. Behörden sind gemäß § 61 Nr. 3 VwGO i.V.m. dem Landesrecht nicht beteiligungsfähig. Das Land Berlin ist gemäß § 61 Nr. 1 Alt. 2 VwGO als juristische Person des öffentlichen Rechts in Form einer Gebietskörperschaft beteiligungsfähig und gemäß § 62 Abs. 3, 1 VwGO mangels Anhaltspunkten bezüglich des für die Behörde handelnden zuständigen Organwalters auch prozessfähig. V und das Land Berlin sind somit Beteiligte des gerichtlichen Verfahrens.

IV. Statthafte Klageart

Die statthafte Klageart im Sinne des § 88 VwGO richtet sich nach dem klägerischen Begehren unter Berücksichtigung des Anwendungsvorrangs maßnahmespezifischer Rechtsschutzformen und des rechtsstaatlichen Grundsatzes der Effektivität des Rechtsschutzes. Dem klägerischen Begehren entspricht in der Regel die effektivste Klageart, also nach Möglichkeit die Anfechtungsklage gemäß § 42 Abs. 1 Alt. 1 VwGO als Gestaltungsklage. Voraussetzung der Anfechtungsklage ist, dass der Kläger die Aufhebung eines Verwaltungsaktes anstrebt. Da die Durchsuchung jedenfalls durch Zeitablauf mit ihrer Beendigung erledigt war – falls es sich dabei um einen Verwaltungsakt handelte gemäß § 43 Abs. 2 VwVfG i.V.m. § 1 Abs. 1 Bln VwVfG –, ist eine Feststellung bezüglich der erledigten Durchsuchung des Kraftfahrzeuges statthaft.

In Betracht kommen eine Fortsetzungsfeststellungsklage analog § 113 Abs. 1 S. 4 VwGO sowie eine allgemeine Feststellungsklage gemäß § 43 Abs. 1 Alt. 1 VwGO. Eine analoge Anwendung der Fortsetzungsfeststellungsklage kommt nur in Betracht, soweit es um Verwaltungsakte geht, während bei der Erledigung eines Rechtsverhältnisses keine planwidrige Regelungslücke bei vergleichbarer Interessenlage besteht und daher die allgemeine Feststellungsklage gemäß § 43 Abs. 1 Alt. 1 VwGO bezüglich eines erledigten Rechtsverhältnisses maßgeblich ist.

Ein Verwaltungsakt ist gemäß § 35 S. 1 VwVfG i.V.m. § 1 Abs. 1 Bln VwVfG jede Verfügung, Entscheidung oder andere hoheitliche Maßnahme, die eine Behörde zur Regelung eines Einzelfalls auf dem Gebiet des öffentlichen Rechts trifft und die auf unmittelbare Rechtswirkung nach außen gerichtet ist. Ein etwaig konkludenter Verwaltungsakt, das Fahrzeug zu öffnen oder Ähnliches ist nicht Gegenstand des klägerischen Begehrens. Fraglich ist somit, ob die Durchsuchung des Fahrzeuges als Verwaltungsakt oder als reales Handeln einzustufen ist.

1. Durchsuchung als Duldungsverwaltungsakt

Die Durchsuchung des Fahrzeuges des V könnte als Duldungsverwaltungsakt einzustufen sein. Während in Abwesenheit jedenfalls kein Duldungsverwaltungsakt ergeht, ist die Annahme einer Duldungsverfügung in Anwesenheit möglich. Juristisch zu subsumieren sind lediglich die im Rechtsverkehr erfolgten Handlungen. Insoweit gab es eine tatsächliche Handlung in Form der Durchsuchung des Fahrzeuges. Letztere einheitliche faktische Handlung könnte rechtlich künstlich aufgespalten werden – in einen konkludenten Duldungsverwaltungsakt und in das Realhandeln. Das könnte sich bei verfassungskonformer Betrachtung der Handlung – besonders grundrechtsintensive Maßnahmen wie die in der Durchsuchung enthaltene Vollstreckung könnten möglichst als hoheitliche Rechtssetzungsakte einzustufen sein – ergeben. Zudem könnte der Rechtsgedanke aus § 18 Abs. 1 VwVG i.V.m. § 5a S. 1 Bln VwVfG maßgeblich sein, wonach eine Androhung als Teil der Vollstreckung zumindest bezüglich der Rechtsmittel wie ein Verwaltungsakt zu behandeln ist. Somit bestünde ein Duldungsverwaltungsakt mit einer anschließenden Realhandlung mit der Folge, dass bezüglich des Duldungsverwaltungsaktes eine Fortsetzungsfeststellungsklage und bezüglich der folgenden Realhandlung eine allgemeine Feststellungsklage statthaft wäre. Sollte eine künstliche rechtliche Aufspaltung erfolgen, müsste dies konsequent auch prozessual gelten, sodass die Annahme einer einheitlichen Fortsetzungsfeststellungsklage wegen des Schwerpunktes beim Duldungsverwaltungsakt inkonsequent wäre.[17]

2. Realhandlung

Die Durchsuchung des Fahrzeuges des V kann auch lediglich als reales Handeln einzustufen sein. Zunächst besteht aufgrund des in der Verwaltungsgerichtsordnung umfassend geregelten Rechtsschutzes kein Bedürfnis daran, eine einheitliche faktische Handlung juristisch künstlich in einen Duldungsverwaltungsakt

17 Es ist bei denjenigen, die zusätzlich zum Realhandeln einen konkludenten Duldungsverwaltungsakt annehmen, verbreitet, wegen des angeblichen Schwerpunktes beim Duldungsverwaltungsakt eine einheitliche Forstsetzungsfeststellungsklage zu prüfen. Das ist rechtsdogmatisch unlogisch. Die Annahme eines zusätzlichen Duldungsverwaltungsaktes ist vertretbar. Dieser sollte dann aber mit einer gesonderten Klage überprüft werden, ohne dass das Realhandeln von der diesbezüglichen Klage erfasst wird.

und eine Realhandlung aufzuspalten. Aus § 18 Abs. 1 VwVG i.V.m. § 5a S. 1 Bln VwVfG ergibt sich, dass gerade nur ein Teil der Vollstreckung – die Androhung – prozessual wie ein Verwaltungsakt zu behandeln ist. Daraus ergibt sich kein Rückschluss über die Rechtsnatur der Vollstreckung als solche, sondern die Regelung könnte allenfalls Indizwirkung entfalten. Das gilt insbesondere, wenn § 18 Abs. 2 VwVG i.V.m. § 5a S. 1 Bln VwVfG berücksichtigt wird, in dem auch für den sofortigen Vollzug gemäß § 18 Abs. 2 VwVG i.V.m. § 5a S. 1 Bln VwVfG eine solche Anordnung erfolgt – für eine Vollstreckung nach § 6 Abs. 1 VwVG i.V.m. § 5a S. 1 Bln VwVfG aber nicht. Zudem erfolgt faktisch nur eine Handlung, ohne dass Indizien für eine konkludent erklärte Duldungsverfügung bestehen, zumal dies im Hinblick auf die Bestimmtheit der Handlungen bei besonderer Grundrechtsintensität eher kontraproduktiv wäre, weil besonders intensive Grundrechtseingriffe nicht konkludent erfolgen können, zumal ein Duldungsverwaltungsakt keine sinnvolle Funktion hätte, weil die Vollstreckungsgrundlage jedenfalls ein anderer vorausgehender Verwaltungsakt darstellt. Außerdem enthalten Verwaltungsakte – ausgenommen deklaratorische Verwaltungsakte – regelmäßig selbst einen vollstreckbaren Tenor, der in dem Duldungsverwaltungsakt nicht enthalten wäre. Würde die in der Durchsuchung als Standardmaßnahme enthaltene Verwaltungsvollstreckung als Verwaltungsakt eingestuft werden, deren Voraussetzung naturgemäß ein vollstreckbarer Verwaltungsakt ist, müsste er seinerseits vollstreckt werden – wieder mittels eines Verwaltungsaktes. Es würde eine kaum endende Kette von Verwaltungsakten entstehen.

Nach alledem ist die Durchsuchung als Realakt einzuordnen.

3. Allgemeine Feststellungsklage

Somit ist eine allgemeine Feststellungsklage gemäß § 43 Abs. 1 Alt. 1 VwGO statthaft mit dem Antrag, festzustellen, dass sich aus keiner rechtlichen Regelung ein Rechtsverhältnis des V zum Rechtsträger dahingehend ergab, dass die Durchsuchung erfolgen durfte. Es soll also das Nichtbestehen eines erledigten Rechtsverhältnisses festgestellt werden. Ein etwaiger konkludent erlassener Verwaltungsakt zum Öffnen des Fahrzeuges ist vom Begehren des Klägers nicht erfasst.

V. Besondere Sachurteilsvoraussetzungen

Die besonderen Sachurteilsvoraussetzungen können erfüllt sein.

1. Besondere Prozessführungsbefugnis

Mangels planwidriger Regelungslücke und vergleichbarer Interessenlage, die nur bei einem Verwaltungsakt als Streitgegenstand bestünde, ist § 78 Abs. 1 Nr. 1 VwGO als nach der gesetzlichen Überschrift des 8. Abschnittes der Verwaltungsgerichtsordnung nur direkt für Anfechtungs- und Verpflichtungsklagen geltende Norm nicht analog anwendbar. Da es sich bei der besonderen Prozessführungsbefugnis um eine Art Prozessstandschaft handelt, bedarf es einer solchen auch nicht zwingend, sodass es insoweit keinen besonders Prozessführungsbefugten gibt.

2. Feststellungsinteresse

Zugunsten des V muss ein Feststellungsinteresse bestehen. Grundsätzlich bedarf es insoweit eines rechtlichen, wirtschaftlichen oder ideellen Interesses. Da dem Kläger durch dieses weite Feststellungsinteresse weitgehende Klagemöglichkeiten ermöglicht werden, gelten sie bei gegenwärtigen Rechtsverhältnissen. Bei erledigten Rechtsverhältnissen besteht mangels gegenwärtiger Betroffenheit ein geringeres Rechtsschutzbedürfnis der Kläger, sodass insoweit erhöhte Anforderungen an das Feststellungsinteresse zu stellen sind, zumal die Gerichte aufgrund des sich unter anderem aus Art. 20 Abs. 3 GG ergebenden Rechtsstaatsprinzips entlastet werden können.

Es bedarf somit eines qualifizierten Feststellungsinteresses,[18] welches dem der Fortsetzungsfeststellungsklage entspricht, die ebenfalls auf erledigte Konstellation bezogen ist. Es bedarf somit einer Wiederholungsgefahr, eines Rehabilitierungsinteresses – einschließlich der Konstellationen schwerer Grundrechtseingriffe und des Art. 19 Abs. 4 S. 1 GG – oder eines Präjudizinteresses, welches allerdings lediglich in Konstellationen der Erledigung nach Klageerhebung relevant sein kann.

a) Wiederholungsgefahr

Für eine Wiederholungsgefahr fehlt es an konkreten Anhaltspunkten für eine Wiederholung.

---

18 **Qualifiziertes Feststellungsinteresse:**
- Wiederholungsgefahr (konkret)
- Rehabilitierungsinteresse einschließlich schwerer Grundrechtseingriffe und Art. 19 Abs. 4 GG
- Präjudizinteresse.

b) Rehabilitierung

Bezüglich eines Rehabilitierungsinteresses fehlt es an einem besonders schweren Grundrechtseingriff bzw. am Rechtsschutzbedürfnis im Sinne des Art. 19 Abs. 4 GG. Zwar ist das Rehabilitierungsinteresse auch auf den durch Art. 19 Abs. 4 GG gewährleisteten Grundsatz des effektiven Rechtsschutzes für die Konstellationen erledigter Grundrechtseingriffe derart konkretisiert, dass mittels des Art. 19 Abs. 4 GG eine gerichtliche Überprüfung erledigter Grundrechtseingriffe gefordert werden kann, soweit ein effektiver Rechtsschutz gegen den Grundrechtseingriff typischerweise nicht erlangt werden kann und der Grundrechtseingriff schwerwiegend ist, jedoch ist das Erfordernis eines schwerwiegenden Grundrechtseingriffs nicht erfüllt, da in Art. 19 Abs. 4 GG nicht hinsichtlich eines bestehenden Belastungsgrades unterschieden wird und somit ein derart erheblicher Grundrechtseingriff hätte erfolgt sein müssen, dass er der Verletzung eines für die Demokratie schlechthin konstituierenden Grundrechts wie Art. 5 Abs. 1 S. 1 GG gleichkommt. Eine derartige Schwere ist nicht ersichtlich, sodass ein Rehabilitierungsinteresse nicht besteht.

c) Präjudizinteresse

Das Fortsetzungsfeststellungsinteresse bezüglich der Vorbereitung eines Amtshaftungsanspruches kann nur in dem bezüglich des Erledigungszeitpunktes gesetzlich ausdrücklich geregelten Fall der Fortsetzungsfeststellungsklage ein solches Interesse begründen – bei Erledigung nach Klageerhebung. Sollte die Fortsetzungsfeststellungsklage auch bei Erledigung des Verwaltungsaktes vor Klageerhebung analog anwendbar sein, lässt sich aus der Prozessökonomie insoweit kein Fortsetzungsfeststellungsinteresse ableiten, denn in dieser Konstellation könnte der Betroffene unmittelbar das für das z.B. im Amtshaftungsrecht gemäß Art. 34 S. 3 GG zuständige ordentliche Gericht anrufen, welches dann auch für die inzident relevanten öffentlich-rechtlichen Rechtsprobleme zuständig wäre, wenngleich beim Verwaltungsgericht anders als beim ordentlichen Gericht gemäß § 86 VwGO der Amtsermittlungsgrundsatz gilt. Für die Annahme eines Präjudizinteresse ist es nicht maßgeblich, Früchte eines Prozesses zu ernten, die davon abhängig sind, ob sich das Gericht bereits mit der Angelegenheit befasst hat. Letzteres ist je nach Arbeitsgeschwindigkeit des Gerichts willkürlich. Maßgeblich ist vielmehr, dass der Kläger bei einer Erledigung des Rechtsverhältnisses nach Klageerhebung bereits Zeit und Kosten investiert hat und insoweit schutzwürdig ist. Der folgende Schadensersatzprozess darf auch nicht aussichtslos sein.

V möchte mit der Vorabfeststellung der Rechtswidrigkeit lediglich einen Schadensersatz- oder Entschädigungsprozess vorbereiten. Allerdings hat sich das maßgebliche Rechtsverhältnis bezüglich der Durchsuchung des Kraftfahrzeuges bereits vor der Klageerhebung erledigt, sodass kein Präjudizinteresse des V besteht.

3. Zwischenergebnis

Es besteht kein Feststellungsinteresse des V. Die Sachurteilsvoraussetzungen sind nicht erfüllt und die Klage ist unzulässig.

B. Ergebnis

Das Verwaltungsgericht wird nicht in der Sache entscheiden und ein Prozessurteil aussprechen.

3. Komplex: Abwandlung (Ordentliches Gericht)

Eine Klage beim ordentlichen Gericht kann Erfolg haben.

A. Sachurteilsvoraussetzungen

Die Sachurteilsvoraussetzungen können erfüllt sein.

I. Rechtsweg

Ein Rechtsweg muss eröffnet sein. Die Generalklausel zur Eröffnung des ordentlichen Rechtsweges ist § 13 GVG, der von der höherrangigen und gleichzeitig spezielleren Regelung des Art. 34 S. 3 GG verdrängt wird, welcher zwar aus der Sicht des Verwaltungsgerichts eine abdrängende, aus der Sicht des ordentlichen Gerichts aber eine aufdrängende Sonderzuweisung darstellt. § 40 Abs. 2 S. 1 VwGO ist für die ordentlichen Gerichte nicht – mangels direkten Verweises auf die Verwaltungsgerichtsordnung auch nicht gemäß § 13 GVG – anwendbar, da es insoweit spezielle Prozessordnungen gibt.

Weil das Landgericht gemäß § 17 Abs. 2 S. 1 GVG im Rahmen der Rechtswegkonzentration unter allen in Betracht kommenden Gesichtspunkten prüft, ist der Rechtsweg auch für Ansprüche außerhalb der Amtshaftung eröffnet. Ein von einem anderen Gericht ausgesprochener, für das ordentliche Gericht verbindlicher Beschluss im Sinne des § 17a Abs. 2 S. 3 GVG ist nicht ersichtlich. Der ordentliche Rechtsweg ist eröffnet.

II. Sachliche Zuständigkeit

Streitwertunabhängig ist das Landgericht für einen Anspruch aus Amtshaftung gemäß § 839 Abs. 1 BGB i.V.m. Art. 34 S. 1 GG, der zumindest neben anderen Ansprüchen in Betracht kommt, gemäß § 71 Abs. 2 Nr. 2 GVG sachlich zuständig. Für darüber hinausgehende Ansprüche ist das Landgericht gemäß § 17 Abs. 2 S. 1 GVG ebenfalls zuständig.

III. Beteiligungs- und Prozessfähigkeit

Die Parteien V und das Land Berlin sind gemäß den §§ 50 Abs. 1, 51 Abs. 1 ZPO parteifähig und sie bzw. ihre Organwalter sind auch prozessfähig, wobei V beim Landgericht gemäß § 78 Abs. 1 ZPO vertreten sein muss.

IV. Statthafte Klageart

Statthafte Klageart ist die zivilrechtliche Leistungsklage.

V. Entgegenstehende materielle Rechtskraft

Bei Erhebung einer Klage des V vor dem Landgericht kann es wegen einer entgegenstehenden materiellen Rechtskraft am Rechtsschutzbedürfnis fehlen. Die Rechtskraft ist in § 322 Abs. 1 ZPO geregelt, wobei sich aus dem Rechtsstaatsprinzip ergibt, dass ein materiell-rechtliches Sachurteil einer erneuten Entscheidung in der Sache entgegensteht. Auch eine entgegenstehende anderweitige Rechtshängigkeit gemäß § 261 Abs. 3 Nr. 1 ZPO ist nicht ersichtlich. Da es bezüglich der Kosten aber keine Klage gab, sind entgegenstehende Rechtskraft sowie anderweitige Rechtshängigkeit nicht ersichtlich.

VI. Zwischenergebnis

Die Sachurteilsvoraussetzungen sind erfüllt und die Klage ist zulässig.

B. Begründetheit

Die Klage des V ist begründet, soweit er einen Anspruch auf Zahlung der Reparaturkosten am Armaturenbrett hat.[19]

---

19 Es ist vertretbar, die objektive Unrechtshaftung vor der Amtshaftung (subjektive Unrechtshaftung) zu prüfen, da sie nicht verschuldensabhängig ist. Im Rahmen der Amtshaftung ist der Anspruchsinhalt jedoch möglicherweise größer, sodass ebenso die Amtshaftung zuerst geprüft

I. Amtshaftung

V kann einen Anspruch aus einer Amtshaftung haben.

1. Anspruchsgrundlage

Anspruchsgrundlage für die Amtshaftung ist § 839 Abs. 1 S. 1 BGB i.V.m. Art. 34 S. 1 GG.

2. Voraussetzungen

Die Voraussetzungen der Amtshaftung können erfüllt sein.

a) Positive Voraussetzungen

Positiv ist die Voraussetzung für einen Amtshaftungsanspruch, dass „Jemand“ in Ausübung eines öffentlichen Amtes eine drittbezogene Amtspflicht verletzt hat.

aa) „Jemand“

Als „Jemand“ ist wegen der Tatbestandsmodifizierung durch Art. 34 S. 1 GG kein Beamter im statusrechtlichen Sinne, also ein im Sinne des Beamtenrechts ernannter Beamter erforderlich, sondern es genügt ein Beamter im haftungsrechtlichen Sinne. P ist als Landespolizist Landesbeamter.

bb) Drittbezogene Amtspflicht

Drittbezogene Amtspflicht ist die sich bei statusrechtlichen Landespolizeibeamten aus § 36 Abs. 1 BeamtStG ergebende Pflicht zum rechtmäßigen Handeln, die insoweit aus § 35 S. 2 BeamtStG folgende Folgepflicht sowie sonstige allgemeine und besondere Sorgfaltspflichten. Für die Pflichtverletzung ist das Unrecht des Einzelnen maßgeblich, nicht ein objektiv unrechtmäßiges Handeln.

---

werden darf. Im Rahmen einer Klage beim ordentlichen Gericht, bezüglich derer der Rechtsweg und die Zuständigkeit auf der Amtshaftung beruhen, sollte mit der Amtshaftung begonnen werden.

(1) Pflicht zum rechtmäßigen Handeln

Bezüglich der Verletzung der Pflicht zum rechtmäßigen Handeln ist es somit maßgeblich, ob die Durchsuchung des Kraftfahrzeuges rechtmäßig war.

(a) Rechtsgrundlage

Rechtsgrundlage für die Durchsuchung des Kraftfahrzeuges ist § 35 Abs. 1 ASOG.

(b) Voraussetzungen

Die Voraussetzungen des § 35 Abs. 1 ASOG müssen erfüllt sein.

(aa) Formelle Voraussetzungen

Die Vollzugspolizei ist zur Vornahme entsprechender Maßnahmen in Eilfällen gemäß § 1 Abs. 1 S. 1 ASOG i.V.m. § 4 Abs. 1 ASOG zuständig. Verfahrens- und Formfehler sind nicht ersichtlich. Insbesondere war V im Sinne des § 35 Abs. 3 S. 1 ASOG anwesend.

(bb) Materielle Voraussetzungen

Ungeachtet dessen, ob § 35 Abs. 1 Nr. 1 ASOG für Begleitmaßnahmen, durch die der Durchsuchungszweck im Sinne des § 34 ASOG gesichert werden soll, oder § 35 Abs. 1 Nr. 3 ASOG maßgeblich ist, wird jedenfalls auf die mögliche Sicherstellung der verborgenen Sachen abgestellt. Nach § 35 Abs. 1 Nr. 1 ASOG müsste das Kraftfahrzeug als zu durchsuchende Sache von einer Person mitgeführt worden sein, die nach § 34 ASOG durchsucht werden durfte. Nach § 34 Abs. 1 Nr. 1 ASOG darf eine Person durchsucht werden, wenn Tatsachen die Annahme rechtfertigen, dass sie Sachen mit sich führt, die sichergestellt werden dürfen. Nach § 35 Abs. 1 Nr. 3 ASOG darf eine Sache durchsucht werden, wenn durch Tatsachen die Annahme gerechtfertigt wird, dass sich in ihr eine andere Sache befindet, die sichergestellt werden darf.

(aaa) Gefahrentatbestand

Gemäß § 38 Nr. 1 ASOG kann eine Sache unter anderem sichergestellt werden, wenn dies zur Abwehr einer gegenwärtigen Gefahr für die öffentliche Sicherheit erforderlich ist. Gegenwärtig ist eine Gefahr, bei der eine Einwirkung des schädlichen Ereignisses bereits begonnen hat oder bei der diese Einwirkung unmittelbar oder in allernächster Zeit mit einer an Sicherheit grenzender Wahrscheinlichkeit bevorsteht. Von der öffentlichen Sicherheit sind der Bestand des Staates und seiner Einrichtungen, die öffentliche Rechtsordnung sowie die Rechte und Rechtsgüter des Einzelnen umfasst.

(aaaa) Konkrete Gefahr ex post

Eine Gefahr ist unmittelbar, wenn die Einwirkung des schädigenden Ereignisses bereits begonnen hat oder bei der diese Einwirkung unmittelbar oder in allernächster Zeit mit an Sicherheit grenzender Wahrscheinlichkeit bevorsteht. Im Nachhinein stellte sich heraus, dass V keine Drogen konsumiert hatte. Somit ist sicher, dass aus nachträglicher Sicht tatsächlich keine Gefahr gegeben war.

(bbbb) Anscheinsgefahr, Gefahrenverdacht und Putativgefahr[20]

Fraglich ist, ob eine Gefahr aus der Sicht eines gewissenhaften Beamten zum Zeitpunkt der Gefahrenabwehrhandlung vor Ort beurteilt werden und somit eine Anscheinsgefahr angenommen werden kann. Dies könnte verfassungswidrig sein, weil insoweit der Gefahrenbegriff extensiv ausgelegt werden und somit der gegenüber dem jeweiligen Betroffenen erfolgende Grundrechtseingriff auf einer zu unbestimmten Grundlage beruhen könnte. Je wesentlicher ein Grundrechtseingriff ist, desto höher sind die Anforderungen an die Regelungsdichte der Norm.

Aus dieser verfassungsrechtlichen Betrachtungsweise ergibt sich, dass zumindest eine vollständige Subjektivierung des Gefahrenbegriffes nicht möglich ist. Fällt die Fehleinschätzung ausschließlich in die Sphäre des handelnden Beamten – Scheingefahr oder synonym Putativgefahr – ist eine extensive Auslegung im Hinblick auf die Annahme einer Gefahr verfassungsrechtlich unzulässig. Allerdings bedarf es andererseits einer effektiven Gefahrenabwehr im Sinne des sich unter anderem aus Art. 20 Abs. 3 GG ergebenden Rechtsstaatsprinzips. In praktischer Konkordanz des Rechtsstaatsprinzips zu den Grundrechten ist es aufgrund effektiver Gefahrenabwehr somit möglich, den Gefahrenbegriff auf die Anscheinsgefahr zu erweitern, soweit ein gewissenhafter Beamter aus der objek-

20 **Abgrenzung:**
- Anscheinsgefahr: objektivierte Sicht eines gewissenhaften Beamten ex ante (Gefahr gegeben)
- Gefahrenverdacht: aus objektivierter Sicht eines Beamten ex ante nicht sicher (Gefahr gegeben, jedoch in der Rechtsfolge grundsätzlich nur Gefahrerforschungsmaßnahmen; darüber hinaus nur bei besonders wichtigen Schutzgütern).

tivierten Sicht vor Ort von einer Gefahr hätte ausgehen dürfen. Sollte es sich jedoch aus dieser Sicht nur um einen Gefahrenverdacht gehandelt haben, sodass aus der Sicht eines gewissenhaften Beamten aus objektivierter Betrachtungsweise keine Sicherheit bezüglich der Gefahr bestand, ist eine extensive Auslegung im Sinne der Erweiterung des Gefahrenbegriffes zwar verfassungsrechtlich zulässig, jedoch sind in der Rechtsfolge dann grundsätzlich nur Gefahrerforschungsmaßnahmen erlaubt, es sei denn, die zu schützenden Rechte bzw. Rechtsgüter sind so gewichtig, dass darüber hinausgegangen werden darf.

V fuhr drogenfrei. Er wirkte jedoch sehr abwesend und der aus dem Kfz strömende süßliche Geruch legte die Vermutung nahe, er habe Cannabis konsumiert bzw. weitere Vorräte bei sich. Aus Sicht eines jeden verständigen Beobachters stellte sich die Situation dar, als habe V tatsächlich Cannabis konsumiert und drohe nun unter dessen Einfluss weiterzufahren. Ferner war es nicht unwahrscheinlich, dass V derartige Drogen in seinem Auto lagerte. Unter diesen Umständen wäre mindestens die öffentliche Rechtsordnung verletzt. Je nachdem, ob V Vorräte für sich lagerte oder diese für den Verkauf bereit hielt, war aus Sicht eines durchschnittlichen Polizisten vor Ort die Möglichkeit gegeben, dass gegen die §§ 29ff. BtMG verstoßen werden würde. Weiterhin wäre ein Verstoß gegen § 316 StGB in Betracht gekommen. Eine Anscheinsgefahr in Form eines Gefahrenverdachts bestand.

(bbb) Polizeipflichtigkeit[21]

V muss auch polizeipflichtig gewesen sein. V kann Verhaltensstörer im Sinne des § 13 Abs. 1 ASOG sein. Dazu muss er störend gehandelt haben oder zumindest sonst als handelnder Störer einzustufen sein. Faktisch hatte V nicht gegen die Rechtsordnung verstoßen. Dies stellte sich jedoch erst später heraus. Fraglich ist jedoch, ob ebenso wie der Gefahrenbegriff extensiv bezüglich der Anscheinsgefahr bzw. des Gefahrenverdachts ausgelegt werden durfte, der Begriff des Verhaltensstörers extensiv im Hinblick auf Anscheins- bzw. Verdachtsstörer ausgelegt werden darf. Zwar ist die extensive Auslegung des Störerbegriffes noch problematischer als die des Gefahrenbegriffes, weil die Grundrechtsbetroffenheit aufgrund der Individualität nun größer ist. Allerdings ist aufgrund des rechtsstaatlichen Gebotes effektiver Gefahrenabwehr in praktischer Konkordanz zu den Grundrechten dennoch die Erweiterung des Störerbegriffes zulässig, sodass eine Erweiterung auf den Anscheins- bzw. den Verdachtsstörer mög-

---

21 Anscheinsgefahr bzw. Gefahrenverdacht müssen nicht stets mit dem Anscheinsstörer bzw. dem Verdachtsstörer korrespondieren. Es ist denkbar, dass eine tatsächliche konkrete Gefahr besteht, jedoch jemand z.B. als Anscheinsstörer in Anspruch genommen wird.

lich ist. V ist durch den vermeintlichen Drogenkonsum Verhaltensverdachtsstörer.

(c) Rechtsfolge

Bezüglich der im Rahmen des § 35 Abs. 1 Nr. 1 ASOG i.V.m. § 34 Abs. 1 Nr. 1 ASOG maßgeblichen Sicherstellung im Sinne des § 38 Nr. 1 ASOG besteht in der Rechtsfolge Ermessen im Sinne des § 12 ASOG i.V.m. § 11 ASOG. Unabhängig davon, ob ein Ermessensaufall, eine Ermessensüberschreitung oder ein Ermessensfehlgebrauch ersichtlich sind, besteht kein Ermessen mehr, soweit eine Reduktion auf null gegeben ist. Die Unterbindung des Drogenkonsums insbesondere im Straßenverkehr ist notwendig, um die körperliche Unversehrtheit und das Leben anderer Verkehrsteilnehmer, aber auch der Konsumenten selbst im Sinne des Art. 2 Abs. 2 S. 1 GG zu schützen. Drogen müssen sichergestellt werden. Somit ist das Entschließungsermessen auf null reduziert.

Bezüglich des Auswahlermessens ist ein Ermessensaufall nicht ersichtlich. Das Auswahlermessen wäre überschritten, falls die Sicherstellung bzw. Durchsuchung des Fahrzeuges des V zur Sicherstellung sich dort vermeintlich befindlicher Drogen unverhältnismäßig gewesen wäre.[22] Da V nur Verhaltensverdachtsstörer im Hinblick auf einen Gefahrenverdacht war, durften grundsätzlich nur Gefahrerforschungsmaßnahmen erfolgen. Je wesentlicher jedoch die zu schützenden Grundrechte betroffen werden können, desto eher darf im Einzelfall auch bei bloßem Gefahrenverdacht und Verdachtsstörern über bloße Gefahrerforschungsmaßnahmen hinausgegangen werden. Die Durchsuchung des Fahrzeuges diente der Gefahrerforschung im Sinne der Suche nach Drogen. Das Auswahlermessen bezüglich des Mittels ist ordnungsgemäß ausgeübt.

Bei einer Sicherstellung von Drogen ist dieses Ermessen aufgrund der drohenden Beeinträchtigung der Volksgesundheit jedenfalls auf null reduziert. Drogen müssen sichergestellt werden.

(d) Zwischenergebnis

Damit durfte auch das Kraftfahrzeug des V durchsucht werden. Es bestanden Tatsachen, mittels derer die Annahme gerechtfertigt war, V habe Cannabis kon-

---

22 Der Grundsatz der Verhältnismäßigkeit ergibt sich primär aus den Grundrechten (Wechselwirkung), subsidiär aus dem Rechtsstaatsprinzip und ist im Gefahrenabwehrrecht einfachgesetzlich ausgestaltet. Der Grundsatz der Verhältnismäßigkeit ist im Rahmen der Ermessensüberschreitung zu prüfen, wobei zumindest bei schwerwiegenden Grundrechtsbeeinträchtigungen auch Schutzbereichseingriff und Rechtfertigung genauer zu erläutern sind.

sumiert bzw. im Fahrzeug verwahrt. Die Durchsuchung im Sinne des § 35 Abs. 1 ASOG war rechtmäßig.

(2) Verletzung der allgemeinen bzw. besonderen Sorgfaltspflicht

P könnte allerdings die auch für Beamte im Rahmen der Amtshaftung geltende allgemeine Sorgfaltspflicht bzw. seine besondere Sorgfaltspflicht als Polizeihundeführer verletzt haben.

Selbst wenn für Diensthunde bzw. Diensthunde in Ausbildung bzw. bei zur Ausbildung überlassenen Hunden Besonderheiten zu berücksichtigen wären, entspricht es der Einhaltung allgemein anerkannter Standards, einen in Ausbildung befindlichen Hund nicht völlig ungesichert arbeiten zu lassen, zumal sich dieser noch nicht bewährt hat. Die Sicherung des Tieres durch eine Leine oder einen Maulkorb wäre geboten gewesen.

(3) Haftungsbegründende Kausalität und Zwischenergebnis

Es wurde eine drittbezogene Amtspflicht verletzt, wobei die Handlung in Form der Durchsuchung des Fahrzeuges durch P für die Pflichtverletzung mangels gegenteiliger Anhaltspunkte haftungsbegründend kausal war.

cc) Rechtswidrigkeit und Verschulden

Rechtfertigungsgründe sind nicht ersichtlich. Gemäß § 276 Abs. 1 BGB hat P Vorsatz und Fahrlässigkeit zu vertreten. Fahrlässig handelt, wer die im Verkehr erforderliche Sorgfalt außer Acht lässt. Der Hund war noch sehr jung und befand sich noch am Beginn der Ausbildung. Es war fahrlässig von P, ihn derart und ohne weitere Sicherungsmaßnahmen einzusetzen. P handelte schuldhaft.

dd) Zwischenergebnis

Die positiven Voraussetzungen sind erfüllt.

b) Negative Voraussetzungen

Negativ darf der Anspruch nicht ausgeschlossen sein. Ausschlussgründe wie die Subsidiarität der Amtshaftung gemäß § 839 Abs. 1 S. 2 BGB oder die Unterlassung des Nichtgebrauches eines Rechtsmittels im Sinne des § 839 Abs. 3 BGB sind nicht ersichtlich. Auch eine gesetzliche Abweichung von der „grundsätzlich" in Art. 34 S. 1 GG vorgesehenen Haftungsüberleitung ist nicht erfolgt.

3. Anspruchsinhalt und haftungsausfüllende Kausalität

Der Anspruchsinhalt ist Schadensersatz im Sine der §§ 249ff. BGB. V hat einen Anspruch auf Ersatz des Schadens in Geld gemäß § 251 Abs. 1 BGB gegen das Land Berlin aus Amtshaftung gemäß § 839 Abs. 1 BGB i.V.m. Art. 34 S. 1 GG, weil die Pflichtverletzung des P, welche dem Land Berlin zugerechnet wird, haftungsausfüllend kausal für den Schaden des V ist. Eine Minderung des Schadensersatzes wegen Mitverschuldens – der Anschein wurde zurechenbar gesetzt – gemäß § 254 BGB kommt nicht in Betracht, da V nicht für den falschen Einsatz des Hundes verantwortlich ist.[23]

4. Ergebnis

V bekommt den ihm durch die Durchsuchung des Fahrzeuges entstandenen Schaden ersetzt.

II. Analog § 59 Abs. 1 Nr. 1 ASOG

Ein Anspruch des V könnte sich analog § 59 Abs. 1 Nr. 1 ASOG ergeben. Eine derartige Haftung kann jedoch bei verfassungskonformer Auslegung im Rahmen des sich unter anderem aus Art. 20 Abs. 3 GG ergebenden Rechtsstaatsprinzips ausgeschlossen sein, wenn der Gefahrenanschein bzw. der Verdachtsanschein zurechenbar gesetzt wurden. Ist der Anscheins- bzw. Verdachtsstörer verantwortlich dafür, dass der Beamte sich hinsichtlich der Gefahr irrte, ist er auf der Sekundärebene als „echter" Störer zu behandeln mit der Folge, dass ihm Entschädigung nicht gewährt wird. Dies ist auch einfachgesetzlich in § 60 Abs. 5 S. 2, 1 ASOG spezifiziert worden, soweit der Anschein schuldhaft gesetzt worden ist. Sollte der Irrtum des Beamten bezüglich der Gefahr jedoch vermeidbar gewesen sein, kann der Betroffene verlangen, wie ein Nichtstörer entschädigt zu werden.

Die geistige Abwesenheit des V unterstützt durch den scheinbar bekannten Geruch aus dem Kraftfahrzeug des V führte dazu, dass P annahm, V habe Cannabis im Kraftfahrzeug versteckt. Der Anschein ist V zurechenbar.[24] Ein Anspruch des V aus § 59 Abs. 1 Nr. 1 ASOG besteht nicht.

---

23 Es ist stets zwischen der Primärebene und der Sekundärebene zu unterscheiden.

24 Die Zurechenbarkeit ist im Bearbeitungsvermerk vorgegeben.

III. Anspruch aus enteignungsgleichem Eingriff

V könnte einen Anspruch aus enteignungsgleichem Eingriff folgend aus dem auf die Kodifizierung in §§ 74, 75 EALR zurückgehenden Aufopferungsgewohnheitsrecht zustehen.[25] Der Anspruch ist gegenüber analog § 59 Abs. 1 Nr. 1 ASOG subsidiär. Ungeachtet der Subsidiarität dieses Rechtsinstituts gegenüber Ansprüchen aus spezialgesetzlichen Normen oder deren analoger Anwendung bezüglich der objektiven Unrechtshaftung kommt ein gewohnheitsrechtlicher Anspruch aus enteignungsgleichem Eingriff jedenfalls aufgrund des lediglich zugrundeliegenden Unterlassens des P bezüglich seiner Sicherungspflichten nicht in Betracht. Da der Anspruch gewohnheitsrechtlich und somit ohnehin unbestimmt ist, ist grundsätzlich – bei besonders evidenten Unterlassungen ist dies anders – ein positives Tun erforderlich. Die Pflichtverletzung durch P bestand aber im Unterlassen der Sicherung des Hundes und nicht in der Durchsuchung als solcher, sodass es sich um eine Unterlassen handelt, welches mangels Anhaltspunkten nicht als qualifiziert einzustufen ist.

C. Ergebnis

Die Sachurteilsvoraussetzungen sind erfüllt und die Klage ist zulässig und begründet.

25 Der enteignungsgleiche Eingriff setzt grundsätzlich positives Tun voraus (Gewohnheitsrecht rechtsstaatlich ohnehin schon unbestimmt, sodass zumindest eine positive Handlung notwendig). Nur ein qualifiziertes Unterlassen ist ausnahmsweise hinreichend (praktische Konkordanz Grundrechte und Rechtsstaatsprinzip). Dazu: Stein/Itzel/Schwall, Praxishandbuch des Amts- und Staatshaftungsrechts, Rn 334 m.w.N.

Besonderes Verwaltungsrecht – Fall 3 – POR: „Der Marktmeister“ (Berlin)

Eines schönen Sommerabends (Freitag, der 14.7.) in Berlin war Rechtsanwalt R mit seinem kürzlich angeschafften neuen BMW Z4 Cabrio unterwegs und beschloss, zu Abend in einem italienischen Restaurant zu speisen. Er stellte sein funkelndes Fahrzeug standesgemäß auf dem öffentlichen Museumsparkplatz nahe des Restaurants ab. Da er mit dem Fahrzeug abends eigentlich die nur kurze Heimreise antreten wollte, nahm er die für seinen Parkplatz geltenden und nicht verdeckten Halteverbotsschilder nur beiläufig wahr. Sie enthielten ein absolutes Halteverbot von 06:00 Uhr bis 14:00 Uhr für den nächsten Tag mit dem Hinweis, dass dort zu der genannten Zeit ein Markt im Sinne des § 67 Abs. 1 GewO stattfindet mit der Folge, dass das Grundstück während dieser Zeit an die Marktbeschicker verpachtet ist. Das Halteverbot auf dem Gelände zur Marktzeit ist rechtmäßig angeordnet worden. Als R im Restaurant sein Abendessen zu sich nahm, kam zufällig eine Gruppe junger Damen vorbei und setzte sich zu ihm. Man plauderte, trank ein Gläschen Wein, und die Runde wurde um zwei Freunde und Kollegen des R, nämlich H und K, die im Verlaufe des Abends ebenfalls hinzukamen, erweitert. Der Abend mit den bezaubernden jungen Damen gestaltete sich derart angenehm, dass R, H und K beschlossen, ihre Autos stehen zu lassen.

Aufgrund des angenehmen Abends machten sich R, H und K keine Gedanken mehr über ihre Fahrzeuge. Dabei wäre dies wohl vernünftig gewesen. Denn nicht nur R hatte ungünstig geparkt. Auch H hatte seinen Sportwagen ungeschickt abgestellt – nämlich vor einem abgesenkten Bordstein in einer Einfahrt, die amtlich als Feuerwehrausfahrt gekennzeichnet war und das, obwohl aus einer Wohnung in dem hinter der Zufahrt liegenden Gebäude dichte Rauchschwaden hervortraten und in der Ferne schon Sirenen zu hören waren, die von Einsatzwagen der zur Bekämpfung der Rauchschwaden anrückenden Feuerwehr stammten. H hatte allerdings weder die Kennzeichnung der Feuerwehrzufahrt wahrgenommen, noch die Rauchwaden gesehen, geschweige denn, die Sirenen gehört. K konnte sich hingegen vermeintlich in Sicherheit wägen. Er hatte seinen Porsche vor der Wohnung seiner in der Seitenstraße des Lokals wohnenden ehemaligen Freundin – S – ordnungsgemäß am Straßenrand abgestellt. Eines wusste K nicht: S beabsichtigte, früh am nächsten Morgen aus ihrer bisherigen Wohnung auszuziehen, weil sie dort zu viele schöne Momente mit K verlebt hatte und auf diese Weise Erinnerungen verdrängen wollte. Zu allem Überfluss saß S an dem besagten Abend ebenfalls – von den Herren R, H und K unbemerkt – im Lokal und war wegen der knisternden Stimmung am Tisch der Herren R, H, K und der Damen ziemlich traurig.

Schon früh am Morgen des 15.7. (05:00 Uhr), als R, H und K noch lange nicht erwacht waren, stellte S, die den Schock des Vorabends noch nicht überwunden hatte, die von ihr einige Tage zuvor bei der zuständigen Behörde beorderten Wanderschilder („Absolutes Halteverbot“ im Sinne des § 41 Abs. 1 Zeichen 283 StVO für den 15.7.) vor ihrer Wohnung auf – in dem Bereich, in dem das Fahrzeug des K abgestellt war. Die Schilder wurden exakt so aufgestellt, wie es ihr von der Behörde vorgegeben und rechtmäßig im Sinne des § 45 Abs. 1 StVO angeordnet worden war. S hatte ein Speditionsunternehmen bestellt, dessen Bedienstete den Möbelwagen morgens vor der Wohnung der S zwecks Beladung abstellen sollten. Dies war wegen der Blockade des Parkplatzes durch das Fahrzeug des K nicht möglich. Deshalb agierte S. Sie füllte schnell das die Aufstellung der Wanderschilder dokumentierende Aufstellungsprotokoll dahingehend aus, dass sie die Schilder schon am 10.7. aufgestellt habe – so wie sie die Halteverbotsschilder den zeitlichen Vorgaben der Behörde entsprechend hätte aufstellen müssen. Daraufhin rief sie die zuständige Polizei, die das Fahrzeug des K vom privaten Abschleppunternehmer U auf einen freien Parkplatz in der Nähe schleppen ließ. Erst Tage nachdem K seinen Porsche zurückerhalten hatte, erkannte die Polizei, dass S die Protokolle wider besseren Wissens ausgefüllt hatte.

Gegen 10:00 Uhr morgens des 15.7. trafen sich R, H und K zusammen mit den Damen des Vorabends überglücklich am Restaurant, um auswärts zu frühstücken. Geplant war es, mit den Fahrzeugen zu einem Restaurant an die Spree zu fahren. Doch die Glücksgefühle waren nur von kurzer Dauer. Den ersten Schock erlitt K, da sein Porsche verschwunden war – durch den weisungsgebundenen Abschleppunternehmer U auf Veranlassung der zuständigen Polizei abgeschleppt und umgesetzt. Auch H war entsetzt. Eine Anwohnerin teilte ihm mit, dass sein Fahrzeug auf Veranlassung der zuständigen Polizei mittels des weisungsgebundenen Abschleppunternehmers U auf einen Verwahrplatz am Rande von Berlin gebracht worden sei, weil zum Zeitpunkt des Abschleppens in der gesamten Gegend kein Stellplatz mehr frei war. R erging es nicht besser. Als R den Parkplatz seines Fahrzeuges erreichte, traf er auf einen Gemüsehändler, der ihn an den Markmeister verwies. Der Marktmeister M – ein kleiner Mann mit Küchenschürze und karierter Schirmmütze – bemerkte triumphierend, dass jetzt Markt sei und er das Kfz des R durch den weisungsgebundenen Abschleppunternehmer U habe abschleppen lassen. Es stünde ganz in der Nähe in einer Nebenstraße. R könne sofort einen geringen Betrag bezahlen und das Fahrzeug mitnehmen. Anderenfalls würde es teurer, da M dann zusätzlich ein Bußgeld verhängen würde. Er sei schließlich der Marktmeister und Teilzeitbediensteter der zuständigen Behörde und damit des Landes Berlin. Das ist zutreffend. R ist ebenso wie der Marktmeister der Auffassung, dass die Art und Weise der Vollstreckung rechtmäßig waren und bezüglich der Umsetzung keine Ermessensfehler ersichtlich sind.

Frustriert trafen sich R, H und K gemeinsam mit den Damen vor dem Lokal wieder. R, der Spezialist im Öffentlichen Recht ist und seinen Sartorius sowie sämtliche Landesgesetze noch vom Vortag in der Tasche hatte, sollte es nun richten. Noch vor Ort erteilten ihm H und K eine außergerichtliche Vollmacht und eine Prozessvollmacht. Er sei schließlich der Mann für das Öffentliche Recht. R, H und K gehen davon aus, dass für das Abschleppen jedenfalls ein Kostenbescheid erlassen wird, dessen Kostenansatz mit dem Gebührenrecht Berlin bzw. der Abgabenordnung (AO) vereinbar ist. K, der mittlerweile eine verräterische SMS von S erhalten hatte, ist zutiefst verärgert und will gegen einen etwaigen Kostenbescheid in jedem Fall klagen.

Zehn Tage später erhielten R, H und K jeweils einen Kostenbescheid – bei H und K von der zuständigen Behörde und bei allen drei Betroffenen verfahrens- und formfehlerfrei sowie mit dem richtigen Kostenansatz erlassen. R und H unternahmen nach der juristischen Begutachtung des Falles durch R nichts, während K ordnungsgemäß Widerspruch einlegte, der ablehnend beschieden wurde, sodass K fristgemäß Klage erhob. Prüfen Sie, ob die Klage des K Erfolg haben wird, und ob die gegenüber R und H ergangenen Kostenbescheide rechtmäßig sind. Gehen Sie dabei davon aus, dass das Zuständigkeitsgesetz für Märkte und Volksfeste rechtmäßig ist. Das Gesetz zur Aufrechterhaltung der öffentlichen Sicherheit und Ordnung auf Märkten und Volksfesten kann als „MSOG“ abgekürzt werden.

Zusatzfrage (kurze Erörterung)

Hätte die Begründung der Zuständigkeit des Marktmeisters für Maßnahmen zur Gefahrenabwehr durch eine Beleihung erfolgen können, wenn er nicht Bediensteter des öffentlichen Dienstes wäre?

7106-1
Fiktives Gesetz (Berlin)
zur Aufrechterhaltung der öffentlichen Sicherheit und Ordnung auf Märkten und Volksfesten
vom 6. März 1985

Der Senat verkündet das nachstehende vom Abgeordnetenhaus beschlossene Gesetz:

§ 1 Anordnungen zur Gefahrenabwehr
Die Bediensteten der zuständigen Behörde sind befugt, nach pflichtgemäßem Ermessen die im Einzelfall zum Schutz der Allgemeinheit oder des Einzelnen erforderlichen Anordnungen zu treffen, um bevorstehende Gefahren für die öffentliche Sicherheit und Ordnung abzuwehren oder Störungen der öffentlichen Sicherheit und Ordnung zu beseitigen.

§ 2 Ausschluss von Personen
(1) Die Bediensteten der zuständigen Behörde können Personen, die die öffentliche Sicherheit und Ordnung auf dem Veranstaltungsgelände gefährden oder stören, vom Veranstaltungsgelände verweisen.
(2) Bei schweren oder wiederholten Verstößen gegen die öffentliche Sicherheit und Ordnung kann das Betreten des Veranstaltungsgeländes für die Dauer einer oder mehrerer Veranstaltungen untersagt werden.

§ 3 Mitbringen von Hunden
[1]Mit Ausnahme von Blinden- und Diensthunden sowie Hunden von Anbietern auf Volksfesten dürfen Hunde nicht auf das Veranstaltungsgelände mitgebracht werden. [2]Hunde von Anbietern auf Volksfesten sind so unterzubringen, dass die öffentliche Sicherheit und Ordnung auf dem Veranstaltungsgelände nicht gefährdet ist.

§ 4 Ermächtigungen
(1) Der Senat wird ermächtigt, durch Rechtsverordnung weitere Bestimmungen über das Feilbieten gefährlicher Geräte oder sonstiger Waren, das Lagern von Waren, das Anbieten von Leistungen, den Betrieb und die Reparaturen von Fahrgeschäften, den Fahrzeug- und Fußgängerverkehr, die Mitnahme von sperrigen Gegenständen, die Reinhaltung des Veranstaltungsgeländes sowie den Brandschutz und den Zutritt zu dem Großmarkt für Obst, Gemüse und Blumen zu treffen.
(2) Der Senat bleibt ermächtigt, die folgenden Rechtsverordnungen in ihrer geltenden Fassung aufzuheben [...]

§ 5 Ordnungswidrigkeiten
(1) Ordnungswidrig handelt, wer vorsätzlich oder fahrlässig
1. eine vollziehbare Anordnung Bediensteter der zuständigen Behörde nach § 1 nicht befolgt,

2. entgegen einer vollziehbaren Anordnung nach § 2 Absatz 1 das Veranstaltungsgelände nicht verlässt oder entgegen einer vollziehbaren Untersagung nach § 2 Absatz 2 das Veranstaltungsgelände betritt,
3. entgegen § 3 einen Hund mitbringt oder nicht sicher unterbringt oder
4. gegen eine aufgrund dieses Gesetzes erlassene Rechtsverordnung verstößt, soweit sie für einen bestimmten Tatbestand auf diese Bußgeldvorschrift verweist.

(2) Die Ordnungswidrigkeit kann mit einer Geldbuße geahndet werden.

§ 6 Aufhebung einer Vorschrift

Mit dem Inkrafttreten dieses Gesetzes wird das Gesetz über Spezialmärkte vom [...] in seiner geltenden Fassung aufgehoben.

§ 7 Inkrafttreten

(1) Die Ermächtigungen des § 4 treten am Tage nach der Verkündung des Gesetzes in Kraft.
(2) Im Übrigen tritt das Gesetz am 15. April 1985 in Kraft.

Ausgefertigt Berlin, den 6. März 1985.
Der Senat

Fiktives Gesetz des Landes Berlin über die Zuständigkeit auf Märkten und Volksfesten (ZustG)

§ 1

Zur Abwehr von Gefahren und Störungen für die öffentliche Sicherheit auf Märkten und Volksfesten sind während der Marktzeiten Marktmeister, soweit sie Bedienstete des Landes Berlin und nicht Beliehene sind, zuständig.

§ 2

Zuständig für Vollstreckungsmaßnahmen, die nicht unmittelbarer Zwang sind, sind auf Märkten und Volksfesten Bedienstete der Behörde, die für die Abwehr von Gefahren und Störungen für die öffentliche Sicherheit und Ordnung zuständig sind.

§ 3 Inkrafttreten
Das Gesetz tritt am 15. April 1985 in Kraft.

Ausgefertigt Berlin, den 6. März 1985.
Der Senat

Schwerpunkte
Sicherstellung
Sofortmaßnahme und gestrecktes Verfahren
Abschleppen von Fahrzeugen durch Ordnungsbehörden und die Polizei
Kostenpflicht
Differenzierungen Primär- und Sekundärebene
Beleihung

Vertiefung
BVerwG NJW 1993, 870, 871; OVG Hamburg NJW 2001, 3647; OVG Münster NVwZ-RR 1996, 59; VGH Kassel NJW 1997, 1023.

Gliederung

1. Komplex: Klage des K

A. Sachurteilsvoraussetzungen (+)
- I. Rechtsweg (+)
- II. Zuständigkeit (+)
- III. Beteiligte (+)
- IV. Statthafte Klageart
- V. Besondere Sachurteilsvoraussetzungen (+)
  - 1. Besondere Prozessführungsbefugnis (+)
  - 2. Klagebefugnis (+)
  - 3. Vorverfahren und Widerspruchsfrist (+)
  - 4. Klagefrist (+)
- VI. Zwischenergebnis

B. Begründetheit
- I. Rechtsgrundlage (+)
  - 1. § 15 Abs. 2 S. 1 ASOG (–)
  - 2. § 10 VwVG i.V.m. den §§ 19 Abs. 1 S. 1 VwVG, 5a S. 1 VwVfG Bln (+)
- II. Voraussetzungen (+)
  - 1. Formell (+)
  - 2. Materiell (+)
    - a) Rechtmäßigkeit der Vollstreckungsmaßnahme (+)

aa) Rechtsgrundlage Vollstreckung (+)
bb) Voraussetzungen (+)
(1) Vollstreckbarer Verwaltungsakt (+)
(a) Ge-/Verbotsverfügung (+)
(b) Wirksamkeit (+)
(c) Vollziehbarkeit (+)
(2) Art und Weise (+)
(a) Androhung (–)
(b) Festsetzung (–)
(c) Anwendung (+)
(3) Kein Vollstreckungshindernis (+)
cc) Rechtsfolge
(1) Zur Erfüllung des Zwecks geeignet und erforderlich (+)
(2) Verhältnismäßigkeit i.e.S. (+)
b) Pflichtigkeit und Kostenansatz im Sinne der Abgabenordnung (+)
III. Rechtsfolge
C. Ergebnis

2. Komplex: Kostenbescheid gegenüber R
A. Rechtsgrundlage (+)
B. Voraussetzungen (+)
I. Formell (+)
II. Materiell (+)
1. Rechtmäßige Vollstreckungsmaßnahme (+)
a) Rechtsgrundlage (+)
b) Voraussetzungen (+)
aa) Vollstreckbarer Verwaltungsakt (+)
bb) Art und Weise (+)
cc) Kein Vollstreckungshindernis (+)
c) Rechtsfolge
2. Pflichtigkeit und Rechtmäßigkeit des Kostenansatzes (+)
C. Rechtsfolge (§ 19 Abs. 1 S. 1 VwVG i.V.m. § 5a S. 1 VwVfG Bln)
D. Ergebnis

3. Komplex: Kostenbescheid gegenüber H
A. Rechtsgrundlage (+)
B. Voraussetzungen (+)
I. Formell (+)
II. Materiell (+)

1. Rechtmäßige Sicherstellung (+)
   a) Rechtsgrundlage (+)
   b) Voraussetzungen (+)
   c) Rechtsfolge
2. Pflichtigkeit und rechtmäßiger Kostenansatz (+)

C. Rechtsfolge
D. Ergebnis

4. Komplex: Zusatzfrage

Lösungsvorschlag

Die folgende Lösung ist als Lösungsvorschlag zu verstehen und ausführlicher, als es in der Klausurbearbeitung verlangt werden kann. Aufgrund der wissenschaftlichen Freiheit können andere Lösungswege vertreten werden, soweit sie dogmatisch begründbar sind. Die Nachweise aus Rechtsprechung und Literatur sowie die das Verständnis fördernden Randbemerkungen sind in der Examensklausur auszusparen. Die Abkürzung „Alt." steht für Alternativfall, nicht für Alternative.

1. Komplex: Klage des K

Die Klage des K hat Erfolg, soweit die Sachurteilsvoraussetzungen erfüllt sind und soweit sie begründet ist.

A. Sachurteilsvoraussetzungen

Die Sachurteilsvoraussetzungen müssen erfüllt sein.[1]

---

1 **Hinweis:** Andere Aufbauvarianten werden vertreten (z.B. dreistufig oder Prüfung des Verwaltungsrechtsweges als Untergliederungspunkt der Zuständigkeit des Gerichts). Derartige Aufbauvarianten sind aber mit § 17a Abs. 2 GVG bzw. mit der Überschrift des 6. Abschnitts der VwGO sowie mit § 83 VwGO unvereinbar und daher bei exakter dogmatischer Zuordnung der Prüfungspunkte nicht zu empfehlen. Die Überschrift „Sachurteilsvoraussetzungen" anstelle der Überschrift „Zulässigkeit" ist sinnvoll, weil nach § 63 Nr. 3 VwGO auch der Beigeladene zu den Beteiligten gehört, das Fehlen einer notwendigen Beiladung i.S.d. § 65 Abs. 2 VwGO aber nur dazu führt, dass das Urteil keine materielle Rechtskraft entfaltet.

I. Rechtsweg

Der Verwaltungsrechtsweg kann mangels aufdrängender Sonderzuweisung gemäß § 40 Abs. 1 S. 1 VwGO eröffnet sein. Im Übrigen kommt ein Verweisungsbeschluss im Sinne der §§ 173 VwGO, 17a Abs. 2 GVG in Betracht. Der Verwaltungsrechtsweg ist eröffnet, wenn die streitentscheidende öffentlich-rechtliche Norm einen Hoheitsträger einseitig berechtigt oder verpflichtet bzw. wenn aufgrund typisch hoheitlichen Handelns zwischen den Beteiligten ein Subordinationsverhältnis besteht.

Als Rechtsgrundlagen kommen für den Kostenbescheid die § 10 VwVG i.V.m. den §§ 19 Abs. 1 S. 1 VwVG, 5a S. 1 VwVfG Bln; 15 Abs. 2 S. 1 ASOG; 41 Abs. 3 S. 1 ASOG in Betracht. Welche dieser Normen materiell einschlägig ist, kann dahinstehen, da alle diese Normen Hoheitsträger berechtigen, Kostenbescheide zu erlassen.

Jedenfalls hat die zuständige Behörde von ihrer Hoheitsgewalt Gebrauch gemacht, indem sie durch einen Verwaltungsakt Recht gesetzt hat. Wählt die Verwaltung eine typisch hoheitliche Handlungsform, entsteht ein Subordinationsverhältnis, das zur Eröffnung des Verwaltungsrechtsweges führt. Da die Streitigkeit mangels doppelter Verfassungsunmittelbarkeit nicht verfassungsrechtlicher Art und eine abdrängende Sonderzuweisung nicht ersichtlich ist, bleibt es bei der Eröffnung des Verwaltungsrechtsweges.

II. Zuständigkeit

Das Verwaltungsgericht ist gemäß § 45 VwGO als Eingangsinstanz für den von der Behörde erlassenen Verwaltungsakt sachlich zuständig, da Anhaltspunkte für abweichende Regelungen wie z.B. § 50 VwGO nicht ersichtlich sind, sodass kein Verweisungsbeschluss gemäß den §§ 17a Abs. 2 GVG, 83 VwGO gefasst werden wird.[2]

III. Beteiligte

K und das Land Berlin als Körperschaft öffentlichen Rechts können Beteiligte des Verfahrens sein. Beteiligte sind nach § 63 Nr. 1, 2 VwGO unter anderem der Kläger

---

2 Die örtliche Zuständigkeit ist anzusprechen, wenn es dafür Anhaltspunkte im Sachverhalt gibt. Im Übrigen ist die Prüfung derselben sinnvoll – allerdings nicht notwendig. Gegebenenfalls ist die örtliche Zuständigkeit im Anschluss an die sachliche Zuständigkeit zu prüfen. Ist sie jedoch gemäß § 52 Nr. 2 VwGO ausnahmsweise von der Klageart abhängig, muss sie von der sachlichen Zuständigkeit getrennt nach der Klageart oder deren besonderen Sachurteilsvoraussetzungen bzw. Sachentscheidungsvoraussetzungen erörtert werden, obwohl § 17a Abs. 2 GVG gemäß § 83 VwGO entsprechend anwendbar ist.

und der Beklagte, beteiligungsfähig nach § 61 Nr. 1 VwGO natürliche und juristische Personen. Behörden sind gemäß § 61 Nr. 3 VwGO i.V.m. dem Gesetz zur Ausführung der Verwaltungsgerichtsordnung in Berlin nicht beteiligungsfähig.

Auf Klägerseite ist K als natürliche Person gemäß § 61 Nr. 1 VwGO beteiligungsfähig. Auf der Beklagtenseite ist das Land Berlin als juristische Person des öffentlichen Rechts beteiligungsfähig. K und das Land Berlin sind Beteiligte des gerichtlichen Verfahrens.

IV. Statthafte Klageart

Die statthafte Klageart richtet sich gemäß § 88 VwGO nach dem klägerischen Begehren unter Berücksichtigung des Anwendungsvorrangs maßnahmespezifischer Rechtsschutzformen und des rechtsstaatlichen Grundsatzes der Effektivität des Rechtsschutzes. Dem klägerischen Begehren entspricht i.d.R. die effektivste Klageart, also nach Möglichkeit die Anfechtungsklage gemäß § 42 Abs. 1 Alt. 1 VwGO als Gestaltungsklage der Verwaltungsgerichtsordnung.[3] Voraussetzung der Anfechtungsklage ist, dass der Kläger die Aufhebung eines Verwaltungsaktes erstrebt. Ein Verwaltungsakt ist gemäß § 35 S. 1 VwVfG i.V.m. § 1 VwVfG Bln jede Verfügung, Entscheidung oder andere hoheitliche Maßnahme, die eine Behörde zur Regelung eines Einzelfalls auf dem Gebiet des öffentlichen Rechts trifft und die auf unmittelbare Rechtswirkung nach außen gerichtet ist. Durch den gegenüber K erlassenen Kostenbescheid wird dieser verpflichtet, einen Betrag zu zahlen, der den Vorgaben der Abgabenordnung entspricht. Der Bescheid enthält gegenüber K damit eine verbindliche Regelung, sodass ein Verwaltungsakt gegeben ist. Die Anfechtungsklage ist statthaft.

V. Besondere Sachurteilsvoraussetzungen

1. Besondere Prozessführungsbefugnis

Besonders prozessführungsbefugt ist gemäß § 78 Abs. 1 Nr. 1 VwGO das Land Berlin als Gebietskörperschaft öffentlichen Rechts, da das Landesrecht in Berlin keine Ausführungsvorschrift zu § 78 Abs. 1 Nr. 2 VwGO enthält.[4]

---

3 Die Anfechtungsklage ist besonders rechtsschutzintensiv, weil das Gericht als Judikative mittels einer Durchbrechung der Gewaltenteilung einen Verwaltungsakt als Rechtssetzungsakt der Exekutive aufhebt.

4 § 78 VwGO enthält nach h.M. eine Regelung über die besondere Prozessführungsbefugnis, die von der Beteiligungsfähigkeit und der Passivlegitimation zu trennen ist (MA: § 78 VwGO als Sonderregelung der Passivlegitimation, die aber in der Sachstation, also der Begründetheit, zu prüfen ist, da „Passivlegitimation" der Terminus für den materiell richtigen Klagegegner ist). Die besondere Prozessführungsbefugnis ist ein Unterpunkt bei den besonderen Sachurteils-

2. Klagebefugnis

K muss klagebefugt sein. Die Klagebefugnis nach § 42 Abs. 2 VwGO setzt die Möglichkeit der Verletzung eines subjektiven Rechts voraus. Subjektive Rechte leiten sich aus Sonderbeziehungen, einfachen Gesetzen, subsidiär aus Grundrechten ab, wobei aufgrund des weiten Schutzbereiches des Art. 2 Abs. 1 GG bei unmittelbaren Grundrechtseingriffen für das subjektive Recht direkt auf Grundrechte abgestellt werden kann.[5] K ist Adressat eines Kostenbescheides, sodass jedenfalls die Möglichkeit besteht, dass K zumindest in seiner allgemeinen Handlungsfreiheit gemäß Art. 2 Abs. 1 GG verletzt ist, soweit Art. 14 GG als spezielleres Grundrecht mangels Inhaltsbestimmung im Sinne des Art. 14 Abs. 1 S. 2 GG zugunsten des K nicht einschlägig ist.

3. Vorverfahren und Widerspruchsfrist

Ein in Berlin nicht gemäß § 68 Abs. 1 S. 2 VwGO i.V.m. dem Gesetz zur Ausführung der Verwaltungsgerichtsordnung entbehrliches Vorverfahren im Sinne der §§ 68 ff. VwGO wurde von K ordnungsgemäß durchgeführt.

4. Klagefrist

Die Klagefrist von einem Monat nach Zustellung des Widerspruchsbescheides gemäß § 74 Abs. 1 S. 1 VwGO wurde von K durch die rechtzeitige Erhebung der Klage eingehalten.

VI. Zwischenergebnis

Die Sachurteilsvoraussetzungen sind erfüllt.

---

voraussetzungen und wird teilweise (vertretbar aber bzgl. der materiell-rechtlichen Passivlegitimation verwechslungsfähig) mit „Klagegegner“ überschrieben.

Einige Argumente für die h.M.:

- § 78 VwGO steht systematisch bei den besonderen Sachurteilsvoraussetzungen
- Gesetzgebungskompetenzen
- falsche Behörde bzw. falscher Rechtsträger können nicht zum materiell richtigen Anspruchsgegner im Sinne einer Passivlegitimation werden.

Zum Ganzen: Ehlers, Festschrift für Menger, S. 379 ff.; Hufen, Verwaltungsprozessrecht, § 12, Rn 38 ff. m.w.N.; vgl. OVG Münster NVwZ 1990, 188.

5 **Zur Klagebefugnis:** Ist jemand Adressat eines belastenden Verwaltungsaktes, kann beim subjektiven Recht wegen des unmittelbaren Grundrechtseingriffes nach h.M. direkt auf Grundrechte abgestellt werden. Mittlerweile wird (dogmatisch überzeugend) auch insoweit vermehrt auf vorrangige speziellere subjektive Rechte abgestellt, soweit es sie gibt.

B. Begründetheit

Die Klage des K ist gemäß § 113 Abs. 1 S. 1 VwGO begründet, soweit der Kostenbescheid rechtswidrig und der Kläger durch ihn in seinen Rechten verletzt ist. Da K Adressat eines belastenden Verwaltungsaktes ist, ist K bei Rechtswidrigkeit des Kostenbescheides jedenfalls in seinen Grundrechten verletzt.

I. Rechtsgrundlage

Fraglich ist, ob es eine Rechtsgrundlage gibt, auf welcher der Kostenbescheid für die Umsetzung des Fahrzeuges des K beruht. Die Rechtsgrundlage auf der Sekundärebene ist davon abhängig, ob es sich um die Kosten einer Ersatzvornahme im gestreckten Vollstreckungsverfahren, die Kosten einer unmittelbaren Ausführung, die Kosten eines sofortigen Vollzuges oder die Kosten einer Sicherstellung handelt.[6]

1. § 15 Abs. 2 S. 1 ASOG

Es kann sich bei dem Kostenbescheid gegenüber K um die Geltendmachung der Kosten einer unmittelbaren Ausführung im Sinne des § 15 Abs. 1 S. 1 ASOG gemäß § 15 Abs. 2 S. 1 ASOG handeln. Dazu muss materiell eine unmittelbare Ausführung im Sinne des § 15 Abs. 1 S. 1 ASOG als Maßnahme durchgeführt worden sein. Eine unmittelbare Ausführung ist bei falsch geparkten Fahrzeugen nur denkbar, wenn kein Verwaltungsakt erlassen wurde, aus dem sich ein Halteverbot ergibt. Die unmittelbare Ausführung ist nämlich im materiellen Recht außerhalb der Standardmaßnahmen, die Vollstreckungsrecht implizieren können, geregelt. Es handelt sich bei der unmittelbaren Ausführung um eine Handlung für den Betroffenen, nicht um eine Handlung gegen seinen Willen. Die unmittelbare Ausführung ist aufgrund ihrer systematischen Stellung nicht dem Vollstreckungsrecht zuzuordnen und daher unanwendbar, wenn bereits ein Verwaltungsakt erlassen worden ist, der vollstreckt wird. Das Fahrzeug des K

---

6 **Zur Rechtsgrundlage des Kostenbescheides:**
- bei Verbringung auf einen Verwahrplatz § 41 Abs. 3 S. 1 ASOG, da insoweit Kosten einer Sicherstellung
- bei Umsetzung des Fahrzeuges auf der Primärebene gestrecktes Verfahren oder Sofortmaßnahme denkbar, sodass § 10 VwVG i.V.m. den §§ 19 Abs. 1 S. 1 VwVG, 5a S. 1 VwVfG Bln auf der Sekundärebene, falls vollstreckbarer VA oder sofortiger Vollzug (beide Kostenbescheide nach § 10 VwVG i.V.m. den §§ 19 Abs. 1 S. 1 VwVG, 5a S. 1 VwVfG Bln), sonst § 15 Abs. 2 S. 1 ASOG auf der Sekundärebene
- abhängig von Primärebene: unmittelbare Ausführung (für den Betroffenen), sofortiger Vollzug (gegen den Willen des Betroffenen).

wurde umgesetzt, weil es im Halteverbot stand. Das Halteverbot ergab sich aus den von S in Weisungsgebundenheit, also als Verwaltungshelferin aufgestellten Wanderschildern. Es ist zumindest vorstellbar, dass Verkehrsschilder konkrete, wenngleich nicht individuelle hoheitliche Regelungen zur Nutzung der Straße mit Außenwirkung gegenüber den Verkehrsteilnehmern, also Verwaltungsakte in Form einer Allgemeinverfügung im Sinne des § 35 S. 2 Var. 3 VwVfG i.V.m. § 1 VwVfG Bln darstellen. Die von S aufgestellten Wanderschilder können Verwaltungsakte sein, die der Anwendbarkeit des § 15 Abs. 1 S. 1 ASOG auf der Primärebene und somit der Anwendung des § 15 Abs. 2 S. 1 ASOG auf der Sekundärebene entgegenstehen.[7]

§ 15 Abs. 2 S. 1 ASOG kommt als Rechtsgrundlage für den an K gerichteten Kostenbescheid nicht in Betracht.

2. § 10 VwVG i.V.m. den §§ 19 Abs. 1 S. 1 VwVG, 5a S. 1 VwVfG Bln

Mit dem Kostenbescheid gegenüber K können die Kosten einer Ersatzvornahme geltend gemacht worden sein. Rechtsgrundlage für die Kosten einer Ersatzvornahme ist § 10 VwVG i.V.m. den §§ 19 Abs. 1 S. 1 VwVG, 5a S. 1 VwVfG Bln.[8] Eine Kosteninanspruchnahme nach § 10 VwVG i.V.m. den §§ 19 Abs. 1 S. 1 VwVG, 5a S. 1 VwVfG Bln setzt voraus, dass ein Verwaltungsakt mittels einer Ersatzvornahme nach § 6 Abs. 1 VwVG i.V.m. §§ 9 Abs. 1 lit. a, 10 VwVG i.V.m. § 5a S. 1 VwVfG Bln vollstreckt worden sein muss. Die Inanspruchnahme des Betroffenen auf der Kostenebene erfolgt ebenfalls nach § 10 VwVG i.V.m. den §§ 19 Abs. 1 S. 1 VwVG, 5a S. 1 VwVfG Bln, wenn auf der Primärebene mittels eines sofortigen Vollzuges, also gegen den Willen des Betroffenen ohne vorherigen Verwaltungsakt gehandelt worden ist. Das Halteverbot gegenüber K kann einen Verwaltungsakt in Form einer Allgemeinverfügung darstellen, sodass offenbar nicht mittels eines sofortigen Vollzuges gehandelt worden ist.

Eine gegenüber dem allgemeinen Vollstreckungsrecht spezielle Kostenregelung in § 41 Abs. 3 S. 1 ASOG bei der Sicherstellung im Sinne des § 38 Nr. 1 ASOG

---

7 Die VA-Qualität sollte abschließend besser erst bei den materiellen Voraussetzungen geprüft werden.

8 Bei der Ermittlung der Rechtsgrundlage kommt es auf die Wirksamkeit des Verwaltungsaktes (Bekanntgabe, Nichtigkeit) noch nicht an. Diese Probleme sind im Rahmen der materiellen Voraussetzungen zu erörtern. Systematisch wäre als Rechtsgrundlage auf der Sekundärebene § 19 Abs. 1 S. 1 VwVG i.V.m. § 10 VwVG zu nennen, weil § 19 VwVG im bereichsspezifischen Gesetz in einem speziellen Abschnitt mit gesetzlicher Überschrift „Kosten“ steht, während § 10 VwVG im Kern die Primärebene betrifft und lediglich die Anwendbarkeit des § 19 VwVG bei der Ersatzvornahme anordnet. So differenziert wird dies in der Rechtsprechung aber leider nicht erörtert.

kommt nur bei der Verbringung eines Kraftfahrzeuges auf einen Verwahrplatz in Betracht. Unabhängig davon, ob in § 38 ASOG vollstreckungsrechtliche Maßnahmen zumindest teilweise erfasst sind, wird jedenfalls bei Abwesenheit des Betroffenen kein neben einem Halteverbot bestehender zusätzlicher Duldungsverwaltungsakt als Sicherstellung erlassen, der möglicherweise selbst im Wege der Verwaltungsvollstreckung vollstreckt werden kann. Eine Sicherstellung setzt zudem die Ingewahrsamnahme voraus, die nur bei einer Verbringung auf einen Verwahrplatz anzunehmen wäre, jedoch nicht bei einer Umsetzung. Ist dies in einigen Bundesländern im Gesetz sogar niedergeschrieben, ergibt sich dies in Berlin daraus, dass mit der Sicherstellung die anschließende Verwahrung verbunden ist. Da das Fahrzeug des K in dessen Abwesenheit lediglich umgesetzt, nicht aber auf einen Verwahrplatz gebracht wurde, handelt es sich auf der Primärebene um eine Verwaltungsvollstreckung ohne Sicherstellung, sodass es sich bei den Kosten letztlich um die Kosten einer Vollstreckung im gestreckten Verfahren handelt. § 10 VwVG i.V.m. den §§ 19 Abs. 1 S. 1 VwVG, 5a S. 1 VwVfG Bln ist als Rechtsgrundlage für den Kostenbescheid gegenüber K einschlägig (vgl. Sadler, VwVG/VwVfG, 7. Auflage, § 19, Rn 2, 3, 32 m.w.N.; § 10, Rn 37; vgl. OVGE Berlin 19, 20; OVGE Berlin 21, 218; BVerwG DÖV 1976, 317; BVerwG DÖV 1996, 1046).

II. Voraussetzungen
Die formellen und materiellen Voraussetzungen für den Erlass eines Kostenbescheides aus der Verwaltungsvollstreckung müssen erfüllt sein.

1. Formell
Formell müssen Zuständigkeit, Verfahren und Form gewahrt worden sein. Für die Festsetzung der Kosten ist gemäß § 7 Abs. 1 VwVG i.V.m. § 5a S. 4 VwVfG Bln auch der Polizeipräsident zuständig. Jedenfalls steht die Zuständigkeit der Polizei fest. Der Kostenbescheid erging verfahrens- und formfehlerfrei.

2. Materiell
Materielle Voraussetzungen für den Kostenbescheid nach § 10 VwVG i.V.m. den §§ 19 Abs. 1 S. 1 VwVG, 5a S. 1 VwVfG Bln sind eine rechtmäßige Vollstreckungsmaßnahme, die Ordnungspflicht des Betroffenen und gemäß § 10 i.V.m. den §§ 19 Abs. 1 S. 2 VwVG, 5a S. 1 VwVfG Bln ein rechtmäßiger Kostenansatz nach der Abgabenordnung.

a) Rechtmäßigkeit der Vollstreckungsmaßnahme[9]

Eine Vollstreckungsmaßnahme ist rechtmäßig, soweit eine Rechtsgrundlage gegeben ist, deren Voraussetzungen erfüllt sind.

aa) Rechtsgrundlage Vollstreckung

Da die Verwaltungsvollstreckung besonders grundrechtsintensiv ist, bedarf es wegen des insoweit aus den Grundrechten abgeleiteten Gesetzesvorbehaltes einer Rechtsgrundlage.[10] Rechtsgrundlage für die Ersatzvornahme als Vollstreckung eines Verwaltungsaktes im gestreckten Verfahren ist § 6 Abs. 1 VwVG i.V.m. den §§ 9 Abs. 1 lit. a, 10 VwVG i.V.m. § 5a S. 1 VwVfG Bln.

bb) Voraussetzungen

Die formellen und die materiellen Voraussetzungen müssen erfüllt sein. Formell handelte beim Abschleppen die Polizei als zuständige Vollstreckungsbehörde, die sich des U als Verwaltungshelfer bediente. Materiell setzt die Ersatzvornahme einen vollstreckbaren Verwaltungsakt als Titel, die rechtmäßige Art und Weise der Vollstreckung und kein der Vollstreckung entgegenstehendes Vollstreckungshindernis voraus.

(1) Vollstreckbarer Verwaltungsakt[11]

Der im Sinne des § 6 Abs. 1 VwVG i.V.m. den §§ 9 Abs. 1 lit. a, 10 VwVG i.V.m. § 5a S. 1 VwVfG Bln vollstreckbare Verwaltungsakt kann das Verkehrsschild mit dem Inhalt des Halteverbotes im Sinne des § 41 Abs. 2 Ziffer 8 Zeichen 283 StVO sein.[12]

(a) Ge-/Verbotsverfügung

Ein Verwaltungsakt ist gemäß § 35 S. 1 VwVfG i.V.m. § 1 VwVfG Bln jede Verfügung, Entscheidung oder andere hoheitliche Maßnahme, die eine Behörde zur

---

9 Inzident ist die Rechtmäßigkeit der Vollstreckung (Primärebene) zu prüfen.

10 **Nochmals:** Es bedarf einer Rechtsgrundlage für die Vollstreckung auf der Primärebene, weil der Vorrang des Gesetzes bei Grundrechtseingriffen durch den Vorbehalt des Gesetzes ergänzt wird.

11 Da es sich um ein gestrecktes Verfahren handelt (kein sofortiger Vollzug), bedarf es eines vollstreckbaren Verwaltungsaktes als Vollstreckungstitel für die Verwaltungsvollstreckung.

12 Der Verwaltungsakt ist nur vollstreckbar, wenn er zumindest wirksam ist. Auch rechtswidrige Verwaltungsakte sind grundsätzlich wirksam, da es anders als bei Normen kein Nichtigkeitsdogma gibt.

Regelung eines Einzelfalles auf dem Gebiet des öffentlichen Rechts trifft und die auf unmittelbare Rechtswirkung nach außen gerichtet ist. Ein Halteverbotsschild enthält keine Einzelfallregelung, sondern eine konkret-generelle Regelung. Konkret-generelle Regelungen sind Verwaltungsakte in Form von Allgemeinverfügungen gemäß § 35 S. 2 VwVfG i.V.m. § 1 VwVfG Bln. Es handelt sich bei Verkehrsschildern um Allgemeinverfügungen in Form einer Benutzungsregelung nach § 35 S. 2 Var. 3 VwVfG i.V.m. § 1 VwVfG Bln. Es wird die Benutzung einer Sache geregelt. Durch die Halteverbotsschilder als Zeichen 283 im Sinne des § 41 Abs. 2 Nr. 8 StVO wurde geregelt, dass die Straße als Sache vor der ehemaligen Wohnung der S teilweise nicht genutzt werden durfte. Es handelte sich bei dem Halteverbot um eine Allgemeinverfügung in Form einer Benutzungsregelung gemäß § 35 S. 2 Var. 3 VwVfG i.V.m. § 1 VwVfG Bln und damit um einen Verwaltungsakt.

(b) Wirksamkeit

Das Halteverbot als Allgemeinverfügung im Sinne des § 35 S. 2 Var. 3 VwVfG i.V.m. § 1 VwVfG Bln muss wirksam sein. Die Wirksamkeit eines Verwaltungsaktes setzt gemäß § 43 VwVfG i.V.m. § 1 VwVfG Bln voraus, dass er bekannt gegeben, nicht nichtig und nicht aufgehoben worden ist.

Die Bekanntgabe von Verwaltungsakten richtet sich grundsätzlich nach § 41 Abs. 1 S. 1 VwVfG i.V.m. § 1 VwVfG Bln. Danach muss er demjenigen bekannt gegeben werden, für den der Verwaltungsakt bestimmt ist oder der von ihm betroffen wird. Für Allgemeinverfügungen gilt § 41 Abs. 3 S. 3, Abs. 4 VwVfG i.V.m. § 1 VwVfG Bln, nach dem eine öffentliche Bekanntgabe der Allgemeinverfügungen im Amtlichen Anzeiger zulässig ist. Die Aufstellung von Halteverbotsschildern ist jedenfalls keine solche öffentliche Bekanntmachung. Die Bekanntgabe von Verkehrsschildern ist insoweit problematisch, als bei Zugrundelegung einer Bekanntgabe nach § 41 Abs. 1 VwVfG i.V.m. § 1 VwVfG Bln lediglich dem tatsächlich ein Verkehrsschild wahrnehmenden Verkehrsteilnehmer bekannt gegeben werden könnte. Da dies mit dem rechtsstaatlichen Erfordernis einer effektiven Gefahrenabwehr auch im Straßenverkehr nicht vereinbar wäre, ist § 39 Abs. 1 StVO trotz des wenig ergiebigen Wortlauts dahingehend weit auszulegen, dass er i.V.m. den §§ 39 Abs. 2, 6, 45 Abs. 4 StVO eine Spezialregelung gegenüber dem Verwaltungsverfahrensgesetz i.V.m. § 1 VwVfG Bln darstellt. Die Bekanntgabe erfolgt danach schon durch die Aufstellung eines Verkehrsschildes, wenngleich dies bei einer Klagefristberechnung anders zu beurteilen ist, weil insoweit nicht primär die effektive Gefahrenabwehr zu berücksichtigen ist. Diesbezüglich wäre die Wahrnehmbarkeit eines durchschnittlichen Verkehrsteilnehmers im Einzelfall maßgeblich. Da die Bekanntgabe gegenüber K jedoch nicht fristbezogen relevant ist, war das Halteverbot als Allgemeinverfügung durch die Aufstellung der Verkehrsschilder durch S bekannt gegeben worden.

Die Halteverbotsschilder können aber wegen der Aufstellung durch S nichtig und damit unwirksam gewesen sein. Die Nichtigkeit von Verwaltungsakten kann sich aus einer Spezialregelung oder ergänzend aus § 44 VwVfG i.V.m. § 1 VwVfG Bln als allgemeiner Regelung ergeben. Die von S aufgestellten Halteverbotsschilder können aufgrund des absoluten Nichtigkeitsgrundes des § 44 Abs. 2 Nr. 6 VwVfG i.V.m. § 1 VwVfG Bln nichtig sein. Dazu müssten sie gegen die guten Sitten, also das Anstandsgefühl aller billig und gerecht Denkenden verstoßen. Denkbar ist, dass die mit der Aufstellung der Verkehrsschilder verbundene Ausfüllung des Protokolls sittenwidrig ist, nicht aber die grundsätzliche Anordnung eines Halteverbotes zwecks eines Umzuges. Eine falsche Protokollierung der Aufstellung ändert daran nichts. Sie wirkt sich nicht einmal auf die Dauer der Wirksamkeit bzw. auf den Zeitpunkt des Beginns der Wirkung des Halteverbotes aus. S war aufgrund der behördlichen Vorgaben weisungsgebunden, also Verwaltungshelferin. Sie stellte die Halteverbotsschilder exakt den räumlichen Vorgaben der Behörde entsprechend auf, lediglich zeitlich verspätet und damit verkürzt. Da es sich um ein zeitliches Minus handelte, die Schilder zum Zeitpunkt des Abschleppens des K nach den behördlichen Vorgaben aber vor der Wohnung der S aufgestellt sein sollten, standen sie dort nicht sittenwidrig im Sinne des § 44 Abs. 2 Nr. 6 VwVfG i.V.m. § 1 VwVfG Bln. Ein die Nichtigkeit dem Grundsatz nach ausschließendes Merkmal im Sinne des § 44 Abs. 3 VwVfG i.V.m. § 1 VwVfG Bln ist ebenfalls nicht ersichtlich, sodass lediglich noch eine Nichtigkeit nach § 44 Abs. 1 VwVfG i.V.m. § 1 VwVfG Bln denkbar ist. Eine Nichtigkeit nach der Generalklausel des § 44 Abs. 1 VwVfG i.V.m. § 1 VwVfG Bln setzt aber die Rechtswidrigkeit zuzüglich einer Evidenz voraus. Die evidente Rechtswidrigkeit ist nicht ersichtlich. Die Halteverbotsschilder sind wirksam. Sonstige Unwirksamkeitsgründe im Sinne des § 43 Abs. 2 VwVfG i.V.m. § 1 VwVfG Bln sind ebenfalls nicht ersichtlich.

Fraglich ist, ob der vollstreckbare Verwaltungsakt rechtmäßig sein muss, oder ob dessen Wirksamkeit für eine rechtmäßige Vollstreckung genügt.[13] Für das Erfordernis der Rechtmäßigkeit des der Verwaltungsvollstreckung zugrunde liegenden Verwaltungsaktes spricht, dass wegen des sich unter anderem aus Art. 20 Abs. 3 GG ableitenden Rechtsstaatsprinzips Verwaltungsunrecht nicht

---

13 Es ist strittig, ob ein Verwaltungsakt als Vollstreckungstitel rechtmäßig sein muss. Nach überwiegender Auffassung ist die Rechtmäßigkeit eines Verwaltungsaktes für die Vollstreckung nicht erforderlich, es sei denn, ein Rechtsschutz gegen den Verwaltungsakt war auf der Primärebene nicht möglich. Verfassungsrechtlich sind Art. 19 Abs. 4 GG und Art. 20 Abs. 3 GG zu berücksichtigen.

durch die Vollstreckung perpetuiert werden soll. Andererseits gehört zu einer effektiven Gefahrenabwehr zum Schutz von Rechten und Rechtsgütern im Rechtsstaat auch eine effektive Verwaltungsvollstreckung. Außerdem ist gemäß § 6 Abs. 2 VwVG i.V.m. § 5a S. 1 VwVfG Bln beim sofortigen Vollzug ein Handeln der Behörde „innerhalb ihrer gesetzlichen Befugnisse" erforderlich, während diese Formulierung beim gestreckten Verfahren in § 6 Abs. 1 VwVG i.V.m. § 5a S. 1 VwVfG Bln fehlt. Daraus ergibt sich im Umkehrschluss, dass eine Rechtmäßigkeit insoweit zumindest grundsätzlich nicht erforderlich ist. Daher ist für eine rechtmäßige Verwaltungsvollstreckung grundsätzlich ein wirksamer Verwaltungsakt hinreichend. Die auf einen lediglich wirksamen Verwaltungsakt gestützte Verwaltungsvollstreckung ist aber mit Art. 19 Abs. 4 S. 1 GG, in dem ein Rechtsweg gegen Exekutivhandeln gewährleistet wird, unvereinbar, wenn der zu vollstreckende Verwaltungsakt – z.B. aus zeitlichen Gründen – nicht einmal im einstweiligen Rechtsschutz angreifbar war. Da die das Halteverbot begründenden Wanderschilder erst morgens durch S aufgestellt worden waren, blieb K vor der Vollstreckung durch die Polizei keine Zeit, zusätzlich gegen das Halteverbot vorzugehen, sodass der vollstreckbare Verwaltungsakt auch rechtmäßig sein müsste. Jedenfalls besteht ein vollstreckbarer Verwaltungsakt, wenn das Halteverbot rechtmäßig war. Das Halteverbot vor der Wohnung der S war rechtmäßig im Sinne des § 45 Abs. 1 StVO angeordnet worden, sodass sich eine Rechtswidrigkeit allenfalls aus der falschen Protokollierung ergeben könnte. Die Protokollierung erfolgt aber erst infolge des Halteverbotes und ist nicht Teil des Verfahrens bei Bekanntgabe. Vielmehr soll durch das Protokoll dokumentiert werden, wann das Halteverbot wirksam geworden ist. Jedenfalls war das Halteverbot zum Zeitpunkt der Vollstreckung in Form der Ersatzvornahme wirksam, sodass es für die Klage des K nicht darauf ankommt, ob ein Verwaltungsakt für eine Verwaltungsvollstreckung rechtmäßig sein muss oder nicht.

(c) Vollziehbarkeit

Das Halteverbot als Verwaltungsakt in Form einer Allgemeinverfügung muss vollziehbar im Sinne des § 6 Abs. 1 VwVG i.V.m. den §§ 9 Abs. 1 lit. a, 10 VwVG i.V.m. § 5a S. 1 VwVfG Bln sein. Eine wirksame Verfügung ist erst vollziehbar, wenn sie bestandskräftig, also unanfechtbar ist, oder wenn sich die Vollziehbarkeit aus § 80 Abs. 2 VwGO ergibt. In Betracht kommt für Verkehrszeichen lediglich § 80 Abs. 2 S. 1 Nr. 2 VwGO. Das setzt voraus, dass Verkehrszeichen Anordnungen eines Polizeibeamten gleichzusetzen sind. Problematisch ist insoweit, dass Verkehrszeichen von der zuständigen Ordnungsbehörde erlassen werden. Bei engem Wortlautverständnis des § 80 Abs. 2 S. 1 Nr. 2 VwGO sind Verkehrsschilder von der Norm nicht erfasst. Bei teleologischer Auslegung ist jedoch zu berücksichtigen, dass Polizeibeamte gemäß § 44 Abs. 2 StVO im Straßenverkehrsrecht jedenfalls eine Eilkompetenz haben, sodass Verfügungen auch von Polizeibeamten getroffen werden können. Daher entspricht es dem Sinn und dem Zweck des § 80 Abs. 2 S. 1 Nr. 2 VwGO, dass Verkehrsschilder, bei denen ein ähnliches Bedürfnis für die Vollziehbarkeit wie bei sonstigen Anordnungen von Polizeibeamten besteht, vom Wortlaut der Norm erfasst sind, sodass Verkehrsschilder gemäß § 80 Abs. 2 S. 1 Nr. 2 VwGO sofort vollziehbar sind. Eine derartige Auslegung entspricht auch dem rechtsstaatlichen Grundsatz effektiver Gefahrenabwehr im Sinne des Art. 20 Abs. 3 GG und ist daher verfassungskonform. Die Halteverbotsschilder vor der Wohnung der S waren sofort vollziehbar.

(2) Art und Weise

Die Verwaltungsvollstreckung in Form der Ersatzvornahme muss in der gesetzlich vorgesehenen Art und Weise durchgeführt worden sein.

(a) Androhung

Die Vollstreckung muss gemäß § 13 Abs. 1 S. 1 VwVG i.V.m. § 5a S. 1 VwVfG Bln unabhängig von der Rechtsnatur der Androhung angedroht worden sein, soweit die Androhung nicht entbehrlich ist. Die Ersatzvornahme in Form der Umsetzung des Porsches wurde gegenüber K nicht angedroht, und es fehlt eine ausdrückliche Regelung, nach der von der Androhung abgesehen werden, wenn eine Störung für die öffentliche Sicherheit auf andere Weise nicht beseitigt werden bzw. eine rechtswidrige Tat, die einen Bußgeldtatbestand verwirklicht, anders nicht verhindert werden kann. Wenn eine Androhung aber beim sofortigen Vollzug im Sinne des § 6 Abs. 2 VwVG i.V.m. § 5a S. 1 VwVfG Bln gemäß § 13 Abs. 1 S. 1 VwVG i.V.m. § 5a S. 1 VwVfG Bln ohne vorausgehenden Verwaltungsakt in derartigen Konstellationen entbehrlich ist, gilt das erst recht, wenn das gestreckte Verfahren nur verkürzt werden soll. Insoweit werden nämlich bei verfassungskonformer Auslegung bzw. Reduktion des § 13 VwVG i.V.m. § 5a S. 1 VwVfG Bln im Rahmen des unter anderem aus Art. 20 Abs. 3 GG abgeleiteten Rechtsstaatsprinzips die Interessen des Bürgers einerseits, eine effektive Gefahrenabwehr andererseits berücksichtigt. Ein verkürztes Vollstreckungsverfahren mit Verwaltungsakt ohne Androhung ist für den Betroffenen schließlich weniger belastend als ein sofortiger Vollzug ohne vorausgehenden Verwaltungsakt. Unabhängig davon, ob beim Parken im Halteverbot ein Bußgeldtatbestand erfüllt ist und ob dieser noch „verhindert werden kann“, ist durch einen Verstoß gegen ein Halteverbot jedenfalls die öffentliche Sicherheit gestört, weil das Halteverbot Ausdruck der öffentlichen Rechtsordnung ist, die durch das Falschparken verletzt worden ist. Da das Halteverbot nur dem Umzug der S diente, musste schon mit dem morgens beginnenden Umzug die Störung beseitigt werden, sodass keine andere Möglichkeit als ein frühzeitiges Abschleppen bestand, um die Störung zu beseitigen. Die Androhung im Sinne des § 13 Abs. 1 S. 1 VwVG i.V.m. § 5a S. 1 VwVfG Bln war entbehrlich.

(b) Festsetzung

Die Festsetzung im Sinne des § 14 S. 1 VwVG i.V.m. § 5a S. 1 VwVfG Bln ist – ähnlich wie die Androhung – wegen eines „Erst-recht-Schlusses" aus § 14 S. 2 VwVG i.V.m. § 5a S. 1 VwVfG Bln und einer verfassungskonformen Auslegung bzw. Reduktion der Norm im Rahmen eines verkürzten Verfahrens entbehrlich.

(c) Anwendung

Anwendungsfehler sind bei der Ersatzvornahme nicht ersichtlich, da sich die Vollstreckungsbehörde gemäß § 6 Abs. 1 VwVG i.V.m. den §§ 9 Abs. 1 lit. a, 10 VwVG i.V.m. § 5a S. 1 VwVfG Bln zum Abschleppen eines Dritten, des U, bedienen durfte. Pflichtiger ist gemäß § 6 Abs. 1 VwVG i.V.m. § 5a S. 1 VwVfG Bln derjenige, gegen den sich der Verwaltungsakt richtet, sodass K als vom rechtmäßigen Halteverbot vor der Wohnung der S betroffener Handlungs- und Zustandsstörer im Sinne der §§ 13 Abs. 1, 14 Abs. 1, Abs. 3 S. 1 ASOG der richtige Vollstreckungspflichtige war.

(3) Kein Vollstreckungshindernis

Vollstreckungshindernisse wie zum Beispiel die Erfüllung sind nicht ersichtlich.

cc) Rechtsfolge[14]

Die Vornahme vollstreckungsrechtlicher Maßnahmen steht im Ermessen der zuständigen Behörde. Das Ermessen im Sinne des § 40 VwVfG i.V.m. § 1 VwVfG Bln, der ergänzend anwendbar ist, darf nicht fehlerhaft ausgeübt worden sein. Ein Ermessensausfall ist nicht ersichtlich. Das Entschließungsermessen kann aber wegen einer Ermessensüberschreitung fehlerhaft ausgeübt worden sein. Das ist

14 In der Rechtsfolge ist präzise zwischen Primärebene und Sekundärebene zu trennen. Auf der Primärebene überwiegt i.d.R. die Effektivität der Gefahrenabwehr (Art. 20 Abs. 3 GG), während auf der Sekundärebene (Kosten) die Interessen des Betroffenen je nach Sachverhaltskonstellation die effektive Gefahrenabwehr überwiegen können.

insbesondere anzunehmen, wenn unverhältnismäßig in Grundrechte eingegriffen worden ist, wenn also unverhältnismäßig auf das zugunsten des K in § 903 BGB im Sinne des Art. 14 Abs. 1 S. 2 GG definierte Eigentum in Form seines Porsches zugegriffen worden ist.

(1) Zur Erfüllung des Zwecks geeignet und erforderlich

Der gerichtlich wegen der Einschätzungsprärogative der Verwaltung ohnehin nur begrenzt überprüfbare Zweck der Vollstreckung ist die Durchsetzung des Halteverbotes zur Ermöglichung des Umzuges der S. Da die Ersatzvornahme in Form der Umsetzung des Porsches den Zweck fördert, ist sie ein geeignetes Mittel zur Durchsetzung des Halteverbotes. Die Ersatzvornahme war erforderlich, wenn es kein gleich geeignetes, milderes Mittel gab. Milder wäre z.B. ein Anruf bei K gewesen. Ein solcher ist allerdings nur zumutbar, wenn im Sinne einer effektiven Gefahrenabwehr eine schnelle Erreichbarkeit des K gewährleistet gewesen wäre, weil er z.B. hinter der Windschutzscheibe gut sichtbar seine Mobilfunknummer spontan und mit dem Hinweis hinterlassen hätte, dass er innerhalb weniger Minuten beim Fahrzeug sei (vgl. OVG Hamburg NJW 2001, 3647). Derartige Spontanhinweise hatte K nicht hinterlassen. Größere Nachforschungen waren seitens der Behörde hingegen nicht erforderlich, zumal sie zu zeitlichen Verzögerungen geführt hätten. Eine Halterabfrage mit Ermittlung wäre milder, aber nicht gleich geeignet gewesen. Zudem ist der Porsche nicht auf einen Verwahrplatz gebracht, sondern in der milderen Form des Abschleppens lediglich umgesetzt worden. Die Ersatzvornahme in Form der Umsetzung war erforderlich.

(2) Verhältnismäßigkeit i.e.S.

Die Ersatzvornahme war verhältnismäßig im engen Sinne, wenn sie im Hinblick auf die Interessen des K nicht disproportional war. Eine Halterabfrage verbunden mit der Suche nach K, der nicht daheim war und für die Polizei selbst bei Adressermittlung wohl ohnehin nicht erreichbar gewesen wäre, wäre aus Gründen effektiver Gefahrenabwehr im Rechtsstaat im Sinne des Art. 20 Abs. 3 GG nicht zumutbar gewesen. Eine Disproportionalität ist aber insoweit anzunehmen, als zur Vollstreckung in Form einer Ersatzvornahme mittels der Umsetzung eines Fahrzeuges der bloße Verstoß gegen die Straßenverkehrsordnung nicht hinreichend ist. Da die Verwaltungsvollstreckung in besonderem Maß grundrechtsintensiv ist, bedarf es für die Verhältnismäßigkeit der Vollstreckung eines Gefahrenabwehrerfordernisses, das über den bloßen Verstoß gegen die Straßenverkehrsordnung hinausgeht (vgl. BVerwG NJW 1993, 870, 871). Der

Porsche des K wurde nicht lediglich abgeschleppt, weil er im Halteverbot abgestellt worden war, sondern weil S ihren Umzugswagen vor der Wohnung abstellen musste. Es bestand daher ein dringender Anlass, den Porsche des K umsetzen zu lassen.

Die Verwaltungsvollstreckung kann aber unverhältnismäßig im engen Sinne gewesen sein, weil K durch das Aufstellen der Wanderschilder erst zum Störer geworden ist. Bevor er seinen Porsche vor der Wohnung der S abstellte, war dort kein Halteverbot angeordnet. Denkbar wäre es daher, die Verhältnismäßigkeit der Verwaltungsvollstreckung schon auf der Primärebene davon abhängig zu machen, ob ein Wanderschild 3–4 Tage vor der Vollstreckung aufgestellt worden ist. Das wäre aber mit dem unter anderem aus Art. 20 Abs. 3 GG abgeleiteten Rechtsstaatsprinzip und dem darin enthaltenen Grundsatz der effektiven Gefahrenabwehr unvereinbar, sodass auf der Primärebene nicht zu berücksichtigen ist, wie viele Tage vor dem Abschleppen die Halteverbotsschilder aufgestellt worden waren.

Die Verwaltungsvollstreckung war verhältnismäßig im engen Sinne.

b) Pflichtigkeit und Kostenansatz im Sinne der Abgabenordnung

Kostenpflichtig ist gemäß § 10 VwVG i.V.m. den §§ 19 Abs. 1 S. 1 VwVG, 5a S. 1 VwVfG Bln derjenige, der Pflichtiger der Vollstreckungsmaßnahme war, also K als verbotswidrig parkender Handlungspflichtiger und somit Handlungs- und Zustandsstörer im Sinne der §§ 13 Abs. 1, 14 Abs. 1, Abs. 3 S. 1 ASOG. Der Kostenansatz für die Kosten der Ersatzvornahme entspricht den Vorgaben der Abgabenordnung, sodass er rechtmäßig im Sinne des § 19 Abs. 1 S. 1 VwVG i.V.m. § 5a S. 1 VwVfG Bln festgesetzt worden ist.

III. Rechtsfolge § 10 VwVG i.V.m. den §§ 19 Abs. 1 S. 1 VwVG, 5a S. 1 VwVfG Bln

Nach dem Wortlaut des § 10 VwVG i.V.m. den §§ 19 Abs. 1 S. 1 VwVG, 5a S. 1 VwVfG Bln ist die Entscheidung der Behörde, die Kosten erstattet zu verlangen, gebunden. Da die Interessen des gestörten Betroffenen aber schon auf der Primärebene aus Gründen der effektiven Gefahrenabwehr im Sinne des Art. 20 Abs. 3 GG unberücksichtigt geblieben sind, bedarf es in der Rechtsfolge der Sekundärebene einer verfassungskonformen Auslegung bzw. Reduktion im Sinne des Art. 20 Abs. 3 GG dahingehend, dass Ermessen anzunehmen ist.[15] Eine Er-

---

15 **Nochmals:** Nach dem Wortlaut des § 10 VwVG i.V.m. den §§ 19 Abs. 1 S. 1 VwVG, 5a S. 1 VwVfG Bln handelt es sich um eine gebundene Entscheidung. Aufgrund einer verfassungskonformen Auslegung bzw. Reduktion ergibt sich in der Rechtsfolge Ermessen.

messensreduktion auf null ist ebenso wenig ersichtlich wie ein Ermessensausfall. Durch das Abschleppen des Fahrzeuges des K ist das Ermessen überschritten worden, wenn unverhältnismäßig in das Eigentum des K eingegriffen worden ist. Das ist anzunehmen, wenn der Betroffene entgegen den Üblichkeiten des Straßenverkehrs zum Gestörten gemacht worden ist, wenn also das Halteverbot vor der Verwaltungsvollstreckung nicht hinreichend lange aufgestellt war und der Porsche des K dennoch abgeschleppt worden ist. Insoweit ist auf die Gepflogenheiten des Straßenverkehrs und die damit verbundenen Sorgfaltspflichten abzustellen. Maßgeblich ist, in welchen Abständen ein Kraftfahrzeug hinsichtlich seines Parkplatzes üblicherweise zu kontrollieren ist. Denkbar wären z.B. 48 Stunden (OVG Münster NVwZ-RR 1996, 59), mindestens drei Werktage (VGH Kassel NJW 1997, 1023) oder drei Werktage zuzüglich Sonn- und Feiertagen. Jedenfalls war das Halteverbot vor der Wohnung der S vor dem Abschleppen des Porsches des K nur wenige Stunden aufgestellt. Eine solche Zeitspanne vor der Durchführung einer Verwaltungsvollstreckung ist im Straßenverkehr jedenfalls zu kurz und daher unverhältnismäßig im Sinne des Art. 14 Abs. 1 GG und zudem mit dem Rechtsstaatsprinzip im Sinne einer effektiven, aber auch gerechten Gefahrenabwehr unvereinbar. Die Auferlegung der Kosten zulasten des K ist unverhältnismäßig.

C. Ergebnis

Die Klage des K gegen den Kostenbescheid ist zulässig und begründet und wird daher Erfolg haben.

2. Komplex: Kostenbescheid gegenüber R

Der gegenüber R erlassene Kostenbescheid kann rechtmäßig sein.

A. Rechtsgrundlage[16]

Als Rechtsgrundlage für die Kosten des Abschleppens kommen § 10 VwVG i.V.m. den §§ 19 Abs. 1 S. 1 VwVG, 5a S. 1 VwVfG Bln; 15 Abs. 2 S. 1 ASOG und § 41 Abs. 3 S. 1 ASOG in Betracht. Die Inanspruchnahme nach § 15 Abs. 2 S. 1 ASOG setzt voraus, dass auf der Primärebene im Wege einer Sofortmaßnahme ohne vorausgehenden Verwaltungsakt durch die Behörde gehandelt worden ist. Die Inanspruchnahme nach § 41 Abs. 3 S. 1 ASOG setzt hingegen voraus, dass beim

16 Bei der Ermittlung der Rechtsgrundlage sind gegebenenfalls Spezialregelungen zu beachten bzw. denkbare Spezialregelungen in Erwägung zu ziehen.

Abschleppen eines Fahrzeuges auf der Primärebene keine Umsetzung, sondern eine Verbringung auf einen Parkplatz erfolgt. Da das Cabriolet des R nicht auf einen Verwahrplatz gebracht worden ist, ist § 41 Abs. 3 S. 1 ASOG als Rechtsgrundlage nicht anwendbar. Gleiches gilt für § 15 Abs. 2 S. 1 ASOG, weil die Halteverbotsschilder als Allgemeinverfügung im Sinne des § 35 S. 2 Var. 3 VwVfG i.V.m. § 1 VwVfG Bln einen Verwaltungsakt im Sinne des § 6 Abs. 1 VwVG i.V.m. § 5a S. 1 VwVfG Bln darstellen, der vollstreckt werden kann, sodass es sich beim Abschleppen des R auf der Primärebene nicht um eine Sofortmaßnahme, sondern um eine Verwaltungsvollstreckung handelte. Wegen des vollstreckbaren Verwaltungsaktes wurde auf der Primärebene im gestreckten Verfahren im Sinne des § 6 Abs. 1 VwVG i.V.m. § 5a S. 1 VwVfG Bln, nicht mittels einer Vollstreckung im sofortigen Vollzug im Sinne des § 6 Abs. 2 VwVG i.V.m. § 5a S. 1 VwVfG Bln agiert.[17]

Für die Verwaltungsvollstreckung auf Märkten im Sinne des § 67 Abs. 1 GewO kann sich eine Spezialermächtigung aus § 1 MSOG als Norm im Sinne des § 71a GewO ergeben. Vollstreckungsmaßnahmen könnten dort erfasst sein. Der Wortlaut des § 1 MSOG enthält aber eine Generalermächtigung, ohne konkrete Maßnahmen zu benennen, sodass die Norm hinsichtlich des Rechtsstaatsprinzips im Sinne des Art. 20 Abs. 3 GG relativ unbestimmt ist. Da die Verwaltungsvollstreckung massive Grundrechtseingriffe beinhaltet, bedarf es für die Vollstreckung besonderer Vorschriften, die eine höhere Regelungsdichte als eine Generalklausel haben. Das MSOG ermöglicht somit nur den Erlass von Grundverfügungen, die mittels des nach § 5a S. 1 VwVfG Bln anwendbaren § 6 Abs. 1 VwVG vollstreckt werden müssen.[18] Rechtsgrundlage für den Kostenbescheid bezüglich der Kosten der Ersatzvornahme ist § 10 VwVG i.V.m. den §§ 19 Abs. 1 S. 1 VwVG, 5a S. 1 VwVfG Bln.[19]

---

17 Auch die Kosten des sofortigen Vollzuges würden mittels des § 10 VwVG i.V.m. den §§ 19 Abs. 1 S. 1 VwVG, 5a S. 1 VwVfG Bln geltend gemacht werden, weil für den sofortigen Vollzug die Zwangsmittel des gestreckten Verfahrens anwendbar sind. Lediglich der zu vollstreckende Verwaltungsakt ist entbehrlich.

18 Da es beim Abschleppen des Kfz nicht um die Gewerbeaufsicht geht, sind die §§ 139b ff. GewO irrelevant.

19 Die Konstruktion von Duldungsverwaltungsakten auch in Abwesenheit des Betroffenen wird z.T. noch immer vertreten. Daher ist es mit guter Argumentation vertretbar, trotz Abwesenheit des Betroffenen eine Sicherstellung mit anschließender Vollstreckung (gestrecktes Verfahren) anzunehmen. Ebenso lässt es sich mit Hilfe der Intensität der Grundrechtsbetroffenheit begründen, dass die Sicherstellung die Sofortmaßnahme nicht erfasst, sodass auch auf den sofortigen Vollzug oder – zugunsten des Betroffenen – auf die unmittelbare Ausführung abgestellt werden könnte. Das würde sich auf die Rechtsgrundlage auf der Sekundärebene entsprechend auswirken. In einigen Bundesländern hat der Gesetzgeber die einheitliche Sicherstellung mittlerweile ausdrücklich geregelt und den Streitstand entschieden (z.B. § 14 Abs. 1 S. 2 SOG Hamburg).

B. Voraussetzungen

Die formellen und materiellen Voraussetzungen für den Erlass eines Kostenbescheides aus der Verwaltungsvollstreckung müssen erfüllt sein.

I. Formell

Formell müssen Zuständigkeit, Verfahren und Form eingehalten worden sein. Für die Festsetzung der Kosten ist gemäß § 7 Abs. 1 VwVG i.V.m. § 5a S. 4 VwVfG Bln auch der Polizeipräsident als Vollstreckungsbehörde zuständig, soweit es keine spezialgesetzlichen Regelungen gibt. Das Abschleppen des Fahrzeuges wurde durch den Marktmeister M veranlasst, der sich des weisungsgebundenen U als Verwaltungshelfer bediente. Gemäß der §§ 2, 1 ZustG ist der Marktmeister zu einer solchen Verwaltungsvollstreckung zuständig, die nicht unmittelbarer Zwang ist, wenn er zur Gefahrenabwehr auf dem Marktgelände zuständig und Bediensteter der zuständigen Körperschaft des öffentlichen Rechts, dem Land Berlin, ist. Die Zuständigkeit des Marktmeisters zur Gefahrenabwehr während der Marktzeit richtet sich nach § 1 ZustG. Somit ist während der Marktzeit der Marktmeister als Teilzeitbediensteter des Landes Berlin zur Vollstreckung und damit zum Erlass des Kostenbescheides zuständig, da das Zuständigkeitsgesetz i.V.m. § 71a GewO eine Spezialregelung gegenüber § 7 Abs. 1 VwVG i.V.m. § 5a S. 4 VwVfG Bln ist.

II. Materiell

Materielle Voraussetzungen für den Kostenbescheid nach § 10 VwVG i.V.m. den §§ 19 Abs. 1 S. 1 VwVG, 5a S. 1 VwVfG Bln sind eine rechtmäßige Vollstreckungsmaßnahme, die Pflichtigkeit des Betroffenen und ein rechtmäßiger Kostenansatz nach der Abgabenordnung.

1. Rechtmäßige Vollstreckungsmaßnahme[20]

Die formellen und materiellen Voraussetzungen der Verwaltungsvollstreckung auf der Primärebene müssen erfüllt sein.

a) Rechtsgrundlage

Rechtsgrundlage für die Ersatzvornahme ist § 6 Abs. 1 VwVG i.V.m. den §§ 9 Abs. 1 lit. a, 10 VwVG i.V.m. § 5a S. 1 VwVfG Bln.

---

20 Erneut ist im Rahmen der Sekundärebene inzident die Primärebene zu prüfen.

b) Voraussetzungen

Formell handelte beim Abschleppen während des Marktes der Markmeister als gemäß § 2 ZustG zuständige Vollstreckungsbehörde. Die Ersatzvornahme setzt einen vollstreckbaren Verwaltungsakt als Titel, die rechtmäßige Art und Weise der Vollstreckung und kein der Vollstreckung entgegenstehendes Vollstreckungshindernis voraus.

aa) Vollstreckbarer Verwaltungsakt

Die im Sinne des § 6 Abs. 1 VwVG i.V.m. den §§ 9 Abs. 1 lit. a, 10 VwVG i.V.m. § 5a S. 1 VwVfG Bln vollstreckbaren Verwaltungsakte sind die rechtmäßigen Verkehrsschilder als Allgemeinverfügung im Sinne des § 35 S. 2 Var. 3 VwVfG i.V.m. § 1 VwVfG Bln mit dem Inhalt des Halteverbotes im Sinne des § 41 Abs. 2 Ziffer 8 Zeichen 283 StVO zur Marktzeit.

bb) Art und Weise

Die Verwaltungsvollstreckung in Form der Ersatzvornahme ist in der gesetzlich vorgesehenen Art und Weise durchgeführt worden.

cc) Kein Vollstreckungshindernis

Vollstreckungshindernisse sind nicht ersichtlich.

c) Rechtsfolge

Die Vornahme vollstreckungsrechtlicher Maßnahmen steht im Ermessen der zuständigen Behörde. Dieses ist vom Marktmeister fehlerfrei ausgeübt worden.

2. Pflichtigkeit und Rechtmäßigkeit des Kostenansatzes

Kostenpflichtig ist gemäß § 10 VwVG i.V.m. den §§ 19 Abs. 1 S. 1 VwVG, 5a S. 1 VwVfG Bln derjenige, der Pflichtiger der Vollstreckungsmaßnahme war, also R als verbotswidrig parkender Handlungspflichtiger und somit Handlungs- und Zustandspflichtiger im Sinne der §§ 13 Abs. 1, 14 Abs. 1, 4 ASOG.[21] Der Kostenansatz des vom Marktmeister erlassenen Kostenbescheides entspricht den Vorgaben der Abgabenordnung.

21 Mangels spezialgesetzlicher Regelung richtet sich die Pflichtigkeit nach den §§ 13–15 ASOG.

C. Rechtsfolge

Rechtsfolge des § 10 VwVG i.V.m. den §§ 19 Abs. 1 S. 1 VwVG, 5a S. 1 VwVfG Bln ist nach verfassungskonformer Auslegung bzw. verfassungskonformer Reduktion Ermessen, das allerdings fehlerfrei ausgeübt worden ist.

D. Ergebnis

Der gegenüber R erlassene Kostenbescheid ist rechtmäßig.

3. Komplex: Kostenbescheid gegenüber H

Der gegenüber H erlassene Kostenbescheid kann rechtmäßig sein.

A. Rechtsgrundlage

Als Rechtsgrundlage für die Kosten des Abschleppens kommen die §§ 41 Abs. 3 S. 1 ASOG, 15 Abs. 2 S. 1 ASOG; § 10 VwVG i.V.m. den §§ 19 Abs. 1 S. 1 VwVG, 5a S. 1 VwVfG Bln in Betracht. Da H in einem Bereich parkte, in dem kein Halteverbotsschild stand, fehlte ein Verwaltungsakt, der hätte vollstreckt werden können, sodass § 10 VwVG i.V.m. den §§ 19 Abs. 1 S. 1 VwVG, 5a S. 1 VwVfG Bln bezüglich der Kosten im gestreckten Verfahren im Sinne des § 6 Abs. 1 VwVG i.V.m. § 5a S. 1 VwVfG Bln nicht einschlägig ist, sondern allenfalls bezüglich Kosten des sofortigen Vollzuges im Sinne des § 6 Abs. 2 VwVG i.V.m. § 5a S. 1 VwVfG Bln. Die Inanspruchnahme für Kosten nach § 15 Abs. 2 S. 1 ASOG ist möglich, wenn auf der Primärebene im Wege einer Sofortmaßnahme ohne vorausgehenden Verwaltungsakt durch die Behörde gehandelt wird. Gleiches gilt für die Kosten des sofortigen Vollzuges gemäß § 10 VwVG i.V.m. den §§ 19 Abs. 1 S. 1 VwVG, 5a S. 1 VwVfG Bln i.V.m. den §§ 6 Abs. 2 VwVG, 5a S. 1 VwVfG Bln. Da H verbotswidrig im Sinne des § 12 Abs. 1 Nr. 5 StVO vor einer amtlich gekennzeichneten Feuerwehrzufahrt parkte, kann es sich beim Abschleppen um eine unmittelbare Ausführung gehandelt haben, sodass § 15 Abs. 2 S. 1 ASOG ebenso Rechtsgrundlage für den Kostenbescheid sein könnte wie § 10 VwVG i.V.m. den §§ 19 Abs. 1 S. 1 VwVG, 5a S. 1 VwVfG Bln i.V.m. den §§ 6 Abs. 2 VwVG, 5a S. 1 VwVfG Bln. Da H die Feuerwehrzufahrt und die Rauchschwaden nicht gesehen sowie die Einsatzwagen nicht gehört hatte, ist rechtsstaatlich zu seinen Gunsten zu unterstellen, dass er das Fahrzeug bei Kenntnis der Situation entfernt hätte, es sich also um eine unmittelbare Ausführung handeln würde.[22]

---

22 Wird ein Fahrzeug auf einen Verwahrplatz gebracht, handelt es sich auf der Primärebene nach h.M. aufgrund der sich aus der Sicherstellung ergebenden Verwahrung i.S.d. § 39 ASOG

Allerdings wurde das Fahrzeug des H nicht umgesetzt, sondern auf einen Verwahrplatz verbracht, sodass es sich auf der Primärebene um eine Sicherstellung gehandelt haben kann mit der Folge, dass es auf der Sekundärebene – also der Kostenebene – um die Kosten der Sicherstellung ginge. Maßgeblich für die Kostengrundlage ist also die Grundlage für die Handlung auf der Primärebene.

Inwieweit die Verbringung auf einen Verwahrpatz als Sicherstellung einzustufen ist, hängt vom Inbesitznahmewillen der Behörde ab.[23] Dieser könnte ihr abzusprechen sein, falls sie das Fahrzeug nur aus Platzmangel für eine Umsetzung verwahren würde. Das hätte zur Konsequenz, dass es sich nur um eine Sofortmaßnahme handeln würde. Allerdings müsste das jedenfalls entstehende Verwahrungsverhältnis dann analog § 688 BGB begründet werden. Die Annahme einer derartigen Regelungslücke wäre aufgrund der ausdrücklichen Regelung über die Sicherstellung allerdings problematisch, sodass es sinnvoll erscheint, den Inbesitznahmewillen der Behörde bei der Verbringung auf einen Verwahrplatz anzunehmen. Für diesen kann nämlich nicht der Grund für die Verbringung auf einen Verwahrplatz der Platzmangel für die Umsetzung, sondern nur der Wille als solcher sein. Wird das Fahrzeug auf einen Verwahrplatz verbracht, besteht somit der Wille der Behördenmitarbeiter dazu, da eine gegenteilige Annahme auch im Hinblick auf das sich unter anderem aus Art. 20 Abs. 3 GG ergebende Rechtsstaatsprinzip bedenklich wäre. Somit geht es zumindest auch um die Kosten der Sicherstellung.

Fraglich ist nunmehr, ob es sich um die Kosten der Sicherstellung und einer Sofortmaßnahme handelt. Insoweit ist maßgeblich, inwieweit von der Sicherstellung als Standardmaßnahme auf der Primärebene die Sofortmaßnahme erfasst ist. Es könnte darauf abgestellt werden, dass die Sicherstellungsnorm nicht hinreichend bestimmt sei, weil es um einen wesentlichen Grundrechtseingriff geht, für den es einer bestimmten Grundlage bedarf. Das hätte zur Folge, dass es um eine Sofortmaßnahme mit anschließender Sicherstellung ginge, sodass es zwei Kostengrundlagen gäbe. Allerdings erscheint eine Differenzierung geboten. Soweit es sich um einen sofortigen Vollzug gegen den Willen des Betroffenen handelt, besteht eine erhebliche Grundrechtsbeeinträchtigung, die

---

i.d.R. um eine Sicherstellung, sodass § 41 Abs. 3 S. 1 ASOG als Kostenermächtigung auf der Sekundärebene einschlägig ist. Auf der Primärebene beinhaltet die Sicherstellung in Abwesenheit des Betroffenen sogar eine Sofortmaßnahme in Form einer unmittelbaren Ausführung als Spezialregelung gegenüber § 15 Abs. 1 S. 1 ASOG bzw. § 6 Abs. 2 VwVG i.V.m. § 5a S. 1 VwVfG Bln.

23 Ein Teil der Rechtsprechung geht vom fehlenden Inbesitznahmewillen der Behördenmitarbeiter aus.

von der Standardmaßnahme nicht gedeckt wäre. Soweit es sich aber um eine weniger grundrechtsintensive unmittelbare Ausführung handelt, ist sie von der Standardmaßnahme erfasst. Da der Abschleppvorgang im Sinne des H gewesen ist, handelte es sich um eine in der Sicherstellung enthaltene unmittelbare Ausführung.

Die Verbringung auf einen Verwahrplatz ist wegen der sich daraus ergebenden Verwahrung im Sinne des § 39 ASOG zumindest bei Sicherstellung in Abwesenheit des Betroffenen als eine einheitliche Sicherstellung im Sinne des § 38 ASOG einzustufen, da diese Standardmaßnahme eine Spezialregelung darstellt, wenngleich bei einer Sicherstellung in Anwesenheit des Betroffenen aufgrund des damit i.d.R. verbundenen Duldungsverwaltungsaktes eine anschließende Vollstreckung denkbar erscheint, sodass das gestreckte Vollstreckungsverfahren auf der Primärebene nicht in § 38 ASOG enthalten wäre. Dies würde sich auf die Rechtsgrundlage auf der Sekundärebene auswirken, da es dann um Vollstreckungs-, nicht aber um Sicherstellungskosten ginge. H war aber nicht anwesend, sodass kein Duldungsverwaltungsakt erlassen worden ist mit der Folge, dass die Sicherstellung als Spezialregelung die Sofortmaßnahme enthält.[24] Somit ist § 41 Abs. 3 S. 1 ASOG die auf der Sekundärebene einschlägige Rechtsgrundlage.[25]

B. Voraussetzungen

Die formellen und materiellen Voraussetzungen für den Erlass eines Kostenbescheides aus der Sicherstellung müssen erfüllt sein.

I. Formell

Formell ist der an H gerichtete Kostenbescheid rechtmäßig.

II. Materiell

Materielle Voraussetzungen für den Kostenbescheid nach § 41 Abs. 3 S. 1 ASOG sind eine rechtmäßige Sicherstellung, die Pflichtigkeit des Betroffenen und ein

---

24 **Vertretbar ist grundsätzlich:**
- nur Ersatzvornahme
- Ersatzvornahme mit zusätzlicher Sicherstellung (insoweit str., ob zwischen Konstellationen mit unmittelbarer Ausführung oder sofortigem Vollzug zu unterscheiden ist)
- nur Sicherstellung.

25 Es ist vertretbar, auf die Kosten der Sicherstellung und der Sofortmaßnahme abzustellen.

rechtmäßiger Kostenansatz nach dem Gesetz über Gebühren und Beiträge, das nach § 41 Abs. 3 S. 6 ASOG unberührt bleibt.

1. Rechtmäßige Sicherstellung

Die Sicherstellung muss rechtmäßig sein.

a) Rechtsgrundlage

Rechtsgrundlage für die Sicherstellung ist § 38 Nr. 1 ASOG.

b) Voraussetzungen

Die formellen und materiellen Voraussetzungen der Sicherstellung müssen erfüllt sein. Formell handelte beim Abschleppen die zuständige Behörde, die sich des U als Verwaltungshelfer bedient hat. Materiell müssen die Voraussetzungen einer Sicherstellung erfüllt sein.

Die Sicherstellung kann gemäß § 38 Nr. 1 ASOG zur Abwehr einer gegenwärtigen Gefahr für die öffentliche Sicherheit oder Ordnung bzw. zur Beseitigung einer Störung für die öffentliche Sicherheit oder Ordnung gegenüber dem Pflichtigen erfolgen.

Eine gegenwärtige Gefahr für die öffentliche Sicherheit oder Ordnung setzt eine Sachlage, die bei verständiger Würdigung eine hinreichende Wahrscheinlichkeit eines Schadenseintritts bei einem der Schutzgüter in besonderer zeitlicher Nähe in sich birgt, voraus. Durch die öffentliche Sicherheit, die wegen der rechtsstaatlich im Sinne des Art. 20 Abs. 3 GG zu unbestimmten öffentlichen Ordnung dieser gegenüber jedenfalls vorrangig zu erörtern ist, sind die öffentliche Rechtsordnung, der Staat und seine Einrichtungen sowie Individualgüter geschützt. Durch den Verstoß des H gegen § 12 Abs. 1 Nr. 5 StVO als Teil der öffentlichen Rechtsordnung ist eine Störung bereits eingetreten. Hinzu kommt, dass wegen des scheinbar entfachten Brandes Individualgüter wie z.B. Eigentum an Wohnungseinrichtungen derart gefährdet waren, dass sie jederzeit beschädigt werden konnten, sodass der Schadenseintritt hinreichend zeitnah war, weil die Feuerwehr zum Zeitpunkt ihres Eintreffens nicht auf die Zufahrt hätte fahren können. H war durch das Falschparken somit Verhaltensstörer im Sinne des § 13 Abs. 1 ASOG, durch sein störendes Fahrzeug aber auch Zustandsstörer im Sinne des § 14 Abs. 1, 4 ASOG. Die Voraussetzungen der Sicherstellung sind erfüllt.

c) Rechtsfolge

Die Vornahme einer Sicherstellung steht gemäß § 12 ASOG im Ermessen der Behörde, wobei im Rahmen der Ermessensüberschreitung der wegen der besonderen Grundrechtsintensität ausnahmsweise spezialgesetzlich ausgestaltete Grundsatz der Verhältnismäßigkeit gemäß § 11 ASOG zu berücksichtigen ist. Ermessensfehler sind auf der Primärebene nicht ersichtlich.

2. Pflichtigkeit und rechtmäßiger Kostenansatz

Kostenpflichtig ist gemäß § 41 Abs. 3 S. 1 ASOG derjenige, der auf der Primärebene Störer ist, also H als verbotswidrig parkender Handlungs- und Zustandspflichtiger im Sinne der §§ 13 Abs. 1 S. 1, 14 Abs. 1, Abs. 3 S. 1 ASOG. Der Kostenansatz des von der zuständigen Behörde erlassenen Kostenbescheides entspricht den gesetzlichen Vorgaben der Abgabenordnung.

C. Rechtsfolge

Dem Wortlaut gemäß ist die Rechtsfolge eine gebundene Entscheidung. Ebenso wie bei den Kosten der Ersatzvornahme bedarf es wegen des Rechtsstaatsprinzips und des effektiven Rechtsschutzes im Sinne des Art. 19 Abs. 4 GG in Konkordanz zur effektiven Gefahrenabwehr einer verfassungskonformen Auslegung bzw. Reduktion. Rechtsfolge des § 41 Abs. 3 S. 1 ASOG ist nach verfassungskonformer Auslegung bzw. verfassungskonformer Reduktion Ermessen, das allerdings fehlerfrei ausgeübt worden ist.

D. Ergebnis

Der gegenüber H erlassene Kostenbescheid ist rechtmäßig.

4. Komplex: Zusatzfrage

Der Marktmeister ist nach § 1 MSOG i.V.m. § 1 ZustG als Bediensteter des Landes Berlin gegebenenfalls zur Ausübung von Hoheitsgewalt im Rahmen einer Generalklausel ermächtigt. Nach Art. 33 Abs. 4 GG ist Hoheitsgewalt in der Regel Angehörigen des öffentlichen Dienstes zu übertragen. Da Ausnahmen die Regel bestätigen, kann Hoheitsgewalt ausnahmsweise auf Private übertragen werden. Da dies entgegen der Regel des Art. 33 Abs. 4 GG wesentlich ist, bedarf es dazu eines Gesetzes. Insoweit wäre eine Regelung im MSOG grundsätzlich möglich. Weil das unter anderem aus Art. 20 Abs. 3 GG abgeleitete Rechtsstaatsprinzip jedoch ein Gewaltmonopol des Staates beinhaltet, ist die Möglichkeit der Beleihung aus rechtsstaatlichen Gründen im Wege einer praktischen Konkordanz zwischen Art. 33 Abs. 4 GG und Art. 20 Abs. 3 GG dahingehend zu begrenzen, dass die Übertragung genuin staatlicher Aufgaben auf Private unzulässig ist.[26] Die Übertragung allgemeiner Ordnungs- und Vollstreckungsgewalt auf einen privaten Marktmeister durch Beleihung wäre somit auch mittels eines Gesetzes unzulässig, weil mit einer dem § 1 MSOG vergleichbaren Generalklausel rechtsstaatswidrig genuin staatliche Ordnungsgewalt übertragen würde. Deshalb hat der Gesetzgeber keine Beleihung geregelt, sondern auf Marktmeister als Bedienstete einer juristischen Person öffentlichen Rechts abgestellt. In der Praxis führt dies dazu, dass Marktmeister teilweise nur Teilzeitbedienstete sind. Dies ist aus rechtsstaatlichen Gründen bedenklich, weil insoweit das Verbot der Übertragung genuin staatlicher Aufgaben faktisch umgangen wird, sodass solche Konstruktionen je nach Ausgestaltung mit Art. 20 Abs. 3 GG unvereinbar sein können.

26 Eine Beleihung ist nur durch bzw. aufgrund eines Gesetzes zulässig. Im Rahmen genuin staatlicher Aufgaben ist sie verfassungswidrig.

Besonderes Verwaltungsrecht – Fall 4 – POR: „Ouzo für alle!“ (Berlin)

Es ist Sommer und es läuft eine Europameisterschaft im Fußball, die auch in Deutschland spielbegleitend von Menschen verschiedener Nationalitäten gebührend gefeiert wird. Christos (C) – ein Deutscher griechischer Abstammung – betreibt einen genehmigungsbedürftigen Gastronomiebetrieb namens „Olympisches Feuer“ in der Innenstadt Berlins mit der erforderlichen Genehmigung. Dort bietet er griechische Speisen und alkoholische Getränke an – insbesondere Ouzo. Der Sommer ist heiß und die griechische Nationalmannschaft befindet sich wider Erwarten auf einem Siegeszug. Sämtliche im Umkreis von 100 km um Berlin lebenden Griechen flippen gemeinsam mit deutschen Fans nach jedem Sieg völlig aus. Nach jedem Spiel wird ein Autokorso durch die Innenstadt veranstaltet – bis die Hupe wegen Überlastung kaputt ist. Der Knotenpunkt dieser Zusammenkünfte ist die Ecke, an der sich die Lokalität des C befindet. C, der aus der Gegend des Peleponnes stammt und damit als findiger Kaufmann zur Welt kam, weiß die Gunst der Stunde zu nutzen und versorgt während der jeweiligen Feierlichkeiten an Spieltagen der griechischen Nationalmannschaft die Fußballfans auf der Straße mit alkoholischen Getränken in Mengen. Er macht dabei das Geschäft seines Lebens, denn er ist der einzige Gastwirt direkt an der Korsostrecke. Beim Autokorso am 19.6. sind durch zersplitterte Bierflaschen und alkoholisierte Fans nicht – wie sonst üblich – nur Sachschäden entstanden, sondern es ist sogar ein Fan in unmittelbarer Nähe der Gaststätte des C zu Tode gekommen. Die zuständige Landesbehörde möchte diesem wilden Treiben ein Ende bereiten und erlässt nach Anhörung gegen C am 21.6. unter Anordnung der sofortigen Vollziehung – diese erfolgte nach gesonderter Anhörung und ist mit einer ordnungsgemäßen Begründung versehen – und der Einhaltung sonstiger Verfahrens- und Formvorschriften folgenden Bescheid:
„Sehr geehrter Herr C,

1. Eine Bewirtschaftung vor Ihrer Gaststätte ‚Olympisches Feuer‘ auf öffentlicher Fläche vor, während und nach den Fußballspielen der griechischen Nationalmannschaft wird während des laufenden Fußball-Turniers ausdrücklich untersagt.
2. An diesen Spieltagen ist es ab 19:30 Uhr zudem untersagt, aus Ihrer Gaststätte ‚Olympisches Feuer‘ heraus Getränke nach außen abzugeben.“

Zur Begründung bezieht sich die Behörde auf die zahlreichen Vorfälle im direkten Umfeld der Gaststätte. Es sei zu erwarten, dass es auch in Zukunft zu Massenzusammenkünften erheblich alkoholisierter Fans komme. C trage mit dem

Ausschank von Alkohol erheblich zur Zuspitzung der Situation bei. Dies stelle eine nicht hinnehmbare Gefahr dar. Die Anordnung der sofortigen Vollziehung begründet die Behörde mit der besonderen Eilbedürftigkeit und den erheblichen Gefahren für die Gäste des C und die Allgemeinheit.

C ist empört. Er sei nicht dafür verantwortlich, dass Fußballbegeisterte ihre Grenzen bezüglich der Alkoholverträglichkeit falsch einschätzen würden. Ihm den Ausschank zu verbieten, ergebe keinen Sinn, weil die Fußballfans auch anders an Alkohol gelangen könnten (z.B. sogenannte Rucksacktrinker, die „Proviant" von zu Hause mitbringen). Niemals zuvor hat C solche Traumumsätze gemacht wie während dieses Sommers. Er will mit dem erwirtschafteten Geld expandieren und einen Gastronomiebetrieb direkt am Fußballstadion am anderen Ende Berlins eröffnen. Das dürfe ihm die Behörde nicht kaputt machen.

Heute ist der 24.6. Bereits am 25.6. sowie am 29.6. wird die griechische Nationalmannschaft wieder spielen. Sie sind Referendar bei dem von C beauftragten Rechtsanwalt R, der Sie bittet, sofort ein Gutachten zu erstellen. Sie sollen prüfen, ob der beim örtlich zuständigen Verwaltungsgericht gestellte Antrag auf einstweiligen Rechtsschutz bezüglich des Alkoholausschankverbotes Erfolg haben wird, wenn zuvor oder gleichzeitig in der Hauptsache Widerspruch eingelegt wird.

Ein Großteil der Bevölkerung Berlins ist vom „harten Durchgreifen" der Behörde gegen C und die Fußballfans begeistert. Angespornt von dem öffentlichen Zuspruch hat der Senat Berlins nun große Pläne. Er möchte endlich das berüchtigte städtische Amüsier-Viertel „Hot Shots" trockenlegen. In der Innenstadt kam es zuletzt nämlich stetig zu „Massenbesäufnissen" Jugendlicher, Punks oder Hooligans, die regelmäßig in Keilereien, Pöbeleien und Verunreinigungen der Fußgängerzone ausarteten. Die Gruppen treffen sich zum „Vorglühen" bzw. „Warmtrinken" mit billigem Discounter-Alkohol im Vergnügungsviertel „Hot Shots" und besuchen anschließend im angetrunkenen Zustand Diskotheken.

Die Verwaltung in Berlin plant deshalb, eine „Gefahrenabwehrverordnung" zu erlassen. In § 2 dieser Verordnung ist für einen in § 1 beschriebenen Teil der Innenstadt – „Hot Shots" – ein Alkoholverbot geregelt:

§ 2 Alkoholverbot

(1) Im Geltungsbereich der Verordnung ist es auf den öffentlich zugänglichen Flächen außerhalb konzessionierter Freisitzflächen verboten

– alkoholische Getränke jeglicher Art zu konsumieren
– alkoholische Getränke jeglicher Art mit sich zu führen, wenn aufgrund der konkreten Umstände die Absicht erkennbar ist,
  diese im Geltungsbereich der Verordnung konsumieren zu wollen.

(2) Dieses Verbot gilt in den Nächten von Freitag auf Samstag, Samstag auf Sonntag sowie Sonntag auf Montag jeweils von 22:00 Uhr bis 06:00 Uhr.

Um zu verhindern, dass die Trunkenbolde einfach ein neues „Hot Shots“-Vergnügungsviertel in einem anderen Teil Berlins „gründen“, möchte die Verwaltung noch § 3 ergänzen:

§ 3 Aufenthalt auf öffentlichen Straßen, in öffentlichen Anlagen und öffentlichen Einrichtungen

(1) Es ist auf öffentlichen Straßen, in öffentlichen Anlagen und öffentlichen Einrichtungen untersagt:

1. zu lagern oder dauerhaft außerhalb von Freischankflächen oder Einrichtungen wie Grillstellen und ähnlichem ausschließlich oder überwiegend zum Zwecke des Alkoholgenusses zu verweilen, wenn dessen Auswirkungen geeignet sind, Dritte erheblich zu belästigen.

[...]

Sie haben die Referendarstation mittlerweile gewechselt, sind Referendar bei der Verwaltung und ihr Ausbilder beauftragt Sie mit der materiell-rechtlichen Prüfung der Rechtmäßigkeit der geplanten Verordnung, weil die formellen Voraussetzungen, z.B. die Verkündung im Gesetzes- und Verordnungsblatt, jedenfalls erfüllt sein werden. Einen Hinweis ihrerseits auf bei Ihnen möglicherweise aufgrund vorheriger Referendarstationen bestehende Interessenkollisionen nimmt Ihr Ausbilder nicht ernst und kommentiert Ihren Einwand mit klarer Formulierung: „Lauschen Sie den Worten des Herrn!“ Wegen dieser unmissverständlichen Aussage ist eine bei Ihnen möglicherweise bestehende Interessenkollision bei der Erörterung der Rechtslage nicht zu berücksichtigen.

Inhaltlich argumentiert Ihr Ausbilder, es sei schließlich allgemein bekannt, dass Alkoholkonsum zur Enthemmung und Steigerung der Gewaltbereitschaft führe. Das „Hot Shots“ weise eine überproportional hohe Gewaltkriminalität auf. Es sei zu erwarten, dass ebenso wie in anderen Städten, die solch ein Verbot bereits eingeführt haben, die alkoholbedingten Störungen in dem fraglichen Gebiet um mindestens 15% zurückgingen.

Sollten Sie Bedenken gegen den Erlass der angestrebten Verordnung haben, sollen Sie für die Verwaltung prüfen, ob anstelle einer Verordnung eine Allgemeinverfügung mit identischem Wortlaut erlassen werden könnte.

Erstellen Sie ein Gutachten für Ihren Ausbilder, in dem Sie die Rechtmäßigkeit der Verordnung prüfen.

Bearbeitungsvermerk
Gehen Sie davon aus, dass es sich bei dem Alkoholausschankverbot nicht um eine klassische Nebenbestimmung, sondern um eine im Hinblick auf die Genehmigung eigenständige Maßnahme handelt, sodass es auf die Teilbarkeit von Nebenbestimmungen nicht ankommt.

Schwerpunkte
Verfahren nach § 80 Abs. 5 VwGO
Gefahrenbegriff
Rechtmäßigkeit einer Gefahrenabwehrverordnung
Abgrenzung einer Verordnung zur Allgemeinverfügung

Vertiefung
VG Hannover vom 11.7.2007, 11 B 3480/07; VG Düsseldorf vom 22.10.2009, 12 L 1623/09.

Gliederung

1. Komplex: Antrag des C

A. Sachentscheidungsvoraussetzungen (+)
  I. Rechtsweg (+)
  II. Zuständigkeit (+)
  III. Beteiligte (+)
  IV. Statthafte Verfahrensart
  V. Besondere Sachentscheidungsvoraussetzungen (+)
    1. Besondere Prozessführungsbefugnis (+)
    2. Antragsbefugnis (+)
  VI. Allgemeines Rechtsschutzbedürfnis (+)
    1. Gesetzliche Suspendierung
    2. Aussetzungsantrag
    3. Rechtsschutz in der Hauptsache
  VII. Zwischenergebnis (+)
B. Begründetheit (–)
  I. Rechtmäßigkeit der Vollziehungsanordnung (+)
  II. Aussetzungs-/Vollziehungsinteresse
    1. Rechtmäßigkeit des Alkoholausschankverbotes (+)
      a) Rechtsgrundlage (+)
      aa) § 35 Abs. 1 S. 1 GewO i.V.m. § 31 GastG (–)

bb) § 15 Abs. 2 GastG (–)
cc) § 5 Abs. 1 Nr. 1, 3 GastG oder § 19 GastG
b) Voraussetzungen (+)
aa) Formell (+)
bb) Materiell
(1) Gefahr (+)
(2) Ordnungspflicht (+)
c) Rechtsfolge
aa) Zweck (+)
bb) Geeignetheit (+)
cc) Erforderlichkeit (+)
dd) Verhältnismäßigkeit im engen Sinne (+)
2. Zwischenergebnis
III. Interessenabwägung
C. Ergebnis

2. Komplex: Rechtmäßigkeit der Verordnung
I. Rechtsgrundlage (+)
II. Voraussetzungen (–)
1. Formell (+)
2. Materiell (–)
a) § 2 der Verordnung (–)
aa) Verordnung (+)
bb) Bestimmtheit (+)
cc) Gefahr (–)
b) § 3 der Verordnung (–)
aa) Bestimmtheit (–)
(1) Bestimmtheit der tatsächlichen Verhaltensweise (+)
(2) Bestimmtheit der Zweckbestimmung (+)
(3) Bestimmtheit der Prognoseregelung (–)
bb) Gefahr (–)
2. Zwischenergebnis
III. Ergebnis

Lösungsvorschlag

Die folgende Lösung ist als Lösungsvorschlag zu verstehen und ausführlicher, als es in der Klausurbearbeitung verlangt werden kann. Aufgrund der wissenschaftlichen Freiheit können andere Lösungswege vertreten werden, soweit sie dogmatisch begründbar sind. Die Nachweise aus Rechtsprechung und Literatur sowie die das Verständnis fördernden Randbemerkungen sind in der Examensklausur auszusparen. Die Abkürzung „Alt." steht für Alternativfall, nicht für Alternative.

1. Komplex: Antrag des C

Der Antrag des C hat Erfolg, soweit die Sachentscheidungsvoraussetzungen erfüllt sind und soweit er begründet ist.

A. Sachentscheidungsvoraussetzungen[1]

Die Sachentscheidungsvoraussetzungen müssen erfüllt sein.[2]

I. Rechtsweg

Der Verwaltungsrechtsweg kann mangels aufdrängender Sonderzuweisung gemäß § 40 Abs. 1 S. 1 VwGO eröffnet sein. Gegebenenfalls kommt ein Verweisungsbeschluss im Sinne der §§ 17a Abs. 2 GVG, 173 VwGO in Betracht. Der Verwaltungsrechtsweg ist eröffnet, wenn die streitentscheidende öffentlich-rechtliche Norm einen Hoheitsträger einseitig berechtigt oder verpflichtet bzw. wenn aufgrund typisch hoheitlichen Handelns zwischen den Beteiligten ein Subordinationsverhältnis besteht.

Als Rechtsgrundlagen kommen die §§ 5, 19 GastG, 35 GewO, 17 Abs. 1 ASOG in Betracht. Sie berechtigen Hoheitsträger zum hoheitlichen Handeln gegenüber Bürgern und sind öffentlich-rechtlicher Natur. Jedenfalls hat die zuständige Behörde von ihrer Hoheitsgewalt Gebrauch gemacht, indem sie durch einen Verwaltungsakt, nämlich den Bescheid mit dem Inhalt des Alkoholausschankverbotes, Recht gesetzt hat. Wählt die Verwaltung eine typisch hoheitliche Handlungsform, entsteht ein Subordinationsverhältnis, das zur Eröffnung des Verwaltungsrechts-

---

1 Wichtig ist, bei Verfahren im einstweiligen Rechtsschutz die Überschrift „Sachentscheidungsvoraussetzungen", nicht aber „Sachurteilsvoraussetzungen" zu verwenden, weil kein Urteil ausgesprochen, sondern ein Beschluss gefasst wird.

2 **Hinweis:** Andere Aufbauvarianten werden vertreten (z.B. dreistufig oder Prüfung des Verwaltungsrechtsweges als Untergliederungspunkt der Zuständigkeit des Gerichts). Derartige Aufbauvarianten sind aber mit § 17a Abs. 2 GVG bzw. mit der Überschrift des 6. Abschnitts der VwGO sowie mit § 83 VwGO unvereinbar und daher bei exakter dogmatischer Zuordnung der Prüfungspunkte nicht zu empfehlen. Die Überschrift „Sachentscheidungsvoraussetzungen" anstelle der Überschrift „Zulässigkeit" ist sinnvoll, weil nach § 63 Nr. 3 VwGO auch der Beigeladene zu den Beteiligten gehört, das Fehlen einer notwendigen Beiladung i.S.d. § 65 Abs. 2 VwGO aber nur dazu führt, dass die Entscheidung keine materielle Rechtskraft entfaltet.

weges führt. Da die Streitigkeit mangels doppelter Verfassungsunmittelbarkeit nicht verfassungsrechtlicher Art und eine abdrängende Sonderzuweisung nicht ersichtlich ist, bleibt es bei der Eröffnung des Verwaltungsrechtsweges.

II. Zuständigkeit

In Verfahren des einstweiligen Rechtsschutzes ist unabhängig davon, um welches Verfahren im einstweiligen Rechtsschutz es sich handelt, gemäß den §§ 123 Abs. 2 S. 1, 80 Abs. 5 S. 1, 80a Abs. 3 S. 1, 2 VwGO das Gericht der Hauptsache zuständig. In der Hauptsache ist gemäß § 45 VwGO das Verwaltungsgericht als Eingangsinstanz für den von der zuständigen Behörde erlassenen Verwaltungsakt sachlich zuständig, da Anhaltspunkte für abweichende Regelungen wie z.B. § 50 VwGO nicht ersichtlich sind, sodass kein Verweisungsbeschluss gemäß den §§ 17a Abs. 2 GVG, 83 VwGO gefasst werden wird.[3]

III. Beteiligte

C und das Land Berlin können Beteiligte des Verfahrens sein. Beteiligte sind nach § 63 Nr. 1, 2 VwGO – die Normen sind nach der gesetzlichen Abschnittsüberschrift allgemeine Verfahrensvorschriften, die für alle Verfahren gelten – unter anderem der Antragsteller und der Antragsgegner, beteiligungsfähig nach § 61 Nr. 1 VwGO natürliche und juristische Personen. Behörden sind in Berlin nicht beteiligungsfähig, da eine Ausführungsregelung zu § 61 Nr. 3 VwGO fehlt.

Auf Antragstellerseite ist C als natürliche Person gemäß § 61 Nr. 1 VwGO beteiligungsfähig. Auf der Antragsgegnerseite ist das Land Berlin als Rechtsträger beteiligungsfähig. C und das Land Berlin sind Beteiligte des gerichtlichen Verfahrens.

IV. Statthafte Verfahrensart

Die statthafte Verfahrensart richtet sich gemäß den §§ 122 Abs. 1, 88 VwGO i.V.m. § 80 Abs. 7 VwGO oder § 123 Abs. 4 VwGO oder § 80a Abs. 3 S. 2 VwGO

---

3 Die örtliche Zuständigkeit ist anzusprechen, wenn es dafür Anhaltspunkte im Sachverhalt gibt. Im Übrigen ist die Prüfung derselben sinnvoll – allerdings nicht notwendig. Gegebenenfalls ist die örtliche Zuständigkeit im Anschluss an die sachliche Zuständigkeit zu prüfen. Ist sie jedoch gemäß § 52 Nr. 2 VwGO ausnahmsweise von der Klageart abhängig, muss sie von der sachlichen Zuständigkeit getrennt nach der Klage- bzw. Verfahrensart oder deren besonderen Sachurteilsvoraussetzungen bzw. Sachentscheidungsvoraussetzungen erörtert werden, obwohl § 17a Abs. 2 GVG gemäß § 83 VwGO entsprechend anwendbar ist.

nach dem Antragsbegehren.[4] Gemäß § 123 Abs. 5 VwGO sind die Verfahren nach den §§ 80, 80a VwGO gegenüber der einstweiligen Anordnung nach § 123 Abs. 1 VwGO spezieller.[5] Der Antrag nach § 80 Abs. 5 VwGO ist statthaft, soweit der Antragsteller die Suspendierung, also die Herstellung oder Wiederherstellung der aufschiebenden Wirkung eines Rechtsbehelfes oder Rechtsmittels bezüglich eines Verwaltungsaktes begehrt. Ein Verwaltungsakt ist gemäß § 35 S. 1 VwVfG i.V.m. § 1 VwVfG Bln jede Verfügung, Entscheidung oder andere hoheitliche Maßnahme, die eine Behörde zur Regelung eines Einzelfalls auf dem Gebiet des öffentlichen Rechts trifft und die auf unmittelbare Rechtswirkung nach außen gerichtet ist.

Das von der zuständigen Landesbehörde gegenüber C für bestimmte Tage zu bestimmten Zeiten ausgesprochene Alkoholausschankverbot ist eine hoheitliche Einzelfallregelung mit unmittelbarer Außenwirkung, also ein Verwaltungsakt. C erstrebt die vorläufige Suspendierung. Das Verfahren nach § 80 Abs. 5 VwGO ist statthaft.

V. Besondere Sachentscheidungsvoraussetzungen

Die besonderen Sachentscheidungsvoraussetzungen müssen erfüllt sein. Ausdrückliche Regelungen über die besonderen Sachentscheidungsvoraussetzungen gibt es für das Verfahren nach § 80 Abs. 5 VwGO nicht.

1. Besondere Prozessführungsbefugnis

§ 78 VwGO als Regelung der besonderen Prozessführungsbefugnis ist gemäß der Abschnittsüberschrift des 8. Abschnitts der Verwaltungsgerichtsordnung bei Anfechtungs- und Verpflichtungsklagen anwendbar. Analog ist § 78 VwGO bei Verfahren anwendbar, bei denen es um Verwaltungsakte geht, weil insoweit eine vergleichbare Interessenlage bei planwidriger Regelungslücke besteht. Da beim Verfahren nach § 80 Abs. 5 VwGO die Suspendierung eines Verwaltungsaktes erstrebt wird, ist § 78 VwGO insoweit analog anwendbar. Besonders pro-

---

4 Beim einstweiligen Rechtsschutz muss das Antragsbegehren anders als das Klagebegehren in der Hauptsache nicht um maßnahmespezifische Aspekte und den rechtsstaatlichen Grundsatz der Effektivität ergänzt werden, weil es insoweit eine gesetzlich vorgegebene Rangfolge in § 123 Abs. 5 VwGO gibt.

5 Die häufig verwendete „Faustformel", dass ein Verfahren nach § 80 Abs. 5 VwGO statthaft ist, wenn es sich in der Hauptsache um eine Anfechtungsklage handelt, während eine einstweilige Anordnung nach § 123 VwGO danach bei Leistungs- und Feststellungsklagen in der Hauptsache statthaft sein soll, ist falsch. Es gibt Fälle, in denen Begehren in der Hauptsache und im einstweiligen Rechtsschutz divergieren (vgl. § 81 Abs. 3 AufenthaltsG).

zessführungsbefugt ist gemäß § 78 Abs. 1 Nr. 1 VwGO mangels Ausführungsregelung im Sinne des § 78 Abs. 1 Nr. 2 VwGO das Land Berlin als Rechtsträger.

2. Antragsbefugnis

K muss zwecks der Vermeidung von Popularanträgen analog § 42 Abs. 2 VwGO antragsbefugt sein. Die Antragsbefugnis nach § 42 Abs. 2 VwGO setzt die Möglichkeit der Verletzung eines subjektiven Rechts voraus. Subjektive Rechte leiten sich aus Sonderbeziehungen, einfachen Gesetzen, subsidiär aus Grundrechten ab, wobei aufgrund des weiten Schutzbereiches des Art. 2 Abs. 1 GG bei unmittelbaren Grundrechtseingriffen für das subjektive Recht direkt auf Grundrechte abgestellt werden kann. C ist Adressat eines Bescheides mit dem Inhalt eines Alkoholausschankverbotes, also einer unmittelbaren Belastung. Durch den Ausspruch des Verbotes besteht zumindest die Möglichkeit, dass C als Gastwirt in seiner Berufsfreiheit im Sinne des Art. 12 Abs. 1 GG ungerechtfertigt betroffen ist, jedenfalls aber in der ihm durch Art. 2 Abs. 1 GG als Auffanggrundrecht grundsätzlich garantierten allgemeinen Handlungsfreiheit, die in Art. 2 Abs. 1 GG über den Persönlichkeitskern hinaus geschützt wird. Da unklar ist, ob die C erteilte Genehmigung den von C praktizierten Alkoholausschank umfasste, ist sie als Sonderrechtsbeziehung für das subjektive Recht des C nicht hinreichend. Wegen der Möglichkeit der ungerechtfertigten Verletzung der Grundrechte des C ist dieser antragsbefugt.

VI. Allgemeines Rechtsschutzbedürfnis

Aus dem Rechtsstaatsprinzip ergibt sich das Erfordernis des allgemeinen Rechtsschutzbedürfnisses als allgemeine Sachentscheidungsvoraussetzung.

1. Gesetzliche Suspendierung

Dem Antragsteller fehlt das allgemeine Rechtsschutzbedürfnis, wenn der Suspensiveffekt schon gemäß § 80 Abs. 1 VwGO aufgrund gesetzlicher Anordnung eingetreten ist oder vom Antragsteller außergerichtlich ohne Schwierigkeiten herbeigeführt werden kann.[6] Für C gab es keine andere Möglichkeit, den Sus-

---

6 Teilweise wird die Problematik der gesetzlichen Suspendierung schon beim statthaften Antrag erörtert. Da es bei der statthaften Antragsart nur darum geht, das Begehren mit einer rechtlich vorgesehenen Antragsart zu verbinden, ist die Frage nach dem Bedürfnis für gerichtlichen Rechtsschutz weitergehend. Vertretbar – wenngleich nicht empfehlenswert – erscheint es jedoch, das allgemeine Rechtsschutzbedürfnis insoweit vorzuziehen und bei der statthaf-

pensiveffekt herbeizuführen, da von der Behörde die sofortige Vollziehbarkeit des Bescheides gemäß § 80 Abs. 2 S. 1 Nr. 4 VwGO angeordnet worden ist, sodass die Einlegung eines Widerspruches – soweit dieser statthaft wäre – oder die Erhebung der Klage nicht zur Suspendierung des Bescheides im Sinne des § 80 Abs. 1 VwGO geführt hätten. Insoweit ist C das allgemeine Rechtsschutzbedürfnis nicht abzusprechen.

2. Aussetzungsantrag

Um ein Rechtsschutzbedürfnis zu haben, könnte für den Antragsteller ein vorheriger Antrag nach § 80 Abs. 6 S. 1 VwGO auf Aussetzung im Sinne des § 80 Abs. 4 S. 1 VwGO erforderlich sein.[7] Das wäre nur anzunehmen, wenn der Verweis in § 80 Abs. 6 S. 1 VwGO auf § 80 Abs. 2 S. 1 Nr. 1 VwGO nur eine deklaratorische Funktion hätte. Dem Wortlaut nach ist § 80 Abs. 6 S. 1 VwGO abschließend. Die Norm soll nur in den dort explizit benannten Konstellationen angewandt werden, zumal im Gegensatz zur Analogie eine plangemäße Regelungslücke für verbleibende Konstellationen anzunehmen ist. Aus dem Umkehrschluss aus § 80 Abs. 6 S. 1 VwGO ergibt sich somit, dass in Konstellationen außerhalb des § 80 Abs. 2 Nr. 1 VwGO vor Betreibung des einstweiligen Rechtsschutzes kein Aussetzungsantrag bei der Behörde zu stellen ist. Das Rechtsschutzbedürfnis ist C insoweit nicht abzusprechen.

3. Rechtsschutz in der Hauptsache

Ein Rechtsschutzbedürfnis für einstweiligen Rechtsschutz besteht nur, soweit Rechtsschutz in der Hauptsache möglich, dessen Sachentscheidungs- oder Sachurteilsvoraussetzungen also nicht offensichtlich unerfüllt sind. Dies ist z.B. anzunehmen, wenn der Rechtsbehelf oder das Rechtsmittel in der Hauptsache offensichtlich verfristet sind. Bezüglich des gegenüber C erlassenen Bescheides gibt es keine Anhaltspunkte dafür, dass die Sachentscheidungsvoraussetzungen eines Widerspruches oder die Sachurteilsvoraussetzungen einer Klage offensichtlich nicht erfüllt sein könnten.

---

ten Antragsart mitzuprüfen. Dann muss bei der Erörterung der statthaften Antragsart aber klargestellt werden, dass das allgemeine Rechtsschutzbedürfnis insoweit vorgezogen worden ist.

7 Die Problematik des Aussetzungsantrages in zweipoligen Konstellationen ist weniger bedeutend als bei Verfahren i.S.d. § 80a Abs. 3 S. 1, 2 VwGO, weil für die dort geregelten dreipoligen Konstellationen in Satz 2 auch auf § 80 Abs. 6 VwGO verwiesen wird. Insofern handelt es sich nach h.M. um eine Rechtsgrund-, nicht um eine Rechtsfolgenverweisung (strittig).

Es könnte allerdings erforderlich sein, vor oder gleichzeitig mit Beantragung des einstweiligen Rechtsschutzes den Rechtsschutz in der Hauptsache durch Einlegung eines Widerspruches zu verfolgen.[8] Für die Erforderlichkeit der vorherigen oder gleichzeitigen Verfolgung des Rechtsschutzes in der Hauptsache spricht, dass eine Suspendierung, also eine Herstellung oder Wiederherstellung der aufschiebenden Wirkung bei Gericht sinnvoll nur erfolgen kann, wenn dies zuvor schon bei der Behörde beantragt worden ist. Insbesondere dient z.B. ein Widerspruchsverfahren der Selbstkontrolle der Verwaltung im Sinne des Art. 20 Abs. 3 GG, sodass ihr selbst die Möglichkeit zur Suspendierung gegeben werden müsste. Die Möglichkeit der Verwaltung, jederzeit nach § 80 Abs. 4 S. 1 VwGO die Vollziehung auszusetzen, gewährleistet nicht zwingend die effektive Selbstkontrolle, weil die Verwaltung naturgemäß in der Regel nur tätig wird, wenn sie davon Kenntnis erlangt, dass der Bürger mit der Bescheidung nicht einverstanden ist. Gegen das Erfordernis der vorherigen oder gleichzeitigen Verfolgung eines Rechtsbehelfes oder Rechtsmittels spricht, dass dadurch die Überlegungsfristen nach § 70 Abs. 1 S. 1 VwGO oder nach § 74 Abs. 1 S. 2 VwGO für den Betroffenen verkürzt würden, weil er, um einstweiligen Rechtsschutz zu erlangen, schon vor Ablauf dieser Fristen in der Hauptsache tätig werden müsste.

Ob es auf diese Problematik auch ankommt, wenn das Widerspruchsverfahren gemäß § 68 Abs. 1 S. 2 VwGO entbehrlich ist, weil in § 80 Abs. 5 S. 2 VwGO gesetzlich geregelt ist, dass der Antrag nach § 80 Abs. 5 S. 1 VwGO schon vor Erhebung der Anfechtungsklage zulässig ist, ist unerheblich. In Berlin ist das Widerspruchsverfahren nicht nach § 68 Abs. 1 S. 2 VwGO entbehrlich, sodass es für den Erfolg des Antrages auf einstweiligen Rechtsschutz maßgeblich ist, ob zuvor oder zeitgleich Rechtsschutz in der Hauptsache betrieben werden muss.

Jedenfalls hat C den möglicherweise erforderlichen Widerspruch eingelegt und die Suspendierung auch bei der Behörde zu erlangen versucht, sodass es letztlich offen bleiben kann, ob C den Widerspruch einlegen musste. Das Rechtsschutzbedürfnis ist C nicht abzusprechen.

---

8 Es ist strittig, ob vor Stellung eines Antrages auf einstweiligen Rechtsschutz gemäß § 80 Abs. 5 S. 1 VwGO die Klageerhebung oder gegebenenfalls die Einlegung eines Widerspruches in der Hauptsache erforderlich ist. Nach h.M. bedarf es jedenfalls bei Entbehrlichkeit des Vorverfahrens gemäß § 80 Abs. 5 S. 2 VwGO keiner vorherigen oder gleichzeitigen Erhebung der Anfechtungsklage. Dies gilt unabhängig vom Streitstand zur Statthaftigkeit des Widerspruches trotz Entbehrlichkeit des Widerspruchsverfahrens. Ist das Vorverfahren nicht entbehrlich, ist der Streitstand zu entscheiden. Da insoweit zwei verbreitete konträre Auffassungen mit jeweils guten Argumenten bestehen, ist es empfehlenswert, in diesen Fällen nach Benennung der Argumente klausurtaktisch zu entscheiden (zum Ganzen: vgl. Sodan/Ziekow, § 80, Rn 129; Kopp/Schenke, § 80, Rn 139 m.w.N.; Posser/Wolff, § 80, Rn 164 m.w.N.).

VII. Zwischenergebnis

Die Sachentscheidungsvoraussetzungen des Verfahrens nach § 80 Abs. 5 S. 1 VwGO sind erfüllt.

B. Begründetheit

Der Antrag des C gemäß § 80 Abs. 5 S. 1 VwGO auf Suspendierung des Alkoholausschankverbotes ist begründet, soweit die Vollziehungsanordnung[9] nach § 80 Abs. 2 Nr. 4 VwGO rechtswidrig ist bzw. bei summarischer Prüfung das Aussetzungsinteresse des C als Antragsteller das Vollziehungsinteresse der Behörde überwiegt.

I. Rechtmäßigkeit der Vollziehungsanordnung

Die Vollziehungsanordnung nach § 80 Abs. 2 Nr. 4 VwGO muss rechtmäßig sein. Insoweit könnte es wegen der Formulierung „im öffentlichen Interesse" nicht nur auf formelle, sondern auch auf materielle Voraussetzungen ankommen. Die Vollziehungsanordnung gehört systematisch aber zum Verwaltungsverfahren und ist im Verwaltungsprozessrecht geregelt mit der Folge, dass es sich dabei auch mangels gegenüber dem materiellen Verwaltungsakt eigenständiger materieller Regelung nicht um einen weiteren Verwaltungsakt handelt. Vielmehr ist die Vollziehungsanordnung lediglich eine besondere Verfahrensmöglichkeit, die ausschließlich von formellen Voraussetzungen abhängig ist. Ob eine gesonderte Anhörung vor der Anordnung der sofortigen Vollziehung erforderlich oder ob die Regelung des § 80 Abs. 3 VwGO abschließend

---

9 Bei der Vollziehungsanordnung gibt es mehrere **Problembereiche:**

1. **Aufbau**
   Denkbar wäre, die VZA nach der Erörterung des Vollziehungs-/Aussetzungsinteresses zu prüfen. Das ist nicht möglich, weil die VZA als Sonderanordnung im Rahmen eines Verwaltungsverfahrens bloß formalen Charakter hat. Formelle Voraussetzungen unterliegen klaren Vorgaben ohne Beurteilungs- und Ermessensspielräume und sind daher vor materiellen Voraussetzungen zu erörtern. Daher ist die VZA vorab zu prüfen, wobei dies problematisch ist, wenn die VZA rechtswidrig ist, weil der Antrag auf einstweiligen Rechtsschutz dann begründet ist. Vertretbar ist es insoweit, mit Verweis auf die Möglichkeit der Behörde, jederzeit eine neue VZA zu erlassen, dennoch das Aussetzungs- und Vollziehungsinteresse im Anschluss an die VZA zu erörtern. Korrekt wäre es insoweit aber, die Prüfung zu beenden und in einem Hilfsgutachten fortzuführen.
2. **Voraussetzungen**
   Nach h.M. bedarf es für die VZA keiner gesonderten Anhörung, da diese nach h.M. keinen VA darstellt und die Voraussetzungen für eine Analogie wegen der Anhörung bzgl. des Grund-VA nicht erfüllt sind.

ist, kann dahinstehen, weil eine solche durch die zuständige Behörde jedenfalls erfolgte. Da auch die nach § 80 Abs. 3 VwGO erforderliche gesonderte Begründung vorhanden ist, ist die Anordnung der sofortigen Vollziehung rechtmäßig.

II. Aussetzungs-/Vollziehungsinteresse

Das Aussetzungsinteresse überwiegt das Vollziehungsinteresse, soweit der Verwaltungsakt rechtswidrig ist, weil ein rechtswidriger Verwaltungsakt keinen Eingriff rechtfertigen kann. Ist der Verwaltungsakt rechtmäßig, überwiegt das Vollziehungsinteresse automatisch in Konstellationen des § 80 Abs. 2 Nr. 1–3 VwGO, weil der Gesetzgeber insoweit eine Wertung vorgenommen hat. In Konstellationen einer Vollziehungsanordnung im Sinne des § 80 Abs. 2 Nr. 4 VwGO bedarf es insoweit hingegen einer Abwägung des Gerichts. Das gegenüber C ausgesprochene Alkoholausschankverbot kann rechtswidrig sein.

1. Rechtmäßigkeit des Alkoholausschankverbotes

Einer Ermächtigungsgrundlage bedarf es unter anderem bei Grundrechtseingriffen. Eine Rechtsgrundlage ist aber jedenfalls zu prüfen, soweit der Gesetzgeber sie geschaffen hat, wenngleich dies nicht erforderlich gewesen wäre.

a) Rechtsgrundlage

Die Rechtsgrundlage ergibt sich primär aus Spezialgesetzen, subsidiär aus allgemeineren Regelungen. Als Rechtsgrundlagen kommen die §§ 19, 15 Abs. 2, 5 Abs. 1 Nr. 1, 3 GastG sowie § 35 GewO i.V.m. § 31 GastG in Betracht. Da der Antrag des C ausdrücklich auf das Alkoholverbot beschränkt ist, bedarf es nur einer Rechtsgrundlage für das Alkoholausschankverbot, nicht für den darüber hinausgehenden Teil des Bescheides.

aa) § 35 Abs. 1 S. 1 GewO i.V.m. § 31 GastG

Als allgemeine Regelung in der Gewerbeordnung könnte § 35 Abs. 1 S. 1 GewO i.V.m. § 31 GastG die anwendbare Rechtsgrundlage sein. Sie ist jedoch unabhängig davon, ob die Spezialregelung des § 15 Abs. 2 GewO, welche den Betrieb eines genehmigungsbedürftigen Gewerbes ohne Genehmigung betrifft, anwendbar ist, jedenfalls von Spezialregelungen in den §§ 19, 15 Abs. 2, 5 Abs. 1 Nr. 1, 3 GastG verdrängt und daher nicht anwendbar.

bb) § 15 Abs. 2 GastG

§ 15 Abs. 2 bzw. Abs. 3 Nr. 2 GastG könnte als Rechtsgrundlage anwendbar sein. In § 15 Abs. 2 bzw. Abs. 3 Nr. 2 GastG ist die Möglichkeit des Widerrufes einer erteilten Gaststättengenehmigung geregelt. C hat eine Genehmigung, die durch das ihm gegenüber ausgesprochene Alkoholausschankverbot eingeschränkt wird. Dies ist zwar kein vollständiger Widerruf der erteilten Erlaubnis, jedoch ein „Minus" dazu. Die Verkürzung der Ausschankerlaubnis wäre „erst recht" von § 15 Abs. 2 bzw. Abs. 3 Nr. 2 GastG erfasst. Innerhalb des Gaststättengesetzes gibt es allerdings ausdrückliche Regelungen, aufgrund derer ein „Erst-recht-Schluss" entbehrlich wird. § 15 Abs. 2 bzw. Abs. 3 Nr. 2 GastG ist für das C gegenüber ausgesprochene Alkoholausschankverbot nicht anwendbar.

cc) § 5 Abs. 1 Nr. 1, 3 GastG oder § 19 GastG

Als Rechtsgrundlage für das gegenüber C ausgesprochene Alkoholausschankverbot könnte § 5 Abs. 1 Nr. 1, 3 GastG anwendbar sein. Durch § 5 Abs. 1 Nr. 1, 3 GastG wird es der Verwaltung auch ermöglicht, nachträgliche Auflagen auszusprechen. Insoweit könnten auch begrenzte Alkoholausschankverbote erfasst sein (vgl. VG Hannover vom 11.7.2007, 11 B 3480/07). Ist ein Alkoholausschankverbot als Auflage mit dem Wortlaut des § 5 Abs. 1 Nr. 1, 3 GastG vereinbar, ist § 19 GastG gegenüber § 5 GastG für örtlich und zeitlich begrenzte Alkoholausschankverbote die speziellere Norm. Eine begrenzte Auflage ist zwar möglich, jedoch ist eine zeitliche und örtliche Begrenzung für eine Auflage im Sinne des Gaststättengesetzes atypisch. § 19 GastG ist die für das gegenüber C ausgesprochene Alkoholausschankverbot anwendbare Rechtsgrundlage (vgl. VG Düsseldorf vom 22.10.2009, 12 L 1623/09).[10]

b) Voraussetzungen

Die Voraussetzungen zum Erlass des gegenüber C erlassenen Alkoholausschankverbotes können erfüllt sein.

---

10 Legt die Behörde ihrem hoheitlichen Handeln fälschlich nicht das GastG, sondern die polizei- bzw. ordnungsbehördliche Generalklausel zugrunde, wirkt sich dies auf die Prüfung der tatsächlich anwendbaren Rechtsgrundlage nicht aus. Stützt sich die Behörde auf eine falsche Rechtsgrundlage, ist aber genau zu prüfen, ob daraus Ermessensfehler resultieren. Häufig beruhen die entscheidungstragenden Gründe behördlichen Handelns im Rahmen der fälschlich benannten Rechtsgrundlage jedoch auf ähnlichen Erwägungen wie im Rahmen der tatsächlich anwendbaren Rechtsgrundlage.

aa) Formell

Die formellen Voraussetzungen – Zuständigkeit, Verfahren, Form – sind erfüllt, da die zuständige Landesbehörde den Verwaltungsakt nach Anhörung im Sinne des § 28 Abs. 1 VwVfG i.V.m. § 1 Abs. 1 Bln VwVfG formgerecht gemäß § 37 Abs. 1, 2 S. 1 VwVfG i.V.m. § 1 Abs. 1 Bln VwVfG erlassen hat.

bb) Materiell

Gemäß § 19 GastG kann ein Alkoholausschankverbot zeitlich und örtlich begrenzt ganz oder teilweise ausgesprochen werden, wenn dies zur Aufrechterhaltung der öffentlichen Sicherheit oder Ordnung erforderlich ist, wenn also eine konkrete Gefahr für die öffentliche Sicherheit oder Ordnung besteht.

(1) Gefahr

Eine Gefahr für die öffentliche Sicherheit oder Ordnung setzt eine Sachlage, die bei verständiger Würdigung aus verobjektivierter Sicht ex ante die hinreichende Wahrscheinlichkeit eines Schadenseintritts[11] bei einem der Schutzgüter in sich birgt, voraus. Durch die öffentliche Sicherheit, die wegen der rechtsstaatlich im Sinne des Art. 20 Abs. 3 GG zu unbestimmten öffentlichen Ordnung dieser gegenüber jedenfalls vorrangig zu erörtern ist, werden die öffentliche Rechtsordnung, der Staat und seine Einrichtungen sowie Individualgüter geschützt. Die Gefahr muss konkret und wegen der bereichsspezifischen Regelung im Gaststättengesetz gaststättenspezifisch sein. Für einen Verstoß gegen strafrechtliche Normen wie z.B. § 303 StGB als Teil der öffentlichen Rechtsordnung fehlen einerseits konkrete Anhaltspunkte, andererseits ginge es insoweit nicht um eine gaststättenspezifische Gefahr, zumal die repressive Strafverfolgung nicht in den präventiven Gefahrenabwehrbereich vorverlagert werden darf.

Der Ausschank von Alkohol an überwiegend stark alkoholisierte Fans ist geeignet, Alkoholmissbrauch herbeizuführen und damit die Gesundheit der Gäste zu gefährden. Ob C den Alkoholmissbrauch so weitgehend fördert, dass sogar der Tatbestand des § 4 Abs. 1 GastG erfüllt ist, sodass die Gaststättenerlaubnis gemäß § 15 Abs. 2 GastG zwingend zu widerrufen ist und der Verstoß nicht nur zu einem zeitlich und örtlich begrenzten Alkoholausschankverbot oder einer entspre-

---

11 Die Beurteilung der Schadenswahrscheinlichkeit ist häufig der Schwerpunkt der Alkoholverbotsfälle. Es kommt darauf an, zu erörtern, ob beim zu erwartenden Szenario die Schwelle zur Gefahr bereits überschritten ist. Das hängt davon ab, wie hoch die Prozentzahl der Konsumenten sein wird, bei denen es zu alkoholbedingten Gesundheitsschädigungen kommt. Auch die Wertigkeit der betroffenen Rechtsgüter (Leib und Leben) ist zu berücksichtigen.

chenden Auflage führen müsste, ist nicht entscheidungserheblich. Denn nicht nur die übermäßige Abgabe von Alkohol an Gewohnheitstrinker oder erkennbar Betrunkene im Sinne des § 20 Nr. 2 GastG begründet eine Gefahr für die Gesundheit des Gastes. Die Gefahrenschwelle wird bereits früher überschritten.

Alkohol ist in größeren Mengen gesundheitsschädlich. Die Stadt befindet sich an den Spieltagen der griechischen Nationalelf im Ausnahmezustand. Die meisten der auf der Straße Feiernden weisen nach den Spielen – zum Teil auch schon vorher – einen erheblichen Blutalkoholwert auf. Da C den Fans als einziger Gastwirt an der Korsostrecke eine nicht versiegende Quelle Alkohol zur Verfügung stellt, ist es hinreichend wahrscheinlich, dass bei ungehindertem Fortgang dieser Veranstaltung Personen Alkohol in gesundheitsschädlicher Menge trinken. Zwar wird nicht jeder von C versorgte Fan einen gesundheitsschädlichen Blutalkoholwert erreichen. Die Beurteilung der Gefahr ex ante ist aber stets nur eine Prognose, sodass für die Annahme einer Gefahr nicht in jedem zukünftig denkbaren Fall ein Schaden folgen wird. Die Prognose erfolgt auch aufgrund vergangener Erfahrungen. Es ist bei einem erneuten Ausschank durch C an der Korsostrecke zu erwarten, dass die überwiegende Anzahl der Konsumenten die Missbrauchsschwelle überschreiten wird. Zudem sind mit Leib und Leben im Sinne des Art. 2 Abs. 2 S. 1 GG erhebliche Rechtsgüter betroffen. Je erheblicher die zu schützenden Rechtsgüter sind, desto geringer sind die Anforderungen an die Wahrscheinlichkeit. Dass die Konsumenten sich während des Alkoholausschankes nicht in der Gaststätte, sondern auf der Straße befinden, erhöht die Wahrscheinlichkeit eines Schadenseintrittes, weil die Gefahr für Leib und Leben der Konsumenten im Straßenverkehr in alkoholisiertem Zustand erhöht ist, zumal zusätzlich Leib und Leben unbeteiligter Dritter gefährdet werden, wenn alkoholisierte Personen am Straßenverkehr teilnehmen. Schließlich sind diese weniger reaktionsfähig als andere Verkehrsteilnehmer. Aus dem Drittbezug der Alkoholisierung im Straßenverkehr ergibt sich auch, dass nicht auf eine Selbstgefährdung der Konsumenten im Sinne der allgemeinen Handlungsfreiheit aus Art. 2 Abs. 1 GG abgestellt werden kann. Einerseits endet die Selbstgefährdung, soweit das Leben – einen Todesfall gab es – betroffen ist, andererseits sind Körper und Leben anderer gefährdet, zumal gegen straßenverkehrsrechtliche Vorgaben verstoßen wird.

Nachdem bereits die zu befürchtenden alkoholbedingten Gefahren für die Gesundheit der Gäste ein Einschreiten rechtfertigen, kommt es auf alkoholbedingte Lärmbelästigungen, Verkehrsordnungswidrigkeiten und Straftaten in der Umgebung der Gaststätte nicht mehr an.[12]

---

12 **Abweichend:** VG Stuttgart, 25.6.2008, 4 K 2475/08, das sich auf eine Gefahr für die Allgemeinheit i.S.d. § 5 Abs. 1 Nr. 3 GastG gestützt hat; insoweit str., ob Umgebungsauswirkungen

Nach alledem ist bei einem erneuten Ausschank von Alkohol durch C an der Korsostrecke ein zumindest die Gesundheit der Betroffenen gefährdender Alkoholmissbrauch zu erwarten, sodass eine konkrete Gefahr gegeben ist.

(2) Ordnungspflicht[13]

C muss ordnungspflichtig sein. Mangels ausdrücklicher Regelung der Ordnungspflicht im Gaststättengesetz sind ergänzend die allgemeinen Vorschriften der §§ 13, 14, 16 ASOG anwendbar. In Betracht kommt nur eine Verhaltensverantwortlichkeit des C gemäß § 13 Abs. 1 ASOG bzw. nach § 13 Abs. 3 ASOG hinsichtlich des Handelns der Bediensteten seiner Gaststätte. Verhaltensstörer ist, wer ordnungsrechtlich rechtswidrig die Schwelle des Erlaubten überschreitet. Mit dem Ausschank des Alkohols durch C wird zunächst eine Ursache für den Alkoholkonsum gesetzt. Fraglich ist aber, ob darin bereits die erforderliche Überschreitung der Gefahrenschwelle liegt. Der Ausschank alkoholischer Getränke an erwachsene Personen ist an sich ordnungsrechtlich neutral, die Schwelle zur Gesundheitsschädigung wird erst durch den Konsum überschritten, der augenscheinlich dem Verantwortungsbereich der Gäste zuzuordnen ist.

C kann aber Zweckveranlasser sein, der als Verhaltensstörer im Sinne des § 13 Abs. 1 ASOG behandelt wird. Die Voraussetzungen für eine Zweckveranlassung könnten lediglich objektiv zu bestimmen sein. Es würde dann genügen, einen Kausalzusammenhang zu setzen, ohne dass es auf einen Willen oder einen verfolgten Zweck ankommt. Um die Ordnungspflicht bei nicht unmittelbar störenden Handlungen eingrenzen zu können, bedarf es aus rechtsstaatlichen Gründen im Sinne des Art. 20 Abs. 3 GG einer subjektiven Komponente, sodass der Veranlasser eine Störung entweder absichtlich herbeigeführt haben, es ihm gerade auf die Störung angekommen sein, er sie aber jedenfalls billigend in Kauf genommen haben muss. Da C hohen Gewinn erstrebt, kam es ihm darauf an, dass die Gäste in möglichst großem Umfang Alkohol konsumieren, wenn-

---

erfasst sind, weil „erhebliche Nachteile, Gefahren oder Belästigungen“ i.S.d. § 5 Abs. 1 Nr. 3 GastG nur solche sind, die unmittelbar auf dem Betrieb der Gaststätte selbst beruhen.

13 Die Ordnungspflicht ist Tatbestandsmerkmal, wenngleich sich die Voraussetzungen aus gesonderten Normen ergeben. Die Ordnungspflicht gehört nicht in einen gesonderten Prüfungspunkt zwischen Tatbestand und Rechtsfolge oder in die Rechtsfolge. Das ergibt sich schon daraus, dass der Tatbestand entgegen des sich aus den Grundrechten und dem Rechtsstaatsprinzip ergebenden Bestimmtheitsgrundsatzes nicht hinreichend bestimmt wäre, wenn einziges Tatbestandsmerkmal die Gefahr wäre. Zudem wird z.B. in § 16 Abs. 1 Nr. 1 ASOG auch der Gefahrentatbestand modifiziert. Dies zeigt, dass Normen über die Ordnungspflicht dem Tatbestand zuzuordnen sind. Lediglich ein Störerauswahlermessen ist im Rahmen der Rechtsfolge zu erörtern.

gleich er nicht primär eine Gesundheitsgefahr der Gäste herbeiführen wollte. C nahm die Gesundheitsgefahr aber zumindest billigend in Kauf. C ist daher für die auf dem übertriebenen Alkoholkonsum seiner Gäste beruhenden Gesundheitsgefahren als Zweckveranlasser gemäß § 13 Abs. 1 ASOG bzw. § 13 Abs. 3 ASOG verantwortlich.

c) Rechtsfolge

Rechtsfolge des § 19 GastG ist Ermessen. Eine Ermessensreduktion auf null ist nicht ersichtlich.[14] Das gegenüber C ausgesprochene Alkoholausschankverbot ist rechtswidrig, soweit es ermessensfehlerhaft zustande gekommen ist. Ermessensfehler sind Ermessensausfall, Ermessensüberschreitung und Ermessensfehlgebrauch. Anhaltspunkte für einen Ermessensausfall gibt es nicht. Eine Ermessensüberschreitung ist anzunehmen, wenn die Maßnahme mit dem sich primär aus den Grundrechten, sekundär aus dem Rechtsstaatsprinzip im Sinne des Art. 20 Abs. 3 GG ergebenden Grundsatz der Verhältnismäßigkeit nicht vereinbar ist.

aa) Zweck

Der aufgrund der Gewaltenteilung im Sinne des Art. 20 Abs. 3 GG und der damit verbundenen Einschätzungsprärogative der Verwaltung gerichtlich nur begrenzt überprüfbare Zweck des Alkoholausschankverbotes für C ist der Schutz von Körper und Gesundheit der Alkoholkonsumenten und Dritter, die infolge der Handlungen der alkoholisierten Gäste Schaden erleiden könnten.

bb) Geeignetheit

Das Alkoholverbot ist geeignet, soweit es den Zweck fördert. Durch das gegenüber C ausgesprochene Alkoholverbot wird es Passanten erschwert, sich während eines Autokorsos mit weiterem Alkohol zu versorgen, denn sie müssen sich zur Konsumierung nunmehr in eine räumlich geschlossene Gaststätte begeben und ihr Getränk dort zu sich nehmen. Der Alkoholkonsum außerhalb der Gaststätte wird durch das Alkoholausschankverbot untersagt. Der Eignung des Alkoholverbotes könnte entgegenstehen, dass andere, weiter entfernte Gaststät-

---

14 Eine Ermessensreduktion auf null ist vor den Ermessensfehlern zu erörtern, da aus Ermessen in der Rechtsfolge insoweit eine gebundene Entscheidung werden kann. Eine Ermessensreduktion im Übrigen muss bei der Ermessensüberschreitung geprüft werden, da ein Ermessensspielraum verbleibt, wenngleich er begrenzt ist.

ten die Konsumenten weiterhin mit Alkohol versorgen können. Andere Gaststätten befinden sich aber nicht auf der Wegstrecke des Autokorsos und bieten somit keine gleich effektive Möglichkeit der Alkoholversorgung. Dass es Fußballfans weiterhin möglich ist, alkoholische Getränke mitzubringen oder diese in Gaststätten während und nach dem Spiel zu sich zu nehmen, führt nicht zur Ungeeignetheit des gegenüber C ausgesprochenen Alkoholausschankverbotes, da die Gefahr jedenfalls begrenzt wird.

cc) Erforderlichkeit

Da kein gleich geeignetes milderes Mittel ersichtlich ist, war das gegenüber C ausgesprochene Alkoholmissbrauchsverbot erforderlich.

dd) Verhältnismäßigkeit im engen Sinne

Die betroffenen Rechte bzw. Rechtsgüter dürfen in keinem krassen Missverhältnis zu den geschützten Rechtsgütern stehen bzw. in unangemessener Intensität verkürzt werden. Geschützt werden Gesundheit, Körper und möglicherweise sogar Leben im Sinne des Art. 2 Abs. 2 S. 1 GG – primär bezüglich der potentiellen Alkoholkonsumenten. Entgegen steht die Berufsfreiheit des C im Sinne des Art. 12 Abs. 1 GG. Da die Schutzbereiche der Grundrechte betroffen sind, ist die Eingriffsintensität, insbesondere bezüglich der Berufsfreiheit des C maßgeblich.

Allen Beteiligten ist bewusst, dass an den begrenzten Abenden, an denen das begrenzte Alkoholausschankverbot für G gilt, Ausnahmezustände gegeben sind. In solchen Situationen sind die sonst üblichen Regeln auch des Straßenverkehrs für eine kurze Zeit faktisch außer Kraft gesetzt. Dies birgt besondere Gefahren für zahlreiche Zuschauer. Diese Gefahren können zumindest angemessen begrenzt werden, wenn die weitere Versorgung mit Alkohol für die auf der Straße befindlichen Massen erschwert wird. Demgegenüber ist es für C hinnehmbar, dass er eine sich bietende Erwerbschance ungenutzt lässt, weil ihm der Alkoholausschank nicht vollständig, sondern nur außer Haus verboten wird. Es erfolgt somit eine begrenzte Verkürzung der Berufsausübung für C, während die Schutzgüter – Gesundheit, Körper und Leben sehr gewichtig sind. Sie überwiegen das Interesse des C, seinen Umsatz zu maximieren. Das gegenüber C ausgesprochene begrenzte Alkoholausschankverbot ist nicht unverhältnismäßig im engen Sinne.

2. Zwischenergebnis

Der Verwaltungsakt ist bezüglich des Alkoholverbotes rechtmäßig.

III. Interessenabwägung

Ist der Verwaltungsakt rechtswidrig, bedarf es hinsichtlich der Suspendierung des Verwaltungsaktes gemäß § 80 Abs. 5 S. 1 VwGO keiner weiteren Interessenabwägung durch das Gericht, weil durch einen rechtswidrigen Verwaltungsakt kein Grundrechtseingriff gerechtfertigt werden kann, sodass kein Vollziehungsinteresse der Behörde besteht. Ist der Verwaltungsakt – wie das gegenüber C ausgesprochene Alkoholausschankverbot – rechtmäßig, ist zwischen Konstellationen im Sinne des § 80 Abs. 2 S. 1 Nr. 1–3 VwGO und solchen im Sinne des § 80 Abs. 2 S. 1 Nr. 4 VwGO zu differenzieren. In § 80 Abs. 2 S. 1 Nr. 1–3 VwGO ist vom Gesetzgeber eine Wertung dahingehend getroffen worden, dass bei Rechtmäßigkeit eines Verwaltungsaktes das Vollziehungsinteresse der Behörde überwiegt. Lediglich bei behördlicher Anordnung der sofortigen Vollziehbarkeit gemäß § 80 Abs. 2 S. 1 Nr. 4 VwGO fehlt es an einer gesetzlichen Vorgabe, sodass eine Interessenabwägung des Gerichts erfolgen wird.

Gegenüber C hat die zuständige Behörde die sofortige Vollziehbarkeit gemäß § 80 Abs. 2 S. 1 Nr. 4 VwGO angeordnet. Insoweit sind das Aussetzungsinteresse des C und das Vollziehungsinteresse der Behörde gegeneinander abzuwägen. Das Aussetzungsinteresse des C ist gegenüber dem Vollziehungsinteresse der Behörde gering, da in Kürze – am 25.6. und am 29.6. – weitere Spiele der griechischen Nationalmannschaft stattfinden mit der Folge, dass es erneut zu Alkoholmissbrauch kommen wird. Somit besteht ein Eilbedürfnis, die gewichtigen Rechtsgüter Gesundheit, Körper und Leben zu schützen. Der Umsatz des C könnte gegebenenfalls später auf der Sekundärebene finanziell ausgeglichen werden. Schäden an Körper, Gesundheit und Leben der Betroffenen sind hingegen irreparabel.

C. Ergebnis

Die Vollziehungsanordnung ist rechtmäßig, ebenso nach summarischer Prüfung das begrenzte Alkoholausschankverbot. Das Verwaltungsgericht wird einen Antrag auf Suspendierung des Verwaltungsaktes ablehnen. Der Antrag hat keinen Erfolg.

2. Komplex: Rechtmäßigkeit der Verordnung

Die Verordnung müsste mit höherrangigem Recht vereinbar sein. Prüfungsmaßstab ist hierbei das Unionsrecht, das Bundesrecht, welches gemäß Art. 31 GG das Landesrecht bricht, einschließlich des Grundgesetzes und, soweit es für den Erlass der Verordnung bedeutsam sein kann, das Landesrecht der Verfassung von Berlin (VvB). Gemäß Art. 80 Abs. 1 GG und gemäß Art. 64 VvB bedarf eine Verordnung einer Rechtsgrundlage, sodass neben dem Vorrang des Gesetzes der Vorbehalt des Gesetzes gilt.

I. Rechtsgrundlage

Die anwendbare Rechtsgrundlage für den Erlass von Landesverordnungen ist § 55 ASOG. Danach ist der Staat zur Abwehr abstrakter Gefahren zum Erlass von Rechtsverordnungen befugt. Anhaltspunkte für die Rechtswidrigkeit und damit Unwirksamkeit des § 55 ASOG – z.B. wegen einer Unvereinbarkeit mit Art. 80 Abs. 1 GG bzw. Art. 64 VvB – sind nicht ersichtlich.[15]

II. Voraussetzungen

Die formellen und die materiellen Voraussetzungen für den Erlass einer Verordnung können erfüllt sein.

1. Formell

Die formellen Voraussetzungen sind erfüllt.

2. Materiell

Materiell muss es sich bei der getroffenen Regelung gemäß § 55 ASOG in Abgrenzung zur Allgemeinverfügung im Sinne des § 35 S. 2 VwVfG i.V.m. § 1 Abs. 1 VwVfG Bln um eine im Sinne des sich unter anderem aus Art. 20 Abs. 3 GG ergebenden Rechtsstaatsprinzips hinreichend bestimmte Verordnung zur Abwehr einer abstrakten Gefahr, gerichtet an den richtigen Adressaten im Sinne der §§ 13, 14, 16 ASOG, handeln. Die Verordnung muss wegen des sich primär aus den Grundrechten und in § 56 Abs. 1 S. 2, 3 ASOG speziell normierten, subsidiär aus dem Rechtsstaatsprinzip ergebenden Grundsatz der Verhältnismäßigkeit verhältnismäßig sowie wegen des sich aus dem unter anderem aus Art. 20

15 Die Rechtmäßigkeit (bei Normen als abstrakt-generellen Regelungen wegen des sich aus dem Rechtsstaatsprinzip ergebenden Nichtigkeitsdogmas bei Normen identisch mit der Wirksamkeit der Norm) der Rechtsgrundlage ist bei einem materiellen Fallaufbau unter dem Prüfungspunkt „Rechtsgrundlage“ erörtern. Bei einem prozessualen Aufbau ist die Rechtmäßigkeit der Rechtsgrundlage erst zu überprüfen, wenn das streitgegenständliche Verwaltungshandeln zumindest teilweise mit der Rechtsgrundlage vereinbar ist (Wortlautlösung). Das liegt an der gesetzlichen Vorgabe in Art. 100 GG, weil der Gesetzgeber insoweit die Entscheidungserheblichkeit als Voraussetzung normiert hat.

Abs. 3 GG ableitenden Rechtsstaatsprinzips im Übrigen mit höherrangigem Recht im Sinne des Vorranges des Gesetzes vereinbar sein.

a) § 2 der Verordnung

Die materiellen Voraussetzungen können bezüglich des § 2 erfüllt sein.

aa) Verordnung

Es muss sich bei § 2 der Regelung um eine Verordnung handeln.[16] Verordnungen sind abstrakt-generelle Rechtsnormen, die nicht formell vom Parlament, sondern im Rahmen delegierter Legislativgewalt von der Exekutive erlassen werden. Durch Gefahrenabwehrverordnungen wird dem Senat die Möglichkeit eröffnet, ein zeitlich, örtlich und sachlich flexibles Recht zu schaffen, mittels dessen die Abwehr von Gefahren für die öffentliche Sicherheit und Ordnung erfolgen kann. Eine ähnliche Handlungsmöglichkeit ergibt sich für die Verwaltung insoweit, als sie Allgemeinverfügungen im Sinne des § 35 S. 2 VwVfG i.V.m. § 1 Abs. 1 VwVfG Bln aussprechen kann. Die Allgemeinverfügung als besonderer Verwaltungsakt richtet sich an einen nach allgemeinen Merkmalen bestimmten oder bestimmbaren Personenkreis und hat daher Ähnlichkeit mit einer Gefahrenabwehrverordnung.

Die Abgrenzung der Gefahrenabwehrverordnung zur Allgemeinverfügung bestimmt sich nach der äußeren Form des Verwaltungshandelns. Durch die Verkündung des abstrakt-generellen Alkoholverbotes im Gesetzes- und Verordnungsblatt und die Überschreibung der Regelung als Verordnung wählt die Behörde für ihr Verwaltungshandeln die Form der Verordnung. Fraglich ist, ob die avisierte Regelung als Verordnung erlassen werden kann oder ob eine Allgemeinverfügung erlassen werden müsste. Für die Gefahrenabwehrverordnung sind zwei Kriterien kennzeichnend, die kumulativ erfüllt sein müssen. Einerseits muss sich der Regelungsgegenstand auf eine unbestimmte Anzahl von Fällen beziehen, andererseits muss als Adressat eine unbestimmte Anzahl von Personen anstelle eines Einzelnen betroffen sein. In den Regelungen der das Alkoholverbot enthaltenden Gefahrenabwehrverordnung wird zumindest teilweise auf die „Benutzung von Sachen durch die Allgemeinheit“, die gemäß § 35 S. 2 Var. 3 VwVfG i.V.m. § 1 Abs. 1 VwVfG Bln grundsätzlich auch einer Regelung in Form einer Allgemeinverfügung zugänglich ist, Bezug genommen.

---

16 Die Ermittlung der von der Verwaltung gewählten Handlungsform ist von der materiellen Problematik der richtigen Handlungsform zu trennen.

Eine Benutzungsregelung im Sinne des § 35 S. 2 Var. 3 VwVfG i.V.m. § 1 Abs. 1 VwVfG ist nur möglich, wenn die Nutzung einer konkreten Sache geregelt wird. Die Abgrenzung zur Gefahrenabwehrverordnung kann nur danach erfolgen, ob eine bestimmte Gefahrensituation – Allgemeinverfügung – oder eine bestimmte Anzahl von Gefahrensituationen – Verordnung – geregelt wird. Die Anknüpfung an eine konkrete, räumlich begrenzte Gefahrensituation wie im Bereich „Hot Shots“ könnte für den Erlass einer Allgemeinverfügung sprechen. Allerdings ist auch die zeitliche Dauer zu berücksichtigen. Zudem ist ein Alkoholverbot auf eine unbestimmte Anzahl von Einzelfällen stetig wiederkehrend anzuwenden, sodass aufgrund des Regelungsumfanges eher eine Verordnung mit einem hinreichend differenzierten Verfahren erforderlich ist. Je umfangreicher und weiter die Regelung hinsichtlich der Gebietshoheit ist, desto eher bedarf es der gegenüber einer Allgemeinverfügung förmlicheren Verordnung. Sobald für einen großen räumlichen Bereich mit unterschiedlichen örtlichen Verhältnissen flächendeckend rechtliche Regelungen geschaffen werden sollen, ist eine Allgemeinverfügung als Regelungsinstrumentarium nicht mehr hinreichend (vgl. VG Osnabrück vom 11.2.2010 – 6 B 9/10).

Nach alledem kann die Stadt eine Gefahrenabwehrverordnung erlassen, um die erstrebte Gefahrenabwehr zu verfolgen.

bb) Bestimmtheit

Die Verordnung muss wegen der mit ihr verbundenen Grundrechtseingriffe und des Rechtsstaatsprinzips gemäß § 56 Abs. 2 S. 1 ASOG hinreichend bestimmt sein. In § 2 Abs. 1 der Verordnung wird das einfache Durchqueren der zum Geltungsbereich der Verordnung gehörenden Örtlichkeiten mit zuvor eingekauftem Alkohol für den Betroffenen erkennbar nicht erfasst, soweit nicht beabsichtigt ist, den Alkohol im Gebiet „Hot Shots“ konsumieren zu wollen. Auch das Verweilen mit mitgeführtem Alkohol ohne Konsumabsicht unterfällt nicht dem Regelungsbereich des § 2 Abs. 1 der Verordnung. Verboten ist dagegen das Mitsichführen von alkoholischen Getränken, wenn aufgrund der konkreten Umstände die Absicht erkennbar ist, diese vor Ort zu konsumieren. Die Bezugnahme auf eine Absicht des Handelnden widerspricht nicht dem Bestimmtheitsgebot. Das ergibt sich z.B. aus zahlreichen Vorschriften des Strafrechts, nach denen ein Handeln strafbar ist, wenn es in einer bestimmten – oft nur anhand von Indizien – feststellbaren Absicht geschieht. Die Gefahrenabwehrverordnung im Bereich „Hot Shots“ ist somit hinreichend bestimmt.

cc) Gefahr

Gemäß § 55 ASOG bedarf es einer abstrakten Gefahr für die öffentliche Sicherheit oder Ordnung. Durch die öffentliche Sicherheit werden der Staat mit seinen Einrichtungen, die öffentliche Rechtsordnung sowie Individualrechte und -rechtsgüter geschützt. Da die öffentliche Ordnung sehr unbestimmt und daher aus rechtsstaatlichen Gründen verfassungsrechtlich bedenklich ist, ist sie nur subsidiär maßgeblich. Aufgrund eines übermäßigen Alkoholkonsums kann es zu Gewaltdelikten und ähnlichen alkoholbedingten Störungen kommen, sodass eine Gefahr für Individualrechte bzw. Individualrechtsgüter in Form von Leib und Leben Dritter im Sinne des Art. 2 Abs. 2 S. 1 GG besteht.

Für die betroffene öffentliche Sicherheit muss eine abstrakte Gefahr bestehen.

Eine abstrakte Gefahr besteht, wenn bei generell-abstrakter Betrachtung bestimmter Arten von Verhaltensweisen oder Zuständen mit hinreichender Wahrscheinlichkeit ein Schaden an einem Schutzgut eintreten wird. Der erforderliche Wahrscheinlichkeitsgrad hängt von der Bedeutung der gefährdeten Rechte bzw. Rechtsgüter sowie dem Ausmaß des möglichen Schadens ab. Die abstrakte Gefahr unterscheidet sich von der konkreten Gefahr nicht durch den Grad der Wahrscheinlichkeit des Schadenseintritts, sondern durch die Betrachtungsweise. Bei der konkreten Gefahr ist Auslöser des ordnungsbehördlichen Einschreitens der jeweilige Einzelfall. Der Senat handelt, um einen Schadenseintritt im Einzelfall zu verhindern. Eine abstrakte Gefahr knüpft hingegen an eine generelle Betrachtung an, also an eine typische Gefahrensituation, die Anlass bietet, in gleicher Art und Weise wiederkehrende Gefahren mit generell-abstrakten Mitteln durch Rechtssetzung zu bekämpfen. Auch bei der Abwehr abstrakter Gefahren geht es im Ergebnis allerdings um die Verhinderung eines Schadens im Einzelfall.

Es bedarf also einer abgesicherten Prognose. Bei einer Prognose ist zu bedenken, dass die vorhergesagten Ereignisse ausbleiben können. Die Prognoseunsicherheit darf sich aber nicht bereits auf die tatsächlichen Grundlagen beziehen, also darauf, ob typischerweise eine Gefahrensituation vorliegt, ein Schadenseintritt also hinreichend wahrscheinlich erscheint. Ist es dem Senat nicht möglich, darzulegen, warum die seinerseits mittels Verordnung geregelte typische Situation auch typischerweise in einen Schaden mündet, besteht keine Gefahr, sondern allenfalls ein Gefahrenverdacht, der grundsätzlich lediglich Anknüpfungspunkt für Gefahrenforschungsmaßnahmen sein kann. Vorsorgemaßnahmen zur Abwehr möglicher Beeinträchtigungen im Gefahrenvorfeld sind in § 55 ASOG als Rechtsgrundlage für Verordnungen als abstrakt-generelle Regelungen nicht erfasst.

Alkoholgenuss führt nicht generell zu Aggressivität. Vielmehr hängt es von den äußeren Umständen, den individuellen Gegebenheiten und Befindlichkeiten sowie den situativen Einflüssen ab, welche Wirkungen durch Alkoholgenuss beim Einzelnen erzeugt werden. Wenngleich es bestimmte Gruppen oder einzelne Trinker geben mag, die – wenn sie öffentlich im „Hot Shots" Alkohol konsumieren – regelmäßig eine Gefahr für die öffentliche Sicherheit begründen, gilt dies nicht für alle Freilufttrinker im „Hot Shots". Es handelt sich um ein stark besuchtes Vergnügungsviertel in der Innenstadt, in dessen Umfeld nicht nur Gewalttäter verkehren. Bei lebensnaher Betrachtungsweise besteht die Mehrzahl der Adressaten der Regelung nicht aus störenden Personen, sodass diese zu Unrecht in ihrer allgemeinen Handlungsfreiheit im Sinne des Art. 2 Abs. 1 GG beschränkt werden würden.[17]

Zur Begründung einer abstrakten Gefahr ist es auch nicht hinreichend, dass die Behörde damit überfordert ist, gegen alle „echten" Störer Einzelfallmaßnahmen zu erlassen. In einem Rechtsstaat dürfen Gefahrenabwehrhandlungen nicht lediglich der Erleichterung behördlicher Aufsicht dienen. Faktische Schwierigkeiten bei der Ermittlung der Störer im Einzelfall sind nicht geeignet, die Beeinträchtigungen grundrechtlich geschützter Belange nicht störender Adressaten zu rechtfertigen.

Das durch die Alkoholverbotsverordnung verbotene Verhalten hat regelmäßig und typischerweise keine Gewaltdelikte zur Folge. § 2 der Verordnung ist somit mangels abstrakter Gefahr für die öffentliche Sicherheit unwirksam. Das verbotene Verhalten stellt keine hinreichende Gefahr für die öffentliche Sicherheit dar.[18]

---

17 Die Zahl derjenigen, die zu Unrecht von dem Verbot in ihrer allgemeinen Handlungsfreiheit i.S.d. Art. 2 Abs. 1 GG beschränkt werden würden, ist mit der Zahl der potentiellen tatsächlich störenden Trinker zu vergleichen. Eine Folgenabwägung muss erfolgen. Mittels einer Gesamtbetrachtung ist schließlich zu ermitteln, ob tatsächlich eine abstrakte Gefahr besteht, die Behörde also in einem derart frühen Stadium eingreifen darf. Zu berücksichtigen ist auch, dass der Behörde die Möglichkeit verbleibt, den notwendigen Schutz der Bevölkerung vor den von alkoholisierten Personen ausgehenden Gefahren mit den herkömmlichen Instrumentarien im Einzelfall zu gewährleisten (Platzverweis etc.).

Eine Parallelproblematik besteht bei den Hundeverordnungen. Eine Anknüpfung an eine Hunderasse in einer Verordnung ist nicht hinreichend, da insoweit nur ein Gefahrenverdacht anzunehmen ist (vgl. BVerwG, Urteil vom 3.7.2002 – 6 CN 8. 01). Jedenfalls bedürfen derart weite Regelungen wegen des sich aus dem Demokratie- und Rechtsstaatsprinzip ergebenden Wesentlichkeitsgrundsatzes einer gesetzlichen Regelung.

18 Das Trinken in der Öffentlichkeit ist sozialadäquates Verhalten, lediglich das spätere Verhalten der Konsumenten (Hooligans, Punks, etc.) stört viele Unbeteiligte, sodass insofern die öffentliche Ordnung zu diskutieren wäre. Auch insoweit sollte wegen der Unbestimmtheit der öffentlichen Ordnung möglichst auf die öffentliche Sicherheit abgestellt werden.

b) § 3 der Verordnung
§ 3 der Verordnung müsste rechtmäßig sein.

aa) Bestimmtheit
Dazu muss § 3 der Verordnung gemäß § 56 Abs. 2 S. 1 ASOG hinreichend bestimmt sein.

(1) Bestimmtheit der tatsächlichen Verhaltensweise
Als tatsächliche Verhaltensweise ist in § 3 der Verordnung das „Lagern oder dauerhafte Verweilen" normiert. Dieses Tatbestandsmerkmal ist auslegungsfähig und -bedürftig. Es wird nicht darauf abgestellt, ob der Betroffene liegt, sitzt oder steht, während er Alkohol konsumiert. Das unbestimmte Merkmal „dauerhaft" lässt sich dahingehend konkretisieren, dass ein kurzzeitiges Verweilen, um z.B. den Durst mit einer Flasche Bier zu stillen, hiervon nicht erfasst sein soll. Das Verweilen muss so lange andauern, dass sich die Auswirkungen des Alkoholgenusses überhaupt bemerkbar machen können. Die Formulierung „Lagern oder dauerhaftes Verweilen" ist nach konkretisierender Auslegung hinreichend bestimmt.

(2) Bestimmtheit der Zweckbestimmung
§ 3 könnte jedoch deshalb zu unbestimmt sein, weil das „Lagern und dauerhafte Verweilen" nur verboten ist, wenn es zweckgerichtet „zum Alkoholgenuss" erfolgt. Hiermit wird auf den Zweck des Verbleibens am Ort Bezug genommen, der nicht zwingend äußerlich erkennbar ist. Wie bereits erörtert, widerspricht eine derartige Bezugnahme auf die inneren Motive des Handelnden nicht dem Bestimmtheitsgebot. Zumindest dem Betroffenen ist bekannt, ob er sich zum Zweck des Alkoholkonsums oder aus anderen Gründen vor Ort niederlässt. Auch für die Vollzugsbeamten ist insoweit aufgrund äußerer Umstände – insbesondere aufgrund der Art und der Menge des mitgeführten Alkohols – erkennbar, ob das Verweilen ausschließlich oder überwiegend zum Alkoholgenuss erfolgt.

(3) Bestimmtheit der Prognoseregelung
Die in der Verordnung enthaltene Prognoseregelung kann aber zu unbestimmt sein. Es werden der unauffällige Konsum von Alkohol in der Öffentlichkeit und der allgemein akzeptierte Konsum von Alkohol in der Öffentlichkeit vom An-

wendungsbereich der Bestimmung ausgenommen. Problematisch ist jedoch, dass nicht die erheblich belästigenden Verhaltensweisen verboten werden – eines solchen Verbotes bedürfte es ohnehin nicht, da solche Belästigungen bereits aufgrund der Nichtstörerpflichten jedenfalls gemäß § 13 Abs. 1 ASOG i.V.m. den §§ 13, 14, 16 ASOG verboten sind –, sondern dass das „Lagern oder dauerhafte Verweilen zum Alkoholgenuss" verboten wird, wenn möglich ist, dass es später zu Belästigungen kommen wird. Es bleibt offen, wie derjenige, der unter freiem Himmel Alkohol konsumiert, sich verhalten muss, um nicht den Eindruck zu erwecken, dass sein Alkoholkonsum andere belästige. Vom Normadressaten sind nicht die Grenzen auszumachen, ab wann bzw. unter welchen Voraussetzungen das Verweilen zum Alkoholgenuss geeignet ist, sich belästigend auf Dritte auszuwirken und Sanktionen nach sich zu ziehen. Es ist nicht geregelt, in welchen Grenzen sich z.B. junge Leute im beliebten Vergnügungsviertel „Hot Shots" niederlassen dürfen, um gemeinsam Alkohol zu trinken. Inwieweit feucht-fröhliche Abiturfeiern oder Junggesellenabschiedsfeiern auf öffentlichen Plätzen toleriert werden, ist ebenfalls nicht geregelt. Damit ist § 3 der Verordnung ungeeignet, den Betroffenen eine Leitlinie für ihr Verhalten aufzuzeigen und damit zu unbestimmt.

bb) Gefahr

Auch bezüglich des § 3 der Verordnung müsste unabhängig von der Bestimmtheit gemäß § 55 ASOG eine abstrakte Gefahr für die öffentliche Sicherheit gegeben sein.

Wie bereits dargelegt, begründet der Alkoholkonsum unter freiem Himmel noch keine Störung der öffentlichen Sicherheit.

Eine Störung der öffentlichen Sicherheit in Form der Individualgüter, nämlich des Gemeingebrauches Dritter im Sinne des Art. 2 Abs. 1 GG i.V.m. Art. 3 Abs. 1 GG kann allerdings die Belästigung Dritter darstellen. Solche Verhaltensweisen können ein behördliches Einschreiten im Einzelfall rechtfertigen. Verboten werden aber nicht die belästigenden – zumeist bereits durch andere Normen verbotenen – Verhaltensweisen, sondern bereits ein Handeln in deren Vorfeld, durch das allenfalls aufgrund der durch den Konsum von Alkohol bedingten Enthemmung mittelbar die Ursachen für spätere Gefahren gesetzt werden. Die Mehrheit derer, die sich in der Öffentlichkeit zum Konsum von Alkohol niederlassen, werden andere nach aller Wahrscheinlichkeit in der Folgezeit nicht belästigen und damit nicht die öffentliche Sicherheit verletzen. Es fehlt somit neben der Bestimmtheit des § 3 der Verordnung an einer abstrakten Gefahr. Daher ist wie bereits zuvor festzustellen, dass im Rahmen einer Gesamtbetrachtung keine abstrakte Gefahr besteht.

III. Ergebnis

§ 3 der geplanten Verordnung ist zu unbestimmt und wäre deshalb unwirksam. Mangels abstrakter Gefahr wären die Regelungen der §§ 2, 3 der Verordnung auch im Übrigen rechtswidrig. Auch der Erlass einer Allgemeinverfügung im Sinne des § 35 S. 2 VwVfG i.V.m. § 1 VwVfG Bln gleichen Inhalts wäre nicht möglich, weil ein allgemeines Alkoholverbot für einen bestimmten Bereich abstrakt-generell wirkt und deshalb nicht als Verwaltungsakt geregelt werden kann.

Besonderes Verwaltungsrecht – Fall 5 – Ersatzleistungen: „Ein vermasselter Einkaufsbummel"

Bei einem Einbruch in die Wohnung des X wurden die Schlüssel seines Pkw unter anschließender Mitnahme des zugehörigen Fahrzeuges entwendet. Das Fahrzeug wurde in die Niederlande verbracht und dort mit einem niederländischen Kennzeichen versehen. Anschließend reisten der Täter und ein weiterer Mittäter mit dem Fahrzeug wieder in die Bundesrepublik Deutschland und begingen dort mehrere Einbruchsdiebstähle. Als die Täter mit hoher Geschwindigkeit auf der Bundesstraße in Richtung der niederländischen Grenze fuhren, erkannte ein Beamter der Bundespolizei an einer Kontrollstelle 20 Kilometer vor dem Grenzübergang das im Zusammenhang mit den Einbruchsdiebstählen verwendete Fluchtfahrzeug und forderte die Täter zum Anhalten auf. Als sie dieser rechtmäßigen Aufforderung nicht nachgekommen waren, nahmen die Bundespolizeibeamten mit zwei Fahrzeugen die Verfolgung auf. Erst durch kontrolliertes Rammen – dieses erfolgte in nicht überzogener Art und Weise – gelang es ihnen, den Wagen zum Stehen zu bringen. Anschließend wurde festgestellt, dass es sich bei dem beschädigten Fahrzeug um den gestohlenen Wagen des X handelt. An dem Fahrzeug ist durch die Polizeiaktion ein Schaden in Höhe von € 10.000,– entstanden. Wird X mit einer Klage auf Ersatz seines Schadens gegen die Bundesrepublik Deutschland vor dem örtlich zuständigen Landgericht erfolgreich sein?

X scheint weiterhin vom Pech verfolgt zu sein. Wenige Wochen nachdem er sein Fahrzeug aus der Reparatur geholt hat, stellt er es im Stadtzentrum der Gemeinde S im Bundesland L unter einer am Straßenrand stehenden Robinie ab und macht sich auf den Weg zu einem Einkaufsbummel. Als er zurückkommt, wird ihm ein hässlicher Anblick geboten: Durch die mittlerweile umgeknickte Robinie ist die Frontscheibe des Fahrzeugs durchschlagen worden. Der entstandene Schaden beträgt € 1.000,–. Zu dem Umknicken der Robinie kam es, weil Angestellte der von der Gemeinde mit der Durchführung von Pflasterarbeiten beauftragten K-GmbH – letzterer bzw. deren Mitarbeitern wurden seitens der Gemeinde konkrete Anweisungen erteilt – bei der Beseitigung der Aufwölbungen des Gehwegs zwei für den notwendigen Halt der Robinie erforderliche Wurzeln entfernt haben. X verlangt von S den Ersatz seines Schadens. Besteht ein Anspruch?

Bearbeitungsvermerk

Gehen Sie davon aus, dass die haftungsbegründende und die haftungsausfüllende Kausalität erforderlichenfalls gegeben sind.

Auszüge aus Gesetzen des Landes, auf dessen Staatsgebiet die Geschehnisse erfolgten:

§ 10 LStrG: Hoheitsverwaltung, bautechnische Sicherheit

(1) Die mit dem Bau und der Unterhaltung sowie der Erhaltung der Verkehrssicherheit der Straßen einschließlich der Bundesfernstraßen zusammenhängenden Aufgaben obliegen den Bediensteten der damit befassten Körperschaften als Amtspflichten in Ausübung hoheitlicher Tätigkeit. Die Bestimmungen über den Anspruch auf Schadensersatz wegen schuldlos rechtswidriger Schadenszufügung nach dem Ordnungsbehördengesetz finden auf die mit dem Bau und der Unterhaltung sowie der Erhaltung der Verkehrssicherheit der Straßen einschließlich der Bundesfernstraßen zusammenhängenden Aufgaben keine Anwendung.

[...]

§ 38 OBG: Zur Entschädigung verpflichtende Maßnahmen

(1) Ein Schaden, den jemand durch Maßnahmen der Ordnungsbehörden erleidet, ist zu ersetzen, wenn er

a. infolge einer Inanspruchnahme nach § 18 oder
b. durch rechtswidrige Maßnahmen, gleichgültig, ob die Ordnungsbehörden ein Verschulden trifft oder nicht,

entstanden ist.

(2) Ein Ersatzanspruch besteht nicht,

a. soweit der Geschädigte auf andere Weise Ersatz erlangt hat oder
b. wenn durch die Maßnahmen die Person oder das Vermögen des Geschädigten geschützt worden ist.

(3) Soweit die Entschädigungspflicht wegen rechtmäßiger Maßnahmen der Ordnungsbehörden in anderen gesetzlichen Vorschriften geregelt ist, finden diese Anwendung.

Schwerpunkte

Amtshaftung
objektive Unrechtshaftung
Entschädigungsansprüche unbeteiligter Dritter
status- und haftungsrechtlicher Beamtenbegriff
Abgrenzung zwischen Beleihung und Verwaltungshelfern

Vertiefung

BVerwG NVwZ 1997, 381, 382; vgl. BGH, Urteil vom 3.3.2011, NJW 2011, 3157; vgl. OLG Celle, Urteil vom 14.5.2009, NVwZ-RR 2009, 863; Dünchheim: Die Festsetzung von Zwangsmitteln – ein lästiges Vehikel des Vollstreckungsverfahrens?, in: NVwZ 1997, S. 350 ff.

Gliederung

1. Komplex: Das kontrollierte Rammen

A. Sachurteilsvoraussetzungen
- I. Rechtsweg (+)
- II. Zuständigkeit (+)
- III. Beteiligungs- und Prozessfähigkeit (+)
- IV. Statthafte Klageart
- V. Entgegenstehende materielle Rechtskraft (–)
- VI. Zwischenergebnis (+)

B. Begründetheit
- I. Unrechtshaftung (–)
  - 1. Anspruchsgrundlage
  - 2. Voraussetzungen
    - a) Positive Voraussetzungen (–)
    - aa) „Jemand" (+)
    - bb) Drittbezogene Amtspflicht in Ausübung eines Amtes (–)
    - (1) Pflicht zum rechtmäßigen Handeln (–)
    - (a) Rechtsgrundlage der Vollstreckung
    - (b) Voraussetzungen der Vollstreckung (+)
    - (aa) Formelle Voraussetzungen der Vollstreckung (+)
    - (bb) Materielle Voraussetzungen der Vollstreckung (+)
    - (aaa) Vollstreckbarer Verwaltungsakt (+)
    - (aaaa) Ge- bzw. Verbotsverfügung (+)
    - (bbbb) Wirksamkeit bzw. Rechtmäßigkeit der Verfügung (+/–)
    - (aaaaa) Wirksamkeit
    - (bbbbb) Rechtmäßigkeit
    - (cccc) Vollziehbarkeit (+)
    - (bbb) Art und Weise (+)
    - (aaaa) Androhung (+/–)
    - (aaaaa) Eilbedürftigkeit (+)
    - (bbbbb) Rechtmäßigkeit der Grundverfügung (+)

(ccccc) Zwischenergebnis (+)
(bbbb) Festsetzung (+/–)
(cccc) Anwendung (+)
(ccc) Kein Vollstreckungshindernis (+)
(c) Rechtsfolge der Vollstreckung
cc) Zwischenergebnis (–)
(2) Amtspflicht zum sorgfältigen Verwaltungshandeln (–)
b) Zwischenergebnis (–)
3. Ergebnis Unrechtshaftung (–)
II. Entschädigungsrecht (+)
1. Anspruchsgrundlage
2. Voraussetzungen (+)
a) Rechte bzw. Rechtsgüter
b) Eingriff
c) Schaden
3. Anspruchsinhalt
C. Ergebnis (+)

2. Komplex: Die Robinie

I. Amtshaftung (+)
1. Anspruchsvoraussetzungen (+)
a) „Jemand" in Ausübung eines öffentlichen Amtes (+)
b) Verletzung einer drittbezogenen Amtspflicht (+)
c) Verschulden (+)
d) Kausaler Schaden (+)
e) Keine Ausschlussgründe (+)
2. Anspruchsinhalt
3. Zwischenergebnis (+)
II. Objektive Unrechtshaftung (+)
1. § 38 Abs. 1 lit. b OBG (–)
2. Aufopferungsgewohnheitsrecht (+)
a) Schutzgut (+)
b) Eingriff (+)
c) Sonderopfer (+)
d) Anspruchsinhalt
III. Ergebnis (+)

Lösungsvorschlag

Die folgende Lösung ist als Lösungsvorschlag zu verstehen und ausführlicher, als es in der Klausurbearbeitung verlangt werden kann. Aufgrund der wissenschaftlichen Freiheit können andere Lösungswege vertreten werden, soweit sie dogmatisch begründbar sind. Die Nachweise aus Rechtsprechung und Literatur sowie die das Verständnis fördernden Randbemerkungen sind in der Examensklausur auszusparen. Die Abkürzung „Alt.“ steht für Alternativfall, nicht für Alternative.

1. Komplex: Das kontrollierte Rammen

Eine Klage vor dem Landgericht kann erfolgreich sein.

A. Sachurteilsvoraussetzungen

Die Sachurteilsvoraussetzungen können erfüllt sein.

I. Rechtsweg

Ein Rechtsweg muss eröffnet sein. Es kann der ordentliche Rechtsweg eröffnet sein. Die Generalklausel zur Eröffnung des ordentlichen Rechtsweges ist § 13 GVG, der im Rahmen einer Amtshaftung allerdings von der höherrangigen und gleichzeitig spezielleren Regelung des Art. 34 S. 3 GG verdrängt sein kann, welcher aus der Perspektive des Verwaltungsgerichts zwar als abdrängende, aus der Sicht des ordentlichen Gerichts aber aufdrängende Sonderzuweisung einzustufen ist.

X macht Schadensersatz bezüglich einer etwaigen Rechtswidrigkeit des Polizeieinsatzes geltend. Mögliche Anspruchsgrundlage ist § 839 Abs. 1 S. 1 BGB i.V.m. Art. 34 S. 1 GG als Amtshaftungsanspruch. Gemäß Art. 34 S. 3 GG darf der ordentliche Rechtsweg für Schadensersatz und den Rückgriff nicht ausgeschlossen sein. Damit kann eine verbindliche abdrängende Sonderzuweisung zum ordentlichen Gericht geregelt worden sein. Nach dem Wortlaut der Norm darf der ordentliche Rechtsweg lediglich nicht „ausgeschlossen“ werden, sodass sich ein Recht zur Wahl des Rechtsweges durch den Kläger ergeben könnte. Die Verbindlichkeit des Art. 34 S. 3 GG könnte sich allerdings aus § 40 Abs. 2 S. 1 Var. 3 VwGO ergeben, wonach Schadensersatz zum ordentlichen Gericht gehört. Eine Spezifizierung der Verfassung durch einfachgesetzliche Regelungen ist zwar denkbar, jedoch dürfte die Zuweisung zum ordentlichen Rechtsweg nicht nur abdrängend aus Sicht des Verwaltungsgerichtes wirken, sondern müsste auch aufdrängend aus der Sicht des ordentlichen Gerichts gelten. Da für das ordentliche Gericht allerdings für den Rechtsweg nicht § 40 Abs. 2 S. 1 Var. 3 VwGO gilt, muss sich eine verbindliche Zuweisung zum ordentlichen Rechtsweg schon unmittelbar aus dem höherrangigen Recht ergeben. Dem ist auch nicht entgegenzuhalten, dass das ordentliche Gericht gemäß § 13 GVG eine Zuständigkeit der Verwaltungsbehörden oder Verwaltungsgerichte zu berücksichtigen hat, weil insoweit einerseits nicht ausdrücklich die Anwendbarkeit der Verwaltungsgerichtsordnung begründet wird, andererseits Art. 34 S. 3 GG eine Spezialregelung bezüglich der Amtshaftung bleibt, zumal auch in sonstigen Gesetzen – zum Beispiel in § 17 Abs. 2 S. 2 GVG – bezüglich der Amtshaftung auf Art. 34 S. 3 GG verwiesen wird, nicht aber auf § 40 Abs. 2 S. 1 VwGO, sodass der Gesetzgeber offenbar selbst von einer Rechtswegzuweisung direkt aus Art. 34 S. 3 GG ausgeht.

Art. 34 S. 3 GG steht allerdings in praktischer Konkordanz zu dem unter anderem in Art. 20 Abs. 3 GG verankerten Rechtsstaatsprinzip und zu Art. 101 Abs. 1 S. 2 GG. Insoweit bedarf es einer hinreichend bestimmten Rechtswegzuweisung auch zur Gewährung eines hinreichend bestimmten gesetzlichen Richters. Auch aufgrund dieser praktischen Konkordanz ist Art. 34 S. 3 GG als verbindliche Zuweisung zum ordentlichen Gericht zu verstehen, sodass eine einfachgesetzliche Regelung wie § 40 Abs. 2 S. 1 Var. 3 VwGO diesbezüglich weitestgehend deklaratorisch wirkt. Wenngleich eine Rechtswegzuweisung grundsätzlich bezüglich eines aus Sachverhalt und Antrag bestehenden zweigliedrigen Streitgegenstandes erfolgt, basiert die Zuweisung aufgrund der vorrangigen Vorgabe im höherrangigen Art. 34 S. 3 GG auf der Anspruchsgrundlage. Somit besteht für die Amtshaftung eine Sonderzuweisung zum ordentlichen Rechtsweg.

Neben dem Amtshaftungsanspruch kommt für X ein Anspruch aus § 51 BPolG in Betracht. Für diesen besteht eine besondere Zuweisung zum ordentlichen Rechtsweg in § 56 Alt. 1 BPolG. Soweit § 51 BPolG gleichzeitig als kompensatorische Entschädigungsregelung aufgrund einer ausgleichspflichtigen Inhalts- und Schrankenbestimmung im Sinne des Art. 14 Abs. 1 S. 2 GG einzustufen ist, wird § 40 Abs. 2 S. 1 Hs. 2 VwGO durch die Spezialregelung des § 56 BPolG bzw. gemäß § 17 Abs. 2 GVG i.V.m. § 173 VwGO verdrängt.

Weil das Gericht des zulässigen Rechtsweges gemäß § 17 Abs. 2 S. 1 GVG i.V.m. § 173 VwGO im Rahmen der Rechtswegkonzentration unter allen in Betracht kommenden Gesichtspunkten prüft, ist der Rechtsweg ergänzend auch für Ansprüche außerhalb der Amtshaftung eröffnet, für die keine ausdrückliche Zuweisung zum ordentlichen Rechtsweg besteht. Ein von einem anderen Gericht ausgesprochener, für das ordentliche Gericht verbindlicher Beschluss im Sinne des § 17a Abs. 2 S. 3 GVG ist nicht ersichtlich. Der ordentliche Rechtsweg ist eröffnet.

II. Zuständigkeit

Streitwertunabhängig ist das Landgericht für einen Anspruch aus Amtshaftung gemäß § 839 Abs. 1 S. 1 BGB i.V.m. Art. 34 S. 1 GG, der zumindest neben anderen Ansprüchen in Betracht kommt, gemäß § 71 Abs. 2 Nr. 2 GVG sachlich zuständig. Für darüber hinausgehende Ansprüche ist das Landgericht aufgrund der Konzentration gemäß § 17 Abs. 2 S. 1 GVG ebenfalls zuständig. Die örtliche Zuständigkeit ist gegeben.

III. Beteiligungs- und Prozessfähigkeit

Die Parteien X und die Bundesrepublik Deutschland sind gemäß den §§ 50 Abs. 1, 51 Abs. 1 ZPO parteifähig und sie bzw. ihre Organwalter sind auch prozessfähig, wobei X beim Landgericht gemäß § 78 Abs. 1 ZPO anwaltlich vertreten sein muss.

IV. Statthafte Klageart

Statthafte Klageart ist die zivilrechtliche Leistungsklage.

V. Entgegenstehende materielle Rechtskraft

Bei Erhebung einer Klage des V vor dem Landgericht kann es wegen einer entgegenstehenden materiellen Rechtskraft am Rechtsschutzbedürfnis fehlen. Die Rechtskraft ist in § 322 Abs. 1 ZPO geregelt, wobei sich aus dem Rechtsstaatsprinzip ergibt, dass ein materiell-rechtliches Sachurteil einer erneuten Entscheidung in der Sache entgegensteht. Da es bisher keine Klage gab, sind eine entgegenstehende Rechtskraft oder eine anderweitige Rechtshängigkeit gemäß § 261 Abs. 3 Nr. 1 ZPO nicht ersichtlich.

VI. Zwischenergebnis

Die Sachurteilsvoraussetzungen sind erfüllt und die Klage ist zulässig.

B. Begründetheit

Die Klage ist begründet, soweit X einen Anspruch auf Ersatz seines Schadens hat. Jedenfalls aufgrund der Rechtswegkonzentration sind gemäß § 17 Abs. 2 S. 1 GVG sämtliche Ansprüche für ein Urteil maßgeblich.[1]

1 Im Rahmen der Begründetheit kommen als Ersatzleistungsansprüche (Oberbegriff) solche aus Entschädigung (rechtmäßiges Handeln des Staates) und aus Unrechtshaftung (rechtswidri-

I. Unrechtshaftung
In Betracht kommen zunächst Ansprüche aus der Unrechtshaftung. Im Rahmen der Unrechtshaftung könnte ein Amtshaftungsanspruch des X gegen die Bundesrepublik Deutschland bestehen.

1. Anspruchsgrundlage
Anspruchsgrundlage für die Amtshaftung ist § 839 Abs. 1 S. 1 BGB i.V.m. Art. 34 S. 1 GG.

2. Voraussetzungen
Die Voraussetzungen der Amtshaftung können erfüllt sein.

a) Positive Voraussetzungen
Positiv ist es für einen Amtshaftungsanspruch erforderlich, dass „Jemand" in Ausübung eines öffentlichen Amtes eine drittbezogene Amtspflicht verletzt hat.

aa) „Jemand"
Als „Jemand" ist wegen der Tatbestandsmodifizierung durch Art. 34 S. 1 GG kein Beamter im statusrechtlichen Sinne, also ein im Sinne des Beamtenrechts ernann-

---

ges Handeln des Staates) in Betracht. Sinnvoll ist es, mit der Unrechtshaftung zu beginnen, weil insoweit die Voraussetzungen geringer sind und der Umfang der Ersatzleistung größer sein kann.

Im Bereich der Entschädigung besteht folgende Prüfungsreihenfolge:
1. aus Enteignung
2. kompensatorische Entschädigung (wegen ausgleichspflichtiger Inhalts- und Schrankenbestimmung)
3. Billigkeitsentschädigung
4. soweit möglich: analoge Anwendung der Ziffern 2 und 3
5. Aufopferungsgewohnheitsrecht

Im Bereich der Unrechtshaftung besteht folgende Prüfungsreihenfolge:
1. aus Vertrag (§ 280 Abs. 1 BGB)
2. Amtshaftung (vertretbar, erst die objektive Unrechtshaftung zu prüfen, da insoweit kein Verschulden erforderlich, jedoch kann der Schadensumfang bei der Amtshaftung größer sein); beachte Besonderheiten wie die Anwendbarkeit des Staatshaftungsrechts der DDR in Brandenburg
3. objektive Unrechtshaftung
4. wenn möglich Ziffer 3 analog
5. Aufopferungsgewohnheitsrecht

ter Beamter erforderlich, sondern es genügt ein Beamter im haftungsrechtlichen Sinne. Die Beamten der Bundespolizei sind sogar Beamte im statusrechtlichen Sinne des Bundespolizeibeamtengesetzes. Sie sind als „Jemand" einzustufen.

bb) Drittbezogene Amtspflicht in Ausübung eines Amtes

Die handelnden Beamten müssen in Ausübung eines öffentlichen Amtes eine drittbezogene Amtspflicht verletzt haben. Amtspflichten sind jedenfalls die Pflicht zum rechtmäßigen Handeln – diese ergibt sich für Landesbeamte aus § 36 Abs. 1 BeamtStG und für Bundesbeamte aus § 63 Abs. 1 BBG bzw. § 63 Abs. 1 BBG i.V.m. § 2 BPolBG und ergänzend aus dem sich unter anderem aus Art. 20 Abs. 3 GG ergebenden Rechtsstaatsprinzip – sowie die Folgepflicht, die sich für Landesbeamte aus § 35 S. 2 BeamtStG und für Bundesbeamte aus § 62 Abs. 1 S. 2 BBG bzw. § 62 Abs. 1 S. 2 BBG i.V.m. § 2 BPolBG ergibt. Zudem bestehen sonstige allgemeine und besondere Sorgfaltspflichten, die partiell gesetzlich geregelt sind. Für die Pflichtverletzung ist das Unrecht des Einzelnen maßgeblich, nicht zwingend ein objektiv unrechtmäßiges Handeln.

Die Beamten der Bundespolizei handelten in Ausübung eines öffentlichen Amtes, da das kontrollierte Rammen im Rahmen einer Dienstfahrt geschah. Sie wollten X hoheitlich stoppen. Es war keine Fahrt im Fiskalbereich, im Rahmen derer die Beamten nicht in Ausübung eines öffentlichen Amtes gehandelt hätten. Sie können ihre Pflicht zum rechtmäßigen Handeln im Rahmen der Fahrt in Ausübung ihres Amtes verletzt haben.

(1) Pflicht zum rechtmäßigen Handeln

Bezüglich der Verletzung der Pflicht zum rechtmäßigen Handeln ist es somit maßgeblich, ob das kontrollierte Rammen des Fahrzeugs durch die Bundespolizei rechtswidrig war. Das kontrollierte Rammen eines Fahrzeugs durch die Polizei ist als Maßnahme der Verwaltungsvollstreckung in Form des unmittelbaren Zwanges einzustufen. Es gilt neben dem Vorrang auch der Vorbehalt des Gesetzes.

Eine Vollstreckungsmaßnahme ist rechtmäßig, soweit eine Rechtsgrundlage gegeben ist, deren Voraussetzungen erfüllt und etwaige Ermessensspielräume – Beurteilungsspielräume gibt es im Vollstreckungsrecht nicht – ordnungsgemäß ausgeübt worden sind.

(a) Rechtsgrundlage der Vollstreckung

Da die Verwaltungsvollstreckung besonders grundrechtsintensiv ist, bedarf es wegen des insoweit aus den Grundrechten abgeleiteten Gesetzesvorbehalts einer Rechtsgrundlage.[2] Die Rechtsgrundlage für die Ersatzvornahme als Vollstreckung eines Verwaltungsaktes im gestreckten Verfahren ist § 6 Abs. 1 VwVG i.V.m. § 9 Abs. 1 lit. c VwVG i.V.m. § 12 VwVG i.V.m. dem Gesetz über den unmittelbaren Zwang bei Ausübung öffentlicher Gewalt durch Vollzugsbeamte des Bundes (UZwG).

(b) Voraussetzungen der Vollstreckung

Die formellen und materiellen Voraussetzungen des § 6 Abs. 1 VwVG i.V.m. § 9 Abs. 1 lit. c VwVG i.V.m. § 12 VwVG i.V.m. dem Gesetz über den unmittelbaren Zwang bei Ausübung öffentlicher Gewalt durch Vollzugsbeamte des Bundes (UZwG) müssen erfüllt sein.

(aa) Formelle Voraussetzungen der Vollstreckung

Für den Vollzug eines Verwaltungsaktes ist gemäß § 7 Abs. 1 VwVG die Behörde im Sinne des § 1 Abs. 4 VwVfG zuständig, die ihn erlassen hat. Nach § 2 Abs. 1 BPolG ist der grenzpolizeiliche Schutz des Bundesgebietes grundsätzlich der Bundespolizei zugewiesen. Nach § 2 Abs. 2 Nr. 3 BPolG ist im Rahmen des Grenzschutzes zur Gefahrenabwehr das Grenzgebiet bis zu einer Tiefe von 30 Kilometern umfasst, soweit die Sicherheit der Grenze beeinträchtigt wird. Das Rammen geschah etwa 20 Kilometer vor der niederländischen Grenze und damit innerhalb des räumlichen Zuständigkeitsbereiches der Bundespolizei im Sinne des § 2 Abs. 2 Nr. 3 BPolG. Rechtsbrüchige Personen wollten die Grenze überschreiten, sodass eine Gefahr für die Sicherheit der Grenze bestand. Die Bundespolizei war nach § 2 Abs. 2 Nr. 3 BPolG für den Erlass des Verwaltungsaktes zur Gefahrenabwehr und somit gemäß § 7 Abs. 1 VwVG auch für dessen zwangsweise Durchsetzung zuständig.

Eine Anhörung der Täter war gemäß § 28 Abs. 2 Nr. 5 VwVfG entbehrlich, da es sich beim Rammen des Fahrzeuges um eine Verwaltungsvollstreckung handelte. Weitere Verfahrens- bzw. Formfehler sind nicht ersichtlich.

(bb) Materielle Voraussetzungen der Vollstreckung

Materiell werden für die Vollstreckung in Form des unmittelbaren Zwanges ein vollstreckbarer Verwaltungsakt als Titel, die rechtmäßige Art und Weise der Vollstreckung sowie das Nichtbestehen eines der Vollstreckung entgegenstehenden Vollstreckungshindernisses vorausgesetzt.

---

2 Unter anderem bei Grundrechtseingriffen darf auch der Terminus „Ermächtigungsgrundlage“ verwendet werden.

(aaa) Vollstreckbarer Verwaltungsakt

Als der im Sinne des § 6 Abs. 1 VwVG vollstreckbare Verwaltungsakt kann das Gebot an den Fahrzeugführer, das Fahrzeug anzuhalten, einzustufen sein.

(aaaa) Ge- bzw. Verbotsverfügung

Es bedarf einer Ge- bzw. Verbotsverfügung. Ein Verwaltungsakt im Sinne des § 35 S. 1 VwVfG ist jede Verfügung, Entscheidung oder andere hoheitliche Maßnahme, die eine Behörde zur Regelung eines Einzelfalls auf dem Gebiet des öffentlichen Rechts trifft und die auf unmittelbare Rechtswirkung nach außen gerichtet ist. Die Bundespolizisten geboten den Tätern im Einzelfall regelnd, das Fahrzeug zu stoppen. Das Gebot zum Anhalten des Fahrzeuges ist als Verwaltungsakt zu qualifizieren.

(bbbb) Wirksamkeit bzw. Rechtmäßigkeit der Verfügung

Der Verwaltungsakt muss jedenfalls wirksam sein, wobei fraglich ist, ob er auch rechtmäßig sein muss.

(aaaaa) Wirksamkeit

Der Verwaltungsakt muss wirksam sein. Es ist Voraussetzung für die Wirksamkeit eines Verwaltungsaktes, dass er gemäß § 43 Abs. 1 VwVfG bekannt gegeben, gemäß § 43 Abs. 2 VwVfG nicht erledigt und gemäß § 43 Abs. 3 VwVfG nicht nichtig unter anderem im Sinne des § 44 VwVfG ist.

Für die Bekanntgabe eines Verwaltungsaktes ist grundsätzlich § 41 Abs. 1 S. 1 VwVfG maßgeblich. Danach muss er demjenigen bekannt gegeben werden, für den er bestimmt ist oder der von ihm betroffen wird. Dies ist durch die Aufforderung gegenüber den Tätern, anzuhalten, erfolgt.

Ein zur Nichtigkeit führender absoluter Nichtigkeitsgrund im Sinne des § 44 Abs. 2 VwVfG ist nicht ersichtlich. Auch für eine evidente Nichtigkeit im Sinne des Auffangtatbestandes nach § 44 Abs. 1 VwVfG bestehen keine Anhaltspunkte. Ebenso kommt eine Aufhebung nicht in Betracht.

(bbbbb) Rechtmäßigkeit

Fraglich ist, ob der vollstreckbare Verwaltungsakt überdies auch rechtmäßig sein muss, oder ob dessen Wirksamkeit für eine rechtmäßige Vollstreckung genügt. Die Rechtmäßigkeit des der Verwaltungsvollstreckung zugrundeliegenden Verwaltungsaktes könnte erforderlich sein, weil das staatliche Unrecht wegen des sich unter anderem aus Art. 20 Abs. 3 GG ergebenden Rechtsstaatsprinzips nicht durch eine weitere Vollstreckung perpetuiert werden soll. Andererseits gehören zu einer effektiven Gefahrenabwehr zum Schutz der Rechte und Rechtsgüter im Rechtsstaat auch eine effektive Verwaltungsvollstreckung und Gefahrenabwehr im Sinne des Art. 20 Abs. 3 GG, zumal in § 6 Abs. 2 VwVG das Erfordernis der Rechtmäßigkeit eines hypothetischen Verwaltungsaktes durch „innerhalb ihrer gesetzlichen Befugnisse" geregelt ist. Ein derartiger Tatbestand ist in § 6 Abs. 1 VwVG nicht enthalten, sodass sich im Umkehrschluss ergibt, dass die Rechtmäßigkeit des Verwaltungsaktes insoweit grundsätzlich nicht erforderlich ist. Daher ist für eine rechtmäßige Verwaltungsvollstreckung grundsätzlich ein wirksamer Verwaltungsakt hinreichend, der nicht zwingend rechtmäßig sein muss. Die auf einen lediglich wirksamen Verwaltungsakt gestützte Verwaltungsvollstreckung kann allenfalls mit Art. 19 Abs. 4 S. 1 GG, mittels dessen ein Rechtsweg gegen Exekutivhandeln gewährleistet wird, unvereinbar sein, soweit der zu vollstreckende Verwaltungsakt – zum Beispiel aus zeitlichen Gründen – nicht einmal im einstweiligen Rechtsschutz angreifbar wäre, wobei durch Art. 19 Abs. 4 GG nur effektiver Rechtsschutz gegen Exekutivhandeln geschützt ist, während die Ausgestaltung dem Gesetzgeber überlassen ist.

Zudem ist es möglich, auf der Primärebene – der Vollstreckungsebene, bezüglich derer es um die effektive Gefahrenabwehr im Sinne des unter anderem aus Art. 20 Abs. 3 GG abgeleiteten Rechtsstaatsprinzips geht – die Vollstreckung eines rechtswidrigen Verwaltungsaktes zuzulassen, um auf der Sekundärebene – der Kostenebene – die Rechtmäßigkeit der Verfügung zu fordern. Da bezüglich des Amtshaftungsanspruches zwar inzident die Primärebene, also die Rechtmäßigkeit der Verwaltungsvollstreckung, relevant ist, könnte die Rechtmäßigkeit des Verwaltungsaktes, der wiederum innerhalb der Primärebene relevant wird, bei strikter Trennung der Ebenen irrelevant sein. Allerdings ist die Primärebene in Form der Vollstreckung nur im Hinblick auf einen Amtshaftungsanspruch auf der Sekundärebene von Bedeutung, sodass die Rechtmäßigkeit des Verwaltungsaktes maßgeblich sein kann.

Jedenfalls ist das Gebot gegenüber den Tätern, anzuhalten, rechtmäßig angeordnet worden, sodass es letztlich nicht darauf ankommt, inwieweit dessen Rechtmäßigkeit erforderlich ist.

(cccc) Vollziehbarkeit

Der Verwaltungsakt muss vollziehbar im Sinne des § 6 Abs. 1 VwVG i.V.m. den §§ 9 lit. a, 10 VwVG sein. Eine wirksame Verfügung ist erst vollziehbar, wenn sie unanfechtbar und damit bestandskräftig ist oder sich die Vollziehbarkeit aus § 80 Abs. 2 VwGO ergibt. In Betracht kommt die sofortige Vollziehbarkeit nach § 80 Abs. 2 S. 1 Nr. 2 VwGO, soweit es sich um eine unaufschiebbare Anordnung oder Maßnahme eines Polizeivollzugsbeamten handelt. Maßgeblich ist, ob die Verfügung unaufschiebbar war. Zum Zeitpunkt der Verfügung der Bundespolizeibeamten fuhren die Täter auf die Grenze zu und mussten zeitnah gestoppt werden. Die Verfügung der Bundespolizeibeamten war eilbedürftig, damit unaufschiebbar und somit gemäß § 80 Abs. 2 S. 1 Nr. 2 VwGO sofort vollziehbar.

(bbb) Art und Weise

Die Verwaltungsvollstreckung in Form der Ersatzvornahme muss in der gesetzlich vorgesehenen Art und Weise durchgeführt worden sein.

(aaaa) Androhung

Die Vollstreckung muss gemäß § 13 Abs. 1 S. 1 VwVG angedroht worden sein, soweit die Androhung nicht entbehrlich war. Dies gilt unabhängig davon, ob die Androhung ihrer Rechtsnatur nach als Verwaltungsakt oder als Realakt einzustufen ist. Die Notwendigkeit einer zweiten Androhung kann sich aus § 13 UZwG ergeben. Die Androhung gemäß § 13 UZwG könnte gegenüber der Androhung gemäß § 13 VwVG spezieller sein, sodass es nur einer Androhung bedürfte. Allerdings ist der unmittelbare Zwang ein besonders intensives Zwangsmittel, sodass es zusätzlich einer zweiten Androhung als letzte Warnung bedürfte. Dabei gilt § 13 UZwG aber lediglich für Schusswaffen und zudem kann eine zweite Androhung ebenso entbehrlich sein wie eine erste Androhung.

Eine ausdrückliche Androhung erfolgte gegenüber den Tätern nicht. Durch die Weiterfahrt hatten die Täter allerdings konkludent eine Weigerung bezüglich des Anhaltens kundgetan. Diese Verweigerung war auch ernsthaft und endgültig. Maßgeblich ist, ob eine endgültige Verweigerung zur Entbehrlichkeit der Androhung führen kann. Dies könnte sich nach dem Sinn und dem Zweck der Androhung aus dem sich unter anderem aus Art. 20 Abs. 3 GG ergebenden Rechtsstaatsprinzip ableiten. Eine Androhung ergeht, um den Vollzug einzuleiten und den Pflichtigen ausdrücklich darauf hinzuweisen, dass unter Umständen durch die Anwendung des Verwaltungszwanges in seine Grundrechte eingegriffen wird. Es soll ihm deutlich gemacht werden, dass ihm eine Handlungspflicht erwachsen ist, die nun durch die Behörde mit entsprechenden auch kostenrechtlichen Folgen selbst wahrgenommen werden kann. Auch eine vormalige ernsthafte Weigerung kann unter diesen Umständen nicht zur Entbehrlichkeit der Androhung führen, da sie Ausfluss unreflektierten Denkens des Pflichtigen sein und er bei verständiger Würdigung der Sachlage noch zu einem Einlenken bewegt werden kann. Insoweit ist die Androhung nicht aufgrund der Weigerung der Täter, anzuhalten, entbehrlich.

Wenn eine Androhung aber beim sofortigen Vollzug als Vollstreckungshandlung im Sinne des § 6 Abs. 2 VwVG gemäß § 13 Abs. 1 S. 1 VwVG sogar ohne vorausgehenden Verwaltungsakt entbehrlich ist, gilt das erst recht, soweit das gestreckte Verwaltungsvollstreckungsverfahren nur um eine Androhung bzw. Festsetzung verkürzt werden soll. Insoweit werden nämlich bei verfassungskonformer Auslegung bzw. Reduktion des § 13 VwVG im Rahmen des unter anderem aus Art. 20 Abs. 3 GG abgeleiteten Rechtsstaatsprinzips die Interessen des Bürgers einerseits sowie das Interesse an einer effektiven Gefahrenabwehr andererseits berücksichtigt. Ein verkürztes Vollstreckungsverfahren mit Verwaltungsakt ohne Androhung ist für den Betroffenen schließlich weniger belastend als ein sofortiger Vollzug ohne vorausgehenden Verwaltungsakt.

Ein derartiger Erst-recht-Schluss ist jedoch nur möglich, soweit die Voraussetzungen des sofortigen Vollzuges gemäß § 6 Abs. 2 VwVG erfüllt wären. Insoweit sind wegen des Erfordernisses der Abwendung einer drohenden Gefahr bzw. der Verhinderung einer Straftat einerseits eine Eilbedürftigkeit und andererseits aufgrund des Erfordernisses des Handelns der Behörde „innerhalb ihrer gesetzlichen Befugnisse“ die Rechtmäßigkeit des zu vollstreckenden Verwaltungsaktes erforderlich, der im Rahmen des § 6 Abs. 2 VwVG nur hypothetisch besteht, der aufgrund des Erst-recht-Schlusses aber durch den tatsächlich bestehenden Verwaltungsakt ersetzt wird.

(aaaaa) Eilbedürftigkeit

Durch das Weiterfahren der Täter würde jedenfalls verhindert werden, dass das Eigentum am Fahrzeug dem Eigentümer weiterhin entzogen werden würde. Somit würde die drohende Gefahr, dass dem Eigentümer das Fahrzeug unwiederbringlich und endgültig entzogen wird, beseitigt werden. Die Eilbedürftigkeit besteht.

(bbbbb) Rechtmäßigkeit der Grundverfügung

Das gegenüber den Tätern ausgesprochene Anhaltegebot – es war von der gemäß § 2 Abs. 2 Nr. 3 BPolG zuständigen Bundespolizei auf die bundespolizeiliche Generalklausel in § 14 Abs. 1 und Abs. 2 S. 1 BPolG gegen die Täter als Handlungsstörer im Sinne des § 17 Abs. 1 BPolG gestützt und verhältnismäßig im Sinne des § 15 BPolG erlassen worden – war rechtmäßig.

(ccccc) Zwischenergebnis

Aufgrund eines Erst-recht-Schlusses aus § 6 Abs. 2 VwVG war die Androhung nach § 13 Abs. 1 S. 1 VwVG entbehrlich.

(bbbb) Festsetzung

Für die Anwendung des Zwangsmittels könnte eine Festsetzung erforderlich sein. Die Festsetzung ist die Anordnung der Vollzugsbehörde, dass ein Zwangsmittel tatsächlich angewendet werden und in welcher Art und Form dies geschehen soll. Die Festsetzung ist als letzte unmissverständliche Warnung, durch die der Pflichtige Gelegenheit erhalten soll, die Anwendung des Verwaltungszwanges durch Befolgung der Grundverfügung abzuwenden, einzustufen. Unabhängig davon, dass die Festsetzung im Gegensatz zur Androhung bei endgültiger Weigerung des Pflichtigen aufgrund effektiver Gefahrenabwehr im Sinne des sich unter anderem aus Art. 20 Abs. 3 GG ergebenden Rechtsstaatsprinzips entbehrlich sein kann (BVerwG NVwZ 1997, 381, 382; Dünchheim: Die Festsetzung von Zwangsmitteln – ein lästiges Vehikel des Vollstreckungsverfahrens?, in: NVwZ 1997, S. 350 ff.), ist sie ebenso wie die Androhung aufgrund des Erst-recht-Schlusses aus § 6 Abs. 2 VwVG entbehrlich.

(cccc) Anwendung

Fehler bei der Anwendung des unmittelbaren Zwanges gemäß § 12 VwVG i.V.m. den §§ 1 ff. UZwG sind nicht ersichtlich. Insbesondere gab es insoweit keinen Exzess, als das Fahrzeug nicht in überzogener Weise gerammt wurde, wobei die Täter als Adressaten des Anhaltegebotes auch die richtigen Adressaten der Vollstreckung waren.

(ccc) Kein Vollstreckungshindernis

Es ist kein Vollstreckungshindernis, wie beispielsweise eine Erfüllung, ersichtlich.

(c) Rechtsfolge der Vollstreckung

Bezüglich Vornahme der Maßnahmen in der Verwaltungsvollstreckung bestehen Entschließungs- und Auswahlermessen im Sinne des § 40 VwVfG, wobei gerichtlich gemäß § 114 S. 1 VwGO etwaige Ermessensfehler maßgeblich sind. Ein Ermessensausfall ist nicht ersichtlich. Eine Ermessensüberschreitung wegen eines unverhältnismäßigen Grundrechtseingriffes ist ebenso wenig gegeben.

Die rechtsbrüchigen Täter näherten sich mit hoher Geschwindigkeit der niederländischen Grenze. Ein Überqueren der Grenze sollte verhindert werden. Das Rammen des Fluchtfahrzeugs war dafür geeignet. Mildere Mittel waren nicht ersichtlich. Das kontrollierte Rammen war auch angemessen. Ein Ermessensfehlgebrauch erfolgte nicht. Die Beamten haben ihr Ermessen somit fehlerfrei ausgeübt.

cc) Zwischenergebnis

Das Rammen des Fahrzeugs war rechtmäßig. Die Beamten haben ihre Pflicht zum rechtmäßigen Handeln nicht verletzt.

(2) Amtspflicht zum sorgfältigen Verwaltungshandeln

Die Beamten trifft die allgemeine Sorgfaltspflicht, Rechte und Rechtsgüter im Sinne des § 823 Abs. 1 BGB nicht zu beeinträchtigen. Durch das kontrollierte Rammen ist das Eigentum des X an seinem Fahrzeug verletzt worden. Die Beamten können daher ihre allgemeine Sorgfaltspflicht verletzt haben. Jedoch waren sie zur Anwendung des unmittelbaren Zwangs befugt. Durch die §§ 6 Abs. 1, 12 VwVG i.V.m. den §§ 1 ff. UZwG werden die allgemeinen Sorgfaltspflichten grundsätzlich spezifiziert, soweit nichts Abweichendes ersichtlich ist. Die Amtspflicht zum sorgfältigen Verwaltungshandeln wurde somit ebenfalls nicht verletzt.

b) Zwischenergebnis

In Ermangelung einer rechtswidrigen Amtspflichtverletzung hat X keinen deliktischen Anspruch auf Ersatz seines Schadens nach § 839 Abs. 1 S. 1 BGB i.V.m. Art. 34 S. 1 GG.

3. Ergebnis Unrechtshaftung

Da das Handeln der Beamten rechtmäßig war, besteht kein Anspruch des X aus einer Unrechtshaftung.

II. Entschädigungsrecht

Auch bei rechtmäßigem staatlichen Handeln kann jedoch ein Anspruch des Bürgers auf eine angemessene Entschädigung bestehen. Entschädigungsansprüche können sich zum Beispiel aus Enteignungsgesetzen im Sinne des Art. 14 Abs. 3 S. 2 GG sowie als kompensatorische Entschädigung aus ausgleichspflichtigen Inhalts- und Schrankenbestimmungen gemäß Art. 14 Abs. 1 S. 2 GG ergeben, durch welche die Verhältnismäßigkeit des Grundrechtseingriffes gewahrt wird, weil das Eigentum zwar primär eine Individualgarantie enthält, ergänzend jedenfalls aber auch als Wertgarantie einzustufen ist. Darüber hinaus kommen Ansprüche aus dem Aufopferungsgewohnheitsrecht in Betracht.

1. Anspruchsgrundlage

In § 51 BPolG ist spezialgesetzlich eine Anspruchsgrundlage der kompensatorischen Entschädigung aufgrund einer ausgleichspflichtigen Inhalts- und Schrankenbestimmung im Sinne des Art. 14 Abs. 1 S. 2 GG geregelt, in der gleichzeitig ein Aufopferungsgedanke enthalten ist. Maßgebliche Anspruchsgrundlagen für einen Anspruch des X könnten § 51 Abs. 1 Nr. 1 BPolG bzw. § 51 Abs. 2 Nr. 2 BPolG sein.

Beide Vorschriften sind nur anwendbar, wenn die Maßnahmen nicht rechtmäßig gegen X als Handlungs- bzw. Zustandspflichtigen gerichtet waren. Das Fahrzeug wurde von den Dieben gesteuert. X kann deshalb nicht als Handlungsstörer im Sinne des § 17 Abs. 1 BPolG zur Verantwortung gezogen worden sein. Er war jedoch Eigentümer des Fahrzeugs. Möglicherweise wurde er aber als Zustandspflichtiger gemäß § 18 Abs. 2 S. 1 BPolG in Anspruch genommen. Eine Pflichtigkeit als Zustandsstörer besteht nach § 18 Abs. 2 S. 2 BPolG aber nicht, wenn der Inhaber der tatsächlichen Gewalt diese ohne den Willen des Eigentümers ausübt. X konnte im Zeitpunkt des Polizeieinsatzes nicht auf sein Fahrzeug einwirken, weil die Diebe die tatsächliche Sachgewalt an dem Fahrzeug gegen seinen Willen ausübten. Er konnte somit nicht als Zustandsstörer herangezogen werden.

Ob § 51 Abs. 1 Nr. 1 BPolG oder § 51 Abs. 2 Nr. 2 BPolG als Anspruchsgrundlage maßgeblich ist, hängt davon ab, ob X als Notstandspflichtiger im Sinne des § 20 BPolG oder als unbeteiligter Dritter betroffen war. Die Maßnahme der Bundespolizei war gegen die Diebe als Verhaltensstörer im Sinne des § 17 Abs. 1 BPolG gerichtet. X sollte auch aus seiner verobjektvierten Empfängersicht nicht als Notstandspflichtiger im Sinne des § 20 BPolG in Anspruch genommen werden. Er war zufällig betroffen, weil zufällig sein Fahrzeug involviert war, welches zuvor gestohlen worden war. Eine Notstandsinanspruchnahme des X kommt zudem nicht in Betracht, weil sie im Rahmen der doppelten Subsidiarität – primär müssen Verhaltens- und Zustandspflichtige in Anspruch genommen werden und die Behörde muss mit eigenen Mitteln die Gefahrenbeseitigung betreiben – nur möglich ist, wenn nicht wie bei den Dieben die Handlungspflichtigen in Anspruch genommen werden. X ist unbeteiligter Dritter (vgl. BGH, Urteil vom 3.3.2011, NJW 2011, 3157; str., inwieweit die Inanspruchnahme eines unbeteiligten Dritten zulässig ist, wenn dieser im Gesetz nicht ausdrücklich benannt ist). Maßgebliche Anspruchsgrundlage ist nach alledem § 51 Abs. 2 Nr. 2 BPolG.

2. Voraussetzungen

Die Voraussetzungen des § 51 Abs. 2 Nr. 2 BPolG können erfüllt sein, wobei im Rahmen der Auslegung des Tatbestandes historisch zu berücksichtigen ist, dass die kompensatorische Entschädigung aus dem Aufopferungsgedanken der §§ 74, 75 der Einleitung in das allgemeine preußische Landrecht aus dem Jahr 1794 entwickelt worden sind. In spezialgesetzlichen Entschädigungsansprüchen werden die Anspruchsvoraussetzungen nicht abschließend geregelt. Ergänzend kommen daher die Grundsätze des Aufopferungsgewohnheitsrechts zur Anwendung, in denen der Aufopferungsgedanke aus §§ 74, 75 der Einleitung zum Allgemeinen Landrecht für die Preußischen Staaten von 1794 zum Ausdruck kommt, der in den spezialgesetzlichen Regelungen nur kodifiziert wurde.

a) Rechte bzw. Rechtsgüter

Rechte bzw. Rechtsgüter im Sinne des § 51 BPolG sind wie im Aufopferungsgewohnheitsrecht zumindest grundsätzlich das Eigentum im Sinne des Art. 14 Abs. 1 GG sowie Leben, Körper, Gesundheit und Freiheit im Sinne des Art. 2 Abs. 2 GG. X wurde durch das kontrollierte Rammen in seinem Eigentum aus Art. 14 Abs. 1 S. 2 GG i.V.m. § 903 BGB verletzt, als sein Kraftfahrzeug beschädigt wurde.

b) Eingriff

Ein Eingriff setzt voraus, dass durch positives öffentlich-rechtliches Handeln unmittelbar in das betroffene Recht bzw. Rechtsgut eingegriffen worden ist. Durch das Rammen des Fahrzeugs seitens der Bundespolizisten wurde das Eigentum des X ohne weitere Zwischenschritte verletzt.

c) Schaden

Zudem bedarf es gemäß § 51 Abs. 2 Nr. 2 BPolG als Ausprägung des Aufopferungsgedankens eines Schadens. Es könnte an einem Schaden des X fehlen, weil sein Eigentum am Fahrzeug durch das bundespolizeiliche Handeln auch geschützt wird, denn er erlangt durch das bundespolizeiliche Handeln die Sachherrschaft über das gestohlene Fahrzeug zurück (vgl. BGH vom 3.3.2011 – BGH NJW 2011, 3157).

Zwar mag die Ablehnung eines Sonderopfers im Rahmen eines ungeschriebenen aufopferungsgewohnheitsrechtlichen Anspruches argumentativ begründbar sein, soweit der unbeteiligte Dritte im jeweils anwendbaren Gefahrenabwehrrecht nicht benannt ist und eine Entschädigung aufgrund der Wiedererlangung des Eigentums mangels hinreichend bestimmter Rechtsgrundlage rechtsstaatlich bedenklich wäre. Da dem unbeteiligten Dritten im Bundesrecht jedoch ein Entschädigungsanspruch zugestanden wird, gibt es in § 51 Abs. 2 Nr. 2 BPolG eine rechtsstaatlich hinreichend bestimmte Grundlage, sodass es grundsätzlich keinen dogmatischen Grund gibt, die Entschädigung auszuschließen, wenn derjenige, dessen Eigentum zurückerlangt wird, als unbeteiligter Dritter eingestuft wird. Zwar ist auch die Regelung des § 51 Abs. 2 Nr. 2 BPolG Ausdruck des Aufopferungsgedankens, jedoch ist die Norm auch als kompensatorische Entschädigungsregelung einzustufen. Somit kommt eine teleologische bzw. verfassungskonforme Reduktion des Merkmals des Schadens nicht in Betracht, sodass dieser in Höhe des Schadens von € 10.000,– an dem Fahrzeug bestehen kann. Der Umfang des Schadens wird gemäß § 51 Abs. 1 S. 1 BPolG grundsätzlich nur für Vermögensschäden gewährt, und eine Ausnahme im Sinne des § 52 Abs. 1 S. 2 BPolG ist bezüglich eines Anspruches des X nicht maßgeblich. Der Ausgleich wird gemäß § 52 Abs. 3 S. 1 BPolG in Geld gewährt. Bei der Bemessung des Ausgleichs sind gemäß § 52 Abs. 5 BPolG alle Umstände zu berücksichtigen, insbesondere Art und Vorhersehbarkeit des Schadens und ob der Geschädigte oder sein Vermögen durch die Maßnahme der Behörde geschützt worden ist. Haben Umstände, die der Geschädigte zu vertreten hat, auf die Entstehung oder Verschlimmerung des Schadens eingewirkt, so hängen die Verpflichtung zum Ausgleich sowie der Umfang des Ausgleiches insbesondere davon ab, inwieweit der Schaden vorwiegend von dem Geschädigten oder durch die Behörde verursacht worden ist. Dies entspricht dem Mitverschulden im Sinne des § 254 BGB und ist rechtsstaatlich gerechter als ein vollständiger Ausschluss der Entschädigung durch den Staat aufgrund einer Reduktion, weil auf diese Weise sogar bei Beabsichtigung der Herabsetzung des Schadens aufgrund der Erhaltung des Eigentums Schäden ersetzt werden können, die bei einer rechtmäßigen Handlung der Behörden entstehen, wenn die Maßnahme zum Beispiel im Rahmen eines gerechtfertigten Exzesses unnötig intensiv erfolgt.

Die Maßnahme des Rammens des Fahrzeuges des X diente der Gefahrenabwehr im Grenzbereich. Durch sie wurde aber auch erreicht, dass X sein Eigentum – obschon im Wert gemindert – zurückerhielt. Deshalb ist die Entschädigung ihm angemessen zu kürzen, wobei die Höhe der Kürzung eine Tatfrage ist. Eine Kürzung in Höhe von € 2.000,– erscheint bezüglich des X im Rahmen der freien richterlichen Überzeugung im Sinne des § 287 Abs. 1 S. 1 ZPO angemessen.

Das ihm auferlegte Sonderopfer wird dadurch nicht ausgeschlossen, aber gemindert. Nach § 52 Abs. 5 BPolG ist der Entschädigungsanspruch des X daher zu kürzen.

3. Anspruchsinhalt

X hat gegen die Bundesrepublik Deutschland einen Anspruch auf angemessene Entschädigung in Höhe von € 8.000,- wegen der Verletzung seines Eigentums am Fahrzeug im Sinne des Art. 14 Abs. 1 S. 2 GG i.V.m. § 903 BGB nach § 51 Abs. 2 Nr. 2 BPolG, der gemäß § 52 Abs. 5 BPolG zu kürzen ist.

C. Ergebnis

Die Klage des X vor dem Landgericht ist zulässig und begründet. X wird in dem Verfahren Erfolg haben.

2. Komplex: Die Robinie

X können gegen die Gemeinde Ansprüche auf Schadensersatz bzw. Entschädigung zustehen. Vertragliche Pflichtverletzungen im Sinne des § 280 Abs. 1 BGB sind nicht ersichtlich. In Betracht kommt ein Schadensersatzanspruch aus Amtshaftung.

I. Amtshaftung

X kann gegen die Gemeinde S ein Anspruch auf Schadensersatz aus Amtshaftung gemäß § 839 Abs. 1 S. 1 BGB i.V.m. Art. 34 S. 1 GG zustehen.

1. Anspruchsvoraussetzungen

Für einen Amtshaftungsanspruch aus § 839 Abs. 1 S. 1 BGB i.V.m. Art. 34 S. 1 GG bedarf es eines „Jemand" in Ausübung eines öffentlichen Amtes, der rechtswidrig und schuldhaft die ihm einem Dritten gegenüber obliegende Amtspflicht mit der Folge eines kausalen Schadens verletzt hat.

a) „Jemand" in Ausübung eines öffentlichen Amtes

Nach Art. 34 S. 1 GG erfolgt die deliktische Haftung im öffentlichen Recht nur, wenn jemand in Ausübung eines öffentlichen Amtes tätig geworden ist.[3] Der

3 Wird seitens des Staates fiskalisch gehandelt, hat die Haftung nichts mit Art. 34 S. 1 GG zu tun, weil es dort „in Ausübung eines ihm anvertrauten öffentlichen Amtes" heißt. Der Beamte im statusrechtlichen Sinne haftet dann persönlich nach § 839 Abs. 1 S. 1 BGB, wobei dort die Subsidiaritätsregelung des § 839 Abs. 1 S. 2 BGB zu beachten ist. Der Angestellte im öffentlichen Dienst haftet dann persönlich nach § 823 BGB. Der Staat haftet gemäß § 823 BGB i.V.m.

Schädiger muss hoheitlich gehandelt haben. Er muss Beamter im haftungsrechtlichen Sinn sein. Unerheblich ist hingegen, ob es sich um einen im statusrechtlichen Sinn ernannten Beamten handelt.

X stützt sein Schadensersatzbegehren darauf, dass die Angestellten der K-GmbH zwei für den Halt der Robinie erforderliche Wurzeln entfernt haben. Die K-GmbH ist eine juristische Person des Privatrechts, sodass eine hoheitliche Tätigkeit zunächst nicht naheliegend ist. Während einerseits Hoheitsträger im Bereich des fiskalischen Handelns privatrechtlich handeln oder im Bereich des Verwaltungsprivatrechts Hoheitsaufgaben privatrechtlich organisieren können, ist es andererseits möglich, dass Private im Rahmen einer Beleihung, die in Art. 33 Abs. 4 GG vorausgesetzt wird, öffentlich-rechtlich handeln, oder dass Private als Verwaltungshelfer für juristische Personen des öffentlichen Rechts handeln. Während im Rahmen einer Beleihung Private mit eigenen Spielräumen hoheitlich tätig werden können, sind Verwaltungshelfer strikt weisungsgebunden und haben keine eigenen öffentlich-rechtlichen Entscheidungsspielräume.

Öffentliche Aufgaben sind gemäß Art. 33 Abs. 4 GG in der Regel von Angehörigen des öffentlichen Dienstes auszuführen. Jedoch wird die Regel durch Ausnahmen bestätigt, sodass eine Beleihung durch ein Gesetz bei hinreichender Bestimmtheit zulässig ist, wobei genuin staatliche Aufgaben nicht auf Private übertragen werden dürfen, weil dies mit dem Rechtsstaats- und Demokratieprinzip, welche unter anderem in Art. 20 GG verankert sind, nicht vereinbar wäre. Die K-GmbH wurde nicht durch Gesetz mit der Wahrnehmung hoheitlicher Aufgaben betraut. Sie ist daher nicht Beliehene.

Die Angestellten der K-GmbH können aber als Verwaltungshelfer gehandelt haben. Verwaltungshelfer übernehmen für einen Hoheitsträger Hilfstätigkeiten im Rahmen der öffentlichen Aufgaben und werden dabei strikt weisungsgebunden wie ein Werkzeug verwendet. Der Vorgang wird dann rechtlich so behandelt, als habe der anweisende Beamte durch den Privaten gehandelt. Zwar ist die rechtliche Konstruktion des Verwaltungshelfers nicht explizit gesetzlich geregelt, jedoch ist es rechtsstaatlich zulässig, dass staatliche Rechtsträger über die ihnen zugewiesenen Handlungsformen hinaus Private hinzuziehen, soweit diese strikte Vorgaben bekommen. Es kann nämlich keinen Unterschied machen, ob die Verwaltung ein mechanisches Werkzeug oder einen weisungsgebundenen Verwaltungshelfer einsetzt. Auch juristische Personen des Privat-

---

den §§ 31, 89 BGB bzw. gemäß § 831 BGB. Der Angestellte und der Staat haften dann als Gesamtschuldner im Sinne des § 840 BGB, während es bei dem Beamten im statusrechtlichen Sinne für eine Gesamtschuld darauf ankommt, ob er gemäß § 839 Abs. 1 S. 2 BGB nur subsidiär haftet oder nicht.

rechts können als Verwaltungshelfer eingesetzt werden, wenn die Weisungsgebundenheit gewährleistet ist (vgl. OLG Celle, Urteil vom 14.5.2009, NVwZ-RR 2009, 863). Je stärker jedoch der hoheitliche Charakter der Aufgabe in den Vordergrund tritt, je enger die Verbindung zwischen der übertragenen Tätigkeit und der von der Behörde zu erfüllenden hoheitlichen Aufgabe ist und je begrenzter der Entscheidungsspielraum des Unternehmers ist, desto näher liegt es, ihn als Beamten im haftungsrechtlichen Sinne anzusehen (OLG Celle, Urteil vom 14.5.2009, NVwZ-RR 2009, 863).

Die Pflasterarbeiten wurden von der Gemeinde in Auftrag gegeben. Es ist nicht ersichtlich, dass der K-GmbH bei der Durchführung ein eigener Entscheidungsspielraum verblieb. Vielmehr war sie mit genauen Weisungen ausgestattet worden. Zu berücksichtigen ist insbesondere auch, dass die Erhaltung der Verkehrssicherheit der Straße als hoheitliche Tätigkeit im Sinne des § 10 Abs. 1 LStrG einzustufen ist. Eine Umgehung darf schon aufgrund des unter anderem in Art. 20 GG verankerten Rechtsstaatsprinzips nicht dadurch erfolgen, dass die Verwaltung zur Erfüllung dieser ihr obliegenden hoheitlichen Aufgabe ein Privatunternehmen hinzuzieht. Für den geschädigten Bürger macht es keinen Unterschied, ob es zu seiner Verletzung durch einen umstürzenden Baum deshalb kommt, weil eigene Mitarbeiter der Gemeinde entsprechende Arbeiten fehlerhaft ausgeführt haben, oder ob es sich um Mitarbeiter eines privaten Unternehmens handelt, das von der Gemeinde mit den entsprechenden Aufgaben betraut wurde, um die Kosten für eigene fest angestellte Mitarbeiter zu sparen (OLG Celle, Urteil vom 14.5.2009, NVwZ-RR 2009, 863). Nach alledem ist die Tätigkeit der K-GmbH als die eines Verwaltungshelfers einzustufen. Die K-GmbH wurde in Ausübung eines öffentlichen Amtes tätig und ist einschließlich ihrer Angestellten als Beamte im haftungsrechtlichen Sinn gemäß Art. 34 S. 1 GG einzustufen.

b) Verletzung einer drittbezogenen Amtspflicht

Die Amtspflichten der K als Verwaltungshelferin sind nicht wie im Beamtenrecht spezialgesetzlich normiert. Abzustellen ist daher auf die rechtsstaatlich gebotene allgemeine Sorgfaltspflicht als Amtspflicht. Die K-GmbH war gemäß § 10 Abs. 1 LStrG mit der Wahrnehmung der Verkehrssicherungspflicht der Gemeinde für die Straßen betraut. Im Rahmen ihrer Verkehrssicherungspflicht muss die Gemeinde Bäume oder deren Teile entfernen, die den Verkehr gefährden, insbesondere wenn sie nicht mehr standsicher sind oder herabzustürzen drohen (vgl. OLG Celle, Urteil vom 14.5.2009, NVwZ-RR 2009, 863).

Die K-GmbH traf die Pflicht zur sorgfältigen Erfüllung der ihr übertragenen Verkehrssicherungspflichten. Diese Pflicht diente auch dem Schutz der Verkehrsteilnehmer. Indem zwei für den notwendigen Halt der Robinie erforderliche Wurzeln entfernt wurden, hat die K-GmbH ihre drittbezogene Sorgfaltspflicht verletzt. Die haftungsbegründende Kausalität ist gegeben.

c) Verschulden

Das Entfernen der Wurzeln erfolgte jedenfalls fahrlässig im Sinne des § 276 Abs. 2 BGB.

d) Kausaler Schaden

Die Verletzung der Amtspflicht muss bei X zu einem kausalen Schaden geführt haben. Aufgrund der unsachgemäßen Entfernung der Wurzeln knickte die Robinie um. Dabei durchschlug sie die Frontscheibe des Fahrzeugs des X. Der ihm entstandene Schaden beruht daher äquivalent und adäquat kausal auf der Amtspflichtverletzung durch die K-GmbH. Der Schaden und die haftungsausfüllende Kausalität sind gegeben.

e) Keine Ausschlussgründe

Ein Ausschluss des Anspruches gemäß § 839 Abs. 1 S. 2 oder Abs. 3 BGB ist ebensowenig ersichtlich wie ein Ausschluss der Haftungsüberleitung im Sinne des Art. 34 S. 1 GG.[4]

---

4 Die in Art. 34 S. 1 GG geregelte gesetzliche Haftungsüberleitung kann aufgrund der Formulierung „grundsätzlich“ gesetzlich ausgeschlossen werden. Dann ist eine persönliche Haftung des Beamten bzw. Angestellten im öffentlichen Dienst auch im öffentlich-rechtlichen Bereich denkbar. Der Beamte im statusrechtlichen Sinne würde dann nach § 839 BGB haften, während es bei dem Angestellten unklar ist. Da die Voraussetzungen des Art. 34 S. 1 GG wegen des Ausschlusses der Haftungsüberleitung nicht erfüllt wären, käme § 839 BGB grundsätzlich nicht in Betracht, weil insoweit kein „Jemand“ genügt. Es bedarf vielmehr eines Beamten im statusrechtlichen Sinne. Der Angestellte im öffentlichen Dienst würde wie im Fiskalbereich nach § 823 BGB haften. Andererseits gibt es die wegen § 839 Abs. 1 S. 2 BGB privilegierte Haftung des § 839 BGB, damit Beamte entscheidungsfreudiger sind. Da es in der Praxis aber zunehmend mehr Angestellte im öffentlichen Dienst und weniger Beamte gibt, sollte auch deren Entscheidungsfreudigkeit über eine beschränkte Haftung nach § 839 BGB gefördert werden. Das lässt sich konstruieren, indem lediglich das Wort „jemand“ aus der höherrangigen Norm des Art. 34 S. 1 GG herangezogen wird, ohne dass sämtliche Voraussetzungen des Artikels erfüllt sein müssen. Dann würde auch der Angestellte im öffentlichen Dienst bei Ausschluss der Haftungsüberleitung nach § 839 BGB persönlich haften.

2. Anspruchsinhalt

Nach § 249 Abs. 1, 2 S. 1 BGB kann X den zur Wiederherstellung erforderlichen Geldbetrag verlangen.

3. Zwischenergebnis

X hat gegen die Gemeinde S einen Anspruch auf Schadensersatz in Höhe von € 1.000,- aus einer Amtshaftung gemäß § 839 Abs. 1 S. 1 BGB i.V.m. Art. 34 S. 1 GG.

II. Objektive Unrechtshaftung[5]

X kann neben dem Amtshaftungsanspruch einen Anspruch aus objektiver Unrechtshaftung haben, weil die Ansprüche sich nicht gegenseitig ausschließen. Im Rahmen der objektiven Unrechtshaftung kann es spezialgesetzliche Anspruchsgrundlagen geben. Im Übrigen gilt ergänzend das Aufopferungsgewohnheitsrecht.

1. § 38 Abs. 1 lit. b OBG

Ein spezialgesetzlicher Anspruch aus objektiver Unrechtshaftung ist in § 38 Abs. 1 lit. b OBG normiert. Allerdings ist die Norm gemäß § 10 Abs. 1 S. 2 LStrG nicht auf die Verletzung der Pflicht zur Erhaltung der Verkehrssicherheit der Straßen anwendbar. Ein spezialgesetzlicher Anspruch des X aus § 38 Abs. 1 lit. b OBG besteht daher nicht.

2. Aufopferungsgewohnheitsrecht

Maßgeblich für einen Anspruch aus objektiver Unrechtshaftung ist deshalb auch das Aufopferungsgewohnheitsrecht, das aus dem in den §§ 74, 75 des Preußischen Allgemeinen Landrechts von 1794 verankerten allgemeinen Aufopferungsgedanken entwickelt worden ist. X kann Anspruch auf Entschädigung aus einem enteignungsgleichen Eingriff haben. Dies setzt die Verletzung seines Eigentums im Sinne des Art. 14 Abs. 1 GG durch einen unmittelbaren rechtswidrigen hoheitlichen Eingriff voraus, durch den X ein unzumutbares Sonderopfer auferlegt wurde.

---

5 Es ist vertretbar, die objektive Unrechtshaftung vor der Amtshaftung zu prüfen, weil sie verschuldensunabhängig ist. Andererseits führt die Amtshaftung zu Schadensersatz und damit häufig zu einem gegenüber der objektiven Unrechtshaftung höheren Ausgleich.

a) Schutzgut

Durch das Umknicken der Robinie wurde das Eigentum des X an seinem Fahrzeug verletzt.

b) Eingriff

Dies geschah aufgrund der unsachgemäßen Entfernung der Baumwurzeln durch die K-GmbH als Verwaltungshelferin. Es handelte sich dabei um einen rechtswidrigen hoheitlichen Eingriff durch positives öffentlich-rechtliches Handeln, der ohne weitere Zwischenschritte zu einem Schaden bei X geführt hat.

c) Sonderopfer

In der Rechtswidrigkeit des Eingriffs ist die Auferlegung eines unzumutbaren Sonderopfers indiziert.

d) Anspruchsinhalt

X hat einen Anspruch auf angemessene Entschädigung aus enteignungsgleichem Eingriff, wobei eine Entschädigung theoretisch geringer ausfallen kann als ein Schadensersatz.

III. Ergebnis

X hat aufgrund der unsachgemäßen Entfernung der Wurzeln durch die Mitarbeiter der K-GmbH gegen die Gemeinde S einen Anspruch auf Schadensersatz in Höhe von € 1.000,– aus Amtshaftung nach § 839 Abs. 1 S. 1 BGB i.V.m. Art. 34 S. 1 GG sowie einen Entschädigungsanspruch aus dem aufopferungsgewohnheitsrechtlichen enteignungsgleichen Eingriff.

Besonderes Verwaltungsrecht – Fall 6 – Ersatzleistungen: „Freizeitausgleich bei der Feuerwehr“

F ist Feuerwehrbeamter im Bundesland B. Infolge einer formell rechtmäßigen Verordnung zur Änderung der Verordnung über die Arbeitszeit von Beamtinnen und Beamten wird die regelmäßige Arbeitszeit der Beamten im Einsatzdienst der Feuerwehr von durchschnittlich 48 Wochenarbeitsstunden auf durchschnittlich 50 Wochenarbeitsstunden einschließlich des Bereitschaftsdienstes erhöht. Sie tritt am 1. Januar 2010 gegen den Widerstand des Personalrats der Feuerwehr in Kraft. Der Personalrat hält die Verordnung aufgrund eines Verstoßes gegen Art. 6 RL 2003/88/EG für europarechtswidrig. Der Konflikt wird erst beigelegt, als am 1. September 2012 eine zwischen der Feuerwehr des Bundeslandes B und dem Personalrat der Feuerwehr geschlossene Dienstvereinbarung in Kraft tritt, nach der die durchschnittliche wöchentliche Arbeitszeit 48 Stunden beträgt. F verlangt von seiner Dienstherrin nun Freizeitausgleich, hilfsweise Ausgleich in Geld für die zu viel geleisteten Stunden im Zeitraum vom 1. Januar 2010 bis zum 1. September 2012. Wenn im Unionsrecht Arbeitnehmerschutzvorschriften vorgesehen seien, müsse er auch Anspruch auf Ausgleich der durch die Verletzung entstandenen Nachteile haben. Schließlich habe er infolge der zu viel geleisteten Arbeit einen Verlust an Frei- und Erholungszeit erlitten. Schon im Oktober 2000 habe der Gerichtshof der Europäischen Union die Geltung der Arbeitszeitrichtlinie auch für Feuerwehrbeamte im Bereitschaftsdienst entschieden. Das habe nicht unberücksichtigt bleiben dürfen. Das Land entgegnet, F hätte zunächst einen Antrag auf Einhaltung der Vorschriften des Unionsrechts stellen müssen. Ansprüche auf Freizeitausgleich würden zudem aufgrund der chronischen personellen Unterbesetzung der Feuerwehr, die auch nicht kurzfristig durch Neueinstellungen behoben werden könne, zu einer Absenkung des Sicherheitsstandards bei der Feuerwehr führen. Hat F gegen das Land B Anspruch auf Ausgleich bezüglich der zu viel geleisteten Arbeit?

Zusatzfrage

Welcher Rechtsweg ist für die Klage des F eröffnet?

Bearbeitungsvermerk
Ansprüche aus dem Beamtenrecht sind nicht zu prüfen. Gehen Sie davon aus, dass immaterielle Schäden von nationalen Schadensersatzansprüchen nicht umfasst sind, sodass deren Voraussetzungen nicht detailliert zu prüfen sind. Soweit es auf das Verwaltungsverfahrensgesetz ankommt, ist das Verwaltungsverfahrensgesetz des Bundes anzuwenden. Soweit es auf das Besoldungsrecht der Beamten ankommt, ist das Bundesbesoldungsgesetz (BBesG) anzuwenden. Verordnungen, die aufgrund des Bundesbesoldungsgesetzes erlassen worden sind, sind nicht zu berücksichtigen.

Artikel 1 RL 2003/88/EG:[1] Gegenstand und Anwendungsbereich
(1) Diese Richtlinie enthält Mindestvorschriften für Sicherheit und Gesundheitsschutz bei der Arbeitszeitgestaltung.
(2) Gegenstand dieser Richtlinie sind
a) die täglichen und wöchentlichen Mindestruhezeiten, der Mindestjahresurlaub, die Ruhepausen und
die wöchentliche Höchstarbeitszeit sowie
b) bestimmte Aspekte der Nacht- und der Schichtarbeit sowie des Arbeitsrhythmus.
(3) Diese Richtlinie gilt unbeschadet ihrer Artikel 14, 17, 18 und 19 für alle privaten oder öffentlichen Tätigkeitsbereiche im Sinne des Artikels 2 der Richtlinie 89/391/EWG.
Diese Richtlinie gilt unbeschadet des Artikels 2 Nummer 8 nicht für Seeleute gemäß der Definition in der Richtlinie 1999/63/EG.
(4) Die Bestimmungen der Richtlinie 89/391/EWG finden unbeschadet strengerer und/oder spezifischer Vorschriften in der vorliegenden Richtlinie auf die in Absatz 2 genannten Bereiche voll Anwendung.

Artikel 2 RL 2003/88/EG: Begriffsbestimmungen
Im Sinne dieser Richtlinie sind:
1. Arbeitszeit: jede Zeitspanne, während der ein Arbeitnehmer gemäß den einzelstaatlichen Rechtsvorschriften und/oder Gepflogenheiten arbeitet, dem Arbeitgeber zur Verfügung steht und seine Tätigkeit ausübt oder Aufgaben wahrnimmt;

[...]

---

1 RL 2003/88/EG ist die Nachfolgeregelung zur im Wesentlichen inhaltsgleichen RL 93/104/EG, die durch RL 2003/88/EG aufgehoben wurde.

Artikel 6 RL 2003/88/EG: Wöchentliche Höchstarbeitszeit

Die Mitgliedstaaten treffen die erforderlichen Maßnahmen, damit nach Maßgabe der Erfordernisse der Sicherheit und des Gesundheitsschutzes der Arbeitnehmer:

a) die wöchentliche Arbeitszeit durch innerstaatliche Rechts- und Verwaltungsvorschriften oder in Tarifverträgen oder Vereinbarungen zwischen den Sozialpartnern festgelegt wird;
b) die durchschnittliche Arbeitszeit pro Siebentageszeitraum 48 Stunden einschließlich der Überstunden nicht überschreitet.

Artikel 2 RL 89/391/EWG: Anwendungsbereich

(1) Diese Richtlinie findet Anwendung auf alle privaten oder öffentlichen Tätigkeitsbereiche (gewerbliche, landwirtschaftliche, kaufmännische, verwaltungsmäßige sowie dienstleistungs- oder ausbildungsbezogene, kulturelle und Freizeittätigkeiten usw.).

(2) Diese Richtlinie findet keine Anwendung, soweit dem Besonderheiten bestimmter spezifischer Tätigkeiten im öffentlichen Dienst, z.B. bei den Streitkräften oder der Polizei, oder bestimmter spezifischer Tätigkeiten bei den Katastrophenschutzdiensten zwingend entgegenstehen.

In diesen Fällen ist dafür Sorge zu tragen, dass unter Berücksichtigung der Ziele dieser Richtlinie eine größtmögliche Sicherheit und ein größtmöglicher Gesundheitsschutz der Arbeitnehmer gewährleistet ist.

Schwerpunkte

Ersatzleistungen

unionsrechtlicher Haftungsanspruch

Vertiefung

Gerichtshof der Europäischen Union, Urteil vom 3.10.2000 – C-303/98, Simap, Slg. 2000, I-7963 Rn 70; BVerwG, Urteil vom 26.7.2012, NVwZ-RR 2012, 972; OVG Hamburg, Urteil vom 9.2.2011, BeckRS 2012, 59446; BVerwG – 7 C 48.82; vgl. BVerwGE 25, 72, 76; Achterberg, Allgemeines Verwaltungsrecht, 1982, S. 583; Kischel, EuR 2005, 441, 460.

Gliederung

1. Komplex: Ausgangskonstellation

I. Unionsrechtlicher Staatshaftungsanspruch (+)
  1. Voraussetzungen (+)
    a) Individualschützende Norm des Unionsrechts (+)
    b) Qualifizierter Verstoß (+)
    aa) Verstoß gegen Art. 6 lit. b RL 2003/88/EG (+)
    bb) Hinreichend qualifiziert (+)
    c) Kausaler Schaden (+)
    d) Antragserfordernis (–)
  2. Anspruchsinhalt
  3. Zwischenergebnis (+)

II. Schadensersatzansprüche aus nationalem Recht (–)

III. Öffentlich-rechtlicher Erstattungsanspruch (–)
  1. Anspruchsgrundlage
  2. Anspruchsvoraussetzungen (–)
    a) Anspruchsbegründende Voraussetzungen (+)
    b) Anspruchsausschluss (+)
  3. Zwischenergebnis (–)

IV. Ergebnis

2. Komplex: Zusatzfrage

Lösungsvorschlag

Die folgende Lösung ist als Lösungsvorschlag zu verstehen und ausführlicher, als es in der Klausurbearbeitung verlangt werden kann. Aufgrund der wissenschaftlichen Freiheit können andere Lösungswege vertreten werden, soweit sie dogmatisch begründbar sind. Die Nachweise aus Rechtsprechung und Literatur sowie die das Verständnis fördernden Randbemerkungen sind in der Examensklausur auszusparen. Die Abkürzung „Alt.“ steht für Alternativfall, nicht für Alternative.

1. Komplex: Ausgangskonstellation

F kann gegen das Land B Anspruch auf Ausgleich der zu viel geleisteten Arbeitszeit haben. Ein solcher Anspruch kann sich aus einem unionsrechtlichen

Staatshaftungsanspruch, einem nationalen Schadensersatzanspruch oder aus einem öffentlich-rechtlichen Erstattungsanspruch ergeben.[2]

I. Unionsrechtlicher Staatshaftungsanspruch[3]

F kann ein unionsrechtlicher Staatshaftungsanspruch zustehen. Dazu muss eine unionsrechtliche Staatshaftung zunächst vorgesehen sein. In Art. 340 AEUV sind zwar die Grundzüge einer Haftung der Europäischen Union geregelt, jedoch fehlt eine explizite Regelung der Haftung der Mitgliedstaaten für Schäden aus der Verletzung des Unionsrechts. In Art. 340 AEUV ist vielmehr eine Haftung der Europäischen Union verankert. Allerdings wurden die Verträge der Europäischen Union als Grundlage dieser supranationalen Einrichtung seitens des Gerichtshofes der Europäischen Union schon in der Entscheidung Frankovich vom 19.11.1991 derart weit ausgelegt, dass die Haftung der Mitgliedstaaten für Schäden aus der zurechenbaren Verletzung des Unionsrechts abstrakt zum We-

---

2 Als Ersatzleistungsansprüche (Oberbegriff) kommen solche aus Entschädigung (rechtmäßiges Handeln des Staates) und aus Unrechtshaftung (rechtswidriges Handeln des Staates) in Betracht. Sinnvoll ist es, mit der Unrechtshaftung zu beginnen, weil insoweit die Voraussetzungen geringer sind und der Umfang der Ersatzleistung größer sein kann.

Im Bereich der Entschädigung besteht national folgende Prüfungsreihenfolge:

1. aus Enteignung
2. kompensatorische Entschädigung (wegen ausgleichspflichtiger Inhalts- und Schrankenbestimmung)
3. Billigkeitsentschädigung
4. soweit möglich: analoge Anwendung der Ziffern 2 und 3
5. Aufopferungsgewohnheitsrecht

Im Bereich der Unrechtshaftung besteht national folgende Prüfungsreihenfolge:

1. aus Vertrag (§ 280 Abs. 1 BGB)
2. Amtshaftung (vertretbar, erst die objektive Unrechtshaftung zu prüfen, da insoweit kein Verschulden erforderlich, jedoch kann der Schadensumfang bei der Amtshaftung größer sein); beachte Besonderheiten wie die Anwendbarkeit des Staatshaftungsrechts der DDR in Brandenburg
3. objektive Unrechtshaftung
4. wenn möglich Ziffer 3 analog
5. Aufopferungsgewohnheitsrecht

Aus dem Unionsrecht kommt der unionsrechtliche Staatshaftungsanspruch hinzu, der neben den nationalen Ansprüchen (z.B. neben einem nationalen Amtshaftungsanspruch) geltend gemacht werden kann.

3 Es ist vertretbar, zuerst nationale Ansprüche zu prüfen, jedoch ist es in Einzelkonstellationen möglich, dass diese wegen des Anwendungsvorranges des Unionsrechts vom Recht der Europäischen Union abhängig sind, weshalb es sinnvoll erscheint, zunächst unionsrechtliche Ansprüche zu prüfen.

sen der seinerzeit mit dem EWG-Vertrag und in den Nachfolgeverträgen erweiterten geschaffenen Rechtsordnung gehört. Somit ist der unionsrechtliche Staatshaftungsanspruch in den Verträgen dem Rechtsinhalt nach vorausgesetzt und kann unter anderem aus der in Art. 340 AEUV verankerten Haftung der Europäischen Union als solcher bei Erweiterung des dort verankerten Rechtsgedankens auf eine Haftung der Mitgliedstaaten bezogen werden.

Voraussetzung des unionsrechtlichen Staatshaftungsanspruchs ist ein hinreichend qualifizierter Verstoß gegen eine individualschützende Norm des Unionsrechts, durch welchen dem Einzelnen unmittelbar kausal ein Schaden entstanden ist. Anders als für den nationalen Amtshaftungsanspruch ist das Verschulden für die unionsrechtliche Staatshaftung keine Voraussetzung. Die Art und der Umfang der unionsrechtlichen Staatshaftung sind nach nationalem Recht unter Berücksichtigung der Pflicht zur effektiven Durchsetzung des Unionsrechts im Sinne des Art. 4 Abs. 3 EUV zu orientieren.

1. Voraussetzungen

Die Voraussetzungen des unionsrechtlichen Amtshaftungsanspruches können erfüllt sein.

a) Individualschützende Norm des Unionsrechts

Zunächst bedarf es einer Norm, durch die Individualrechtsschutz vermittelt wird. F rügt einen Verstoß gegen Art. 6 lit. b RL 2003/88/EG über bestimmte Aspekte der Arbeitszeitgestaltung. Eine Richtlinie ist gemäß Art. 288 Abs. 3 AEUV jedoch an die Mitgliedstaaten gerichtet, die verpflichtet sind, diese umzusetzen. Wird eine Richtlinie der Europäischen Union jedoch nicht innerhalb der Umsetzungsfrist umgesetzt, gilt sie für die Bürger der Mitgliedstaaten unmittelbar, wenn sie hinreichend bestimmt und unbedingt ist. Art. 6 lit. b RL 2003/88/EG ist bezüglich der wöchentlichen Höchstarbeitszeit hinreichend klar bestimmt und unbedingt. Die Umsetzungsfrist ist bereits abgelaufen, sodass dem Einzelnen durch diese Norm über die Begrenzung der wöchentlichen Höchstarbeitszeit Rechte verliehen werden, die dieser nach Ablauf der Umsetzungsfrist unmittelbar vor den nationalen Gerichten geltend machen kann. Die Richtlinie ist als Norm mit Individualrechtsschutz einzustufen.

b) Qualifizierter Verstoß

Es bedarf eines qualifizierten Verstoßes gegen das Recht der Europäischen Union, da ein Anwendungsvorrang des Unionsrechts gilt, der sich aus dem nationalen Übertragungsakt bezüglich der Hoheitsgewalt auf die Europäische Union in Verbindung mit dem Zustimmungsgesetz und Art. 23 Abs. 1 S. 2 GG bzw. aus dem Gebot der effektiven Umsetzung des Unionsrechts im Sinne des effet utile ergibt, das unter anderem aus Art. 4 Abs. 3 UAbs. 2 EUV abgeleitet wird.

aa) Verstoß gegen Art. 6 lit. b RL 2003/88/EG

Für einen Verstoß gegen Art. 6 lit. b RL 2003/88/EG ist es zunächst Voraussetzung, dass die Arbeit eines Feuerwehrmannes zum Anwendungsbereich der Richtlinie gehört. Nach dem Wortlaut sind zunächst Arbeitnehmer von der Norm erfasst. Bezüglich des F als Feuerwehrmann ist es einerseits problematisch, dass er im Bereitschaftsdienst tätig ist, während für Feuerwehrleute andererseits die Bereichsausnahme des Art. 2 Abs. 2 RL 89/391/EWG i.V.m. Art. 1 Abs. 3 RL 2003/88/EG gelten könnte.

Es ergibt sich schon aus der Begriffsbestimmung des Art. 2 Nr. 1 RL 2003/88/EG, dass Zeiten des Bereitschaftsdienstes in vollem Umfang in die Berechnung der wöchentlichen Arbeitszeit einzubeziehen sind, da die Beamten in der Dienststelle anwesend und jederzeit einsatzbereit sein müssen. Zwar ist in Art. 2 Abs. 2 RL 89/391/EWG, auf den in Art. 1 Abs. 3 RL 2003/88/EG verwiesen wird, eine Bereichsausnahme für bestimmte spezifische Tätigkeiten im öffentlichen Dienst vorgesehen, jedoch sind von dieser Bereichsausnahme nur Ausschnitte der Tätigkeitsfelder erfasst. Sie ist auch bei Berücksichtigung der Schutzpflichten der Staaten und der Europäischen Union eng auszulegen (vgl. BVerwG, Urteil vom 26.7.2012, NVwZ-RR 2012, 972). Erfasst sind nur Tätigkeiten in außergewöhnlichen Situationen wie zum Beispiel bei Naturkatastrophen (vgl. OVG Hamburg, Urteil vom 9.2.2011, BeckRS 2012, 59446). Grundsätzlich ist der Feuerwehrdienst also vom Anwendungsbereich der Richtlinie 2003/88/EG erfasst, während Ausnahmen davon nur in besonderen Situationen für bestimmte Tätigkeitsbereiche gemacht werden können.

Das Land B hat gegen Art. 6 lit. b RL 2003/88/EG verstoßen, als es F zum Einsatzdienst der Feuerwehr von über 48 Stunden im wöchentlichen Durchschnitt herangezogen hat.

bb) Hinreichend qualifiziert

Ein Verstoß, durch den ein Schadensersatzanspruch begründet werden soll, muss hinreichend qualifiziert sein, da anderenfalls eine verschuldensunabhängige weite Haftung gewährt werden würde, mittels derer ohne explizite vertragliche Regelung und ohne der damit verbundenen Übertragung von Hoheitsgewalt nationale gesetzliche Wertungen ausgehebelt werden würden. Dies ist nicht nur im Hinblick auf nationale verfassungsrechtliche Vorgaben wie zum Beispiel das Demokratieprinzip im Sinne des Art. 20 Abs. 2 GG, sondern auch im Hinblick auf grundlegende unter anderem in Art. 2 EUV verankerte Prinzipien in Verbindung mit den in Art. 5 Abs. 1 EUV verankerten Prinzipen der begrenzten Einzelermächtigung und dem Subsidiaritätsprinzip problematisch (zum Ganzen im Folgenden: OVG Hamburg, Urteil vom 9.2.2011, BeckRS 2012, 59446).

Ein Verstoß gegen das Unionsrecht ist hinreichend qualifiziert, wenn der Mitgliedstaat bei der Wahrnehmung seiner Rechtssetzungsbefugnis die Grenzen offenkundig und erheblich überschritten hat, die der Ausübung seiner Befugnisse gesetzt sind. Soweit der Mitgliedstaat zum Zeitpunkt der Rechtsverletzung nur über einen erheblich verringerten oder sogar auf null reduzierten Gestaltungsspielraum verfügte, kann die bloße Verletzung des Unionsrechts ausreichen, um einen hinreichend qualifizierten Verstoß anzunehmen. Um festzustellen, ob ein hinreichend qualifizierter Verstoß vorliegt, sind alle Aspekte zu berücksichtigen, die für den konkreten Sachverhalt maßgeblich sind. Zu diesen Aspekten gehören zum Beispiel das Maß an Klarheit und Präzision der verletzten Vorschrift, die Frage, ob der Verstoß oder der Schaden vorsätzlich begangen bzw. zugefügt wurde oder nicht, die Entschuldbarkeit oder Unentschuldbarkeit eines etwaigen Rechtsirrtums und der Umstand, dass das Verhalten eines Gemeinschaftsorgans möglicherweise dazu beigetragen hat, dass nationale Maßnahmen oder Praktiken in gemeinschaftsrechtswidriger Weise eingeführt oder aufrechterhalten wurden. Ein Verstoß gegen das Unionsrecht ist offenkundig qualifiziert, wenn er trotz des Erlasses eines Urteils, in dem der zur Last gelegte Verstoß festgestellt wird oder trotz eines Urteils im Vorabentscheidungsverfahren oder einer gefestigten einschlägigen Rechtsprechung des Gerichtshofs, woraus sich die Pflichtwidrigkeit des fraglichen Verhaltens ergibt, fortbestanden hat.

Im Rahmen der hinreichend qualifizierten Verstöße ist zwischen legislativem, administrativem und judikativem Unrecht zu differenzieren. Auch die im Rahmen des Bereitschaftsdienstes geleistete Arbeitszeit fällt in den Anwendungsbereich der Richtlinien 93/104/EG und 2003/88/EG. Dies wurde vom Gerichtshof der Europäischen Union mit dem Urteil vom 3. Oktober 2000, C-303/98, Simap, Slg. 2000, I-7963, Rn 70, entschieden. Es besteht auch kein Raum mehr für vernünftige Zweifel daran, dass Art. 2 Abs. 2 RL 89/391/EG eng auszulegen ist, sodass der Feuerwehrdienst vom Anwendungsbereich der Richtlinie 2003/88/EG grundsätzlich erfasst ist. Nach Veröffentlichung der Entscheidung hätte das Land leicht erkennen können, dass die Anordnung von mehr als 48 Stunden durchschnittlicher wöchentlicher Arbeitszeit gegen die Richtlinien 93/104/EG und 2003/88/EG verstieß. Wenn das Land dennoch auch nach einer gehörigen Überlegungs- und Reaktionsfrist ab dem 1. Januar 2001 an der Arbeitszeitverordnung festgehalten hat, hat es damit offenkundig die einschlägige Rechtsprechung des Europäischen Gerichtshofes verkannt. Danach hat das Land als zuständiger Verordnungsgeber durch die Nichtumsetzung der Richtlinien 93/104/EG und 2003/88/EG – zur Umsetzung hätte gemäß Art. 288 Abs. 3 AEUV eine Pflicht bestanden – qualifiziertes legislatives Unrecht begangen, da die nationale Verordnung zwar formell als Exekutivhandeln, jedoch materiell als legislatives Handeln einzustufen ist.

Da die Richtlinie nicht umgesetzt wurde, durften die Behörden und Gerichte nationales Recht aufgrund des Anwendungsvorranges des Unionsrechts – auch der Richtlinie als sekundäres Unionsrecht – nicht anwenden, soweit es mit der Richtlinie unvereinbar ist. Ein Träger öffentlicher Gewalt ist auch in seiner Eigenschaft als öffentlicher Arbeitgeber zur Umsetzung des Unionsrechts verpflichtet (vgl. BVerwG, Urteil vom 26.7.2012, NVwZ-RR 2012, 972). Danach hat das Land auch in seiner Eigenschaft als Dienstherr durch die Nichtbeachtung des Anwendungsvorrangs des Unionsrechts qualifiziertes administratives Unrecht begangen.

Ein hinreichend qualifizierter Verstoß gegen Unionsrecht ist erfolgt.

c) Kausaler Schaden

F ist durch die europarechtswidrig angeordnete, zu viel geleistete Arbeit ein immaterieller Schaden in Form entgangener Frei- und Erholungszeit entstanden.

d) Antragserfordernis

Fraglich ist, ob F zuvor bei seinem Dienstherrn die Einhaltung der europäischen Richtlinie beantragen hätte müssen. Eine solche Pflicht könnte sich daraus ergeben, dass F sich letztlich auf Unionsrecht beruft und eine sich unter anderem aus Art. 20 Abs. 3 GG ergebende Mitwirkungspflicht bestehen könnte. Allerdings ist es nicht Pflicht eines Bürgers, die mit Hoheitsgewalt ausgestatteten Behörden zum rechtmäßigen Handeln anzuhalten. Die Pflicht zum europarechtsfreundlichen Verhalten und zur effektiven Durchsetzung des Unionsrechts aus Art. 4 Abs. 3 EUV und der damit verbundene Anwendungsvorrang des Unionsrechts sind von Amts wegen zu beachten. Obwohl den Mitgliedstaaten die inhaltliche Ausgestaltung des unionsrechtlichen Staatshaftungsanspruches sowie die Gestaltung dessen gerichtlicher Durchsetzung obliegen, ist der Ersatz des Schadens nicht über gesetzliche Vorgaben hinausgehend von einem vorherigen Antrag des Bürgers auf Einhaltung des Unionsrechts abhängig (vgl. OVG Hamburg, Urteil vom 9.2.2011, BeckRS 2012, 59446).

2. Anspruchsinhalt

Unter Berücksichtigung des den Mitgliedstaaten bei der Anspruchsgestaltung eingeräumten Spielraumes ist zu viel geleistete Arbeit bei rechtsstaatlicher Betrachtung im Sinne des Art. 20 Abs. 2 S. 2 und Abs. 3 GG in Verbindung mit dem sich bei einheitlicher rechtsstaatlicher Betrachtung der Rechtsordnung ergebenden Institut der Naturalrestitution im Sinne des § 249 Abs. 1 BGB im deutschen Recht vorrangig durch Freizeit auszugleichen. Von diesem Grundsatz kann bei zwingenden entgegenstehenden dienstlichen Interessen abgewichen werden, sodass dann vergleichbar mit § 249 Abs. 2 BGB und § 253 Abs. 2 BGB Geldersatz zu leisten wäre. Ein zwingender dienstlicher Grund kann die erhebliche Beeinträchtigung des Dienstbetriebes sein (vgl. OVG Hamburg, Urteil vom 9.2.2011, BeckRS 2012, 59446). Das Land macht geltend, aufgrund der chronischen Unterbesetzung der Feuerwehr würde eine Dienstbefreiung des F zur Absenkung des Sicherheitsstandards bei der Feuerwehr führen. Darin besteht ein zwingender dienstlicher Grund, aufgrund dessen eine Ausnahme vom Grundsatz des Freizeitausgleichs zulässig wird.

F ist die zu viel geleistete Arbeit daher in Geld auszugleichen. Die Anspruchshöhe richtet sich nach den zum Zeitpunkt der Arbeitsleistung geltenden Sätzen der Mehrarbeitsvergütung.

3. Zwischenergebnis

F hat aufgrund der unionsrechtswidrig zu viel geleisteten Arbeit vom 1. Januar 2010 bis zum 1. September 2012 Anspruch auf Ausgleich in Geld aus dem unionsrechtlichen Staatshaftungsanspruch.

II. Schadensersatzansprüche aus nationalem Recht[4]

Neben dem unionsrechtlichen Anspruch kommen Schadensersatzansprüche aus nationalem Recht in Betracht. Ein Schadensersatzanspruch aus nationalem Recht könnte sich aus einer Pflichtverletzung im Beamtenverhältnis aus § 280 Abs. 1 BGB – die Norm ist im Sinne einer rechtsstaatlichen einheitlichen Rechtsordnung im Sinne des Art. 20 Abs. 3 GG bzw. analog § 62 S. 2 VwVfG auch im öffentlichen Recht anwendbar – oder aus einer Amtshaftung gemäß § 839 Abs. 1 S. 1 BGB i.V.m. Art. 34 S. 1 GG ergeben.

Unabhängig von den haftungsbegründenden Voraussetzungen ist es haftungsausfüllend für einen nationalen Schadensersatzanspruch jedoch Voraus-

4 Die Voraussetzungen sind wegen des Bearbeitungsvermerkes nicht detailliert zu prüfen.

setzung, dass ein materieller Schaden besteht, soweit nicht ausnahmsweise haftungsausfüllend ein immaterieller Schaden wie in § 253 Abs. 2 BGB geregelt ist. Während der unionsrechtliche Haftungsanspruch zwar zum Teil an das nationale Recht angelehnt, jedoch ein immaterieller Schaden umfasst ist, wobei die abstrakte Möglichkeit des Geldersatz bei immateriellen Schäden wie zum Beispiel in § 253 Abs. 2 BGB genügt, bedarf es bezüglich des nationalen Schadensersatzanspruches einer eng am nationalen Gesetz orientierten Auslegung.

Im nationalen Recht sind im Sinne der §§ 249 ff. BGB gemäß § 253 Abs. 1 BGB grundsätzlich nur materielle Schäden zu ersetzen, wobei in § 253 Abs. 2 BGB ausnahmsweise der Ersatz immaterieller Schäden gewährt wird. In § 253 Abs. 2 BGB wird aber die Verletzung des Körpers, der Gesundheit, der Freiheit oder der sexuellen Selbstbestimmung vorausgesetzt. Ein Freizeitausgleich ist nicht benannt worden. Somit ist der Freizeitausgleich nicht mittels eines nationalen Schadensersatzanspruches ersatzfähig (vgl. OVG Hamburg, Urteil vom 9.2.2011, BeckRS 2012, 59446). Ein Schadensersatzanspruch aus nationalem Recht besteht deshalb nicht.

III. Öffentlich-rechtlicher Erstattungsanspruch

F kann einen öffentlich-rechtlichen Erstattungsanspruch gegen das Bundesland B haben.

1. Anspruchsgrundlage

Es bedarf einer Anspruchsgrundlage. Da in Betracht kommende Spezialregelungen des öffentlich-rechtlichen Erstattungsanspruches nicht ersichtlich sind, kann nur ein allgemeiner öffentlich-rechtlicher Erstattungsanspruch die Anspruchsgrundlage darstellen.

Leistungen ohne Rechtsgrund und sonstige rechtsgrundlose Vermögensverschiebungen müssen rückgängig gemacht werden. Dieser Rechtsgedanke, der sich unmittelbar aus der Forderung nach wiederherstellender Gerechtigkeit ergibt, hat im bürgerlichen Recht seine Ausprägung in den Vorschriften der §§ 812 ff. BGB über die ungerechtfertigte Bereicherung gefunden; im öffentlichen Recht ergibt er sich aus einer Vielzahl von Vorschriften, in denen für das jeweilige Rechtsgebiet die Rückgewähr des rechtsgrundlos Erlangten geregelt ist. Auch bei einer ausdrücklichen gesetzlichen Regelung müssen rechtsgrundlose Vermögensverschiebungen rückgängig gemacht werden. Es bedarf also eines allgemeinen öffentlich-rechtlichen Erstattungsanspruches.

Wegen der planwidrigen Regelungslücke im Gesetz kann sich dieser aus einer analogen Anwendung der §§ 812 ff. BGB ergeben. Dazu fehlt es wegen des öffentlich-rechtlichen Bezuges aber möglicherweise an einer mit dem Privatrecht vergleichbaren Interessenlage, da im öffentlichen Recht teilweise hoheitliches Handeln zugrunde liegt. Denkbar ist eine Ableitung aus der Pflicht zum rechtmäßigen Handeln des Staates aus dem unter anderem in Art. 20 Abs. 3 GG verankerten Rechtsstaatsprinzip i.V.m. den §§ 812ff. BGB. Insoweit würde aber über das Rechtsstaatsprinzip ein Gesetzesvollziehungsanspruch gewährt, der verfassungs- und verwaltungsrechtlich nicht vorgesehen ist. Daher ergibt sich der allgemeine öffentlich-rechtliche Erstattungsanspruch aus der analogen Anwendung des § 62 S. 2 VwVfG i.V.m. den §§ 812ff. BGB, da das Privatrecht im Bereich des öffentlich-rechtlichen Vertrages insoweit anwendbar ist. Zudem wird der allgemeine öffentlich-rechtliche Erstattungsanspruch als Gewohnheitsrecht praktiziert, sodass insoweit ein eigenständiges Rechtsinstitut besteht (BVerwG – 7 C 48.82; vgl. BVerwGE 25, 72, 76; Achterberg, Allgemeines Verwaltungsrecht, 1982, S. 583). Analog § 62 S. 2 VwVfG i.V.m. § 812 Abs. 1 S. 1 Alt. 1 BGB kann zugunsten des F ein Anspruch bestehen.

2. Anspruchsvoraussetzungen
Die Anspruchsvoraussetzungen müssen erfüllt sein.

a) Anspruchsbegründende Voraussetzungen
Anspruchsbegründend muss das Land B eine Leistung des F ohne Rechtsgrund erlangt haben. Erlangt kann jeder vermögenswerte Vorteil, auch die Ersparnis von Aufwendungen sein. Leistung ist die bewusste zweckgerichtete Mehrung fremden Vermögens, wobei es am Rechtsgrund fehlt, soweit der Zweck der Erfüllung fehlgeschlagen ist. Das Bundesland B hat von F die zu viel geleistete Arbeit in Erfüllung der vermeintlichen Verpflichtung zur Erbringung der Leistung im Rahmen des Beamtenverhältnisses erhalten. Aufgrund der unionsrechtswidrigen Arbeitszeitverordnung bestand für die zu viel geleistete Arbeit kein Rechtsgrund. Die anspruchsbegründenden Voraussetzungen sind erfüllt.

b) Anspruchsausschluss
Der Anspruch ist jedoch ausgeschlossen. Im Rechtsstaat im Sinne des Art. 20 GG ist eine hinreichende Bestimmtheit der Beamtenbesoldung unerlässlich, sodass dies im Rahmen des ungeschriebenen öffentlich-rechtlichen Erstattungsanspruches zu berücksichtigen ist. Daher sind die in § 2 Abs. 1 BBesG enthaltenen Vorgaben in Verbindung mit den übrigen besoldungsrechtlichen Vorgaben abschließend. Eine Zusatzbesoldung bei zu viel geleisteter Arbeit ist nicht

vorgesehen. Faktisch verlangt F Zusatzbesoldung für zu viel geleistete Arbeit. Dies ist mittels des öffentlich-rechtlichen Erstattungsanspruches nicht möglich. Der Anspruch ist ausgeschlossen.

3. Zwischenergebnis

F hat keinen Anspruch auf öffentlich-rechtliche Erstattung.

IV. Ergebnis

F hat aus einem unionsrechtlichen Haftungsanspruch einen Anspruch auf Ausgleich der zu viel geleisteten Arbeit.

2. Komplex: Zusatzfrage

Gemäß § 54 Abs. 1 BeamtStG ist für alle Klagen der Landesbeamten[5] aus dem Beamtenverhältnis der Verwaltungsrechtsweg gegeben. Es handelt sich um eine aufdrängende Sonderzuweisung, durch welche die Generalklausel des § 40 Abs. 1 VwGO verdrängt wird.

Bei Konkurrenz zu Amtshaftungsansprüchen aus § 839 Abs. 1 S. 1 BGB i.V.m. Art. 34 S. 1 GG ist gemäß Art. 34 S. 3 GG der ordentliche Rechtsweg eröffnet. Insoweit ist für denselben Gegenstand dann eine Rechtswegspaltung im Sinne des § 17 Abs. 2 S. 2 GVG als Ausnahme zur Rechtswegkonzentration nach § 17 Abs. 2 S. 1 GVG möglich, soweit wegen des vorteilhaften Amtsermittlungsgrundsatzes aus § 86 Abs. 1 VwGO auch das Verwaltungsgericht angerufen werden soll mit der Folge, dass die Amtshaftung aus § 839 Abs. 1 S. 1 BGB i.V.m. Art. 34 S. 1 GG unabhängig vom Streitwert beim Landgericht im Sinne des § 71 Abs. 2 Nr. 2 GVG[6] geltend gemacht werden würde, während andere Ansprüche beim Verwaltungsgericht geltend zu machen wären. Möglich ist auch eine Rechtswegkonzentration gemäß § 17 Abs. 2 S. 1 GVG bezüglicher aller Ansprüche beim ordentlichen Gericht.

Art. 34 S. 3 gilt nicht für die unionsrechtliche Staatshaftung. Bei einer Klage vor dem Verwaltungsgericht kommt es bezüglich des unionsrechtlichen Staats-

5 Für Bundesbeamte gilt § 126 Abs. 1 BBG.

6 Die Amtshaftung ist unabhängig vom Streitwert dem Landgericht zugewiesen worden, weil dort anders als beim Amtsgericht eine Kammer tätig ist. Dies ist erforderlich, weil bei den ordentlichen Gerichten selten Öffentliches Recht zu prüfen ist, welches aber im Rahmen der Amtshaftung aus § 839 Abs. 1 S. 1 BGB i.V.m. Art. 34 S. 1 GG maßgeblich ist. Durch die Möglichkeit der Prüfung einer Kammer wird rechtsstaatlich die Fehlervermeidung gefördert.

haftungsanspruches nicht zu einer Rechtswegspaltung gemäß § 17 Abs. 2 S. 2 GVG, sondern es bleibt bei der Rechtswegkonzentration nach § 17 Abs. 2 S. 1 GVG (vgl. Kischel, EuR 2005, 441, 460). Für die Klage des F ist daher nach § 54 Abs. 1 BeamtStG der Verwaltungsrechtsweg eröffnet.

Besonderes Verwaltungsrecht – Fall 7 – VersR: „Megafon und Hanfparade“ (Berlin)

1. Komplex

Im Zuge des Überwachungsskandals um das NSA Prism-Programm zeigen Aktivisten für den 27. Juli eine Demonstration in der Zeit von 11.00 bis 20.00 Uhr unter dem Thema „Stoppt den Überwachungswahn – Gegen zunehmende Überwachungsmaßnahmen gegenüber der Bevölkerung!“ an, die in dem P-Park in Berlin stattfinden soll. Dabei wird mit der Teilnahme einer größeren Anzahl gewaltbereiter Personen aus dem sogenannten schwarzen Block gerechnet. Auf vergangenen Demonstrationen kam es durch Personen des schwarzen Blockes zu Auseinandersetzungen, welche erhebliche Personen- und Sachschäden zur Folge hatten. Daher wird bereits vor Beginn der Veranstaltung am 27. Juli eine Einsatzhundertschaft der Polizei in der Umgebung stationiert. A möchte an dem Aufzug teilnehmen und wurde vom Veranstalter der Demonstration zuvor als einer von fünf mit Funkgeräten ausgestatteten Beobachtern eingesetzt. Er beobachtet die polizeiliche Vorkontrolle potentieller Versammlungsteilnehmer im Bereich der nahegelegenen Bahnstation. In Unkenntnis von dem Einsatz der Beobachter durch den Veranstalter der Versammlung hielt Polizist P die Person A aufgrund des mitgeführten Funkgerätes für eine dem schwarzen Block zuzurechnende gewaltbereite Person, die das Einsatzverhalten der Polizei ausspähen will. P ordnete die Durchsuchung des A an. A erwiderte erregt, dass die Polizei durch Nachfragen beim Veranstalter leicht aufklären könne und müsse, dass er als Beobachter eingesetzt ist. Ein bloßer Gefahrenverdacht reiche für eine Durchsuchung insbesondere vor dem Hintergrund des Grundrechts auf Versammlungsfreiheit nicht aus. Aufgrund einer Kennziffer auf dem bei der Durchsuchung erlangtem Funkgerät wurde sicher festgestellt, dass die Angabe des A, vom Veranstalter beauftragt zu sein, zutraf. Daraufhin konnte A seine Tätigkeit unbehelligt fortsetzen.

2. Komplex

M plant eine Versammlung. Im Veranstaltungskonzept der „Hanfparade“ sind als Veranstaltungsziele die Entgegenwirkung der Stigmatisierung der Hanfpflanze als „Drogenpflanze“, die Förderung des Hanfes als Nutzpflanze, die Ermöglichung des Zuganges zu Cannabis als Medizin für Patienten sowie die Abschaffung des Hanfverbotes im Betäubungsmittelgesetz und die Legalisierung des Cannabiskonsums vorgesehen. Dabei war als Teil der „Hanfparade“ neben der informatorischen Kundgebung ursprünglich der „Hanfmarkt der

Möglichkeiten“ geplant, bei dem auf Straßenständen legale Hanfprodukte kostenlos zur Information über das Thema präsentiert werden. Räumlich sind die „Hanfparade“ und der „Hanfmarkt der Möglichkeiten“ nicht zu trennen. Der Veranstalter M zeigt all dies sicherheitshalber der zuständigen Versammlungsbehörde an. Er ist aber der Meinung, keine Genehmigung zu benötigen, da sein Vorhaben von seinem Versammlungsrecht umfasst sei. Die zuständige Versammlungsbehörde untersagt den „Hanfmarkt der Möglichkeiten“. Vom Verbot umfasst werden auch geplante Straßenstände, an welchen Trinkwasser zum Selbstkostenpreis angeboten werden soll. Die Behörde begründete das Verbot damit, dass – und dies trifft zu – die Straßen mehr als verkehrsüblich in Anspruch genommen werden würden. Im Übrigen würden Verkaufsstände kommerziellen Zwecken dienen und die Versammlungsteilnehmer könnten sich jedenfalls selbst um Verpflegung kümmern.

3. Komplex

M führte die Kundgebung ohne die Verkaufsstände durch. Obwohl nur 15 von 30 angekündigten Teilnehmern bei der „Hanfparade“ erschienen, führte er die Kundgabe dennoch energisch durch. Er bediente sich dabei eines Megafons, um neben der Aufmerksamkeit der Teilnehmer auch das Interesse der Passanten zu wecken. Aufgrund des hohen Lärmpegels fordert die zuständige Polizei das Megafon heraus. Bei der geringen Teilnehmeranzahl sei dessen Nutzung nicht erforderlich. Jedenfalls sei eine Sicherstellung gerechtfertigt, da gegenüberliegende Anwohner eines Altersheimes über Kopfschmerzen aufgrund der Lautstärke geklagt hatten. Ein fortdauernder Einsatz des Megafons hätte tatsächlich zu schweren Gesundheitsschädigungen bei einigen Rentnern geführt. Widerwillig übergab M das Megafon den Beamten.

Waren die Maßnahmen der Behörden rechtmäßig?

Bearbeitungsvermerk

Die Durchsuchung der Person im ersten Komplex ist formell rechtmäßig. Auch im zweiten und im dritten Komplex sind die formellen Voraussetzungen bezüglich des Handelns der Behörde erfüllt. Etwaiges Ermessen ist wie bei einer gerichtlichen Fragestellung zu prüfen.

Schwerpunkte

Anwendungsbereiche von Versammlungsgesetz und Polizeigesetz
Sperrwirkung
Standardmaßnahmen
Gefahrenbegriffe

Störerbegriffe
Grundzüge des Straßenrechtes

Vertiefung
BVerwG, Urteil vom 16.5.2007 – 6 C 23/06 –, juris, Rn 15; OVG Berlin-Brandenburg, Beschluss vom 6.6.2012 – OVG 1 N 28.11; OVG Nordrhein-Westfalen, Urteil vom 7.6.1978 – IV A 330/77 – NJW 1980, 138 und nachfolgend BVerwG, Beschluss vom 14.7.1980 – 1 B 327/78; VG Lüneburg, Urteil vom 30.3.2004 – 3 A 116/02; OVG Nordrhein-Westfalen, Urteil vom 10.6.1981 – 4 A 2607/79 –, NVwZ 1982, 46; VGH Baden-Württemberg, Urteil vom 12.2.1990 – 1 S 1646/89 –, DÖV 1990, 572; Kniesel, Versammlungs- und Demonstrationsfreiheit, NJW 2000, 2857, 2862; vgl. Kniesel in Handbuch des Polizeirechts, 3. Aufl. 2001, Teil H Rn 561; vgl. BVerwG, Urteil vom 6.9.1988 – 1 C 71.86 –, BVerwGE 80, 158,159; BVerfG, Beschluss vom 14.5.1985 – 1 BvR 233/81, 1 BvR 341/81 –, juris, Rn 60; VG Berlin, Beschluss vom 9.8.2012 – VG 1 L 188/12 – juris, Rn 5; VGH Mannheim, Beschluss vom 16.12.1993 – 1 S 1957/93 –, NVwZ-RR 1994, 370.

Gliederung

1. Komplex: Die Durchsuchung des A

A. Rechtsgrundlage (+)
   - I. Anwendbarkeit des Versammlungsgesetzes (–)
   - II. Anwendbarkeit des Polizeirechts (+)
   - III. Zwischenergebnis

B. Voraussetzungen (+)
   - I. Formelle Voraussetzungen (+)
   - II. Materielle Voraussetzungen (+)
     - 1. Gefahrentatbestand (+)
       - a) Konkrete Gefahr ex post (–)
       - b) Anscheinsgefahr, Gefahrenverdacht und Putativgefahr (+)
     - 2. Polizeipflichtigkeit (+)

C. Rechtsfolge
       - a) Zur Erfüllung des Zwecks geeignet und erforderlich (+)
       - b) Verhältnismäßigkeit im engen Sinne (+)

D. Ergebnis

2. Komplex: Verbote beim „Hanfmarkt der Möglichkeiten“

A. Rechtsgrundlage (+)

B. Voraussetzungen (–)
 I. Verhältnis der Straßenverkehrsordnung zum Berliner Straßengesetz
 II. Anwendbarkeit des § 29 Abs. 2 StVO auf die Veranstaltung
 III. Anwendbarkeit des § 11 Abs. 1 Berl StrG
 IV. Zwischenergebnis
C. Ergebnis

3. Komplex: Untersagung Megafon
A. Rechtsgrundlage (+)
B. Voraussetzungen (+)
C. Rechtsfolge
 1. Zur Erfüllung des Zwecks geeignet und erforderlich (+)
 2. Verhältnismäßigkeit im engen Sinne (+)
D. Ergebnis

Lösungsvorschlag

Die folgende Lösung ist als Lösungsvorschlag zu verstehen und ausführlicher, als es in der Klausurbearbeitung verlangt werden kann. Aufgrund der wissenschaftlichen Freiheit können andere Lösungswege vertreten werden, soweit sie dogmatisch begründbar sind. Die Nachweise aus Rechtsprechung und Literatur sowie die das Verständnis fördernden Randbemerkungen sind in der Examensklausur auszusparen. Die Abkürzung „Alt.“ steht für Alternativfall, nicht für Alternative.

1. Komplex: Die Durchsuchung des A

Die Durchsuchung bei A kann rechtswidrig sein.

A. Rechtsgrundlage[1]

Als Rechtsgrundlagen kommen § 15 Abs. 1 VersG und § 34 Abs. 1 Nr. 1 ASOG in Betracht.

1 Mit der Verwendung des Terminus „Ermächtigungsgrundlage“ werden mehrere Streitstände entschieden bzw. Festlegungen getroffen. Mag er bei unmittelbaren Grundrechtseingriffen unproblematisch verwendbar sein, ist dennoch der weitergehende Terminus „Rechtsgrundlage“ empfehlenswert, da dessen Verwendung weniger fehleranfällig ist.

I. Anwendbarkeit des Versammlungsgesetzes

Bezüglich der Durchsuchung des A im Vorfeld könnte das Versammlungsgesetz anwendbar sein. Insoweit ist einerseits zu berücksichtigen, dass das Versammlungsgesetz als bereichsspezifisches Gefahrenabwehrrecht einzustufen ist, und eine solche Form des Gefahrenabwehrrechts andererseits wegen der auch im Vorfeld der Versammlung geltenden Versammlungsfreiheit aus Art. 8 Abs. 1 GG erforderlich sein könnte. Durch die Versammlungsfreiheit im Sinne des Art. 8 Abs. 1 GG werden die Teilnahme an einer Versammlung und die Veranstaltung derselben ebenso wie die Anreise zur und die Abreise von einer – nicht aufgelösten – Versammlung sowie das Selbstbestimmungsrecht – Art, Ort und Zeit der Versammlung – geschützt. Somit ist die Anreise zur Versammlung durch Art. 8 Abs. 1 GG geschützt, soweit es sich um friedliche Versammlungen unter freiem Himmel oder in geschlossenen Räumen handelt, während unfriedliche Versammlungen nicht geschützt sind.

Im Versammlungsgesetz gibt es wiederum Regelungen, die auf das Vorfeld der Versammlung bezogen sind – zum Beispiel die Anmeldepflicht in § 14 VersG, die wegen der Nichterforderlichkeit der Anmeldung im Sinne des Art. 8 Abs. 1 GG verfassungskonform als Anzeigepflicht auszulegen ist, sowie § 2 Abs. 3 S. 2 VersG über das Verbot, Waffen mitzuführen. Eingriffsbefugnisse wie sie in § 15 Abs. 3 VersG für den Zeitraum während der Versammlung vorgesehen sind, sind für den Zeitraum der Anreise nicht ersichtlich.

Somit könnte der Anwendungsbereich des Versammlungsgesetzes ohne gesetzliche Regelung auf das Vorfeld der Versammlung ausgeweitet werden oder das Versammlungsgesetz analog anzuwenden sein, um die Polizeifestigkeit der Versammlung zu gewährleisten und der Konzentrationswirkung des Versammlungsgesetzes[2] gerecht zu werden. Das würde jedoch dazu führen, dass die für die Demokratie schlechthin konstituierende Versammlungsfreiheit aus Art. 8 Abs. 1 GG mittels rechtsstaatlich nicht hinreichend bestimmter Regelungen beeinträchtigt werden könnte.

Sowohl eine direkte, als auch eine analoge Anwendung der Regelungen des Versammlungsgesetzes wären bezüglich der Grundrechtsintensität im Sinne des Art. 8 Abs. 1 GG verfassungsrechtlich problematisch, zumal § 15 VersG, auf den Minusmaßnahmen im Vorfeld gestützt werden müssten, grundsätzlich als eine Grundlage zum Handeln gegenüber dem Veranstalter, nicht aber gegenüber den

2 Die Konzentrationswirkung des Versammlungsgesetzes bedeutet, dass es aufgrund der Wichtigkeit der Versammlungsfreiheit im Sinne des Art. 8 Abs. 1 GG (für die Demokratie schlechthin konstituierend) keiner Erlaubnisse nach anderen speziellen Gefahrenabwehrgesetzen (z.B. Straßenrecht) bedarf. Zudem ist die Versammlung polizeifest, sodass das Polizeirecht während der Versammlung nicht anwendbar ist.

Teilnehmern einzustufen ist. Somit ist das Versammlungsgesetz für Maßnahmen im Vorfeld einer Versammlung nicht anwendbar mit der Folge, dass das allgemeine Polizei- und Ordnungsrecht anzuwenden ist.

II. Anwendbarkeit des Polizeirechts[3]

Somit sind Vorfeldmaßnahmen im Eilfall auf Sicherheits- und Ordnungsgesetze zu stützen, wobei insoweit problematisch ist, dass das sich für Versammlungen unter freiem Himmel aus dem einfach einschränkenden Gesetzesvorbehalt in Art. 8 Abs. 2 GG i.V.m. Art. 19 Abs. 1 S. 2 GG ergebende Zitiergebot in § 34 Abs. 1 Nr. 1 ASOG nicht beachtet worden ist. Da die Versammlung unter freiem Himmel stattgefunden hat, dürfte das Polizeirecht grundrechtsdogmatisch nicht angewendet werden.

Das wäre anders, wenn im Rahmen der Versammlungsfreiheit aus Art. 8 Abs. 1 GG neben der ausdrücklichen Schrankensystematik verfassungsimmanente Schranken gelten würden. Eine Anwendung der verfassungsimmanenten Schranken neben der ausdrücklichen Schrankensystematik des Art. 8 Abs. 2 GG auch für Versammlungen unter freiem Himmel – bezüglich der Versammlungen in geschlossenen Räumen gelten ohnehin nur verfassungsimmanente Schranken – könnte ausgeschlossen sein, weil der Gesetzgeber mit der ausdrücklichen Schrankensystematik zum Ausdruck gebracht hat, inwieweit ein Grundrecht verkürzt werden kann. Da in einem Rechts- und Demokratiestaat im Sinne des Art. 20 GG jedoch die verfassungsrechtlichen Prinzipien in praktischer Konkordanz in Einklang zu bringen sind, müssen aus den gegenläufigen Grundrechten heraus bei Kollisionen neben der ausdrücklichen Schrankensystematik ausnahmsweise verfassungsimmanente Schranken anwendbar sein, sodass das Allgemeine Sicherheits- und Ordnungsgesetz eingeschränkt – nämlich als Ausdruck verfassungsimmanenter Schranken – anwendbar ist, zumal nicht jede Vorfeldmaßnahme eine einschränkende Intention enthält (zum Ganzen: VG Lüneburg, Urteil vom 30.3.2004 – 3 A 116/02; OVG NRW, Urteil vom 10.6.1981 – 4 A 2607/79 –, NVwZ 1982, 46; VGH Baden-Württemberg, Urteil vom 12.2.1990 – 1 S 1646/89 –, DÖV 1990, 572; Kniesel, Versammlungs- und Demonstrationsfreiheit, NJW 2000, 2857, 2862; vgl. Kniesel in Handbuch des Polizeirechts, 3. Aufl.

3 Es ist strittig, ob Maßnahmen im Vorfeld auf das Versammlungsgesetz (Analogie oder Minus) oder auf das allgemeine Polizei- und Ordnungsrecht zu stützen sind. Zum Teil wird es abgelehnt, verfassungsimmanente Schranken auf Versammlungen unter freiem Himmel auszudehnen und zum Beispiel vertreten, dass § 15 VersG i.V.m. dem allgemeinen Gefahrenabwehrrecht anzuwenden ist, wobei dies nur mit dem Verweis auf zum Teil identische Tatbestandsmerkmale dogmatisch nicht überzeugend anmutet.

2001, Teil H Rn 561; vgl. BVerwG, Urteil vom 6.9.1988 – 1 C 71.86 –, BVerwGE 80, 158,159). Insbesondere, wenn die Maßnahme gegen einen gewaltbereiten Störer gerichtet ist, der sich ohnehin nicht auf den Schutz der Versammlungsfreiheit berufen kann, ist dessen Hinderung an der Teilnahme an einer Versammlung jedenfalls unmittelbar auf der Grundlage polizeirechtlicher Vorschriften gerechtfertigt.

III. Zwischenergebnis

Nach alledem kommt § 34 Abs. 1 Nr. 1 ASOG als Rechtsgrundlage in Betracht.

B. Voraussetzungen

Die Voraussetzungen für eine Durchsuchung können erfüllt sein.

I. Formelle Voraussetzungen

Die Durchsuchung ist formell rechtmäßig.[4]

II. Materielle Voraussetzungen

Die materiellen Voraussetzungen können erfüllt sein.

1. Gefahrentatbestand

Nach § 34 Abs. 1 Nr. 1 ASOG darf eine Person durchsucht werden, wenn Tatsachen die Annahme rechtfertigen, dass sie Sachen mit sich führt, die sichergestellt werden dürfen. Nach § 38 Nr. 1 ASOG dürfen Sachen nur sichergestellt werden, wenn dies zur Abwehr einer gegenwärtigen Gefahr für die öffentliche Sicherheit oder Ordnung erforderlich ist. Gegenwärtig ist eine Gefahr, bei der eine Einwirkung des schädlichen Ereignisses bereits begonnen hat oder bei der diese Einwirkung unmittelbar oder in allernächster Zeit mit an Sicherheit grenzender Wahrscheinlichkeit bevorsteht. Von der öffentlichen Sicherheit sind der Bestand des Staates und seiner Einrichtungen, die öffentliche Rechtsordnung sowie die Rechte und Rechtsgüter des Einzelnen umfasst. Die öffentliche Ordnung ist mangels Bestimmtheit im Sinne des sich unter anderem aus Art. 20

4 Bezüglich der Zuständigkeit sind in Berlin einerseits das Allgemeine Zuständigkeitsgesetz und andererseits der Zuständigkeitskatalog zum Allgemeinen Sicherheits- und Ordnungsgesetz zu beachten.

Abs. 3 GG ergebenden Rechtsstaatsprinzips jedenfalls subsidiär – wenn nicht sogar mangels Bestimmtheit als verfassungswidriges Tatbestandsmerkmal einzustufen.

a) Konkrete Gefahr ex post

Eine Gefahr ist unmittelbar, wenn die Einwirkung des schädigenden Ereignisses bereits begonnen hat oder bei der diese Einwirkung unmittelbar oder in allernächster Zeit mit an Sicherheit grenzender Wahrscheinlichkeit bevorsteht. Im Nachhinein stellte sich heraus, dass A keine dem schwarzen Block zuzurechnende gewaltbereite Person ist, die das Einsatzverhalten der Polizei ausspähen wollte.

b) Anscheinsgefahr, Gefahrenverdacht und Putativgefahr

Fraglich ist, ob eine Gefahr aus der Sicht eines gewissenhaften Beamten zum Zeitpunkt der Gefahrenabwehrhandlung vor Ort beurteilt werden und somit eine Anscheinsgefahr angenommen werden kann. Dies könnte verfassungswidrig sein, weil insoweit der Gefahrenbegriff extensiv ausgelegt werden und somit der gegenüber dem jeweiligen Betroffenen erfolgende Grundrechtseingriff auf einer zu unbestimmten Grundlage beruhen könnte. Je wesentlicher ein Grundrechtseingriff ist, desto höher sind die Anforderungen an die Regelungsdichte der Norm.

Aus dieser verfassungsrechtlichen Betrachtungsweise ergibt sich, dass zumindest eine vollständige Subjektivierung des Gefahrenbegriffes nicht möglich ist. Fällt die Fehleinschätzung ausschließlich in die Sphäre des handelnden Beamten – Scheingefahr oder synonym Putativgefahr – ist eine extensive Auslegung im Hinblick auf die Annahme einer Gefahr verfassungsrechtlich unzulässig. Allerdings bedarf es andererseits einer effektiven Gefahrenabwehr im Sinne des sich unter anderem aus Art. 20 Abs. 3 GG ergebenden Rechtsstaatsprinzips. In praktischer Konkordanz des Rechtsstaatsprinzips zu den Grundrechten ist es aufgrund effektiver Gefahrenabwehr somit möglich, den Gefahrenbegriff auf die Anscheinsgefahr zu erweitern, soweit ein gewissenhafter Beamter aus der objektivierten Sicht vor Ort von einer Gefahr hätte ausgehen dürfen. Sollte es sich jedoch aus dieser Perspektive nur um einen Gefahrenverdacht gehandelt haben, sodass aus der Sicht eines gewissenhaften Beamten aus objektivierter Betrachtungsweise keine Sicherheit bezüglich der Gefahr bestand, ist eine extensive Auslegung im Sinne der Erweiterung des Gefahrenbegriffes zwar verfassungsrechtlich zulässig, jedoch sind in der Rechtsfolge dann grundsätzlich nur Gefahrerforschungsmaßnahmen erlaubt, es sei denn, die zu schützenden Rechte bzw. Rechtsgüter sind so gewichtig, dass darüber hinausgegangen werden darf.

A gehört nicht dem schwarzen Block an. Durch die radikalen Demonstranten besteht erneut die Gefahr der Eskalation im Rahmen der Versammlung mit der Folge, dass mit Körper, Gesundheit und Leben anderer im Sinne des Art. 2 Abs. 2 S. 1 GG und dem Eigentum unter anderem im Sinne des Art. 14 Abs. 1 S. 2 GG i.V.m. § 903 BGB Individualrechtsgüter und Individualrechte gefährdet sind. Zwar könnte der Gefahrenbegriff auf Tatbestandsseite mittels verfassungskonformer Auslegung im Sinne der für die Demokratie gemäß Art. 8 Abs. 1 GG schlechthin konstituierenden Versammlungsfreiheit eng auszulegen sein, jedoch sind gegenläufig die hohen Schutzgüter Körper, Gesundheit und Leben aus Art. 2 Abs. 2 S. 1 GG zu berücksichtigen. Je höher das Schutzgut ist, desto weiter ist der Gefahrenbegriff auszulegen.

Weil A ein Funkgerät bei sich führte und die Polizei beobachtete, bestand der Anschein, dass er das polizeiliche Verhalten ausgespäht. Durch die Weitergabe der erlangten Angaben über den polizeilichen Einsatz an den schwarzen Block hätte der Polizeieinsatz insofern erschwert werden können, als die Möglichkeit bestand, dass gewaltbereite Personen gezielte Störungen ausüben und Straftaten verwirklichen würden.

Daher bestand eine Anscheinsgefahr in Form eines Gefahrenverdachts.

2. Polizeipflichtigkeit

A muss auch polizeipflichtig sein. A kann Verhaltensstörer im Sinne des § 13 Abs. 1 ASOG sein. Dazu muss er störend gehandelt haben oder zumindest sonst als handelnder Störer einzustufen sein. Faktisch hatte A nicht gegen die Rechtsordnung verstoßen. Dies stellte sich jedoch erst später heraus. Fraglich ist jedoch, ob ebenso wie der Gefahrenbegriff extensiv bezüglich der Anscheinsgefahr bzw. des Gefahrenverdachts ausgelegt werden durfte, der Begriff des Verhaltensstörers extensiv im Hinblick auf Anscheins- bzw. Verdachtsstörer ausgelegt werden darf. Zwar ist die extensive Auslegung des Störerbegriffes noch problematischer als die des Gefahrenbegriffes, weil die Grundrechtsbetroffenheit aufgrund der Individualität nun größer ist. Allerdings ist die Erweiterung des Störerbegriffes aufgrund des rechtsstaatlichen Gebotes effektiver Gefahrenabwehr in praktischer Konkordanz zu den Grundrechten dennoch zulässig, sodass eine Erweiterung auf den Anscheins- bzw. den Verdachtsstörer möglich ist. A ist durch den vermeintlichen Drogenkonsum Verhaltensverdachtsstörer.

C. Rechtsfolge

Rechtsfolge des § 34 Abs. 1 ASOG ist Ermessen in Gestalt des Entschließungs- und des Auswahlermessens. Das Ermessen im Sinne der § 40 VwVfG i.V.m. § 1 Bln VwVfG und § 12 ASOG, die ergänzend anwendbar sind, darf nicht fehlerhaft im Sinne des § 114 S. 1 VwGO[5] ausgeübt worden sein. Anhaltspunkte für eine Ermessensreduktion auf null bestehen nicht. Ein Ermessensausfall ist nicht ersichtlich. Das Entschließungsermessen kann aber wegen einer Ermessensüberschreitung fehlerhaft ausgeübt worden sein. Das ist insbesondere anzunehmen, soweit unverhältnismäßig in Grundrechte eingegriffen worden ist, soweit also unverhältnismäßig die Versammlungsfreiheit des A aus Art. 8 Abs. 1 GG beeinträchtigt worden ist.

a) Zur Erfüllung des Zwecks geeignet und erforderlich

Der gerichtlich wegen der Einschätzungsprärogative der Verwaltung ohnehin nur begrenzt überprüfbare Zweck der Durchsuchung ist die Gewährleistung der Funktionsfähigkeit des Staates durch die Wahrnehmung der polizeilichen Aufgaben im Zusammenhang mit der angemeldeten Versammlung (vgl. OVG Nordrhein-Westfalen, Urteil vom 7.6.1978 – IV A 330/77 – NJW 1980, 138 und nachfolgend BVerwG, Beschluss vom 14.7.1980 – 1 B 327/78). Da durch die Durchsuchung eine vorherige Kontrolle mit einer verschärften Beobachtung ermöglicht wird, ist sie zur gezielten Verhinderung einer Eskalation geeignet und dient nicht nur einer späteren Strafverfolgung.

Erforderlich ist eine Maßnahme, wenn kein gleich geeignetes, milderes Mittel ersichtlich ist. Möglicherweise hätte die Polizei auf Anfrage bei der Veranstaltungsleitung mehr über die wahre Sachlage erfahren. Bei verobjektivierter Betrachtung hätte eine solche Information jedoch keinen vergleichbar verlässlichen Informationswert gehabt, um die Gefahr sicher entkräften zu können. Schließlich wäre es trotz Kenntnis der Beauftragung durch den Veranstalter denkbar gewesen, dass die Beobachtungs- und Meldetätigkeit nicht auf diesen Auftrag beschränkt war. Auch wenn aus der Kennziffer am Funkgerät die wahren Umstände hervorgingen, war dies zunächst nicht derart nach außen erkennbar, wie es in § 9 Abs. 1 S. 2 VersG für Ordner geregelt ist (vgl. OVG Berlin-Brandenburg, Beschluss vom 6.6.2012 – OVG 1 N 28.11). Durch das insoweit verdeckte Auftreten des A wäre eine Befragung des Veranstalters nicht gleich geeignet gewesen. Die Durchsuchung war deshalb auch erforderlich.

5 Im Bearbeitungsvermerk ist bezüglich des Ermessens ein gerichtlicher Prüfungsmaßstab vorgegeben.

b) Verhältnismäßigkeit im engen Sinne

Die Durchsuchung ist verhältnismäßig im engen Sinne, soweit sie als Mittel im Hinblick auf die Interessen des A nicht disproportional zum Zweck ist. Durch die Durchsuchung soll im Vorfeld die Funktionsfähigkeit der Wahrnehmung der polizeilichen Aufgaben im Sinne des sich aus dem Rechtsstaatsprinzip ergebenden Gebotes der effektiven Gefahrenabwehr im Zusammenhang mit der angemeldeten Versammlung sichergestellt werden, wobei gegenläufig die Versammlungsfreiheit im Sinne des Art. 8 Abs. 1 GG betroffen sein kann. Dass der Schutzzweck insoweit im Nachhinein nicht erreicht wurde, führt nicht zur Unverhältnismäßigkeit, sondern ist ein Indiz für die milde Art des Vorgehens.

Da A nur Verhaltensverdachtsstörer im Hinblick auf einen Gefahrenverdacht ist, dürfen grundsätzlich nur Gefahrerforschungsmaßnahmen erfolgen. Je wesentlicher jedoch die zu schützenden Verfassungsgüter betroffen werden können, desto eher darf im Einzelfall auch bei einem bloßen Gefahrenverdacht und Verdachtsstörern über bloße Gefahrenforschungsmaßnahmen hinausgegangen werden. Der anzunehmende Einsatz eines Funkgerätes ist ein Indiz dafür, dass A Informationen über das Geschehen an Dritte weitergeben wollte. Das ließ die Schlussfolgerung zu, dass auf diese Weise eine Umgehung der Vorkontrollen ermöglicht und der Standort eingesetzter Polizeikräfte weitergegeben werden sollte, um gewaltbereiten Personen Ausschreitungen im Verlauf der Versammlung zu ermöglichen. Eine effektive Gefahrenabwehr wäre dadurch massiv beeinträchtigt worden. Zwar kann die Durchsuchung auf A oder andere Versammlungsteilnehmer einschüchternd oder diskriminierend gewirkt haben. Jedoch ist die Versammlungsfreiheit im Sinne des Art. 8 Abs. 1 GG nur geringfügig tangiert. Einerseits war A zum Zeitpunkt der Durchführung der Maßnahme noch nicht Teilnehmer der Versammlung, weil diese noch nicht begonnen hatte, sondern konnte sich im Vorfeld der Versammlung nur auf Vorwirkungen des Grundrechts der Versammlungsfreiheit aus Art. 8 Abs. 1 GG berufen. Es hatte noch nicht einmal die Anreise zur Versammlung begonnen. Auf der anderen Seite konnte A seine Tätigkeit im Anschluss unbehelligt fortsetzen und an der Versammlung teilnehmen, zumal mit dem Leben und der Gesundheit anderer aus Art. 2 Abs. 2 S. 1 GG ein gewichtiges Schutzgut beachtlich ist. Die Durchsuchung war verhältnismäßig im engen Sinne.

D. Ergebnis

Die Durchsuchung war rechtmäßig.

2. Komplex: Verbote beim „Hanfmarkt der Möglichkeiten“

Die Untersagung, durch welche die Verkaufs- und Verpflegungsstände als „Hanfmarkt der Möglichkeiten“ verboten wird, kann rechtswidrig sein.

A. Rechtsgrundlage

Als Rechtsgrundlage kommt § 15 Abs. 1 VersG wegen eines Verstoßes gegen § 29 Abs. 2 S. 1 StVO in Betracht. Nach § 29 Abs. 2 S. 1 StVO bedürfen Veranstaltungen, für die Straßen mehr als verkehrsüblich in Anspruch genommen werden, der Erlaubnis. Zudem kommt § 15 Abs. 1 VersG in Betracht, falls die Straße ohne straßenrechtliche Sondernutzungserlaubnis im Sinne des § 11 Abs. 1 Berl StrG genutzt werden würde, obwohl es einer solchen bedarf. Andere bereichsspezifische Rechtsgrundlagen im Straßenverkehrsrecht bzw. im Straßenrecht wie zum Beispiel § 14 Abs. 1 S. 1 Berl StrG sind wegen der Konzentrationswirkung des Versammlungsgesetzes für die Versammlungsbehörde nicht anwendbar, wenn die von M geplante Veranstaltung rechtlich als Versammlung einzustufen ist. Eine Versammlung im Sinne des Art. 8 Abs. 1 GG und auch des § 1 VersG ist eine ortsfeste oder sich fortbewegende Zusammenkunft von mindestens zwei Personen zur gemeinschaftlichen, auf die Teilhabe an der öffentlichen Meinungsbildung gerichtete Erörterung oder Kundgebung. Ob es mindestens zwei oder sieben Personen bedarf, kann dahinstehen, weil sich bei der seitens des M angezeigten Veranstaltung jedenfalls mehr als sieben Personen kritisch mit dem Cannabisverbot auseinandersetzen wollten. Es handelt sich um eine Versammlung. Rechtsgrundlage ist § 15 Abs. 1 VersG.

B. Voraussetzungen

Die formellen Voraussetzungen sind erfüllt. Gemäß § 15 Abs. 1 VersG bedarf es einer Gefahr für die öffentliche Sicherheit oder Ordnung. Eine konkrete Gefahr ist eine Sachlage, bei der im Einzelfall die hinreichende Wahrscheinlichkeit eines Schadenseintritts für die öffentliche Sicherheit oder Ordnung besteht. Von der öffentlichen Sicherheit sind der Staat und staatliche Einrichtungen, die Unverletzlichkeit der öffentlichen Rechtsordnung sowie Individualrechte und Individualrechtsgüter umfasst. In Betracht kommt einerseits ein Verstoß gegen § 29 Abs. 2 StVO als Teil der öffentlichen Rechtsordnung und andererseits ein Verstoß gegen § 11 Abs. 1 Berl StrG, wenn es sich um eine Sondernutzung anstelle des Gemeingebrauches im Sinne des § 10 Abs. 2 S. 1 Berl StrG handelt.

I. Verhältnis der Straßenverkehrsordnung zum Berliner Straßengesetz

Fraglich ist zunächst, in welchem Verhältnis die Straßenverkehrsordnung zum Berliner Straßengesetz steht. Insoweit bestehen ein Vorbehalt des Straßenrechts und ein Vorrang des Straßenverkehrsrechts. Zwar ist das Straßenverkehrsrecht insoweit als spezielleres Sonderordnungsrecht einzustufen und somit vorrangig, als es um verkehrsspezifische Gefahren geht, jedoch ist die Straßenverkehrsordnung nur vorbehaltlich einer straßenrechtlichen Widmung als Allgemeinverfügung im Sinne des § 35 S. 2 VwVfG i.V.m. § 1 Bln VwVfG anwendbar. Sind straßenverkehrsrechtliche und straßenrechtliche Aspekte maßgeblich, sind beide Normen anwendbar. Die straßenverkehrsrechtliche Erlaubnis nach § 29 Abs. 2 StVO und die straßenrechtliche Sondernutzungserlaubnis gemäß § 11 Abs. 1 Berl StrG gelten nebeneinander.

II. Anwendbarkeit des § 29 Abs. 2 StVO auf die Veranstaltung

§ 29 Abs. 2 StVO kann anwendbar sein. Der materielle Tatbestand der Norm ist erfüllt, da durch die geplanten Stände des M die Straßen tatsächlich mehr als verkehrsüblich in Anspruch genommen werden.

Die Erlaubnis nach § 29 Abs. 2 StVO kann aber entbehrlich sein, weil es sich bei der Veranstaltung des M um eine Versammlung handelt. Die Einordnung der Veranstaltung des M als Versammlung kann aufgrund der Konzentrationswirkung des Versammlungsrechts zur Folge haben, dass Genehmigungspflichten, wie zum Beispiel eine straßenverkehrsrechtliche Sondernutzungserlaubnis, entfallen. Die §§ 14, 15 VersG bilden insoweit ein in sich geschlossenes und abschließendes Regelungswerk, durch welches sichergestellt wird, dass bei der Durchführung einer Versammlung die zur Wahrung der öffentlichen Sicherheit oder Ordnung notwendigen Maßnahmen getroffen werden können, wobei der Begriff der öffentlichen Sicherheit auch im Versammlungsrecht nach traditionellem polizeirechtlichen Verständnis die gesamte Rechtsordnung umfasst (vgl. BVerwG, NJW 1989, 2411). Gemäß Art. 8 Abs. 1 GG bedarf es nicht einmal einer Anmeldung, weshalb die Anmeldung im Sinne des § 14 VersG verfassungskonform als Anzeige auszulegen ist. Würde durch das Erfordernis einer straßenverkehrsrechtlichen Erlaubnis Art. 8 Abs. 1 GG unterlaufen werden, entstünde ein verfassungswidriges Erfordernis. Daher ergibt sich aus der Konzentrationswirkung in Verbindung mit der Nichterforderlichkeit einer Anmeldung und einer Genehmigung, dass es einer Erlaubnis im Sinne des § 29 Abs. 2 StVO bezüglich einer Versammlung nicht bedarf.

Fraglich ist, inwieweit das Aufstellen der Stände des „Hanfmarktes der Möglichkeiten" vom Versammlungsbegriff umfasst ist und somit der Versammlung zuzuordnen ist. Der besondere Schutz der Versammlungsfreiheit beruht auf ihrer Bedeutung für den Prozess der öffentlichen Meinungsbildung in der freiheitlich demokratischen Ordnung des Grundgesetzes. Mit der Meinungsbildung und -äußerung muss das Ziel verfolgt werden, auf die Öffentlichkeit einzuwirken. Durch die Versammlungsfreiheit werden dabei aber nicht nur Zusammenkünfte traditioneller Art geschützt, sondern es sind vielfältige Formen gemeinsamen Verhaltens bis hin zu nicht verbalen Ausdrucksformen (vgl. zum Ganzen: BVerfG, Beschluss vom 14.5.1985 – 1 BvR 233/81, 1 BvR 341/81 –, juris, Rn 60) erfasst. Veranstaltungen, die der bloßen Zurschaustellung eines Lebensgefühls dienen oder die als eine auf Unterhaltung ausgerichtete öffentliche Massenparty gedacht sind – zum Beispiel Volksfeste und Vergnügungsveranstaltungen – gehören nicht zur Versammlung. Sollen hingegen durch die kommunikativen Zwecke unter Einsatz von Musik oder auch Tanz Meinungskundgaben verwirklicht werden, ist der Schutzbereich der Versammlungsfreiheit auch auf solche Veranstaltungen erstreckt, wenn diese Mittel zur kommunikativen Entfaltung mit dem Ziel eingesetzt werden, auf die öffentliche Meinungsbildung einzuwirken (vgl. BVerwG, Urteil vom 16.5.2007 – 6 C 23/06 –, juris, Rn 15).

Weist eine Veranstaltung sowohl Elemente, die auf die Teilhabe an der öffentlichen Meinungsbildung gerichtet sind, als auch solche, die diesem Zweck nicht zuzurechnen sind, auf, ist entscheidend, ob eine derartige gemischte Veranstaltung bei einer Gesamtbetrachtung noch vollständig als Versammlung zu behandeln ist. Bestehen Zweifel, ist aufgrund des hohen Verfassungsranges von einer Versammlung bzw. der Zugehörigkeit zur Versammlung auszugehen (vgl. BVerwG Urteil vom 16.5.2007 – 6 C 23/06 –, juris, Rn 17 f.).

Für die Einordnung einer Veranstaltung als Versammlung ist zu berücksichtigen, dass ein inhaltlicher Bezug zum Versammlungsthema ähnlich wie beispielsweise bei Informationsständen besteht. Auch eine etwaige Kommerzialisierung ist maßgeblich. Mit „Hanfmarkt der Möglichkeiten“ werden legale Hanfprodukte beworben, sodass ein inhaltlicher Bezug besteht. Im Veranstaltungskonzept ist nicht vorgesehen, dass Herstellern und Händlern die Möglichkeit gegeben werden soll, sich im Rahmen einer Open-Air-Hanfmesse zu präsentieren und Umsatz zu machen. Eine umsatzorientierte Präsentation der Waren wäre einseitig als Verkaufsangebot angelegt, sodass damit nicht der Zweck verfolgt werden würde, auf die kollektive Meinungsbildung und -äußerung Einfluss zu nehmen. Daher bestünde insoweit kein innerer Zusammenhang zum Versammlungszweck. Ein kommerzielles Interesse kann sich außerdem daraus ergeben, dass für Standplätze bezahlt werden muss. Solche Stände wären für die Durchführung der Veranstaltung nicht zwingend notwendig (VG Berlin, Urteil vom 11.12.2012 – VG 1 K 354.11). Gegenteiliges ergibt sich aber daraus, dass der „Hanfmarkt der Möglichkeiten“ und die „Hanfparade“ räumlich nicht trennbar sind, da neben der räumlichen die inhaltliche Komponente maßgeblich ist. Schon räumlich gehen die „Hanfparade" und der „Hanfmarkt der Möglichkeiten" ineinander über. Auch eine Kommerzialisierung ist nicht ersichtlich, da es vielmehr um die kostenlose Information geht.

Auch die Wasserstände gehören zur Versammlung. Zwar gehört das Aufstellen von Imbiss- und Verkaufsständen in der Regel nicht zu den durch Art. 8 Abs. 1 GG geschützten Tätigkeiten (vgl. VG Berlin, Beschluss vom 9.8.2012 – VG 1 L 188/12 – juris, Rn 5; VGH Mannheim, Beschluss vom 16.12.1993 – 1 S 1957/93 –, NVwZ-RR 1994, 370). Anders ist dies jedoch zu bewerten, wenn ausschließlich Trinkwasser zum Selbstkostenpreis verkauft wird. Insoweit erscheint es ausgeschlossen, dass damit andere Zwecke verfolgt werden, als die Teilnahme an der Veranstaltung zum Zwecke der Meinungsbildung und -kundgabe physisch zu gewährleisten. Insoweit ist die Annahme des erforderlichen inneren Zusammenhangs mit der Versammlung bezüglich der Trinkwasserverkaufsstände ausnahmsweise gerechtfertigt.

Insofern ist der „Hanfmarkt der Möglichkeiten" einschließlich der Wasserstände vollständig der Versammlung zuzuordnen. Eine Erlaubnis nach § 29 Abs. 2 StVO ist aufgrund der Konzentrationswirkung des Versammlungsrechts nicht erforderlich.

III. Anwendbarkeit des § 11 Abs. 1 Berl StrG

Da der „Hanfmarkt der Möglichkeiten" einschließlich der Wasserstände der Versammlung zuzuordnen ist, gilt auch insoweit die Konzentrationswirkung des Versammlungsgesetzes mit der Folge, dass eine straßenrechtliche Sondernutzungserlaubnis nicht erforderlich ist.

IV. Zwischenergebnis

Eine straßenverkehrsrechtliche Nutzungserlaubnis und eine straßenrechtliche Sondernutzungserlaubnis sind nicht erforderlich, sodass keine Gefahr für die öffentliche Rechtsordnung im Sinne des § 15 Abs. 1 besteht.

C. Ergebnis

Die von der Behörde ausgesprochenen Verbote sind rechtswidrig.

3. Komplex: Untersagung Megafon

Die Sicherstellung des Megafons kann rechtswidrig sein.

A. Rechtsgrundlage

Als Rechtsgrundlage der Sicherstellung kommt § 38 Nr. 1 ASOG in Betracht. Das allgemeine Sicherheits- und Ordnungsgesetz kann unanwendbar sein, weil die Veranstaltung des M als Versammlung zum Thema Hanf eingestuft worden ist, zu der fünfzehn Personen erschienen sind. Aufgrund des Grundrechts der Versammlungsfreiheit im Sinne des Art. 8 Abs. 1 GG und des insoweit gemäß Art. 8 Abs. 2 GG i.V.m. § 19 Abs. 1 S. 2 GG bei Versammlungen unter freiem Himmel geltenden Zitiergebotes, welchem in § 20 VersG Rechnung getragen worden ist, ist das Versammlungsgesetz bereichsspezifisch verfasst worden, sodass die Versammlung wegen der Konzentrationswirkung des Versammlungsgesetzes polizeifest ist. Das bedeutet, dass Eingriffsmaßnahmen grundsätzlich nur auf Rechtsgrundlagen des Versammlungsgesetzes gestützt werden können. Eine Sicherstellung ist im Versammlungsgesetz – anders als mittlerweile in einigen neu verfassten Landesversammlungsgesetzen[6] – nicht geregelt. Ein Rückgriff auf das allgemeine Gefahrenabwehrrecht ist nur möglich, soweit es sich nicht um versammlungsspezifische Gefahren handelt.[7] Gibt es keine spezialgesetzliche Regelung, gilt § 15 VersG als besonders intensive Maßnahme. Diese Norm gilt auch für Minusmaßnahmen. Wenn schon besonders intensive Eingriffe wie die Auflösung der Versammlung gegenüber allen Versammlungsteilnehmern auf § 15 Abs. 3 VersG gestützt werden können, gilt dies erst recht für mildere Maßnahmen wie für die Sicherstellung gegenüber einer einzelnen Person.

Die Herausgabe des Megafons als Sicherstellung ist ein milderes Mittel gegenüber einer Versammlungsauflösung. Insofern kann die Sicherstellung als Minusmaßnahme auf § 15 Abs. 3 VersG gestützt werden.

B. Voraussetzungen

Die Voraussetzungen können erfüllt sein. Formelle Vorgaben sind eingehalten worden. Materiell bedarf es trotz der Anwendbarkeit des § 15 Abs. 3 VersG für die Minusmaßnahme vergleichbar den Voraussetzungen § 38 Nr. 1 ASOG einer unmittelbar bevorstehenden Gefahr für die öffentliche Sicherheit. Eine Gefahr für die öffentliche Sicherheit oder Ordnung bedeutet eine Sachlage, bei der im einzelnen Fall die hinreichende Wahrscheinlichkeit besteht, dass in absehbarer

---

6 Vgl. § 10 Abs. 2 Nds. VersG; in Berlin gilt gemäß Art. 125a GG das Versammlungsgesetz des Bundes fort, weil noch keine landesrechtliche Regelung erlassen worden ist.

7 Das allgemeine Gefahrenabwehrrecht gilt während der Versammlung zum Beispiel bezüglich eines Baugerüstes, von dem sich ein Brett löst, weil die Gefahr nicht versammlungsspezifisch ist, wobei in diesem Beispiel je nach handelnder Behörde das Sicherheits- und Ordnungsgesetz (für Polizei) bzw. die Bauordnung (Baubehörde) maßgeblich wären.

Zeit ein Schaden für die öffentliche Sicherheit oder Ordnung eintreten wird. Geschützt werden durch die öffentliche Sicherheit der Staat einschließlich der staatlichen Einrichtungen, Individualrechtsgüter bzw. -rechte sowie die öffentliche Rechtsordnung. Bei verfassungskonformer Auslegung im Sinne des Art. 8 Abs. 1 GG sind dabei besondere Anforderungen an die zeitliche Nähe des Schadenseintritts und damit auch strengere Anforderungen an den Wahrscheinlichkeitsgrad zu stellen. Der Einsatz des Megafons hat bereits Kopfschmerzen bei den gegenüberliegenden Nachbarn hervorgerufen. Der weitere Einsatz hätte sogar schwerere Gesundheitsschädigungen hervorrufen können. Insofern war mit der Gesundheit ein geschütztes Individualrechtsgut aus Art. 2 Abs. 2 S. 1 GG bereits konkret betroffen. Damit bestand eine unmittelbar bevorstehende Gefahr für die öffentliche Sicherheit. M ist als Benutzer des Megafons auch Verhaltensstörer im Sinne des § 13 Abs. 1 ASOG – die §§ 13–14, 16 ASOG sind ergänzend anwendbar, weil es sich nicht um Rechtsgrundlagen handelt, die von der Konzentrationswirkung des Versammlungsgesetzes umfasst sind – und somit polizeipflichtig. Die materiellen Voraussetzungen sind erfüllt.

C. Rechtsfolge

Rechtsfolge des § 15 Abs. 3 VersG ist Ermessen in Gestalt des Entschließungs- und des Auswahlermessens. Das Ermessen im Sinne des § 40 VwVfG i.V.m. § 1 Bln VwVfG darf nicht fehlerhaft im Sinne des § 114 S. 1 VwGO[8] ausgeübt worden sein. Anhaltspunkte für eine Ermessensreduktion auf null bestehen nicht, obwohl die Gesundheit anderer im Sinne des Art. 2 Abs. 2 S. 1 GG in Betracht kommt, weil zugunsten des Adressaten die für die Demokratie schlechthin konstituierende Versammlungsfreiheit aus Art. 8 Abs. 1 GG gegenläufig maßgeblich ist. Ein Ermessensausfall ist nicht ersichtlich. Das Ermessen kann aber wegen einer Ermessensüberschreitung fehlerhaft ausgeübt worden sein. Das ist insbesondere anzunehmen, soweit unverhältnismäßig in Grundrechte eingegriffen worden ist, soweit also unverhältnismäßig die Versammlungsfreiheit des M aus Art. 8 Abs. 1 GG beeinträchtigt worden ist.

1. Zur Erfüllung des Zwecks geeignet und erforderlich

Mit dem Schutz der Gesundheit der Anwohner im Sinne des Art. 2 Abs. 2 S. 1 GG verfolgte die Polizei einen legitimen Zweck, weil durch Grundrechte auch Schutzpflichten des Staates begründet werden. Das Mittel war auch geeignet, da

---

8 Im Bearbeitungsvermerk ist bezüglich des Ermessens ein gerichtlicher Prüfungsmaßstab vorgegeben.

der Zweck des Schutzes der Anwohner durch die Sicherstellung und die damit verbundene Beendigung des Lärms zumindest gefördert wurde. Erforderlich ist das Mittel, da kein gleich geeignetes milderes Mittel ersichtlich ist, denn insbesondere wäre durch eine bloße Untersagung oder durch ein Gebot, das Megafon leiser zu stellen, nicht gewährleistet gewesen, dass der widerwillige M den Einsatz unterbunden hätte.

2. Verhältnismäßigkeit im engen Sinne

Die Sicherstellung war verhältnismäßig im engen Sinne, wenn sie im Hinblick auf die Interessen des A nicht disproportional war. Maßgeblich sind die gegenläufigen Grundrechte aus Art. 8 Abs. 1 GG für M und aus Art. 2 Abs. 2 S. 1 GG für die Anwohner. Aus der Versammlungsfreiheit ergibt sich neben der Veranstaltung und der Teilnahme unter anderem das Selbstbestimmungsrecht des Veranstalters einer Versammlung über den Inhalt und die Form der Versammlung. Davon ist grundsätzlich auch das Recht umfasst, Lautsprechervorrichtungen der Außenkommunikation wie Megafone einzusetzen. Es ist Kern der Versammlungsfreiheit, auf den öffentlichen Meinungsbildungsprozess einzuwirken. Dabei würde das Versammlungsgrundrecht als Recht zur kollektiven Meinungskundgabe entwertet werden, wenn den Teilnehmern einer Versammlung die Wahrnehmbarkeit der Inhalte ihrer Versammlung durch Dritte, die an der Versammlung nicht selbst teilnehmen, verwehrt werden würde. Für die Meinungskundgabe bedarf es auch eines Kommunikations-Gegenübers, dem die Teilnehmer etwas bekunden können (vgl. dazu: BVerfGE 59, 315 = NJW 1985, 2359). Daher müssen von der Versammlung ausgehenden Kommunikationssignale – Lieder, Parolen, Redebeiträge – auch inhaltlich wahrgenommen werden können. Gerade die Erregung öffentlicher Aufmerksamkeit durch die Versammlung ist zentraler Bestandteil des Versammlungsgrundrechts (vgl. dazu: BVerfGE 104, 92 [109f.] = NJW 2002, 1031 – „Sitzblockade Wackersdorf“). Geschützt ist insoweit nicht nur die Gewährleistung der Binnenkommunikation, sondern auch die der Außenkommunikation. Insofern kann bei einer Maßnahme gegen den Lautsprechereinsatz nicht bloß auf eine geringe Teilnehmerzahl abgestellt werden (OVG Berlin-Brandenburg, NVwZ-RR 2009, 370).

Das Selbstbestimmungsrecht wird jedoch durch den Schutz der Rechtsgüter Dritter und der Allgemeinheit begrenzt. Als potenziell kollidierende Rechte und Rechtsgüter sind insbesondere die grundrechtlich relevanten Belange der Straßenverkehrsteilnehmer, Lärmschutzbelange der Anwohner und Passanten sowie anderer Dritter maßgeblich. Insoweit kommt sekundär der Gemeingebrauch Dritter aus dem Auffanggrundrecht in Betracht, während primär die Gesundheit der Anwohner aus Art. 2 Abs. 2 S. 1 GG zu berücksichtigen ist. Weil bezüglich des Megafons des M die Gesundheit anderer im Sinne des Art. 2 Abs. 2 S. 1 GG beeinträchtigt wird und somit unter Umständen auch Schutzpflichten gegenüber anderen Versammlungsteilnehmern bestanden, weil das Megafon offenbar ungewöhnlich laut ist, ist die Versammlungsfreiheit nachrangig. Diese ist nämlich nur geringfügig beeinträchtigt, weil sämtliche Kundgebungen auch ohne Megafon gut verständlich sind, während die Gesundheit anderer im Sinne des Art. 2 Abs. 2 S. 1 GG ein erhebliches Rechtsgut ist. Die Sicherstellung war damit verhältnismäßig im engen Sinne.

D. Ergebnis

Die Sicherstellung ist rechtmäßig.

Besonderes Verwaltungsrecht – Fall 8 – VersR: „Die Nazi-Demonstration“ (Berlin)

V ist Mitglied der rechtsradikales Gedankengut verbreitenden, jedoch nicht verbotenen Partei N, genießt in der Partei Ansehen sowie Einfluss und möchte in Berlin unter freiem Himmel eine Veranstaltung in Form eines Aufzuges durchführen. Der Titel des in Kreisen des V als „Event“ bezeichneten Aufzuges lautet: „Gedenken an Rudolf Hess – Deutschlands Ehre galt ihm mehr als die eigene Freiheit“. Datum der geplanten Versammlung ist der 20. August. V schickt der zuständigen Versammlungsbehörde des Landes ein Schreiben, in dem er beantragt, die „Genehmigung für die geplante Versammlung zu erteilen“.

Der zuständige Innensenator teilt V am 8. August nach dessen Anhörung in einem mit ordnungsgemäßer Rechtsbehelfs- bzw. Rechtsmittelbelehrung versehenen und als „Bescheid“ überschriebenen Schreiben mit, dass die geplante Veranstaltung verboten wird. Die sofortige Vollziehbarkeit des Verbotes wird ohne weitere Begründung angeordnet. Das gleiche Verbot gelte für jede denkbare Ersatzveranstaltung am betreffenden Tag. Das Verbot enthält – anders als die Anordnung der sofortigen Vollziehbarkeit – eine Begründung. Sie lautet: „Bei der Durchführung der von Ihnen geplanten Veranstaltung besteht die konkrete Gefahr der Verwirklichung des Straftatbestandes in § 130 Abs. 4 StGB. Es bestehen Anhaltspunkte, dass während des Aufzuges die mit dem Grundgesetz nicht vereinbare nationalsozialistische Gewalt-, Willkür- und Schreckensherrschaft nicht nur gebilligt, sondern gefeiert und glorifiziert wird. Schon Ihre Mitgliedschaft in der N-Partei spricht für die Stützung rechtsradikalen Gedankengutes. Jedenfalls ist das Motto der von Ihnen geplanten Veranstaltung eindeutig und demokratiefeindlich, da Sie auf der eigens für die Veranstaltung erstellten Homepage im Internet zur ‚Initiative für ein nationales und sozialistisches Deutschland‘ aufrufen und dort gleichzeitig der ‚vorbildlichen Standhaftigkeit des verehrten Rudolf Hess gegenüber der Nürnberger Selbstjustiz‘ gedenken sowie das ‚Wiederaufleben des sozialen Nationalstolzes vergangener Zeit‘ propagieren. Insbesondere wegen der Verbreitung dieses undemokratischen Aufrufes über das Medium des Internets wird dieser auch im Ausland wahrgenommen und gefährdet das Ansehen der Bundesrepublik Deutschland in der globalisierten Welt. Die Menschenwürde und das postmortale Persönlichkeitsrecht der Opfer des Nationalsozialismus würden durch den von Ihnen geplanten Aufzug verletzt, während gleichzeitig der öffentliche Friede gestört wird. Das ergibt sich schon aus den von Ihnen in der Vergangenheit organisierten Veranstaltungen, bei denen durch militärisches Marschieren, schwarze Fahnen und provokative Parolen eine Atmosphäre von Aggressivität, Einschüchterung und potentieller Gewaltbereitschaft sowie jederzeitiger Eskalation in Gewalt geschaffen worden ist." Die in der Begründung behaupteten Tatsachen sind wahr.

V legte gegen den „Bescheid" bei der Senatsverwaltung noch am nächsten Tag Widerspruch ein, welcher der Behörde schon am 9. August zuging. Parallel verfolgte V sein Begehren im einstweiligen Rechtsschutz, der in allen Instanzen erfolglos blieb. Bezüglich des Widerspruches erfolgte seitens der Senatsverwaltung keine Reaktion. Ende Oktober erhebt V Klage und beantragt festzustellen, dass das Verbot seiner Versammlung rechtswidrig war. Schließlich sei ein solches Event im nächsten Jahr erneut geplant. Bei der Veranstaltung sei es lediglich darum gegangen, sich mit der Autobiographie des Rudolf Hess auseinanderzusetzen. Der Nationalsozialismus sollte nicht gebilligt oder glorifiziert werden. Auf die Gefahr der denkbaren Verwirklichung des Straftatbestandes des § 130 Abs. 4 StGB könne sich die Behörde nicht stützen, weil die Norm aufgrund eines Verstoßes gegen Art. 5 GG ohnehin verfassungswidrig sei. Es sei mit der Meinungsfreiheit nicht vereinbar, wenn jegliche positive Äußerung über die Zeit des Nationalsozialismus aufgrund des § 130 Abs. 4 StGB strafrechtlich sanktioniert werde, weil die Norm zumindest bei einer solchen Auslegung ein Einzelfallgesetz darstelle. Zudem verstoße § 130 Abs. 4 StGB gegen das besondere Bestimmtheitsgebot des Art. 103 Abs. 2 GG. Eine Differenzierung zwischen nationalsozialistischer Gewalt- und Willkürherrschaft und sonstigem hoheitlichem Handeln sei ebenso wenig in bestimmter Weise möglich wie die Begrenzung des Merkmales der „Störung des öffentlichen Friedens". In Wahrheit gehe es dem Senator darum, V als einflussreiches Mitglied in der N-Partei in der Öffentlichkeit lächerlich zu machen. Seitens des Senats wird vorgetragen, dass die Klage des V nicht nur hinsichtlich der inhaltlichen Begründung rechtlich nicht haltbar sei. Auch seien die Sachurteilsvoraussetzungen für eine Klage nicht erfüllt.

Hat die Klage des V Erfolg? Sollten Sie der Auffassung sein, dass die Voraussetzungen der Prozessstation (Sachurteilsvoraussetzungen) nicht erfüllt sind, fertigen Sie bitte ein Hilfsgutachten für die Sachstation (Begründetheit).

Hinweis

Gehen Sie davon aus, dass der Senator – ggf. abweichend vom Landesrecht – ein Selbsteintrittsrecht hat.

§ 130 Abs. 4 StGB
(4) Mit Freiheitsstrafe bis zu drei Jahren oder mit Geldstrafe wird bestraft, wer öffentlich oder in einer Versammlung den öffentlichen Frieden in einer die Würde der Opfer verletzenden Weise dadurch stört, dass er die nationalsozialistische Gewalt- und Willkürherrschaft billigt, verherrlicht oder rechtfertigt.

Schwerpunkte
Fortsetzungsfeststellungsklage
Versammlungsverbot
allgemeine Gesetze im Sinne des Art. 5 GG

Vertiefung
BVerwG, Urteil vom 25.6.2008 – 6 C 21.07; BVerfG, Beschluss vom 4.11.2009 – 1 BvR 2150/08.

Gliederung

A. Sachurteilsvoraussetzungen (+)
  I. Rechtsweg (+)
  II. Zuständigkeit (+)
  III. Beteiligte (+)
  IV. Statthafte Klageart
    1. Systematik und Wortlaut (–)
    2. Analogie vor Klageerhebung (+)
    3. Analogie im Verpflichtungsfall (–)
    4. Zwischenergebnis
  V. Besondere Sachurteilsvoraussetzungen (+)
    1. Besondere Prozessführungsbefugnis (+)
    2. Fortsetzungsfeststellungsinteresse (+)
    3. Weitere besondere Sachurteilsvoraussetzungen im Sinne der §§ 42 Abs. 2, 68 ff. VwGO (+)
      a) Zeitraum vor der Erledigung (+)
      aa) Klagebefugnis (+)
      bb) Vorverfahren und Widerspruchsfrist (+)
      cc) Klagefrist (+)
      b) Zeitraum nach Erledigung (–)
  VI. Allgemeines Rechtsschutzbedürfnis (+)

VII. Zwischenergebnis
B. Begründetheit (–)
I. Rechtsgrundlage (+)
II. Voraussetzungen (+)
1. Formell (+)
2. Materiell (+)
a) Versammlung (+)
b) Gefahrentatbestand
aa) Verfassungsmäßigkeit des § 130 Abs. 4 StGB (+)
(1) Schutzbereich (+)
(2) Eingriff in Art. 5 Abs. 1 S. 1 GG (+)
(3) Rechtfertigung (+)
(a) Allgemeines Gesetz (–)
(aa) Sonderrecht
(bb) Abwägung
(cc) Kombination (h.M.)
(b) Verfassungsimmanente Schranken (+)
(4) Verhältnismäßigkeit bzgl. Art. 5 Abs. 1 S. 1 GG (+)
(a) Zweck (+)
(b) Geeignetheit (+)
(c) Erforderlichkeit
(d) Verhältnismäßigkeit i.e.S. bzgl. der Meinungsfreiheit
(5) Verfassungsgemäßheit des § 130 Abs. 4 StGB im Übrigen
(a) Art. 4 Abs. 1 GG
(b) Einzelfallgesetz
(c) Art. 3 GG
(d) Bestimmtheitsgebot gemäß Art. 103 Abs. 2 GG (+)
bb) Zwischenergebnis
c) Verfassungskonforme Auslegung des Gefahrentatbestandes (+)
aa) Normauslegung
bb) Normanwendung
(1) Verletzung der Würde (+)
(2) Störung des öffentlichen Friedens (+)
d) Ordnungspflicht
e) Zwischenergebnis
III. Rechtsfolge
C. Ergebnis

Lösungsvorschlag

Die folgende Lösung ist als Lösungsvorschlag zu verstehen und ausführlicher, als es in der Klausurbearbeitung verlangt werden kann. Aufgrund der wissenschaftlichen Freiheit können andere Lösungswege vertreten werden, soweit sie dogmatisch begründbar sind. Die Nachweise aus Rechtsprechung und Literatur sowie die das Verständnis fördernden Randbemerkungen sind in der Examensklausur auszusparen. Die Abkürzung „Alt.“ steht für Alternativfall, nicht für Alternative.

Die Klage des V hat Erfolg, soweit die Sachurteilsvoraussetzungen erfüllt sind und soweit sie begründet ist.

A. Sachurteilsvoraussetzungen

Die Sachurteilsvoraussetzungen müssen erfüllt sein.[1]

I. Rechtsweg

Der Verwaltungsrechtsweg kann mangels aufdrängender Sonderzuweisung gemäß § 40 Abs. 1 S. 1 VwGO eröffnet sein. Im Übrigen kommt ein Verweisungsbeschluss im Sinne des § 17a Abs. 2 GVG i.V.m. § 173 VwGO in Betracht. Der Verwaltungsrechtsweg ist eröffnet, wenn die streitentscheidende öffentlich-rechtliche Norm einen Hoheitsträger einseitig berechtigt oder verpflichtet bzw. wenn aufgrund typisch hoheitlichen Handelns zwischen den Beteiligten ein Subordinationsverhältnis besteht.

Als Rechtsgrundlage kommt § 15 Abs. 1 VersG in Betracht, in dem der Versammlungsbehörde das Verbot einer Versammlung ermöglicht wird.

Jedenfalls hat die zuständige Versammlungsbehörde von ihrer Hoheitsgewalt Gebrauch gemacht, indem sie mit dem Bescheid ein Versammlungsverbot ausgesprochen hat. Wählt die Verwaltung eine typisch hoheitliche Handlungsform, entsteht ein Subordinationsverhältnis, das zur Eröffnung des Verwaltungsrechtsweges führt. Da die Streitigkeit mangels doppelter Verfassungsun-

---

1 **Hinweis:** Andere Aufbauvarianten werden vertreten (z.B. dreistufig oder Prüfung des Verwaltungsrechtsweges als Untergliederungspunkt der Zuständigkeit des Gerichts). Derartige Aufbauvarianten sind aber mit § 17a Abs. 2 GVG bzw. mit der Überschrift des 6. Abschnitts der VwGO sowie mit § 83 VwGO unvereinbar und daher bei exakter dogmatischer Zuordnung der Prüfungspunkte nicht zu empfehlen. Die Überschrift „Sachurteilsvoraussetzungen“ anstelle der Überschrift „Zulässigkeit“ ist sinnvoll, weil nach § 63 Nr. 3 VwGO auch der Beigeladene zu den Beteiligten gehört, das Fehlen einer notwendigen Beiladung i.S.d. § 65 Abs. 2 VwGO aber nur dazu führt, dass das Urteil keine materielle Rechtskraft entfaltet.

mittelbarkeit – ein Streit zwischen Verfassungsorganen über Verfassungsrecht – nicht verfassungsrechtlicher Art und eine abdrängende Sonderzuweisung nicht ersichtlich ist, bleibt es bei der Eröffnung des Verwaltungsrechtsweges.

II. Zuständigkeit

Das Verwaltungsgericht ist gemäß § 45 VwGO als Eingangsinstanz für den von der zuständigen Behörde erlassenen Verwaltungsakt sachlich zuständig, da Anhaltspunkte für abweichende Regelungen wie z.B. § 50 VwGO nicht ersichtlich sind, sodass kein Verweisungsbeschluss gemäß § 17a Abs. 2 GVG i.V.m. § 83 VwGO gefasst werden wird.[2]

III. Beteiligte

V und das Land Berlin können Beteiligte des Verfahrens sein. Beteiligte sind nach § 63 Nr. 1, 2 VwGO unter anderem der Kläger und der Beklagte, beteiligungsfähig nach § 61 Nr. 1 VwGO natürliche und juristische Personen. Behörden sind in Berlin nicht gemäß § 61 Nr. 3 VwGO beteiligungsfähig.

Auf Klägerseite ist V nicht als natürliche Person gemäß § 61 Nr. 1 VwGO beteiligungsfähig, da er als Veranstalter einer Versammlung, also einer Vereinigung im Sinne des § 61 Nr. 2 VwGO, der in Art. 8 GG und dem Versammlungsgesetz Rechte gewährt werden, klagt. In seiner Funktion als Veranstalter ist V somit gemäß § 61 Nr. 2 VwGO beteiligungsfähig (vgl. Kopp/Schenke, VwGO, § 61, Rn 8 ff.). Auf der Beklagtenseite ist das Land Berlin als Rechtsträger gemäß § 61 Nr. 1 VwGO beteiligungsfähig. V und das Land Berlin sind Beteiligte des gerichtlichen Verfahrens.

IV. Statthafte Klageart

Die statthafte Klageart richtet sich gemäß § 88 VwGO nach dem klägerischen Begehren unter Berücksichtigung des Anwendungsvorrangs maßnahmespezifischer Rechtsschutzformen und des rechtsstaatlichen Grundsatzes der Effektivität des Rechtsschutzes. Dem klägerischen Begehren entspricht i.d.R. die effek-

2 Die örtliche Zuständigkeit ist anzusprechen, wenn es dafür Anhaltspunkte im Sachverhalt gibt. Im Übrigen ist die Prüfung derselben sinnvoll – allerdings nicht notwendig. Gegebenenfalls ist die örtliche Zuständigkeit im Anschluss an die sachliche Zuständigkeit zu prüfen. Ist sie jedoch gemäß § 52 Nr. 2 VwGO ausnahmsweise von der Klageart abhängig, muss sie von der sachlichen Zuständigkeit getrennt nach der Klage- bzw. Verfahrensart oder deren besonderen Sachurteilsvoraussetzungen bzw. Sachentscheidungsvoraussetzungen erörtert werden, obwohl § 17a Abs. 2 GVG gemäß § 83 VwGO entsprechend anwendbar ist.

tivste Klageart, also nach Möglichkeit die Anfechtungsklage gemäß § 42 Abs. 1 Alt. 1 VwGO als Gestaltungsklage der Verwaltungsgerichtsordnung,[3] es sei denn, es gibt einen ausdrücklichen Antrag, der nicht überschritten werden darf. Voraussetzung der Anfechtungsklage ist, dass der Kläger die Aufhebung eines gegenwärtig wirkenden Verwaltungsaktes erstrebt. Ein Verwaltungsakt ist gemäß § 35 S. 1 VwVfG i.V.m. § 1 VwVfG Bln jede Verfügung, Entscheidung oder andere hoheitliche Maßnahme, die eine Behörde zur Regelung eines Einzelfalls auf dem Gebiet des öffentlichen Rechts trifft und die auf unmittelbare Rechtswirkung nach außen gerichtet ist. V wurde die Versammlung in Form des Aufzuges durch einen Bescheid als verbindliche Regelung verboten. Der Bescheid enthält gegenüber V eine verbindliche Regelung, sodass ein Verwaltungsakt gegeben ist. Das Verbot kann sich allerdings bereits erledigt haben und somit nicht mehr wirksam sein. Eine Erledigung kann gemäß § 43 Abs. 2 VwVfG i.V.m. § 1 VwVfG Bln durch Rücknahme, Widerruf, anderweitige Aufhebung, Zeitablauf oder andere Weise erfolgen. Das ausgesprochene Veranstaltungsverbot hat sich auf andere Weise, nämlich faktisch durch das Verstreichen des 20. August erledigt. Die Anfechtungsklage ist nicht statthaft, zumal V ausdrücklich Feststellung beantragt hat.

In Betracht kommt als statthafte Klageart eine Fortsetzungsfeststellungsklage gemäß § 113 Abs. 1 S. 4 VwGO als besondere und damit gegenüber der allgemeinen Feststellungsklage gemäß § 43 Abs. 1 VwGO speziellere Feststellungsklage.[4]

1. Systematik und Wortlaut

Der im Gesetz ausdrücklich geregelte Fall der Fortsetzungsfeststellungsklage erfasst die Erledigung des Verwaltungsaktes nach Klageerhebung. Zwar hat der Gesetzgeber in § 113 Abs. 1 S. 4 VwGO die Formulierung „vorher" gewählt, jedoch ist damit nicht eine Erledigung vor Klageerhebung, sondern der Zeitpunkt vor der letzten mündlichen Tatsachenverhandlung gemeint. Wie sich nämlich der Überschrift des 9. Abschnittes der Verwaltungsgerichtsordnung entnehmen lässt, regeln die §§ 81 ff. VwGO – also auch § 113 Abs. 1 S. 4 VwGO – Ge-

---

3 Die Anfechtungsklage ist besonders rechtsschutzintensiv, weil das Gericht als Judikative mittels einer Durchbrechung der Gewaltenteilung einen Verwaltungsakt als Rechtssetzungsakt der Exekutive aufhebt.

4 Die FFK ist nach h.M. eine eigenständige besondere Feststellungsklage, nicht jedoch ein Unterfall der allgemeinen Feststellungsklage, weil die allgemeine Feststellungsklage anders als die FFK nicht von einer anderen Klageart abhängig ist (Heinze/Sahan JA 2007, 806 ff. m.w.N.). Deshalb kann nicht beim Prüfungspunkt „statthafte Klageart" zunächst nur die Feststellungsklage genannt werden, um dann erst bei den besonderen Sachurteilsvoraussetzungen die Merkmale der FFK zu nennen. Im Übrigen müsste dies ggf. konsequent dann auch für die Verpflichtungsklage gelten, die lediglich eine besondere Leistungsklage ist.

schehnisse nach dem Eintritt der Rechtshängigkeit. Zudem besteht ein Annex des § 113 Abs. 1 S. 4 VwGO zu § 113 Abs. 1 S. 1 VwGO, in dem die Anhängigkeit einer Klage vorausgesetzt wird. Das Verbot der Veranstaltung durch V hat sich nicht erst nach Klageerhebung, sondern bereits vor Klageerhebung, nämlich am 20. August erledigt.

2. Analogie vor Klageerhebung

Fraglich ist, ob die Fortsetzungsfeststellungsklage über den Gesetzeswortlaut bei Erledigung vor Klageerhebung analog anwendbar ist.

Unabhängig von einer möglichen gewohnheitsrechtlichen Anerkennung der Anwendung der Fortsetzungsfeststellungsklage bei einer Erledigung eines Verwaltungsaktes vor Klageerhebung ist die Analogie auch dogmatisch begründbar.[5] Eine analoge Anwendung der Fortsetzungsfeststellungsklage bei einer Erledigung des Verwaltungsaktes vor Klageerhebung setzt eine planwidrige Gesetzeslücke voraus. Es darf daher keine andere normierte Klageart bei Erledigung vor Klageerhebung einschlägig sein. Eine Anfechtungsklage kommt jedenfalls deshalb nicht in Betracht, weil dem Kläger wegen des Wegfalls der Beschwer das Rechtsschutzbedürfnis, dessen besondere Ausprägung die Klagebefugnis darstellt, fehlt. Eine Nichtigkeitsfeststellungsklage ist nur bei einem nach § 44 VwVfG i.V.m. § 1 VwVfG Bln nichtigen Verwaltungsakt die geeignete Klageart, jedoch gerade nicht bei der Feststellung der bloßen Rechtswidrigkeit eines Verwaltungsaktes. Die einzige in Betracht kommende Klageart ist die allgemeine Feststellungsklage nach § 43 Abs. 1 VwGO, von der auch erledigte konkrete Rechtsverhältnisse erfasst sind. Es müsste somit die zur analogen Anwendung der Fortsetzungsfeststellungsklage bei einer Erledigung des Verwaltungsaktes vor Klageerhebung erforderliche gesetzliche Regelungslücke abgelehnt werden, wenn die allgemeine Feststellungsklage einschlägig wäre. Die allgemeine Feststellungsklage setzt aber voraus, dass das Bestehen oder Nichtbestehen eines konkreten Rechtsverhältnisses festgestellt werden soll.

---

5 Die These, dass es einer Erörterung des Streitstandes nicht mehr bedarf, weil das BVerwG die analoge Anwendung der FFK nicht mehr ausdrücklich benennt, ist nicht haltbar. Zwar erörtert das BVerwG die genaue Klageart nicht, jedoch prüft es bei erledigten Verwaltungsakten eingeschränkt die besonderen Sachurteilsvoraussetzungen der §§ 68 ff. VwGO und stellt insoweit eine Abhängigkeit zur Anfechtungs- bzw. Verpflichtungsklage her. Eine solche Abhängigkeit von einer anderen Klageart gibt es bei der allgemeinen Feststellungsklage nicht. Somit ergibt sich aus den Erörterungen des BVerwG, dass es noch immer eine analoge Anwendung des § 113 Abs. 1 S. 4 VwGO annimmt, nicht aber auf eine allgemeine Feststellungsklage gemäß § 43 Abs. 1 VwGO abstellt.

Zur Fortsetzungsfeststellungsklage insgesamt: Heinze/Sahan JA 2007, 806 ff.

Ein konkretes Rechtsverhältnis ist eine rechtliche Beziehung zwischen Personen oder Personen und Sachen, die sich aus einer rechtlichen Regelung ergibt. Ein Verwaltungsakt ist jedoch selbst ein Rechtssetzungsakt der Exekutive und stellt daher eine rechtliche Regelung dar. Ein Verwaltungsakt kann daher zwar auf einem Rechtsverhältnis beruhen oder ein solches begründen, jedoch kann er selbst kein solches darstellen, weil zwischen der Regelung selbst und der von ihr ausgehenden Rechtsbeziehung zu trennen ist. Auf das dem Verwaltungsakt vor- oder nachgelagerte Rechtsverhältnis als konkretes Rechtsverhältnis im Rahmen einer allgemeinen Feststellungsklage kann für die Ablehnung einer gesetzlichen Regelungslücke bei der Erwägung einer analogen Anwendung der Fortsetzungsfeststellungsklage nicht abgestellt werden, weil das vor- oder nachgelagerte Rechtsverhältnis nicht Gegenstand des Klageantrages ist. Darüber hinaus würde das vorgelagerte Rechtsverhältnis, selbst wenn es trotz des anders lautenden Klageantrages als konkretes Rechtsverhältnis herangezogen werden würde, keinen zwingenden Schluss auf die Rechtswidrigkeit des erledigten Verwaltungsaktes zulassen, sodass mit der allgemeinen Feststellungsklage insoweit keine das Klageziel erreichende Feststellung getroffen werden kann. Auch eine die Feststellung des Bestehens oder des Nichtbestehens des nachgelagerten Rechtsverhältnisses betreffende Klage lässt keinen zwingenden Schluss auf die Rechtmäßigkeit des dem Kläger gegenüber erlassenen Verwaltungsaktes zu, weil ein solcher schon mit seiner Rechtswirksamkeit Wirkung entfaltet. Des Weiteren spricht für einen Ausschluss der allgemeinen Feststellungsklage, dass eine Anfechtungs- bzw. eine Verpflichtungsklage entsprechend dem Gesetzeswortlaut des § 43 Abs. 2 S. 1 VwGO „hätte erhoben werden können“, wenn sich der Verwaltungsakt nicht erledigt hätte. Zudem erscheint es systemfremd, je nach dem zufälligen Zeitpunkt der Erledigung des Verwaltungsaktes unterschiedliche Klagearten (Anfechtung und allgemeine Feststellung) mit unterschiedlichem Klagegegenstand und unterschiedlichen Zulässigkeitsvoraussetzungen für dasselbe Klagebegehren heranzuziehen.

Ein weiteres Argument für die Annahme einer planwidrigen Gesetzeslücke und somit für eine analoge Anwendung der Fortsetzungsfeststellungsklage bei einer Erledigung des Verwaltungsaktes vor Klageerhebung ergibt sich aus dem Sinn und Zweck der Regelung des § 113 Abs. 1 S. 4 VwGO. Der Gesetzgeber sah offenbar ein Bedürfnis für die Schaffung einer Regelung, die eine Klagemöglichkeit für den Fall der Erledigung eines Verwaltungsaktes gewährte. Für den Fall der Erledigung eines Verwaltungsaktes nach Klageerhebung wurde deshalb § 113 Abs. 1 S. 4 VwGO geschaffen. Die Schaffung einer lediglich deklaratorischen Norm wäre überflüssig gewesen und somit kaum erfolgt. Wäre ein Verwaltungsakt ein konkretes Rechtsverhältnis, hätte § 113 Abs. 1 S. 4 VwGO keinen Regelungsinhalt mehr. Zwar könnte darauf abgestellt werden, dass durch § 113 Abs. 1 S. 4 VwGO geregelt würde, dass eine Umstellung der Klage unabhängig von §91 VwGO jederzeit auf Antrag erfolgen könnte, jedoch ist dies bei der allgemeinen Feststellungsklage ebenfalls ohne Klageänderung nach §264 Nr. 3 ZPO i.V.m. §173 VwGO möglich. §264 Nr. 3 ZPO ist in Verbindung mit §173 S. 1 VwGO anwendbar, weil in der Verwaltungsgerichtsordnung keine abschließende Regelung enthalten ist, denn in §91 VwGO sind zwar die Voraussetzungen über die Klageänderung enthalten, jedoch ergibt sich aus §264 Nr. 3 ZPO, dass es sich um keine Klageänderung handelt. Eine derartige Regelung gibt es in der Verwaltungsgerichtsordnung nicht mit der Folge, dass die Zivilprozessordnung gemäß § 173 S. 1 VwGO anwendbar ist.

Würde § 113 Abs. 1 S. 4 VwGO also überflüssig, bedeutet dies, dass der Gesetzgeber zumindest die Erledigung eines Verwaltungsaktes nach Klageerhebung als nicht von der allgemeinen Feststellungsklage erfasst ansah. Daraus folgt, dass der Gesetzgeber selbst davon ausging, die allgemeine Feststellungsklage erfasse nicht die Feststellung der Rechtswidrigkeit von Verwaltungsakten als Rechtssetzungsakte – seien sie erledigt oder nicht. Vielmehr lässt sich aus der Schaffung der Fortsetzungsfeststellungsklage für die Erledigung eines Verwaltungsaktes nach Klageerhebung schließen, dass die allgemeine Feststellungsklage lediglich bei Realakten oder sonstigen Rechtsbeziehungen die statthafte Klageart darstellt. Würde die allgemeine Feststellungsklage auch Verwaltungsakte als Rechtssetzungsakte erfassen, hätte der Gesetzgeber für den Fall der Erledigung eines Verwaltungsaktes nach Klageerhebung nämlich keine Fortsetzungsfeststellungsklage zu schaffen brauchen. Vielmehr wäre mit der allgemeinen Feststellungsklage schon eine einschlägige Klageart vorhanden gewesen.

Die Regelung über die Feststellung der Nichtigkeit eines Verwaltungsaktes nach § 43 Abs. 1 Alt. 2, Abs. 2 S. 2 VwGO steht dieser Argumentation nicht entgegen. Zwar könnte angeführt werden, dass die Nennung der Feststellung der Nichtigkeit eines Verwaltungsaktes gerade zeige, dass Verwaltungsakte als Rechtssetzungsakte von der allgemeinen Feststellungsklage sowohl bezüglich ihrer Nichtigkeit als auch bezüglich ihrer Rechtmäßigkeit erfasst seien. Jedoch muss die in § 43 Abs. 2 S. 2 VwGO genannte Nichtigkeitsfeststellung als vom Gesetzgeber gewollte Ausnahmeregelung dahingehend betrachtet werden, dass nichtige Verwaltungsakte von der allgemeinen Feststellungsklage erfasst sind. Wäre nämlich schon die Feststellung der Rechtswidrigkeit eines Verwaltungsaktes von der allgemeinen Feststellungsklage erfasst, wäre die Benennung des nichtigen Verwaltungsaktes in § 43 VwGO überflüssig, weil dieser dann „erst recht“ von der allgemeinen Feststellungsklage umfasst wäre.

Auch die in § 43 Abs. 2 S. 1 VwGO benannte Subsidiarität der allgemeinen Feststellungsklage gegenüber der Gestaltungsklage lässt nicht den Schluss zu, die Feststellung der Rechtswidrigkeit von Verwaltungsakten sei von der allgemeinen Feststellungsklage erfasst. Es könnte zwar darauf abgestellt werden, dass die Anfechtungsklage, welche die Aufhebung rechtswidriger Verwaltungsakte betrifft, die einzige in der Verwaltungsgerichtsordnung vorgesehene Gestaltungsklage ist. Schon aus dem Vorhandensein der Subsidiaritätsregelung des § 43 Abs. 2 S. 1 VwGO bezüglich der Feststellungsklage gegenüber der Gestaltungsklage könnte daher geschlossen werden, dass rechtswidrige Verwaltungsakte von § 43 VwGO grundsätzlich erfasst seien, weil die Subsidiaritätsregelung insoweit überflüssig sein könnte, wenn rechtswidrige Verwaltungsakte nicht von der Feststellungsklage erfasst wären, weil die Feststellungsklage dann niemals in Konkurrenz zur Anfechtungsklage als einziger Gestaltungsklage stehen könnte.

Gegen eine solche Argumentation spricht allerdings, dass sich ein Konkurrenzverhältnis der Klagearten im Sinne der Subsidiaritätsregelung des § 43 Abs. 2 S. 1 VwGO nicht nur ergeben kann, wenn in dem durch die Gestaltungsklage anfechtbaren Verwaltungsakt das Rechtsverhältnis der Feststellungsklage gesehen wird. Erfasst die allgemeine Feststellungsklage nur das dem Verwaltungsakt nachgelagerte Rechtsverhältnis, kann aber der Verwaltungsakt als vorgelagerter Rechtssetzungsakt durch eine Gestaltungsklage in Form der Anfechtungsklage beseitigt werden, besteht schon insoweit ein Konkurrenzverhältnis der Gestaltungsklage zur Feststellungsklage, als die Aufhebung des vorgelagerten Verwaltungsaktes den Rechtsstreit beendet. Eine das nachgelagerte Rechtsverhältnis betreffende allgemeine Feststellungsklage wird überflüssig. Durch die Subsidiaritätsklausel wird somit sichergestellt, dass primär die Anfechtung des vorgelagerten Verwaltungsaktes verfolgt wird. Es besteht also ein Konkurrenzverhältnis der Anfechtungsklage zur allgemeinen Feststellungsklage, obwohl der anfechtbare Verwaltungsakt kein Rechtsverhältnis im Sinne des § 43 VwGO darstellt, sodass die Subsidiaritätsklausel nicht überflüssig ist, wenn Verwaltungsakte als von der allgemeinen Feststellungsklage nicht erfasst angesehen werden. Aus dem Bestehen der Subsidiaritätsklausel lässt sich daher nicht schließen, dass rechtswidrige Verwaltungsakte von § 43 VwGO erfasst sind.

Die Feststellung der Rechtswidrigkeit von Verwaltungsakten ist von der allgemeinen Feststellungsklage somit nicht erfasst. Wäre das anders, wäre schon die Erschaffung der Fortsetzungsfeststellungsklage für die Erledigung nach Klageerhebung überflüssig, weil die allgemeine Feststellungsklage insoweit hinreichend gewesen wäre.

Sind von der allgemeinen Feststellungsklage nach alledem keine Verwaltungsakte umfasst, ist die allgemeine Feststellungsklage bei der Erledigung eines Verwaltungsaktes vor Klageerhebung nicht statthaft. Auch eine von einem Kläger begehrte Feststellung des Bestehens eines Anspruches auf Aufhebung eines Verwaltungsaktes ist somit sogar unabhängig davon, dass sie nicht dem Klageantrag entspricht, nicht von der allgemeinen Feststellungsklage nach § 43

Abs. 1 VwGO erfasst. Da der Gesetzgeber die Fortsetzungsfeststellungsklage nur für die Konstellation der Erledigung nach Klageerhebung geschaffen und dabei die Möglichkeit der Erledigung vor Klageerhebung übersehen hat, besteht insoweit eine Regelungslücke im Gesetz. Um den in Art. 19 Abs. 4 GG verfassungsrechtlich vorgesehenen Rechtsschutz zu gewähren und diesen nicht vom Zufall abhängig zu machen – ob die Erledigung vor oder nach Klageerhebung erfolgt, hängt häufig vom Zufall ab – ist diese Regelungslücke planwidrig. Aufgrund der vorstehend angeführten identischen Interessenlage ist § 113 Abs. 1 S. 4 VwGO bei einer Erledigung vor Klageerhebung analog anzuwenden.

3. Analogie im Verpflichtungsfall

Zwar ist auch eine zweite Analogie der Fortsetzungsfeststellungsklage bezüglich eines Verpflichtungsfalles denkbar, jedoch hat V einen belastenden Bescheid erhalten, weil eine Versammlung gemäß § 14 VersG zwar angemeldet werden muss, jedoch nicht genehmigungspflichtig ist. Es handelt sich also um eine Abwehr-, nicht um eine Leistungskonstellation.

4. Zwischenergebnis

Die Fortsetzungsfeststellungsklage gemäß § 113 Abs. 1 S. 4 VwGO ist aufgrund der Erledigung des Versammlungsverbotes vor Klageerhebung in einfach analoger Anwendung die statthafte Klageart.[6]

V. Besondere Sachurteilsvoraussetzungen

1. Besondere Prozessführungsbefugnis[7]

§ 78 VwGO als Regelung der besonderen Prozessführungsbefugnis ist gemäß der Abschnittsüberschrift des 8. Abschnitts der Verwaltungsgerichtsordnung bei

---

6 Auch mit etwas weniger Begründungsaufwand bei der Herleitung der analogen Anwendung lässt sich eine Prädikatsnote erreichen. Nur ein Verweis auf Gewohnheitsrecht genügt aufgrund des Streitstandes zu diesem Thema hingegen nicht einmal im Ansatz überdurchschnittlichen Anforderungen.

7 § 78 VwGO enthält nach h.M. eine Regelung über die besondere Prozessführungsbefugnis, die von der Beteiligungsfähigkeit und der Passivlegitimation zu trennen ist (MA: § 78 VwGO als Sonderregelung der Passivlegitimation, die aber in der Sachstation, also der Begründetheit, zu prüfen ist, da „Passivlegitimation" der Terminus für den materiell richtigen Klagegegner ist). Die besondere Prozessführungsbefugnis ist ein Unterpunkt bei den besonderen Sachurteilsvoraussetzungen und wird teilweise (vertretbar aber bzgl. der materiell-rechtlichen Passivlegitimation verwechslungsfähig) mit „Klagegegner" überschrieben.

Anfechtungs- und Verpflichtungsklagen anwendbar. Analog ist § 78 VwGO bei Verfahren anwendbar, bei denen es um Verwaltungsakte geht, weil insoweit eine vergleichbare Interessenlage bei planwidriger Regelungslücke besteht. Da mit der Fortsetzungsfeststellungsklage gemäß § 113 Abs. 1 S. 4 VwGO die Feststellung der Rechtswidrigkeit eines Verwaltungsaktes erstrebt wird, ist § 78 VwGO insoweit analog anwendbar. Besonders prozessführungsbefugt ist analog § 78 Abs. 1 Nr. 1 VwGO das Land Berlin als Rechtsträger.

2. Fortsetzungsfeststellungsinteresse

Da es sich bei der Fortsetzungsfeststellungsklage um eine besondere Feststellungsklage handelt, ist ein Feststellungsinteresse in der Form eines Fortsetzungsfeststellungsinteresses erforderlich, für dessen Beurteilung der Zeitpunkt der letzten mündlichen Tatsachenverhandlung oder (bei Entscheidung ohne mündliche Verhandlung) der Zeitpunkt der Gerichtsentscheidung maßgeblich ist. Dabei gibt es drei berücksichtigenswerte Interessen, die Wiederholungsgefahr, das Rehabilitierungsinteresse, welches besonders schwerwiegende Grundrechtseingriffe einschließt, und die Vorbereitung eines Amtshaftungsanspruches.

Das Fortsetzungsfeststellungsinteresse der Vorbereitung eines Amtshaftungsanspruches kann nur in dem bezüglich des Erledigungszeitpunktes gesetzlich ausdrücklich geregelten Fall der Fortsetzungsfeststellungsklage ein solches Interesse begründen – bei Erledigung nach Klageerhebung. Sollte die Fortsetzungsfeststellungsklage auch bei Erledigung des Verwaltungsaktes vor Klageerhebung analog anwendbar sein, lässt sich aus der Prozessökonomie insoweit kein Fortsetzungsfeststellungsinteresse ableiten, denn in dieser Konstellation könnte der Betroffene unmittelbar das für das Haftungsrecht zuständige Gericht anrufen, welches dann auch für die inzident relevanten öffentlich-rechtlichen Rechtsprobleme zuständig wäre, wenngleich beim Verwaltungsgericht anders als beim ordentlichen Gericht gemäß § 86 VwGO der Amtsermittlungsgrundsatz gilt. Unabhängig davon, ob dieses Interesse auch bei einer Erledigung vor Klageerhebung besteht, geht es V jedenfalls nicht um eine Amtshaftung.

Einige Argumente für die h.M.:
- § 78 VwGO steht systematisch bei den besonderen Sachurteilsvoraussetzungen
- Gesetzgebungskompetenzen
- falsche Behörde bzw. falscher Rechtsträger können nicht zum materiell richtigen Anspruchsgegner im Sinne einer Passivlegitimation werden.

Zum Ganzen: Ehlers, Festschrift für Menger, S. 379 ff.; Hufen, Verwaltungsprozessrecht, § 12, Rn 38 ff. m.w.N.; vgl. OVG Münster NVwZ 1990, 188.

Ein Rehabilitierungsinteresse des V ist insoweit denkbar, als mit den Artt. 5, 8 GG Grundrechte betroffen sein können, die für die Demokratie schlechthin konstituierend und somit besonders empfindlich sind. Jedenfalls besteht aber eine Wiederholungsgefahr, weil V das Event im nächsten Jahr wieder durchführen möchte und somit ein unter im Wesentlichen unveränderten tatsächlichen und rechtlichen Umständen vergleichbarer Verwaltungsakt als Rechtssetzungsakt mit beachtlicher Wahrscheinlichkeit gegenüber V ergehen wird.

3. Weitere besondere Sachurteilsvoraussetzungen im Sinne der §§ 42 Abs. 2, 68ff. VwGO

Möglicherweise sind die besonderen Sachurteilsvoraussetzungen der Anfechtungsklage aus den §§ 42 Abs. 2, 68ff. VwGO bei der Fortsetzungsfeststellungsklage entsprechend anwendbar.[8] Relevant ist dabei der Zeitpunkt der Erledigung, sodass für die entsprechende Anwendbarkeit der §§ 42 Abs. 2, 68ff. VwGO zwischen dem Zeitraum vor der Erledigung und dem Zeitraum nach der Erledigung zu differenzieren ist.

a) Zeitraum vor der Erledigung

Jedenfalls für den Zeitraum vor der Erledigung des Verwaltungsaktes finden die §§ 42 Abs. 2, 68ff. VwGO entsprechende Anwendung; anderenfalls könnte aus einer mangels Klagebefugnis oder aufgrund einer Verfristung unzulässigen Anfechtungs- oder Verpflichtungsklage eine zulässige Fortsetzungsfeststellungsklage werden. Die besonderen Sachurteilsvoraussetzungen der Anfechtungsklage würden umgangen, sodass die für eine analoge Anwendung der §§ 42 Abs. 2, 68ff. VwGO erforderliche planwidrige Gesetzeslücke und die vergleichbare Interessenlage insoweit vorliegen.

aa) Klagebefugnis

V muss bis zur Erledigung klagebefugt gewesen sein. Die Klagebefugnis nach § 42 Abs. 2 VwGO setzt die Möglichkeit der Verletzung eines subjektiven Rechts voraus. Subjektive Rechte leiten sich aus Sonderbeziehungen, einfachen Gesetzen, subsidiär aus Grundrechten ab, wobei aufgrund des weiten Schutzberei-

8 Es handelt sich um eine analoge Anwendung der §§ 42 Abs. 2, 68ff. VwGO, weil nunmehr aus der Sicht der FFK geprüft wird (Zeitraum vor und nach Erledigung), obwohl die FFK vor der Erledigung tatsächlich noch eine Anfechtungsklage war, bei der die Voraussetzungen direkt anwendbar sind.

ches des Art. 2 Abs. 1 GG bei unmittelbaren Grundrechtseingriffen für das subjektive Recht direkt auf Grundrechte abgestellt werden kann.[9] V war Adressat des Bescheides, der ein Veranstaltungsverbot enthält, sodass zumindest die Möglichkeit bestand, dass er bis zur Erledigung des Bescheides in seinen Grundrechten aus den Artt. 5, 8 GG, also der Meinungs- und der Versammlungsfreiheit verletzt worden ist.

bb) Vorverfahren und Widerspruchsfrist

Ein Vorverfahren ist gemäß § 68 Abs. 1 S. 2 VwGO i.V.m. dem Landesrecht grundsätzlich nicht entbehrlich. Mit dem Innensenator handelte aber eine oberste Landesbehörde, sodass ein Vorverfahren für V gemäß § 68 Abs. 1 S. 2 Alt. 2 Nr. 1 VwGO entbehrlich ist.

cc) Klagefrist

Die Klagefrist von einem Monat nach Zustellung des Widerspruchsbescheides gemäß § 74 Abs. 1 S. 1 VwGO muss bis zur Erledigung des Veranstaltungsverbotes eingehalten worden sein. Dabei ist nicht maßgeblich, ob V tatsächlich Klage erhoben hatte, sondern nur, ob er bis zur Erledigung noch hätte Klage erheben können. Den Bescheid des Innensenators erhielt V am 8. August, während die Erledigung am 20. August eintrat. Somit konnte V bis zum Zeitpunkt der Erledigung klagen. Eine Verfristung ist nicht gegeben.

b) Zeitraum nach Erledigung

Für den Zeitraum nach der Erledigung des Verwaltungsaktes wären die besonderen Sachentscheidungsvoraussetzungen aus den §§ 42 Abs. 2, 68 ff. VwGO nur anwendbar, wenn die Fortsetzungsfeststellungsklage einen Sonderfall der Anfechtungsklage darstellen würde.[10] Es müsste insoweit gegebenenfalls noch ein Fortsetzungsfeststellungswiderspruchsverfahren durchgeführt sowie die Klagefrist aus § 74 VwGO auch für diesen Zeitraum beachtet werden. Da der Fortset-

---

9 **Zur Klagebefugnis:** Ist jemand Adressat eines belastenden Verwaltungsaktes, kann beim subjektiven Recht wegen des unmittelbaren Grundrechtseingriffes nach h.M. direkt auf Grundrechte abgestellt werden. Mittlerweile wird (dogmatisch überzeugend) auch insoweit vermehrt auf vorrangige speziellere subjektive Rechte abgestellt, wenn es sie gibt.

10 Nach h.M. sind besondere Voraussetzungen für den Zeitraum nach der Erledigung nicht erforderlich. Ausnahme: Im Beamtenrecht ist nach den §§ 54 Abs. 2 BeamtenStG, 126 Abs. 2 BBG grundsätzlich ein Vorverfahren erforderlich. Das Landesrecht kann aber gemäß § 54 Abs. 2 BeamtenStG Ausnahmen enthalten.

zungsfeststellungsklage aber das für die Anfechtungsklage typische Alleinstellungsmerkmal der Gestaltungsfunktion fehlt, ist die Fortsetzungsfeststellungsklage als besondere Feststellungsklage einzuordnen. Für den Zeitraum nach der Erledigung bedarf es daher keiner entsprechenden Heranziehung der §§ 42 Abs. 2, 68 ff. VwGO. Eine für die analoge Anwendung der §§ 42 Abs. 2, 68 ff. VwGO erforderliche planwidrige Gesetzeslücke besteht, anders als für den Zeitraum vor Klageerhebung, nicht. Deshalb besteht für den Zeitraum nach der Erledigung eines Verwaltungsaktes weder eine Bindung an ein Vorverfahren noch eine Bindung an Fristen, es sei denn, ein Vorverfahren ist – so grundsätzlich im Beamtenrecht nach den §§ 126 Abs. 2 BBG, 54 Abs. 2 BeamtenStG i.V.m. dem Landesrecht – vorgesehen. Nach Ablauf eines längeren Zeitraumes kann das Fortsetzungsfeststellungsinteresse allenfalls (z.B. wegen des Wegfalls der Rehabilitationsmöglichkeit) verwirkt sein.[11] Für den Zeitraum nach Erledigung gelten für V keine weiteren besonderen Sachurteilsvoraussetzungen.

VI. Allgemeines Rechtsschutzbedürfnis

Für das Fehlen des allgemeinen Rechtsschutzbedürfnisses sind keine Anhaltspunkte ersichtlich.

VII. Zwischenergebnis

Nach alledem sind die Sachurteilsvoraussetzungen der Klage des V erfüllt.

B. Begründetheit

Die Fortsetzungsfeststellungsklage ist analog § 113 Abs. 1 S. 1, 4 VwGO begründet, soweit der erledigte Verwaltungsakt rechtswidrig war und der Kläger dadurch in seinen Rechten verletzt worden ist.

I. Rechtsgrundlage

Als Rechtsgrundlage für das Veranstaltungsverbot kommt § 15 Abs. 1 VersG in Betracht.[12]

11 Auch eine Verwirkung der FFK ist gemäß § 242 BGB i.V.m. Art. 20 Abs. 3 GG denkbar.

12 Auf die Verfassungsmäßigkeit des § 15 Abs. 1 VersG kommt es bei der Rechtsgrundlage im prozessualen Aufbau nicht an, weil gemäß Art. 100 GG die Frage gegebenenfalls dem BVerfG vorgelegt werden muss, das die Verwerfungskompetenz hat. Insoweit muss im Rahmen einer Wortlautlösung (Gesetzesanwendung) zunächst die Entscheidungserheblichkeit geprüft wer-

II. Voraussetzungen

Die formellen und materiellen Voraussetzungen können erfüllt sein.

1. Formell

Formell kann die zuständige Behörde unter Einhaltung der Verfahrens- und Formvorschriften gehandelt haben. Zuständige Behörde war der Innensenator als oberste Landesbehörde. Die bei belastenden Verwaltungsakten erforderliche Anhörung im Sinne des § 28 Abs. 1 VwVfG i.V.m. § 1 VwVfG Bln wurde vom Innensenator durchgeführt. Da an einen Verwaltungsakt gemäß § 37 Abs. 2 S. 1 VwVfG i.V.m. § 1 VwVfG Bln keine besonderen Anforderungen gestellt werden, ist mit der schriftlichen Erteilung des Veranstaltungsverbotes seitens der Behörde formgerecht gehandelt worden.

2. Materiell

Materiell muss es um ein Versammlungsverbot zur Abwehr einer unmittelbaren Gefahr für die öffentliche Sicherheit oder öffentliche Ordnung gehen.

a) Versammlung

Das seitens des V angemeldete Event muss eine Versammlung sein. Eine Versammlung im Sinne des Art. 8 Abs. 1 GG und damit auch des § 1 VersG ist eine Vereinigung mehrerer Personen, die bei enger Auslegung des Versammlungsbegriffes der gemeinsamen Meinungsäußerung dienen muss, die öffentliche Anliegen betrifft.[13] Ob es mindestens zwei oder sieben Personen bedarf, kann ebenso dahinstehen wie die Frage, ob der Versammlungsbegriff eventuell weiter ausgelegt werden kann, weil bei der von V angemeldeten Veranstaltung jedenfalls mehr als sieben Personen sich mit der Historie Deutschlands im Hinblick auf eine zentrale Figur des Nationalsozialismus auseinandersetzen bzw. sie glorifizieren wollten, sodass es um eine Meinungsäußerung bezüglich öffentlicher Anliegen geht. Die Veranstaltung zum Gedenken an Rudolf Hess ist eine Versammlung.

---

den. Lediglich im materiellen Aufbau darf die Verfassungsmäßigkeit der Rechtsgrundlage vor einer Wortlautprüfung erörtert werden, wobei ohnehin Anhaltspunkte für die Verfassungswidrigkeit der Rechtsgrundlage fehlen.

13 Auf die Schnittmenge des VersG mit Art. 8 GG kommt es für den Versammlungsbegriff nicht an. Unabhängig davon, inwieweit der Anwendungsbereich des VersG oder des GG weiter ist als der des jeweils anderen Gesetzes, bleibt der Versammlungsbegriff einheitlich.

b) Gefahrentatbestand

Gemäß § 15 Abs. 1 VersG bedarf es einer unmittelbaren Gefahr für die öffentliche Sicherheit oder Ordnung. Eine Gefahr für die öffentliche Sicherheit oder Ordnung setzt eine Sachlage, die bei verständiger Würdigung aus verobjektivierter Sicht ex ante die hinreichende Wahrscheinlichkeit eines Schadenseintritts bei einem der Schutzgüter in sich birgt, voraus. Durch die öffentliche Sicherheit, die wegen der rechtsstaatlich im Sinne des Art. 20 Abs. 3 GG zu unbestimmten öffentlichen Ordnung dieser gegenüber jedenfalls vorrangig ist, werden die öffentliche Rechtsordnung,[14] der Staat und seine Einrichtungen sowie Individualrechte bzw. -rechtsgüter geschützt. Die Unmittelbarkeit bedeutet, dass es einer besonderen zeitlichen Nähe bezüglich des möglichen Schadenseintritts für geschützte Rechte bzw. Rechtsgüter der öffentlichen Sicherheit bedarf. In Betracht kommt hinsichtlich der Versammlung zum Gedenken an Rudolf Hess das Schutzgut der öffentlichen Rechtsordnung, da es bei verständiger Würdigung der zeitnah geplanten Versammlung hinreichend wahrscheinlich sein kann, dass es gemäß § 130 Abs. 4 StGB zu einer Volksverhetzung kommen wird.

Gemäß § 130 Abs. 4 StGB wird mit Freiheitsstrafe bis zu drei Jahren oder mit Geldstrafe bestraft, wer öffentlich oder in einer Versammlung den öffentlichen Frieden in einer die Würde der Opfer verletzenden Weise dadurch stört, dass er die nationalsozialistische Gewalt- und Willkürherrschaft billigt, verherrlicht oder rechtfertigt. Bei einer Subsumtion unter den Wortlaut des § 130 Abs. 4 StGB ist es bezüglich der Versammlung zum Gedenken an Rudolf Hess anzunehmen, dass das Gedenken an diesen Mann die Würde der Opfer in einer verletzenden Weise dadurch stört, dass dessen Handlungen in der nationalsozialistischen Gewalt- und Willkürherrschaft gebilligt, möglicherweise verherrlicht, jedenfalls aber gerechtfertigt werden sollen. Somit wäre eine Gefahr für die öffentliche Sicherheit gegeben.

Die Verfassungswidrigkeit des § 130 Abs. 4 StGB als Schutzgut der öffentlichen Sicherheit würde der Gefahr für die öffentliche Sicherheit entgegenstehen. Insoweit bedürfte es gegebenenfalls einer Vorlage in Form einer konkreten Normenkontrolle nach Art. 100 Abs. 1 S. 1 GG beim Bundesverfassungsgericht. Die nach Art. 100 Abs. 1 S. 1 GG erforderliche Entscheidungserheblichkeit der Verfassungsgemäßheit der Norm ergibt sich daraus, dass aufgrund der Wort-

---

14 Bei genauer Formulierung ist auf die „öffentliche Rechtsordnung" als Schutzgut abzustellen, nicht auf die „geschriebene Rechtsordnung". Das liegt daran, dass z.B. zivilrechtliche Streitigkeiten grundsätzlich ausgeschlossen sein sollen. Wenngleich dies in vielen Gefahrenabwehrgesetzen ausdrücklich geregelt worden ist, ergibt es sich auch aus dem Rechtsstaatsprinzip und ist beim Begriff der öffentlichen Sicherheit im Rahmen einer verfassungskonformen Auslegung zu berücksichtigen.

lautlösung bezüglich der geplanten Versammlung eine Verletzung des § 130 Abs. 4 StGB als Schutzgut der öffentlichen Sicherheit anzunehmen ist. Um feststellen zu können, ob eine Vorlage in Form einer konkreten Normenkontrolle gemäß Art. 100 Abs. 1 S. 1 GG beim Bundesverfassungsgericht, das neben der Prüfungskompetenz die Verwerfungskompetenz hat, erforderlich ist, ist es im Rahmen der Prüfungskompetenz des Verwaltungsgerichts maßgeblich, ob § 130 Abs. 4 StGB aus der Sicht des Verwaltungsgerichtes verfassungsgemäß ist.[15]

aa) Verfassungsmäßigkeit des § 130 Abs. 4 StGB

Da ein objektiv verfassungswidriges Gesetz nicht zur Rechtfertigung eines Grundrechtseingriffes führen kann, ist die objektive Verfassungsmäßigkeit des § 130 Abs. 4 StGB erforderlich, sodass es nicht nur auf die Grundrechte des Klägers ankommt.

Für die formelle Verfassungswidrigkeit des § 130 Abs. 4 StGB fehlen Anhaltspunkte. Materiell kann § 130 Abs. 4 StGB mit den Artt. 5 Abs. 1, 8 Abs. 1, 4 Abs. 1, 103 Abs. 2 GG unvereinbar sein.

(1) Schutzbereich

Es können die Schutzbereiche der Artt. 5 Abs. 1, 8 Abs. 1, 4 Abs. 1 GG eröffnet sein. Welche Grundrechte maßgeblich sind, ist von den Grundrechtskonkurrenzen abhängig. Kommen Schutzbereiche verschiedener Grundrechte in Betracht, können sie in Spezialität, Idealkonkurrenz oder Subsidiarität zueinander stehen. Stehen Grundrechte in Spezialität zueinander, sind spezieller ausgestaltete Grundrechte den allgemeineren gegenüber vorrangig, wie z.B. die speziellen Freiheitsrechte gegenüber der allgemeinen Handlungsfreiheit aus Art. 2 Abs. 1 GG, soweit der Schutzbereich des Art. 2 Abs. 1 GG als Auffanggrundrecht und nicht als unbenanntes Freiheitsrecht zugeordnet wird. Während bei der Idealkonkurrenz die Grundrechte nebeneinander geprüft werden, hat die Subsidiarität zur Folge, dass das Grundrecht maßgeblich ist, zu dem der stärkere Bezug besteht. Im Fall der Subsidiarität kann angenommen werden, dass neben der Schrankensystematik zusätzlich die des subsidiären Grundrechts maßgeblich

15 **Nochmals:** Im prozessualen Aufbau ist in Art. 100 Abs. 1 GG vorgegeben, dass es zunächst einer Wortlautlösung bedarf, bevor die Verfassungsgemäßheit der Norm geprüft wird, weil die Entscheidungserheblichkeit festzustellen ist. Lediglich bei einem materiellen Aufbau kann die Verfassungsmäßigkeit des Gesetzes vor der Subsumtion unter den Wortlaut der Norm geprüft werden. Milderes Mittel gegenüber der Verwerfung (Feststellung der Nichtigkeit) ist jeweils die verfassungskonforme Auslegung.

ist, damit die Rechtfertigungsvorgaben des subsidiären, jedoch nach dem Schutzbereich eigentlich eröffneten Grundrechts, nicht unterlaufen werden.[16]

Da es sich bei den Artt. 5 Abs. 1, 8 Abs. 1, 4 Abs. 1 GG jeweils um spezielle Freiheitsrechte handelt, ist eine Spezialität nicht ersichtlich. Während im Zweifel eine Idealkonkurrenz anzunehmen ist, kann bezüglich der benannten Grundrechte hinsichtlich des § 130 Abs. 4 StGB eine Subsidiarität anzunehmen sein. Dann muss zu einem Grundrecht ein besonders starker Bezug bestehen.

In Art. 5 Abs. 1 S. 1 GG wird die Meinungsfreiheit geschützt, wobei Meinungen Werturteile sind, unabhängig davon, ob sie einen Wertgehalt haben, unbegründet, irrational oder gefährlich sind. Wegen der besonderen Bedeutung der Meinungsfreiheit aus Art. 5 Abs. 1 S. 1 GG, die für die Demokratie schlechthin konstituierend ist, ist die Verbreitung rechtsradikalen oder nationalsozialistischen Gedankengutes nicht schon in Bezug auf die geistige Wirkung seines Inhaltes vom Schutzbereich ausgenommen. In § 130 Abs. 4 StGB werden Werturteile bestraft, durch welche die nationalsozialistische Gewalt- und Willkürherrschaft gebilligt, verherrlicht oder gerechtfertigt wird. Der Schutzbereich der Meinungsfreiheit aus Art. 5 Abs. 1 S. 1 GG ist somit eröffnet. In § 130 Abs. 4 StGB sind aber auch Meinungsäußerungen im Rahmen einer Versammlung erfasst. Insoweit kann auch der Schutzbereich der Versammlungsfreiheit aus Art. 8 Abs. 1 S. 1 GG erfasst sein. Durch Art. 8 Abs. 1 S. 1 GG werden friedliche Versammlungen unter freiem Himmel geschützt.[17] Vom Wortlaut des § 130 Abs. 4 StGB sind jedenfalls auch friedliche – also gewaltfreie – Versammlungen Deutscher unter freiem Himmel erfasst. Der Schutzbereich ist also dem Grunde nach eröffnet. Allerdings kann Art. 8 Abs. 1 S. 1 GG in Subsidiarität zurücktreten. Dazu muss der stärkere Bezug zu Art. 5 Abs. 1 S. 1 GG bestehen. Würde in § 130 Abs. 4 StGB zusätzlich zur Meinungsäußerung an versammlungstypische Merkmale angeknüpft, z.B. die Aggressivität des Auftretens der Versammlungsteilnehmer eines Aufmarsches, wäre in § 130 Abs. 4 StGB ein über die Meinungsäußerung hinausgehender Bereich betroffen. Eine derartige Bezugnahme ergibt sich aus § 130 Abs. 4 StGB allerdings nicht. Somit sind zwar Versammlungen als Anlass der Meinungsäußerung in § 130 Abs. 4 StGB erwähnt, jedoch besteht zumindest der stärkere Bezug zur Meinungsäußerung durch nicht versammlungstypische Arten der Äußerung. Art. 8 Abs. 1 S. 1 ist subsidiär. Ob der Schutzbereich des Art. 4 Abs. 1 GG eröffnet ist, kann zunächst dahinstehen, da in einem solchen Fall mangels stärkeren Bezuges des Art. 5 Abs. 1 S. 1 GG zu religiösen oder Weltanschauungsmeinungen jedenfalls keine Subsidiarität,

16 Welche Form der Grundrechtskonkurrenzen anzunehmen ist, kann oft unterschiedlich beurteilt werden. Im Zweifel sollte eine Idealkonkurrenz angenommen werden.

17 Ob es sich um friedliche Versammlungen handelt, ist nicht am Einzelfall zu messen, da § 130 Abs. 4 StGB objektiv zu prüfen ist.

sondern Idealkonkurrenz anzunehmen wäre, sodass Art. 4 Abs. 1 GG eigenständig neben Art. 5 Abs. 1 S. 1 GG zur Geltung käme.

Der Schutzbereich der Meinungsfreiheit aus Art. 5 Abs. 1 S. 1 GG ist eröffnet.

(2) Eingriff in Art. 5 Abs. 1 S. 1 GG

Der Eingriff in die Meinungsfreiheit aus Art. 5 Abs. 1 S. 1 GG besteht in der Bestrafung von Werturteilen in Form der Billigung, Verherrlichung oder Rechtfertigung der nationalsozialistischen Gewalt- und Willkürherrschaft.

(3) Rechtfertigung

Die Schranken der Meinungsfreiheit sind gemäß Art. 5 Abs. 2 GG allgemeine Gesetze sowie gesetzliche Bestimmungen zum Schutze der Jugend und im Recht der persönlichen Ehre, wobei auch das Recht der persönlichen Ehre grundsätzlich in einem einfachen Gesetz zum Ausdruck kommen muss, weil Wesentliches durch den Gesetzgeber geregelt werden muss. Während es sich bei den allgemeinen Gesetzen um eine einfache Schranke handelt, stellen die Gesetze zum Schutz der Jugend bzw. der persönlichen Ehre eine Qualifizierung dar, sodass es sich insoweit um einen qualifizierten Gesetzesvorbehalt handelt.[18] In Betracht kommen die Schranken der allgemeinen Gesetze sowie der persönlichen Ehre.

§ 130 Abs. 4 StGB könnte Ausdruck der persönlichen Ehre sein, weil nach dem Wortlaut mit dem Terminus „würde" das postmortale Persönlichkeitsrecht aus Art. 2 Abs. 1 GG i.V.m. Art. 1 Abs. 1 GG der Opfer des Nationalsozialismus geschützt wird. Da strafrechtliche Normen wegen des besonderen Bestimmtheitsgebotes aus Art. 103 Abs. 2 GG im Zweifel eng auszulegen sind, ist von § 130 Abs. 4 StGB wegen der gesetzlichen Überschrift des 7. Abschnitts des Strafgesetzbuches, in dem auf die öffentliche Ordnung abgestellt wird, nur diese erfasst, während das allgemeine Persönlichkeitsrecht des Einzelnen von den §§ 185 ff. StGB erfasst ist. Somit handelt es sich bei § 130 Abs. 4 StGB nicht um ein Gesetz zum Schutz der persönlichen Ehre.

(a) Allgemeines Gesetz

Es kann sich bei § 130 Abs. 4 StGB aber um ein allgemeines Gesetz im Sinne des Art. 5 Abs. 2 GG handeln.

---

18 Der qualifizierte Gesetzesvorbehalt (qualifizierte Schranke) ist vom qualifiziert einschränkenden Gesetzesvorbehalt zu trennen, bei dem gemäß Art. 19 Abs. 1 S. 2 GG aufgrund der Zielrichtung zusätzlich das Zitiergebot gilt.

(aa) Sonderrecht

Für den Terminus „allgemein“ könnte es darauf ankommen, dass ein Gesetz kein Sonderrecht enthält, sich also nicht gegen den Inhalt bzw. die geistige Zielrichtung oder Art. 5 Abs. 1 S. 1 GG als solches richtet. § 130 Abs. 4 StGB wäre dann kein allgemeines Gesetz, weil in der Norm explizit auf die Billigung, Verherrlichung oder Rechtfertigung der nationalsozialistischen Gewalt- und Willkürherrschaft abgestellt wird.

(bb) Abwägung

Ebenso könnte es für den Terminus „allgemein“ darauf ankommen, dass im Rahmen einer praktischen Konkordanz Art. 5 Abs. 1 S. 1 GG einem vorrangigen durch ein Gesetz geschützten Recht bzw. Rechtsgut weichen muss. § 130 Abs. 4 StGB wäre danach nur ein allgemeines Gesetz, wenn nach einer Abwägung feststünde, dass durch die Norm Rechte bzw. Rechtsgüter geschützt werden, die der Meinungsfreiheit gegenüber vorrangig sind.

(cc) Kombination[19]

Bei einer Kombination der bereits erörterten Ansätze ist ein Gesetz allgemein, das nicht gegen die Meinungsfreiheit als Institut oder die Äußerung einer bestimmten Meinung gerichtet ist, jedoch unabhängig von Einzelmeinungen dem Schutz eines gegenüber der Meinungsfreiheit aus Art. 5 Abs. 1 S. 1 GG vorrangigen Rechtes oder Rechtsgutes dient.

Gegen die Kombination und für die enge Auslegung des Terminus „allgemein“ als Sonderrecht kann als Argument benannt werden, dass bei weiter Auslegung die Gesetze zum Schutz der Jugend und die persönliche Ehre ihren eigenständigen Anwendungsbereich verlieren würden. Außerdem ist die Meinungsfreiheit aus Art. 5 Abs. 1 S. 1 GG für die Demokratie schlechthin konstituierend mit der Folge, dass Schranken möglichst eng gefasst werden sollten. Dennoch dienen die Schranken dazu, unterschiedliche verfassungsrechtliche Interessen im Rahmen praktischer Konkordanz in Einklang zu bringen. Dies ist mit einer eng auszulegenden Schranke im Hinblick auf andere zu schützende Rechte und Rechtsgüter schwer möglich. Bei weiter Auslegung der Schranke kann der für die Demokratie schlechthin konstituierenden Meinungsfreiheit aus Art. 5 Abs. 1 S. 1 GG durch eine Wechselwirkung im Rahmen der Schranken-Schranke Rechnung getragen werden. Um die verschiedenen verfassungsrecht-

---

19 Nunmehr ist die Kombinationsformel des BVerfG bzgl. allgemeinen Gesetzen aus der Sonderrechts- und der Abwägungslehre zu entwickeln.

lichen Interessen in Einklang zu bringen, bedarf es einer weiten Auslegung des Terminus „allgemein“. Die Auslegung darf allerdings auch nicht zu weit sein, weil anderenfalls die Meinungsfreiheit zu sehr verkürzt würde. Daher kann auch eine Abwägung ohne Ergänzung nicht maßgeblich sein. Käme es nämlich nur auf die Abwägung verfassungsrechtlicher Rechte bzw. Rechtsgüter an, wäre ein Gesetz, das zielgerichtet wäre und durch das gegenüber der Meinungsfreiheit aus Art. 5 Abs. 1 S. 1 GG vorrangige Rechte bzw. Rechtsgüter geschützt werden sollen, möglicherweise allgemein. Dann würde aber aus der Schranke der allgemeinen Gesetze entgegen dem Wortlaut des Grundgesetzes und systemwidrig vereinzelt faktisch ein einfach einschränkendes Gesetz als allgemein bezeichnet. Deshalb ist für die Allgemeinheit des Gesetzes letztlich die Kombination aus Sonderrecht und Abwägung maßgeblich. Ist ein Gesetz schon Sonderrecht, ist es nicht allgemein.

In § 130 Abs. 4 StGB wird nicht auf den Schutz von Gewalt- und Willküropfern allgemein und nicht auf die Billigung, Verherrlichung oder Rechtfertigung totalitärer Regime insgesamt abgestellt, sondern jeweils auf den Nationalsozialismus. § 130 Abs. 4 StGB ist kein allgemeines Gesetz im Sinne des Art. 5 Abs. 2 Alt. 1 GG.

(b) Verfassungsimmanente Schranken

Da sämtliche Verfassungsgüter im Rahmen einer praktischen Konkordanz in Einklang zu bringen sind und nicht jegliche Kollisionslage gesetzlich geregelt werden kann, gelten als Schranke für alle Grundrechte auch verfassungsimmanente Schranken. Gegenläufige Verfassungsgüter können einen Grundrechtseingriff somit rechtfertigen, wobei dies ausnahmsweise ergänzt um den einfach einschränkenden Gesetzesvorbehalt in Art. 8 Abs. 2 GG jedenfalls auch die subsidiäre Versammlungsfreiheit bezüglich einer Versammlung unter freiem Himmel betrifft, sodass die Schrankensystematik des Art. 8 Abs. 1 GG jedenfalls zusätzlich beachtet worden wäre. Ob es im Rahmen verfassungsimmanenter Schranken eines formellen Gesetzes bedarf, das Ausdruck der gegenläufigen Verfassungsgüter ist, oder ob sich das gegenläufige Verfassungsgut auch unmittelbar aus der Verfassung ergeben kann, ist irrelevant, wenn ein formelles Gesetz mit entsprechendem Inhalt vorhanden ist.[20]

§ 130 Abs. 4 StGB ist Ausdruck des Demokratieprinzips aus Art. 20 Abs. 2 S. 1 GG als Verfassungsgut. Das Grundgesetz ist als Gegenentwurf zum Totalitaris-

---

20 Das BVerfG (Beschluss vom 4.11.2009 – 1 BvR 2150/08) hat ein allgemeines Gesetz abgelehnt, in der Sache auf gegenläufige Verfassungsgüter abgestellt, diese aber nicht ausdrücklich als verfassungsimmanente Schranken benannt.

mus des nationalsozialistischen Regimes zu deuten. Angesichts des Unrechts und des Schreckens, welche die nationalsozialistische Herrschaft verursacht hat, ist Art. 5 Abs. 1, 2 GG aus demokratischen Gründen für Bestimmungen, die der propagandistischen Gutheißung der historischen nationalsozialistischen Gewalt- und Willkürherrschaft Grenzen setzen, eine Ausnahme vom Verbot des Sonderrechts immanent. Zudem prägen die Erfahrungen aus der Zerstörung aller zivilisatorischen Errungenschaften durch die nationalsozialistische Gewalt- und Willkürherrschaft die gesamte Nachkriegsordnung und die Einbindung der Bundesrepublik Deutschland in die Völkergemeinschaft bis heute nachhaltig, sodass in § 130 Abs. 4 StGB auch die Würde der Bundesrepublik Deutschland als rechtsstaatliches gegenläufiges Verfassungsgut ausgedrückt wird.

In § 130 Abs. 4 StGB werden somit gegenüber der Meinungsfreiheit aus Art. 5 Abs. 1 S. 1 GG gegenläufige Verfassungsgüter zum Ausdruck gebracht.

(4) Verhältnismäßigkeit bzgl. Art. 5 Abs. 1 S. 1 GG

Im Rahmen der Wechselwirkung mit dem sich primär direkt aus den Grundrechten, subsidiär aus dem Rechtsstaatsprinzip ergebenden Grundsatz der Verhältnismäßigkeit bei Grundrechten muss der Eingriff durch § 130 Abs. 4 StGB verhältnismäßig sein.

(a) Zweck

In § 130 Abs. 4 StGB werden die verfassungsrechtlichen Grundsätze der freiheitlich demokratischen Grundordnung und des Rechtsstaatsprinzips, welche Ausdruck im Tatbestandsmerkmal „öffentlicher Frieden" gefunden haben, geschützt. Der Schutz des öffentlichen Friedens ist hierbei in einem begrenzten Sinn als Schutz der Friedlichkeit öffentlicher Auseinandersetzung zu verstehen, nicht aber als Schutz vor einer „Vergiftung des geistigen Klimas" oder einer Kränkung des Rechtsbewusstseins der Bevölkerung durch totalitäre Ideologien oder eine offenkundig falsche Interpretation der Geschichte. Durch den öffentlichen Frieden wird auf einen vorgelagerten Schutz, der an sich abzeichnende Gefahren anknüpft, abgezielt. Dabei ist es im Hinblick auf die verfassungsrechtliche Einschätzungsprärogative des Gesetzgebers eine tragfähige Einschätzung desselben, dass ein Gutheißen der Gewalt- und Willkürherrschaft des Nationalsozialismus der Bevölkerung heute regelmäßig als Aggression und als Angriff gegenüber denjenigen erscheint, die sich in ihrem Wert und ihren Rechten erneut in Frage gestellt sehen. Das Gutheißen der Gewalt- und Willkürherrschaft des Nationalsozialismus bewirkt angesichts der geschichtlichen Realität mehr als eine bloße Konfrontation mit demokratischen und freiheitlichen Grundfesten.

(b) Geeignetheit

Eine Maßnahme ist geeignet, wenn durch sie der Zweck gefördert wird, wobei auch insoweit die Einschätzungsprärogative des Gesetzgebers zu berücksichtigen ist. Durch § 130 Abs. 4 StGB wird der Schutz der Demokratie wegen der an einen Verstoß anknüpfenden Bestrafung gefördert, sodass die Norm zur Zweckförderung geeignet ist.

(c) Erforderlichkeit

Die Regelung muss auch erforderlich sein. Eine Regelung ist erforderlich, wenn kein gleich geeignetes milderes Mittel denkbar ist, wobei wiederum die Einschätzungsprärogative des Gesetzgebers zu berücksichtigen ist. Jegliche Abschwächung der Strafe wäre zwar ein milderer Eingriff in die Meinungsfreiheit, weil jedenfalls der generalpräventive Effekt geringer wäre, jedoch wäre eine Abschwächung nicht gleich effektiv, sodass § 130 Abs. 4 StGB in der Gesetzesfassung erforderlich ist.

(d) Verhältnismäßigkeit i.e.S. bzgl. der Meinungsfreiheit

§ 130 Abs. 4 StGB kann verhältnismäßig im engen Sinne sein. Das setzt voraus, dass zwischen Mittel und Zweck keine Disproportionalität besteht. Durch die Norm wird weder generell eine zustimmende Bewertung von Maßnahmen des nationalsozialistischen Regimes noch eine positive Anknüpfung an Tage, Orte oder Formen, denen ein an diese Zeit erinnernder Sinngehalt mit gewichtiger Symbolkraft zukommt, verboten. Die Verwirklichung des Tatbestandes des § 130 Abs. 4 StGB ist vielmehr an die Gutheißung des Nationalsozialismus als historisch real gewordene Gewalt- und Willkürherrschaft geknüpft. Sie kann auch in der glorifizierenden Ehrung einer historischen Person erfolgen, wenn sich aus den konkreten Umständen ergibt, dass diese als Symbolfigur für die nationalsozialistische Gewalt- und Willkürherrschaft als solche steht. Da also der Zweck ebenso wie das Mittel in Form eines eingeschränkten Tatbestandes beschränkt ist und eine Disproportionalität nicht weiter ersichtlich ist, ist der Eingriff in die Meinungsfreiheit aus Art. 5 Abs. 1 S. 1 GG durch § 130 Abs. 4 StGB verhältnismäßig.

(5) Verfassungsgemäßheit des § 130 Abs. 4 StGB im Übrigen

§ 130 Abs. 4 StGB kann auch im Übrigen verfassungsgemäß sein. Das setzt voraus, dass die Norm mit sonstigen Regelungen des Grundgesetzes vereinbar ist.

(a) Art. 4 Abs. 1 GG

Unabhängig davon, ob der Nationalsozialismus als Weltanschauung vom Schutzbereich des Art. 4 Abs. 1 GG erfasst ist und unabhängig davon, ob ein Eingriff in Art. 4 Abs. 1 GG durch allgemeine Gesetze im Sinne der Artt. 140 GG, 136 Abs. 1, 137 Abs. 3 S. 1 WRV oder nur durch verfassungsimmanente Schranken gerechtfertigt werden kann, ist § 130 Abs. 4 StGB jedenfalls Ausdruck verfassungsimmanenter Schranken. Der Eingriff in Art. 4 Abs. 1 GG wäre gegebenenfalls jedenfalls ebenso verhältnismäßig und somit gerechtfertigt, wie der Eingriff in Art. 5 Abs. 1 S. 1 GG. Ein ungerechtfertigter Eingriff in Art. 4 Abs. 1 GG ist durch § 130 Abs. 4 StGB nicht erfolgt.

(b) Einzelfallgesetz

Da § 130 Abs. 4 StGB abstrakt bezüglich des Nationalsozialismus formuliert ist und nicht lediglich auf einen konkreten Anlass abgestellt wird, handelt es sich nicht verbotenerweise um ein Einzelfallgesetz im Sinne des Art. 19 Abs. 1 S. 1 GG.

(c) Art. 3 GG

Weder eine Verletzung des besonderen Gleichheitsgrundsatzes aus Art. 3 Abs. 3 S. 1 GG noch eine Verletzung des allgemeinen Gleichheitsgrundsatzes aus Art. 3 Abs. 1 GG ist anzunehmen, weil es aufgrund der einmaligen, in mehrfacher Hinsicht jede Dimension sprengenden, im Namen des deutschen Volkes begangenen Menschenrechtsverletzungen durch die nationalsozialistische Gewalt- und Willkürherrschaft jeweils an einem Vergleichspaar fehlt.

(d) Bestimmtheitsgebot gemäß Art. 103 Abs. 2 GG

§ 130 Abs. 4 StGB kann mit dem besonderen Bestimmtheitsgebot aus Art. 103 Abs. 2 GG unvereinbar sein. Dann muss der Tatbestand für eine Bestrafung nicht hinreichend konkret sein. Zwar kann die Vereinbarkeit der „Störung öffentlichen Friedens“ als strafbegründendes Tatbestandsmerkmal im Hinblick auf die Bestimmtheit problematisch sein, da der Terminus vielfältig offen und anfällig für ein Verständnis ist, das der grundlegenden Bedeutung der Freiheitsrechte in der grundgesetzlichen Ordnung nicht hinreichend Rechnung trägt. Allerdings ist das Tatbestandsmerkmal der „Störung des öffentlichen Friedens“ in einer Strafnorm dann hinreichend im Sinne des Art. 103 Abs. 2 GG bestimmt, wenn es durch andere Tatbestandsmerkmale konkretisiert wird, die bereits für sich allein die Strafandrohung zu tragen imstande sind. Es wirkt dann als ein

Korrektiv, das es erlaubt, grundrechtlichen Wertungen im Einzelfall Geltung zu verschaffen. Deshalb durfte der Gesetzgeber die öffentlich oder in einer Versammlung zum Ausdruck gebrachte Billigung, Verherrlichung oder Rechtfertigung der historischen nationalsozialistischen Gewalt- und Willkürherrschaft schon für sich jedenfalls grundsätzlich als strafwürdig und hinreichend bestimmt ansehen. § 130 Abs. 4 StGB ist somit hinreichend bestimmt.

bb) Zwischenergebnis

§ 130 Abs. 4 StGB ist verfassungsgemäß.

c) Verfassungskonforme Auslegung des Gefahrentatbestandes[21]

Da § 130 Abs. 4 StGB verfassungsgemäß ist und die Versammlung zum Gedenken an Rudolf Hess vom Wortlaut erfasst ist, kann die Klage nur Erfolg haben, wenn der Tatbestand des § 15 Abs. 1 VersG, bei dem auf § 130 Abs. 4 StGB Bezug genommen wird, nach verfassungskonformer Auslegung im Einzelfall nicht erfüllt ist. Die Verfassungsgemäßheit einer Norm steht der verfassungskonformen Auslegung auf Tatbestandsebene – soweit ein Auslegungsspielraum besteht – und im Einzelfall nicht entgegen.

Der verfassungsrechtliche Schutz der Meinungsfreiheit gebietet, dass „allgemeine Gesetze“ aus der Erkenntnis der wertsetzenden Bedeutung der Meinungsfreiheit im freiheitlich demokratischen Staat ausgelegt und so in ihrer das Grundrecht begrenzenden Wechselwirkung selbst wieder eingeschränkt werden müssen.

aa) Normauslegung

Auf der Ebene der Normauslegung führt Art. 5 Abs. 1 S. 1 GG zu einer im Rahmen der Tatbestandsmerkmale des betreffenden Gesetzes vorzunehmenden Abwägung zwischen der Bedeutung einerseits der Meinungsfreiheit und andererseits des Rechtsguts, in dessen Interesse sie eingeschränkt worden ist. Der Schutz des betroffenen Rechtsguts kann und muss umso mehr zurücktreten, wenn es sich um einen Beitrag zum geistigen Meinungskampf in einer die Öffentlichkeit wesentlich berührenden Frage durch einen dazu Legitimierten handelt. Deshalb ist bei der gebotenen Abwägung im Rahmen der Auslegung der unbestimmten

---

21 Abhängig davon, ob es um die Breitenwirkung einer abstrakt-generellen Regelung oder um den Einzelfall geht, kann eine verfassungskonforme Auslegung auf Tatbestands- oder auf Rechtsfolgenebene erfolgen.

Rechtsbegriffe des § 130 Abs. 4 StGB auch zu berücksichtigen, dass die Meinungsäußerungen, die Gegenstand der Strafbestimmung sind, die nationalsozialistische Vergangenheit Deutschlands bewerten und damit eine die Öffentlichkeit wesentlich berührende Frage betreffen.

Mit dem Merkmal „nationalsozialistische Gewalt- und Willkürherrschaft" hat der Gesetzgeber die Begrifflichkeit des § 194 StGB verwendet. Die in Bezug genommenen Maßnahmen sind abzugrenzen von staatlichen Maßnahmen unter der Herrschaft des Nationalsozialismus, die nicht Ausdruck gerade der nationalsozialistischen Gewalt- und Willkürherrschaft sind, sondern übliches „Regierungshandeln" darstellen. Die nationalsozialistische Gewalt- und Willkürherrschaft war gekennzeichnet durch den totalen Machtanspruch des Staates und die Leugnung von Menschenwürde, Freiheit und Gleichheit. Menschenrechtsverletzungen waren das für die nationalsozialistische Gewalt- und Willkürherrschaft charakteristische Merkmal. Die Äußerungen im Sinne des § 130 Abs. 4 StGB müssen sich also auf die von dem nationalsozialistischen Regime systematisch begangenen schweren Menschenrechtsverletzungen beziehen (vgl. Fischer, § 130, Rn 34). Meinungsäußerungen, die einzelne Aspekte der damaligen Staats- und Gesellschaftsordnung positiv bewerten, bei denen sich aber kein Bezug zur nationalsozialistischen Gewalt- und Willkürherrschaft und den sie kennzeichnenden Menschenrechtsverletzungen herstellen lässt, erfüllen den Tatbestand des § 130 Abs. 4 StGB nicht.

Die nationalsozialistische Gewalt- und Willkürherrschaft „billigt", wer sie gutheißt, also eine positive Stellungnahme dazu abgibt. Eine ausdrückliche Billigung wird im Gesetz nicht verlangt; vielmehr reicht die konkludente Billigung aus. Eine konkludente Billigung im Sinne des § 130 Abs. 4 StGB kann gegeben sein, wenn Verantwortungsträger oder Symbolfiguren des nationalsozialistischen Regimes positiv bewertet werden. Voraussetzung für die Annahme einer solchen konkludenten Billigung ist, dass aus dem Äußerungszusammenhang deutlich wird, dass die betreffende Person zumindest auch als Symbol für die Herrschaft des Nationalsozialismus als solche gemeint ist. Denn die Herrschaft des Nationalsozialismus in den Jahren 1933 bis 1945 bestand zu einem wesentlichen Teil aus Gewalt- und Willkürherrschaft; infolgedessen schließt die Billigung des Regimes, wenn sie durch positive Hervorhebung einer Führungsperson ohne Einschränkungen zum Ausdruck gebracht wird, die Billigung der ausgeübten Gewalt- und Willkürherrschaft ein. Dagegen erfüllen positive Äußerungen über einzelne auch führende Nationalsozialisten, die nur deren Person gelten und nicht mit einer Billigung des nationalsozialistischen Herrschaftssystems oder seiner Menschenrechtsverletzungen verbunden sind, den Straftatbestand des § 130 Abs. 4 StGB nicht. Das gilt selbst dann, wenn ihnen die Absicht zugrunde liegt, den Nationalsozialismus zu verharmlosen oder von Vorwürfen zu entlasten. Solche Äußerungen stehen ebenso wie positive Sachaussagen über bestimmte Aspekte des Nationalsozialismus ohne Bezug zur nationalsozialistischen Gewalt- und Willkürherrschaft unter dem Schutz der Meinungsfreiheit.

bb) Normanwendung

Auf der Stufe der Anwendung des § 130 Abs. 4 StGB ist wegen Art. 5 Abs. 1 S. 1 GG im Einzelfall zu verlangen, dass die Äußerungen, die als tatbestandsmäßig angesehen werden, zutreffend gedeutet werden. Die Meinungsfreiheit gebietet, den objektiven Sinn einer Äußerung zu ermitteln. Maßgeblich ist der Sinn, den die Äußerung nach dem Verständnis eines unvoreingenommenen und verständigen Publikums hat. Der Sinn der Äußerung ist ausgehend von ihrem Wortlaut unter Berücksichtigung des sprachlichen Kontextes, in dem sie steht, und den Begleitumständen, unter denen sie fällt, soweit diese für die Rezipienten erkennbar waren, festzulegen. Fernliegende Deutungen sind ebenso auszuschließen wie nicht tragfähige Annahmen einer verdeckten Äußerung. Zeigt sich, dass ein erheblicher Teil eines unvoreingenommenen und verständigen Publikums die Äußerung als mehrdeutig wahrnimmt, oder verstehen erhebliche Teile des Publikums den Inhalt jeweils unterschiedlich, ist bei der weiteren Prüfung von einem mehrdeutigen Inhalt auszugehen. Im Anwendungsbereich von Strafgesetzen ist Art. 5 Abs. 1 S. 1 GG verletzt, wenn das Gericht bei mehrdeutigen Äußerungen die zu der Annahme einer Strafbarkeit führende Auslegung zugrunde legt, ohne vorher mit nachvollziehbaren Gründen Deutungen ausgeschlossen zu haben, welche die Strafbarkeit nicht zu rechtfertigen vermögen. Dies ist verfassungsrechtlich geboten.

Müsste der sich Äußernde befürchten, wegen einer Deutung, die den gemeinten Sinn verfehlt, mit staatlichen Sanktionen belegt zu werden, könnte dies zur Unterdrückung einer zulässigen Äußerung führen und es könnten Einschüchterungseffekte eintreten, die dem Grundrecht der Kommunikationsfreiheit zuwiderliefen. Die zu befürchtenden einschüchternden Wirkungen würden nicht nur die individuelle Kommunikationsfreiheit beeinträchtigen, sondern es könnten darüber hinaus negative Auswirkungen auf die generelle Ausübung des Grundrechts und damit den Prozess der Meinungsbildung eintreten.

Es hätte also bei Beachtung dieser Grundsätze für ein unvoreingenommenes und verständiges Durchschnittspublikum am Ort der Versammlung klar erkennbar zu einer solchen Hervorhebung des Rudolf Hess kommen müssen, die wenigstens zur Billigung der nationalsozialistischen Gewalt- und Willkürherrschaft geführt hätte.

Die Person Rudolf Hess wäre in besonderer Weise positiv bewertet worden. Eine solche Beurteilung kommt bereits in dem Veranstaltungsthema „Gedenken an Rudolf Hess" zum Ausdruck. Der Begriff „Gedenken" meint in diesem Zusammenhang offensichtlich, dass man sich Rudolf Hess anerkennend erinnern werde (vgl. Duden, Deutsches Universalwörterbuch, 6. Aufl., S. 648 Stichwort „Gedenken"). Eine positive Bewertung lag auch in dem Motto der Versammlung „Rudolf Hess: Seine Ehre galt ihm mehr als die Freiheit". Unter „Ehre" ist die Achtung gegenüber einer Person zu verstehen, die sich in Gestalt der Selbstachtung auch auf das eigene Handeln und die eigene Einstellung bezieht (vgl. Brockhaus-Enzyklopädie, 21. Aufl., Bd. 7, S. 504, Stichwort „Ehre"). Indem zum Ausdruck gebracht wird, dass für Rudolf Hess die Selbstachtung wichtiger als seine Freiheit gewesen sei, wird er als unbeugsam und nur seinen Überzeugungen verpflichtet charakterisiert.

Bei der gebotenen Gesamtwürdigung drängt es sich auf, dass die Überhöhung der Person Rudolf Hess als stillschweigende Billigung des nationalsozialistischen Regimes in allen seinen Erscheinungsformen und damit auch als Gutheißen der von diesem Regime ausgeübten Gewalt- und Willkürherrschaft wahrgenommen worden wäre. Dazu hätte auch der Umstand beigetragen, dass nach den Feststellungen des Berufungsgerichts in dem Internetaufruf zu der umstrittenen Gedenkveranstaltung von „Initiative ergreifen für ein nationales und sozialistisches Deutschland" die Rede gewesen ist. Es kommt deshalb nicht darauf an, dass soweit ersichtlich die das nationalsozialistische Regime kennzeichnenden Menschenrechtsverletzungen nicht ausdrücklich gebilligt worden wären. Ebenso wenig ist entscheidungserheblich, ob bei isolierter Betrachtung einzelner Äußerungen diese mehrdeutig sind und in Betracht kommende Deutungsvarianten nicht als Gutheißen der nationalsozialistischen Gewalt- und Willkürherrschaft anzusehen wären. Entscheidend ist vielmehr, dass bei einer Gesamtwürdigung aller Äußerungen vor dem Hintergrund der Begleitumstände für einen damit vertrauten, unvoreingenommenen und verständigen Betrachter am Ort der geplanten Versammlung klar erkennbar gewesen wäre, dass das nationalsozialistische Regime in seiner Gesamtheit einschränkungslos gebilligt worden wäre.

(1) Verletzung der Würde

Auch mit einer Verletzung der Würde der Opfer der nationalsozialistischen Gewalt- und Willkürherrschaft kann zu rechnen gewesen sein. „Opfer" sind diejenigen Personen, die von den Gewalt- und Willkürmaßnahmen unter der nationalsozialistischen Herrschaft betroffen waren (vgl. Fischer, § 130, Rn 38). Das Merkmal „Würde", mit dem die Menschenwürde gemeint ist, bezeichnet den besonderen Wert- und Achtungsanspruch, der dem Menschen wegen seines Menschseins zukommt und der es verbietet, ihn zum bloßen Objekt des Staates zu machen oder ihn einer Behandlung auszusetzen, die seine Subjektqualität prinzipiell in Frage stellt. Das Merkmal der Würdeverletzung hat eigenständige Bedeutung. Geboten ist eine am konkreten Einzelfall ausgerichtete Prüfung, ob eine Würdeverletzung tatsächlich zu erwarten ist. Dies schließt es aus, eine unmittelbare Gefahr der Verletzung der Würde der Opfer deshalb als indiziert anzusehen, weil eine Billigung der das nationalsozialistische Regime kennzeichnenden Menschenrechtsverletzungen hinreichend wahrscheinlich ist. Für eine entsprechende Vermutung ist ebenfalls kein Raum. Der eigenständigen Bedeutung des in Rede stehenden Tatbestandmerkmals würde es auch nicht gerecht, wenn ein Regel-Ausnahme-Verhältnis in dem Sinne angenommen würde, dass in den Fällen der Billigung, Verherrlichung oder Rechtfertigung der nationalsozialistischen Gewalt- und Willkürherrschaft in der Regel auch das weitere Tatbestandsmerkmal der Verletzung der Menschenwürde der Opfer erfüllt ist und es hieran nur unter außergewöhnlichen Umständen fehlt. Vielmehr bedarf dieses Tatbestandsmerkmal stets der gesonderten Prüfung und Feststellung. Das schließt nicht aus, dass in einer großen Zahl von Fällen die Billigung etc. der nationalsozialistischen Willkür- und Gewaltherrschaft mit der Verletzung der Menschenwürde der Opfer einhergeht.

Es war von einer Verletzung der Menschenwürde auszugehen, weil es bei Durchführung der Versammlung zu einer uneingeschränkten Billigung des gesamten nationalsozialistischen Herrschaftssystems mitsamt allen seinen verbrecherischen Untaten und damit insbesondere auch der menschenverachtenden Verfolgung und Ermordung von Millionen Juden aus rassischen Gründen gekommen wäre. In der öffentlichen und auch verdeckten, aber gleichwohl wie hier klar erkennbaren Identifikation mit der nationalsozialistischen Rassenideologie ist stets ein Angriff auf die Menschenwürde der getöteten und überlebenden Opfer dieser Ideologie zu sehen.

(2) Störung des öffentlichen Friedens

Auch der öffentliche Frieden hätte durch die zum Gedenken an Rudolf Hess geplante Veranstaltung gestört sein können. Der öffentliche Frieden ist unter anderem gestört, wenn das Vertrauen der Öffentlichkeit in die öffentliche Rechtssicherheit erschüttert ist. § 130 Abs. 4 StGB ist nicht als abstraktes Gefährdungs-, sondern als Erfolgsdelikt ausgestaltet. Die Störung des öffentlichen Friedens muss deshalb tatsächlich eingetreten sein. Eine Eignung zur Friedensstörung genügt nicht.

Bei der Prüfung einer unmittelbaren Gefahr im Sinne des § 15 Abs. 1 VersG ist wie bei der Beurteilung einer Gefahr der Verletzung der Würde der Opfer zu ermitteln, ob die Friedensstörung nach den erkennbaren Umständen tatsächlich unmittelbar bevorsteht. Dies schließt es aus, eine unmittelbare Gefahr der Störung des öffentlichen Friedens im Falle der drohenden Billigung der nationalsozialistischen Gewalt- und Willkürherrschaft in einer die Würde der Opfer verletzenden Weise als indiziert anzusehen. Die Gefahr der Friedensstörung kann auch nicht unter Hinweis darauf vermutet werden, dass die Verletzung der übrigen Tatbestandsmerkmale des § 130 Abs. 4 StGB fast mit Gewissheit zu erwarten sei. Eine entsprechende Regel besteht ebenfalls nicht. Bei Durchführung der Versammlung zum Gedenken an Rudolf Hess wäre eine Störung des öffentlichen Friedens zu erwarten gewesen, weil die Veranstaltung voraussichtlich in der Öffentlichkeit nicht unbemerkt geblieben wäre, sondern weit über die Stadt hinaus Beachtung gefunden und insbesondere bei überlebenden Opfern und bei den Nachkommen der getöteten Opfer die verständliche Angst vor künftigen Angriffen auf ihre Menschenwürde und vor der gefährlichen Ausbreitung des zugrunde liegenden Gedankenguts ausgelöst hätte. Nach alledem wäre der Tatbestand des § 130 Abs. 4 StGB auch bei verfassungskonformer Auslegung aller Wahrscheinlichkeit nach zeitnah erfüllt worden.[22]

d) Ordnungspflicht

V ist als Handlungsstörer gemäß § 13 Abs. 1 ASOG, der mangels Regelung im Versammlungsgesetz ergänzend anwendbar ist, ordnungspflichtig, weil er als Veranstalter die Rahmenvoraussetzungen der Versammlung zum Gedenken an Rudolf Hess schafft.

e) Zwischenergebnis

Der Tatbestand des § 15 Abs. 1 VersG ist auch nach verfassungskonformer Auslegung erfüllt.

---

22 Die verfassungsrechtlichen Ausführungen zum Einzelfall erfolgten bezogen auf § 130 Abs. 4 StGB, der wiederum im Tatbestand des § 15 Abs. 1 VersG maßgeblich ist. Auf der Rechtsfolgenseite des § 15 Abs. 1 VersG bedarf es gegebenenfalls wieder der verfassungskonformen Auslegung im Einzelfall.

III. Rechtsfolge

Rechtsfolge ist Ermessen. Ermessensfehler sind trotz verfassungskonformer Auslegung im Sinne des Art. 5 Abs. 1 S. 1 GG auch auf der Rechtsfolgenseite des Einzelaktes nach § 15 Abs. 1 VersG mit ähnlicher Argumentation wie auf der Tatbestandsseite inzident beim Einzelfall bezüglich des § 130 Abs. 4 StGB nicht ersichtlich. Das Versammlungsverbot ist rechtmäßig.

C. Ergebnis

Die Klage wird abgewiesen.

Besonderes Verwaltungsrecht – Fall 9 – VersR: „Nur zu Besuch: Habemus Papam!“ (Berlin)

Für den 22. September ist in Berlin ein Besuch des Oberhaupts der katholischen Kirche, Papst Benedikt XVI., angekündigt. Der Papst soll an diesem Tag in einem katholischen Dom eine Predigt halten, bei der die Anwesenheit diverser hochrangiger Persönlichkeiten geplant ist.

V ist schon seit Jahren aufgrund einiger Skandale ein scharfer Kritiker der katholischen Kirche und engagiert sich diesbezüglich mit einer Gruppe Gleichgesinnter. Im Rahmen des Besuches möchte die Gruppe nun eine Versammlung in unmittelbarer Nähe des Doms durchführen um ihre kritischen Standpunkte hinreichend deutlich zu machen und nach Möglichkeit auch die Aufmerksamkeit des Papstes selbst auf die Stellungnahme zu ziehen. Sie meldet daher für den 22. September eine Veranstaltung auf der sogenannten Domplatte – direkt rechts neben dem Haupteingang der Kathedrale – für den Zeitraum von 16 bis 21 Uhr an. Genau zu dieser Uhrzeit soll die Predigt des Papstes gehalten werden.

Die zuständige Versammlungsbehörde ist entsetzt, da sie der Auffassung ist, dass die Sicherheitslage der hochrangigen Persönlichkeiten durch einen derartigen Menschenauflauf in unmittelbarer Nähe zum Dom massiv verschlechtert werden würde. Zudem seien die beengten räumlichen Verhältnisse gefährlich, da es – für den Fall des Ausbruches einer Panik – kaum Fluchtmöglichkeiten zur Seite gäbe. Die Veranstalter halten jedoch entgegen, dass es nur in räumlicher Nähe zum Dom möglich und wahrscheinlich sei, dass der Papst ihre Protestkundgabe überhaupt persönlich wahrnehme. Sie machen daher geltend, dass ihnen im Rahmen des Art. 8 GG ein Selbstbestimmungsrecht über den Ort und den Zeitpunkt der Versammlung zusteht. Nach gescheiterten Verhandlungen zum Thema, bei denen die Behörde mehrere Ausweichplätze vorgeschlagen hatte, wird schließlich eine zwingende Auflage erlassen, mittels derer festgelegt wird, dass statt der Domplatte auf der beengten Seite der Kathedrale der wesentlich weitläufigere Vorplatz zu nutzen sei. Von dort aus bestehe zwar kein Sichtfeld mehr zum Haupteingang, durch den der Papst ziehen wird, jedoch sind die Fluchtmöglichkeiten – im Fall des Ausbruchs einer Panik – wesentlich besser. Zudem ist der Vorplatz deutlich tiefer gelegen als der Dom selbst und ein Erreichen der Kathedrale nur über eine große Treppe möglich. Die Sicherung wird dadurch stark vereinfacht. Die Auflage wird für sofort vollziehbar erklärt und der Antrag des V auf einstweiligen Rechtsschutz bleibt ohne Erfolg.

Am Morgen des 22. September treffen die ersten, besonders radikalen, schon in der Vergangenheit durch teilweise gewaltsames Verhalten aufgefallenen und erneut mit gleichen radikalen Äußerungen wie in der Vergangenheit auftretenden Demonstranten in Berlin am Hauptbahnhof ein und werden dort zu ihrer Überraschung bereits von Polizeibeamten in Empfang genommen, die ihre Identität feststellen und zeitaufwendige Personenkontrollen durchführen, um gegebenenfalls vorhandene Waffen oder gefährliche Gegenstände zu konfiszieren. Die radikalen Demonstranten sind mit gleichen Handlungen in jüngster Vergangenheit – einige Wochen und Monate zuvor – aktiv gewesen und haben für Gewalteskalation mit Verletzungen und Todesfolgen gesorgt. Auch die Identität des V wird festgestellt. Trotzdem erreichen alle Demonstranten die Versammlung rechtzeitig.

Im späteren Verlauf der Veranstaltung heizt sich die Stimmung unter den Anti-Katholiken immer mehr auf, als ein Film mit einer früheren Rede des Papstes zum Thema Empfängnisverhütung in der dritten Welt gezeigt wird. Größere Gruppen beginnen die Treppe hinauf zu drängen, um von dort aus ihre Meinungskundgabe in Richtung des Haupteingangs der Kathedrale auf der Vorderseite zu verstärken. In diesem Zuge kommt es zu Ausschreitungen gegenüber den zum Schutz abgestellten Polizeibeamten. Daraufhin löst die Versammlungsbehörde die Versammlung auf und fordert alle Teilnehmer auf, den Ort unverzüglich zu verlassen. Da die Aufforderung nicht befolgt wird, werden die verbleibenden Demonstranten nach zweifacher Androhung und Festsetzung des Zwangsmittels gewaltsam abgedrängt.

Der Veranstalter V meint, dass die vor dem Beginn der Veranstaltung ausgesprochene Auflage zur örtlichen Verlegung rechtswidrig gewesen sei. Auch der Einsatz der Polizei am Versammlungstag selbst – sowohl im Vorfeld, als auch während der Versammlung – seien in der erfolgten Form nicht gerechtfertigt gewesen. Er erhebt daher Klagen vor dem Verwaltungsgericht, weil er befürchtet, dass sich eine gleiche Vorgehensweise der Behörde beim nächsten Papstbesuch, der in sechs Monaten stattfinden soll und bezüglich dessen V eine vergleichbare Versammlung plant, wiederholt.

1. Komplex

Wie wird das Gericht bezüglich der örtlichen Verlegung, der Identitätsfeststellung im Vorfeld sowie der Versammlungsauflösung und der Anordnung, den Platz zu verlassen, entscheiden, wenn die Behörde die Verfahrens- und Formvorschriften eingehalten hat?

2. Komplex

Wie wird das Gericht bezüglich des Abdrängens der Personen vom Platz entscheiden?

Bearbeitungsvermerk

Gehen Sie davon aus, dass sämtliche Handlungen der Behörde formell rechtmäßig sind, wobei die Art und Weise einer Vollstreckung davon nicht erfasst ist. Soweit es auf die Anwendung des Zwanges im Sinne des Gesetzes über die Anwendung unmittelbaren Zwanges bei der Ausübung öffentlicher Gewalt durch Vollzugsbeamte des Landes Berlin (UZwG Berlin) ankommt, ist diese rechtmäßig gewesen. Soweit es um Grundrechte geht, ist die Versammlungsfreiheit im Verhältnis zur Meinungsfreiheit im Schwerpunkt betroffen, sodass Art. 5 Abs. 1 S. 1 Alt. 1 GG insoweit nicht maßgeblich ist.

Schwerpunkte

Polizeifestigkeit des Versammlungsrechts
Vorfeldmaßnahmen
Auflösung der Versammlung
verfassungskonforme Auslegung im Versammlungsrecht

Vertiefung

VG Berlin, Beschluss vom 14.9.2011 – 1 L 302.11; BVerfG, eA vom 26.1.2001 – Az. 1 BvQ 9/01, VG Lüneburg, Urteil vom 30.3.2004 – 3 A 116/02; Trurnit, in: NVwZ 2012, 1079.

Gliederung

1. Komplex: Örtliche Verlegung, Identitätsfeststellung, Versammlungsauflösung und Platzverweis

A. Sachurteilsvoraussetzungen (+)
  I. Rechtsweg (+)
  II. Zuständigkeit (+)
  III. Beteiligte (+)
  IV. Statthafte Klageart
    1. Systematik und Wortlaut (–)
    2. Analogie bei Erledigung vor Klageerhebung (+)
    3. Analogie in Verpflichtungskonstellationen (+/–)
    4. Objektive Klagehäufung (+)
    5. Zwischenergebnis
  V. Besondere Sachurteilsvoraussetzungen (+)
    1. Besondere Prozessführungsbefugnis (+)
    2. Fortsetzungsfeststellungsinteresse (+)

3. Weitere besondere Sachurteilsvoraussetzungen im Sinne der §§ 42 Abs. 2, 68 ff. VwGO (+/–)
   a) Zeitraum vor der Erledigung (+)
   aa) Klagebefugnis (+)
   bb) Vorverfahren und Widerspruchsfrist (+/–)
   cc) Klagefrist (+)
   b) Zeitraum nach Erledigung (–)

VI. Allgemeines Rechtsschutzbedürfnis (+)

VII. Zwischenergebnis

B. Begründetheit (–)

I. Örtliche Verlegung
1. Rechtsgrundlage (+)
2. Voraussetzungen (+)
   a) Formell (+)
   b) Materiell (+)
   aa) Versammlung (+)
   bb) Gefahrentatbestand (+)
   cc) Ordnungspflicht (+)
3. Rechtsfolge
4. Zwischenergebnis

II. Identitätsfeststellung
1. Rechtsgrundlage (+)
   a) Versammlungsgesetz (–)
   b) Polizeirecht (+)
   c) Zwischenergebnis
2. Voraussetzungen (+)
   a) Formelle Voraussetzungen (+)
   b) Materielle Voraussetzungen (+)
   aa) Gefahr (+)
   bb) Polizeipflicht (+)
3. Rechtsfolge
   a) Zur Erfüllung des Zwecks geeignet und erforderlich (+)
   b) Verhältnismäßigkeit im engen Sinne (+)
4. Zwischenergebnis

III. Versammlungsauflösung
1. Rechtsgrundlage (+)
2. Voraussetzungen (+)
   a) Formelle Voraussetzungen (+)
   b) Materielle Voraussetzungen (+)

3. Rechtsfolge
4. Zwischenergebnis

IV. Platzverweis
1. Rechtsgrundlage (+)
2. Voraussetzungen (+)
a) Formelle Voraussetzungen (+)
b) Materielle Voraussetzungen (+)
3. Rechtsfolge

C. Ergebnis

2. Komplex: Abdrängen der Personen

A. Sachurteilsvoraussetzungen (+)
I. Rechtsweg (+)
II. Zuständigkeit (+)
III. Beteiligte (+)
IV. Statthafte Klageart
1. Abdrängen als Duldungsverwaltungsakt (–)
2. Realhandlung (+)
3. Allgemeine Feststellungsklage
4. Klageverbindung (+)
V. Besondere Sachurteilsvoraussetzungen (+)
1. Besondere Prozessführungsbefugnis
2. Feststellungsinteresse
3. Keine Subsidiarität (+)
VI. Klagebefugnis (+/–)
VII. Allgemeines Rechtsschutzbedürfnis (+)
VIII. Zwischenergebnis

B. Begründetheit (–)
I. Rechtsgrundlage Vollstreckung (+)
II. Voraussetzungen (+)
1. Vollstreckbarer Verwaltungsakt (+)
a) Ge-/Verbotsverfügung (+)
b) Wirksamkeit (+)
c) Vollziehbarkeit (+)
2. Art und Weise (+)
a) Androhung (+)
b) Festsetzung (+)
c) Anwendung (+)
3. Kein Vollstreckungshindernis (+)

III. Rechtsfolge
IV. Zwischenergebnis
C. Ergebnis

Lösungsvorschlag

Die folgende Lösung ist als Lösungsvorschlag zu verstehen und ausführlicher, als es in der Klausurbearbeitung verlangt werden kann. Aufgrund der wissenschaftlichen Freiheit können andere Lösungswege vertreten werden, soweit sie dogmatisch begründbar sind. Die Nachweise aus Rechtsprechung und Literatur sowie die das Verständnis fördernden Randbemerkungen sind in der Examensklausur auszusparen. Die Abkürzung „Alt.“ steht für Alternativfall, nicht für Alternative.

1. Komplex: Örtliche Verlegung, Identitätsfeststellung, Versammlungsauflösung und Platzverweis

Die Klage des V hat jedenfalls Erfolg, soweit die Sachurteilsvoraussetzungen erfüllt sind, die Klage zulässig und begründet ist.

A. Sachurteilsvoraussetzungen

Die Sachurteilsvoraussetzungen können erfüllt sein.[1]

I. Rechtsweg

Der Verwaltungsrechtsweg kann mangels aufdrängender Sonderzuweisung gemäß § 40 Abs. 1 S. 1 VwGO eröffnet sein. Im Übrigen kommt ein Verweisungsbeschluss im Sinne des § 17a Abs. 2 GVG i.V.m. § 173 VwGO in Betracht. Der Verwaltungsrechtsweg ist eröffnet, wenn eine öffentlich-rechtliche Streitigkeit nicht verfassungsrechtlicher Art besteht, also wenn durch die streitentschei-

1 **Hinweis:** Andere Aufbauvarianten werden vertreten (z.B. dreistufig oder Prüfung des Verwaltungsrechtsweges als Untergliederungspunkt der Zuständigkeit des Gerichts). Derartige Aufbauvarianten sind aber mit § 17a Abs. 2 GVG bzw. mit der Überschrift des 6. Abschnitts der VwGO sowie mit § 83 VwGO unvereinbar und daher bei exakter dogmatischer Zuordnung der Prüfungspunkte nicht zu empfehlen. Die Überschrift „Sachurteilsvoraussetzungen“ anstelle der Überschrift „Zulässigkeit“ ist sinnvoll, weil nach § 63 Nr. 3 VwGO auch der Beigeladene zu den Beteiligten gehört, das Fehlen einer notwendigen Beiladung im Sinne des § 65 Abs. 2 VwGO aber nur dazu führt, dass das Urteil keine materielle Rechtskraft entfaltet.

Zum Aufbau der Prozessstation: Heinze/Starke JURA 2012, 175 ff.

dende Norm ein Hoheitsträger einseitig berechtigt oder verpflichtet wird bzw. wenn aufgrund typisch hoheitlichen Handelns zwischen den Beteiligten ein Subordinationsverhältnis besteht.

Als streitentscheidende Normen kommen die §§ 15 VersG, 21 Abs. 1 ASOG, 29 Abs. 1 ASOG, 18 Abs. 1 VwVG in Betracht, mittels derer der zuständigen Behörde bzw. der Polizei unter bestimmten Voraussetzungen weitgehende Eingriffsbefugnisse verliehen werden. Diesbezüglich handeln die Behörden auch regelmäßig hoheitlich im Rahmen der ihnen zugewiesenen typisch hoheitlichen Handlungsformen, sodass regelmäßig ein Subordinationsverhältnis begründet wird, wobei jeweils jedenfalls ein Sachzusammenhang zum öffentlichen Recht besteht. Zumindest bezüglich der Auflage zur örtlichen Verlegung der nahe des Doms erfolgten Versammlung mittels der verbindlichen Anordnung in Form eines Verwaltungsaktes im Sinne des § 35 VwVfG i.V.m. § 1 Abs. 1 Bln VwVfG wird somit typisch hoheitlich gehandelt. Eine öffentlich-rechtliche Streitigkeit besteht. Da diese mangels doppelter Verfassungsunmittelbarkeit nicht verfassungsrechtlicher Art und eine abdrängende Sonderzuweisung nicht ersichtlich ist, bleibt es bei der Eröffnung des Verwaltungsrechtsweges. Der Verwaltungsrechtsweg ist gemäß § 40 Abs. 1 S. 1 VwGO eröffnet.

II. Zuständigkeit

Das Verwaltungsgericht ist gemäß § 45 VwGO als Eingangsinstanz für öffentlich-rechtliche Streitigkeiten sachlich zuständig, da Anhaltspunkte für abweichende Regelungen wie z.B. § 50 VwGO nicht ersichtlich sind. Die örtliche Zuständigkeit ergibt sich mangels gegenteiliger Anhaltspunkte aus § 52 VwGO. Ein Verweisungsbeschluss gemäß § 17a Abs. 2 GVG i.V.m. § 83 VwGO wird nicht gefasst werden.[2]

III. Beteiligte

V und die zuständige Versammlungsbehörde können Beteiligte des Verfahrens sein. Beteiligte sind nach § 63 Nr. 1, 2 VwGO jedenfalls unter anderem Kläger

---

2 Die örtliche Zuständigkeit ist anzusprechen, wenn es dafür Anhaltspunkte im Sachverhalt gibt. Im Übrigen ist die Prüfung derselben sinnvoll – allerdings nicht notwendig. Gegebenenfalls ist die örtliche Zuständigkeit im Anschluss an die sachliche Zuständigkeit zu prüfen. Ist sie jedoch gemäß § 52 Nr. 2 VwGO ausnahmsweise von der Klageart abhängig, muss sie von der sachlichen Zuständigkeit getrennt nach der Klageart oder deren besonderen Sachurteilsvoraussetzungen bzw. Sachentscheidungsvoraussetzungen erörtert werden, obwohl § 17a Abs. 2 GVG gemäß § 83 VwGO entsprechend anwendbar ist.

und Beklagter, beteiligungsfähig nach § 61 Nr. 1 VwGO natürliche und juristische Personen. Behörden sind gemäß § 61 Nr. 3 VwGO in Verbindung mit dem Landesrecht in Berlin nicht beteiligungsfähig.

Als Kläger ist V nur bezüglich der Identitätsfeststellung und des Platzverweises gemäß § 61 Nr. 1 Alt. 1 VwGO beteiligungsfähig und gemäß § 62 Abs. 1 Nr. 1 VwGO prozessfähig, während er im Übrigen als Veranstalter einer Versammlung auftritt und daher eine Vereinigung vertritt. Seine Beteiligungsfähigkeit richtet sich daher im Übrigen nach § 61 Nr. 2 VwGO und er ist im Übrigen gemäß § 62 Abs. 3, Abs. 1 Nr. 1 VwGO prozessfähig.

Als Beklagter ist der Rechtsträger der Behörde maßgeblich. Da die Versammlungsbehörde als Behörde zuständig ist, ist das Land Berlin als Rechtsträger gemäß §§ 63 Nr. 2, 61 Nr. 1 Alt. 2 VwGO beteiligungs- und mangels Anhaltspunkten bezüglich des für die Behörde handelnden Organwalters gemäß § 62 Abs. 3, Abs. 1 Nr. 1 VwGO prozessfähig.

IV. Statthafte Klageart

Die statthafte Klageart richtet sich gemäß § 88 VwGO nach dem klägerischen Begehren unter Berücksichtigung des Anwendungsvorranges maßnahmespezifischer Rechtsschutzformen und des rechtsstaatlichen Grundsatzes der Effektivität des Rechtsschutzes. Dem klägerischen Begehren entspricht regelmäßig die effektivste Klageart, also nach Möglichkeit die Anfechtungsklage gemäß § 42 Abs. 1 Alt. 1 VwGO als Gestaltungsklage der Verwaltungsgerichtsordnung,[3] es sei denn, es gibt einen ausdrücklichen Antrag, der nicht überschritten werden darf. Voraussetzung der Anfechtungsklage ist, dass der Kläger die Aufhebung eines gegenwärtig wirkenden Verwaltungsaktes erstrebt. Ein Verwaltungsakt ist gemäß § 35 S. 1 VwVfG i.V.m. § 1 Abs. 1 Bln VwVfG jede Verfügung, Entscheidung oder andere hoheitliche Maßnahme, die eine Behörde zur Regelung eines Einzelfalls auf dem Gebiet des öffentlichen Rechts trifft und die auf unmittelbare Rechtswirkung nach außen gerichtet ist. V möchte einen Verwaltungsakt, nämlich den im Vorfeld der Versammlung ergangenen Bescheid beseitigt wissen, in welchem die Auflage der örtlichen Verlegung festgelegt worden ist. Zudem möchte er die anderen hoheitlichen Maßnahmen – die Identitätsfeststellung, die Versammlungsauflösung und den Platzverweis – angreifen. Auch diese ergingen mit unmittelbarer Regelungswirkung für den Einzelfall und sind somit als Verwaltungsakte einzustufen, wenngleich durch die Identitätsfeststellung jeweils ein einzelner Adressat

3 Die Anfechtungsklage ist besonders rechtsschutzintensiv, weil das Gericht als Judikative mittels einer Durchbrechung der Gewaltenteilung einen Verwaltungsakt als Rechtssetzungsakt der Exekutive aufhebt.

im Sinne des § 35 S. 1 VwVfG i.V.m. § 1 Abs. 1 Bln VwVfG betroffen ist, während die Versammlungsauflösung und der Platzverweis auf einen bestimmten Adressatenkreis beschränkt und daher als Allgemeinverfügungen im Sinne des § 35 S. 2 Var. 1 VwVfG i.V.m. § 1 Abs. 1 Bln VwVG einzuordnen sind.

Das seitens des V ursprünglich Erstrebte kann sich allerdings erledigt haben. Eine Erledigung kann gemäß § 43 Abs. 2 VwVfG i.V.m. § 1 Abs. 1 Bln VwVfG durch Rücknahme, Widerruf, anderweitige Aufhebung, Zeitablauf oder andere Weise erfolgen. Jedenfalls ist mit dem Ende der Versammlung und der Entfernung der Demonstranten vom Platz eine Erledigung durch Zeitablauf eingetreten. Das gilt auch bezüglich der Identitätsfeststellung, weil zwar die Daten weiterhin gespeichert sein mögen, jedoch die tatsächliche Identitätsfeststellungshandlung vorüber ist. Somit kann durch Aufhebung der ergangenen Verwaltungsakte keine tatsächliche, unmittelbare Änderung mehr für V erzielt werden.

In Betracht kommt als statthafte Klageart eine Fortsetzungsfeststellungsklage gemäß § 113 Abs. 1 S. 4 VwGO als besondere und damit gegenüber der allgemeinen Feststellungsklage gemäß § 43 Abs. 1 VwGO speziellere Feststellungsklage.[4]

1. Systematik und Wortlaut

Von der im Gesetz ausdrücklich geregelten Konstellation der Fortsetzungsfeststellungsklage ist die Erledigung des Verwaltungsaktes nach Klageerhebung erfasst. Zwar hat der Gesetzgeber in § 113 Abs. 1 S. 4 VwGO die Formulierung „vorher" gewählt, jedoch ist damit nicht eine Erledigung vor Klageerhebung, sondern der Zeitpunkt vor der letzten mündlichen Tatsachenverhandlung bzw. bei Entbehrlichkeit einer mündlichen Verhandlung zum Beispiel gemäß § 101 Abs. 2 VwGO der Zeitpunkt des Urteilsspruches gemeint. Wie sich nämlich der Überschrift des 9. Abschnittes der Verwaltungsgerichtsordnung entnehmen lässt, sind in den §§ 81 ff. VwGO – also auch in § 113 Abs. 1 S. 4 VwGO – Geschehnisse nach dem Eintritt der Rechtshängigkeit geregelt. Zudem besteht ein Annex des § 113 Abs. 1 S. 4 VwGO zu § 113 Abs. 1 S. 1 VwGO, in dem die Anhängigkeit einer Klage vorausgesetzt wird. Die Erledigung aus der Sicht des V er-

4 Die FFK ist nach h.M. eine eigenständige besondere Feststellungsklage, nicht jedoch ein Unterfall der allgemeinen Feststellungsklage, weil die allgemeine Feststellungsklage anders als die FFK nicht von einer anderen Klageart abhängig ist (Heinze/Sahan JA 2007, 806 ff. m.w.N.). Deshalb kann nicht beim Prüfungspunkt „statthafte Klageart" zunächst nur die Feststellungsklage genannt werden, um dann erst bei den besonderen Sachurteilsvoraussetzungen die Merkmale der FFK zu nennen. Im Übrigen müsste dies ggf. konsequent dann auch für die Verpflichtungsklage gelten, die lediglich eine besondere Leistungsklage ist.

folgte auch spätestens mit Beendigung der Versammlung und dem Verdrängen der Versammlungsteilnehmer vom Versammlungsort, sodass die Erledigung bereits vor Klageerhebung eingetreten ist. Insofern ist das Begehren des V von der gesetzlichen Konstellation des § 113 Abs. 1 S. 4 VwGO nicht erfasst.

2. Analogie vor Klageerhebung

Fraglich ist, ob die Fortsetzungsfeststellungsklage über den Gesetzeswortlaut bei Erledigung vor Klageerhebung analog anwendbar ist.

Unabhängig von einer möglichen gewohnheitsrechtlichen Anerkennung der Anwendung der Fortsetzungsfeststellungsklage bei einer Erledigung eines Verwaltungsaktes vor Klageerhebung kann die Analogie auch dogmatisch begründbar sein.[5] Voraussetzung einer analogen Anwendung der Fortsetzungsfeststellungsklage bei einer Erledigung des Verwaltungsaktes vor Klageerhebung ist zunächst eine planwidrige Gesetzeslücke. Es darf daher keine andere normierte Klageart bei Erledigung vor Klageerhebung einschlägig sein. Eine Anfechtungs- bzw. Verpflichtungsklage kommt jedenfalls deshalb nicht in Betracht, weil dem Kläger wegen des Wegfalls der Beschwer bzw. des Begehrens das Rechtsschutzbedürfnis, dessen besondere Ausprägung die Klagebefugnis darstellt, fehlt. Eine Nichtigkeitsfeststellungsklage ist nur bei einem nach § 44 VwVfG i.V.m. § 1 Abs. 1 Bln VwVfG nichtigen Verwaltungsakt die geeignete Klageart, jedoch nicht bei der Feststellung der bloßen Rechtswidrigkeit eines Verwaltungsaktes. Die einzige in Betracht kommende Klageart ist die allgemeine Feststellungsklage nach § 43 Abs. 1 VwGO, von der auch erledigte konkrete Rechtsverhältnisse erfasst sind. Es müsste somit die zur analogen Anwendung der Fortsetzungsfeststellungsklage bei einer Erledigung des Verwaltungsaktes vor Klageerhebung erforderliche gesetzliche Regelungslücke abgelehnt werden, wenn die allgemeine Feststellungsklage einschlägig wäre. Voraussetzung der allgemeinen Feststellungsklage ist es aber, dass das Bestehen oder Nichtbestehen eines konkreten Rechtsverhältnisses festgestellt werden soll.

---

5 Die These, dass es einer Erörterung des Streitstandes nicht mehr bedarf, weil das BVerwG die analoge Anwendung der FFK gelegentlich nicht mehr ausdrücklich benennt, überzeugt nicht. Zwar erörtert das BVerwG die genaue Klageart nicht immer, jedoch prüft es bei erledigten Verwaltungsakten eingeschränkt die besonderen Sachurteilsvoraussetzungen der §§ 68 ff. VwGO und stellt insoweit eine Abhängigkeit zur Anfechtungs- bzw. Verpflichtungsklage her. Eine solche Abhängigkeit von einer anderen Klageart gibt es bei der allgemeinen Feststellungsklage nicht. Somit ergibt sich aus den Erörterungen des BVerwG, dass es bei Erledigung vor Klageerhebung eine analoge Anwendung des § 113 Abs. 1 S. 4 VwGO annimmt, nicht aber auf eine allgemeine Feststellungsklage gemäß § 43 Abs. 1 VwGO abstellt.

Zur Fortsetzungsfeststellungsklage insgesamt: Heinze/Sahan JA 2007, 806 ff. m.w.N.

Ein konkretes Rechtsverhältnis ist eine rechtliche Beziehung zwischen Personen oder Personen und Sachen, die sich aus einer rechtlichen Regelung ergibt. Ein Verwaltungsakt ist jedoch selbst ein Rechtssetzungsakt der Exekutive und stellt daher eine rechtliche Regelung dar. Ein Verwaltungsakt kann daher zwar auf einem Rechtsverhältnis beruhen oder ein solches begründen, jedoch kann er selbst kein solches darstellen, weil zwischen der Regelung selbst und der von ihr ausgehenden Rechtsbeziehung zu trennen ist.

Auf das dem Verwaltungsakt vor- oder nachgelagerte Rechtsverhältnis als konkretes Rechtsverhältnis im Rahmen einer allgemeinen Feststellungsklage kann für die Ablehnung einer gesetzlichen Regelungslücke bei der Erwägung einer analogen Anwendung der Fortsetzungsfeststellungsklage nicht abgestellt werden, weil das vor- oder nachgelagerte Rechtsverhältnis nicht Gegenstand des Klageantrages ist. Zwar ist eine derartige allgemeine Feststellungsklage bezüglich des dem Verwaltungsakt vor- bzw. nachgelagerten Rechtsverhältnisses denkbar, jedoch entspricht dessen Prüfung nicht dem Klagebegehren, denn das vorgelagerte Rechtsverhältnis würde, selbst wenn es trotz des anders lautenden Klageantrages als konkretes Rechtsverhältnis herangezogen werden würde, keinen zwingenden Schluss auf die Rechtswidrigkeit des erledigten Verwaltungsaktes zulassen.

Auch eine die Feststellung des Bestehens oder des Nichtbestehens des nachgelagerten Rechtsverhältnisses betreffende Klage ließe keinen zwingenden Rückschluss auf die Rechtmäßigkeit bzw. Rechtswidrigkeit des dem Kläger gegenüber erlassenen bzw. von ihm erstrebten Verwaltungsaktes zu, weil ein solcher schon mit seiner Rechtswirksamkeit unabhängig von seiner Rechtmäßigkeit Wirkung entfaltet. Des Weiteren spricht für einen Ausschluss der allgemeinen Feststellungsklage, dass eine Anfechtungs- bzw. eine Verpflichtungsklage stets entsprechend dem Gesetzeswortlaut des § 43 Abs. 2 S. 1 VwGO „hätte erhoben werden können“, wenn sich der Verwaltungsakt nicht erledigt hätte. Zudem erscheint es systemfremd, je nach dem zufälligen Zeitpunkt der Erledigung des Verwaltungsaktes unterschiedliche Klagearten – Anfechtung und allgemeine Feststellung – mit einem jeweils unterschiedlichen Klagegegenstand und unterschiedlichen Voraussetzungen für dasselbe Klagebegehren heranzuziehen, während bei einer Fortsetzungsfeststellungsklage im Sinne des § 113 Abs. 1 S. 4 VwGO ebenso wie bei einer Anfechtungs- und Verpflichtungsklage im Sinne des § 42 Abs. 1 VwGO ein Verwaltungsakt den Klagegegenstand darstellt.

Ein weiteres Argument für die Annahme einer planwidrigen Gesetzeslücke und somit für eine analoge Anwendung der Fortsetzungsfeststellungsklage bei einer Erledigung des Verwaltungsaktes vor Klageerhebung ergibt sich aus dem Sinn und Zweck der Regelung des § 113 Abs. 1 S. 4 VwGO. Der Gesetzgeber sah offenbar ein Bedürfnis für die Schaffung einer Regelung, die eine Klagemöglichkeit bei Erledigung eines Verwaltungsaktes gewährte. Für den Fall der Erledigung eines Verwaltungsaktes nach Klageerhebung wurde deshalb § 113 Abs. 1 S. 4 VwGO geschaffen. Die Schaffung einer lediglich deklaratorischen Norm wäre überflüssig gewesen und somit kaum erfolgt. Wäre ein Verwaltungsakt ein konkretes Rechtsverhältnis, hätte § 113 Abs. 1 S. 4 VwGO keinen Regelungsinhalt mehr. Zwar könnte darauf abgestellt werden, dass durch § 113 Abs. 1 S. 4 VwGO geregelt würde, dass eine Umstellung der Klage unabhängig von § 91 VwGO jederzeit auf Antrag erfolgen könnte, jedoch ist dies bei der Erledigung konkreter Rechtsverhältnisse im Rahmen der allgemeinen Feststellungsklage ebenfalls ohne Klageänderung nach den §§ 264 Nr. 3 ZPO i.V.m. 173 VwGO möglich. § 264 Nr. 3 ZPO ist in Verbindung mit § 173 S. 1 VwGO anwendbar, weil in der Verwaltungsgerichtsordnung keine abschließende Regelung enthalten ist, denn in § 91 VwGO sind zwar die Voraussetzungen über die Klageänderung enthalten, jedoch ergibt sich aus § 264 Nr. 3 ZPO, dass es sich um keine Klageänderung handelt. Eine derartige Regelung gibt es in der Verwaltungsgerichtsordnung nicht mit der Folge, dass die Zivilprozessordnung gemäß § 173 S. 1 VwGO anwendbar ist.

Würde § 113 Abs. 1 S. 4 VwGO bei der Einordnung eines Verwaltungsaktes als konkretes Rechtsverhältnis also überflüssig, bedeutet dies, dass der Gesetzgeber zumindest die Erledigung eines Verwaltungsaktes nach Klageerhebung als nicht von der allgemeinen Feststellungsklage erfasst ansah. Daraus folgt, dass der Gesetzgeber selbst davon ausging, die Feststellung der Rechtswidrigkeit von Verwaltungsakten als Rechtssetzungsakte sei nicht von der allgemeinen Feststellungsklage im Sinne des § 43 Abs. 1 Alt. 1 VwGO erfasst – seien sie erledigt oder nicht. Vielmehr lässt sich aus der Schaffung der Fortsetzungsfeststellungsklage in § 113 Abs. 1 S. 4 VwGO für die Erledigung eines Verwaltungsaktes nach Klageerhebung schließen, dass die allgemeine Feststellungsklage lediglich bei Realakten oder sonstigen Rechtsbeziehungen die statthafte Klageart darstellt. Wären von der allgemeinen Feststellungsklage auch Verwaltungsakte als Rechtssetzungsakte erfasst, hätte der Gesetzgeber für die Konstellation der Erledigung eines Verwaltungsaktes nach Klageerhebung nämlich keine Fortsetzungsfeststellungsklage zu regeln brauchen. Vielmehr wäre mit der allgemeinen Feststellungsklage schon eine einschlägige Klageart vorhanden gewesen.

Die Regelung über die Feststellung der Nichtigkeit eines Verwaltungsaktes nach § 43 Abs. 1 Alt. 2, Abs. 2 S. 2 VwGO steht dieser Argumentation nicht entgegen. Zwar könnte der analogen Anwendung der Fortsetzungsfeststellungsklage entgegengehalten werden, dass die Nennung der Feststellung der Nichtigkeit eines Verwaltungsaktes zeige, dass Verwaltungsakte als Rechtssetzungsakte von der allgemeinen Feststellungsklage sowohl bezüglich ihrer Nichtigkeit als auch bezüglich ihrer Rechtmäßigkeit erfasst seien. Jedoch muss die in § 43 Abs. 1 Alt. 2, Abs. 2 S. 2 VwGO genannte Nichtigkeitsfeststellung als vom

Gesetzgeber gewollte Ausnahmeregelung dahingehend betrachtet werden, dass nichtige Verwaltungsakte von der allgemeinen Feststellungsklage erfasst sind. Wäre nämlich schon die Feststellung der Rechtswidrigkeit eines Verwaltungsaktes von der allgemeinen Feststellungsklage erfasst, wäre die Benennung des nichtigen Verwaltungsaktes in § 43 Abs. 1 Alt. 2 VwGO überflüssig, weil dieser dann „erst recht" von der allgemeinen Feststellungsklage umfasst wäre – schließlich ist ein nichtiger Verwaltungsakt auch rechtswidrig.

Auch aus der in § 43 Abs. 2 S. 1 VwGO benannten Voraussetzung der Subsidiarität der allgemeinen Feststellungsklage gegenüber der Gestaltungsklage ergibt sich nicht, die Feststellung der Rechtswidrigkeit von Verwaltungsakten sei von der allgemeinen Feststellungsklage erfasst. Es könnte zwar darauf abgestellt werden, dass die Anfechtungsklage, welche die Aufhebung rechtswidriger Verwaltungsakte betrifft, die einzige in der Verwaltungsgerichtsordnung vorgesehene Gestaltungsklage ist, sodass schon aus dem Vorhandensein der Subsidiaritätsregelung des § 43 Abs. 2 S. 1 VwGO bezüglich der Feststellungsklage gegenüber der Gestaltungsklage geschlossen werden könnte, dass rechtswidrige Verwaltungsakte von § 43 Abs. 1 Alt. 1 VwGO grundsätzlich erfasst seien. Die Subsidiaritätsregelung in § 43 Abs. 2 S. 1 VwGO könnte in Bezug auf die Gestaltungsklage nämlich überflüssig sein, wenn rechtswidrige Verwaltungsakte nicht von der Feststellungsklage erfasst wären, weil die Feststellungsklage dann niemals in Konkurrenz zur Anfechtungsklage als einziger Gestaltungsklage stehen könnte.

Gegen eine solche Argumentation spricht allerdings, dass sich ein Konkurrenzverhältnis der Klagearten im Sinne der Subsidiaritätsregelung des § 43 Abs. 2 S. 1 VwGO nicht nur ergeben kann, wenn in dem durch die Gestaltungsklage anfechtbaren Verwaltungsakt das Rechtsverhältnis der Feststellungsklage gesehen wird. Erfasst die allgemeine Feststellungsklage nur das dem Verwaltungsakt nachgelagerte Rechtsverhältnis, kann aber der Verwaltungsakt als vorgelagerter Rechtssetzungsakt durch eine Gestaltungsklage in Form der Anfechtungsklage beseitigt werden, besteht schon insoweit ein Konkurrenzverhältnis der Gestaltungsklage zur Feststellungsklage, als eine allgemeine Feststellungsklage bezüglich des dem Verwaltungsakt nachgelagerten Rechtsverhältnisses ebenso wie eine Anfechtungsklage bezüglich des Verwaltungsaktes selbst möglich ist. Durch die Subsidiaritätsklausel wird somit sichergestellt, dass primär die Anfechtung des vorgelagerten Verwaltungsaktes verfolgt wird, bevor eine mangels vollstreckbaren Tenors ineffektivere allgemeine Feststellungsklage bezüglich des nachgelagerten Rechtsverhältnisses erhoben wird. Es besteht also ein Konkurrenzverhältnis der Anfechtungsklage zur allgemeinen Feststellungsklage, obwohl der anfechtbare Verwaltungsakt kein Rechtsverhältnis im Sinne des § 43 Abs. 1 Alt. 1 VwGO darstellt, sodass die Subsidiaritätsklausel nicht überflüssig ist, wenn Verwaltungsakte als von der allgemeinen Feststellungsklage nicht erfasst eingestuft werden. Aus dem Bestehen der Subsidiaritätsklausel lässt sich daher nicht schließen, dass rechtswidrige Verwaltungsakte von § 43 VwGO erfasst sind.

Die Feststellung der Rechtswidrigkeit von Verwaltungsakten ist von der allgemeinen Feststellungsklage somit nicht erfasst. Wäre das anders, wäre schon die Erschaffung der Fortsetzungsfeststellungsklage für die Erledigung nach Klageerhebung überflüssig, weil die allgemeine Feststellungsklage insoweit hinreichend gewesen wäre.

Sind von der allgemeinen Feststellungsklage im Sinne des § 43 Abs. 1 Alt. 1 VwGO Verwaltungsakte nach alledem nicht erfasst, ist die allgemeine Feststellungsklage bei der Erledigung eines Verwaltungsaktes vor Klageerhebung nicht statthaft. Auch eine von einem Kläger begehrte Feststellung des Bestehens eines Anspruches auf Aufhebung eines Verwaltungsaktes ist somit sogar unabhängig davon, dass sie nicht dem Klageantrag entspricht, nicht von der allgemeinen Feststellungsklage nach § 43 Abs. 1 Alt. 1 VwGO erfasst. Da der Gesetzgeber die Fortsetzungsfeststellungsklage nur für die Konstellation der Erledigung nach Klageerhebung geschaffen und dabei die Möglichkeit der Erledigung vor Klageerhebung übersehen hat, besteht insoweit eine Regelungslücke im Gesetz. Um den in Art. 19 Abs. 4 S. 1 GG verfassungsrechtlich vorgesehenen Rechtsschutz zu gewähren und diesen nicht vom Zufall abhängig zu machen – ob die Erledigung vor oder nach Klageerhebung erfolgt, ist häufig vom Zufall abhängig – ist die Regelungslücke planwidrig. Aufgrund der vorstehend angeführten identischen Interessenlage ist § 113 Abs. 1 S. 4 VwGO bei einer Erledigung vor Klageerhebung analog anzuwenden.

3. Analogie in Verpflichtungskonstellationen

Zwar ist auch eine zweite Analogie der Fortsetzungsfeststellungsklage bezüglich eines Verpflichtungsfalles denkbar, jedoch hatte V einen belastenden Bescheid bekommen bzw. war verschiedenen belastenden Maßnahmen ausgesetzt. Da eine Versammlung zwar gemäß § 14 VersG angemeldet werden muss, jedoch nicht genehmigungsbedürftig ist, hatte es sich auch insoweit nicht um eine Verpflichtungskonstellation gehandelt. Eine analoge Anwendung des § 113 Abs. 1 S. 4 VwGO ist somit nicht maßgeblich.

4. Objektive Klagehäufung

Die Klagen des V können durch eine objektive Klagehäufung verbindbar sein. Die Grundregel für die objektive Klagehäufung stellt § 44 VwGO dar. Eine objektive Klagehäufung ist gemäß § 44 VwGO möglich, wenn sich die Klagen gegen denselben Beklagten richten, im Zusammenhang stehen und dasselbe Gericht zuständig ist. Zudem ist eine gleichzeitige Entscheidungsreife erforderlich, weil anderenfalls rechtsstaatswidrig und damit unter anderem entgegen Art. 20 Abs. 3 GG die Judikative entscheiden würde, obwohl das Verfahren der Exekutive noch nicht abgeschlossen wäre. Möglich sind im Sinne des § 44 VwGO somit die kumulative Klagehäufung sowie die eventuale Klagehäufung in Form eines Haupt- und eines Hilfsantrages. Während eine alternative Klagehäufung mangels Bestimmtheit des Klagantrages nicht möglich ist, ist eine objektive Klagehäufung der Stufenklage grundsätzlich ausgeschlossen, weil aufgrund des Erfordernisses, zunächst über die erste Stufe zu entscheiden, keine gleichzeitige Entscheidungsreife besteht.

V verfolgte ursprünglich mehrere erledigte Anfechtungsbegehren, die allerdings zum Teil in einem Stufenverhältnis voneinander abhängig waren und nunmehr als Feststellungsbegehren einzustufen sind. Während örtliche Verlegung, die Identitätsfeststellung und die Versammlungsauflösung kumulativ verbunden werden können, steht letztere zum Platzverweis in einem Stufenverhältnis, da dessen Rechtmäßigkeit von der Versammlungsauflösung abhängig ist. Somit könnte es wegen des Stufenverhältnisses an der gleichzeitigen Entscheidungsreife fehlen.

Stufenklagen können gemäß den Spezialregelungen der §§ 113 Abs. 1 S. 2 VwGO, 113 Abs. 4 VwGO als Ausnahmen vom grundsätzlichen Verbot der Stufenklage dennoch möglich sein. Während von § 113 Abs. 4 VwGO als gegenüber § 113 Abs. 1 S. 2 VwGO allgemeinerer Regelung Konstellationen erfasst sind, in denen ein materiell-rechtlicher Anspruch, der nicht Vollzugsfolgenbeseitigungsanspruch ist, prozessual mit einer Anfechtungsklage in der ersten Stufe verknüpft werden soll, sind von § 113 Abs. 1 S. 2 VwGO solche Konstellationen erfasst, in denen materiell-rechtlich ein Vollzugsfolgenbeseitigungsanspruch auf der zweiten Stufe mit der Anfechtungsklage auf der ersten Stufe verknüpft werden soll. In beiden Normen wird in der ersten Stufe jedoch eine Anfechtungsklage als Gestaltungsklage der Verwaltungsgerichtsordnung vorausgesetzt, weil das Gericht nur insoweit in der ersten Stufe mit Rechtskraft des Urteils selbst verbindlich gestalten kann, sodass keine unzulässige Durchbrechung der Gewaltenteilung seitens der Judikative in Bereiche der Exekutive erfolgt.

V erstrebt mit der Feststellung der Rechtswidrigkeit des Platzverweises in der zweiten Stufe keine Vollzugsfolgenbeseitigungsfeststellung, weil der Platzverweis nicht als unmittelbar zurechenbare Folge der Aufhebung des Subventionsbescheides einzustufen ist, sondern ein gesondertes Zwischenhandeln der Behörde darstellt. Somit kommt eine prozessuale Verknüpfung der beiden Begehren des V nach § 113 Abs. 1 S. 2 VwGO nicht in Betracht.

Somit könnte sich die Möglichkeit einer objektiven Klagehäufung für V aus § 113 Abs. 4 VwGO ergeben. Dazu bedürfte es jedoch in der zweiten Stufe einer Leistungsklage, während V zwei erledigte Anfechtungs-, also ehemalige Gestaltungsbegehren verfolgt. § 113 Abs. 4 VwGO könnte somit allenfalls analog anwendbar sein, zumal die Anfechtungsbegehren erledigt sind. Dazu bedürfte es einer planwidrigen Regelungslücke bei vergleichbarer Interessenlage. Eine Regelungslücke besteht nicht, falls eine passende gesetzliche Regelung besteht. Insoweit kommt § 44 VwGO in Betracht, wenngleich keine gleichzeitige Entscheidungsreife besteht. Die gleichzeitige Entscheidungsreife ist kein in § 44 VwGO geregeltes Tatbestandsmerkmal, sondern wird mittels verfassungskonformer Auslegung im Sinne des sich unter anderem aus Art. 20 Abs. 3 GG ergebenden Rechtsstaatsprinzips zur Vermeidung einer unzulässigen Durchbrechung der Gewaltenteilung regelmäßig in die Norm hineingelesen.

Bevor nunmehr § 44 VwGO aufgrund einer nicht explizit geregelten Voraussetzung nicht angewendet, somit eine Regelungslücke entsteht und eine analoge Anwendung des § 113 Abs. 4 VwGO notwendig wird, ist § 44 VwGO entsprechend seinem Wortlaut ohne das Merkmal der gleichzeitigen Entscheidungsreife anwendbar, solange dies verfassungsgemäß ist. Soweit es sich um zwei Anfechtungsklagen handelt, die in einem Stufenverhältnis stehen, droht keine unzulässige Durchbrechung der Gewaltenteilung. Es handelt sich jeweils um eine Gestaltungsklage, sodass vor der Entscheidung über die zweite Stufe durch das Gericht nach der Entscheidung über die erste Stufe kein Zwischenhandeln der Verwaltung erforderlich ist, da der Verwaltungsakt in der ersten Stufe mit Rechtskraft des Urteils im Sinne des § 121 VwGO aufgehoben wird. Gleiches gilt für die Fortführung der Anfechtungsbegehren, zumal bei Feststellungstenören keine unzulässige Durchbrechung der Gewaltenteilung droht.

Nach alledem sind die zwei Anfechtungsklagen des V trotz des Stufenverhältnisses objektiv gemäß § 44 VwGO kumulativ und nicht analog § 113 Abs. 4 VwGO zu verbinden.

5. Zwischenergebnis

Die Fortsetzungsfeststellungsklage gemäß § 113 Abs. 1 S. 4 VwGO ist aufgrund der Erledigung der Versammlung vor Klageerhebung in analoger Anwendung die statthafte Klageart.[6]

6 Auch mit etwas weniger Begründungsaufwand bei der Herleitung der analogen Anwendung lässt sich eine Prädikatsnote erreichen. Nur ein Verweis auf Gewohnheitsrecht genügt aufgrund des Streitstandes zu diesem Thema hingegen nicht einmal im Ansatz überdurchschnittlichen Anforderungen.

V. Besondere Sachurteilsvoraussetzungen

Die besonderen Sachurteilsvoraussetzungen können erfüllt sein.

1. Besondere Prozessführungsbefugnis[7]

§ 78 VwGO als Regelung der besonderen Prozessführungsbefugnis ist gemäß der Abschnittsüberschrift des 8. Abschnitts der Verwaltungsgerichtsordnung bei Anfechtungs- und Verpflichtungsklagen anwendbar. Analog ist § 78 VwGO in Verfahren anwendbar, bei denen es um Verwaltungsakte geht, weil insoweit eine vergleichbare Interessenlage bei planwidriger Regelungslücke besteht. Da mit der Fortsetzungsfeststellungsklage gemäß § 113 Abs. 1 S. 4 VwGO die Feststellung der Rechtswidrigkeit eines Verwaltungsaktes erstrebt wird, ist § 78 VwGO insoweit analog anwendbar. Besonders prozessführungsbefugt ist analog § 78 Abs. 1 Nr. 1 VwGO das Land Berlin als Rechtsträger.

2. Fortsetzungsfeststellungsinteresse

Da es sich bei der Fortsetzungsfeststellungsklage um eine besondere Feststellungsklage handelt, ist ein Feststellungsinteresse in der Form eines Fortsetzungsfeststellungsinteresses erforderlich, für dessen Beurteilung der Zeitpunkt der letzten mündlichen Tatsachenverhandlung oder – bei Entscheidung ohne mündliche Verhandlung – der Zeitpunkt des Urteilsspruches maßgeblich ist. Dabei gibt es drei berücksichtigenswerte Interessen, die Wiederholungsgefahr, das Rehabilitierungsinteresse, in welchem besonders schwerwiegende Grundrechtseingriffe und effektiver Rechtsschutz im Sinne des Art. 19 Abs. 4 S. 1 GG impliziert sind, und die Vorbereitung eines Amtshaftungsanspruches als Präjudizinteresse.

---

7 § 78 VwGO enthält nach h.M. eine Regelung über die besondere Prozessführungsbefugnis, die von der Beteiligungsfähigkeit und der Passivlegitimation zu trennen ist (MA: § 78 VwGO als Sonderregelung der Passivlegitimation, die aber in der Sachstation, also der Begründetheit, zu prüfen ist, da „Passivlegitimation" der Terminus für den materiell richtigen Klagegegner ist). Die besondere Prozessführungsbefugnis ist ein Unterpunkt bei den besonderen Sachurteilsvoraussetzungen und wird teilweise (vertretbar aber bzgl. der materiell-rechtlichen Passivlegitimation verwechslungsfähig) mit „Klagegegner" überschrieben.

Einige Argumente für die h.M.:

- § 78 VwGO steht systematisch bei den besonderen Sachurteilsvoraussetzungen
- Gesetzgebungskompetenzen
- falsche Behörde bzw. falscher Rechtsträger können nicht zum materiell richtigen Anspruchsgegner im Sinne einer Passivlegitimation werden.

Zum Ganzen: Ehlers, Festschrift für Menger, S. 379 ff.; Hufen, Verwaltungsprozessrecht, § 12, Rn 38 ff. m.w.N.; vgl. OVG Münster NVwZ 1990, 188)

Das Fortsetzungsfeststellungsinteresse bezüglich der Vorbereitung eines Amtshaftungsanspruches kann nur in dem bezüglich des Erledigungszeitpunktes gesetzlich ausdrücklich geregelten Fall der Fortsetzungsfeststellungsklage ein solches Interesse begründen – bei Erledigung nach Klageerhebung. Sollte die Fortsetzungsfeststellungsklage auch bei Erledigung des Verwaltungsaktes vor Klageerhebung analog anwendbar sein, lässt sich aus der Prozessökonomie insoweit kein Fortsetzungsfeststellungsinteresse ableiten, denn in dieser Konstellation könnte der Betroffene unmittelbar das für das z.B. im Amtshaftungsrecht gemäß Art. 34 S. 3 GG zuständige ordentliche Gericht anrufen, welches dann auch für die inzident relevanten öffentlich-rechtlichen Rechtsprobleme zuständig wäre, wenngleich beim Verwaltungsgericht anders als beim ordentlichen Gericht gemäß § 86 VwGO der Amtsermittlungsgrundsatz gilt. Unabhängig davon, ob dieses Interesse auch bei einer Erledigung vor Klageerhebung besteht, geht es V jedenfalls nicht um eine Amtshaftung.

Ein Rehabilitierungsinteresse des V ist insoweit denkbar, als mit der Versammlungsfreiheit aus Art. 8 Abs. 1 GG ein Grundrecht betroffen ist, das für die Demokratie schlechthin konstituierend und durch die Maßnahmen der Polizei betroffen ist. Sollten die Maßnahmen rechtswidrig sein, bestünde ein Klarstellungsbedürfnis, dass V in seiner Grundrechtsausübung unzulässig beschränkt worden wäre.

Jedenfalls besteht aber eine Wiederholungsgefahr, weil V sich im Rahmen einer Vereinigung betätigt und auch bei weiteren Besuchen von hochrangigen Würdenträgern der Kirche wieder demonstrieren wollen wird und somit unter im Wesentlichen unveränderten tatsächlichen und rechtlichen Umständen mit beachtlicher Wahrscheinlichkeit erneut polizeilichen Maßnahmen ausgesetzt werden wird – insbesondere beim nächsten Papstbesuch in sechs Monaten.

3. Weitere besondere Sachurteilsvoraussetzungen im Sinne der §§ 42 Abs. 2, 68 ff. VwGO

Möglicherweise sind die besonderen Sachurteilsvoraussetzungen der Anfechtungsklage aus den §§ 42 Abs. 2, 68 ff. VwGO bei der Fortsetzungsfeststellungsklage analog anwendbar.[8] Relevant ist dabei der Zeitpunkt der Erledigung, sodass für die analoge Anwendbarkeit der §§ 42 Abs. 2, 68 ff. VwGO zwischen dem

8 Es handelt sich um eine analoge Anwendung der §§ 42 Abs. 2, 68 ff. VwGO, weil nunmehr aus der Sicht der FFK geprüft wird (Zeitraum vor und nach Erledigung), obwohl die FFK vor der Erledigung tatsächlich noch eine Anfechtungsklage war, bei der die Voraussetzungen direkt anwendbar sind.

Zeitraum vor der Erledigung und dem Zeitraum nach der Erledigung zu differenzieren ist.

a) Zeitraum vor der Erledigung

Jedenfalls für den Zeitraum vor der Erledigung des Verwaltungsaktes sind die §§ 42 Abs. 2, 68 ff. VwGO analog anwendbar; anderenfalls könnte aus einer mangels Klagebefugnis oder aufgrund einer Verfristung unzulässigen Anfechtungs- oder Verpflichtungsklage eine zulässige Fortsetzungsfeststellungsklage werden. Die besonderen Sachurteilsvoraussetzungen der Anfechtungsklage würden umgangen, sodass die für eine analoge Anwendung der §§ 42 Abs. 2, 68 ff. VwGO erforderliche planwidrige Gesetzeslücke und die vergleichbare Interessenlage insoweit gegeben sind.

aa) Klagebefugnis

V muss bis zur Erledigung klagebefugt gewesen sein. Die Klagebefugnis analog § 42 Abs. 2 VwGO setzt die Möglichkeit der Verletzung eines subjektiven Rechts voraus. Subjektive Rechte ergeben sich aus Sonderbeziehungen, einfachen Gesetzen und subsidiär aus Grundrechten, wobei aufgrund des weiten Schutzbereiches des Art. 2 Abs. 1 GG bei unmittelbaren Grundrechtseingriffen für das subjektive Recht direkt auf Grundrechte abgestellt werden kann.[9] V war Adressat belastender Bescheide in Form einer örtlichen Verlegung der Versammlung, einer Identitätsfeststellung, einer Versammlungsauflösung sowie eines Platzverweises. Es bestand bis zur Erledigung zumindest die Möglichkeit, dass V durch die Maßnahmen in seinem Grundrecht der Versammlungsfreiheit gemäß Art. 8 Abs. 1 GG verletzt worden ist.

bb) Vorverfahren und Widerspruchsfrist

Ein Vorverfahren hätte bis zum Zeitpunkt der Erledigung analog den §§ 68 ff. VwGO durchführbar gewesen sein müssen. Die Widerspruchsfrist von einem Monat nach Zustellung des Bescheides analog § 70 Abs. 1 S. 1 VwGO muss bis zur Erledigung der Beschwer eingehalten worden sein. Dabei ist nicht maßgeblich, ob V tatsächlich Widerspruch eingelegt hatte, sondern nur, ob er bis zur

9 **Zur Klagebefugnis:** Ist jemand Adressat eines belastenden Verwaltungsaktes, kann beim subjektiven Recht wegen des unmittelbaren Grundrechtseingriffes nach h.M. direkt auf Grundrechte abgestellt werden. Mittlerweile wird (dogmatisch überzeugend) auch insoweit vermehrt auf vorrangige speziellere subjektive Rechte abgestellt, soweit sie bestehen.

Erledigung noch hätte Widerspruch einlegen können. Der belastende Bescheid mit der Auflage wurde V kurzfristig vor dem Versammlungstermin bekannt gegeben, die anderen Maßnahmen ergingen unmittelbar am Tag der Versammlung bzw. deren Erledigung, sodass ein Monat jeweils nicht verstrichen war. V hätte bis zum Zeitpunkt der Erledigung jeweils Widerspruch einlegen können.

cc) Klagefrist

Die Klagefrist von einem Monat nach Zustellung des Bescheides analog § 74 Abs. 1 S. 1 VwGO muss bis zur Erledigung der Beschwer eingehalten worden sein. Dabei ist nicht maßgeblich, ob V tatsächlich Klage erhoben hatte, sondern nur, ob er bis zur Erledigung noch hätte Klage erheben können. Der belastende Bescheid mit der Auflage wurde V kurzfristig vor dem Versammlungstermin bekannt gegeben, die anderen Maßnahmen ergingen unmittelbar am Tag der Versammlung bzw. deren Erledigung, sodass ein Monat jeweils nicht verstrichen war. V hätte bis zum Zeitpunkt der Erledigung Anfechtungsklagen erheben können.

b) Zeitraum nach Erledigung

Für den Zeitraum nach der Erledigung des Verwaltungsaktes wären die besonderen Sachurteilsvoraussetzungen aus den §§ 42 Abs. 2, 68 ff. VwGO direkt oder analog nur anwendbar, wenn die Fortsetzungsfeststellungsklage als Sonderfall der Anfechtungsklage einzustufen wäre.[10] Es müsste insoweit gegebenenfalls noch ein Fortsetzungsfeststellungswiderspruchsverfahren durchgeführt sowie die Klagefrist aus § 74 VwGO auch für diesen Zeitraum beachtet werden. Da der Fortsetzungsfeststellungsklage aber das für die Anfechtungsklage typische Alleinstellungsmerkmal der Gestaltungsfunktion fehlt, ist die Fortsetzungsfeststellungsklage als besondere Feststellungsklage einzuordnen. Für den Zeitraum nach der Erledigung bedarf es daher keiner entsprechenden Heranziehung der §§ 42 Abs. 2, 68 ff. VwGO. Eine für die analoge Anwendung der §§ 42 Abs. 2, 68 ff. VwGO erforderliche planwidrige Gesetzeslücke besteht, anders als für den Zeitraum vor Klageerhebung, nicht. Deshalb besteht für den Zeitraum nach der Erledigung eines Verwaltungsaktes weder eine Bindung an ein Vorverfahren noch eine Bindung an Fristen, es sei denn, ein Vorverfahren ist vorgesehen – grund-

---

10 Nach h.M. sind besondere Voraussetzungen für den Zeitraum nach der Erledigung nicht erforderlich. Ausnahme: Im Beamtenrecht ist nach den §§ 54 Abs. 2 BeamtenStG, 126 Abs. 2 BBG grundsätzlich ein Vorverfahren erforderlich. Das Landesrecht kann aber Ausnahmen im Sinne des § 54 Abs. 2 S. 3 BeamtenStG enthalten.

sätzlich im Beamtenrecht nach den §§ 126 Abs. 2 BBG, 54 Abs. 2 S. 1 BeamtenStG, soweit es bei Landesbeamten nicht gemäß § 54 Abs. 2 S. 3 BeamtenStG ausgeschlossen ist. Nach Ablauf eines längeren Zeitraumes kann das Fortsetzungsfeststellungsinteresse allenfalls zum Beispiel wegen des Wegfalls der Rehabilitierungsmöglichkeit gemäß § 242 BGB i.V.m. Art. 20 Abs. 3 GG verwirkt sein.[11] Für den Zeitraum nach Erledigung gelten für V keine weiteren besonderen Sachurteilsvoraussetzungen.

VI. Allgemeines Rechtsschutzbedürfnis

Für das Fehlen des allgemeinen Rechtsschutzbedürfnisses sind keine Anhaltspunkte ersichtlich.

VII. Zwischenergebnis

Nach alledem sind die Sachurteilsvoraussetzungen der Klagen des V erfüllt und die Klagen sind zulässig.

B. Begründetheit

Die Klage ist analog § 113 Abs. 1 S. 1, 4 VwGO begründet, soweit die beanstandeten Maßnahmen rechtswidrig waren und der Kläger dadurch in seinen Rechten verletzt worden ist.

Die gegenüber V erlassenen Maßnahmen könnten rechtswidrig gewesen sein.

I. Örtliche Verlegung

Die Anordnung der örtlichen Verlegung könnte rechtswidrig gewesen sein.

1. Rechtsgrundlage

Als Rechtsgrundlage für das Veranstaltungsverbot kommt § 15 Abs. 1 VersG in Betracht.

2. Voraussetzungen

Die formellen und materiellen Voraussetzungen können erfüllt sein.

---

11 Auch eine Verwirkung der FFK ist gemäß § 242 BGB i.V.m. Art. 20 Abs. 3 GG denkbar.

a) Formell

Formell hat die zuständige Behörde unter Einhaltung der Verfahrens- und Formvorschriften gehandelt – eine Anhörung im Sinne des § 28 Abs. 1 VwVfG i.V.m. § 1 Abs. 1 Bln VwVfG wurde durchgeführt und an einen Verwaltungsakt im Sinne des § 35 VwVfG i.V.m. § 1 Abs. 1 Bln VwVfG werden gemäß § 37 Abs. 2 S. 1 VwVfG i.V.m. § 1 Abs. 1 Bln VwVfG keine besonderen Anforderungen gestellt.

b) Materiell

Materiell muss es um ein Versammlungsverbot zur Abwehr einer unmittelbaren Gefahr für die öffentliche Sicherheit oder öffentliche Ordnung gehen.

aa) Versammlung

Die seitens des V gemäß § 14 VersG angemeldete Veranstaltung – eine Versammlung muss nicht genehmigt werden – muss eine Versammlung sein. Eine Versammlung im Sinne des Art. 8 Abs. 1 GG und damit auch des § 1 VersG ist eine ortsfeste oder sich fortbewegende Zusammenkunft von mindestens zwei Personen zur gemeinschaftlichen, auf die Teilhabe an der öffentlichen Meinungsbildung gerichtete Erörterung oder Kundgebung. Ob es mindestens zwei oder sieben Personen bedarf, kann dahinstehen, weil sich bei der seitens des V angemeldeten Veranstaltung jedenfalls mehr als sieben Personen kritisch mit der Kirche auseinandersetzten und ihre Meinung kundgaben. Die Veranstaltung des V war als Versammlung einzustufen.

bb) Gefahrentatbestand

Gemäß § 15 Abs. 1 VersG bedarf es einer unmittelbaren Gefahr für die öffentliche Sicherheit oder Ordnung. Eine Gefahr für die öffentliche Sicherheit oder Ordnung setzt eine Sachlage, die bei verständiger Würdigung aus verobjektivierter Sicht ex ante die hinreichende Wahrscheinlichkeit eines Schadenseintritts bei einem der Schutzgüter in sich birgt, voraus. Durch die öffentliche Sicherheit, die wegen der rechtsstaatlich im Sinne des Art. 20 Abs. 3 GG zu unbestimmten öffentlichen Ordnung dieser gegenüber jedenfalls vorrangig ist, werden die öffentliche Rechtsordnung, der Staat und seine Einrichtungen sowie Individualrechte bzw. -rechtsgüter geschützt. Die Unmittelbarkeit bedeutet, dass es einer besonderen zeitlichen Nähe bezüglich des möglichen Schadenseintritts für geschützte Rechte bzw. Rechtsgüter der öffentlichen Sicherheit bedarf. Da es sich beim Versammlungsrecht jedoch um Sonderordnungsrecht handelt, ist die Gefahr einerseits bereichsspezifisch zu beurteilen, andererseits sind an die Gefahr erhöhte Anforderungen zu stellen.

Im Hinblick auf die grundlegende Bedeutung der verfassungsrechtlich verbürgten Versammlungsfreiheit kommt eine Anordnung im Sinne des § 15 Abs. 1 VersG im Wesentlichen nur zur Abwehr von Gefahren für elementare Rechtsgüter in Betracht, deren Schutz regelmäßig in der positiven Rechtsordnung und damit im Rahmen der öffentlichen Sicherheit gewährt wird. Vom Begriff der öffentlichen Sicherheit ist der Schutz zentraler Rechtsgüter wie Leben, Gesundheit, Freiheit, Ehre, Eigentum und Vermögen des Einzelnen sowie die Unversehrtheit der Rechtsordnung und der staatlichen Einrichtungen umfasst.

Durch den Begriff der „unmittelbaren Gefahr" in § 15 Abs. 1 VersG werden besondere Anforderungen an die zeitliche Nähe des Schadenseintritts und damit auch strengere Anforderungen an den Wahrscheinlichkeitsgrad in dem Sinne gestellt, dass ein zum Eingriff berechtigender Sachverhalt erst gegeben ist, wenn der Eintritt eines Schadens mit hoher Wahrscheinlichkeit, also „fast mit Gewissheit" zu erwarten ist. Eine derartige Gefahr besteht zumindest für das Leben und die Gesundheit des Papstes und seiner Mitarbeiter, deren Grundrecht aus Art. 2 Abs. 2 S. 1 GG insoweit zu wahren ist (zum Ganzen: VG Berlin, Beschluss vom 14.9.2011 – 1 L 302.11).

Angesichts des hohen Gefährdungspotentials und des überragenden Schutzbedürfnisses des Papstes sowie weiterer hochrangiger Vertreter des deutschen Staates und ausländischer Botschafter und der geltend gemachten Sicherheitsvorkehrungen bedarf es dazu des Freihalten des Platzes, um als Schutzgut die Personen zu schützen, weil mit einem Anschlag auf ihr Leben gerechnet werden muss (vgl. auch BVerfG, Beschluss vom 6.6.2007 – 1 BvR 1423/07 –, juris, Rn 26, 30). Eine Gefahr für die öffentliche Sicherheit besteht.

cc) Ordnungspflicht

Die Versammlungsteilnehmer und -veranstalter sind im Rahmen des ergänzend anwendbaren § 13 Abs. 1 ASOG – zwar ist die Anwendbarkeit des allgemeinen Polizei- und Ordnungsrechts grundsätzlich bezüglich anzuwendender Rechts- bzw. Ermächtigungsgrundlagen gesperrt, jedoch gilt dies nicht für Störernormen, die im Versammlungsgesetz nicht enthalten sind – auch bei verfassungskonformer Auslegung im Sinne der sich aus Art. 8 Abs. 1 GG ergebenden Versammlungsfreiheit aufgrund des gegenläufigen Grundrechts aus Art. 2 Abs. 2 S. 1 GG ordnungspflichtig.

3. Rechtsfolge

Rechtsfolge ist Ermessen in Form des Entschließungs- und des Auswahlermessens. Ein Ermessensausfall ist nicht ersichtlich, sodass lediglich eine Ermessensüberschreitung bzw. ein Ermessensfehlgebrauch in Betracht kommen. Eine Ermessensüberschreitung erfolgt unter anderem, wenn unverhältnismäßig in Grundrechte eingegriffen wird.

Ausgewählt wurde mit den Versammlungsteilnehmern und dem Veranstalter, welcher maßgeblich ist, ordnungsgemäß. Im Rahmen des Entschließungsermessens ist gemäß § 15 Abs. 1 VersG ein Versammlungsverbot ebenso möglich wie der Erlass von Auflagen, wobei letztere nicht als Nebenbestimmungen einzustufen sind, weil eine Versammlung nicht genehmigungsbedürftig, sondern gemäß § 14 VersG nur anmeldepflichtig ist und somit keine für eine Nebenbestimmung erforderliche Hauptregelung besteht. Dabei ist der sich primär aus den Grundrechten und subsidiär aus dem sich seinerseits unter anderem aus Art. 20 Abs. 3 GG ergebenden Rechtsstaatsprinzip ergebende Grundsatz der Verhältnismäßigkeit zu wahren. Dabei muss eine Maßnahme zur Erfüllung des gesetzten Zwecks geeignet und erforderlich sowie verhältnismäßig im engen Sinne sein. Dabei sind als Minus zum Versammlungsverbot auch mildere Maßnahmen möglich, die wegen der letztlich auf Art. 8 Abs. 1 GG rückführbaren Konzentrationswirkung des Versammlungsgesetzes[12] von § 15 Abs. 1 VersG erfasst sein können. Inwieweit ein Rückgriff auf das allgemeine Polizei- und Ordnungsrecht vertretbar ist, ist irrelevant, weil es sich bei der örtlichen Verlegung der Versammlung entweder um eine Auflage oder um ein partielles Verbot handelt. Zwar dürfen Verbote bei verfassungskonformer Auslegung des § 15 Abs. 1 VersG im Sinne des Art. 8 Abs. 1 GG – die Versammlungsfreiheit ist für die Demokratie im Sinne des Art. 20 Abs. 1 und Abs. 2 S. 1 GG schlechthin konstituierend – nicht auf das zu unbestimmte Merkmal der öffentlichen Ordnung gestützt werden, jedoch ist das Tatbestandsmerkmal der öffentlichen Sicherheit erfüllt.

Letztlich erfolgt die örtliche Verlegung der Versammlung nicht zu einer vom Dom weit entfernten Örtlichkeit, sodass noch immer die örtliche Nähe zum Dom gewahrt ist. Die Verlegung wirkt somit nicht wie ein Verbot. Dennoch ist im Rahmen des Ermessens die Versammlungsfreiheit aus Art. 8 Abs. 1 GG zu beachten, zu der auch das Selbstbestimmungsrecht – Art, Ort und Zeit der Versamm-

---

12 Die Konzentrationswirkung des Versammlungsgesetzes bedeutet, dass es aufgrund der Wichtigkeit der Versammlungsfreiheit im Sinne des Art. 8 Abs. 1 GG (für die Demokratie schlechthin konstituierend) keiner Erlaubnisse nach anderen speziellen Gefahrenabwehrgesetzen (z.B. Straßenrecht) bedarf. Zudem ist die Versammlung polizeifest, sodass das Polizeirecht während der Versammlung nicht anwendbar ist.

lung – gehört ebenso zu berücksichtigen wie ein verfassungsrechtlich gebotenes Kooperationsgebot (zum Ganzen: vgl. BVerfG, eA vom 26.1.2001 – 1 BvQ 9/01).

Aus dem Selbstbestimmungsrecht folgt allerdings nur, dass der Veranstalter sein Demonstrationsinteresse eigenständig konkretisieren darf. Kollidiert sein Grundrecht der Versammlungsfreiheit aber mit anderen Rechten bzw. Rechtsgütern, steht ihm nicht auch ein Bestimmungsrecht darüber zu, wie gewichtig diese Rechte bzw. Rechtsgüter in die Abwägung einzubringen sind und wie die Interessenkollision rechtlich bewältigt werden kann. Insoweit bleibt ihm nur die Möglichkeit, seine Vorstellungen im Zuge einer Kooperation mit der Verwaltungsbehörde einzubringen. Die Abwägung, ob und wieweit gegenläufige Interessen die Einschränkung der Demonstrationsfreiheit rechtfertigen, obliegt der Versammlungsbehörde und den mit der rechtlichen Überprüfung befassten Gerichten. Dabei ist die vorgenommene örtliche Verlegung im Umfeld des Doms ein mildes Mittel im Hinblick auf die zu schützenden Rechtsgüter der gefährdeten Personen aus Art. 2 Abs. 2 S. 1 GG. Die örtliche Verlegung ist verhältnismäßig.

4. Zwischenergebnis
Die örtliche Verlegung der Versammlung war rechtmäßig.

II. Identitätsfeststellung
Die Identitätsfeststellung bei V könnte rechtswidrig sein.

1. Rechtsgrundlage
Als Rechtsgrundlage kommen § 15 Abs. 1 VersG und § 21 Abs. 1 SOG in Betracht.

a) Versammlungsgesetz
Bezüglich der Identitätsfeststellung im Vorfeld könnte das Versammlungsgesetz anwendbar sein. Insoweit ist einerseits zu berücksichtigen, dass das Versammlungsgesetz bereichsspezifisches Gefahrenabwehrrecht darstellt, eine solche Form des Gefahrenabwehrrechts andererseits wegen der auch im Vorfeld der Versammlung geltenden Versammlungsfreiheit aus Art. 8 Abs. 1 GG erforderlich sein könnte. Durch die Versammlungsfreiheit im Sinne des Art. 8 Abs. 1 GG werden die Teilnahme an einer Versammlung und die Veranstaltung derselben ebenso wie die Anreise zur und die Abreise von einer – nicht aufgelösten – Versammlung sowie das Selbstbestimmungsrecht – Art, Ort und Zeit der Versamm-

lung – geschützt. Somit ist die Anreise zur Versammlung durch Art. 8 Abs. 1 GG geschützt, soweit es sich um friedliche Versammlungen unter freiem Himmel oder in geschlossenen Räumen handelt, während unfriedliche Versammlungen nicht geschützt sind.

Im Versammlungsgesetz gibt es wiederum Regelungen, die auf das Vorfeld der Versammlung bezogen sind – zum Beispiel die Anmeldepflicht in § 14 VersG sowie § 2 Abs. 3 S. 2 VersG über das Verbot, Waffen mitzuführen. Eingriffsbefugnisse wie sie in § 15 Abs. 3 VersG für den Zeitraum während der Versammlung vorgesehen sind, sind für den Zeitraum der Anreise nicht ersichtlich.

Somit könnte der Anwendungsbereich des Versammlungsgesetzes ohne gesetzliche Regelung auf das Vorfeld der Versammlung ausgeweitet werden oder das Versammlungsgesetz analog anzuwenden sein, um die Polizeifestigkeit der Versammlung zu gewährleisten und der Konzentrationswirkung des Versammlungsgesetzes gerecht zu werden. Das würde jedoch dazu führen, dass die für die Demokratie schlechthin konstituierende Versammlungsfreiheit aus Art. 8 Abs. 1 GG mittels rechtsstaatlich nicht hinreichend bestimmter Regelungen beeinträchtigt werden könnte.

Sowohl eine direkte, als auch eine analoge Anwendung der Regelungen des Versammlungsgesetzes wären bezüglich der Grundrechtsintensität im Sinne des Art. 8 Abs. 1 GG verfassungsrechtlich problematisch, zumal § 15 VersG, auf den Minusmaßnahmen im Vorfeld gestützt werden müssten, grundsätzlich als eine Grundlage zum Handeln gegenüber dem Veranstalter, nicht aber gegenüber den Teilnehmern einzustufen ist. Somit ist das Versammlungsgesetz für Maßnahmen im Vorfeld einer Versammlung nicht anwendbar mit der Folge, dass das allgemeine Polizei- und Ordnungsrecht anzuwenden ist.[13]

b) Polizeirecht

Somit sind Vorfeldmaßnahmen im Eilfall auf das Allgemeine Sicherheits- und Ordnungsgesetz zu stützen, wobei insoweit problematisch ist, dass das sich für Versammlungen unter freiem Himmel aus dem einfach einschränkenden Gesetzesvorbehalt in Art. 8 Abs. 2 GG i.V.m. Art. 19 Abs. 1 S. 2 GG ergebende Zitiergebot in § 66 ASOG nicht beachtet worden ist. Da die Versammlung bezüglich des

---

13 Es ist strittig, ob Maßnahmen im Vorfeld auf das Versammlungsgesetz (Analogie oder Minus) oder auf das allgemeine Polizei- und Ordnungsrecht zu stützen sind. Zum Teil wird es abgelehnt, verfassungsimmanente Schranken auf Versammlungen unter freiem Himmel auszudehnen und zum Beispiel vertreten, dass § 15 VersG i.V.m. dem Polizeirecht anzuwenden ist, wobei dies nur mit dem Verweis auf zum Teil identische Tatbestandsmerkmale dogmatisch nicht haltbar ist.

Papstbesuches unter freiem Himmel stattgefunden hat, dürfte das Polizeirecht grundrechtsdogmatisch nicht angewendet werden.

Das wäre anders, wenn im Rahmen der Versammlungsfreiheit aus Art. 8 Abs. 1 GG neben der ausdrücklichen Schrankensystematik verfassungsimmanente Schranken gelten würden. Eine Anwendung der verfassungsimmanenten Schranken neben der ausdrücklichen Schrankensystematik des Art. 8 Abs. 2 GG auch für Versammlungen unter freiem Himmel – bezüglich der Versammlungen in geschlossenen Räumen gelten ohnehin nur verfassungsimmanente Schranken – könnte ausgeschlossen sein, weil der Gesetzgeber mit der ausdrücklichen Schrankensystematik zum Ausdruck gebracht hat, inwieweit ein Grundrecht verkürzt werden kann. Da in einem Rechts- und Demokratiestaat im Sinne des Art. 20 GG jedoch die verfassungsrechtlichen Prinzipien in praktischer Konkordanz in Einklang zu bringen sind, müssen aus den gegenläufigen Grundrechten heraus bei Kollisionen neben der ausdrücklichen Schrankensystematik ausnahmsweise verfassungsimmanente Schranken anwendbar sein, sodass das Allgemeine Sicherheits- und Ordnungsgesetz eingeschränkt – nämlich als Ausdruck verfassungsimmanenter Schranken – anwendbar ist, zumal nicht jede Vorfeldmaßnahme eine einschränkende Intention enthält (zum Ganzen: VG Lüneburg, Urteil vom 30.3.2004 – 3 A 116/02; OVG Nordrhein-Westfalen, Urteil vom 10.6.1981 – 4 A 2607/79 –, NVwZ 1982, 46; VGH Baden-Württemberg, Urteil vom 12.2.1990 – 1 S 1646/89 –, DÖV 1990, 572; Kniesel, Versammlungs- und Demonstrationsfreiheit, NJW 2000, 2857, 2862; vgl. Kniesel in Handbuch des Polizeirechts, 3. Aufl. 2001, Teil H, Rn 561; vgl. BVerwG, Urteil vom 6.9.1988 – 1 C 71.86 –, BVerwGE 80, 158, 159). Insbesondere, wenn die Maßnahme gegen einen gewaltbereiten Störer gerichtet ist, der sich ohnehin nicht auf den Schutz der Versammlungsfreiheit berufen kann, ist dessen Hinderung an der Teilnahme an einer Versammlung jedenfalls unmittelbar auf der Grundlage polizeirechtlicher Vorschriften gerechtfertigt.

c) Zwischenergebnis

Nach alledem kommt § 21 Abs. 1 ASOG als Rechtsgrundlage in Betracht.

2. Voraussetzungen

Die Voraussetzungen für eine Identitätsfeststellung können erfüllt sein.

a) Formelle Voraussetzungen

Die Identitätsfeststellung ist formell rechtmäßig.

b) Materielle Voraussetzungen

Die materiellen Voraussetzungen können erfüllt sein.

aa) Gefahr

Dazu bedarf es gemäß § 21 Abs. 1 ASOG einer Gefahrenabwehr, also gemäß der Legaldefinition in § 17 Abs. 1 ASOG einer Gefahr für die öffentliche Sicherheit oder Ordnung. Dabei ist die öffentliche Ordnung mangels Bestimmtheit im Sinne des sich unter anderem aus Art. 20 Abs. 3 GG ergebenden Rechtsstaatsprinzips jedenfalls subsidiär – wenn nicht sogar mangels Bestimmtheit als verfassungswidriges Tatbestandsmerkmal einzustufen.

Eine Gefahr für die öffentliche Sicherheit oder Ordnung setzt eine Sachlage voraus, bei der im einzelnen Fall die hinreichende Wahrscheinlichkeit besteht, dass in absehbarer Zeit ein Schaden für die öffentliche Sicherheit oder Ordnung eintreten wird. Geschützt werden durch die öffentliche Sicherheit der Staat einschließlich der staatlichen Einrichtungen, Individualrechtsgüter bzw. -rechte sowie die öffentliche Rechtsordnung. Durch die radikalen Demonstranten, die in der Vergangenheit in gleicher Weise auftraten, besteht erneut die Gefahr der Eskalation im Rahmen der Versammlung mit der Folge, dass mit Körper, Gesundheit und Leben anderer im Sinne des Art. 2 Abs. 2 S. 1 GG Individualrechtsgüter gefährdet sind. Zwar könnte der Gefahrenbegriff auf Tatbestandsseite mittels verfassungskonformer Auslegung im Sinne der für die Demokratie gemäß Art. 8 Abs. 1 GG schlechthin konstituierenden Versammlungsfreiheit eng auszulegen sein, jedoch sind gegenläufig die hohen Schutzgüter Körper, Gesundheit und Leben aus Art. 2 Abs. 2 S. 1 GG zu berücksichtigen. Je höher das Schutzgut ist, desto weiter ist der Gefahrenbegriff auszulegen. Da es in der Vergangenheit schon zu Ausschreitungen durch die radikalen Demonstranten kam, die nunmehr erneut radikale Äußerungen tätigen – ein Abstellen allein auf vergangene Ereignisse ist aufgrund der für die Demokratie schlechthin konstituierenden Versammlungsfreiheit aus Art. 8 Abs. 1 GG nicht hinreichend – ist die Wahrscheinlichkeit der Radikalisierung hinreichend konkret. Auch die zeitliche Nähe ist gegeben, weil seit den als Indizien maßgeblichen Eskalationen in der Vergangenheit nicht Jahre, sondern lediglich Wochen bzw. Monate verstrichen sind, sodass eine konkrete Gefahr für die öffentliche Sicherheit besteht.

bb) Polizeipflicht

V ist auch unter den radikalen Demonstranten, von denen entsprechende Äußerungen ausgehen, sodass er als Handlungsstörer gemäß § 13 Abs. 1 ASOG – als natürliche Person und als Veranstalter – in Anspruch genommen werden konnte, wenngleich die Anreise zu einer Versammlung zur Grundrechtsausübung im Sinne des Art. 8 Abs. 1 GG gehört.

3. Rechtsfolge

Rechtsfolge ist Ermessen. Das Ermessen im Sinne des § 40 VwVfG i.V.m. § 1 Abs. 1 Bln VwVfG sowie den §§ 11, 12 ASOG, die ergänzend anwendbar sind, darf nicht fehlerhaft ausgeübt worden sein. Ein Ermessensausfall ist nicht ersichtlich. Das Entschließungsermessen kann aber wegen einer Ermessensüberschreitung fehlerhaft ausgeübt worden sein. Das ist insbesondere anzunehmen, wenn unverhältnismäßig in Grundrechte eingegriffen worden ist, wenn also unverhältnismäßig die Versammlungsfreiheit des V aus Art. 8 Abs. 1 GG beeinträchtigt worden ist.[14]

a) Zur Erfüllung des Zwecks geeignet und erforderlich

Der gerichtlich wegen der Einschätzungsprärogative der Verwaltung ohnehin nur begrenzt überprüfbare Zweck der Identitätsfeststellung ist der Schutz des Körpers, der Gesundheit und des Lebens anderer im Sinne des Art. 2 Abs. 2 S. 1 GG. Da die Identitätsfeststellung eine vorherige Kontrolle mit einer verschärften Beobachtung ermöglicht, ist sie zur gezielten Verhinderung einer Eskalation geeignet und dient nicht nur einer späteren Strafverfolgung. Die Identitätsfeststellung war erforderlich, weil kein gleich geeignetes, milderes Mittel ersichtlich ist. Die Identitätsfeststellung ist bereits eine milde Maßnahme.

b) Verhältnismäßigkeit im engen Sinne

Die Identitätsfeststellung war verhältnismäßig im engen Sinne, wenn sie im Hinblick auf die Interessen des V nicht disproportional war. Durch die Identitätsfeststellung soll im Vorfeld ein effektiver Schutz für Körper, Gesundheit und Leben anderer im Sinne des Art. 2 Abs. 2 S. 1 GG geschaffen werden, wobei gegenläufig die Versammlungsfreiheit im Sinne des Art. 8 Abs. 1 GG betroffen ist. Dass der Schutzzweck insoweit im Nachhinein nicht erreicht wurde, führt nicht zur Unverhältnismäßigkeit, sondern ist ein Indiz für die milde Art des Vorgehens. Durch die Identitätsfeststellung wurde die Versammlungsfreiheit im Sinne des Art. 8 Abs. 1 GG nur am Rande tangiert, weil alle Teilnehmer – auch V – rechtzeitig zur Versammlung kamen. Dem standen hohe Schutzgüter entgegen. Die Identitätsfeststellung war somit verhältnismäßig im engen Sinne.

---

14 Der Grundsatz der Verhältnismäßigkeit ergibt sich primär aus den Grundrechten, sekundär aus dem Rechtsstaatsprinzip und ist in § 11 ASOG spezialgesetzlich geregelt.

4. Zwischenergebnis

Die Identitätsfeststellung war rechtmäßig.

III. Versammlungsauflösung

Die Versammlungsauflösung könnte rechtswidrig gewesen sein.

1. Rechtsgrundlage

Da die Versammlung vom Beginn bis zur Auflösung polizeifest ist, muss im Rahmen der Rechtsgrundlage auf das Versammlungsgesetz abgestellt werden, wobei gemäß § 15 Abs. 4 VersG sogar verbotene Veranstaltungen aufzulösen sind.

Als Rechtsgrundlage kommt § 15 Abs. 3 VersG in Betracht.

2. Voraussetzungen

Die Voraussetzungen können erfüllt gewesen sein.

a) Formelle Voraussetzungen

Formell ist die Auflösung der Versammlung rechtmäßig gewesen.

b) Materielle Voraussetzungen

Die materiellen Voraussetzungen können erfüllt gewesen sein. Eine Versammlung oder ein Aufzug können gemäß § 15 Abs. 3 VersG aufgelöst werden, wenn sie nicht angemeldet sind, wenn von den Angaben der Anzeige abgewichen oder den Auflagen zuwidergehandelt wird oder wenn die Voraussetzungen für ein Verbot nach § 15 Abs. 1, 2 VersG erfüllt sind. Dies ist gemäß § 15 Abs. 1 VersG bei einer unmittelbaren Gefahr anzunehmen. Die Gefahr muss jedoch bei verfassungskonformer Auslegung im Sinne der sich aus Art. 8 Abs. 1 GG ergebenden Versammlungsfreiheit für die öffentliche Sicherheit bestehen, weil die öffentliche Ordnung zu unbestimmt ist, um darauf eine Versammlungsauflösung zu stützen. Die unmittelbare – sogar im Ansatz verwirklichte – Gefahr bestand darin, dass die Demonstranten die Treppe zum Dom hinauf strömten und es zu Ausschreitungen gegenüber den Polizisten kam, sodass Körper, Gesundheit und eventuell sogar Leben im Sinne des Art. 2 Abs. 2 S. 1 GG zumindest ohne große zeitlich-räumliche Zwischenspanne gefährdet wurden.

Darüber hinaus ist durch das Betreten der Treppe die Auflage der örtlichen Verlegung verletzt worden, sodass die Versammlung schon insoweit gemäß § 15 Abs. 3 Var. 3 VersG tatbestandlich aufgelöst werden konnte.

Aufgrund der gewaltsamen Ausschreitungen und des Verstoßes gegen die Auflage wird zwar nicht die gesamte Versammlung zwingend unfriedlich, jedoch wird dadurch in ergänzender Anwendung des § 13 Abs. 1 ASOG jedenfalls eine Verhaltensstörereigenschaft der Versammlungsteilnehmer und damit der Versammlung begründet. Die Voraussetzungen des § 15 Abs. 3 VersG sind erfüllt.

3. Rechtsfolge

Die Rechtsfolge des § 15 Abs. 3 VersG ist Ermessen. Ein Ermessensausfall ist nicht ersichtlich. Lediglich eine Ermessensüberschreitung wäre anzunehmen, falls unverhältnismäßig in Grundrechte wie zum Beispiel die Versammlungsfreiheit aus Art. 8 Abs. 1 GG eingegriffen worden wäre. Da die Versammlungsfreiheit durch die örtliche Verlegung rechtmäßig eingeschränkt worden war und unfriedliches Handeln – dabei ist irrelevant, ob die gesamte Versammlung unfriedlich geworden war – nicht vom Schutzbereich des Art. 8 Abs. 1 GG umfasst ist, ist die Versammlungsfreiheit im Rahmen der Verhältnismäßigkeit der Maßnahme insoweit allenfalls im geringfügigen Maß einer Fernwirkung relevant. Aufgrund des Schutzes des Körpers, der Gesundheit und des Lebens anderer im Sinne des Art. 2 Abs. 2 S. 1 GG ist eine Unverhältnismäßigkeit nicht ersichtlich. Die Auflösung ist verhältnismäßig, sodass das Ermessen nicht überschritten ist. Ebenso wenig besteht ein Ermessensfehlgebrauch.

4. Zwischenergebnis

Die Versammlungsauflösung ist rechtmäßig.

IV. Platzverweis

Das Gebot, den Platz zu verlassen, könnte rechtswidrig gewesen sein.

1. Rechtsgrundlage

Als Rechtsgrundlage kommt § 29 Abs. 1 S. 1 ASOG in Betracht, weil nach der Auflösung der Versammlung das allgemeine Polizei- und Ordnungsrecht gilt.

2. Voraussetzungen
Die Voraussetzungen für einen Platzverweis können erfüllt gewesen sein.

a) Formelle Voraussetzungen
Die formellen Voraussetzungen sind erfüllt.

b) Materielle Voraussetzungen
Materiell bedurfte es einer Gefahr für die öffentliche Sicherheit und sowie einer Polizeipflicht.

Die Gefahr für die öffentliche Sicherheit hatte sich zumindest insoweit sogar schon verwirklicht, als eine Verletzung der öffentlichen Rechtsordnung erfolgt war, weil bei Versammlungen unter freiem Himmel gemäß § 13 Abs. 2 VersG i.V.m. § 18 Abs. 1 VersG eine Pflicht besteht, sich nach einer Versammlungsauflösung zu entfernen. Bei Nichtentfernung wird sogar der Tatbestand einer Ordnungswidrigkeit gemäß § 29 Abs. 1 Nr. 2 VersG erfüllt.

Wegen des Verbleibens trotz des Platzverweises handelt V ebenso wie die anderen des Platzes verwiesenen Versammlungsteilnehmer störend im Sinne des § 13 Abs. 1 ASOG.

3. Rechtsfolge
Rechtsfolge im Sinne des § 29 Abs. 1 S. 1 ASOG ist Ermessen. Da die Versammlungsfreiheit im Sinne des Art. 8 Abs. 1 GG aufgrund der rechtmäßig erfolgten Versammlungsauflösung im Rahmen des Platzverweises nicht mehr maßgeblich ist und Ermessensfehler nicht ersichtlich sind, war der Platzverweis rechtmäßig.

C. Ergebnis
Die Sachurteilsvoraussetzungen der Fortsetzungsfeststellungsklagen sind erfüllt, die Klagen sind zulässig, jedoch unbegründet.

2. Komplex: Abdrängen der Personen
Die Klage des V hat jedenfalls Erfolg, soweit die Sachurteilsvoraussetzungen erfüllt sind, die Klage zulässig und begründet ist.

A. Sachurteilsvoraussetzungen

Die Sachurteilsvoraussetzungen können erfüllt sein.

I. Rechtsweg

Der Verwaltungsrechtsweg kann mangels aufdrängender Sonderzuweisung gemäß § 40 Abs. 1 S. 1 VwGO eröffnet sein. Im Übrigen kommt ein Verweisungsbeschluss im Sinne des § 17a Abs. 2 GVG i.V.m. § 173 VwGO in Betracht. Der Verwaltungsrechtsweg ist eröffnet, wenn eine öffentlich-rechtliche Streitigkeit nicht verfassungsrechtlicher Art besteht, also wenn durch die streitentscheidende Norm ein Hoheitsträger einseitig berechtigt oder verpflichtet wird bzw. wenn aufgrund typisch hoheitlichen Handelns zwischen den Beteiligten ein Subordinationsverhältnis besteht. Streitentscheidende Norm im Sinne des § 40 Abs. 1 S. 1 VwGO ist bezüglich der Vollstreckung des Platzverweises § 6 Abs. 1 VwVG i.V.m. § 5a Bln VwVfG. Da die Streitigkeit mangels doppelter Verfassungsunmittelbarkeit nicht verfassungsrechtlicher Art und eine abdrängende Sonderzuweisung nicht ersichtlich ist, bleibt es bei der Eröffnung des Verwaltungsrechtsweges. Der Verwaltungsrechtsweg ist gemäß § 40 Abs. 1 S. 1 VwGO eröffnet.

II. Zuständigkeit

Das Verwaltungsgericht ist gemäß § 45 VwGO als Eingangsinstanz für öffentlich-rechtliche Streitigkeiten sachlich zuständig, da Anhaltspunkte für abweichende Regelungen wie z.B. § 50 VwGO nicht ersichtlich sind, sodass kein Verweisungsbeschluss gemäß § 17a Abs. 2 GVG i.V.m. § 83 VwGO gefasst werden wird.

III. Beteiligte

V und die zuständige Versammlungsbehörde können Beteiligte des Verfahrens sein. Beteiligte sind nach § 63 Nr. 1, 2 VwGO jedenfalls unter anderem Kläger und Beklagter, beteiligungsfähig nach § 61 Nr. 1 VwGO natürliche und juristische Personen. Behörden sind gemäß § 61 Nr. 3 VwGO in Verbindung mit dem Landesrecht in Berlin nicht beteiligungsfähig.

Als Kläger ist V gemäß § 61 Nr. 1 Alt. 1 VwGO beteiligungsfähig und gemäß § 62 Abs. 1 Nr. 1 VwGO prozessfähig.

Als Beklagter ist der Rechtsträger der Behörde maßgeblich. Da die Versammlungsbehörde als Behörde zuständig ist, ist das Land Berlin als Rechtsträger gemäß §§ 63 Nr. 2, 61 Nr. 1 Alt. 2 VwGO beteiligungs- und mangels Anhaltspunkten bezüglich des für die Behörde handelnden Organwalters gemäß § 62 Abs. 3, Abs. 1 Nr. 1 VwGO prozessfähig.

IV. Statthafte Klageart

Die statthafte Klageart richtet sich gemäß § 88 VwGO nach dem klägerischen Begehren unter Berücksichtigung des Anwendungsvorranges maßnahmespezifischer Rechtsschutzformen und des rechtsstaatlichen Grundsatzes der Effektivität des Rechtsschutzes. In Betracht kommen eine Fortsetzungsfeststellungsklage analog § 113 Abs. 1 S. 4 VwGO sowie eine allgemeine Feststellungsklage gemäß § 43 Abs. 1 Alt. 1 VwGO. Eine analoge Anwendung der Fortsetzungsfeststellungsklage kommt nur in Betracht, soweit es um Verwaltungsakte geht, während bei der Erledigung eines Rechtsverhältnisses keine planwidrige Regelungslücke bei vergleichbarer Interessenlage besteht und daher die allgemeine Feststellungsklage gemäß § 43 Abs. 1 Alt. 1 VwGO bezüglich eines erledigten Rechtsverhältnisses maßgeblich ist.

Ein Verwaltungsakt ist gemäß § 35 S. 1 VwVfG i.V.m. § 1 Abs. 1 Bln VwVfG jede Verfügung, Entscheidung oder andere hoheitliche Maßnahme, die eine Behörde zur Regelung eines Einzelfalls auf dem Gebiet des öffentlichen Rechts trifft und die auf unmittelbare Rechtswirkung nach außen gerichtet ist. Fraglich ist somit, ob das Abdrängen der Personen als Verwaltungsakt oder als reales Handeln einzustufen ist.

1. Abdrängen als Duldungsverwaltungsakt

Das Abdrängen der Personen könnte als Duldungsverwaltungsakt einzustufen sein. Während in Abwesenheit jedenfalls kein Duldungsverwaltungsakt ergeht, ist die Annahme einer Duldungsverfügung in Anwesenheit des Betroffenen möglich. Juristisch zu subsumieren sind lediglich die im Rechtsverkehr erfolgten Handlungen. Insoweit gab es einen Platzverweis sowie eine tatsächliche Handlung in Form des Wegschiebens der Personen. Letztere einheitliche faktische Handlung könnte rechtlich künstlich aufgespalten werden – in einen konkludenten Duldungsverwaltungsakt und in das Realhandeln. Das könnte sich bei verfassungskonformer Betrachtung der Handlung – besonders grundrechtsintensive Maßnahmen wie die Vollstreckung könnten möglichst als hoheitliche Rechtssetzungsakte einzustufen sein – ergeben. Zudem könnte der – in manchen Bundesländern ebenfalls kodifizierte – Rechtsgedanke aus § 18 Abs. 1 VwVG i.V.m. § 5a Bln VwVfG maßgeblich sein, wonach eine Androhung als Teil der Vollstreckung zumindest bezüglich der Rechtsmittel wie ein Verwaltungsakt zu behandeln ist. Somit bestünde ein Duldungsverwaltungsakt mit einer anschließenden Realhandlung mit der Folge, dass bezüglich des Duldungsverwaltungsaktes eine Fortsetzungsfeststellungsklage und bezüglich der folgenden Realhandlung eine allgemeine Feststellungsklage statthaft wäre. Sollte eine künstliche rechtliche Aufspaltung erfolgen, müsste dies konsequent auch prozessual gelten, sodass die Annahme einer einheitlichen Fortsetzungsfeststellungsklage wegen des Schwerpunktes beim Duldungsverwaltungsakt inkonsequent wäre.[15]

2. Realhandlung

Das Abdrängen der Personen kann auch lediglich als reales Handeln einzustufen sein. Zunächst besteht aufgrund des in der Verwaltungsgerichtsordnung umfassend geregelten Rechtsschutzes kein Bedürfnis daran, eine einheitliche faktische Handlung juristisch künstlich in einen Duldungsverwaltungsakt und eine Realhandlung aufzuspalten. Aus § 18 Abs. 1 VwVG i.V.m. § 5a Bln VwVfG bzw. aus vergleichbaren landesrechtlichen Normen ergibt sich, dass gerade nur ein Teil der Vollstreckung – die Androhung – prozessual wie ein Verwaltungsakt zu behandeln ist. Daraus ergibt sich kein Rückschluss über die Rechtsnatur der Vollstreckung als solche, sondern die Regelung könnte allenfalls Indizwirkung entfalten. Das gilt insbesondere, wenn § 18 Abs. 2 VwVG i.V.m. § 5a Bln VwVfG berücksichtigt wird, in dem auch für den sofortigen Vollzug gemäß § 18 Abs. 2 VwVG i.V.m. § 5a Bln VwVfG eine solche Anordnung erfolgt – für eine Vollstreckung nach § 6 Abs. 1 VwVG i.V.m. § 5a Bln VwVfG aber nicht. Zudem erfolgt faktisch nur eine Handlung, ohne dass Indizien für eine konkludent erklärte Duldungsverfügung bestehen, zumal dies im Hinblick auf die Bestimmtheit der Handlungen bei besonderer Grundrechtsintensität eher kontraproduktiv wäre, weil besonders intensive Grundrechtseingriffe nicht konkludent erfolgen können, zumal ein Duldungsverwaltungsakt keine sinnvolle Funktion hätte, weil die Vollstreckungsgrundlage jedenfalls der Platzverweis darstellt. Außerdem enthalten Verwaltungsakte ausgenommen deklaratorische Verwaltungsakte regelmäßig selbst einen vollstreckbaren Tenor, der in dem Duldungsverwaltungsakt nicht enthalten wäre. Würde die Verwaltungsvollstreckung als Verwaltungsakt eingestuft werden, dessen Voraussetzung naturgemäß ein vollstreckbarer Verwaltungsakt ist, müsste er seinerseits vollstreckt werden – wieder mittels eines Verwaltungsaktes. Es würde eine kaum endende Kette von Verwaltungsakten entstehen.

Nach alledem ist die Vollstreckung als Realakt einzuordnen.

15 Es ist bei denjenigen, die zusätzlich zum Realhandeln einen konkludenten Duldungsverwaltungsakt annehmen, verbreitet, wegen des angeblichen Schwerpunktes beim Duldungsverwaltungsakt eine einheitliche Forstsetzungsfeststellungsklage zu prüfen. Das ist rechtsdogmatisch unlogisch.

3. Allgemeine Feststellungsklage

Somit ist eine allgemeine Feststellungsklage gemäß § 43 Abs. 1 Alt. 1 VwGO statthaft mit dem Antrag, festzustellen, dass sich aus keiner rechtlichen Regelung ein Rechtsverhältnis des V zum Rechtsträger dahingehend ergab, dass der Platzverweis vollstreckt werden durfte. Es soll also das Nichtbestehen eines erledigten Rechtsverhältnisses festgestellt werden.

4. Klageverbindung

Für eine objektive Klagehäufung ist § 44 VwGO maßgeblich, wenngleich keine gleichzeitige Entscheidungsreife besteht, da die Vollstreckung gegenüber der Auflösung und dem zu vollstreckenden Platzverweis gestuft ist. Es erfolgen wiederum nur Feststellungstenöre, bezüglich derer wie bei der Verbindung der Fortsetzungsfeststellungsklagen das ungeschriebene Merkmal der gleichzeitigen Entscheidungsreife verfassungskonform im Sinne des sich unter anderem aus Art. 20 Abs. 3 GG ergebenden Rechtsstaatsprinzips nicht hineingelesen werden muss. Die allgemeine Feststellungsklage wird mit den Fortsetzungsfeststellungsklagen gemäß § 44 VwGO verbunden.

V. Besondere Sachurteilsvoraussetzungen

Die besonderen Sachurteilsvoraussetzungen können erfüllt sein.

1. Besondere Prozessführungsbefugnis

Mangels planwidriger Regelungslücke und vergleichbarer Interessenlage, die nur bei einem Verwaltungsakt als Streitgegenstand bestünde, ist § 78 Abs. 1 Nr. 1 VwGO als nach der gesetzlichen Überschrift des 8. Abschnittes der Verwaltungsgerichtsordnung nur direkt für Anfechtungs- und Verpflichtungsklagen geltende Norm nicht analog anwendbar. Da es sich bei der besonderen Prozessführungsbefugnis um eine Art Prozessstandschaft handelt, bedarf es einer solchen auch nicht zwingend, sodass es insoweit keinen besonders Prozessführungsbefugten gibt.

2. Feststellungsinteresse

Zugunsten des V muss ein Feststellungsinteresse bestehen. Grundsätzlich bedarf es insoweit eines rechtlichen, wirtschaftlichen oder ideellen Interesses. Da dem Kläger durch dieses weite Feststellungsinteresse weitgehende Klagemöglichkeiten ermöglicht werden, gelten sie bei gegenwärtigen Rechtsverhältnissen. Bei erledigten Rechtsverhältnissen besteht mangels gegenwärtiger Betroffenheit ein geringeres Rechtsschutzbedürfnis der Kläger, sodass insoweit erhöhte Anforderungen an das Feststellungsinteresse zu stellen sind, zumal die Gerichte aufgrund des sich unter anderem aus Art. 20 Abs. 3 GG ergebenden Rechtsstaatsprinzips entlastet werden können.

Es bedarf somit eines qualifizierten Feststellungsinteresses, welches dem der Fortsetzungsfeststellungsklage entspricht, die ebenfalls auf eine erledigte Konstellation bezogen ist. Es bedarf somit einer Wiederholungsgefahr, eines Rehabilitierungsinteresses – einschließlich der Konstellationen schwerer Grundrechtseingriffe und des Art. 19 Abs. 4 S. 1 GG oder eines Präjudizinteresses, welches allerdings lediglich in Konstellationen der Erledigung nach Klageerhebung relevant sein kann.

Da V bei der nächsten Versammlung wieder mit einer Vollstreckung eines Platzverweises rechnen muss, besteht eine Wiederholungsgefahr.

3. Keine Subsidiarität

Die allgemeine Feststellungsklage des V ist nicht gemäß § 43 Abs. 2 S. 1 VwGO subsidiär. Eine Gestaltungsklage in Form der Anfechtungsklage ist mangels eines Verwaltungsaktes nicht möglich, während eine allgemeine Leistungsklage auf Unterlassung wegen faktischer Erledigung durch die bereits beendete Vollstreckung in Form des Wegschiebens der Personen nicht möglich und eine Leistung in Form vorbeugender Unterlassung weder beantragt noch hinreichend konkretisiert ist.

VI. Klagebefugnis

Eine Klagebefugnis analog § 42 Abs. 2 VwGO zur Vermeidung von Popularklagen ist nur erforderlich, wenn eine planwidrige Regelungslücke bei vergleichbarer Interessenlage besteht. Während es sich in Dreipersonenkonstellationen um einen Antrag bezüglich eines Drittverhältnisses handelt, welches sich nicht auf ein subjektives Recht des Klägers bezieht und es somit einer analogen Anwendung des § 42 Abs. 2 VwGO bedarf, ist in Zweipersonenkonstellationen im konkreten Rechtsverhältnis unmittelbar das subjektive Recht des Klägers enthalten mit der Folge, dass keine planwidrige Regelungslücke besteht. V beantragt Feststellung bezüglich eines eigenen Rechtsverhältnisses, sodass es keiner analogen Anwendung des § 42 Abs. 2 VwGO bedarf.

VII. Allgemeines Rechtsschutzbedürfnis

Für das Fehlen des allgemeinen Rechtsschutzbedürfnisses bestehen keine Anhaltspunkte.

VIII. Zwischenergebnis

Die Sachurteilsvoraussetzungen sind erfüllt und die Klage ist zulässig.

B. Begründetheit

Die Klage des V im Sinne des § 43 Abs. 1 Alt. 1 VwGO ist begründet, soweit zwischen V und dem Rechtsträger kein Rechtsverhältnis dahingehend bestand, dass Zwang zum Abdrängen der Personen angewendet werden durfte. Ein derartiges Rechtsverhältnis bestand nicht, soweit die Vollstreckung rechtswidrig war.

I. Rechtsgrundlage Vollstreckung

Da die Verwaltungsvollstreckung besonders grundrechtsintensiv ist, bedarf es wegen des insoweit aus den Grundrechten abgeleiteten Gesetzesvorbehaltes einer Rechtsgrundlage. Rechtsgrundlage für den unmittelbaren Zwang als Vollstreckung eines Verwaltungsaktes im gestreckten Verfahren ist § 6 Abs. 1 VwVG i.V.m. § 5a Bln VwVfG.

II. Voraussetzungen

Die formellen Voraussetzungen sind erfüllt, wobei es materiell eines vollstreckbaren Verwaltungsaktes als Titel, der rechtmäßigen Art und Weise der Vollstreckung und keines der Vollstreckung entgegenstehenden Vollstreckungshindernisses bedarf.[16]

1. Vollstreckbarer Verwaltungsakt

Als der im Sinne des § 6 Abs. 1 VwVG i.V.m. § 5a Bln VwVfG i.V.m. dem Gesetz über die Anwendung unmittelbaren Zwanges bei der Ausübung öffentlicher

---

16 Es wird vertreten, die Art und Weise (Androhung, Festsetzung, Anwendung) als formelle Vollstreckungsvoraussetzungen zu prüfen. Da es dort jedoch jeweils einen Bezug zu materiellen Inhalten gibt (z.B. bei der Androhung deren Entbehrlichkeit bei bestimmten materiellen Gefahren), sollte die Art und Weise bei den materiellen Voraussetzungen erörtert werden.

Gewalt durch Vollzugsbeamte des Landes Berlin (UZwG Bln) vollstreckbare Verwaltungsakt ist der Platzverweis einzustufen.

a) Ge-/Verbotsverfügung

Ein Verwaltungsakt ist gemäß § 35 S. 1 VwVfG i.V.m. § 1 Abs. 1 Bln VwVfG jede Verfügung, Entscheidung oder andere hoheitliche Maßnahme, die eine Behörde zur Regelung eines Einzelfalles auf dem Gebiet des öffentlichen Rechts trifft und die auf unmittelbare Rechtswirkung nach außen gerichtet ist. Konkret generelle Regelungen sind Verwaltungsakte in Form von Allgemeinverfügungen gemäß § 35 S. 2 VwVfG i.V.m. § 1 Abs. 1 Bln VwVfG. Es handelte sich bei dem Platzverweis entweder um einen Verwaltungsakt gegenüber jedem Einzelnen im Sinne des § 35 S. 1 VwVfG i.V.m. § 1 Abs. 1 Bln VwVfG oder – soweit adressatenkreisbezogen – um eine Allgemeinverfügung nach § 35 S. 2 Var. 1 VwVfG i.V.m. § 1 Abs. 1 Bln VwVfG.

b) Wirksamkeit

Der Platzverweis war mangels Nichtigkeit im Sinne des § 44 VwVfG i.V.m. § 1 Abs. 1 Bln VwVfG sowie mangels Ersichtlichkeit sonstiger Unwirksamkeitsgründe im Sinne des § 43 Abs. 2 VwVfG i.V.m. § 1 Abs. 1 Bln VwVfG nicht nur wirksam, sondern er war sogar rechtmäßig, sodass es irrelevant ist, ob es für die Vollstreckbarkeit eines Verwaltungsaktes auch dessen Rechtmäßigkeit bedarf.[17]

c) Vollziehbarkeit

Der Platzverweis muss vollziehbar im Sinne des § 6 Abs. 1 VwVG i.V.m. § 5a Bln VwVfG i.V.m. dem Gesetz über die Anwendung unmittelbaren Zwangs bei der Ausübung öffentlicher Gewalt durch Vollzugsbeamte des Landes Berlin (UZwG Bln) sein. Eine wirksame Verfügung ist erst vollziehbar, wenn sie bestandskräftig, also unanfechtbar ist, oder wenn sich die Vollziehbarkeit aus § 80 Abs. 2 VwGO ergibt. Da es sich um eine Eilmaßnahme von Polizeivollzugsbeamten handelte, ergab sich die sofortige Vollziehbarkeit aus § 80 Abs. 2 S. 1 Nr. 2 VwGO.

---

17 Ob der vollstreckbare Verwaltungsakt rechtmäßig sein muss, ist strittig. Regelmäßig ist dies nach h.M. aus rechtsstaatlichen Gründen der effektiven Gefahrenabwehr (vgl. Art. 20 GG) nicht erforderlich.

2. Art und Weise

Die Verwaltungsvollstreckung in Form des unmittelbaren Zwanges muss in der gesetzlich vorgesehenen Art und Weise durchgeführt worden sein.

a) Androhung

Die Vollstreckung muss gemäß § 13 VwVG i.V.m. § 5a Bln VwVfG unabhängig von der Rechtsnatur der Androhung angedroht worden sein, wobei beim unmittelbaren Zwang in Form des Schusswaffengebrauches gemäß § 10 UZwG Bln eine zweite Androhung erforderlich sein kann. Ob es einer oder zweier Androhungen bedarf und inwieweit beide mittels eines „Erst-recht-Schlusses“ aus § 6 Abs. 2 VwVG i.V.m. § 5a Bln VwVfG entbehrlich sein können, ist letztlich irrelevant, weil zwei Androhungen erfolgt sind, obwohl nur eine solche erforderlich war.

b) Festsetzung

Eine Festsetzung ist gemäß § 14 VwVG i.V.m. § 5a Bln VwVfG erfolgt.

c) Anwendung

Anwendungsfehler sind bezüglich des unmittelbaren Zwanges im Sinne des Gesetzes über die Anwendung unmittelbaren Zwanges bei der Ausübung öffentlicher Gewalt durch Vollzugsbeamte des Landes Berlin (UZwG Bln) nicht ersichtlich, wobei V gemäß § 13 Abs. 1 ASOG als Verhaltensstörer auch der richtige Adressat der Vollstreckung war.

3. Kein Vollstreckungshindernis

Vollstreckungshindernisse wie zum Beispiel die Erfüllung sind nicht ersichtlich.

III. Rechtsfolge

Die Vornahme vollstreckungsrechtlicher Maßnahmen steht im Ermessen der zuständigen Behörde. Das Ermessen im Sinne des § 40 VwVfG i.V.m. § 1 Abs. 1 Bln VwVfG, §§ 11, 12 ASOG, die ergänzend anwendbar sind, darf nicht fehlerhaft ausgeübt worden sein. Ein Ermessensausfall ist nicht ersichtlich. Das Entschließungsermessen könnte aber wegen einer Ermessensüberschreitung fehlerhaft ausgeübt worden sein. Das ist insbesondere anzunehmen, wenn unverhältnismäßig in Grundrechte eingegriffen worden ist. Da die Versammlungsfreiheit im Sinne des Art. 8 Abs. 1 GG nach der Versammlungsauflösung nicht mehr maßgeblich ist, kann insbesondere Art. 2 Abs. 2 S. 1 GG einbezogen werden. Zweck der Vollstreckung ist der Schutz des Papstes und anderer Personen sowie die Einhaltung des § 13 Abs. 2 VersG i.V.m. § 18 Abs. 1 VersG. Der Zweck wird durch die Entfernung gefördert und es ist kein gleich geeignetes milderes Mittel mehr ersichtlich. Eignung und Erforderlichkeit sind somit gegeben. Da der unmittelbare Zwang restriktiv angewendet worden ist und dem Grundrecht der Betroffenen aus Art. 2 Abs. 2 S. 1 GG selbiges Grundrecht der zu schützenden Personen entgegensteht, ist eine Disproportionalität zwischen Mittel und Zweck nicht ersichtlich, sodass die Vollstreckung verhältnismäßig im engen Sinne war.

IV. Zwischenergebnis
Die Vollstreckung war rechtmäßig und es bestand ein Rechtsverhältnis.

C. Ergebnis
Die Klage wird abgewiesen.

Besonderes Verwaltungsrecht – Fall 10 – BauR: „Der Mehrwert einer Mehrzweckhalle ...“

In der Gemeinde G im Bundesland B soll auf einer bislang ungenutzten Wiesenfläche im bisherigen Außenbereich eine neue Mehrzweckhalle errichtet werden. Zu diesem Zweck wird von der zuständigen Behörde am 5.10.2011 ein Bebauungsplan als Satzung beschlossen. Im Bebauungsplan ist vorgesehen, dass im östlichen Bereich des Plangebietes die Errichtung der Mehrzweckhalle erfolgen und im südöstlichen Plangebiet die Grundlage für einen Parkplatz mit 80 Stellplätzen geschaffen werden soll. Dafür wird ein Sondergebiet festgesetzt.

Im Flächennutzungsplan ist für diesen Teil des Plangebiets eine Nutzung als Wohnbaufläche vorgesehen. Der Flächennutzungsplan sollte in einem Parallelverfahren zur Bebauungsplanaufstellung an die dort vorgesehenen Festsetzungen angepasst werden. Dies geriet aufgrund des straffen Zeitplans für die Planungen aber in Vergessenheit, sodass im Flächennutzungsplan und im Bebauungsplan nun konfligierende Nutzungen vorgesehen sind.

Südlich des Plangebiets liegt ein bereits bestehendes Wohngebiet. Dieses Wohngebiet ist dadurch besonders geschützt, dass im Bebauungsplan für dieses Gebiet jegliche gewerbliche Nutzung ausgeschlossen ist. Um die verkehrsmäßige Erschließung der Mehrzweckhalle zu sichern, ist im Bebauungsplan geregelt, dass eine Wohnstraße aus dem Wohngebiet in das Plangebiet weitergeführt wird, um so die Verbindung der Halle zu den umliegenden Gebieten zu sichern.

A ist Eigentümer eines Grundstücks innerhalb des Wohngebietes. Sein Grundstück liegt direkt an der weiterführenden Straße an der Grenze zum Plangebiet. A erwartet einen erheblichen Anstieg der Lärmimmissionen und will daher gegen den Bebauungsplan vorgehen.

Da die Bebauung zu einer umfangreichen Versiegelung des Bodens führen wird, soll der nördliche Teil der Wiesenfläche entsprechend einem Landschaftsplan bepflanzt werden, damit dadurch der erforderliche Ausgleich geschaffen wird. Das Plangebiet gehört überwiegend der Gemeinde G, jedoch befindet sich dort auch das Grundstück des B. Es soll Teil der Ausgleichsfläche werden. Im Bebauungsplan ist dezidiert dargelegt, aus welchen Gründen das Grundstück des B nicht aus den geplanten Ausgleichsmaßnahmen herausgenommen werden kann.

B hatte immer gehofft, dass sein Grundstück eines Tages durch einen Bebauungsplan in ein Wohngebiet einbezogen wird. Nun befürchtet er, dass die Gemeinde G ihn enteignen wird. B sieht sich dadurch in seinem Grundrecht auf Eigentum verletzt. Der Teil des Plangebietes, durch den die Wohnstraße weitergeführt werden soll, ist Teil eines Landschaftsschutzgebietes im Sinne des § 26 BNatSchG. Der Großteil dieses Landschaftsschutzgebietes befindet sich in der Nachbargemeinde N. Die Straße soll durch den äußersten südlichen Bereich des Landschaftsschutzgebietes geführt werden. Die Landschaftsschutzverordnung enthält folgende Regelung:

§ 4 der Landschaftsschutzverordnung
(1) [...]
(2) Handlungen, die geeignet sind, den Charakter des Gebietes zu verändern, den Naturhaushalt zu schädigen, das Landschaftsbild zu beeinträchtigen oder sonst dem besonderen Schutzzweck zuwiderlaufen, bedürfen der Genehmigung.
(3) Diese ist unbeschadet anderer Rechtsvorschriften auf Antrag von der unteren Naturschutzbehörde zu erteilen, wenn die beabsichtigte Handlung den Charakter des Gebietes nicht ändert und dem besonderen Schutzzweck nicht oder nur unerheblich zuwiderläuft.

Zwar ist seitens der Naturschutzbehörde kein Genehmigungs-, Ausnahme- oder Befreiungsbescheid erlassen worden, jedoch erhielt G ein Schreiben der zuständigen Behörde dahingehend, dass der Konflikt zwischen einzelnen Festsetzungen der Landschaftsschutzverordnung und den Festsetzungen des Bebauungsplanes für den Ausbau der Wohnstraße in einem Verfahren nach § 67 BNatSchG gelöst werden könne. Der Gebietscharakter bleibe auch nach der Realisierung der Baumaßnahmen erhalten. Der Schutzzweck des Landschaftsschutzgebietes bleibe gewährleistet.

C ist Einwohner der N und in seiner Freizeit als leidenschaftlicher Naturschützer aktiv. Er ist der Auffassung, das Landschaftsschutzgebiet sei unzulässig überplant worden. Die Verwirklichung des Bebauungsplanes führe zu einem Verstoß gegen naturschutzrechtliche Regelungen. Daher sei der Bebauungsplan nichtig.

Die Aufstellung des Bebauungsplanes wurde nach Abwägung vieler relevanter Umstände und Durchführung einer Umweltprüfung von der zuständigen Behörde in einer Sitzung am 26.8.2009 beschlossen. Der Beschluss, den Bebauungsplan aufzustellen, wurde sogleich ortsüblich bekannt gemacht. In diesem Zusammenhang wurde die Öffentlichkeit über die Hintergründe der Planung unterrichtet und ebenso wie Behörden und sonstige Träger mit Zuständigkeiten für öffentliche Belange zur Äußerung aufgefordert. Die Auslegung erfolgte fehlerfrei.

Es wurde zwar erkannt, dass sich das Plangebiet im Anwendungsbereich einer Landschaftsschutzverordnung befindet, jedoch wurde dieser Aspekt nach längerer Diskussion als bedeutungslos eingestuft. Die zuständigen Sachbearbeiter waren der Auffassung, dass die Durchführung der obligatorischen Umweltprüfung ausreichen müsse.

Aus dem Gutachten eines Sachverständigen, das auf die Lärmbelastung in der Wohnstraße bezogen ist, ergibt sich, dass eine erhebliche Zunahme der Lärmbelastung zu erwarten sei. Ob durch die zu erwartende Lärmbelastung im Wohngebiet der zulässige Grenzwert überschritten werden würde, könne jedoch noch nicht prognostiziert werden. Gesundheitliche Folgen für die Anwohner seien aber nicht ausgeschlossen. Abhilfe könne aber durch den Bau einer Umgehungsstraße geschaffen werden. Bei der Erbauung der Umgehungsstraße würden zwar höhere Kosten entstehen, jedoch bestünden in rechtlicher und tatsächlicher Hinsicht im Übrigen keine Bedenken. Aus der Abwägung ergab sich das Ergebnis, dass die Lärmbelastung der Anwohner wegen der wirtschaftlichen Situation der Gemeinde zu vernachlässigen sei. Die Wirtschaftlichkeit der Gemeinde sowie das überregionale Ansehen, das durch den Bau der Mehrzweckhalle erwartet wird, seien überragend wichtige Belange, die wegen der Anwohner der Wohnstraße nicht zurückgestellt werden dürften. Mögliche gesundheitliche Folgen könnten daher nicht berücksichtigt werden. Alternativstandorte für die Mehrzweckhalle wurden ebenfalls nicht geprüft, obwohl im Gemeindegebiet in der Nähe eines Gewerbegebiets weitere bislang ungenutzte Flächen existieren.

Mit dem Beschluss vom 29.6.2011 wurde die Beteiligung der Öffentlichkeit sowie der Behörden beschlossen, welche in der Zeit vom 19.7. bis zum 20.8.2011 erfolgte. Auf mögliche Rechtsfolgen nicht oder verspätet geltend gemachter Einwendungen wurde nicht hingewiesen. A wandte sich mit Schreiben vom 13.8.2011 gegen die vorgesehene Festsetzung des Standortes der Mehrzweckhalle sowie der Parkplätze und der Erweiterung der Wohnstraße. Insoweit führe der Bebauungsplan wegen der erwarteten Zunahme des Verkehrs zu für ihn nicht zumutbaren Lärmbeeinträchtigungen. Mit dem Schreiben vom 15.8.2011 wandte sich C gegen die Überplanung des Landschaftsschutzgebietes. B hatte während dieser Zeit familiäre Probleme und kam somit nicht dazu, seine Bedenken hinsichtlich der möglichen Verletzung seines Eigentumsrechts vorzubringen.

Am 5.10.2011 befand die zuständige Behörde über die eingegangenen Stellungnahmen und beschloss den Bebauungsplan als Satzung. Dem Bebauungsplan wurden eine ausführliche Begründung über den Sinn und Zweck der Planung sowie der Umweltbericht beigefügt. Der Bebauungsplan wurde nach ordnungsgemäßer Ausfertigung am 26.2.2012 bekannt gemacht.

A, B und C sind entsetzt. Sie wollen den Bebauungsplan für unwirksam erklären lassen und stellen fünf Monate nach Inkrafttreten des Bebauungsplanes einen entsprechenden Antrag beim örtlich zuständigen Oberverwaltungsgericht. Gleichzeitig tragen sie ihre Bedenken erneut schriftlich gegenüber der Gemeinde G vor.

Die Amtshandelnden der G sind der Ansicht, C fehle von Beginn an ein subjektives Recht. B hätte seine Rechte verwirkt, indem er sich nicht bereits im Rahmen der Öffentlichkeitsbeteiligung beteiligt hat. Auch die Bedenken des A hinsichtlich der Verkehrssituation könnten nicht zur Unwirksamkeit des Bebauungsplans führen. Immerhin hätte sie – die Gemeinde G – sich im Rahmen der Abwägung mit diesem Problem bereits umfassend auseinandergesetzt.

Wie wird das Oberverwaltungsgericht entscheiden?

Bearbeitungsvermerk
Soweit es auf naturschutzrechtliche Bestimmungen ankommt, sind solche des Bundes anzuwenden. Eine UVP-Pflicht im Sinne des § 2 Abs. 3 Nr. 3 UVPG besteht nicht bzw. es sind alle Vorgaben erfüllt worden. Soweit es auf das Verwaltungsverfahrensgesetz ankommt, ist das Bundesrecht anzuwenden.

Schwerpunkte
Bebauungsplan
Prinzipale Normenkontrolle

Vertiefung
Vgl. BVerwG NVwZ 2000, 806, m.w.N.; BVerwG, Urteil vom 30.4. 2004 – 4 CN 1/03; vgl. OVG Berlin-Brandenburg, Urteil vom 15.3.2012 – OVG 2 A 20.09; Fundstelle: BeckRS 2012, 49579; VG Braunschweig 6 A 269/10; BVerfGE 33, 125; vgl. Wefelmeier, in: KVR-NGO, § 6, Rn 6; Baumgarten, in: KVR-NGO, a.a.O., § 16, Rn 9; Maurer, in: DÖV 1993, 184, 188; BVerwG, Urteil, vom 9.4.2008, 4 CN 1/07 unter Bezugnahme auf BT-Drcks. 15/2250, S. 42; OVG Berlin-Brandenburg, Urteil vom 15.3.2012 – OVG 2 A 20.09; Fundstelle: BeckRS 2012, 49579; Finkelnburg/Ortloff/Kment, Öffentliches Baurecht, Band I: Bauplanungsrecht, 6. Aufl., § 12, Rn 39; vgl. Jarass, Kommentar zum BImSchG, 9. Aufl., § 50, Rn 23; OVG Münster NuR 2009, 801, 811.

Gliederung

A. Sachentscheidungsvoraussetzungen (+)
   I. Rechtsweg (+)
   II. Zuständigkeit (+)
   III. Beteiligte (+)
      1. Antragsteller und Antragsgegner (+)
      2. Streitgenossenschaft (+)
   IV. Statthafte Verfahrensart
   V. Besondere Sachentscheidungsvoraussetzungen (+)
      1. Besondere Prozessführungsbefugnis (+)
      2. Antragsbefugnis (+)
         a) Antragsbefugnis des A (+)
         b) Antragsbefugnis des B (+)
         aa) Existenz eines subjektiven Rechts des B (+)
         bb) Präklusion (–)
         cc) Zwischenergebnis
         c) Antragsbefugnis des C (–)
         d) Zwischenergebnis
      3. Antragsfrist (+)
      4. Vorrang der Verfassungsgerichtsbarkeit
   VI. Allgemeines Rechtsschutzbedürfnis (+)
   VII. Zwischenergebnis
B. Begründetheit (+)
   I. Rechtswidrigkeit des Bebauungsplanes (+)
      1. Rechtsgrundlage (+)
      2. Voraussetzungen (+)
         a) Formelle Rechtmäßigkeit (–)
         aa) Zuständigkeit (+)
         bb) Verfahren (–)
         (1) Aufstellungsbeschluss gemäß § 2 Abs. 1 BauGB (+)
         (2) Frühzeitige Beteiligung gemäß den §§ 3 Abs. 1, 4 Abs. 1 BauGB (+)
         (3) Planbegründung und Umweltbericht gemäß § 2a BauGB und § 9 Abs. 8 BauGB (+)
         (4) Bürgerbeteiligung und Träger öffentlicher Belange gemäß § 3 Abs. 2 BauGB und § 4 Abs. 2 BauGB und § 4a BauGB (+)
         (5) Abwägungsmaterial (§§ 1 Abs. 6, 1a BauGB) gemäß § 2 Abs. 3 und Abs. 4 BauGB

(a) Abwägungsausfall (–)
(b) Abwägungsdefizit (–)
(c) Abwägungsfehleinschätzung (+)
cc) Form gemäß § 10 BauGB (+)
b) Materielle Rechtmäßigkeit (–)
aa) Planrechtfertigung gemäß § 1 Abs. 3 BauGB (+)
bb) Planungsleitsätze
(1) Zulässige Festsetzungen gemäß § 9 BauGB (+)
(2) Entwicklungsgebot aus dem Flächennutzungsplan gemäß § 8 Abs. 2 BauGB (–)
(3) Anpassungsgebot an die Ziele der Raumplanung gemäß § 1 Abs. 4 BauGB (+)
(4) Abstimmungsgebot (Nachbargemeinden) gemäß § 2 Abs. 2 BauGB (+)
(5) Zwischenergebnis
3. Rechtsfolge
a) Abwägungsdisproportionalität (+)
b) Verstoß gegen das Gebot der Konfliktbewältigung (+)
c) Zwischenergebnis
4. Ergebnis
II. Fehlerfolge (Planerhaltung)
1. Beachtlichkeit der Fehler gemäß § 214 Abs. 1 – 3 BauGB (–)
a) § 214 Abs. 1 BauGB (–)
b) § 214 Abs. 2 BauGB (–)
c) § 214 Abs. 3 BauGB (–)
aa) Abwägungsdisproportionalität und Verstoß gegen das Gebot der Konfliktbewältigung
bb) Abwägungsfehleinschätzung (+/–)
d) Zwischenergebnis
2. Heilung durch Zeitablauf gemäß § 215 BauGB (materielle Präklusion)
3. Ergänzendes Verfahren gemäß § 214 Abs. 4 BauGB (–)
4. Nachträgliches Außerkrafttreten (–)
5. Ergebnis
C. Ergebnis

Lösungsvorschlag

Die folgende Lösung ist als Lösungsvorschlag zu verstehen und ausführlicher, als es in der Klausurbearbeitung verlangt werden kann. Aufgrund der wissenschaftlichen Freiheit können andere Lösungswege vertreten werden, soweit sie dogmatisch begründbar sind. Die Nachweise aus Rechtsprechung und Literatur sowie die das Verständnis fördernden Randbemerkungen sind in der Examensklausur auszusparen. Die Abkürzung „Alt.“ steht für Alternativfall, nicht für Alternative.

A, B und C werden mit ihren Anträgen Erfolg haben, soweit die Sachentscheidungsvoraussetzungen erfüllt sind und die Anträge zulässig sowie begründet sind.

A. Sachentscheidungsvoraussetzungen[1]

Die Sachentscheidungsvoraussetzungen können erfüllt sein.

I. Rechtsweg

Der Verwaltungsrechtsweg kann mangels aufdrängender Sonderzuweisung gemäß § 40 Abs. 1 S. 1 VwGO eröffnet sein. Im Übrigen kommt ein Verweisungsbeschluss im Sinne des § 17a Abs. 2 S. 1 GVG i.V.m. § 173 VwGO in Betracht. Der Verwaltungsrechtsweg ist eröffnet, wenn durch die streitentscheidende öffentlich-rechtliche Norm ein Hoheitsträger einseitig berechtigt oder verpflichtet wird bzw. wenn aufgrund typisch hoheitlichen Handelns zwischen den Beteiligten ein Subordinationsverhältnis besteht.

Streitentscheidende Norm ist § 1 Abs. 3 BauGB i.V.m. § 1 Abs. 2 BauGB, da sich daraus eine Berechtigung zum Erlass eines Bebauungsplanes in Form einer Satzung ergibt. Inwieweit die Satzung als typisch hoheitliches Handeln im Sinne eines Subordinationsverhältnisses zu qualifizieren ist, ist irrelevant, da bei der Bauleitplanung im Sinne des § 1 Abs. 2 BauGB jedenfalls ein Sachzusammenhang zum Öffentlichen Recht besteht. Da die Streitigkeit mangels doppelter Verfassungsunmittelbarkeit nicht verfassungsrechtlicher Art und eine abdrän-

---

1 Bei einer prinzipalen Normenkontrolle sollte der Terminus „Sachentscheidungsvoraussetzungen“ gewählt werden. Er ist weiter als der Terminus „Sachurteilsvoraussetzungen“, welcher darin enthalten ist. Letzterer darf nur verwendet werden, soweit seitens des Gerichts ein Urteilsspruch erfolgt. Dies ist bei der prinzipalen Normenkontrolle zwar der Regelfall, jedoch kann das Oberverwaltungsgericht gemäß § 47 Abs. 5 S. 1 VwGO auch durch einen Beschluss entscheiden.

Weitere Besonderheiten:
- Terminus „Prinzipale Normenkontrolle“
- teilweise subjektives, teilweise objektives Beanstandungsverfahren
- Entscheidung durch Urteil oder durch Beschluss
- Wirkung inter omnes

gende Sonderzuweisung nicht ersichtlich ist, bleibt es bei der Eröffnung des Verwaltungsrechtsweges. Der Verwaltungsrechtsweg ist gemäß § 40 Abs. 1 S. 1 VwGO eröffnet.

II. Zuständigkeit

Während grundsätzlich das Verwaltungsgericht im Sinne des § 45 VwGO sachlich zuständig ist, ist das Oberverwaltungsgericht gemäß § 47 Abs. 1 Nr. 1 VwGO sachlich zuständig, soweit die prinzipale Normenkontrolle statthaft sein wird. Dann wird kein Verweisungsbeschluss gemäß § 17a Abs. 2 S. 1 GVG i.V.m. § 83 VwGO gefasst werden.[2]

III. Beteiligte

A, B und C sowie die handelnde Landesbehörde können Beteiligte des Verfahrens sein.[3] Ob sich die Beteiligungsfähigkeit aus der direkten Anwendung der §§ 63, 61, 62, 65 VwGO ergibt oder ob die Normen wegen des Wortlautes in § 63 VwGO – Kläger und Beklagter – zumindest partiell unter Umständen analog anzuwenden sind, ist irrelevant, wenngleich sich aus der gesetzlichen Abschnittsüberschrift „Allgemeine Verfahrensvorschriften" ergeben kann, dass sämtliche Verfahren und damit auch die Verfahren, die nicht als Klagen einzustufen sind, von der direkten Anwendung erfasst sind. Beteiligte sind nach § 63 Nr. 1, 2 VwGO jedenfalls unter anderem der Antragsteller und der Antragsgegner, beteiligungsfähig nach § 61 Nr. 1 VwGO natürliche und juristische Personen.

Fraglich ist, ob die §§ 63, 61, 62, 65 VwGO durch § 47 Abs. 2 S. 1 und 2 VwGO als Spezialregelung verdrängt werden.[4] Gemäß § 47 Abs. 2 S. 1 VwGO kann jede natür-

2 Der einzige dogmatisch unangreifbare Aufbau bestünde darin, die statthafte Verfahrensart inzident zu prüfen, da eine Prüfung der Verfahrensart dogmatisch nicht logisch ist, da der Rechtsweg und die Zuständigkeit schon wegen der gesetzlichen Überschrift vor § 40 VwGO konnex sind und für den Rechtsweg sowie für die Zuständigkeit § 17a Abs. 2 GVG gilt. Zudem ist es z.B. möglich, dass beim Verwaltungsgericht ein Antrag auf Feststellung der Nichtigkeit einer Satzung gestellt wird. Würde insoweit die Verfahrensart vor der Zuständigkeit geprüft werden, würde bezüglich eines Antrages beim Verwaltungsgericht eine Verfahrensart benannt werden, die es dort nicht gibt mit der Folge der späteren Verweisung an das Oberverwaltungsgericht (zum Ganzen: Heinze/Starke JURA 2012, 175 ff.). Eine Inzidentprüfung ist klausurtaktisch jedoch nicht sinnvoll, sodass eine offene Formulierung der Zuständigkeit erfolgen sollte (anders als ein Vorziehen der Verfahrensart dogmatisch haltbar).

3 Aus § 47 Abs. 2 S. 2 VwGO ergibt sich, dass die prinzipale Normenkontrolle als kontradiktorisches Verfahren einzustufen ist.

4 Das Verhältnis des § 47 Abs. 2 S. 1, 2 VwGO zu § 61 VwGO ist strittig.

liche oder juristische Person, die geltend macht, durch die Rechtsvorschrift oder deren Anwendung in ihren Rechten verletzt zu sein oder in absehbarer Zeit verletzt zu werden, sowie jede Behörde innerhalb eines Jahres nach Bekanntmachung der Rechtsvorschriften einen Antrag stellen. Insoweit könnte sich bereits aus § 47 Abs. 2 S. 4 VwGO ableiten lassen, dass die §§ 63, 61, 62, 65 VwGO verdrängt sind, weil anderenfalls keine entsprechende Anwendbarkeit des § 65 Abs. 1, Abs. 4 VwGO und des § 66 VwGO angeordnet worden wäre. Die Anordnung der entsprechenden Anwendbarkeit dieser Normen ist aber nicht erfolgt, weil die allgemeinen Normen der §§ 63, 61, 62, 65 VwGO bei der prinzipalen Normenkontrolle im Sinne des § 47 Abs. 1 VwGO nicht anwendbar sind, sondern weil gegenüber den benannten öffentlich-rechtlichen juristischen Personen der Wortlaut der §§ 65, 66 VwGO nicht direkt passend ist, da es weniger um deren rechtliche Interessen, als vielmehr um deren Kompetenzen geht. Die §§ 63, 61, 62, 65 VwGO sind also nicht schon wegen der Regelung des § 47 Abs. 2 S. 4 VwGO ausgeschlossen.

Somit sind die §§ 63, 61, 62, 65 VwGO grundsätzlich – unter Umständen analog – insoweit anwendbar, als sie nicht durch § 47 Abs. 2 S. 1 VwGO ergänzt werden. Ebenso wie die Beteiligungsfähigkeit im Sinne des § 61 Nr. 1 VwGO nicht durch § 61 Nr. 3 VwGO ausgeschlossen, sondern nur ergänzt wird,[5] ist § 47 Abs. 2 S. 1 VwGO unter anderem als Ergänzung zur Beteiligungsfähigkeit der Rechtsträger nach § 61 Nr. 1 Alt. 2 VwGO einzustufen.

1. Antragsteller und Antragsgegner

Als Antragsteller sind A, B und C jeweils gemäß § 61 Nr. 1 Alt. 1 VwGO beteiligungsfähig und gemäß § 62 Abs. 1 Nr. 1 VwGO prozessfähig. Behörden sind gemäß § 61 Nr. 3 VwGO i.V.m. dem Recht des Bundeslandes B nicht beteiligungsfähig. Als Antragsgegnerin ist die Gemeinde gemäß § 61 Nr. 1 Alt. 2 VwGO als Rechtsträgerin des öffentlichen Rechts in Form einer Gebietskörperschaft auf der Antragsgegnerseite beteiligungsfähig und mittels des handelnden Organwalters gemäß § 62 Abs. 3, 1 Nr. 1 VwGO prozessfähig.

2. Streitgenossenschaft

A, B und C sind zudem Streitgenossen im Sinne des § 64 VwGO i.V.m. § 59 ZPO. Eine Streitgenossenschaft besteht, wenn in einem Verfahren mehrere Personen

5 § 61 Nr. 1 VwGO ist neben § 61 Nr. 3 VwGO anwendbar, sodass ein Wahlrecht des Bürgers besteht, da sein Rechtsschutz durch § 61 Nr. 3 VwGO erweitert und eine Divergenz zwischen Beteiligungsfähigkeit und besonderer Prozessführungsbefugnis gegebenenfalls vermieden werden soll.

als Kläger oder Beklagte bzw. Beigeladene auftreten. Es handelt sich um mehrere Prozessrechtsverhältnisse, die in einem Verfahren zu gemeinsamer Verhandlung, Beweisaufnahme und Entscheidung verbunden sind (Kopp/Schenke, § 64, Rn 1). Eine Streitgenossenschaft ist zulässig, wenn gemäß § 59 Alt. 1 ZPO mehrere Personen hinsichtlich des Streitgegenstandes in Rechtsgemeinschaft stehen, oder wenn sie gemäß § 59 Alt. 2 ZPO aus dem demselben tatsächlichen oder rechtlichen Grund berechtigt oder verpflichtet sind. Da zwischen A, B und C keine Rechtsgemeinschaft besteht, stellen sie den Antrag in einer Streitgenossenschaft im Sinne des § 64 VwGO i.V.m. § 59 Alt. 1 ZPO. Die Verfahren werden daher miteinander verbunden.

IV. Statthafte Verfahrensart[6]

Die statthafte Verfahrensart richtet sich im Sinne des § 88 VwGO – soweit ein Beschluss gemäß § 47 Abs. 5 S. 1 VwGO ergeht in Verbindung mit § 122 Abs. 1 VwGO – nach dem Antragsbegehren unter Berücksichtigung des Anwendungsvorrangs maßnahmespezifischer Rechtsschutzformen und des rechtsstaatlichen Grundsatzes der Effektivität des Rechtsschutzes. Dem Antragsbegehren entspricht die Feststellung der Ungültigkeit bzw. der Nichtigkeit des prozessual als Satzung erlassenen Bebauungsplanes als Vorschrift im Sinne des Baugesetzbuches im Sinne des § 47 Abs. 1 Nr. 1 VwGO.[7]

V. Besondere Sachentscheidungsvoraussetzungen

Die besonderen Sachentscheidungsvoraussetzungen können erfüllt sein.

---

6 Da gemäß § 47 Abs. 5 S. 1 VwGO ein Urteilspruch oder ein Beschluss erfolgen kann, ist nicht der Terminus „Klageart“, sondern der weiter gefasste Terminus „Verfahrensart“ zu verwenden.

7 Für die Stadtstaaten bestehen Sonderregelungen. Das ergibt sich aus § 246 Abs. 2 S. 1 (Hamburg und Berlin) und S. 2 (Bremen) BauGB. In Hamburg ist dies in § 3 BauLPlFestG geregelt (grundsätzlich Verordnung; unter Umständen Gesetz) und in Berlin in § 6 Abs. 5 S. 2 AG BauGB. In § 47 Abs. 1 Nr. 1 VwGO ist auf § 246 Abs. 2 BauGB Bezug genommen worden. Soweit ein Bebauungsplan in Hamburg als Gesetz erlassen werden kann, soll eine Verfassungsbeschwerde mangels Rechtswegerschöpfung bzw. Subsidiarität nach der Rechtsprechung des Bundesverfassungsgerichtes unzulässig sein, da bezüglich des Gesetzes ein Verfahren nach § 47 VwGO möglich sein soll. Diese „verfassungskonforme Auslegung“ im Sinne des sich unter anderem aus Art. 20 Abs. 3 GG ergebenden Rechtsstaatsprinzips ist wegen der Überschreitung der Wortlautgrenzen dogmatisch höchst problematisch.

1. Besondere Prozessführungsbefugnis

Besonders prozessführungsbefugt ist gemäß § 47 Abs. 2 S. 2 VwGO die Gemeinde G als Gebietskörperschaft öffentlichen Rechts.

2. Antragsbefugnis

A, B und C müssen antragsbefugt sein. Voraussetzung für die Antragsbefugnis gemäß § 47 Abs. 2 S. 1 VwGO – A, B und C als natürliche Person bedürfen anders als Behörden, für die bei verfassungskonformer Auslegung des § 47 Abs. 2 S. 1 VwGO im Sinne des sich unter anderem aus Art. 20 Abs. 3 GG ergebenden Rechtsstaatsprinzips aber zumindest ein Sachbezug erforderlich ist, der Antragsbefugnis im engen Sinne – ist die Möglichkeit der Verletzung eines subjektiven Rechts.[8] Subjektive Rechte werden aus Sonderrechtsbeziehungen, einfachen Gesetzen und subsidiär aus Grundrechten abgeleitet, wobei jedenfalls aufgrund des weiten Schutzbereiches des Art. 2 Abs. 1 GG bei unmittelbaren Grundrechtseingriffen für das subjektive Recht direkt auf Grundrechte abgestellt werden kann.

a) Antragsbefugnis des A

Die Antragsbefugnis im Sinne des § 47 Abs. 2 S. 1 VwGO besteht aufgrund eines unmittelbaren Eingriffes in das Eigentum im Sinne des Art. 14 Abs. 1 S. 2 GG jedenfalls, wenn durch den Bebauungsplan ein Grundstück beplant und dadurch rückführbar auf das dem Bebauungsplan zugrunde liegende Baugesetzbuch Eigentum neu definiert wird.

Das Grundstück des A liegt aber nicht im Plangebiet. Er trägt vor, der Bebauungsplan sei nichtig, weil er zu einem Anstieg der Lärmbelastung in der Wohnstraße führen würde.

Aber auch derjenige, der nur mittelbar betroffen ist, kann jedoch antragsberechtigt sein. Der mittelbar Betroffene kann seine Antragsbefugnis beim Fehlen einer Sonderrechtsbeziehung aus einfachgesetzlich vermittelten subjektiven Rechten herleiten. In Betracht kommt insbesondere eine Verletzung des Rechts auf gerechte Abwägung privater Interessen. Gemäß § 1 Abs. 7 BauGB sind bei der Aufstellung der Bauleitpläne die öffentlichen und privaten Belange gegeneinander und untereinander gerecht abzuwägen. Aus der Differenzierung zwi-

---

8 Die prinzipale Normenkontrolle ist für natürliche und juristische Personen gemäß § 47 Abs. 2 S. 1 VwGO ein subjektives Beanstandungsverfahren, aus Sicht der Behörde ein objektives Beanstandungsverfahren, da insoweit lediglich ein Bezug zur streitgegenständlichen Rechtsvorschrift erforderlich ist.

schen öffentlichen und privaten Belangen ergibt sich, dass durch die privaten Belange ein Drittschutz gewährt wird.

Das in § 1 Abs. 7 BauGB enthaltene Abwägungsgebot hat bezüglich solcher privater Belange drittschützenden Charakter, die für die Abwägung erheblich sind. Somit kann sich aus dem Abwägungsgebot ein „Recht" im Sinne des § 47 Abs. 2 S. 1 VwGO ergeben (vgl. BVerwG NVwZ 2000, 806, m.w.N.; Beck-Online).

Antragsbefugt ist somit, wer sich subjektiv auf einen abwägungserheblichen privaten Belang berufen kann, denn wenn es einen solchen Belang gibt, besteht grundsätzlich auch die Möglichkeit, dass die Gemeinde ihn bei ihrer Abwägung nicht korrekt berücksichtigt hat. Nicht jeder private Belang ist indessen für die Abwägung erheblich, sondern es sind nur solche, die in der konkreten Planungssituation einen städtebaulichen Bezug haben (BVerwG, Urteil vom 30.4.2004 – 4 CN 1/03; Beck-Online).

Abwägungsrelevant sind insbesondere subjektive öffentliche Rechte oder verfassungsrechtlich geschützte Rechtsgüter. Zum Kreis derjenigen, deren persönliche Interessen die Gemeinde je nach den Umständen Rechnung zu tragen hat, gehören bei verfassungskonformer Auslegung des § 1 Abs. 7 BauGB im Sinne des Eigentums gemäß Art. 14 Abs. 1 S. 2 GG, welches im Baugesetzbuch bereichsspezifisch definiert wird und aufgrund des verfassungsrechtlichen Hintergrundes im Zweifel weit auszulegen ist, jedenfalls die Eigentümer von Grundstücken innerhalb oder im Umkreis des Plangebiets (vgl. BVerwG NVwZ-RR 1996, 8 m.w.N.; Beck-Online).

Nach § 1 Abs. 6 Nr. 1 BauGB sind bei der Aufstellung eines Bebauungsplanes insbesondere die allgemeinen Anforderungen an gesunde Wohnverhältnisse und die Sicherheit der Wohnbevölkerung zu berücksichtigen. Das Interesse, von zusätzlichem Verkehrslärm verschont zu bleiben, stellt grundsätzlich ein abwägungserhebliches Interesse dar, denn die Rechtsordnung ist gegenüber den Belangen des Verkehrslärmschutzes und ihrer Relevanz für die Bauleitplanung nicht neutral ausgestaltet. Nicht durch jede durch einen Bebauungsplan ermöglichte Verkehrszunahme wird aber für jeden davon Betroffenen eine Antragsbefugnis begründet. Sind solche Änderungen geringfügig oder wirken sie sich nur unwesentlich auf das Nachbargrundstück aus, ergibt sich daraus verfassungskonform eine Beschränkung der Antragsbefugnis.

Auch wird durch eine ruhige Wohnlage als solche, die einem an den bisherigen Außenbereich angrenzenden Grundstück im Allgemeinen faktisch zukommt, keine Antragsbefugnis begründet. Einen Rechtsanspruch oder auch nur ein schutzwürdiges Interesse auf Beibehaltung dieser Außenbereichslage gibt es nicht (BVerwG NVwZ 2000, 807, m.w.N.; Beck-Online).

Das Grundstück des A liegt direkt an der Verbindungsstraße zum Plangebiet. Die verkehrsmäßige Erschließung der Mehrzweckhalle soll einzig über die

Wohnstraße gesichert werden, sodass sich der Zu- und Abgangsverkehr auch nicht auf mehrere Straßen verteilen wird. Somit muss A mit mehr als geringfügigen Belästigungen durch den Verkehr auf der Wohnstraße rechnen.

Darüber hinaus wird die Abwägung im Sinne des § 1 Abs. 7 BauGB auch durch den in § 50 BImSchG enthaltenen Trennungsgrundsatz beeinflusst, mittels dessen zur Vermeidung immissionsschutzrechtlicher Konflikte beigetragen werden soll. Aus der Norm ergibt sich, dass bei der Neuplanung der Gebiete schädliche Umwelteinwirkungen, auf die ausschließlich oder überwiegend dem Wohnen dienenden Gebiete so weit wie möglich vermieden werden sollen. Der Trennungsgrundsatz ist verfassungskonform zwar nicht als Optimierungsgebot, also als möglichst weitgehend zu beachtender Belang zu verstehen, aber dennoch nicht als normaler Belang einzustufen. Er kann in der Abwägung nur durch andere Belange von hohem Gewicht überwunden werden.

Es ist zumindest nicht ausgeschlossen, dass die erwartete erhebliche Zunahme der Lärmbelastung in der Wohnstraße in der Abwägung nicht hinreichend berücksichtigt wurde. Somit besteht die Möglichkeit, dass das unter anderem dem Schutz des A dienende Abwägungsgebot in der Bauleitplanung aus § 1 Abs. 7 BauGB verletzt ist.

A ist antragsbefugt.

b) Antragsbefugnis des B

Auch B könnte aufgrund der Möglichkeit der Verletzung eines subjektiven Rechts antragsbefugt sein.

aa) Existenz eines subjektiven Rechts des B

B ist Eigentümer eines Grundstücks im Plangebiet und als solcher „Planadressat“.

Als Eigentümer eines Grundstücks, das innerhalb des räumlichen Geltungsbereichs des Bebauungsplans liegt und hierdurch in seiner baulichen Nutzbarkeit eingeschränkt wird, ist B möglicherweise in einer durch Art. 14 Abs. 1 GG grundrechtlich geschützten Rechtsstellung betroffen (vgl. OVG Berlin-Brandenburg, Urteil vom 15.3.2012 – OVG 2 A 20.09; Fundstelle: BeckRS 2012, 49579; Beck-Online). Schließlich ist der Bebauungsplan zwar kein Gesetz, jedoch jedenfalls auf ein solches rückführbar und somit auch Teil der bereichsspezifischen Definition des Eigentums.

Jedenfalls ist eine Verletzung des drittschützenden Abwägungsgebots aus § 1 Abs. 7 BauGB nach dem Vorbringen des B möglich, denn er hat als Planadressat mit der verfassungsrechtlichen Eigentumsgarantie einen Belang als verletzt benannt, der in der Abwägung zu beachten war (VGH Kassel, Urteil vom 29.3.2012 – 4 C 694/10.N; Beck-Online).

Damit besteht die Möglichkeit der Verletzung eines subjektiven Rechts des B durch Überplanung seines Grundstücks.

bb) Präklusion

Fraglich ist aber, ob B die mögliche Rechtsverletzung überhaupt geltend machen kann. Gemäß § 47 Abs. 2a VwGO ist der Antrag auf Normenkontrolle, der auf den Bebauungsplan bezogen ist, unzulässig, wenn die den Antrag stellende Person nur Einwendungen geltend macht, die sie im Rahmen der öffentlichen Auslegung oder im Rahmen der Beteiligung der betroffenen Öffentlichkeit nicht oder verspätet geltend gemacht hat, aber hätte geltend machen können, und wenn auf diese Rechtsfolge im Rahmen der Beteiligung hingewiesen worden ist. Aus der in dieser Norm geregelten Präklusion ergibt sich kein Verlust des Rechts, sondern nur der Verlust der Möglichkeit der Geltendmachung der möglichen Rechtsverletzung im Rahmen des Normenkontrollantrages. Voraussetzung für den Eintritt der Präklusion ist die fehlerfreie Durchführung des Auslegungsverfahrens, der Hinweis auf den Ausschluss der Einwendungen bei verspätetem Vorbringen, verspätetes Vorbringen sowie die Möglichkeit der Fristeinhaltung.

Die Beteiligung der Öffentlichkeit im Sinne des § 3 Abs. 2 BauGB wurde mit dem Beschluss vom 29.6.2011 vorgesehen und ist in der Zeit vom 19.7.2011 bis zum 20.8.2011 erfolgt. Das Auslegungsverfahren wurde somit fehlerfrei durchgeführt. B hat wegen familiärer Probleme im Rahmen der Öffentlichkeitsbeteiligung keine Einwendungen geltend gemacht, obwohl die Möglichkeit der Fristeinhaltung bestand. Es wurde jedoch nicht auf mögliche Rechtsfolgen nicht oder verspätet geltend gemachter Einwendungen hingewiesen. Aufgrund des § 47 Abs. 2a VwGO am Ende ist B mit seinen Einwendungen somit nicht präkludiert.

cc) Zwischenergebnis

B ist antragsbefugt.

c) Antragsbefugnis des C

C ist der Auffassung, es sei eine unzulässige Überplanung des Landschaftsschutzgebietes erfolgt. Die Verwirklichung des Bebauungsplanes führe zu einem Verstoß gegen naturschutzrechtliche Regelungen. Daher sei der Bebauungsplan nichtig. Auf diese Weise macht C Belange des Naturschutzes geltend, welche jedoch als Belange der Allgemeinheit und Staatsziele im Sinne des Art. 20a GG zu qualifizieren sind, sodass insoweit kein betroffenes subjektives Recht des C existiert. C betreibt den Naturschutz auch nur in seiner Freizeit, sodass er nicht für eine anerkannte Naturschutzvereinigung im Sinne des § 64 Abs. 1 BNatSchG tätig wird. Somit ist C nicht antragsbefugt im Sinne des § 47 Abs. 2 S. 1 VwGO.

d) Zwischenergebnis
A und B sind antragsbefugt, während C nicht antragsbefugt ist.

3. Antragsfrist
Der gerichtliche Antrag im Sinne des § 47 Abs. 2 S. 1 VwGO ist von A und B innerhalb eines Jahres seit der Bekanntmachung des Bebauungsplanes gestellt worden. Der Antrag ist jeweils nicht verfristet.

4. Vorrang der Verfassungsgerichtsbarkeit
Eine ausschließliche Zuweisung der Prüfung des als Satzung erlassenen Bebauungsplanes im Sinne des § 47 Abs. 3 VwGO ist nicht ersichtlich, sodass ein Ausschluss der Entscheidung des Oberverwaltungsgerichts nicht erfolgt ist.

VI. Allgemeines Rechtsschutzbedürfnis
Das allgemeine Rechtsschutzbedürfnis für eine prinzipale Normenkontrolle besteht nicht, soweit die Verwerfung der streitgegenständlichen Rechtsvorschrift für die Antragsteller keine rechtlichen oder tatsächlichen Vorteile zur Folge hätte. Bei einer Verwerfung der Satzung bestünde kein Bebauungsplan, sodass ein anderes Gebiet bestünde. Das allgemeine Rechtsschutzbedürfnis besteht.

VII. Zwischenergebnis
Die Sachentscheidungsvoraussetzungen bezüglich der Anträge sind erfüllt, sodass diese auch zulässig sind.

B. Begründetheit
Der Antrag ist begründet, soweit der Bebauungsplan objektiv rechtswidrig ist und keine Ausnahme von dem sich unter anderem aus Art. 20 Abs. 3 GG erge-

benden grundsätzlich geltenden Normennichtigkeitsdogma[9] geregelt ist. Das Oberverwaltungsgericht wird den Bebauungsplan bei Nichtgegebenheit einer Ausnahmeregelung gemäß § 47 Abs. 5 S. 2 VwGO insoweit für unwirksam erklären, als er rechtswidrig ist, wobei die Entscheidung allgemein verbindlich und die Entscheidungsformel in gleicher Weise wie die Bekanntmachung der Rechtsvorschrift bekannt zu machen ist.

I. Rechtswidrigkeit des Bebauungsplanes

Der Bebauungsplan kann rechtswidrig sein.[10]

Soweit der Gesetzesvorbehalt im engen Sinne – bei ausdrücklichen Vorgaben des Gesetzgebers, bei massiven Grundrechtseingriffen sowie bei sonst wesentlichen Aspekten – gilt, bedarf es einer dezidierten Regelung als Ermächtigungsgrundlage. Eine kommunale Satzung wird jedoch im Rahmen der kommunalen Selbstverwaltung im Sinne des § 28 Abs. 2 S. 1 GG erlassen, sodass von einer geringeren Außenwirkung als bei einer Verordnung auszugehen ist. Bei Verordnungen bedarf es einer Ermächtigungsgrundlage, sodass zum Erlass eines Bebauungsplanes, der in Berlin und in der Regel auch in Hamburg gemäß § 246 Abs. 2 BauGB i.V.m. § 6 Abs. 5 S. 2 AG BauGB Bln bzw. § 3 BLPFestG Hmb als Verordnung erlassen wird, Art. 80 Abs. 1 S. 1 GG und Art. 64 Abs. 1 Verf Bln bzw. Art. 53 HV gelten. Soweit eine Rechtsgrundlage – der gegenüber der Ermächtigungsgrundlage weitere Terminus – geschaffen worden ist, muss sie jedenfalls angewendet werden, wobei sie mangels hinreichender Bestimmtheit nicht ausreicht, wenn sie zu weit formuliert ist, obwohl eine Ermächtigungsgrundlage im engen Sinne erforderlich ist.

---

9 Grundsätzlich gilt bei Normen ein Nichtigkeitsdogma, jedoch sind gesetzliche Ausnahmen möglich – z.B. gemäß den §§ 214, 215 BauGB. Deshalb ist der Terminus „Normennichtigkeitsfeststellungsklage" veraltet. Der teilweise verwendete Terminus „Normenungültigkeitsfeststellungsklage" ist ebenfalls problematisch, weil auch insoweit nicht alle Variablen der Fehlergraduierung bei Normen erfasst werden, während der Terminus „abstrakte Normenkontrolle" mit dem Verfassungsprozessrecht verwechslungsfähig ist, sodass der Terminus „prinzipale Normenkontrolle" sinnvoll erscheint.

10 **Es gibt unterschiedliche Möglichkeiten, die Prüfung aufzubauen:**

1. Die Rechtmäßigkeit des Plans wird vollständig geprüft und anschließend wird die Fehlerfolge im Sinne der §§ 214, 215 BauGB erörtert.
2. Es wird im Rahmen der Prüfung des Plans beim jeweiligen Fehler die Folge desselben im Hinblick auf die §§ 214, 215 BauGB erörtert.

Letztlich ist klausurtaktisch so aufzubauen, dass im Sachverhalt angelegte Probleme nicht ausgelassen werden.

1. Rechtsgrundlage[11]

Als Rechtsgrundlage kommt § 1 Abs. 3 BauGB i.V.m. § 1 Abs. 2 BauGB in Betracht. Problematisch ist allerdings die Bestimmtheit der Norm im Sinne des sich unter anderem aus Art. 20 Abs. 3 GG ergebenden Rechtsstaatsprinzips. Soweit der Gesetzesvorbehalt im engen Sinne gilt, bedarf es einer dezidierten Regelung. Bei einer kommunalen Satzung handelt es sich jedoch um kommunale Selbstverwaltung, sodass die Anforderungen an die Rechtsgrundlage – soweit sie erforderlich ist und nicht ausschließlich der Vorrang des Gesetzes gilt – geringer sein können (zum Ganzen: VG Braunschweig – 6 A 269/10; BVerfGE 33, 125).

Indem im Kommunalrecht als Spezifizierung des Art. 28 Abs. 2 S. 1 GG die Gemeinden im eigenen Wirkungskreis nur zur Regelung der eigenen Angelegenheiten ermächtigt werden, wird die Satzungsbefugnis der Kommunen in zweierlei Hinsicht begrenzt. Die Satzungen dürfen sachlich nur für das Gemeindegebiet gelten und müssen personell auf die Einwohnerinnen und Einwohner der Gemeinde oder auf Personen bezogen sein, die zu der Gemeinde in einer besonderen Beziehung stehen (vgl. Wefelmeier, in: KVR-NGO, § 6, Rn 6; Baumgarten, in: KVR-NGO, a.a.O., § 16, Rn 9; Maurer, in: DÖV 1993, 184, 188).

Trotzdem bleibt auch im Rahmen einer an sich zulässigen Autonomiegewährung der Grundsatz bestehen, dass der Gesetzgeber sich seiner Rechtssetzungsbefugnis nicht vollständig entäußern und seinen Einfluss auf den Inhalt der von den körperschaftlichen Organen zu erlassenden Normen nicht gänzlich preisgeben darf. Das ergibt sich sowohl aus dem unter anderem in Art. 20 Abs. 3 GG geregelten Rechtsstaatsprinzip, als auch aus dem in Art. 20 Abs. 2 S. 1 GG geregelten Demokratieprinzip.

Ergibt sich aus dem Rechtsstaatsprinzip, die öffentliche Gewalt in allen ihren Äußerungen auch durch klare Kompetenzordnung und Funktionentrennung rechtlich zu binden, um Machtmissbrauch zu verhüten und die Freiheit des Einzelnen zu wahren, ergibt sich aus dem Demokratieprinzip, dass jede Ordnung eines Lebensbereichs durch Sätze objektiven Rechts auf eine Willensentschließung der vom Volke bestellten Gesetzgebungsorgane rückführbar sein muss.

---

11 **Nochmals:** Der Terminus „Rechtsgrundlage“ ist weiter gefasst als der Terminus „Ermächtigungsgrundlage“. Mit letzterem werden im Extremfall mehrere Entscheidungen getroffen – z.B., dass eine Grundlage zwingend geschaffen werden musste sowie eine Entscheidung des Streitstandes über den Schutzbereich des Art. 2 Abs. 1 GG. Ist eine Norm nur geschaffen worden und seitens der Exekutive anzuwenden, ohne dass der Gesetzgeber sie hätte schaffen müssen, wäre die Verwendung des Terminus „Ermächtigungsgrundlage“ falsch, da die Verwaltung auch ohne die Norm im Rahmen ihres Handlungsermessens hätte handeln dürfen. Im Zweifel ist daher der Terminus „Rechtsgrundlage“ zu verwenden, der stets korrekt ist.

Der Gesetzgeber darf seine Aufgaben nicht anderen Stellen innerhalb oder außerhalb der Staatsorganisation zur freien Verfügung überlassen. Das gilt insbesondere, wenn durch den Akt der Autonomieverleihung dem autonomen Verband nicht nur allgemein das Recht zu eigenverantwortlicher Wahrnehmung der übertragenen Aufgaben und zum Erlass der erforderlichen Organisationsnormen eingeräumt wird, sondern zugleich eine Ermächtigung zu Eingriffen in Grundrechte erfolgt.

Ob demgemäß zur Rechtssetzung ermächtigt werden darf und welche Anforderungen im Einzelfall an die Ermächtigung zu stellen sind, ist von der jeweiligen Intensität des Eingriffs abhängig. Da es sich bei der Satzungsermächtigung um den Bereich der kommunalen Selbstverwaltung handelt mit der Folge, dass die Grundrechtsbetroffenheit aufgrund der gebietsbezogenen Körperschaft öffentlichen Rechts gering ist, bedarf es keiner dezidierten Regelung.

§ 1 Abs. 3 BauGB i.V.m. § 1 Abs. 2 BauGB ist als Rechtsgrundlage maßgeblich.

2. Voraussetzungen

Die formellen und materiellen Voraussetzungen für den Erlass eines Bebauungsplanes können erfüllt sein.

a) Formelle Rechtmäßigkeit

Der Bebauungsplan kann formell rechtmäßig sein.

aa) Zuständigkeit

Gemäß § 2 Abs. 1 S. 1 BauGB ist die Gemeinde als Verband im Bundesland B zum Erlass des Bebauungsplanes im Rahmen der kommunalen Selbstverwaltung im Sinne des § 28 Abs. 2 S. 1 GG zuständig, wobei bezüglich der Organkompetenz im Bundesland B keine Anhaltspunkte bestehen und diese somit gewahrt worden ist.

bb) Verfahren

Im Rahmen der formellen Plankontrolle ist maßgeblich, ob Verfahrensfehler in der Planaufstellung erfolgten.

(1) Aufstellungsbeschluss gemäß § 2 Abs. 1 BauGB

Die Aufstellung des Bebauungsplanes wurde von der zuständigen Behörde in einer Sitzung am 26.8.2009 beschlossen. Der Beschluss wurde auch ortsüblich bekannt gemacht, sodass die Voraussetzungen des § 2 Abs. 1 S. 1, 2 BauGB erfüllt sind.

(2) Frühzeitige Beteiligung gemäß den §§ 3 Abs. 1, 4 Abs. 1 BauGB

Im Zusammenhang mit der ortsüblichen Bekanntmachung des Aufstellungsbeschlusses wurde die Öffentlichkeit über die Hintergründe der Planung unterrichtet. Diese wurde ebenso wie Behörden und sonstige Träger öffentlicher Belange zur Äußerung aufgefordert. Die frühzeitige Beteiligung der Öffentlichkeit im Sinne des § 3 Abs. 1 BauGB sowie der Behörden und sonstiger Träger öffentlicher Belange im Sinne des § 4 Abs. 1 BauGB hat stattgefunden.

(3) Planbegründung und Umweltbericht gemäß § 2a BauGB und § 9 Abs. 8 BauGB

Dem Bebauungsplan wurden die ausführliche Begründung über den Sinn und Zweck der Planung sowie der Umweltbericht beigefügt. Die Vorgaben in § 2a BauGB und in § 9 Abs. 8 BauGB sind eingehalten worden.

(4) Bürgerbeteiligung und Träger öffentlicher Belange gemäß § 3 Abs. 2 BauGB und § 4 Abs. 2 BauGB und § 4a BauGB

Die Beteiligung der Öffentlichkeit sowie der Behörden beruht auf dem Beschluss vom 29.6.2011. Sie erfolgte in der Zeit vom 19.7.2011 bis zum 20.8.2011. Die Voraussetzungen des § 3 Abs. 2 BauGB und des § 4 Abs. 2 BauGB sowie des § 4a BauGB sind erfüllt.

(5) Abwägungsmaterial (§§ 1 Abs. 6, 1a BauGB) gemäß § 2 Abs. 3 und Abs. 4 BauGB

Gemäß § 2 Abs. 3 BauGB sind bei der Aufstellung eines Bebauungsplanes die Belange, die für die Abwägung von Bedeutung sind (Abwägungsmaterial), zu ermitteln und zu bewerten.

Nach § 2 Abs. 3 BauGB sind bei der Aufstellung der Bauleitpläne – gemäß § 1 Abs. 2 BauGB Bebauungspläne und Flächennutzungspläne – die Belange, die für die Abwägung von Bedeutung sind, zu ermitteln und zu bewerten. Fraglich ist, ob es sich bei diesen Abwägungsvorgaben um formelle Vorgaben handelt.

Grundsätzlich enthalten Abwägungen materielle Erwägungen und stehen nicht im Zusammenhang zu Formvorgaben. § 2 Abs. 3 BauGB wurde allerdings ebenso wie § 214 Abs. 1 S. 1 Nr. 1 und Abs. 3 S. 2 BauGB – § 214 BauGB ist zunächst nur als Argumentationshilfe zur Zuordnung des § 2 Abs. 3 BauGB maßgeblich – im Rahmen einer Baurechtsnovellierung, deren Anlass die Umsetzung der Richtlinie 2001/42/EG des Europäischen Parlamentes und des Rates über die Prüfung der Umweltauswirkungen bestimmter Pläne und Programme („Plan-UP-Richtlinie") sowie der Richtlinie 2003/35/EG über die Beteiligung der Öffentlichkeit bei der Ausarbeitung bestimmter umweltbezogener Pläne und Programme („Öffentlichkeitsbeteiligungsrichtlinie") durch das Gesetz zur Anpassung des Baugesetzbuchs an EU-Richtlinien vom 24. Juni 2004 (Europarechtsanpassungsgesetz Bau, EAG Bau) war, ins Baugesetzbuch eingeführt.

Gemäß § 233 Abs. 2 S. 1 BauGB sind die Vorschriften des Dritten Kapitels Zweiter Teil Vierter Abschnitt zur Planerhaltung sogar anzuwenden, wenn der Bebauungsplan vor dem Inkrafttreten der Gesetzesänderung zustande gekommen ist. Dass auch § 2 Abs. 3 BauGB erst durch das EAG Bau eingefügt wurde, führt nicht zur Unanwendbarkeit der seinerzeit neu gefassten Planerhaltungsvorschriften, da in § 2 Abs. 3 BauGB keine neuen Anforderungen an das Verfahren zur Aufstellung eines Bebauungsplanes geregelt worden sind, sondern inhaltlich auf das Abwägungsgebot im Sinne des § 1 Abs. 7 BauGB Bezug genommen wird, weil eine Abwägung unter Berücksichtigung aller bedeutsamen Belange zunächst deren ordnungsgemäße Ermittlung und zutreffende Bewertung voraussetzt (BVerwG, Urteil vom 9.4.2008, 4 CN 1/07 unter Bezugnahme auf BT-Drcks. 15/2250, S. 42).

§ 2 Abs. 3 BauGB ist also jedenfalls anwendbar, wobei fraglich ist, ob sich etwaige Abwägungsfehler verfahrensrechtlich auswirken. Zunächst ist § 2 Abs. 3 BauGB systematisch den Verfahrensregelungen zugeordnet worden. Die Regelung soll entsprechend der Gesetzesbegründung als formell ausgestaltete Norm eingestuft werden, auf welche in § 214 Abs. 1 S. 1 Nr. 1 und Abs. 3 S. 2 BauGB Bezug genommen wird (BT-Drcks. 15/2250, S. 42, 62f.). Im Ergebnis war es die Intention des Gesetzgebers, die Vorschriften des Baugesetzbuches an das europäische Rechtsverständnis anzupassen, durch welches denjenigen Verfahrensvorschriften ein hoher Stellenwert eingeräumt wird, deren Zweck auf die Gewährleistung der materiellen Rechtmäßigkeit der Entscheidung gerichtet ist (BT-Drcks. 15/2250, S. 62).

Bei Betrachtung des Wortlautes ist die Zuordnung der Abwägung als formelle oder materielle Problematik offen. Während in § 214 Abs. 1 S. 1 Nr. 1 BauGB der Bezug zwischen Verfahrens- bzw. Formfehlern und § 2 Abs. 3 BauGB hergestellt wird und somit eine formelle Zuordnung erfolgt (dazu: Gelzer/Bracher/Reidt, Bauplanungsrecht, 7. Aufl., Rn 1054), ist in § 214 Abs. 3 S. 2 Hs. 1 BauGB geregelt, dass Fehler im Sinne des § 214 Abs. 1 S. 1 Nr. 1 BauGB und somit solche des § 2 Abs. 3 BauGB nicht als solche der Abwägung geltend gemacht werden können. Daraus könnte geschlossen werden, dass sie materielle Abwägungsfehler bleiben, jedoch in der Fehlerfolge faktisch nicht als solche geltend gemacht werden dürften. Dies könnte durch § 214 Abs. 3 S. 2 Hs. 2 BauGB gestützt werden, weil es danach Abwägungsmängel im Abwägungsvorgang im Übrigen gibt, die offenbar weiterhin als materielle Fehler geltend gemacht werden können. Die Regelung des § 214 Abs. 3 S. 2 Hs. 2 BauGB wäre überflüssig, falls alle Abwägungsfehler bereits als formelle Fehler einzuordnen wären. Nach diesem Wortlautverständnis würden Fehler im Sinne des § 2 Abs. 3 BauGB wegen der Formulierung in § 214 Abs. 3 S. 2 Hs. 2 BauGB materielle Fehler bleiben, jedoch nicht als solche geltend gemacht werden könnten, wobei ein derartiges Verständnis nicht mit der klaren formellen Zuordnung des § 2 Abs. 3 BauGB in § 214 Abs. 1 S. 1 Nr. 1 BauGB vereinbar wäre.

Bei anderer Wortlautbetrachtung ist § 214 Abs. 3 S. 2 Hs. 2 BauGB i.V.m. § 214 Abs. 1 S. 1 Nr. 1 BauGB dahingehend zu verstehen, dass Fehler im Sinne des § 2 Abs. 3 BauGB nicht nur nicht als materielle Fehler geltend gemacht werden können, sondern aufgrund einer auf die europäische Richtlinie zurückzuführenden gesetzlichen Fiktion als formelle Fehler einzuordnen sind. Die Problematik des § 214 Abs. 3 S. 2 Hs. 2 BauGB, der überflüssig werden würde, wenn alle Abwägungsfehler als formelle Fehler einzustufen wären, kann dadurch gelöst werden, dass ein Abwägungsfehler – nämlich die Abwägungsdisproportionalität als inhaltlicher Abwägungsaspekt – weiterhin als materieller Fehler eingestuft wird und für den Anwendungsbereich des § 214 Abs. 3 S. 2 Hs. 2 BauGB verbleibt, wenngleich die Differenzierung zwischen formellen Abwägungsfehlern und der Abwägungsdisproportionalität faktisch zum Teil kompliziert ist, weil sich die Bereiche regelmäßig überschneiden.

Nach alledem ist grundsätzlich zwischen Mängeln, die im mehrstufigen Abwägungsvorgang – dem Ermitteln, der Bewertung und dem Einstellen des Abwägungsmaterials zum Abwägungsergebnis – bestehen und als formelle Fehler fingiert werden sowie Mängeln des Abwägungsergebnisses, welche weiterhin zu den materiellen Fehlern im Rahmen der Abwägungsdisproportionalität gehören, zu unterscheiden. Das nunmehr als Verfahrensnorm ausgestaltete Gebot des § 2 Abs. 3 BauGB gilt selbständig neben den inhaltlichen Anforderungen an den gerechten Ausgleich der konkurrierenden Belange gemäß § 1 Abs. 7 BauGB und die Vorgabe im Sinne des § 2 Abs. 2 BauGB. Ob die Planung Ergebnis einer gerechten Abwägung ist, ist letztlich wiederum nach der materiellen Beeinträchtigung des jeweiligen Antragstellers zu beurteilen, während ein Defizit bei der Ermittlung des Sachverhalts bereits formell bei der Ermittlung und Bewertung zur Aufhebung der Bauleitplanung beachtlich ist (zum Ganzen: OVG Koblenz, Urteil vom 12. 7. 2012 – 1 C 11236/11; Fundstelle: NJOZ 2013, 24; Beck-Online).

Formell sind bezüglich der Abwägung ein Abwägungsausfall, eine Abwägungsfehleinschätzung sowie ein Abwägungsdefizit maßgeblich.

(a) Abwägungsausfall

Das Gebot der gerechten Abwägung ist verletzt, wenn eine – sachgerechte – Abwägung nicht stattfindet (BVerwGE 34, 301, 309). Da eine umfassende Abwägung stattgefunden hat, ist ein Abwägungsausfall bzw. ein Bewertungsausfall nicht ersichtlich.

(b) Abwägungsdefizit

Es könnte ein Abwägungsdefizit bestehen. Aufgrund eines solchen ist das Gebot gerechter Abwägung verletzt, wenn in die Abwägung nicht alle Belange eingestellt werden, die nach der Sachlage eingestellt werden müssten (BVerwGE 34, 301, 309). Ein Abwägungsdefizit könnte sich aus der Außerachtlassung bzw. nicht hinreichenden Berücksichtigung des Aspektes ergeben, dass sich das Plangebiet im Anwendungsbereich einer Landschaftsschutzverordnung befindet. Im Sinne eines Abwägungsdefizits fehlerhaft ist die Abwägung aber nur, wenn einzelne für die Planung relevante Belange nicht ermittelt werden und das Abwägungsmaterial insoweit unvollständig ist. Die zuständigen Sachbearbeiter waren der Auffassung, die Durchführung einer Umweltprüfung müsse den Belangen des Naturschutzes genügen. Insofern wurde der Belang jedoch erkannt und in die Bewertung einbezogen. Ein Abwägungsdefizit besteht nicht.

(c) Abwägungsfehleinschätzung

Es kann jedoch eine Abwägungsfehleinschätzung gegeben sein. Das Gebot gerechter Abwägung ist verletzt, wenn die Bedeutung einzelner Belange verkannt worden ist (vgl. BVerwGE 34, 301, 309). Das bedeutet, dass die Gemeinde die für das Plangebiet erheblichen Belange zutreffend zu bewerten hat. Von einer Abwägungsfehleinschätzung kann aufgrund des Planungsermessens der Gemeinde jedoch erst ausgegangen werden, wenn sie einen wichtigen Belang unvertretbar als unwichtig einstuft (vgl. Brohm, Öffentliches Baurecht, 3. Aufl., § 13, Rn 18). Die zuständigen Sachbearbeiter haben zwar erkannt, dass sich das Plangebiet im Anwendungsbereich einer Landschaftsschutzverordnung befindet, jedoch hielten sie diesen Belang nicht für relevant. Gemäß § 1 Abs. 6 Nr. 7 lit. a BauGB sind bei der Aufstellung der Bauleitpläne insbesondere auch die Belange des Naturschutzes und der Landschaftspflege zu berücksichtigen. Eine Abwägungsfehleinschätzung ist erfolgt.

cc) Form gemäß § 10 BauGB

Bezüglich der Rechtmäßigkeit der Beschlussfassung und sonstiger die Form betreffenden Voraussetzungen im Sinne des § 10 BauGB bestehen keine Anhaltspunkte, aus denen sich Fehler ergeben können.

b) Materielle Rechtmäßigkeit

Der Bebauungsplan kann materiell rechtmäßig sein. Im Rahmen der materiellen Plankontrolle sind bezüglich des Bebauungsplans Fehler bezüglich des Planinhalts maßgeblich.

aa) Planrechtfertigung gemäß § 1 Abs. 3 BauGB

Gemäß § 1 Abs. 3 S. 1 BauGB haben die Gemeinden Bebauungspläne aufzustellen, sobald und soweit es für die städtebauliche Entwicklung und Ordnung erforderlich ist.

Welche Planung im Sinne des § 1 Abs. 3 S. 1 BauGB städtebaulich erforderlich ist, ergibt sich maßgeblich aus der jeweiligen Konzeption der Gemeinde. Welche städtebaulichen Ziele die Gemeinde sich setzt, liegt in ihrem planerischen Ermessen. Der Gesetzgeber ermächtigt sie, die „Städtebaupolitik“ zu betreiben, die ihren Ordnungsvorstellungen entspricht.

Im Sinne des § 1 Abs. 3 S. 1 BauGB nicht städtebaulich erforderlich sind nur solche Bauleitpläne, die einer positiven und schlüssigen – von wesentlichen Widersprüchen freien – Planungskonzeption entbehren und ersichtlich der Förderung derartiger Ziele dienen, für deren Verwirklichung die Planungsinstrumente des Baugesetzbuches nicht bestimmt sind. Davon ist auszugehen, wenn eine planerische Festsetzung lediglich dazu dient, private Interessen zu befriedigen oder eine positive Zielsetzung nur vorgeschoben wird, um eine in Wahrheit auf bloße Verhinderung gerichtete Planung zu verdecken.

Unzulässig ist überdies ein Bebauungsplan, der aus zwingenden rechtlichen oder tatsächlichen Gründen vollzugsunfähig ist oder der auf absehbare Zeit nicht verwirklicht werden kann (zum Ganzen: OVG Münster, Urteil vom 7.4.2011 – 2 D 37/09.NE; Fundstelle: BeckRS 2011, 50502; Beck-Online).

Die Planung der G könnte aufgrund der Überplanung des Landschaftsschutzgebietes wegen eines Fehlens der Vollzugsfähigkeit aus Rechtsgründen gegen das in § 1 Abs. 3 BauGB enthaltene Gebot der Erforderlichkeit verstoßen. Der Bebauungsplan ist nicht erforderlich, wenn seiner Verwirklichung im Zeitpunkt seines Inkrafttretens dauerhafte Hindernisse tatsächlicher oder rechtlicher Art entgegenstehen. Der Teil des Plangebietes, durch den die Wohnstraße weitergeführt werden soll, ist Teil eines Landschaftsschutzgebietes im Sinne des

§ 26 BNatSchG, sodass zwischen dem angegriffenen Bebauungsplan und der Landschaftsschutzverordnung ein Konflikt besteht.

Ein Bebauungsplan, dessen Festsetzungen mit den Regelungen einer Landschaftsschutzverordnung nicht zu vereinbaren sind, ist mangels Erforderlichkeit unwirksam, wenn sich die entgegenstehenden naturschutzrechtlichen Bestimmungen als dauerhaftes rechtliches Hindernis erweisen. Insoweit besteht zugleich ein inhaltlicher Widerspruch im Sinne der §§ 6 Abs. 2, 10 Abs. 2 S. 2 BauGB zwischen dem Bebauungsplan und der Landschaftsschutzverordnung, aus dem sich ebenfalls die Unwirksamkeit des Bebauungsplanes ergibt. Wirksam ist der Bebauungsplan hingegen, wenn die Erteilung einer Ausnahme oder einer Befreiung von diesen Bestimmungen für die geplante bauliche Nutzung rechtlich möglich ist, weil objektiv eine Ausnahme- oder Befreiungslage gegeben ist und einer Überwindung der naturschutzrechtlichen Verbotsregelung auch im Übrigen nichts entgegensteht. Andernfalls kann die Unwirksamkeit des Bebauungsplanes nur dadurch vermieden werden, dass vor dem Abschluss des Planaufstellungsverfahrens die mit der konkreten Planung nicht zu vereinbarenden naturschutzrechtlichen Regelungen durch die vollständige oder zumindest partielle Aufhebung der Landschaftsschutzverordnung beseitigt werden (zum Ganzen: OVG Berlin-Brandenburg, Urteil vom 15.3.2012 – OVG 2 A 20.09; Fundstelle: BeckRS 2012, 49579; Beck-Online).

Insofern ist maßgeblich, ob die Möglichkeit einer Ausnahme oder einer Befreiung von den Regelungen der Verordnung über das Landschaftsschutzgebiet besteht.

Nach § 4 Abs. 2 der Landschaftsschutzverordnung bedürfen Handlungen, die geeignet sind, den Charakter des Gebietes zu verändern, den Naturhaushalt zu schädigen, das Landschaftsbild zu beeinträchtigen oder sonst dem besonderen Schutzzweck zuwiderlaufen, der Genehmigung. Die Genehmigung ist nach § 4 Abs. 3 der Landschaftsschutzverordnung unbeschadet anderer Rechtsvorschriften auf Antrag von der unteren Naturschutzbehörde zu erteilen, wenn der Charakter des Gebietes durch die beabsichtigte Handlung nicht geändert wird und diese dem besonderen Schutzzweck nicht oder nur unerheblich zuwiderläuft (OVG Berlin-Brandenburg, Urteil vom 15.3.2012 – OVG 2 A 20.09; Fundstelle: BeckRS 2012, 49579; Beck-Online).

In § 67 Abs. 1 BNatSchG ist eine Befreiung der naturschutzrechtlichen Ge- und Verbote vorgesehen.

Ein Genehmigungs-, Ausnahme- oder Befreiungsbescheid der unteren Naturschutzbehörde ist nicht ersichtlich. Es existiert jedoch ein Schreiben der zuständigen Behörde, in welchem G mitgeteilt wird, dass der Konflikt zwischen einzelnen Festsetzungen der Landschaftsschutzverordnung und den Festsetzungen des Bebauungsplanes für den Ausbau der Wohnstraße in einem Verfahren im Sinne des § 67 BNatSchG gelöst werden könne. Der Gebietscharakter bleibe auch nach der Realisierung der Baumaßnahmen erhalten. Der Schutzzweck des Landschaftsschutzgebietes bleibe gewährleistet.

Aus diesem Schreiben ergibt sich zwar keine Rechtswirkung, jedoch lässt sich daraus erkennen, dass eine Befreiung rechtlich möglich bzw. wahrscheinlich ist. Zudem ist die Befreiung aus überwiegenden Gründen des öffentlichen wirtschaftlichen Interesses erforderlich, sodass objektiv eine Befreiungslage im Sinne des § 67 Abs. 1 S. 1 Nr. 1 BNatSchG besteht. Die erweiterte Straße soll lediglich zum Teil und auch nur im äußersten südlichen Randbereich des Landschaftsschutzgebietes verlaufen und ist die alleinige verkehrsmäßige Erschließung der geplanten Mehrzweckhalle (vgl. OVG Berlin-Brandenburg, Urteil vom 15.3.2012 – OVG 2 A 20.09; Fundstelle: BeckRS 2012, 49579; Beck-Online).

Somit wird durch die Planung der G trotz partieller Überplanung des Landschaftsschutzgebietes nicht wegen fehlender Vollzugsfähigkeit aus Rechtsgründen gegen das in § 1 Abs. 3 BauGB enthaltene Gebot der Erforderlichkeit verstoßen.

bb) Planungsleitsätze

Es könnte gegen Planungsleitsätze, also gegen zwingendes Recht, verstoßen worden sein.

(1) Zulässige Festsetzungen gemäß § 9 BauGB

Der Bebauungsplan ist rechtswidrig, wenn gegen die inhaltlichen Vorgaben des § 9 BauGB verstoßen wird.

Die Vorgaben im Sinne des § 9 Abs. 1 Nr. 1 BauGB, durch welche die Art und das Maß der baulichen Nutzung betroffen sind, werden gemäß § 1 Abs. 3 S. 1, 2 BauNVO durch den Inhalt der Baunutzungsverordnung präzisiert, welche ihrerseits wiederum auf § 9a BauGB basiert. Soweit G in dem Bebauungsplan ein Sondergebiet festgesetzt hat, hat sie sich an die Vorgaben des § 11 Abs. 1 BauNVO gehalten. Auch die Festsetzung öffentlicher Verkehrsflächen durch die Planung der Weiterführung der Wohnstraße sowie der Erbauung des Parkplatzes ist in § 9 Abs. 1 Nr. 11 BauGB vorgesehen. Schließlich war es G gemäß § 9 Abs. 1 Nr. 20 und Abs. 1a BauGB auch erlaubt, Ausgleichsflächen festzusetzen, sodass letztlich nicht gegen die Vorgaben des § 9 BauGB verstoßen wurde.

(2) Entwicklungsgebot aus dem Flächennutzungsplan gemäß § 8 Abs. 2 BauGB

Es kann gegen das Entwicklungsgebot aus § 8 Abs. 2 BauGB verstoßen worden sein. Gemäß § 8 Abs. 2 S. 1 BauGB sind Bebauungspläne aus dem Flächennutzungsplan zu entwickeln.

Im Flächennutzungsplan im Sinne des § 1 Abs. 2 BauGB ist für den als Sondergebiet festgesetzten Teil des Plangebietes eine Nutzung als Wohnbaufläche vorgesehen.

Der Flächennutzungsplan sollte zwar ursprünglich im Sinne des § 8 Abs. 3 S. 1 BauGB in einem Parallelverfahren zur Bebauungsplanaufstellung an die dort vorgesehenen Festsetzungen angepasst werden, jedoch wurde dies nicht ausgeführt, sodass im Flächennutzungsplan und im Bebauungsplan nun konfligierende Nutzungen vorgesehen sind.

Aufgrund seiner geringen Detailschärfe ergeben sich aus dem Flächennutzungsplan Gestaltungsspielräume, die auf der Ebene der gemeindlichen Bebauungsplanung ausgefüllt werden dürfen. Unter der Voraussetzung, dass die Grundzüge des Flächennutzungsplans unangetastet bleiben, werden durch das Entwicklungsgebot auch Abweichungen ermöglicht. Festsetzungen, die mit den Darstellungen des Flächennutzungsplans nicht vollständig übereinstimmen, indizieren nicht ohne Weiteres einen Verstoß gegen das Entwicklungsgebot. Ob die Voraussetzungen im Sinne des § 8 Abs. 2 S. 1 BauGB erfüllt sind, ist davon abhängig, ob die dem Flächennutzungsplan zugrunde gelegte Konzeption in sich schlüssig bleibt (zum Ganzen: OVG Münster, Urteil vom 30.8.2007 – 7 D 102/05.NE, 7 D 102/05; Fundstelle: BeckRS 2007, 26176; Beck-Online).

Dem Flächennutzungsplan ist konzeptionell zu entnehmen, dass in der Nähe des bereits bestehenden Wohngebietes ein bislang ungenutztes Areal künftig zu Wohnbauzwecken zur Verfügung stehen soll. Daraus ergibt sich, dass in diesem Teil des Gemeindegebietes die Wohnbebauung ausgebaut werden sollte. Dieser Konzeption widerspricht die Festsetzung eines Sondergebietes. Die im Flächennutzungsplan vorgesehene Nutzung ist dort ausgeschlossen. Gemessen an den genannten Maßstäben ist die Abweichung des Bebauungsplanes vom Flächennutzungsplan nicht mehr vom Entwicklungsgebot gedeckt. Das Entwicklungsgebot im Sinne des § 8 Abs. 2 S. 1 BauGB ist nicht eingehalten worden.

(3) Anpassungsgebot an die Ziele der Raumplanung gemäß § 1 Abs. 4 BauGB

Gemäß § 1 Abs. 4 BauGB sind die Bauleitpläne den Zielen der Raumordnung anzupassen, jedoch bestehen für einen Verstoß gegen das Anpassungsgebot keine Anhaltspunkte.

(4) Abstimmungsgebot (Nachbargemeinden) gemäß § 2 Abs. 2 BauGB
Auch ein Verstoß gegen das in § 2 Abs. 2 BauGB enthaltene Abstimmungsgebot bezüglich der Nachbargemeinden ist nicht ersichtlich.

(5) Zwischenergebnis
Es wurde gegen das Entwicklungsgebot aus § 8 Abs. 2 S. 1 BauGB verstoßen.

3. Rechtsfolge
Bezüglich der Entschließung besteht bei städtebaulicher Erforderlichkeit die Pflicht zur Planung, sodass die Rechtsfolge insoweit gebunden ist.

Bezüglich der Auswahl besteht Ermessen. In § 1 Abs. 7 BauGB ist diesbezüglich das Gebot gerechter Abwägung normiert. Der Bebauungsplan muss das Ergebnis einer sachgerechten Abwägung der betroffenen öffentlichen und privaten Belange sein.

Gemäß § 2 Abs. 3 BauGB sind die Ermittlung und die Bewertung des Abwägungsmaterials verfahrensrechtliche Aspekte der Abwägung, die gemäß § 214 Abs. 3 S. 2 Hs. 1 BauGB als Mängel, die Gegenstand der Regel des § 214 Abs. 1 S. 1 Nr. 1 BauGB sind, nicht als Mängel in der Abwägung geltend gemacht werden können. Damit wurde der durch die unionsrechtlichen Verfahrensvorgaben hervorgerufene Wechsel vom materiell-rechtlichen Abwägungsvorgang zu den verfahrensbezogenen Elementen des Ermittelns und Bewertens der von der Planung berührten Belange in den Vorschriften über die Planerhaltung nachvollzogen (BT-Drcks. 15/2250, S. 63).

Gemäß § 214 Abs. 3 S. 2 Hs. 2 BauGB verbleiben jedoch Mängel im Abwägungsvorgang „im Übrigen“. Neben den verfahrensrechtlich geprägten Vorgaben des Abwägungsvorgangs, die in § 214 Abs. 1 S. 1 Nr. 1 BauGB geregelt sind, gibt es also noch andere Elemente des Abwägungsvorgangs (Finkelnburg/Ortloff/Kment, Öffentliches Baurecht, Band I: Bauplanungsrecht, 6. Aufl., § 12, Rn 39).

Durch die Termini des Ermittelns und des Bewertens werden nicht alle Elemente des Abwägungsvorgangs abgedeckt (vgl. BT-Drcks. 15/2250, S. 88, Stellungnahme des Bundesrates; Mustererlass EAG Bau, S. 101). Außerdem kommt der Ermittlung und der Bewertung der Belange auch ein inhaltlicher Gehalt zu, weil dabei eine erste Auswahlentscheidung bezüglich der grundsätzlichen Abwägungsrelevanz von Belangen getroffen wird (Erbgut, DVBl. 2004, 802, 807).

Gemäß § 214 Abs. 3 S. 2 Hs. 1 BauGB können nur Mängel, durch welche die verfahrensbezogenen Elemente des Ermittelns und des Bewertens der von der Planung berührten Belange betroffen sind und die deshalb von Abs. 1 S. 1 Nr. 1

erfasst sind, nicht als Mängel der Abwägung geltend gemacht werden (Battis/Krautzberger/Löhr, Kommentar zum BauGB, 11. Aufl., § 214, Rn 20).

In § 214 Abs. 1 S. 1 Nr. 1 BauGB werden Ermittlungs- und Bewertungsfehler systematisch den Verfahrens- und Formvorschriften zugeordnet (Hoppe/Bönker/Grotfels, Öffentliches Baurecht, 4. Aufl., § 17, Rn 43).

Außerdem sind der Abwägungsvorgang und das auf die Ermittlung, Zusammenstellung und Bewertung der Belange bezogene Verfahren einheitlich einzustufen (Bericht der unabhängigen Expertenkommission zur Novellierung des Baugesetzbuches, Berlin 2002). In § 214 Abs. 3 S. 2 BauGB wird an die Betonung der Verfahrenselemente des Ermittelns und Bewertens der von der Abwägung berührten Belange gegenüber dem Abwägungsvorgang angeknüpft. § 214 Abs. 3 S. 2 Hs. 2 BauGB gilt bezüglich der Erheblichkeit bestimmter Mängel im Abwägungsvorgang nur ergänzend. Es wird sichergestellt, dass, soweit durch die Termini der Ermittlung und der Bewertung – auch bei einengender Auslegung – nicht alle Anforderungen im Sinne des Abwägungsgebotes erfasst sind, die durch § 214 Abs. 3 S. 2 BauGB im Übrigen erreichte Bestandskraft der Bauleitpläne erhalten bleibt (Mustererlass EAG Bau, S. 101; BT-Drcks. 15/2250, S. 96, Gegenäußerung der Bundesregierung; BT-Drcks. 15/2996, S. 71).

Nach alledem ist § 214 Abs. 3 S. 2 BauGB bezüglich der materiellen Zuordnung nur als Auffangregelung zu qualifizieren, sodass insoweit nur die Abwägungsdisproportionalität und sonstige materielle Abwägungsbelange maßgeblich sind.

a) Abwägungsdisproportionalität

Materiell-rechtlich ist die Abwägung fehlerhaft, wenn der Ausgleich zwischen den von der Planung berührten öffentlichen und privaten Belangen in einer Weise vorgenommen wird, die zur objektiven Gewichtigkeit einzelner Belange außer Verhältnis steht (BVerwGE 34, 301, 309; OVG Koblenz, Urteil vom 15.11.2011 – 8 C 10906/11.OVG; Fundstelle: KommJur 2012, 100; Beck-Online).

Innerhalb dieses Rahmens wird gegen das Abwägungsgebot jedoch nicht verstoßen, wenn sich die zur Planung berufenen für die Gemeinde handelnden Vertreter in der Kollision zwischen verschiedenen Belangen für die Bevorzugung des einen und damit notwendig für die Zurückstellung eines anderen entscheiden. Innerhalb jenes Rahmens sind nämlich das Vorziehen und die Zurücksetzung bestimmter Belange nicht als nachvollziehbarer Vorgang der Abwägung zu qualifizieren, sondern als geradezu elementare planerische Entschließung, durch die zum Ausdruck gebracht wird, wie und in welcher Richtung sich eine Gemeinde städtebaulich geordnet weiterzuentwickeln beabsichtigt (BVerwGE 34, 301, 309).

Eine Abwägungsdisproportionalität könnte sich zunächst aus einer unzulänglichen Berücksichtigung der Belange des Naturschutzes und der Landschaftspflege ergeben.[12]

Die Bebauung wird zu einer umfangreichen Versiegelung des Bodens führen, sodass die Belange des Naturschutzes und der Landschaftspflege betroffen sind. Aufgrund der großflächigen Versiegelung des Bodens soll der nördliche Teil der Wiesenfläche entsprechend einem Landschaftsplan bepflanzt werden, damit der erforderliche Ausgleich geschaffen werden kann. Das Ausgleichs- und Kompensationsinteresse im Sinne der Natur und der Landschaft wurde hinreichend berücksichtigt und die Abwägung wird den sich aus § 1a Abs. 3 BauGB ergebenden Anforderungen gerecht.

Problematisch ist jedoch, dass sich im Bereich der Ausgleichsfläche auch das Grundstück des B befindet,[13] weil B gehofft B hatte, dass sein Grundstück eines Tages durch einen Bebauungsplan in ein Wohngebiet mit einbezogen werden würde, während er mittlerweile eine Enteignung im Sinne des Art. 14 Abs. 3 GG durch G befürchtet. Seitens der G wurde aber primär auf eigene Flächen zurückgegriffen und somit gezeigt, dass sie mit dem Eigentum Dritter möglichst schonend umgehen will. Es ist ihr auch nicht verwehrt, auf das Eigentum privater Dritter zurückzugreifen. Kommt es dabei zu einer Enteignung, ist dies gemäß den §§ 85ff. BauGB, die im Sinne des Art. 14 Abs. 3 GG ausgestaltet worden sind, gerechtfertigt. Im Bebauungsplan ist auch differenziert dargelegt, aus welchen Gründen das Grundstück des B nicht aus den geplanten Ausgleichsmaßnahmen herausgenommen werden kann. Demnach besteht keine Abwägungsdisproportionalität.

Eine Abwägungsdisproportionalität kommt auch aufgrund der Vernachlässigung der Lärmbelastung[14] der Anwohner der Wohnstraße in Betracht. Zwar ergibt sich aus dem Gutachten eines Sachverständigen bezüglich der Lärmbelastung in der Wohnstraße, dass eine erhebliche Zunahme der Lärmbelastung zu erwarten sei, jedoch ergab sich im Rahmen der Abwägung, dass die Lärmbelastung für die Anwohner wegen der wirtschaftlichen Situation der Gemeinde zu vernachlässigen sei. Die Wirtschaftlichkeit der Gemeinde sowie das überregionale Ansehen, das durch den Bau der Mehrzweckhalle erwartet wird, seien überragend wichtige Belange, die wegen der Anwohner der Wohnstraße nicht zurückgestellt werden dürften. Mögliche gesundheitliche Folgen hätten daher nicht berücksichtigt werden können. Auch die Tatsache, dass Abhilfe durch den Bau einer Umgehungsstraße möglich ist, blieb vor dem Hintergrund höherer Kosten unberücksichtigt.

12 1. Argument: Naturschutz und Landschaftspflege

13 2. Argument: Grundstück des B

14 3. Argument: Lärm

Das Abwägungsgebot wird aber nicht zwingend dadurch verletzt, dass G sich in der Kollision zwischen verschiedenen Belangen für die Bevorzugung des einen und damit notwendig für die Zurückstellung eines anderen entscheidet. Das Vorziehen und die Zurücksetzung bestimmter Belange innerhalb des vorgegebenen Rahmens ist die „elementare planerische Entschließung" der Gemeinde über die städtebauliche Entwicklung und Ordnung (vgl. Battis/Krautzberger/Löhr, Kommentar zum BauGB, 11. Aufl., § 1, Rn 94).

Bezüglich etwaiger Lärmbeeinträchtigungen ist dem Satzungsgeber in der Bauleitplanung eine wesentliche Aufgabe im Bereich des vorbeugenden Immissionsschutzes zugewiesen. In die Betrachtung sind nicht nur schädliche Umwelteinwirkungen im Sinne des § 3 Abs. 1 BImSchG einzubeziehen, sondern auch solche Umwelteinwirkungen, aus denen sich keine unzumutbare Beeinträchtigung ergibt, die jedoch auch nicht als objektiv so geringfügig einzustufen sind, dass sie als planungsrechtlich zu vernachlässigende Größe bei der Abwägung außer Betracht bleiben können (OVG Koblenz, Urteil vom 15.11.2011 – 8 C 10906/11.OVG; Fundstelle: KommJur 2012, 100; Beck-Online).

Den für G handelnden Personen war das Ausmaß der Lärmbelastung für die Wohnbebauung in der Umgebung der Mehrzweckhalle in dem für eine sachgerechte Abwägung maßgeblichen Umfang bewusst. Grundlage der Entscheidung war ein Gutachten eines Sachverständigen, aus dem sich die Erkenntnis ergibt, dass eine erhebliche Zunahme der Lärmbelastung zu erwarten sei. Zwar kann die Überschreitung der zulässigen Grenzwerte durch die zu erwartende Lärmbelastung im Wohngebiet nicht prognostiziert werden, jedoch seien gesundheitliche Folgen für die Anwohner nicht ausgeschlossen. Damit können die Immissionen nicht als objektiv geringfügig eingestuft werden und können nicht als planungsrechtlich zu vernachlässigende Größe bei der Abwägung außer Betracht bleiben.

Bei der Beurteilung, ob die betroffenen Belange durch die Erwägungen seitens der Gemeinde einem gerechten Ausgleich zugeführt worden sind, ist auch § 50 S. 1 BImSchG als Querschnittsmaterie zu berücksichtigen.[15] Durch den insoweit geregelten Trennungsgrundsatz wird die Abwägung nach § 1 Abs. 7 BauGB modifiziert.

Aus der Norm ergibt sich im Sinne des Vorsorgeprinzips der planerischen Vermeidung schädlicher Umwelteinwirkungen die Trennung emittierender Betriebe und schützenswerter Gebiete (OVG Münster, Urteil vom 3.9.2009 – 10 D 121/07.NE –; Fundstelle: NuR 2009, 801, 811). Inhalt des Trennungsgrundsatzes ist es, dass bei der Neuplanung eines Gebietes schädliche Umwelteinwirkungen

15 4. Argument: § 50 BImSchG als Querschnittsmaterie

auf die ausschließlich oder überwiegend dem Wohnen dienenden Gebiete so weit wie möglich vermieden werden sollen.

Durch § 50 S. 1 BImSchG wird der Immissionsschutz besonders gewichtet, jedoch wird ihm kein genereller Vorrang zugewiesen. Damit ist der Trennungsgrundsatz zwar nicht als Optimierungsgebot zu einzustufen, jedoch ist er dennoch kein normal gewichteter Belang. Er kann in der Abwägung nur durch andere Belange von hohem Gewicht überwunden werden. Es handelt sich um eine „Abwägungsdirektive“. Eine Zurückstellung immissionsschutzrechtlicher Belange ist nur möglich, wenn die Planung durch entgegenstehende Belange hohen Gewichts geboten ist. Im Rahmen der Neuplanung eines Gebietes im Bereich grüner Flächen sind die Vorgaben des § 50 S. 1 BImSchG in besonderem Maß zu berücksichtigen (vgl. Jarass, Kommentar zum BImSchG, 9. Aufl., § 50, Rn 23; OVG Münster NuR 2009, 801, 811). Ausnahmen sind hingegen insbesondere möglich, wenn das Nebeneinander des Gewerbes und des Wohnens bereits seit längerer Zeit und offenbar ohne größere Probleme bestanden hat (Battis/Krautzberger/Löhr, Kommentar zum BauGB, 11. Aufl., § 1, Rn 110).

Die Wirtschaftlichkeit der Gemeinde ist zwar grundsätzlich als ein Belang von hohem Gewicht einzustufen, jedoch ist zu bedenken, dass das Wohngebiet dadurch besonders geschützt ist, dass in dem Bebauungsplan für dieses Gebiet jegliche gewerbliche Nutzung ausschlossen ist. Außerdem befindet sich das Plangebiet auf einer bislang ungenutzten Fläche im bisherigen Außenbereich, sodass es sich um eine Planung im Grünbereich handelt. Damit sind die Anforderungen im Sinne des § 50 S. 1 BImSchG in besonderem Maß zu berücksichtigen. Im Hinblick auf die Tatsache, dass weder der Bau einer Umgehungsstraße noch Alternativstandorte in Betracht gezogen worden sind, ist der Ausgleich zwischen den von der Planung berührten öffentlichen und privaten Belangen nicht in einer Weise vorgenommen worden, die zur objektiven Gewichtung einzelner Belange im Verhältnis steht. Eine Abwägungsdisproportionalität besteht.

b) Verstoß gegen das Gebot der Konfliktbewältigung

Auch aus einem Verstoß gegen das Gebot der Konfliktbewältigung kann sich ein Abwägungsfehler im materiell-rechtlichen Sinn ergeben. Inhalt dieses Gebotes ist es, dass durch einen Bebauungsplan grundsätzlich die durch ihn geschaffenen oder ihm zurechenbaren Konflikte gelöst werden. Die Planung darf nicht dazu führen, dass Konflikte, die durch sie hervorgerufen werden, zulasten Betroffener auf der Ebene der Vorhabenzulassung letztlich ungelöst bleiben. Eine Verlagerung der Problemlösungen aus dem Bauleitverfahren auf nachfolgendes Verwaltungshandeln ist dabei zwar nicht ausgeschlossen, jedoch darf die Gemeinde von einer abschließenden Konfliktbewältigung im Bebauungsplan Abstand nehmen, wenn die Durchführung der als notwendig erkannten Maßnahmen der Konfliktlösung außerhalb des Planungsverfahrens auf der Stufe der Verwirklichung der Planung sichergestellt oder zu erwarten ist (OVG Münster NuR 2009, 801, 812).

Dabei müssen auch die betroffenen Belange außerhalb des Plangebietes in die planerischen Überlegungen einbezogen werden. Nur wenn ein sachgerechter Interessenausgleich nicht möglich ist, führt dies zu Konsequenzen für den Planumgriff. Dies ist denkbar, wenn von der Planung auf die benachbarten Grundstücke Immissionen ausgehen, aufgrund derer dort ebenfalls bestimmte Festsetzungen erforderlich werden – zum Beispiel Schutzmaßnahmen nach § 9 Abs. 1 Nr. 24 BauGB (Gelzer/Bracher/Reidt, Bauplanungsrecht, 7. Aufl., Rn 215).

In diesem Sinne müssen bei der Planung einer Mehrzweckhalle in der Nähe einer Wohnbebauung Alternativstandorte geprüft werden. Dies wurde seitens der G versäumt, sodass die Abwägung auch wegen eines Verstoßes gegen das Gebot der Konfliktbewältigung fehlerhaft ist.

c) Zwischenergebnis

Materiell ist die Abwägung aufgrund einer Abwägungsdisproportionalität und aufgrund eines Verstoßes gegen das Gebot der Konfliktbewältigung fehlerhaft.

4. Ergebnis

Der Bebauungsplan ist fehlerhaft. Formell ist eine Abwägungsfehleinschätzung gegeben – materiell gegen das Entwicklungsgebot im Sinne des § 8 Abs. 2 BauGB. Darüber hinaus besteht eine Abwägungsdisproportionalität und es ist gegen das Gebot der Konfliktbewältigung verstoßen worden. Damit ist der Bebauungsplan rechtswidrig.

II. Fehlerfolge (Planerhaltung)

Fraglich ist, ob sich aus der Rechtswidrigkeit des Bebauungsplans zwingend dessen Nichtigkeit ergibt. Nach dem sich unter anderem aus Art. 20 Abs. 3 GG ergebenden grundsätzlich geltenden rechtsstaatlichen Normennichtigkeitsdogma ist eine abstrakt-generelle Regelung bei Rechtswidrigkeit nichtig. Etwas anderes kann sich im Baurecht aus den §§ 214, 215 BauGB ergeben.

1. Beachtlichkeit der Fehler gemäß § 214 Abs. 1–3 BauGB

Formelle Fehler sind grundsätzlich unbeachtlich und nur in den in § 214 Abs. 1 S. 1 BauGB benannten Konstellationen ausnahmsweise beachtlich. Materielle Fehler sind hingegen grundsätzlich beachtlich und nur in den in § 214 Abs. 2 und Abs. 3 BauGB benannten Konstellationen ausnahmsweise unbeachtlich.

a) § 214 Abs. 1 BauGB

Bezüglich der Beachtlichkeit der Abwägungsfehleinschätzung als formeller Fehler ist § 214 Abs. 1 BauGB maßgeblich. Gemäß § 214 Abs. 1 S. 1 Nr. 1 BauGB ist eine Verletzung der Verfahrens- und Formvorschriften des Baugesetzbuches für die Rechtswirksamkeit eines Bebauungsplanes nur beachtlich, wenn entgegen § 2 Abs. 3 BauGB die von der Planung berührten Belange, die der Gemeinde bekannt waren oder hätten bekannt sein müssen, in wesentlichen Punkten nicht zutreffend ermittelt oder bewertet worden sind und wenn der Mangel offensichtlich und auf das Ergebnis des Verfahrens von Einfluss gewesen ist.

Gemäß § 2 Abs. 3 BauGB sind bei der Aufstellung der Bauleitpläne die Belange, die für die Abwägung von Bedeutung sind (Abwägungsmaterial), zu ermitteln und zu bewerten. Wesentlich im Sinne des § 214 Abs. 1 S. 1 Nr. 1 BauGB sind Mängel bei der Sammlung und der Aufbereitung des Abwägungsmaterials nicht erst, wenn es sich um gravierende Fehleinschätzungen in für die Planung wesentliche Bereiche handelt. Von der Planung berührte, durch die Gemeinde nicht zutreffend ermittelte oder bewertete Belange sind bereits dann auf „wesentliche Punkte“ bezogen, wenn diese Punkte in der konkreten Planungssituation abwägungsbeachtlich waren (BVerwG, Urteil vom 9.4.2008 – 4 CN 1/07; Fundstelle: NVwZ 2008, 899; Beck-Online).

Belange, die für die Gemeinde bei der Entscheidung über den Plan nicht erkennbar waren, sind nicht abwägungserheblich, da die Planungsbehörde rechtsstaatlich keine Aspekte berücksichtigen kann, die sie nicht erkennen kann und aus ihrer sich unter anderem aus Art. 20 Abs. 3 GG ergebenden rechtsstaatlichen Pflicht nicht zu erkennen braucht. Einen Verfahrensfehler begeht die Gemeinde nur, wenn sie von der Planung berührte Belange nicht ermittelt, die ihr bekannt sind oder bekannt sein müssen (BVerwG, Urteil vom 9.4.2008 – 4 CN 1/07; Fundstelle: NVwZ 2008, 899; Beck-Online).

Der zur Annahme der Abwägungsfehleinschätzung führende Umstand, dass das Plangebiet im Anwendungsbereich einer Landschaftsschutzverordnung liegt, war der Gemeinde bekannt. Entgegen § 2 Abs. 3 BauGB kamen die zuständigen Sachbearbeiter zu dem Ergebnis, dass dieser Belang für die Abwägung nicht relevant sei.

Hat die Gemeinde einen von der Planung berührten Belang in einem Punkt, der in der konkreten Planungssituation für die Abwägung von Bedeutung war, nicht zutreffend ermittelt oder bewertet, ist dieser Punkt „wesentlich". Ein solcher Mangel ist beachtlich, wenn er offensichtlich und auf das Ergebnis von Einfluss gewesen ist (BVerwG, Urteil vom 9.4.2008 – 4 CN 1/07; Fundstelle: NVwZ 2008, 899; Beck-Online).

Offensichtlich sind alle Aspekte, die äußerlich dem Abwägungsvorgang zuzuordnen sind, weil sie auf objektiv gegebenen Sachumständen beruhen (BVerwG, 4. Senat, Urteil vom 21.8.1981 – 4 C 57/80, Rn 24, Juris).

Die Tatsache, dass von der Landschaftsschutzverordnung ein Teil des Plangebietes umfasst ist, ist im Rahmen der Planungsmaßnahmen aktenkundig geworden und damit jedenfalls offensichtlich.

Auf das Ergebnis von Einfluss ist ein Mangel gewesen, wenn nach den Umständen des jeweiligen Falles die konkrete Möglichkeit besteht, dass ohne den Mangel im Vorgang die Planung anders ausgefallen wäre. Eine derart konkrete Möglichkeit besteht, wenn sich anhand der Planunterlagen oder sonst erkennbarer oder naheliegender Umstände die Möglichkeit abzeichnet, dass der Mangel im Abwägungsvorgang auf das Abwägungsergebnis von Einfluss gewesen sein kann. Auch das Gewicht des betroffenen Belangs in der Abwägung kann für die Ergebnisrelevanz von Bedeutung sein. Besteht bei einem offensichtlichen Mangel hiernach die konkrete Möglichkeit, dass die Gemeinde, wenn sie den abwägungsbeachtlichen Belang zutreffend ermittelt und bewertet hätte, im Ergebnis anders geplant hätte, ist der Mangel für die Wirksamkeit des Plans beachtlich (BVerwG, Urteil vom 9.4.2008 – 4 CN 1/07; Fundstelle: 2008, 899; Beck-Online).

Aufgrund der seitens der zuständigen Behörde in Aussicht gestellten Befreiung im Sinne des § 67 BNatSchG ist die konkrete Möglichkeit, dass G anders geplant hätte, wenn sie den abwägungserheblichen Belang zutreffend bewertet hätte, jedoch auszuschließen. Damit ist der Mangel auf das Ergebnis des Verfahrens nicht von Einfluss gewesen.

Nach alledem ist die Abwägungsfehleinschätzung für die Rechtswirksamkeit des Bebauungsplans gemäß § 214 Abs. 1 S. 1 Nr. 1 BauGB nicht beachtlich.

b) § 214 Abs. 2 BauGB

Bezüglich der Beachtlichkeit des Verstoßes gegen das sich aus § 8 Abs. 2 BauGB ergebende Entwicklungsgebot ist § 214 Abs. 2 BauGB maßgeblich.

Der fragliche Bebauungsplan ist weder als selbständiger Bebauungsplan im Sinne des § 8 Abs. 2 S. 2 BauGB noch als vorzeitiger Bebauungsplan zu qualifizieren, für dessen Aufstellung die in § 8 Abs. 4 BauGB genannten dringenden Gründe nicht richtig beurteilt worden sind, sodass § 214 Abs. 2 Nr. 1 BauGB nicht anwendbar ist.

Aus § 214 Abs. 2 Nr. 2 BauGB ergibt sich, dass es für die Rechtswirksamkeit des Bebauungsplanes unbeachtlich ist, wenn § 8 Abs. 2 S. 1 BauGB bezüglich der Entwicklung des Bebauungsplanes aus dem Flächennutzungsplan verletzt worden ist, ohne dass dabei die sich aus dem Flächennutzungsplan ergebende städtebauliche Entwicklung beeinträchtigt worden ist. Diesbezüglich ist die planerische Konzeption des Flächennutzungsplans für den größeren Raum, also für das gesamte Gemeindegebiet oder einen über das Bebauungsplangebiet hinausgehenden Ortsteil zu berücksichtigen. Maßgeblich ist zudem, ob die über den Bereich des Bebauungsplanes hinausgehenden, übergeordneten Darstellungen des Flächennutzungsplans beeinträchtigt werden (OVG Münster, Urteil vom 30.8.2007 – 7 D 102/05.NE, 7 D 102/05; Fundstelle: BeckRS 2007, 26176; Beck-Online).

Im Flächennutzungsplan ist für den Teil des Plangebietes, von dem der Bau der Mehrzweckhalle und des Parkplatzes betroffen ist, eine Nutzung als Wohnbaufläche vorgesehen. Südlich des Plangebietes liegt ein bereits bestehendes Wohngebiet. Daraus ergibt sich, dass die Darstellungen des Flächennutzungsplanes für den Ortsteil darauf abzielen, die Wohnbebauung auszubauen. Dass nunmehr ein Sondergebiet festgesetzt und der Bau einer Mehrzweckhalle sowie eines Parkplatzes geplant wird, widerspricht dem übergeordneten Konzept des Flächennutzungsplanes und ist damit als Beeinträchtigung dieses Konzeptes zu werten.

Auch aus § 214 Abs. 2 Nr. 2 BauGB ergibt sich die Unbeachtlichkeit des Verstoßes gegen das Entwicklungsgebot nicht.

Der Flächennutzungsplan war auch nicht wegen der Verletzung der Form- und Verfahrensvorschriften unwirksam und ein Parallelverfahren im Sinne des § 8 Abs. 3 BauGB wurde nicht durchgeführt, sodass sich auch aus § 214 Abs. 2 Nr. 3, Nr. 4 BauGB keine Unbeachtlichkeit des Verstoßes gegen § 8 Abs. 2 S. 1 BauGB ergibt.

Mangels einer Ausnahmekonstellation ist der Verstoß beachtlich.

c) § 214 Abs. 3 BauGB

Gemäß § 214 Abs. 3 S. 2 Hs. 2 BauGB sind Mängel im Abwägungsvorgang nur erheblich, wenn sie offensichtlich und auf das Ergebnis von Einfluss gewesen sind.

aa) Abwägungsdisproportionalität und Verstoß gegen das Gebot der Konfliktbewältigung

Sowohl die Abwägungsdisproportionalität als auch der Verstoß gegen das Gebot der Konfliktbewältigung können beachtlich sein.

Von einer Offensichtlichkeit des Mangels ist auszugehen, wenn durch den Mangel die äußere Seite des Abwägungsvorgangs betroffen ist und er auf objektiv erfassbaren Sachumständen beruht (OVG Koblenz, Urteil vom 15.11.2011 – 8 C 10906/11.OVG; Fundstelle: KommJur 2012, 100; Beck-Online).

Der Umstand, dass G in der Abwägung zu dem Ergebnis kam, die Lärmbeeinträchtigungen der Anwohner seien angesichts der wirtschaftlichen Situation der Gemeinde zu vernachlässigen, ist als objektiv erkennbarer Mangel einzustufen. Insbesondere gab es in den Akten ein Sachverständigengutachten, nach dem sogar gesundheitliche Folgen nicht ausschlossen waren. Damit ist die bei der Erstellung des Bebauungsplanes eingetretene Abwägungsdisproportionalität offensichtlich. Der misslungene Ausgleich zwischen den Belangen muss sich auch auf das Ergebnis der Planung auswirken.

Dazu muss die konkrete Möglichkeit bestehen, dass die Planung nach der erforderlichen Abwägung anders ausgefallen wäre (OVG Koblenz, Urteil vom 15.11.2011 – 8 C 10906/11.OVG; Fundstelle: KommJur 2012, 100; Beck-Online).

Hinsichtlich der Bewältigung der Konflikte wegen der Lärmbeeinträchtigungen ist die konkrete Möglichkeit einer anderen Planung ohne die Abwägungsdisproportionalität gegeben. Es kommen sowohl die Überdenkung der Planung insgesamt als auch die Festsetzung einiger Vorkehrungen zur Vermeidung schädlicher Umwelteinwirkungen – wie beispielsweise die Festsetzung der Erbauung einer Umgehungsstraße – in Betracht. Mittels der Abwägungsdisproportionalität wurde das Abwägungsergebnis somit beeinflusst.

Daran gemessen wurde das Ergebnis auch durch den Verstoß gegen das Gebot der Konfliktbewältigung offensichtlich beeinflusst. Im Gemeindegebiet gibt es weitere ungenutzte Flächen in der Nähe eines Gewerbegebiets. Dennoch wurden andere Standorte für die Mehrzweckhalle nicht in Betracht gezogen. Der Mangel beruht auf objektiv erfassbaren Sachumständen. Es besteht die konkrete Möglichkeit, dass die Planung nach ordnungsgemäßer Abwägung unter Einbeziehung anderer Standorte anders ausgefallen wäre.

Diese Verstöße sind beachtlich.

bb) Abwägungsfehleinschätzung

Fraglich ist, ob § 214 Abs. 3 S. 2 Hs. 2 BauGB auch bezüglich der Abwägungsfehleinschätzung anwendbar ist. Insoweit könnte sich in der Konsequenz die Beachtlichkeit dieses Mangels ergeben.

Gemäß § 214 Abs. 3 S. 1 BauGB können Mängel, die Gegenstand der Regelung in § 214 Abs. 1 S. 1 Nr. 1 BauGB sind, nicht als Mängel der Abwägung geltend gemacht werden. Im Übrigen sind Mängel im Abwägungsvorgang gemäß § 214 Abs. 3 S. 2 Hs. 2 BauGB nur erheblich, wenn sie offensichtlich und auf das Abwägungsergebnis von Einfluss gewesen sind. Die Regelung des § 214 Abs. 3 S. 2 Hs. 2 BauGB zur Erheblichkeit bestimmter Mängel im Abwägungsvorgang ist aber nur ergänzend bedeutsam.

Zwar ergibt sich aus der Anwendung des § 214 Abs. 1 S. 1 Nr. 1 BauGB nicht die Beachtlichkeit der gegebenen Abwägungsfehleinschätzung, jedoch ist die Auffangregelung des § 214 Abs. 3 S. 2 Hs. 2 BauGB nicht maßgeblich. Der bestehende Mangel ist ein Verfahrensfehler, der auf die Bewertung bezogen ist, sodass für § 214 Abs. 3 S. 2 Hs. 2 BauGB kein Anwendungsbereich verbleibt.

d) Zwischenergebnis

Nach alledem sind die Verstöße gegen das Entwicklungsgebot aus § 8 Abs. 2 S. 1 BauGB, gegen die Abwägungsdisproportionalität sowie gegen das Gebot der Konfliktbewältigung beachtlich.

2. Heilung durch Zeitablauf gemäß § 215 BauGB (materielle Präklusion)

Durch § 215 BauGB wird die Heilung der nach § 214 BauGB beachtlichen Fehler durch Zeitablauf geregelt. Unbeachtlich werden nach § 215 Abs. 1 S. 1 BauGB Verfahrens- und Formfehler im Sinne des § 214 Abs. 1 S. 1 Nr. 1 bis 3 BauGB, im Sinne des § 214 Abs. 2 BauGB beachtliche Verstöße gegen das Entwicklungsgebot und nach § 214 Abs. 3 S. 2 BauGB beachtliche Mängel des Abwägungsvorgangs, wenn sie nicht innerhalb eines Jahres seit Bekanntmachung des Bauleitplanes schriftlich gegenüber der Gemeinde unter Darlegung des die Verletzung begründenden Sachverhalts geltend gemacht worden sind.

Zeitgleich mit der Antragsstellung beim Oberverwaltungsgericht machten A, B und C ihre Bedenken erneut gegenüber G geltend. Damit sind bezüglich des § 215 BauGB nur die Abwägungsdisproportionalität sowie der Verstoß gegen das Gebot der Konfliktbewältigung maßgeblich, welche aus der unzureichenden Berücksichtigung der seitens des A geltend gemachten Belange des Lärmschutzes resultierten. Insoweit ist keine Heilung der Mängel durch Zeitablauf eingetreten.

Der nach § 214 Abs. 2 BauGB beachtliche Verstoß gegen das Entwicklungsgebot aus § 8 Abs. 2 S. 1 BauGB wurde gegenüber der Gemeinde jedoch zu keinem Zeitpunkt geltend gemacht. Vorausgesetzt, dass die Sachlage sich innerhalb der Frist nicht mehr ändert, ist dieser Verstoß gemäß § 215 Abs. 1 S. 1 Nr. 2 BauGB durch Zeitablauf geheilt worden.

3. Ergänzendes Verfahren gemäß § 214 Abs. 4 BauGB

Gemäß § 214 Abs. 4 BauGB können Bauleitpläne durch ein ergänzendes Verfahren zur Behebung der Fehler, die nicht nach § 214 BauGB unbeachtlich sind, auch rückwirkend in Kraft gesetzt werden. Der Fehler kann durch Neuvornahme der fehlerhaften Verfahrenshandlung durch das zuständige Organ nach den dafür geltenden Vorschriften behoben werden (Battis/Krautzberger/Löhr, Kommentar zum BauGB, 11. Aufl., § 214, Rn 27). Ein solches ergänzendes Verfahren wurde seitens der G jedoch nicht durchgeführt, sodass entgegen dem Grundsatz der Planerhaltung die genannten Verstöße weiterhin beachtlich sind und zur Nichtigkeit des Bebauungsplanes führen.

4. Nachträgliches Außerkrafttreten

Der Bebauungsplan ist nicht durch Aufhebung, Ersetzung oder Funktionslosigkeit nachträglich außer Kraft getreten.

5. Ergebnis

Demnach bleibt es bei der Beachtlichkeit der Abwägungsdisproportionalität sowie des Verstoßes gegen das Gebot der Konfliktbewältigung. Aus diesen Fehlern ergibt sich die Nichtigkeit des Bebauungsplans.

C. Ergebnis

Das Oberverwaltungsgericht wird den Bebauungsplan gemäß § 47 Abs. 5 S. 2 VwGO allgemein verbindlich für unwirksam erklären.

Besonderes Verwaltungsrecht – Fall 11 – BauR: „Kein Pferdetourismus!“ (Berlin)

A hat von seinem Onkel ein seit vielen Generationen im Eigentum der Familie stehendes unbebautes Grundstück am Berliner Stadtrand geerbt. Im Norden, Osten und Süden ist das Grundstück von Wohngebäuden umgeben. Im Westen steht eine zwei Meter breite Wildhecke, durch welche die Siedlung für den Betrachter abgeschlossen wird. Auf der anderen Seite der Hecke ist ein freies Feld. Im Umfeld des Grundstücks befindet sich primär eine Wohnbebauung mit überwiegend eingeschossigen Bungalows aus den 60er Jahren, die insbesondere von Familien bewohnt sind. Darüber hinaus gibt es einen Bäcker, einen kleinen Einzelhandelsladen, einen Friseur und ein italienisches Restaurant. Ein Bebauungsplan existiert für den Bereich nicht.

Die Erbschaft kommt A sehr gelegen. Aufgrund des anhaltenden Tourismusbooms in Berlin geht er davon aus, dass er diesbezüglich Marktanteile gewinnen kann. Er beantragt deshalb bei der zuständigen Bauaufsichtsbehörde, die Genehmigung zur Errichtung eines zweigeschossigen Hauses mit ausgebautem Dachboden mit einer Höhe von 15 Metern zu erteilen, um darin drei Ferienwohnungen errichten zu können. Mit seinem Angebot möchte er insbesondere Familien anlocken, die eine ruhige Unterbringung am Stadtrand dem Lärm der Großstadt vorziehen. Außerdem will er im Gedenken an die früheren Generationen seiner Familie und als Attraktion für die Feriengäste den Pferdestall wieder aufbauen, der in den 50er Jahren dort rechtmäßig errichtet worden war, jedoch im vergangenen Jahr bei einem Unwetter zerstört wurde. A plant die Anschaffung und Haltung dreier Pferde. Er beantragt auch die Baugenehmigung zur Errichtung des Pferdestalles. Beide Genehmigungen wurden ihm am 13.12. des letzten Jahres schriftlich erteilt.

M wohnt zur Miete in einem Bungalow auf einem unmittelbar angrenzenden Grundstück. Anfang dieses Jahres erfährt er beim Einkaufen in einem Gespräch mit der Inhaberin des Einzelhandelsladens zufällig von den genehmigten Vorhaben des A. M ist verärgert: aus seiner Sicht wird das beschauliche Zusammenleben durch den Zustrom auswärtiger Gäste bedroht. Zudem verändere die Errichtung eines zweigeschossigen Hauses die Wohnqualität der Grundstücke und den besonderen Charakter der Bungalow-Siedlung. Die Errichtung eines Pferdestalles mitten in einem Wohngebiet sei allerdings der Gipfel der Unverfrorenheit. In einem Gespräch – ebenfalls am Anfang des Jahres – mit seinem Vermieter, dem Eigentümer E des Grundstücks, überzeugt er diesen von seiner Sicht der Dinge. Am 1.2. dieses Jahres legten beide – E und M – bei der zuständigen Behörde einen Widerspruch gegen die dem A erteilten Genehmigungen ein.

Die Behörde weist die Widersprüche zurück. Der Nachbarschutz im unbeplanten Gebiet könne nicht weiter reichen als im Geltungsbereich eines Bebauungsplans. Zudem habe A die Genehmigung zur Wiedererrichtung des Pferdestalls erteilt werden müssen, weil ein solcher Stall viele Jahre lang rechtmäßig an gleicher Stelle gestanden hatte.

Dagegen erheben E und M fristgerecht Klagen beim Verwaltungsgericht. Werden die Kläger mit den Klagen Erfolg haben, wenn bei einer Ortsbegehung festgestellt wird, dass durch das Vorhaben des A zwar die Wohnqualität der umliegenden Grundstücke verändert wird, ein erdrückender Charakter des Vorhabens jedoch nicht festgestellt werden kann?

Bearbeitungsvermerk
Unterstellen Sie, dass es sich bei dem Haus und beim Pferdestall jeweils um eine bauliche Anlage im Sinne der Bauordnung handelt. Bauordnungsrechtlich sind die Vorhaben zulässig. Eine Umweltverträglichkeitsprüfung ist nicht durchzuführen. Eine Befreiung bezüglich des Pferdestalles kann aufgrund nachbarlicher Interessen nicht erfolgen. Es ist zu unterstellen, dass eine Genehmigungsfreistellung gemäß § 63 Abs. 2 BauO Bln nicht in Betracht kommt, sodass die planungsrechtliche Genehmigungsfähigkeit nicht bereits im Rahmen der Genehmigungsbedürftigkeit im Sinne des § 63 Abs. 2 Nr. 1 BauO Bln zu prüfen ist.

Schwerpunkte
Innenbereich
Nachbarschutz
Bestandsschutz

Vertiefung
BVerwGE 27, 137ff.; VG Lüneburg, Beschluss vom 21.4.2009 – 2 B 37/09 m.w.N.; VG Stuttgart, Urteil vom 9.10.2008 – 11 K 2454/08.

Gliederung

A. Sachurteilsvoraussetzungen (+)
  I. Rechtsweg (+)
  II. Zuständigkeit (+)

III. Beteiligte (+)
  1. Beteiligungsfähigkeit und Prozessfähigkeit (+)
  2. Subjektive Klagehäufung (+)
IV. Statthafte Klageart
V. Besondere Sachurteilsvoraussetzungen (+)
  1. Besondere Prozessführungsbefugnis (+)
  2. Klagebefugnis (+/–)
    a) Nachbar (+/–)
    b) Beplanter Bereich
    c) Unbeplanter Innenbereich
    aa) § 34 Abs. 1 BauGB
    bb) § 34 Abs. 2 BauGB
    d) Außenbereich
    e) Subjektives Recht des E
  3. Vorverfahren und Widerspruchsfrist (+)
    a) Monatsfrist: § 70 Abs. 1 S. 1 VwGO i.V.m. § 79 VwVfG i.V.m. § 1 VwVfG Bln (–)
    b) Jahresfrist i.S.d. § 58 Abs. 2 VwGO i.V.m. den §§ 70 Abs. 2 VwGO, 79 VwVfG (+)
    aa) Verwirkung (–)
    bb) Fristbeginn und Fristdauer
  4. Klagefrist (+)
VI. Allgemeines Rechtsschutzbedürfnis (+)
VII. Zwischenergebnis

B. Begründetheit
I. Baugenehmigung Haus
  1. Rechtsgrundlage (+)
  2. Voraussetzungen (+)
    a) Formell (+)
    b) Materiell (+)
    aa) Genehmigungsbedürftigkeit (+)
    bb) Genehmigungsfähigkeit
    (1) Vereinbarkeit mit dem Bauplanungsrecht (+)
    (a) Unbeplanter Innenbereich im Sinne des § 34 BauGB (+)
    (aa) Vorhaben innerhalb der im Zusammenhang bebauten Ortsteile (+)
    (bb) Anwendbarkeit des § 34 Abs. 2 BauGB (+)
    (cc) Art der baulichen Nutzung (+)
    (aaa) Regel- und Ausnahmebebauung (+)
    (bbb) Erweiterungen (–)

(ccc) Gebot der Rücksichtnahme (+)
(dd) Maß der baulichen Nutzung (+)
(b) Zwischenergebnis
(2) Vereinbarkeit mit dem Bauordnungsrecht (+)
cc) Zwischenergebnis
3. Rechtsfolge
4. Zwischenergebnis
II. Baugenehmigung Pferdestall
1. Rechtsgrundlage (+)
2. Voraussetzungen (–)
a) Formell (+)
b) Materiell (–)
aa) Genehmigungsbedürftigkeit (+)
bb) Genehmigungsfähigkeit (–)
(1) Zulässiges Vorhaben im Sinne des § 34 BauGB (–)
(a) Regel- und Ausnahmebebauung (–)
(b) Erweiterungen (–)
(2) Bestandsschutz (–)
(3) Befreiung (–)
3. Zwischenergebnis
III. Rechtsverletzung
C. Ergebnis

Lösungsvorschlag

Die folgende Lösung ist als Lösungsvorschlag zu verstehen und ausführlicher, als es in der Klausurbearbeitung verlangt werden kann. Aufgrund der wissenschaftlichen Freiheit können andere Lösungswege vertreten werden, soweit sie dogmatisch begründbar sind. Die Nachweise aus Rechtsprechung und Literatur sowie die das Verständnis fördernden Randbemerkungen sind in der Examensklausur auszusparen. Die Abkürzung „Alt." steht für Alternativfall, nicht für Alternative.

E und M werden mit ihren Klagen jedenfalls Erfolg haben, soweit die Sachurteilsvoraussetzungen erfüllt sind und die Klagen zulässig sowie begründet sind.

A. Sachurteilsvoraussetzungen

Die Sachurteilsvoraussetzungen können erfüllt und die Klagen können zulässig sein.

I. Rechtsweg

Der Verwaltungsrechtsweg kann mangels aufdrängender Sonderzuweisung gemäß § 40 Abs. 1 S. 1 VwGO eröffnet sein. Im Übrigen kommt ein Verweisungsbeschluss im Sinne des § 17a Abs. 2 GVG i.V.m. § 173 VwGO in Betracht. Der Verwaltungsrechtsweg ist eröffnet, wenn durch die streitentscheidende öffentlich-rechtliche Norm ein Hoheitsträger einseitig berechtigt oder verpflichtet wird bzw. wenn aufgrund typisch hoheitlichen Handelns zwischen den Beteiligten ein Subordinationsverhältnis besteht. E und M wenden sich gegen die dem A erteilten Baugenehmigungen. Streitentscheidende Norm ist daher § 71 Abs. 1 BauO Bln. Darin wird der Staat als Hoheitsträger einseitig zur Erteilung einer Baugenehmigung berechtigt bzw. verpflichtet. Zudem ist die Baugenehmigung als Verwaltungsakt erteilt worden, sodass eine typisch hoheitliche Handlungsform in einem Subordinationsverhältnis gegeben ist, wenngleich letzteres nicht im Verhältnis des Staates zu E und M besteht.

Da die Streitigkeit mangels doppelter Verfassungsunmittelbarkeit nicht verfassungsrechtlicher Art und eine abdrängende Sonderzuweisung nicht ersichtlich ist, bleibt es bei der Eröffnung des Verwaltungsrechtsweges. Der Verwaltungsrechtsweg ist gemäß § 40 Abs. 1 S. 1 VwGO eröffnet.

II. Zuständigkeit

Das Verwaltungsgericht ist gemäß § 45 VwGO als Eingangsinstanz für die von der Behörde gegenüber A erteilte Genehmigung sachlich zuständig, da Anhaltspunkte für abweichende Regelungen wie z.B. § 50 VwGO nicht ersichtlich sind, sodass kein Verweisungsbeschluss gemäß § 17a Abs. 2 GVG i.V.m. § 83 VwGO gefasst werden wird. Von der örtlichen Zuständigkeit des angerufenen Verwaltungsgerichts im Sinne des § 52 VwGO ist auszugehen.[1]

III. Beteiligte

Es muss Verfahrensbeteiligte in einem Verfahren geben.

---

1 Die örtliche Zuständigkeit ist anzusprechen, wenn es dafür Anhaltspunkte im Sachverhalt gibt. Im Übrigen ist die Prüfung derselben sinnvoll – allerdings nicht notwendig. Gegebenenfalls ist die örtliche Zuständigkeit im Anschluss an die sachliche Zuständigkeit zu prüfen. Ist sie jedoch gemäß § 52 Nr. 2 VwGO ausnahmsweise von der Klageart abhängig, muss sie von der sachlichen Zuständigkeit getrennt nach der Klageart oder deren besonderen Sachurteilsvoraussetzungen bzw. Sachentscheidungsvoraussetzungen erörtert werden, obwohl § 17a Abs. 2 GVG gemäß § 83 VwGO entsprechend anwendbar ist.

1. Beteiligungsfähigkeit und Prozessfähigkeit

E, M und das Land Berlin als Körperschaft öffentlichen Rechts können Beteiligte des Verfahrens sein. Beteiligte sind nach § 63 Nr. 1, 2 VwGO unter anderem der Kläger und der Beklagte, beteiligungsfähig nach § 61 Nr. 1 VwGO natürliche und juristische Personen. Behörden sind nicht gemäß § 61 Nr. 3 VwGO i.V.m. dem Landesrecht beteiligungsfähig. Als Kläger sind E und M gemäß § 61 Nr. 1 Alt. 1 VwGO beteiligungsfähig und gemäß § 62 Abs. 1 Nr. 1 VwGO prozessfähig.

Als Beklagter ist das Land Berlin der maßgebliche Rechtsträger. Die Ausführung der baurechtlichen Vorschriften erfolgt durch die zuständige Landesbehörde. Die zuständige Baubehörde des Landes ist gemäß den §§ 63 Nr. 2, 61 Nr. 3 VwGO i.V.m. dem Landesrecht nicht beteiligungsfähig, sodass das Bundesland Berlin als Rechtsträger gemäß § 61 Nr. 1 Alt. 2 VwGO beteiligungs- und mangels Anhaltspunkten bezüglich des für die Behörde und ihr zurechenbar handelnden Organwalters gemäß § 62 Abs. 3, 1 Nr. 1 VwGO prozessfähig ist.

Da die Entscheidung des Verwaltungsgerichts auch gegenüber dem drittbetroffenen A nur einheitlich ergehen kann, ist er gemäß § 63 Nr. 3 VwGO als Beteiligter gemäß § 65 Abs. 2 VwGO notwendig beizuladen. Er ist als natürliche Person gemäß § 61 Nr. 1 Alt. 1 VwGO beteiligungs- und mangels Anhaltspunkten bezüglich des für den Verein zurechenbar handelnden Organwalters gemäß § 62 Abs. 1 Nr. 1 VwGO prozessfähig.[2]

2. Subjektive Klagehäufung[3]

E und M konnten die Klagen im Rahmen einer subjektiven Klagehäufung möglicherweise als Streitgenossen im Sinne des § 64 VwGO i.V.m. § 60 ZPO erheben. Eine Streitgenossenschaft besteht, wenn in einem Verfahren mehrere Personen als Kläger oder Beklagte auftreten. Es handelt sich um mehrere Prozessrechtsverhältnisse, die in einem Verfahren zu gemeinsamer Verhandlung, Beweisaufnahme und Entscheidung verbunden sind (Kopp/Schenke, § 64, Rn 1).

---

2 § 65 Abs. 2 VwGO ist keine Zulässigkeitsvoraussetzung und darf nur in der Prozessstation erörtert werden, wenn die Überschriften „Sachurteilsvoraussetzungen" oder „Sachentscheidungsvoraussetzungen" gewählt werden. Bei Nichtbeiladung eines notwendig Beizuladenden entfaltet das Urteil gegenüber dieser Person lediglich keine materielle Rechtskraft. **Zum gesamten Aufbau:** Heinze/Starke JURA 2012, 175 ff.

3 Aufgrund der systematischen Stellung des § 64 VwGO ist die Norm bei den Beteiligten zu erörtern. Vertretbar ist es, die Streitgenossenschaft erst bei der statthaften Klageart zu erörtern. Bei der problematischen Verwendung der Überschrift „Zulässigkeit" müsste § 64 VwGO mit der „Zulässigkeit" auf eine Gliederungsebene gesetzt werden. Die Streitgenossenschaft wird als subjektive Klagehäufung bezeichnet, ist jedoch von der objektiven Klagehäufung zu unterscheiden, die in ihrer Grundform § 44 VwGO geregelt ist.

Infolge der Gleichartigkeit der von E und M geltend gemachten Ansprüche ergibt sich die einfache Streitgenossenschaft[4] aus § 64 VwGO i.V.m. § 60 ZPO. Es handelt sich um eine zulässige Streitgenossenschaft. Die Verfahren werden daher von Amts wegen verbunden.

IV. Statthafte Klageart

Die statthafte Klageart richtet sich gemäß § 88 VwGO nach dem klägerischen Begehren unter Berücksichtigung des Anwendungsvorrangs maßnahmespezifischer Rechtsschutzformen und des rechtsstaatlichen Grundsatzes der Effektivität des Rechtsschutzes. Dem klägerischen Begehren entspricht in der Regel die effektivste Klageart, also nach Möglichkeit die Anfechtungsklage gemäß § 42 Abs. 1 Alt. 1 VwGO als Gestaltungsklage der Verwaltungsgerichtsordnung. Voraussetzung der Anfechtungsklage ist, dass es dem Kläger um die Aufhebung eines Verwaltungsaktes geht. Ein Verwaltungsakt ist gemäß § 35 S. 1 VwVfG i.V.m. § 1 VwVfG Bln jede Verfügung, Entscheidung oder andere hoheitliche Maßnahme, die eine Behörde zur Regelung eines Einzelfalls auf dem Gebiet des öffentlichen Rechts trifft und die auf unmittelbare Rechtswirkung nach außen gerichtet ist, somit auch die A erteilten Baugenehmigungen für den Bau des Hauses und des Pferdestalles. Es handelt sich insoweit um einen Verwaltungsakt, gegen den jeweils die Anfechtungsklage statthaft ist.

In Betracht kommt für die beiden Klagen eine objektive Klagehäufung. Die Grundregel für die objektive Klagehäufung ist § 44 VwGO.[5] Eine objektive Klagehäufung ist gemäß § 44 VwGO möglich, wenn sich die Klagen gegen denselben Beklagten richten, im Zusammenhang stehen und dasselbe Gericht zuständig ist. Zudem ist eine gleichzeitige Entscheidungsreife erforderlich, weil

4 Die Streitgenossenschaft ist eine **einfache**, wenn sich auf der einen oder anderen Seite mehrere Personen beteiligen, ohne dass dies für die Entscheidung der Sache erforderlich wäre; sie ist eine **notwendige**, wenn die Sachentscheidung aus Gründen des materiellen Rechts die Beteiligung dieser mehreren Personen in der in § 62 ZPO näher bestimmten Weise voraussetzt. Eine notwendige Streitgenossenschaft ist nach § 64 VwGO i.V.m. § 62 Abs. 1 ZPO aus prozessualen Gründen möglich.

5 § 44 VwGO kann – soweit maßgeblich – vertretbar auf unterschiedliche Weisen eingearbeitet werden. **Vertretbar** bei Verwendung des Terminus „Sachurteils-/Sachentscheidungsvoraussetzungen“:
- 2 Klagen zusammen und bei der Klageart § 44 VwGO
- Prozessstation erste Klage, Prozessstation zweite Klage und anschließend Begründetheit
- beide Klagen vollständig und dann § 44 VwGO

Nicht möglich: erste Klage, dann § 44 VwGO, zweite Klage, da in § 44 VwGO einige Sachurteilsvoraussetzungen der zweiten Klage inzident geprüft werden müssten.

anderenfalls rechtsstaatswidrig und damit unter anderem entgegen Art. 20 Abs. 3 GG die Judikative entscheiden würde, obwohl das Verfahren der Exekutive noch nicht abgeschlossen wäre. Möglich sind im Sinne des § 44 VwGO somit die kumulative Klagehäufung sowie die eventuale Klagehäufung in Form eines Haupt- und eines Hilfsantrages. Während eine alternative Klagehäufung mangels Bestimmtheit des Klagantrages nicht möglich ist, ist eine objektive Klagehäufung in Form der Stufenklage grundsätzlich ausgeschlossen, weil aufgrund des Erfordernisses, zunächst über die erste Stufe zu entscheiden, keine gleichzeitige Entscheidungsreife besteht. Diese Stufenklage ist gemäß § 44 VwGO nicht möglich, sondern nur gemäß den Spezialregelungen in § 113 Abs. 1 S. 2 VwGO und § 113 Abs. 4 VwGO.

Da es sich um dieselben Parteien – E sowie M einerseits und die juristische Person der zuständigen Baubehörde andererseits – sowie dasselbe Gericht bei einer Konnexität wegen desselben Grundstückes bei gleichzeitiger Entscheidungsreife zweier Gestaltungskonstellationen handelt, sind die Klagen gemäß § 44 VwGO kumulativ zu verbinden.

V. Besondere Sachurteilsvoraussetzungen

Die besonderen Sachurteilsvoraussetzungen können erfüllt sein.

1. Besondere Prozessführungsbefugnis

Besonders prozessführungsbefugt ist gemäß § 78 Abs. 1 Nr. 1 VwGO das Land Berlin als Rechtsträger.

2. Klagebefugnis

E muss klagebefugt sein. Die Klagebefugnis nach § 42 Abs. 2 VwGO setzt die Möglichkeit der Verletzung eines subjektiven Rechts voraus. Subjektive Rechte ergeben sich aus Sonderbeziehungen, einfachen Gesetzen, subsidiär aus Grundrechten, wobei jedenfalls aufgrund des weiten Schutzbereiches des Art. 2 Abs. 1 GG bei unmittelbaren Grundrechtseingriffen für das subjektive Recht direkt auf Grundrechte abgestellt werden kann. Ob ein Kläger tatsächlich in einem subjektiven Recht verletzt ist, ist für die Klagebefugnis irrelevant, da die Möglichkeit der Verletzung eines subjektiven Rechts genügt.

Unmittelbare Grundrechtseingriffe sind bei E und M nicht erfolgt, weil kein staatliches Handeln an sie gerichtet ist. Die Baugenehmigung wird an A erlassen, während E und M lediglich Dritte sind. Somit ist primär auf eine Sonderrechtsbeziehung bzw. auf einfachgesetzlichen Nachbarschutz abzustellen.

Einfachgesetzlich muss das subjektive Recht aus der streitentscheidenden Norm ableitbar sein, weil es trotz des sich unter anderem aus Art. 20 Abs. 3 GG ergebenden Rechtsstaatsprinzips keinen Gesetzesvollziehungsanspruch gibt. Somit muss sich das subjektive Recht für E und M aus § 71 Abs. 1 BauO Bln ergeben. Danach sind öffentlich-rechtliche Vorschriften maßgeblich. Dazu gehören das Bauordnungsrecht und das Bauplanungsrecht sowie andere öffentlich-rechtliche Vorschriften. Während im Bauordnungsrecht selten subjektive Rechte zugunsten des Grundstücksnachbarn enthalten sind – § 3 Abs. 1 BauO Bln ist bezüglich Individualgüter und Individualrechte im Rahmen der öffentlichen Sicherheit bereichsspezifisch auf die Bewohner beschränkt – und dieses somit ohne erhebliche Relevanz ist, ist das Bauplanungsrecht im Sinne der §§ 29 ff. BauGB subjektiviert. Woraus sich dann das subjektive Recht des Nachbarn mittels der Rechtsgrundlage genau ergibt, ist davon abhängig, ob es sich um einen beplanten Bereich, einen unbeplanten Innenbereich oder um einen Außenbereich handelt.[6]

Zunächst kommt es jedoch darauf an, ob E und M Nachbarn im baurechtlichen Sinne sind.

a) Nachbar

Der baurechtliche Nachbarbegriff ergibt sich aus einer räumlichen und einer personellen Komponente.

In räumlicher Hinsicht ist als Nachbar nicht nur derjenige einzustufen, dessen Grundstück an das maßgebliche Baugrundstück angrenzt, sondern jeder, dessen durch die Rechtsnorm geschützte Position durch das Bauvorhaben beeinträchtigt wird (vgl. Muckel, § 10, Rn 5). Es kommt also auf den räumlichen Schutzzweck der Norm an. Das Grundstück, dessen Eigentümer E ist und das von M zur Miete bewohnt wird, befindet sich unmittelbar an der Grenze zum Grundstück des A. Bei räumlicher Betrachtung sind E und M Nachbarn des A.

Für die Bestimmung der personellen Komponente ist zu beachten, dass das öffentliche Baurecht nicht personenbezogen, sondern grundstücksbezogen angelegt ist (Muckel, § 10, Rn 7), weil es sich im Sinne des Art. 74 Abs. 1 Nr. 18 GG um Bodenrecht handelt. Nachbar ist daher grundsätzlich nur der dinglich Berechtigte – primär also der Eigentümer. Ob auch Mieter oder Pächter als bloß schuldrechtlich Berechtigte als Nachbarn im Sinne des öffentlichen Baurechts eingestuft werden können, ist problematisch.

Einerseits ergibt sich auch aus dem Besitzrecht des Mieters an der Wohnung eine bereichsspezifische Eigentumsdefinition im Sinne des Art. 14 Abs. 1 S. 2 GG

---

6 Der Bauherr selbst kann sich anders als der Nachbar in der Regel auf Art. 14 Abs. 1 GG berufen.

(vgl. BVerfG NJW 1993, 2035). Andererseits beruht der Nachbarschutz im Bauplanungsrecht auf einem Ausgleich zwischen den durch die planungsrechtlichen Vorgaben zu einer bodenrechtlichen Nutzungsgemeinschaft zusammengefassten Grundstückseigentümern und vergleichbar dinglich Berechtigten. In dieses Ausgleichssystem sind die Mieter und Pächter ungeachtet dessen nicht einbezogen, dass sie von planungswidrigen Vorgaben und planwidriger Grundstücksnutzung faktisch betroffen sind. Begünstigungen obligatorisch Berechtigter durch das Bauplanungsrecht sind als bloße Rechtsreflexe einzuordnen (vgl. OVG Berlin NJW 1979, 282). Der Mieter muss sich im Rahmen des Schuldverhältnisses an den Eigentümer halten und von ihm die Geltendmachung der Abwehrrechte verlangen (vgl. OVG Berlin NJW 1986, 848).

Etwas anderes ergibt sich bei verfassungskonformer Auslegung im Sinne des Art. 14 Abs. 1 S. 2 GG nur, wenn sich der obligatorisch Berechtigte auf erkennbar personenbezogene Vorschriften beruft, wenn also etwa seine Gesundheit im Sinne des Art. 2 Abs. 2 S. 1 GG gefährdet wird (vgl. Muckel, § 10, Rn 11). Eine derartige Personenbezogenheit ist für M nicht ersichtlich. Somit kann sich nur E als Grundstückseigentümer auf etwaige nachbarschützende Normen des öffentlichen Baurechts berufen. M ist nicht klagebefugt, während E nur klagebefugt ist, soweit ein subjektives Nachbarrecht besteht.[7]

b) Beplanter Bereich

Im beplanten Bereich im Sinne des § 30 Abs. 1, 2 BauGB – im Rahmen des § 30 Abs. 3 BauGB unter Umständen durch die §§ 34, 35 BauGB ergänzt – wird über die §§ 9, 9a BauGB auf die Baunutzungsverordnung verwiesen, weil in § 9 BauGB die Festsetzungen für den Bebauungsplan geregelt sind, der gemäß § 9 Abs. 1 Nr. 1 BauGB Festsetzungen über die Art und das Maß der baulichen Nutzung enthält, die wiederum in der Baunutzungsverordnung – deren Ermächtigungsgrundlage ist § 9a BauGB – spezifiziert werden. Gemäß § 1 Abs. 3 S. 1 BauNVO können die in § 1 Abs. 2 BauNVO geregelten Gebiete im Bebauungsplan festgesetzt werden, sodass sie Bestandteil des Bebauungsplanes werden, wobei dann mittels der jeweiligen Gebiete in den §§ 2ff. BauNVO eine Feinsteuerung als Rückausnahme der Regelbebauung im Sinne des jeweiligen Absatzes 2 der §§ 2ff. BauNVO bzw. der Ausnahmebebauung im Sinne des jeweiligen Absatzes 3 sowie der Erweiterungen im Sinne der §§ 12–14 BauNVO zu bedenken sind. Diese Feinsteuerung im Sinne des § 15 Abs. 1 S. 2 BauNVO ist als gebietsübergreifendes Gebot der Rücksichtnahme drittschützend.

---

7 Das subjektive Recht des Nachbarn ist einfachgesetzlich stets auf die Rechtsgrundlage rückführbar, wobei die Verweisungskette je nach Konstellation unterschiedlich ausgestaltet ist.

Soweit es sich um eine Regelbebauung oder um eine Ausnahmebebauung – bezüglich der Ausnahmebebauung ist § 31 Abs. 1 BauGB als Überleitungsnorm maßgeblich – der Gebiete der Baunutzungsverordnung handelt, besteht innerhalb des beplanten Gebietes zudem ein Gebietserhaltungsanspruch, der sich aus den Festsetzungen des Bebauungsplanes ergibt, der wiederum auf § 1 Abs. 3 BauGB i.V.m. § 1 Abs. 2 BauGB als Inhalts- und Schrankenbestimmung des Eigentums im Sinne des Art. 14 Abs. 1 S. 2 GG rückführbar ist. Ob sich aus dem Gebietserhaltungsanspruch ein subjektives Recht nur bezüglich der Art oder auch bezüglich des Maßes der baulichen Nutzung ergibt, kann unterschiedlich beurteilt werden. Einerseits könnte das Maß der baulichen Nutzung als nicht drittschützender Aspekt eingeordnet werden, andererseits hat der Gesetzgeber an anderer Stelle – in § 34 Abs. 1 BauGB ist bezüglich des unbeplanten Innenbereiches, der auf Art und Maß der baulichen Nutzung bezogen ist, eine subjektive Betrachtungsweise bezüglich des Nachbarn vollumfassend in § 34 Abs. 3a S. 1 Nr. 3 BauGB angeordnet – eine auf den Nachbarn bezogene subjektive Betrachtungsweise angeordnet. Regelmäßig haben Festsetzungen über das Maß bei verfassungskonformer Auslegung im Sinne des Art. 14 Abs. 1 GG dennoch nur in Ausnahmefällen nachbarschützende Wirkung – wenn ein entsprechender Wille des Satzungsgebers erkennbar ist (vgl. BVerwG NVwZ 1996, 170; Dürr, KommJur 2006, 201, 206).[8]

Soweit es um eine Befreiung vom Bebauungsplan im Sinne des § 31 Abs. 2 BauGB geht, sind der Gebietserhaltungsanspruch bzw. das Gebot der Rücksichtnahme im Sinne des § 15 Abs. 1 S. 2 BauNVO nicht maßgeblich, weil vom Bebauungsplan gerade befreit werden soll. Der Drittschutz erfolgt insoweit über den Terminus „nachbarliche Interessen“ in § 31 Abs. 2 BauGB.

Im beplanten Bereich ergibt sich das subjektive Recht des Nachbarn somit aus dem Gebietserhaltungsanspruch bzw. dem Gebot der Rücksichtnahme im Sinne des § 15 Abs. 1 S. 2 BauNVO oder aus § 31 Abs. 2 BauGB, wobei alle Varianten letztlich auf die jeweils für das subjektive Recht maßgebliche streitentscheidende Norm rückführbar sind.

8 In der Rechtsprechung wird der Gebietserhaltungsanspruch regelmäßig nicht auf das Maß der baulichen Nutzung bezogen, wobei dies im Hinblick auf § 34 Abs. 1 BauGB i.V.m. § 34 Abs. 3a S. 1 Nr. 3 BauGB problematisch ist. Insoweit besteht zwar kein Bebauungsplan, in dem ein Gebiet festgesetzt ist, jedoch ist § 34 Abs. 1 BauGB auf Art und Maß bezogen und die subjektive Betrachtungsweise in § 34 Abs. 3a S. 1 Nr. 3 BauGB uneingeschränkt angeordnet. Daraus ergibt sich, dass Regelungen über das Maß durchaus drittschützend sein können.

c) Unbeplanter Innenbereich

Im unbeplanten Innenbereich im Sinne des § 34 BauGB ist bezüglich des subjektiven Rechts des Nachbarn zwischen einem Gebiet im Sinne des § 34 Abs. 2 BauGB und einem solchen im Sinne des § 34 Abs. 1 BauGB zu differenzieren.

Während in § 34 Abs. 2 BauGB für die Art der baulichen Nutzung auf die Baunutzungsverordnung verwiesen wird – bezüglich des Maßes der baulichen Nutzung gilt ergänzend § 34 Abs. 1 BauGB – und das subjektive Recht des Nachbarn über eine Verweisungskette auf die Rechtsgrundlage rückführbar ist, ergibt sich das subjektive Recht im Übrigen direkt aus § 34 Abs. 1 BauGB.[9]

aa) § 34 Abs. 1 BauGB

Im Rahmen des § 34 Abs. 1 BauGB ergibt sich das subjektive Recht aus dem Terminus des Einfügens. Dass der Terminus des Einfügens subjektiviert ist, ergibt sich wiederum aus § 34 Abs. 3a Nr. 3 BauGB, weil danach vom Erfordernis des Einfügens abgesehen werden kann, soweit dies unter anderem mit nachbar-

---

9 **Das subjektive Recht des Dritten ergibt sich ähnlich wie im beplanten Bereich:**
- Gebietsprägungserhaltungsanspruch (anstelle des Gebietserhaltungsanspruches)
- Gebot der Rücksichtnahme i.S.d. § 15 Abs. 1 S. 2 BauNVO (über das Gebot der Rücksichtnahme hinaus)
- § 31 Abs. 2 BauGB i.V.m. § 34 Abs. 2 Hs. 2 BauGB

Zum Teil werden die Termini „Gebietserhaltungsanspruch" und „Gebietsprägungserhaltungsanspruch" anders verwendet. Ersterer wird dann im Rahmen des Drittschutzes nur verwendet, wenn das Vorhaben mit dem Wortlaut des Gebiets in der BauNVO vereinbar ist. Sollte ein Vorhaben im Gebiet dem Wortlaut nach zulässig sein, wird dann aber aufgrund einer verfassungskonformen Reduktion dennoch nicht zugelassen, soll der zweite Begriff genannt werden. Beide Begriffe sollen im Gebiet nach § 30 BauGB und im Gebiet nach § 34 Abs. 2 BauGB gelten. Das erscheint nicht sinnvoll, weil im Rahmen des § 34 Abs. 2 BauGB kein Gebiet festgesetzt ist, sondern die BauNVO nur entsprechend gilt, wenn der Innenbereich wie ein Gebiet aussieht. Im Gesetzestext ist zudem mit „wäre" im Konjunktiv formuliert worden, sodass es sich um eine Fiktion handelt. Daher passt der Terminus des Gebietserhaltungsanspruches im ungeplanten Innenbereich nicht. Darüber hinaus ergibt es keinen Sinn, innerhalb des geplanten Bereiches verschiedene Termini zu verwenden, weil die jeweilige Zulässigkeit eines Vorhabens sich aus einer einheitlichen Anwendung der jeweiligen Norm der BauNVO ergibt. Nur weil ein Vorhaben erst nach einer verfassungskonformen Reduktion als „gebietsunverträglich" gilt, bedeutet es nicht, dass das jeweilige Gebiet dann nicht so wie nach der verfassungskonformen Reduktion erfolgt definiert ist, sodass es insoweit nicht des zusätzlichen Begriffes des Gebietsprägungserhaltungsanspruches bedarf. Die Normen sind einheitlich auszulegen bzw. zu lesen, sodass sich bei Anwendung aller Auslegungsmethoden ein einheitliches Auslegungsergebnis ergibt, das dann die inhaltliche Bestimmung des Gebietes darstellt und somit die Grundlage für den Gebietserhaltungsanspruch als einheitlichen Terminus im Rahmen eines geplanten Gebietes bildet.

lichen Interessen vereinbar ist. Der Terminus des Einfügens ist somit im Sinne nachbarlicher Interessen zu verstehen und somit subjektiviert.

bb) § 34 Abs. 2 BauGB

Gemäß § 34 Abs. 2 BauGB wird die Baunutzungsverordnung bezüglich der Art der baulichen Nutzung angewendet, soweit es sich um ein Gebiet handelt, das einem derjenigen in der Baunutzungsverordnung ähnelt, sodass es sich um einen faktischen Bebauungsplan handelt. Somit ist auch § 34 Abs. 2 BauGB als Inhalts- und Schrankenbestimmung im Sinne des Art. 14 Abs. 1 S. 2 GG einzustufen mit der Folge, dass über die Rechtsgrundlage und § 34 Abs. 2 BauGB i.V.m. § 9a BauGB das jeweilige Gebiet der Baunutzungsverordnung maßgeblich ist. Im Rahmen der Regelbebauung im Sinne des Absatzes 2 des jeweiligen Gebietes der Baunutzungsverordnung sowie im Rahmen der Ausnahmebebauung im Sinne des Absatzes 3 des jeweiligen Gebietes der Baunutzungsverordnung – insoweit in Verbindung mit § 31 Abs. 1 BauGB i.V.m. § 34 Abs. 2 Hs. 2 BauGB – wird aus dem Gebietserhaltungsanspruch im beplanten Bereich der Gebietsprägungserhaltungsanspruch für den unbeplanten Innenbereich, weil mangels Bebauungsplanes kein Gebiet festgesetzt ist, sondern es nur geprägt ist wie eines der festsetzbaren Gebiete. Zudem gilt gemäß § 15 Abs. 1 S. 2 BauNVO das Gebot der Rücksichtnahme. Bezüglich des Gebietsprägungserhaltungsanspruches ist es anders als im beplanten Bereich für den Gebietserhaltungsanspruch nicht problematisch, ob das Maß der baulichen Nutzung erfasst ist, weil in § 34 Abs. 2 BauGB ohnehin nur bezüglich der Art der baulichen Nutzung auf die Baunutzungsverordnung verwiesen wird. Für das Maß der baulichen Nutzung gilt insoweit § 34 Abs. 1 BauGB, der im Sinne des § 34 Abs. 3a S. 1 Nr. 3 BauGB bezüglich des Einfügens auch für das Maß der baulichen Nutzung zugunsten des Nachbarn subjektiviert ist.

Soweit es um eine Befreiung vom geprägten Gebiet im Sinne des § 34 Abs. 2 BauGB geht, sind die nachbarlichen Interessen gemäß § 31 Abs. 2 BauGB i.V.m. § 34 Abs. 2 Hs. 2 BauGB für den Drittschutz maßgeblich.

Ähnelt ein unbeplanter Innenbereich nicht einem Gebiet der Baunutzungsverordnung, ist für die Art und das Maß nur ein Einfügen im Sinne des § 34 Abs. 1 BauGB maßgeblich, welches im Sinne des § 34 Abs. 3a S. 1 Nr. 3 BauGB im Hinblick auf den Nachbarn subjektiviert ist, da der Terminus „Eigenart“ nicht im Sinne der „Art“ der baulichen Nutzung formuliert worden ist und somit vollständig auf die Einfügung im Sinne des § 34 Abs. 1 BauGB verwiesen wird, von der Art und Maß erfasst sind, zumal der Terminus „Eigenart“ auch in § 34 Abs. 1 BauGB enthalten ist, in dem auch auf das Maß der baulichen Nutzung Bezug genommen wird.

d) Außenbereich

Im Außenbereich ergibt sich das subjektive Recht des Nachbarn aus partiellen öffentlichen Belangen im Sinne des § 35 Abs. 1, 2 BauGB. Zwar könnte der Subjektivierung der öffentlichen Belange grundsätzlich wie sonst bei der Allgemeinheit entgegenstehen, dass in einem Rechtsstaat kein Gesetzesvollziehungsanspruch gewährt wird, jedoch sind die öffentlichen Belange in § 35 Abs. 3 BauGB spezifiziert. Zwar sind die meisten öffentlichen Belange nicht subjektiviert, solche im Sinne des § 35 Abs. 3 S. 1 Nr. 3 BauGB jedoch schon, wobei die dort benannten schädlichen Umwelteinwirkungen bereichsspezifisch baurechtlich und nicht ausschließlich umweltrechtlich im Sinne des § 3 Abs. 1 BImSchG auszulegen sind. Ein übergesetzliches Gebot der Rücksichtnahme besteht jedoch nicht, da dadurch ein Gesetzesvollziehungsanspruch gewährt werden würde, der mit dem sich unter anderem aus Art. 20 Abs. 3 GG ergebenden Rechtsstaatsprinzip unvereinbar wäre.[10]

e) Subjektives Recht des E

Das für E maßgebliche Gebiet befindet sich im unbeplanten Innenbereich. Das subjektive Recht des Nachbarn E ergibt sich aus § 71 Abs. 1 BauO Bln i.V.m. den §§ 29 Abs. 1, 34 Abs. 2, 9a BauGB i.V.m. § 1 Abs. 2 BauNVO i.V.m. § 4 BauNVO, da die tatsächliche Bebauung der eines allgemeinen Wohngebietes ähnelt. Es kann nicht ausgeschlossen werden, dass E aufgrund der Errichtung der gegenüber A genehmigten Bauvorhaben in seinem Gebietsprägungserhaltungsanspruch verletzt wird.

Zusätzlich ergibt sich für E selbst bei Einhaltung des Gebietscharakters im allgemeinen Wohngebiet die Möglichkeit der Verletzung eines subjektiven Rechts aus der Feinsteuerung des § 15 Abs. 1 S. 2 BauNVO als Gebot der Rücksichtnahme und Ausprägung der Verhältnismäßigkeit im Sinne der Wechselwirkung bezüglich des Art. 14 Abs. 1 GG. Gemäß § 71 Abs. 1 BauO Bln i.V.m. den §§ 29 Abs. 1, 34 Abs. 2, 9a BauGB i.V.m. § 1 Abs. 2 BauNVO i.V.m. den §§ 4, 15 Abs. 1 S. 2 BauNVO ergibt sich auch insoweit die Möglichkeit der Verletzung eines subjektiven Rechts.

E ist klagebefugt im Sinne des § 42 Abs. 2 VwGO.

---

10 Partiell wird ein übergesetzliches Gebot der Rücksichtnahme im Rahmen des Außenbereiches angenommen, welches bedenklich ist, weil kein Gesetzesvollziehungsanspruch gewährt werden darf.

3. Vorverfahren und Widerspruchsfrist

Ein Vorverfahren kann E gemäß den §§ 68ff. VwGO ordnungsgemäß durchgeführt haben. Grundsätzlich ist die Einlegung des Widerspruches innerhalb eines Monats seit Bekanntgabe des Verwaltungsaktes erforderlich. Eine Entbehrlichkeit des Widerspruches des E im Sinne des § 68 Abs. 1 S. 2 VwGO ist nicht ersichtlich. E hat den Widerspruch gegen die Genehmigungen am 1.2. eingelegt.

Fraglich ist, ob E die Widerspruchsfrist jeweils eingehalten hat.

a) Monatsfrist: § 70 Abs. 1 S. 1 VwGO i.V.m. § 79 VwVfG i.V.m. § 1 VwVfG Bln

Die Widerspruchsfrist von einem Monat beginnt gemäß § 70 Abs. 1 S. 1 VwGO i.V.m. § 79 VwVfG i.V.m. § 1 VwVfG Bln mit der Bekanntgabe des Verwaltungsaktes. Die Bekanntgabe richtet sich nach den §§ 43, 41 VwVfG i.V.m. § 1 VwVfG Bln. Grundsätzlich kommt es gemäß § 41 Abs. 1 S. 1 VwVfG i.V.m. § 1 VwVfG Bln auf die tatsächliche Bekanntgabe gegenüber dem Betroffenen an. Die Bescheide sind E als betroffenem Dritten nicht zugestellt worden, sodass die nach den §§ 70 Abs. 2 VwGO, 79 VwVfG i.V.m. § 1 VwVfG Bln i.V.m. den §§ 57 Abs. 2 VwGO, 222 Abs. 1 ZPO, 187ff. BGB zu berechnende Monatsfrist nicht beginnen konnte. Anderenfalls wäre die Monatsfrist jedenfalls verstrichen, da die Bescheide bereits am 13.12. des Vorjahres erlassen worden sind und die Widersprüche erst am 1.2. des Folgejahres erfolgten.

b) Jahresfrist i.S.d. § 58 Abs. 2 VwGO i.V.m. den §§ 70 Abs. 2 VwGO, 79 VwVfG

Ist eine Rechtsbehelfsbelehrung unterblieben oder unrichtig erteilt, ist die Einlegung des Rechtsbehelfs gemäß § 58 Abs. 2 VwGO i.V.m. den §§ 70 Abs. 2 VwGO, 79 VwVfG i.V.m. § 1 VwVfG Bln nur innerhalb eines Jahres seit Zustellung, Eröffnung oder Verkündung zulässig – außer wenn die Einlegung vor Ablauf der Jahresfrist infolge höherer Gewalt unmöglich war oder eine schriftliche oder elektronische Belehrung dahingehend erfolgt ist, dass ein Rechtsbehelf nicht gegeben sei.

Da die Bauerlaubnisse für A dem Widerspruchsführer E nicht bekannt gegeben worden sind, gab es auch keine Rechtsbehelfsbelehrung, sodass jeweils nicht die Monatsfrist im Sinne des § 70 Abs. 1 S. 1 VwGO i.V.m. § 79 VwVfG i.V.m. § 1 VwVfG Bln, sondern die Jahresfrist im Sinne des § 58 Abs. 2 VwGO i.V.m. den §§ 70 Abs. 2 VwGO, 79 VwVfG i.V.m. § 1 VwVfG Bln gilt.

aa) Verwirkung

Eine Fristberechnung ist insoweit irrelevant, als ohnehin eine Verwirkung erfolgt wäre. Gemäß dem sich unter anderem aus Art. 20 Abs. 3 GG ergebenden Rechtsstaatsprinzip in Verbindung mit dem sich auch bezüglich der nach dem Bürgerlichen Gesetzbuch zu berechnenden Fristenregelungen der §§ 187 ff. BGB i.V.m. §§ 57 Abs. 2 VwGO, 79 VwVfG i.V.m. § 1 VwVfG Bln, 222 Abs. 1 ZPO geltenden Grundsatz des Verbotes widersprüchlichen Verhaltens im Sinne des § 242 BGB als Ausprägung von Treu und Glauben ist eine Verwirkung möglich. Das gilt für Nachbarschaftsverhältnisse insoweit, als der begünstigte Nachbar, dem eine Genehmigung erteilt worden ist, davon ausgehen durfte, dass der möglicherweise betroffene nicht begünstigte Nachbar nicht mehr gegen die Genehmigung vorgehen werde, weil letzterer rechtsstaatlich gehalten ist, einen etwaigen Schaden des begünstigten Nachbarn möglichst gering zu halten.

Die Verwirkung enthält einen Zeit- und einen Umstandsmoment. Der Zeitmoment bedeutet, dass seit der Möglichkeit ein Recht geltend zu machen, ein längerer Zeitraum verstrichen sein muss, wobei die Umstände des Einzelfalles maßgeblich sind.

Ein widersprüchliches Verhalten des E ist jedoch nicht ersichtlich, da er nicht etwa A suggerierte, nicht gegen dessen Bauerlaubnisse vorzugehen. Eine Verwirkung ist nicht erfolgt, sodass die Berechnung der Jahresfist maßgeblich ist.

bb) Fristbeginn und Fristdauer

Fraglich ist, wann die Jahresfrist im Sinne des § 58 Abs. 2 VwGO i.V.m. §§ 70 Abs. 2 VwGO, 79 VwVfG i.V.m. § 1 VwVfG Bln beginnt. Grundsätzlich gilt entsprechend dem Wortlaut auch insoweit der Zeitpunkt der Bekanntgabe gemäß § 41 VwVfG i.V.m. § 1 VwVfG Bln. Die Baugenehmigungen für A wurden E jedoch nicht bekanntgegeben.

Aus dem sich unter anderem aus Art. 20 Abs. 3 GG ergebenden Rechtsstaatsprinzip ergibt sich jedoch, dass bei verfassungskonformer Auslegung des § 58 Abs. 2 VwGO der Zeitpunkt der Bekanntgabe durch den Zeitpunkt der Kenntnis oder des Kennenmüssens zu ersetzen ist.

Somit könnte als Zeitpunkt das Gespräch zwischen E und M am Anfang des Jahres für das Kennenmüssen des E maßgeblich sein. Jedenfalls ist die Jahresfrist insoweit nicht verstrichen, weil nicht einmal vom Zeitpunkt der Bekanntgabe an A am 13.12. des Vorjahres ein Jahr verstrichen ist. Die Widersprüche des E waren nicht verfristet und die Widerspruchsverfahren sind somit ordnungsgemäß durchgeführt worden.

4. Klagefrist

Die für die Anfechtungsklagen geltende Klagefrist von einem Monat nach Zustellung des Widerspruchsbescheides gemäß § 74 Abs. 1 S. 1 VwGO wurde von E jeweils eingehalten.

VI. Allgemeines Rechtsschutzbedürfnis

Mangels gegenteiliger Anhaltspunkte ist E allgemein rechtsschutzbedürftig.

VII. Zwischenergebnis

Die Sachurteilsvoraussetzungen für die Klagen des E gegen die dem A erteilten Genehmigungen sind erfüllt und die Klagen sind zulässig.

B. Begründetheit

Die Klagen sind gemäß § 113 Abs. 1 S. 1 VwGO begründet, soweit der Verwaltungsakt rechtswidrig und der Kläger dadurch in seinen Rechten verletzt ist. Da es sich um subjektive Rechte des Nachbarn, also jene eines Dritten handelt, ist der Verwerfungsmaßstab des Gerichts beschränkt.[11]

I. Baugenehmigung Haus

Die Baugenehmigung bezüglich des Hauses des A könnte rechtswidrig sein.

1. Rechtsgrundlage

Als Rechtsgrundlage für die Erteilung der Baugenehmigung ist § 71 Abs. 1 BauO Bln maßgeblich.

---

11 Es ist vertretbar, die materielle Prüfung von vornherein auf das subjektive Recht des Dritten zu begrenzen, weil im Rahmen der Durchbrechung der Gewaltenteilung nur insoweit eine Verwerfungskompetenz des Gerichts besteht. Das ist sinnvoll, wenn es Anhaltspunkte dafür gibt, dass ein besonders umfangreicher Teil der Prüfung nicht geprüft werden soll, weil zum Beispiel Sachverhaltsangaben dazu fehlen (z.B. bestimmte bauordnungsrechtliche Vorgaben). In der Regel ist es aus Gründen der Übersichtlichkeit sinnvoll, vollständig zu prüfen, um wegen des begrenzten subjektiven Rechts des Dritten nur begrenzt zu verwerfen. Es muss im Einzelfall klausurtaktisch entschieden werden.

2. Voraussetzungen

Die Voraussetzungen zur Erteilung der Baugenehmigung können erfüllt sein.

a) Formell

Die formellen Voraussetzungen können erfüllt sein. Formell hat die zuständige Baubehörde gehandelt. Fraglich ist, ob eine Anhörung des E hätte erfolgen müssen. Anzuhören sind gemäß § 28 Abs. 1 VwVfG i.V.m. § 1 Abs. 1 VwVfG Bln Beteiligte. Beteiligt im Verwaltungsverfahren sind gemäß § 13 Nr. 1 VwVfG i.V.m. § 1 Abs. 1 VwVfG Bln Antragsteller und Antragsgegner und gemäß § 13 Nr. 4 VwVfG i.V.m. § 1 Abs. 1 VwVfG Bln diejenigen, die nach Absatz 2 von der Behörde dem Verfahren hinzugezogen worden sind. Gemäß § 13 Abs. 2 S. 1 VwVfG i.V.m. § 1 Abs. 1 VwVfG Bln kann die Behörde von Amts wegen oder auf Antrag diejenigen, deren rechtliche Interessen durch den Ausgang des Verfahrens berührt werden können, als Beteiligte heranziehen. Dies geschah nicht. Da der Baugenehmigung keine drittgestaltende Wirkung zu entnehmen ist, war E auch nicht gemäß § 13 Abs. 2 S. 2 VwVfG i.V.m. § 1 Abs. 1 VwVfG Bln hinzuzuziehen. Aus der Nichtzustimmung des E zur Baugenehmigung im Sinne des § 71 Abs. 2 BauO Bln ergibt sich keine Beteiligung des E. E war nicht anzuhören.

Bezüglich der Baugenehmigung ist mit der schriftlichen Form eine gemäß § 37 Abs. 2 S. 1 VwVfG i.V.m. § 1 Abs. 1 VwVfG Bln zulässige Form gewählt worden, die auch bezüglich des Zustandekommens den Vorgaben des § 70 Abs. 2 BauO Bln und den sonstigen etwaigen Erfordernissen entspricht. Anderweitige Anhaltspunkte bezüglich der Zuständigkeit, des Verfahrens und der Form bestehen nicht, sodass die Baugenehmigung formell rechtmäßig ist.

b) Materiell

Die materiellen Voraussetzungen können erfüllt sein. Eine Baugenehmigung ist gemäß § 71 Abs. 1 BauO Bln zu erteilen, wenn die Baumaßnahme, soweit sie genehmigungsbedürftig ist und soweit eine Prüfung erforderlich ist, mit den öffentlich-rechtlichen Vorschriften vereinbar ist.[12]

---

12 Soweit es sich um ein Gebiet im Sinne des § 30 Abs. 1, 2 BauGB handelt, ist die planungsrechtliche Genehmigungsfähigkeit in Berlin grundsätzlich innerhalb der Genehmigungsbedürftigkeit zu prüfen, wenn es keinen anders lautenden Bearbeitungsvermerk gibt.

aa) Genehmigungsbedürftigkeit

Das Vorhaben des A muss genehmigungsbedürftig sein. Gemäß § 60 Abs. 1 BauO Bln bedürfen die Errichtung, Änderung und Nutzungsänderung einer Anlage der Baugenehmigung, soweit in den §§ 61–63, 75, 76 BauO Bln nichts anderes bestimmt ist. Derartige Ausnahmen bestehen nicht, sodass es sich bei dem Haus um eine genehmigungsbedürftige Anlage im Sinne des § 2 BauO Bln handelt.

bb) Genehmigungsfähigkeit

Das Bauvorhaben des A muss genehmigungsfähig sein. Eine bauliche Anlage ist gemäß § 71 Abs. 1 BauO Bln genehmigungsfähig, soweit eine Prüfung erforderlich ist und das Vorhaben mit den öffentlich-rechtlichen Vorschriften vereinbar ist. Dazu gehören die Vorschriften der Bauordnung für Berlin sowie das städtebauliche Planungsrecht und die sonstigen Vorschriften des öffentlichen Rechts.

Inwieweit eine Rechtsprüfung erfolgen darf, ergibt sich aus der Art des Genehmigungsverfahrens. Gemäß § 64 S. 1 BauO Bln wird grundsätzlich das vereinfachte Baugenehmigungsverfahren durchgeführt, soweit es sich nicht um Sonderbauten im Sinne des § 2 Abs. 4 BauO Bln handelt. Für Bauten, die nicht Sonderbauten sind, ist der Prüfungsmaßstab in § 65 BauO Bln geregelt.

Für Sonderbauten gilt gemäß § 65 BauO Bln kein vereinfachtes Genehmigungsverfahren. Da das Haus des A lediglich eine Höhe von 15 Metern hat, ist es nicht als Sonderbau im Sinne des § 2 Abs. 4 Nr. 1, 2 BauO Bln einzustufen. Es sind somit die in § 64 BauO Bln geregelten baurechtlichen Vorschriften maßgeblich. Dazu gehören gemäß § 64 S. 1 Nr. 1 BauO Bln die §§ 29 bis 38 BauGB sowie gemäß § 64 S. 1 Nr. 2 BauO Bln weitere Vorgaben der Bauordnung, während eine Umweltverträglichkeitsprüfung gemäß § 64 S. 2 BauO Bln zu erfolgen hat. Soweit die Baugenehmigung Konzentrationswirkung entfaltet, sind öffentlich-rechtliche Vorschriften gemäß § 64 S. 1 Nr. 3 BauO Bln maßgeblich. Aus § 64 S. 1 Nr. 3 BauO Bln könnte sich ergeben, dass in den übrigen Konstellationen keine öffentlichen Vorschriften außerhalb des Baurechts maßgeblich sind. Allerdings können insoweit nicht die Vorschriften über nicht genehmigungsbedürftige Anlagen im Sinne der §§ 22ff. BImSchG erfasst sein, weil § 64 S. 1 Nr. 3 BauO Bln aufgrund der Nähe des baurechtlichen Bodenrechts zum Bundesimmissionsschutzrecht, die sich unter anderem aus § 35 Abs. 3 S. 3 Nr. 3 BauGB ergibt, zur Vermeidung der Verfassungswidrigkeit des § 64 S. 1 Nr. 3 BauO Bln verfassungskonform zumindest dahingehend auszulegen ist, dass das Landesrecht durch die §§ 22ff. BImSchG als Bundesrecht im Sinne des Art. 31 GG gebrochen wird. Gleiches würde bezüglich anderer bundesrechtlicher Rechtsmaterien gelten, soweit im Bundesrecht nicht eine Konzentrationswirkung geregelt ist, von der auch die landesrechtliche Baugenehmigung erfasst ist.

Die §§ 4ff. BImSchG sind im Rahmen der Baugenehmigung allerdings nicht maßgeblich. Zwar ist die Konzentrationswirkung anderer Genehmigungen in § 61 Abs. 1 BauO Bln auf bestimmte Bereiche begrenzt worden. Ein Umkehrschluss ist bei verfassungskonformer Auslegung der Norm mangels Abgeschlossenheit derselben aber nicht möglich, weil das Landesrecht gemäß Art. 31 GG durch das Bundesrecht gebrochen werden würde, sodass die immissionsrechtliche Genehmigung im Sinne der §§ 4ff. BImSchG wegen ihrer Konzentrationswirkung gemäß § 13 BImSchG vorrangig ist (a.A. bezüglich der vergleichbaren Konstellation in Hamburg: Alexejew, Hamburgisches Bauordnungsrecht, Kommentar, Band I, 27. Lieferung, Stand: Januar 2012, § 62, Rn 27).

(1) Vereinbarkeit mit dem Bauplanungsrecht

Der Bau des Hauses kann bauplanungsrechtlich unzulässig sein. Die planungsrechtliche Zulässigkeit eines Bauvorhabens ist davon abhängig, ob das Vorhaben in einem beplanten Gebiet im Sinne des § 30 BauGB, in einem unbeplanten Innenbereich im Sinne des § 34 BauGB oder in einem Außenbereich im Sinne des § 35 BauGB errichtet wird.

(a) Unbeplanter Innenbereich im Sinne des § 34 BauGB

Da kein Bebauungsplan besteht, kann es sich um einen unbeplanten Innenbereich im Sinne des § 34 BauGB in Form eines wie in einem Bebauungsplan geprägten Gebietes gemäß § 34 Abs. 2 BauGB, also um einen faktischen Bebauungsplan, handeln.

(aa) Vorhaben innerhalb der im Zusammenhang bebauten Ortsteile

Es handelt sich bei dem Haus um ein Vorhaben im Sinne der §§ 29ff. BauGB. Dieses müsste allerdings auch innerhalb eines im Zusammenhang bebauten Ortsteiles liegen. Ortsteil im Sinne des § 34 BauGB ist jeder Bebauungskomplex, der nach der Zahl der vorhandenen Bauten ein gewisses Gewicht hat und Ausdruck einer organischen Siedlungsstruktur ist (vgl. BVerwGE 31, 22). Eine Verfestigung der Bebauung in Abgrenzung zur Splittersiedlung ist jedenfalls erforderlich (vgl. BVerwGE 27, 137ff.). Es bedarf also eines geschlossenen Bebauungszusammenhanges, der im Bereich des Grundstückes des A gegeben ist. Ein Bebauungskomplex aus Wohnbebauung, einem kleinen Einzelhandel, einem Bäcker, einem Friseur und einem Restaurant ist von ausreichendem Gewicht und hinreichender Ausdruck einer organischen Siedlungsstruktur, um einen Ortsteil annehmen zu können.

Für den Bebauungszusammenhang kommt es darauf an, ob durch die Bebauung trotz vorhandener Baulücken der Eindruck der Geschlossenheit und Zusammengehörigkeit vermittelt wird. Maßgeblich sind dabei nicht mathematisch-geographische Maßstäbe, sondern eine echte Wertung und Bewertung des konkreten Sachverhalts (vgl. BVerwGE 31, 20). Entscheidend ist vielmehr, ob das Grundstück des A noch in den Bebauungszusammenhang einbezogen werden kann, obwohl es am Rand der Siedlung und unmittelbar an der Grenze des freien Feldes gelegen ist. Sinnvoll erscheint es jedoch, einen Bebauungszusammenhang im Einzelfall auch zu erkennen, soweit die Grenze zu einer Freifläche überschritten wird. Das ist verfassungsrechtlich im Sinne des Art. 14 GG geboten, wenn der Eindruck der Geschlossenheit durch die anschließende Freifläche mitbegründet wird, weil der Bebauungszusammenhang nach der Verkehrsanschauung erst durch einen Geländeeinschnitt – zum Beispiel einen Graben, einen Fluss oder eine Straße – begrenzt wird (vgl. BVerwG ZfBR 1980, 294).

Das Grundstück des A wird im Westen von einer zwei Meter breiten Wildhecke begrenzt, an der wiederum ein freies Feld angegrenzt ist. Somit ergibt sich erst aus der Wildhecke der Abschluss der Siedlung zum Feld. Das Grundstück des A ist aufgrund dieser Besonderheit des Geländes vom Bebauungszusammenhang erfasst. Es handelt sich um ein Vorhaben im Zusammenhang eines bebauten Ortsteils. Der räumliche Anwendungsbereich des § 34 BauGB ist eröffnet.

(bb) Anwendbarkeit des § 34 Abs. 2 BauGB

Soweit die Eigenart der näheren Umgebung einem der durch die Baunutzungsverordnung zugelassenen Baugebiete entspricht, ist § 34 Abs. 2 BauGB anwendbar, und die Zulässigkeit des Vorhabens beurteilt sich nach seiner Art allein nach der Zulässigkeit in dem Gebiet der Baunutzungsverordnung, sodass es bezüglich der Art der baulichen Nutzung so wäre, als gäbe es einen Bebauungsplan.

In dem maßgeblichen Gebiet gibt es überwiegend Wohnbebauung. Bei der Siedlung kann es sich um ein faktisches Baugebiet gemäß § 3 BauNVO als reines Wohngebiet oder gemäß § 4 BauNVO als allgemeines Wohngebiet handeln. Neben der Wohnbebauung gibt es jedoch der Versorgung dienende Läden wie den Bäcker und den Einzelhandel und zudem den Friseurladen als einen nicht störenden Handwerksbetrieb sowie eine Speisewirtschaft in Form des italienischen Restaurants. Der Gebietscharakter entspricht daher nicht einem reinen Wohngebiet gemäß § 3 BauNVO, da in einem solchen gemäß § 3 Abs. 2 BauNVO regelmäßig nur Wohnbebauung zulässig ist. Die vorhandene Bebauung entspricht jedoch den in § 4 Abs. 2 BauNVO für allgemeine Wohngebiete geregelten Vorgaben. Die faktische Bebauung entspricht der in einem allgemeinen Wohngebiet gemäß § 4 Abs. 2 BauNVO. § 34 Abs. 2 BauGB ist bezüglich der Art der baulichen Nutzung anwendbar.

(cc) Art der baulichen Nutzung

Der Hausbau kann gemäß § 4 BauNVO i.V.m. den §§ 29, 34 Abs. 2, 9a BauGB zulässig sein.

(aaa) Regel- und Ausnahmebebauung

Zunächst könnte es sich bei dem Haus um eine Regelbebauung im Sinne des § 4 Abs. 2 BauNVO oder – i.V.m. § 34 Abs. 2 BauGB i.V.m. § 31 Abs. 1 BauGB – um eine Ausnahmebebauung im Sinne des § 4 Abs. 3 BauNVO handeln. Gemäß § 4 Abs. 2 Nr. 1 BauNVO sind grundsätzlich Wohngebäude zulässig sowie gemäß § 4 Abs. 2 Nr. 2, 3 BauNVO auch andere Bauten.

Das Bauvorhaben des A soll nicht dem Wohnen dienen. Vielmehr beabsichtigt A, drei Ferienwohnungen einzurichten und sie an Urlauber vermieten. Ferienhäuser und Ferienwohnungen sind nicht von § 4 Abs. 2 Nr. 1 BauNVO umfasst. Es handelt sich um eine eigenständige Nutzungsart (vgl. Stock in Ernst/Zinkhahn/Bielenberg/Krautzberger, § 4 BauNVO, Rn 32). Es handelt sich somit nicht um eine Regelbebauung gemäß § 4 Abs. 2 Nr. 1 BauNVO.

In Betracht kommt eine Ausnahme gemäß § 4 Abs. 3 Nr. 1 BauNVO. Ferienwohnungen sind Betriebe des Beherbergungsgewerbes im Sinne des § 4 Abs. 3 Nr. 1 BauNVO (vgl. Stock, in: Ernst/Zinkhahn/Bielenberg/Krautzberger, § 4 BauNVO, Rn 116). Nach § 4 Abs. 3 Nr. 1 BauNVO besteht als Ausnahme von der faktischen Bebauung die Möglichkeit einer Zulassung der Ferienwohnungen.

(bbb) Erweiterungen

Soweit ein Vorhaben nicht vollständig als Regel- oder Ausnahmebebauung zulässig ist, könnte es als Erweiterung im Sinne der §§ 12–14 BauNVO – unter dem Vorbehalt der Feinsteuerung des Gebotes der Rücksichtnahme nach § 15 Abs. 1 S. 2 BauNVO – zulässig sein. Es geht im Rahmen des Hausbaus nicht um Stellplätze und Garagen im Sinne des § 12 BauNVO sowie um Gebäude für freie Berufe gemäß § 13 BauNVO. Auch Nebenanlagen sind bezüglich der Baugenehmigung für das Haus nicht ersichtlich.

(ccc) Gebot der Rücksichtnahme

Als Rückausnahme der möglichen Regel- und Ausnahmenbebauungen sowie zulässigen Erweiterungen kommt im Rahmen der Wechselwirkung als Ausprägung der Verhältnismäßigkeit im Rahmen des Art. 14 Abs. 1 GG das unter anderem in § 15 Abs. 1 BauNVO verankerte Gebot der Rücksichtnahme in Betracht. Nach § 15 Abs. 1 S. 1 BauNVO sind die in den §§ 2 bis 14 BauNVO aufgeführten Anlagen im Einzelfall unzulässig, wenn sie nach Anzahl, Lage, Umfang oder Zweckbestimmung mit der Eigenart des Baugebietes unvereinbar sind. Die Errichtung der drei Ferienwohnungen in einem allgemeinen Wohngebiet ist nach dem Gebietscharakter nicht geeignet, als Grundlage für die Änderung der Eigenart des Baugebietes – es dient gemäß § 4 Abs. 1 BauNVO nur vorwiegend dem Wohnen – zu maßgeblich zu sein. Es könnten von den Ferienwohnungen für die Nachbarn unzumutbare Störungen im Sinne des § 15 Abs. 1 S. 2 BauNVO ausgehen. Durch den Beherbergungsbetrieb ist mit einem verstärkten Verkehrsaufkommen sowie mit einem höheren Geräuschpegel zu rechnen. Ob diese Beeinträchtigungen für die Nachbarn unzumutbar sind, ergibt sich aus einer Interessenabwägung unter Berücksichtigung des Gebotes der Rücksichtnahme. A beabsichtigt, primär an Familien zu vermieten. Er möchte damit ein Publikum erreichen, das der Struktur der Bewohner der Umgebung entspricht. Eine stark erhöhte Lärmbelastung ist deshalb nicht zu erwarten. Zudem werden Ferienwohnungen regelmäßig wochenweise vermietet, sodass nicht mit zu starken Belästigungen durch häufige An- und Abreisen zu rechnen ist. Es sind aufgrund der Ferienwohnungen keine unzumutbaren Störungen zu erwarten. Das Vorhaben ist daher nicht gemäß § 15 Abs. 1 S. 2 Alt. 1 unzulässig.

Das Vorhaben des A ist nach seiner Art genehmigungsfähig.

(dd) Maß der baulichen Nutzung

Da § 34 Abs. 2 BauGB lediglich für die Art der baulichen Nutzung anwendbar ist, ergibt sich das Maß der baulichen Nutzung aus der Auffangregelung des § 34 Abs. 1 BauGB. Dafür kommt es darauf an, ob sich das Vorhaben in die Eigenart der näheren Umgebung einfügt. Die nähere Umgebung des Grundstücks ist durch die eingeschossige Bauweise der 60er Jahre geprägt. Der durch diese Prägung vorgegebene Rahmen wird durch das Vorhaben des A zur Errichtung eines zweigeschossigen Wohnhauses mit ausgebautem Dachgeschoss durchbrochen.

Fraglich ist aber, inwieweit diesbezüglich Drittschutz besteht. Ein solcher ergibt sich zwar im Sinne des Einfügens wegen der Subjektivierung in § 34 Abs. 3a S. 1 Nr. 3 BauGB auch für das Maß der baulichen Nutzung, jedoch sind nachbarliche Interessen nicht beeinträchtigt, soweit aufgrund der Gebietsprägung keine Rücksichtslosigkeit im Rahmen der bodenrechtlichen Schicksalsgemeinschaft gegeben ist (vgl. Dürr, KommJur 2005, 201, 208). Maßgeblich ist die von außen wahrnehmbare Erscheinung des Gebäudes im Verhältnis zur Umgebung (vgl. HessVGH NVwZ-RR 2009, 99). Es mag sein, dass das Erscheinungsbild einer Siedlung, die vor allem durch Bauweise aus den 60er Jahren geprägt ist, durch die Errichtung eines zweigeschossigen Hauses mit ausgebautem Dachboden merklich verändert wird. Eine erdrückende Wirkung wurde bei der Ortsbegehung jedoch nicht festgestellt. Durch das Vorhaben des A werden keine bodenrechtlichen Spannungen erzeugt (HessVGH, NVwZ-RR 2009, 99), aus der sich eine Verletzung des Gebots der Rücksichtnahme ergibt, weil die Interessen der Nachbarn hinter denen des A zurückbleiben. Das Vorhaben ist nach seinem Maß gemäß § 34 Abs. 1 BauGB mit dem faktischen Gebiet vereinbar.[13]

(b) Zwischenergebnis

Es handelt sich um einen unbeplanten Innenbereich im Sinne des § 34 BauGB, in dem der Bau des Hauses des A nach seiner Art und seinem Maß bauplanungsrechtlich zulässig ist.

(2) Vereinbarkeit mit dem Bauordnungsrecht

Bauordnungsrechtlich ist das Vorhaben zulässig.

cc) Zwischenergebnis

Das Bauvorhaben des A ist genehmigungsbedürftig und genehmigungsfähig.

3. Rechtsfolge

In der Rechtsfolge ist die Genehmigung im Rahmen der Entschließung und der Auswahl aufgrund der Gebundenheit der Rechtsfolge zu erteilen.

4. Zwischenergebnis

Die Baugenehmigung für A bezüglich des Hauses ist rechtmäßig und wird daher nicht aufgehoben.

13 Es ist vertretbar, den Drittschutz im Rahmen des Maßes der baulichen Nutzung abzulehnen – im beplanten Bereich und im unbeplanten Innenbereich (vgl. HessVGH, NVwZ-RR 2009, 99).

II. Baugenehmigung Pferdestall

Die Baugenehmigung für den Pferdestall kann rechtswidrig sein.

1. Rechtsgrundlage

Als Rechtsgrundlage für die Baugenehmigung des Pferdestalles ist § 71 Abs. 1 BauO Bln maßgeblich.

2. Voraussetzungen

Die Voraussetzungen zur Erteilung der Baugenehmigung können erfüllt sein.

a) Formell

Die formellen Voraussetzungen können erfüllt sein. Formell hat die zuständige Baubehörde gehandelt. E war ebenso wie bezüglich der Baugenehmigung für den Hausbau nicht anzuhören.

Bezüglich der Baugenehmigung ist mit der schriftlichen Form eine gemäß § 37 Abs. 2 S. 1 VwVfG i.V.m. § 1 Abs. 1 VwVfG Bln zulässige Form gewählt worden, die auch bezüglich des Zustandekommens den Vorgaben des § 70 Abs. 2 BauO Bln und den sonstigen etwaigen Erfordernissen entspricht. Anderweitige Anhaltspunkte bezüglich der Zuständigkeit, des Verfahrens und der Form bestehen nicht, sodass die Baugenehmigung formell rechtmäßig ist.

b) Materiell

Die materiellen Voraussetzungen können erfüllt sein. Eine Baugenehmigung ist gemäß § 71 Abs. 1 BauO Bln zu erteilen, wenn die Baumaßnahme, soweit sie genehmigungsbedürftig ist und soweit eine Prüfung erforderlich ist, mit den öffentlich-rechtlichen Vorschriften vereinbar ist.

aa) Genehmigungsbedürftigkeit

Das Vorhaben des A muss genehmigungsbedürftig sein. Gemäß § 60 Abs. 1 BauO Bln bedürfen die Errichtung, Änderung und Nutzungsänderung einer Anlage der Baugenehmigung, soweit in den §§ 61–63, 75, 76 BauO Bln nichts anderes bestimmt ist. Derartige Ausnahmen bestehen nicht, sodass es sich bei dem Pferdestall um eine genehmigungsbedürftige Anlage im Sinne des § 2 BauO Bln handelt.

bb) Genehmigungsfähigkeit

Das Bauvorhaben des A muss genehmigungsfähig sein. Eine bauliche Anlage ist gemäß § 71 Abs. 1 BauO Bln genehmigungsfähig, soweit eine Prüfung erforderlich ist und das Vorhaben mit den öffentlich-rechtlichen Vorschriften vereinbar ist. Dazu gehören die Vorschriften der Bauordnung für Berlin sowie das städtebauliche Planungsrecht und die sonstigen Vorschriften des öffentlichen Rechts.

Inwieweit eine Rechtsprüfung erfolgen darf, ergibt sich aus der Art des Genehmigungsverfahrens. Gemäß § 64 S. 1 BauO Bln wird grundsätzlich das vereinfachte Baugenehmigungsverfahren durchgeführt, soweit es sich nicht um Sonderbauten im Sinne des § 2 Abs. 4 BauO Bln handelt. Für Bauten, die nicht Sonderbauten sind, ist der Prüfungsmaßstab in § 65 BauO Bln geregelt.

Für Sonderbauten gilt gemäß § 65 BauO Bln kein vereinfachtes Genehmigungsverfahren. Anhaltspunkte dafür, dass es sich bei dem Pferdestall um einen Sonderbau im Sinne des § 2 Abs. 4 BauO Bln handelt, sind nicht ersichtlich. Es sind somit die in § 64 BauO Bln geregelten baurechtlichen Vorschriften maßgeblich. Dazu gehören gemäß § 64 S. 1 Nr. 1 BauO Bln die §§ 29 bis 38 BauGB sowie gemäß § 64 S. 1 Nr. 2 BauO Bln weitere Vorgaben der Bauordnung, während eine Umweltverträglichkeitsprüfung gemäß § 64 S. 2 BauO Bln zu erfolgen hat. Soweit die Baugenehmigung Konzentrationswirkung entfaltet, sind öffentlich-rechtliche Vorschriften gemäß § 63 S. 1 Nr. 3 BauO Bln maßgeblich.

Maßgeblich ist nunmehr, ob der Pferdestall im Rahmen des unbeplanten Innenbereiches gemäß § 34 Abs. 2 BauGB zulässig oder ob zumindest Bestandsschutz zu gewähren ist.

(1) Zulässiges Vorhaben im Sinne des § 34 BauGB

Der Pferdestall als Bauvorhaben kann mit § 34 Abs. 2 BauGB bereits aufgrund der Art der baulichen Nutzung unvereinbar sein. Der Pferdestall kann gemäß § 4 BauNVO i.V.m. den §§ 29, 34 Abs. 2, 9a BauGB zulässig sein.

(a) Regel- und Ausnahmebebauung

Zunächst könnte es sich bei dem Pferdestall um eine Regelbebauung im Sinne des § 4 Abs. 2 BauNVO oder – i.V.m. § 34 Abs. 2 BauGB i.V.m. § 31 Abs. 1 BauGB – um eine Ausnahmebebauung im Sinne des § 4 Abs. 3 BauNVO handeln. Gemäß § 4 Abs. 2 Nr. 1 BauNVO sind grundsätzlich Wohngebäude zulässig sowie gemäß § 4 Abs. 2 Nr. 2, 3 BauNVO auch andere Bauten. Da der Pferdestall nicht dem Wohnen im Sinne des § 4 Abs. 2 BauNVO dient und Ausnahmen im Sinne des § 4 Abs. 3 BauNVO nicht ersichtlich sind, ist das Bauvorhaben nicht als Regelbebauung und nicht als Ausnahmebebauung zulässig.

(b) Erweiterungen

Soweit ein Vorhaben nicht vollständig als Regel- oder Ausnahmebebauung zulässig ist, könnte es als Erweiterung im Sinne der §§ 12–14 BauNVO – unter dem Vorbehalt der Feinsteuerung des Gebotes der Rücksichtnahme nach § 15 Abs. 1 S. 2 BauNVO – zulässig sein. Es geht bei der Errichtung eines Pferdestalls nicht um Stellplätze und Garagen im Sinne des § 12 BauNVO sowie um Gebäude für freie Berufe gemäß § 13 BauNVO. Es könnte sich bei dem Pferdestall aber um eine Nebenanlage im Sinne des § 14 BauNVO handeln.

Somit kommt lediglich eine Nebenanlage gemäß § 14 Abs. 1 S. 1 BauNVO in Betracht, zu der gemäß § 14 Abs. 1 S. 2 BauNVO auch Anlagen der Kleintierhaltung gehören (zum Ganzen: VG Lüneburg, Beschluss vom 21.4.2009, 2 B 37/09 m.w.N.). Zunächst muss es sich um Nebenanlagen handeln, die dem Nutzungszweck der in dem Baugebiet gelegenen Grundstücke oder des Baugebiets selbst dienen und die seiner Eigenart nicht widersprechen. Für Wohngebiete bedeutet dies, dass die Kleintierhaltung üblich und ungefährlich sein muss und der Rahmen der für eine Wohnnutzung typischen Freizeitbetätigung nicht gesprengt werden darf (insoweit auch VG Stuttgart, Urteil vom 9.10.2008, 11 K 2454/08). Für die Bestimmung der Üblichkeit insbesondere des Umfanges sei insoweit auf die Verkehrsanschauung abzustellen. Pferde sind keine Kleintiere im Sinne des § 14 Abs. 1 S. 2 BauNVO, sodass sich die Zulässigkeit der Errichtung des Pferdestalles jedenfalls nicht als Einrichtung für Kleintiere ergibt (vgl. VG Neustadt an der Weinstraße, Urteil vom 8.3.2013, BeckRS 2013, 48898).

Maßgeblich ist also, ob der Pferdestall ohne Bezugnahme auf die Kleintierhaltung als Nebenanlage im Sinne des § 14 Abs. 1 S. 1 BauNVO eingestuft werden kann. Es ist jedoch einhellige Meinung, dass die Haltung von Pferden regelmäßig nicht der Eigenart eines allgemeinen Wohngebietes entspricht (vgl. VG Neustadt an der Weinstraße, Urteil vom 8.3.2013, BeckRS 2013, 48898). Bei Einbeziehung der jeweiligen verfassungsrechtlichen Interessen im Sinne des Art. 14 Abs. 1 GG ist es geboten, lediglich in Einzelfällen in allgemeinen Wohngebieten eine Pferdehaltung zuzulassen – zum Beispiel in Konstellationen, in denen ein Pferdestall auf einem weiträumigen Grundstück derart am Ortsrand errichtet ist, dass er mehr der freien Landschaft als einem Wohngebiet zugeordnet werden könnte (VG Neustadt an der Weinstraße, Urteil vom 8.3.2013, BeckRS 2013, 48898). Das Grundstück des A ist jedoch nach der Verkehrsanschauung dem Bebauungszusammenhang der Siedlung zuzuordnen, da das Gebiet erst durch die Wildhecke zum Feld abgegrenzt wird. Der Pferdestall wäre daher dem Wohngebiet und nicht der freien Landschaft zuzuordnen. Er widerspricht der Eigenart des faktischen allgemeinen Wohngebietes. Bei dem Vorhaben handelt es sich deshalb nicht um eine zulässige Nebenanlage im Sinne des § 14 Abs. 1 S. 1 BauNVO.

Die Errichtung des Pferdestalles ist somit nach seiner Art im unbeplanten Innenbereich im Sinne des § 34 Abs. 2 BauGB unzulässig.

(2) Bestandsschutz[14]

Da das Baurecht letztlich Bodenrecht und somit Ausdruck des Eigentums im Sinne des Art. 14 Abs. 1 GG ist, könnte sich ein Bestandsschutz aus Art. 14 Abs. 1 GG ergeben, sodass die Errichtung des Pferdestalles doch zulässig sein könnte. Verfassungsrechtlich ist jedoch aufgrund der Intensität des betroffenen Grundrechts zwischen dem aktiven und dem passiven Bestandsschutz zu unterscheiden. In Art. 14 Abs. 1 S. 1 GG i.V.m. der bereichsspezifischen Eigentumsdefinition im Baurecht wird im Rahmen des passiven Bestandsschutzes ein Abwehrrecht gegen Abrissverfügungen und Nutzungsuntersagungen gewährt, wenn die bauliche Anlage einmal genehmigt worden ist oder jedenfalls über längere Zeit mit dem materiellen Baurecht vereinbar war (vgl. Muckel, § 7, Rn 141), weil insoweit die Individualgarantie des Eigentums in einem derart erheblichem Maß betroffen ist, dass ihr Kernbereich tangiert wird, sodass es dem Gesetzgeber nicht zugemutet werden kann, den passiven Bestandsschutz vollständig einfachgesetzlich zu regeln, zumal das Grundrecht aus Art. 14 GG insoweit in seiner klassischen Funktion als Abwehrrecht anwendbar ist.

Beim aktiven Bestandsschutz ist maßgeblich, inwieweit nicht genehmigungsfähige Vorhaben trotz grundsätzlicher Unzulässigkeit zu genehmigen sind, weil durch sie die Erweiterung oder Wiedererrichtung vorhandener Bauten gefördert wird. Insoweit geht es anders als beim passiven Bestandsschutz nicht um ein Abwehrrecht, sondern um ein Leistungsrecht. Insoweit ergibt sich aus den Grundrechten gemäß Art. 1 Abs. 3 GG zwar eine objektive Werteordnung, sodass die Grundrechte ausnahmsweise auch als Leistungsrechte wirken, jedoch sind Inhalt und Schranken des Eigentums gemäß Art. 14 Abs. 1 S. 2 GG zumindest in wesentlichen Bereichen durch die Gesetze zu bestimmen. Soweit der Gesetzgeber einen aktiven Bestandsschutz nicht explizit regelt, darf er von der Verwaltung als Exekutive und von den Gerichten nicht gewährt werden (vgl. BVerwGE 84, 322).

Das Bauvorhaben des A betrifft die Wiedererrichtung eines Pferdestalles, der in den 50er Jahren an gleicher Stelle rechtmäßig errichtet und erst im vergangenen Jahr bei einem Unwetter zerstört wurde. Er begehrt aktiven Bestands-

14 **Differenzierung:**
- aktiver Bestandsschutz nur einfachgesetzlich
- passiver Bestandsschutz aus Art. 14 Abs. 1 S. 1, 2 GG i.V.m. der bereichsspezifischen Eigentumsdefinition

schutz. In § 34 Abs. 3a S. 1 Nr. 1 BauGB ist eine gesetzliche Regelung enthalten, nach welcher in Konstellationen des § 34 Abs. 1 S. 1 BauGB Bestandsschutz gewährt werden kann, soweit es um die „Erneuerung“ geht. Bezüglich des zu errichtenden Pferdestalles ist für die Art der baulichen Nutzung jedoch § 34 Abs. 2 BauGB maßgeblich. Auch der aktive Bestandsschutz im Außenbereich aus § 35 Abs. 4 S. 1 Nr. 2 BauGB ist mangels Anwendbarkeit nicht gegeben. Somit kann der Bestandsschutz gemäß § 34 Abs. 3a S. 1 Nr. 1 BauGB nicht gewährt werden.

(3) Befreiung
Eine Befreiung gemäß § 34 Abs. 2 Hs. 2 BauGB i.V.m. § 31 Abs. 2 BauGB vom geprägten Gebiet erfolgt nicht, weil sie aufgrund nachbarlicher Interessen fehlerhaft wäre.

3. Zwischenergebnis
Der Pferdestall ist nach der Art der baulichen Nutzung nicht mit den Vorschriften des Baurechts vereinbar und somit nicht genehmigungsfähig.

III. Rechtsverletzung
In § 113 Abs. 1 S. 1 VwGO wird bei Rechtswidrigkeit eines Verwaltungsaktes zusätzlich eine Rechtsverletzung vorausgesetzt. Insoweit ergibt sich das subjektive Recht des E im Dreipersonenverhältnis nicht unmittelbar aus dem Eigentum im Sinne des Art. 14 Abs. 1 GG, sondern aus dem auf das Eigentum rückführbaren Gebietsprägungserhaltungsanspruch und dem Gebot der Rücksichtnahme aus § 15 Abs. 1 S. 2 BauNVO. Bezüglich des Pferdestalles ist E in diesen subjektiven Nachbarrechten verletzt.

C. Ergebnis
Bezüglich der Klage gegen die Baugenehmigung für den Pferdestall sind die Sachurteilsvoraussetzungen erfüllt und die Klage ist zulässig sowie begründet. Die Klage bezüglich des Hauses wird abgewiesen.

Besonderes Verwaltungsrecht – Fall 12 – BauR: „Wohin mit der Putenmast?“ (Berlin)

Der Investor I aus den Niederlanden hat vor fünf Jahren in einem ländlich geprägten Randbezirk im Osten Berlins ein unbebautes Grundstück erworben. Im selben Jahr beantragte er beim Bezirk den Erlass eines vorhabenbezogenen Bebauungsplans, um auf dem Grundstück eine Putenmastanlage mit 50.000 Mastgeflügelplätzen zu errichten. Ein solcher vorhabenbezogener Bebauungsplan wurde ein Jahr später erlassen. I wurde darin verpflichtet, das Vorhaben innerhalb von zwei Jahren durchzuführen. Die europäische Finanzkrise war an ihm jedoch nicht spurlos vorübergegangen. Aufgrund der finanziellen Engpässe kam es bis zum Ablauf der Frist nicht zur Errichtung der geplanten Putenmastanlage. Der Bebauungsplan wurde infolge dessen vom Bezirk aufgehoben.

Erst im Jahr nach dem Fristablauf liefen die Geschäfte des I endlich wieder besser. I wollte nun keine Zeit mehr verlieren und sein Unternehmen wieder zur alten Größe heranwachsen lassen. Daher entschloss er sich zur Verwirklichung einer kleineren Version seines ursprünglichen Vorhabens. Ohne die Erteilung einer Baugenehmigung zu beantragen, ließ I eine Anlage mit 14.000 Mastgeflügelplätzen errichten. Diese wurde im September des auf das Fristende folgenden Jahres fertiggestellt und ging noch im Oktober in Betrieb. Das Futter für die Tiere bezieht I von auswärtigen Lieferanten, da auf seinem Grundstück nicht annähernd die Kapazitäten zur Erzeugung des Futters für die 14.000 Tiere vorhanden sind.

L ist Philosophiestudentin und überzeugte Veganerin. In jeder freien Minute engagiert sie sich im Kampf gegen die industrielle Tierhaltung. Sie bewohnt ein in den 70er Jahren errichtetes Haus auf einem ihr gehörenden Grundstück, welches östlich unmittelbar an das Grundstück des I grenzt und somit westlich desselben gelegen ist. Zwischen den Grundstücken verläuft die vom Bezirk durch rechtmäßige Verordnung festgelegte Grenze zwischen dem Innen- und dem Außenbereich. Der an das Grundstück der L östlich grenzende Außenbereich war bisher nicht bebaut. Er wurde landwirtschaftlich genutzt, ohne dass von dort spürbare Emissionen bzw. Immissionen ausgingen. In der näheren Umgebung des Hauses der L befinden sich im Übrigen seit Jahrzehnten ausschließlich Wohnhäuser. Nach Westen wird die nähere Umgebung durch eine Hauptstraße begrenzt. Jenseits dieser Straße schließt sich ein Gebiet an, das neben der Wohnbebauung durch mehrere landwirtschaftliche Betriebe geprägt ist, von denen zum Teil erhebliche Geruchsemissionen ausgehen. Diese sind aber etwa 300 bis 350 m Luftlinie vom Grundstück der L entfernt. Dazwischen liegen die Hauptstraße und zahlreiche andere Grundstücke. Ein Bebauungsplan besteht für keinen der genannten Bereiche.

Als im Putenmastbetrieb des I im Oktober der Betrieb aufgenommen wird, ist L zunächst entsetzt, dann empört. Schon allein aus Gründen des Tierschutzes müsse die Errichtung einer solchen Anlage verboten werden. Jedenfalls könne es nicht angehen, dass I ihr „so mir nichts, dir nichts“ ein solches Monstrum vor die Nase setze, ohne eine Baugenehmigung erteilt bekommen zu haben. L leidet vor allem auch unter dem erheblichen Gestank, der regelmäßig von der Anlage ausgeht. Ein von ihr beauftragter Sachverständiger ermittelt zutreffend, dass die in der Geruchs-Immissions-Richtlinie (GIRL) geregelten Grenzwerte deutlich überschritten werden, wenngleich ein gesundheitsgefährdendes Maß noch nicht erreicht ist.

Als L bei der zuständigen Bauaufsichtsbehörde die Erteilung einer Nutzungsuntersagung gegenüber I beantragt, reagiert die Behörde nicht. L beantragt deshalb beim örtlich zuständigen Verwaltungsgericht einstweiligen Rechtsschutz. Wird L mit ihrem Antrag erfolgreich sein?

Abwandlung

Auch K, eine Freundin der L, ist mit dem deutschen Baurecht nicht glücklich. Sie bewohnt ein Haus in Berlin auf einem ihr gehörenden Grundstück, das in einem qualifiziert beplanten Gebiet liegt, welches im Bebauungsplan als reines Wohngebiet ausgewiesen ist. Das unbebaute Nachbargrundstück liegt im Geltungsbereich eines anderen qualifizierten Bebauungsplans – ebenfalls in einem reinen Wohngebiet. Auf der Suche nach neuen Einnahmequellen kommt dem Eigentümer R dieses Grundstücks der Einfall, die 1000 m^2 große Fläche asphaltieren und einen „Park and Ride“-Parkplatz errichten zu lassen. Touristen, die mit dem Auto nicht bis ins Stadtzentrum fahren wollen, sollen den Wagen dort stehen lassen und mit öffentlichen Verkehrsmitteln den Weg in die City beschreiten. R rechnet pro Tag mit einigen hundert Parkenden. Aufgrund seines Antrages wird ihm von der zuständigen Bauaufsichtsbehörde die schriftliche Baugenehmigung für die baugenehmigungsbedürftige Anlage formell rechtmäßig erteilt. Für den Prüfungsmaßstab wurde zutreffend auf § 65 BauO Bln abgestellt. Als K davon erfährt, ist sie entsetzt. Im reinen Wohngebiet könne ein Parkplatz dieser Größe nicht zulässig sein. Sie habe auf die Einhaltung der Festsetzungen des Bebauungsplans vertraut. Jetzt fürchtet sie um die ruhige Lage ihres Häuschens. Der Zustrom mehrerer hundert ortsfremder Personenkraftwagen pro Tag sei ihr nicht zumutbar. Ist K durch die Erteilung der Baugenehmigung für das Vorhaben des R in eigenen Rechten verletzt?

Bearbeitungsvermerk

Es ist zu unterstellen, dass eine Genehmigungsfreistellung gemäß § 63 Abs. 2 BauO Bln nicht in Betracht kommt, sodass die planungsrechtliche Genehmigungsfähigkeit nicht bereits im Rahmen der Genehmigungsbedürftigkeit im Sinne des § 63 Abs. 2 Nr. 1 BauO Bln zu prüfen ist.

Schwerpunkte

Einstweiliger Rechtsschutz
Außenbereich
Genehmigungsverfahren mit Konzentrationswirkung

Vertiefung

BVerwG, Beschluss vom 14.12.1989, 2 ER 301.89; vom 13.8.1999, 2 VR 1.99; vgl. BVerwG, Beschluss vom 27.6.1983 – 4 B 201.82; vgl. Muckel, § 7, Rn 125; vgl. VG München, Urteil vom 22.3.2012, BeckRS 2012, 50670; vgl. OVG SH NordÖR 2009, 362; vgl. Stüer, Bau- und Fachplanungsrecht, Rn 2888; vgl. Söfker, in: Ernst/ Zinkahn/Bielenberg/Krautzberger, § 35, Rn 187; vgl. OVG Schleswig-Holstein NordÖR 2009, 362.

Gliederung

1. Komplex: Die Putenmastanlage

A. Sachentscheidungsvoraussetzungen
  I. Rechtsweg (+)
  II. Zuständigkeit (+)
  III. Beteiligte (+)
  IV. Statthafte Verfahrensart
    1. Verfahren gemäß §§ 80a Abs. 1 Nr. 1, 2, 80a Abs. 2 i.V.m. § 80 Abs. 3 S. 1 VwGO (–)
    2. Verfahren gemäß § 80 Abs. 5 S. 1 VwGO (–)
    3. Verfahren gemäß § 123 Abs. 1 S. 1, 2 VwGO (+)
  V. Besondere Sachentscheidungsvoraussetzungen (+)
    1. Besondere Prozessführungsbefugnis (+)
    2. Antragsbefugnis (+)
      a) Nachbar (+)
      b) Beplanter Bereich (–)
      c) Unbeplanter Innenbereich (–)

aa) § 34 Abs. 1 BauGB (–)
bb) § 34 Abs. 2 BauGB (–)
d) Außenbereich (+)
e) Subjektives Recht der L (+)
VI. Allgemeines Rechtsschutzbedürfnis (+)
VII. Zwischenergebnis
B. Begründetheit
I. Anordnungsanspruch (+)
1. Anspruchsgrundlage (+)
2. Voraussetzungen (+)
a) Formelle Voraussetzungen (+)
aa) Zuständigkeit (+)
bb) Verfahren (+)
cc) Form (+)
dd) Zwischenergebnis
b) Materielle Voraussetzungen (+)
aa) Anlage im Sinne des § 2 BauO Bln (+)
bb) Nutzung im Widerspruch zu öffentlich-rechtlichen Vorschriften (+)
(1) Formelle Illegalität (+)
(a) Verhältnis zu den §§ 4 ff. BImSchG
(b) Genehmigungsbedürftigkeit im Sinne der BauO Bln (+)
(2) Materielle Illegalität (+)
(a) Anwendungsbereich der §§ 30–37 BauGB (+)
(b) Außenbereich (+)
(c) Privilegierung gemäß § 35 Abs. 1 BauGB (+)
(d) Entgegenstehende öffentliche Belange (+)
(e) Zwischenergebnis
cc) Zwischenergebnis
3. Rechtsfolge
II. Anordnungsgrund (+)
III. Glaubhaftmachung (+)
C. Ergebnis

2. Komplex: Abwandlung

I. Rechtswidrigkeit der Baugenehmigung (+)
1. Rechtsgrundlage (+)
2. Formelle Rechtmäßigkeit (+)
3. Materielle Rechtmäßigkeit (–)
a) Genehmigungsbedürftigkeit (+)

b) Genehmigungsfähigkeit (–)
aa) Anwendungsbereich der §§ 30–37 BauGB (+)
bb) Qualifizierter Bebauungsplan (+)
c) Zwischenergebnis
II. Subjektives Recht der K
III. Ergebnis

Lösungsvorschlag

Die folgende Lösung ist als Lösungsvorschlag zu verstehen und ausführlicher, als es in der Klausurbearbeitung verlangt werden kann. Aufgrund der wissenschaftlichen Freiheit können andere Lösungswege vertreten werden, soweit sie dogmatisch begründbar sind. Die Nachweise aus Rechtsprechung und Literatur sowie die das Verständnis fördernden Randbemerkungen sind in der Examensklausur auszusparen. Die Abkürzung „Alt." steht für Alternativfall, nicht für Alternative.

1. Komplex: Die Putenmastanlage

L wird mit ihrem Antrag jedenfalls erfolgreich sein, soweit die Sachentscheidungsvoraussetzungen erfüllt sind, der Antrag zulässig und soweit er begründet ist.

A. Sachentscheidungsvoraussetzungen[1]

Die Sachentscheidungsvoraussetzungen müssen erfüllt sein.[2]

---

1 Wichtig ist, bei Verfahren im einstweiligen Rechtsschutz die Überschrift „Sachentscheidungsvoraussetzungen", nicht aber „Sachurteilsvoraussetzungen" zu verwenden, weil kein Urteil ausgesprochen, sondern ein Beschluss gefasst wird.

2 **Hinweis:** Andere Aufbauvarianten werden vertreten (z.B. dreistufig oder Prüfung des Verwaltungsrechtsweges als Untergliederungspunkt der Zuständigkeit des Gerichts). Derartige Aufbauvarianten sind aber mit § 17a Abs. 2 GVG bzw. mit der Überschrift des 6. Abschnitts der VwGO sowie mit § 83 VwGO unvereinbar und daher bei exakter dogmatischer Zuordnung der Prüfungspunkte nicht zu empfehlen. Die Überschrift „Sachurteilsvoraussetzungen" anstelle der Überschrift „Zulässigkeit" ist sinnvoll, weil nach § 63 Nr. 3 VwGO auch der Beigeladene zu den Beteiligten gehört, das Fehlen einer notwendigen Beiladung i.S.d. § 65 Abs. 2 VwGO aber nur dazu führt, dass die Entscheidung keine materielle Rechtskraft entfaltet.

Zum gesamten Aufbau: Heinze/Starke JURA 2012, 175 ff.

I. Rechtsweg

Der Verwaltungsrechtsweg kann eröffnet sein. Anderenfalls kommt ein Verweisungsbeschluss i.S.d. § 17a Abs. 2 GVG i.V.m. § 173 VwGO in Betracht. Mangels aufdrängender Sonderzuweisung kann der Verwaltungsrechtsweg gemäß § 40 Abs. 1 S. 1 VwGO eröffnet sein. Der Verwaltungsrechtsweg ist gemäß § 40 Abs. 1 S. 1 VwGO eröffnet, wenn eine öffentlich-rechtliche Streitigkeit nicht verfassungsrechtlicher Art besteht, also wenn durch die streitentscheidende Norm ein Hoheitsträger einseitig berechtigt oder verpflichtet wird bzw. wenn aufgrund typisch hoheitlichen Handelns zwischen den Beteiligten ein Subordinationsverhältnis besteht.

Als streitentscheidende Norm kommt § 79 S. 2 BauO Bln in Betracht. Durch § 79 S. 2 BauO Bln wird die Bauaufsichtsbehörde als Hoheitsträger berechtigt, zur Herstellung ordnungsgemäßer Zustände eine ordnungsbehördliche Verfügung in Form einer Nutzungsuntersagung zu erlassen. Ein Hoheitsträger wird einseitig berechtigt. Mangels doppelter Verfassungsunmittelbarkeit – es streiten keine Verfassungsorgane um Verfassungsrecht – ist die Streitigkeit nicht verfassungsrechtlicher Art. Eine abdrängende Sonderzuweisung ist nicht ersichtlich.

Der Verwaltungsrechtsweg ist gemäß § 40 Abs. 1 S. 1 VwGO eröffnet. Ein Verweisungsbeschluss gemäß § 17a Abs. 2 GVG i.V.m. § 173 VwGO wird somit nicht gefasst werden.

II. Zuständigkeit

In Verfahren des einstweiligen Rechtsschutzes ist unabhängig davon, um welches Verfahren im einstweiligen Rechtsschutz es sich handelt, gemäß den §§ 123 Abs. 2 S. 1, 80 Abs. 5 S. 1, 80a Abs. 3 S. 1, 2 VwGO das Gericht der Hauptsache zuständig. In der Hauptsache ist gemäß § 45 VwGO das Verwaltungsgericht als Eingangsinstanz für den von der zuständigen Behörde erlassenen Verwaltungsakt sachlich zuständig, solange kein Verfahren im Sinne des § 47 Abs. 6 VwGO statthaft ist, da insoweit das Oberverwaltungsgericht zuständig wäre. Anhaltspunkte für sonstige abweichende Regelungen wie zum Beispiel § 50 VwGO sind nicht ersichtlich. Es wird kein Verweisungsbeschluss gemäß § 17a Abs. 2 GVG i.V.m. § 83 VwGO gefasst werden.[3]

---

3 Die örtliche Zuständigkeit ist anzusprechen, wenn es dafür Anhaltspunkte im Sachverhalt gibt. Im Übrigen ist die Prüfung derselben sinnvoll – allerdings nicht notwendig. Gegebenenfalls ist die örtliche Zuständigkeit im Anschluss an die sachliche Zuständigkeit zu prüfen. Ist sie jedoch gemäß § 52 Nr. 2 VwGO ausnahmsweise von der Klageart abhängig, muss sie von der sachlichen Zuständigkeit getrennt nach der Klageart oder deren besonderen Sachurteilsvor-

III. Beteiligte

L und das Land Berlin als Gebietskörperschaft öffentlichen Rechts können Beteiligte des Verfahrens sein. Ob sich die Beteiligungsfähigkeit aus der direkten Anwendung der §§ 63, 61, 62, 65 VwGO ergibt oder ob sie zumindest partiell wegen des Wortlautes in § 63 VwGO – Kläger und Beklagter – analog anzuwenden sind, ist irrelevant, wenngleich sich aus der gesetzlichen Abschnittsüberschrift „Allgemeine Verfahrensvoraussetzungen" ergeben kann, dass sämtliche Verfahren und damit auch die Verfahren des einstweiligen Rechtsschutzes von der direkten Anwendung erfasst sind.

Beteiligte sind jedenfalls unter anderem der Antragsteller im Sinne des § 63 Nr. 1 VwGO und der Antragsgegner im Sinne des § 63 Nr. 2 VwGO. L als Antragstellerin ist gemäß § 61 Nr. 1 Alt. 1 VwGO als natürliche Person beteiligungsfähig und gemäß § 62 Abs. 1 Nr. 1 VwGO prozessfähig. Behörden sind gemäß § 61 Nr. 3 VwGO i.V.m. dem Landesrecht in Berlin nicht beteiligungsfähig. Das Land Berlin als Antragsgegner ist gemäß § 61 Nr. 1 Alt. 2 VwGO als juristische Person beteiligungsfähig und gemäß § 62 Abs. 3, 1 VwGO mangels Anhaltspunkten bezüglich des für die Behörde handelnden zuständigen Organwalters auch prozessfähig. L und das Land Berlin sind somit Beteiligte des gerichtlichen Verfahrens.

Da die angestrebte Abrissverfügung nur einheitlich gegenüber I ergehen kann, ist er gemäß § 63 Nr. 3 VwGO als Beteiligter gemäß § 65 Abs. 2 VwGO notwendig beizuladen.[4] I ist als natürliche Person gemäß § 61 Nr. 1 Alt. 1 VwGO beteiligungs- und gemäß § 62 Abs. 1 Nr. 1 VwGO prozessfähig.

IV. Statthafte Verfahrensart

Die statthafte Verfahrensart richtet sich gemäß den §§ 88, 122 Abs. 1 VwGO i.V.m. § 80 Abs. 7 VwGO oder § 123 Abs. 4 VwGO oder § 80a Abs. 3 S. 2 VwGO nach dem Antragsbegehren.[5] Gemäß § 123 Abs. 5 VwGO sind die Verfahren nach

---

aussetzungen bzw. Sachentscheidungsvoraussetzungen erörtert werden, obwohl § 17a Abs. 2 GVG gemäß § 83 VwGO entsprechend anwendbar ist.

4 Die Beiladung i.S.d. § 65 VwGO ist keine Zulässigkeitsvoraussetzung. Wird eine beizuladende Person nicht beigeladen, entfaltet die Entscheidung gegenüber dem nicht Beigeladenen keine materielle Rechtskraft. Es ergeht somit keine Sachentscheidung, aus der sich eine materielle Rechtskraft gegenüber dem nicht Beigeladenen ergibt. Die Beiladung kann somit als Sachentscheidungsvoraussetzung geprüft werden (vgl. Überschrift).

5 Beim einstweiligen Rechtsschutz muss das Antragsbegehren anders als das Klagebegehren in der Hauptsache nicht um maßnahmespezifische Aspekte und den rechtsstaatlichen Grundsatz der Effektivität ergänzt werden, weil es insoweit eine gesetzlich vorgegebene Rangfolge in § 123 Abs. 5 VwGO gibt.

den §§ 80, 80a VwGO gegenüber der einstweiligen Anordnung nach § 123 Abs. 1 VwGO spezieller.[6]

1. Verfahren gemäß §§ 80a Abs. 1 Nr. 1, 2, 80a Abs. 2 i.V.m. § 80 Abs. 3 S. 1 VwGO

In den Verfahren im Sinne der §§ 80a Abs. 1 Nr. 1, 2, 80a Abs. 2 VwGO i.V.m. § 80a Abs. 3 S. 1 VwGO wird ein bereits bestehender Verwaltungsakt vorausgesetzt. Ein Verwaltungsakt ist gemäß § 35 S. 1 VwVfG i.V.m. § 1 Abs. 1 VwVfG Bln jede Verfügung, Entscheidung oder andere hoheitliche Maßnahme, die eine Behörde zur Regelung eines Einzelfalls auf dem Gebiet des öffentlichen Rechts trifft und die auf unmittelbare Rechtswirkung nach außen gerichtet ist. Ein bereits erlassener Verwaltungsakt ist jedoch nicht ersichtlich.

2. Verfahren gemäß § 80 Abs. 5 S. 1 VwGO

Der Antrag nach § 80 Abs. 5 S. 1 VwGO ist statthaft, soweit der Antragsteller die Suspendierung, also die Herstellung oder Wiederherstellung der aufschiebenden Wirkung eines Rechtsbehelfes bzw. Rechtsmittels bezüglich eines Verwaltungsaktes begehrt.[7] Mangels eines bereits bestehenden Verwaltungsaktes ist ein Verfahren im Sinne des § 80 Abs. 5 S. 1 VwGO nicht statthaft.

3. Verfahren gemäß § 123 Abs. 1 S. 1, 2 VwGO

Die einstweilige Anordnung im Sinne des § 123 Abs. 1 VwGO kann als Verfahrensart statthaft sein. Die einstweilige Anordnung ist statthaft, soweit der Antragsteller die Sicherung des bestehenden Zustandes im Sinne des § 123 Abs. 1

---

6 Die häufig verwendete „Faustformel“, dass ein Verfahren nach § 80 Abs. 5 VwGO statthaft ist, wenn es sich in der Hauptsache um eine Anfechtungsklage handelt, während eine einstweilige Anordnung nach § 123 VwGO danach bei Leistungs- und Feststellungsklagen in der Hauptsache statthaft sein soll, ist falsch. Es gibt Fälle, in denen Begehren in der Hauptsache und im einstweiligen Rechtsschutz divergieren (vgl. § 81 Abs. 3 AufenthaltsG).

7 Es ist auch möglich, dass eine einstweilige Anordnung auf Feststellung gerichtet ist. Sollte es jedoch um die Feststellung des Suspensiveffektes gehen, ist § 80 Abs. 5 VwGO gemäß § 125 Abs. 5 VwGO vorrangig, wobei in Feststellungskonstellationen entweder beide Normen analog anwendbar sind – Feststellung ist nicht ausdrücklich vorgesehen – oder direkt, weil die Feststellung als Minus enthalten ist. Dogmatisch inkonsequent wäre es, § 80 Abs. 5 VwGO bei Feststellungen analog anzuwenden, § 123 VwGO hingegen direkt, um dann z.B. die Anwendung mangels planwidriger Regelungslücke bei § 80 Abs. 5 VwGO abzulehnen. Bei Suspendierung bzw. deren Feststellung ist § 80 Abs. 5 VwGO gegenüber § 123 VwGO vorrangig.

S. 1 VwGO oder die vorübergehende Regelung zur Veränderung des bestehenden Zustandes im Sinne des § 123 Abs. 1 S. 2 VwGO erstrebt. Trotz der Regelung beider Begehren in unterschiedlichen Sätzen der Norm, handelt es sich bei der Sicherungs- und bei der Regelungsanordnung nicht um verschiedene Verfahren, sondern um ein einheitliches Verfahren der einstweiligen Anordnung, sodass eine exakte Zuordnung letztlich rechtlich nicht zwingend erforderlich ist.

L geht es jedenfalls nicht um die Sicherung eines bestehenden Zustandes im Sinne des § 123 Abs. 1 S. 1 VwGO. Vielmehr möchte sie eine Nutzungsuntersagung gegenüber I erwirken. L kommt es auf eine Regelung an, mittels derer I aufgegeben wird, die Putenmast nicht mehr zu betreiben. Die einstweilige Anordnung ist als Regelungsanordnung im Sinne des § 123 Abs. 1 S. 2 VwGO die statthafte Verfahrensart.

V. Besondere Sachentscheidungsvoraussetzungen

Die besonderen Sachentscheidungsvoraussetzungen müssen erfüllt sein. Ausdrückliche Regelungen über die besonderen Sachentscheidungsvoraussetzungen gibt es für das Verfahren nach § 123 Abs. 1 VwGO nicht. Analoge Anwendungen der besonderen Prozessführungsbefugnis im Sinne des § 78 VwGO und der Klagebefugnis als Antragsbefugnis im Sinne des § 42 Abs. 2 VwGO kommen in Betracht.

1. Besondere Prozessführungsbefugnis

§ 78 VwGO als Regelung der besonderen Prozessführungsbefugnis ist gemäß der Abschnittsüberschrift des 8. Abschnitts der Verwaltungsgerichtsordnung bei Anfechtungs- und Verpflichtungsklagen anwendbar. Analog ist § 78 VwGO bei Verfahren anwendbar, bei denen es um Verwaltungsakte geht, weil insoweit eine vergleichbare Interessenlage bei planwidriger Regelungslücke besteht. Bei konsequenter dogmatischer Betrachtung ist innerhalb des § 123 Abs. 1 VwGO zu differenzieren. Soweit es um einen Verwaltungsakt geht – zum Beispiel eine einstweilige Regelung – ist § 78 VwGO analog anwendbar, während im Übrigen keine vergleichbare Interessenlage besteht. N erstrebt den einstweiligen Erlass eines Verwaltungsaktes, sodass eine planwidrige Regelungslücke bei vergleichbarer Interessenlage besteht und § 78 VwGO somit analog anwendbar ist. Mangels Ausführungsvorschrift im Berliner Landesrecht zu § 78 Abs. 1 Nr. 2 VwGO ist das Land Berlin als Gebietskörperschaft des öffentlichen Rechts analog § 78 Abs. 1 Nr. 1 VwGO besonders prozessführungsbefugt.

2. Antragsbefugnis

L muss zwecks der Vermeidung eines Popularantrages analog § 42 Abs. 2 VwGO antragsbefugt sein. Die Antragsbefugnis nach § 42 Abs. 2 VwGO setzt die Möglichkeit der Verletzung eines subjektiven Rechts voraus. Subjektive Rechte werden aus Sonderrechtsbeziehungen, einfachen Gesetzen, subsidiär aus Grundrechten abgeleitet, wobei aufgrund des weiten Schutzbereiches des Art. 2 Abs. 1 GG bei unmittelbaren Grundrechtseingriffen für das subjektive Recht direkt auf Grundrechte abgestellt werden kann. Ein unmittelbarer Eingriff der Behörde bei L ist nicht ersichtlich, da an diese kein Verwaltungsakt erlassen wurde bzw. ihr gegenüber auch kein Realhandeln der Behörde erfolgt ist. Somit sind primär Sonderrechtsbeziehungen bzw. einfachgesetzliche subjektive Rechte maßgeblich.

Einfachgesetzlich muss das subjektive Recht aus der streitentscheidenden Norm ableitbar sein, weil es trotz des sich unter anderem aus Art. 20 Abs. 3 GG ergebenden Rechtsstaatsprinzips keinen Gesetzesvollziehungsanspruch gibt. Somit muss sich das subjektive Recht der L aus § 79 S. 2 BauO Bln – Gleiches würde bezüglich einer Abrissverfügung gemäß § 79 S. 1 BauO Bln gelten – ergeben. Danach sind die öffentlich-rechtlichen Vorschriften maßgeblich. Dazu gehören das Bauordnungsrecht und das Bauplanungsrecht. Während im Bauordnungsrecht selten subjektive Rechte zugunsten des Grundstücksnachbarn enthalten sind – § 3 Abs. 1 BauO Bln ist bezüglich Individualgüter und Individualrechte im Rahmen der öffentlichen Sicherheit bereichsspezifisch auf die Bewohner beschränkt – und dieses somit ohne erhebliche Relevanz ist, ist das Bauplanungsrecht im Sinne der §§ 29 ff. BauGB subjektiviert. Woraus sich dann das subjektive Recht des Nachbarn mittels der Rechtsgrundlage genau ergibt, ist davon abhängig, ob es sich um einen beplanten Bereich, einen unbeplanten Innenbereich oder um einen Außenbereich handelt.[8]

Zunächst kommt es jedoch darauf an, ob L Nachbarin im baurechtlichen Sinne ist.

a) Nachbar

Der baurechtliche Nachbarbegriff[9] ergibt sich aus einer räumlichen und einer personellen Komponente.

In räumlicher Hinsicht ist als Nachbar nicht nur derjenige einzustufen, dessen Grundstück an das maßgebliche Baugrundstück angrenzt, sondern jeder,

---

8 Der Bauherr selbst kann sich anders als der Nachbar in der Regel auf Art. 14 Abs. 1 GG berufen.

9 Der Nachbarbegriff im Baurecht wird anders ausgelegt als der Nachbarbegriff im Immissionsschutzrecht. Methodisch wird dies die Relativität der Rechtsbegriffe genannt.

dessen durch die Rechtsnorm geschützte Position durch das Bauvorhaben beeinträchtigt wird (vgl. Muckel, § 10, Rn 5). Es kommt also auf den räumlichen Schutzzweck der Norm an. Das Grundstück, dessen Eigentümer I ist, befindet sich unmittelbar an der Grenze zum Grundstück der L. Bei räumlicher Betrachtung sind I und L Nachbarn.

Für die Bestimmung der personellen Komponente ist zu beachten, dass das öffentliche Baurecht nicht personenbezogen, sondern grundstücksbezogen angelegt ist (Muckel, § 10, Rn 7), weil es sich im Sinne des Art. 74 Abs. 1 Nr. 18 GG um Bodenrecht handelt. Nachbar ist daher grundsätzlich nur der dinglich Berechtigte – primär also der Eigentümer. Ob auch Mieter oder Pächter als bloß schuldrechtlich Berechtigte als Nachbarn im Sinne des öffentlichen Baurechts eingestuft werden können, ist problematisch, jedoch insoweit irrelevant, als L Eigentümerin ihres Grundstückes inklusive des Hauses ist.

L ist im baurechtlichen Sinne die Nachbarin des I.[10]

b) Beplanter Bereich

Im beplanten Bereich im Sinne des § 30 Abs. 1, 2 BauGB – im Rahmen des § 30 Abs. 3 BauGB unter Umständen durch die §§ 34, 35 BauGB ergänzt – wird über die §§ 9, 9a BauGB auf die Baunutzungsverordnung verwiesen, weil in § 9 BauGB die Festsetzungen für den Bebauungsplan geregelt sind, der gemäß § 9 Abs. 1 Nr. 1 BauGB Festsetzungen über die Art und das Maß der baulichen Nutzung enthält, die wiederum in der Baunutzungsverordnung – deren Ermächtigungsgrundlage ist § 9a BauGB – spezifiziert werden. Gemäß § 1 Abs. 3 S. 1 BauNVO können die in § 1 Abs. 2 BauNVO geregelten Gebiete im Bebauungsplan festgesetzt werden, sodass sie Bestandteil des Bebauungsplanes werden, wobei dann mittels der jeweiligen Gebiete in den §§ 2ff. BauNVO eine Feinsteuerung als Rückausnahme der Regelbebauung im Sinne des jeweiligen Absatzes 2 der §§ 2ff. BauNVO bzw. der Ausnahmebebauung im Sinne des jeweiligen Absatzes 3 sowie der Erweiterungen im Sinne der §§ 12–14 BauNVO zu bedenken sind. Diese Feinsteuerung im Sinne des § 15 Abs. 1 S. 2 BauNVO ist als gebietsübergreifendes Gebot der Rücksichtnahme drittschützend.[11]

---

10 Das subjektive Recht des Nachbarn ist einfachgesetzlich stets auf die Rechts- bzw. Anspruchsgrundlage rückführbar, wobei die Verweisungskette je nach Konstellation unterschiedlich ausgestaltet ist.

11 Reihenfolge:

1. Regelbebauung (jeweils Abs. 2 der BauNVO-Norm)
2. Ausnahmebebauung (jeweils Abs. 3 der BauNVO-Norm)

Soweit es sich um eine Regelbebauung oder um eine Ausnahmebebauung – bezüglich der Ausnahmebebauung ist § 31 Abs. 1 BauGB als Überleitungsnorm maßgeblich – der Gebiete der Baunutzungsverordnung handelt, besteht innerhalb des beplanten Gebietes zudem ein Gebietserhaltungsanspruch, der sich aus den Festsetzungen des Bebauungsplanes ergibt, der wiederum auf § 1 Abs. 3 BauGB i.V.m. § 1 Abs. 2 BauGB als Inhalts- und Schrankenbestimmung des Eigentums im Sinne des Art. 14 Abs. 1 S. 2 GG rückführbar ist. Ob sich aus dem Gebietserhaltungsanspruch ein subjektives Recht nur bezüglich der Art oder auch bezüglich des Maßes der baulichen Nutzung ergibt, kann unterschiedlich beurteilt werden. Einerseits könnte das Maß der baulichen Nutzung als nicht drittschützender Aspekt eingeordnet werden, andererseits hat der Gesetzgeber an anderer Stelle – in § 34 Abs. 1 BauGB ist bezüglich des unbeplanten Innenbereiches, der auf Art und Maß der baulichen Nutzung bezogen ist, eine subjektive Betrachtungsweise bezüglich des Nachbarn vollumfassend in § 34 Abs. 3a S. 1 Nr. 3 BauGB angeordnet – eine auf den Nachbarn bezogene subjektive Betrachtungsweise angeordnet. Regelmäßig haben Festsetzungen über das Maß bei verfassungskonformer Auslegung im Sinne des Art. 14 Abs. 1 GG dennoch nur in Ausnahmefällen nachbarschützende Wirkung – wenn ein entsprechender Wille des Verordnungsgebers im Sinne des § 10 Abs. 1 BauGB i.V.m. § 246 Abs. 2 S. 1 BauGB i.V.m. § 6 Abs. 5 S. 1 AG BauGB i.V.m. Art. 3 Abs. 2 VvB i.V.m. § 1 AZG i.V.m. § 1 AG BauGB erkennbar ist (vgl. BVerwG NVwZ 1996, 170; Dürr, KommJur 2006, 201, 206).[12]

Soweit es um eine Befreiung vom Bebauungsplan im Sinne des § 31 Abs. 2 BauGB geht, sind der Gebietserhaltungsanspruch bzw. das Gebot der Rücksichtnahme im Sinne des § 15 Abs. 1 S. 2 BauNVO nicht maßgeblich, weil vom Bebauungsplan gerade befreit werden soll. Der Drittschutz erfolgt insoweit über den Terminus „nachbarliche Interessen“ in § 31 Abs. 2 BauGB.

Im beplanten Bereich ergibt sich das subjektive Recht des Nachbarn somit aus dem Gebietserhaltungsanspruch bzw. dem Gebot der Rücksichtnahme im Sinne des § 15 Abs. 1 S. 2 BauNVO oder aus § 31 Abs. 2 BauGB, wobei alle Varianten letztlich auf die jeweils für das subjektive Recht maßgebliche streitentscheidende Norm rückführbar sind.

---

3. Erweiterungen (§§ 12–14 BauNVO)
4. Feinsteuerung (§ 15 BauNVO)

12 In der Rechtsprechung wird der Gebietserhaltungsanspruch in Konstellationen mit Bebauungsplan regelmäßig nicht auf das Maß der baulichen Nutzung bezogen, wobei dies im Hinblick auf § 34 Abs. 1 BauGB i.V.m. § 34 Abs. 3a S. 1 Nr. 3 BauGB problematisch ist. Insoweit besteht zwar kein Bebauungsplan, in dem ein Gebiet festgesetzt ist, jedoch ist § 34 Abs. 1 BauGB auf Art und Maß bezogen und die subjektive Betrachtungsweise in § 34 Abs. 3a S. 1 Nr. 3 BauGB uneingeschränkt angeordnet. Daraus ergibt sich, dass Regelungen über das Maß durchaus drittschützend sein können.

c) Unbeplanter Innenbereich

Im unbeplanten Innenbereich im Sinne des § 34 BauGB ist bezüglich des subjektiven Rechts des Nachbarn zwischen einem Gebiet im Sinne des § 34 Abs. 2 BauGB und einem solchen im Sinne des § 34 Abs. 1 BauGB zu differenzieren.

Während in § 34 Abs. 2 BauGB für die Art der baulichen Nutzung auf die Baunutzungsverordnung verwiesen wird – bezüglich des Maßes der baulichen Nutzung gilt ergänzend § 34 Abs. 1 BauGB – und das subjektive Recht des Nachbarn über eine Verweisungskette auf die Rechtsgrundlage rückführbar ist, ergibt sich das subjektive Recht im Übrigen direkt aus § 34 Abs. 1 BauGB.[13]

aa) § 34 Abs. 1 BauGB

Im Rahmen des § 34 Abs. 1 BauGB ergibt sich das subjektive Recht aus dem Terminus des Einfügens. Dass der Terminus des Einfügens subjektiviert ist, ergibt sich wiederum aus § 34 Abs. 3a Nr. 3 BauGB, weil danach vom Erfordernis des Einfügens abgesehen werden kann, soweit dies unter anderem mit nachbar-

---

13 **Das subjektive Recht des Dritten ergibt sich ähnlich wie im beplanten Bereich:**
- Gebietsprägungserhaltungsanspruch (anstelle des Gebietserhaltungsanspruches)
- Gebot der Rücksichtnahme i.S.d. § 15 Abs. 1 S. 2 BauNVO (über das Gebot der Rücksichtnahme hinaus)
- § 31 Abs. 2 BauGB i.V.m. § 34 Abs. 2 Hs. 2 BauGB

Zum Teil werden die Termini „Gebietserhaltungsanspruch" und „Gebietsprägungserhaltungsanspruch" anders verwendet. Ersterer wird dann im Rahmen des Drittschutzes nur verwendet, wenn das Vorhaben mit dem Wortlaut des Gebiets in der BauNVO vereinbar ist. Sollte ein Vorhaben im Gebiet dem Wortlaut nach zulässig sein, wird dann aber aufgrund einer verfassungskonformen Reduktion dennoch nicht zugelassen, soll der zweite Begriff genannt werden. Beide Begriffe sollen im Gebiet nach § 30 BauGB und im Gebiet nach § 34 Abs. 2 BauGB gelten. Das erscheint nicht sinnvoll, weil im Rahmen des § 34 Abs. 2 BauGB kein Gebiet festgesetzt ist, sondern die BauNVO nur entsprechend gilt, wenn der Innenbereich wie ein Gebiet aussieht. Im Gesetzestext ist zudem mit „wäre" im Konjunktiv formuliert worden, sodass es sich um eine Fiktion handelt. Daher passt der Terminus des Gebietserhaltungsanspruches im ungeplanten Innenbereich nicht. Darüber hinaus ergibt es keinen Sinn, innerhalb des geplanten Bereiches verschiedene Termini zu verwenden, weil die jeweilige Zulässigkeit eines Vorhabens sich aus einer einheitlichen Anwendung der jeweiligen Norm der BauNVO ergibt. Nur weil ein Vorhaben erst nach einer verfassungskonformen Reduktion als „gebietsunverträglich" gilt, bedeutet es nicht, dass das jeweilige Gebiet dann nicht so wie nach der verfassungskonformen Reduktion erfolgt definiert ist, sodass es insoweit nicht des zusätzlichen Begriffes des Gebietsprägungserhaltungsanspruches bedarf. Die Normen sind einheitlich auszulegen bzw. zu lesen, sodass sich bei Anwendung aller Auslegungsmethoden ein einheitliches Auslegungsergebnis ergibt, das dann die inhaltliche Bestimmung des Gebietes darstellt und somit die Grundlage für den Gebietserhaltungsanspruch als einheitlichen Terminus im Rahmen eines geplanten Gebietes bildet.

lichen Interessen vereinbar ist. Der Terminus des Einfügens ist somit im Sinne nachbarlicher Interessen zu verstehen und somit subjektiviert.[14]

bb) § 34 Abs. 2 BauGB

Gemäß § 34 Abs. 2 BauGB wird die Baunutzungsverordnung bezüglich der Art der baulichen Nutzung angewendet, soweit es sich um ein Gebiet handelt, das einem derjenigen in der Baunutzungsverordnung ähnelt, sodass es sich um einen faktischen Bebauungsplan handelt. Somit ist auch § 34 Abs. 2 BauGB als Inhalts- und Schrankenbestimmung im Sinne des Art. 14 Abs. 1 S. 2 GG einzustufen mit der Folge, dass über die Rechtsgrundlage und § 34 Abs. 2 BauGB i.V.m. § 9a BauGB das jeweilige Gebiet der Baunutzungsverordnung maßgeblich ist. Im Rahmen der Regelbebauung im Sinne des Absatzes 2 des jeweiligen Gebietes der Baunutzungsverordnung sowie im Rahmen der Ausnahmebebauung im Sinne des Absatzes 3 des jeweiligen Gebietes der Baunutzungsverordnung – insoweit in Verbindung mit § 31 Abs. 1 BauGB i.V.m. § 34 Abs. 2 Hs. 2 BauGB – wird aus dem Gebietserhaltungsanspruch im beplanten Bereich der Gebietsprägungserhaltungsanspruch für den unbeplanten Innenbereich, weil mangels Bebauungsplanes kein Gebiet festgesetzt ist, sondern es nur geprägt ist wie eines der festsetzbaren Gebiete. Zudem gilt gemäß § 15 Abs. 1 S. 2 BauNVO das Gebot der Rücksichtnahme. Bezüglich des Gebietsprägungserhaltungsanspruches ist es anders als im beplanten Bereich für den Gebietserhaltungsanspruch nicht problematisch, ob das Maß der baulichen Nutzung erfasst ist, weil in § 34 Abs. 2 BauGB ohnehin nur bezüglich der Art der baulichen Nutzung auf die Baunutzungsverordnung verwiesen wird. Für das Maß der baulichen Nutzung gilt insoweit § 34 Abs. 1 BauGB, der im Sinne des § 34 Abs. 3a S. 1 Nr. 3 BauGB bezüglich des Einfügens auch für das Maß der baulichen Nutzung zugunsten des Nachbarn subjektiviert ist.

Soweit es um eine Befreiung vom geprägten Gebiet im Sinne des § 34 Abs. 2 BauGB geht, sind die nachbarlichen Interessen gemäß § 31 Abs. 2 BauGB i.V.m. § 34 Abs. 2 Hs. 2 BauGB für den Drittschutz maßgeblich.

Ähnelt ein unbeplanter Innenbereich nicht einem Gebiet der Baunutzungsverordnung, ist für die Art und das Maß nur ein Einfügen im Sinne des § 34 Abs. 1 BauGB maßgeblich, welches im Sinne des § 34 Abs. 3a S. 1 Nr. 3 BauGB im Hinblick auf den Nachbarn subjektiviert ist, da der Terminus „Eigenart“ nicht im Sinne der „Art“ der baulichen Nutzung formuliert worden ist und somit voll-

---

14 In der Rechtsprechung wird wider den Wortlaut des Gesetzes in § 34 Abs. 3a S. 1 Nr. 3 BauGB zum Teil die Rechtsprechung zur Nichtdrittbezogenheit des Maßes der baulichen Nutzung auf das im Sinne des § 34 Abs. 2 BauGB geprägte Gebiet übertragen.

ständig auf die Einfügung im Sinne des § 34 Abs. 1 BauGB verwiesen wird, von der Art und Maß erfasst sind, zumal der Terminus „Eigenart" auch in § 34 Abs. 1 BauGB enthalten ist, in dem auch auf das Maß der baulichen Nutzung Bezug genommen wird.

d) Außenbereich

Im Außenbereich ergibt sich das subjektive Recht des Nachbarn aus partiellen öffentlichen Belangen im Sinne des § 35 Abs. 1, 2 BauGB. Zwar könnte der Subjektivierung der öffentlichen Belange grundsätzlich wie sonst bei der Allgemeinheit entgegenstehen, dass in einem Rechtsstaat kein Gesetzesvollziehungsanspruch gewährt wird, jedoch sind die öffentlichen Belange in § 35 Abs. 3 BauGB spezifiziert. Zwar sind die meisten öffentlichen Belange nicht subjektiviert, solche im Sinne des § 35 Abs. 3 S. 1 Nr. 3 BauGB jedoch schon, wobei die dort benannten schädlichen Umwelteinwirkungen bereichsspezifisch baurechtlich und nicht umweltrechtlich im Sinne des § 3 Abs. 1 BImSchG auszulegen sind, wenngleich ein zumindest partieller Bezug auf § 3 Abs. 1 BImSchG möglich ist. Ein übergesetzliches Gebot der Rücksichtnahme besteht jedoch nicht, da dadurch ein Gesetzesvollziehungsanspruch gewährt werden würde, der mit dem sich unter anderem aus Art. 20 Abs. 3 GG ergebenden Rechtsstaatsprinzip unvereinbar wäre.[15]

e) Subjektives Recht der L

Das Grundstück der L liegt aufgrund der Abgrenzungsverordnung[16] im Sinne des § 34 Abs. 4 S. 1 Nr. 1 BauGB i.V.m. § 246 Abs. 2 S. 1 BauGB i.V.m. § 18 Abs. 1 S. 1 AG BauGB im unbeplanten Innenbereich. Das Grundstück des I ist durch

---

15 Partiell wird ein übergesetzliches Gebot der Rücksichtnahme im Rahmen des Außenbereiches angenommen, welches bedenklich ist, weil kein Gesetzesvollziehungsanspruch gewährt werden darf.

16 **Auch andere Satzungen sind examensrelevant und werden in Berlin durch Verordnungen ersetzt:**
- Veränderungssperre gemäß § 16 Abs. 1 BauGB (§ 13 Abs. 1 S. 1 AG BauGB)
- Sicherung von Gebieten mit Fremdenverkehrsfunktionen gemäß § 22 Abs. 1 S. 1 BauGB (§ 15 S. 1 AG BauGB)
- Sanierungssatzung gemäß § 142 Abs. 3 S. 1 BauGB sowie deren Aufhebung gemäß § 162 Abs. 2 S. 1 BauGB (§ 24 Abs. 1 S. 1 AG BauGB)
- Erhaltungssatzung gemäß § 172 Abs. 1 BauGB (§ 30 S. 1 AG BauGB)
- im BauGB werden weitere Satzungen vorgesehen in § 35 Abs. 6 S. 1 BauGB, § 165 Abs. 6–9 BauGB, § 170 S. 1 BauGB und in § 171d Abs. 1 BauGB.

diese Verordnung dem Außenbereich zugewiesen. Nachbarschutz im unbeplanten Außenbereich wird unabhängig von der Lage des Nachbargrundstücks gemäß § 35 Abs. 3 S. 1 Nr. 1 BauGB über den Terminus der öffentlichen Belange in Verbindung mit dem Terminus „schädliche Umwelteinwirkungen“ im Sinne des § 35 Abs. 3 S. 1 Nr. 3 BauGB gewährt. Das Grundstück der L wird durch von der Putenmastanlage des I ausgehende erhebliche Emissionen beeinträchtigt. Es ist zumindest möglich, dass diese Emissionen als schädliche Umwelteinwirkungen einzustufen sind, durch die das subjektive Recht der L aus § 35 Abs. 3 S. 1 Nr. 3 BauGB verletzt wird. L ist analog § 42 Abs. 2 VwGO antragsbefugt.

VI. Allgemeines Rechtsschutzbedürfnis

Aus dem unter anderem in Art. 20 Abs. 3 GG verankerten Rechtsstaatsprinzip ergibt sich das Erfordernis des allgemeinen Rechtsschutzbedürfnisses als allgemeine Sachentscheidungsvoraussetzung. Ein Rechtsschutzbedürfnis des Antragstellers besteht nicht, wenn nicht zuvor ein Antrag an die Behörde gestellt worden, die Hauptsache offensichtlich unzulässig ist oder grundlos vorweggenommen wird.[17]

L hat zunächst einen Antrag bei der Behörde gestellt, der jedoch nicht beschieden wurde. Eine offensichtliche Unzulässigkeit der Hauptsache – insbesondere eine Verfristung – ist nicht ersichtlich.

Die Hauptsache darf im einstweiligen Rechtsschutz nicht grundlos vorweg genommen werden. Anderenfalls könnten durch die Glaubhaftmachung eines Anspruches endgültige Fakten geschaffen werden, die trotz der in der Hauptsache erfolgten umfänglichen Tatsacheneruierung mit der Folge einer anders gelagerten Aktenlage irreversibel wären. Dies wäre aus rechtsstaatlichen Gründen unzulässig.

Eine Vorwegnahme der Hauptsache wäre allenfalls möglich, wenn das Abwarten der Entscheidung in der Hauptsache schlechthin unzumutbar wäre (BVerwG, Beschluss vom 14.12.1989, 2 ER 301.89; vom 13.8.1999, 2 VR 1.99), weil insoweit im Sinne des Art. 19 Abs. 4 GG effektiver Rechtsschutz zu gewähren wäre. Eine einstweilige Nutzungsuntersagung ist im Hauptsacheverfahren je-

---

17 Die Auseinandersetzung mit der Problematik der Vorwegnahme der Hauptsache wird unterschiedlich eingearbeitet. Zum Teil erfolgt die Erörterung nur im allgemeinen Rechtsschutzbedürfnis, zum Teil erfolgt sie nur in der Begründetheit bei der Glaubhaftmachung des Anordnungsgrundes. Zu empfehlen ist die Prüfung an beiden Stellen. Im Rahmen der Sachentscheidungsvoraussetzungen erfolgt sie oberflächlich als Grobfilter, in der Begründetheit dezidiert.

derzeit aufhebbar. Durch sie werden keine vollendeten Tatsachen geschaffen. Die Hauptsache wird somit nicht unzulässig vorweggenommen.

VII. Zwischenergebnis

Die Sachentscheidungsvoraussetzungen sind erfüllt und der Antrag der L ist zulässig.

B. Begründetheit

Der Antrag ist gemäß § 123 Abs. 1 S. 1, Abs. 3 VwGO i.V.m. den §§ 920 Abs. 2, 294 ZPO im Rahmen der Regelungsanordnung begründet, soweit der Antragsteller einen Anordnungsanspruch und einen Anordnungsgrund glaubhaft macht.

I. Anordnungsanspruch

Es kann ein Anordnungsanspruch der L bestehen.

1. Anspruchsgrundlage

Rechtsgrundlage für eine Nutzungsuntersagung ist § 79 S. 2 BauO Bln. Rechtsgrundlagen sind gleichzeitig Anspruchsgrundlagen, soweit sie ein subjektives Recht beinhalten. Demnach kann die partielle oder vollständige Nutzung einer baulichen Anlage untersagt werden, soweit sie mit den öffentlich-rechtlichen Vorschriften nicht vereinbar ist. Mittels des Terminus der öffentlich-rechtlichen Vorschriften, aus denen sich gemäß § 79 S. 2 BauO Bln i.V.m. den §§ 29 Abs. 1, 35 Abs. 3 S. 1 Nr. 3 BauGB im Rahmen der schädlichen Umwelteinwirkungen ein Nachbarrecht ergibt, ist die Norm subjektiviert. Somit ist § 79 S. 2 BauO Bln nicht nur als Rechts-, sondern auch als Anspruchsgrundlage einzustufen und daher die maßgebliche Anspruchsgrundlage. § 58 Abs. 1 S. 2 BauO Bln als Generalklausel ist somit irrelevant.

2. Voraussetzungen

Die Voraussetzungen des § 79 S. 2 BauO Bln können erfüllt sein.

a) Formelle Voraussetzungen

Formell muss die Zuständigkeit gewahrt bleiben und es dürfen keine Verfahrens- oder Formfehler absehbar sein.

aa) Zuständigkeit

Gemäß § 79 S. 2 BauO Bln ist die Bauaufsichtsbehörde für den Erlass einer Nutzungsuntersagung zuständig. Nach § 3 Abs. 2 AZG ist diese dem jeweiligen Bezirksamt zuzuordnen.

bb) Verfahren

Eine Anhörung müsste gemäß § 28 Abs. 1 VwVfG i.V.m. § 1 Abs. 1 VwVfG Bln im Verwaltungsverfahren grundsätzlich vor dem Erlass einer Nutzungsuntersagung erfolgen. Auch das Gericht wird dem Beigeladenen die Möglichkeit zur Äußerung gegeben haben. Verfahrensfehler werden nicht erfolgen.

cc) Form

Etwaige Formvorgaben wie zum Beispiel die des § 37 Abs. 2 S. 1 VwVfG i.V.m. § 1 Abs. 1 VwVfG Bln wird die Behörde ebenso wie alle anderen Formvorgaben bezüglich der Nutzungsuntersagung einhalten.

dd) Zwischenergebnis

Die formellen Voraussetzungen sind erfüllt.

b) Materielle Voraussetzungen

Auch die materiellen Voraussetzungen müssen erfüllt sein. Nach § 79 S. 2 BauO Bln kann die Nutzung einer Anlage untersagt werden, wenn diese im Widerspruch zu öffentlich-rechtlichen Vorschriften genutzt wird.

aa) Anlage im Sinne des § 2 BauO Bln

Bei der Putenmastanlage kann es sich um eine Anlage im Sinne des § 2 Abs. 1 S. 1 BauO Bln handeln. Anlagen sind danach primär bauliche Anlagen. Bauliche Anlagen sind gemäß § 2 Abs. 1 S. 2 BauO Bln mit dem Erdboden verbundene, aus Bauprodukten hergestellte Anlagen. Die Putenmastanlage ist in der Form eines oder mehrerer großer Ställe errichtet worden, die aufgrund der Verbundenheit mit dem Boden ihrerseits als bauliche Anlagen einzustufen sind. Es handelt sich bei der Putenmastanlage um eine Anlage im Sinne des § 2 Abs. 1 S. 1 BauO Bln.

bb) Nutzung im Widerspruch zu öffentlich-rechtlichen Vorschriften

Die Nutzung der Putenmastanlage muss im Widerspruch zu öffentlich-rechtlichen Vorschriften stehen. Dabei ist zwischen formeller und materieller Illegalität zu unterscheiden. Ein Vorhaben ist formell illegal, soweit verfahrensrechtliche Vorgaben missachtet worden sind, also soweit für eine genehmigungsbedürftige Anlage keine Genehmigung besteht, der Genehmigungsrahmen von Beginn an wesentlich überschritten bzw. aufgrund mangelnder Teilbarkeit einer Baugenehmigung das Vorhaben insgesamt formell illegal wurde bzw. eine genehmigte Anlage später ungenehmigt verändert wird. Besteht hingegen eine Baugenehmigung für ein materiell rechtswidriges Vorhaben, ergibt sich daraus eine Legalisierungswirkung, sodass die Genehmigung zunächst aufzuheben ist.

Materiell illegal ist ein Vorhaben, dessen Errichtung mit materiellen öffentlich-rechtlichen Vorschriften unvereinbar ist. Als öffentlich-rechtliche Vorschriften sind das Bauplanungsrecht im Sinne der §§ 29 ff. BauGB, das Bauordnungsrecht nach der Landesbauordnung sowie sonstige öffentlich-rechtliche Vorschriften einzuordnen. Zu letzteren gehören unter anderem die Vorschriften des Bundesimmissionsschutzgesetzes. Im Rahmen einer Baugenehmigung sind lediglich die §§ 22 ff. BImSchG als Regelungen über nicht genehmigungsbedürftige Anlagen maßgeblich. Sobald eine Erlaubnis im Sinne der §§ 4 ff. BImSchG erforderlich ist, bedarf es aufgrund der Konzentrationswirkung derselben gemäß § 13 BImSchG nämlich keiner Bauerlaubnis mehr, sodass baurechtliche Vorschriften gemäß § 6 Abs. 1 Nr. 2 BImSchG im Rahmen der Anlage im Sinne der §§ 4 ff. BImSchG maßgeblich sind. Zwar könnte sich aus § 64 S. 1 Nr. 3 BauO Bln Gegenteiliges ergeben, jedoch können von der Norm nicht die Vorschriften über nicht genehmigungsbedürftige Anlagen im Sinne der §§ 22 ff. BImSchG erfasst sein, weil § 64 S. 1 Nr. 3 BauO Bln aufgrund der Nähe des baurechtlichen Bodenrechts zum Bundesimmissionsschutzrecht, die sich unter anderem aus § 35 Abs. 3 S. 3 Nr. 3 BauGB ergibt, zur Vermeidung der Verfassungswidrigkeit des § 64 S. 1 Nr. 3 BauO Bln verfassungskonform zumindest dahingehend auszulegen ist, dass das Landesrecht durch die §§ 22 ff. BImSchG als Bundesrecht im Sinne des Art. 31 GG gebrochen wird. Gleiches würde bezüglich anderer bundesrechtlicher Rechtsmaterien gelten, soweit im Bundesrecht nicht eine Konzentrationswirkung geregelt ist, von der auch die landesrechtliche Baugenehmigung erfasst ist.

Die §§ 4 ff. BImSchG sind im Rahmen der Baugenehmigung allerdings nicht maßgeblich. Zwar ist die Konzentrationswirkung anderer Genehmigungen in § 61 Abs. 1 BauO Bln auf bestimmte Bereiche begrenzt worden. Ein Umkehrschluss ist bei verfassungskonformer Auslegung der Norm mangels Abgeschlossenheit derselben aber nicht möglich, weil das Landesrecht gemäß Art. 31 GG durch das Bundesrecht gebrochen werden würde, sodass die immissionsrechtliche Genehmigung im Sinne der §§ 4ff. BImSchG wegen ihrer Konzentrationswirkung gemäß § 13 BImSchG vorrangig ist (a.A. bezüglich der vergleichbaren Konstellation in Hamburg: Alexejew, Hamburgisches Bauordnungsrecht, Kommentar, Band I, 27. Lieferung, Stand: Januar 2012, § 62, Rn 27).

Im Rahmen einer Bauordnungsverfügung bei nicht genehmigungsbedürftigen Bauvorhaben können bezüglich der öffentlich-rechtlichen Vorschriften hingegen auch die §§ 4ff. BImSchG als Regelungen über genehmigungsbedürftige Anlagen maßgeblich sein, wobei gegebenenfalls Spezialregelungen aus dem Immissionsschutzrecht zu beachten sind.

Ob für die Erteilung einer Nutzungsuntersagung schon die formelle Baurechtswidrigkeit genügt oder ob die Nutzung auch materiell baurechtswidrig sein muss, ist insbesondere bei Berücksichtigung verfassungsrechtlicher Vorgaben problematisch. Letztlich ist dies nicht maßgeblich, soweit die Nutzung der Putenmastanlage sowohl formell als auch materiell illegal ist.

(1) Formelle Illegalität

I hat seine Putenmastanlage ohne die Erteilung einer Baugenehmigung errichtet. Die Anlage ist formell illegal, soweit sie genehmigungsbedürftig ist.[18]

(a) Verhältnis zu den §§ 4ff. BImSchG

Fraglich ist, ob bezüglich einer etwaigen Genehmigungsbedürftigkeit die Bauordnung für Berlin oder das Bundesimmissionsschutzrecht maßgeblich sind. Gemäß § 13 BImSchG ergibt sich aus der immissionsschutzrechtlichen Genehmigung im Sinne der §§ 4ff. BImSchG eine Konzentrationswirkung. Dies bedeutet, dass andere öffentlich-rechtliche Genehmigungen in der immissionsschutzrechtlichen Genehmigung enthalten sind. Das gilt auch für die Baugenehmigung, weshalb baurechtliche Vorschriften gemäß § 6 Abs. 1 Nr. 2 BImSchG im Rahmen der Genehmigungsfähigkeit der Anlage im Sinne der §§ 4ff. BImSchG maßgeblich sind. Zwar sind Anlagen im Sinne der §§ 4ff. BImSchG in § 61 BauO Bln nicht benannt, jedoch wird das Landesrecht gemäß Art. 31 GG ohnehin vom Bundesrecht im Sinne des § 13 BImSchG gebrochen.

Im Bundesimmissionsschutzgesetz sind in den §§4ff. BImSchG genehmigungsbedürftige und in den §§ 22ff. BImSchG nicht genehmigungsbedürftige Anlagen geregelt. Nach §4 Abs. 1 S. 1 BImSchG bedürfen die Errichtung und der

---

18 Soweit es sich um ein Gebiet im Sinne des § 30 Abs. 1, 2 BauGB handelt, ist die planungsrechtliche Genehmigungsfähigkeit in Berlin grundsätzlich innerhalb der Genehmigungsbedürftigkeit zu prüfen, wenn es keinen anders lautenden Bearbeitungsvermerk gibt.

Betrieb einer Anlage, die aufgrund ihrer Beschaffenheit oder ihres Betriebs in besonderem Maße geeignet ist, schädliche Umwelteinwirkungen hervorzurufen oder in anderer Weise die Allgemeinheit oder die Nachbarschaft zu gefährden, sowie die Errichtung und der Betrieb einer ortsfesten Abfallentsorgungsanlage zur Lagerung oder Behandlung von Abfällen der Genehmigung. In §4 Abs.1 S.3 Hs.1 BImSchG ist geregelt, dass die Bundesregierung durch Rechtsverordnung die genehmigungsbedürftigen Anlagen bestimmen darf. Darauf basierend wurde die 4. Bundesimmissionsschutzverordnung erlassen. Nach §1 Abs.1 S.1 4. BImSchVO sind die Errichtung und der Betrieb der im Anhang genannten Anlagen genehmigungsbedürftig, wobei über den Verweis in den §§1, 2 4. BImSchVO auf die Spalten des Anhanges zur 4. BImSchVO ein umfassendes Genehmigungsverfahren gemäß §10 BImSchG sowie ein vereinfachtes Genehmigungsverfahren gemäß §19 BImSchG möglich sind. Aus Nr. 7.1.4.2 des Anhanges 1 zur 4. BImSchVO ergibt sich, dass erst Mastgeflügelanlagen mit 15.000 oder mehr Mastgeflügelplätzen der Genehmigung bedürfen. Von der Anlage des I sind nur 14.000 Mastgeflügelplätze erfasst. Sie ist daher nicht genehmigungsbedürftig im Sinne der §§4ff. BImSchG. Somit ist der Anwendungsbereich der Landesbauordnung nicht durch Konzentrationswirkung des § 13 BImSchG gesperrt. Die Genehmigungsbedürftigkeit der Putenmastanlage ergibt sich gegebenenfalls aus der Landesbauordnung.

(b) Genehmigungsbedürftigkeit im Sinne der BauO Bln

Gemäß § 60 Abs. 1 BauO Bln bedürfen die Errichtung, die Änderung und die Nutzungsänderung einer Anlage der Baugenehmigung, soweit in den §§ 61 bis 63, 75 und 76 BauO Bln nichts anderes bestimmt ist. Die Putenmastanlage ist hinreichend fest mit dem Boden verankert und als bauliche Anlage im Sinne des § 2 Abs. 1 S. 1 BauO Bln zu qualifizieren. Anhaltspunkte bezüglich der Maßgeblichkeit der abweichenden Bestimmungen aus den §§ 61 bis 63, 75 und 76 BauO Bln bestehen nicht. Zur Errichtung der Putenmastanlage bedurfte es einer Genehmigung gemäß § 60 Abs. 1 BauO Bln. Da die Putenmastanlage ohne Baugenehmigung errichtet worden ist, ist sie formell illegal.

(2) Materielle Illegalität

Die Nutzung der Putenmastanlage kann auch materiell illegal sein.[19] Inwieweit die materielle Illegalität für den Erlass einer Nutzungsuntersagung erforderlich

---

19 Es ist nicht empfehlenswert, die materielle Illegalität erst im Ermessen zu erwähnen, da materiellen Regelungen zu den öffentlich-rechtlichen Vorschriften und somit in einem Gutach-

ist, kann insoweit dahinstehen, als die materielle Illegalität besteht. Ein Vorhaben ist materiell illegal, soweit es mit den materiellen öffentlich-rechtlichen Regelungen unvereinbar ist. Zum Prüfungsumfang der Bauaufsichtsbehörden gehören dabei das Bauplanungsrecht, das Bauordnungsrecht sowie sonstige öffentlich-rechtliche Vorschriften.

In Betracht kommt eine Unvereinbarkeit mit den planungsrechtlichen Regelungen in § 35 Abs. 1 BauGB i.V.m. § 35 Abs. 3 S. 1 Nr. 3 BauGB.

(a) Anwendungsbereich der §§ 30–37 BauGB

Gemäß § 29 Abs. 1 BauGB gelten die §§ 30–37 BauGB für Vorhaben, welche auf die Errichtung, die Änderung oder die Nutzungsänderung baulicher Anlagen bezogen sind. Der bauplanungsrechtliche Terminus der baulichen Anlage ist dabei nicht mit dem Anlagenbegriff des Bauordnungsrechts identisch. Bauliche Anlagen im Sinne des § 29 Abs. 1 BauGB sind bodenrechtlich relevante Anlagen, die in einer dauerhaft geprägten Art und Weise künstlich mit dem Erdboden verbunden sind. Die Ställe der Putenmastanlage sind dauerhaft künstlich mit dem Erdboden verbunden. Durch sie können bodenrechtliche Veränderungen mit der Folge von Spannungen entstehen. Sie sind bodenrechtlich relevant. Es handelt sich um bauliche Anlagen im Sinne des § 29 Abs. 1 BauGB, sodass die §§ 30–37 BauGB anwendbar sind.

(b) Außenbereich

Es kann sich bei dem Gebiet, in dem die Putenmastanlage steht, um einen Außenbereich im Sinne des § 35 BauGB handeln.[20] Ein Vorhaben ist im Außenbereich gelegen, soweit es nicht im Geltungsbereich eines Bebauungsplans im Sinne des § 30 BauGB und nicht im unbeplanten Innenbereich im Sinne des § 34 BauGB gelegen ist.

Ursprünglich hatte I für die Putenmast den Erlass eines vorhabenbezogenen Bebauungsplans im Sinne des § 12 BauGB i.V.m. § 30 Abs. 2 BauGB beantragt. Ein solcher war auch erlassen worden. Jedoch hatte I das Vorhaben nicht innerhalb der ihm gemäß § 12 Abs. 1 S. 1 BauGB gesetzten Frist realisiert, sodass der

---

ten in den Tatbestand gehören. Im Ermessen kann ist die materielle Illegalität gegebenenfalls ebenfalls zu berücksichtigen.

20 Außenbereich:
- Privilegierte Vorhaben gemäß § 35 Abs. 1 BauGB
- Minder privilegierte Vorhaben gemäß § 35 Abs. 4 BauGB
- Nicht privilegierte Vorhaben gemäß § 35 Abs. 2 BauGB.

Rechtsträger der zuständigen Behörde gemäß § 12 Abs. 6 S. 1 BauGB gehalten war, den Bebauungsplan aufzuheben. Dies geschah im Rahmen des intendierten Ermessens des § 12 Abs. 6 S. 1 BauGB rechtmäßig. Das Grundstück des I ist somit nicht mehr im beplanten Bereich gelegen, da auch ein qualifizierter Bebauungsplan im Sinne des § 30 Abs. 1 BauGB und ein einfacher Bebauungsplan im Sinne des § 30 Abs. 3 BauGB nicht ersichtlich sind.

Somit ist das Grundstück in einem unbeplanten Innenbereich im Sinne des § 34 BauGB oder in einem Außenbereich gemäß § 35 BauGB gelegen. In der vom Bezirk im Sinne des § 34 Abs. 4 S. 1 Nr. 1 BauGB i.V.m. § 246 Abs. 2 S. 1 BauGB i.V.m. § 18 Abs. 1 S. 1 AG BauGB rechtmäßig erlassenen Abgrenzungsverordnung ist geregelt worden, dass die Grenze zwischen dem Innen- und dem Außenbereich zwischen den Grundstücken der L und des I verläuft. Somit ist das Grundstück der L im Innenbereich gelegen, während das Grundstück des I dem Außenbereich zuzuordnen ist.

Für die Zulässigkeit des Vorhabens des I sind die Vorgaben bezüglich des Außenbereiches im Sinne des § 35 BauGB maßgeblich.

(c) Privilegierung gemäß § 35 Abs. 1 BauGB

Im Außenbereich im Sinne des § 35 BauGB ist der Gesetzgeber grundsätzlich davon ausgegangen, dass der Außenbereich frei von Bebauungen ist. Allerdings sind unterschiedliche Vorhaben dennoch zulässig. Gemäß § 35 Abs. 1 BauGB gibt es privilegierte Vorhaben, während in § 35 Abs. 4 BauGB minder privilegierte Vorhaben und in § 35 Abs. 2 BauGB nicht privilegierte Vorhaben geregelt sind. Privilegierte Vorhaben im Sinne des § 35 Abs. 1 BauGB sind im Außenbereich grundsätzlich zulässig, minder privilegierten Vorhaben gemäß § 35 Abs. 4 BauGB können bestimmte Aspekte nicht entgegengehalten werden und sonstige Vorhaben können zugelassen werden, soweit öffentliche Belange nicht beeinträchtigt werden.

Die Putenmastanlage kann von den privilegierten Vorhaben im Sinne des § 35 Abs. 1 BauGB erfasst sein. Es könnte sich um ein Vorhaben im Sinne des § 35 Abs. 1 Nr. 1 BauGB handeln. Insoweit handelt es sich um Vorhaben, die einem land- und forstwirtschaftlichen Betrieb dienen und von denen nur ein untergeordneter Teil der Betriebsfläche eingenommen wird. Putenmast kann zur Landwirtschaft gehören. Landwirtschaft im Sinne des Baugesetzbuches ist gemäß § 201 BauGB insbesondere der Ackerbau, die Wiesen- und Weidewirtschaft einschließlich Tierhaltung, soweit das Futter überwiegend auf den zum landwirtschaftlichen Betrieb gehörenden, landwirtschaftlich genutzten Flächen erzeugt werden kann, die gartenbauliche Erzeugung, der Erwerbsobstbau, der Weinbau, die berufsmäßige Imkerei und die berufsmäßige Binnenfischerei. Putenmast ist Tierhaltung. Auf dem Grundstück des I ist jedoch nicht genügend landwirtschaftlich nutzbare Fläche zur überwiegenden Futtererzeugung für die Masttiere vorhanden. Es handelt sich daher nicht um einen landwirtschaftlichen Betrieb im Sinne des § 35 Abs. 1 Nr. 1 BauGB i.V.m. § 201 BauGB.

Es kann sich jedoch um ein Vorhaben im Sinne des § 35 Abs. 1 Nr. 4 BauGB handeln. Das sind solche Vorhaben, die wegen ihrer besonderen Anforderungen an die Umgebung, wegen ihrer nachteiligen Wirkung auf die Umgebung oder wegen ihrer Zweckbestimmung nur im Außenbereich durchgeführt werden sollen. Von großen Geflügelzuchtfarmen gehen regelmäßig erhebliche Geruchsbelästigungen aus. Somit können sie im Innenbereich nicht zugelassen werden. Zudem handelt es sich bei der Massentierhaltung um eine der landwirtschaftlichen Produktion zumindest ähnliche wirtschaftliche Betätigung, die daher grundsätzlich dem Außenbereich zugewiesen ist. Wegen ihrer nachteiligen Wirkung auf die Umgebung sollen Geflügelzuchtanlagen deshalb im Außenbereich errichtet werden (vgl. BVerwG, Beschluss vom 27.6.1983 – 4 B 201.82).

Die Putenmastanlage des I ist als privilegiertes Vorhaben im Sinne des § 35 Abs. 1 Nr. 4 BauGB einzustufen.

(d) Entgegenstehende öffentliche Belange

Ein privilegiertes Vorhaben im Außenbereich gemäß § 35 Abs. 1 BauGB ist zulässig, wenn öffentliche Belange nicht entgegenstehen und die ausreichende Erschließung gesichert ist. Der Errichtung und der Nutzung der Putenmastanlage können öffentliche Belange entgegenstehen. In § 35 Abs. 3 BauGB sind die maßgeblichen öffentlichen Belange beispielhaft – mittels des Terminus „insbesondere" – aufgeführt. In § 35 Abs. 3 BauGB wird zwar systematisch direkt an § 35 Abs. 2 BauGB angeknüpft, jedoch ergibt sich aus der systematischen Stellung des Absatzes 3 nach Absatz 1 auch ein Bezug auf dort geregelte öffentliche Belange. Inwieweit öffentliche Belange einem Vorhaben entgegenstehen, ergibt sich aus einer Abwägung der widerstreitenden Interessen. Dabei ist zu beachten, dass privilegierte Vorhaben nach § 35 Abs. 1 BauGB im Außenbereich grundsätzlich zulässig sind. Die öffentlichen Belange werden gegenüber dem Interesse des Bauherrn an der Verwirklichung seines Vorhabens in der Regel nachrangig sein. Sonstige Vorhaben nach § 35 Abs. 2 BauGB sind dagegen grundsätzlich unzulässig, sodass insoweit regelmäßig die öffentlichen Belange gegenüber den Interessen des Bauherrn vorrangig sind (vgl. Muckel, § 7, Rn 125).

Der Errichtung der Putenmastanlage können öffentliche Belange gemäß § 35 Abs. 3 S. 1 Nr. 3 BauGB entgegenstehen, weil durch sie schädliche Umwelteinwirkungen hervorgerufen werden können. Reine tierethische Aspekte sind von der bereichsspezifischen bodenrechtlichen Vorschrift des § 35 Abs. 3 BauGB nicht erfasst – nicht einmal im Rahmen des Naturschutzes im Sinne des § 35 Abs. 3 S. 1 Nr. 5 BauGB. Der Terminus der schädlichen Umwelteinwirkungen ist im Rahmen des § 35 Abs. 3 BauGB zwar baurechtlich bereichsspezifisch zu definieren, jedoch kann in diesem Rahmen zumindest auch auf die Begriffsbestimmung in § 3 Abs. 1 BImSchG abgestellt werden (vgl. BVerwG NJW 1978, 62). Schädliche Umwelteinwirkungen sind danach Immissionen, die nach Art, Ausmaß oder Dauer geeignet sind, Gefahren, erhebliche Nachteile oder erhebliche Belästigungen für die Allgemeinheit oder die Nachbarschaft herbeizuführen. Die Schwelle des § 3 Abs. 1 BImSchG liegt damit unterhalb der Anforderungen an einen mittelbaren Grundrechtseingriff im Sinne des Art. 2 Abs. 2 S. 1 GG aufgrund der Intensität des Eingriffs.

L klagt über die erheblichen Geruchsbelästigungen, die von der Putenmastanlage auf ihr Grundstück einwirken. Diese erreichen nach den zutreffenden Feststellungen des Gutachters keine gesundheitsgefährdende Intensität. Die Schwelle eines mittelbaren Grundrechtseingriffs im Sinne des Art. 2 Abs. 2 S. 1 GG ist somit nicht erreicht. Auch Geruchsimmissionen sind jedoch von § 35 Abs. 3 S. 1 Nr. 3 BauGB erfasst. Ein normativ festgelegtes Mess- oder Berechnungsverfahren und darauf aufbauende, normativ-verbindlich bestimmte Immissionsgrenzwerte oder Richtwerte für Geruchsstoffe bestehen nicht. Anhaltspunkte für die Zumutbarkeit einer Grundstücksbeeinträchtigung sind aber den technischen Regelwerken des Immissionsschutzrechts zu entnehmen. Dazu zählt insbesondere die Geruchs-Immissions-Richtlinie. Die GIRL ist ein nicht verbindliches Regelwerk, das technische Werte enthält, die auf Erkenntnissen und Erfahrungen Sachverständiger beruhen und auf deren Grundlage einheitliche Maßstäbe und Beurteilungsverfahren für die immissionsschutzrechtliche Bewertung von Gerüchen sichergestellt werden sollen (vgl. VG München, Urteil vom 22.3.2012, BeckRS 2012, 50670). Die GIRL als verwaltungsinterne Richtlinie kann nicht schematisch, sondern allenfalls unter Berücksichtigung der konkreten bauplanungsrechtlichen Verhältnisse als Leitwert angewendet werden (vgl. OVG SH NordÖR 2009, 362).

Die exakte Zumutbarkeitsgrenze ist anhand einer umfassenden Würdigung aller Umstände des Einzelfalls zu ermitteln. So ist in einem beplanten oder faktischen Dorfgebiet gemäß § 5 Abs. 1 S. 2 BauNVO auf die Belange der land- und forstwirtschaftlichen Betriebe Rücksicht zu nehmen. Die Pflicht zur Rücksichtnahme ist insbesondere auf andere Nutzungen bezogen, die durch die landwirtschaftliche Nutzung beeinträchtigt werden. Ein landwirtschaftlicher Betrieb im Dorfgebiet ist nicht latent störend. Vielmehr haben anderen Nutzer auf die landwirtschaftliche Nutzung Rücksicht zu nehmen (vgl. Stüer, Bau- und Fachplanungsrecht, Rn 2888).

Einem Wohnhaus, das in einem unbeplanten Innenbereich im Sinne des § 34 Abs. 2 BauGB liegt und faktisch in einem als reines Wohngebiet unmittelbar am Rande des Außenbereichs geprägten Bereich angesiedelt ist, sind vom Außenbereich einwirkend höhere Immissionen zuzumuten, als sie innerhalb eines solchen Wohngebiets zumutbar sind (vgl. Söfker, in: Ernst/Zinkahn/Bielenberg/Krautzberger, § 35, Rn 187). Das gilt insbesondere, wenn die Wohnbebauung an emittierende Nutzungen im Außenbereich heranrückt oder wenn bereits vorhandene privilegierte Außenbereichsnutzungen erweitert werden (vgl. OVG SH NordÖR 2009, 362).

In welchem Maß die Umgebung schutzwürdig ist, lässt sich bei Immissionen nicht unabhängig von etwaigen Vorbelastungen bewerten. Ist die Grundstücksnutzung aufgrund der konkreten Gegebenheiten mit einer spezifischen gegenseitigen Pflicht zur Rücksichtnahme belastet, ergibt sich nicht allein daraus die Pflichtigkeit desjenigen, der Immissionen verursacht, sondern auch desjenigen, der sich dieser Wirkung aussetzt (vgl. VG München, Urteil vom 22.3.2012, BeckRS 2012, 50670).

Der von L beauftragte Gutachter hat zutreffend festgestellt, dass die in der GIRL vorgesehenen Grenzwerte durch die Putenmastanlage deutlich überschritten werden. Fraglich ist, ob L aufgrund der Umstände des Einzelfalles ein höheres Maß an Geruchsimmissionen zuzumuten ist, als in der GIRL vorgesehen.

In der näheren Umgebung befinden sich ausschließlich Wohnhäuser. Es handelt sich daher um ein faktisches reines Wohngebiet im Sinne des § 34 Abs. 2 BauGB i.V.m. § 3 BauNVO. Dies ist ein Indiz für eine höhere Schutzwürdigkeit. Allerdings ist der Bereich jenseits der Hauptstraße, der durch mehrere landwirtschaftliche Betriebe geprägt ist, von denen zum Teil erhebliche Immissionen ausgehen, faktisch als Dorfgebiet im Sinne des § 34 Abs. 2 BauGB i.V.m. § 5 Abs. 1, 2 BauNVO geprägt. Aufgrund dieser vorbelasteten Gebietsprägung könnte ein höheres Maß zumutbarer Belästigung anzunehmen sein. Jedoch grenzt das Grundstück der L nicht an Grundstücke mit emissionsträchtigen landwirtschaftlichen Betrieben. Die Betriebe, von denen die Vorbelastungen ausgehen, sind ungefähr 300 bis 350 m Luftlinie vom Grundstück der L entfernt. Dazwischen liegen zahlreiche andere bebaute Grundstücke und die Hauptstraße. Zwar grenzt ihr Grundstück unmittelbar an den Außenbereich, sodass ein Indiz für eine höhere Zumutbarkeitsschwelle besteht. Jedoch rückt das Wohngebiet nicht an das geplante Vorhaben heran, sondern ist bereits seit Jahrzehnten als solches vorhanden. Der angrenzende Außenbereich war bisher nicht bebaut und wurde landwirtschaftlich genutzt. Spürbare Immissionen wirkten von dort nicht in das Wohngebiet ein. Es geht zudem nicht um eine Erweiterung oder Intensivierung der Nutzung vorhandener Betriebsgebäude, sondern um die

Gründung eines neuen Standortes im Osten der Wohnbebauung. Die damit verbundenen Immissionen sind L nicht zuzumuten. Das Interesse des I an der Verwirklichung seines Vorhabens ist somit trotz dessen Privilegierung den subjektiven Rechten der L aus § 35 Abs. 3 S. 1 Nr. 3 BauGB unterzuordnen (vgl. OVG Schleswig-Holstein NordÖR 2009, 362).

(e) Zwischenergebnis

Das Vorhaben des I ist aufgrund der entgegenstehenden öffentlichen Belange im Sinne des § 35 Abs. 3 S. 1 Nr. 3 BauGB materiell illegal. Es ist somit nicht maßgeblich, ob eine Nutzungsuntersagung nur aufgrund einer formellen Illegalität ausgesprochen werden kann.

cc) Zwischenergebnis

Die Voraussetzungen des § 79 S. 2 BauO Bln sind erfüllt.

3. Rechtsfolge

Grundsätzlich besteht im Rahmen des § 79 S. 2 BauO Bln für die Bauaufsichtsbehörde bezüglich der Erteilung einer Nutzungsuntersagungsverfügung ein Entschließungs- und ein Auswahlermessen im Sinne des § 40 VwVfG i.V.m. § 1 VwVfG Bln. Das Ermessen kann jedoch zugunsten der L auf null reduziert sein. Das Vorhaben des I ist sowohl formell als auch materiell illegal. Rechtmäßige Zustände können nicht auf andere Weise – etwa durch die nachträgliche Einholung einer Genehmigung – hergestellt werden. Bezüglich des Entschließungsermessens – also bezüglich des „Ob" des Einschreitens – erfolgt eine Reduktion auf null, zumal es für L bereits zu unzumutbaren Belästigungen gekommen ist und ohne ein Einschreiten der Behörde auch künftig weiterhin kommen wird.

Bezüglich des Auswahlermessens darf im einstweiligen Rechtsschutz jedoch keine endgültige Tatsache geschaffen werden, um verfassungskonform eine Vorwegnahme der Hauptsache zu vermeiden. Daher muss die Behörde stets das mildeste Mittel wählen. Mildere Mittel stehen der Behörde jedoch nicht zur Verfügung. Insbesondere ist die Nutzungsuntersagung schon das mildere Mittel gegenüber der Abrissverfügung im Sinne des § 79 S. 1 BauO Bln. Somit ist auch das Auswahlermessen zugunsten einer Nutzungsuntersagung auf null reduziert. Die Bauaufsichtsbehörde muss gegenüber I eine Nutzungsuntersagungsverfügung erlassen.

II. Anordnungsgrund

Ein Anordnungsgrund besteht bei Eilbedürftigkeit, wobei zu berücksichtigen ist, dass die Hauptsacheentscheidung durch eine einstweilige Anordnung grundsätzlich nicht vorweggenommen werden darf, es sei denn, ein effektiver Rechtsschutz im Sinne des Art. 19 Abs. 4 S. 1 GG wäre anderenfalls nicht möglich, sodass sogar Ermessensentscheidungen Gegenstand der einstweiligen Anordnung sein können. Eine Vorwegnahme der Hauptsache erfolgt, wenn die Entscheidung und ihre Folgen aus rechtlichen oder tatsächlichen Gründen auch nach der Hauptsacheentscheidung nicht mehr rückgängig gemacht werden können. Zwar kann Ermessen dem Grundsatz nach in einer Sache nur einmal endgültig in der Hauptsache ausgeübt werden, jedoch ist im Rahmen des effektiven Rechtsschutzes auch eine Verpflichtung der Behörde im Wege der einstweiligen Anordnung möglich, einstweilen fehlerfrei zu bescheiden.

Da die Nutzungsuntersagung jederzeit aufgehoben werden kann und die Entscheidung gebunden ist, ist eine Vorwegnahme der Hauptsache nicht ersichtlich. Aufgrund der für L unzumutbaren Belastungen ist die Entscheidung auch eilbedürftig.

III. Glaubhaftmachung

Entsprechend der Aktenlage hat L den Anordnungsanspruch und den Anordnungsgrund gemäß § 123 Abs. 3 VwGO i.V.m. den §§ 920, 294 ZPO glaubhaft gemacht.

C. Ergebnis

Das Land Berlin als Antragsgegner wird im Wege der einstweiligen Anordnung verpflichtet, die seitens der L beantragte Nutzungsuntersagungsverfügung vorläufig zu erlassen.

2. Komplex: Abwandlung

Durch die Erteilung der Baugenehmigung an R zur Errichtung des „Park and Ride"-Parkplatzes kann K in eigenen Rechten verletzt worden sein. Maßgeblich ist insoweit, ob die Baugenehmigung rechtswidrig ist und die verletzten Vorschriften gegebenenfalls zugunsten der K subjektiviert sind.

I. Rechtswidrigkeit der Baugenehmigung

Die gegenüber R erteilte Baugenehmigung kann rechtswidrig sein.

1. Rechtsgrundlage

Rechtsgrundlage für die Erteilung der Baugenehmigung ist § 71 Abs. 1 BauO Bln.

2. Formelle Rechtmäßigkeit

Die Genehmigung wurde von der zuständigen Bauaufsichtsbehörde formell rechtmäßig erteilt.

3. Materielle Rechtmäßigkeit

Die erteilte Baugenehmigung ist materiell rechtmäßig, wenn das genehmigungsbedürftige Vorhaben des R auch genehmigungsfähig ist.

a) Genehmigungsbedürftigkeit

Das Bauvorhaben des R ist genehmigungsbedürftig.

b) Genehmigungsfähigkeit

Nach § 71 Abs. 1 BauO Bln ist die Baugenehmigung zu erteilen, wenn dem Bauvorhaben keine öffentlich-rechtlichen Vorschriften entgegenstehen, die im bauaufsichtlichen Genehmigungsverfahren maßgeblich sind. Zum Prüfungsprogramm im Genehmigungsverfahren nach § 65 S. 1 BauO Bln gehören die §§ 29–38 BauGB, die Anforderungen der Landesbauordnung sowie andere öffentlich-rechtliche Anforderungen, soweit wegen der Baugenehmigung eine Entscheidung nach anderen öffentlich-rechtlichen Vorschriften entfällt oder ersetzt wird.

Das Vorhaben kann mit den bauplanungsrechtlichen Vorschriften der §§ 29–38 BauGB unvereinbar sein.

aa) Anwendungsbereich der §§ 30–37 BauGB

Gemäß § 29 Abs. 1 BauGB gelten die §§ 30–37 BauGB für Vorhaben, welche auf die Errichtung, die Änderung oder die Nutzungsänderung baulicher Anlagen bezogen sind. Der bauplanungsrechtliche Terminus der baulichen Anlage ist dabei nicht mit dem Anlagenbegriff des Bauordnungsrechts identisch. Bauliche Anlagen im Sinne des § 29 Abs. 1 BauGB sind bodenrechtlich relevante Anlagen, die in einer dauerhaft geprägten Art und Weise künstlich mit dem Erdboden verbunden sind. Die Parkplätze sind dauerhaft mit dem Erdboden verbunden. Durch sie können bodenrechtliche Veränderungen mit der Folge von Spannungen entstehen. Sie sind bodenrechtlich relevant. Es handelt sich bei dem Bau des Großparkplatzes um bauliche Anlagen im Sinne des § 29 Abs. 1 BauGB, sodass die §§ 30–37 BauGB anwendbar sind.

bb) Qualifizierter Bebauungsplan

Die planungsrechtliche Zulässigkeit eines Bauvorhabens ist primär nach dem Standort zu beurteilen. Das Grundstück des R liegt im Geltungsbereich eines qualifizierten Bebauungsplanes im Sinne des § 30 Abs. 1 BauGB. Es ist daher zulässig, wenn es den Festsetzungen des Bebauungsplans nicht entgegensteht und die Erschließung gesichert ist. Von der Sicherung der Erschließung ist auszugehen.

Mögliche Inhalte eines Bebauungsplanes sind in § 9 BauGB geregelt und auf der Grundlage der Ermächtigung in § 9a BauGB in der Baunutzungsverordnung spezifiziert worden. In den §§ 2 bis 15 BauNVO sind die Festsetzungen des Bebauungsplans über die Art der baulichen Nutzung konkretisiert worden. Bezüglich der Festsetzungen zum Maß der baulichen Nutzung, zur Bauweise und zur überbaubaren Grundstücksfläche gelten die §§ 16ff. BauNVO. Im Bebauungsplan ist das Gebiet, in dem das Grundstück des R gelegen ist, gemäß § 1 Abs. 3 S. 1 BauNVO als reines Wohngebiet im Sinne des § 1 Abs. 2 Nr. 2 BauNVO ausgewiesen. Dadurch werden die §§ 2 bis 14 BauNVO nach § 1 Abs. 3 S. 2 BauNVO Bestandteil des Bebauungsplans.

Reine Wohngebiete dienen gemäß § 3 Abs. 1 BauNVO dem Wohnen. Regelmäßig können dort gemäß § 3 Abs. 2 BauNVO nur Wohngebäude zugelassen werden. Ein asphaltierter Stellplatz für Personenkraftwagen ist kein Wohngebäude und auch nicht im Rahmen der Ausnahmebebauung gemäß § 3 Abs. 3 BauNVO zulässig.

Allerdings sind als Erweiterung nach § 12 Abs. 1 BauNVO in allen Baugebieten auch Stellplätze und Garagen zulässig, soweit sich aus den jeweiligen Absätzen 2 bis 6 nichts anderes ergibt. In § 12 Abs. 2 BauNVO wird die generelle Zulässigkeit der Stellplätze und Garagen dahingehend eingeschränkt, dass in Kleinsiedlungsgebieten, reinen Wohngebieten und allgemeinen Wohngebieten sowie Sondergebieten, die der Erholung dienen, Stellplätze und Garagen nur für den durch die zugelassene Nutzung verursachten Bedarf zulässig sind. In reinen Wohngebieten ist gemäß § 3 Abs. 2 BauNVO regelmäßig nur Wohnbebauung zulässig. Ausnahmsweise können nach § 3 Abs. 3 BauNVO Läden und nicht störende Handwerksbetriebe zur Deckung des täglichen Bedarfs für die Bewohner sowie kleine Betriebe des Beherbergungsgewerbes und Anlagen für soziale, kirchliche, kulturelle, gesundheitliche und sportliche Zwecke zugelassen werden. Für den von R geplanten „Park and Ride“-Parkplatz besteht im Rahmen dieser zulässigen Nutzungen kein Bedarf. Vielmehr geht es darum, ein infrastrukturelles Angebot für Touristen zu schaffen, welches nicht in ein reines Wohngebiet passt. Der seitens des R geplante Stellplatz ist daher nicht gemäß § 12 Abs. 1 und 2 BauNVO zulässig.

Das Vorhaben ist mit den Festsetzungen des Bebauungsplans im Sinne des § 30 Abs. 1 BauGB unvereinbar. Es ist nicht genehmigungsfähig.

c) Zwischenergebnis

Die erteilte Baugenehmigung ist materiell rechtswidrig.

II. Subjektives Recht der K

Fraglich ist, ob sich für K aus den verletzten Vorschriften ein subjektives Recht ergibt, sodass sie durch die Erteilung der rechtswidrigen Baugenehmigung in eigenen Rechten verletzt ist.

Die Festsetzungen des Bebauungsplans über die Art der baulichen Nutzung sind bezüglich der planbetroffenen Grundstückseigentümer nachbarschützend. Dieser Gebietserhaltungsanspruch ergibt sich aus dem Gedanken eines wechselseitigen Austauschverhältnisses im Rahmen der Lebens- und Schicksalsgemeinschaft des jeweiligen Gebietes. Auf eine unzumutbare Beeinträchtigung kommt es dabei nicht an. Wer durch die Festsetzungen des Bebauungsplanes in der Nutzung seines Eigentums beschränkt ist, kann verlangen, dass die anderen Eigentümer des Plangebiets denselben Beschränkungen unterworfen werden.

Dieser Gebietserhaltungsanspruch steht jedoch nicht den Grundstückseigentümern außerhalb des Plangebietes zu. Sie unterliegen nicht den Beschränkungen dieses Bebauungsplans und stehen folglich außerhalb der durch ihn geschmiedeten bodenrechtlichen Schicksalsgemeinschaft.

Plangebietsübergreifender Nachbarschutz wird nur mittelbar mittels des in § 15 Abs. 1 S. 2 BauNVO verankerten Gebotes der Rücksichtnahme gewährt. Danach kann eine Anlage im Einzelfall unzulässig sein, wenn von ihr unzumutbare Störungen ausgehen können. Der klagende Nachbar hat die im Einzelfall unzumutbare Beeinträchtigung seiner schutzwürdigen Interessen darzulegen (vgl. zum Ganzen: BVerwG NzBau 2008, 638).

Das Grundstück der K ist nicht im Geltungsbereich des Bebauungsplans gelegen, der für das Grundstück des R gilt. Ihr Vertrauen in die Einhaltung der Festsetzungen dieses Bebauungsplans ist nicht schutzwürdig. Sie kann keinen Gebietserhaltungsanspruch geltend machen. Jedoch ist durch den Betrieb des „Park and Ride“-Parkplatzes durchgehend mit erheblichen Lärmbelästigungen durch die An- und Abfahrt der Besucher zu rechnen. R geht von mehreren hundert Parkenden pro Tag aus. Das Grundstück der K grenzt unmittelbar an die geplante Stellfläche. Sie wäre durch den „Park and Ride“-Betrieb Belästigungen eines Ausmaßes ausgesetzt, das im reinen Wohngebiet nicht mehr hinnehmbar ist.

Das Vorhaben des R ist mit dem in § 15 Abs. 1 S. 2 BauNVO verankerten Gebot der Rücksichtnahme nicht vereinbar. Dieses ist zugunsten der K subjektiviert.

III. Ergebnis

Die rechtswidrig erteilte Baugenehmigung ist mit § 30 Abs. 1 BauGB i.V.m. § 12 Abs. 1 und 2 BauNVO sowie mit § 15 Abs. 1 S. 2 BauNVO nicht vereinbar. K wird dadurch in eigenen Rechten verletzt.

Besonderes Verwaltungsrecht – Fall 13 – BauR: „Abschied im Krematorium ...“ (Berlin)

A hat in Berlin ein Grundstück gekauft, welches sich in einem Gebiet befindet, das in einem Bebauungsplan als Gewerbegebiet ausgewiesen ist. A beabsichtigt, auf diesem Grundstück ein Krematorium mit einem Abschiedsraum für 150 Personen zu errichten. Ein Abschiedsraum ist ein Raum, in dem Angehörige der im Krematorium eingeäscherten Person Abschied nehmen und dieser gedenken können. Zu diesem Zweck hat A bei der zuständigen Baubehörde in Berlin eine Genehmigung beantragt und sie sodann erhalten. Nach einigen Monaten beginnt A mit dem Bau des Gebäudekomplexes.

Der Nachbar des A – N – ist mit dem Bau nicht einverstanden, weil ein derartiges Gebäude in dem Gebiet nicht zulässig sei. Einwände macht er vor der Erteilung der Erlaubnis wegen seiner diesbezüglichen Unwissenheit nicht geltend. Einen Antrag auf Zustellung der Baugenehmigung stellt N somit ebenfalls nicht. Nach Beginn des Baus argumentiert er, ein Krematorium mit Abschiedsraum sei mit den Eigenarten eines Gewerbegebietes nicht vereinbar. N möchte daher sofort verhindern, dass A weiterbaut.

A trägt hingegen vor, dass es sich bei dem Krematorium um ein Gebäude für kulturelle Zwecke handele, das nach der Baunutzungsverordnung zulässig sei. N ist der Auffassung, dass ein Krematorium mit derartigem Abschiedsraum nichts mit „klassischer“ Kultur zu tun habe. Wäre ein derartiges Krematorium als Kultur einzustufen, wäre der Terminus zu weit und zu unpräzise definiert. Zudem sei es aus Pietätsgründen generell nicht möglich, einen Abschiedsraum in einer gewerblichen Umgebung zuzulassen. A wiederum behauptet, N wäre – das trifft zu – durch den Bau nicht unzumutbar in seinen Rechten betroffen. Zudem habe er kein subjektives Recht, das er geltend machen könnte.

Wird ein gerichtliches Vorgehen des N im einstweiligen Rechtsschutz bezüglich der Baugenehmigung und des Baustopps erfolgreich sein, wenn er gleichzeitig fristgerecht einen Widerspruch gegen die Baugenehmigung einlegt und zudem einen Antrag bei der zuständigen Behörde stellt, den Baustopp anzuordnen?

Bearbeitungsvermerk

Unterstellen Sie, dass keine Ausnahmen im Sinne der §§ 61–63, 75, 76 BauO Bln bestehen, sodass es sich beim Krematorium mit Aufenthaltsraum um eine genehmigungsbedürftige Anlage im Sinne des § 60 Abs. 1 BauO Bln i.V.m. § 2 BauO Bln handelt. Der Bebauungsplan ist rechtmäßig und wirksam. Ein Krematorium ist ein Gewerbebetrieb. Eine Befreiung im Sinne des § 31 Abs. 2 BauGB ist nicht zu prüfen. Sollte eine Umweltverträglichkeitsprüfung erforderlich sein, ist sie nicht vorzunehmen, sondern die Umweltverträglichkeit zu unterstellen. Es ist zu unterstellen, dass eine Genehmigungsfreistellung gemäß § 63 Abs. 2 BauO Bln nicht in Betracht kommt, sodass die planungsrechtliche Genehmigungsfähigkeit nicht bereits im Rahmen der Genehmigungsbedürftigkeit im Sinne des § 63 Abs. 2 Nr. 1 BauO Bln zu prüfen ist.

Schwerpunkte
Baugenehmigung
Baustopp
Verfahren nach § 80a VwGO
Vollzugsfolgenbeseitigungsanspruch

Vertiefung
Vgl. BVerwG 4 C 14/10; vgl. Muckel, JA 2012, 558–560; VGH Kassel AZ: 11 TG 1515/93; VG Göttingen 1. Kammer Beschluss vom 9.1.2013, 1 B 7/13 m.w.N.; vgl. F. Schoch, Folgenbeseitigung und Wiedergutmachung im öffentlichen Recht, in: VerwArch 1988, 1ff., 32ff.; R. Steinberg/A. Lubberger, Aufopferung – Enteignung und Staatshaftung, 1991, S. 375ff.

Gliederung

A. Sachentscheidungsvoraussetzungen
  I. Rechtsweg (+)
  II. Zuständigkeit (+)
  III. Beteiligte (+)
  IV. Statthafte Verfahrensart
    1. Antrag gemäß § 80 Abs. 5 S. 1 VwGO (–)
    2. Antrag gemäß § 80a Abs. 1, 2 VwGO i.V.m. § 80a Abs. 3 S. 1 VwGO (+)
      a) § 80a Abs. 2 VwGO i.V.m. § 80a Abs. 3 S. 1 VwGO (–)
      b) § 80a Abs. 1 Nr. 1 VwGO i.V.m. § 80a Abs. 3 S. 1 VwGO (–)
      c) § 80a Abs. 1 Nr. 2 Alt. 1 VwGO i.V.m. § 80a Abs. 3 S. 1 VwGO (+)
      d) Annexantrag (+)
      aa) Voraussetzungen Annexantrag
      bb) Prozessuale Grundlage
  V. Besondere Sachentscheidungsvoraussetzungen (+)

1. Besondere Prozessführungsbefugnis (+)
2. Antragsbefugnis (+)
   a) Beplanter Bereich
   b) Unbeplanter Innenbereich
   aa) § 34 Abs. 1 BauGB
   bb) § 34 Abs. 2 BauGB
   c) Außenbereich
   d) Subjektives Recht des N (+)

VI. Allgemeines Rechtsschutzbedürfnis (+)
1. Gesetzliche Suspendierung (–)
2. Aussetzungsantrag
3. Rechtsschutz in der Hauptsache
   a) Ausnahmslose Betreibung der Hauptsache (–)
   b) Grundsätzliche Entbehrlichkeit des Betreibens der Hauptsache (–)
   c) Differenzierte Betrachtung (+)
   d) Zwischenergebnis
4. Keine offensichtliche Verfristung der Hauptsache (–)

VII. Zwischenergebnis

B. Begründetheit

I. Aussetzungs-/Vollziehungsinteresse Baugenehmigung
1. Rechtswidrigkeit der Baugenehmigung (+)
   a) Rechtsgrundlage (+)
   b) Voraussetzungen (+)
   aa) Formell (+)
   bb) Materiell (+)
   (1) Genehmigungsbedürftigkeit (+)
   (2) Genehmigungsfähigkeit (+)
   (a) Vereinbarkeit mit dem Bauplanungsrecht (–)
   (aa) Regelbebauung (–)
   (bb) Ausnahmebebauung (–)
   (cc) Zwischenergebnis
   (b) Vereinbarkeit mit dem Bauordnungsrecht und weiteren öffentlichen Vorschriften (+)
2. Subjektives Recht (+)
3. Zwischenergebnis

II. Vollzugsfolgenbeseitigung (+)
1. Anspruchsgrundlage (+)
   a) § 80a Abs. 1 Nr. 2 Alt. 2 VwGO i.V.m. § 80a Abs. 3 S. 1 VwGO (–)
   b) Spezialgesetz (–)

c) Nachwirkung Grundrechte (+/–)
d) Rechtsstaatsprinzip (+/–)
e) Analog Zivilrecht (+/–)
f) Gewohnheitsrecht (+)
2. Voraussetzungen (+)
a) Positive Voraussetzungen (+)
aa) Eingriff in ein subjektives Recht in der Vergangenheit (+)
bb) Zurechenbare Folge dauert an (+)
b) Negative Voraussetzung (+)
3. Anspruchsinhalt
a) Rechtsgrundlage (+)
b) Voraussetzungen (+)
aa) Formelle Voraussetzungen (+)
bb) Materielle Voraussetzungen (+)
c) Rechtsfolge
4. Zwischenergebnis
C. Ergebnis

Lösungsvorschlag

Die folgende Lösung ist als Lösungsvorschlag zu verstehen und ausführlicher, als es in der Klausurbearbeitung verlangt werden kann. Aufgrund der wissenschaftlichen Freiheit können andere Lösungswege vertreten werden, soweit sie dogmatisch begründbar sind. Die Nachweise aus Rechtsprechung und Literatur sowie die das Verständnis fördernden Randbemerkungen sind in der Examensklausur auszusparen. Die Abkürzung „Alt.“ steht für Alternativfall, nicht für Alternative.

N wird mit seinem Antrag jedenfalls Erfolg haben, soweit die Sachentscheidungsvoraussetzungen erfüllt sind und der Antrag zulässig sowie begründet ist.

A. Sachentscheidungsvoraussetzungen[1]

Die Sachentscheidungsvoraussetzungen können erfüllt sein.[2]

---

1 Wichtig ist, bei Verfahren im einstweiligen Rechtsschutz die Überschrift „Sachentscheidungsvoraussetzungen“, nicht aber „Sachurteilsvoraussetzungen“ zu verwenden, weil kein Urteil ausgesprochen, sondern ein Beschluss gefasst wird.

2 **Hinweis:** Andere Aufbauvarianten werden vertreten (z.B. dreistufig oder Prüfung des Verwaltungsrechtsweges als Untergliederungspunkt der Zuständigkeit des Gerichts). Derartige

I. Rechtsweg

Der Verwaltungsrechtsweg kann mangels aufdrängender Sonderzuweisung gemäß § 40 Abs. 1 S. 1 VwGO eröffnet sein. Unter Umständen kommt ein Verweisungsbeschluss im Sinne des § 17a Abs. 2 GVG i.V.m. § 173 VwGO in Betracht. Der Verwaltungsrechtsweg ist eröffnet, wenn die streitentscheidende öffentlich-rechtliche Norm einen Hoheitsträger einseitig berechtigt oder verpflichtet bzw. wenn aufgrund typisch hoheitlichen Handelns zwischen den Beteiligten ein Subordinationsverhältnis besteht.

Als streitentscheidende Norm kommt § 71 Abs. 1 BauO Bln in Betracht. Durch diese Norm werden Hoheitsträger zum hoheitlichen Handeln gegenüber Bürgern verpflichtet, bei Erfüllung der Voraussetzungen eine Baugenehmigung zu erteilen. Sie ist öffentlich-rechtlicher Natur. Jedenfalls hat die zuständige Baubehörde von ihrer Hoheitsgewalt Gebrauch gemacht, indem sie A die Baugenehmigung erteilt und somit einen Verwaltungsakt erlassen hat. Wählt die Verwaltung eine typisch hoheitliche Handlungsform wie einen Verwaltungsakt, entsteht unabhängig vom öffentlich-rechtlichen Sonderrecht ein Subordinationsverhältnis, aus dem sich die Eröffnung des Verwaltungsrechtsweges ergibt – auch soweit ein Dritter darauf Bezug nimmt. Da die Streitigkeit mangels doppelter Verfassungsunmittelbarkeit nicht verfassungsrechtlicher Art und eine abdrängende Sonderzuweisung nicht ersichtlich sind, bleibt es bei der Eröffnung des Verwaltungsrechtsweges.

II. Zuständigkeit

In Verfahren des einstweiligen Rechtsschutzes ist unabhängig davon, um welches Verfahren im einstweiligen Rechtsschutz es sich handelt, gemäß den §§ 123 Abs. 2 S. 1, 80 Abs. 5 S. 1, 80a Abs. 3 S. 1, 2 VwGO das Gericht der Hauptsache zuständig. Außer beim einstweiligen Rechtsschutz im Sinne des § 47 Abs. 6 VwGO – insoweit wäre wie in der Hauptsache stets das Oberverwaltungsgericht zuständig – ist in der Hauptsache in der Regel gemäß § 45 VwGO das Verwaltungsgericht als Eingangsinstanz für den von der zuständigen Behörde erlassenen Verwaltungsakt sachlich zuständig. Das wäre lediglich anders, wenn es

---

Aufbauvarianten sind aber mit § 17a Abs. 2 GVG bzw. mit der Überschrift des 6. Abschnitts der VwGO sowie mit § 83 VwGO unvereinbar und daher bei exakter dogmatischer Zuordnung der Prüfungspunkte nicht zu empfehlen. Die Überschrift „Sachentscheidungsvoraussetzungen" anstelle der Überschrift „Zulässigkeit" ist sinnvoll, weil nach § 63 Nr. 3 VwGO auch der Beigeladene zu den Beteiligten gehört, das Fehlen einer notwendigen Beiladung i.S.d. § 65 Abs. 2 VwGO aber nur dazu führt, dass die Entscheidung keine materielle Rechtskraft entfaltet.

Zum Aufbau im Ganzen: Heinze/Starke JURA 2012, 175 ff.

Anhaltspunkte für abweichende Regelungen wie z.B. § 50 VwGO gäbe, die jedoch nicht ersichtlich sind, sodass kein Verweisungsbeschluss gemäß den §§ 17a Abs. 2 GVG, 83 VwGO gefasst werden wird.[3]

III. Beteiligte

N und das Land Berlin können Beteiligte des Verfahrens sein. Ob sich die Beteiligungsfähigkeit aus der direkten Anwendung des § 63 VwGO i.V.m. den §§ 61, 62, 65 VwGO ergibt oder ob die Norm wegen des Wortlautes in § 63 VwGO – Kläger und Beklagter – analog anzuwenden ist, ist irrelevant, wenngleich sich aus der gesetzlichen Abschnittsüberschrift des 7. Abschnitts des II. Teils der Verwaltungsgerichtsordnung „Allgemeine Verfahrensvorschriften“ ergeben kann, dass sämtliche Verfahren und damit auch die Verfahren des einstweiligen Rechtsschutzes von der direkten Anwendung erfasst sind. Beteiligte sind nach § 63 Nr. 1, 2 VwGO jedenfalls unter anderem der Antragsteller und der Antragsgegner, beteiligungsfähig nach § 61 Nr. 1 VwGO natürliche und juristische Personen. Als Antragsteller ist N gemäß § 61 Nr. 1 Alt. 1 VwGO beteiligungsfähig und gemäß § 62 Abs. 1 Nr. 1 VwGO prozessfähig.

Antragsgegner im Sinne des § 63 Nr. 2 VwGO ist das Land Berlin als Rechtsträger der zuständigen Baubehörde, weil eine Ausführungsvorschrift zur Verwaltungsgerichtsordnung im Sinne des § 61 Nr. 3 VwGO nicht ersichtlich ist. Das Land Berlin ist als Rechtsträger der Baubehörde beteiligungsfähig. Es ist gemäß den §§ 63 Nr. 2, 61 Nr. 1 Alt. 2 VwGO beteiligungs- und mangels Anhaltspunkten bezüglich des für die Behörde handelnden Organwalters gemäß § 62 Abs. 1, 3 VwGO prozessfähig.

A ist gemäß § 63 Nr. 3 VwGO i.V.m. § 65 Abs. 2 VwGO i.V.m. den §§ 61 Nr. 1 Alt. 1, 62 Abs. 1 Nr. 1 VwGO notwendig beizuladen, weil ihm die Baugenehmigung erteilt worden ist und die Entscheidung somit nur einheitlich auch ihm gegenüber ergehen kann.

---

3 Die örtliche Zuständigkeit ist anzusprechen, wenn es dafür Anhaltspunkte im Sachverhalt gibt. Im Übrigen ist die Prüfung derselben sinnvoll – allerdings nicht notwendig. Gegebenenfalls ist die örtliche Zuständigkeit im Anschluss an die sachliche Zuständigkeit zu prüfen. Ist sie jedoch gemäß § 52 Nr. 2 VwGO ausnahmsweise von der Klageart abhängig, muss sie von der sachlichen Zuständigkeit getrennt nach der Klageart oder deren besonderen Sachurteilsvoraussetzungen bzw. Sachentscheidungsvoraussetzungen erörtert werden, obwohl § 17a Abs. 2 GVG gemäß § 83 VwGO entsprechend anwendbar ist.

IV. Statthafte Verfahrensart

Die statthafte Verfahrensart richtet sich gemäß den §§ 88, 122 Abs. 1 VwGO i.V.m. § 80 Abs. 7 VwGO oder § 123 Abs. 4 VwGO oder § 80a Abs. 3 S. 2 VwGO nach dem Antragsbegehren.[4] Gemäß § 123 Abs. 5 VwGO sind die Verfahren nach den §§ 80, 80a VwGO gegenüber der einstweiligen Anordnung nach § 123 Abs. 5 VwGO spezieller.[5]

1. Antrag gemäß § 80 Abs. 5 S. 1 VwGO

Der Antrag nach § 80 Abs. 5 S. 1 VwGO ist statthaft, soweit der Antragsteller die Suspendierung, also die Herstellung oder Wiederherstellung der aufschiebenden Wirkung eines Rechtsbehelfes oder Rechtsmittels bezüglich eines Verwaltungsaktes begehrt. Ein Verwaltungsakt ist gemäß § 35 S. 1 VwVfG jede Verfügung, Entscheidung oder andere hoheitliche Maßnahme, die eine Behörde zur Regelung eines Einzelfalls auf dem Gebiet des öffentlichen Rechts trifft und die auf unmittelbare Rechtswirkung nach außen gerichtet ist. Der Verwaltungsakt ist die gegenüber A erteilte Baugenehmigung, die N suspendieren möchte. Allerdings kann der Antrag im Sinne des § 80 Abs. 5 S. 1 VwGO in Drei-Personen-Konstellationen durch die speziellere Regelung des § 80a VwGO verdrängt sein.

2. Antrag gemäß § 80a Abs. 1, 2 VwGO i.V.m. § 80a Abs. 3 S. 1 VwGO

Ein Antrag nach § 80a VwGO kann in Drei-Personen-Konstellationen statthaft sein, wobei durch die Norm grundsätzlich Anträge gegenüber der Behörde ermöglicht werden, sodass ein gerichtlicher Antrag nur gemäß § 80a Abs. 1, 2 VwGO i.V.m. § 80a Abs. 3 S. 1 VwGO möglich ist. In § 80a VwGO i.V.m. § 80a Abs. 3 S. 1 VwGO sind drei in Betracht kommende Konstellationen enthalten.

---

4 Beim einstweiligen Rechtsschutz muss das Antragsbegehren anders als das Klagebegehren in der Hauptsache nicht um maßnahmespezifische Aspekte und den rechtsstaatlichen Grundsatz der Effektivität ergänzt werden, weil es insoweit eine gesetzlich vorgegebene Rangfolge in § 123 Abs. 5 VwGO gibt.

5 Die häufig verwendete „Faustformel", dass ein Verfahren nach § 80 Abs. 5 VwGO statthaft ist, wenn es sich in der Hauptsache um eine Anfechtungsklage handelt, während eine einstweilige Anordnung nach § 123 VwGO danach bei Leistungs- und Feststellungsklagen in der Hauptsache statthaft sein soll, ist falsch. Es gibt Fälle, in denen Begehren in der Hauptsache und im einstweiligen Rechtsschutz divergieren (vgl. § 81 Abs. 3 AufenthaltsG).

a) § 80a Abs. 2 VwGO i.V.m. § 80a Abs. 3 S. 1 VwGO

Von § 80a Abs. 2 VwGO i.V.m. § 80a Abs. 3 S. 1 VwGO sind Konstellationen erfasst, in denen ein Betroffener einen ihn belastenden Verwaltungsakt suspendiert und ein Dritter Begünstigter die sofortige Vollziehbarkeit erreichen will. A hat keinen belastenden Verwaltungsakt erhalten, den er suspendiert hat, sodass N auch keine sofortige Vollziehbarkeit einer solchen Regelung begehrt. Der Antrag gemäß § 80a Abs. 2 VwGO i.V.m. § 80a Abs. 3 S. 1 VwGO ist nicht statthaft.

b) § 80a Abs. 1 Nr. 1 VwGO i.V.m. § 80a Abs. 3 S. 1 VwGO

Ein Antrag nach § 80a Abs. 1 Nr. 1 VwGO i.V.m. § 80a Abs. 3 S. 1 VwGO ist statthaft, soweit ein Dritter einen Rechtsbehelf gegen den an einen anderen gerichteten, diesen begünstigenden Verwaltungsakt einlegt und die Behörde den aufgrund des durch den Rechtsbehelf des Dritten eingetretenen Suspensiveffekt auf Antrag des Begünstigten gemäß § 80 Abs. 2 Nr. 4 VwGO die sofortige Vollziehbarkeit anordnen soll. Zwar ist A durch die Baugenehmigung begünstigt worden und N erstrebt deren Suspendierung, jedoch ist durch den gemäß § 68 Abs. 1 S. 1 VwGO eingelegten und nicht gemäß § 68 Abs. 1 S. 2 VwGO entbehrlichen Widerspruch gemäß § 80 Abs. 2 S. 1 Nr. 3 VwGO i.V.m. § 212a BauGB keine Suspensivwirkung im Sinne des § 80 Abs. 1 VwGO eingetreten. Zudem stellt nicht A, sondern N einen Antrag beim Gericht. Ein Antrag gemäß § 80a Abs. 1 Nr. 1 VwGO i.V.m. § 80a Abs. 3 S. 1 VwGO ist nicht statthaft.

c) § 80a Abs. 1 Nr. 2 Alt. 1 VwGO i.V.m. § 80a Abs. 3 S. 1 VwGO

Ein Antrag gemäß § 80a Abs. 1 Nr. 2 Alt. 1 VwGO i.V.m. § 80a Abs. 3 S. 1 VwGO ist statthaft, soweit ein Dritter einen Rechtsbehelf gegen den an einen anderen gerichteten, diesen begünstigenden Verwaltungsakt einlegt und der Verwaltungsakt aufgrund dessen Vollziehbarkeit nicht suspendiert ist, sodass die Aussetzung der Vollziehung angeordnet werden soll – dem Wortlaut des grundsätzlich für die Behörde geltenden § 80a Abs. 1 Nr. 2 Alt. 2 VwGO entsprechend durch behördliche Aussetzung gemäß § 80 Abs. 4 VwGO und bei einem beim Gericht gestellten Antrag gemäß § 80a Abs. 1 Nr. 2 Alt. 1 VwGO i.V.m. § 80a Abs. 3 S. 1 VwGO durch das Gericht.

N als Dritter hatte gegen die dem A erteilte Baugenehmigung den nicht gemäß § 68 Abs. 1 S. 1 VwGO i.V.m. § 68 Abs. 1 S. 2 VwGO entbehrlichen Widerspruch eingelegt, aus dem sich gemäß § 80 Abs. 2 S. 1 Nr. 3 VwGO i.V.m. § 212a BauGB keine Suspensivwirkung im Sinne des § 80 Abs. 1 VwGO ergab. Der Antrag gemäß § 80a Abs. 1 Nr. 2 Alt. 1 VwGO i.V.m. § 80a Abs. 3 S. 1 VwGO ist statthaft.

d) Annexantrag

Das zweite Begehren des N bezüglich des Baustopps kann prozessual mittels eines Annexantrages durchsetzbar sein.[6]

aa) Voraussetzungen Annexantrag

N erstrebt neben der Suspendierung der Baugenehmigung einen Baustopp des Vorhabens des A.

Möglicherweise sind insoweit keine weiteren Sachentscheidungsvoraussetzungen erforderlich, weil der Antrag als Annex zum Hauptantrag gestellt werden kann. Die Grundregel für die objektive Klagehäufung ist § 44 VwGO, welche im einstweiligen Rechtsschutz als Antragshäufung analog anwendbar ist, da in § 122 Abs. 1 VwGO keine abschließende Regelung zur entsprechenden Anwendbarkeit anderer Normen der Verwaltungsgerichtsordnung enthalten ist und somit eine planwidrige Regelungslücke bei vergleichbarer Interessenlage besteht. Eine objektive Antragshäufung ist analog § 44 VwGO möglich, wenn sich die Anträge gegen denselben Beklagten richten, im Zusammenhang stehen und dasselbe Gericht zuständig ist. Zudem ist eine gleichzeitige Entscheidungsreife erforderlich, weil anderenfalls rechtsstaatswidrig und damit unter anderem entgegen Art. 20 Abs. 3 GG die Judikative entscheiden würde, obwohl das Verfahren der Exekutive noch nicht abgeschlossen wäre. Möglich sind im Sinne des § 44 VwGO somit die kumulative Antragshäufung sowie die eventuale Antragshäufung in Form eines Haupt- und eines Hilfsantrages. Während eine alternative Antragshäufung mangels Bestimmtheit des Antrages nicht möglich ist, ist eine objektive Antragshäufung bei Stufenanträgen grundsätzlich ausgeschlossen, weil aufgrund des Erfordernisses, zunächst über die erste Stufe zu entscheiden, keine gleichzeitige Entscheidungsreife besteht. Für N kommt es zunächst auf die Suspendierung der Baugenehmigung auf der ersten Stufe an, um anschließend den vorläufigen Baustopp zu erreichen. Dieser Stufenantrag ist analog § 44 VwGO nicht möglich.

Ein Stufenantrag kann gemäß den Spezialregelungen der § 80 Abs. 5 S. 3 VwGO i.V.m. § 80a Abs. 3 S. 2 VwGO bzw. § 80a Abs. 1 Nr. 2 Alt. 2 VwGO i.V.m.

---

6 Es ist möglich, beide Anträge zusammen oder getrennt zu prüfen und schon bei der statthaften Antragsart den Annexantrag zu prüfen. Die Antragsverbindung – der Annexantrag stellt eine Ausnahme vom grundsätzlichen Verbot der Stufenverfahren dar – ist aber keine Zulässigkeitsvoraussetzung, sodass dies nur im Rahmen der Überschrift „Sachentscheidungsvoraussetzungen“ möglich ist. Sollte einmal nach der Zulässigkeit und Begründetheit eines Verfahrens bzw. Antrages gefragt sein, dürften bei genauer Beantwortung der Fallfrage weder die Beiladung i.S.d. § 65 VwGO noch die Antragsverbindung geprüft werden.

§ 80a Abs. 3 S. 1 VwGO oder § 80 Abs. 5 S. 3 VwGO direkt oder analog § 113 Abs. 4 VwGO möglich sein. Während analog § 113 Abs. 4 VwGO als gegenüber § 80 Abs. 5 S. 3 VwGO subsidiärer Regelung Zwei-Personen-Konstellationen erfasst sind, in denen ein materiell-rechtlicher Anspruch, der nicht Vollzugsfolgenbeseitigungsanspruch ist, prozessual mit einem Antrag gemäß § 80 Abs. 5 S. 1 VwGO in der ersten Stufe verknüpft werden soll, sind von § 80 Abs. 5 S. 3 VwGO solche Konstellationen erfasst, in denen materiell-rechtlich ein Vollzugsfolgenbeseitigungsanspruch auf der zweiten Stufe mit dem Antrag gemäß § 80 Abs. 5 S. 1 VwGO auf der ersten Stufe verknüpft werden soll. Spezialregelungen in Drei-Personen-Konstellationen sind § 80 Abs. 5 S. 3 VwGO i.V.m. § 80a Abs. 3 S. 2 VwGO bzw. § 80a Abs. 1 Nr. 2 Alt. 2 VwGO i.V.m. § 80a Abs. 3 S. 1 VwGO. In allen Konstellationen wird in der ersten Stufe jedoch ein Suspendierungsantrag als Gestaltungsantrag der Verwaltungsgerichtsordnung vorausgesetzt, weil das Gericht nur insoweit in der ersten Stufe mit Rechtskraft der Entscheidung selbst verbindlich gestalten kann, sodass keine unzulässige Durchbrechung der Gewaltenteilung seitens der Judikative in Bereiche der Exekutive erfolgt.

N erstrebt mit seinem zweiten Antrag, dass A vorläufig ein Baustopp auferlegt wird. Dabei kann es sich materiell nicht um einen schlichten Abwehr- und Unterlassungsanspruch handeln, da kein gegenwärtiges, sich wiederholendes schlichtes Verwaltungshandeln abgewehrt werden soll, da der Bau als solcher privat errichtet wird. Geht es lediglich um die Beseitigung der Folgen und handelt es sich um die Folgen schlichten Verwaltungshandelns, geht es um einen allgemeinen Folgenbeseitigungsanspruch, soweit es um die Folgen eines Verwaltungsaktes geht, um einen Vollzugsfolgenbeseitigungsanspruch. Maßgeblich ist zur Abgrenzung der Folgenbeseitigungsansprüche gegenüber dem schlichten Abwehr- und Unterlassungsanspruch, ob es sich schwerpunktmäßig um ein weiter andauerndes oder sich wiederholendes aktives Tun der Behörde oder um eine passiv fortwirkende Gegebenheit handelt. Zudem muss der Schwerpunkt der Folge auf öffentlich-rechtliches, darf hingegen nicht auf privatrechtliches Handeln rückführbar sein. Eine Folgenbeseitigung kommt sowohl nach dem Geltungsende einer befristeten Verfügung als auch nach der Aufhebung eines Verwaltungsakts mit Dauerwirkung wegen Wegfalls seiner Voraussetzungen in Betracht (VGH Kassel – 11 TG 1515/93). Maßgeblich ist jedoch, dass es keines behördlichen Zwischenhandelns mehr bedarf.

Bezüglich der Errichtung des Bauvorhabens könnte darauf abgestellt werden, dass der Bau keine unmittelbare Folge der Baugenehmigung sein kann, weil die Errichtung ein Zwischenhandeln darstellt. Die Errichtung des Bauvorhabens ist jedoch eine private Tätigkeit, die insoweit nicht maßgeblich ist. Es bedurfte keines weiteren Zwischenhandelns der Verwaltung mehr, sodass die Errichtung des Bauvorhabens durch A als eine unmittelbare Folge der erteilten

Baugenehmigung einzustufen ist. Es handelt sich daher materiell um einen Vollzugsfolgenbeseitigungsanspruch, der prozessual mit einem Annexantrag durchgesetzt wird.

bb) Prozessuale Grundlage

Fraglich ist, nach welcher prozessualen Verknüpfungsnorm der Annexantrag statthaft ist. Der Annexantrag kann nach § 80 Abs. 5 S. 3 VwGO i.V.m. § 80a Abs. 3 S. 2 VwGO oder nach § 80a Abs. 1 Nr. 2 Alt. 2 VwGO i.V.m. § 80a Abs. 3 S. 1 VwGO statthaft sein, während eine direkte Anwendung des § 80 Abs. 5 S. 3 VwGO wegen der Statthaftigkeit des Antrages nach § 80a Abs. 1 Nr. 2 Alt. 1 VwGO auf der ersten Stufe der Drei-Personen-Konstellation nicht möglich ist. Maßgeblich ist also, in welchem Verhältnis § 80 Abs. 5 S. 3 VwGO i.V.m. § 80a Abs. 3 S. 2 VwGO zu § 80a Abs. 1 Nr. 2 Alt. 2 VwGO i.V.m. § 80a Abs. 3 S. 1 VwGO steht. In beiden Normenkonstellationen ist ein Annexantrag enthalten.

Es könnte angenommen werden, dass der Antrag gemäß § 80a Abs. 1 Nr. 2 Alt. 2 VwGO i.V.m. § 80a Abs. 3 S. 1 VwGO spezieller als der nach § 80 Abs. 5 S. 3 VwGO i.V.m. § 80a Abs. 3 S. 2 VwGO ist, da die Norm des § 80a VwGO gegenüber § 80 Abs. 5 VwGO spezieller ist. Da sich auch die Anwendbarkeit des § 80 Abs. 5 S. 3 VwGO aus § 80a Abs. 3 S. 2 VwGO ergibt, kann nicht auf eine Spezialität des § 80a VwGO abgestellt werden. Eine vorrangige Anwendbarkeit des § 80a Abs. 1 Nr. 2 Alt. 2 VwGO i.V.m. § 80a Abs. 3 S. 1 VwGO könnte sich aus der weitergehenden Formulierung der Norm ergeben. Dem Wortlaut des § 80a Abs. 1 Nr. 2 Alt. 2 VwGO entsprechend können „Maßnahmen" erlassen werden. Das würde gemäß § 80a Abs. 3 S. 1 VwGO auch für den Richter gelten, sodass das Gericht z.B. selbst einen Verwaltungsakt an den Begünstigten erlassen könnte. Dies ist im Rahmen des § 80 Abs. 5 S. 3 VwGO nicht möglich. Würde dem Gericht gemäß § 80a Abs. 1 Nr. 2 Alt. 2 VwGO i.V.m. § 80a Abs. 3 S. 1 VwGO jedoch der Erlass eines Verwaltungsaktes ermöglicht, würde dies eine unzulässige Durchbrechung der Gewaltenteilung bedeuten, da das Gericht als Judikative dann als Exekutive agieren würde. Daher ist eine verfassungskonforme Auslegung im Sinne des sich unter anderem aus Art. 20 Abs. 3 GG ergebenden Rechtsstaatsprinzips dahingehend erforderlich, dass das Gericht gemäß § 80a Abs. 1 Nr. 2 Alt. 2 VwGO i.V.m. § 80a Abs. 3 S. 1 VwGO nur die Behörde verpflichten kann, einen Verwaltungsakt zu erlassen, jedoch nicht selbst exekutiv tätig werden kann. Somit ist auch die Reichweite des Annexantrages gemäß § 80 Abs. 5 S. 3 VwGO i.V.m. § 80a Abs. 3 S. 2 VwGO und des Annexantrages im Sinne des § 80a Abs. 1 Nr. 2 Alt. 2 VwGO i.V.m. § 80a Abs. 3 S. 1 VwGO gleich, sodass sich aus der Rechtsfolge keine Rangfolge ergibt.

Daher sind beide Annexanträge zunächst einmal gleichrangig. Entscheidend ist letztlich der Wortlaut. Während in der Konstellation des § 80 Abs. 5 S. 3

VwGO, auf den in § 80a Abs. 3 S. 2 VwGO verwiesen wird, der Verwaltungsakt „vollzogen“ ist, ist § 80a Abs. 1 Nr. 2 Alt. 2 VwGO i.V.m. § 80a Abs. 3 S. 1 VwGO weiter formuliert, in dem einstweilige Maßnahmen zur Sicherung der Rechte des Dritten ermöglicht werden. Daher ist letztlich in solchen Konstellationen, in denen der Verwaltungsakt bereits vollständig vollzogen ist, für den Annexantrag § 80 Abs. 5 S. 3 VwGO i.V.m. § 80a Abs. 3 S. 2 VwGO heranzuziehen, in Konstellationen, in denen der Verwaltungsakt erst partiell vollzogen ist, § 80a Abs. 1 Nr. 2 Alt. 2 VwGO i.V.m. § 80a Abs. 3 S. 1 VwGO.

Da A das Bauvorhaben noch nicht vollständig vollendet hat, ist der jederzeit im Gerichtsverfahren stellbare Annexantrag gemäß § 80a Abs. 1 Nr. 2 Alt. 2 VwGO i.V.m. § 80a Abs. 3 S. 1 VwGO statthaft, wobei der zweite Antrag auf den Prozessvoraussetzungen des Antrages auf der ersten Stufe beruht, sodass keine zusätzlichen Sachentscheidungsvoraussetzungen erforderlich sind.

V. Besondere Sachentscheidungsvoraussetzungen

Die besonderen Sachentscheidungsvoraussetzungen müssen erfüllt sein. Ausdrückliche Regelungen über die besonderen Sachentscheidungsvoraussetzungen gibt es für das Verfahren nach den §§ 80a Abs. 1 Nr. 1, 80a Abs. 3 S. 2, 80 Abs. 5 VwGO nicht.

1. Besondere Prozessführungsbefugnis

§ 78 VwGO als Regelung der besonderen Prozessführungsbefugnis ist gemäß der Abschnittsüberschrift des 8. Abschnitts der Verwaltungsgerichtsordnung bei Anfechtungs- und Verpflichtungsklagen anwendbar. Analog ist § 78 VwGO bei Verfahren anwendbar, bei denen es um Verwaltungsakte geht, weil insoweit eine vergleichbare Interessenlage bei planwidriger Regelungslücke besteht. Da beim Verfahren nach § 80a Abs. 1 Nr. 2, Abs. 3 S. 2, Abs. 5 S. 1 VwGO in der ersten Stufe die Suspendierung eines Verwaltungsaktes erstrebt wird, ist § 78 VwGO insoweit analog anwendbar. Das gilt auch bezüglich des Annexantrages, weil bezüglich dessen der unmittelbare Bezug zu dem auf einen Verwaltungsakt bezogenen Suspendierungsantrag besteht. Besonders prozessführungsbefugt ist analog § 78 Abs. 1 Nr. 1 VwGO das Land Berlin.

2. Antragsbefugnis

N muss zwecks der Vermeidung eines Popularantrages analog § 42 Abs. 2 VwGO antragsbefugt sein. Die Antragsbefugnis nach § 42 Abs. 2 VwGO setzt die Möglichkeit der Verletzung eines subjektiven Rechts voraus. Subjektive Rechte werden aus Sonderrechtsbeziehungen, einfachen Gesetzen, subsidiär aus Grundrechten abgeleitet, wobei aufgrund des weiten Schutzbereiches des Art. 2 Abs. 1 GG bei unmittelbaren Grundrechtseingriffen für das subjektive Recht direkt auf Grundrechte abgestellt werden kann. Ein unmittelbarer Eingriff der Behörde bei N ist nicht ersichtlich, da an diesen kein Verwaltungsakt erlassen bzw. ihm gegenüber auch kein Realhandeln der Behörde erfolgt ist. Somit sind primär Sonderrechtsbeziehungen bzw. einfachgesetzliche subjektive Rechte maßgeblich.

Einfachgesetzlich muss das subjektive Recht aus der streitentscheidenden Norm ableitbar sein, weil es trotz des sich unter anderem aus Art. 20 Abs. 3 GG ergebenden Rechtsstaatsprinzips keinen Gesetzesvollziehungsanspruch gibt. Somit muss sich das subjektive Recht des N aus § 71 Abs. 1 BauO Bln ergeben. Danach sind öffentlich-rechtliche Vorschriften maßgeblich. Dazu gehören das Bauordnungsrecht und das Bauplanungsrecht sowie andere öffentlich-rechtliche Vorschriften. Während im Bauordnungsrecht selten subjektive Rechte zugunsten des Grundstücksnachbarn enthalten sind – § 3 Abs. 1 BauO Bln ist bezüglich Individualgüter und Individualrechte im Rahmen der öffentlichen Sicherheit bereichsspezifisch auf die Bewohner beschränkt – und dieses somit ohne erhebliche Relevanz ist, ist das Bauplanungsrecht im Sinne der §§ 29ff. BauGB subjektiviert. Woraus sich dann das subjektive Recht des Nachbarn mittels der Rechtsgrundlage genau ergibt,[7] ist davon abhängig, ob es sich um einen beplanten Bereich, einen unbeplanten Innenbereich oder um einen Außenbereich handelt.[8]

a) Beplanter Bereich

Im beplanten Bereich im Sinne des § 30 Abs. 1, 2 BauGB – im Rahmen des § 30 Abs. 3 BauGB unter Umständen durch die §§ 34, 35 BauGB ergänzt – wird über die §§ 9, 9a BauGB auf die Baunutzungsverordnung verwiesen, weil in § 9 BauGB die Festsetzungen für den Bebauungsplan geregelt sind, der gemäß § 9 Abs. 1 Nr. 1 BauGB Festsetzungen über die Art und das Maß der baulichen Nutzung enthält, die wiederum in der Baunutzungsverordnung – deren Ermächtigungsgrundlage ist § 9a BauGB – spezifiziert werden. Gemäß § 1 Abs. 3 S. 1 BauNVO können die in § 1 Abs. 2 BauNVO geregelten Gebiete im Bebauungsplan festgesetzt werden, sodass sie Bestandteil des Bebauungsplanes werden, wobei dann mittels der jeweiligen Gebiete in den §§ 2ff. BauNVO eine Feinsteuerung

---

7 Der Bauherr selbst kann sich anders als der Nachbar in der Regel auf Art. 14 Abs. 1 GG berufen.

8 Das subjektive Recht des Nachbarn ist einfachgesetzlich stets auf die Rechtsgrundlage rückführbar, wobei die Verweisungskette je nach Konstellation unterschiedlich ausgestaltet ist.

als Rückausnahme der Regelbebauung im Sinne des jeweiligen Absatzes 2 der §§ 2ff. BauNVO bzw. der Ausnahmebebauung im Sinne des jeweiligen Absatzes 3 sowie der Erweiterungen im Sinne der §§ 12–14 BauNVO zu bedenken sind. Diese Feinsteuerung im Sinne des § 15 Abs. 1 S. 2 BauNVO ist als gebietsübergreifendes Gebot der Rücksichtnahme drittschützend.

Soweit es sich um eine Regelbebauung oder um eine Ausnahmebebauung – bezüglich der Ausnahmebebauung ist § 31 Abs. 1 BauGB als Überleitungsnorm maßgeblich – der Gebiete der Baunutzungsverordnung handelt, besteht innerhalb des beplanten Gebietes zudem ein Gebietserhaltungsanspruch, der sich aus den Festsetzungen des Bebauungsplanes ergibt, der wiederum auf § 1 Abs. 3 BauGB i.V.m. § 1 Abs. 2 BauGB als Inhalts- und Schrankenbestimmung des Eigentums im Sinne des Art. 14 Abs. 1 S. 2 GG rückführbar ist. Ob sich aus dem Gebietserhaltungsanspruch ein subjektives Recht nur bezüglich der Art oder auch bezüglich des Maßes der baulichen Nutzung ergibt, kann unterschiedlich beurteilt werden. Einerseits könnte das Maß der baulichen Nutzung als nicht drittschützender Aspekt eingeordnet werden, andererseits hat der Gesetzgeber an anderer Stelle – in § 34 Abs. 1 BauGB ist bezüglich des unbeplanten Innenbereiches, der auf Art und Maß der baulichen Nutzung bezogen ist, eine subjektive Betrachtungsweise bezüglich des Nachbarn vollumfassend in § 34 Abs. 3a S. 1 Nr. 3 BauGB angeordnet – eine auf den Nachbarn bezogene subjektive Betrachtungsweise angeordnet.[9]

Soweit es um eine Befreiung vom Bebauungsplan im Sinne des § 31 Abs. 2 BauGB geht, sind der Gebietserhaltungsanspruch bzw. das Gebot der Rücksichtnahme im Sinne des § 15 Abs. 1 S. 2 BauNVO nicht maßgeblich, weil vom Bebauungsplan gerade befreit werden soll. Der Drittschutz erfolgt insoweit über den Terminus „nachbarliche Interessen“ in § 31 Abs. 2 BauGB.

Im beplanten Bereich ergibt sich das subjektive Recht des Nachbarn somit aus dem Gebietserhaltungsanspruch bzw. dem Gebot der Rücksichtnahme im Sinne des § 15 Abs. 1 S. 2 BauNVO oder aus § 31 Abs. 2 BauGB, wobei alle Varianten letztlich auf die jeweils für das subjektive Recht maßgebliche streitentscheidende Norm rückführbar sind.

9 In der Rechtsprechung wird der Gebietserhaltungsanspruch regelmäßig nicht auf das Maß der baulichen Nutzung bezogen, wobei dies im Hinblick auf § 34 Abs. 1 BauGB i.V.m. § 34 Abs. 3a S. 1 Nr. 3 BauGB problematisch ist. Insoweit besteht zwar kein Bebauungsplan, in dem ein Gebiet festgesetzt ist, jedoch ist § 34 Abs. 1 BauGB auf Art und Maß bezogen und die subjektive Betrachtungsweise in § 34 Abs. 3a S. 1 Nr. 3 BauGB uneingeschränkt angeordnet. Daraus ergibt sich, dass Regelungen über das Maß durchaus drittschützend sein können.

b) Unbeplanter Innenbereich

Im unbeplanten Innenbereich im Sinne des § 34 BauGB ist bezüglich des subjektiven Rechts des Nachbarn zwischen einem Gebiet im Sinne des § 34 Abs. 2 BauGB und einem solchen im Sinne des § 34 Abs. 1 BauGB zu differenzieren.

Während in § 34 Abs. 2 BauGB für die Art der baulichen Nutzung auf die Baunutzungsverordnung verwiesen wird – bezüglich des Maßes der baulichen Nutzung gilt ergänzend § 34 Abs. 1 BauGB – und das subjektive Recht des Nachbarn über eine Verweisungskette auf die Rechtsgrundlage rückführbar ist, ergibt sich das subjektive Recht im Übrigen direkt aus § 34 Abs. 1 BauGB.[10]

aa) § 34 Abs. 1 BauGB

Im Rahmen des § 34 Abs. 1 BauGB ergibt sich das subjektive Recht aus dem Terminus des Einfügens. Dass der Terminus des Einfügens subjektiviert ist, ergibt sich wiederum aus § 34 Abs. 3a Nr. 3 BauGB, weil danach vom Erfordernis des Einfügens abgesehen werden kann, soweit dies unter anderem mit nachbar-

---

10 **Das subjektive Recht des Dritten ergibt sich ähnlich wie im beplanten Bereich:**
- Gebietsprägungserhaltungsanspruch (anstelle des Gebietserhaltungsanspruches)
- Gebot der Rücksichtnahme i.S.d. § 15 Abs. 1 S. 2 BauNVO (über das Gebot der Rücksichtnahme hinaus)
- § 31 Abs. 2 BauGB i.V.m. § 34 Abs. 2 Hs. 2 BauGB

Zum Teil werden die Termini „Gebietserhaltungsanspruch" und „Gebietsprägungserhaltungsanspruch" anders verwendet. Ersterer wird dann im Rahmen des Drittschutzes nur verwendet, wenn das Vorhaben mit dem Wortlaut des Gebiets in der BauNVO vereinbar ist. Sollte ein Vorhaben im Gebiet dem Wortlaut nach zulässig sein, wird dann aber aufgrund einer verfassungskonformen Reduktion dennoch nicht zugelassen, soll der zweite Begriff genannt werden. Beide Begriffe sollen im Gebiet nach § 30 BauGB und im Gebiet nach § 34 Abs. 2 BauGB gelten. Das erscheint nicht sinnvoll, weil im Rahmen des § 34 Abs. 2 BauGB kein Gebiet festgesetzt ist, sondern die BauNVO nur entsprechend gilt, wenn der Innenbereich wie ein Gebiet aussieht. Im Gesetzestext ist zudem mit „wäre" im Konjunktiv formuliert worden, sodass es sich um eine Fiktion handelt. Daher passt der Terminus des Gebietserhaltungsanspruches im ungeplanten Innenbereich nicht. Darüber hinaus ergibt es keinen Sinn, innerhalb des geplanten Bereiches verschiedene Termini zu verwenden, weil die jeweilige Zulässigkeit eines Vorhabens sich aus einer einheitlichen Anwendung der jeweiligen Norm der BauNVO ergibt. Nur weil ein Vorhaben erst nach einer verfassungskonformen Reduktion als „gebietsunverträglich" gilt, bedeutet es nicht, dass das jeweilige Gebiet dann nicht so wie nach der verfassungskonformen Reduktion erfolgt definiert ist, sodass es insoweit nicht des zusätzlichen Begriffes des Gebietsprägungserhaltungsanspruches bedarf. Die Normen sind einheitlich auszulegen bzw. zu lesen, sodass sich bei Anwendung aller Auslegungsmethoden ein einheitliches Auslegungsergebnis ergibt, das dann die inhaltliche Bestimmung des Gebietes darstellt und somit die Grundlage für den Gebietserhaltungsanspruch als einheitlichen Terminus im Rahmen eines geplanten Gebietes bildet.

lichen Interessen vereinbar ist. Der Terminus des Einfügens ist somit im Sinne nachbarlicher Interessen zu verstehen und somit subjektiviert.

bb) § 34 Abs. 2 BauGB

Gemäß § 34 Abs. 2 BauGB wird die Baunutzungsverordnung bezüglich der Art der baulichen Nutzung angewendet, soweit es sich um ein Gebiet handelt, das einem derjenigen in der Baunutzungsverordnung ähnelt, sodass es sich um einen faktischen Bebauungsplan handelt. Somit ist auch § 34 Abs. 2 BauGB als Inhalts- und Schrankenbestimmung im Sinne des Art. 14 Abs. 1 S. 2 GG einzustufen mit der Folge, dass über die Rechtsgrundlage und § 34 Abs. 2 BauGB i.V.m. § 9a BauGB das jeweilige Gebiet der Baunutzungsverordnung maßgeblich ist. Im Rahmen der Regelbebauung im Sinne des Absatzes 2 des jeweiligen Gebietes der Baunutzungsverordnung sowie im Rahmen der Ausnahmebebauung im Sinne des Absatzes 3 des jeweiligen Gebietes der Baunutzungsverordnung – insoweit in Verbindung mit § 31 Abs. 1 BauGB i.V.m. § 34 Abs. 2 Hs. 2 BauGB – wird aus dem Gebietserhaltungsanspruch im beplanten Bereich der Gebietsprägungserhaltungsanspruch für den unbeplanten Innenbereich, weil mangels Bebauungsplanes kein Gebiet festgesetzt ist, sondern es nur geprägt ist wie eines der festsetzbaren Gebiete. Zudem gilt gemäß § 15 Abs. 1 S. 2 BauNVO das Gebot der Rücksichtnahme. Bezüglich des Gebietsprägungserhaltungsanspruches ist es anders als im beplanten Bereich für den Gebietserhaltungsanspruch nicht problematisch, ob das Maß der baulichen Nutzung erfasst ist, weil in § 34 Abs. 2 BauGB ohnehin nur bezüglich der Art der baulichen Nutzung auf die Baunutzungsverordnung verwiesen wird. Für das Maß der baulichen Nutzung gilt insoweit § 34 Abs. 1 BauGB, der im Sinne des § 34 Abs. 3a S. 1 Nr. 3 BauGB bezüglich des Einfügens auch für das Maß der baulichen Nutzung zugunsten des Nachbarn subjektiviert ist.

Soweit es um eine Befreiung vom geprägten Gebiet im Sinne des § 34 Abs. 2 BauGB geht, sind die nachbarlichen Interessen gemäß § 31 Abs. 2 BauGB i.V.m. § 34 Abs. 2 Hs. 2 BauGB für den Drittschutz maßgeblich.

Ähnelt ein unbeplanter Innenbereich nicht einem Gebiet der Baunutzungsverordnung, ist für die Art und das Maß nur ein Einfügen im Sinne des § 34 Abs. 1 BauGB maßgeblich, welches im Sinne des § 34 Abs. 3a S. 1 Nr. 3 BauGB im Hinblick auf den Nachbarn subjektiviert ist, da der Terminus „Eigenart" nicht im Sinne der „Art" der baulichen Nutzung formuliert worden ist und somit vollständig auf die Einfügung im Sinne des § 34 Abs. 1 BauGB verwiesen wird, von der Art und Maß erfasst sind, zumal der Terminus „Eigenart" auch in § 34 Abs. 1 BauGB enthalten ist, in dem auch auf das Maß der baulichen Nutzung Bezug genommen wird.

c) Außenbereich

Im Außenbereich ergibt sich das subjektive Recht des Nachbarn aus partiellen öffentlichen Belangen im Sinne des § 35 Abs. 1, 2 BauGB. Zwar könnte der Subjektivierung der öffentlichen Belange grundsätzlich wie sonst bei der Allgemeinheit entgegenstehen, dass in einem Rechtsstaat kein Gesetzesvollziehungsanspruch gewährt wird, jedoch sind die öffentlichen Belange in § 35 Abs. 3 BauGB spezifiziert. Zwar sind die meisten öffentlichen Belange nicht subjektiviert, solche im Sinne des § 35 Abs. 3 S. 1 Nr. 3 BauGB jedoch schon, wobei die dort benannten schädlichen Umwelteinwirkungen bereichsspezifisch baurechtlich und nicht ausschließlich umweltrechtlich im Sinne des § 3 Abs. 1 BImSchG auszulegen sind. Ein übergesetzliches Gebot der Rücksichtnahme besteht jedoch nicht, da dadurch ein Gesetzesvollziehungsanspruch gewährt werden würde, der mit dem sich unter anderem aus Art. 20 Abs. 3 GG ergebenden Rechtsstaatsprinzip unvereinbar wäre.[11]

d) Subjektives Recht des N

Das für N maßgebliche Gebiet ist in einem Bebauungsplan als Gewerbegebiet festgesetzt worden. Aus dem Bebauungsplan als Inhaltsbestimmung des Eigentums – der Bebauungsplan ist bundesweit gemäß § 10 Abs. 1 BauGB regelmäßig anders als in Hamburg und Berlin, wo er gemäß § 246 Abs. 2 S. 1 BauGB i.V.m. dem Landesrecht regelmäßig als Verordnung ausgestaltet ist, als Satzung ausgestaltet – ergibt sich eine Lebens- und Schicksalsgemeinschaft und damit der Gebietserhaltungsanspruch im Sinne des § 71 Abs. 1 BauO Bln i.V.m. den §§ 29 Abs. 1, 30 Abs. 1, 9, 9a BauGB i.V.m. § 1 Abs. 3 S. 2 BauNVO i.V.m. § 1 Abs. 2 BauNVO i.V.m. § 8 BauNVO, da das festgesetzte Gewerbegebiet Bestandteil des Bebauungsplanes geworden ist. N als Nachbar ist selbst den Festsetzungen unterworfen und darf somit ebenso auf die Einhaltung der Festsetzungen durch seine Nachbarn vertrauen. Es kann nicht ausgeschlossen werden, dass N aufgrund der Errichtung des Aufenthaltsraumes in seinem Gebietserhaltungsanspruch verletzt wird.

Zusätzlich ergibt sich für N selbst bei Einhaltung der groben Gebietsvorgaben im Gewerbegebiet die Möglichkeit der Verletzung eines subjektiven Rechts aus der Feinsteuerung des § 15 Abs. 1 S. 2 BauNVO als Gebot der Rücksichtnahme und Ausprägung der Verhältnismäßigkeit im Sinne der Wechselwirkung bezüglich des Art. 14 Abs. 1 GG. Gemäß § 71 Abs. 1 BauO Bln i.V.m. den §§ 29

11 Partiell wird ein übergesetzliches Gebot der Rücksichtnahme im Rahmen des Außenbereiches angenommen, welches bedenklich ist, weil kein Gesetzesvollziehungsanspruch gewährt werden darf.

Abs. 1, 30 Abs. 1, 9, 9a BauGB i.V.m. § 1 Abs. 3 S. 2 BauNVO i.V.m. § 1 Abs. 2 BauNVO i.V.m. den §§ 8, 15 Abs. 1 S. 2 BauNVO ergibt sich auch insoweit die Möglichkeit der Verletzung eines subjektiven Rechts.

N ist antragsbefugt.

VI. Allgemeines Rechtsschutzbedürfnis

Aus dem unter anderem in Art. 20 Abs. 3 GG enthaltenen Rechtsstaatsprinzip ergibt sich für das Prozessrecht das Erfordernis des allgemeinen Rechtsschutzbedürfnisses als allgemeine Sachentscheidungsvoraussetzung.

1. Gesetzliche Suspendierung

Dem Antragsteller fehlt das allgemeine Rechtsschutzbedürfnis, wenn der Suspensiveffekt schon gemäß § 80 Abs. 1 VwGO aufgrund gesetzlicher Anordnung eingetreten ist oder vom Antragsteller außergerichtlich ohne Schwierigkeiten herbeigeführt werden kann. Für N gab es keine andere Möglichkeit, den Suspensiveffekt herbeizuführen, da auch bei Widerspruch gemäß § 80 Abs. 2 S. 1 Nr. 3 VwGO i.V.m. § 212a BauGB die aufschiebende Wirkung entfällt. Insoweit ist N das allgemeine Rechtsschutzbedürfnis nicht abzusprechen.[12]

2. Aussetzungsantrag

Um ein Rechtsschutzbedürfnis zu haben, könnte für den Antragsteller ein vorheriger Antrag nach § 80 Abs. 6 S. 1 VwGO i.V.m. § 80a Abs. 3 S. 2 VwGO auf Aussetzung im Sinne des § 80 Abs. 4 S. 1 VwGO erforderlich sein.

Zunächst ist maßgeblich, welche Funktion dem Verweis in § 80 Abs. 6 S. 1 VwGO auf § 80 Abs. 2 S. 1 Nr. 1 VwGO zukommt. Sollte der Verweis als deklaratorisch einzuordnen sein, könnte ein vorheriger Aussetzungsantrag bei der Behörde erforderlich sein, weil dann stets vor dem Betreiben des einstweiligen Rechtsschutzes ein Aussetzungsantrag bei der Behörde erforderlich wäre. Dem Wortlaut nach ist § 80 Abs. 6 S. 1 VwGO abschließend. Die Norm soll nur in den

---

12 Teilweise wird die Problematik der gesetzlichen Suspendierung schon beim statthaften Antrag erörtert. Da es bei der statthaften Antragsart nur darum geht, das Begehren mit einer rechtlich vorgesehenen Antragsart zu verbinden, ist die Frage nach dem Bedürfnis für gerichtlichen Rechtsschutz weitergehend. Vertretbar – wenngleich nicht empfehlenswert – erscheint es jedoch, das allgemeine Rechtsschutzbedürfnis insoweit vorzuziehen und bei der statthaften Antragsart mitzuprüfen. Dann muss bei der Erörterung der statthaften Antragsart aber klargestellt werden, dass das allgemeine Rechtsschutzbedürfnis insoweit vorgezogen worden ist.

dort explizit benannten Konstellationen angewandt werden, zumal im Gegensatz zur Analogie eine plangemäße Regelungslücke für verbleibende Konstellationen anzunehmen ist. Aus dem Umkehrschluss aus § 80 Abs. 6 S. 1 VwGO ergibt sich somit, dass in Konstellationen außerhalb des § 80 Abs. 2 Nr. 1 VwGO vor Betreibung des einstweiligen Rechtsschutzes kein Aussetzungsantrag bei der Behörde zu stellen ist. Demnach ist § 80 Abs. 6 S. 1 VwGO grundsätzlich nur in den explizit geregelten Konstellationen anwendbar.

Eine Ausnahme könnte sich wegen des expliziten und uneingeschränkten Verweises auf § 80 Abs. 6 S. 1 VwGO in § 80a Abs. 3 S. 2 VwGO ergeben. Insofern könnte eine Rechtsfolgenverweisung angenommen werden mit der Folge, dass in solchen Konstellationen die entsprechende Anwendbarkeit des § 80 Abs. 6 S. 1 VwGO im Sinne des § 80a Abs. 3 S. 2 VwGO angenommen werden könnte. Eine Rechtsfolgenverweisung könnte anzunehmen sein, weil Kostenkonstellationen im Sinne des § 80 Abs. 2 S. 1 Nr. 1 VwGO in dreipoligen Beziehungen selten sind und weil anders als bei § 80 Abs. 5 VwGO gemäß § 80a Abs. 1, 2 VwGO ein Antrag an die Behörde vorgesehen ist. Dies würde aber dem Ausnahmecharakter des § 80 Abs. 6 S. 1 VwGO nicht gerecht werden, durch den in Kostenkonstellationen des § 80 Abs. 2 S. 1 Nr. 1 VwGO i.V.m. § 80a Abs. 3 S. 1 VwGO eine besonders effiziente Verwaltung gewährleistet werden soll. In § 80a Abs. 1, 2 VwGO ist gerade keine Pflicht geregelt, zunächst einen Antrag auch bezüglich der Aussetzung bei der Behörde zu stellen, zumal der Verweis in § 80a Abs. 3 S. 2 VwGO dann nur deklaratorisch und daher sinnlos wäre. § 80a Abs. 1, 2 VwGO ist bezüglich der Auslegung des § 80a Abs. 3 S. 2 VwGO i.V.m. § 80 Abs. 6 VwGO also allenfalls rudimentär relevant. Somit ist § 80a Abs. 3 S. 2 VwGO bezüglich des § 80 Abs. 6 S. 1 VwGO dem Wortlaut entsprechend als Rechtsgrundverweisung einzustufen und daher nur in Konstellationen des § 80 Abs. 2 S. 1 Nr. 1 VwGO anwendbar. Da es bei der Baugenehmigung an A nicht um Abgaben oder Kosten geht, ist ein Aussetzungsantrag des N im Sinne des § 80 Abs. 6 S. 1 VwGO i.V.m. § 80a Abs. 3 S. 2 VwGO vor Beantragung des einstweiligen Rechtsschutzes beim Gericht nicht erforderlich.[13] Das Rechtsschutzbedürfnis des N besteht insoweit.

3. Rechtsschutz in der Hauptsache

Es könnte erforderlich sein, vor oder gleichzeitig mit Beantragung des einstweiligen Rechtsschutzes den Rechtsschutz in der Hauptsache durch Klageerhebung

13 Die Problematik des Aussetzungsantrages ist in zweipoligen Konstellationen weniger bedeutend als bei Verfahren i.S.d. § 80a Abs. 3 S. 1, 2 VwGO, weil für die dort geregelten dreipoligen Konstellationen in Satz 2 auch auf § 80 Abs. 6 VwGO verwiesen wird. Insofern handelt es sich nach h.M. um eine Rechtsgrund-, nicht um eine Rechtsfolgenverweisung (strittig).

bzw. durch Einlegung eines gegebenenfalls trotz Entbehrlichkeit des Vorverfahrens statthaften Widerspruches zu verfolgen.[14]

a) Ausnahmslose Betreibung der Hauptsache

Die Erforderlichkeit der vorherigen oder gleichzeitigen Verfolgung des Rechtsschutzes in der Hauptsache könnte sich ausnahmslos daraus ergeben, dass eine Suspendierung, also eine Herstellung oder Wiederherstellung der aufschiebenden Wirkung bei Gericht sinnvoll nur erfolgen kann, wenn dies zuvor schon bei der Behörde beantragt worden ist (vgl. VG Göttingen 1. Kammer, Beschluss vom 9.1.2013 – 1 B 7/13 m.w.N.). Insbesondere dient z.B. ein Widerspruchsverfahren der Selbstkontrolle der Verwaltung im Sinne des Art. 20 Abs. 3 GG, sodass ihr selbst die Möglichkeit zur Suspendierung gegeben werden müsste. Durch die Möglichkeit der Verwaltung, jederzeit nach § 80 Abs. 4 S. 1 VwGO die Vollziehung auszusetzen, wird die effektive Selbstkontrolle noch nicht zwingend gewährleistet, weil die Verwaltung naturgemäß in der Regel nur tätig und aussetzen wird, wenn sie davon Kenntnis erlangt, dass der Bürger mit der Bescheidung nicht einverstanden ist.

Jedenfalls kann es nicht grundsätzlich einer vorherigen Betreibung der Hauptsache bedürfen, weil in § 80 Abs. 5 S. 2 VwGO i.V.m. § 80a Abs. 3 S. 2 VwGO gesetzlich geregelt ist, dass der Antrag nach § 80a Abs. 1 Nr. 2 VwGO schon vor Erhebung der Anfechtungsklage zulässig ist. Das Erfordernis der vorherigen oder gleichzeitigen Verfolgung der Hauptsache kann in der Konstellation des § 80 Abs. 5 S. 2 VwGO i.V.m. § 80a Abs. 3 S. 2 VwGO auch nicht mittels einer verfassungskonformen Auslegung oder Reduktion im Sinne des Art. 20 Abs. 3 GG aus Gründen der Selbstkontrolle der Verwaltung notwendig sein, weil der Wortlaut die Grenze der Auslegung darstellt und der Wortlaut des § 80 Abs. 5 S. 2 VwGO i.V.m. § 80a Abs. 3 S. 2 VwGO insoweit nicht auslegungsfähig und nicht reduzierungsbedürftig ist. Die Annahme eines solchen Erfordernisses in allen Konstellationen wäre gesetzeswidrig.

---

14 Es ist strittig, ob vor Stellung eines Antrages auf einstweiligen Rechtsschutz gemäß § 80 Abs. 5 S. 1 VwGO die Klageerhebung oder gegebenenfalls die Einlegung eines Widerspruches in der Hauptsache erforderlich ist. Nach h.M. bedarf es jedenfalls bei Entbehrlichkeit des Vorverfahrens gemäß § 80 Abs. 5 S. 2 VwGO keiner vorherigen oder gleichzeitigen Erhebung der Anfechtungsklage. Dies gilt unabhängig vom Streitstand zur Statthaftigkeit des Widerspruches trotz Entbehrlichkeit des Widerspruchsverfahrens. Ist das Vorverfahren nicht entbehrlich, ist der Streitstand zu entscheiden. Da insoweit zwei verbreitete konträre Auffassungen mit jeweils guten Argumenten bestehen, ist es empfehlenswert, in diesen Fällen nach Benennung der Argumente klausurtaktisch zu entscheiden (zum Ganzen: vgl. Sodan/Ziekow, § 80, Rn 129; Kopp/Schenke, § 80, Rn 139 m.w.N.; Posser/Wolff, § 80, Rn 164 m.w.N.).

b) Grundsätzliche Entbehrlichkeit des Betreibens der Hauptsache

Das vorherige Betreiben der Hauptsache könnte grundsätzlich entbehrlich sein. Das könnte sich daraus ergeben, dass durch das Erfordernis des vorherigen Betreibens der Hauptsache die Überlegungsfristen des Betroffenen im Sinne des § 70 Abs. 1 S. 1 VwGO oder nach § 74 Abs. 1 S. 2 VwGO für den Betroffenen verkürzt würden, weil er, um einstweiligen Rechtsschutz zu erlangen, schon vor Ablauf dieser Fristen in der Hauptsache tätig werden müsste. § 80 Abs. 5 S. 2 VwGO i.V.m. § 80a Abs. 3 S. 2 VwGO wäre dann als eine deklaratorische Regelung einzustufen, von der auch Konstellationen erfasst wären, in denen das Widerspruchsverfahren erforderlich wäre. Sinnvoll kann eine differenzierte Betrachtung sein.

c) Differenzierte Betrachtung

Bei differenzierter Betrachtung ist zwischen Konstellationen mit dem Erfordernis eines Widerspruchsverfahrens und ohne Erfordernis eines Widerspruchsverfahrens zu trennen. Sollte ein Widerspruchsverfahren gemäß § 68 Abs. 1 S. 2 VwGO – gegebenenfalls in Verbindung mit dem Landesrecht – entbehrlich sein, ist der Wortlaut des § 80 Abs. 5 S. 2 VwGO i.V.m. § 80a Abs. 3 S. 2 VwGO maßgeblich, sodass die Klage vor Stellung des Antrages auf einstweiligen Rechtsschutz nicht erhoben worden sein muss. Ist ein Widerspruchsverfahren allerdings erforderlich, ist vor Stellung des Antrages der Widerspruch einzulegen. Einerseits ist der Wortlaut des § 80 Abs. 5 S. 2 VwGO i.V.m. § 80 Abs. 3 S. 2 VwGO begrenzt, sodass die Norm eine Ausnahmeregelung darstellt, andererseits kann sinnvoll nur etwas suspendiert werden, das zuvor im Sinne der in einem Rechtsstaat im Sinne des Art. 20 Abs. 3 GG erforderlichen Selbstkontrolle der Verwaltung bei der Behörde beantragt worden ist, zumal dies zu einer Entlastung der Gerichte führt.

Auch die Überlegungsfrist des § 70 Abs. 1 VwGO steht insoweit nicht entgegen. Während die Klagefrist aus § 74 Abs. 1 VwGO bei Entbehrlichkeit des Widerspruchsverfahrens nicht durch das Erfordernis des vorherigen Betreibens der Hauptsache verkürzt werden darf, ist dies bei der Widerspruchsfrist aus den genannten rechtsstaatlichen Gründen anders. Während die Hemmschwelle zur Erhebung einer Klage als Rechtsmittel höher als bei Stellung eines Antrages auf einstweiligen Rechtsschutz ist – schließlich besteht ein hohes Kostenrisiko sowie die psychische Belastung eines lange dauernden Verfahrens – ist die Hemmschwelle für die Einlegung eines Widerspruches als Rechtsbehelf geringer als beim einstweiligen Rechtsschutz. Wenn sich der Antragsteller bereits zu einem gerichtlichen Antrag im einstweiligen Rechtsschutz entschieden hat, ist es weniger problematisch, Widerspruch einzulegen.

Nach alledem ist bei der Erforderlichkeit eines Vorverfahrens vor Stellung des Antrages im Sinne des § 80a Abs. 1 Nr. 2 VwGO i.V.m. § 80a Abs. 3 S. 1 VwGO die Einlegung des Widerspruches erforderlich, um zu verdeutlichen, dass die Hauptsache auch tatsächlich betrieben wird. Aus rechtsstaatlichen Gründen im Sinne des Art. 20 Abs. 3 GG sowie aus Gründen des effektiven Rechtsschutzes im Sinne des Art. 19 Abs. 4 GG genügt die Einlegung des Widerspruches zeitgleich mit der Stellung des Antrages im einstweiligen Rechtsschutz, solange die Erhebung des Widerspruches nicht rechtsmissbräuchlich spät erfolgt, obgleich die Selbstkontrolle der Verwaltung insoweit minimiert wird.

Der für N gemäß § 68 Abs. 1 S. 1 VwGO i.V.m. § 68 Abs. 1 S. 2 Alt. 1 VwGO i.V.m. dem Landesrecht nicht entbehrliche Widerspruch wurde bei der Behörde zeitgleich mit dem Antrag auf einstweiligen Rechtsschutz beim Gericht gestellt.

d) Zwischenergebnis

Die zeitgleiche Einlegung des Widerspruches durch N ist hinreichend. Das allgemeine Rechtsschutzbedürfnis ist N nicht aufgrund eines Nichtbetreibens der Hauptsache abzusprechen.

4. Keine offensichtliche Verfristung der Hauptsache

Ein Rechtsschutzbedürfnis für einstweiligen Rechtsschutz besteht nur, soweit Rechtsschutz in der Hauptsache möglich ist, dessen Sachentscheidungs- bzw. Sachurteilsvoraussetzungen also nicht offensichtlich unerfüllt sind bzw. bleiben werden. Dies ist anzunehmen, wenn der Rechtsbehelf bzw. das Rechtsmittel in der Hauptsache offensichtlich verfristet sind. Der Widerspruch des N ist fristgerecht erhoben worden, während eine Klagefrist vor Bescheidung desselben nicht relevant ist. N ist allgemein rechtsschutzbedürftig.

VII. Zwischenergebnis

Die Sachentscheidungsvoraussetzungen des Verfahrens nach § 80a Abs. 1 Nr. 2 Alt. 1 VwGO i.V.m. § 80a Abs. 3 S. 1 VwGO und nach § 80a Abs. 1 Nr. 2 Alt. 2 VwGO i.V.m. § 80a Abs. 3 S. 1 VwGO sind erfüllt.

B. Begründetheit

Die Anträge des N gemäß den §§ 80a Abs. 1 Nr. 2 Alt. 1 und Abs. 3 S. 2 VwGO i.V.m. § 80a Abs. 1 Nr. 2 Alt. 2 und Abs. 3 S. 1, 2 VwGO auf Suspendierung der Baugenehmigung und Anordnung eines Baustopps sind begründet, soweit bei summarischer Prüfung das Aussetzungsinteresse des N als Antragsteller das öffentliche Vollziehungsinteresse der Behörde überwiegt bzw. soweit ein Vollzugsfolgenbeseitigungsanspruch des N besteht.[15]

I. Aussetzungs-/Vollziehungsinteresse Baugenehmigung

Das Aussetzungsinteresse überwiegt grundsätzlich das Vollziehungsinteresse, soweit der Verwaltungsakt rechtswidrig ist, weil durch einen rechtswidrigen Verwaltungsakt materiell-rechtlich grundsätzlich kein Grundrechtseingriff gerechtfertigt werden kann und somit kein Vollziehungsinteresse des behördlichen Rechtsträgers bezüglich eines solchen Verwaltungsaktes besteht. Lediglich in Konstellationen, in denen der Verwaltungsakt rechtswidrig ist, jedoch trotz Möglichkeit der Rechtsverletzung im Rahmen der Antragsbefugnis kein subjektives Recht des Antragstellers betroffen ist, überwiegt aufgrund der zu berücksichtigenden Drittinteressen in Anlehnung an die Hauptsache das Vollziehungsinteresse der Behörde, da das Gericht anderenfalls im einstweiligen Rechtsschutz etwas gewähren würde, das in der Hauptsache nicht erreichbar wäre. Wenngleich die Behörde gemäß der sich für sie rechtsstaatlich unter anderem aus Art. 20 Abs. 3 GG ergebenden Pflicht zum rechtmäßigen Handeln zur Aufhebung verpflichtet wäre, dürfte dies nicht mittels einer unzulässigen Durchbrechung der Gewaltenteilung durch das Gericht erfolgen. Ist der Verwaltungsakt rechtmäßig, überwiegt grundsätzlich das Vollziehungsinteresse in Konstellationen des § 80 Abs. 2 S. 1 Nr. 1–3 VwGO, weil im Gesetz insoweit eine gesetzgeberische Wertung dahingehend enthalten ist, dass in derartigen Konstellationen bei rechtmäßigen Verwaltungsakten stets vollzogen werden soll. In Konstellationen einer Vollziehungsanordnung im Sinne des § 80 Abs. 2 S. 1 Nr. 4 VwGO bedarf es hingegen einer eigenen Abwägung des Gerichts, weil der Gesetzgeber insoweit die Anordnung der sofortigen Vollziehbarkeit nicht selbst getroffen, sondern sie der Behörde überlassen hat, deren diesbezügliche Entscheidung gesetzlich überprüfbar ist.[16]

---

15 Es ist vertretbar, die Prüfung der Verfügung von vornherein auf das subjektive Recht des Dritten zu begrenzen, weil im Rahmen der Durchbrechung der Gewaltenteilung nur insoweit eine Verwerfungskompetenz des Gerichts besteht. Das ist sinnvoll, wenn es Anhaltspunkte dafür gibt, dass ein besonders umfangreicher Teil der Prüfung nicht geprüft werden soll, weil zum Beispiel Sachverhaltsangaben dazu fehlen (z.B. bestimmte bauordnungsrechtliche Vorgaben). In der Regel ist es aus Gründen der Übersichtlichkeit sinnvoll, vollständig zu prüfen, um wegen des begrenzten subjektiven Rechts des Dritten nur begrenzt zu suspendieren. Es muss im Einzelfall klausurtaktisch entschieden werden.

16 In Konstellationen, in denen der Verwaltungsakt rechtswidrig, der Antragsteller aber trotz Möglichkeit der Rechtsverletzung bezüglich der Prozessstation in keinem subjektiven Recht

Von diesen Grundsätzen ist in den Drei-Personen-Konstellationen des § 80a VwGO jedoch abzuweichen, weil die Interessen eines Dritten zu berücksichtigen sind. Deshalb ist das Behördeninteresse von den Drittinteressen geprägt mit der Folge, dass die Drittinteressen mit denen des Antragstellers gleichwertig sind. Somit überwiegt das Aussetzungsinteresse bei Rechtswidrigkeit des Verwaltungsaktes, während das Vollziehungsinteresse unabhängig von den in § 80 Abs. 2 S. 1 Nr. 1–3 VwGO enthaltenen Wertungen bei Rechtmäßigkeit des Bescheides überwiegt.

Maßgeblich ist somit zunächst, ob die Baugenehmigung an A rechtmäßig war. Diese kann rechtswidrig sein.

1. Rechtswidrigkeit der Baugenehmigung

Die Baugenehmigung kann rechtswidrig gewesen sein.

a) Rechtsgrundlage

Rechtsgrundlage für die Baugenehmigung ist § 71 Abs. 1 BauO Bln.

b) Voraussetzungen

Die Voraussetzungen zum Erlass einer Baugenehmigung können erfüllt sein.

aa) Formell

Die formellen Voraussetzungen können erfüllt sein. Formell hat die zuständige Baubehörde gehandelt. Fraglich ist, ob eine Anhörung des N hätte erfolgen müssen. Anzuhören sind gemäß § 28 Abs. 1 VwVfG i.V.m. § 1 Abs. 1 VwVfG Bln Beteiligte. Beteiligt im Verwaltungsverfahren sind gemäß § 13 Nr. 1 VwVfG i.V.m. § 1 Abs. 1 VwVfG Bln Antragsteller und Antragsgegner und gemäß § 13 Nr. 4 VwVfG i.V.m. § 1 Abs. 1 VwVfG Bln diejenigen, die nach Absatz 2 von der Behörde dem Verfahren hinzugezogen worden sind. Gemäß § 13 Abs. 2 S. 1 VwVfG i.V.m. § 1 Abs. 1 VwVfG Bln kann die Behörde von Amts wegen oder auf Antrag diejenigen, deren rechtliche Interessen durch den Ausgang des Verfah-

---

betroffen ist, könnte dem Überwiegen des Vollziehungsinteresses entgegengehalten werden, dass sich die Tatsachen zugunsten der Betroffenheit eines subjektiven Rechts des Antragstellers ändern – summarische Prüfung – und somit kein effektiver Rechtsschutz i.S.d. Art. 19 Abs. 4 GG gewährt werden würde. Insoweit kann der Antragsteller aber auf einen gegebenenfalls neuen Antrag im einstweiligen Rechtsschutz verwiesen werden.

rens berührt werden können, als Beteiligte heranziehen. Dies geschah nicht. Da der Baugenehmigung keine drittgestaltende Wirkung zu entnehmen ist, war N auch nicht gemäß § 13 Abs. 2 S. 2 VwVfG i.V.m. § 1 Abs. 1 VwVfG Bln hinzuzuziehen. Aus der Nichtzustimmung des N zur Baugenehmigung im Sinne des § 71 Abs. 2 BauO Bln ergibt sich keine Beteiligung des N. N war nicht anzuhören.

Bezüglich der Baugenehmigung ist mit der schriftlichen Form eine gemäß § 37 Abs. 2 S. 1 VwVfG i.V.m. § 1 Abs. 1 VwVfG Bln zulässige Form gewählt worden, die den Vorgaben des § 70 Abs. 2 BauO Bln und den sonstigen etwaigen Erfordernissen entspricht. Anderweitige Anhaltspunkte bezüglich der Zuständigkeit, des Verfahrens und der Form bestehen nicht, sodass die Baugenehmigung formell rechtmäßig ist.

bb) Materiell

Die materiellen Voraussetzungen können erfüllt sein. Eine Baugenehmigung ist gemäß § 71 Abs. 1 BauO Bln zu erteilen, wenn die Baumaßnahme, soweit sie genehmigungsbedürftig ist und soweit eine Prüfung erforderlich ist, mit den öffentlich-rechtlichen Vorschriften vereinbar ist.

(1) Genehmigungsbedürftigkeit

Das Vorhaben des A muss genehmigungsbedürftig sein. Gemäß § 60 Abs. 1 BauO Bln bedürfen die Errichtung, Änderung und Nutzungsänderung einer Anlage der Baugenehmigung, soweit in den §§ 61–63, 75, 76 BauO Bln nichts anderes bestimmt ist. Derartige Ausnahmen bestehen nicht, sodass es sich bei dem Krematorium mit Aufenthaltsraum um eine genehmigungsbedürftige Anlage im Sinne des § 2 BauO Bln handelt.

(2) Genehmigungsfähigkeit

Das Bauvorhaben des A muss genehmigungsfähig sein. Eine bauliche Anlage ist gemäß § 71 Abs. 1 BauO Bln genehmigungsfähig, soweit eine Prüfung erforderlich ist und das Vorhaben mit den öffentlich-rechtlichen Vorschriften vereinbar ist. Dazu gehören die Vorschriften der Bauordnung für Berlin sowie das städtebauliche Planungsrecht und die sonstigen Vorschriften des öffentlichen Rechts.[17]

---

17 Soweit es sich um ein Gebiet im Sinne des § 30 Abs. 1, 2 BauGB handelt, ist die planungsrechtliche Genehmigungsfähigkeit in Berlin grundsätzlich innerhalb der Genehmigungsbedürftigkeit zu prüfen, wenn es keinen anders lautenden Bearbeitungsvermerk gibt.

Inwieweit eine Rechtsprüfung erfolgen darf, ergibt sich aus der Art des Genehmigungsverfahrens. Gemäß § 64 S. 1 BauO Bln wird grundsätzlich das vereinfachte Baugenehmigungsverfahren durchgeführt, soweit es sich nicht um Sonderbauten im Sinne des § 2 Abs. 4 BauO Bln handelt. Für Bauten, die nicht Sonderbauten sind, ist der Prüfungsmaßstab in § 65 BauO Bln geregelt.

Für Sonderbauten gilt gemäß § 65 BauO Bln kein vereinfachtes Genehmigungsverfahren. Das Krematorium mit Aufenthaltsraum ist für einhundertundfünfzig Personen geschaffen, sodass es als Sonderbau gemäß § 2 Abs. 4 Nr. 6 BauO Bln einzustufen ist. Es sind somit alle baurechtlichen Vorschriften maßgeblich. Als öffentlich-rechtliche Vorschriften sind das Bauplanungsrecht im Sinne der §§ 29 ff. BauGB, das Bauordnungsrecht nach der Landesbauordnung sowie sonstige öffentlich-rechtliche Vorschriften einzuordnen. Zu letzteren gehören unter anderem die Vorschriften des Bundesimmissionsschutzgesetzes. Während im Rahmen einer Baugenehmigung lediglich die §§ 22 ff. BImSchG als Regelungen über nicht genehmigungsbedürftige Anlagen maßgeblich sind – sobald eine Erlaubnis im Sinne der §§ 4 ff. BImSchG erforderlich ist, bedarf es aufgrund der Konzentrationswirkung derselben gemäß § 13 BImSchG nämlich keiner Bauerlaubnis mehr –, können im Rahmen einer Bauordnungsverfügung bei nicht genehmigungsbedürftigen Bauvorhaben bezüglich der öffentlich-rechtlichen Vorschriften auch die §§ 4 ff. BImSchG als Regelungen über genehmigungsbedürftige Anlagen maßgeblich sein, wobei gegebenenfalls Spezialregelungen aus dem Immissionsschutzrecht zu beachten sind. Soweit die Baugenehmigung Konzentrationswirkung entfaltet, sind öffentlich-rechtliche Vorschriften gemäß § 64 S. 1 Nr. 3 BauO Bln maßgeblich. Aus § 64 S. 1 Nr. 3 BauO Bln könnte sich ergeben, dass in den übrigen Konstellationen keine öffentlichen Vorschriften außerhalb des Baurechts maßgeblich sind. Allerdings können insoweit nicht die Vorschriften über nicht genehmigungsbedürftige Anlagen im Sinne der §§ 22 ff. BImSchG erfasst sein, weil § 64 S. 1 Nr. 3 BauO Bln aufgrund der Nähe des baurechtlichen Bodenrechts zum Bundesimmissionsschutzrecht, die sich unter anderem aus § 35 Abs. 3 S. 3 Nr. 3 BauGB ergibt, zur Vermeidung des Verfassungswidrigkeit des § 64 S. 1 Nr. 3 BauO Bln verfassungskonform zumindest dahingehend auszulegen ist, dass das Landesrecht durch die §§ 22 ff. BImSchG als Bundesrecht im Sinne des Art. 31 GG gebrochen wird. Gleiches würde bezüglich anderer bundesrechtlicher Rechtsmaterien gelten, soweit im Bundesrecht nicht eine Konzentrationswirkung geregelt ist, von der auch die landesrechtliche Baugenehmigung erfasst ist.

Die §§ 4 ff. BImSchG sind im Rahmen der Baugenehmigung allerdings nicht maßgeblich. Zwar ist die Konzentrationswirkung anderer Genehmigungen in § 61 Abs. 1 BauO Bln auf bestimmte Bereiche begrenzt worden. Ein Umkehrschluss ist bei verfassungskonformer Auslegung der Norm mangels Abgeschlossenheit derselben aber nicht möglich, weil das Landesrecht gemäß Art. 31 GG durch das Bundesrecht gebrochen werden würde, sodass die immissionsrechtliche Genehmigung im Sinne der §§ 4ff. BImSchG wegen ihrer Konzentrationswirkung gemäß § 13 BImSchG vorrangig ist (a.A. bezüglich der vergleichbaren Konstellation in Hamburg: Alexejew, Hamburgisches Bauordnungsrecht, Kommentar, Band I, 27. Lieferung, Stand: Januar 2012, § 62, Rn 27).

(a) Vereinbarkeit mit dem Bauplanungsrecht

Der Bau des Krematoriums mit Abschiedsraum kann bauplanungsrechtlich unzulässig sein. Die planungsrechtliche Zulässigkeit eines Bauvorhabens ist davon abhängig, ob das Vorhaben in einem beplanten Gebiet, einem unbeplanten Innenbereich oder einem unbeplanten Außenbereich errichtet wird. Das Grundstück des A liegt im Geltungsbereich eines qualifizierten Bebauungsplanes im Sinne des § 30 Abs. 1 BauGB – Regelungen über Art und Maß der baulichen Nutzung sind enthalten, während ein vorhabenbezogener Bebauungsplan gemäß § 30 Abs. 2 BauGB i.V.m. § 12 BauGB auf ein Projekt konzentriert wäre und ein einfacher Bebauungsplan im Sinne des § 30 Abs. 3 BauGB nur partielle Regelungen enthielte, sodass insoweit ergänzend die §§ 34, 35 BauGB gelten würden – im Sinne des § 30 Abs. 1 BauGB, in welchem für das maßgebliche Gebiet für die Art der baulichen Nutzung ein „Gewerbegebiet“ festgesetzt ist. Diese Festsetzung im Sinne des § 8 BauNVO ist gemäß den §§ 9, 9a BauGB i.V.m. § 1 Abs. 3 S. 2, 1 BauNVO i.V.m. § 1 Abs. 2 BauNVO als Maßstab für das Grundstück verbindlich, weil der Bebauungsplan rechtmäßig und wirksam ist.

Zunächst könnte es sich bei dem Krematorium mit Abschiedsraum um eine Regelbebauung im Sinne des § 8 Abs. 2 BauNVO oder Ausnahmebebauung im Sinne des § 8 Abs. 3 BauNVO handeln (zum Ganzen: vgl. BVerwG – 4 B 71/05, Rn 7ff.).

(aa) Regelbebauung

Das Krematorium könnte gemäß § 8 Abs. 2 Nr. 1 BauNVO als Gewerbebetrieb im Rahmen der Regelbebauung zulässig sein. Ein Krematorium, das von einem Privaten in der Absicht der Gewinnerzielung betrieben wird, ist als Gewerbebetrieb einzustufen. Daraus ergibt sich jedoch nicht, dass ein Krematorium mit Abschiedsraum in einem Gewerbegebiet gemäß § 8 Abs. 2 Nr. 1 BauNVO zulässig ist. Neben der Einstufung als Gewerbe nach dem Gesetzeswortlaut ist für die Zuordnung zur Regelbebauung bei verfassungskonformer Auslegung im Sinne des Art. 14 Abs. 1 GG auch die Zweckbestimmung des Gewerbegebietes maßgeblich. Als Merkmal für die Typisierung der zulässigen Gewerbebetriebe ist dabei nicht nur die unterschiedliche Immissionsträchtigkeit oder Immissionsverträglichkeit einzelner Nutzungen maßgebend. Der Zweck der Baugebiete und die zulässigen Nutzungen in ihnen werden vielmehr auch von anderen Maßstäben der städtebaulichen Ordnung bestimmt. Der Vorgabe im Sinne des § 1 Abs. 5 S. 1 BauGB, eine nachhaltige städtebauliche Entwicklung und eine dem Wohl der Allgemeinheit entsprechende Bodennutzung zu gewährleisten, kann eine Planung nicht gerecht werden, soweit durch sie der Zweck der Baugebiete und die in ihnen zulässigen Nutzungen ausschließlich nach der Störintensität oder der Störanfälligkeit der Nutzungen im Hinblick auf Immissionen bestimmt wird.

In Gewerbegebieten wird gearbeitet, sodass sie den produzierenden und artverwandten Nutzungen vorbehalten sind (vgl. Schlichter/Friedrich, WiVerw 1988, 199/226). Ob eine Feuerbestattungsanlage diesem Leitbild widerspricht, wenn in ihr nur der technische Vorgang der Verbrennung stattfindet, ist irrelevant, weil sie zumindest nicht gewerbegebietstypisch ist, wenn es wie allgemein üblich eine Pietätshalle gibt, in der die Hinterbliebenen von dem Verstorbenen Abschied nehmen können.

Der traditionelle Standort eines Krematoriums ist – von möglichen Ausnahmen abgesehen – das Friedhofsgelände (Gröschner, Menschenwürde und Sepulkralkultur in der grundgesetzlichen Ordnung, S. 55). Friedhöfe sind üblicherweise Orte der Ruhe, des Friedens und des Gedenkens an die Verstorbenen. Es wird das Umfeld für eine pietätvolle Totenbestattung nach herkömmlicher Anschauung und Erwartungshaltung geboten. Im Gegensatz zu Friedhöfen sind Gewerbegebiete nicht durch Stille und Beschaulichkeit, sondern durch werktägliche Geschäftigkeit geprägt. Deshalb sind Krematorien zumindest dann, wenn sie mit Räumlichkeiten für Trauerfeierlichkeiten ausgestattet sind, für Gewerbegebiete nicht charakteristisch. Das Krematorium mit Abschiedsraum ist nicht als Regelbebauung einzustufen.

(bb) Ausnahmebebauung

Das Krematorium mit Abschiedsraum könnte jedoch als Ausnahmebebauung gemäß § 8 Abs. 3 Nr. 2 BauNVO als Raum kulturelle Zwecke zulässig sein (zum Ganzen: BVerwG – 4 C 14/10, Rn 8ff.).

Anlagen für kulturelle Zwecke sind schon nach dem Wortlaut zunächst nicht auf die traditionellen Bereiche der Kunst, der Wissenschaft und der Bildung beschränkt. Vielmehr geht es um Anlagen, die in einem weiten Sinne einen kulturellen Bezug aufweisen. Ein Krematorium mit Abschiedsraum hat einen kulturellen Bezug, der in der gesellschaftlichen Vorstellung von dem Umgang mit dem Tod verankert ist. Ebenso wie eine kirchliche Bestattungsanlage einem kirchlichen Zweck dient (BVerwG, Urteil vom 18. November 2010 –

4 C 10.09 – BVerwGE 138, 166, Rn 17), dient ein Krematorium als säkulare Bestattungseinrichtung einem kulturellen Zweck. Zur Feuerbestattung gehört nicht nur die Beisetzung der Asche des Verstorbenen in einer Grabstätte, sondern auch der Vorgang der Einäscherung der Leiche. Die Einäscherung ist Teil des Bestattungsvorgangs. Diese Form der Bestattung ist Ausdruck einer gesellschaftlich anerkannten Bestattungskultur, zu der es auch gehört, in einem kontemplativen Umfeld von den Verstorbenen Abschied nehmen zu können.

Der Terminus der „Anlagen für kulturelle Zwecke" ist schon verfassungskonform im Sinne des Art. 14 Abs. 1 GG im Zweifel offen angelegt wie die ebenfalls in § 8 Abs. 3 Nr. 2 BauNVO genannten Anlagen für kirchliche, soziale, gesundheitliche und sportliche Zwecke, um das Eigentum als Individualgarantie nicht von vornherein zu eingeschränkt zu definieren. Der Wortlaut der Baunutzungsverordnung ist weit gefasst und für eine anpassungsfähige Auslegung offen (BVerwG, Urteil vom 17. Dezember 1998 – 4 C 16.97 – BVerwGE 108, 190/197). Damit werden auch neue Erscheinungsformen baulicher Vorhaben städtebaulich erfasst, um eine geordnete Bodennutzung und eine städtebauliche Entwicklung zu gewährleisten.

Aus der weiten Auslegung der Begriffsgruppe kann sich jedoch keine uferlose Ausdehnung des Anwendungsbereichs der Norm ergeben. Aus der Systematik ergibt sich, dass Anlagen für kirchliche, kulturelle, soziale, gesundheitliche und sportliche Zwecke nur die in § 5 Abs. 2 Nr. 2 BauGB definierten Gemeinbedarfsanlagen sind (vgl. BVerwG, Urteile vom 12. Dezember 1996 – 4 C 17.95 – BVerwGE 102, 351/354 und BVerwG, Urteil vom 28. April 2004 – 4 C 10.03 – Buchholz 406.12 § 3 BauNVO Nr. 15 S. 6). Zudem ergibt sich bei verfassungskonformer Auslegung im Sinne des Art. 14 Abs. 1 GG ein Erfordernis der Gebietsverträglichkeit, von dem vor allem jene Nutzungsarten betroffen sind, die in der Baunutzungsverordnung begrifflich verselbständigt worden und mehreren der Baugebietstypen in den §§ 2 bis 9 BauNVO zugeordnet worden sind (BVerwG, Beschluss vom 6. Dezember 2000 – 4 B 4.00 – Buchholz 406.12 § 7 BauNVO Nr. 4 S. 2).

Bei dem Krematorium handelt es sich um eine Gemeinbedarfsanlage. Der Terminus des Gemeinbedarfs wird in § 5 Abs. 2 Nr. 2 BauGB näher bestimmt. Danach sind Gemeinbedarfsanlagen solche baulichen Anlagen und Einrichtungen, die der Allgemeinheit dienen. Beispielhaft sind Schulen und Kirchen sowie sonstigen kirchlichen, sozialen, gesundheitlichen und kulturellen Zwecken dienende Gebäude und Einrichtungen benannt. Der Allgemeinheit dient eine Anlage im Sinne des § 5 Abs. 2 Nr. 2 BauGB, wenn sie, ohne dass die Merkmale des Gemeingebrauchs erfüllt zu sein brauchen (BVerwG, Beschluss vom 18. Mai 1994 – 4 NB 15.94 – NVwZ 1994, 1004/1005), einem nicht fest bestimmten, wechselnden Teil der Bevölkerung zugänglich ist. Gemeint sind Einrichtungen für die Infrastruktur, die der Gesetzgeber dem Oberbegriff der „Einrichtungen und Anlagen zur Versorgung mit Gütern und Dienstleistungen des öffentlichen und privaten Bereichs“ zugeordnet hat (zum Ganzen: BVerwG, Urteil vom 30. Juni 2004 – 4 CN 7.03 – BVerwGE 121, 192/195 = Buchholz 406.11 § 9 BauGB Nr. 101 S. 32f.). Auf die Rechtsform des Einrichtungsträgers kommt es dabei nicht an. Rechtsträger kann auch eine natürliche oder juristische Person des Privatrechts sein. Aus einer staatlichen Gewährleistungs- und Überwachungsverantwortlichkeit kann sich eine Eignung ergeben, den vorausgesetzten Gemeinwohlbezug solcher Anlagen und Einrichtungen herzustellen, deren Leistungserbringung nach privatwirtschaftlichen Grundsätzen vollzogen wird und auf Gewinnerzielung ausgerichtet ist.

Es dürfte jedoch keine entgegenstehende Zweckbestimmung des Gewerbegebiets erfolgt sein (BVerwG – 4 C 14/10, Rn 13ff.). Ein Krematorium mit Abschiedsraum verträgt sich nicht mit der Zweckbestimmung eines Gewerbegebietes.

Die Zulässigkeit eines bestimmten Vorhabens innerhalb eines Baugebiets der Baunutzungsverordnung richtet sich nicht allein nach der Einordnung des Vorhabens in eine bestimmte Begriffskategorie, sondern auch nach der Zweckbestimmung des jeweiligen Baugebiets. Im Sinne des Art. 14 Abs. 1 GG sind durch die Zuordnung der Nutzungen zu den näher bezeichneten Baugebieten die vielfältigen und oft gegenläufigen Ansprüche an die Bodennutzung zu einem schonenden Ausgleich im Sinne überlegter Städtebaupolitik bringen. (vgl. z.B. BVerwG, Urteile vom 18. November 2010 – 4 C 10.09 – BVerwGE 138, 166 Rn 19, und vom 21. März 2002 – BVerwG 4 C 1.02 – BVerwGE 116, 155/158; BVerwG, Beschluss vom 28. Februar 2008 – 4 B 60.07 – Buchholz 406.12 § 4 BauNVO Nr. 19 Rn 6 m.w.N.).

Zwischen der Zweckbestimmung des Baugebiets und den jeweils zugeordneten Nutzungsarten besteht ein funktionaler Zusammenhang, der für die Auslegung und Anwendung jeder tatbestandlich normierten Nutzungsart maßgeblich ist. Durch die nach den Baugebietsvorschriften nur ausnahmsweise zulässigen Nutzungen kann die Eigenart eines Baugebiets zwar auch geprägt werden. Das ergibt sich aus der Gesetzessystematik insoweit, als zum Beispiel die Immissionsverträglichkeit des Wohnens für bestimmte Baugebiete im Wege einer typisierenden Betrachtung modifiziert und unter den Voraussetzungen des § 8 Abs. 3 Nr. 1 BauNVO und des § 9 Abs. 3 Nr. 1 BauNVO ausnahmsweise eine eingeschränkte Wohnnutzung zugelassen wird, weil typischerweise ein gebietsspezifischer Bedarf besteht.

Bezüglich der in § 8 Abs. 3 Nr. 2 BauNVO genannten Anlagen besteht jedoch keine funktionale Ausrichtung auf den Zweck des jeweiligen Baugebiets. Solche Anlagen, die ohne nähere Umschreibung in fast allen Baugebieten der §§ 2 bis 9 BauNVO allgemein oder ausnahmsweise zulässig sind, können nach Größe, betrieblicher Ausrichtung, räumlichem Einzugsbereich und Immissionspotenzial von sehr unterschiedlicher Art sein.

Maßgeblich dafür, welche Vorhaben mit der allgemeinen Zweckbestimmung eines Baugebiets unverträglich sind, sind die Anforderungen des jeweiligen Vorhabens an ein Gebiet, die Auswirkungen des Vorhabens auf ein Gebiet und die Erfüllung des spezifischen Gebietsbedarfs (BVerwG, Urteil vom 18. November 2010, a.a.O., Rn 21). Entscheidend ist, ob sich aus einem Vorhaben dieser Art generell ein bodenrechtlich beachtliches Störpotenzial ergeben kann, das mit der Zweckbestimmung des Baugebiets nicht verträglich ist. Das typische Störpotenzial kann sich nicht nur aus der Störintensität, sondern auch aus der Störempfindlichkeit eines Vorhabens ergeben. Im Rahmen dieser Beurteilung kommt es nicht auf die konkrete Bebauung in der Nachbarschaft an. Es ist daher irrelevant, ob das Krematorium im Einzelfall durch den gewählten Standort, die bauliche Gestaltung und die Ausrichtung der auf Publikumsverkehr ausgerichteten Bereiche eine pietätvolle Bestattung gewährleistet, weil die Gebietsverträglichkeit der Einzelfallprüfung auf der Grundlage des § 15 Abs. 1 S. 1 BauNVO als Feinsteuerung vorgelagert ist.

Ein Krematorium mit Abschiedsraum verträgt sich nicht mit der allgemeinen Zweckbestimmung eines Gewerbegebiets, das von werktätiger Geschäftigkeit geprägt ist. Gewerbegebiete dienen gemäß § 8 Abs. 1 BauNVO vorwiegend der Unterbringung von nicht erheblich belästigenden Gewerbebetrieben. Ein Gewerbegebiet ist den produzierenden und artverwandten Nutzungen vorbehalten. Es steht Gewerbebetrieben aller Art und damit verschiedenartigsten betrieblichen Betätigungen offen, die vom kleinen Betrieb über Handels- und Dienstleistungsunternehmen bis zu industriellen Großbetrieben reichen können, sofern es sich um nicht erheblich belästigende Gewerbebetriebe handelt.

Ein Krematorium mit Abschiedsraum ist in besonderer Weise störempfindlich. Es stellt ungeachtet der Immissionsträchtigkeit der Verbrennungsanlagen ähnlich wie ein Friedhof einen Ort der Ruhe, des Friedens und des Gedenkens an die Verstorbenen dar. Durch die Privatisierung dieser Art der Bestattung mag es sich ergeben, dass Krematorien auch an Standorten außerhalb eines Friedhofs angesiedelt werden. Dennoch ist für eine Bestattung ein würdevolles und kontemplatives Umfeld erforderlich. Der übliche Umgebungslärm und die allgemeine Geschäftigkeit eines Gewerbegebiets stehen dazu im Widerspruch. Eine derartige Umgebung ist regelmäßig geeignet, den Vorgang der Einäscherung als Teil der Bestattung in einer Weise gewerblich-technisch zu prägen, die mit der kulturellen Bedeutung eines Krematoriums mit Abschiedsraum nicht vereinbar ist.

(cc) Zwischenergebnis

Nach alledem ist das Krematorium mit Abschiedsraum im Gewerbegebiet der G bauplanungsrechtlich unzulässig.

(b) Vereinbarkeit mit dem Bauordnungsrecht und weiteren öffentlichen Vorschriften

Für die Unvereinbarkeit mit dem Bauordnungsrecht oder weiteren öffentlich-rechtlichen Vorschriften bestehen keine Anhaltspunkte.

2. Subjektives Recht

N ist in seinem subjektiven Recht auf Gebietserhaltung verletzt.

3. Zwischenergebnis

N ist mit seinem Suspendierungsantrag erfolgreich.

II. Vollzugsfolgenbeseitigung

Der Annexantrag ist begründet, soweit ein Anspruch des N gegenüber dem Rechtsträger der Behörde auf Erlass eines Baustopps besteht.[18]

1. Anspruchsgrundlage

Es bedarf für den Vollzugsfolgenbeseitigungsanspruch einer Anspruchsgrundlage.

a) § 80a Abs. 1 Nr. 2 Alt. 2 VwGO i.V.m. § 80a Abs. 3 S. 1 VwGO

Da es sich bei § 80a Abs. 1 Nr. 2 Alt. 2 VwGO i.V.m. § 80a Abs. 3 S. 1 VwGO um eine prozessuale Norm handelt, durch die materiell-rechtliche Ansprüche lediglich in einem Verfahren durchgesetzt werden können, stellt die Norm keine Anspruchsgrundlage für einen materiell-rechtlichen Anspruch dar.

---

18 Der Vollzugsfolgenbeseitigungsanspruch ist zwar ein Abwehranspruch, jedoch ist er aufgrund seiner prozessualen Einkleidung in einen Leistungsantrag auf der „zweiten Stufe“ im Anspruchsaufbau zu prüfen. In der Literatur wird z.T. sogar für die Abwehr wirksamer Verwaltungsakte ein Anspruchsaufbau vertreten. Insoweit ist ein Anspruchsaufbau im Examen aber jedenfalls aufgrund der prozessualen Vorgaben in z.B. den §§ 113 Abs. 1 S. 1; 80 Abs. 5 S. 1 VwGO nicht empfehlenswert.

b) Spezialgesetz

Anspruchsgrundlage für den Vollzugsfolgenbeseitigungsanspruch kann eine spezialgesetzliche Norm sein. Als Anspruchsgrundlage für die Vollzugsfolgenbeseitigung kommt § 78 Abs. 1 BauO Bln in Betracht. Eine Rechts- bzw. Ermächtigungsgrundlage ist gleichzeitig eine Anspruchsgrundlage, soweit sie ein subjektives Recht enthält. In § 78 Abs. 1 S. 1 BauO Bln geht es um den Widerspruch zu öffentlich-rechtlichen Vorschriften, wobei insoweit ein subjektives Recht zum Beispiel aus dem Gebietserhaltungsanspruch und aus § 15 Abs. 1 S. 2 BauNVO für den Nachbarn bestehen kann. § 78 Abs. 1 BauO Bln kann also als Anspruchsgrundlage eingestuft werden.

Die Folgenbeseitigung der Errichtung des Baus kann N zuerkannt werden, wobei wegen des Grundsatzes der Verhältnismäßigkeit – dieser ergibt sich primär aus den Grundrechten des Betroffenen und subsidiär aus dem unter anderem aus Art. 20 Abs. 3 GG abgeleiteten Rechtsstaatsprinzip – eine Rechtsgrundlage erforderlich ist. Der Baustopp kann auf § 78 Abs. 1 BauO Bln gestützt werden.

Dieses Erfordernis einer Rechtsgrundlage betrifft jedoch nicht das für den Annexantrag maßgebliche Verhältnis des N gegenüber dem Staat, sondern lediglich das Verhältnis des öffentlichen Rechtsträgers gegenüber A hinsichtlich der Frage, ob es seitens des öffentlichen Rechtsträgers möglich ist, gegenüber A den Baustopp zu verfügen. Außerdem macht N keinen gesonderten Leistungsanspruch gegenüber der Behörde geltend, sondern einen Abwehranspruch bezüglich der Folgen. Sowohl die prozessuale Verknüpfung mittels des Annexantrages i.S.d. § 80a Abs. 1 S. 2 Alt. 2 VwGO i.V.m. § 80a Abs. 3 S. 1 VwGO als auch die materielle Verknüpfung der Baugenehmigung mit einer etwaigen Vollzugsfolgenbeseitigungslast ist dogmatisch nur möglich, wenn der Antrag des N auf Vollzugsfolgenbeseitigung als folgenbezogener Abwehranspruch eingestuft wird. Auch die Reichweite des Abwehranspruches ist in der Regel weitergehend als bei Leistungsansprüchen, weil – zumindest soweit es um grundrechtsbezogene Ansprüche oder um einfachgesetzliche Regelungen im besonderen Gefahrenabwehrrecht geht, die zumindest auf Grundrechte rückführbar sind – die Grundrechte in ihrer klassischen Funktion als Abwehrrechte zur Anwendung gelangen, während sie nur ausnahmsweise als originäre bzw. derivative Leistungsrechte anwendbar sind. Dem steht nicht entgegen, dass der Abwehranspruch auf Vollzugsfolgenbeseitigung im Falle eines Nichtbestehens der Möglichkeit eines Annexantrages mittels einer einstweiligen Anordnung nach § 123 Abs. 1 S. 2 VwGO einstweilen geltend gemacht werden würde. Einerseits handelt es sich beim Vollzugsfolgenbeseitigungsanspruch um einen materiell-rechtlichen Anspruch, der lediglich prozessual durchgesetzt werden muss, während andererseits eine materiellrechtliche Vollzugsfolgenbeseitigungslast lediglich bei Abwehransprüchen, nicht aber bei von der Grundverfügung unabhängigen Leistungsverfügungen geltend gemacht werden kann. Es ist im Sinne des sich unter anderem aus Art. 20 Abs. 3 GG ergebenden Rechtsstaatsprinzips zwischen der Herstellung eines rechtswidrigen Zustandes durch die Behörde – diese ist an die Pflicht zum rechtmäßigen Handeln gebunden – und der Herstellung eines rechtswidrigen Zustandes durch Private zu unterscheiden. Dies ergibt sich zudem daraus, dass bei Pflichtverletzungen der Verwaltung im Vorfeld Ersatzleistungen auf der Sekundärebene in Betracht kommen – nicht aber bei rechtswidrigem Handeln Privater.

Nach alledem kann § 78 Abs. 1 BauO Bln nicht als Anspruchsgrundlage für die Vollzugsfolgenbeseitigung im Verhältnis des N zur Behörde, sondern allenfalls als Rechtsgrundlage im Rahmen der Duldungspflicht oder im Anspruchsinhalt des Folgenbeseitigungsanspruches eingestuft werden.

c) Nachwirkung Grundrechte

Da den beim allgemeinen Folgenbeseitigungsanspruch zu beseitigenden Folgen ein öffentlich-rechtliches Handeln – regelmäßig in Form eines Grundrechtseingriffes – in der Vergangenheit zugrunde liegt, kann sich der Folgenbeseitigungsanspruch aus einer Nachwirkung der Grundrechte ergeben. Dies könnte allerdings zu einer Konturenlosigkeit der ohnehin bereits weit formulierten Freiheitsrechte führen, zumal nicht jedes den Folgen zugrunde liegende öffentliche Handeln einen Grundrechtseingriff darstellen muss.

d) Rechtsstaatsprinzip

Der Folgenbeseitigungsanspruch kann sich aus dem unter anderem in Art. 20 Abs. 3 GG verankerten Rechtsstaatsprinzip ergeben. Während Art. 20 Abs. 3 GG beim schlichten Abwehr- und Unterlassungsanspruch nicht zur Anspruchsbegründung führen kann – sonst würde rechtsstaatswidrig ein Gesetzesvollziehungsanspruch gewährt werden – liegt bei der Folgenbeseitigung bereits ein öffentlich-rechtliches Handeln des Staates in der Vergangenheit zugrunde, welches ein subjektives Recht betrifft, sodass die Folgenbeseitigung aufgrund der im Hinblick auf das vergangene Handeln erfolgten Subjektivierung konstruktiv auf Art. 20 Abs. 3 GG gestützt werden könnte.

e) Analog Zivilrecht

Eine analoge Anwendung des § 1004 Abs. 1 BGB erscheint mangels vergleichbarer Interessenlage – § 1004 Abs. 1 BGB ist grundsätzlich nicht auf vergangenes, sondern gegenwärtiges oder zukünftiges Handeln gerichtet – ebenso wenig maßgeblich wie eine analoge Anwendung des § 823 Abs. 1 BGB mit dem Inhalt der Naturalrestitution aus § 249 Abs. 1 BGB. Insoweit kann zwar die Beseitigung bezüglich in der Vergangenheit liegender Beeinträchtigungen verlangt werden, jedoch fehlt aufgrund des insoweit erforderlichen Verschuldens die Vergleichbarkeit.

f) Gewohnheitsrecht

Ob der allgemeine Folgenbeseitigungsanspruch ursprünglich aus einer Nachwirkung der Grundrechte oder aus Art. 20 Abs. 3 GG abgeleitet werden sollte, ist letztlich irrelevant, da der Anspruch nach jahrzehntelanger Praktizierung als Gewohnheitsrecht einzustufen ist. Im Sinne eines effektiven Rechtsschutzes gegen exekutivisches Handeln gemäß Art. 19 Abs. 4 GG ist es erforderlich, rechtswidrige Beeinträchtigungen, welche einem Träger hoheitlicher Gewalt zuzurechnen sind, zu beseitigen. Das ist nicht nur rechtspolitisch zu fordern, sondern als ein Grundsatz geltenden Rechts einzustufen und gilt vor allem, wenn sich rechtswidrige Beeinträchtigungen auf den Schutzbereich eines Grundrechts auswirken. Aus diesem grundgesetzlich gewährten Anspruch auf effektiven Rechtsschutz ergibt sich nicht nur ein Gebot zur Schaffung eines gerichtlichen Verfahrens, in dem eine Rechtsverletzung festgestellt wird, sondern auch der Anspruch auf Folgenbeseitigung als ein wirksames Sanktionsrecht gegen eingetretene Rechtsverletzungen. Zwar besteht aus dem sich unter anderem aus Art. 20 Abs. 3 GG ergebenden Rechtsstaatsprinzip die Pflicht eines öffentlichen Rechtsträgers, rechtmäßige Zustände herzustellen, jedoch muss im Sinne des Art. 19 Abs. 4 GG auch ein gerichtlich durchsetzbarer Anspruch gewährt werden.

Zwar ist die Ableitung des Folgenbeseitigungsanspruches dogmatisch problematisch (vgl. F. Schoch, Folgenbeseitigung und Wiedergutmachung im öffentlichen Recht, in: VerwArch 1988, 1 ff., 32 ff.; R. Steinberg/A. Lubberger, Aufopferung – Enteignung und Staatshaftung, 1991, S. 375 ff.), jedoch überwiegen durch Richterrecht geprägte, gewohnheitsrechtliche Gesichtspunkte insoweit, als der Bundes- bzw. die Landesgesetzgeber ihre Regelungskompetenz nicht wahrgenommen haben (vgl. BVerfGE 61, 149, 203; BVerwG – 4 C 24/91). Maßgebliche Anspruchsgrundlage ist der Vollzugsfolgenbeseitigungsanspruch aus Gewohnheitsrecht.

2. Voraussetzungen

Die Voraussetzungen des Folgenbeseitigungsanspruches müssen erfüllt sein.

a) Positive Voraussetzungen

Positiv ist ein Eingriff in der Vergangenheit erforderlich, dessen Folgen andauern.

aa) Eingriff in ein subjektives Recht in der Vergangenheit

Der Eingriff in ein subjektives Recht des N besteht in der gegenüber A erlassenen Baugenehmigung. Dadurch wird in sein im Sinne des Art. 14 Abs. 1 S. 2 GG in § 903 BGB definiertes Privateigentum im Rahmen der Gebietserhaltung eingegriffen. Da Gegenstand des Antrages die Folgen des Eingriffes sind, nicht aber der Eingriff selbst, ist es nicht erforderlich, dass der Eingriff in der Vergangenheit rechtswidrig war, denn er stellt lediglich die Grundlage für den eigentlichen Antragsgegenstand in Form der Folgen dar.

bb) Zurechenbare Folge dauert an

Ein Folgenbeseitigungsanspruch setzt des Weiteren voraus, dass eine dem Eingriff in der Vergangenheit zurechenbare Folge andauert, weil öffentliche Rechtsträger nicht für zufällige Folgen und aus rechtsstaatlichen Gründen grundsätzlich nicht für das Verhalten Dritter oder für allgemeine Lebensrisiken verantwortlich gemacht werden können. Zurechenbare Folge kann die Errichtung des Bauvorhabens in Umsetzung der Baugenehmigung sein. Die Baugenehmigung an A ist für die Errichtung des Baus zumindest äquivalent kausal. Lediglich die Zurechenbarkeit im engen Sinn ist problematisch. Die Folge in Form der Errichtung des Bauvorhabens könnte unzurechenbar im engen Sinne sein, weil die Folge nicht unmittelbar eingetreten, sondern durch eine Zwischenhandlung Privater – durch oder jedenfalls auf Veranlassung des A – erfolgt ist. Da das sich unter anderem aus Art. 20 Abs. 3 GG ergebende Rechtsstaatsprinzip für die Begründung des Folgenbeseitigungsanspruches maßgeblich ist, ist es auch bei der Beurteilung der Zurechenbarkeit der Folge relevant. Da es um die Beseitigung der Folgen staatlichen Handelns geht, kann sich eine Unzurechenbarkeit nur aus staatlichen oder staatlich motivierten Zwischenhandlungen ergeben. Da ein weiteres behördliches Handeln für die Entstehung des Bauvorhabens jedoch nicht mehr erforderlich war, ist die Folge der Errichtung des Bauvorhabens der Erteilung der Baugenehmigung zurechenbar. Die positiven Voraussetzungen sind erfüllt.

b) Negative Voraussetzung

Negative Voraussetzung des Vollzugsfolgenbeseitigungsanspruches ist es, dass keine Duldungspflicht bezüglich der Folgen bestehen darf. Eine Duldungspflicht kann sich insoweit allenfalls aus der gegenüber A erteilten Baugenehmigung ergeben. Eine Duldungspflicht kann allerdings nur aufgrund eines Verwaltungsaktes bestehen, der wirksam und vollziehbar ist, während die Rechtmäßigkeit eines Verwaltungsaktes für das Bestehen einer Duldungspflicht nicht maßgeblich ist, denn auch aus rechtswidrigen bestandskräftigen Verwaltungsakten können sich unter Umständen zu duldende Folgen ergeben. Die gegenüber A seitens der Behörde ausgesprochene Baugenehmigung ist nicht nur rechtswidrig, sondern wird mit Rechtskraft des gleichzeitig für den Annexantrag maßgeblichen Gerichtsbeschlusses aufgrund des in der ersten Stufe gestellten Antrages suspendiert. Somit kann sich aus der Baugenehmigung zumindest vorübergehend – unabhängig davon, ob die Suspendierung als Wirksamkeitshindernis oder als Vollzugshindernis einzustufen ist – keine Duldungspflicht für N bezüglich der sich daraus ergebenden Folgen ergeben, da andere Duldungsgründe nicht ersichtlich sind. Die negativen Voraussetzungen sind erfüllt.

3. Anspruchsinhalt

Anspruchsinhalt ist die Beseitigung der Folgen in Form des Baustopps, weil durch eine Abrissverfügung der Charakter des Verfahrens im einstweiligen Rechtsschutz durch die Schaffung einer dauerhaften Folgenbeseitigung trotz lediglich vorübergehender Suspendierung unzulässig endgültige Fakten geschaffen werden würden. Durch den Vollzugsfolgenbeseitigungsanspruch wird die Beseitigung der Folgen nur insoweit begründet, als die Beseitigung möglich und zumutbar ist. Das ergibt sich analog §74 Abs. 2 S. 3 VwVfG i.V.m. §1 Abs. 1 VwVfG Bln bzw. aus §113 Abs. 1 S. 3 VwGO, wonach bei einem Planfeststellungsverfahren bei Unmöglichkeit oder Unzumutbarkeit nur eine Billigkeitsentschädigung gewährt wird. Dies ist auf den Vollzugsfolgenbeseitigungsanspruch insoweit übertragbar, als auch diesbezüglich der sich primär aus den Grundrechten, subsidiär aus dem Rechtsstaatsprinzip ergebende Grundsatz der Verhältnismäßigkeit als Grundlage des §74 Abs. 2 S. 3 VwVfG i.V.m. §1 Abs. 1 VwVfG Bln und des §113 Abs. 1 S. 3 VwGO anwendbar ist. Die Annahme einer Unmöglichkeit oder Unverhältnismäßigkeit führt nicht dazu, dass der Anspruch auf Vollzugsfolgenbeseitigung auf Zahlung gerichtet ist, da der Vollzugsfolgenbeseitigungsanspruch ein Abwehranspruch ist und die Geldzahlung zudem nicht vom Klageantrag erfasst ist. Ein Zahlungsanspruch wäre im Übrigen regelmäßig nur in der Hauptsache geltend zu machen. Insoweit wäre prozessual gegebenenfalls eine Klageänderung i.S.d. §91 VwGO möglich, wobei sich der Anspruch in der Regel aus einer Billigkeitsentschädigung analog § 74 Abs. 2 S. 3 VwVfG i.V.m. § 1 Abs. 1 VwVfG Bln ergäbe.

Anspruchsinhalt ist somit die Vollzugsfolgenbeseitigung, soweit sie möglich und zumutbar ist. Die Vollzugsfolgenbeseitigung ist nur möglich, wenn die Behörde gegenüber A den Baustopp verfügen kann.[19]

---

19 Nunmehr kommt es auf die Möglichkeit der Behörde an, den Baustopp gegenüber A zu verfügen. Somit muss inzident geprüft werden, ob die Behörde einen rechtmäßigen Verwal-

a) Rechtsgrundlage

Rechtsgrundlage ist § 78 Abs. 1 S. 1 BauO Bln.

b) Voraussetzungen

Die Voraussetzungen des § 78 Abs. 1 S. 1 BauO Bln können erfüllt sein.

aa) Formelle Voraussetzungen

Formell wird die zuständige Bauaufsichtsbehörde handeln. Die Verfahrensvoraussetzungen wie die in § 37 Abs. 2 S. 1 VwVfG i.V.m. § 1 Abs. 1 VwVfG Bln für Verwaltungsakte vorgegebene Form würden eingehalten werden, sodass die Verfügung des Baustopps rechtmäßig erlassen werden könnte.

bb) Materielle Voraussetzungen

Die materiellen Voraussetzungen des § 78 Abs. 1 S. 1 BauO Bln können erfüllt sein. Dazu bedarf es eines Widerspruches des Bauvorhabens zu den öffentlich-rechtlichen Vorschriften. Ein solcher Widerspruch des Bauvorhabens zu den öffentlich-rechtlichen Vorschriften ergibt sich ebenso wie bei der Baugenehmigung insoweit, als das Vorhaben weder als Regelbebauung noch als Ausnahmebebauung zulässig ist, sodass durch die Errichtung des Bauvorhabens die Nachbarrechte des N verletzt werden. Die Voraussetzungen für die Verfügung des Baustopps sind erfüllt.

c) Rechtsfolge

Rechtsfolge des § 78 Abs. 1 S. 1 BauO Bln ist Ermessen, wobei Ermessen ordnungsgemäß im Sinne des § 40 VwVfG i.V.m. § 1 Abs. 1 S. 1 VwVfG Bln ausgeübt werden müsste. Das Ermessen der Behörde kann zugunsten des N dahingehend auf null reduziert sein, dass die Behörde gegenüber A den Baustopp verfügen muss.

Eine derartige Reduktion kann sich aus der Vollzugsfolgenbeseitigungslast ergeben.[20] Eine Vollzugsfolgenbeseitigungslast beinhaltet, dass die Behörde die

---

tungsakt gemäß § 78 Abs. 1 BauO Bln an A erlassen kann. Die Norm durfte jedoch nicht als Anspruchsgrundlage für den Vollzugsfolgenbeseitigungsanspruch benannt werden, weil es N um die Geltendmachung eines Abwehranspruches, nicht eines Leistungsanspruches geht.

20 Insoweit wird der Unterschied des Vollzugsfolgenbeseitigungsanspruches zur direkten Anwendung des § 78 Abs. 1 S. 1 BauO Bln im Verhältnis des N zur Behörde offenbar. Eine Vollzugsfolgenbeseitigungslast ist nur beim Vollzugsfolgenbeseitigungsanspruch denkbar.

Folgen ihres vorausgegangenen rechtswidrigen Verwaltungshandelns beseitigen muss. Eine Vollzugsfolgenbeseitigungslast könnte abzulehnen sein, weil ein Bauherr, der sein Bauvorhaben auf eine rechtswidrig erteilte Genehmigung stützt, bei einer Reduktion auf null schlechter stünde, als ein Schwarzbauer, welchem gegenüber die Behörde lediglich unter Beachtung grundrechtlicher und rechtsstaatlicher Aspekte außerhalb der Vollzugsfolgenbeseitigungslast einen Ermessensspielraum hätte. Die Folgenbeseitigungslast könnte also abzulehnen sein, weil jemand, der eigenmächtig handeln würde, bei deren Annahme besser stünde als jemand, der aufgrund einer rechtswidrigen Verfügung der Behörde seine Rechtsposition erhalten hätte. Dem steht entgegen, dass sich aus Art. 20 Abs. 3 GG einerseits eine besondere staatliche Pflicht zur Wiederherstellung rechtmäßiger Zustände ergibt, andererseits auch bei Annahme einer Folgenbeseitigungslast ein Ausgleich auf der Sekundärebene erfolgen kann, sodass der von der rechtswidrigen Verfügung Begünstigte letztlich doch besser steht als ein eigenmächtig rechtswidrig Handelnder.[21] Zudem ergibt sich aus der prozessualen Verknüpfungsnorm des § 113 Abs. 1 S. 3 VwGO, dass der Gesetzgeber von einer Reduktion auf null durch die Folgenbeseitigungslast ausgeht, weil die prozessuale Verknüpfung eines materiellen Vollzugsfolgenbeseitigungsanspruches mit der ersten Stufe mittels eines Annexantrages im Sinne des § 113 Abs. 1 S. 2 VwGO Spruchreife, also eine gebundene Entscheidung voraussetzt.

Allerdings ergibt sich die Vollzugsfolgenbeseitigungslast schon aus dem unter anderem in Art. 20 Abs. 3 GG enthaltenen Rechtsstaatsprinzip (zum Ganzen: vgl. VGH Kassel – 11 TG 1515/93; PR OVGE 92, 108ff.; vgl. Meixner, HSOG, 5. Aufl., Rn 10 zu § 9 HSOG; VGH Baden-Württemberg, Beschlüsse vom 20. Januar 1987, NVwZ 1987, 1101, und vom 22. Februar 1990, DÖV 1990, 573). Die Verwaltung ist rechtsstaatlich verpflichtet, die Folgen rechtswidrigen Verwaltungshandelns zu beseitigen und rechtmäßige Zustände herzustellen. Ist die Baugenehmigung suspendiert worden, ist sie als Rechtsgrund für die Fortführung des Bauvorhabens entfallen, sodass sich jedenfalls von diesem Zeitpunkt an die Vollzugsfolgen als rechtswidrig erweisen.

Somit ist das Ermessen der zuständigen Bauaufsichtsbehörde gegenüber A aufgrund der Vollzugsfolgenbeseitigungslast reduziert.

---

21 Zum Teil wird die Folgenbeseitigungslast abgelehnt, weil jemand, der eigenmächtig handeln würde, bei deren Annahme besser stünde als jemand, der aufgrund einer rechtswidrigen Verfügung der Behörde seine Rechtsposition erhalten hätte (z.B. Schwarzbauer, Hausbesetzer). Dem steht entgegen, dass sich aus Art. 20 Abs. 3 GG einerseits eine besondere staatliche Pflicht zur Wiederherstellung rechtmäßiger Zustände ergibt, andererseits auch bei Annahme einer Folgenbeseitigungslast ein Ausgleich auf der Sekundärebene erfolgen kann, sodass der von der rechtswidrigen Verfügung Begünstigte letztlich doch besser steht als ein eigenmächtig rechtswidrig Handelnder.

4. Zwischenergebnis

Anspruchsinhalt des Vollzugsfolgenbeseitigungsanspruches des N gegen das Land Berlin ist im Rahmen der Vollzugsfolgenbeseitigungslast somit dessen Verpflichtung, eine Verfügung an A zu erlassen, nach welcher der Bau einstweilen zu stoppen ist.

C. Ergebnis

N hat mit seinen Anträgen Erfolg.

Besonderes Verwaltungsrecht – Fall 14 – BauR: „Die Promi-Rechtsanwältin mit dem Himmelsstrahler“ (Berlin)

1. Komplex:

A wäre gerne eine Promi-Rechtsanwältin geworden, jedoch dümpelt sie in Berlin regelmäßig nur mit Prozesskostenhilfemandaten vor sich hin. Am Anfang des Jahres erbt sie in Berlin ein Grundstück, das mit einer zweistöckigen Villa zum Wohnen bebaut ist. Das Grundstück liegt innerhalb einer geschlossenen Ortschaft und im Geltungsbereich eines Bebauungsplans, in dem keine Festsetzung über die Art der baulichen Nutzung enthalten ist. Der Ortsteil ist zudem wie ein reines Wohngebiet geprägt.

Um die Vorzüge der ruhigen Lage genießen und sich den besonders lukrativen Mandantenkreis in der Umgebung erschließen zu können, wendet sie sich an die zuständige Behörde und beantragt eine Genehmigung zur Nutzung der Villa als Bürogebäude. Da sie ihren Mitarbeiter – den ehemaligen Sozialarbeiter S – ebenfalls unterbringen möchte, soll die Genehmigung auf alle Räume der ersten Etage bezogen sein. Die Grundfläche der ersten Etage ist dabei deutlich größer als die der zweiten Etage. Letztere möchte A weiterhin zum Wohnen verwenden. In dem gesamten Baugebiet befinden sich keine Gewerbebetriebe und keine anderen Freiberufler.

A hatte bei der zuständigen Behörde einen Antrag auf Genehmigungsfreistellung gestellt, jedoch wurde seitens der Behörde bereits nach zwei Wochen erklärt, dass ein vereinfachtes Genehmigungsverfahren durchgeführt wird. Daraufhin stellte A einen vollständigen Bauantrag. Auf die Rechtsfolge einer etwaigen Genehmigungsfiktion hat A nicht verzichtet. Es vergehen acht Tage, bis die Behörde auf den Antrag der A mit einem ablehnenden Bescheid antwortet. Zur Begründung führt die Behörde aus, dass A zu viel Fläche des Wohnhauses für ihr Vorhaben beansprucht. In dem Baugebiet sei eine solche Umwidmung des Gebäudes nicht zulässig.

A ist empört und legt umgehend Widerspruch ein. Einerseits würde durch den Betrieb einer Kanzlei kein Lärm erzeugt werden, sodass eine solche überall und in jeder Größe zulässig sei. Zum anderen müsse die Behörde ihr die Genehmigung erteilen, weil nach Ablauf von drei Monaten nach Antragstellung immer eine Genehmigungsfiktion eintrete. Die Behörde könne sich schließlich nicht unbegrenzt Zeit lassen, um fehlende Dokumente einzufordern.

Die Behörde lehnt den Widerspruch ohne weitere Begründung ab, woraufhin A beim örtlich zuständigen Verwaltungsgericht klagt. Wird A mit ihrer Klage erfolgreich sein?

2. Komplex:

Die Behörde genehmigt A, das Büro in einem der Räume der Villa zu betreiben. Um ihrer kleinen Kanzlei Aufmerksamkeit zu verschaffen, kauft A einen Himmelsstrahler und stellt diesen auf ihr Hausdach, ohne dass das Gerät von außen erkennbar ist. Dabei schraubt sie die Strahler mit der für die Strahler vorgesehenen Einrichtung am Gebäude fest. Allerdings kann der Himmelsstrahler jederzeit abgebaut und anderweitig aufgebaut werden. Er ist entsprechend seinem Verwendungszweck nicht dazu bestimmt, überwiegend ortsfest verwendet zu werden. Das Gerät befindet sich auf einer Fläche von lediglich 0,7 m^2, wenngleich die Lichtstrahlen mehrere 100 Meter über den bebauten Ortsteil hinaus zu sehen sind. Die Beleuchtung ist auch in weiter entfernten Teilen der Stadt von der Straße aus erkennbar. Eine Genehmigung für die Lichtstrahler hält A nicht für erforderlich.

R wohnt in dritter Generation im gegenüberliegenden Haus. Er genießt im Rentenalter die Ruhe und Idylle der Umgebung und fühlt sich jederzeit dazu berufen, diese um jeden Preis zu wahren. Als er den Strahler leuchten sieht, ist er vor Verärgerung außer sich und wendet sich schon am folgenden Tag an die zuständige Behörde. Diese soll A dazu verpflichten, den Strahler umgehend zu entfernen.

Die Behörde lehnt den Antrag ab. A würde lediglich die Aufmerksamkeit auf ihre rechtmäßig betriebene Kanzlei lenken. Nach einem erfolglosen Widerspruch erhebt R eine Klage vor dem örtlich zuständigen Verwaltungsgericht. Wird R mit einer Klage erfolgreich sein?

Bearbeitungsvermerk

Berufsrechtliche Aspekte sind zu ignorieren. Soweit Bebauungspläne bestehen, sind diese rechtmäßig.

Schwerpunkte
Baugenehmigung
Abrissverfügung
einfacher Bebauungsplan
Genehmigungsfiktion
Werbeanlage

Vertiefung

OVG Koblenz, 8 A 11286/02.OVG v. 22.1.2003; VGH München, 14 CS 95.3588 v. 18.12.1995; OVG Münster, 11 B 1466/94 v. 22.6.1994; VG Stuttgart, 13 K 673/99 v. 9.7.1999; VG Regensburg, Urteil vom 12.7.2012 – RO 2 K 12.235.

Gliederung

1. Komplex: Klage der A

A. Sachurteilsvoraussetzungen
- I. Rechtsweg (+)
- II. Zuständigkeit (+)
- III. Beteiligte (+)
- IV. Statthafte Klageart
- V. Besondere Sachurteilsvoraussetzungen (+)
  - 1. Besondere Prozessführungsbefugnis (+)
  - 2. Klagebefugnis (+)
  - 3. Vorverfahren und Widerspruchsfrist (+)
  - 4. Klagefrist (+)
- VI. Allgemeines Rechtsschutzbedürfnis
- VII. Zwischenergebnis

B. Begründetheit
- I. Anspruchsgrundlage (+)
- II. Anspruchsvoraussetzungen (–)
  - 1. Formelle Voraussetzungen (+)
  - 2. Materielle Voraussetzungen (–)
    - a) Genehmigungsbedürftigkeit (+)
    - b) Genehmigungsfähigkeit (–)
    - aa) Vorabbindung der Verwaltung (–)
    - bb) Vereinbarkeit mit dem Bauplanungsrecht (–)
    - (1) Vorhaben innerhalb der im Zusammenhang bebauten Ortsteile (+)
    - (2) Anwendbarkeit des § 34 Abs. 2 BauGB (+)
    - (3) Art der baulichen Nutzung (–)
    - (a) Regel- und Ausnahmebebauung (–)
    - (b) Erweiterungen (–)
    - (aa) Freier Beruf (+)
    - (bb) Räume (–)
    - cc) Zwischenergebnis

III. Ergebnis
C. Ergebnis

2. Komplex: Klage des R
A. Sachurteilsvoraussetzungen (+)
I. Rechtsweg (+)
II. Zuständigkeit (+)
III. Beteiligte (+)
IV. Statthafte Klageart
V. Besondere Sachurteilsvoraussetzungen (+)
1. Besondere Prozessführungsbefugnis (+)
2. Klagebefugnis (+)
a) Beplanter Bereich
b) Unbeplanter Innenbereich
aa) § 34 Abs. 1 BauGB
bb) § 34 Abs. 2 BauGB
c) Außenbereich
d) Subjektives Recht des R (+)
3. Vorverfahren (+)
4. Klagefrist (+)
VI. Zwischenergebnis
B. Begründetheit
I. Anspruchsgrundlage (+)
II. Anspruchsvoraussetzungen (+)
1. Formelle Voraussetzungen (+)
2. Materielle Voraussetzungen
a) Anlage im Sinne des § 2 Abs. 1 S. 1 BauO Bln (–)
b) Anlage der Außenwerbung im Sinne des § 10 BauO Bln (+)
c) Widerspruch zu öffentlich-rechtlichen Vorschriften
aa) Formelle Illegalität (+)
bb) Materielle Illegalität (+)
(1) Bauplanungsrecht (+)
(a) Anwendbarkeit der §§ 29 ff. BauGB (+)
(b) Vereinbarkeit mit § 30 BauGB (+)
(c) Vereinbarkeit mit § 34 BauGB (–)
(2) Zwischenergebnis
III. Anspruchsinhalt
C. Ergebnis

Lösungsvorschlag

Die folgende Lösung ist als Lösungsvorschlag zu verstehen und ausführlicher, als es in der Klausurbearbeitung verlangt werden kann. Aufgrund der wissenschaftlichen Freiheit können andere Lösungswege vertreten werden, soweit sie dogmatisch begründbar sind. Die Nachweise aus Rechtsprechung und Literatur sowie die das Verständnis fördernden Randbemerkungen sind in der Examensklausur auszusparen. Die Abkürzung „Alt." steht für Alternativfall, nicht für Alternative.

1. Komplex: Klage der A

A wird mit ihrer Klage jedenfalls erfolgreich sein, soweit die Sachurteilsvoraussetzungen erfüllt sind und die Klage zulässig sowie begründet ist.

A. Sachurteilsvoraussetzungen

Die Sachurteilsvoraussetzungen können erfüllt und die Klage kann zulässig sein.[1]

I. Rechtsweg

Der Verwaltungsrechtsweg kann mangels aufdrängender Sonderzuweisung gemäß § 40 Abs. 1 S. 1 VwGO eröffnet sein. Im Übrigen kommt ein Verweisungsbeschluss im Sinne des § 17 a Abs. 2 GVG i.V.m. § 173 VwGO in Betracht. Der Verwaltungsrechtsweg ist eröffnet, wenn ein öffentlich-rechtlicher Rechtsträger durch die streitentscheidende öffentlich-rechtliche Norm einseitig berechtigt oder verpflichtet wird bzw. wenn aufgrund typisch hoheitlichen Handelns zwischen den Beteiligten ein Subordinationsverhältnis besteht.

---

1 **Hinweis:** Andere Aufbauvarianten werden vertreten (z.B. dreistufig oder Prüfung des Verwaltungsrechtsweges als Untergliederungspunkt der Zuständigkeit des Gerichts). Derartige Aufbauvarianten sind aber mit § 17a Abs. 2 GVG bzw. mit der Überschrift des 6. Abschnitts der VwGO sowie mit § 83 VwGO unvereinbar und daher bei exakter dogmatischer Zuordnung der Prüfungspunkte nicht zu empfehlen. Die Überschrift „Sachurteilsvoraussetzungen" anstelle der Überschrift „Zulässigkeit" ist unter anderem sinnvoll, weil nach § 63 Nr. 3 VwGO auch der Beigeladene zu den Beteiligten gehört, das Fehlen einer notwendigen Beiladung i.S.d. § 65 Abs. 2 VwGO aber nur dazu führt, dass das Urteil keine materielle Rechtskraft entfaltet. Auch die objektive Klagehäufung i.S.d. § 44 VwGO ist z.B. keine Zulässigkeitsvoraussetzung.

Zum Aufbau im Ganzen: Heinze/Starke JURA 2012, 175 ff.

Durch § 71 Abs. 1 BauO Bln als Grundlage der begehrten Genehmigung wird die Behörde gegenüber der Bürgerin – A – einseitig zur Erteilung der Genehmigung verpflichtet, zumal es sich beim Erlass eines Verwaltungsaktes um typisch hoheitliches Handeln in einem Subordinationsverhältnis handelt. Da die Streitigkeit mangels doppelter Verfassungsunmittelbarkeit nicht verfassungsrechtlicher Art und eine abdrängende Sonderzuweisung nicht ersichtlich ist, bleibt es bei der Eröffnung des Verwaltungsrechtsweges. Der Verwaltungsrechtsweg ist gemäß § 40 Abs. 1 S. 1 VwGO eröffnet.

II. Zuständigkeit

Das Verwaltungsgericht ist gemäß § 45 VwGO als Eingangsinstanz für die von A gegenüber der Behörde erstrebte Genehmigung sachlich zuständig, da Anhaltspunkte für abweichende Regelungen wie zum Beispiel § 50 VwGO nicht ersichtlich sind, sodass kein Verweisungsbeschluss gemäß § 17a Abs. 2 GVG i.V.m. § 83 VwGO gefasst werden wird. Die örtliche Zuständigkeit des Verwaltungsgerichts im Sinne des § 52 VwGO ist gegeben.[2]

III. Beteiligte

A und das Land Berlin als Körperschaft öffentlichen Rechts können Beteiligte des Verfahrens sein. Beteiligte sind nach § 63 Nr. 1, 2 VwGO unter anderem der Kläger und der Beklagte, beteiligungsfähig nach § 61 Nr. 1 VwGO natürliche und juristische Personen. Behörden sind gemäß § 61 Nr. 3 VwGO i.V.m. dem Landesrecht nicht beteiligungsfähig. Als Klägerin ist A gemäß § 61 Nr. 1 Alt. 1 VwGO beteiligungsfähig und gemäß § 62 Abs. 1 Nr. 1 VwGO prozessfähig.

Als Beklagter ist der Rechtsträger der Baubehörde maßgeblich. Das Land Berlin als Beklagter im Sinne des § 63 Nr. 2 VwGO ist gemäß § 61 Nr. 1 Alt. 2 VwGO beteiligungs- sowie mangels Anhaltspunkten bezüglich des für die Behörde handelnden Organwalters gemäß § 62 Abs. 3, 1 VwGO prozessfähig.

---

2 Die örtliche Zuständigkeit ist anzusprechen, wenn es dafür Anhaltspunkte im Sachverhalt gibt. Im Übrigen ist die Prüfung derselben sinnvoll – allerdings nicht notwendig. Gegebenenfalls ist die örtliche Zuständigkeit im Anschluss an die sachliche Zuständigkeit zu prüfen. Ist sie jedoch gemäß § 52 Nr. 2 VwGO ausnahmsweise von der Klageart abhängig, muss sie von der sachlichen Zuständigkeit getrennt nach der Klageart oder deren besonderen Sachurteilsvoraussetzungen bzw. Sachentscheidungsvoraussetzungen erörtert werden, obwohl § 17a Abs. 2 GVG gemäß § 83 VwGO entsprechend anwendbar ist.

IV. Statthafte Klageart

Die statthafte Klageart richtet sich gemäß § 88 VwGO nach dem klägerischen Begehren unter Berücksichtigung des Anwendungsvorranges maßnahmespezifischer Rechtsschutzformen und des rechtsstaatlichen Grundsatzes der Effektivität des Rechtsschutzes. Dem klägerischen Begehren entspricht in der Regel die effektivste Klageart, also nach Möglichkeit die Anfechtungsklage gemäß § 42 Abs. 1 Alt. 1 VwGO als Gestaltungsklage der Verwaltungsgerichtsordnung.[3] Es ist Voraussetzung für eine Anfechtungsklage, dass es dem Kläger um die Aufhebung eines Verwaltungsaktes im Sinne des § 35 VwVfG i.V.m. § 1 Abs. 1 Bln VwVfG geht. Ein Verwaltungsakt ist gemäß § 35 S. 1 VwVfG i.V.m. § 1 Abs. 1 Bln VwVfG jede Verfügung, Entscheidung oder andere hoheitliche Maßnahme, die eine Behörde zur Regelung eines Einzelfalls auf dem Gebiet des öffentlichen Rechts trifft und die auf unmittelbare Rechtswirkung nach außen gerichtet ist. A erstrebt nicht nur die Aufhebung einer Ablehnung, sondern den Erlass einer Regelung in Form der Erteilung einer Baugenehmigung. Sie erstrebt somit keine gestaltende Beseitigung, sondern eine Leistung. Statthafte Klageart ist somit die auf den Erlass eines Verwaltungsaktes gerichtete Verpflichtungsklage gemäß § 42 Abs. 1 Alt. 2 VwGO.

V. Besondere Sachurteilsvoraussetzungen

Die besonderen Sachurteilsvoraussetzungen können erfüllt sein.

1. Besondere Prozessführungsbefugnis

Besonders prozessführungsbefugt ist gemäß § 78 Abs. 1 Nr. 1 VwGO das Land Berlin als Rechtsträger der zuständigen Baubehörde.[4]

---

3 Die Anfechtungsklage ist z.B. besonders rechtsschutzintensiv, weil das Gericht als Judikative mittels einer Durchbrechung der Gewaltenteilung einen Verwaltungsakt als Rechtssetzungsakt der Exekutive aufhebt.

4 Der Aufbau der Prozessstation darf in der Klausur nicht gesondert begründet werden. Es ist allenfalls möglich, einzelne Argumente anhand einzelner zu prüfender Tatbestandsmerkmale in Nebensätzen einzuarbeiten. Die Zuordnung des § 78 VwGO ist umstritten. § 78 VwGO enthält nach h.M. eine Regelung über die besondere Prozessführungsbefugnis, die von der Beteiligungsfähigkeit und der Passivlegitimation zu trennen ist (MA: § 78 VwGO als Sonderregelung der Passivlegitimation, die aber in der Sachstation, also der Begründetheit, zu prüfen ist, da „Passivlegitimation" der Terminus für den materiell richtigen Klagegegner ist). Die besondere Prozessführungsbefugnis ist ein Unterpunkt bei den besonderen Sachurteilsvoraussetzungen und wird teilweise (vertretbar aber bzgl. der materiell-rechtlichen Passivlegitimation verwechslungsfähig) mit „Klagegegner" überschrieben.

2. Klagebefugnis

A muss klagebefugt sein. Die Klagebefugnis nach § 42 Abs. 2 VwGO setzt die Möglichkeit der Verletzung eines subjektiven Rechts voraus. Subjektive Rechte ergeben sich aus Sonderrechtsbeziehungen, einfachen Gesetzen sowie subsidiär aus Grundrechten, wobei jedenfalls aufgrund des weiten Schutzbereiches des Art. 2 Abs. 1 GG bei unmittelbaren Grundrechtseingriffen für das subjektive Recht direkt auf Grundrechte abgestellt werden kann. Ob ein Kläger tatsächlich in einem subjektiven Recht verletzt ist, ist für die Klagebefugnis irrelevant, da die Möglichkeit der Verletzung eines subjektiven Rechts genügt. Inwieweit die Ablehnungsverfügung als Versagung einer Leistung eingestuft werden kann, ist problematisch, sodass insoweit nicht direkt auf Art. 14 Abs. 1 GG abgestellt werden darf. Mangels einer bestehenden Sonderrechtsbeziehung ist § 71 Abs. 1 BauO Bln als einfachgesetzliche Norm, aus der sich ein Anspruch ergeben kann, maßgeblich.

A ist somit gemäß § 42 Abs. 2 VwGO klagebefugt.

3. Vorverfahren und Widerspruchsfrist

Ein im Sinne der §§ 68 ff. VwGO ordnungsgemäßes Vorverfahren ist seitens der A durchgeführt worden.

4. Klagefrist

Die für die Verpflichtungsklage geltende Klagefrist von einem Monat nach Zustellung des Widerspruchsbescheides gemäß § 74 Abs. 1 S. 1 VwGO i.V.m. § 74 Abs. 2 VwGO wurde seitens der A eingehalten.

VI. Allgemeines Rechtsschutzbedürfnis

Das allgemeine Rechtsschutzbedürfnis könnte aufgrund einer Genehmigungsfiktion ausgeschlossen sein. Gemäß § 70 Abs. 4 S. 3 BauO Bln gilt eine Genehmigung als erteilt, wenn in den Verfahren nach § 70 Abs. 4 S. 1 BauO Bln nicht

---

Einige Argumente für h.M.:

- § 78 VwGO steht systematisch bei besonderen Sachurteilsvoraussetzungen
- Gesetzgebungskompetenzen
- falsche Behörde bzw. falscher Rechtsträger können nicht zum materiell richtigen Anspruchsgegner im Sinne einer Passivlegitimation werden (zum Ganzen: Ehlers, Festschrift für Menger, S. 379 ff.; Hufen, Verwaltungsprozessrecht, § 12, Rn 38 ff. m.w.N.; vgl. OVG Münster NVwZ 1990, 188).

innerhalb einer Frist nach § 70 Abs. 3 S. 1 BauO Bln entschieden worden ist, wobei dies im vereinfachten Genehmigungsverfahren nicht gilt, wenn der Bauherr schriftlich auf diese Rechtsfolge verzichtet hat. Gemäß § 70 Abs. 4 S. 1 BauO Bln sind fehlende Mängel und Unterlagen im vereinfachten Genehmigungsverfahren unter bestimmten Voraussetzungen abschließend zu benennen, wenngleich gemäß § 70 Abs. 4 S. 2 BauO Bln wiederum eine Fiktion der Vollständigkeit des Bauantrages möglich ist.

Mittels der Anordnung einer Dauerfiktion nicht der Vollständigkeit des Bauantrages, sondern der Baugenehmigung im Sinne des § 42a Abs. 1 S. 1 VwVfG i.V.m. § 61 Abs. 3 S. 4 BauO Bln wird die Baugenehmigung nach Ablauf der Frist fingiert, wobei der Fiktionseintritt auf Antrag demjenigen, dem der Verwaltungsakt gemäß § 41 Abs. 1 VwVfG i.V.m. § 1 Abs. 1 Bln VwVfG hätte bekanntgegeben werden müssen, schriftlich bescheinigt werden muss. Ob in einer dauerhaften Genehmigungsfiktion im Sinne des § 42a Abs. 1 S. 1 VwVfG eine Fiktion der Rechtmäßigkeit enthalten ist oder lediglich das Bestehen einer Genehmigung als solcher – letzteres erscheint bei verfassungskonformer Auslegung sinnvoll, weil der Adressat einer tatsächlichen Genehmigung anderenfalls schlechter stünde als der Adressat einer fingierten Genehmigung – fingiert wird, ist zunächst nicht maßgeblich, wenngleich dies für das allgemeine Rechtsschutzbedürfnis grundsätzlich von Bedeutung sein kann.

Die Fiktionsfrist gemäß § 70 Abs. 3 S. 1 BauO Bln beträgt nämlich einen Monat. Der Bauantrag ist seitens der A vollständig gewesen und die Ablehnung der Baugenehmigung erfolgte vor Ablauf eines Monats. Eine Genehmigungsfiktion ist nicht erfolgt, sodass das allgemeine Rechtsschutzbedürfnis nicht entfallen ist.

VII. Zwischenergebnis

Die Sachurteilsvoraussetzungen der Klage der A sind erfüllt und die Klage ist zulässig.

B. Begründetheit

Die Klage ist gemäß § 113 Abs. 5 S. 1, 2 VwGO begründet, soweit die Ablehnung der Erteilung der Genehmigung für A rechtswidrig, die Klägerin dadurch in ihren Rechten verletzt und die Sache spruchreif bzw. soweit die Unterlassung der diesbezüglichen Bescheidung rechtswidrig oder die erfolgte Bescheidung fehlerhaft und die Klägerin dadurch in ihren Rechten verletzt ist. Somit ist die Klage begründet, soweit die Klägerin einen Anspruch auf eine zumindest fehlerfreie Bescheidung der Behörde hat.

I. Anspruchsgrundlage

Rechtsgrundlage für die Erteilung einer Baugenehmigung ist § 71 Abs. 1 BauO Bln.

II. Anspruchsvoraussetzungen

Die Anspruchsvoraussetzungen müssen erfüllt sein.

1. Formelle Voraussetzungen

Die formellen Voraussetzungen können erfüllt sein. Formell wurde ein Antrag bei der sachlich zuständigen und örtlich gemäß § 3 VwVfG i.V.m. § 1 Bln VwVfG i.V.m. § 206 BauGB zuständigen Baubehörde gestellt. Bezüglich der Baugenehmigung werden etwaige Formvorgaben eingehalten werden. Anderweitige Anhaltspunkte bezüglich der Zuständigkeit, des Verfahrens und der Form bestehen nicht, sodass die formellen Voraussetzungen erfüllt sind.

2. Materielle Voraussetzungen

Die materiellen Voraussetzungen können erfüllt sein. Eine Baugenehmigung ist gemäß § 71 Abs. 1 BauO Bln zu erteilen, wenn das Vorhaben mit den öffentlich-rechtlichen Vorschriften vereinbar ist, also soweit das Bauvorhaben genehmigungsbedürftig und im Rahmen des Prüfungsmaßstabes genehmigungsfähig ist.[5]

a) Genehmigungsbedürftigkeit

Das Vorhaben der A muss genehmigungsbedürftig sein. Gemäß § 60 Abs. 1 BauO Bln bedürfen die Errichtung, Änderung und Nutzungsänderung einer Anlage der Baugenehmigung, soweit in den §§ 61–63, 75, 76 BauO Bln nichts anderes bestimmt ist. A möchte die bisher als Wohnhaus genutzte Villa zukünftig als Kanzlei nutzen und somit die bisherige Nutzung ändern. Gemäß § 63 Abs. 1 S. 1 BauO Bln i.V.m. § 63 Abs. 2 Nr. 1 lit. a BauO Bln ist ein Vorhaben im Rahmen des qualifizierten Bebauungsplans im Sinne des § 30 Abs. 1 BauGB bzw. im Sinne eines vorhabenbezogenen Bebauungsplans gemäß § 30 Abs. 2 BauGB unter bestimmten Voraussetzungen genehmigungsfrei. Eine solche Konstellation ist nicht ersichtlich.

---

5 Soweit es sich um ein Gebiet im Sinne des § 30 Abs. 1, 2 BauGB handelt, ist es möglich, dass die planungsrechtliche Genehmigungsfähigkeit innerhalb der Genehmigungsbedürftigkeit geprüft werden muss.

Eine Genehmigungsfreiheit könnte sich aber aus § 63 Abs. 1 S. 1 BauO Bln i.V.m. § 63 Abs. 2 Nr. 3 BauO Bln ergeben. Eine Freistellung erfolgt insoweit unter anderem, wenn die Behörde nicht innerhalb einer Frist nach § 63 Abs. 3 S. 2 BauO Bln erklärt, dass das vereinfachte Baugenehmigungsverfahren durchgeführt werden soll. Gemäß § 63 Abs. 3 S. 2 BauO Bln darf einen Monat nach Vorlage der erforderlichen Unterlagen bei der Bauaufsichtsbehörde begonnen werden, sofern die Frist nicht um einen weiteren Monat verlängert wird. Die zuständige Behörde hatte bereits zwei Wochen nach Beantragung auf Genehmigungsfreistellung erklärt, dass ein vereinfachtes Genehmigungsverfahren durchgeführt werden wird, sodass sich aus § 63 Abs. 1 S. 1 BauO Bln i.V.m. § 63 Abs. 2 Nr. 3 BauO Bln keine Genehmigungsfreistellung ergibt. Darüber hinaus müssen die Voraussetzungen des § 63 Abs. 2 Nr. 1–3 BauO Bln kumulativ erfüllt sein, sodass sich aus der Erfüllung lediglich der Voraussetzungen des § 63 Abs. 2 Nr. 3 BauO Bln allein keine Genehmigungsfreistellung ergeben. Mangels sonstiger maßgeblicher abweichender Regelungen in den §§ 61–63, 75, 76 BauO Bln ist das Vorhaben genehmigungsbedürftig.

b) Genehmigungsfähigkeit

Das Bauvorhaben der A muss genehmigungsfähig sein. Eine bauliche Anlage ist gemäß § 71 Abs. 1 BauO Bln genehmigungsfähig, soweit das Vorhaben mit den öffentlich-rechtlichen Vorschriften vereinbar ist. Dazu gehören die Vorschriften der Bauordnung für Berlin sowie das städtebauliche Planungsrecht und die sonstigen Vorschriften des öffentlichen Rechts.

Inwieweit eine Rechtsprüfung erfolgen darf, ergibt sich aus der Art des Genehmigungsverfahrens. Gemäß § 64 S. 1 BauO Bln wird grundsätzlich das vereinfachte Baugenehmigungsverfahren durchgeführt, soweit es sich nicht um Sonderbauten im Sinne des § 2 Abs. 4 BauO Bln handelt. Für Bauten, die nicht Sonderbauten sind, ist der Prüfungsmaßstab in § 65 BauO Bln geregelt.

Für Sonderbauten gilt gemäß § 65 BauO Bln kein vereinfachtes Genehmigungsverfahren. Das Haus der A ist aufgrund seiner offenbar nicht außergewöhnlichen Höhe nicht als Sonderbau im Sinne des § 2 Abs. 4 Nr. 1, 2 BauO Bln einzustufen. Es sind somit die in § 64 BauO Bln geregelten baurechtlichen Vorschriften maßgeblich. Dazu gehören gemäß § 64 S. 1 Nr. 1 BauO Bln die §§ 29 bis 38 BauGB sowie gemäß § 64 S. 1 Nr. 2 BauO Bln weitere Vorgaben der Bauordnung, während eine Umweltverträglichkeitsprüfung gemäß § 64 S. 2 BauO Bln zu erfolgen hat. Insoweit die Baugenehmigung Konzentrationswirkung entfaltet, sind öffentlich-rechtliche Vorschriften gemäß § 64 S. 1 Nr. 3 BauO Bln maßgeblich. Aus § 64 S. 1 Nr. 3 BauO Bln könnte sich ergeben, dass in den übrigen Konstellationen keine öffentlichen Vorschriften außerhalb des Baurechts maßgeblich sind. Allerdings können insoweit nicht die Vorschriften über nicht genehmigungsbedürftige Anlagen im Sinne der §§ 22ff. BImSchG erfasst sein, weil § 64 S. 1 Nr. 3 BauO Bln aufgrund der Nähe des baurechtlichen Bodenrechts zum Bundesimmissionsschutzrecht, die sich unter anderem aus § 35 Abs. 3 S. 3 Nr. 3 BauGB ergibt, zur Vermeidung der Verfassungswidrigkeit des § 64 S. 1 Nr. 3 BauO Bln verfassungskonform zumindest dahingehend auszulegen ist, dass das Landesrecht durch die §§ 22ff. BImSchG als Bundesrecht im Sinne des Art. 31 GG gebrochen wird. Gleiches würde bezüglich anderer bundesrechtlicher Rechtsmaterien gelten, soweit im Bundesrecht nicht eine Konzentrationswirkung geregelt ist, von der auch die landesrechtliche Baugenehmigung erfasst ist.

Die §§ 4ff. BImSchG sind im Rahmen der Baugenehmigung allerdings nicht maßgeblich. Zwar ist die Konzentrationswirkung anderer Genehmigungen in § 61 Abs. 1 BauO Bln auf bestimmte Bereiche begrenzt worden. Ein Umkehrschluss ist bei verfassungskonformer Auslegung der Norm mangels Abgeschlossenheit derselben aber nicht möglich, weil das Landesrecht gemäß Art. 31 GG durch das Bundesrecht gebrochen werden würde, sodass die immissionsrechtliche Genehmigung im Sinne der §§ 4ff. BImSchG wegen ihrer Konzentrationswirkung gemäß § 13 BImSchG vorrangig ist (a.A. bezüglich der vergleichbaren Konstellation in Hamburg: Alexejew, Hamburgisches Bauordnungsrecht, Kommentar, Band I, 27. Lieferung, Stand: Januar 2012, § 62, Rn 27).

aa) Vorabbindung der Verwaltung

Die Behörde könnte in ihrer Entscheidung durch eine Genehmigungsfiktion gebunden sein.[6] Gemäß § 70 Abs. 4 S. 3 BauO Bln gilt eine Genehmigung als erteilt, wenn in den Verfahren nach § 70 Abs. 4 S. 1 BauO Bln nicht innerhalb einer Frist nach § 70 Abs. 3 S. 1 BauO Bln entschieden worden ist, wobei dies im vereinfachten Genehmigungsverfahren nicht gilt, wenn der Bauherr schriftlich auf diese Rechtsfolge verzichtet hat. Gemäß § 70 Abs. 4 S. 1 BauO Bln sind fehlende Mängel und Unterlagen im vereinfachten Genehmigungsverfahren unter

---

6 **Vorabbindung durch:**
- Zusicherung gemäß § 38 VwVfG i.V.m. § 1 Abs. 1 Bln VwVfG
- Öffentlich-rechtlichen Vertrag gemäß den §§ 54ff. VwVfG i.V.m. § 1 Abs. 1 Bln VwVfG
- Vorbescheid gemäß § 74 BauO Bln
- Genehmigungsfiktion gemäß § 70 Abs. 4 S. 3 BauO Bln
- Teilbaugenehmigung gemäß § 73 BauO Bln

Beachte: Ein bestandskräftiger Vorbescheid kann sich bezüglich einer späteren Baugenehmigung zugunsten oder zulasten des Betroffenen bzw. des Nachbarn auswirken mit der Folge, dass die Voraussetzungen bezüglich der dort beinhalteten Rechtsmaterie vorgegeben sind. Allerdings kann sich auch eine Aufhebungsproblematik im Anschluss ergeben.

bestimmten Voraussetzungen abschließend zu benennen, wenngleich gemäß § 70 Abs. 4 S. 2 BauO Bln wiederum eine Fiktion der Vollständigkeit des Bauantrages möglich ist.

Mittels der Anordnung einer Dauerfiktion nicht der Vollständigkeit des Bauantrages, sondern der Baugenehmigung im Sinne des § 42a Abs. 1 S. 1 VwVfG i.V.m. § 70 Abs. 4 S. 3 BauO Bln wird die Baugenehmigung nach Ablauf der Frist fingiert, wobei der Fiktionseintritt auf Antrag demjenigen, dem der Verwaltungsakt gemäß § 41 Abs. 1 VwVfG i.V.m. § 1 Abs. 1 Bln VwVfG hätte bekanntgegeben werden müssen, schriftlich bescheinigt werden muss. Ob in einer dauerhaften Genehmigungsfiktion im Sinne des § 42a Abs. 1 S. 1 VwVfG eine Fiktion der Rechtmäßigkeit enthalten ist oder lediglich das Bestehen einer Genehmigung als solcher – letzteres erscheint bei verfassungskonformer Auslegung sinnvoll, weil der Adressat einer tatsächlichen Genehmigung anderenfalls schlechter stünde als der Adressat einer fingierten Genehmigung – fingiert wird, ist zunächst nicht maßgeblich.

Die Fiktionsfrist gemäß § 70 Abs. 3 S. 1 BauO Bln beträgt allerdings einen Monat. Der Bauantrag ist seitens der A vollständig gewesen und die Ablehnung der Baugenehmigung erfolgte vor Ablauf eines Monats. Eine Genehmigungsfiktion ist nicht erfolgt.

bb) Vereinbarkeit mit dem Bauplanungsrecht

Die Nutzungsänderung der Wohnhaus-Villa kann bauplanungsrechtlich unzulässig sein. Die planungsrechtliche Zulässigkeit eines Bauvorhabens ist davon abhängig, ob das Vorhaben in einem beplanten Gebiet, einem unbeplanten Innenbereich oder einem unbeplanten Außenbereich errichtet wird. Bei einem qualifizierten Bebauungsplanes im Sinne des § 30 Abs. 1 BauGB sind Regelungen über Art und Maß der baulichen Nutzung enthalten, während ein vorhabenbezogener Bebauungsplan gemäß § 30 Abs. 2 BauGB i.V.m. § 12 BauGB auf ein Projekt konzentriert wäre und ein einfacher Bebauungsplan im Sinne des § 30 Abs. 3 BauGB nur partielle Regelungen enthält, sodass insoweit ergänzend die §§ 34, 35 BauGB gelten.

Das Grundstück der A befindet sich im Geltungsbereich eines Bebauungsplans, in dem keine Festsetzungen über die Art der baulichen Nutzung enthalten sind. Insofern sind in dem Bebauungsplan nur partielle Regelungen enthalten, sodass es sich um einen einfachen Bebauungsplan im Sinne des § 30 Abs. 3 BauGB handelt, sodass ergänzend zum Bebauungsplan die §§ 34, 35 BauGB gelten.

Da bezüglich der Art kein Bebauungsplan besteht, kann es sich um einen unbeplanten Innenbereich im Sinne des § 34 BauGB in Form eines wie ein in einem Bebauungsplan geprägten Gebietes gemäß § 34 Abs. 2 BauGB, also bezüglich der Art der baulichen Nutzung um einen faktischen Bebauungsplan, handeln.

(1) Vorhaben innerhalb der im Zusammenhang bebauten Ortsteile

Es handelt sich bei der Nutzungsänderung der Villa um ein Vorhaben im Sinne der §§ 29 ff. BauGB. Dieses müsste allerdings auch innerhalb eines im Zusammenhang bebauten Ortsteiles liegen. Ortsteil im Sinne des § 34 BauGB ist jeder Bebauungskomplex, der nach der Zahl der vorhandenen Bauten ein gewisses Gewicht hat und Ausdruck einer organischen Siedlungsstruktur ist (vgl. BVerwGE 31, 22). Eine Verfestigung der Bebauung in Abgrenzung zur Splittersiedlung ist jedenfalls erforderlich (vgl. BVerwGE 27, 137 ff.). Es bedarf also eines geschlossenen Bebauungszusammenhanges. Für den Bebauungszusammenhang kommt es darauf an, ob durch die Bebauung trotz vorhandener Baulücken der Eindruck der Geschlossenheit und Zusammengehörigkeit vermittelt wird. Maßgeblich sind dabei nicht mathematisch-geographische Maßstäbe, sondern eine echte Wertung und Bewertung des konkreten Sachverhalts (vgl. BVerwGE 31, 20).

Die Villa befindet sich in einem Gebiet, das wie ein reines Wohngebiet geprägt ist. Es handelt sich somit um einen unbeplanten Innenbereich.

(2) Anwendbarkeit des § 34 Abs. 2 BauGB

Soweit die Eigenart der näheren Umgebung einem der durch die Baunutzungsverordnung zugelassenen Baugebiete entspricht, ist § 34 Abs. 2 BauGB anwendbar, und die Zulässigkeit des Vorhabens beurteilt sich nach seiner Art allein nach der Zulässigkeit in dem Gebiet der Baunutzungsverordnung, sodass es bezüglich der Art der baulichen Nutzung so wäre, als gäbe es einen Bebauungsplan. Das Gebiet, in dem die Villa gelegen ist, ist wie ein reines Wohngebiet im Sinne des § 3 BauNVO geprägt. § 34 Abs. 2 BauGB ist bezüglich der Art der baulichen Nutzung anwendbar.

(3) Art der baulichen Nutzung

Die Nutzungsänderung kann gemäß § 3 BauNVO i.V.m. den §§ 29, 34 Abs. 2, 9a BauGB zulässig sein.

(a) Regel- und Ausnahmebebauung

Zunächst könnte es sich bei der Nutzungsänderung der Villa um eine Regelbebauung im Sinne des § 3 Abs. 2 BauNVO oder – i.V.m. § 34 Abs. 2 BauGB i.V.m.

§ 31 Abs. 1 BauGB – um eine Ausnahmebebauung im Sinne des § 3 Abs. 3 BauNVO handeln. Gemäß § 3 Abs. 2 BauNVO sind Wohngebäude zulässig. Da A die Nutzung insoweit ändern möchte, als sie eine Kanzlei betreiben will, handelt es sich nicht um das Wohnen als Regelbebauung. Auch Anhaltspunkte dafür, dass es sich bei dem Betrieb der Kanzlei um eine zulässige Ausnahmebebauung im Sinne des § 3 Abs. 3 BauNVO i.V.m. § 34 Abs. 2 BauGB i.V.m. § 31 Abs. 1 BauGB handelt, bestehen nicht.

(b) Erweiterungen

Soweit ein Vorhaben nicht vollständig als Regel- oder Ausnahmebebauung zulässig ist, könnte es als Erweiterung im Sinne der §§ 12–14 BauNVO – unter dem Vorbehalt der Feinsteuerung des Gebotes der Rücksichtnahme nach § 15 Abs. 1 S. 2 BauNVO – zulässig sein. Es geht im Rahmen des Hausbaus nicht um Stellplätze und Garagen im Sinne des § 12 BauNVO sowie um Nebenanlagen im Sinne des § 14 BauNVO. Es könnte sich bei der Nutzung als Kanzlei jedoch um eine zulässige Nutzung im Sinne des § 13 BauNVO handeln.

Demnach sind für die Berufsausübung freiberuflich Tätiger und solcher Gewerbetreibender, die ihren Beruf in ähnlicher Art ausüben, in den Baugebieten im Sinne der §§ 2 bis 4 BauNVO Räume, in den Baugebieten im Sinne der §§ 4a bis 9 BauNVO auch Gebäude zulässig. In § 13 BauNVO ist somit die allgemeine Zulässigkeit der Anlagen für freiberufliche Tätigkeiten und ähnliche gewerbliche Nutzungen in den Baugebieten im Sinne der §§ 2 bis 9 BauNVO geregelt.

(aa) Freier Beruf

A muss eine freiberufliche Tätigkeit ausüben. Der Terminus des freien Berufes ist im Bauplanungsrecht nicht definiert. In § 1 Abs. 2 S. 1 PartGG wird der Terminus legaldefiniert, sodass sich insoweit trotz der bereichsspezifischen Regelungen ein Indiz für die Auslegung des Begriffes in § 13 BauNVO ergeben kann. Demnach haben freien Berufe im Allgemeinen auf der Grundlage besonderer beruflicher Qualifikation oder schöpferischer Begabung die persönliche, eigenverantwortliche und fachlich unabhängige Erbringung von Dienstleistungen höherer Art im Interesse der Auftraggeber und der Allgemeinheit zum Inhalt.

Freiberufliche Tätigkeiten werden durch die Erbringung persönlicher Dienstleistungen hervorgehoben, welche vorwiegend auf individuellen geistigen Leistungen oder sonstigen persönlichen Fertigkeiten beruhen und zumeist in unabhängiger Stellung einem unbegrenzten Personenkreis angeboten werden (BVerwGE 68, 324 [327], weit. Zit. Rn 3; Fickert/Fieseler, § 13, Rn 6; Boeddinghaus, § 13, Rn 4; vgl. auch EuGH, Urteil vom 11.10.2001 – C-267/99 –, EUGHE I 2001, 7467 = RIW 2001, 956). Aus diesen Grundlagen ergibt sich die Bestimmung der „freien“ und der diesen „ähnlichen“ Berufen.

A bietet als Rechtsanwältin persönliche Dienstleistungen an, die auf ihren individuellen geistigen Leistungen beruhen. Sie übt einen freien Beruf aus.

(bb) Räume

In § 13 BauNVO wird für freiberufliche Tätigkeiten in den Baugebieten im Sinne der §§ 2 bis 4 BauNVO nur die Nutzung von Räumen erlaubt. Fraglich ist, ob das Vorhaben der A, das untere Geschoss der Villa zu nutzen, unter den Terminus „Räume“ im Sinne des § 13 BauNVO subsumiert werden kann.

Durch den Terminus „Räume“ werden Raumeinheiten gekennzeichnet, die nur Teile des Gebäudes und jedenfalls nicht umfangreicher sind als es jeweils eine Wohnung ist, wobei maßgeblich ist, wie die Raumeinheiten zum Zeitpunkt des Beginns der Nutzung für den freien Beruf vorgefunden werden. Es ist entscheidend, ob bei der Nutzung der Räume durch freie oder ähnliche Berufe der Charakter des Plangebiets verlorengeht. Durch die Nutzungsänderung muss der jeweilige Gebietscharakter gewahrt bleiben. Mit der Beschränkung der freiberuflichen Nutzung auf Räume soll verhindert werden, dass in den Wohngebieten gemäß den §§ 2 bis 4 BauNVO durch eine zu starke freiberufliche Nutzungsweise – generell – die planerisch unerwünschte Wirkung einer Zurückdrängung der Wohnnutzung und damit einer zumindest partiellen Umwidmung des Plangebiets erfolgen kann. Keinesfalls darf die geänderte Nutzungsweise für das einzelne Gebäude prägend sein. Der spezifische Gebietscharakter muss – auch für das einzelne Gebäude – gewahrt bleiben (zum Ganzen: VG Regensburg, Urteil vom 12.7.2012 – RO 2 K 12.235). Demnach darf von der Büronutzung regelmäßig nicht mehr als die Hälfte der Wohnungen und auch nicht mehr als die Hälfte der Wohnfläche umfasst sein. Dies gilt nicht formelhaft. In einem Wohngebäude in einem Wohngebiet sind keine Büroeinheiten zu erwarten, die größer sind als die in dem Hause und in dem Gebiet vorhandenen Wohnungen. Durch Büros, die größer als eine Wohnung sind, wird die Wohnnutzung übermäßig zurückgedrängt. Sie lassen das Gebäude als ein gewerblich genutztes Gebäude erscheinen (BVerwG, Urteil vom 18.5.2001 – 4 C 8/00).

Die Wohneinheit in der ersten Etage der Villa der A ist wesentlich größer als die Einheit in der zweiten Etage. Deshalb würde eine Büronutzung der ersten Etage der Villa zum Verlust ihres spezifischen Gepräges als Wohnhaus führen. In dem maßgeblichen Baugebiet befinden sich keine Gewerbebetriebe, sodass eine Zulassung größerer Vorhaben restriktiv zu handhaben ist. Deshalb ist eine

Büronutzung der gesamten ersten Etage durch A als „Räume“ im Sinne des §13 BauNVO nicht möglich.

cc) Zwischenergebnis

Das Vorhaben der A ist nicht im Sinne des § 34 Abs. 2 S. 1 BauGB i.V.m. den §§ 9, 9a BauGB i.V.m. § 1 Abs. 3 S. 2, 1 BauNVO i.V.m. § 1 Abs. 2 BauNVO zulässig und somit planungsrechtlich nicht genehmigungsfähig.

III. Ergebnis

Mangels Genehmigungsfähigkeit sind die Voraussetzungen des § 71 Abs. 1 BauO Bln nicht erfüllt.

C. Ergebnis

A ist mit der Verpflichtungsklage erfolglos.

2. Komplex: Klage des R

R wird mit seiner Klage jedenfalls erfolgreich sein, soweit die Sachurteilsvoraussetzungen erfüllt sind und die Klage zulässig sowie begründet ist.

A. Sachurteilsvoraussetzungen

Die Sachurteilsvoraussetzungen können erfüllt und die Klage kann zulässig sein.

I. Rechtsweg

Der Verwaltungsrechtsweg kann mangels aufdrängender Sonderzuweisung gemäß § 40 Abs. 1 S. 1 VwGO eröffnet sein. Im Übrigen kommt ein Verweisungsbeschluss im Sinne des § 17a Abs. 2 GVG i.V.m. § 173 VwGO in Betracht. Der Verwaltungsrechtsweg ist eröffnet, wenn ein öffentlich-rechtlicher Rechtsträger durch die streitentscheidende öffentlich-rechtliche Norm einseitig berechtigt oder verpflichtet wird bzw. wenn aufgrund typisch hoheitlichen Handelns zwischen den Beteiligten ein Subordinationsverhältnis besteht. Durch § 79 S. 1 BauO Bln wird der Staat einseitig berechtigt, die partielle oder vollständige Beseitigung einer Anlage anzuordnen. Da die Streitigkeit mangels doppelter Verfassungsunmittelbarkeit nicht verfassungsrechtlicher Art und eine abdrängende Sonderzuweisung nicht ersichtlich ist, bleibt es bei der Eröffnung des Verwaltungsrechtsweges. Der Verwaltungsrechtsweg ist gemäß § 40 Abs. 1 S. 1 VwGO eröffnet.

II. Zuständigkeit

Das Verwaltungsgericht ist gemäß § 45 VwGO als Eingangsinstanz sachlich zuständig, da Anhaltspunkte für abweichende Regelungen wie z.B. § 50 VwGO nicht ersichtlich sind, sodass kein Verweisungsbeschluss gemäß § 17a Abs. 2 GVG i.V.m. § 83 VwGO gefasst werden wird. Von der örtlichen Zuständigkeit des angerufenen Verwaltungsgerichts im Sinne des § 52 VwGO ist auszugehen.

III. Beteiligte

R und das Land Berlin als Körperschaft öffentlichen Rechts können Beteiligte des Verfahrens sein. Beteiligte sind nach § 63 Nr. 1, 2 VwGO unter anderem der Kläger und der Beklagte, beteiligungsfähig nach § 61 Nr. 1 VwGO natürliche und juristische Personen. Behörden sind gemäß § 61 Nr. 3 VwGO i.V.m. dem Landesrecht nicht beteiligungsfähig. Als Kläger ist R gemäß § 61 Nr. 1 Alt. 1 VwGO beteiligungsfähig und gemäß § 62 Abs. 1 Nr. 1 VwGO prozessfähig.

Als Beklagter ist der Rechtsträger der Baubehörde maßgeblich. Das Land Berlin als Beklagter im Sinne des § 63 Nr. 2 VwGO ist gemäß § 61 Nr. 1 VwGO beteiligungs- sowie mangels Anhaltspunkten bezüglich des für die Behörde handelnden Organwalters gemäß § 62 Abs. 1, 3 VwGO prozessfähig.

Da die Entscheidung des Verwaltungsgerichts auch gegenüber A als Betreiberin des Himmelsstrahlers nur einheitlich ergehen kann, ist sie gemäß § 63 Nr. 3 VwGO als Beteiligte gemäß § 65 Abs. 2 VwGO notwendig beizuladen. Sie ist als natürliche Person gemäß § 61 Nr. 1 VwGO beteiligungs- und gemäß § 62 Abs. 1 Nr. 1 VwGO prozessfähig.

IV. Statthafte Klageart

Die statthafte Klageart richtet sich gemäß § 88 VwGO nach dem klägerischen Begehren unter Berücksichtigung des Anwendungsvorranges maßnahmespezifischer Rechtsschutzformen und des rechtsstaatlichen Grundsatzes der Effektivität des Rechtsschutzes. Dem klägerischen Begehren entspricht in der Regel die effektivste Klageart, also nach Möglichkeit die Anfechtungsklage gemäß § 42 Abs. 1 Alt. 1 VwGO als Gestaltungsklage der Verwaltungsgerichtsordnung. Es ist Voraussetzung für eine Anfechtungsklage, dass es dem Kläger um die Aufhebung eines Verwaltungsaktes im Sinne des § 35 VwVfG i.V.m. § 1 Abs. 1 Bln

VwVfG geht. Ein Verwaltungsakt ist gemäß § 35 S. 1 VwVfG i.V.m. § 1 Abs. 1 Bln VwVfG jede Verfügung, Entscheidung oder andere hoheitliche Maßnahme, die eine Behörde zur Regelung eines Einzelfalls auf dem Gebiet des öffentlichen Rechts trifft und die auf unmittelbare Rechtswirkung nach außen gerichtet ist. R begehrt von der Behörde den Erlass einer Beseitigungsverfügung. Dies entspricht keiner gestaltenden Beseitigung, sondern einer Leistung in Form des Erlasses eines Verwaltungsaktes. Als Klageart ist somit die Verpflichtungsklage gemäß § 42 Abs. 1 Alt. 2 VwGO statthaft.

V. Besondere Sachurteilsvoraussetzungen

Die besonderen Sachurteilsvoraussetzungen können erfüllt sein.

1. Besondere Prozessführungsbefugnis

Besonders prozessführungsbefugt ist gemäß § 78 Abs. 1 Nr. 1 VwGO das Land Berlin als Rechtsträger der zuständigen Bauaufsicht.

2. Klagebefugnis

R kann gemäß § 42 Abs. 2 VwGO klagebefugt sein. Voraussetzung für die Klagebefugnis nach § 42 Abs. 2 VwGO ist die Möglichkeit der Verletzung eines subjektiven Rechts.

Subjektive Rechte werden aus Sonderrechtsbeziehungen, einfachen Gesetzen, subsidiär aus Grundrechten abgeleitet, wobei aufgrund des weiten Schutzbereiches des Art. 2 Abs. 1 GG bei unmittelbaren Grundrechtseingriffen für das subjektive Recht direkt auf Grundrechte abgestellt werden kann. Ein unmittelbarer Eingriff der Behörde bei R ist nicht ersichtlich, da an diesen kein Verwaltungsakt erlassen bzw. ihm gegenüber auch kein Realhandeln der Behörde erfolgt ist. Somit sind primär Sonderrechtsbeziehungen bzw. einfachgesetzliche subjektive Rechte maßgeblich.

Einfachgesetzlich muss das subjektive Recht aus der streitentscheidenden Norm ableitbar sein, weil es trotz des sich unter anderem aus Art. 20 Abs. 3 GG ergebenden Rechtsstaatsprinzips keinen Gesetzesvollziehungsanspruch gibt. Somit muss sich das subjektive Recht des R aus § 79 S. 1 BauO Bln ergeben. Danach sind die öffentlich-rechtlichen Vorschriften maßgeblich. Dazu gehören das Bauordnungsrecht und das Bauplanungsrecht. Während im Bauordnungsrecht selten subjektive Rechte zugunsten des Grundstücksnachbarn enthalten sind – § 3 Abs. 1 BauO Bln ist bezüglich Individualgüter und Individualrechte im Rahmen der öffentlichen Sicherheit bereichsspezifisch auf die Bewohner beschränkt – und dieses somit ohne erhebliche Relevanz ist, ist das Bauplanungsrecht im Sinne der §§ 29ff. BauGB subjektiviert. Woraus sich dann das subjektive Recht des Nachbarn mittels der Rechtsgrundlage genau ergibt,[7] ist davon abhängig, ob es sich um einen beplanten Bereich, einen unbeplanten Innenbereich oder um einen Außenbereich handelt.[8]

a) Beplanter Bereich

Im beplanten Bereich im Sinne des § 30 Abs. 1, 2 BauGB – im Rahmen des § 30 Abs. 3 BauGB unter Umständen durch die §§ 34, 35 BauGB ergänzt – wird über die §§ 9, 9a BauGB auf die Baunutzungsverordnung verwiesen, weil in § 9 BauGB die Festsetzungen für den Bebauungsplan geregelt sind, der gemäß § 9 Abs. 1 Nr. 1 BauGB Festsetzungen über die Art und das Maß der baulichen Nutzung enthält, die wiederum in der Baunutzungsverordnung – deren Ermächtigungsgrundlage ist § 9a BauGB – spezifiziert werden. Gemäß § 1 Abs. 3 S. 1 BauNVO können die in § 1 Abs. 2 BauNVO geregelten Gebiete im Bebauungsplan festgesetzt werden, sodass sie Bestandteil des Bebauungsplanes werden, wobei dann mittels der jeweiligen Gebiete in den §§ 2ff. BauNVO eine Feinsteuerung als Rückausnahme der Regelbebauung im Sinne des jeweiligen Absatzes 2 der §§ 2ff. BauNVO bzw. der Ausnahmebebauung im Sinne des jeweiligen Absatzes 3 sowie der Erweiterungen im Sinne der §§ 12–14 BauNVO zu bedenken sind. Diese Feinsteuerung im Sinne des § 15 Abs. 1 S. 2 BauNVO ist als gebietsübergreifendes Gebot der Rücksichtnahme drittschützend.[9]

Soweit es sich um eine Regelbebauung oder um eine Ausnahmebebauung – bezüglich der Ausnahmebebauung ist § 31 Abs. 1 BauGB als Überleitungsnorm maßgeblich – der Gebiete der Baunutzungsverordnung handelt, besteht innerhalb des beplanten Gebietes zudem ein Gebietserhaltungsanspruch, der sich aus den Festsetzungen des Bebauungsplanes ergibt, der wiederum auf § 1 Abs. 3 BauGB i.V.m. § 1 Abs. 2 BauGB als Inhalts- und Schrankenbestimmung des Eigentums im Sinne des Art. 14 Abs. 1 S. 2 GG rückführbar ist. Ob sich aus dem

---

7 Der Bauherr selbst kann sich anders als der Nachbar in der Regel auf Art. 14 Abs. 1 GG berufen.

8 Das subjektive Recht des Nachbarn ist einfachgesetzlich stets auf die Rechtsgrundlage rückführbar, wobei die Verweisungskette je nach Konstellation unterschiedlich ausgestaltet ist.

9 In der Rechtsprechung wird der Gebietserhaltungsanspruch regelmäßig nicht auf das Maß der baulichen Nutzung bezogen, wobei dies im Hinblick auf § 34 Abs. 1 BauGB i.V.m. § 34 Abs. 3a S. 1 Nr. 3 BauGB problematisch ist. Insoweit besteht zwar kein Bebauungsplan, in dem ein Gebiet festgesetzt ist, jedoch ist § 34 Abs. 1 BauGB auf Art und Maß bezogen und die subjektive Betrachtungsweise in § 34 Abs. 3a S. 1 Nr. 3 BauGB uneingeschränkt angeordnet. Daraus ergibt sich, dass Regelungen über das Maß durchaus drittschützend sein können.

Gebietserhaltungsanspruch ein subjektives Recht nur bezüglich der Art oder auch bezüglich des Maßes der baulichen Nutzung ergibt, kann unterschiedlich beurteilt werden. Einerseits könnte das Maß der baulichen Nutzung als nicht drittschützender Aspekt eingeordnet werden, andererseits hat der Gesetzgeber an anderer Stelle – in § 34 Abs. 1 BauGB ist bezüglich des unbeplanten Innenbereiches, der auf Art und Maß der baulichen Nutzung bezogen ist, eine subjektive Betrachtungsweise bezüglich des Nachbarn vollumfassend in § 34 Abs. 3a S. 1 Nr. 3 BauGB angeordnet – eine auf den Nachbarn bezogene subjektive Betrachtungsweise angeordnet.

Soweit es um eine Befreiung vom Bebauungsplan im Sinne des § 31 Abs. 2 BauGB geht, sind der Gebietserhaltungsanspruch bzw. das Gebot der Rücksichtnahme im Sinne des § 15 Abs. 1 S. 2 BauNVO nicht maßgeblich, weil vom Bebauungsplan gerade befreit werden soll. Der Drittschutz erfolgt insoweit über den Terminus „nachbarliche Interessen" in § 31 Abs. 2 BauGB.

Im beplanten Bereich ergibt sich das subjektive Recht des Nachbarn somit aus dem Gebietserhaltungsanspruch bzw. dem Gebot der Rücksichtnahme im Sinne des § 15 Abs. 1 S. 2 BauNVO oder aus § 31 Abs. 2 BauGB, wobei alle Varianten letztlich auf die jeweils für das subjektive Recht maßgebliche streitentscheidende Norm rückführbar sind.

b) Unbeplanter Innenbereich

Im unbeplanten Innenbereich im Sinne des § 34 BauGB ist bezüglich des subjektiven Rechts des Nachbarn zwischen einem Gebiet im Sinne des § 34 Abs. 2 BauGB und einem solchen im Sinne des § 34 Abs. 1 BauGB zu differenzieren.

Während in § 34 Abs. 2 BauGB für die Art der baulichen Nutzung auf die Baunutzungsverordnung verwiesen wird – bezüglich des Maßes der baulichen Nutzung gilt ergänzend § 34 Abs. 1 BauGB – und das subjektive Recht des Nachbarn über eine Verweisungskette auf die Rechtsgrundlage rückführbar ist, ergibt sich das subjektive Recht im Übrigen direkt aus § 34 Abs. 1 BauGB.[10]

---

10 **Das subjektive Recht des Dritten ergibt sich ähnlich wie im beplanten Bereich:**
- Gebietsprägungserhaltungsanspruch (anstelle des Gebietserhaltungsanspruches)
- Gebot der Rücksichtnahme i.S.d. § 15 Abs. 1 S. 2 BauNVO (über das Gebot der Rücksichtnahme hinaus)
- § 31 Abs. 2 BauGB i.V.m. § 34 Abs. 2 Hs. 2 BauGB

Zum Teil werden die Termini „Gebietserhaltungsanspruch" und „Gebietsprägungserhaltungsanspruch" anders verwendet. Ersterer wird dann im Rahmen des Drittschutzes nur verwendet, wenn das Vorhaben mit dem Wortlaut des Gebiets in der BauNVO vereinbar ist. Sollte ein Vorhaben im Gebiet dem Wortlaut nach zulässig sein, wird dann aber aufgrund einer verfassungskonformen Reduktion dennoch nicht zugelassen, soll der zweite Begriff genannt wer-

aa) § 34 Abs. 1 BauGB

Im Rahmen des § 34 Abs. 1 BauGB ergibt sich das subjektive Recht aus dem Terminus des Einfügens. Dass der Terminus des Einfügens subjektiviert ist, ergibt sich wiederum aus § 34 Abs. 3a Nr. 3 BauGB, weil danach vom Erfordernis des Einfügens abgesehen werden kann, soweit dies unter anderem mit nachbarlichen Interessen vereinbar ist. Der Terminus des Einfügens ist somit im Sinne nachbarlicher Interessen zu verstehen und somit subjektiviert.

bb) § 34 Abs. 2 BauGB

Gemäß § 34 Abs. 2 BauGB wird die Baunutzungsverordnung bezüglich der Art der baulichen Nutzung angewendet, soweit es sich um ein Gebiet handelt, das einem derjenigen in der Baunutzungsverordnung ähnelt, sodass es sich um einen faktischen Bebauungsplan handelt. Somit ist auch § 34 Abs. 2 BauGB als Inhalts- und Schrankenbestimmung im Sinne des Art. 14 Abs. 1 S. 2 GG einzustufen mit der Folge, dass über die Rechtsgrundlage und § 34 Abs. 2 BauGB i.V.m. § 9a BauGB das jeweilige Gebiet der Baunutzungsverordnung maßgeblich ist. Im Rahmen der Regelbebauung im Sinne des Absatzes 2 des jeweiligen Gebietes der Baunutzungsverordnung sowie im Rahmen der Ausnahmebebauung im Sinne des Absatzes 3 des jeweiligen Gebietes der Baunutzungsverordnung – insoweit in Verbindung mit § 31 Abs. 1 BauGB i.V.m. § 34 Abs. 2 Hs. 2 BauGB – wird aus dem Gebietserhaltungsanspruch im beplanten Bereich der Gebietsprägungserhaltungsanspruch für den unbeplanten Innenbereich, weil mangels Bebauungsplanes kein Gebiet festgesetzt ist, sondern es nur geprägt ist wie eines der festsetzbaren Gebiete. Zudem gilt gemäß § 15 Abs. 1 S. 2 BauNVO das

---

den. Beide Begriffe sollen im Gebiet nach § 30 BauGB und im Gebiet nach § 34 Abs. 2 BauGB gelten. Das erscheint nicht sinnvoll, weil im Rahmen des § 34 Abs. 2 BauGB kein Gebiet festgesetzt ist, sondern die BauNVO nur entsprechend gilt, wenn der Innenbereich wie ein Gebiet aussieht. Im Gesetzestext ist zudem mit „wäre“ im Konjunktiv formuliert worden, sodass es sich um eine Fiktion handelt. Daher passt der Terminus des Gebietserhaltungsanspruches im ungeplanten Innenbereich nicht. Darüber hinaus ergibt es keinen Sinn, innerhalb des geplanten Bereiches verschiedene Termini zu verwenden, weil die jeweilige Zulässigkeit eines Vorhabens sich aus einer einheitlichen Anwendung der jeweiligen Norm der BauNVO ergibt. Nur weil ein Vorhaben erst nach einer verfassungskonformen Reduktion als „gebietsunverträglich“ gilt, bedeutet es nicht, dass das jeweilige Gebiet dann nicht so wie nach der verfassungskonformen Reduktion erfolgt definiert ist, sodass es insoweit nicht des zusätzlichen Begriffes des Gebietsprägungserhaltungsanspruches bedarf. Die Normen sind einheitlich auszulegen bzw. zu lesen, sodass sich bei Anwendung aller Auslegungsmethoden ein einheitliches Auslegungsergebnis ergibt, das dann die inhaltliche Bestimmung des Gebietes darstellt und somit die Grundlage für den Gebietserhaltungsanspruch als einheitlichen Terminus im Rahmen eines geplanten Gebietes bildet.

Gebot der Rücksichtnahme. Bezüglich des Gebietsprägungserhaltungsanspruches ist es anders als im beplanten Bereich für den Gebietserhaltungsanspruch nicht problematisch, ob das Maß der baulichen Nutzung erfasst ist, weil in § 34 Abs. 2 BauGB ohnehin nur bezüglich der Art der baulichen Nutzung auf die Baunutzungsverordnung verwiesen wird. Für das Maß der baulichen Nutzung gilt insoweit § 34 Abs. 1 BauGB, der im Sinne des § 34 Abs. 3a S. 1 Nr. 3 BauGB bezüglich des Einfügens auch für das Maß der baulichen Nutzung zugunsten des Nachbarn subjektiviert ist.

Soweit es um eine Befreiung vom geprägten Gebiet im Sinne des § 34 Abs. 2 BauGB geht, sind die nachbarlichen Interessen gemäß § 31 Abs. 2 BauGB i.V.m. § 34 Abs. 2 Hs. 2 BauGB für den Drittschutz maßgeblich.

Ähnelt ein unbeplanter Innenbereich nicht einem Gebiet der Baunutzungsverordnung, ist für die Art und das Maß nur ein Einfügen im Sinne des § 34 Abs. 1 BauGB maßgeblich, welches im Sinne des § 34 Abs. 3a S. 1 Nr. 3 BauGB im Hinblick auf den Nachbarn subjektiviert ist, da der Terminus „Eigenart" nicht im Sinne der „Art" der baulichen Nutzung formuliert worden ist und somit vollständig auf die Einfügung im Sinne des § 34 Abs. 1 BauGB verwiesen wird, von der Art und Maß erfasst sind, zumal der Terminus „Eigenart" auch in § 34 Abs. 1 BauGB enthalten ist, in dem auch auf das Maß der baulichen Nutzung Bezug genommen wird.

c) Außenbereich

Im Außenbereich ergibt sich das subjektive Recht des Nachbarn aus partiellen öffentlichen Belangen im Sinne des § 35 Abs. 1, 2 BauGB. Zwar könnte der Subjektivierung der öffentlichen Belange grundsätzlich wie sonst bei der Allgemeinheit entgegenstehen, dass in einem Rechtsstaat kein Gesetzesvollziehungsanspruch gewährt wird, jedoch sind die öffentlichen Belange in § 35 Abs. 3 BauGB spezifiziert. Zwar sind die meisten öffentlichen Belange nicht subjektiviert, solche im Sinne des § 35 Abs. 3 S. 1 Nr. 3 BauGB jedoch schon, wobei die dort benannten schädlichen Umwelteinwirkungen bereichsspezifisch baurechtlich und nicht ausschließlich umweltrechtlich im Sinne des § 3 Abs. 1 BImSchG auszulegen sind. Ein übergesetzliches Gebot der Rücksichtnahme besteht jedoch nicht, da dadurch ein Gesetzesvollziehungsanspruch gewährt werden würde, der mit dem sich unter anderem aus Art. 20 Abs. 3 GG ergebenden Rechtsstaatsprinzip unvereinbar wäre.[11]

---

11 Partiell wird im Außenbereich ein übergesetzliches Gebot der Rücksichtnahme angenommen, welches bedenklich ist, weil kein Gesetzesvollziehungsanspruch gewährt werden darf.

d) Subjektives Recht des R

Das für R maßgebliche Gebiet ist nach seiner Art nicht in einem Bebauungsplan festgesetzt worden. Da nur die Art der Bebauung im Bebauungsplan nicht festgesetzt wurde, besteht ein einfacher Bebauungsplan im Sinne des § 30 Abs. 3 BauGB, sodass für die Zulässigkeit der Bauvorhaben im Übrigen § 34 BauGB oder § 35 BauGB maßgeblich ist. Entspricht die Eigenart der näheren Umgebung einem der Baugebiete, die in der aufgrund des § 9a BauGB erlassenen Verordnung bezeichnet sind, ist bezüglich der Art des Vorhabens gemäß § 34 Abs. 2 S. 1 Hs. 1 BauGB allein maßgeblich, ob es nach der Verordnung in dem Baugebiet allgemein zulässig wäre. Die Festsetzung des Baugebietes, in welchem das Grundstück der A liegt, ist wie ein reines Wohngebiet im Sinne des § 3 BauNVO geprägt, sodass § 34 Abs. 2 BauGB insoweit anwendbar ist.

Aus dem Bebauungsplan als Inhaltsbestimmung des Eigentums – der Bebauungsplan ist bundesweit gemäß § 10 Abs. 1 BauGB regelmäßig anders als in Hamburg und Berlin, wo er gemäß § 246 Abs. 2 S. 1 BauGB i.V.m. dem Landesrecht regelmäßig als Verordnung ausgestaltet ist, als Satzung ausgestaltet – ergibt sich eine Lebens- und Schicksalsgemeinschaft und damit der Gebietserhaltungsanspruch im Sinne des § 79 S. 1 BauO Bln i.V.m. den §§ 29 Abs. 1, 30 Abs. 3, 34 Abs. 2 Hs. 1, 9, 9a BauGB i.V.m. § 1 Abs. 3 S. 2 BauNVO i.V.m. § 1 Abs. 2 BauNVO i.V.m. § 3 BauNVO, da das Gebiet Bestandteil eines Bebauungsplanes geworden ist. Da im Bebauungsplan jedoch keine Festsetzungen über die Art der baulichen Nutzung getroffen worden sind, ist die Prägung des Gebietes maßgeblich. R als Nachbar ist selbst den Festsetzungen und der Prägung unterworfen und darf somit ebenso auf die Einhaltung der Festsetzungen und der Prägung durch seine Nachbarn vertrauen. Es kann nicht ausgeschlossen werden, dass R aufgrund der Lichtstrahler in seinem Gebietsprägungserhaltungsanspruch verletzt wird.[12]

Zusätzlich ergibt sich für R selbst bei Einhaltung der groben Gebietsvorgaben im reinen Wohngebiet die Möglichkeit der Verletzung eines subjektiven Rechts aus der Feinsteuerung des § 15 Abs. 1 S. 2 BauNVO als Gebot der Rücksichtnahme und Ausprägung der Verhältnismäßigkeit im Sinne der Wechselwirkung bezüglich des Art. 14 Abs. 1 GG. Gemäß § 79 S. 1 BauO Bln i.V.m.

---

12 Es ist vertretbar, im Bereich eines einfachen Bebauungsplanes, in dem es keine Festsetzungen über die Art der baulichen Nutzung gibt, keinen Gebietserhaltungsanspruch, sondern einen Gebietsprägungserhaltungsanspruch anzunehmen, weil § 34 Abs. 2 BauGB ergänzend gilt und insoweit die Prägung maßgeblich ist. Letztlich gibt es jedoch einen Bebauungsplan, dessen Inhalt gemäß § 30 Abs. 3 BauGB im weiten Sinne der Inhalt das im Sinne des § 34 Abs. 2 BauGB geprägte Gebiet wird.

den §§ 29 Abs. 1, 30 Abs. 3, 34 Abs. 2 Hs. 1, 9, 9a BauGB i.V.m. § 1 Abs. 3 S. 2 BauNVO i.V.m. § 1 Abs. 2 BauNVO i.V.m. den §§ 3, 15 Abs. 1 S. 2 BauNVO ergibt sich auch insoweit die Möglichkeit der Verletzung eines subjektiven Rechts.

R ist klagebefugt.

3. Vorverfahren

Ein im Sinne der §§ 68 ff. VwGO ordnungsgemäßes Vorverfahren ist seitens des R durchgeführt worden.

4. Klagefrist

Die für die Verpflichtungsklagen geltende Klagefrist von einem Monat nach Zustellung des Widerspruchsbescheides gemäß § 74 Abs. 1 S. 1 VwGO i.V.m. § 74 Abs. 2 VwGO ist seitens des R eingehalten worden.

VI. Zwischenergebnis

Die Sachurteilsvoraussetzungen für die Klage des R auf Erlass einer Beseitigungsverfügung gegenüber A sind erfüllt und die Klage ist zulässig.

B. Begründetheit

Die Klage ist gemäß § 113 Abs. 5 S. 1, 2 VwGO begründet, soweit die Ablehnung des Erlasses der Verfügung rechtswidrig, der Kläger dadurch in seinen Rechten verletzt und die Sache spruchreif bzw. soweit die Unterlassung der diesbezüglichen Bescheidung rechtswidrig oder die erfolgte Bescheidung fehlerhaft und der Kläger dadurch in seinen Rechten verletzt ist. Somit ist die Klage begründet, soweit der Kläger einen Anspruch auf eine zumindest fehlerfreie Bescheidung[13] der Behörde hat.[14]

---

13 **Achtung:** Im Rahmen des § 113 Abs. 5 S. 2 VwGO sollte im Obersatz nicht „ermessensfehlerfreie Bescheidung" geschrieben werden, da es auch Beurteilungsspielräume gibt, die über § 113 Abs. 2 S. 2 VwGO tenoriert werden.

14 Der Obersatz der Verpflichtungsklage müsste entsprechend dem Gesetzeswortlaut negativ formuliert werden, während es üblich ist, ihn positiv zu formulieren. Sinnvoll erscheint es, beide Formulierungen einzuarbeiten, um dem Prüfer wenig Angriffsfläche zu bieten. Als Minus ist im Antrag i.S.d. § 113 Abs. 5 S. 1 VwGO ein solcher nach § 113 Abs. 5 S. 2 VwGO enthalten.

I. Anspruchsgrundlage

Als Rechtsgrundlage für die Abrissverfügung kommt § 79 S. 1 BauO Bln in Betracht. Rechtsgrundlagen sind gleichzeitig Anspruchsgrundlagen, soweit sie ein subjektives Recht beinhalten. Demnach kann die partielle oder vollständige Beseitigung einer Anlage, welche im Widerspruch zu öffentlich-rechtlichen Vorschriften errichtet oder geändert wurde, durch die Bauaufsichtsbehörde angeordnet werden, soweit nicht auf andere Weise rechtmäßige Zustände hergestellt werden können. Mittels des Terminus der öffentlich-rechtlichen Vorschriften, aus denen sich der Gebietserhaltungsanspruch bzw. gemäß § 79 S. 1 BauO Bln i.V.m. den §§ 29 Abs. 1, 30 Abs. 3, 34 Abs. 2 Hs. 1, 9, 9a BauGB i.V.m. § 1 Abs. 3 S. 2 BauNVO i.V.m. § 1 Abs. 2 BauNVO i.V.m. den §§ 3, 15 Abs. 1 S. 2 BauNVO das Gebot der Rücksichtnahme ergeben, ist die Norm subjektiviert. Somit ist § 79 S. 1 BauO Bln nicht nur als Rechtsgrundlage, sondern auch als Anspruchsgrundlage einzustufen und somit die maßgebliche Anspruchsgrundlage. § 58 Abs. 1 S. 2 BauO Bln als Generalklausel ist somit irrelevant.

II. Anspruchsvoraussetzungen

Die Anspruchsvoraussetzungen müssen erfüllt sein.

1. Formelle Voraussetzungen

Formell hat R wie erforderlich einen Antrag an die zuständige Behörde gestellt. Verfahrens- und Formfehler sind nicht ersichtlich.

2. Materielle Voraussetzungen

Materiell müssen die Tatbestandsvoraussetzungen des § 79 S. 1 BauO Bln erfüllt sein. Dann müsste der Himmelsstrahler eine Anlage sein, die im Widerspruch zu öffentlich-rechtlichen Vorschriften errichtet worden ist und es müssten auf andere Weise als durch eine vollständige Beseitigung des Himmelsstrahlers rechtmäßige Zustände nicht wieder hergestellt werden können.

a) Anlage im Sinne des § 2 BauO Bln

Beim Himmelsstrahler kann es sich um eine Anlage im Sinne des § 2 Abs. 1 S. 1 BauO Bln handeln. Anlagen sind danach primär bauliche Anlagen. Bauliche Anlagen sind gemäß § 2 Abs. 1 S. 2 BauO Bln mit dem Erdboden verbundene, aus Bauprodukten hergestellte Anlagen. Der Himmelstrahler der A ist nicht unmittelbar mit dem Erdboden verbunden. Es handelt sich zudem um kein Bauprodukt, das hergestellt wurde, um dauerhaft in bauliche Anlagen eingebaut zu werden. Der Himmelstrahler kann jederzeit abgebaut und anderweitig aufgestellt werden und ist nicht dazu bestimmt, dauerhaft an einem Ort verwendet zu werden. Der Himmelstrahler ist nicht als bauliche Anlage im Sinne des § 2 Abs. 1 S. 2 BauO Bln, jedoch möglicherweise als sonstige Anlage im Sinne des § 2 Abs. 1 S. 1 BauO Bln einzustufen.

b) Anlagen der Außenwerbung im Sinne des § 10 BauO Bln

Der Himmelsstrahler kann jedoch als Anlage der Außenwerbung (Werbeanlage) im Sinne des § 10 Abs. 1 S. 1 BauO Bln einzustufen sein. Gemäß § 10 Abs. 2 S. 1 BauO Bln gelten für Werbeanlagen, die bauliche Anlagen sind, die in der Bauordnung für Berlin an bauliche Anlagen gestellten Anforderungen. Durch Werbeanlagen, die keine baulichen Anlagen sind, dürfen weder bauliche Anlagen noch das Straßen-, Orts-, oder Landschaftsbild verunstaltet oder die Sicherheit und Leichtigkeit des Verkehrs gefährdet werden. Werbeanlagen sind gemäß § 10 Abs. 1 S. 1 BauO Bln alle ortsfesten Einrichtungen, die der Ankündigung oder Anpreisung oder als Hinweis auf Gewerbe oder Beruf dienen und vom öffentlichen Verkehrsraum aus sichtbar sind. Dazu gehören gemäß § 10 Abs. 1 S. 2 BauO Bln insbesondere Schilder, Beschriftungen, Bemalungen, Lichtwerbungen, Schaukästen sowie für Zettelanschläge und Bogenanschläge oder Lichtwerbung bestimmte Säulen, Tafeln und Flächen. Durch die Anschraubung des Strahlers auf dem Dach ist eine Ortsfestigkeit entstanden.

Zwar ist das Gerät als solches von außen nicht erkennbar, jedoch ist nicht das Gerät maßgeblich, sondern es sind die dadurch erzeugten Lichtstrahlen. Durch diese wird auf die Kanzlei aus weiter Entfernung hingewiesen. Damit ist der Himmelsstrahler mit herkömmlichen Schildern und Lichtwerbeanlagen vergleichbar. Dass sich aus den Lichtstrahlen nicht zwingend erschließen lässt, wofür geworben wird, ist irrelevant, da es genügt, wenn mittels aussageloser Einrichtungen auf den Ort, von dem sie ausgehen, hingewiesen wird (Vgl. OVG Koblenz UPR 2003, 237; VGH München NVwZ 1997, 201, 202; OVG Münster NVwZ 1995, 718).

Daher handelt es sich bei dem Strahler um eine Werbeanlage im Sinne des § 10 Abs. 2 S. 2 BauO Bln, sodass die Vorschriften für bauliche Anlagen wegen des Umkehrschlusses aus § 10 Abs. 2 S. 1 BauO Bln nicht gelten. Insoweit handelt es sich jedoch lediglich um Regelungen bezüglich der Anwendbarkeit der speziell für bauliche Anlagen geltenden bauordnungsrechtlichen Vorschriften, weil das bauplanungsrechtliche Bundesrecht gemäß Art. 31 GG – Bundesrecht bricht Landesrecht – anwendbar bleibt. § 79 S. 1 BauO Bln ist nicht auf bauliche Anlagen beschränkt, sondern gilt auch für sonstige Anlagen im Sinne des § 2

Abs. 1 S. 1 BauO Bln wie Werbeanlagen, als die der Himmelsstrahler einzustufen ist.

c) Widerspruch zu öffentlich-rechtlichen Vorschriften

Der Himmelstrahler als Anlage kann gemäß § 79 S. 1 BauO Bln im Widerspruch zu öffentlich-rechtlichen Vorschriften errichtet worden sein. Bezüglich des Erlasses einer Abrissverfügung als besonders intensivem Grundrechtseingriff in das Eigentum im Sinne des Art. 14 Abs. 1 GG sind grundrechtsdogmatisch die formelle und materielle Illegalität maßgeblich und es ist zumindest die materielle Illegalität erforderlich, während bei einem weniger intensiven Eingriff in das Eigentum des Betroffenen wie einer Nutzungsuntersagung nach § 79 S. 2 BauO Bln oder einer Baueinstellungsverfügung nach § 78 Abs. 1 BauO Bln die formelle Illegalität genügen kann. Soweit tatbestandlich nur die formelle Illegalität maßgeblich sein sollte, kann eine etwaige zusätzliche materielle Illegalität jedenfalls im Rahmen eines etwaigen Ermessens berücksichtigt werden. Jedenfalls sind die Voraussetzungen des § 79 S. 1 BauO Bln erfüllt, soweit das Vorhaben formell und materiell illegal ist.[15]

aa) Formelle Illegalität

Ein Vorhaben ist formell illegal, soweit verfahrensrechtliche Vorgaben missachtet worden sind, also soweit für eine genehmigungsbedürftige Anlage keine Genehmigung besteht, der Genehmigungsrahmen von Beginn an wesentlich überschritten bzw. aufgrund mangelnder Teilbarkeit einer Baugenehmigung das Vorhaben insgesamt formell illegal wurde bzw. eine genehmigte Anlage später ungenehmigt verändert wird.

Besteht hingegen eine Baugenehmigung für ein materiell rechtswidriges Vorhaben, ergibt sich daraus eine Legalisierungswirkung, sodass die Genehmigung zunächst aufzuheben ist.

Maßgeblich ist somit die Genehmigungsbedürftigkeit des Himmelsstrahlers. Ausnahmen vom Grundsatz der Genehmigungsbedürftigkeit gemäß § 60 Abs. 1 BauO Bln sind in den §§ 61–63, 75 und 76 BauO Bln geregelt. Für eine Ausnahmekonstellation gemäß den §§ 61, 63, 75, 76 BauO Bln bestehen keine Anhaltspunkte, weil insbesondere eine Genehmigungsfreistellung im Sinne des § 63 Abs. 1 S. 1 BauO Bln gemäß § 63 Abs. 1 S. 2 BauO Bln nicht in Betracht kommt.

---

15 Es ist vertretbar, im Rahmen der Voraussetzungen für eine Nutzungsuntersagung nur die formelle Illegalität genügen zu lassen und eine etwaige materielle Illegalität erst in der Rechtsfolge zu berücksichtigen. Sinnvoll erscheint der „Jedenfalls-Schluss" auf Tatbestandsebene.

Gemäß § 62 Abs. 1 Nr. 12 lit. a BauO Bln sind Werbeanlagen mit einer Ansichtsfläche bis zu 1 m^2 verfahrensfrei. Zwar beträgt die durch die Maschine besetzte Fläche lediglich 0,7 m^2. Jedoch wird durch den Himmelsstrahler eine Reichweite über mehrere hundert Meter über den Ortsteil hinaus erreicht. Damit sind das Gerät und die Strahlen als funktionale Einheit einzustufen (vgl. OVG Koblenz UPR 2003, 237; VG Stuttgart, NVwZ-RR 2000). Somit ist die in § 62 Abs. 1 Nr. 12 lit. a BauO Bln gesetzte Grenze überschritten. Der Himmelsstrahler ist nicht genehmigungsfrei. Die Errichtung der Werbeanlage war gemäß § 60 Abs. 1 BauO Bln genehmigungsbedürftig, wobei gemäß § 64a BauO Bln ein vereinfachtes Baugenehmigungsverfahren für Werbeanlagen hätte durchgeführt werden müssen. Da A keine Genehmigung für den Himmelsstrahler hat, ist die Anlage formell illegal und somit im Widerspruch zu öffentlich-rechtlichen Vorschriften errichtet worden.

bb) Materielle Illegalität

Der Bau kann materiell illegal sein. Materiell illegal ist ein Vorhaben, dessen Errichtung mit materiellen öffentlich-rechtlichen Vorschriften unvereinbar ist. Insoweit wäre der Tatbestand des § 79 S. 1 BauO Bln erfüllt. Als öffentlich-rechtliche Vorschriften sind das Bauplanungsrecht im Sinne der §§ 29 ff. BauGB, das Bauordnungsrecht nach der Landesbauordnung sowie sonstige öffentlich-rechtliche Vorschriften einzuordnen. Zu letzteren gehören unter anderem die Vorschriften des Bundesimmissionsschutzgesetzes. Im Rahmen einer Baugenehmigung sind lediglich die §§ 22 ff. BImSchG als Regelungen über nicht genehmigungsbedürftige Anlagen maßgeblich Sobald eine Erlaubnis im Sinne der §§ 4 ff. BImSchG erforderlich ist, bedarf es aufgrund der Konzentrationswirkung derselben gemäß § 13 BImSchG nämlich keiner Bauerlaubnis mehr, sodass baurechtliche Vorschriften gemäß § 6 Abs. 1 Nr. 2 BImSchG im Rahmen der Anlage im Sinne der §§ 4 ff. BImSchG maßgeblich sind. Zwar könnte sich aus § 64 S. 1 Nr. 3 BauO Bln Gegenteiliges ergeben, jedoch können von der Norm nicht die Vorschriften über nicht genehmigungsbedürftige Anlagen im Sinne der §§ 22 ff. BImSchG erfasst sein, weil § 64 S. 1 Nr. 3 BauO Bln aufgrund der Nähe des baurechtlichen Bodenrechts zum Bundesimmissionsschutzrecht, die sich unter anderem aus § 35 Abs. 3 S. 3 Nr. 3 BauGB ergibt, zur Vermeidung des Verfassungswidrigkeit des § 64 S. 1 Nr. 3 BauO Bln verfassungskonform zumindest dahingehend auszulegen ist, dass das Landesrecht durch die §§ 22 ff. BImSchG als Bundesrecht im Sinne des Art. 31 GG gebrochen wird. Gleiches würde bezüglich anderer bundesrechtlicher Rechtsmaterien gelten, soweit im Bundesrecht nicht eine Konzentrationswirkung geregelt ist, von der auch die landesrechtliche Baugenehmigung erfasst ist.

Die §§ 4ff. BImSchG sind im Rahmen der Baugenehmigung allerdings nicht maßgeblich. Zwar ist die Konzentrationswirkung anderer Genehmigungen in § 61 Abs. 1 BauO Bln auf bestimmte Bereiche begrenzt worden. Ein Umkehrschluss ist bei verfassungskonformer Auslegung der Norm mangels Abgeschlossenheit derselben aber nicht möglich, weil das Landesrecht gemäß Art. 31 GG durch das Bundesrecht gebrochen werden würde, sodass die immissionsrechtliche Genehmigung im Sinne der §§ 4ff. BImSchG wegen ihrer Konzentrationswirkung gemäß § 13 BImSchG vorrangig ist (a.A. bezüglich der vergleichbaren Konstellation in Hamburg: Alexejew, Hamburgisches Bauordnungsrecht, Kommentar, Band I, 27. Lieferung, Stand: Januar 2012, § 62, Rn 27).

Im Rahmen einer Bauordnungsverfügung bei nicht genehmigungsbedürftigen Bauvorhaben können bezüglich der öffentlich-rechtlichen Vorschriften hingegen auch die §§ 4ff. BImSchG als Regelungen über genehmigungsbedürftige Anlagen maßgeblich sein, wobei gegebenenfalls Spezialregelungen aus dem Immissionsschutzrecht zu beachten sind.

(1) Bauplanungsrecht

Gemäß § 29 Abs. 1 BauGB gelten für Vorhaben, welche die Errichtung, Änderung oder Nutzungsänderung von baulichen Anlagen zum Inhalt haben, und für Aufschüttungen und Abgrabungen größeren Umfanges sowie für Abschachtungen, Lagerstätten die §§ 30–37 BauGB.

(a) Anwendbarkeit der §§ 29ff. BauGB

Es ist Voraussetzung für die Anwendbarkeit der §§ 29 ff. BauGB, dass die Errichtung der Werbeanlage bodenrechtlich bzw. planungsrechtlich relevant ist (BVerwG NVwZ 1994, 1010). Eine derartige Relevanz besteht, soweit die in § 1 Abs. 6 BauGB genannten Belange berührt werden und damit das Bedürfnis an einer ihre Zulässigkeit regelnden verbindlichen Bauleitplanung besteht (BVerwGE 44, 59, 62). Ob bezüglich einer Werbeanlage das Bedürfnis an einer verbindlichen Bauleitplanung besteht, hängt von der Typisierbarkeit des Vorhabens ab (BVerwGE 91, 234, 236ff.). Unter Berücksichtigung des allgemeinen Gleichheitsgrundsatzes aus Art. 3 Abs. 1 GG sind die §§ 29ff. BauGB nur unanwendbar, wenn sich bei gleichgearteten Vorhaben der Nachbarn in einer gedachten Häufung keine bodenrechtliche Relevanz ergeben würde (BVerwGE 114, 206, 209f.). Eine derartige mit § 1 Abs. 6 Nr. 4 BauGB und § 34 Abs. 1 S. 2 Hs. 2 BauGB vergleichbare Relevanz besteht, wenn durch die Beeinträchtigung des Ortsbildes die Erhaltung des Ortsteils gefährdet wird. Für die Planungsrelevanz ist es dabei nicht maßgeblich, dass die Werbeanlage nicht mit dem Erdboden verbunden ist (BVerwG NVwZ 1995, 899).

Weil der Himmelsstrahler und die Lichtstrahlen als Einheit zu betrachten sind, wird das Ortsbild durch die Lichtstrahlen bei der hypothetischen Häufung zumindest in der Dunkelheit entscheidend geprägt. Das Vorhaben ist bodenrechtlich bzw. planungsrechtlich relevant, sodass die §§ 29 ff. BauGB anwendbar sind.

(b) Vereinbarkeit mit § 30 BauGB

Die planungsrechtliche Zulässigkeit eines Bauvorhabens ist davon abhängig, ob das Vorhaben in einem beplanten Gebiet, einem unbeplanten Innenbereich oder einem unbeplanten Außenbereich errichtet wird. Bei einem qualifizierten Bebauungsplanes im Sinne des § 30 Abs. 1 BauGB sind Regelungen über Art und Maß der baulichen Nutzung enthalten, während ein vorhabenbezogener Bebauungsplan gemäß § 30 Abs. 2 BauGB i.V.m. § 12 BauGB auf ein Projekt konzentriert wäre und ein einfacher Bebauungsplan im Sinne des § 30 Abs. 3 BauGB nur partielle Regelungen enthält, sodass insoweit ergänzend die §§ 34, 35 BauGB gelten.

Das Grundstück der A befindet sich im Geltungsbereich eines Bebauungsplans, in dem keine Festsetzungen über die Art der baulichen Nutzung enthalten sind. Im Bebauungsplan sind nur partielle Regelungen enthalten, sodass ein einfacher Bebauungsplan im Sinne des § 30 Abs. 3 BauGB besteht. Die §§ 34, 35 BauGB gelten somit ergänzend.

Anhaltspunkte bezüglich der Rechtswidrigkeit oder Unwirksamkeit des Bebauungsplanes bestehen nicht.

(c) Vereinbarkeit mit § 34 BauGB

Da das Grundstück der A innerhalb einer geschlossenen Ortschaft liegt, ist bezüglich der planungsrechtlichen Zulässigkeit des Vorhabens § 34 BauGB als Regelung über den unbeplanten Innenbereich ergänzend zum Bebauungsplan gemäß § 30 Abs. 3 BauGB maßgeblich. § 35 BauGB wäre nur bezüglich eines Grundstückes im Außenbereich anwendbar. Entspricht die Eigenart der näheren Umgebung einem der Baugebiete, die in der aufgrund des § 9a erlassenen Verordnung bezeichnet sind, ist für die Zulässigkeit des Vorhabens nach seiner Art gemäß § 34 Abs. 2 S. 1 Hs. 1 BauGB maßgeblich, ob es nach der Verordnung in dem Baugebiet allgemein zulässig wäre.

Die Art des Baugebietes, zu dem das Grundstück der A gehört, ist als reines Wohngebiet im Sinne des § 3 BauNVO geprägt. Für die Zulässigkeit des Vorhabens der A ist somit maßgeblich, ob die Nutzungsveränderung im Sinne des § 3 BauNVO gemäß den §§ 34 Abs. 2 S. 1 Hs. 1, 9, 9a BauGB i.V.m. § 1 Abs. 3 S. 2, 1

BauNVO i.V.m. § 1 Abs. 2 BauNVO als Maßstab für das Grundstück allgemein zulässig ist. Gemäß § 34 Abs. 2 S. 1 Hs. 2 BauGB ist bezüglich der auf die nach der Verordnung ausnahmsweise zulässigen Vorhaben § 31 Abs. 1 BauGB und bezüglich etwaiger Befreiungen § 31 Abs. 2 BauGB entsprechend anzuwenden.[16]

Gemäß § 13 BauNVO i.V.m. § 3 BauNVO sind freiberufliche Tätigkeiten in Räumen zulässig. A hat für ihren Betrieb bereits eine Genehmigung erhalten, aus welcher sich bezüglich des Kanzleibetriebes eine Legalisierungswirkung ergibt.

Gemäß § 14 Abs. 1 S. 1 BauNVO sind außer den in den §§ 2 bis 13 BauNVO genannten Anlagen auch untergeordnete Nebenanlagen und Einrichtungen zulässig, die dem Nutzungszweck der in dem Baugebiet gelegenen Grundstücke oder des Baugebiets selbst dienen und nicht im Widerspruch zur Eigenart des Baugebietes stehen.

Untergeordnete Nebenanlagen sind bodenrechtlich bzw. planungsrechtlich relevante bauliche Anlagen, durch die ein unselbständiger Nebenzweck erfüllt wird, sodass die Nebenanlage der baulichen Hauptanlage untergeordnet ist (BVerwGE 91, 234, 239). Der Himmelsstrahler ist eine bodenrechtlich bzw. planungsrechtlich relevante bauliche Anlage, durch die der Zweck erfüllt wird, das Gewerbe der A zu bewerben. Durch den Himmelsstrahler wird den in dem Baugebiet gelegenen Grundstücken bzw. dem Baugebiet selbst nicht gedient. Zwar mag der Himmelsstrahler A bzw. ihrem Grundstück nutzen, jedoch ist er mit der Eigenart des Baugebietes nicht vereinbar, weil es in dem Gebiet kein Gewerbe und keine anderen Freiberufler gibt. Ebenso wenig gibt es andere Himmelsstrahler. Die Werbeanlage ist mit der Eigenart des Ortsteils nicht vereinbar.

Der Himmelsstrahler ist somit planungsrechtlich gemäß § 34 Abs. 2 S. 1 Hs. 1 BauGB i.V.m. § 14 Abs. 1 S. 1 BauNVO unzulässig.

(2) Zwischenergebnis

Das Vorhaben in Form des Himmelsstrahlers ist bauplanungsrechtlich materiell illegal, sodass eine etwaige bauordnungsrechtliche materielle Illegalität zum Beispiel im Sinne des § 10 Abs. 1 S. 2 BauO Bln irrelevant ist.

III. Anspruchsinhalt

Anspruchsinhalt des § 79 S. 1 BauO Bln ist Ermessen. Es bestehen Auswahl- und Entschließungsermessen. Dieses könnte aufgrund des letztlich auf das Eigen-

---

16 Die Prüfung einer Befreiung im Sinne des § 31 Abs. 2 BauGB i.V.m. den §§ 30 Abs. 3, 34 Abs. 2 BauGB ist auf Tatbestandsebene nicht erforderlich, weil sie nicht erfolgt ist. Sie kann allenfalls bezüglich des Ermessens relevant werden.

tum im Sinne des Art. 14 Abs. 1 S. 2 GG i.V.m. § 34 Abs. 2 BauGB rückführbaren Gebietsprägungserhaltungsanspruches der Nachbarschaft auf null reduziert sein, sodass zwingend die Nutzung des Himmelsstrahlers untersagt werden müsste und ein mögliches milderes Mittel der Befreiung im Sinne des § 31 Abs. 2 BauGB nicht mehr relevant wäre.

Da das Vorhaben der A bauplanungsrechtlich vollständig unzulässig ist und demnach auch nicht auf andere Weise rechtmäßige Zustände hergestellt werden können, ist bezüglich des Entschließungsermessens von einer Ermessensreduktion auf null auszugehen, zumal der Himmelsstrahler hunderte Meter weit strahlt. Somit ergibt sich aus der erheblichen Betroffenheit des Gebietsprägungserhaltungsanspruches der Nachbarn, der durch die weitere Nutzung des Himmelsstrahlers noch weiter beeinträchtigt werden würde, eine Ermessensreduktion des Entschließungsermessens im Sinne des Art. 14 Abs. 1 GG.

Bezüglich des Auswahlermessens ist die Nutzungsuntersagung das gegenüber der Abrissverfügung mildere Mittel, sodass das Ermessen auch insoweit auf null reduziert ist.[17]

C. Ergebnis

R ist mit der Verpflichtungsklage erfolgreich.

17 Die Ermessensreduktion auf null ist nicht zwingend. Andere Auffassungen sind mit hinreichender Argumentation vertretbar.

Besonderes Verwaltungsrecht – Fall 15 – BauR: „Bonanza in Berlin!“ (Berlin)

Kurz nachdem die Welt trotz erneuter Ankündigungen einiger Medien mit der Jahrtausendwende einmal wieder nicht untergegangen war, wurde in Berlin beschlossen, dem Motto „Arm, aber sexy!“ zukünftig den Rücken zu kehren und Prestigeobjekte zu erbauen, um die Stadtentwicklung voranzutreiben. Um anderen Weltmetropolen – zum Beispiel dem unmittelbaren Konkurrenten Hamburg mit dem Bau der Elbphilharmonie – in nichts nachzustehen, wollte der Senat auch die letzten Lücken im Stadtgebiet füllen. Am 10.12.2003 wurde daher für einen bislang vernachlässigten und unbeplanten Teil von 800.000m² im Osten der Stadt vom Bezirksamt als zuständige Behörde ein neuer Bebauungsplan verkündet.

Bisher war das Gebiet durch eine gemischte Nutzung geprägt. Innerhalb des Gebietes gab es Richtung Norden, Westen und Südwesten auf einer Fläche von etwa 450.000 m² zwar Büros. Diese Fläche wurde bislang von vielen freien Flächen aufgelockert, die durch den Rückzug gewerblicher Unternehmen und das Freiwerden von Stellplatz- und Außenlagerflächen entstanden waren. Auch einige Wohnungen gab es. Im Osten und Südosten des Gebietes überwog die Wohnnutzung alle anderen Bauten mit einem Wildwuchs aus mehrgeschossigen Wohnhäusern, obgleich sich auch Einfamilienhäuser mit Garten an der östlichsten Bezirksgrenze befanden.

Für den nordwestlichen Bereich wurde im qualifizierten Bebauungsplan nunmehr ein Kerngebiet ausgewiesen. So erhofften sich die Behörden, florierende Handelsbetriebe dicht neben weitere geplante kulturelle Highlights setzen zu können, um dem bislang eher maroden Osten der Stadt endlich zu umfassendem Glanz zu verhelfen. Dieser Glanz wurde nach Meinung der Amtswalter insbesondere benötigt, damit das Bezirksamt seinen endgültigen und ihm gebührenden Platz finden könne. Im östlichen Teil wurde den vorgefundenen Gegebenheiten entsprechend ein reines Wohngebiet festgesetzt. Für beide Bereiche wurden dezidierte Regelungen bezüglich der zulässigen Grundflächenzahlen, Geschossflächenzahlen sowie Trauf- und Firsthöhen getroffen. Der Ausbau sollte zum Teil von hochglanzerprobten und geeigneten privaten Investoren getragen werden, die frühzeitig an das Gebiet gebunden werden sollten. Die Öffentlichkeit sowie die Behörden und sonstige Träger öffentlicher Belange wurden – soweit erforderlich – frühzeitig und formell einwandfrei beteiligt. Eine Umweltverträglichkeitsprüfung verlief positiv.

Tatsächlich kam die seitens des Landes Berlin avisierte Klientel in das Gebiet. Und sie blieb, um dort dem Zweck des Wohnens zu frönen. Durch die im

Jahr 2007 einsetzende Weltwirtschaftskrise wurden die Unternehmer derart gebeutelt, dass sie alsbald ihre Investitionen zurückzogen. Wohnraum war in Berlin ohnehin Mangelware, mit der es sich nun zu handeln lohnte. Dies erkannte auch die zuständige Behörde. Für Berliner Verhältnisse schnell wurden Gebäude und Freiflächen umgebaut. Allerdings kam es bislang nie dazu, den ursprünglichen Bebauungsplan zu überdenken oder gar anzupassen. Es hatte sich aber eine gänzlich konträre Entwicklung ergeben. Wo Bürokomplexe geplant waren, lebten binnen kürzester Zeit Familien und aus den angedachten Edelrestaurants heraus wurden Waren zur Deckung des Lebensbedarfs der Bewohner verkauft. Auch seitens der Behörde wurde mal wieder davon abgesehen, ein Gebäude zu beziehen. Einzig eine kulturelle Begegnungsstätte und ein kleiner Friseurladen waren im nordwestlichen Teil noch ansässig. Erste Rufe nach einem Kinderspielplatz wurden laut.

Die Eheleute F leben in Gütergemeinschaft in diesem Gebietsteil. Sie wohnen in dem üppigen Backsteingebäude einer früheren Glaserei zu Eigentum. Der große ehemalige Außenlagerplatz ist längst zu einer Art Garten umfunktioniert worden. In diesem Garten hält das Ehepaar F zur Freude ihrer Kinder seit einigen Monaten 4 Gänse sowie 3 Zwergziegen. Um einmal mehr der Nachbarschaft zu präsentieren, dass ihre Familie noch nicht von der Finanzkrise betroffen ist, entschloss sich Ehepaar F, auch die 2 Shetlandponys (80 cm Stockmaß/ „Rückenhöhe") der Kinder nicht länger im Stall, sondern fortan auf dem Grundstück überwintern zu lassen. Zu diesem Zweck kauften sie eine sogenannte mobile Weidehütte, einen grundsätzlich dank kleiner Stahlrollen fahrbaren Unterstand von 2 m Höhe, 3 m Breite und 3 m Tiefe, welcher zu einem Drittel eine abschließbare Kammer für Futterutensilien beinhaltete und ansonsten zu 2 Seiten offen war, um Weidetieren einen Unterstand zu gewähren. Der Hersteller warb insbesondere damit, dass diese Art der Hütte keiner Baugenehmigung bedürfe. Das Ehepaar F stellte die Hütte Anfang November in freudiger Erwartung ihrer Ponys in den Garten. Auch die Ziegen und Gänse sollten in Zukunft dort Schutz suchen. Um allerdings die Kammer ohne Stufen betreten zu können, schraubte das Familienoberhaupt der F gleich nach Aufstellung die Stahlräder unter dem Konstrukt ab.

Der Nachbar N meint, die kleine Farm der F sei ihm nicht zumutbar. Derart große und viele Tiere hätten in einem Wohngebiet nichts zu suchen. Insbesondere sei ein derartiges Gebilde aus dunkelbraunem phenolharzlasiertem Holz nebst verzinktem Stahl nicht in die vorherrschende Gebäudelandschaft einfügbar. Das Gebilde müsse verschwinden, bevor die Ponys bei Wintereinbruch in wenigen Tagen einzögen und er neben der Ponderosa Ranch lebe. Im Übrigen sei schon der Gestank der Ziegen nicht auszuhalten. Der Familienrat der F ist der Auffassung, die bisherige Tierhaltung habe den Nachbarn N niemals gestört und auch die Gänse würden nur schnattern, wenn sie – wie auch Wachhunde – durch die Umwelt provoziert werden würden.

N rief am Folgetag mehrmals die zuständige Bauaufsichtsbehörde an, um sie auf die eklatanten Mißstände aufmerksam zu machen. Nachdem nichts passierte, begehrt er nun im einstweiligen Rechtschutz eine Abrissverfügung bezüglich der Hütte durch das Land Berlin. Wird er mit seinem Antrag beim örtlich zuständigen Verwaltungsgericht erfolgreich sein?

Bearbeitungsvermerk

Unterstellen Sie, dass immissionsschutzrechtliche Vorgaben sowie die der §§ 2a, 3, 4, 8, 9, 10 Abs. 4 BauGB erfüllt sind. Gehen Sie – soweit es darauf ankommt – davon aus, dass die Vorschriften des AG BauGB eingehalten worden sind. Die Eheleute F hatten – ohne gegen den Bebauungsplan gerichtlich vorzugehen – bereits 4 Monate seit dessen Bekanntmachung schriftlich gegenüber dem Land Berlin unter ordnungsgemäßer Darlegung der fehlerhaften Abwägung bezüglich der Planadressaten Abwägungsfehler bezüglich des Bebauungsplanes geltend gemacht. Unterstellen sie, dass die Unterlassung des weiteren Vorgehens der Eheleute sich nicht auswirkt.

Schwerpunkte
Verfahren nach § 123 VwGO
Abrissverfügung
Überprüfung eines Bebauungsplanes
Faktisches Baugebiet i.S.d. § 34 Abs. 2 BauGB

Vertiefung

BVerwG, Beschluss vom 14.12.1989, 2 ER 301.89; vom 13.8.1999, 2 VR 1.99; u.a. OVG Münster, Beschluss vom 17.2.1998, 11 A 5274 – 96; vgl. OVG Münster, Beschluss vom 21.12.2006, 7 B 2193/06, und Beschluss vom 19.1.2009, 10 B 1687/08; OVG Bautzen, Beschluss vom 28.9.2012, 1 B 313/12; BVerwG, Urteil vom 9.4.2008, 4 CN 1/07 unter Bezugnahme auf BT-Drcks. 15/2250, S.42; vgl. VGH Mannheim, Urteil vom 10.10.2003, 5 S 1692/02; VG Karlsruhe, Urteil vom 10.10.2003, 7 K 3323/00.

Gliederung

A. Sachentscheidungsvoraussetzungen (+)
 I. Rechtsweg (+)
 II. Zuständigkeit (+)
 III. Beteiligte (+)
  1. Antragsteller, Antragsgegner und Beiladung (+)
  2. Streitgenossenschaft (+)
 IV. Statthafte Verfahrensart
  1. Verfahren i.S.d. §§ 80a Abs. 1 Nr. 1, 2, 80a Abs. 2 i.V.m. § 80 Abs. 3 S. 1 VwGO (–)
  2. Verfahren i.S.d. § 80 Abs. 5 S. 1 VwGO (–)
  3. Verfahren i.S.d. § 123 Abs. 1 S. 1, 2 VwGO (+)
 V. Besondere Sachentscheidungsvoraussetzungen (+)
  1. Besondere Prozessführungsbefugnis (+)
  2. Antragsbefugnis (+)
   a) Beplanter Bereich
   b) Unbeplanter Innenbereich
   aa) § 34 Abs. 1 BauGB
   bb) § 34 Abs. 2 BauGB
   c) Außenbereich
   d) Subjektives Recht des N (+)
 VI. Allgemeines Rechtsschutzbedürfnis
 VII. Zwischenergebnis
B. Begründetheit (+)
 I. Anordnungsanspruch (+)
  1. Anspruchsgrundlage (+)
  2. Voraussetzungen (+)
   a) Formelle Voraussetzungen (+)
   aa) Zuständigkeit (+)
   bb) Verfahren (+)
   cc) Form (+)
   dd) Zwischenergebnis
   b) Materielle Voraussetzungen (+)
   aa) Errichtung einer Anlage im Sinne des § 2 BauO Bln (+)
   bb) Widerspruch zu öffentlich-rechtlichen Vorschriften (+)
   (1) Formelle Illegalität (–)
   (a) Fliegende Bauten (–)
   (b) Verfahrensfreies Vorhaben (+)
   (2) Materielle Illegalität (+)

(a) Bauplanungsrecht (–)
(aa) Wirksamkeit des Bebauungsplanes (–)
(aaa) Rechtsgrundlage (+)
(bbb) Voraussetzungen (–)
(aaaa) Formelle Voraussetzungen Bebauungsplan (+)
(aaaaa) Zuständigkeit (+)
(bbbbb) Verfahren (+)
(ccccc) Form (+)
(ddddd) Zwischenergebnis zu formellen Voraussetzungen des Planes
(bbbb) Materielle Voraussetzungen Bebauungsplan (+)
(ccc) Rechtsfolge
(ddd) Fehlerfolge/Grundsatz der Planerhaltung (+/–)
(aaaa) § 214 Abs. 3 S. 2 Hs. 2 BauGB (–)
(bbbb) § 214 Abs. 4 BauGB (–)
(cccc) § 215 Abs. 1 BauGB (–)
(eee) Zwischenergebnis Bebauungsplan
(bb) Unbeplanter Innenbereich im Sinne des § 34 BauGB (+)
(aaa) Vorhaben innerhalb der im Zusammenhang bebauten Ortsteile (+)
(bbb) Anwendbarkeit des § 34 Abs. 2 BauGB (+)
(ccc) Zulässigkeit des konkreten Vorhabens nach § 4 BauNVO(–)
(aaaa) Regel- und Ausnahmebebauung (–)
(bbbb) Erweiterungen (–)
(cc) Befreiung (–)
(dd) Bestandsschutz (–)
(ee) Zwischenergebnis Bauplanungsrecht
(b) Zwischenergebnis materielle Voraussetzungen
3. Rechtsfolge
II. Anordnungsgrund (+)
III. Glaubhaftmachung
C. Ergebnis

Lösungsvorschlag

Die folgende Lösung ist als Lösungsvorschlag zu verstehen und ausführlicher, als es in der Klausurbearbeitung verlangt werden kann. Aufgrund der wissenschaftlichen Freiheit können andere Lösungswege vertreten werden, soweit sie dogmatisch begründbar sind. Die Nachweise aus Rechtsprechung und Literatur sowie die das Verständnis fördernden Randbemerkungen sind in der Examensklausur auszusparen. Die Abkürzung „Alt." steht für Alternativfall, nicht für Alternative.

Der Antrag des N hat jedenfalls Erfolg, soweit die Sachentscheidungsvoraussetzungen erfüllt sind, der Antrag zulässig und soweit er begründet ist.

A. Sachentscheidungsvoraussetzungen[1]

Die Sachentscheidungsvoraussetzungen müssen erfüllt sein.[2]

I. Rechtsweg

Der Verwaltungsrechtsweg kann eröffnet sein. Anderenfalls kommt ein Verweisungsbeschluss i.S.d. § 17a Abs. 2 GVG i.V.m. § 173 VwGO in Betracht. Mangels aufdrängender Sonderzuweisung kann der Verwaltungsrechtsweg gemäß § 40 Abs. 1 S. 1 VwGO eröffnet sein. Der Verwaltungsrechtsweg ist gemäß § 40 Abs. 1 S. 1 VwGO eröffnet, wenn eine öffentlich-rechtliche Streitigkeit nicht verfassungsrechtlicher Art besteht, also wenn durch die streitentscheidende Norm ein Hoheitsträger einseitig berechtigt oder verpflichtet wird bzw. wenn aufgrund typisch hoheitlichen Handelns zwischen den Beteiligten ein Subordinationsverhältnis besteht.

Als streitentscheidende Norm kommt § 79 S. 1 BauO Bln in Betracht. Durch § 79 S. 1 BauO Bln wird die Bauaufsichtsbehörde als Hoheitsträger berechtigt, zur Herstellung ordnungsgemäßer Zustände ordnungsbehördliche Verfügungen in Form einer Abrissverfügung oder einer Nutzungsuntersagung zu erlassen. Dabei haben die Abrissverfügung und die Nutzungsuntersagung grundsätzlich

1 Wichtig ist, bei Verfahren im einstweiligen Rechtsschutz die Überschrift „Sachentscheidungsvoraussetzungen", nicht aber „Sachurteilsvoraussetzungen" zu verwenden, weil kein Urteil ausgesprochen, sondern ein Beschluss gefasst wird.

2 **Hinweis:** Andere Aufbauvarianten werden vertreten (z.B. dreistufig oder Prüfung des Verwaltungsrechtsweges als Untergliederungspunkt der Zuständigkeit des Gerichts). Derartige Aufbauvarianten sind aber mit § 17a Abs. 2 GVG bzw. mit der Überschrift des 6. Abschnitts der VwGO sowie mit § 83 VwGO unvereinbar und daher bei exakter dogmatischer Zuordnung der Prüfungspunkte nicht zu empfehlen. Die Überschrift „Sachurteilsvoraussetzungen" bzw. „Sachentscheidungsvoraussetzungen" anstelle der Überschrift „Zulässigkeit" ist sinnvoll, weil nach § 63 Nr. 3 VwGO auch der Beigeladene zu den Beteiligten gehört, das Fehlen einer notwendigen Beiladung i.S.d. § 65 Abs. 2 VwGO aber nur dazu führt, dass die Entscheidung keine materielle Rechtskraft entfaltet.

Zum gesamten Aufbau: Heinze/Starke JURA 2012, 175 ff.

unterschiedliche Regelungsinhalte. Denkbar ist aber auch, dass die Abrissverfügung bezüglich einer Anlage die Untersagung der Nutzung zu dem von der Aufstellung der Anlage umfassten Zweck beinhaltet, da eine Nutzung ohne diese Anlage nicht möglich ist. Jedenfalls wird ein Hoheitsträger einseitig berechtigt. Mangels doppelter Verfassungsunmittelbarkeit – es streiten keine Verfassungsorgane um Verfassungsrecht – ist die Streitigkeit nicht verfassungsrechtlicher Art. Eine abdrängende Sonderzuweisung ist nicht ersichtlich.

Der Verwaltungsrechtsweg ist gemäß § 40 Abs. 1 S. 1 VwGO eröffnet. Ein Verweisungsbeschluss gemäß § 17a Abs. 2 GVG i.V.m. § 173 VwGO wird somit nicht gefasst werden.

II. Zuständigkeit

In Verfahren des einstweiligen Rechtsschutzes ist unabhängig davon, um welches Verfahren im einstweiligen Rechtsschutz es sich handelt, gemäß den §§ 123 Abs. 2 S. 1, 80 Abs. 5 S. 1, 80a Abs. 3 S. 1, 2 VwGO das Gericht der Hauptsache zuständig. In der Hauptsache ist gemäß § 45 VwGO das Verwaltungsgericht als Eingangsinstanz für den von der zuständigen Behörde erlassenen Verwaltungsakt sachlich zuständig, solange kein Verfahren i.S.d. § 47 Abs. 6 VwGO statthaft ist, da insoweit das Oberverwaltungsgericht zuständig wäre. Anhaltspunkte für sonstige abweichende Regelungen wie z.B. § 50 VwGO sind nicht ersichtlich. Es wird kein Verweisungsbeschluss gemäß den §§ 17a Abs. 2 GVG, 83 VwGO gefasst werden.[3]

III. Beteiligte

N und das Land Berlin als Gebietskörperschaft öffentlichen Rechts können Beteiligte des Verfahrens sein. Ob sich die Beteiligungsfähigkeit aus der direkten Anwendung der §§ 63, 61, 62, 65 VwGO ergibt oder ob sie zumindest partiell wegen des Wortlautes in § 63 VwGO – Kläger und Beklagter – analog anzuwenden sind, ist irrelevant, wenngleich sich aus der gesetzlichen Abschnittsüberschrift „Allgemeine Verfahrensvoraussetzungen“ ergeben kann, dass sämtliche Ver-

3 Die örtliche Zuständigkeit ist anzusprechen, wenn es dafür Anhaltspunkte im Sachverhalt gibt. Im Übrigen ist die Prüfung derselben sinnvoll – allerdings nicht notwendig. Gegebenenfalls ist die örtliche Zuständigkeit im Anschluss an die sachliche Zuständigkeit zu prüfen. Ist sie jedoch gemäß § 52 Nr. 2 VwGO ausnahmsweise von der Klageart abhängig, muss sie von der sachlichen Zuständigkeit getrennt nach der Klageart oder deren besonderen Sachurteilsvoraussetzungen bzw. Sachentscheidungsvoraussetzungen erörtert werden, obwohl § 17a Abs. 2 GVG gemäß § 83 VwGO entsprechend anwendbar ist.

fahren und damit auch die Verfahren des einstweiligen Rechtsschutzes von der direkten Anwendung erfasst sind.

1. Antragsteller, Antragsgegner und Beiladung[4]

Beteiligte sind jedenfalls unter anderem der Antragsteller im Sinne des § 63 Nr. 1 VwGO und der Antragsgegner im Sinne des § 63 Nr. 2 VwGO. N als Antragsteller ist gemäß § 61 Nr. 1 Alt. 1 VwGO als natürliche Person beteiligungsfähig und gemäß § 62 Abs. 1 Nr. 1 VwGO prozessfähig. Behörden sind gemäß § 61 Nr. 3 VwGO i.V.m. dem Landesrecht in Berlin nicht beteiligungsfähig. Das Land Berlin als Antragsgegner ist gemäß § 61 Nr. 1 Alt. 2 VwGO als juristische Person beteiligungsfähig und gemäß § 62 Abs. 3, 1 VwGO mangels Anhaltspunkten bezüglich des für die Behörde handelnden zuständigen Organwalters auch prozessfähig. N und das Land Berlin sind somit Beteiligte des gerichtlichen Verfahrens.

Da die angestrebte Abrissverfügung nur einheitlich gegenüber dem Ehepaar F ergehen kann, sind die Eheleute gemäß § 63 Nr. 3 VwGO als Beteiligte gemäß § 65 Abs. 2 VwGO notwendig beizuladen. Die Eheleute F sind als natürliche Personen jeweils gemäß § 61 Nr. 1 Alt. 1 VwGO – um eine Vereinigung im Sinne des § 61 Nr. 2 VwGO handelt es sich nicht – beteiligungs- und gemäß § 62 Abs. 1 Nr. 1 VwGO prozessfähig.

2. Streitgenossenschaft

Die Eheleute F sind zudem Streitgenossen im Sinne des § 64 VwGO i.V.m. § 59 ZPO. Eine Streitgenossenschaft besteht, wenn in einem Verfahren mehrere Personen als Kläger oder Beklagte bzw. Beigeladene auftreten. Es handelt sich um mehrere Prozessrechtsverhältnisse, die in einem Verfahren zu gemeinsamer Verhandlung, Beweisaufnahme und Entscheidung verbunden sind (Kopp/Schenke, § 64, Rn 1). Eine Streitgenossenschaft ist zulässig, wenn gemäß § 59 Alt. 1 ZPO mehrere Personen hinsichtlich des Streitgegenstandes in Rechtsgemeinschaft stehen, oder wenn sie gemäß § 59 Alt. 2 ZPO aus dem demselben tatsächlichen oder rechtlichen Grund berechtigt oder verpflichtet sind.

Die Eheleute F sind verheiratet und leben in Güter- und damit zugleich in einer Rechtsgemeinschaft im Sinne des § 64 VwGO i.V.m. § 59 Alt. 1 ZPO (vgl.

4 Die Beiladung i.S.d. § 65 VwGO ist keine Zulässigkeitsvoraussetzung. Wird eine beizuladende Person nicht beigeladen, entfaltet die Entscheidung gegenüber dem nicht Beigeladenen keine materielle Rechtskraft. Es ergeht somit keine Sachentscheidung, aus der sich eine materielle Rechtskraft gegenüber dem nicht Beigeladenen ergibt. Die Beiladung kann somit als Sachentscheidungsvoraussetzung geprüft werden (vgl. Überschrift).

zur Gütergemeinschaft als Rechtsgemeinschaft: Kopp/Schenke, § 64, Rn 4). Zudem ergibt sich die einfache Streitgenossenschaft infolge der Gleichartigkeit Betroffenheit der Eheleute zugleich aus § 64 VwGO i.V.m. § 60 ZPO. Es handelt sich um eine zulässige Streitgenossenschaft. Die Verfahren werden daher von Amts wegen verbunden.

IV. Statthafte Verfahrensart

Die statthafte Verfahrensart richtet sich gemäß den §§ 88, 122 Abs. 1 VwGO i.V.m. § 80 Abs. 7 VwGO oder § 123 Abs. 4 VwGO oder § 80a Abs. 3 S. 2 VwGO nach dem Antragsbegehren.[5] Gemäß § 123 Abs. 5 VwGO sind die Verfahren nach den §§ 80, 80a VwGO gegenüber der einstweiligen Anordnung nach § 123 Abs. 1 VwGO spezieller.[6]

1. Verfahren i.S.d. §§ 80a Abs. 1 Nr. 1, 2, 80a Abs. 2 i.V.m. § 80 Abs. 3 S. 1 VwGO

In den Verfahren im Sinne der §§ 80a Abs. 1 Nr. 1, 2, 80a Abs. 2 VwGO i.V.m. § 80a Abs. 3 S. 1 VwGO wird ein bereits bestehender Verwaltungsakt vorausgesetzt. Ein Verwaltungsakt ist gemäß § 35 S. 1 VwVfG i.V.m. § 1 Abs. 1 VwVfG Bln jede Verfügung, Entscheidung oder andere hoheitliche Maßnahme, die eine Behörde zur Regelung eines Einzelfalls auf dem Gebiet des öffentlichen Rechts trifft und die auf unmittelbare Rechtswirkung nach außen gerichtet ist. Ein bereits erlassener Verwaltungsakt ist jedoch nicht ersichtlich.

2. Verfahren i.S.d. § 80 Abs. 5 S. 1 VwGO

Der Antrag nach § 80 Abs. 5 S. 1 VwGO ist statthaft, soweit der Antragsteller die Suspendierung, also die Herstellung oder Wiederherstellung der aufschiebenden Wirkung eines Rechtsbehelfes bzw. Rechtsmittels bezüglich eines Verwaltungsaktes begehrt. Mangels eines bereits bestehenden Verwaltungsaktes ist ein Verfahren im Sinne des § 80 Abs. 5 S. 1 VwGO nicht statthaft.

---

5 Beim einstweiligen Rechtsschutz muss das Antragsbegehren anders als das Klagebegehren in der Hauptsache nicht um maßnahmespezifische Aspekte und den rechtsstaatlichen Grundsatz der Effektivität ergänzt werden, weil es insoweit eine gesetzlich vorgegebene Rangfolge in § 123 Abs. 5 VwGO gibt.

6 Die häufig verwendete „Faustformel", dass ein Verfahren nach § 80 Abs. 5 VwGO statthaft ist, wenn es sich in der Hauptsache um eine Anfechtungsklage handelt, während eine einstweilige Anordnung nach § 123 VwGO danach bei Leistungs- und Feststellungsklagen in der Hauptsache statthaft sein soll, ist falsch. Es gibt Fälle, in denen Begehren in der Hauptsache und im einstweiligen Rechtsschutz divergieren (vgl. § 81 Abs. 3 AufenthaltsG).

3. Verfahren i.S.d. § 123 Abs. 1 S. 1, 2 VwGO

Die einstweilige Anordnung im Sinne des § 123 Abs. 1 VwGO kann als Verfahrensart statthaft sein. Die einstweilige Anordnung ist statthaft, soweit der Antragsteller die Sicherung des bestehenden Zustandes im Sinne des § 123 Abs. 1 S. 1 VwGO oder die vorübergehende Regelung zur Veränderung des bestehenden Zustandes im Sinne des § 123 Abs. 1 S. 2 VwGO erstrebt. Trotz der Regelung beider Begehren in unterschiedlichen Sätzen der Norm handelt es sich bei der Sicherungs- und bei der Regelungsanordnung nicht um verschiedene Verfahren, sondern um ein einheitliches Verfahren der einstweiligen Anordnung, sodass eine exakte Zuordnung letztlich rechtlich irrelevant ist.

N geht es jedenfalls nicht um die Sicherung eines bestehenden Zustandes im Sinne des § 123 Abs. 1 S. 1 VwGO. Vielmehr möchte er die Weidehütte entfernen lassen. Für N kommt es auf eine Regelung an, mittels derer der Familie aufgegeben wird, die Hütte zu beseitigen. Die einstweilige Anordnung ist als Regelungsanordnung im Sinne des § 123 Abs. 1 S. 2 VwGO die statthafte Verfahrensart.[7]

V. Besondere Sachentscheidungsvoraussetzungen

Die besonderen Sachentscheidungsvoraussetzungen müssen erfüllt sein. Ausdrückliche Regelungen über die besonderen Sachentscheidungsvoraussetzungen gibt es für das Verfahren nach § 123 Abs. 1 VwGO nicht. Analoge Anwendungen der besonderen Prozessführungsbefugnis im Sinne des § 78 VwGO und der Klagebefugnis als Antragsbefugnis im Sinne des § 42 Abs. 2 VwGO kommen in Betracht.

1. Besondere Prozessführungsbefugnis

§ 78 VwGO als Regelung der besonderen Prozessführungsbefugnis ist gemäß der Abschnittsüberschrift des 8. Abschnitts der Verwaltungsgerichtsordnung bei Anfechtungs- und Verpflichtungsklagen anwendbar. Analog ist § 78 VwGO bei Verfahren anwendbar, bei denen es um Verwaltungsakte geht, weil insoweit

7 Es ist auch möglich, dass eine einstweilige Anordnung auf Feststellung gerichtet ist. Sollte es jedoch um die Feststellung des Suspensiveffektes gehen, ist § 80 Abs. 5 VwGO gemäß § 125 Abs. 5 VwGO vorrangig, wobei in Feststellungskonstellationen entweder beide Normen analog anwendbar sind – Feststellung ist nicht ausdrücklich vorgesehen – oder direkt, weil die Feststellung als Minus enthalten ist. Dogmatisch inkonsequent wäre es, § 80 Abs. 5 VwGO bei Feststellungen analog anzuwenden, § 123 VwGO hingegen direkt, um dann z.B. die Anwendung mangels planwidriger Regelungslücke bei § 80 Abs. 5 VwGO abzulehnen. Bei Suspendierung bzw. deren Feststellung ist § 80 Abs. 5 VwGO gegenüber § 123 VwGO vorrangig.

eine vergleichbare Interessenlage bei planwidriger Regelungslücke besteht. Bei konsequenter dogmatischer Betrachtung ist innerhalb des § 123 Abs. 1 VwGO zu differenzieren. Soweit es um einen Verwaltungsakt geht – zum Beispiel um eine einstweilige Regelung – ist § 78 VwGO analog anwendbar, während im Übrigen keine vergleichbare Interessenlage besteht. N erstrebt den einstweiligen Erlass eines Verwaltungsaktes, sodass eine planwidrige Regelungslücke bei vergleichbarer Interessenlage besteht und § 78 VwGO somit analog anwendbar ist. Mangels Ausführungsvorschrift im Berliner Landesrecht zu § 78 Abs. 1 Nr. 2 VwGO ist das Land Berlin als Gebietskörperschaft des öffentlichen Rechts analog § 78 Abs. 1 Nr. 1 VwGO besonders prozessführungsbefugt.

2. Antragsbefugnis

N muss zwecks der Vermeidung eines Popularantrages analog § 42 Abs. 2 VwGO antragsbefugt sein. Die Antragsbefugnis nach § 42 Abs. 2 VwGO setzt die Möglichkeit der Verletzung eines subjektiven Rechts voraus. Subjektive Rechte werden aus Sonderrechtsbeziehungen, einfachen Gesetzen, subsidiär aus Grundrechten abgeleitet, wobei aufgrund des weiten Schutzbereiches des Art. 2 Abs. 1 GG bei unmittelbaren Grundrechtseingriffen für das subjektive Recht direkt auf Grundrechte abgestellt werden kann. Ein unmittelbarer Eingriff der Behörde bei N ist nicht ersichtlich, da an diesen kein Verwaltungsakt erlassen bzw. ihm gegenüber auch kein Realhandeln der Behörde erfolgt ist. Somit sind primär Sonderrechtsbeziehungen bzw. einfachgesetzliche subjektive Rechte maßgeblich.

Einfachgesetzlich muss das subjektive Recht aus der streitentscheidenden Norm ableitbar sein, weil es trotz des sich unter anderem aus Art. 20 Abs. 3 GG ergebenden Rechtsstaatsprinzips keinen Gesetzesvollziehungsanspruch gibt. Somit muss sich das subjektive Recht des N aus § 79 S. 1 BauO Bln – Gleiches würde bezüglich einer Nutzungsuntersagung gemäß § 79 S. 2 Bau Bln gelten – ergeben. Danach sind die öffentlich-rechtlichen Vorschriften maßgeblich. Dazu gehören das Bauordnungsrecht und das Bauplanungsrecht. Während im Bauordnungsrecht selten subjektive Rechte zugunsten des Grundstücksnachbarn enthalten sind – § 3 Abs. 1 BauO Bln ist bezüglich Individualgüter und Individualrechte im Rahmen der öffentlichen Sicherheit bereichsspezifisch auf die Bewohner beschränkt – und dieses somit ohne erhebliche Relevanz ist, ist das Bauplanungsrecht im Sinne der §§ 29ff. BauGB subjektiviert. Woraus sich dann das subjektive Recht des Nachbarn mittels der Rechtsgrundlage genau ergibt,[8]

8 Der Bauherr selbst kann sich anders als der Nachbar in der Regel auf Art. 14 Abs. 1 GG berufen.

ist davon abhängig, ob es sich um einen beplanten Bereich, einen unbeplanten Innenbereich oder um einen Außenbereich handelt.[9]

a) Beplanter Bereich

Im beplanten Bereich im Sinne des § 30 Abs. 1, 2 BauGB – im Rahmen des § 30 Abs. 3 BauGB unter Umständen durch die §§ 34, 35 BauGB ergänzt – wird über die §§ 9, 9a BauGB auf die Baunutzungsverordnung verwiesen, weil in § 9 BauGB die Festsetzungen für den Bebauungsplan geregelt sind, der gemäß § 9 Abs. 1 Nr. 1 BauGB Festsetzungen über die Art und das Maß der baulichen Nutzung enthält, die wiederum in der Baunutzungsverordnung – deren Ermächtigungsgrundlage ist § 9a BauGB – spezifiziert werden. Gemäß § 1 Abs. 3 S. 1 BauNVO können die in § 1 Abs. 2 BauNVO geregelten Gebiete im Bebauungsplan festgesetzt werden, sodass sie Bestandteil des Bebauungsplanes werden, wobei dann mittels der jeweiligen Gebiete in den §§ 2ff. BauNVO eine Feinsteuerung als Rückausnahme der Regelbebauung im Sinne des jeweiligen Absatzes 2 der §§ 2ff. BauNVO bzw. der Ausnahmebebauung im Sinne des jeweiligen Absatzes 3 sowie der Erweiterungen im Sinne der §§ 12–14 BauNVO zu bedenken sind. Diese Feinsteuerung im Sinne des § 15 Abs. 1 S. 2 BauNVO ist als gebietsübergreifendes Gebot der Rücksichtnahme drittschützend.

Soweit es sich um eine Regelbebauung oder um eine Ausnahmebebauung – bezüglich der Ausnahmebebauung ist § 31 Abs. 1 BauGB als Überleitungsnorm maßgeblich – der Gebiete der Baunutzungsverordnung handelt, besteht innerhalb des beplanten Gebietes zudem ein Gebietserhaltungsanspruch,[10] der sich aus den Festsetzungen des Bebauungsplanes ergibt, der wiederum auf § 1 Abs. 3 BauGB i.V.m. § 1 Abs. 2 BauGB als Inhalts- und Schrankenbestimmung des Eigentums im Sinne des Art. 14 Abs. 1 S. 2 GG rückführbar ist. Ob sich aus dem Gebietserhaltungsanspruch ein subjektives Recht nur bezüglich der Art oder auch bezüglich des Maßes der baulichen Nutzung ergibt, kann unterschiedlich beurteilt werden. Einerseits könnte das Maß der baulichen Nutzung als nicht drittschützender Aspekt eingeordnet werden, andererseits hat der Gesetzgeber an anderer Stelle – in § 34 Abs. 1 BauGB ist bezüglich des unbeplanten Innenbe-

9 Das subjektive Recht des Nachbarn ist einfachgesetzlich stets auf die Rechtsgrundlage rückführbar, wobei die Verweisungskette je nach Konstellation unterschiedlich ausgestaltet ist.

10 In der Rechtsprechung wird der Gebietserhaltungsanspruch regelmäßig nicht auf das Maß der baulichen Nutzung bezogen, wobei dies im Hinblick auf § 34 Abs. 1 BauGB i.V.m. § 34 Abs. 3a S. 1 Nr. 3 BauGB problematisch ist. Insoweit besteht zwar kein Bebauungsplan, in dem ein Gebiet festgesetzt ist, jedoch ist § 34 Abs. 1 BauGB auf Art und Maß bezogen und die subjektive Betrachtungsweise in § 34 Abs. 3a S. 1 Nr. 3 BauGB uneingeschränkt angeordnet. Daraus ergibt sich, dass Regelungen über das Maß durchaus drittschützend sein können.

reiches, der auf Art und Maß der baulichen Nutzung bezogen ist, eine subjektive Betrachtungsweise bezüglich des Nachbarn vollumfassend in § 34 Abs. 3a S. 1 Nr. 3 BauGB angeordnet – eine auf den Nachbarn bezogene subjektive Betrachtungsweise angeordnet.

Soweit es um eine Befreiung vom Bebauungsplan im Sinne des § 31 Abs. 2 BauGB geht, sind der Gebietserhaltungsanspruch bzw. das Gebot der Rücksichtnahme im Sinne des § 15 Abs. 1 S. 2 BauNVO nicht maßgeblich, weil vom Bebauungsplan gerade befreit werden soll. Der Drittschutz erfolgt insoweit über den Terminus „nachbarliche Interessen“ in § 31 Abs. 2 BauGB.

Im beplanten Bereich ergibt sich das subjektive Recht des Nachbarn somit aus dem Gebietserhaltungsanspruch bzw. dem Gebot der Rücksichtnahme im Sinne des § 15 Abs. 1 S. 2 BauNVO oder aus § 31 Abs. 2 BauGB, wobei alle Varianten letztlich auf die jeweils für das subjektive Recht maßgebliche streitentscheidende Norm rückführbar sind.

b) Unbeplanter Innenbereich

Im unbeplanten Innenbereich im Sinne des § 34 BauGB ist bezüglich des subjektiven Rechts des Nachbarn zwischen einem Gebiet im Sinne des § 34 Abs. 2 BauGB und einem solchen im Sinne des § 34 Abs. 1 BauGB zu differenzieren.

Während in § 34 Abs. 2 BauGB für die Art der baulichen Nutzung auf die Baunutzungsverordnung verwiesen wird – bezüglich des Maßes der baulichen Nutzung gilt ergänzend § 34 Abs. 1 BauGB – und das subjektive Recht des Nachbarn über eine Verweisungskette auf die Rechtsgrundlage rückführbar ist, ergibt sich das subjektive Recht im Übrigen direkt aus § 34 Abs. 1 BauGB.[11]

---

11 **Das subjektive Recht des Dritten ergibt sich ähnlich wie im beplanten Bereich:**
- Gebietsprägungserhaltungsanspruch (anstelle des Gebietserhaltungsanspruches)
- Gebot der Rücksichtnahme i.S.d. § 15 Abs. 1 S. 2 BauNVO (über das Gebot der Rücksichtnahme hinaus)
- § 31 Abs. 2 BauGB i.V.m. § 34 Abs. 2 Hs. 2 BauGB

Zum Teil werden die Termini „Gebietserhaltungsanspruch“ und „Gebietsprägungserhaltungsanspruch“ anders verwendet. Ersterer wird dann im Rahmen des Drittschutzes nur verwendet, wenn das Vorhaben mit dem Wortlaut des Gebiets in der BauNVO vereinbar ist. Sollte ein Vorhaben im Gebiet dem Wortlaut nach zulässig sein, wird dann aber aufgrund einer verfassungskonformen Reduktion dennoch nicht zugelassen, soll der zweite Begriff genannt werden. Beide Begriffe sollen im Gebiet nach § 30 BauGB und im Gebiet nach § 34 Abs. 2 BauGB gelten. Das erscheint nicht sinnvoll, weil im Rahmen des § 34 Abs. 2 BauGB kein Gebiet festgesetzt ist, sondern die BauNVO nur entsprechend gilt, wenn der Innenbereich wie ein Gebiet aussieht. Im Gesetzestext ist zudem mit „wäre“ im Konjunktiv formuliert worden, sodass es sich um eine Fiktion handelt. Daher passt der Terminus des Gebietserhaltungsanspruches im ungeplanten Innenbereich nicht. Darüber hinaus ergibt es keinen Sinn, innerhalb des geplan-

aa) § 34 Abs. 1 BauGB

Im Rahmen des § 34 Abs. 1 BauGB ergibt sich das subjektive Recht aus dem Terminus des Einfügens. Dass der Terminus des Einfügens subjektiviert ist, ergibt sich wiederum aus § 34 Abs. 3a Nr. 3 BauGB, weil danach vom Erfordernis des Einfügens abgesehen werden kann, soweit dies unter anderem mit nachbarlichen Interessen vereinbar ist. Der Terminus des Einfügens ist somit im Sinne nachbarlicher Interessen zu verstehen und somit subjektiviert.

bb) § 34 Abs. 2 BauGB

Gemäß § 34 Abs. 2 BauGB wird die Baunutzungsverordnung bezüglich der Art der baulichen Nutzung angewendet, soweit es sich um ein Gebiet handelt, das einem derjenigen in der Baunutzungsverordnung ähnelt, sodass es sich um einen faktischen Bebauungsplan handelt. Somit ist auch § 34 Abs. 2 BauGB als Inhalts- und Schrankenbestimmung im Sinne des Art. 14 Abs. 1 S. 2 GG einzustufen mit der Folge, dass über die Rechtsgrundlage und § 34 Abs. 2 BauGB i.V.m. § 9a BauGB das jeweilige Gebiet der Baunutzungsverordnung maßgeblich ist. Im Rahmen der Regelbebauung im Sinne des Absatzes 2 des jeweiligen Gebietes der Baunutzungsverordnung sowie im Rahmen der Ausnahmebebauung im Sinne des Absatzes 3 des jeweiligen Gebietes der Baunutzungsverordnung – insoweit in Verbindung mit § 31 Abs. 1 BauGB i.V.m. § 34 Abs. 2 Hs. 2 BauGB – wird aus dem Gebietserhaltungsanspruch im beplanten Bereich der Gebietsprägungserhaltungsanspruch für den unbeplanten Innenbereich, weil mangels Bebauungsplanes kein Gebiet festgesetzt ist, sondern es nur geprägt ist wie eines der festsetzbaren Gebiete. Zudem gilt gemäß § 15 Abs. 1 S. 2 BauNVO das Gebot der Rücksichtnahme. Bezüglich des Gebietsprägungserhaltungsanspruches ist es anders als im beplanten Bereich für den Gebietserhaltungsanspruch nicht problematisch, ob das Maß der baulichen Nutzung erfasst ist, weil in § 34 Abs. 2 BauGB ohnehin nur bezüglich der Art der baulichen Nutzung auf die Baunutzungsverordnung verwiesen wird. Für das Maß der baulichen Nutzung

---

ten Bereiches verschiedene Termini zu verwenden, weil die jeweilige Zulässigkeit eines Vorhabens sich aus einer einheitlichen Anwendung der jeweiligen Norm der BauNVO ergibt. Nur weil ein Vorhaben erst nach einer verfassungskonformen Reduktion als „gebietsunverträglich" gilt, bedeutet es nicht, dass das jeweilige Gebiet dann nicht so wie nach der verfassungskonformen Reduktion erfolgt definiert ist, sodass es insoweit nicht des zusätzlichen Begriffes des Gebietsprägungserhaltungsanspruches bedarf. Die Normen sind einheitlich auszulegen bzw. zu lesen, sodass sich bei Anwendung aller Auslegungsmethoden ein einheitliches Auslegungsergebnis ergibt, das dann die inhaltliche Bestimmung des Gebietes darstellt und somit die Grundlage für den Gebietserhaltungsanspruch als einheitlichen Terminus im Rahmen eines geplanten Gebietes bildet.

gilt insoweit § 34 Abs. 1 BauGB, der im Sinne des § 34 Abs. 3a S. 1 Nr. 3 BauGB bezüglich des Einfügens auch für das Maß der baulichen Nutzung zugunsten des Nachbarn subjektiviert ist, da der Terminus „Eigenart“ nicht im Sinne der „Art“ der baulichen Nutzung bezogen worden ist und somit vollständig auf die Einfügung im Sinne des § 34 Abs. 1 BauGB verwiesen wird, von der Art und Maß erfasst sind, zumal der Terminus „Eigenart“ auch in § 34 Abs. 1 BauGB enthalten ist, in dem auch auf das Maß der baulichen Nutzung Bezug genommen wird.

Soweit es um eine Befreiung vom geprägten Gebiet im Sinne des § 34 Abs. 2 BauGB geht, sind die nachbarlichen Interessen gemäß § 31 Abs. 2 BauGB i.V.m. § 34 Abs. 2 Hs. 2 BauGB für den Drittschutz maßgeblich.

Ähnelt ein unbeplanter Innenbereich nicht einem Gebiet der Baunutzungsverordnung, ist für die Art und das Maß nur ein Einfügen im Sinne des § 34 Abs. 1 BauGB maßgeblich, welches im Sinne des § 34 Abs. 3a S. 1 Nr. 3 BauGB im Hinblick auf den Nachbarn subjektiviert ist.

c) Außenbereich

Im Außenbereich ergibt sich das subjektive Recht des Nachbarn aus partiellen öffentlichen Belangen im Sinne des § 35 Abs. 1, 2 BauGB. Zwar könnte der Subjektivierung der öffentlichen Belange grundsätzlich wie sonst bei der Allgemeinheit entgegenstehen, dass in einem Rechtsstaat kein Gesetzesvollziehungsanspruch gewährt wird, jedoch sind die öffentlichen Belange in § 35 Abs. 3 BauGB spezifiziert. Zwar sind die meisten öffentlichen Belange nicht subjektiviert, solche im Sinne des § 35 Abs. 3 S. 1 Nr. 3 BauGB jedoch schon, wobei die dort benannten schädlichen Umwelteinwirkungen bereichsspezifisch baurechtlich und nicht ausschließlich umweltrechtlich im Sinne des § 3 Abs. 1 BImSchG auszulegen sind. Ein übergesetzliches Gebot der Rücksichtnahme besteht jedoch nicht, da dadurch ein Gesetzesvollziehungsanspruch gewährt werden würde, der mit dem sich unter anderem aus Art. 20 Abs. 3 GG ergebenden Rechtsstaatsprinzip unvereinbar wäre.[12]

d) Subjektives Recht des N

Das für N maßgebliche Gebiet ist in einem Bebauungsplan als Kerngebiet festgesetzt worden. Aus dem Bebauungsplan als Inhaltsbestimmung des Eigentums – der Bebauungsplan ist in Berlin entgegen des § 10 Abs. 1 BauGB keine Sat-

12 Partiell wir ein übergesetzliches Gebot der Rücksichtnahme im Rahmen des Außenbereiches angenommen, welches bedenklich ist, weil kein Gesetzesvollziehungsanspruch gewährt werden darf.

zung, sondern gemäß § 246 Abs. 2 S. 1 BauGB i.V.m. § 6 Abs. 5 S. 1 AG BauGB als Verordnung ausgestaltet – ergibt sich eine Lebens- und Schicksalsgemeinschaft und damit der Gebietserhaltungsanspruch im Sinne des § 79 S. 1 BauO Bln i.V.m. den §§ 29 Abs. 1, 30 Abs. 1, 9, 9a BauGB i.V.m. § 1 Abs. 3 S. 2 BauNVO i.V.m. § 1 Abs. 2 BauNVO i.V.m. § 7 BauNVO, da das festgesetzte Kerngebiet Bestandteil des Bebauungsplanes geworden ist. N als Nachbar ist selbst den Festsetzungen unterworfen und darf somit ebenso auf die Einhaltung der Festsetzungen durch seine Nachbarn vertrauen. Es kann nicht ausgeschlossen werden, dass N aufgrund der Aufstellung der Weidehütte in seinem Gebietserhaltungsanspruch verletzt wird.

Zusätzlich ergibt sich für N selbst bei Einhaltung der groben Gebietsvorgaben im Kerngebiet die Möglichkeit der Verletzung eines subjektiven Rechts aus der Feinsteuerung des § 15 Abs. 1 S. 2 BauNVO als Gebot der Rücksichtnahme und Ausprägung der Verhältnismäßigkeit im Sinne der Wechselwirkung bezüglich des Art. 14 Abs. 1 GG. Gemäß § 79 S. 1 BauO Bln i.V.m. den §§ 29 Abs. 1, 30 Abs. 1, 9, 9a BauGB i.V.m. § 1 Abs. 3 S. 2 BauNVO i.V.m. § 1 Abs. 2 BauNVO i.V.m. den §§ 7, 15 Abs. 1 S. 2 BauNVO ergibt sich auch insoweit die Möglichkeit der Verletzung eines subjektiven Rechts.

N ist antragsbefugt.

VI. Allgemeines Rechtsschutzbedürfnis

Aus dem unter anderem in Art. 20 Abs. 3 GG verankerten Rechtsstaatsprinzip ergibt sich das Erfordernis des allgemeinen Rechtsschutzbedürfnisses als allgemeine Sachentscheidungsvoraussetzung. Ein Rechtsschutzbedürfnis des Antragstellers besteht nicht, wenn nicht zuvor ein Antrag an die Behörde gestellt worden, die Hauptsache offensichtlich unzulässig ist oder grundlos vorweggenommen wird.[13]

N hat sein Begehren der Behörde mitgeteilt und Abhilfe verlangt. Eine offensichtliche Unzulässigkeit der Hauptsache – insbesondere eine Verfristung – ist nicht ersichtlich.

Die Hauptsache darf im einstweiligen Rechtsschutz nicht grundlos vorweg genommen werden. Anderenfalls könnten durch die Glaubhaftmachung eines Anspruches endgültige Fakten geschaffen werden, die trotz der in der Hauptsa-

---

13 Die Einarbeitung der Problematik der Vorwegnahme der Hauptsache wird unterschiedlich vorgenommen. Zum Teil erfolgt die Erörterung nur im allgemeinen Rechtsschutzbedürfnis, zum Teil erfolgt sie nur in der Begründetheit bei der Glaubhaftmachung des Anordnungsgrundes. Zu empfehlen ist die Prüfung an beiden Stellen. Im Rahmen der Sachentscheidungsvoraussetzungen erfolgt sie oberflächlich als Grobfilter, in der Begründetheit dezidiert.

che erfolgten umfänglichen Tatsacheneruierung mit der Folge einer anders gelagerten Aktenlage irreversibel wären. Dies wäre aus rechtsstaatlichen Gründen unzulässig.

Eine Vorwegnahme der Hauptsache wäre allenfalls möglich, wenn das Abwarten der Entscheidung in der Hauptsache schlechthin unzumutbar wäre (BVerwG, Beschluss vom 14.12.1989, 2 ER 301.89; vom 13.8.1999, 2 VR 1.99), weil insoweit im Sinne des Art. 19 Abs. 4 GG effektiver Rechtsschutz zu gewähren wäre. Die Annahme einer schlechthin bestehenden Unzumutbarkeit ist zwar problematisch, jedoch ist die Weidehütte jedenfalls grundsätzlich mobil und könnte jederzeit entfernt und wieder aufgestellt werden. Anders als bei baulichen Anlagen, die ein Fundament aufweisen oder gemauert sind, kommt eine vorläufige Beseitigung der endgültigen Beseitigung nicht gleich. Die Shetlandponys sind noch nicht in ihr neues Domizil eingezogen, woraus sich auf eine alternative Unterbringungsmöglichkeit schließen lässt, in die unter Umständen auch Gänse und Ziegen vorübergehend ausquartiert werden könnten, soweit diese ohne Unterstand nicht auf dem Grundstück verbleiben könnten. In der Hauptsache ist die Verfolgung eines generellen Verbotes der Tierhaltung weiterhin möglich.

Die Hauptsache wird somit nicht unzulässig vorweggenommen.

VII. Zwischenergebnis

Die Sachentscheidungsvoraussetzungen sind erfüllt und der Antrag des N ist zulässig.

B. Begründetheit

Der Antrag ist gemäß § 123 Abs. 1 S. 1, Abs. 3 VwGO i.V.m. den §§ 920 Abs. 2, 294 ZPO im Rahmen der Regelungsanordnung begründet, soweit der Antragsteller einen Anordnungsanspruch und einen Anordnungsgrund glaubhaft macht.

I. Anordnungsanspruch

Es kann ein Anordnungsanspruch des N bestehen.

1. Anspruchsgrundlage

Rechtsgrundlage für eine Abrissverfügung ist § 79 S. 1 BauO Bln. Rechtsgrundlagen sind gleichzeitig Anspruchsgrundlagen, soweit sie ein subjektives Recht beinhalten. Demnach kann die partielle oder vollständige Beseitigung von Anlagen, welche im Widerspruch zu öffentlich-rechtlichen Vorschriften errichtet oder geändert wurden, durch die Bauaufsichtsbehörde angeordnet werden, soweit nicht auf andere Weise rechtmäßige Zustände hergestellt werden können. Mittels des Terminus der öffentlich-rechtlichen Vorschriften, aus denen sich der Gebietserhaltungsanspruch bzw. gemäß § 79 S. 1 BauO Bln i.V.m. den §§ 29 Abs. 1, 30 Abs. 1, 9, 9a BauGB i.V.m. § 1 Abs. 3 S. 2 BauNVO i.V.m. § 1 Abs. 2 BauNVO i.V.m. den §§ 7, 15 Abs. 1 S. 2 BauNVO das Gebot der Rücksichtnahme ergeben, ist die Norm subjektiviert. Somit ist § 79 S. 1 BauO Bln nicht nur als Rechts-, sondern auch als Anspruchsgrundlage einzustufen und somit die maßgebliche Anspruchsgrundlage. § 58 Abs. 1 S. 2 BauO Bln als Generalklausel ist somit irrelevant.

2. Voraussetzungen

Die Voraussetzungen des § 79 S. 1 BauO Bln können erfüllt sein.

a) Formelle Voraussetzungen

Formell muss die Zuständigkeit gewahrt bleiben und es dürfen keine Verfahrens- oder Formfehler absehbar sein.

aa) Zuständigkeit

Gemäß § 79 S. 1 BauO Bln ist die Bauaufsichtsbehörde für den Erlass einer Abrissverfügung zuständig. Nach § 3 Abs. 2 AZG ist diese dem jeweiligen Bezirksamt zuzuordnen.

bb) Verfahren

Eine Anhörung müsste gemäß § 28 Abs. 1 VwVfG i.V.m. § 1 Abs. 1 VwVfG Bln im Verwaltungsverfahren grundsätzlich vor dem Erlass einer Abrissverfügung erfolgen. Auch das Gericht wird den Beigeladenen die Möglichkeit zur Äußerung gegeben haben. Verfahrensfehler werden nicht erfolgen.

cc) Form

Etwaige Formvorgaben wie zum Beispiel die des § 37 Abs. 2 S. 1 VwVfG i.V.m. § 1 Abs. 1 VwVfG Bln wird die Behörde ebenso wie alle anderen Formvorgaben bezüglich der Abrissverfügung einhalten.

dd) Zwischenergebnis

Die formellen Voraussetzungen sind erfüllt.

b) Materielle Voraussetzungen

Auch die materiellen Voraussetzungen müssen erfüllt sein.

aa) Errichtung einer Anlage im Sinne des § 2 BauO Bln

Zunächst muss eine Anlage errichtet worden sein. Die Hütte muss somit als sonstige Anlage im Sinne des § 2 Abs. 1 S. 1 BauO Bln i.V.m. § 1 Abs. 1 S. 2 BauO Bln oder als bauliche Anlage im Sinne des § 2 Abs. 1 S. 1 BauO Bln i.V.m. § 2 Abs. 1 S. 2 BauO Bln zu qualifizieren sein.

Eine Legaldefinition der sonstigen Anlagen ist in der Bauordnung für Berlin nicht enthalten. Vielmehr ist der Terminus mittels der jeweiligen Norm der Bauordnung für Berlin auszulegen, wobei zu berücksichtigen ist, dass für das Werk zumindest eine gewisse Eigenständigkeit erforderlich ist.

Die Weidehütte war ursprünglich mobil, könnte daher als Anhänger zu qualifizieren und damit nicht als bauliche Anlage einzustufen sein. Derzeit kann sie zwar noch immer mobil gemacht werden, wird im Übrigen aber ortsfest verwendet. Zudem ist sie für den Straßenverkehr nicht zugelassen und ist nicht mit einer Vorrichtung ausgestattet, die einer Anhängerkupplung ähnlich ist. Unabhängig davon können auch Werbeanhänger bei hinreichend langer Standzeit und teleologischer Auslegung der Norm als bauliche Anlagen einzustufen sein (u.a. OVG Münster, Beschluss vom 17.2.1998, 11 A 5274 – 96).

Da die Hütte mangels hinreichender Mobilität nicht als Anhänger einzustufen ist, kann es sich dabei um eine bauliche Anlage im Sinne des § 2 Abs. 1 S. 2 BauO Bln bzw. um ein Gebäude im Sinne des § 2 Abs. 2 BauO Bln handeln. Die Weidehütte besteht aus Holz sowie Stahlträgern und somit aus Bauprodukten im Sinne des § 2 Abs. 9 Nr. 1 BauO Bln. Sie ist zumindest durch ihr Eigengewicht mit dem Erdboden verbunden, sodass sie als bauliche Anlage im Sinne des § 2 Abs. 1 S. 2 Hs. 2 Alt. 1 BauO Bln einzustufen ist. Aufgrund des – trotz erleichterter Transportmöglichkeit anzunehmenden – Verwendungszwecks als überwiegend ortsfest benutzte Anlage sind kumulativ die Voraussetzungen des § 2 Abs. 1 S. 2 Hs. 2 Alt. 2 BauO Bln erfüllt. Es handelt sich somit zumindest um eine bauliche Anlage.

Zusätzlich kann sie als Gebäude im Sinne des § 2 Abs. 2 BauO Bln einzustufen sein. Ein Gebäude ist eine selbstständig benutzbare, überdeckte bauliche Anlage, die von Menschen betreten werden kann und geeignet oder bestimmt ist, dem Schutz von Menschen, Tieren oder Sachen zu dienen. Ein

Gebäude ist somit eine Unterform der baulichen Anlage, an deren Klassifizierung weitere Voraussetzungen wie Betretbarkeit und Umschlossenheit geknüpft sind.

Ausgehend von der Raumhöhe der Hütte kann sie von Menschen betreten werden und ist überdacht. Sie besteht augenscheinlich zu dem Zweck, die Tiere und ihr Futter als Sache zu schützen, und ist als funktional abgeschlossene bauliche Einheit wahrnehmbar und somit selbstständig (vgl. BVerwG, Beschluss vom 13.12.1995, 4 B 245/95). Fraglich ist, ob ein Gebäude im Sinne des Baurechts zu allen Seiten von Wänden umschlossen bzw. sogar gegen unbefugtes Betreten gesichert sein muss. Dem Wortlaut der Bauordnung entspricht es, lediglich eine räumliche Abgrenzung zu fordern. Ohne seitliche Begrenzung wäre hingegen schon das „Betreten" des Raumgebildes unmöglich. Nach alledem wäre die Weidehütte geeignet, auch ein Gebäude im Sinne des § 2 Abs. 2 BauO Bln darzustellen.

Problematisch sind jedoch das Fehlen eines Fundaments und die Transportabilität der Hütte. Bei Heranziehung der in § 2 Abs. 3 S. 1 BauO Bln benannten Gebäudeklassen ergibt sich, dass diese Gebäude fest mit dem Boden verbunden sind. Auch wenn durch den Terminus des Gebäudes das Vorhandensein einer baulichen Anlage vorausgesetzt wird, welche gemäß § 2 Abs. 1 S. 2 Hs. 2 Alt. 1 BauO Bln ohne Fundament, sondern durch ihre eigene Schwere auf dem Erdboden ruht, erscheint es unter Berücksichtigung des § 2 Abs. 3 S. 1 BauO Bln vertretbar, vom Erfordernis einer Verankerung ähnlich eines Fundamentes auszugehen. Allerdings wäre die Annahme dieses Erfordernisses mit dem Wortlaut des § 2 Abs. 3 S. 1 Nr. 5 BauO Bln, aus der sich auch auf die Existenz wesentlich kleinerer Gebäude schließen lässt, nicht vereinbar. Voraussetzung für ein Gebäude ist somit nicht ein steingebautes oder sonst fest verankertes Haus. Die Weidehütte ist als Gebäude im Sinne des § 2 Abs. 2 BauO Bln zu klassifizieren. Aufgrund des Neuaufstellens der Hütte ist von einer Errichtung auszugehen.

bb) Widerspruch zu öffentlich rechtlichen Vorschriften

Die Weidehütte kann gemäß § 79 S. 1 BauO Bln im Widerspruch zu öffentlich rechtlichen Vorschriften errichtet worden sein. Bezüglich des Erlasses einer Abrissverfügung als besonders intensivem Grundrechtseingriff in das Eigentum im Sinne des Art. 14 Abs. 1 GG sind grundrechtsdogmatisch die formelle und die materielle Illegalität maßgeblich und es ist zumindest die materielle Illegalität erforderlich, während bei einem weniger intensiven Eingriff in das Eigentum des Betroffenen wie einer Nutzungsuntersagung nach § 79 S. 2 BauO Bln oder einer Baueinstellungsverfügung nach § 78 BauO Bln regelmäßig die formelle Illegalität genügt – eine Berücksichtigung der materiellen Illegalität im Rahmen etwaigen Ermessens ist insoweit vertretbar – und lediglich bei genereller Genehmigungsfreiheit die materielle Illegalität maßgeblich ist.

(1) Formelle Illegalität

Ein Vorhaben ist formell illegal, soweit verfahrensrechtliche Vorgaben missachtet worden sind, also soweit für eine genehmigungsbedürftige Anlage keine Genehmigung besteht, der Genehmigungsrahmen von Beginn an wesentlich überschritten bzw. aufgrund mangelnder Teilbarkeit einer Baugenehmigung das Vorhaben insgesamt formell illegal wurde bzw. eine genehmigte Anlage später ungenehmigt verändert wird.

Besteht hingegen eine Baugenehmigung für ein materiell rechtswidriges Vorhaben, ergibt sich daraus eine Legalisierungswirkung, sodass die Genehmigung zunächst aufzuheben ist.[14]

Maßgeblich ist somit die Genehmigungsbedürftigkeit der Weidehütte. Ausnahmen vom Grundsatz der Genehmigungsbedürftigkeit gemäß § 60 Abs. 1 BauO Bln sind in den §§ 61–63, 75 und 76 BauO Bln geregelt. Für eine Ausnahmekonstellation nach § 76 BauO Bln bestehen keine Anhaltspunkte.

(a) Fliegende Bauten

Das Ausnahmeverfahren für Fliegende Bauten gemäß § 75 BauO Bln könnte für die Weidehütte maßgeblich sein. Gemäß § 75 Abs. 1 S. 1 BauO Bln sind Fliegende Bauten solche baulichen Anlagen, die geeignet und bestimmt sind, an verschiedenen Orten wiederholt aufgestellt und zerlegt zu werden. Aufgrund des damit verbundenen Gefahrenpotentials ist die Aufstellung Fliegender Bauten nicht genehmigungsfrei, sondern es ist eine an die Bedürfnisse dieser Bauten angepasste dreigliedrige Zulassungsprozedur bestehend aus Ausführungsgenehmigung, Führung des Prüfbuches und Anzeige der konkreten Inbetriebnahme vorgesehen.

Die Weidehütte ist zwar grundsätzlich transportabel und F hat die Räder abgeschraubt – eine Zerlegungsmöglichkeit ist insoweit naheliegend –, jedoch sollte sie aus subjektiver Sicht der Eheleute F dauerhaft in ihrem Garten verbleiben. Für die Beurteilung, ob eine Anlage zu den Fliegenden Bauten

---

14 Bezüglich der Notwendigkeit einer legalisierenden Baugenehmigung kann es zu Folgeproblemen kommen, weil die Aufhebung in bestimmten Konstellationen nur ex nunc wirken kann.

gehört, muss auf die subjektive Sicht des Aufstellers abgestellt werden, da bei dauerhafter Aufstellung die mit dem Zerlegen und dem Neuaufbau einhergehenden Gefahren nach dem Telos der Norm entfallen. Somit kommt ein Ausnahmeverfahren im Sinne des § 75 BauO Bln für die Weidehütte nicht in Betracht.

(b) Verfahrensfreies Vorhaben

Es kann sich bei der Weidehütte jedoch um ein verfahrensfreies Vorhaben im Sinne des § 60 Abs. 1 BauO Bln handeln. In § 60 Abs. 2 BauO Bln wird auf § 62 BauO Bln verwiesen, wobei dort Vorhaben aufgelistet sind, deren Errichtung und Änderung verfahrensfrei ist. Es ist somit möglich, dass sich die Genehmigungsfreiheit aus § 62 BauO Bln ergibt.

In § 62 Abs. 1 Nr. 13 BauO Bln sind bestimmte vorübergehend aufgestellte oder benutzbare Anlagen aufgelistet, die keiner Genehmigung bedürfen. Eine Regelung für Weidehütten ist nicht ersichtlich.

Durch § 61 Abs. 1 Nr. 14 lit. a BauO Bln wird überdies die Verfahrensfreiheit für bestimmte Lager- und Abstellplätze begründet. Die Einordnung als Platz ist problematisch. Zwar ist die Hütte mit einer abschließbaren Kammer konstruiert, welche der Lagerung des Futters dient, jedoch stellt dies nicht den Hauptzweck der Nutzung dar. Zudem dient der potentielle Lagerplatz nicht einem landwirtschaftlichen oder ähnlichen Betrieb, sondern der privaten Tierhaltung. Auch die Voraussetzungen des § 61 Abs. 1 Nr. 14 lit. a BauO Bln sind nicht erfüllt, wobei dies aufgrund des Erfordernisses des landwirtschaftlichen Dienens auch bezüglich des § 62 Abs. 1 Nr. 1 lit. c BauO Bln gilt.

Entscheidend ist, ob § 62 Abs. 1 Nr. 1 lit. a BauO Bln einschlägig ist. Die Hütte kann in der konkreten Form ihrer Aufstellung als eingeschossiges Gebäude ohne Aufenthaltsraum einzustufen sein, welches bis zu $10m^2$ umbauten Raum je zugehörigem Hauptgebäude zumindest im Innenbereich ohne Genehmigung zulässig ist. Die eingeschossige Hütte steht im Garten der Familie F und dient der Hobbytierhaltung, wobei das Wohnhaus als Hauptgebäude zu qualifizieren ist. Auch hinsichtlich ihrer Grundfläche bestehen keine Bedenken. In der Hütte gibt es eine Abstellkammer, welche als solche nicht einem Aufenthaltsraum gleichzusetzen ist, da sie lediglich sehr kurzzeitig betreten wird. Die Errichtung der Hütte war tatsächlich genehmigungsfrei, sodass das Vorhaben formell nicht illegal ist.[15]

---

15 Wird eine Baugenehmigung für ein genehmigungsfreies Vorhaben erteilt, können sich daraus dennoch Schutzwirkungen ergeben.

(2) Materielle Illegalität[16]

Der Bau kann materiell illegal sein. Materiell illegal ist ein Vorhaben, dessen Errichtung mit materiellen öffentlich-rechtlichen Vorschriften unvereinbar ist. Insoweit wäre der Tatbestand des § 79 S. 1 BauO Bln erfüllt. Als öffentlich-rechtliche Vorschriften sind das Bauplanungsrecht im Sinne der §§ 29 ff. BauGB, das Bauordnungsrecht nach der Landesbauordnung sowie sonstige öffentlich-rechtliche Vorschriften einzuordnen. Zu letzteren gehören unter anderem die Vorschriften des Bundesimmissionsschutzgesetzes. Im Rahmen einer Baugenehmigung sind lediglich die §§ 22ff. BImSchG als Regelungen über nicht genehmigungsbedürftige Anlagen maßgeblich Sobald eine Erlaubnis im Sinne der §§ 4 ff. BImSchG erforderlich ist, bedarf es aufgrund der Konzentrationswirkung derselben gemäß § 13 BImSchG nämlich keiner Bauerlaubnis mehr, sodass baurechtliche Vorschriften gemäß § 6 Abs. 1 Nr. 2 BImSchG im Rahmen der Anlage im Sinne der §§ 4ff. BImSchG maßgeblich sind. Zwar könnte sich aus § 64 S. 1 Nr. 3 BauO Bln Gegenteiliges ergeben, jedoch können von der Norm nicht die Vorschriften über nicht genehmigungsbedürftige Anlagen im Sinne der §§ 22ff. BImSchG erfasst sein, weil § 64 S. 1 Nr. 3 BauO Bln aufgrund der Nähe des baurechtlichen Bodenrechts zum Bundesimmissionsschutzrecht, die sich unter anderem aus § 35 Abs. 3 S. 3 Nr. 3 BauGB ergibt, zur Vermeidung des Verfassungswidrigkeit des § 64 S. 1 Nr. 3 BauO Bln verfassungskonform zumindest dahingehend auszulegen ist, dass das Landesrecht durch die §§ 22ff. BImSchG als Bundesrecht im Sinne des Art. 31 GG gebrochen wird. Gleiches würde bezüglich anderer bundesrechtlicher Rechtsmaterien gelten, soweit im Bundesrecht nicht eine Konzentrationswirkung geregelt ist, von der auch die landesrechtliche Baugenehmigung erfasst ist.

Die §§ 4ff. BImSchG sind im Rahmen der Baugenehmigung allerdings nicht maßgeblich. Zwar ist die Konzentrationswirkung anderer Genehmigungen in § 61 Abs. 1 BauO Bln auf bestimmte Bereiche begrenzt worden. Ein Umkehrschluss ist bei verfassungskonformer Auslegung der Norm mangels Abgeschlossenheit derselben aber nicht möglich, weil das Landesrecht gemäß Art. 31 GG durch das Bundesrecht gebrochen werden würde, sodass die immissionsrechtliche Genehmigung im Sinne der §§ 4ff. BImSchG wegen ihrer Konzentrationswirkung gemäß § 13 BImSchG vorrangig ist (a.A. bezüglich der vergleichbaren Konstellation in Hamburg: Alexejew, Hamburgisches Bauordnungsrecht, Kommentar, Band I, 27. Lieferung, Stand: Januar 2012, § 62, Rn 27).

---

16 Es ist nicht empfehlenswert, die materielle Illegalität erst im Ermessen zu erwähnen, da materielle Regelungen zu den öffentlich-rechtlichen Vorschriften und somit in einem Gutachten in den Tatbestand gehören. Im Ermessen ist die materielle Illegalität gegebenenfalls ebenfalls zu berücksichtigen.

Im Rahmen einer Bauordnungsverfügung bei nicht genehmigungsbedürftigen Bauvorhaben können bezüglich der öffentlich-rechtlichen Vorschriften hingegen auch die §§ 4ff. BImSchG als Regelungen über genehmigungsbedürftige Anlagen maßgeblich sein, wobei gegebenenfalls Spezialregelungen aus dem Immissionsschutzrecht zu beachten sind.

(a) Bauplanungsrecht

Gemäß § 29 Abs. 1 BauGB gelten für Vorhaben, die die Errichtung, Änderung oder Nutzungsänderung von baulichen Anlagen zum Inhalt haben, und für Aufschüttungen und Abgrabungen größeren Umfanges sowie für Abschachtungen, Lagerstätten die §§ 30–37 BauGB – somit auch bezüglich der Weidehütte auf dem Grundstück der F.

Das Grundstück der Eheleute F liegt im Geltungsbereich eines qualifizierten Bebauungsplanes – Regelungen über Art und Maß der baulichen Nutzung sind enthalten, während ein vorhabenbezogener Bebauungsplan gemäß § 30 Abs. 2 BauGB i.V.m. § 12 BauGB auf ein Projekt konzentriert wäre und ein einfacher Bebauungsplan im Sinne des § 30 Abs. 3 BauGB nur partielle Regelungen enthielte, sodass insoweit ergänzend die §§ 34, 35 BauGB gelten würden – im Sinne des § 30 Abs. 1 BauGB, in welchem für das maßgebliche Gebiet für die Art der baulichen Nutzung ein „Kerngebiet" festgesetzt ist. Diese Festsetzung im Sinne des § 7 BauNVO kann gemäß den §§ 9, 9a BauGB i.V.m. § 1 Abs. 3 S. 2, 1 BauNVO i.V.m. § 1 Abs. 2 BauNVO als Maßstab für das Grundstück der F verbindlich sein. Die Voraussetzung dafür ist die Wirksamkeit des Bebauungsplans.

Zunächst könnte grundsätzlich von der Wirksamkeit des Bebauungsplans auszugehen sein, soweit dieser nicht offensichtlich unwirksam ist (vgl. OVG Münster, Beschluss vom 21.12.2006, 7 B 2193/06, und Beschluss vom 19.1.2009, 10 B 1687/08; OVG Bautzen, Beschluss vom 28.9.2012, 1 B 313/12). Selbst wenn ein ähnlicher Grundsatz angenommen werden würde, bestehen aufgrund der Schaffung eines „Prestige-Gebietes" für die öffentliche Verwaltung in dem maßgeblichen Bebauungsplan erhebliche Bedenken bezüglich dessen Wirksamkeit, zumal fraglich ist, ob die Erfüllung der Planvorschriften bezüglich der Art der baulichen Nutzung jemals möglich war. Somit bedarf es trotz des Verfahrens im einsteiligen Rechtsschutz einer Klärung der Wirksamkeit des Bebauungsplans im Eilverfahren, zumal effektiver Rechtsschutz im Sinne des Art. 19 Abs. 4 GG gewährt werden muss.

(aa) Wirksamkeit des Bebauungsplanes

Der Bebauungsplan müsste wirksam sein.

(aaa) Rechtsgrundlage[17]

Inwieweit es für einen Bebauungsplan, der gemäß § 10 Abs. 1 BauGB in den meisten Bundesländern als Satzung erlassen wird, einer Ermächtigungsgrundlage im Sinne des Vorbehaltes des Gesetzes bedarf, ist irrelevant, weil es mit § 1 Abs. 3 S. 1 BauGB i.V.m. § 1 Abs. 2 BauGB zumindest eine Norm gibt, die als Rechtsgrundlage einzustufen ist. Somit sind die Vorgaben im Sinne des Art. 80 Abs. 1 S. 1 GG und des Art. 64 Abs. 1 Verf Bln jedenfalls eingehalten. Diese Rechtsgrundlage ist somit anzuwenden und sie ist rechtsstaatlich und auch im Sinne des Art. 80 Abs. 1 S. 2 GG mangels gegenteiliger Anhaltspunkte auch für eine Verordnung im Sinne des § 246 Abs. 2 BauGB i.V.m. § 6 Abs. 5 S. 2 AG BauGB hinreichend, weil engere Vorgaben durch den Gesetzgeber aufgrund der Sachnähe der Verwaltung zur Bauleitplanung im Sinne des § 1 Abs. 2 BauGB faktisch kaum möglich sind. Die Rechtsstaatlichkeit ist durch die zugrundeliegende Raumordnungsplanung aufgrund der dieser zugrundeliegenden Gesetze gewährleistet. Rechtsgrundlage ist § 1 Abs. 3 S. 1 BauGB i.V.m. § 1 Abs. 2 BauGB.

(bbb) Voraussetzungen

Die formellen und materiellen Voraussetzungen für den Erlass des Bebauungsplanes müssten erfüllt sein.

(aaaa) Formelle Voraussetzungen Bebauungsplan

Formell müsste die Zuständigkeit gewahrt worden sein, wobei keine Verfahrens- oder Formfehler bestehen dürfen.

(aaaaa) Zuständigkeit

Grundsätzlich sind Bebauungspläne gemäß den §§ 1 Abs. 3, 2 Abs. 1 S. 1 BauGB von der Gemeinde aufzustellen. Fraglich ist, ob Berlin als Gemeinde zu klassifizieren ist. Gemäß Art. 1 Abs. 1 Verf Bln ist Berlin ein Land und zugleich eine Stadt, während zum Beispiel die Freie und Hansestadt Hamburg gemäß Art. 1

---

17 Es sollte die Differenzierung zwischen Rechtsgrundlage und Ermächtigungsgrundlage beachtet werden. Der Terminus „Rechtsgrundlage“ ist weiter und impliziert den Terminus „Ermächtigungsgrundlage“. Mit der Verwendung des Terminus „Ermächtigungsgrundlage“ wird z.B. der Streitstand über den Schutzbereich des Art. 2 Abs. 1 GG unter Umständen entschieden und es wird behauptet, dass es zwingend einer Grundlage bedarf. Vom Terminus „Rechtsgrundlage“ sind auch Konstellationen erfasst, in denen der Gesetzgeber keine Grundlage hätte schaffen müssen, dies aber dennoch tut. Somit sollte im Zweifel stets der Terminus „Rechtsgrundlage“ verwendet werden.

HV nur ein Land ist, weshalb dieses gemäß § 246 Abs. 5 BauGB als Gemeinde gilt. Daraus ergibt sich, dass Berlin gemäß Art. 1 Abs. 1 Verf Bln i.V.m. Art. 3 Abs. 2 Verf Bln als Einheitsgemeinde zu klassifizieren ist, wobei gemeindliche und staatliche Tätigkeit gemäß § 1 AZG nicht getrennt werden. Die Stadt Berlin ist als Verband somit zuständig.

Als zuständiges Organ ist gemäß § 6 Abs. 5 S. 1 AG BauGB grundsätzlich – auch der Senat kann gemäß § 8 Abs. 1 AG BauGB unter Umständen Bebauungspläne erlassen – das Bezirksamt zuständig, soweit der Senat keine Beanstandungen erhebt. Bezüglich des maßgeblichen Bebauungsplans handelte das Bezirksamt als zuständige Behörde.

(bbbbb) Verfahren

Überdies müssen die Verfahrensvorschriften der §§ 2ff. BauGB beachtet worden sein. Die gemäß §§ 3, 4 BauGB frühzeitige und bezüglich des formellen Ablaufes einwandfreie Beteiligung der Öffentlichkeit und Behörden ist gegeben. Anhaltspunkte für Fehler bei der Durchführung der gemäß § 2 Abs. 4 BauGB erforderlichen Umweltverträglichkeitsprüfung bestehen nicht. Eine Genehmigung nach § 10 Abs. 2 BauGB ist in Berlin gemäß § 246 Abs. 1 BauGB nicht erforderlich. Die Vorgaben des § 2a BauGB und des § 9 Abs. 8 BauGB wurden eingehalten.

Nach § 2 Abs. 3 BauGB sind bei der Aufstellung der Bauleitpläne die Belange, die für die Abwägung von Bedeutung sind, zu ermitteln und zu bewerten. Fraglich ist, ob es sich bei diesen Abwägungsvorgaben um formelle Vorgaben handelt. Grundsätzlich enthalten Abwägungen materielle Erwägungen und stehen nicht im Zusammenhang zu Formvorgaben. § 2 Abs. 3 BauGB wurde allerdings ebenso wie § 214 Abs. 1 S. 1 Nr. 1 und Abs. 3 S. 2 BauGB – § 214 BauGB ist zunächst nur als Argumentationshilfe zur Zuordnung des § 2 Abs. 3 BauGB maßgeblich – im Rahmen einer Baurechtsnovellierung, deren Anlass die Umsetzung der Richtlinie 2001/42/EG des Europäischen Parlamentes und des Rates über die Prüfung der Umweltauswirkungen bestimmter Pläne und Programme („Plan-UP-Richtlinie“) sowie der Richtlinie 2003/35/EG über die Beteiligung der Öffentlichkeit bei der Ausarbeitung bestimmter umweltbezogener Pläne und Programme („Öffentlichkeitsbeteiligungsrichtlinie“) durch das Gesetz zur Anpassung des Baugesetzbuchs an EU-Richtlinien vom 24. Juni 2004 (Europarechtsanpassungsgesetz Bau, EAG Bau) war, ins Baugesetzbuch eingeführt.

Der bezüglich des Grundstückes der F maßgebliche Bebauungsplan wurde am 10.12.2003 ordnungsgemäß verkündet und trat in Kraft. Dieser Zeitpunkt lag vor dem Inkrafttreten des EAG Bau am 20.7.2004. Gemäß § 233 Abs. 2 S. 1 BauGB sind die Vorschriften des Dritten Kapitels Zweiter Teil Vierter Abschnitt zur

Planerhaltung dennoch entsprechend anzuwenden. Dass auch § 2 Abs. 3 BauGB erst durch das EAG Bau eingefügt wurde, führt nicht zur Unanwendbarkeit der seinerzeit neu gefassten Planerhaltungsvorschriften, da in § 2 Abs. 3 BauGB keine neuen Anforderungen an das Verfahren zur Aufstellung eines Bebauungsplanes geregelt worden sind, sondern inhaltlich auf das Abwägungsgebot im Sinne des § 1 Abs. 7 BauGB Bezug genommen wird, weil eine Abwägung unter Berücksichtigung aller bedeutsamen Belange zunächst deren ordnungsgemäße Ermittlung und zutreffende Bewertung voraussetzt (BVerwG, Urteil vom 9.4.2008, 4 CN 1/07 unter Bezugnahme auf BT-Drcks. 15/2250, S. 42).

§ 2 Abs. 3 BauGB ist also zunächst anwendbar, wobei fraglich ist, ob sich etwaige Abwägungsfehler verfahrensrechtlich auswirken. Zunächst ist § 2 Abs. 3 BauGB systematisch den Verfahrensregelungen zugeordnet worden. Die Regelung soll entsprechend der Gesetzesbegründung als formell ausgestaltete Norm eingestuft werden, auf welche in § 214 Abs. 1 S. 1 Nr. 1 und Abs. 3 S. 2 BauGB Bezug genommen wird (BT-Drcks. 15/2250, S. 42, 62f.). Im Ergebnis war es die Intention des Gesetzgebers, die Vorschriften des Baugesetzbuches an das europäische Rechtsverständnis anzupassen, durch welches denjenigen Verfahrensvorschriften ein hoher Stellenwert eingeräumt wird, deren Zweck auf die Gewährleistung der materiellen Rechtmäßigkeit der Entscheidung gerichtet ist (BT-Drcks. 15/2250, S. 62).

Bei Betrachtung des Wortlautes ist die Zuordnung der Abwägung als formelle oder materielle Problematik offen. Während in § 214 Abs. 1 S. 1 Nr. 1 BauGB der Bezug zwischen Verfahrens- bzw. Formfehlern und § 2 Abs. 3 BauGB hergestellt wird und somit eine formelle Zuordnung erfolgt, ist in § 214 Abs. 3 S. 2 Hs. 1 BauGB geregelt, dass Fehler im Sinne des § 214 Abs. 1 S. 1 Nr. 1 BauGB und somit solche des § 2 Abs. 3 BauGB nicht als solche der Abwägung geltend gemacht werden können. Daraus könnte geschlossen werden, dass sie materielle Abwägungsfehler bleiben, jedoch in der Fehlerfolge faktisch nicht als solche geltend gemacht werden dürften. Dies könnte durch § 214 Abs. 3 S. 2 Hs. 2 BauGB gestützt werden, weil es danach Abwägungsmängel im Abwägungsvorgang im Übrigen gibt, die offenbar weiterhin als materielle Fehler geltend gemacht werden können. Die Regelung des § 214 Abs. 3 S. 2 Hs. 2 BauGB wäre überflüssig, falls alle Abwägungsfehler bereits als formelle Fehler einzuordnen wären. Nach diesem Wortlautverständnis würden Fehler im Sinne des § 2 Abs. 3 BauGB wegen der Formulierung in § 214 Abs. 3 S. 2 Hs. 2 BauGB materielle Fehler bleiben, jedoch nicht als solche geltend gemacht werden könnten, wobei ein derartiges Verständnis nicht mit der klaren formellen Zuordnung des § 2 Abs. 3 BauGB in § 214 Abs. 1 S. 1 Nr. 1 BauGB vereinbar wäre.

Bei anderer Wortlautbetrachtung ist § 214 Abs. 3 S. 2 Hs. 2 BauGB i.V.m. § 214 Abs. 1 S. 1 Nr. 1 BauGB dahingehend zu verstehen, dass Fehler im Sinne des § 2 Abs. 3 BauGB nicht nur nicht als materielle Fehler geltend gemacht werden können, sondern aufgrund einer auf die europäische Richtlinie zurückzuführenden gesetzlichen Fiktion als formelle Fehler zuzuordnen sind. Die Problematik des § 214 Abs. 3 S. 2 Hs. 2 BauGB, der überflüssig werden würde, wenn alle Abwägungsfehler als formelle Fehler einzustufen wären, kann dadurch gelöst werden, dass ein Abwägungsfehler – nämlich die Abwägungsdisproportionalität als inhaltlicher Abwägungsaspekt – weiterhin als materieller Fehler eingestuft wird und für den Anwendungsbereich des § 214 Abs. 3 S. 2 Hs. 2 BauGB verbleibt, wenngleich die Differenzierung zwischen formellen Abwägungsfehlern und der Abwägungsdisproportionalität faktisch zum Teil kompliziert ist, weil sich die Bereiche regelmäßig überschneiden.

Nach alledem ist grundsätzlich zwischen Mängeln, die im mehrstufigen Abwägungsvorgang – dem Ermitteln, der Bewertung und dem Einstellen des Abwägungsmaterials zum Abwägungsergebnis – bestehen und als formelle Fehler fingiert werden sowie Mängeln des Abwägungsergebnisses, welche weiterhin zu den materiellen Fehlern im Rahmen der Abwägungsdisproportionalität gehören, zu unterscheiden.[18]

Für Fehler hinsichtlich der Ermittlung des Abwägungsmaterials bestehen keine Anhaltpunkte. Allerdings könnte die Bewertung fehlerhaft sein. Derartige Fehler bestünden, soweit im Rahmen der Bewertung des Abwägungsmaterials ein Abwägungsausfall bzw. Abwägungsfehlgebrauch zu erkennen wäre. Das Bezirksamt hatte sich über die bisherigen Nutzungen im maßgeblichen Gebiet informiert und auch eine Trennung zwischen unterschiedlichen Gebietstypen vorgenommen. Im westlichen Gebiet hatte es die bestehenden Freiflächen zur Kenntnis genommen und sich dadurch in der Lage gesehen, dieses Gebiet neu zu überplanen. Die wenigen verbliebenen Büronutzungen und Wohnungen wären in einem Kerngebiet im Sinne des § 7 BauNVO auch grundsätzlich zulässig gewesen. Verfahrensfehler bezüglich des Bebauungsplanes bestehen somit nicht.

---

18 Überwiegend werden die Abwägungsfehler im Sinne des § 2 Abs. 3 BauGB als formelle Fehler eingestuft (gesetzliche Fiktion), sodass für die materielle Abwägung lediglich die Abwägungsdisproportionalität verbleibt. Dieser Aufbau sollte auch im Examen gewählt werden, da die amtlichen Lösungen regelmäßig derart ausgestaltet sind, wenngleich die gesetzliche Fiktion, dass materielle Aspekte formell zuzuordnen sind, rechtsdogmatisch höchst problematisch sein mag. Aus dieser Problematik ergibt sich auch, dass im Aufbau des Gesetzesvorbehaltes das Ermessen bzw. die gebundene Rechtsfolge nicht als materielle Voraussetzung (was aber vertreten wird), sondern als gesonderter Prüfungspunkt „Rechtsfolge“ nach den „Voraussetzungen“ geprüft werden sollte, weil gebundene Fehlerfolgen im Sinne der §§ 214, 215 BauGB sowie Abwägungsaspekte ausnahmsweise einen formellen Schwerpunkt aufweisen.

(ccccc) Form

Es ist davon auszugehen, dass die Einhaltung der Formvorgaben im Sinne der §§ 6ff. AG BauGB ordnungsgemäß erfolgte. Die gemäß § 10 Abs. 4 BauGB erforderliche zusammenfassende Erklärung war beigefügt.

(ddddd) Zwischenergebnis zu formellen Voraussetzungen des Planes

Der Bebauungsplan ist formell rechtmäßig.

(bbbb) Materielle Voraussetzungen Bebauungsplan

Die materiellen Voraussetzungen für einen Bebauungsplan können erfüllt sein.

Die Aufstellung des Bebauungsplanes müsste im Sinne des § 1 Abs. 3 S. 1 BauGB städtebaulich erforderlich gewesen sein. Diesbezüglich besteht allerdings eine weite Einschätzungsprärogative der Behörde. Grundsätzlich verfolgte das Bezirksamt den Zweck, die Mischnutzung im überplanten Gebiet zu ordnen. Dieser Zweck ist nicht als rechtsstaatlich untragbares Ziel einzustufen, sodass die städtebauliche Erforderlichkeit besteht. Auch die Vorgaben der §§ 8, 9 BauGB sind eingehalten worden. Die materiellen Voraussetzungen sind erfüllt.

(ccc) Rechtsfolge

Bezüglich der Entschließung ist die Rechtsfolge bei städtebaulicher Erforderlichkeit gebunden, während bezüglich der Auswahl Ermessen besteht. Maßgeblich ist insoweit primär, ob das Abwägungsergebnis in Überschreitung des Ermessens auf einer Abwägungsdisproportionalität beruht. Inwieweit sachfremde Erwägungen bereits im Rahmen der formellen Fehler im Sinne des § 2 Abs. 3 BauGB erfasst sind, ist in der Abgrenzung problematisch. Abwägungsdisproportionalität besteht zumindest, soweit die Grundrechte Betroffener in einem krassen Missverhältnis berücksichtigt worden wären.

Die Behörde war in Umsetzung ihrer Vorgaben entschlossen, das Stadtbild durch einige Prestigebauten zu erweitern. Das Vorhaben, in dem lückenhaft bebauten Gebiet im Osten der Stadt ein Kerngebiet zu erschaffen, war maßgeblich von der Erwägung beeinflusst, eine adäquate Umgebung für einen Verwaltungsbau zu erschaffen. Diese Überlegung überlagerte den vorgegebenen Zweck, eine Ordnung der Verhältnisse zu erreichen, in hohem Maße. Sie war sachfremd. In ihr liegt ein schwerer materieller Fehler begründet. Ein derartig niedriger Beweggrund steht zumindest in einem krassen Missverhältnis zum

Eigentum der Betroffenen im Sinne des Art. 14 Abs. 1 GG, das geprägte Gebiet zu erhalten, sodass eine Abwägungsdisproportionalität besteht.[19]

(ddd) Fehlerfolge/Grundsatz der Planerhaltung

Fraglich ist, welche Konsequenz sich aus dem Fehler im Bebauungsplan ergibt. Da es sich nicht um einen Fehler im Sinne des § 2 Abs. 3 BauGB handelt, gelten § 214 Abs. 3 S. 2 Hs. 1 BauGB i.V.m. § 214 Abs. 1 S. 1 Nr. 1 BauGB nicht. Maßgeblich sind für Fehler im Rahmen der Abwägungsdisproportionalität somit § 214 Abs. 3 S. 2 Hs. 2 BauGB sowie § 214 Abs. 4 BauGB und § 215 Abs. 1 BauGB. Insoweit kann das sich aus dem im Grundgesetz unter anderem in Art. 20 Abs. 3 GG verankerten Rechtsstaatsprinzip ergebende Nichtigkeitsdogma bei Normen wegen der ebenfalls rechtsstaatlich gebotenen effektiven Planung und dem damit verbundenen Grundsatz der Planerhaltung durchbrochen sein.

(aaaa) § 214 Abs. 3 S. 2 Hs. 2 BauGB

Gemäß § 214 Abs. 3 S. 2 Hs. 2 BauGB sind Mängel im Abwägungsvorgang nur erheblich, wenn sie offensichtlich und auf das Ergebnis von Einfluss gewesen sind. Das Anliegen der Behörde, sich ohne Berücksichtigung des Eigentums der Planadressaten eine schöne Umgebung zu schaffen, war offensichtlich fehlerhaft, da der Ansatz aus staatlicher Sicht viel zu eigennützig ist. Bei ordnungsgemäßer Einbeziehung der Interessen der Betroffenen wäre das Abwägungsergebnis möglicherweise anders ausgefallen. Der Fehler ist nicht gemäß § 214 Abs. 3 S. 2 Hs. 2 BauGB unbeachtlich.

(bbbb) § 214 Abs. 4 BauGB

Zwar kann ein Bebauungsplan gemäß § 214 Abs. 4 BauGB unter Durchbrechung des rechtsstaatlichen Normennichtigkeitsdogmas schwebend unwirksam sein und rückwirkend in Kraft gesetzt werden, jedoch ist eine derartige Heilung jedenfalls nicht erfolgt, sodass die Unwirksamkeit des Bebauungsplanes nicht ausgeschlossen ist.

---

19 Es ist ebenso vertretbar, schon formell einen Abwägungsfehlgebrauch wegen sachfremder Erwägungen anzunehmen und den Bebauungsplan als formell rechtswidrig einzustufen. Die klare Zuordnung zu formellen Abwägungsfehlern im Sinne der gesetzlichen Fiktion in Abgrenzung zur Abwägungsdisproportionalität ist oft nicht möglich und somit in unterschiedliche Richtungen vertretbar.

(cccc) § 215 Abs. 1 BauGB

Gemäß § 215 Abs. 1 S. 1 Nr. 3 BauGB können Fehler mangels ordnungsgemäßer Geltendmachung innerhalb eines Jahres seit Bekanntmachung des Bebauungsplanes präkludiert sein, jedoch hatten die Eheleute F sich schon nach drei Monaten ordnungsgemäß an die Behörde des maßgeblichen Rechtsträgers gewandt.[20]

(eee) Zwischenergebnis Bebauungsplan

Der Bebauungsplan ist unwirksam.[21]

(bb) Unbeplanter Innenbereich im Sinne des § 34 BauGB

Da der Bebauungsplan unwirksam ist, kann es sich um einen unbeplanten Innenbereich im Sinne des § 34 BauGB in Form eines wie ein in einem Bebauungsplan geprägten Gebietes, also um einen faktischen Bebauungsplan, handeln.

(aaa) Vorhaben innerhalb der im Zusammenhang bebauten Ortsteile

Es handelt sich bei der Weidehütte um ein Vorhaben im Sinne des §§ 29 ff. BauGB. Dieses müsste allerdings auch innerhalb eines im Zusammenhang bebauten Ortsteiles liegen. Durch den Terminus „Ortsteil“ wird dabei ein Bebauungskomplex innerhalb einer Gemeinde umschrieben, dem ein gewisses Gewicht zuzuordnen und der Ausdruck einer organischen Siedlungsstruktur ist. Eine Verfestigung der Bebauung in Abgrenzung zur Splittersiedlung ist jeden-

---

20 Beachtlich ist, dass hinsichtlich des Beginns der Rügefrist im Sinne des § 215 Abs. 1 BauGB auf die „Bekanntmachung“ in Form der Verkündung des Bebauungsplans abgestellt wird, da ein Fristbeginn mit Inkrafttreten nicht von § 246 Abs. 2 BauGB erfasst ist (Hamburgisches OVG, Urteil vom 17.6.2010, 2 E 7/07.N).

21 Sollte der Bebauungsplan als fehlerfrei eingestuft werden, wäre eine Funktionslosigkeit des Bebauungsplanes zu diskutieren. Dies wäre mit Argumentationsaufwand verbunden, da auch bezüglich jahrelang nicht umgesetzter Bebauungspläne die Funktionslosigkeit nicht ohne Weiteres angenommen wird, sondern von einer Funktionslosigkeit nur dann ausgegangen werden kann, wenn und soweit die Verhältnisse, auf welche die Festsetzung bezogen ist, in der tatsächlichen Entwicklung einen Zustand erreicht haben, durch den eine Verwirklichung der Festsetzung auf unabsehbare Zeit ausgeschlossen werden kann und die Erkennbarkeit dieser Tatsache einen Grad erreicht hat, durch den einem etwa dennoch in die Fortgeltung der Festsetzung gesetzten Vertrauen die Schutzwürdigkeit genommen wird (VG Stuttgart, Urteil vom 2.8.2011, 6 K 1381/11).

falls erforderlich (vgl. BVerwGE 27, 137 ff.). Es bedarf also eines geschlossenen Bebauungszusammenhanges, der im Bereich des Grundstückes der Eheleute F durch derartige Siedlungsstruktur gegeben ist.

(bbb) Anwendbarkeit des § 34 Abs. 2 BauGB

Soweit die Eigenart der näheren Umgebung einem der durch die Baunutzungsverordnung zugelassenen Baugebiete entspricht, ist § 34 Abs. 2 BauGB anwendbar, und die Zulässigkeit des Vorhabens beurteilt sich nach seiner Art allein nach der Zulässigkeit in dem Gebiet der Baunutzungsverordnung, sodass es bezüglich der Art der baulichen Nutzung so wäre, als gäbe es einen Bebauungsplan.[22]

In dem maßgeblichen Gebiet gibt es überwiegend Wohnbebauung. Zudem gibt es in dem Gebiet eine kulturelle Begegnungsstätte und einen kleinen Friseurladen, sowie einige Läden, die der Versorgung der Bewohner des Gebietes mit Lebensmitteln dienen. Ein kleiner Friseurladen ist als kleiner nicht störender Handwerksbetrieb einzuordnen. Die früher anzutreffende Büronutzung besteht nicht mehr. Die überwiegende Nutzung entspricht der Regelbebauung eines allgemeinen Wohngebietes nach § 4 Abs. 2 BauNVO. Demnach ist § 34 Abs. 2 BauGB anwendbar.

(ccc) Zulässigkeit des konkreten Vorhabens nach § 4 BauNVO

Die Aufstellung der Weidehütte zur Tierhaltung müsste gemäß § 4 BauNVO i.V.m. den §§ 29, 34 Abs. 2, 9a BauGB zulässig sein.

(aaaa) Regel- und Ausnahmebebauung

Zunächst könnte es sich bei der Weidehütte um eine Regelbebauung im Sinne des § 4 Abs. 2 BauNVO oder – i.V.m. § 34 Abs. 2 BauGB i.V.m. § 31 Abs. 1 BauGB – um eine Ausnahmebebauung im Sinne des § 4 Abs. 3 BauNVO handeln. Gemäß § 4 Abs. 2 Nr. 1 BauNVO sind grundsätzlich Wohngebäude zulässig sowie gemäß § 4 Abs. 2 Nr. 2, 3 BauNVO auch andere Bauten. Weidehütten sind von der Regelbebauung nicht erfasst. Auch als Ausnahmebebauung im Sinne des § 4 Abs. 3 BauNVO sind solche nicht zulässig.

---

22 Ein Gebiet im Sinne des § 34 Abs. 2 BauGB wird auch „faktisches Baugebiet" genannt.

(bbbb) Erweiterungen

Soweit ein Vorhaben nicht als Regel- oder Ausnahmebebauung zulässig ist, könnte es als Erweiterung im Sinne der §§ 12–14 BauNVO – unter dem Vorbehalt der Feinsteuerung des Gebotes der Rücksichtnahme nach § 15 Abs. 1 S. 2 BauNVO – zulässig sein. Es geht nicht um Stellplätze und Garagen im Sinne des § 12 BauNVO sowie um Gebäude für freie Berufe gemäß § 13 BauNVO. Somit kommt lediglich eine Nebenanlage gemäß § 14 Abs. 1 S. 1 BauNVO in Betracht, zu der gemäß § 14 Abs. 1 S. 2 BauNVO auch Anlagen der Kleintierhaltung gehören (zum Ganzen: VG Lüneburg, Beschluss vom 21.4.2009, 2 B 37/09 m.w.N.). Zunächst muss es sich um Nebenanlagen handeln, die dem Nutzungszweck der in dem Baugebiet gelegenen Grundstücke oder des Baugebiets selbst dienen und die seiner Eigenart nicht widersprechen. Für Wohngebiete bedeutet dies, dass die Kleintierhaltung üblich und ungefährlich sein muss und der Rahmen der für eine Wohnnutzung typischen Freizeitbetätigung nicht gesprengt werden darf (insoweit auch VG Stuttgart, Urteil vom 9.10.2008, 11 K 2454/08). Für die Bestimmung der Üblichkeit insbesondere des Umfanges sei insoweit auf die Verkehrsanschauung abzustellen.[23] Die Haltung von Pferden entspricht nicht der Eigenart eines allgemeinen oder gar reinen Wohngebiets (vgl. VGH Mannheim, Urteil vom 10.10.2003, 5 S 1692/02; VG Karlsruhe, Urteil vom 10.10.2003, 7 K 3323/00). Shetlandponys sind zwar kleiner als Pferde, diesen jedoch ähnlich, sodass es nicht um Kleintierhaltung, sondern um Großtierhaltung geht. Großtierhaltung ist generell nicht mit der Wohnnutzung vereinbar (modifizierend: Mager zum Urteil des BayVGH vom 5.10.2009, B 08.2380, in: JA 2010, S. 479f.). Die Weidehütte ist als Nebenanlage zur Kleinponyhaltung somit unzulässig.

(cc) Befreiung

Anhaltspunkte für eine Befreiung vom geprägten Gebiet im Sinne des § 31 Abs. 2 BauGB i.V.m. § 34 Abs. 2 Hs. 2 BauGB bestehen nicht, zumal für die Ausübung eines entsprechenden Ermessens ein Antrag – dieser ist nicht gestellt worden – erforderlich wäre, sodass sich eine Befreiungsmöglichkeit allenfalls in der Rechtsfolge bezüglich des Erlasses der Abrissverfügung auswirken könnte.

---

23 Bezüglich der Kleintierhaltung sind zudem die Anzahl der Kleintiere und die Üblichkeit ihrer Haltung als Teil der Freizeitgestaltung zu berücksichtigen. Im Rahmen der Haltung von 60 Brieftauben im reinen Wohngebiet wurde dies ebenso abgelehnt (VG Neustadt, Beschluss vom 25.7.2012, 4 L 625/12.NW), für die Haltung von 39 Brieftauben im allgemeinen Wohngebiet hingegen angenommen (OVG Lüneburg, Urteil vom 29.9.2009, 1 LB 258/07).

(dd) Bestandsschutz

Der materiellen Illegalität des Vorhabens könnte der von dem Ehepaar F geltend gemachte Bestandsschutz entgegenstehen, welcher zur materiellen Rechtmäßigkeit des Vorhabens führen würde. Ein derartiger Bestandsschutz kann einfachgesetzlich geregelt sein oder sich verfassungsrechtlich aus dem Eigentum im Sinne des Art. 14 Abs. 1 GG ergeben.

Die Eheleute haben sich konkret darauf berufen, ihre Zwergziegen und Gänse bereits über mehrere Monate zu halten. Insoweit könnten Bestandsschutzerwägungen zu treffen sein. Die Eheleute beziehen sich jedoch auf die Tierhaltung als solche, nicht aber auf die Duldung der Hütte zu diesem Zweck. Der vermeintliche Bestandsschutz ist damit nicht bodenrechtsbezogen. Selbst wenn die Nutzung des Gartens zur Tierhaltung in ihrem Bestand zu schützen wäre, wären die Errichtung der Hütte und das Hinzukommen der Ponys als Ausweitung der Grundstücksnutzung einzustufen. Ausweitungen sind vom Bestandschutz keinesfalls erfasst. Der Bestandsschutz ist lediglich auf bereits Bestehendes bezogen. Die Weidehütte ist nicht durch Bestandsschutz geschützt.

(ee) Zwischenergebnis Bauplanungsrecht

Die Weidehütte ist planungsrechtlich unzulässig, sodass es auf einen Verstoß gegen bauordnungsrechtliche Vorgaben sowie auf einen Verstoß gegen sonstiges Anlagenrecht nicht ankommt, zumal diesbezügliche Anhaltspunkte nicht ersichtlich sind.

(b) Zwischenergebnis materielle Voraussetzungen

Das Vorhaben der Eheleute F ist materiell illegal.

3. Rechtsfolge

Rechtsfolge des § 79 S. 1 BauO Bln ist Ermessen. Es bestehen Auswahl- und Entschließungsermessen. Das Ermessen könnte aufgrund des letztlich auf das Eigentum im Sinne des Art. 14 Abs. 1 S. 2 GG i.V.m. § 34 Abs. 2 BauGB rückführbaren Gebietsprägungserhaltungsanspruches der Nachbarschaft auf null reduziert sein, sodass zwingend ein Abriss erfolgen müsste und ein mögliches milderes Mittel der Befreiung im Sinne des § 31 Abs. 2 BauGB nicht mehr relevant wäre.

Da das Vorhaben der Eheleute F bauplanungsrechtlich vollständig unzulässig ist und demnach auch nicht auf andere Weise rechtmäßige Zustände hergestellt werden können, ist bezüglich des Entschließungsermessens von einer Ermessensreduktion auf null auszugehen, zumal die Gebietsprägung durch die Ziegen- und Gänsehaltung aktuell bereits gestört wird, weil jedenfalls zu berücksichtigen ist, dass Ziegen erwiesenermaßen spezifisch riechen, sodass dies trotz des bodenrechtlichen Bezuges im Baurecht maßgeblich ist (zum Ganzen: VG Lüneburg, Beschluss vom 21.4.2009, 2 B 37/09), zumal Ziegen beim Auslauf ins Freie Mist verursachen, wovon Fliegen angezogen werden können. Gänse geben wie Wachhunde bei Störungen jeglicher Art laute Geräusche von sich und können dadurch die Nachtruhe im Wohngebiet stören. Somit führt die erhebliche Betroffenheit des Gebietsprägungserhaltungsanspruches der Nachbarn, der durch die Weidehütte mit Shetlandponys noch weiter beeinträchtigt werden würde, zu einer Ermessensreduktion des Entschließungsermessens im Sinne des Art. 14 Abs. 1 GG.

Bezüglich des Auswahlermessens darf im einstweiligen Rechtsschutz jedoch keine endgültige Tatsache geschaffen werden, um verfassungskonform eine Vorwegnahme der Hauptsache zu vermeiden. Somit wäre als milderes Mittel eine Nutzungsuntersagung denkbar. Da die Weidehütte jedoch transportabel ist, kann sie weggeschafft und somit abgerissen werden, ohne dass der Abriss einer erneuten Aufstellung bei gegenteiliger Entscheidung des Gerichts in der Hauptsache entgegensteht. Somit ist auch das Auswahlermessen zugunsten einer Abrissverfügung auf null reduziert.

II. Anordnungsgrund

Ein Anordnungsgrund besteht bei Eilbedürftigkeit, wobei zu berücksichtigen ist, dass die Hauptsacheentscheidung durch eine einstweilige Anordnung grundsätzlich nicht vorweggenommen werden darf, es sei denn, ein effektiver Rechtsschutz im Sinne des Art. 19 Abs. 4 S. 1 GG wäre anderenfalls nicht möglich, sodass sogar Ermessensentscheidungen Gegenstand der einstweiligen Anordnung sein können. Eine Vorwegnahme der Hauptsache erfolgt, wenn die Entscheidung und ihre Folgen aus rechtlichen oder tatsächlichen Gründen auch nach der Hauptsacheentscheidung nicht mehr rückgängig gemacht werden können. Zwar kann Ermessen dem Grundsatz nach in einer Sache nur einmal endgültig in der Hauptsache ausgeübt werden, jedoch ist im Rahmen des effektiven Rechtsschutzes auch eine Verpflichtung der Behörde im Wege der einstweiligen Anordnung möglich, einstweilen fehlerfrei zu bescheiden. Da die Weidehütte jederzeit transportabel ist und wieder aufgebaut werden kann und die Entscheidung gebunden ist, ist eine Vorwegnahme der Hauptsache nicht ersichtlich.

III. Glaubhaftmachung

Entsprechend der Aktenlage hat N den Anordnungsanspruch und den Anordnungsgrund gemäß § 123 Abs. 3 VwGO i.V.m. den §§ 920, 294 ZPO glaubhaft gemacht.

C. Ergebnis

Das Land Berlin als Antragsgegner wird im Wege der einstweiligen Anordnung verpflichtet, die seitens des N beantragte Abrissverfügung vorläufig zu erlassen.

Besonderes Verwaltungsrecht – Fall 16 – GewR: „I'll be back!" (Berlin)

In Berlin nahm G am 1. August einen sogenannten Laserdrom in Betrieb, in dem üblicherweise der „Lasersport" ausgeübt wird. In einer ca. 600 qm großen Halle ist eine künstliche Landschaft mit felsähnlichen Formationen, Gängen und Hindernissen aufgebaut. In diesem Umfeld dürfen dort gegen Entgelt volljährige Personen „Terminator – Reloaded" mit pistolenähnlichen Laserwaffen spielen.

Noch vor Eröffnung des Laserdroms kam es bei einem Teil der Bevölkerung zu Protesten gegen das Vorhaben. Daraufhin gab die zuständige Gewerbeaufsicht A dem G Anfang des der Inbetriebnahme folgenden Jahres auf, ihr eine genaue Beschreibung des für den „Laserdrom" vorgesehenen Spielablaufs zu liefern.

Der Spielablauf wurde so gestaltet, dass die Gäste des Laserdroms ein pistolenähnliches Gerät erhielten, mit dem schwache Laserstrahlen ausgesendet werden und mit dem sie auf ihre Gegner „schießen" können. Die Teilnehmer wurden mit auf der Brust und auf dem Rücken befestigten Trefferfeldern ausgerüstet, durch welche die Treffer elektronisch registriert werden können. Das Gesamtgeschehen wurde von Techno-Musik, wechselnden Lichteffekten und gelegentlichem Nebel begleitet. Durch jeden Treffer wurde ein schauriges Geräusch ausgelöst. Eine Partei hatte gewonnen, wenn die andere so viele Treffer hat hinnehmen müssen, dass ihr „Ende" bzw. „Tod" angezeigt wurde.

Nach Anhörung des G erließ A am 13. August des der Inbetriebnahme folgenden Jahres gegenüber G eine schriftliche und mit Begründung versehene Verfügung, mittels derer es G untersagt wurde, „Spielabläufe zu ermöglichen bzw. zu dulden, die ein gezieltes Beschießen von Menschen mittels Laserstrahl oder sonstiger technischer Einrichtungen – zum Beispiel Infrarot – und damit ein ‚spielerisches Töten' von Menschen zum Gegenstand haben." Durch simulierte Gewalt- und Tötungshandlungen werde die Hemmschwelle für derartige Taten in der Realität herabgesetzt und gegen die Menschenwürde verstoßen, sodass eine Beeinträchtigung der öffentlichen Ordnung erfolge. Auch könnten dadurch Terroristen ausgebildet werden.

G trägt dagegen vor, dass seine Kunden zwischen Sport und Wirklichkeit unterscheiden könnten. Auch würden dadurch Aggressionen abgebaut und Gewaltausübungen eher verhindert. Manche Gewaltdarstellungen in Computerspielen und im Fernsehen seien jedenfalls gefährlicher. G wies auch darauf hin, dass sein Betrieb Franchisenehmerin der Firma Pulsar International Ltd. mit Sitz in Großbritannien ist und dass diese Firma die Ausrüstungsgegenstände liefert, weshalb die Verfügung vom 13. August gegen die Grundfreiheiten des Binnenmarktes verstoße, denn in Großbritannien kann diese Art des Laserdrom-Konzepts weiterhin legal betrieben werden.

Außerdem werde durch die Untersagungsverfügung in die Grundrechte des G eingegriffen. G bringt vor, er werde in seinem im Sinne des Art. 14 GG geschützten eingerichteten und ausgeübten Gewerbebetrieb beeinträchtigt. Darüber hinaus werde sein Grundrecht auf freie Berufsausübung aus Art. 12 GG verletzt, denn für den Betrieb einfallsloser Zielstände gäbe es keinen Markt. Hingegen bestünde in den untersagten Laserdrom-Westen mit ihren Empfangssensoren der besondere sportliche Reiz. Außerdem sei er in seinen aus der EU-Grundrechte-Charta resultierenden Rechten verletzt. Weiterhin würde der Gleichbehandlungsgrundsatz aus Art. 3 Abs. 1 GG beeinträchtigt, weil er gegenüber anderen Laserdrom-Betreibern in Deutschland aus Rheinland-Pfalz, München und Stuttgart benachteiligt werde. Lediglich in B sei der Betrieb dieses Laserdrom-Konzepts gescheitert. Außerdem würde A schließlich auch nichts gegen das Anbieten des Spiels „Paintball" unternehmen, obwohl dies unzählige Nachteile habe.

Nach einem erfolglosen Widerspruchsverfahren erhob G Klage vor dem zuständigen Verwaltungsgericht. Die mündliche Verhandlung wurde auf den 3.11. des vom Zeitpunkt der Inbetriebnahme aus übernächsten Jahres terminiert.

In der mündlichen Verhandlung stellte sich heraus, dass am 13.10. des vom Zeitpunkt der Inbetriebnahme aus übernächsten Jahres auf Antrag mehrerer Gläubiger ein Insolvenzverfahren über das Vermögen des G vor dem Amtsgericht eröffnet worden war. Nach Rücksprache mit dem Finanzamt stellt sich heraus, dass G bisher nur in geringem Umfang Umsatz- und Einkommensteuer gezahlt habe und bei entsprechenden Vollstreckungsmaßnahmen nur Kleinbeträge hätten beigetrieben werden können. A erklärt daraufhin, dass G schon deshalb die Ausübung des Gewerbes untersagt werden müsse und insofern auch kein Ermessensspielraum bestehe.

Wie wird das Verwaltungsgericht entscheiden?

Bearbeitungsvermerk

Erläutern Sie – falls notwendig hilfsgutachtlich – alle aufgeworfenen Fragestellungen und gehen Sie in ihrem verwaltungsgerichtlichen Gutachten auf alle in Betracht kommenden prozessualen Aspekte für ein Verfahren beim Gerichtshof der Europäischen Union ein. Es ist zu fingieren, dass zu der Thematik noch keine gefestigte Rechtsprechung des Gerichtshofes der Europäischen Union besteht. Die Untersagungsverfügung ist formell rechtmäßig.

Schwerpunkte
Begriffe der öffentlichen Sicherheit und Ordnung
Vorabentscheidungsverfahren
Nachschieben von Gründen

Vertiefung
Vgl. EuGH Rs. C-617/10 [Äckberg Fransson] vom 26.2.2013; EuGH Rs. 8/74, Urteil vom 11.7.1974, Slg. 1974, 837, „Dassonville"; vgl. EuGH Rs. C-267 u. 268/91, Urteil vom 24.11.1993, Slg. 1993, I-6097, „Keck" zur Warenverkehrsfreiheit; vgl. EuGH, Urteil vom 4. Dezember 1974 in der Rechtssache 41/74; EuGH, Rs. 120/78, Urteil vom 20.2.1979, Slg. 1979, 649, Rz. 14, „Cassis-de-Dijon"; zum Ganzen: EuGH Rs. C-176/11; Van Duyn, Slg. 1974, 1337, Rdn. 7; vgl. entsprechend für die Freizügigkeit der Arbeitnehmer: Urteile Van Duyn, Rdn. 18, und vom 27. Oktober 1977 in der Rechtssache 30/77, Bouchereau, Slg. 1977, 1999, Rdn. 33; vgl. EuGH, Urteil vom 14. März 2000 in der Rechtssache C-54/99, Église de scientologie, Slg. 2000, I-1335, Rdn. 17; vgl. EuGH, Urteile vom 18. Juni 1991 in der Rechtssache C-260/89, ERT, Slg. 1991, I-2925, Rdn. 41, vom 6. März 2001 in der Rechtssache C-274/99 P, Connolly/Kommission, Slg. 2001, I-1611, Rdn. 37, vom 22. Oktober 2002 in der Rechtssache C-94/00, Roquette Frères, Slg. 2002, I-9011, Rdn. 25, und vom 12. Juni 2003 in der Rechtssache C-112/00, Schmidberger, Slg. 2003, I-5659, Rdn. 71; EuGH, Urteil vom 14.10.2004 – C-36/02; vgl. EuGH Rs. 106/77, Slg. 1978, 629, Rz. 21/23, 24, Simmenthal II; zum Ganzen vgl. BVerwGE – Urteil vom 24.10.2001 – 6 C 3.01 – 115, 189; zum Ganzen: BVerwGE 10, 164, 165; vgl. BVerfGE 95, 267, 302; 70, 191, 214; 52, 42, 54; Gröpl/Brandt, VerwArch 2004, 223ff.; BVerfGE 54, 143; vgl. auch BVerfG, Beschluss vom 26. Januar 2001 – 1 BvQ 9/01 – DVBl 2001, 558; BVerfGE 7, 198, insb. 206 und 215; vgl. BVerfGE 6, 32, 36, 41; 45, 187, 227; BVerfGE 87, 209, 228; vgl. für Gewaltdarstellungen in Filmen BVerfGE 87, 209, 228 vgl. BVerfGE 87, 209, 228; vgl. BVerfGE 39, 1, 36, 42; OVG Münster Urteil vom 12.4.2011 – 4 A 1449/08 – NVwZ-RR 2011, 553; „acte-clair" Doktrin; CILFIT-Kriterien zur Rechtfertigung einer Nichtvorlage i.S.d. Art. 267 AEUV; EuGH Rs. 283/81, Urteil vom 6.10.1982, Slg. 1982, 3415, Rz. 16, CILFIT; Dreier, in: Dreier, Hrsg., Grundgesetz- Kommentar, Bd. 1, 1996, Art. 1, Rn 88.

Gliederung

A. Sachurteilsvoraussetzungen
   I. Rechtsweg (+)
   II. Zuständigkeit (+)

III. Beteiligte (+)
IV. Statthafte Klageart
V. Besondere Sachurteilsvoraussetzungen (+)
   1. Besondere Prozessführungsbefugnis (+)
   2. Klagebefugnis (+)
      a) Grundfreiheiten (+)
      b) EU-Grundrechte-Charta (–)
      c) Art. 12 GG, Art. 2 Abs. 1 GG, Art. 14 GG, Art. 3 GG (+/–)
   3. Vorverfahren (+)
   4. Klagefrist (+)
VI. Allgemeines Rechtsschutzbedürfnis (+)
VII. Zwischenergebnis (+)

B. Begründetheit
I. Entscheidungserheblichkeit/Gesetzesanwendung (+)
   1. Ermächtigungsgrundlage
      a) Entziehung der Erlaubnis nach § 15 Abs. 2 GewO (–)
      aa) Erlaubnis nach dem Waffenrecht (–)
      bb) Erlaubnis nach den §§ 29 ff. GewO (–)
      cc) Zwischenergebnis (–)
      b) Untersagung wegen Unzuverlässigkeit nach § 35 Abs. 1 GewO (–)
      aa) Untersagungsverfügung vom 13. August (–)
      bb) Untersagung wegen schlechter Finanzlage (–)
      (1) Zulässigkeit des Nachschiebens von Gründen nach § 114 S. 2 VwGO (–)
      (2) Zwischenergebnis (–)
      c) Generalklausel des § 3 Abs. 1 SOG (+)
      (1) Anwendbarkeit des § 3 Abs. 1 SOG (+)
      (2) Ausschluss nach § 1 Abs. 1 GewO (–)
      (3) Ausschluss durch Art. 12 GG (–)
      (a) Schutzbereich
      (b) Eingriff
      (c) Rechtfertigung
      (4) Ausschluss nach Art. 14 Abs. 1 GG (–)
      d) Zwischenergebnis (+)
   2. Voraussetzungen
      a) Formelle Voraussetzungen (+)
      b) Materielle Voraussetzungen (+)
      aa) Öffentliche Sicherheit (–)
      (1) Verletzung der öffentlichen Rechtsordnung

(2) Verletzung der Menschenwürde im Sinne des Art. 1 GG als Individualrechtsgut
bb) Verletzung der öffentlichen Ordnung (+)
(1) Verfassungsmäßigkeit des Begriffs
(2) Menschenwürde aus Art. 1 GG im Rahmen der öffentlichen Ordnung
c) Zwischenergebnis (+)
3. Rechtsfolge
4. Zwischenergebnis
II. Vorabentscheidung und Anwendungsvorrang des Unionsrechts
1. Zulässigkeit der Vorabentscheidung (+)
a) Zuständigkeit des Gerichtshofes der Europäischen Union (+)
b) Verfahrensabhängige Voraussetzungen (+)
aa) Vorlageberechtigung (+)
bb) Vorlagefrage (+)
cc) Entscheidungserheblichkeit (+)
dd) Vorlagepflicht (+)
ee) Allgemeines Rechtsschutzbedürfnis (+)
ff) Zwischenergebnis (+)
2. Begründetheit der Vorabentscheidung
a) Dienstleistungsfreiheit (–)
aa) Schutzbereich der Dienstleistungsfreiheit (+)
(1) Sachlicher Schutzbereich
(a) Grenzüberschreitendes Element
(b) Inhalt der Dienstleistungsfreiheit
(2) Persönlicher Schutzbereich
bb) Beeinträchtigung (+)
(1) Erweiterung des Beeinträchtigungstatbestandes
(a) Offene und verdeckte Diskriminierung
(b) Offene und verdeckte Beschränkung
(2) Einengung des Beeinträchtigungstatbestandes
cc) Rechtfertigung (+)
(a) Geschriebene Rechtfertigungsgründe
(aa) Überprüfung der Anwendung der vertraglichen Ausnahme
(bb) Verhältnismäßigkeit
(b) Ungeschriebene Rechtfertigungsgründe und gegenläufige Unionsprinzipien
(4) Zwischenergebnis (–)

b) Niederlassungsfreiheit (+/–)
c) Warenverkehrsfreiheit (–)
III. Ergebnis zur Vorlagefrage (–)
C. Ergebnis (–)

Lösungsvorschlag

Die folgende Lösung ist als Lösungsvorschlag zu verstehen und ausführlicher, als es in der Klausurbearbeitung verlangt werden kann. Aufgrund der wissenschaftlichen Freiheit können andere Lösungswege vertreten werden, soweit sie dogmatisch begründbar sind. Die Nachweise aus Rechtsprechung und Literatur sowie die das Verständnis fördernden Randbemerkungen sind in der Examensklausur auszusparen. Die Abkürzung „Alt." steht für Alternativfall, nicht für Alternative.

G wird mit seiner Klage jedenfalls erfolgreich sein, soweit die Sachurteilsvoraussetzungen erfüllt sind und die Klage begründet ist.

A. Sachurteilsvoraussetzungen

Die Sachurteilsvoraussetzungen können erfüllt sein.[1]

I. Rechtsweg

Dann muss ein Rechtsweg eröffnet sein. Der Verwaltungsrechtsweg kann mittels einer aufdrängenden Sonderzuweisung oder hilfsweise im Sinne der Generalklausel des § 40 Abs. 1 S. 1 VwGO eröffnet sein, soweit keine abdrängende Sonderzuweisung besteht. Unter Umständen kann ein Verweisungsbeschluss im Sinne des § 17a Abs. 2 GVG i.V.m. § 173 VwGO gefasst werden.

Mangels aufdrängender Sonderzuweisung ist § 40 Abs. 1 S. 1 VwGO maßgeblich. Danach ist der Verwaltungsrechtsweg eröffnet, wenn ein Hoheitsträger

---

1 **Hinweis:** Andere Aufbauvarianten werden vertreten (z.B. dreistufig oder Prüfung des Verwaltungsrechtsweges als Untergliederungspunkt der Zuständigkeit des Gerichts). Derartige Aufbauvarianten sind aber mit § 17a Abs. 2 GVG bzw. mit der Überschrift des 6. Abschnitts der VwGO sowie mit § 83 VwGO unvereinbar und daher bei exakter dogmatischer Zuordnung der Prüfungspunkte nicht zu empfehlen. Die Überschrift „Sachurteilsvoraussetzungen" anstelle der Überschrift „Zulässigkeit" ist sinnvoll, weil nach § 63 Nr. 3 VwGO auch der Beigeladene zu den Beteiligten gehört, das Fehlen einer notwendigen Beiladung i.S.d. § 65 Abs. 2 VwGO aber nur dazu führt, dass das Urteil keine materielle Rechtskraft entfaltet.

Zum Aufbau insgesamt: Heinze/Starke JURA 2012, 175 ff.

durch eine streitentscheidende öffentlich-rechtliche Norm einseitig berechtigt oder verpflichtet wird bzw. wenn aufgrund eines typisch hoheitlichen Handelns zwischen den mutmaßlichen Beteiligten ein Subordinationsverhältnis besteht.

Aus der Organisationsform der handelnden Behörde als Hoheitsträger ergibt sich nicht, dass die Streitigkeit öffentlich-rechtlicher Natur ist, da juristische Personen des öffentlichen Rechts – namentlich Körperschaften, Anstalten und Stiftungen – nicht nur hoheitlich, sondern auch privatrechtlich in Form des fiskalischen Handelns tätig werden können, während juristische Personen des Privatrechts bei einer Beleihung im Sinne des Art. 33 Abs. 4 GG wiederum hoheitlich handeln können.

Allerdings ist die Untersagungsverfügung als Verwaltungsakt im Sinne des § 35 S. 1 VwVfG i.V.m. § 1 Bln VwVfG als eine typisch hoheitliche Handlungsform einzustufen, sodass ein Subordinationsverhältnis und somit eine öffentlich-rechtliche Streitigkeit bestehen. Da nicht Verfassungsorgane über Verfassungsrecht streiten und somit keine doppelte Verfassungsunmittelbarkeit besteht, ist die Streitigkeit nicht verfassungsrechtlicher Art. Mangels abdrängender Sonderzuweisung ist der Verwaltungsrechtsweg daher nach § 40 Abs. 1 S. 1 VwGO eröffnet.

II. Zuständigkeit

Das Verwaltungsgericht ist gemäß § 45 VwGO als Eingangsinstanz für den Streit über den von der zuständigen Behörde der Bundesrepublik Deutschland erlassenen Bescheid sachlich zuständig, weil die Voraussetzungen abweichender Regelungen wie z.B. der §§ 47, 50 VwGO nicht erfüllt sind.

Das Verwaltungsgericht ist mangels anderweitiger Anhaltspunkte auch im Sinne des § 52 Nr. 3 VwGO örtlich zuständig, sodass kein Verweisungsbeschluss gemäß § 17a Abs. 2 GVG i.V.m. § 83 VwGO gefasst werden wird.[2]

III. Beteiligte

G und das Land Berlin als Körperschaft öffentlichen Rechts können Beteiligte des Verfahrens sein.

2 Die örtliche Zuständigkeit ist anzusprechen, wenn es dafür Anhaltspunkte im Sachverhalt gibt. Im Übrigen ist die Prüfung derselben sinnvoll – allerdings nicht notwendig. Gegebenenfalls ist die örtliche Zuständigkeit im Anschluss an die sachliche Zuständigkeit zu prüfen. Ist sie jedoch gemäß § 52 Nr. 2 VwGO ausnahmsweise von der Klageart abhängig, muss sie von der sachlichen Zuständigkeit getrennt nach der Klageart oder deren besonderen Sachurteilsvoraussetzungen bzw. Sachentscheidungsvoraussetzungen erörtert werden, obwohl § 17a Abs. 2 GVG gemäß § 83 VwGO entsprechend anwendbar ist.

Beteiligte sind nach § 63 Nr. 1, 2 VwGO unter anderem der Kläger und der Beklagte. Beteiligungsfähig im Sinne des § 61 Nr. 1 Alt. 1, 2 VwGO sind natürliche und juristische Personen. Behörden sind in Berlin grundsätzlich nicht gemäß § 61 Nr. 3 VwGO in Verbindung mit dem Landesrecht beteiligungsfähig.

Als Kläger ist G gemäß § 61 Nr. 1 Alt. 1 VwGO als natürliche Person beteiligungsfähig. G ist gemäß § 62 Abs. 1 Nr. 1 VwGO mangels gegenteiliger Anhaltspunkte prozessfähig.

Als Beklagter ist der Rechtsträger der Behörde maßgeblich. Die Verfügung wurde durch die zuständige Gewerbeaufsicht A erlassen, welche zum Land Berlin gehört. Das Land Berlin als Gebietskörperschaft öffentlichen Rechts ist gemäß den §§ 63 Nr. 2, 61 Nr. 1 Alt. 2 VwGO beteiligungs- und mangels Anhaltspunkten bezüglich des jeweils für die Behörde handelnden Organwalters gemäß § 62 Abs. 1, 3 VwGO prozessfähig.

IV. Statthafte Klageart

Die statthafte Klageart richtet sich im Sinne des § 88 VwGO nach dem klägerischen Begehren unter Berücksichtigung des Anwendungsvorrangs maßnahmespezifischer Rechtsschutzformen und des rechtsstaatlichen Grundsatzes der Effektivität des Rechtsschutzes. Dem klägerischen Begehren entspricht grundsätzlich die effektivste Klageart, also nach Möglichkeit die Anfechtungsklage gemäß § 42 Abs. 1 Alt. 1 VwGO als Gestaltungsklage der Verwaltungsgerichtsordnung, wenn sie zielführend ist, es sei denn, es gibt einen ausdrücklichen Antrag, aus dem sich ein anderweitiges Begehren ergibt, das zu beachten ist. Voraussetzung der Anfechtungsklage ist, dass der Kläger die Aufhebung eines gegenwärtig wirkenden Verwaltungsaktes erstrebt. Ein Verwaltungsakt ist gemäß § 35 S. 1 VwVfG i.V.m. § 1 Bln VwVfG jede Verfügung, Entscheidung oder andere hoheitliche Maßnahme, die eine Behörde zur Regelung eines Einzelfalls auf dem Gebiet des öffentlichen Rechts trifft und die auf unmittelbare Rechtswirkung nach außen gerichtet ist. G möchte gegen das hoheitliche Handeln in Gestalt der Untersagungsverfügung vorgehen, sodass eine Anfechtungsklage nach § 42 Abs. 1 Alt. 1 VwGO als statthafte Klageart in Betracht kommt.

V. Besondere Sachurteilsvoraussetzungen

Die besonderen Sachurteilsvoraussetzungen können erfüllt sein.

1. Besondere Prozessführungsbefugnis[3]

Besonders prozessführungsbefugt ist der Rechtsträger der die Verfügung erlassenden Behörde A, also das Land Berlin als Körperschaft öffentlichen Rechts gemäß § 78 Abs. 1 Nr. 1 VwGO, da keine Ausführungsvorschrift im Sinne des § 78 Abs. 1 Nr. 2 VwGO besteht.

2. Klagebefugnis

G muss klagebefugt sein. Es ist Voraussetzung für die Klagebefugnis nach § 42 Abs. 2 VwGO, dass die Möglichkeit der Verletzung eines subjektiven Rechts für den Kläger besteht. Subjektive Rechte ergeben sich aus Sonderrechtsbeziehungen, einfachen Gesetzen und subsidiär aus Grundrechten, wobei jedenfalls aufgrund des weiten Schutzbereiches des Art. 2 Abs. 1 GG bei unmittelbaren Grundrechtseingriffen für das subjektive Recht direkt auf Grundrechte abgestellt werden kann. Auch aus unmittelbar geltendem Unionsrecht können sich subjektive Rechte ergeben. G ist Adressat einer belastenden Verfügung. Mag es auch speziellere einfachgesetzliche subjektive Rechte geben, besteht für G bezüglich dieses unmittelbaren Eingriffes jedenfalls die Möglichkeit, sich auf grundrechtliche Abwehrrechte zu berufen. G kann als Adressat des für ihn nachteiligen Verwaltungsaktes in seinen Grundrechten bzw. Grundfreiheiten verletzt sein.

a) Grundfreiheiten

Ergänzend zu etwaigen Eingriffen in nationale Grundrechte besteht – nationale Grundrechte werden durch die Grundfreiheiten mangels Überschneidung trotz

---

3 § 78 VwGO enthält nach h.M. eine Regelung über die besondere Prozessführungsbefugnis, die von der Beteiligungsfähigkeit und der Passivlegitimation zu trennen ist (MA: § 78 VwGO als Sonderregelung der Passivlegitimation, die aber in der Sachstation, also der Begründetheit, zu prüfen ist, da „Passivlegitimation" der Terminus für den materiell richtigen Klagegegner ist). Die besondere Prozessführungsbefugnis ist ein Unterpunkt bei den besonderen Sachurteilsvoraussetzungen und wird teilweise (vertretbar aber bzgl. der materiell-rechtlichen Passivlegitimation verwechslungsfähig) mit „Klagegegner" überschrieben.

Einige Argumente für h.M.:

- § 78 VwGO steht systematisch bei besonderen Sachurteilsvoraussetzungen
- Gesetzgebungskompetenzen
- falsche Behörde bzw. falscher Rechtsträger können nicht zum materiell richtigen Anspruchsgegner im Sinne einer Passivlegitimation werden.

Zum Ganzen: Ehlers, Festschrift für Menger, S. 379 ff.; Hufen, Verwaltungsprozessrecht, § 12, Rn 38 ff. m.w.N.; vgl. OVG Münster NVwZ 1990, 188.

des sich aus dem jeweiligen Zustimmungsgesetz zur Übertragung der Hoheitsgewalt auf die Europäische Union i.V.m. Art. 23 Abs. 1 GG bzw. aus dem in den Verträgen verankerten Grundsatz des effet utile ergebenden Anwendungsvorrangs des Unionsrechts nicht verdrängt – die Möglichkeit, dass G in der auch auf ihn bezogenen Dienstleistungsfreiheit im Sinne des Art. 56 AEUV, der Warenverkehrsfreiheit im Sinne des Art. 34 AEUV, sowie der Niederlassungsfreiheit Art. 49 AEUV verletzt worden ist. Denn das Vertragsrecht – auch Artt. 56, 34, 49 AEUV – ist primäres Unionsrecht, welches gegenüber den Bürgern unmittelbar anwendbar ist, wobei die grenzüberschreitend geltenden Grundfreiheiten auch subjektiviert für den Einzelnen formuliert sind.

b) EU-Grundrechte-Charta

Eine Möglichkeit der Verletzung des G in seinen Rechten aus der EU-Grundrechte-Charta könnte sich im Hinblick auf dessen Berufsfreiheit im Sinne des Art. 15 EU-GR-Charta und auf dessen unternehmerische Freiheit nach Art. 16 EU-GR-Charta ergeben.

Wegen des Verweises in Art. 6 Abs. 1 EUV ist die EU-Grundrechte-Charta als primäres Unionsrecht einzuordnen. Zwar gilt die EU-Grundrechte-Charta gemäß Art. 51 Abs. 1 S. 1 EU-GR-Charta nur für die Organe und Einrichtungen der Union unter Einhaltung des Subsidiaritätsprinzips und für Mitgliedstaaten ausschließlich bei der Durchführung des Rechts der Union, wobei gemäß Art. 51 Abs. 2 EU-GR-Charta weder neue Zuständigkeiten noch neue Aufgaben für die Union begründet werden. Jedoch ist fraglich, wie die Durchführung des Rechts der Union zu verstehen ist. Bei weiter Auslegung der „Durchführung" wäre jedes mitgliedstaatliche Handeln im gesamten Geltungsbereich des Unionsrechts zum Beispiel auch im weiten Geltungsbereich der Grundfreiheiten erfasst (vgl. EuGH Rs. C-617/10 [Äckberg Fransson] vom 26.2.2013). Bei einer derart weiten Auslegung würde der Europäischen Union durch die Rechtsprechung des Gerichtshofes der Europäischen Union allerdings eine Kompetenz-Kompetenz über den in Art. 51 Abs. 2 EU-GR-Charta geregelten Bereich hinaus zugesprochen werden mit der Folge, dass das Bundesverfassungsgericht im Rahmen der Ultra-vires-Kontrolle – unter Umständen nach einer Vorlage beim Gerichtshof der Europäischen Union gemäß Art. 267 AUEV zwecks einer Selbstkorrektur – auf die nationalen Grundrechte abstellen würde. Somit kann die EU-Grundrechte-Charta gemäß Art. 51 Abs. 1 S. 1 EU-GR-Charta nicht bei jedem unionsrechtlichen Bezug angewendet werden, sondern nur, soweit es um Unionsakte, eine Eins-zu-eins-Umsetzung des Unionsrechts oder eine Konstellation geht, die zumindest einen erheblichen Bezug zum Unionsrecht aufgrund dortiger Regelungen hat. Die gegenüber G ausgesprochene verbindliche Untersagungsverfügung, ist ausschließlich auf nationales Recht zurückzuführen und somit nicht Ausprägung des Unionsrechts mit der Folge, dass nicht die Möglichkeit besteht, dass G in seiner unternehmerischen Freiheit im Sinne der Artt. 15, 16 EU-GR-Charta verletzt ist.

c) Art. 12 GG, Art. 2 Abs. 1 GG, Art. 14 GG, Art. 3 GG

Aufgrund der Untersagungsverfügung kann jedenfalls die Möglichkeit des Eingriffs in die Berufsausübungsfreiheit des G im Sinne des Art. 12 Abs. 1 GG bestehen, da ihm untersagt wurde, sein Gewerbe in der bisherigen Form weiter auszuüben. Weiterhin kommt insoweit ein Eingriff in das Eigentum aus Art. 14 Abs. 1 GG bezüglich der Ausübung des eingerichteten und ausgeübten Gewerbebetriebes in Betracht.

Zudem besteht zwar die Möglichkeit der Verletzung des G in seinem Recht auf Gleichbehandlung nach Art. 3 Abs. 1 GG aufgrund der möglichen Diskriminierung hinsichtlich anderer Laserspiele-Betreiber, jedoch ergibt sich aus Art. 3 Abs. 1 GG allein kein subjektives Recht, da es stets eines Vergleichspaares innerhalb eines subjektiven Rechts bedarf. Jedenfalls als Auffanggrundrecht mit weitem Schutzbereich kommt auch ein Verstoß gegen die allgemeine Handlungsfreiheit aus Art. 2 Abs. 1 GG in Betracht.

G ist daher klagebefugt im Sinne des § 42 Abs. 2 VwGO.

3. Vorverfahren

Das Vorverfahren wurde gemäß den §§ 68 ff. VwGO ordnungsgemäß durchgeführt.

4. Klagefrist

Die Klagefrist von einem Monat gemäß § 74 Abs. 1 S. VwGO seit Zustellung des Widerspruchsbescheides ist mangels gegenteiliger Anhaltspunkte eingehalten worden.

VI. Allgemeines Rechtsschutzbedürfnis

Fraglich ist, ob G allgemein rechtsschutzbedürftig ist oder ob sein Rechtsschutzbedürfnis aufgrund des über sein Vermögen eröffneten Insolvenzverfahrens vom 13.10. verwirkt ist.

Welchen Einfluss ein Insolvenzverfahren auf einen Rechtsstreit hat, ist in der Verwaltungsgerichtsordnung nicht geregelt, sodass über die Generalverweisung des § 173 S. 1 VwGO die Vorschriften der Zivilprozessordnung maßgeblich sind.

Nach § 240 ZPO wird ein Rechtsstreit durch die Eröffnung des Insolvenzverfahrens unterbrochen, wenn er auf die Insolvenzmasse, also auf das Vermögen des Schuldners bezogen ist (OVG Münster, Urteil vom 12.4.2011 – 4 A 1449/08 – NVwZ-RR 2011, 553).

A stützte sich bei ihrer zweiten Begründung auf die fehlende finanzielle Leistungsfähigkeit des G. Daher könnte anzunehmen sein, dass die Gewerbeuntersagung auf das Vermögen des G und damit auf die Insolvenzmasse bezogen ist.

Allerdings ist eine Gewerbeuntersagung, selbst wenn ihr die fehlende finanzielle Leistungsfähigkeit zugrunde liegt, nicht auf das Vermögen gerichtet, sondern auf die persönlichen Befugnisse des Betroffenen. Die Streitigkeit um die Befugnis zur weiteren gewerblichen Tätigkeit hat keinen vermögensrechtlichen Charakter. Sie ist höchstpersönlicher Natur (OVG Münster, Urteil vom 12.4.2011 – 4 A 1449/08 – NVwZ-RR 2011, 553). Deshalb sind die §§ 173 S. 1 VwGO, 240 ZPO auf den in Frage stehenden Rechtsstreit nicht anwendbar, und der Rechtsstreit wird nicht unterbrochen.

Durch die ebenfalls an ein Insolvenzverfahren angeknüpfte Regelung des § 12 GewO wird kein Bezug zu den Sachurteilsvoraussetzungen der Klage begründet, da die Norm ausschließlich materiell-rechtlicher Natur ist (siehe zum Ganzen: OVG Münster NVwZ-RR 2011, 553).

G ist allgemein rechtsschutzbedürftig.

VII. Zwischenergebnis

Die Sachurteilsvoraussetzungen der Klage des G sind erfüllt und sie ist zulässig.

B. Begründetheit

Die Klage ist gemäß § 113 Abs. 1 S. 1 VwGO begründet, soweit der Verwaltungsakt rechtswidrig und der Kläger dadurch in seinen Rechten verletzt ist.

Ist eine Unionsrechtswidrigkeit eines für die Entscheidung maßgeblichen sekundären Unionsrechtsaktes ersichtlich oder ist die Auslegung des primären Unionsrechts für die Entscheidung maßgeblich, so kann das Fachgericht die unionsrechtliche Rechtsfrage gemäß Art. 267 Abs. 2 AEUV dem Gerichtshof der Europäischen Union vorlegen.[4]

---

4 Im Rahmen der Begründetheit ist zunächst auf das Vorabentscheidungsverfahren hinzuweisen, weil bezüglich des Unionsrechts der Anwendungsvorrang desselben gilt. Wegen des Er-

I. Entscheidungserheblichkeit/Gesetzesanwendung

Das Vorabentscheidungsverfahren gemäß Art. 267 AEUV kommt nur in Betracht, wenn es auf die in Frage stehenden unionsrechtlichen Probleme im Rahmen der konkreten Klage ankommt. Nur bei deren Entscheidungserheblichkeit wird das Verwaltungsgericht eine mit dem zugrunde liegenden Sachverhalt – im Hinblick auf die darauf beruhende Untersagungsverfügung – verbundene unionsrechtliche Frage zur Prüfung des Unionsrechts beim Gerichtshof der Europäischen Union vorlegen. Unabhängig davon, ob der Anwendungsvorrang des Unionsrechts sich aus dem mit dem jeweiligen Zustimmungsgesetz verbundenen Hoheitsakt zur Übertragung der Hoheitsgewalt auf die Europäische Union i.V.m. Art. 23 Abs. 1 GG oder aus dem in den Verträgen verankerten Grundsatz des effet utile ergibt und das Fachgericht die Möglichkeit hat, das nationale Recht im Rahmen seiner eingeschränkten Verwerfungskompetenz anzuwenden oder nicht anzuwenden (vgl. EuGH Rs. 106/77, Slg. 1978, 629, Rz. 21/23, 24, Simmenthal II), kann das Fachgericht bezüglich unionsrechtlicher Fragen gemäß Art. 267 Abs. 2 AEUV den Gerichtshof der Europäischen Union anrufen. Das letztinstanzliche Fachgericht ist gemäß Art. 267 Abs. 3 AEUV sogar zur Vorlage verpflichtet, wobei unabhängig von der Instanz eine Auslegungsvorlage bezüglich des primären Unionsrechts gemäß Art. 267 Abs. 1 lit. a AEUV oder eine Gültigkeits- oder Auslegungsvorlage bezüglich sekundären Unionsrechts gemäß Art. 267 Abs. 1 lit. b AEUV möglich ist.

Gemäß Art. 267 Abs. 2 AEUV besteht bei Gerichten somit grundsätzlich eine Einschätzungsprärogative bezüglich des Erfordernisses der Vorlage beim Gerichtshof der Europäischen Union, wenngleich bezüglich der Gültigkeit eines Rechtssetzungsaktes der Europäischen Union trotz des Wortlauts des Art. 267 Abs. 2 AEUV die Vorlage erfolgen muss, weil der Gerichtshof der Europäischen Union die Verwerfungskompetenz bezüglich des sekundären Unionsrechts hat und das Unionsrecht effektiv umzusetzen ist. Lediglich Gerichte, deren Entscheidung nicht mit Mitteln innerstaatlichen Rechts angefochten werden kann, sind gemäß Art. 267 Abs. 3 AEUV zur Vorlage beim Gerichtshof der Europäischen Union verpflichtet, wobei eine Vorlage im Sinne des effet utile in Verbindung mit dem Anwendungsvorrang des Unionsrechts auch erfolgen muss, soweit ein Instanzenzug zwar vorgesehen, jedoch faktisch mangels Einschränkungen wie zum Beispiel der Nichtzulassung der Berufung im Sinne der §§ 124ff. VwGO oder der Nichtzulassung der Revision im Sinne der §§ 132ff. VwGO nicht möglich ist.

Während dem Verwaltungsgericht im Rahmen des nationalen Rechts lediglich die Prüfungskompetenz bzw. die Möglichkeit zur verfassungskonformen

---

fordernisses der Entscheidungserheblichkeit bedarf es dann aber zunächst der Gesetzesanwendung in Form einer Wortlautlösung.

Auslegung zugewiesen ist und die Verwerfungskompetenz beim Bundesverfassungsgericht verbleibt, besteht bezüglich des Unionsrechts im Hinblick auf dessen Anwendungsvorrang somit in einigen Konstellationen die Möglichkeit, das nationale Recht sogar ohne Vorlage bei Gerichtshof der Europäischen Union nicht anzuwenden, sodass es diesbezüglich eine Art eingeschränkte Verwerfungskompetenz geben kann. Vorrangig ist bezüglich der Entscheidungserheblichkeit einer Gesetzessubsumtion im Rahmen des Wortlautes des nationalen Gesetzes dennoch die Vorlage beim Gerichtshof der Europäischen Union maßgeblich.

1. Ermächtigungsgrundlage

Fraglich ist, auf welche Ermächtigungsgrundlage das Gewerbeamt A die Untersagungsverfügung gestützt hat.

a) Entziehung der Erlaubnis nach § 15 Abs. 2 GewO

Als Ermächtigungsgrundlage kommt § 15 Abs. 2 S. 1, 2 GewO in Betracht, sofern für den Betrieb des Laserdroms eine Gewerbeerlaubnis erforderlich war.

Ein Gewerbe ist grundsätzlich jede erlaubte wirtschaftliche Tätigkeit, die auf eigene Rechnung, eigene Verantwortung und auf Dauer mit der Absicht der Gewinnerzielung betrieben wird ohne Urproduktion, Verwaltung eigenen Vermögens oder Tätigkeit höherer Art zu sein. Als solches ist auch der Betrieb des Laserdroms einzuordnen, weil er insbesondere auf Gewinnerzielung ausgerichtet ist.

In § 15 Abs. 2 GewO sind zwei Alternativfälle enthalten. Einerseits gilt § 15 Abs. 2 GewO, wenn für den Betrieb des Gewerbes eine Erlaubnis erforderlich ist, ohne dass sie beim Gewerbebetreibenden vorhanden ist. Die Fortsetzung des Betriebs kann dann von der zuständigen Behörde verhindert werden. Ist beim Gewerbetreibenden jedoch eine Erlaubnis vorhanden, ist § 15 Abs. 2 GewO nicht maßgeblich, bevor die Erlaubnis nicht zurückgenommen bzw. widerrufen worden ist.

G hatte keine Erlaubnis für den Betrieb des Laserdroms. Damit kommt es entscheidend darauf an, ob der Betrieb des Laserdroms genehmigungsbedürftig war.

aa) Erlaubnis nach dem Waffenrecht

Die Erforderlichkeit einer Erlaubnis nach dem Waffenrecht kommt nicht in Betracht, da Laserpistolen nicht als Waffen im Sinne des § 1 Abs. 2 WaffG einzustufen sind. Dazu bedürfte es zumindest der Möglichkeit einer physischen Einwirkung auf Personen mittels der Laserpistole. Eine derartige physische Einwirkung ist jedoch bei Laserpistolen in einem spielerisch angelegten Laserdrom nicht ersichtlich. Eine Erlaubnis nach dem Waffenrecht ist somit nicht erforderlich.

bb) Erlaubnis nach den §§ 29ff. GewO

In Betracht kommt aber eine Genehmigungsbedürftigkeit im Sinne der §§ 29ff GewO. Maßgeblich könnten sowohl § 33c Abs. 1 S. 1 GewO, §33 d Abs. 1 S. 1 GewO als auch § 33i Abs. 1 S. 1 GewO sein.

Nach § 33c Abs. 1 S. 1 GewO bedürfen solche Spielgeräte der Erlaubnis, die mit einer den Spielausgang beeinflussenden technischen Vorrichtung ausgestattet sind und mit der Möglichkeit eines Gewinns ausgestattet sind. Allerdings sind im Laserdrom des G keine Spielgeräte aufgestellt, sondern es steht die Gelegenheit des Selbstspielens im Vordergrund anstatt jener Vorgang, der durch die technische Einrichtung beeinflusst wird. Eine Genehmigung im Sinne des § 33c Abs. 1 S. 1 GewO ist nicht erforderlich.

Es könnte aber eine Erlaubnis gemäß § 33d Abs. 1 S. 1 GewO erforderlich sein, sofern ein Spiel mit Gewinnmöglichkeit betrieben wird. Ein Gewinn im Sinne der Vorschrift ist auf den Gewinn in Form von Geld oder Waren bezogen. Nicht ausreichend ist die reine Möglichkeit das Spiel zu gewinnen. Für die Kunden des Laserdroms geht es aber nicht um die Möglichkeit eines vermögenswerten Gewinns, sondern allein um die Möglichkeit des spielerischen Gewinnens, die in der spielerischen Natur der Sache begründet ist. Eine Erlaubnis nach § 33d Abs. 1 S. 1 GewO ist ebenfalls nicht erforderlich.

Eine Genehmigungsbedürftigkeit könnte sich aber aus § 33i Abs. 1 S. 1 GewO ergeben. Danach reicht es aus, dass es um die Aufstellung eines Spielgerätes oder um die Veranstaltung anderer Spiele im Sinne des § 33c Abs. 1 S. 1 GewO oder des § 33d Abs. 1 S. 1 GewO oder um die gewerbsmäßige Aufstellung eines Unterhaltungsspiels ohne Gewinnmöglichkeit geht. Allerdings werden beim Laserdrom keine Spiele oder Spielgeräte im Sinne des § 33c Abs. 1 S. 1 GewO aufgestellt und § 33d Abs. 1 S. 1 GewO, auf den in § 33i Abs. 1 S. 1 GewO auch verwiesen worden ist, ist aufgrund des vordergründigen Selbstspielens nicht maßgeblich. Das Laserdrom ist auch nicht im Sinne des § 33i Abs. 1 S. 1 GewO genehmigungsbedürftig.

cc) Zwischenergebnis

Nach alldem bedarf es für den Laserdrom keiner Erlaubnis, sodass § 15 Abs. 2 S. 1 GewO nicht als Rechtsgrundlage für die Gewerbeuntersagung maßgeblich ist. Auch § 15 Abs. 2 S. 2 GewO ist nicht maßgeblich, weil jedenfalls nicht ersichtlich ist, dass das Laserdrom von einer ausländischen juristischen Person betrieben wird, deren Rechtsfähigkeit im Inland nicht anerkannt ist, denn selbst wenn es auf die Ltd. als Franchisegeberin ankommen sollte, ist diese im Rahmen der sekundären Niederlassungsfreiheit im Hinblick auf den diesbezüglich maßgeblichen Gründungssitz im Sinne des Art. 49 AEUV im Inland anerkannt.

b) Untersagung wegen Unzuverlässigkeit nach § 35 Abs. 1 GewO

Gewerbe die – wie das Laserdrom – keiner Erlaubnis bedürfen, also genehmigungsfreie Gewerbe, können nach § 35 Abs. 1 GewO wegen der Unzuverlässigkeit des Gewerbetreibenden untersagt werden, weil jedenfalls insoweit keine Sperrwirkung einer anderen Norm im Sinne des § 35 Abs. 8 GewO ersichtlich ist.[5]

Unzuverlässig ist ein Gewerbebetreibender, der nach dem Gesamteindruck seines Verhaltens keine Gewähr zur künftigen ordnungsgemäßen Ausübung des Gewerbes bietet. Maßgeblich sind das jeweils konkrete Gewerbe im Einzelfall und eine Prognoseentscheidung für die Zukunft, bei der auch Tatsachen aus der Vergangenheit berücksichtigt werden dürfen. Entscheidend ist ein Gesamtbild des Verhaltens, bei dem auch Umstände außerhalb der Berufsausübung relevant sein können, solange sich daraus ein Rückschluss auf berufliches Verhalten ergibt. Ein Verschulden des Betroffenen ist hingegen irrelevant. Jedenfalls ist als Anknüpfungspunkt für die Unzuverlässigkeit das persönliche Verhalten des Betroffenen maßgeblich.

aa) Untersagungsverfügung vom 13. August

Die an G gerichtete Untersagungsverfügung vom 13. August ist nicht gegen die Person des G oder dessen Verhalten gerichtet, sondern ausschließlich auf das von ihm betriebene Laserdrom-Konzept bezogen. Anhaltspunkte für einen Bezug zur Unzuverlässigkeit im Sinne des § 35 Abs. 1 GewO sind nicht ersichtlich.

bb) Untersagung wegen schlechter Finanzlage

Allerdings könnte durch die nachträglich im Prozess eingebrachte Begründung der Behörde unter Bezugnahme auf die Steuerschulden eine Untersagung we-

5 Bei genehmigungsbedürftigem Gewerbe ist § 35 GewO gemäß § 35 Abs. 8 S. 1, 2 GewO lediglich sehr eingeschränkt anwendbar, während regelmäßig Spezialregelungen bestehen. § 35 Abs. 1 GewO gilt insoweit nur ergänzend.

gen einer Unzuverlässigkeit nach § 35 Abs. 1 GewO möglich sein. Aus dem Umfang einer Schuld und der offensichtlichen Unmöglichkeit, diese in absehbarer Zeit abzutragen, ergibt sich der zulässige Schluss auf eine wirtschaftliche Leistungsunfähigkeit, welche durch das eröffnete Insolvenzverfahren bestätigt wird (OVG Münster, Urteil vom 12.4.2011 – 4 A 1449/08 – NVwZ-RR 2011, 553ff.). Diese Unzuverlässigkeit ist auf die Persönlichkeit des G bzw. dessen Verhalten bezogen, sodass G unzuverlässig im Sinne des § 35 Abs. 1 GewO ist.

Um die Unzuverlässigkeit des G im Rahmen des Gerichtsverfahrens zum Zeitpunkt der letzten mündlichen Tatsachenverhandlung berücksichtigen zu können, müsste ein Nachschieben von Gründen im Prozess möglich sein. Irrelevant wäre ein Nachschieben von Gründen, wenn es für die Rechtmäßigkeit der Verfügung nicht auf den Zeitpunkt der letzten mündlichen Tatsachenverhandlung, sondern auf den Zeitpunkt der letzten Behördenentscheidung ankäme, wobei der Zeitpunkt der letzten mündlichen Tatsachenverhandlung in einigen Konstellationen wie zum Beispiel denen des § 101 Abs. 2 VwGO durch den Zeitpunkt des Urteilsspruches zu ersetzen ist. Bei Dauerverwaltungsakten wie der Untersagungsverfügung ist im Prozess grundsätzlich der Zeitpunkt der letzten Behördenentscheidung maßgeblich. Zwar ergibt sich bei Dauerverwaltungsakten aus § 35 Abs. 6 GewO eine Ausnahme von dem Grundsatz, dass bei Dauerverwaltungsakten der Zeitpunkt der letzten mündlichen Tatsachenverhandlung maßgeblich ist, weil veränderte Tatsachen bezüglich einer Untersagung zugunsten des Betroffenen grundsätzlich erst nach einem Jahr zu berücksichtigen sind, jedoch geht es insoweit um tatsächliche Änderungen zugunsten des Adressaten zwischen dem Zeitpunkt der Behördenentscheidung und der letzten mündlichen Tatsachenverhandlung. Bezüglich des G gab es jedoch nur tatsächliche Veränderungen zu seinen Lasten in Form der Eröffnung des Insolvenzverfahrens. Somit gilt für die Rechtmäßigkeit der Untersagungsverfügung gegenüber G der Zeitpunkt der letzten mündlichen Tatsachenverhandlung. Da die Behörde die Insolvenz des G erst im verwaltungsgerichtlichen Verfahren einbrachte, ist es maßgeblich, ob ein Nachschieben von Gründen analog § 114 S. 2 VwGO möglich war.

(1) Zulässigkeit des Nachschiebens von Gründen nach § 114 S. 2 VwGO

Das Nachschieben von Gründen kann möglich gewesen sein.[6] Es ist dabei von der nachträglichen Begründung im Sinne des § 45 Abs. 1 Nr. 2 VwVfG i.V.m. § 1

6 **Es ist zu differenzieren:**

1. Die nachträgliche Begründung im Sinne des § 45 Abs. 1 Nr. 2 VwVfG i.V.m. § 1 Bln VwVfG ist auf eine bereits erfolgte inhaltliche Begründung bezogen, die lediglich formell nachge-

Bln VwVfG, welche gemäß § 45 Abs. 2 VwVfG i.V.m. § 1 Bln VwVfG bis zum Abschluss der letzten Tatsacheninstanz möglich ist, zu unterscheiden. Die nachträgliche Begründung im Sinne des § 45 Abs. 1 Nr. 2 VwVfG i.V.m. § 1 Bln VwVfG kommt in Betracht, wenn der Verwaltungsakt keine oder nur eine den Anforderungen des § 39 VwVfG i.V.m. § 1 Bln VwVfG – in der Norm sind formelle und materielle Bestimmtheitsvorgaben enthalten – formell nicht genügende Begründung enthält, wobei dieser Aspekt formeller Natur ist. Das Nachschieben der Gründe analog § 114 S. 2 VwGO ist, soweit eine Analogie möglich ist, materiell zu verorten, weil insoweit maßgeblich ist, ob eine materiell unzulängliche Begründung durch weitere materielle Aspekte ergänzt werden kann. In Konstellationen des § 45 Abs. 1 Nr. 2 VwVfG i.V.m. § 1 Bln VwVfG gab es seitens der Behörde eine materielle Begründung, die dem Adressaten gegenüber formell nicht kundgegeben wurde, während beim Nachschieben von Gründen die materiellen Erwägungen unabhängig von der formalen Kundgabe nicht hinreichend waren und somit auch zu einer materiellen Unbestimmtheit führen.

Die Untersagungsverfügung wurde seitens der A mit weiterführenden Erläuterungen auf die Unvereinbarkeit des Laserdrom-Konzepts mit der öffentlichen Ordnung gestützt. Eine Begründung, die in formeller Hinsicht den Anforderungen des § 39 VwVfG i.V.m. § 1 Bln VwVfG genügt, war erfolgt.

Fraglich ist aber, ob die seitens der A während des Prozesses nachgeschobenen Erwägungen der Unzuverlässigkeit mangels finanzieller Leistungsfähigkeit im Rahmen der Untersagungsverfügung berücksichtigt werden können.

Grundsätzlich ist die Ergänzung des Ermessens gemäß § 114 S. 2 VwGO i.V.m. § 86 Abs. 1 VwGO zulässig. In § 86 Abs. 1 VwGO ist der Amtsermittlungsgrundsatz enthalten. Danach sind alle rechtlichen und tatsächlichen Aspekte von den Verwaltungsrichtern zu ermitteln und zu berücksichtigen. Die Grenze dabei besteht dabei aber im klägerischen Begehren im Sinne des § 88 VwGO, über das nicht hinausgegangen werden darf. Somit wird dem Kläger die maßgebliche Anstoßfunktion zugestanden, während dem Gericht die nähere rechtliche Identifizierung des Rechtsstreits obliegt. § 86 VwGO ist insbesondere bei gebundenen Behördenentscheidungen maßgeblich, während § 114 S. 2

---

reicht wird. Dies ist gemäß § 45 Abs. 2 VwVfG i.V.m. § 1 Bln VwVfG bis zum Abschluss der letzten Tatsacheninstanz eines gerichtlichen Verfahrens möglich.

2. Die Ergänzung des Ermessens im Sinne des § 114 S. 2 VwGO ist nur auf das Ermessen bezogen, und es ist grundsätzlich nur die Ergänzung des Ermessens möglich, jedoch keine erstmalige Ausübung desselben (aber vgl. BVerwG NVwZ 2012, 698: Wenn aus einer ursprünglich gebundenen Entscheidung im Prozess eine Ermessensentscheidung wird, ist auch die erstmalige Ermessensausübung mittels des § 114 S. 2 VwGO im Prozess möglich.).

3. Ein materielles Nachschieben von Gründen ist nachträglich analog § 114 S. 2 VwGO möglich. Es darf jedoch nicht erstmals im Prozess eine materielle Begründung erfolgen.

VwGO bei Ermessensentscheidungen gilt. Gemäß § 114 S. 2 VwGO ist die Behörde befugt ihr Ermessen auch noch im verwaltungsrechtlichen Verfahren zu ergänzen, während sie es grundsätzlich im Prozess nicht erstmals ausüben darf.[7]

Rechtsstaatliche Grenzen der Ermessensergänzung ergeben sich grundsätzlich, wenn der Verwaltungsakt keine Begründung enthält, der nachgeschobene Grund auf einen neuen Sachverhalt bezogen ist, sodass eine Wesensänderung des Verwaltungsaktes bzw. dessen inhaltlicher Begründung erfolgt, oder soweit der Kläger in seiner Rechtsverteidigung beeinträchtigt werden könnte.

Eine Begrenzung auch der Amtsermittlung im Sinne des § 86 Abs. 1 VwGO durch das klägerische Begehren des G im Sinne des § 88 VwGO ist nicht ersichtlich, weil das klägerische Begehren des G auf die Ermittlung der Begründung der in Frage stehenden Untersagungsverfügung bezogen ist. Sollte die mangelnde finanzielle Leistungsfähigkeit rechtmäßig in den Prozess eingebracht worden sein, ist die Überprüfung der vollständigen Untersagung Gegenstand des Begehrens. Das gilt allerdings nur, soweit eine Untersagung mangels finanzieller Leistungsfähigkeit Gegenstand des Verfahrens ist. Das hängt davon ab, ob über eine Ergänzung des Ermessens im Sinne des § 114 S. 2 VwGO hinaus, die für die Untersagungsverfügung gegenüber G nicht allein maßgeblich ist, weil nicht nur Ermessen ergänzt wird, ein Nachschieben von Gründen möglich ist.

Zwar ist in § 114 S. 2 VwGO auch nach einer Reformierung der Verwaltungsgerichtsordnung lediglich die Ergänzung des Ermessens geregelt, sodass davon ausgegangen werden könnte, dass es an der für eine Analogie erforderlichen planwidrigen Regelungslücke bei vergleichbarer Interessenlage fehlen könnte, jedoch ist die Norm bei verfassungskonformer Auslegung nicht als abschließend im Sinne einer plangemäßen Regelungslücke zu betrachten, weil wegen der Effektivität der Judikative im Sinne des sich unter anderem aus Art. 20 Abs. 3 GG ergebenden Rechtstaatsprinzips auch im Prozess inhaltliche Begründungen ergänzbar – nicht erstmals vornehmbar – sein müssen.[8] Analog § 114 S. 2 VwGO ist ein Nachschieben von Gründen möglich.

Unabhängig davon, inwieweit der Nachtrag der A im Prozess auf Ermessen oder auf eine darüber hinausgehende Begründung bezogen ist, gelten jedenfalls rechtsstaatliche Grenzen. Der Nachtrag der Behörde enthält eine neue Begründung.

---

7 Vgl. aber BVerwG NVwZ 2012, 698: Wenn aus einer ursprünglich gebundenen Entscheidung im Prozess eine Ermessensentscheidung wird, ist auch die erstmalige Ermessensausübung mittels des § 114 S. 2 VwGO im Prozess möglich.

8 BVerwGE 106, 363.

Zwar bestanden die der nachgeschobenen Begründung zugrunde liegenden Tatsachen schon vor der letzten Behördenentscheidung, weil G schon vor der Untersagungsverfügung in finanziellen Schwierigkeiten war, jedoch wird durch die nachgeschobene Begründung das Wesen der Begründung des Verwaltungsaktes geändert.

Ursprünglich wurde die Untersagungsverfügung auf das Konzept des Laserdroms gestützt, weil es nicht mit der öffentlichen Ordnung vereinbar sei. Später wurde auf die persönlichen Umstände des G in Form seiner mangelnden finanziellen Leistungsfähigkeit abgestellt. Beides sind völlig unterschiedliche Anknüpfungspunkte, sodass die Untersagungsverfügung auf differierende Inhalte gestützt werden würde. Eine derartige Abänderung eines Verwaltungsaktes ist als Wesensänderung einzustufen, die nicht mit den in § 114 S. 2 VwGO enthaltenen Vorgaben vereinbar ist, zumal die Norm analog angewendet wird. Zudem würde G dadurch auch in seiner rechtsstaatlich gewährleisteten effektiven Rechtsverteidigung beeinträchtigt werden, sodass eine derartige prozessuale Möglichkeit mit dem sich unter anderem aus Art. 20 Abs. 3 GG ergebenden Rechtsstaatsprinzip nicht vereinbar wäre.

(2) Zwischenergebnis

Das Nachschieben der Gründe seitens des Gewerbeamts war nicht möglich, sodass die Untersagungsverfügung nicht rechtmäßig auf § 35 Abs. 1 GewO gestützt werden konnte.[9]

c) Generalklausel des § 17 Abs. 1 ASOG

In Betracht kommt für die Untersagung des Betriebes daher nur die landesrechtliche Generalklausel des § 17 Abs. 1 ASOG, mittels derer Gefahren für die öffentliche Sicherheit bzw. Ordnung abgewehrt werden können.

aa) Anwendbarkeit des § 17 Abs. 1 ASOG

Fraglich ist, ob § 17 Abs. 1 ASOG als Ermächtigungsgrundlage anwendbar ist. Ihr Ausschluss könnte sich aus § 1 Abs. 1 GewO als abschließender Regelung oder aus der Grundrechtsintensität des Eingriffes im Sinne des Art. 12 Abs. 1 GG ergeben.

---

9 Es ist notwendig, im Rahmen der Rechtsgrundlage bereits partiell auf materielle Aspekte einzugehen, weil das Nachschieben von Gründen mit der Rechtsgrundlage und den materiellen Voraussetzungen verknüpft ist.

bb) Ausschluss nach § 1 Abs. 1 GewO

Die Anwendbarkeit des § 17 Abs. 1 ASOG bzw. des Landesrechts könnte ausgeschlossen sein, soweit dem Landesgesetzgeber keine Gesetzgebungskompetenz zusteht, weil der Bund von seiner Gesetzgebungsbefugnis für das Gewerberecht abschließend Gebrauch gemacht haben könnte.

Die Kompetenzverteilung zwischen Bund und Ländern ergibt sich grundsätzlich aus Art. 30 GG. Danach sind die Länder zuständig, soweit sich nicht aus Spezialregelungen – wie z.B. den Artt. 70 ff. GG – etwas anderes ergibt. Für den Bereich der Gesetzgebungskompetenzen ist Art. 70 Abs. 1 GG gegenüber Art. 30 GG spezieller, wobei auch insoweit die Länder zur Gesetzgebung zuständig sind, soweit sich aus dem Grundgesetz nichts anderes ergibt. Die Gesetzgebungskompetenz der Länder könnte aber gemäß Art. 72 Abs. 1 GG gesperrt sein, weil der Bund für die Gesetzgebung im Gewerberecht gemäß den Artt. 74 Abs. 1 Nr. 11, 72 Abs. 1, Abs. 2 GG zuständig ist und davon auch in Form der Gewerbeordnung und den gewerberechtlichen Nebengesetzen Gebrauch gemacht hat. Dies könnte zu der Annahme führen, dass Landesrecht im Gewerberecht gerade nicht anwendbar sein soll, wie sich auch aus dem Wortlaut von § 1 Abs. 1 GewO entnehmen lässt.

Nach § 1 Abs. 1 GewO ist der Betrieb eines Gewerbes jedermann gestattet, soweit nicht durch die Gewerbeordnung Ausnahmen oder Beschränkungen vorgeschrieben bzw. zugelassen sind. Der Wortlaut des § 1 Abs. 1 GewO ist eng formuliert worden.

Ausnahmen von der Gewerbefreiheit sollen nur „durch dieses Gesetz" zugelassen sein, wobei Beschränkungen auch in spezielleren Gesetzen wie zum Beispiel den Gaststättengesetzen geregelt sein können.

Allerdings ist die abschließende Wirkung des § 1 Abs. 1 GewO auf solche Maßnahmen beschränkt, durch welche die Aufnahme der gewerblichen Tätigkeit, also das „Ob" derselben, betroffen ist. Jedoch sind in § 1 Abs. 1 GewO keine Hinweise bezüglich des „Wie" der gewerblichen Tätigkeit enthalten. Durch § 1 Abs. 1 GewO wird die Anwendung sonstiger Normen, durch welche die gewerbliche Tätigkeit beeinflusst werden kann, nicht ausgeschlossen, denn durch diese Bestimmung wird nicht die Gewerbeausübung als solche infrage gestellt, sondern lediglich die Art und Weise der Gewerbeausübung eingeschränkt.

G wurde mit der Untersagungsverfügung nicht der Betrieb des Laserdroms als solchem, sondern nur die Art und Weise der Ausübung des Laserspiels, nämlich in Form simulierter Tötungshandlungen bzw. „spielerischen Tötens", untersagt (vgl. BVerwGE 115, 189, 192). Gegenüber G sind ordnungsbehördliche Anordnungen aufgrund des Landesrechts im Sinne des § 17 Abs. 1 ASOG somit jedenfalls insoweit zulässig, als es sich um ein bloßes Einschreiten bezüglich des „Wie" der gewerblichen Tätigkeit handelt.

Die Anwendbarkeit des § 17 Abs. 1 ASOG ist durch § 1 Abs. 1 GewO nach alledem nicht ausgeschlossen.

cc) Ausschluss durch Art. 12 GG
Die Anwendbarkeit der Generalklausel könnte durch die Berufsfreiheit aus Art. 12 GG ausgeschlossen sein. Je wesentlicher in Grundrechte eingegriffen wird, desto höher sind die Anforderungen an die Regelungsdichte der Norm. Besteht keine hinreichend formulierte Rechtsgrundlage für einen erheblichen Grundrechtseingriff, ist eine Generalklausel zwar nicht zwingend nichtig, jedoch der Eingriffsakt mangels hinreichend bestimmter Rechtsgrundlage rechtswidrig.

(a) Schutzbereich
Der Schutzbereich des Art. 12 Abs. 1 GG kann eröffnet sein. Durch die Berufsfreiheit werden die Berufsausübung und die Berufswahl geschützt, wobei das Grundrecht als einheitliches Grundrecht einzustufen ist. Ein Beruf ist jede auf Dauer angelegte Tätigkeit, die in ideeller wie in materieller Hinsicht der Schaffung bzw. Erhaltung einer Lebensgrundlage dient, soweit sie ihrem Wesen nach nicht sozial- bzw. gemeinschaftsschädlich ist. Unabhängig davon, ob die Veranstaltungen im Laserdrom als gemeinschaftsschädlich angesehen werden können, ist zumindest der Betrieb des Gewerbes vom Schutzbereich des Art. 12 Abs. 1 GG erfasst. Dabei bezieht sich die Untersagungsverfügung konkret auf die Art und Weise des Betreibens, sodass insofern der Schutzbereich der Berufsausübung gemäß Art. 12 Abs. 1 S. 2 GG eröffnet ist.

(b) Eingriff
Es muss ein Eingriff in den Schutzbereich der Berufsausübung erfolgt sein. Staatliches Handeln ist grundsätzlich als Grundrechtseingriff einzustufen, soweit dadurch grundrechtliche Schutzpositionen verkürzt werden. Um diesen weiten Eingriffsbereich der Grundrechte mittels praktischer Konkordanz mit dem Rechtsstaatsprinzip in Einklang zu bringen, ist bezüglich der Anforderungen an einen Eingriff auf dessen Art abzustellen. Somit ist zwischen klassischen, also finalen und unmittelbaren Eingriffen durch Rechtssetzungsakte, sonstigen unmittelbaren Eingriffen und mittelbaren Eingriffen mittels Intention und besonderer Intensität zu unterscheiden. Als Kerneingriff bei G ist die Untersagungsverfügung als Verwaltungsakt einzustufen. Es handelt sich dabei um einen klassischen Grundrechtseingriff.

(c) Rechtfertigung

Die Schrankensystematik des Art. 12 Abs. 1 S. 2 GG kann eingehalten worden sein. Grundsätzlich ist bei der grundrechtlichen Schrankensystematik zwischen dem einfachen, dem einfach einschränkenden sowie dem qualifiziert einschränkenden und qualifizierten Gesetzesvorbehalt zu unterscheiden. Diese Gesetzesvorbehalte sind im Rahmen der Schrankensystematik – die gesamte Schrankensystematik ist mit Schranken im weiten Sinne gleichzusetzen – wiederum von Schranken im engen Sinne zu unterscheiden. Bei einfachen Gesetzesvorbehalten, zu denen auch ein Regelungsvorbehalt gehört, bedarf es keiner besonderen Anforderungen an das Gesetz, während es bei einfach einschränkenden und qualifiziert einschränkenden Gesetzesvorbehalten der zusätzlichen Anforderungen des Art. 19 Abs. 1 GG bedarf. Bei qualifiziert einschränkenden Gesetzesvorbehalten sind über Art. 19 Abs. 1 GG hinausgehende Gesetzesinhalte vorgegeben. Bei Schranken im engen Sinne darf hingegen nur eine zufällige Kollision mit dem betroffenen Grundrecht erfolgen, während es sich beim qualifizierten Gesetzesvorbehalt um ein Gesetz handeln muss, das trotz zufälliger Kollision mit dem betroffenen Grundrecht im Übrigen einem bestimmten Zweck dient, dem aber anders als beim qualifiziert einschränkenden Gesetzesvorbehalt die einschränkende Intention fehlt.

Gemäß Art. 12 Abs. 1 S. 2 GG kann die Berufsausübung aufgrund eines Gesetzes geregelt werden, wobei dieser Gesetzesvorbehalt wegen des einheitlichen weiten Schutzbereiches auf der Rechtfertigungsebene einheitlich auch für die Berufswahl gilt. Zwar ist die Formulierung „aufgrund" eines Gesetzes typisch für einen einschränkenden Gesetzesvorbehalt, jedoch enthält Art. 12 Abs. 1 S. 2 GG den Terminus „geregelt". Das bedeutet, dass es anders als bei den Termini „eingeschränkt" bzw. „beschränkt" an der Zielrichtung fehlt, sodass der Regelungsvorbehalt wie ein einfacher Gesetzesvorbehalt zu behandeln ist mit der Folge, dass die zusätzlichen Voraussetzungen des Art. 19 Abs. 1 GG oder zusätzliche Qualifizierungen zur Rechtfertigung eines Eingriffes in Art. 12 Abs. 1 GG nicht erfüllt sein müssen. Somit gilt parallel zum einheitlichen Schutzbereich der Berufsfreiheit des Art. 12 Abs. 1 S. 1 GG die einheitliche Rechtfertigungssystematik des Regelungsvorbehaltes als einfacher Gesetzesvorbehalt. Je wesentlicher jedoch Grundrechtseingriffe sind, desto höher sind die Anforderungen an die Regelungsdichte der Norm im Rahmen der Schranken-Schranke der Verhältnismäßigkeit.

Ein Eingriff basierend auf einer Generalermächtigung ist von solchen zu unterscheiden, die nur aufgrund spezieller gesetzlicher Ermächtigungen ergehen können. Danach ist der Gesetzesvorbehalt in Art. 12 Abs. 1 S. 2 GG nach Möglichkeit entsprechend den Belangen der jeweils berührten Lebensgebiete durch fachlich orientierte Gesetze auszufüllen. Angesichts der unvorhersehbaren

Vielgestaltigkeit aller Lebenserscheinungen kann und muss allerdings auch die polizeiliche gesetzliche Generalklausel hinreichend sein (zum Ganzen: vgl. BVerwGE – Urteil vom 24.10.2001 – 6 C 3.01 – 115, 189).

Andererseits ist es im Hinblick auf den Grundrechtsschutz nicht möglich, eine weit gespannte Generalklausel wie die polizeiliche regelmäßig als für Eingriffe der Exekutive in die Berufsausübung ausreichend einzustufen (zum Ganzen: BVerwGE 10, 164, 165). Nicht ausreichend ist die Generalklausel, wenn die Entscheidung darüber, ob durch die zu beeinträchtigende Berufstätigkeit die öffentliche Ordnung verletzt würde, von einer verwickelten, in das Gebiet der Weltanschauungen hineinreichenden, abwägenden Wertung einer Mehrzahl verschiedener Schutzinteressen abhängt (BVerwGE 10, 164, 165). In solchen Konstellationen darf die Generalklausel nicht auf Einzelfälle angewandt werden, weil insoweit Wesentliches durch den Gesetzgeber selbst hätte geregelt werden müssen.

Die Voraussetzungen für eine neue gesetzliche Regelung für die streitigen Veranstaltungen des Laserdroms sind gegenwärtig nicht gegeben. Die Spiele sind nicht derart verbreitet, dass die Leistungsfähigkeit der Verwaltung mittels der Generalermächtigung zur Regelung der Einzelfälle überfordert wäre.

Im Detail ist die Generalklausel im Hinblick auf ihre Verfassungsmäßigkeit nicht an Art. 12 GG zu messen, weil es an ihrer berufsregelnden Tendenz fehlt. Die Generalermächtigung gehört nämlich nicht zu den Bestimmungen, die infolge ihrer Gestaltung in einem engen Zusammenhang mit der Ausübung eines Berufs stehen und objektiv eine berufsregelnde Tendenz deutlich erkennen lassen (stRspr; vgl. BVerfGE 95, 267, 302; 70, 191, 214; 52, 42, 54). Deshalb konnte der Gesetzgeber bei der Gestaltung des allgemeinen Sicherheits- und Ordnungsrechts auf Belange eines Berufs oder der in Art. 12 Abs. 1 GG gewährleisteten Rechte insgesamt nicht eingehen. Der Schutzbereich des Art. 12 Abs. 1 GG kann nur durch die Anwendung der polizei- und ordnungsrechtlichen Generalklausel tangiert werden, indem etwa die Wertigkeit des Grundrechts bei der Auslegung des weit formulierten Tatbestandes oder bei der Ermessensausübung verkannt wird.

Nach alldem ist die Generalermächtigung des § 17 Abs. 1 ASOG als Rechtsgrundlage für einen Eingriff in die Berufsfreiheit nach Art. 12 Abs. 1 S. 2 GG hinreichend und als solche maßgeblich.

(4) Ausschluss nach Art. 14 Abs. 1 GG

Eine entsprechende rechtliche Bewertung gilt für das Verhältnis der Generalklausel zum Eigentumsschutz (BVerwGE – Urteil vom 24.10.2001 – 6 C 3.01 – 115, 189). Unabhängig davon, ob ein Schutzbereichseingriff in das bereichsspezifische Eigentum im Sinne des Art. 14 GG zum Beispiel im Hinblick auf den eingerichteten und ausgeübten Gewerbebetrieb gegeben ist oder ob Art. 14 GG in Grundrechtskonkurrenz zu Art. 12 GG irrelevant ist bzw. trotz einer etwaigen Subsidiarität des Art. 14 GG dessen Schrankensystematik noch beachtlich ist, um nicht die Schrankensystematik eines subsidiären Grundrechts zu unterlaufen, sind an Gesetze im Sinne des Art. 14 Abs. 1 S. 2 GG jedenfalls keine höheren Anforderungen zu stellen als an solche, welche mit den Vorgaben des Regelungsvorbehaltes aus Art. 12 Abs. 1 GG vereinbar sind. Während in Art. 12 Abs. 1 S. 2 GG ein Vorbehalt nur der Regelung der Berufsausübung vorgesehen ist, werden Inhalt und Schranken des Eigentums nach Art. 14 Abs. 1 S. 2 GG durch die Gesetze bestimmt. Das Sicherheits- und Ordnungsrecht kann in diesem Sinn als allgemeine, für die Ausübung von Eigentumspositionen vorfindliche Schrankenbestimmung verstanden werden (BVerwGE 38, 209, 218). Eine besondere, gegen den Schutzbereich der Eigentumsgarantie gerichtete Tendenz ist in der Generalklausel nicht enthalten.

Daher ist die Anwendbarkeit der Generalklausel jedenfalls mit Art. 14 GG vereinbar. Ihre Anwendbarkeit ist nicht ausgeschlossen.

d) Zwischenergebnis

Die Generalklausel des § 17 Abs. 1 ASOG ist anwendbar und als Rechtsgrundlage für die Untersagungsverfügung maßgeblich.

2. Voraussetzungen

Es müssen die formellen und materiellen Voraussetzungen für den Erlass einer Untersagungsverfügung auf Grundlage der Generalermächtigung nach § 17 Abs. 1 ASOG erfüllt sein.

a) Formelle Voraussetzungen

Die Untersagungsverfügung ist formell rechtmäßig.

b) Materielle Voraussetzungen

Die materiellen Voraussetzungen des § 17 Abs. 1 ASOG können erfüllt sein. Es bedarf einer Gefahr für die öffentliche Sicherheit oder Ordnung und einer Ordnungspflicht. Eine konkrete Gefahr ist eine Sachlage, bei der im Einzelfall die hinreichende Wahrscheinlichkeit eines Schadenseintritts für die öffentliche Sicherheit oder Ordnung besteht.

aa) Öffentliche Sicherheit

Von der öffentlichen Sicherheit sind der Staat und staatliche Einrichtungen, die Unverletzlichkeit der öffentlichen Rechtsordnung sowie Individualrechte und Individualrechtsgüter umfasst.

(1) Verletzung der öffentlichen Rechtsordnung

Die öffentliche Rechtsordnung wird unter anderem durch die andauernde bzw. zukünftige Verwirklichung einer Ordnungswidrigkeit verletzt, wobei § 118 OWiG einschlägig sein könnte. Voraussetzung ist insoweit eine grob ungehörige Handlung, die geeignet ist, die Allgemeinheit zu belästigen oder zu gefährden. Die Laserspiele finden aber in einer geschlossenen Halle statt und wirken sich nicht auf die Allgemeinheit aus, sodass die Voraussetzungen des § 118 OWiG nicht erfüllt sind (Gröpl/Brandt, VerwArch 2004, 223ff.).

(2) Verletzung der Menschenwürde im Sinne des Art. 1 GG als Individualrechtsgut

Die Menschenwürde aus Art. 1 Abs. 1 GG als Individualrechtsgut kann betroffen sein. Sie wird verletzt, wenn der Einzelne als Objekt oder als prinzipiell minderwertiges Wesen behandelt wird oder wenn sein elementarer Achtungsanspruch verletzt wird. Allerdings sind Grundrechte – Art. 1 Abs. 1 GG gehört trotz der Formulierung „nachfolgenden" in Art. 1 Abs. 3 GG aufgrund der systematischen Stellung des Art. 1 Abs. 1 GG zu den Grundrechten, zumal ein Ausschluss des Art. 1 Abs. 1 GG aus den Grundrechten in Art. 1 Abs. 3 GG nicht geregelt ist – Abwehrrechte gegen den Staat. Eine etwaige Behandlung der Individuen als Objekte geht beim Laserdrom jedoch nicht vom Staat aus, sondern von anderen Mitspielern bzw. vom Veranstalter. Insoweit wirkt die Menschenwürde als Teil der Grundrechte als objektive Wertordnung im Sinne des Art. 1 Abs. 3 GG und als Kernaussage zu Beginn der Verfassung als Schutzpflicht im Sinne des Art. 1 Abs. 1 S. 2 GG.

Das Gebot zur Achtung der Menschenwürde ist nicht auf einen staatlichen Bezug beschränkt, sondern auch auf eine Drittwirkung gegenüber Privatpersonen bezogen (BVerwGE 115, 189, 199). Ein derartiger Verstoß ist primär gegeben, wenn durch die Spielhandlungen konkrete Personen in ihrer Menschenwürde verletzt werden. Soweit die Privatpersonen jedoch nicht zielgerichtet die Menschenwürde beeinträchtigen wollen und die staatliche Schutzpflicht somit abstrakt gefasst ist, hätte der Gesetzgeber zur Schaffung wesentlicher Schutzpflichten trotz der geringen Verbreitung der Art des Gewerbes tätig werden können, sodass nicht das Tatbestandsmerkmal der öffentlichen Sicherheit maßgeblich, sondern das der öffentliche Ordnung maßgeblich ist (OVG Münster DÖV 2001, 217; BVerwGE 115, 189, 198 ff.).[10] Zwar könnte eine erweiterte Auslegung der öffentlichen Sicherheit im Hinblick auf den Schutz der Menschenwürde gegenüber einer Heranziehung der im Hinblick auf die Bestimmtheit im Sinne des Art. 20 Abs. 3 GG verfassungsrechtlich bedenklichen öffentlichen Ordnung vorzugswürdig sein, jedoch sind derart wesentliche Schutzpflichten durch den Gesetzgeber zu regeln.

Das Ziel des Spiels und damit das Ziel der Spieler im Gewerbe des G ist nicht die entwürdigende Behandlung der Mitspieler. Die Treffer der Sensoren auf den Spielanzügen erinnern zwar an Verletzungen oder Tötungen von Menschen, jedoch stehen sich die Spieler in diesem Kampfgeschehen prinzipiell chancengleich gegenüber. Somit ist nicht jeder Mitspieler ein Objekt, das anderen hilflos ausgeliefert ist. Die Spieler würdigen sich gegenseitig nicht als Objekte herab, sodass die Menschenwürde im Rahmen der öffentlichen Sicherheit nicht erheblich ist.

bb) Verletzung der öffentlichen Ordnung

Es kann eine Gefahr für die öffentliche Ordnung bestehen. Von der öffentlichen Ordnung sind die Gesamtheit der ungeschriebenen Regeln erfasst, deren Beachtung für das Verhalten des Einzelnen in der Öffentlichkeit nach den jeweils herrschenden Anschauungen als unerlässliche Voraussetzung eines geordneten staatsbürgerlichen Zusammenlebens betrachtet wird.

(1) Verfassungsmäßigkeit des Begriffs

Das Tatbestandmerkmal der öffentlichen Ordnung könnte als verfassungswidrig einzustufen sein.

Einerseits könnte mit der Verwendung dieses Terminus gegen das Demokratieprinzip im Sinne des Art. 20 Abs. 2 GG verstoßen werden, weil die Einführung verbindlicher Gemeinschaftswerte die Aufgabe des Gesetzgebers und nicht der Verwaltung als Exekutive ist. Zudem ist damit das sich unter anderem aus Art. 20 Abs. 3 GG ergebende Rechtsstaatsprinzip betroffen, zumal die Norm sehr unbestimmt ist.

Zwar ist anzunehmen, dass die ordnungsrechtliche und polizeiliche Generalklausel aufgrund der unbestimmten Rechtsbegriffe der Auslegung und der

---

10 Eine andere Ansicht ist vertretbar. Bevor auf das im Hinblick auf die Bestimmtheit im Sinne des Art. 20 Abs. 3 GG verfassungsrechtlich bedenkliche Tatbestandsmerkmal der öffentlichen Ordnung eingegangen wird, liegt eine weite Auslegung der öffentlichen Sicherheit unter Einbeziehung der Menschenwürde in weitem Umfang nahe.

Konkretisierung in besonderem Maße bedürftig ist, jedoch ist sie aufgrund jahrzehntelanger Entwicklung durch Rechtsprechung und Lehre nach Inhalt, Zweck und Ausmaß hinreichend präzisiert, in ihrer Bedeutung geklärt und im juristischen Sprachgebrauch verfestigt (BVerwGE 115, 189 bezugnehmend auf BVerfGE 54, 143; vgl. auch BVerfG, Beschluss vom 26. Januar 2001 – 1 BvQ 9/01 – DVBl 2001, 558). Der Gesetzgeber hat in vielen von ihm getroffenen Regelungen – zum Beispiel in den §§ 138, 242 BGB – an gesellschaftliche Anschauungen angeknüpft, ohne dass dagegen rechtliche Bedenken bestehen, zumal der Terminus der öffentlichen Ordnung auch in Art. 13 Abs. 7 GG und Art. 35 Abs. 2 S. 1 GG verwendet wird. Dass es sich um einen unbestimmten Rechtsbegriff handelt, dessen Inhalt erst festgestellt werden muss und der Veränderungen unterliegt, führt nicht zu dessen Verfassungswidrigkeit, sondern gibt lediglich Anlass zu einer vorsichtigen Praxis bei der Feststellung seines Inhalts. Somit ist er auch hinreichend bestimmt im Sinne des Art. 20 Abs. 3 GG, um nicht als verfassungswidrig eingestuft zu werden (BVerfGE 54, 143).

(2) Menschenwürde aus Art. 1 GG im Rahmen der öffentlichen Ordnung

Die öffentliche Ordnung kann gefährdet sein. In Betracht kommt eine verfassungskonforme Auslegung des Tatbestandsmerkmals der öffentlichen Ordnung im Sinne der Menschenwürde aus Art. 1 Abs. 1 GG.

Bezüglich der Feststellung einer Gefahr für die öffentliche Ordnung ist bei der Auslegung dieses unbestimmten Rechtsbegriffs auf Indizien abzustellen (BVerfGE 7, 198, insb. 206 und 215). Die öffentliche Ordnung ist als eine wertausfüllungsbedürftige Generalklausel einzustufen, deren rechtliche Bedeutung von grundrechtlichen Maßstäben beeinflusst wird. Dazu sind insbesondere die Menschenwürde im Sinne des Art. 1 Abs. 1 GG, die Rechte auf Leben und körperliche Unversehrtheit im Sinne des Art. 2 Abs. 2 S. 1 GG sowie das staatliche Gewaltmonopol im Sinne des Art. 20 GG maßgeblich.

Die öffentliche Ordnung könnte unter Zugrundelegung dieser Wertmaßstäbe insbesondere durch einen Verstoß gegen die Menschenwürde nach Art. 1 Abs. 1 GG aufgrund des spielerischen Tötens im Laserdrom verletzt sein, weil insoweit geringere Anforderungen gelten als im Rahmen grundrechtlicher Schutzpflichten bezüglich der öffentlichen Sicherheit.

Die Menschenwürde aus Art. 1 Abs. 1 S. 1 GG ist ein tragendes Konstitutionsprinzip im System der Grundrechte (vgl. BVerfGE 6, 32, 36, 41; 45, 187, 227). Mit ihm ist der soziale Wert- und Achtungsanspruch des Menschen verbunden, durch den es verboten wird, den Menschen zum bloßen Objekt zu machen oder ihn einer Behandlung auszusetzen, durch die seine Subjektqualität prinzipiell infrage gestellt wird. Menschenwürde in diesem Sinne ist nicht nur die individuelle Würde der jeweiligen Person, sondern auch die Würde des Menschen als Gattungswesen (BVerfGE 87, 209, 228).

Da der Schutz der Menschenwürde im Grundgesetz unabhängig davon garantiert wird, ob der Eingriff vom Staat oder von privater Hand ausgeht (vgl. Dreier, in: Dreier, Hrsg., Grundgesetz- Kommentar, Bd. 1, 1996, Art. 1, Rn 88), können auch gewerbliche Unterhaltungsspiele mit Art. 1 Abs. 1 GG unvereinbar sein.

Unterhaltungsspiele können mit der verfassungsrechtlichen Garantie der Menschenwürde unvereinbar sein, wenn beim Spielteilnehmer eine Einstellung erzeugt oder verstärkt wird, mittels derer der fundamentale Wert- und Achtungsanspruch geleugnet wird, der jedem Menschen zukommt. Das geschieht insbesondere, wenn Gewaltakte gegen Menschen in der Absicht dargestellt werden, den Beteiligten ein sadistisches Vergnügen an dem Geschehen zu vermitteln. Denn durch eine solche Tendenz wird die Vorstellung von der Verfügbarkeit des Menschen als bloßes Objekt eingeschlossen, in dessen Leben und körperliche Integrität nach Belieben eingegriffen werden kann. Darum kann neben der realen Gewaltausübung auch durch die Darstellung fiktiver Gewaltakte zu Spiel- und Unterhaltungszwecken das Gebot zur Achtung der Würde des Menschen verletzt werden (vgl. für Gewaltdarstellungen in Filmen BVerfGE 87, 209, 228). Demnach ist ein gewerbliches Unterhaltungsspiel, das auf die Identifikation der Spielteilnehmer mit der Gewaltausübung gegen Menschen angelegt ist und in dem ihnen die lustvolle Teilnahme an derartigen – wenn auch nur fiktiven – Handlungen ermöglicht werden soll, wegen der ihm innewohnenden Tendenz zur Annahme oder zumindest zur Bagatellisierung der Gewalt und wegen der möglichen Auswirkungen einer solchen Tendenz auf die allgemeinen Wertvorstellungen und das Verhalten in der Gesellschaft mit der verfassungsrechtlichen Menschenwürdegarantie unvereinbar (vgl. BVerfGE 87, 209, 228).

G zielt mit seinem Gewerbe darauf ab, dass nicht auf irgendwelche fest installierten Ziele, sondern auf Menschen geschossen wird, wodurch Tötungshandlungen simuliert werden. Die Spieler werden so zu kriegsähnlichen, nahkampfgleichen Verhaltensmustern gezwungen. Diese durch reale körperliche Menschen gekennzeichnete Spielsituation wird durch die realitätsnahe Ausstattung ergänzt. Der Reiz des Spiels besteht somit am Vergnügen an simulierten Tötungshandlungen und einem im Spiel erlebten Macht- und Lustgewinn (OVG Münster NVwZ-RR 2011, 553).

Das Vorbringen des G, das umstrittene Spiel habe bei lebensnaher Würdigung der Gesamtumstände mit der Realität nichts zu tun, weshalb von einem spielerischen Töten nicht ausgegangen werden könne, kann nicht berücksichtigt werden. Gerade die durch die Nähe zur Realität erzeugte Kampfatmosphäre und die Banalisierung des spielerischen Tötens zu Unterhaltungszwecken sind mit dem gebotenen Respekt vor der Individualität, der Identität und der Integrität der menschlichen Persönlichkeit nicht vereinbar. Es werden diejenigen Rechte und Rechtsgüter banalisiert und trivialisiert, an deren Schutz dem Grundgesetzgeber in besonderem Maße gelegen ist. Zu den Kernwerten der Verfassung gehört nämlich neben der Menschenwürde insbesondere das menschliche Leben.

Schon historisch im Hinblick auf die Verbrechen des nationalsozialistischen Regimes bedingt ist vom Verfassungsgeber die Menschenwürde als vitale Basis und zugleich als Voraussetzung für alle anderen Grundrechte in Art. 1 Abs. 1 S. 2 GG ausdrücklich unter gesonderten Grundrechtsschutz gestellt worden (vgl. BVerfGE 39, 1, 36, 42). Zu dieser Grundaussage der Verfassung würde ein Widerspruch entstehen, wenn Unterhaltungsspiele im Sinne des Laserdroms geduldet werden würden.

Die Freiwilligkeit der Teilnahme sowie das gegenseitige Einvernehmen der Spieler ist rechtlich unerheblich, weil die aus Art. 1 Abs. 1 GG und Art. 2 Abs. 1 S. 1 GG herzuleitende Wertordnung der Verfassung nicht im Rahmen eines Unterhaltungsspiels zur Disposition steht.

Nach alldem ist die Ausübung des Gewerbes des G als Gefahr der Verletzung der Menschenwürde im Rahmen der öffentlichen Ordnung zu qualifizieren.

c) Zwischenergebnis

Es besteht eine Gefahr für die öffentliche Ordnung, sodass die Voraussetzungen erfüllt sind.

3. Rechtsfolge

Die Rechtsfolge des § 17 Abs. 1 ASOG ist Ermessen in Form eines Entschließungs- und Auswahlermessens. Soweit das Ermessen nicht auf null reduziert ist, ist das Handeln der Behörde unter der Berücksichtigung der Einschätzungsprärogative der Exekutive durch das Gericht gemäß § 114 S. 1 VwGO nur auf Ermessensfehler im Sinne des Ermessensausfalls, der Ermessensüberschreitung und des Ermessensfehlgebrauchs zu überprüfen.

Da die Spielvariante des G mit Art. 1 Abs. 1 GG unvereinbar ist, ist das Ermessen auf null reduziert. Aus einem Verstoß gegen die Menschenwürde ergibt sich zwingend ein Verbot dieser Art des Betriebes, zumal es für Eingriffe in Art. 1 Abs. 1 GG keine Rechtfertigungsmöglichkeit gibt, wenngleich der Eingriff nicht staatlich erfolgt.

A verbleibt insofern kein Raum für Ermessensabwägungen, sodass eine Ergänzung des Ermessens im Sinne des § 114 S. 2 VwGO nicht in Betracht kommt.

Auch bleiben insofern etwaige Beeinträchtigungen der Berufsfreiheit im Sinne des Art. 12 Abs. 1 GG, des eingerichteten und ausgeübten Gewerbebetriebs im Sinne des Art. 14 Abs. 1 GG oder des Gleichbehandlungsgrundsatzes aus Art. 3 Abs. 1 GG aufgrund des vorbehaltlos gewährten Grundrechts der Menschenwürde im Rahmen von Art. 1 GG außer Betracht.

Angesichts dessen ist es für G nicht vorteilhaft, wenn das Gewerbeamt in seinem Zuständigkeitsbereich weitere Unterhaltungsspiele vergleichbarer Art duldet oder in zurechenbarer Weise fördert, zumal keine Gleichbehandlung im Unrecht erfolgt. Unabhängig davon, dass der Gleichbehandlungsgrundsatz aus Art. 3 Abs. 1 GG im Hinblick auf die betroffene Menschenwürde aus Art. 1 Abs. 1 GG irrelevant ist, wäre der Verweis auf Gewaltdarstellungen in Computerspielen und im Fernsehen, gegen die nicht eingeschritten wird, ohnehin nicht maßgeblich, weil bei diesen die Spiele auf Bildschirme projiziert werden, ohne dass es zu einer unmittelbaren körperlichen Betroffenheit kommt, sodass ein Verstoß gegen Art. 3 Abs. 1 GG nicht gegeben wäre (OVG Münster DÖV 2001, 217).

4. Zwischenergebnis

Auf Grundlage des nationalen Rechts ist die Maßnahme rechtmäßig. Die Klage wäre somit bei bloßer Anwendung des deutschen Rechts unbegründet, sodass eine Entscheidungserheblichkeit im Sinne des Art. 267 AEUV besteht.

Somit ist prozessual und materiell im Rahmen der Prüfungskompetenz das Vorlageverfahren nach Art. 267 AEUV maßgeblich mit der Folge, dass das Verwaltungsgericht das Verfahren unter Umständen aussetzen und dem maßgeblichen Gericht vorlegen wird.

II. Vorabentscheidung und Anwendungsvorrang des Unionsrechts

Fraglich ist, ob es mit den Vorschriften des Vertrages über die Arbeitsweise der Europäischen Union, insbesondere den Grundfreiheiten aus den Artt. 56, 34, 49 AEUV, vereinbar ist, dass nach nationalem Recht eine bestimmte gewerbliche Betätigung – der Betrieb des Laserdroms mit simulierten Tötungshandlungen – untersagt werden muss, weil gegen die verfassungsrechtlichen Wertentscheidungen eines Mitgliedstaats verstoßen wird, ohne dass in den anderen Mitgliedstaaten entsprechende Rechtsüberzeugungen bestehen.

Unabhängig davon, ob der Anwendungsvorrang des Unionsrechts sich aus dem jeweiligen Hoheitsakt zur Übertragung der Gewalt auf die Europäische Union in Verbindung mit dem Zustimmungsgesetz zur Übertragung der Hoheitsgewalt auf die Europäische Union i.V.m. Art. 23 Abs. 1 GG oder aus dem in den Verträgen verankerten Grundsatz des effet utile ergibt und das Fachgericht die Möglichkeit hat, das nationale Recht im Rahmen seiner eingeschränkten Verwerfungskompetenz anzuwenden oder nicht anzuwenden (vgl. EuGH Rs. 106/77, Slg. 1978, 629, Rz. 21/23, 24, Simmenthal II), kann das Fachgericht bezüglich unionsrechtlicher Fragen gemäß Art. 267 Abs. 2 AEUV den Gerichtshof der europäischen Union anrufen. Das letztinstanzliche Fachgericht ist gemäß Art. 267 Abs. 3 AEUV sogar zur Vorlage verpflichtet, wobei unabhängig von der Instanz eine Auslegungsvorlage bezüglich des primären Unionsrechts gemäß Art. 267 Abs. 1 lit. a AEUV oder eine Gültigkeits- oder Auslegungsvorlage bezüglich sekundären Unionsrechts gemäß Art. 267 Abs. 1 lit. b AEUV möglich ist, wobei im Rahmen einer Gültigkeitsvorlage auch von einer Vorlagepflicht auszugehen ist. Gemäß Art. 267 Abs. 2 AEUV besteht bei Gerichten somit grundsätzlich eine Einschätzungsprärogative bezüglich des Erfordernisses der Vorlage beim Gerichtshof der Europäischen Union. Jedenfalls bei Auslegungsvorlagen sind lediglich Gerichte, deren Entscheidung nicht mit Mitteln innerstaatlichen Rechts angefochten werden kann, gemäß Art. 267 Abs. 3 AEUV zur Vorlage beim Gerichtshof der Europäischen Union verpflichtet, wobei eine Vorlage im Sinne des effet utile in Verbindung mit dem Anwendungsvorrang des Unionsrechts auch erfolgen muss, soweit ein Instanzenzug zwar vorgesehen, jedoch faktisch mangels Einschränkungen wie zum Beispiel der Nichtzulassung der Berufung im Sinne der §§ 124ff. VwGO oder der Nichtzulassung der Revision im Sinne der §§ 132ff. VwGO nicht möglich ist.

Es ist daher zumindest davon auszugehen, dass das erkennende Gericht aufgrund des ihm zugewiesenen Ermessens aus rechtsstaatlichen Gründen jedenfalls der Vorlagepflicht nachkommen wird, falls die Vorlage aus Sicht des Verwaltungsgerichts zulässig und begründet, sowie die Rechtslage bezüglich des Unionsrechts nicht eindeutig ist. Insoweit besteht eine Prüfungskompetenz des Verwaltungsgerichts.

1. Zulässigkeit der Vorabentscheidung[11]

Die Vorabentscheidung im Sinne des Art. 267 Abs. 1 AEUV kann zulässig sein.

a) Zuständigkeit des Gerichtshofes der Europäischen Union

Der Gerichtshof der Europäischen Union ist im Sinne der ihm enumerativ zugewiesenen Verfahren zuständig. Die Vorabentscheidung zwecks verbindlicher Auslegung des Unionsrechts ist ihm in Art. 267 Abs. 1 AEUV zugewiesen.

11 Die prozessualen Aspekte sind der Aufgabenstellung entsprechend im Rahmen der Prüfungskompetenz des Verwaltungsgerichts vor dem Vorlagebeschluss zu erörtern.

b) Verfahrensabhängige Voraussetzungen

Die verfahrensabhängigen Voraussetzungen können erfüllt sein.

aa) Vorlageberechtigung

Das Vorlagegericht muss vorlageberechtigt sein. Vorlageberechtigt im Sinne des Art. 267 Abs. 2 AEUV sind eigenständige, unabhängige Einrichtungen, die aufgrund einer gesetzlichen Grundlage für Entscheidungen mit Rechtsprechungscharakter und transparente Vorschriften zuständig sind. Das Verwaltungsgericht ist zur Rechtsprechung einschließlich des Urteilsspruches zuständig und somit vorlageberechtigt.

bb) Vorlagefrage

Es bedarf einer zulässigen Vorlagefrage im Sinne einer Auslegungsvorlage bezüglich des primären Unionsrechts gemäß Art. 267 Abs. 1 lit. a AEUV oder einer Gültigkeits- oder Auslegungsvorlage bezüglich sekundären Unionsrechts gemäß Art. 267 Abs. 1 lit. b AEUV. Die Vorlagefrage muss auf das Unionsrecht bezogen sein, weil der Europäischen Union keine Rechtsprechungskompetenz für nationale Rechtssetzungsakte übertragen worden ist, sodass der Gerichtshof der Europäischen Union insoweit unzuständig ist. Bezüglich der Untersagung des Betriebs des Laserdroms kommt die Auslegungsvorlage bezüglich der Reichweite des Vertrages der Europäischen Union und des Vertrages über die Arbeitsweise der Europäischen Union sowie der EU-Grundrechte-Charta, auf die in Art. 6 Abs. 1 EUV verwiesen wird, insbesondere die Artt. 15, 16 EU-GR-Charta als primäres Unionsrecht in Betracht.

cc) Entscheidungserheblichkeit

Das Unionsrecht muss aus Sicht des nationalen Fachgerichts entscheidungserheblich sein.

Nach der Gesetzesanwendung des § 17 Abs. 1 ASOG besteht kein Anspruch des G auf den weiteren Betrieb seines Gewerbes. Sollte das Unionsrecht dahingehend auszulegen sein, dass die nationale Untersagung nicht mit den Regelungen der Verträge vereinbar ist, wäre das nationale Recht insoweit nicht anwendbar und die Untersagungsverfügung wäre nicht gerechtfertigt. Dann könnte unter Umständen doch ein Anspruch des G auf den Betrieb seines Laserdroms bestehen. Das Unionsrecht ist somit grundsätzlich entscheidungserheblich.

Ausnahmsweise besteht keine Entscheidungserheblichkeit, soweit bezüglich der Vorlagefrage bereits eine gesicherte Rechtsprechung besteht – etwa weil in einer vergleichbaren Konstellation bereits vom Gerichtshof der Europäischen Union entschieden wurde – oder die korrekte Anwendung des Unionsrechts derart offenkundig ist, dass kein Raum für einen vernünftigen Zweifel an der Entscheidung der gestellten Frage bleibt und das Gericht davon überzeugt ist, dass für die übrigen mitgliedstaatlichen Gerichte und den Gerichtshof der Europäischen Union die gleiche Gewissheit besteht, da insoweit eine eingeschränkte Verwerfungskompetenz des Verwaltungsgerichts dahingehend besteht, dass es das nationale Recht nach eigener unionsrechtlicher Prüfung im Rahmen der Prüfungskompetenz nicht anwendet („acte-clair" Doktrin; CILFIT-Kriterien zur Rechtfertigung einer Nichtvorlage i.S.d. Art. 267 AEUV; EuGH Rs. 283/81, Urteil vom 6.10.1982, Slg. 1982, 3415, Rz. 16, CILFIT). Es ist insoweit jedoch von einer ungefestigten Rechtsprechung des Gerichtshofes der Europäischen Union auszugehen und auch eine Offenkundigkeit ist nicht gegeben.[12] Daher ist die Vorabentscheidung entscheidungserheblich.

dd) Vorlagepflicht

Eine Vorlagepflicht für das nationale Gericht besteht über die Vorgaben im Sinne des Art. 267 Abs. 3 AEUV, soweit eine Berufung im Sinne der §§ 124 ff. VwGO oder eine Sprungrevision im Sinne des § 134 VwGO nicht zugelassen ist. Soweit eine positive Bescheidung diesbezüglich nicht ersichtlich ist, ist im Zweifel europarechtsfreundlich von der Letztinstanzlichkeit auszugehen, sodass eine Vorlagepflicht besteht.

ee) Allgemeines Rechtsschutzbedürfnis

Das allgemeine Rechtsschutzbedürfnis besteht nicht, falls eine Nichtigkeitsklage im Sinne des Art. 263 AEUV grundsätzlich möglich wäre, jedoch im Sinne des Art. 263 Abs. 6 AEUV verfristet und die Nichtigkeitsklage offensichtlich unzulässig ist. Da es sich bezüglich der Vorabentscheidung des G nicht um eine Gültigkeitsvorlage handelt, bleibt eine Nichtigkeitsklage für G außer Betracht, sodass es nicht am allgemeinen Rechtsschutzbedürfnis fehlt.

ff) Zwischenergebnis

Die Vorabentscheidung wäre zulässig.

12 Insoweit ist die Aufgabenstellung zu beachten, in der entsprechende Vorgaben gemacht worden sind.

2. Begründetheit der Vorabentscheidung

Die Vorabentscheidung gemäß Art. 267 AEUV wäre begründet, soweit Unionsrecht dahingehend auszulegen wäre, dass durch eine Untersagungsverfügung für einen Laserdrom ungerechtfertigt gegen primäres oder sekundäres Unionsrecht verstoßen werden würde.[13]

Dies wäre jedenfalls anzunehmen, soweit durch die Untersagungsverfügung die Verträge als Primärrecht einschließlich der Protokolle und Anhänge verletzt werden würden. Zu den maßgeblichen Normen gehören die §§ 28 ff. AEUV, in denen die Grundfreiheiten geregelt sind, sowie die EU-Grundrechte-Charta, welche wegen des Verweises in Art. 6 Abs. 1 EUV mit den Verträgen gleichrangig und als primäres Unionsrecht einzustufen ist. Auch sonstige rechtsstaatliche Mindestanforderungen im Sinne des Art. 2 EUV sind als Primärrecht zu beachten, während die Europäische Menschenrechtskonvention gemäß Art. 6 Abs. 3 EUV nicht mit den Verträgen gleich gestellt ist und somit lediglich als Auslegungshilfe bezüglich des Primärrechts maßgeblich ist.

Maßgebend für die Begründung eines Verstoßes gegen Primärrecht durch die Untersagungsverfügung könnte ihre Unvereinbarkeit mit der Dienstleistungsfreiheit nach Art. 56 AEUV sowie mit dem freien Warenverkehr nach Art. 28 AEUV sein.

a) Dienstleistungsfreiheit

Die Untersagungsverfügung könnte mit der Dienstleistungsfreiheit unvereinbar sein.

aa) Schutzbereich der Dienstleistungsfreiheit

Der Anwendungsbereich der Dienstleistungsfreiheit im Sinne des Art. 56 AEUV kann eröffnet sein.

(1) Sachlicher Schutzbereich

Der sachliche Anwendungsbereich kann eröffnet sein. Dazu bedarf es eines grenzüberschreitenden Elementes bezüglich einer sachlich geschützten Tätigkeit, ohne dass eine Bereichsausnahme besteht.

---

13 Der Gerichtshof der Europäischen Union prüft nicht die Vereinbarkeit des nationalen Rechtssetzungsaktes mit Unionsrecht, sondern nur die zum Unionsrecht gestellte Vorlagefrage.

(a) Grenzüberschreitendes Element

Erforderlich ist zunächst ein grenzüberschreitendes Element. Die Grundfreiheiten sind nur anwendbar, soweit sich aus dem zugrunde liegenden Sachverhalt ein Unionsbezug ergibt. Ein solcher kann sowohl aktiv als auch passiv bestehen, also entweder bestehen, wenn der sich auf die Grundfreiheit Berufende seine Dienstleistung in einem anderen Mitgliedstaat aktiv erbringen möchte oder passiv die in einem anderen Mitgliedstaat angebotene Dienstleistung im Sinne des Art. 56 AEUV entgegennehmen will. Eine Dienstleistung ist daher bereits grenzüberschreitend, wenn ein inländischer Empfänger sie in einem anderen Mitgliedstaat nachfragt.

Die Firma des G ist Franchisenehmerin einer britischen Firma, die das Laserdrom-Konzept vertreibt. Das vom Gewerbeamt ausgesprochene Verbot betrifft somit einen grenzüberschreitenden Sachverhalt.

(b) Inhalt der Dienstleistungsfreiheit

Sachlich sollen mittels der Artt. 56–62 AEUV jegliche Beschränkungen des Dienstleistungsverkehrs unterbunden werden. Dienstleistungen im Sinne der Verträge sind gemäß Art. 57 Abs. 1 AEUV Leistungen, die in der Regel gegen Entgelt erbracht werden, soweit sie nicht den Vorschriften über den freien Waren- und Kapitalverkehr und über die Freizügigkeit der Personen unterliegen. Als Dienstleistungen gelten gemäß Art. 57 Abs. 2 lit. a AEUV insbesondere gewerbliche Tätigkeiten.

Der britische Franchisegeber ist gehindert, seine Dienstleistungen in Form des Franchisingvertrages an seinen deutschen Kunden, die Firma des G, zu erbringen, weil G am Empfang gehindert wird, während der Franchisegeber nach den Feststellungen der Kommission entsprechende Dienstleistungen in seinem Sitzstaat Großbritannien legal erbringt (EuGH, Urteil vom 14.10.2004 – C-36/02). Die Dienstleistungsfreiheit ist somit betroffen.

(2) Persönlicher Schutzbereich

Vom persönlichen Anwendungsbereich der Dienstleistungsfreiheit sind personell sämtliche in der Union ansässige Staatsangehörige der Mitgliedstaaten erfasst. Juristische Personen, die in der Europäischen Union ansässig sind, sind gemäß Art. 62 AEUV i.V.m. Art 54 Abs. 1 AEUV gleichgestellt worden.

bb) Beeinträchtigung

Die Dienstleistungsfreiheit im Sinne des Art. 56 AEUV kann durch die Untersagungsverfügung beeinträchtigt worden sein.

Ähnlich wie bei den nationalen Grundrechten sind bei den Grundfreiheiten vergleichbar einem unmittelbaren klassischen Eingriff jedenfalls offene Diskriminierungen als Eingriff einzustufen. Diskriminierungen sind – dies ergibt sich auch aus den Artt. 10, 18 AEUV – im Rahmen der Europäischen Union unzulässig. Der Eingriffstatbestand kann allerdings weiter definiert sein.

(1) Erweiterung des Beeinträchtigungstatbestandes

Da die Grundfreiheiten im Sinne der effektiven Umsetzung des Unionsrechts, des effet utile, verstärkt durch rechtsstaatliche Grundsätze im Sinne des Art. 5 EUV möglichst weit zur Geltung kommen müssen, ist der Beeinträchtigungstatbestand weit auszulegen. Beeinträchtigungen sind daher alle Maßnahmen, die geeignet sind, den innerunionsbezogenen Handel offen oder verdeckt tatsächlich oder potentiell zu behindern sowie Maßnahmen mit gleicher Wirkung, also Beschränkungen (EuGH Rs. 8/74, Urteil vom 11.7.1974, Slg. 1974, 837, „Dassonville"). Auch bei nicht zweckgerichteten Regelungen ist es letztlich ausschlaggebend, wie solche zwischen den Mitgliedstaaten wirken.

Bei diesem weiten Beeinträchtigungsverständnis sind als Beeinträchtigung sowohl offene und verdeckte Diskriminierungen – Diskriminierungen sind nationalitätsbezogen – einzustufen, als auch offene und verdeckte Beschränkungen, wobei Beschränkungen nicht nationalitätsbezogen, sondern auf mehrere Mitgliedstaaten bezogen sind. Offene Beeinträchtigungen sind zielgerichtet, während verdeckte Beeinträchtigungen mittelbar erfolgen.

(a) Offene und verdeckte Diskriminierung

In der Untersagungsverfügung wird nicht offen an die Nationalität angeknüpft, sodass insoweit keine offene Diskriminierung erfolgt. Auch eine verdeckte Diskriminierung ist nicht ersichtlich, weil auch insoweit jeglicher mittelbarer Bezug zur Nationalität fehlt.

(b) Offene und verdeckte Beschränkung

Durch die Untersagungsverfügung wird nicht offen an eine Beschränkung des Laserdrom-Betriebs angeknüpft, sondern vielmehr nur an das Gewerbe des G, wodurch mittelbar dessen britischer Franchisegeber beeinträchtigt wird. Damit ist die Untersagungsverfügung insoweit als mittelbare Beschränkung einzustufen.

(2) Einengung des Beeinträchtigungstatbestandes

Der grundsätzlich weit gefasste Beeinträchtigungstatbestand könnte aufgrund einer schutzbereichsbezogenen Beeinträchtigungsdefinition im Rahmen einer Rückausnahme wieder einzuengen sein (vgl. EuGH Rs. C-267 u. 268/91, Urteil vom 24.11.1993, Slg. 1993, I-6097, „Keck“ zur Warenverkehrsfreiheit). Eine derartige Einengung des Beeinträchtigungstatbestandes könnte erfolgen, soweit es lediglich um die Ausgestaltung der Dienstleistung, nicht aber um den Zugang zur Dienstleistung geht. Derartige Anhaltspunkte bestehen jedoch nicht, weil die Art des in Frage stehenden Laserdrom-Konzepts vollständig untersagt werden soll. Das hätte eine Beeinträchtigung des Zugangs zur Dienstleistung zur Folge. Eine Einengung des Beeinträchtigungstatbestandes kann somit nicht erfolgen.

cc) Rechtfertigung

Die durch die Richtlinie erfolgte Beeinträchtigung der Dienstleistungsfreiheit kann gerechtfertigt sein. Insoweit kommen einerseits geschriebene, andererseits ungeschriebene Schranken in Betracht. Während bei offenen Diskriminierungen nur die geschriebenen Schranken anwendbar sind – auf diese ursprünglich bedachten Beeinträchtigungen in die Grundfreiheiten ist die geschriebene Schrankensystematik abgestimmt worden –, gelten für offene und verdeckte Beschränkungen sowie für verdeckte Diskriminierungen als Beeinträchtigungen der Grundfreiheiten, die bei der Fassung der Verträge nicht bedacht worden sind, auch ungeschriebene Schranken.

(a) Geschriebene Rechtfertigungsgründe

Beeinträchtigungen der Dienstleistungsfreiheit im Sinne des Art. 56 AEUV können aufgrund der in Art. 52 Abs. 1 AEUV für die Niederlassungsfreiheit geregelten ausdrücklichen Schranken, die gemäß Art. 62 AEUV auch für die Dienstleistungsfreiheit gelten, gerechtfertigt sein.

Danach sind Beschränkungen zulässig, die gesondert für Ausländer gelten und aus Gründen der öffentlichen Sittlichkeit, Ordnung und Sicherheit oder Gesundheit gerechtfertigt sind. Die öffentliche Ordnung ist insoweit zwar bereichsspezifisch unionsrechtlich auszulegen, jedoch überschneidet sie sich in Kernbereichen wie der Menschenwürde, die nicht nur in speziellen unionsrechtlichen Regelungen, sondern auch in den Grundlagen im Sinne des Art. 2 EUV verankert ist.

Dem Wortlaut entsprechend muss dann die Anwendbarkeit der geschriebenen Schranke des Art. 52 Abs. 1 AEUV mangels Sonderregelung für Ausländer abgelehnt werden. Allerdings ist im Sinne eines Erst-recht-Schlusses angenommen worden, dass wenn Maßnahmen sogar nur gegenüber Ausländern möglich sind, diese erst recht unterschiedslos gegenüber Inländern und Ausländern zulässig sein müssen (Gröpl/Brandt, VerwArch 2004, 223, 251).[14]

In der Untersagungsverfügung wurde ausdrücklich auf die öffentliche Ordnung abgestellt und auf § 17 Abs. 1 ASOG Bezug genommen. Insofern kann der Eingriff in die Dienstleistungsfreiheit nach Art. 52 AEUV gerechtfertigt sein.

Da jedenfalls die Maßnahmen zum Schutz der öffentlichen Ordnung einer der in Art. 52 AEUV aufgezählten Ausnahmen zur Gewährleistung des freien Dienstleistungsverkehrs entspricht, ist es irrelevant, ob diese Maßnahmen unterschiedslos sowohl auf im Inland ansässige Dienstleistungserbringer als auch auf in anderen Mitgliedstaaten ansässige Dienstleistungserbringer anwendbar sind, wobei davon auszugehen ist, dass die maßgebliche Verfügung ohne Ansehung der Staatszugehörigkeit der Erbringer oder Empfänger der von der Beschränkung betroffenen Dienstleistungen ergangen ist.

(aa) Überprüfung der Anwendung der vertraglichen Ausnahme

Dass ein Mitgliedstaat sich auf eine vertraglich vorgesehene Ausnahme berufen kann, hindert jedoch nicht an der gerichtlichen Überprüfung der Maßnahmen, mit denen diese Ausnahme angewandt wird (vgl. Urteil vom 4. Dezember 1974 in der Rechtssache 41/74, Van Duyn, Slg. 1974, 1337, Rdn. 7). Außerdem ist der Terminus der öffentlichen Ordnung im Unionsrecht eng auszulegen, soweit durch ihn eine Ausnahme von der Grundfreiheit des freien Dienstleistungsverkehrs gerechtfertigt werden soll. Das bedeutet, dass seine Tragweite nicht von jedem Mitgliedstaat einseitig ohne Nachprüfung durch die Organe der Union bestimmt werden darf (vgl. entsprechend für die Freizügigkeit der Arbeitnehmer Urteile Van Duyn, Rdn. 18, und vom 27. Oktober 1977 in der Rechtssache 30/77, Bouchereau, Slg. 1977, 1999, Rdn. 33). Folglich ist eine Berufung auf die öffentliche Ordnung nur möglich, wenn eine tatsächliche und hinreichend schwere Gefährdung gegeben ist, durch die ein Grundinteresse der Gesellschaft berührt wird (vgl. Urteil vom 14. März 2000 in der Rechtssache C-54/99, Église de scientologie, Slg. 2000, I-1335, Rdn. 17).

---

14 Der Gerichtshof der Europäischen Union verzichtet auf jegliche Erläuterung und wendet Art. 52 AEUV an: „[...] so sind nach dem gemäß Artikel 55 EG auf diesem Sachgebiet anwendbaren Artikel 46 EG Beschränkungen zulässig, die aus Gründen der öffentlichen Ordnung, Sicherheit oder Gesundheit gerechtfertigt sind. Im vorliegenden Fall geht aus den Akten hervor, dass die Beklagte in der Begründung der Untersagungsverfügung ausdrücklich ausführt, dass die betroffene Betätigung eine Gefahr für die öffentliche Ordnung darstelle."

Dabei können jedoch die konkreten Umstände, durch die möglicherweise die Berufung auf den Terminus der öffentlichen Ordnung gerechtfertigt werden kann, von Land zu Land und im zeitlichen Wechsel verschieden sein. Insoweit ist den zuständigen innerstaatlichen Behörden daher ein Beurteilungsspielraum innerhalb der durch die Verträge gesetzten Grenzen zuzubilligen (Urteile Van Duyn, Rdn. 18, und Bouchereau, Rdn. 34).

Die Veranstaltung des Laserdroms durch G impliziert eine Gefahr für die öffentliche Ordnung, weil die gewerbliche Veranstaltung von Unterhaltungsspielen mit simulierten Tötungshandlungen an Menschen nach der in der öffentlichen Meinung vorherrschenden Auffassung mit einer in der nationalen Verfassung verankerten grundlegenden Wertvorstellung nicht vereinbar ist, weil gegen die Menschenwürde und damit auch gegen das nationale Recht verstoßen wird.

Die nationalen Grundrechte sind gemäß Art. 6 Abs. 3 EUV und Art. 2 EUV zu den allgemeinen Rechtsgrundsätzen zu zählen, deren Wahrung der Gerichtshof der Europäischen Union im Rahmen seines Rechtsbereiches ebenso zu berücksichtigen hat wie die EU-Grundrechte-Charta, die gemäß Art. 6 Abs. 1 EUV als primäres Unionsrecht wirkt. Dabei lässt der Gerichtshof der Europäischen Union sich von den gemeinsamen Verfassungstraditionen der Mitgliedstaaten sowie von den Hinweisen leiten, die in den völkerrechtlichen Verträgen über den Schutz der Menschenrechte gegeben sind, an deren Abschluss die Mitgliedstaaten beteiligt waren oder denen sie beigetreten sind. Hierbei kommt der Europäischen Konvention zum Schutze der Menschenrechte wegen deren Einbeziehung in das Unionsrecht in Art. 6 Abs. 3 EUV besondere Bedeutung zu (vgl. insbesondere Urteile vom 18. Juni 1991 in der Rechtssache C-260/89, ERT, Slg. 1991, I-2925, Rdn. 41, vom 6. März 2001 in der Rechtssache C-274/99 P, Connolly/Kommission, Slg. 2001, I-1611, Rdn. 37, vom 22. Oktober 2002 in der Rechtssache C-94/00, Roquette Frères, Slg. 2002, I-9011, Rdn. 25, und vom 12. Juni 2003 in der Rechtssache C-112/00, Schmidberger, Slg. 2003, I-5659, Rdn. 71).

Die Gewährleistung der Achtung der Menschenwürde ist dabei als ein allgemeiner Rechtsgrundsatz der Unionsrechtsordnung einzustufen. Somit ist das Ziel, die Menschenwürde zu schützen, mit dem Unionsrecht vereinbar, ohne dass es insoweit eine Rolle spielt, dass in Deutschland dem Grundsatz der Achtung der Menschenwürde die besondere Stellung eines selbständigen Grundrechts zukommt (EuGH, Urteil vom 14.10.2004 – C-36/02).

(bb) Verhältnismäßigkeit

Weiterhin muss die Beschränkung aber auch verhältnismäßig sein, also geeignet, die Erreichung des verfolgten Ziels zu fördern und nicht weitreichender, als es zur Erreichung dieses Ziels erforderlich ist. In diesem Zusammenhang ist eine nationale Regelung nur geeignet, die Verwirklichung des geltend gemachten Ziels zu gewährleisten, wenn sie tatsächlich dem Anliegen gerecht wird, es in kohärenter und systematischer Weise zu erreichen. Keinesfalls dürfen die Beschränkungen diskriminierend angewandt werden (vgl. in diesem Sinne Urteil vom 8. September 2009, Liga Portuguesa de Futebol Profissional und Bwin International, C 42/07, Slg. 2009, I 7633, Rn 59–61 m.w.N.).

Da die Grundrechte sowohl seitens der Europäischen Union als auch seitens ihrer Mitgliedstaaten zu beachten sind, ist der Schutz dieser Rechte als ein berechtigtes Interesse einzustufen, das grundsätzlich geeignet ist, um eine Beschränkung der Dienstleistungsfreiheit zu rechtfertigen (vgl. in Bezug auf den freien Warenverkehr: Urteil Schmidberger, Rn 74).

Jedoch können Maßnahmen, durch die der freie Dienstleistungsverkehr eingeschränkt wird, nur durch Gründe der öffentlichen Ordnung gerechtfertigt werden, wenn sie zum Schutz der Belange, die durch sie gewährleistet werden sollen, erforderlich sind, und auch nur insoweit, als diese Ziele nicht mit Maßnahmen erreicht werden können, durch die der freie Dienstleistungsverkehr weniger einschränkt wird (vgl. in Bezug auf den freien Kapitalverkehr: Urteil Église de scientologie, Rn 18).

Insoweit ist es aber nicht notwendig, dass die von den Behörden eines Mitgliedstaats erlassene beschränkende Maßnahme einer allen Mitgliedstaaten gemeinsamen Auffassung darüber entspricht, wie das betreffende Grundrecht oder berechtigte Interesse zu schützen ist.[15] Vielmehr sind die Notwendigkeit und die Verhältnismäßigkeit der einschlägigen Bestimmungen nicht schon deshalb ausgeschlossen, weil ein Mitgliedstaat andere Schutzregelungen als ein anderer Mitgliedstaat erlassen hat (EuGH Urteil „Schindler“ vom 13.7.2011 – Az. T-139/0;7 vgl. in diesem Sinne Urteile Läärä u.a., Rdn. 36, Zenatti, Rdn. 34, und vom 11. September 2003 in der Rechtssache C-6/01, Anomar u.a., Slg. 2003, I-0000, Rdn. 80).

Durch Unterhaltungsspiele, die simulierte Gewalthandlungen gegen Personen, insbesondere die Darstellung der Tötungshandlungen an Menschen enthalten, wird der Schutzbereich der Menschenwürde tangiert, der mit dem

---

15 Weitere Ausführungen BVerwGE 115, 189: Zwar hat der Gerichtshof in Randnummer 60 des Urteils Schindler auf die sittlichen, religiösen oder kulturellen Erwägungen Bezug genommen, aufgrund deren alle Mitgliedstaaten die Veranstaltung von Lotterien oder anderen Glücksspielen Beschränkungen unterwerfen, er hat jedoch mit der Erwähnung dieser gemeinsamen Auffassung kein allgemeines Kriterium für die Beurteilung der Verhältnismäßigkeit nationaler Maßnahmen formulieren wollen, mit denen die Ausübung einer wirtschaftlichen Tätigkeit beschränkt wird.

Grundgesetz, das mittelbar vom Gerichtshof der Europäischen Union zu berücksichtigen ist, und den Verträgen der Europäischen Union sichergestellt werden soll. Die Untersagungsverfügung ist insoweit beschränkt, dass nur die Variante des Laserspiels untersagt wird, bei der es darum geht, auf menschliche Ziele zu schießen. Sie ist somit auf die spielerische Tötung von Personen bezogen. Die Verfügung ist somit auf das zur Erreichung des von den zuständigen nationalen Behörden verfolgten Ziels Notwendige beschränkt.

Nach alledem kann die Untersagungsverfügung nicht als eine Maßnahme eingestuft werden, durch die der freie Dienstleistungsverkehr ungerechtfertigt beeinträchtigt wird (EuGH, Urteil vom 14.10.2004 – C-36/02).

(b) Ungeschriebene Rechtfertigungsgründe und gegenläufige Unionsprinzipien

Neben den ausdrücklich für die Grundfreiheiten geschriebenen Schranken sind gegenläufige geschriebene Unionsprinzipien wie die gemäß Art. 6 Abs. 1 S. 1, 2 EUV als primäres Unionsrecht gleichrangig mit den Verträgen geltende Charta der Grundrechte der Europäischen Union oder die mittelbar gemäß Art. 6 Abs. 3 EUV geltende Europäische Menschenrechtskonvention zu berücksichtigen. Gleiches gilt für die in Art. 5 Abs. 1 S. 2 EUV geregelten Grundsätze der Subsidiarität und der Verhältnismäßigkeit.

In diesem Kontext sind als ungeschriebene Rechtfertigungsgründe auch zwingende Erfordernisse des Allgemeinwohls zu berücksichtigen (EuGH, Rs. 120/78, Urteil vom 20.2.1979, Slg. 1979, 649, Rz. 14, „Cassis-de-Dijon"; zum Ganzen: EuGH Rs. C-176/11), wobei allerdings auch diese vertragsimmanenten Schranken nur im Rahmen besonderer Voraussetzungen wie insbesondere der Verhältnismäßigkeit maßgeblich sind.

Jedoch ist der Verstoß gegen die Dienstleistungsfreiheit schon aufgrund des geschriebenen Rechtfertigungsgrundes des Art. 52 Abs. 1 AEUV i.V.m. Art. 62 AEUV gerechtfertigt, sodass etwaig einschlägige ungeschriebene Rechtfertigungsgründe sowie gegenläufige Unionsprinzipien darüber hinaus außer Betracht bleiben, zumal sie auch im Rahmen der Auslegung der öffentlichen Ordnung maßgeblich waren.[16]

(4) Zwischenergebnis

Die Untersagungsverfügung ist mit der Dienstleistungsfreiheit als primäres Unionsrecht vereinbar.

16 Nach der Aufgabenstellung sind die EU-GR-Charta und die EMRK nicht gesondert zu prüfen.

b) Warenverkehrsfreiheit

Da das Spiel in Form der vom britischen Franchisegeber entwickelten Variante die Benutzung einer besonderen Ausrüstung impliziert, die ebenfalls rechtmäßig im Vereinigten Königreich vermarktet wird, kann die Franchisegeberin durch die gegenüber G ergangene Untersagung zudem davon abgehalten werden, die fragliche Ausrüstung zu erwerben, wodurch die in Art. 34 AEUV enthaltene Warenverkehrsfreiheit beeinträchtigt sein könnte.

Eine unionsrechtliche Frage im Hinblick auf eine nationale Maßnahme, durch die sowohl der freie Dienstleistungsverkehr als auch der freie Warenverkehr beeinträchtigt wird, ist für den Gerichtshof der Europäischen Union grundsätzlich nur im Hinblick auf eine dieser beiden Grundfreiheiten, wenn konkret eine der beiden Grundfreiheiten der anderen gegenüber evident zweitrangig ist und ihr zugeordnet werden kann (vgl. in diesem Sinne Urteile Schindler, Rdn. 22, Canal Satélite Digital, Rdn. 31, und vom 25. März 2004 in der Rechtssache C-71/02, Karner, Slg. 2004, I-0000, Rdn. 46).

Unter den Umständen des Ausgangsverfahrens tritt der Aspekt der Warenverkehrsfreiheit hinter dem der Dienstleistungsfreiheit zurück. Die streitige Untersagungsverfügung ist hinsichtlich der Einfuhr von Waren auf speziell für die untersagte Laserspielvariante entwickelte Ausrüstung beschränkt. Diese Beschränkung ist aber nur als zwangsläufige Folge der Untersagung des Laserdrom-Konzepts, also die Bereitstellung von Dienstleistungen einzustufen. Demnach ist die Warenverkehrsfreiheit aufgrund ihrer Subsidiarität irrelevant.

c) Niederlassungsfreiheit

Für einen Eingriff in die Niederlassungsfreiheit im Sinne des Art. 49 AEUV fehlen Anhaltspunkte, weil nicht das Unternehmen des britischen Franchisegebers einen Standort in Deutschland errichten wollte bzw. ein solcher untersagt wurde, sondern sich die Maßnahme gegen das Unternehmen des G richtete, dessen Gewerbe jedoch mangels Anhaltspunkten nicht als solches des britischen Franchisegebers einzustufen ist (BVerwGE 115, 189).

III. Ergebnis zur Vorlagefrage

Das Verwaltungsgericht wird das Verfahren hinsichtlich der Rechtmäßigkeit der Untersagungsverfügung in Bezug auf die unionsrechtliche Frage der Auslegung der Dienstleistungsfreiheit im Sinne des Art. 56 AEUV dem Gerichtshof der Europäischen Union gemäß Art. 267 AEUV vorlegen und das Verfahren insofern aussetzen.

Der Gerichtshof der Europäischen Union wird im Rahmen der Vorlage im Sinne des Art. 267 AEUV zum gleichen Ergebnis kommen wie das Verwaltungsgericht im Rahmen seiner Prüfungskompetenz, um dem Verwaltungsgericht anschließend die Frage zu beantworten, und das Verfahren bei Verwaltungsgericht wird fortgesetzt werden.

C. Ergebnis

Durch die Verfügung wird weder deutsches Recht noch Unionsrecht verletzt. Damit sind zwar die Sachurteilsvoraussetzungen der Anfechtungsklage erfüllt und diese ist zulässig, jedoch wird das Verwaltungsgericht die Klage nach Beantwortung der Vorlagefrage durch den Gerichtshof der Europäischen Union mangels Begründetheit abweisen.

Besonderes Verwaltungsrecht – Fall 17 – GewR: „Ein ‚Absacker' zu viel ..."

Im Januar wurde von dem als Behörde der Universität U – diese ist wiederum als Körperschaft öffentlichen Rechts organisiert – organisierten Studentenwerk S eine neue Studentenkneipe im Bundesland Bu ordnungsgemäß in Betrieb genommen. In dem Café werden auch alkoholische Getränke zum Verkauf angeboten, sodass das Geschäft besonders abends boomt, wenn sich die Studenten nach langen Tagen in der Bibliothek noch auf einen gemütlichen „Absacker" treffen. Eine solche Zusammenkunft dauert in der Woche oft bis in die späten Abendstunden und an den Wochenenden sogar bis in die frühen Morgenstunden, insbesondere steigt dann mit steigendem Alkoholpegel die Musiklautstärke.

Das missfällt dem Nachbarn F. Dieser zog im November des Eröffnungsjahres der Studentenkneipe in seine Wohnung nahe der Lokalität in ein Wohngebiet, das zu den gut betuchten Stadtvierteln der Stadt B zählt und für seine ruhige, leicht konservative Atmosphäre bekannt ist. Von einer Studentenkneipe in unmittelbarer Nachbarschaft wusste F zwar, jedoch dachte er, dass ein paar junge Leute das Stadtviertel doch eher beleben würden. F änderte seine Meinung aber sehr schnell als nach dem langen und kalten Winter der langersehnte Frühling kam und die Studenten schon im März des Folgejahres seines Einzuges begannen, die lauen Abende zu genießen.

Durch die nächtlichen Studententreffen um seinen Schlaf gebracht, wandte sich F daraufhin im Juli des Folgejahres seines Einzuges mit der Bitte, die nächtlichen Querelen zu beenden, an das für Gewerbeangelegenheiten zuständige Gewerbeamt L des Bundeslandes Bu. Nachdem 6 Monate verstrichen waren, hatte F vom Gewerbeamt noch nichts gehört, sodass er sich mit demselben Anliegen an das zuständige Verwaltungsgericht wandte.

L trug während des verwaltungsgerichtlichen Verfahrens vor, dass es als Amt nicht zuständig sei und sich F entweder an die allgemeinen Ordnungsbehörden oder direkt an S wenden müsse. Außerdem seien die nächtlichen Lautstärkepegel noch innerhalb des Hinnehmbaren.

F weist hingegen darauf hin, dass die Inbetriebnahme schon mangels Gewerbeerlaubnis rechtswidrig sei. Die Art des Verhaltens sowie die andauernde enorme Lautstärke seien für eine Gewerbeuntersagung wegen Unzuverlässigkeit ausreichend. Jedenfalls aber müsste die Studentenkneipe bereits wegen der enormen Musiklautstärke geschlossen werden.

Während des verwaltungsgerichtlichen Verfahrens wurde festgestellt, dass die Lautstärke tagsüber und zum frühen Abend zwischen 50 und 53 dB schwankt, jedoch nach 22 Uhr mit steigendem Alkoholkonsum die Laustärke auf Spitzenwerte bis zu 68 dB steige.

Wird F mit seiner Klage Erfolg haben? Erstellen Sie das erforderliche Rechtsgutachten und unterstellen Sie, dass in dem maßgeblichen Gebiet ein allgemeines Wohngebiet im Sinne des § 4 Bau NVO ausgewiesen ist.

Zu berücksichtigende Normen:
TA-Lärm
6.1. Immissionsrichtwerte für Immissionsorte außerhalb von Gebäuden
Die Immissionsrichtwerte für den Beurteilungspegel betragen für Immissionsorte außerhalb von Gebäuden
[...]
d) in allgemeinen Wohngebieten und Kleinsiedlungsgebieten
tags 55 dB(A)
nachts 40 dB(A)
e) in reinen Wohngebieten
tags 50 dB(A)
nachts 35 dB(A)
[...]

Bearbeitungsvermerk
Der Betrieb einer Studentenkneipe mit Alkoholausschank durch das Versorgungswerk ist nicht grundsätzlich zu beanstanden. Soweit ein Verwaltungsverfahrensgesetz maßgeblich ist, gilt das Verwaltungsverfahrensgesetz des Bundes.

2. Komplex
Als die Polizisten A und H durch die Stadt W fahren, fällt ihnen in einem eher verruchten Hinterhof eine größere Menschenansammlung auf. A und H begeben sich dorthin und stellen fest, dass sich in einem der Gebäude eine Spelunke mit Namen „Pole Position" befindet. Sie beschließen die Spelunke mal näher in Augenschein zu nehmen und treten ein. Die „Pole Position" stellt sich als zwielichtige Location für die Veranstaltung von Boxkämpfen heraus. Bevor A und H weitere Maßnahmen ergreifen, wollen sie erst noch mehr Informationen sammeln. Sie lassen sich aber vorsichtshalber schon die Personalien der Inhaber G und M zur Identitätsfeststellung geben.

Zur gleichen Zeit stellt auch das zuständige Gewerbeamt Nachforschungen über die „Pole Position" von G und M an und stellt dabei fest, dass beide schon früher eine ähnliche Spelunke betrieben haben, ihnen aber wegen ständiger Trunkenheit und Handgreiflichkeiten gegenüber den Gästen im Dezember vor fünf Jahren das Gewerbe ordnungsgemäß untersagt wurde. Das Gewerbeamt erlässt daraufhin am 1. Februar des Jahres fünf Jahre nach der damaligen Untersagungsverfügung erneut eine Untersagungsverfügung gegen G und M mit der Begründung, dass bevor ein neues Gewerbe in Betrieb genommen würde, zunächst die Wiedergestattung des Gewerbes beantragt werden müsse. Schon dieses ignorante Verhalten und die andauernde Auffälligkeit der M und G wegen Trunkenheit stellten eine ausreichende Grundlage für eine Untersagungsverfügung dar.

M und G beratschlagen nun über ihr weiteres Vorgehen. Sie sind der Meinung, dass zunächst schon die Identitätsfeststellung durch A und H rechtwidrig gewesen sei. Schließlich hatten sie sich nichts zu Schulden kommen lassen und solche Maßnahmen würden einen falschen Eindruck bei den Besuchern hervorrufen.

Hinzu komme, dass es für die Untersagungsverfügung keine Grundlage gäbe, denn sie hätten eine Alkoholentziehungskur mittlerweile erfolgreich abgeschlossen und hätten Anti-Aggressionskurse besucht. Das können sie durch entsprechende Bescheinigungen nachweisen. Außerdem sei eine Beantragung der Wiedergestattung des Gewerbes überflüssig, denn nun sei schon so viel Zeit vergangen, dass sie „quasi automatisch" wieder zur Gewerbeausübung berechtigt seien.

G und M wenden sich mit der Bitte, die Rechtmäßigkeit der Untersagungsverfügung – nicht aber der Identitätsfeststellung – zu prüfen, an Sie. Gehen Sie davon aus, dass die zuständige Gewerbeaufsicht beim Erlass der Verfügung die Verfahrens- und Formvorgaben eingehalten hat.

Abwandlung 2. Komplex

Im September des Jahres vor der zweiten Untersagungsverfügung hatten G und M (mit gleicher Vorgeschichte wie zuvor) die Genehmigung für ihren neuen Strip-Club „Pole Position" beim zuständigen Gewerbeamt beantragt und von der Behörde keine Antwort erhalten. Im Januar des Folgejahres beschlossen G und M, dass mit der Eröffnung nicht länger gewartet werden könne und nahmen den Club in Betrieb. Erneut möchte das zuständige Gewerbeamt eine Untersagungsverfügung erlassen. Das Gewerbeamt ist sich aber unsicher, auf welche Grundlage die Verfügung gestützt werden kann und wendet sich mit dieser Frage an Sie. Gehen Sie davon aus, dass es bezüglich der Genehmigung des Strip-Clubs keine landesrechtlichen Spezialregelungen gibt.

Schwerpunkte
störender Hoheitsträger
rechtliche Einordnung der TA-Lärm
Gewerbeuntersagung
Begriff der Unzuverlässigkeit im Sinne des § 35 Abs. 1 GewO

Vertiefung
BVerwG, Urteil vom 19. Januar 1989 – BVerwG 7 C 77.87 – BVerwGE 81, 197 <203> [BVerwG 19.1.1989 – 7 C 77/87]; Beschluss vom 18. Dezember 1990 – BVerwG 4 N 6.88 – ZfBR 1991, 120 <123> BVerwG, Urteil vom 29. April 1988 – BVerwG 7 C 33.87 – BVerwGE 79, 254 <260> [BVerwG 29.4.1988 – 7 C 33/87] unter Berufung auf BVerwGE 51, 15 <34> [BVerwG 21.5.1976 – IV C 80/74] und 77, 285 <289 f.; vgl. BVerwG, Beschluss vom 18. Dezember 1990, BVerwG 4 N 6.88 – ZfBR 1991, 120 <123>; BVerwG, Urteil vom 29. April 1988 – BVerwG 7 C 33.87 – BVerwGE 79, 254 <260> [BVerwG 29.4.1988 – 7 C 33/87]; vgl. BVerwG, Urteil vom 7. Oktober 1983 – 7 C 54.82 – BVerwGE 68, 69, <72>; VG Stuttgart GewArch 1978, 163; BVerwG, Urteil vom 15.7.2004 – 3 C 33.03; BVerwG, U. v. 2.2.1982 – 1 C 146.80 –, BVerwGE 65, 1, 4; BVerwG, Urteil vom 15.11.1967 – I C 43.67; siehe auch OVG Münster, Urteil vom 12.4.2011 (4 A 1449/08) NVwZ-RR 2011, 553 ff.; VG Gießen, Urteil vom 13.6.2013 – 8 K 993/12.GI; vgl. VG Hannover, U. v. 21.11.2012 – 11 A 5260/10 –, juris, Rn 26 m.w.N.; Marcks, in: Landmann/Rohmer, GewO, Bd. I, Stand: Febr. 2013, § 35 Rn 38; Ennuschat, in: Tettinger/Wank/Ennuschat, GewO, 8. Aufl., 2011, § 35 Rn 39; siehe auch Eisenmenger, NVwZ 2010, 337, 339; Guckelberger, DÖV 2010, 109 ff.; siehe zum Ganzen: Tettinger/Wank/Ennuschat, Kommentar zur GewO, § 6a.

Gliederung

1. Komplex:

A. Sachurteilsvoraussetzungen (+)
  - I. Rechtsweg (+)
  - II. Zuständigkeit (+)
  - III. Beteiligte (+)
  - IV. Statthafte Klageart
  - V. Besondere Sachurteilsvoraussetzungen (+)
    1. Besondere Prozessführungsbefugnis (+)
    2. Klagebefugnis (+)

3. Vorverfahren (+)
4. Klagefrist (+)

VI. Allgemeines Rechtsschutzbedürfnis (+)
VII. Zwischenergebnis (+)

B. Begründetheit
I. Anspruchsgrundlage
II. Voraussetzungen (+)
1. Formelle Voraussetzungen (+)
2. Materielle Voraussetzungen (+)
a) Wortlaut- und teleologische Auslegung
aa) Beurteilungsspielraum
bb) Bindung an die TA-Lärm
b) Verfassungskonforme Auslegung
3. Zwischenergebnis (+)
III. Anspruchsinhalt
1. Ermessensreduktion auf null
2. Bescheidungsverpflichtung

C. Ergebnis (+)

2. Komplex

A. Rechtsgrundlage
B. Voraussetzungen (+)
I. Formelle Voraussetzungen (+)
II. Materielle Voraussetzungen (+)
1. Wiedergestattung des Gewerbes nach § 35 Abs. 6 GewO
2. Zeitpunkt für die Wiedergestattung
3. Unzuverlässigkeit im Sinne des § 35 Abs. 1 GewO wegen Nicht-Beantragung der Wiedergestattung
4. Zwischenergebnis (+)

C. Rechtsfolge
D. Ergebnis (+)

Abwandlung 2. Komplex

Lösungsvorschlag

Die folgende Lösung ist als Lösungsvorschlag zu verstehen und ausführlicher, als es in der Klausurbearbeitung verlangt werden kann. Aufgrund der wissenschaftlichen Freiheit können andere Lösungswege vertreten werden, soweit sie dogmatisch begründbar sind. Die Nachweise aus Rechtsprechung und Literatur sowie die das Verständnis fördernden Randbemerkungen sind in der Examensklausur auszusparen. Die Abkürzung „Alt." steht für Alternativfall, nicht für Alternative.

F wird mit seiner Klage jedenfalls Erfolg haben, soweit die Sachurteilsvoraussetzungen erfüllt sind und die Klage begründet ist.

A. Sachurteilsvoraussetzungen

Die Sachurteilsvoraussetzungen können erfüllt sein.[1]

I. Rechtsweg

Dann muss ein Rechtsweg eröffnet sein. Der Verwaltungsrechtsweg kann mittels einer aufdrängenden Sonderzuweisung oder hilfsweise im Sinne der Generalklausel des § 40 Abs. 1 S. 1 VwGO eröffnet sein, soweit keine abdrängende Sonderzuweisung besteht. Unter Umständen kann ein Verweisungsbeschluss im Sinne des § 17a Abs. 2 GVG i.V.m. § 173 VwGO gefasst werden.

Mangels aufdrängender Sonderzuweisung ist § 40 Abs. 1 S. 1 VwGO maßgeblich. Danach ist der Verwaltungsrechtsweg eröffnet, wenn ein Hoheitsträger durch eine streitentscheidende Norm öffentlich-rechtliche Norm einseitig berechtigt oder verpflichtet wird bzw. wenn aufgrund eines typisch hoheitlichen Handelns zwischen den mutmaßlichen Beteiligten ein Subordinationsverhältnis besteht.

Aus der Organisationsform des Studentenwerks als Behörde der Universität als Personalkörperschaft des öffentlichen Rechts ergibt sich nicht, dass die Streitigkeit öffentlich-rechtlich ist, da juristische Personen des öffentlichen Rechts – Körperschaften, Anstalten und Stiftungen – nicht nur hoheitlich, sondern auch privatrechtlich in Form des fiskalischen Handelns tätig werden können, während juristische Personen des Privatrechts bei einer Beleihung im Sinne des Art. 33 Abs. 4 GG wiederum hoheitlich handeln.

---

1 **Hinweis:** Andere Aufbauvarianten werden vertreten (z.B. dreistufig oder Prüfung des Verwaltungsrechtsweges als Untergliederungspunkt der Zuständigkeit des Gerichts). Derartige Aufbauvarianten sind aber mit § 17a Abs. 2 GVG bzw. mit der Überschrift des 6. Abschnitts der VwGO sowie mit § 83 VwGO unvereinbar und daher bei exakter dogmatischer Zuordnung der Prüfungspunkte nicht zu empfehlen. Die Überschrift „Sachurteilsvoraussetzungen" anstelle der Überschrift „Zulässigkeit" ist sinnvoll, weil nach § 63 Nr. 3 VwGO auch der Beigeladene zu den Beteiligten gehört, das Fehlen einer notwendigen Beiladung im Sinne des § 65 Abs. 2 VwGO aber nur dazu führt, dass das Urteil keine materielle Rechtskraft entfaltet. **Zum Aufbau der Prozessstation:** Heinze/Starke JURA 2012, 175 ff.

Allerdings kann sich aus der Handlungsform des Rechtsträgers ergeben, dass ein Subordinationsverhältnis und somit eine öffentlich-rechtliche Streitigkeit besteht mit der Folge, dass der Verwaltungsrechtsweg eröffnet wäre. F erstrebt die verbindliche Untersagung des Betriebs, also den Erlass einer Verfügung oder eine andere hoheitliche Maßnahme, die zur Regelung eines Einzelfalls auf dem Gebiet des öffentlichen Rechts getroffen wird und auf unmittelbare Wirkung nach außen gerichtet ist. Es wird also der Erlass eines Verwaltungsaktes im Sinne des § 35 S. 1 VwVfG erstrebt. Dies ist zwar eine typisch hoheitliche Handlungsform, aus der sich die Eröffnung des Verwaltungsrechtsweges grundsätzlich ergeben würde, jedoch handelt es sich nicht um eine Abwehr-, sondern um eine Leistungskonstellation mit der Folge, dass der Rechtssetzungsakt noch nicht erlassen worden ist. Daher ist zusätzlich das Sonderrecht maßgeblich.

Als streitentscheidende Normen öffentlich-rechtlicher Natur kommen § 22 S. 1 BImSchG i.V.m. den §§ 22 Abs. 1, 3 Abs. 1 BImSchG in Betracht. Auch könnte eine ordnungsrechtliche Generalermächtigung als Eingriffsgrundlage in Betracht kommen. Ergänzend kommt § 3 Abs. 1 SOG – gemäß § 22 Abs. 2 BImSchG bleiben weitergehende Vorschriften unberührt – als Generalklausel in Betracht, wobei sich die Gewerbeaufsicht auf diese möglicherweise aus Zuständigkeitsgründen nicht stützen kann. Speziellere landesrechtliche, über das nicht abschließende Bundesrecht hinausgehende Normen sind nicht ersichtlich. Aufgrund der benannten Normen besteht eine öffentlich-rechtliche Streitigkeit, die mangels doppelter Verfassungsunmittelbarkeit nicht verfassungsrechtlicher Art ist. Da eine abdrängende Sonderzuweisung nicht ersichtlich ist, ist der Verwaltungsrechtsweg nach § 40 Abs. 1 S. 1 VwGO eröffnet.

II. Zuständigkeit

Das Verwaltungsgericht ist gemäß § 45 VwGO als Eingangsinstanz sachlich zuständig, da die Voraussetzungen abweichender Regelungen wie z.B. der §§ 47, 50 VwGO bei besonderen Verfahren nicht erfüllt sind.

Das Verwaltungsgericht ist mangels anderweitiger Anhaltspunkte auch im Sinne des § 52 Nr. 3 S. 1, 5 VwGO örtlich zuständig, sodass kein Verweisungsbeschluss gemäß § 17a Abs. 2 GVG i.V.m. § 83 VwGO gefasst werden wird.[2]

---

2 Die örtliche Zuständigkeit ist anzusprechen, wenn es dafür Anhaltspunkte im Sachverhalt gibt. Im Übrigen ist die Prüfung derselben sinnvoll – allerdings nicht notwendig. Gegebenenfalls ist die örtliche Zuständigkeit im Anschluss an die sachliche Zuständigkeit zu prüfen. Ist sie jedoch gemäß § 52 Nr. 2 VwGO ausnahmsweise von der Klageart abhängig, muss sie von der sachlichen Zuständigkeit getrennt nach der Klageart oder deren besonderen Sachurteilsvor-

III. Beteiligte

F und das Land Bu als Körperschaft öffentlichen Rechts können Beteiligte des Verfahrens sein. Beteiligte sind nach § 63 Nr. 1, 2 VwGO unter anderem der Kläger und der Beklagte. Beteiligungsfähig sind nach § 61 Nr. 1 Alt. 1, 2 VwGO natürliche und juristische Personen. Gemäß § 61 Nr. 3 VwGO i.V.m. dem Landesrecht sind Behörden mangels gegenteiliger Anhaltspunkte nicht beteiligungsfähig.

Als Kläger ist F gemäß den §§ 63 Nr. 1, 61 Nr. 1 Alt. 1 VwGO als natürliche Person beteiligungsfähig. F ist gemäß § 62 Abs. 1 Nr. 1 VwGO mangels gegenteiliger Anhaltspunkte auch prozessfähig.

Als Beklagter ist der Rechtsträger der Behörde maßgeblich. Die Verbotsverfügung soll durch L als Behörde des Landes Bu erfolgen. Das Land Bu ist gemäß den §§ 63 Nr. 2, 61 Nr. 1 Alt. 2 VwGO beteiligungs- und mangels Anhaltspunkten bezüglich des jeweils für die Behörde handelnden Organwalters gemäß § 62 Abs. 3 und Abs. 1 Nr. 1 VwGO prozessfähig.

IV. Statthafte Klageart

Die statthafte Klageart richtet sich im Sinne des § 88 VwGO nach dem klägerischen Begehren unter Berücksichtigung des Anwendungsvorrangs maßnahmespezifischer Rechtsschutzformen und des rechtsstaatlichen Grundsatzes der Effektivität des Rechtsschutzes. Dem klägerischen Begehren entspricht regelmäßig die effektivste Klageart, also nach Möglichkeit die Anfechtungsklage gemäß § 42 Abs. 1 Alt. 1 VwGO als Gestaltungsklage der Verwaltungsgerichtsordnung, soweit sie zielführend ist. Voraussetzung der Anfechtungsklage ist, dass der Kläger die Aufhebung eines gegenwärtig wirkenden Verwaltungsaktes erstrebt. Ein Verwaltungsakt ist gemäß § 35 S. 1 VwVfG jede Verfügung, Entscheidung oder andere hoheitliche Maßnahme, die eine Behörde zur Regelung eines Einzelfalls auf dem Gebiet des öffentlichen Rechts trifft und die auf unmittelbare Rechtswirkung nach außen gerichtet ist.

F erstrebt die Verurteilung des Landes zur verbindlichen Untersagung der seitens des S ausgehenden Umwelteinwirkungen, also der von der Kneipe kommenden Lautstärke. F erstrebt damit den Erlass eines Verwaltungsaktes zur verbindlichen Regelung eines Einzelfalls im Sinne des § 35 VwVfG, jedoch keine bloße Aufhebung eines Verwaltungsaktes. Somit ist die Verpflichtungsklage gemäß § 42 Abs. 1 Alt. 2 VwGO in Form der ein gestaltendes Element bezüglich

---

aussetzungen bzw. Sachentscheidungsvoraussetzungen erörtert werden, obwohl § 17a Abs. 2 GVG gemäß § 83 VwGO entsprechend anwendbar ist.

des Ablehnungsbescheides in Gestalt des Widerspruchsbescheides enthaltenden Versagungsgegenklage statthaft.

V. Besondere Sachurteilsvoraussetzungen

Die besonderen Sachurteilsvoraussetzungen können erfüllt sein.

1. Besondere Prozessführungsbefugnis[3]

Besonders prozessführungsbefugt ist der Rechtsträger, der die Verfügung erlassen soll, also das Land als Körperschaft öffentlichen Rechts gemäß § 78 Abs. 1 Nr. 1 VwGO und Rechtsträger der Gewerbeaufsicht, da im Landesrecht keine Ausführungsvorschrift im Sinne des § 78 Abs. 1 Nr. 2 VwGO ersichtlich ist.

2. Klagebefugnis

F muss klagebefugt sein. Für die Klagebefugnis nach § 42 Abs. 2 VwGO bedarf es der Möglichkeit der Verletzung eines subjektiven Rechts. Subjektive Rechte leiten sich aus Sonderrechtsbeziehungen, einfachen Gesetzen und subsidiär aus Grundrechten ab, wobei jedenfalls aufgrund des weiten Schutzbereiches des Art. 2 Abs. 1 GG bei unmittelbaren Grundrechtseingriffen für das subjektive Recht direkt auf Grundrechte abgestellt werden kann. Auch aus unmittelbar geltendem Unionsrecht können sich subjektive Rechte ergeben.

Sonderrechtsbeziehungen sind nicht ersichtlich. Daher kommen als einfachgesetzliche Grundlagen jedenfalls die allgemeinen Regelungen bezüglich schädlicher Umwelteinwirkungen, also auch Geräusche, in Betracht. Das ein-

---

3 § 78 VwGO enthält nach h.M. eine Regelung über die besondere Prozessführungsbefugnis, die von der Beteiligungsfähigkeit und der Passivlegitimation zu trennen ist (MA: § 78 VwGO als Sonderregelung der Passivlegitimation, die aber in der Sachstation, also der Begründetheit, zu prüfen ist, da „Passivlegitimation“ der Terminus für den materiell richtigen Klagegegner ist). Die besondere Prozessführungsbefugnis ist ein Unterpunkt bei den besonderen Sachurteilsvoraussetzungen und wird teilweise (vertretbar aber bzgl. der materiell-rechtlichen Passivlegitimation verwechslungsfähig) mit „Klagegegner“ überschrieben.

Einige Argumente für h.M.:

- § 78 VwGO steht systematisch bei besonderen Sachurteilsvoraussetzungen
- Gesetzgebungskompetenzen
- falsche Behörde bzw. falscher Rechtsträger können nicht zum materiell richtigen Anspruchsgegner im Sinne einer Passivlegitimation werden.

Zum Ganzen: Ehlers, Festschrift für Menger, S. 379 ff.; Hufen, Verwaltungsprozessrecht, § 12, Rn 38 ff. m.w.N.; vgl. OVG Münster NVwZ 1990, 188.

fachgesetzliche subjektive Recht muss sich dabei aus der streitentscheidenden Norm, also aus § 24 S. 1 BImSchG i.V.m. § 22 Abs. 1 Nr. 1 BImSchG i.V.m. § 3 Abs. 1 BImSchG, ergeben. Insoweit wird zumindest durch die Verweisung in § 22 Abs. 1 BImSchG auf die schädlichen Umwelteinwirkungen in § 3 Abs. 1 BImSchG deutlich, dass insoweit neben der Allgemeinheit auch die Nachbarschaft[4] geschützt wird. F ist aufgrund der Nähe seines Grundstücks zur Universität Nachbar im immissionsrechtlichen Sinne, mit der Folge, dass zumindest die Möglichkeit besteht, dass F durch den Lärm der Musik in diesem einfachgesetzlichen subjektiven Recht verletzt wird. Subsidiär besteht außerdem die Möglichkeit, dass F in seinem Recht auf Eigentum aus Art. 14 Abs. 1 S. 2 GG i.V.m. dem in § 903 BGB sowie im Baugesetzbuch und im Bundesimmissionsschutzgesetz definierten Eigentum aufgrund eines mittelbaren Grundrechtseingriffs verletzt ist, wenngleich die Eigentumsnutzung uneingeschränkt möglich ist.

F ist aufgrund seines einfachgesetzlichen subjektiven Rechts aus § 24 S. 1 BImSchG i.V.m. § 22 Abs. 1 BImSchG i.V.m. § 3 Abs. 1 BImSchG klagebefugt.

3. Vorverfahren
Ein Vorverfahren im Sinne der §§ 68 ff. VwGO wurde zwar nicht ordnungsgemäß durchgeführt, jedoch lag dies an der Untätigkeit der Behörde mit der Folge, dass wegen der zwischenzeitlich verstrichenen sechs Monate und fehlendem zureichenden Grund die Durchführung eines Vorverfahrens gemäß § 75 S. 1, 2 VwGO entbehrlich war.

4. Klagefrist
Die Klagefrist von einem Monat gemäß § 74 Abs. 1 S. 1, Abs. 2 VwGO seit Zustellung des Widerspruchsbescheides konnte mangels eines Bescheides der Gewerbeaufsicht nicht beginnen und ist somit mangels gegenteiliger Anhaltspunkte eingehalten worden.

VI. Allgemeines Rechtsschutzbedürfnis
Mangels gegenteiliger Anhaltspunkte ist F allgemein rechtsschutzbedürftig, zumal auch eine Verwirkung nicht ersichtlich ist.

---

4 Der Nachbarschaftsbegriff im BImSchG ist weiter als der des Baurechts, weil Baurecht grundrechtsbezogenes Bodenrecht im Sinne des Art. 74 Abs. 1 Nr. 18 GG ist, während dem BImSchG andere Zielrichtungen wie der Gesundheitsschutz zugrundegelegt worden sind.

VII. Zwischenergebnis

Die Sachurteilsvoraussetzungen sind erfüllt und die Klage des F ist zulässig.

B. Begründetheit

Die Klage ist gemäß § 113 Abs. 5 S. 1, 2 VwGO begründet, soweit die Ablehnung des Verwaltungsakts rechtswidrig, der Kläger dadurch in seinen Rechten verletzt und die Sache spruchreif ist bzw. soweit die Unterlassung einer Bescheidung rechtswidrig oder die erfolgte Bescheidung fehlerhaft war und der Kläger dadurch in seinen Rechten verletzt ist. Somit ist die Klage begründet, soweit der Kläger zumindest einen Anspruch auf fehlerfreie Bescheidung hat.

I. Anspruchsgrundlage

Es bedarf einer Anspruchsgrundlage. Als solche kommt für den Erlass einer Untersagungsverfügung § 24 S. 1 BImSchG i.V.m. § 22 Abs. 1 Nr. 1 BImSchG i.V.m. § 3 Abs. 1, 2 BImSchG in Betracht. Spezialregelungen aus dem Gaststättengesetz bzw. aus der unter anderem wegen § 31 GastStG ergänzend geltenden Gewerbeordnung sind nicht ersichtlich, weil es nicht um eine Grundlage für die Aufhebung einer Gaststättenerlaubnis nach § 15 Abs. 2 GewO geht, § 35 Abs. 1 S. 1 GewO gemäß § 35 Abs. 8 GewO allenfalls begrenzt anwendbar ist und es jedenfalls nicht um die im Gaststättengesetz und der Gewerbeordnung geregelten gewerbespezifischen Gefahren, sondern eine im Bundesimmissionsschutzgesetz spezieller geregelte Lärmunterbindung geht. § 24 S. 1 BImSchG i.V.m. § 22 Abs. 1 Nr. 1 BImSchG ist innerhalb des Bundesimmissionsschutzgesetzes nicht durch speziellere Regelungen verdrängt, da die Studentenkneipe nicht als immissionsrechtliche genehmigungsbedürftige Anlage im Sinne des § 4 Abs. 1 S. 1, 3 BImSchG i.V.m. 4. BImSchVO i.V.m. dem Anhang zur 4. BImSchVO einzustufen ist. Zwar ist § 24 S. 1 BImSchG als Rechtsgrundlage formuliert, jedoch sind Rechtsgrundlagen gleichzeitig Anspruchsgrundlagen, soweit in ihnen ein subjektives Recht enthalten ist. Dieses ergibt sich in § 24 S. 1 BImSchG aus dem Verweis auf § 22 Abs. 1 Nr. 1 BImSchG und dem dortigen Verweis auf die schädlichen Umwelteinwirkungen in § 3 Abs. 1, 2 BImSchG. Anspruchsgrundlage ist § 24 S. 1 BImSchG i.V.m. § 22 Abs. 1 Nr. 1 BImSchG i.V.m. § 3 Abs. 1, 2 BImSchG.

II. Voraussetzungen

Die formellen und materiellen Voraussetzungen für ein sonderordnungsbehördliches Einschreiten können erfüllt sein.

1. Formelle Voraussetzungen

Formell muss zunächst die zuständige Behörde handeln. F hat sich an die nach dem maßgeblichen Landesrecht zuständige Sonderordnungsbehörde, das Gewerbeamt L, gewandt, sodass die formellen Voraussetzungen erfüllt zu sein scheinen.

Dabei ist es verfahrensrechtlich irrelevant, ob ein Antragsverfahren durchgeführt worden ist. Ordnungsverfügungen werden nämlich – im Unterschied zu Genehmigungen – nicht auf Antrag erlassen, sondern aufgrund einer bloßen Anregung durch den Bürger.

Es könnte jedoch nicht das Gewerbeamt, sondern der störende Hoheitsträger selbst zuständig sein. Eine derartige Zuständigkeit des störenden Hoheitsträgers könnte sich aus einer Annexkompetenz desselben auch im Umfeld seiner hoheitlichen Aufgabenbereiche ergeben. Zwar ist das Studentenwerk selbst nicht als juristische Person des öffentlichen Rechts konstruiert, jedoch ist es der Universität als Personalkörperschaft öffentlichen Rechts zuzuordnen, sodass sie anstelle des Landes zur Gefahrenabwehr zuständig wäre.

Eine Zuständigkeit des störenden Hoheitsträgers könnte sinnvoll sein, weil der störende Hoheitsträger durch den Eingriff einer externen Ordnungsbehörde in seiner rechtsstaatlich unter anderem aus Art. 20 Abs. 3 GG folgenden Eigenständigkeit gestört werden würde. Außerdem ist die Universität verwaltungspraktisch sachnäher an der Störung und eventuell in der Lage, weniger einschneidende Maßnahmen zu treffen. Allerdings könnte zwischen dem hoheitlichen Handeln des Studentenwerks im Kern und dem fiskalischen Handeln[5] im Rahmen wirtschaftlicher Tätigkeit – soweit erlaubt – bzw. sonstigen nicht typisch hoheitlichen Tätigkeiten zu differenzieren sein.

Das Betreiben einer Studentenkneipe kann nicht als hoheitliche Tätigkeit der Universität verstanden werden und unterliegt somit nicht dem spezifischen Hoheitsbereich der Universität, sondern dem Kompetenzbereich der (Sonder-) Ordnungsbehörden. Es handelt sich dabei nicht einmal um typische Daseinsvorsorge. Unabhängig davon, inwieweit die Tätigkeit einer Behörde bzw. eines Hoheitsträgers exakt zuzuordnen ist, sind die vermeintlich besseren verwaltungspraktischen Kenntnisse eines störenden Hoheitsträgers nicht maßgeblich. Die Zuständigkeit der (Sonder-) Ordnungsbehörde muss aufgrund der ihr obliegenden spezifischen Fachkenntnisse unter Berücksichtigung der Effektivität der Verwaltung im Sinne des sich unter anderem aus Art. 20 Abs. 3 GG ergebenden

---

5 **Fiskalisches Handeln:**
- Bedarfsdeckung
- Bestandsverwaltung
- wirtschaftliche Tätigkeit, soweit erlaubt

Rechtsstaatsprinzips bestehen bleiben. Kein Hoheitsträger kann ausschließlich für die Beachtung aller Gesetze in seinem Hoheitsbereich zuständig sein, denn dadurch würden die Fachkompetenzen eines Hoheitsträgers überstrapaziert werden. Die Sonderordnungsbehörden haben unabhängig von einer vermeintlichen verwaltungspraktischen Nähe der störenden Hoheitsträger die spezifischen Fachkenntnisse und sind deshalb primär zur Gefahrenabwehr zuständig. Diesem Bedürfnis, dass der Hoheitsträger mit der höchsten Fachkenntnis tätig werden soll, wird dadurch nachgekommen, dass unabhängig von der Bindung eines Hoheitsträgers an das geltende Recht auch die für das Sonderordnungsrecht speziell zuständige Behörde tätig bleiben soll. Dabei muss von der zuständigen Sonderordnungsbehörde aber hinreichend auf die Funktionsfähigkeit und die Organisationsabläufe des störenden Hoheitsträgers Rücksicht genommen werden.

Sogar durch die vollständige Untersagung der Studentenkneipe als besonders intensive Maßnahme der (Sonder-) Ordnungsbehörde würde die Universität nicht in ihrem hoheitlichen Tätigkeitsfeld in Form der universitären Abläufe beeinträchtigt werden. Das Gewerbeamt als Behörde mit der erforderlichen Fachkenntnis im Immissionsschutzrecht ist entsprechend grundsätzlich für die geltenden Regelungen zuständig. Es besteht keine Zuständigkeit der Universität als störendem Hoheitsträger.

2. Materielle Voraussetzungen

Materiell ist es gemäß § 24 S. 1 BImSchG entscheidend, ob durch die beanstandeten Geräusche die Schädlichkeitsgrenze des § 22 Abs. 1 i.V.m. § 3 Abs. 1 BImSchG überschritten wird. Dabei ist es maßgeblich, inwieweit durch eine Umwelteinwirkung in Form von Geräuschen erhebliche Nachteile oder erhebliche Belästigungen für die Allgemeinheit oder die Nachbarschaft herbeigeführt werden.

a) Wortlaut- und teleologische Auslegung

Die Erheblichkeitsgrenze ist weder in § 22 Abs. 1 BImSchG noch in § 3 Abs. 1 BImSchG näher definiert.

Fraglich ist, wie der Begriff der schädlichen Umwelteinwirkungen zu bestimmen ist und ob insoweit ein vom Gericht nicht überprüfbarer Beurteilungsspielraum besteht.

Maßgeblich für die Ermittlung der Grenzwerte im Sinne des Bundesimmissionsschutzgesetzes sind die TA-Luft und die TA-Lärm, welche Verwaltungsvorschriften darstellen, die auf § 48 BImSchG zurückzuführen sind und die unter gesteigerter Mitwirkung betroffener Organe – etwa dem Bundesorgan Bundesrat – zustande gekommen sind. Obwohl Verwaltungsvorschriften grundsätzlich keine Außenwirkung entfalten und lediglich Binnenrecht der Verwaltung sind – ähnlich einer dienstlichen Weisung im Einzelfall – kann deren Inhalt als für die Gerichte bindend zugrunde zu legen sein. Das wäre anzunehmen, wenn ein Beurteilungsspielraum bestünde.

aa) Beurteilungsspielraum

Im Terminus der schädlichen Umwelteinwirkungen könnte ein Beurteilungsspielraum der Verwaltung enthalten sein. Grundsätzlich darf ein Gericht in einem Rechtsstaat im Rahmen der Gewaltenteilung unbestimmte Rechtsbegriffe auf Tatbestandsseite vollumfänglich prüfen. Das gilt nicht, wenn für die Exekutive auf Tatbestandsebene seitens des Gesetzgebers Beurteilungsspielräume geschaffen worden sind. Beurteilungsspielräume für die Exekutive gibt es nur begrenzt, nämlich in Bereichen, in denen wegen der Komplexität bzw. der Dynamik der Materie die Funktionsgrenzen der Rechtsprechung erreicht sind. Dies betrifft das Prüfungs- und Beamtenrecht, Gremienentscheidungen wertender Art, Prognoseentscheidungen und Risikobewertungen sowie bestimmte verwaltungspolitische Entscheidungen. Ein Gericht darf insoweit nur prüfen, ob das Handeln der Verwaltung beurteilungsfehlerhaft war, ob also eine Unvollständigkeit oder Fehleinschätzung bezüglich der behördlichen Entscheidung gegeben ist bzw. sachfremde Erwägungen zugrunde lagen. Bei Bestehen eines Beurteilungsspielraumes können nur Beurteilungsfehler in Form der Unvollständigkeit, Fehleinschätzung bzw. der sachfremden Erwägungen seitens der Judikative geprüft werden.

Bei der Beurteilung schädlicher Umwelteinwirkungen könnte es sich um Risiko- und Prognoseentscheidungen bzw. Gremienentscheidungen handeln, weil die für Lärm anwendbare TA-Lärm weitgehend auf den Erkenntnissen wissenschaftlicher Gremien beruht. Zwar ist § 3 Abs. 1 BImSchG als Norm mit Außenwirkung ausgestaltet, es besteht insoweit aber kein Beurteilungsspielraum, da ein effektiver Rechtsschutz im Sinne des Art. 19 Abs. 4 GG gerichtlich möglich sein muss, sodass Beurteilungsspielräume restriktiv zu gewähren sind. Würde ein Beurteilungsspielraum bestehen, würden sämtliche schädlichen Umwelteinwirkungen – auch soweit es keine normenkonkretisierenden Verwaltungsvorschriften wie die TA-Lärm gibt – der gerichtlichen Prüfung entzogen sein.

bb) Bindung an die TA-Lärm

Zwar stellt die TA-Lärm als Verwaltungsvorschrift lediglich Verwaltungsbinnenrecht dar, jedoch ist sie aufgrund der besonderen Mitwirkungspflichten zum Beispiel des Bundesrates gemäß § 48 Abs. 1 BImSchG i.V.m. Art. 84 Abs. 2 GG und der ihr zugrunde liegenden wissenschaftlichen Erkenntnisse zustande gekommen, zumal sie mittels Fachexpertise erarbeitet worden ist und somit eine ähnliche Konstellation wie bei Beurteilungsspielräumen besteht. Somit wäre die TA-Lärm als bloßes Binnenrecht zwar theoretisch seitens der Gerichte ignorierbar, jedoch ist sie faktisch aufgrund ihrer sorgfältigen Ausgestaltung und der Komplexität der Materie sowie der hohen Legitimation von den Gerichten zugrunde zu legen, soweit keine rechtsstaats- oder verfassungswidrigen Konsequenzen ersichtlich sind. Systematisch steht § 48 Abs. 1 BImSchG als Grundlage für die TA-Lärm im Siebenten Teil der Gemeinsamen Vorschriften, sodass die TA-Lärm grundsätzlich auch für nicht genehmigungsbedürftige Anlagen gilt. Soweit darin ausdrücklich auf genehmigungsbedürftige Anlagen Bezug genommen wird, sind die Werte dennoch als Indiz im Rahmen des auslegungsbedürftigen Terminus der schädlichen Umwelteinwirkungen maßgeblich.

Zwar unterliegt die Bewertung einer erheblichen Belästigung im Sinne des § 3 Abs. 1 BImSchG weitgehend tatrichterlicher Wertung und erfolgt damit als Einzelbeurteilung (BVerwG, Urteil vom 19. Januar 1989 – BVerwG 7 C 77.87 – BVerwGE 81, 197 <203> [BVerwG 19.1.1989 – 7 C 77/87]; Beschluss vom 18. Dezember 1990 – BVerwG 4 N 6.88 – ZfBR 1991, 120 <123>), für die insbesondere die durch die Gebietsart und die tatsächlichen Verhältnisse bestimmte Schutzwürdigkeit und Schutzbedürftigkeit maßgeblich sind, wobei wertende Elemente wie die Herkömmlichkeit, die soziale Adäquanz und die allgemeine Akzeptanz mitbestimmend sind (BVerwG, Urteil vom 29. April 1988 – BVerwG 7 C 33.87 – BVerwGE 79, 254 <260> [BVerwG 29.4.1988 – 7 C 33/87] unter Berufung auf BVerwGE 51, 15 <34> [BVerwG 21.5.1976 – IV C 80/74] und 77, 285 <289 f.>). Allerdings kann auch die Lärmart von Bedeutung sein (vgl. BVerwG, Beschluss vom 18. Dezember 1990, BVerwG 4 N 6.88 – ZfBR 1991, 120 <123>). Alle diese Umstände müssen im Sinne einer „Güterabwägung" in eine wertende Gesamtbetrachtung einfließen (BVerwG, Urteil vom 29. April 1988 – BVerwG 7 C 33.87 – BVerwGE 79, 254 <260> [BVerwG 29.4.1988 – 7 C 33/87]).

Dabei können auch die Grenzwerte der TA-Lärm als Ausgangspunkt für die Betrachtung gewählt werden, die sich als zentrales Regelwerk für die Beurteilung der Zumutbarkeit der Geräuschimmissionen für die Nachbarschaft eignen (vgl. BVerwG, Urteil vom 7. Oktober 1983 – 7 C 54.82 – BVerwGE 68, 69, <72>). Die im Verfahren nach § 48 BImSchG als Verwaltungsvorschrift erlassene TA-Lärm ist zwar eigentlich auf genehmigungsbedürftige Anlagen im Sinne des § 4 BImSchG bezogen, jedoch sind die in ihr niedergelegten Lärmermittlungs- und Bewertungsgrundsätze auch für andere Lärmarten – je nach deren Ähnlichkeit mit gewerblichem Lärm (BVerwG, Urteil vom 19. Januar 1989 – BVerwG 7 C 77.87) – bedeutsam.

Bezüglich der Studentenkneipe ist gegen die Berücksichtigung dieses Regelwerks als maßgebliche Beurteilungsgrundlage insbesondere deshalb nichts einzuwenden, weil es um die Lästigkeit nächtlicher Einzelgeräusche und nicht um die Mittelwertbildung bei einem Dauergeräusch geht. Für die schlafstörende Wirkung solcher Einzelgeräusche sind weniger ihre Art und Dauer, sondern vielmehr ihre Lautstärke maßgebend. Dementsprechend ist der für die Nachtzeit maßgebliche Immissionsrichtwert der TA-Lärm jedenfalls überschritten, wenn ein Messwert mehr als 20 dB(A) über dem Richtwert liegt.

Da die gemessene Lautstärke, die von der Studentenkneipe ausgeht, mit 68 dB(A) zum Teil 20 dB(A) über dem Richtwert der TA-Lärm als zulässiges Regelhilfswerk liegt, ist von der Überschreitung der Erheblichkeitsgrenze nach § 3 Abs. 1 BImSchG auszugehen. Aufgrund der Überschreitung der Grenze für schädliche Umwelteinwirkungen durch Geräuschimmissionen in erheblichem Maße sind die tatbestandlichen Voraussetzungen für einen Anspruch auf Erlass der Ordnungsverfügung nach § 24 S. 1 BImSchG i.V.m. § 22 Abs. 1 BImSchG i.V.m. § 3 Abs. 1 BImSchG erfüllt.

b) Verfassungskonforme Auslegung

Sollte das einfache Recht mit Grundrechten in Widerspruch stehen, besteht das Bedürfnis für eine verfassungskonforme Auslegung. Anhaltspunkte für eine verfassungskonforme Auslegung, die insbesondere auf Grundrechte gestützt werden könnte, bestehen aber nicht.[6]

3. Zwischenergebnis

Die formellen und die materiellen Voraussetzungen des § 24 S. 1 BImSchG i.V.m. § 22 Abs. 1 BImSchG i.V.m. § 3 Abs. 1 BImSchG sind erfüllt.

III. Anspruchsinhalt

Anspruchsinhalt ist Ermessen. Damit besteht im Grundsatz ein Anspruch des F auf zumindest ermessensfehlerfreie Bescheidung durch das Gewerbeamt L.

1. Ermessensreduktion auf null

Eine Ermessensreduktion auf null könnte sich aus Art. 2 Abs. 2 S. 1 GG als höherrangiges Recht im Hinblick auf den Schutz von Leib bzw. Gesundheit des F

---

6 **Dazu:** liturgisches Geläut/Zeitschlagen von Kirchenglocken und das Bedürfnis der verfassungskonformen Auslegung hinsichtlich des liturgischen Geläuts seitens des BVerwG (BVerwGE 68, 62, 68) und des BVerfG (NJW 2003, 3111).

bzw. anderer ergeben, wobei die grundrechtlichen Pflichten in anderen Normen – zum Beispiel in § 25 Abs. 2 BImSchG – einfachgesetzlich ausgestaltet sind. Für eine grundrechtliche Schutzpflicht fehlen bezüglich der Erheblichkeitsschwelle bei Lärm mit einer Lautstärke von 68 dB(A) Anhaltspunkte.

2. Bescheidungsverpflichtung

Nach § 24 S. 1 BImSchG ist die Behörde verpflichtet, den Antragenden ordnungsgemäß zu bescheiden, sodass der öffentlich-rechtliche Rechtsträger prozessual gemäß § 113 Abs. 5 S. 2 VwGO im Sinne des § 79 Abs. 1 Nr. 1 VwGO unter Aufhebung des Ablehnungsbescheides in Gestalt eines etwaigen Widerspruchsbescheides zu einer Neubescheidung unter Beachtung der Rechtsauffassung des Gerichts verurteilt werden würde. Die Gewerbeaufsicht blieb untätig mit der Folge, dass sie noch nicht beschieden hat, sodass ein Ermessensfehler in Form des Ermessensausfalls gegeben ist. Der Bescheidungsanspruch des F ist bisher nicht erfüllt worden, sodass der Anspruch weiterhin besteht.

C. Ergebnis

Die Sachurteilsvoraussetzungen der Klage des F sind erfüllt, die Klage ist zulässig und sie ist begründet. Damit wird das Land Berlin als Rechtsträger der Behörde verurteilt, über den Leistungsantrag des F unter Beachtung der Rechtsauffassung des Verwaltungsgerichts neu zu bescheiden.

2. Komplex

Die Untersagungsverfügung des Gewerbeamtes an G und M kann rechtmäßig sein.

A. Rechtsgrundlage

Als Rechtsgrundlage für die Untersagung des Gewerbes kommt § 35 Abs. 1 GewO in Betracht. Allerdings könnte die Vorschrift gesperrt sein, wenn der Betrieb der „Pole Position" erlaubnispflichtig war, weil die auf einer fehlenden Zulassung basierende Untersagungsverfügung nach § 15 Abs. 2 GewO gegenüber einer solchen im Sinne des § 35 Abs. 1 GewO gemäß § 35 Abs. 8 GewO spezieller ist.[7]

---

7 Bei genehmigungsbedürftigem Gewerbe ist § 35 GewO gemäß § 35 Abs. 8 S. 1, 2 GewO lediglich sehr eingeschränkt anwendbar, während regelmäßig Spezialregelungen bestehen. § 35 Abs. 1 GewO gilt insoweit nur ergänzend.

Fraglich ist somit, ob die „Pole Position“ als Location, in der Boxkämpfe veranstaltet werden, erlaubnispflichtig im Sinne des § 29 Abs. 1 GewO ist.

Ein Gewerbe ist im Sinne des § 6 Abs. 1 GewO jede erlaubte, auf Gewinnerzielung gerichtete, dauerhaft ausgeübte, selbständige Tätigkeit, die nicht Urproduktion, freier Beruf oder Verwaltung eigenen Vermögens ist. Insoweit ist auch der Betrieb zur Veranstaltung von Boxwettkämpfen Gewerbe, weil damit insbesondere dauerhaft in selbstständiger Tätigkeit Gewinne erzielt werden sollen.

Die Genehmigungsbedürftigkeit des Gewerbes könnte sich allenfalls aus § 33a Abs. 1 S. 1 GewO hinsichtlich des Gewerbes zur Schaustellung von Personen ergeben. Die Veranstaltungen zur Schaustellung von Personen umfassen solche, in denen die körperlichen Eigenschaften und Fähigkeiten von Menschen zur Schau gestellt werden. Dies würde auch bei Boxkämpfen zutreffen, bei denen die Boxer zur Unterhaltung der Besucher zur Schau gestellt werden bzw. sich selbst zur Schau stellen.

Allerdings ergibt sich aus § 33a Abs. 1 S. 2 GewO eine Einschränkung für solche Veranstaltungen, die überwiegend künstlerischen, sportlichen oder artistischen Zwecken dienen. Die „Pole Position“ dient lediglich sportlichen Zwecken. Ein anderer Schwerpunkt der Location ist nicht ersichtlich (anders z.B. bei Damen-Boxkämpfen „oben ohne“; dazu VG Stuttgart GewArch 1978, 163). Damit wird das Gewerbe des G und des M ausschließlich zum Zwecke sportlicher Darbietungen betrieben und ist nicht genehmigungsbedürftig im Sinne des § 33a Abs. 1 S. 2 GewO.

G und M betreiben ein genehmigungsfreies Gewerbe mit der Folge, dass § 35 Abs. 1 S. 1 GewO anwendbar ist. Da es bei G und M nicht um die Vertretungsberechtigten im Sinne des § 35 Abs. 1 S. 2 GewO geht, ist § 35 Abs. 1 S. 1 GewO als Rechtsgrundlage maßgeblich.

B. Voraussetzungen

Es können die formellen und materiellen Voraussetzungen für eine Untersagungsverfügung nach § 35 Abs. 1 S. 1 GewO erfüllt sein.

I. Formelle Voraussetzungen

Das Gewerbeamt war zuständig und hat die Verfahrens- und Formvorgaben eingehalten, sodass die formellen Voraussetzungen erfüllt sind.

II. Materielle Voraussetzungen

Auch die materiellen Voraussetzungen zur Gewerbeuntersagung können erfüllt sein. Dann müssten G und M ein Gewerbe betreiben und unzuverlässig sein.

Die Betreibung der „Pole Position" ist zunächst ein Gewerbe im Sinne des § 6 Abs. 1 GewO. Unzuverlässig ist ein Gewerbebetreibender, der nach dem Gesamteindruck seines Verhaltens keine Gewähr zur künftigen ordnungsgemäßen Ausübung des Gewerbes bietet. Maßgeblich sind das jeweils konkrete Gewerbe im Einzelfall und eine Prognoseentscheidung für die Zukunft, bei der auch Tatsachen aus der Vergangenheit berücksichtigt werden dürfen. Entscheidend ist ein Gesamtbild des Verhaltens, bei dem auch Umstände außerhalb der Berufsausübung relevant sein können, solange sich daraus ein Rückschluss auf berufliches Verhalten ergibt. Ein Verschulden des Betroffenen ist hingegen irrelevant. Jedenfalls muss der Anknüpfungspunkt für die Unzuverlässigkeit im persönlichen Verhalten des Betroffenen begründet sein.

Eine Unzuverlässigkeit im Sinne des § 35 Abs. 1 S. 1 GewO könnte sich aus der ständigen Trunkenheit und den Handgreiflichkeiten mit ihren Gästen sowie aufgrund eines fehlenden Wiedergestattungsantrages ergeben. Für die persönliche Zuverlässigkeit ist auch das Vorliegen eventueller charakterlicher Mängel maßgeblich (BVerwG, Urteil vom 15.7.2004 – 3 C 33.03; siehe auch OVG Münster, Urteil vom 12.4.2011 – 4 A 1449/08, NVwZ-RR 2011, 553ff.), sodass G und M als unzuverlässig nach § 35 Abs. 1 GewO gelten, wenn regelmäßige Trunkenheit und Handgreiflichkeiten gegenüber ihren Gästen berücksichtigt werden würden.

1. Wiedergestattung des Gewerbes nach § 35 Abs. 6 GewO

Allerdings ist dem Gewerbetreibenden von der zuständigen Behörde die persönliche Ausübung des Gewerbes nach § 35 Abs. 6 S. 1 GewO wieder zu gestatten, wenn Tatsachen die Annahme rechtfertigen, dass eine Unzuverlässigkeit im Sinne des § 35 Abs. 1 GewO nicht mehr gegeben ist, wobei die Wiederaufnahme vor Ablauf eines Jahres gemäß § 35 Abs. 6 S. 2 GewO nach der Durchführung der Untersagungsverfügung nur gestattet werden kann, wenn insoweit besondere Gründe gegeben sind (VG Gießen, Urteil vom 13.6.2013 – 8 K 993/12.GI). Allerdings bedarf es eines Antrages.

Es sind schon 5 Jahre seit der Untersagung des ursprünglichen Gewerbes des G und des M vergangen, sodass keine besonderen Gründe für die Wiedergestattung bestehen müssen. G und M haben Nachweise erbracht, durch die der Vorwurf der persönlichen Unzuverlässigkeit im Sinne des § 35 Abs. 1 GewO beseitigt werden kann, sodass anzunehmen ist, dass G und M nach § 35 Abs. 6 GewO das Gewerbe jedenfalls bei Stellung eines Antrages wieder zu gestatten wäre.

2. Zeitpunkt für die Wiedergestattung

Fraglich ist jedoch, welcher Zeitpunkt zur Beurteilung der Rechtmäßigkeit maßgeblich ist, wenn die Untersagungsverfügung wie gegenüber G und M bereits erlassen worden ist.[8] Die aktuelle Untersagungsverfügung ist partiell auf die gleichen Gründe gestützt wie die ursprüngliche im Jahr 2009. Im Gerichtsprozess ist für die Beurteilung der Rechtmäßigkeit eines Verwaltungsaktes bei Dauerverwaltungsakten in Abwehrkonstellationen grundsätzlich der Zeitpunkt der letzten mündlichen Tatsachenverhandlung – bei deren Entbehrlichkeit gemäß § 101 Abs. 2 VwGO oder § 86 VwGO der Zeitpunkt des Urteilsspruches – maßgeblich. Für Untersagungsverfügungen hat der Gesetzgeber in § 35 Abs. 6 S. 2 GewO jedoch angeordnet, dass Änderungen bezüglich der Zuverlässigkeit grundsätzlich erst nach einem Jahr wieder zu berücksichtigen sind. Das bedeutet, dass in Konstellationen, in denen die letzte mündliche Tatsachenverhandlung bzw. der Urteilsspruch vor Ablauf eines Jahres stattfinden, die letzte Behördenentscheidung maßgeblich ist. Soweit die Stützung der aktuellen Untersagungsverfügung auf Gründe, die bereits der ursprünglichen Untersagungsverfügung zugrunde lagen, zulässig ist, bleibt es M und G überlassen, eine wiedererlangte Zuverlässigkeit bis zum Zeitpunkt der letzten Behördenentscheidung zu belegen.

Sollten M und G ihre Zuverlässigkeit jedoch erst nach der letzten Behördenentscheidung wiedererlangen, so ist diese Änderung bis zum Ablauf eines Jahres gemäß § 35 Abs. 6 S. 2 GewO grundsätzlich nicht mehr relevant, sodass dann nur die Möglichkeit des Antrages auf Wiedererteilung bleibt.

Endet das Verbot der Verwaltungsbehörde aufgrund einer zeitlichen Begrenzung, darf das Gewerbe wieder ausgeübt werden, zumal der Gewerbetreibende einen Anspruch auf Widerruf der Gewerbeuntersagung hat, wenn sich die Sachlage derart geändert hat, dass die Gewerbeuntersagung nicht mehr angeordnet werden dürfte (BVerwG, Urteil vom 15.11.1967 – I C 43.67). Auch die Wiedergestattung im Sinne des § 35 Abs. 6 S. 1 GewO ist nämlich als gebundene Entscheidung ausgestaltet und steht daher nicht im Ermessen der Behörde (BVerwG, Urteil vom 15.11.1967 – I C 43.67) mit der Folge, dass bei einer Aufhebungsentscheidung jedenfalls eine Ermessensreduktion auf null anzunehmen

---

8 Es ist maßgeblich, wie die Fallfrage gestellt ist. Im Prozess gilt bei Dauerverwaltungsakten grundsätzlich der Zeitpunkt der letzten mündlichen Tatsachenverhandlung bzw. bei deren Entbehrlichkeit z.B. im Sinne des § 101 Abs. 2 VwGO oder des § 84 Abs. 1 VwGO der Zeitpunkt des Urteilsspruches. In § 35 Abs. 6 S. 2 VwGO ist gesetzlich angeordnet, dass eine Änderung der Zuverlässigkeit vor Ablauf eines Jahres auch bei der Untersagung als Dauerverwaltungsakt grundsätzlich ausnahmsweise der Zeitpunkt der letzten Behördenentscheidung maßgeblich ist. Bezüglich G und M ist die Fragestellung nicht verwaltungsprozessual ausgestaltet, sodass die Nennung des prozessualen Zeitpunktes nur der Erläuterung dient.

wäre, soweit in der Aufhebungsnorm Ermessen geregelt wäre. Die Reduktion ergäbe sich aus dem einfachgesetzlichen Rechtsgedanken in § 35 Abs. 6 S. 1 GewO sowie der höherrangigen Berufsfreiheit aus Art. 12 Abs. 1 GG.

Somit ist die Maßnahme der Gewerbeaufsicht gegenüber G und M rechtmäßig, soweit sie nicht bis zum Zeitpunkt der letzten Behördenentscheidung ihre Zuverlässigkeit darlegen, wobei unabhängig von der prozessualen Norm des § 86 Abs. 1 S. 1 VwGO wegen des sich unter anderem aus Art. 20 Abs. 3 GG ergebenden Rechtsstaatsprinzips ein Amtsermittlungsgrundsatz gilt.

3. Unzuverlässigkeit im Sinne des § 35 Abs. 1 GewO wegen Nicht-Beantragung der Wiedergestattung

Trotz Wiedererlangung der Zuverlässigkeit im Hinblick auf den Alkoholmissbrauch bzw. den Umgang mit den Gästen kann sich die Unzuverlässigkeit des G und des M aber daraus ergeben, dass sie einen neuen Betrieb ohne die Beantragung der Wiedergestattung des Gewerbes eröffneten.

Gewerberechtliche Zuverlässigkeit bedeutet zwar, dass nur erhebliche Verstöße mit Gewerbebezug berücksichtigt werden dürfen, jedoch genügt auch eine Vielzahl geringfügigerer Verstöße, die jeweils für sich allein betrachtet noch keine ausreichende Grundlage für die Annahme der Unzuverlässigkeit bieten, wenn sich aus ihnen ein Hang zur Nichtbeachtung gewerberechtlicher Vorschriften ergibt (vgl. VG Hannover, Urteil vom 21.11.2012 – 11 A 5260/10 –, juris, Rn 26 m.w.N.; Marcks, in: Landmann/Rohmer, GewO, Bd. I, Stand: Febr. 2013, § 35 Rn 38; Ennuschat, in: Tettinger/Wank/Ennuschat, GewO, 8. Aufl., 2011, § 35 Rn 39). Ob hinsichtlich der eine Unzuverlässigkeit begründenden Umstände ein Verschulden des Gewerbetreibenden ursächlich war, ist insoweit unerheblich (vgl. BVerwG, Urteil vom 2.2.1982 – 1 C 146.80 –, BVerwGE 65, 1, 4).

Eine gewerberechtliche Unzuverlässigkeit des G und des M könne bereits deshalb angenommen werden, weil sie im Februar ein Gewerbe in Betrieb nahmen, ohne dass ihnen die selbständige Gewerbeausübung wieder gestattet worden ist. Das ist jedoch aufgrund der Natur der Wiedergestattung als gebundener Verwaltungsakt notwendig. Insbesondere hatten G und M die Wiedergestattung des Gewerbes zu diesem Zeitpunkt noch nicht einmal beantragt. Durch dieses Verhalten lässt sich bei G und M ein Hang zur Nichtbeachtung geltender Vorschriften erkennen (VG Gießen, Urteil vom 13.6.2013 – 8 K 993/12.GI).

Unerheblich ist, ob G und M davon ausgegangen waren, nach Ablauf von mehr als fünf Jahren seit der Gewerbeuntersagung nunmehr – quasi automatisch – wieder zur selbständigen Gewerbeausübung berechtigt zu sein, da es auf ein Verschulden insoweit nicht ankommt (VG Gießen, Urteil vom 13.6.2013 – 8 K 993/12.GI).

4. Zwischenergebnis

Durch die erneute Begründung der Unzuverlässigkeit seitens des G und des M wegen der Nichtbeantragung der Wiedergestattung des Gewerbes im Sinne des § 35 Abs. 6 GewO bleiben die Voraussetzungen des § 35 Abs. 1 S. 1 GewO erfüllt. Eine Beantragung der Wiedergestattung kann nunmehr nur unter den erschwerenden Voraussetzungen des § 35 Abs. 6 S. 2 GewO erfolgen.

C. Rechtsfolge

Rechtsfolge ist eine gebundene Entscheidung, sodass die Untersagungsverfügung erlassen werden musste.

D. Ergebnis

Die seitens der Gewerbeaufsicht gegenüber G und M erlassene Untersagungsverfügung ist rechtmäßig.

Abwandlung 2. Komplex

Als Rechtsgrundlage für eine Untersagungsverfügung wegen Unzuverlässigkeit kommt zunächst erneut allgemein § 35 Abs. 1 S. 1 GewO in Betracht. Allerdings kann eine Untersagungsverfügung gemäß § 35 Abs. 8 GewO nicht auf § 35 Abs. 1 bis Abs. 7a GewO gestützt werden, soweit speziellere Untersagungs- oder Betriebsschließungsvorschriften in Betracht kommen.

Als eine solch speziellere Norm kommt § 15 Abs. 2 GewO in Betracht, wenn für die „Pole Position" eine Genehmigung erforderlich gewesen wäre, G und M den Club jedoch ohne eine solche betrieben hätten.

Die Pole Position ist ein Stripclub und ist als solcher auf die „Schaustellung von Personen" im Sinne des § 33a Abs. 1 S. 1 GewO gerichtet und bedarf mangels Ausnahme der Genehmigung nach § 33a Abs. 1 S. 2 GewO. G und M sind zur Auskunft nach § 29 Abs. 1 Nr. 1 GewO verpflichtet. Eine Genehmigung wurde jedoch von der zuständigen Stelle nicht erteilt, sodass eine Untersagung wegen fehlender Zulassung nach § 15 Abs. 2 GewO maßgeblich zu sein scheint, sodass § 35 Abs. 1 S. 1 GewO verdrängt wäre.

Allerdings ist in Konstellationen, in denen zwar eine Zulassung ordnungsgemäß beantragt wurde, die zuständige Behörde jedoch untätig blieb, gesetzlich eine Genehmigungsdauerfiktion angeordnet nach § 6a Abs. 2, 1 GewO i.V.m. § 42 a VwVfG,[9] die nach drei Monaten ab Beantragung eintritt (siehe auch Eisenmenger, NVwZ 2010, 337, 339; Guckelberger, DÖV 2010, 109 ff.). Die Fiktion ist dann nur auf die Genehmigung als solche, nicht aber auf deren Rechtmäßigkeit bezogen, weil jemand mit einer fingierten Genehmigung sonst besser stehen würde als jemand mit einer real erteilten Genehmigung. Da die Behörde gegenüber G und M mehr als drei Monate nicht reagierte, gilt deren Genehmigung nach § 33a GewO als solche im Sinne des § 6a Abs. 2, 1 GewO, weil abweichende landesrechtliche Regelungen nicht bestehen.

Somit bestand die erforderliche Genehmigung, sodass eine Gewerbeuntersagung mangels Zulassung nach § 15 Abs. 2 GewO ausscheidet. Daher muss für eine Gewerbeuntersagung für die „Pole Position" zunächst die Genehmigung aufgehoben werden. Mangels spezieller Grundlagen zur Rücknahme wie sie zum Beispiel in § 33d Abs. 4, 5 GewO oder § 15 GaststättenG geregelt sind, ist für die Rücknahme der fingierten Genehmigung im Rahmen des § 33a Abs. 1 GewO auf die allgemeinen Vorschriften zur Rücknahme bzw. zum Widerruf eines Verwaltungsaktes nach den §§ 48 ff. VwVfG abzustellen (siehe zum Ganzen: Tettinger/Wank/Ennuschat, Kommentar zur GewO, § 6a).

Insbesondere kommt für die Untersagung des Betriebs des G und des M ein Widerruf der Genehmigung auf Grundlage des § 49 Abs. 2 Nr. 3, 5 VwVfG in Betracht, sodass diese Regelung als Rechtsgrundlage für die Untersagung der „Pole Position" maßgeblich ist.

9 In § 42a VwVfG i.V.m. Spezialregelungen geht es um Dauerfiktionen, die von vorübergehenden Fiktion wie in § 81 Abs. 3 AufentG abzugrenzen sind.

Besonderes Verwaltungsrecht – Fall 18 – GewR: „Spiel Hölle!“

Nach Medienberichten über die stetig zunehmende Spielsucht in der deutschen Bevölkerung folgen viele von Ratlosigkeit geprägte Debatten, weil seit Jahren Bemühungen unternommen werden, entsprechenden Tendenzen entgegenzuwirken. Öffentlich geförderte Suchtpräventionsprogramme wurden ausgebaut, Jugendlichen ist der Zutritt zu Spielhallen verboten und Kontrollen sind verschärft worden. Zudem ist eine Mitteilungspflicht über offensichtlich suchtgefährdete Besucher für Spielhallenbetreiber eingeführt worden.

Jegliche Bemühungen scheinen jedoch nicht zu fruchten. Nachdem den Ursachen nunmehr verstärkt nachgegangen wird, stellt sich heraus, dass die Spielsucht insbesondere in den Gebieten besonders grassiert, in denen eine Grenze zu Nachbarstaaten nicht fern ist und in denen die Bemühungen für eine Spielsuchtbekämpfung nicht ganz so intensiv sind wie in deutschen Gebieten.

Über ähnliche Probleme klagen auch einige andere Mitgliedstaaten der Europäischen Union, denn die Spielsucht wird als europäisches Problem eingestuft. Einige Versuche, sich dessen auf einer gesamteuropäischen Ebene anzunehmen, etwa durch eine einheitliche Verschärfung der Vorschriften über die Vergabe von Glücksspiel-Konzessionen, scheitern jedoch. Der zuständige EU-Kommissar bringt daher folgende – bezüglich der Politik für das „Ob“ der Regelung zur Einhaltung nationaler Vorschriften zum Schutz vor Spielsucht und der Form rechtmäßig zustande gekommene – Richtlinie auf den Weg:

RL 2012/44/EG (fiktiv)
Art. 5

(1) Die Zuständigkeit der Mitgliedstaaten für den Erlass von Vorschriften zum Schutz vor Glücksspielsucht bleibt unberührt.

(2) Die Mitgliedstaaten stellen sicher, dass ihre jeweiligen Schutzvorschriften nicht dadurch umgangen werden, dass für ausländische Betriebsstätten von Ausländern im Inland geworben wird, wobei sie in gleicher Weise national für den Schutz der Inländer zuständig bleiben, sodass keine Sonderregelung für Ausländer entstehen soll.

(3) [...]

Die Europäische Union bezweckt mit dieser Richtlinie, dass zumindest die als Umgehung nationaler Schutzvorschriften aufgefasste Praxis des Betreibens der

Glücksspielhallen nahe den Staatsgrenzen mittels einer strikten Glücksspielpolitik eingeschränkt wird.

Das Bundesland Schleswig-Holstein, das eine gemeinsame Grenze mit dem Glücksspiel-Mekka Dänemark teilt, schert aus den Überlegungen der übrigen deutschen Bundesländer zum Abschluss eines neuen Glücksspielstaatsvertrages aus. Nachdem im Rahmen der Diskussionen insbesondere die extensiven Werbebemühungen dänischer Spielhallenbetreiber als Problemursache ausgemacht wurden, möchten die Verantwortlichen des Landes die Probleme nun gezielt angehen. In Umsetzung der erwähnten EU-Richtlinie beschließt der Landtag in Kiel daher, den § 26 des Glücksspielgesetzes Schleswig-Holstein (GSpG S-H) dahingehend zu ändern, dass in Zukunft eine Werbeerlaubnis erforderlich ist, um für Spielcasinos zu werben:

§ 26 GSpG S-H

(1) [...]

(2) Spielbanken aus Mitgliedstaaten der Europäischen Union dürfen im Inland den Besuch ihrer ausländischen, in Mitgliedstaaten der Europäischen Union gelegenen Betriebsstätten nur bewerben, wenn dem Betreiber der Spielbank dafür eine Genehmigung durch die zuständige Behörde erteilt wurde. Eine solche Genehmigung ist zu erteilen, wenn der Betreiber der Spielbank nachgewiesen hat, dass

1. die für den Betrieb der Spielbank erteilte Konzession § 21 entspricht und im Konzessionserteilungsland, das ein Mitgliedstaat der Europäischen Union ist, ausgeübt wird, und
2. die gesetzlichen Spielerschutzbestimmungen dieses Mitgliedstaates der Europäischen Union den inländischen zumindest im Wesentlichen entsprechen.

A ist schwedischer Staatsbürger und betreibt nahe der deutsch-dänischen Grenze einige Spielcasinos. Er hat es – neben seinen einheimischen dänischen Kunden – auch auf die Bewohner der grenznahen Region des Landes Schleswig-Holstein abgesehen. Aus diesem Grund möchte er eine breit angelegte Werbekampagne mit großflächigen Anzeigen in regionalen Zeitungen, Radio-Ansagen und Plakatwerbung starten.

Die zuständige Behörde des Landes Schleswig-Holstein, das Finanzamt Kiel-Nord, ist hiervon nicht begeistert – sie fürchtet um die Früchte der jahrelangen Suchtpräventions-Arbeit. Den bei der zuständigen Behörde gestellten Antrag des A auf Erteilung einer Werbeerlaubnis gemäß § 26 Abs. 2 GSpG lehnt sie mit folgender Begründung ab:

„Ihr Antrag vom [...] wird abgelehnt. Ihnen wird nicht erlaubt, diesseits der deutsch-dänischen Grenze für Ihre Spielcasinos in jedweder Form zu werben.

Begründung:

Sie haben nicht ausreichend dargelegt, dass die dänischen Spielerschutzbestimmungen jenen im Inland zumindest entsprechen [...].“

A ist verärgert und legt bei der zuständigen Behörde Widerspruch ein. Er hält Werbung für seine Spielcasinos für existenziell, schließlich sei die Grenznähe für ihn ein entscheidender Faktor bei der Standortsuche für dieses Spielcasino gewesen. Wenn er nun nicht für dieses Casino werben dürfe, werde die erhoffte deutsche Kundschaft sicher ausbleiben und seine Investition unrentabel machen.

Es könne außerdem nicht angehen, dass er als EU-Bürger in Zeiten zunehmender europäischer Vernetzung und europäischer Grundfreiheiten von dem Werbeverbot nur in Deutschland betroffen sei.

Des Weiteren führt er an, dass er durch § 26 GSpG in seinem aus Art. 12 GG folgenden Grundrecht und durch die EU-Richtlinie in seinen aus der EU-Grundrechte-Charta sowie der Europäischen Menschenrechtskonvention folgenden Rechten verletzen werde.

Die Widerspruchsbehörde entgegnet, dass sich A als Schwede schon gar nicht auf den Schutz des Art. 12 GG berufen könne. Außerdem habe A nicht substantiiert dargelegt, dass die dänischen Schutzvorschriften eine Warn-/Sperrpflicht der Spielbankleitung oder ein ähnliches Monitoring-System beinhalteten, wie es vergleichsweise in Schleswig-Holstein besteht. Auch die Regelungen zum Jugendschutz seien mit den deutschen Vorschriften nicht vergleichbar. Die schleswig-holsteinische Vergleichbarkeitsprüfung sei zudem Ausfluss des unionsrechtlichen Kohärenzgebotes. Die Behörde lehnt den Widerspruch daher ab.

A wendet sich nun fristgerecht an das Verwaltungsgericht.

Wie wird das örtlich zuständige Verwaltungsgericht entscheiden? Welche Möglichkeiten ergeben sich für das Verwaltungsgericht, wenn es sich nicht sicher ist, ob die formell verfassungsgemäße Norm des § 26 Abs. 2 GSpG mit höherrangigem Recht vereinbar ist?

Bearbeitungsvermerk

Ein Vorlageverfahren an das schleswig-holsteinische Verfassungsgericht ist nicht zu prüfen. Gehen Sie in ihrem verwaltungsgerichtlichen Gutachten gegebenenfalls auf alle in Betracht kommenden prozessualen Aspekte für ein Verfahren beim Gerichtshof der Europäischen Union sowie beim Bundesverfassungsgericht ein. Soweit ein Verwaltungsverfahrensgesetz maßgeblich ist,

ist das des Bundes anzuwenden. Unterstellen Sie, dass ein etwaiges Vorverfahren nicht entbehrlich ist, aber ordnungsgemäß durchgeführt wurde. Es ist zu fingieren, dass zu der Thematik noch keine gefestigte Rechtsprechung des Gerichtshofes der Europäischen Union besteht. Anhaltspunkte für die offensichtliche Unzulässigkeit (einschließlich der Verfristung) einer seitens des A unter Umständen zu erhebenden Nichtigkeitsklage gemäß Art. 263 AEUV bestehen nicht. Eine etwaige Prüfung der Grundfreiheiten ist auf die Dienstleistungsfreiheit zu beschränken – eine Prüfung der EU-Grundrechte-Charta sowie der Europäischen Menschenrechtskonvention auf die Berufs- bzw. unternehmerische Freiheit. Soweit es auf die Verfassungsmäßigkeit des § 26 GSpG ankommt, ist die materielle Prüfung auf die Berufsfreiheit zu beschränken. Kommt das Verwaltungsgericht seinerseits zum Ergebnis der Vereinbarkeit mit Unions- und Verfassungsrecht, wird jeweils nicht vorgelegt wer den.

GSpG S-H (Auszug)
§ 1 Ziele des Gesetzes
Ziel des Gesetzes ist es, einen dem jeweiligen Glücksspiel angemessenen Ordnungsrahmen für das Angebot (Veranstaltung, Vertrieb und Vermittlung) von öffentlichen Glücksspielen zu schaffen und hierbei insbesondere

1. sicherzustellen, dass Glücksspiele ordnungsgemäß, fair, verantwortlich und transparent durchgeführt, die Spieler vor betrügerischen Machenschaften geschützt werden und die mit Glücksspielen verbundene Folge- und Begleitkriminalität abgewehrt wird,
2. den natürlichen Spieltrieb der Bevölkerung in geordnete und überwachte Bahnen zu lenken, insbesondere den ungesetzlichen Glücksspielmarkt einzudämmen und den legalen entgeltlichen Spielkonsum nur in einem angemessenen Umfang zuzulassen,
3. einen wirksamen Jugend- und Spielerschutz zu gewährleisten,
4. Suchtgefahren bei Glücksspielen vorzubeugen und die Voraussetzungen für eine wirksame Suchtbekämpfung sowie Vorkehrungen vor Ausbeutung durch Glücksspiel zu schaffen,
5. Gefahren für die Integrität des sportlichen Wettbewerbs bei der Veranstaltung und dem Vertrieb von Sportwetten vorzubeugen.

§ 43 Zuständige Finanzbehörde (fiktiv)
Die für die Registrierung nach § 39 und die Werbegenehmigung nach § 26 zuständige Finanzbehörde ist das Finanzamt Kiel-Nord als Landesbehörde.

AG VwGO S-H (Auszug)

§ 6

Fähig, am Verfahren beteiligt zu sein, sind auch Landesbehörden. Die Klage ist gegen die Landesbehörde zu richten, die den angefochtenen Verwaltungsakt erlassen oder den beantragten Verwaltungsakt unterlassen hat.

Schwerpunkte

Glücksspiel

EU-Grundrechte-Charta

Europäische Menschenrechtskonvention

Vorlageverfahren (Art. 267 AEUV und Art. 100 GG)

Vertiefung

EuGH Rs. 106/77, Slg. 1978, 629, Rz. 21/23, 24, Simmenthal II; („acte-clair" Doktrin; CILFIT-Kriterien zur Rechtfertigung einer Nichtvorlage i.S.d. Art. 267 AEUV; EuGH Rs. 283/81, Urteil vom 6.10.1982, Slg. 1982, 3415, Rz. 16, CILFIT; EuGH Rs. 8/74, Urteil vom 11.7.1974, Slg. 1974, 837, „Dassonville"; EuGH Rs. C-267 u. 268/91, Urteil vom 24.11.1993, Slg. 1993, I-6097, „Keck" zur Warenverkehrsfreiheit; EuGH, Rs. 120/78, Urteil vom 20.2.1979, Slg. 1979, 649, Rz. 14, „Cassis-de-Dijon"; zum Ganzen: EuGH Rs. C-176/11; EuGH, Urteil vom 8.9.2010, Carmen Media Group, C-46/08, Slg. 2010, I-8149 Rn 55; EuGH, Urteil vom 8.9.2009, Liga Portuguesa de Futebol Profissional und Bwin International, C-42/07, Slg. 2009, I-7633 Rn 59–61 m.w.N.; EuGH, Urteil vom 8.7.2010, Sjöberg und Gerdin, C-447/08 und C-448/08, Slg. 2010, I-6921 Rn 33, 34; EuGH Rs. C-617/10 [Äckberg Fransson] vom 26.2.2013.

Gliederung

A. Sachurteilsvoraussetzungen (+)
- I. Rechtsweg (+)
- II. Zuständigkeit (+)
- III. Beteiligte (+)
- IV. Statthafte Klageart
- V. Besondere Sachurteilsvoraussetzungen (+)
  1. Besondere Prozessführungsbefugnis (+)
  2. Klagebefugnis (+)

3. Vorverfahren (+)
4. Klagefrist (+)

VI. Zwischenergebnis

B. Begründetheit (–)

I. Entscheidungserheblichkeit/Gesetzesanwendung (+)
1. Anspruchsgrundlage (+)
2. Voraussetzungen (–)
a) Formell (+)
b) Materiell (–)
aa) Genehmigungsbedürftigkeit (+)
bb) Genehmigungsfähigkeit (–)
3. Zwischenergebnis

II. Vorabentscheidung und Anwendungsvorrang des Unionsrechts
1. Zulässigkeit der Vorabentscheidung (+)
a) Zuständigkeit des Gerichtshofes der Europäischen Union (+)
b) Verfahrensabhängige Voraussetzungen (+)
aa) Vorlageberechtigung (+)
bb) Vorlagefrage (+)
cc) Entscheidungserheblichkeit (+)
dd) Vorlagepflicht (+/–)
ee) Allgemeines Rechtsschutzbedürfnis (+)
ff) Zwischenergebnis
2. Begründetheit der Vorabentscheidung (–)
a) Gültigkeitsvorlage (–)
aa) Zuständigkeit und Form (+)
bb) Inhalt (–)
(1) Dienstleistungsfreiheit (–)
(a) Anwendungsbereich der Dienstleistungsfreiheit (+)
(aa) Sachlicher Anwendungsbereich (+)
(aaa) Grenzüberschreitendes Element (+)
(bbb) Inhalt der Dienstleistungsfreiheit (+)
(ccc) Bereichsausnahme (–)
(bb) Persönlicher Anwendungsbereich (+)
(b) Beeinträchtigung (+)
(aa) Erweiterung des Beeinträchtigungstatbestandes (+)
(aaa) Offene und verdeckte Diskriminierung (–)
(bbb) Offene und verdeckte Beschränkung (+)
(bb) Einengung des Beeinträchtigungstatbestandes (–)
(c) Rechtfertigung (+)

(aa) Geschriebene Rechtfertigungsgründe (–)
(bb) Ungeschriebene Rechtfertigungsgründe und gegenläufige Unionsprinzipien (+)
(d) Zwischenergebnis
(2) Vereinbarkeit mit Unionsgrundrechten und der Europäischen Menschenrechtskonvention (+)
(a) Artt. 15, 16 EU-GR-Charta (–)
(aa) Schutzbereich (+)
(bb) Eingriff (+)
(cc) Rechtfertigung (+)
(aaa) Gesetzesvorbehalt (+)
(bbb) Verhältnismäßigkeit (+)
(aaaa) Legitimer Zweck (+)
(bbbb) Eignung (+)
(cccc) Erforderlichkeit (+)
(dddd) Verhältnismäßigkeit i.e.S. (Disproportionalität) (+)
(dd) Zwischenergebnis
(b) Sonstige Grundrechte (–)
b) Auslegungsvorlage (–)
aa) Anwendungsbereich (+)
bb) Beeinträchtigung (+)
cc) Rechtfertigung (+)
(1) Geschriebene Rechtfertigungsgründe (–)
(2) Ungeschriebene Rechtfertigungsgründe, gegenläufige Unionsprinzipien und Verhältnismäßigkeit
3. Zwischenergebnis
III. Vorlage beim Bundesverfassungsgericht (–)
1. Zulässigkeit (+)
a) Zuständigkeit des Bundesverfassungsgerichts (+)
b) Verfahrensabhängige Zulässigkeitsvoraussetzungen (+)
aa) Vorlageberechtigtes Gericht (+)
bb) Vorlagegegenstand (+)
cc) Überzeugung bezüglich der Verfassungswidrigkeit (+)
dd) Entscheidungserheblichkeit (+)
ee) Ordnungsgemäßer Antrag (+)
3. Zwischenergebnis
2. Begründetheit (–)
a) Formelle Verfassungsgemäßheit (+)
b) Materielle Verfassungsgemäßheit (+)
aa) Anwendbarkeit nationaler Grundrechte (+)

(1) Verhältnis der Unionsgrundrechte zu nationalen Grundrechten
(a) Anwendungsvorrang des Unionsrechts (+)
(b) Anwendbarkeit der Europäischen Menschenrechtskonvention (+/–)
(c) Anwendbarkeit der EU-Grundrechte-Charta
(2) Zwischenergebnis
bb) Anwendbarkeit des Art. 12 Abs. 1 GG (+/–)
cc) Vereinbarkeit des Gesetzes mit Art. 12 Abs. 1 GG bzw. Art. 2 Abs. 1 GG (+)
(1) Schutzbereich (+)
(2) Eingriff (+)
(3) Rechtfertigung (+)
(4) Verhältnismäßigkeit bzgl. Berufsfreiheit (+)
(a) Zweck (+)
(b) Eignung (+)
(c) Erforderlichkeit (+)
(d) Verhältnismäßigkeit i.e.S. bzgl. der Berufsfreiheit
(5) Zwischenergebnis
IV. Zwischenergebnis
C. Ergebnis

Lösungsvorschlag

Die folgende Lösung ist als Lösungsvorschlag zu verstehen und ausführlicher, als es in der Klausurbearbeitung verlangt werden kann. Aufgrund der wissenschaftlichen Freiheit können andere Lösungswege vertreten werden, soweit sie dogmatisch begründbar sind. Die Nachweise aus Rechtsprechung und Literatur sowie die das Verständnis fördernden Randbemerkungen sind in der Examensklausur auszusparen. Die Abkürzung „Alt." steht für Alternativfall, nicht für Alternative.

Die Klage des A hat jedenfalls Erfolg, soweit die Sachurteilsvoraussetzungen erfüllt sind und die Klage begründet ist.

A. Sachurteilsvoraussetzungen

Die Sachurteilsvoraussetzungen können erfüllt sein.[1]

---

1 **Hinweis:** Andere Aufbauvarianten werden vertreten (z.B. dreistufig oder Prüfung des Verwaltungsrechtsweges als Untergliederungspunkt der Zuständigkeit des Gerichts). Derartige

I. Rechtsweg

Der Verwaltungsrechtsweg kann mangels aufdrängender Sonderzuweisung gemäß § 40 Abs. 1 S. 1 VwGO eröffnet sein. Im Übrigen kommt ein Verweisungsbeschluss im Sinne des § 17a Abs. 2 GVG i.V.m. § 173 VwGO in Betracht. Der Verwaltungsrechtsweg ist eröffnet, soweit durch die streitentscheidende öffentlich-rechtliche Norm ein Hoheitsträger einseitig berechtigt oder verpflichtet wird bzw. soweit aufgrund typisch hoheitlichen Handelns zwischen den Beteiligten ein Subordinationsverhältnis besteht.

Durch § 26 Abs. 2 GSpG Schleswig-Holstein, welcher der verweigerten Genehmigung zugrunde liegen würde, wird die Behörde gegenüber dem Bürger – A – einseitig zur Erteilung der Genehmigung verpflichtet, zumal es sich beim Erlass eines Verwaltungsaktes um typisch hoheitliches Handeln in einem Subordinationsverhältnis handelt. Da die Streitigkeit mangels doppelter Verfassungsunmittelbarkeit nicht verfassungsrechtlicher Art und eine abdrängende Sonderzuweisung nicht ersichtlich ist, bleibt es bei der Eröffnung des Verwaltungsrechtsweges. Der Verwaltungsrechtsweg ist gemäß § 40 Abs. 1 S. 1 VwGO eröffnet.

II. Zuständigkeit

Das Verwaltungsgericht ist gemäß § 45 VwGO als Eingangsinstanz für die von der Behörde gegenüber A erteilte Genehmigung sachlich zuständig, da Anhaltspunkte für abweichende Regelungen wie z.B. § 50 VwGO nicht ersichtlich sind, sodass kein Verweisungsbeschluss gemäß § 17a Abs. 2 GVG i.V.m. § 83 VwGO gefasst werden wird. Von der örtlichen Zuständigkeit des angerufenen Verwaltungsgerichts im Sinne des § 52 VwGO ist auszugehen.[2]

Aufbauvarianten sind aber mit § 17a Abs. 2 GVG bzw. mit der Überschrift des 6. Abschnitts der VwGO sowie mit § 83 VwGO unvereinbar und daher bei exakter dogmatischer Zuordnung der Prüfungspunkte nicht zu empfehlen. Die Überschrift „Sachurteilsvoraussetzungen“ anstelle der Überschrift „Zulässigkeit“ ist sinnvoll, weil nach § 63 Nr. 3 VwGO auch der Beigeladene zu den Beteiligten gehört, das Fehlen einer notwendigen Beiladung i.S.d. § 65 Abs. 2 VwGO aber nur dazu führt, dass das Urteil keine materielle Rechtskraft entfaltet.

Zum gesamten Aufbau: Heinze/Starke JURA 2012, 175 ff.

2 Die örtliche Zuständigkeit ist anzusprechen, wenn es dafür Anhaltspunkte im Sachverhalt gibt. Im Übrigen ist die Prüfung derselben sinnvoll – allerdings nicht notwendig. Gegebenenfalls ist die örtliche Zuständigkeit im Anschluss an die sachliche Zuständigkeit zu prüfen. Ist sie jedoch gemäß § 52 Nr. 2 VwGO ausnahmsweise von der Klageart abhängig, muss sie von der sachlichen Zuständigkeit getrennt nach der Klageart oder deren besonderen Sachurteilsvoraussetzungen bzw. Sachentscheidungsvoraussetzungen erörtert werden, obwohl § 17a Abs. 2 GVG gemäß § 83 VwGO entsprechend anwendbar ist.

III. Beteiligte

A und das Land Schleswig-Holstein als Träger des Finanzamt Kiel-Nord könnten Beteiligte des Verfahrens sein. Beteiligte sind nach § 63 Nr. 1, 2 VwGO unter anderem der Kläger und der Beklagte, beteiligungsfähig nach § 61 Nr. 1 VwGO natürliche und juristische Personen.

Als Kläger ist A gemäß § 61 Nr. 1 Alt. 1 VwGO beteiligungsfähig und gemäß § 62 Abs. 1 Nr. 1 VwGO prozessfähig.

Als Beklagte kommt das Land Schleswig-Holstein als Träger der Behörde Finanzamt Kiel-Nord in Betracht. Behörden sind in Schleswig-Holstein zwar gemäß § 61 Nr. 3 VwGO i.V.m. § 6 S. 1 AG VwGO Schleswig-Holstein beteiligungsfähig. Allerdings gilt dies lediglich für unmittelbare Landesbehörden. Das Finanzamt Kiel-Nord ist eine solche unmittelbare Landesbehörde.

Das Finanzamt ist gemäß den §§ 63 Nr. 2, 61 Nr. 3 VwGO i.V.m. § 6 S. 1 AG VwGO beteiligungs- und mangels Anhaltspunkten bezüglich des für die Behörde handelnden Organwalters gemäß § 62 Abs. 3, 1 VwGO prozessfähig.

IV. Statthafte Klageart

Die statthafte Klageart richtet sich gemäß § 88 VwGO nach dem klägerischen Begehren unter Berücksichtigung des Anwendungsvorrangs maßnahmespezifischer Rechtsschutzformen und des rechtsstaatlichen Grundsatzes der Effektivität des Rechtsschutzes. Dem klägerischen Begehren entspricht in der Regel die effektivste Klageart, also nach Möglichkeit die Anfechtungsklage gemäß § 42 Abs. 1 Alt. 1 VwGO als Gestaltungsklage der Verwaltungsgerichtsordnung. Voraussetzung der Anfechtungsklage ist es, dass es dem Kläger um die Aufhebung eines Verwaltungsaktes im Sinne des § 35 VwVfG geht. Ein Verwaltungsakt ist gemäß § 35 S. 1 VwVfG jede Verfügung, Entscheidung oder andere hoheitliche Maßnahme, die eine Behörde zur Regelung eines Einzelfalls auf dem Gebiet des öffentlichen Rechts trifft und die auf unmittelbare Rechtswirkung nach außen gerichtet ist.

A erstrebt zwar den Erlass einer solchen Regelung, nämlich die Erteilung einer Werbegenehmigung gemäß § 26 Abs. 2 GSpG. Es handelt sich zwar um einen Verwaltungsakt, jedoch erstrebt er keine gestaltende Beseitigung der Genehmigung, sondern eine Leistung. Statthafte Klageart ist somit die Verpflichtungsklage gemäß § 42 Abs. 1 Alt. 2 VwGO.

V. Besondere Sachurteilsvoraussetzungen

Die besonderen Sachurteilsvoraussetzungen können erfüllt sein.

1. Besondere Prozessführungsbefugnis[3]

Besonders prozessführungsbefugt ist, da § 78 Abs. 1 Nr. 2 VwGO i.V.m. § 6 S. 2 AG VwGO Schleswig-Holstein nur für unmittelbare Landesbehörden und[3] damit auch für das Finanzamt Kiel-Nord gilt, gemäß § 78 Abs. 1 Nr. 2 VwGO i.V.m. § 6 S. 2 AG VwGO das Finanzamt.

2. Klagebefugnis

A muss klagebefugt sein. Die Klagebefugnis nach § 42 Abs. 2 VwGO setzt die Möglichkeit der Verletzung eines subjektiven Rechts voraus. Subjektive Rechte ergeben sich aus Sonderbeziehungen, einfachen Gesetzen, subsidiär aus Grundrechten, wobei jedenfalls aufgrund des weiten Schutzbereiches des Art. 2 Abs. 1 GG bei unmittelbaren Grundrechtseingriffen für das subjektive Recht direkt auf Grundrechte abgestellt werden kann.[4] Ob ein Kläger tatsächlich in einem subjektiven Recht verletzt ist, ist für die Klagebefugnis irrelevant, da die Möglichkeit der Verletzung eines subjektiven Rechts genügt.

Eine Sonderrechtsbeziehung, aus der A ein subjektives Recht ableiten könnte, besteht nicht.

---

3 Der Aufbau der Prozessstation darf in der Klausur nicht gesondert begründet werden. Es ist allenfalls möglich, einzelne Argumente anhand einzelner zu prüfender Tatbestandsmerkmale in Nebensätzen einzuarbeiten. Die Zuordnung des § 78 VwGO ist umstritten. § 78 VwGO enthält nach h.M. eine Regelung über die besondere Prozessführungsbefugnis, die von der Beteiligungsfähigkeit und der Passivlegitimation zu trennen ist (MA: § 78 VwGO als Sonderregelung der Passivlegitimation, die aber in der Sachstation, also der Begründetheit, zu prüfen ist, da „Passivlegitimation" der Terminus für den materiell richtigen Klagegegner ist). Die besondere Prozessführungsbefugnis ist ein Unterpunkt bei den besonderen Sachurteilsvoraussetzungen und wird teilweise (vertretbar aber bzgl. der materiell-rechtlichen Passivlegitimation verwechslungsfähig) mit „Klagegegner" überschrieben.

Einige Argumente für h.M.:

- § 78 VwGO steht systematisch bei besonderen Sachurteilsvoraussetzungen
- Gesetzgebungskompetenzen
- falsche Behörde bzw. falscher Rechtsträger können nicht zum materiell richtigen Anspruchsgegner im Sinne einer Passivlegitimation werden.

Zum Ganzen: Heinze/Starke JURA 2012, 175 ff; Ehlers, Festschrift für Menger, S. 379 ff.; Hufen, Verwaltungsprozessrecht, § 12, Rn 38 ff. m.w.N.; vgl. OVG Münster NVwZ 1990, 188.

4 **Subjektive Rechte aus:**

- Sonderrechtsbeziehungen
- einfachen Gesetzen
- subsidiär Verfassungsrecht (insbesondere Grundrechten)
- Grundrechte sind nur bei unmittelbaren Grundrechtseingriffen direkt zu nennen (jedenfalls weiter Schutzbereich des Art. 2 Abs. 1 GG).

Ein subjektives Recht könnte sich allerdings aus der einfachgesetzlichen Norm des § 26 Abs. 1 GSpG Schleswig-Holstein herleiten lassen. Voraussetzung für ein einfachgesetzliches subjektives Recht ist, dass neben der Allgemeinheit auch der Einzelne geschützt wird. Durch eine subjektivierte Norm muss zumindest auch der Schutz der Individualinteressen erfasst sein, sodass der Träger dieser Individualinteressen die Befolgung dieser Rechtsnorm für sich beanspruchen kann. Die Schutzwirkung muss vom Gesetzgeber intendiert und darf nicht auf eine bloße Rechtsreflexwirkung rückführbar sein. Anderenfalls würden ein Gesetzesvollziehungsanspruch und Popularklagen gewährt werden.

Gemäß § 26 Abs. 2 S. 2 GSpG Schleswig-Holstein besteht für die Genehmigungsbehörde die Pflicht zur Erteilung der Genehmigung, soweit seitens des Antragsstellers die zur Erteilung der Werbegenehmigung nötigen Voraussetzungen erfüllt sind. Durch die Norm werden erkennbar auch Individualinteressen geschützt und es wird A ein subjektives Recht gewährt.

3. Vorverfahren

Ein im Sinne der §§ 68 ff. VwGO ordnungsgemäßes Vorverfahren ist seitens des A durchgeführt worden.

4. Klagefrist

Die für Verpflichtungsklagen geltende Klagefrist von einem Monat nach Zustellung des Widerspruchsbescheides gemäß § 74 Abs. 1 S. 1 und Abs. 2 VwGO ist seitens des A eingehalten worden.

VI. Zwischenergebnis

Die Sachurteilsvoraussetzungen der Klage des A auf Erteilung der nach § 26 Abs. 2 GSpG erforderlichen Werbegenehmigung sind erfüllt.

B. Begründetheit

Die Klage ist gemäß § 113 Abs. 5 S. 1, 2 VwGO begründet, soweit die Ablehnung der Erteilung der Genehmigung rechtswidrig, der Kläger dadurch in seinen Rechten verletzt und die Sache spruchreif ist bzw. soweit die Unterlassung der diesbezüglichen Bescheidung rechtswidrig oder die erfolgte Bescheidung fehlerhaft und der Kläger dadurch in seinen Rechten verletzt ist. Somit ist die Klage begründet, soweit A einen Anspruch auf eine zumindest fehlerfreie Bescheidung[5] der Behörde hat.[6] Soweit es im Rahmen der Genehmigung auf die nationale Rechtsgrundlage bzw. die Richtlinie der Europäischen Union ankommt, kommen Vorlageverfahren gemäß Art. 267 AEUV bzw. gemäß Art. 100 GG in Betracht.

I. Entscheidungserheblichkeit/Gesetzesanwendung

Sowohl das Vorabentscheidungsverfahren gemäß Art. 267 AEUV als auch die konkrete Normenkontrolle nach Art. 100 GG kommen nur in Betracht, wenn es auf die in Frage stehenden verfassungs- und europarechtlichen Probleme ankommt. Nur bei deren Entscheidungserheblichkeit wird das Verwaltungsgericht die zugrundeliegende Richtlinie bezüglich ihrer Vereinbarkeit mit dem primären Unionsrecht bzw. die Verfassungsmäßigkeit der nationalen Norm prüfen und beim Gerichtshof der Europäischen Union bzw. beim Bundesverfassungsgericht vorlegen. Unabhängig davon, ob der Anwendungsvorrang des Unionsrechts sich aus dem jeweiligen Zustimmungsgesetz zur Übertragung der Hoheitsgewalt auf die Europäische Union i.V.m. Art. 23 Abs. 1 GG bzw. aus dem in den Verträgen verankerten Grundsatz des effet utile ergibt und das Fachgericht die Möglichkeit hat, das nationale Recht im Rahmen seiner eingeschränkten Verwerfungskompetenz anzuwenden oder nicht anzuwenden (vgl. EuGH Rs. 106/77, Slg. 1978, 629, Rz. 21/23, 24, Simmenthal II), kann das Fachgericht bezüglich unionsrechtlicher Fragen gemäß Art. 267 Abs. 2 AEUV den Gerichtshof der europäischen Union anrufen. Das letztinstanzliche Fachgericht ist gemäß Art. 267 Abs. 3 AEUV sogar zur Vorlage verpflichtet, wobei unabhängig von der Instanz eine Auslegungsvorlage bezüglich des primären Unionsrechts gemäß Art. 267 Abs. 1 lit. a AEUV oder eine Gültigkeits- oder Auslegungsvorlage bezüglich sekundären Unionsrechts gemäß Art. 267 Abs. 1 lit. b AEUV möglich ist.

Während dem Verwaltungsgericht im Rahmen des nationalen Rechts lediglich die Prüfungskompetenz bzw. die Möglichkeit zur verfassungskonformen Auslegung zugewiesen ist, während die Verwerfungskompetenz beim Bundesverfassungsgericht verbleibt, besteht bezüglich des Unionsrechts im Hinblick

5 **Achtung:** Im Rahmen des § 113 Abs. 5 S. 2 VwGO sollte im Obersatz nicht „ermessensfehlerfreie Bescheidung“ geschrieben werden, da es auch Beurteilungsspielräume gibt, die über § 113 Abs. 5 S. 2 VwGO tenoriert werden.

6 Der Obersatz der Verpflichtungsklage müsste entsprechend dem Gesetzeswortlaut negativ formuliert werden, während es üblich ist, ihn positiv zu formulieren. Sinnvoll erscheint es, beide Formulierungen einzuarbeiten, um dem Prüfer wenig Angriffsfläche zu bieten. Als Minus ist im Antrag i.S.d. § 113 Abs. 5 S. 1 VwGO ein solcher nach § 113 Abs. 5 S. 2 VwGO enthalten.

auf dessen Anwendungsvorrang in bestimmten Konstellationen die Möglichkeit, das nationale Recht ohne Vorlage nicht anzuwenden, sodass es diesbezüglich eine Art eingeschränkte Verwerfungskompetenz geben kann. Vorrangig ist bei Entscheidungserheblichkeit nach einer Gesetzesanwendung somit die Vorlage beim Gerichtshof der Europäischen Union maßgeblich.

1. Anspruchsgrundlage

Als Anspruchsgrundlage kommt für die seitens des A begehrte Werbegenehmigung § 26 Abs. 2 S. 1 GSpG in Betracht.[7]

2. Voraussetzungen

Die formellen und materiellen Voraussetzungen können erfüllt sein.

a) Formell

Formell ist der zumindest nach dem sich unter anderem aus Art. 20 Abs. 3 GG ergebenden Rechtsstaatsprinzip erforderliche Antrag des A bei der zuständigen Behörde gestellt worden.

b) Materiell

Materiell muss die seitens des A beantragte Erlaubnis genehmigungsbedürftig und genehmigungsfähig sein.

aa) Genehmigungsbedürftigkeit

Grundsätzlich ist es möglich, sowohl für inländische als auch für ausländische Angebote Werbung zu betreiben. Für den Bereich der Glücksspielcasinos besteht gemäß § 26 Abs. 2 GSpG für ausländische Angebote nunmehr – räumlich begrenzt auf den Geltungsbereich Schleswig-Holstein – eine Genehmigungspflicht, sodass A für seine Werbung eine Erlaubnis benötigt.

---

7 Die Verfassungsmäßigkeit der Grundlage bzw. die Unvereinbarkeit mit Unionsrecht sind im prozessualen Aufbau wegen der klaren Vorgabe der Entscheidungserheblichkeit in Art. 100 GG bzw. Art. 267 AEUV erst nach einer Gesetzesanwendung (Wortlautlösung) zu prüfen. Anders ist dies lediglich bei einer materiell-rechtlichen Fallfrage, da die prozessualen Vorgaben des Art. 100 GG sowie des Art. 267 AEUV insoweit nicht gelten.

bb) Genehmigungsfähigkeit

Für die Erteilung einer Werbegenehmigung nach § 26 Abs. 2 GSpG bedarf es einerseits des Nachweises, dass der Antragsteller Inhaber einer Konzession mit bestimmten Voraussetzungen ist, andererseits müssen die gesetzlichen Spielerschutzbestimmungen im Konzessionserteilungsland jenen in Deutschland zumindest im Wesentlichen entsprechen.

Zwar fehlt es an Angaben bezüglich der Konzession, jedoch ist diese auch letztlich nicht maßgeblich. A hat gegenüber der Behörde jedenfalls nicht dargelegt, dass die Spielerschutzbestimmungen in Dänemark – dort betreibt er sein Casino – jenen in Deutschland entsprechen.

Die Voraussetzungen des § 26 Abs. 2 GSpG sind seitens des A daher nicht erfüllt worden. Die Voraussetzungen zur Erteilung der Erlaubnis an A sind nicht erfüllt, sodass bei der Anwendung des Wortlautes des Gesetzes kein Anspruch besteht.

3. Zwischenergebnis

Unter Zugrundelegung des vom Landtag Schleswig-Holstein beschlossenen Glücksspielgesetzes ergibt sich daher kein Anspruch des A auf Erteilung der beantragten Werbegenehmigung. Die Klage des A auf Erteilung der Erlaubnis wäre bei bloßer Anwendung des Wortlautes unbegründet, sodass eine Entscheidungserheblichkeit im Sinne des Art. 267 AEUV und des Art. 100 GG besteht. Zumindest soweit Teile des § 26 GSpG nicht anwendbar bzw. verfassungswidrig sind, wäre die seitens des A erstrebte Erlaubnis unter Umständen ohne die Erfüllung der strengen Voraussetzungen des § 26 Abs. 2 GSpG zu erteilen. Somit sind prozessual und materiell im Rahmen der Prüfungskompetenz die Vorlageverfahren nach Art. 267 AEUV und Art. 100 GG maßgeblich mit der Folge, dass das Verwaltungsgericht das Verfahren unter Umständen aussetzen und dem maßgeblichen Gericht vorlegen wird.

II. Vorabentscheidung und Anwendungsvorrang des Unionsrechts[8]

Unabhängig davon, ob der Anwendungsvorrang des Unionsrechts sich aus dem jeweiligen Zustimmungsgesetz zur Übertragung der Hoheitsgewalt auf die Eu-

8 Ist das Verwaltungsgericht faktisch letzte Instanz i.S.d. Art. 267 Abs. 3 AEUV, muss es dem EuGH grundsätzlich vorlegen, falls die Vorlage aus Sicht des Verwaltungsgerichts (Prüfungskompetenz) zulässig und begründet ist. Besteht zugunsten des Verwaltungsgerichts Ermessen i.S.d. Art. 267 Abs. 2 AEUV, wird es dieses zugunsten einer Vorlage beim EuGH ausüben, soweit die Vorlage zulässig und begründet ist.

ropäische Union i.V.m. Art. 23 Abs. 1 GG bzw. aus dem in den Verträgen verankerten Grundsatz des effet utile ergibt und das Fachgericht die Möglichkeit hat, das nationale Recht im Rahmen seiner eingeschränkten Verwerfungskompetenz anzuwenden oder nicht anzuwenden (vgl. EuGH Rs. 106/77, Slg. 1978, 629, Rz. 21/23, 24, Simmenthal II), kann das Fachgericht bezüglich unionsrechtlicher Fragen gemäß Art. 267 Abs. 2 AEUV den Gerichtshof der europäischen Union anrufen. Das letztinstanzliche Fachgericht ist gemäß Art. 267 Abs. 3 AEUV sogar zur Vorlage verpflichtet, wobei unabhängig von der Instanz eine Auslegungsvorlage bezüglich des primären Unionsrechts gemäß Art. 267 Abs. 1 lit. a AEUV oder eine Gültigkeits- oder Auslegungsvorlage bezüglich sekundären Unionsrechts gemäß Art. 267 Abs. 1 lit. b AEUV möglich ist. Gemäß Art. 267 Abs. 2 AEUV besteht bei Gerichten somit grundsätzlich eine Einschätzungsprärogative bezüglich des Erfordernisses der Vorlage beim Gerichtshof der Europäischen Union, wenngleich wegen der insoweit bestehenden Verwerfungskompetenz des Gerichtshofes der Europäischen Union bei einer Gültigkeitsvorlage stets von einer Vorlagepflicht ausgegangen wird. Lediglich Gerichte, deren Entscheidung nicht mit Mitteln innerstaatlichen Rechts angefochten werden kann, sind gemäß Art. 267 Abs. 3 AEUV zur Vorlage beim Gerichtshof der Europäischen Union verpflichtet, wobei eine Vorlage im Sinne des effet utile in Verbindung mit dem Anwendungsvorrang des Unionsrechts auch erfolgen muss, soweit ein Instanzenzug zwar vorgesehen, jedoch faktisch mangels Einschränkungen wie zum Beispiel der Nichtzulassung der Berufung im Sinne der §§ 124 ff. VwGO oder der Nichtzulassung der Revision im Sinne der §§ 132 ff. VwGO nicht möglich ist.

Unabhängig davon, ob eventuell mangels zugelassener Berufung im Sinne der §§ 124 ff. VwGO das Verwaltungsgericht dem Gerichtshof der Europäischen Union im Sinne des Art. 267 Abs. 3 AEUV zur Entscheidung vorlegen müsste, wird es von dem ihm gegebenenfalls zugewiesenen Ermessen aus rechtsstaatlichen Gründen jedenfalls zugunsten einer Vorlagepflicht Gebrauch machen, falls die Vorlage aus Sicht des Verwaltungsgerichts zulässig und begründet sowie die Rechtslage bezüglich des Unionsrechts nicht eindeutig ist. Insoweit besteht eine Prüfungskompetenz des Verwaltungsgerichts.

1. Zulässigkeit der Vorabentscheidung

Die Vorabentscheidung im Sinne des Art. 267 Abs. 1 AEUV kann zulässig sein.[9]

---

9 Ob inzident auch die Zulässigkeit der Vorabentscheidung zu prüfen ist, ist von der Fallfrage abhängig. Das Verwaltungsgericht darf die Voraussetzungen im Rahmen der ihm zugewiesenen Prüfungskompetenz prüfen. Der für die Zulässigkeit der Vorabentscheidung gewählte Auf-

a) Zuständigkeit des Gerichtshofes der Europäischen Union

Der Gerichtshof der Europäischen Union ist im Sinne der ihm enumerativ zugewiesenen Verfahren zuständig. Die Vorabentscheidung zwecks verbindlicher Auslegung des Unionsrechts ist ihm in Art. 267 Abs. 1 AEUV zugewiesen.[10]

b) Verfahrensabhängige Voraussetzungen

Die verfahrensabhängigen Voraussetzungen können erfüllt sein.

aa) Vorlageberechtigung

Das Vorlagegericht muss vorlageberechtigt sein. Vorlageberechtigt im Sinne des Art. 267 Abs. 2 AEUV sind eigenständige, unabhängige Einrichtungen, die aufgrund einer gesetzlichen Grundlage für Entscheidungen mit Rechtsprechungscharakter und transparente Vorschriften zuständig sind. Das Verwaltungsgericht ist zur Rechtsprechung einschließlich des Urteilsspruches zuständig und somit vorlageberechtigt.

bb) Vorlagefrage

Es bedarf einer zulässigen Vorlagefrage im Sinne einer Auslegungsvorlage bezüglich des primären Unionsrechts gemäß Art. 267 Abs. 1 lit. a AEUV oder einer Gültigkeits- oder Auslegungsvorlage bezüglich sekundären Unionsrechts gemäß Art. 267 Abs. 1 lit. b AEUV. Die Vorlagefrage muss auf das Unionsrecht bezogen sein, weil der Europäischen Union keine Rechtsprechungskompetenz für nationale Rechtssetzungsakte übertragen worden ist, sodass der Gerichtshof der Europäischen Union insoweit unzuständig ist. Bezüglich des Spielemonopols kommen beide Vorlagen in Betracht – einerseits eine Gültigkeitsvorlage gemäß Art. 267 Abs. 1 lit. b AEUV bezüglich der Richtlinie 2012/44 EG als sekundäres Unionsrecht im Sinne des Art. 288 AEUV, andererseits eine Auslegungsvorlage bezüglich der Reichweite des Vertrages über die Europäische Union und des Vertrages über die Arbeitsweise der Europäischen Union sowie der EU-Grundrechte-Charta, auf die in Art. 6 Abs. 1 EUV verwiesen wird, als primäres Unionsrecht.

---

bau ist nicht zwingend, weil es im Unionsrecht Einflüsse verschiedener Nationalstaaten und somit keine einheitliche Dogmatik gibt.

10 Der EuGH prüft nur Unionsrecht. Ihm wird niemals ein nationaler Rechtssetzungsakt im Rahmen der Vorabentscheidung vorgelegt.

cc) Entscheidungserheblichkeit

Das Unionsrecht muss aus Sicht des nationalen Fachgerichts entscheidungserheblich sein. Nach der Gesetzesanwendung des § 26 GSpG besteht kein Anspruch des A. Sollte das Unionsrecht dahingehend auszulegen sein, dass nationale Vorgaben mit dem Inhalt des § 26 GSpG nicht mit den Regelungen der Verträge vereinbar sind, wird das Verwaltungsgericht die nationale Regelung im Glücksspielgesetz aufgrund des Anwendungsvorrangs des Unionsrechts zumindest partiell nicht anwenden mit der Folge, dass unter Umständen doch ein Anspruch des A besteht. Das Unionsrecht ist somit grundsätzlich entscheidungserheblich.

Ausnahmsweise besteht keine Entscheidungserheblichkeit, soweit bezüglich der Vorlagefrage bereits eine gesicherte Rechtsprechung besteht – etwa weil ein vergleichbarer Fall bereits vom Gerichtshof der Europäischen Union entschieden wurde – oder die korrekte Anwendung des Unionsrechts derart offenkundig ist, dass keinerlei Raum für einen vernünftigen Zweifel an der Entscheidung der gestellten Frage bleibt und das Gericht davon überzeugt ist, dass für die übrigen mitgliedstaatlichen Gerichte und den Gerichtshof der Europäischen Union die gleiche Gewissheit besteht, da insoweit eine eingeschränkte Verwerfungskompetenz des Verwaltungsgerichts dahingehend besteht, dass es das nationale Gericht nach eigener unionsrechtlicher Prüfung im Rahmen der Prüfungskompetenz nicht anwendet („acte-clair“ Doktrin; CILFIT-Kriterien zur Rechtfertigung einer Nichtvorlage i.S.d. Art. 267 AEUV; EuGH Rs. 283/81, Urteil vom 6.10.1982, Slg. 1982, 3415, Rz. 16, CILFIT). Mangels gefestigter Rechtsprechung des Gerichtshofes der Europäischen Union und mangels Offenkundigkeit ist die Vorabentscheidung entscheidungserheblich.

dd) Vorlagepflicht

Eine Vorlagepflicht für das nationale Gericht besteht über die Vorgaben im Sinne des Art. 267 Abs. 3 AEUV, soweit eine Berufung im Sinne der §§ 124 ff. VwGO oder eine Sprungrevision im Sinne des § 134 VwGO nicht zugelassen ist. Soweit eine positive Bescheidung diesbezüglich nicht ersichtlich ist, ist im Zweifel europarechtsfreundlich von der Letztinstanzlichkeit auszugehen, sodass eine Vorlagepflicht besteht.

ee) Allgemeines Rechtsschutzbedürfnis

Das allgemeine Rechtsschutzbedürfnis besteht nicht, falls eine Nichtigkeitsklage im Sinne des Art. 263 AEUV grundsätzlich möglich wäre, jedoch im Sinne des

Art. 263 Abs. 6 AEUV verfristet und die Nichtigkeitsklage offensichtlich unzulässig ist. Anhaltspunkte für die offensichtliche Unzulässigkeit einschließlich der Verfristung einer Nichtigkeitsklage des A bestehen nicht.

ff) Zwischenergebnis
Die Vorabentscheidung wäre zulässig.

2. Begründetheit der Vorabentscheidung
Die Vorabentscheidung gemäß Art. 267 AEUV wäre begründet, soweit ungerechtfertigt gegen primäres oder sekundäres Unionsrecht verstoßen werden würde, falls die Regelung des § 26 GSpG uneingeschränkt angewendet werden würde.[11] Insoweit ist im Rahmen der Gültigkeitsvorlage einerseits maßgeblich, ob die Richtlinie als sekundäres Unionsrecht mit dem primären Unionsrecht vereinbar ist, andererseits im Rahmen der Auslegungsvorlage, ob Unionsrecht verletzt werden würde, falls in einem Mitgliedstaat eine Regelung wie § 26 GSpG angewendet werden würde.

a) Gültigkeitsvorlage
Die Richtlinie im Sinne des Art. 288 Abs. 3 AEUV könnte mit dem primären Unionsrecht unvereinbar sein. Maßgeblich ist – das ergibt sich aus den allgemein benennbaren Vorgaben in Art. 263 Abs. 2 AEUV –, ob mittels der Richtlinie gegen Zuständigkeits- oder wesentliche Formvorschriften bzw. inhaltliche Vorgaben verstoßen wird.

aa) Zuständigkeit und Form
Die Europäische Union ist für die in der Richtlinie geregelte Politik bezüglich des „Ob" zuständig. Auch die Form – bestehend aus organinternem und organexternem Verfahren sowie Formvorgaben im engen Sinne ist eingehalten worden.

bb) Inhalt
Der Rechtsakt wird jedenfalls aufgehoben, soweit die Verträge als Primärrecht einschließlich der Protokolle und Anhänge verletzt sind. Zu den maßgeblichen

11 **Wichtig:** Es wird dem EuGH kein nationales Recht vorgelegt, sondern nur eine Frage des Unionsrechts gestellt.

Normen gehören die §§ 28 ff. AEUV, in denen die Grundfreiheiten geregelt sind sowie die EU-Grundrechte-Charta, welche wegen des Verweises in Art. 6 Abs. 1 EUV mit den Verträgen gleichrangig und als primäres Unionsrecht einzustufen ist. Auch sonstige rechtsstaatliche Mindestanforderungen im Sinne des Art. 2 EUV sind als Primärrecht zu beachten, während die Europäische Menschenrechtskonvention gemäß Art. 6 Abs. 3 EUV nicht mit den Verträgen gleich gestellt ist und somit lediglich als Auslegungshilfe bezüglich des Primärrechts maßgeblich ist.

(1) Dienstleistungsfreiheit

Die Richtlinie könnte mit der Dienstleistungsfreiheit unvereinbar sein.

(a) Anwendungsbereich[12] der Dienstleistungsfreiheit

Der Anwendungsbereich der Dienstleistungsfreiheit im Sinne des Art. 56 AEUV kann eröffnet sein.

(aa) Sachlicher Anwendungsbereich[13]

Der sachliche Anwendungsbereich kann eröffnet sein. Dazu bedarf es eines grenzüberschreitenden Elementes bezüglich einer sachlich geschützten Tätigkeit, ohne dass eine Bereichsausnahme besteht.

(aaa) Grenzüberschreitendes Element

Erforderlich ist zunächst ein grenzüberschreitendes Element.[14] Die Grundfreiheiten des Vertrages über die Arbeitsweise der Europäischen Union sind

---

12 Aufgrund der international bedingten uneinheitlichen Dogmatik im Unionsrecht wäre anstelle der Verwendung des Terminus „Anwendungsbereich" auch die Verwendung des Terminus „Schutzbereich" vertretbar. Der Terminus „Anwendungsbereich" ist jedoch einerseits üblich, während er andererseits anders als der Terminus „Schutzbereich" nicht subjektiviert wirkt und bei den auch objektiv maßgeblichen Grundfreiheiten besser passt.

13 **Sachlicher Anwendungsbereich:**

1. Grenzüberschreitendes Element
2. Sachlich geschützte Tätigkeit
3. Keine Bereichsausnahme.

14 Das grenzüberschreitende Element wird zunehmend bedeutungsloser, da nur noch sehr geringe Anforderungen an dieses Merkmal gestellt werden (vgl. Papadileris in JuS 2011, S. 123: „Das Erfordernis des grenzüberschreitenden Bezugs im Recht der Marktfreiheiten").

also nur anwendbar, soweit sich aus dem zugrunde liegenden Sachverhalt ein Unionsbezug ergibt. Ein solcher kann sich sowohl aktiv als auch passiv ergeben, also entweder bestehen, wenn der sich auf die Grundfreiheit Berufende seine Dienstleistung in einem anderen Mitgliedstaat aktiv erbringen möchte oder passiv die in einem anderen Mitgliedstaat angebotene Dienstleistung im Sinne des Art. 56 AEUV entgegennehmen will. Eine Dienstleistung ist daher bereits grenzüberschreitend, wenn ein inländischer Empfänger sie in einem anderen Mitgliedstaat nachfragt. Durch das in der Richtlinie enthaltene Gebot zur grenzüberschreitenden Sicherstellung der Einhaltung der nationalen Spielsuchtvorschriften für Ausländer im Inland erfolgt eine grenzüberschreitende Vorgabe. Ein grenzüberschreitendes Element besteht.

(bbb) Inhalt der Dienstleistungsfreiheit

Sachlich sollen mittels der Artt. 56–62 AEUV jegliche Beschränkungen des Dienstleistungsverkehrs unterbunden werden. Dienstleistungen im Sinne der Verträge sind gemäß Art. 57 Abs. 1 AEUV Leistungen, die in der Regel gegen Entgelt erbracht werden, soweit sie nicht den Vorschriften über den freien Waren- und Kapitalverkehr und über die Freizügigkeit der Personen unterliegen. Als Dienstleistungen gelten gemäß Art. 57 Abs. 2 lit. a AEUV insbesondere gewerbliche Tätigkeiten. Glücksspiele sind zur Erzielung eines Entgeltes bestimmt und somit auch als Dienstleistungen einzustufen, soweit es um kommerzielle Werbung für Glücksspiele geht (vgl. EuGH Rs. C-275/92, Schindler). Die Dienstleistungsfreiheit ist betroffen.

(ccc) Bereichsausnahme

Eine spezifische Bereichsausnahme gemäß Art. 51 Abs. 1 AEUV i.V.m. Art. 62 AEUV ist nicht ersichtlich, da die Richtlinie nicht nur für Ausländer gilt.

(bb) Persönlicher Anwendungsbereich

Vom persönlichen Anwendungsbereich der Dienstleistungsfreiheit sind personell sämtliche in der Union ansässige Staatsangehörige der Mitgliedstaaten erfasst, wobei juristische Personen, die in der Europäischen Union ansässig sind, gemäß Art. 62 i.V.m. Art. 54 Abs. 1 AEUV gleichgestellt werden.

(b) Beeinträchtigung

Die Dienstleistungsfreiheit im Sinne des Art. 56 AEUV kann durch die in der Richtlinie enthaltenen Vorgaben zur Einhaltung nationaler Schutzbestimmungen beeinträchtigt worden sein.

Ähnlich wie bei den nationalen Grundrechten sind bei den Grundfreiheiten vergleichbar einem unmittelbaren klassischen Eingriff jedenfalls offene[15] Diskriminierungen als Eingriff einzustufen. Diskriminierungen sind – dies ergibt sich auch aus den Artt. 10, 18 AEUV – im Rahmen der Europäischen Union unzulässig. Der Eingriffstatbestand kann allerdings weiter definiert sein.

(aa) Erweiterung des Beeinträchtigungstatbestandes

Da die Grundfreiheiten im Sinne der effektiven Umsetzung des Unionsrechts (effet utile) verstärkt durch rechtsstaatliche Grundsätze im Sinne des Art. 5 EUV möglichst weit zur Geltung kommen müssen, ist der Beeinträchtigungstatbestand weit auszulegen.[16] Beeinträchtigungen sind daher alle Maßnahmen, die geeignet sind, den innerunionsbezogenen Handel offen oder verdeckt tatsächlich oder potentiell zu behindern sowie Maßnahmen mit gleicher Wirkung, also Beschränkungen (EuGH Rs. 8/74, Urteil vom 11.7.1974, Slg. 1974, 837, „Dassonville").[17] Auch bei nicht zweckgerichteten Regelungen ist es letztlich ausschlaggebend, wie solche zwischen den Mitgliedstaaten wirken.

Bei diesem weiten Beeinträchtigungsverständnis sind als Beeinträchtigung sowohl offene und verdeckte Diskriminierungen – Diskriminierungen sind nationalitätsbezogen – einzustufen, als auch offene und verdeckte Beschränkungen, wobei Beschränkungen nicht nationalitätsbezogen, sondern auf mehrere

---

15 Mangels einheitlicher Terminologie im Unionsrecht ist es wissenschaftlich vertretbar, anstelle der Termini „offen" und „verdeckt" die Termini „unmittelbar" und „mittelbar" zu verwenden.

16 Die Erweiterung des Beeinträchtigungstatbestandes gilt mittlerweile nicht nur für die Warenverkehrsfreiheit, sondern auch für andere Grundfreiheiten.

17 Seitens des EuGH wurde mit der Dassonville-Entscheidung bewirkt, dass durch nahezu jedes staatliche Verhalten (z.B. auch nächtlichen Ladenschluss) der innerunionale Handel beeinträchtigt sein kann und deshalb der Schutzbereich der Grundfreiheit eröffnet wäre. Mit der Keck-Entscheidung wurde die weite Auslegung dahingehend korrigiert, dass zumindest „Verkaufsmodalitäten" (z.B. Ladenöffnungszeiten) aus dem Beeinträchtigungstatbestand im Rahmen der Warenverkehrsfreiheit ausgeschlossen werden (auf andere Grundfreiheiten übertragbar). Die Abgrenzung der betriebsbezogenen Handelsregelungen zu den produktbezogenen Handelsregelungen ist insoweit sehr schwierig (vgl. EuGH z.B. Rs. Mars (Slg. 1995, I-1923), Alfa Vita (C-158-04), Dosenpfand (C-309/02), u.v.m.). Als Faustformel gilt: Verkaufsmodalitäten (vertriebsbezogene Handelsregelung) stellen keinen Eingriff dar, produktbezogene Handelsregelungen hingegen schon.

Mitgliedstaaten bezogen sind. Offene Beeinträchtigungen sind zielgerichtet, während verdeckte Beeinträchtigungen mittelbar erfolgen.

(aaa) Offene und verdeckte Diskriminierung

In der Richtlinie bezüglich des Glücksspiels wird nicht offen an die Nationalität angeknüpft, sodass insoweit keine offene Diskriminierung erfolgt. Auch eine verdeckte Diskriminierung ist nicht ersichtlich, weil es unionsweit nicht etwa nur einen Mitgliedstaat mit Glücksspielanbietern gibt.

(bbb) Offene und verdeckte Beschränkung

Da durch die Richtlinie nicht etwa erdrückende Kosten erhoben werden, durch welche mittelbar die Dienstleistungsfreiheit beschränkt wird, sondern vielmehr bezogen auf alle Mitgliedstaaten offen die Einhaltung der nationalen Schutzbestimmungen gefordert wird, ist die Richtlinie insoweit als offene Beschränkung einzustufen.

(bb) Einengung des Beeinträchtigungstatbestandes

Der grundsätzlich weit gefasste Beeinträchtigungstatbestand könnte aufgrund einer schutzbereichsbezogenen Beeinträchtigungsdefinition im Rahmen einer Rückausnahme wieder einzuengen sein (vgl. EuGH Rs. C-267 u. 268/91, Urteil vom 24.11.1993, Slg. 1993, I-6097, „Keck" zur Warenverkehrsfreiheit). Eine derartige Einengung des Beeinträchtigungstatbestandes könnte erfolgen, soweit es lediglich um die Ausgestaltung der Dienstleistung, nicht aber um den Zugang zur Dienstleistung geht. Derartige Anhaltspunkte bestehen jedoch nicht, sodass eine Einengung des Beeinträchtigungstatbestandes nicht erfolgt.

(c) Rechtfertigung

Die durch die Richtlinie erfolgte Beeinträchtigung der Dienstleistungsfreiheit kann gerechtfertigt sein. Insoweit kommen einerseits geschriebene, andererseits ungeschriebene Schranken in Betracht.[18] Während bei offenen Diskriminierungen nur die geschriebenen Schranken anwendbar sind – auf diese ursprünglich bedachten Beeinträchtigungen in die Grundfreiheiten ist die ge-

18 Anders als z.B. bei den nationalen Grundrechten gibt es bei den Grundfreiheiten keine differenzierte Schrankensystematik im Sinne spezifizierter Gesetzesvorbehalte (einfach, einfach einschränkend, qualifiziert einschränkend, qualifiziert etc.).

schriebene Schrankensystematik abgestimmt worden –, gelten für offene und verdeckte Beschränkungen sowie für verdeckte Diskriminierungen als Beeinträchtigungen der Grundfreiheiten, die bei der Fassung der Verträge nicht bedacht worden sind, auch ungeschriebene Schranken.[19]

(aa) Geschriebene Rechtfertigungsgründe

Beeinträchtigungen der Dienstleistungsfreiheit im Sinne des Art. 56 AEUV können aufgrund der in Art. 52 Abs. 1 AEUV geregelten ausdrücklichen Schranken, die gemäß Art. 62 AEUV auch für die Dienstleistungsfreiheit gelten, gerechtfertigt sein. Danach sind Beeinträchtigungen möglich, die gesondert für Ausländer gelten und aus Gründen der öffentlichen Sittlichkeit, Ordnung und Sicherheit oder Gesundheit gerechtfertigt sind. Die geschriebene Schranke des Art. 52 Abs. 1 AEUV ist allerdings nicht anwendbar, weil keine Sonderregelung für Ausländer besteht.

(bb) Ungeschriebene Rechtfertigungsgründe und gegenläufige Unionsprinzipien

Neben der ausdrücklich für die Grundfreiheiten geschriebenen Schranken sind gegenläufige geschriebene Unionsprinzipien wie die gemäß Art. 6 Abs. 1 S. 1, 2 EUV als primäres Unionsrecht gleichrangig mit den Verträgen geltende EU-Grundrechte-Charta oder die mittelbar gemäß Art. 6 Abs. 3 EUV geltende Europäische Menschenrechtskonvention zu berücksichtigen. Gleiches gilt für die in Art. 5 Abs. 1 S. 2 EUV geregelten Grundsätze der Subsidiarität und der Verhältnismäßigkeit.[20]

In diesem Kontext sind als ungeschriebene Rechtfertigungsgründe auch zwingende Erfordernisse des Allgemeinwohls zu berücksichtigen (EuGH, Rs. 120/78, Urteil vom 20.2.1979, Slg. 1979, 649, Rz. 14, „Cassis-de-Dijon"; zum Ganzen: EuGH Rs. C-176/11). Zu den zwingenden Gründen des Allgemeinwohls, die mittlerweile partiell kodifiziert sind, gehört auch das Recht auf körperliche und geistige Unversehrtheit gemäß Art. 3 Abs. 1 EU-GR-Charta, welches durch die Bekämpfung der Spielsucht geschützt wird. Beschränkungen der Glücksspieltätigkeiten sind auch durch ergänzende zwingende Gründe des Allgemeininteres-

---

19 Ob ungeschriebene Schranken auch bei verdeckten Diskriminierungen anwendbar sind, wird in der Literatur nicht einheitlich beurteilt. Partiell wird vertreten, sogar bei offenen Diskriminierungen ungeschriebene Schranken anzuwenden.

20 Mittlerweile sind einige der einst ungeschriebenen Grundsätze in den Verträgen kodifiziert worden.

ses wie dem Verbraucherschutz, die Betrugsvorbeugung und die Vermeidung von Anreizen für die Bürger zu übermäßigen Ausgaben für das Spielen gerechtfertigt (vgl. in diesem Sinne: EuGH, Urteil vom 8.9.2010, Carmen Media Group, C-46/08, Slg. 2010, I-8149 Rn 55).

Allerdings sind auch diese „immanenten Schranken" nur im Rahmen besonderer Voraussetzungen wie insbesondere der Verhältnismäßigkeit maßgeblich.

Die Beschränkungen müssen geeignet sein, die Erreichung des verfolgten Ziels zu gewährleisten, und dürfen nicht weitreichender sein als es zur Erreichung dieses Ziels erforderlich ist. In diesem Zusammenhang ist eine nationale Regelung nur geeignet, die Verwirklichung des geltend gemachten Ziels zu gewährleisten, wenn sie tatsächlich dem Anliegen gerecht wird, es in kohärenter und systematischer Weise zu erreichen. Keinesfalls dürfen die Beschränkungen nicht diskriminierend angewandt werden (vgl. in diesem Sinne: EuGH, Urteil vom 8.9.2009, Liga Portuguesa de Futebol Profissional und Bwin International, C-42/07, Slg. 2009, I-7633 Rn 59–61 m.w.N.).

Mittels der Richtlinie wird das Ziel verfolgt, die Verbraucher vor den Gefahren des Glücksspiels zu schützen.

Die Regelung der Glücksspiele gehört zu den Bereichen, in denen beträchtliche sittliche, religiöse und kulturelle Unterschiede zwischen den Mitgliedstaaten bestehen. In Ermangelung einer Harmonisierung des betreffenden Gebiets ist es Sache der einzelnen Mitgliedstaaten, in diesen Bereichen im Einklang mit ihrer eigenen Wertordnung zu beurteilen, welche Erfordernisse sich aus dem Schutz der betroffenen Interessen ergeben (Urteil Liga Portuguesa de Futebol Profissional und Bwin International, Rn 57 m.w.N.).

Allein der Umstand, dass ein Mitgliedstaat ein anderes Schutzsystem als ein anderer Mitgliedstaat gewählt hat, kann daher keinen Einfluss auf die Beurteilung der Verhältnismäßigkeit der unionsrechtlichen Vorgabe in der Richtlinie, die nationalen Vorschriften in besonderem Maß einzuhalten, haben. Die in der Richtlinie angemahnten nationalen Bestimmungen sind allein im Hinblick auf die von den zuständigen Stellen des betroffenen Mitgliedstaats verfolgten Ziele und auf das von ihnen angestrebte Schutzniveau zu beurteilen (Urteil Liga Portuguesa de Futebol Profissional und Bwin International, Rn 58 m.w.N.).

Da es den Mitgliedstaaten freisteht, die Ziele ihrer Politik auf dem Gebiet der Glücksspiele festzulegen und das angestrebte Schutzniveau genau zu bestimmen (vgl. Urteil Liga Portuguesa de Futebol Profissional und Bwin International, Rn 59 m.w.N.), geht eine Regelung wie die in der Richtlinie gefasste nicht über das Erforderliche hinaus.

Anders wäre es allerdings – und die Regelung müsste als unverhältnismäßig angesehen werden –, falls gefordert werden würde, dass in dem anderen

Mitgliedstaat identische Vorschriften gelten, oder wenn Vorschriften verlangt werden würden, die in keinem unmittelbaren Zusammenhang mit dem Schutz vor den Gefahren des Glücksspiels stehen.

Die Beeinträchtigung der Dienstleistungsfreiheit durch die Richtlinie ist gerechtfertigt.

(d) Zwischenergebnis

Die Richtlinie als sekundäres Unionsrecht ist mit der Dienstleistungsfreiheit als primäres Unionsrecht vereinbar.

(2) Vereinbarkeit mit Unionsgrundrechten und der Europäischen Menschenrechtskonvention

Materiell kann die Richtlinie mit der EU-Grundrechte-Charta bzw. der Europäischen Menschenrechtskonvention unvereinbar sein. Während die EU-Grundrechte-Charta gemäß Art. 6 Abs. 1 EUV als den Verträgen gleichrangig eingestuft ist und daher als primäres Unionsrecht Maßstab für die Verordnung ist, besteht auf die Europäische Menschenrechtskonvention kein Verweis, sondern sie gilt gemäß Art. 6 Abs. 3 EUV für die Europäische Union zunächst nur als allgemeiner Grundsatz, wenngleich die Europäische Union der Europäischen Menschenrechtskonvention im Sinne des Art. 6 Abs. 2 EUV beizutreten beabsichtigt. Die EU-Grundrechte-Charta ist gemäß Art. 52 Abs. 3 EU-GR-Charta im Sinne der Europäischen Menschenrechtskonvention und gemäß Art. 52 Abs. 4 EU-GR-Charta im Sinne der nationalen Grundrechte auszulegen.

(a) Artt. 15, 16 EU-GR-Charta

Fraglich ist, ob durch den Erlass der Richtlinie in die durch die EU-Grundrechte-Charta in den Artt. 15, 16 EU-GR-Charta geschützte Berufsfreiheit für Unternehmer ungerechtfertigt eingegriffen worden ist.

(aa) Schutzbereich

Der Schutzbereich der Artt. 15 Abs. 1, 16 EU-GR-Charta kann eröffnet sein. Dazu muss die EU-Grundrechte-Charta anwendbar sein. Die EU-Grundrechte-Charta gilt gemäß Art. 51 Abs. 1 EU-GR-Charta für die Organe und Einrichtungen der Union unter Einhaltung des Subsidiaritätsprinzips und für Mitgliedstaaten ausschließlich bei der Durchführung des Rechts der Union, wobei gemäß Art. 51 Abs. 2 EU-GR-Charta weder neue Zuständigkeiten noch neue Aufgaben für die

Union begründet werden. Auch die in den Verträgen festgelegten Zuständigkeiten und Aufgaben werden durch die EU-Grundrechte-Charta nicht geändert. Bei der Richtlinie der Europäischen Union handelt es sich um einen Unionsakt, sodass die EU-Grundrechte-Charta anwendbar ist.

Durch die Berufsfreiheit werden die Berufsausübung und die Berufswahl geschützt. Ein Beruf ist jede auf Dauer angelegte Tätigkeit, die in ideeller wie in materieller Hinsicht der Schaffung bzw. Erhaltung einer Lebensgrundlage dient, soweit sie nicht ihrem Wesen nach sozial- bzw. gemeinschaftsschädlich ist. Von der Richtlinie sind Unternehmer auf den Gebieten der Mitgliedstaaten betroffen, die Glücksspielwerbung betreiben und zumindest auch mittels dieser Werbung ihren Lebensunterhalt verdienen. Der Schutzbereich der Berufsfreiheit ist eröffnet.

(bb) Eingriff

Es muss ein Eingriff in den Schutzbereich der Berufsfreiheit erfolgt sein. Hoheitliches Handeln stellt grundsätzlich einen Grundrechtseingriff dar, soweit dadurch grundrechtliche Schutzpositionen verkürzt werden. Um diesen weiten Eingriffsbegriff der Unionsgrundrechte mittels praktischer Konkordanz mit dem Rechtsstaatsprinzip in Einklang zu bringen, ist bezüglich der Anforderungen an einen Eingriff auf dessen Art abzustellen. Ähnlich wie auf nationaler Ebene ist zwischen klassischen – also finalen unmittelbaren Eingriffen durch Rechtssetzungsakte – und unmittelbaren Eingriffen im Übrigen durch Realhandeln, mittelbaren Eingriffen sowie bezüglich der Berufsfreiheit solchen unmittelbaren Eingriffen zu differenzieren, bei denen lediglich das Umfeld der Maßnahme betroffen ist. Durch die Richtlinie wird die Berufsfreiheit der Unternehmer insoweit betroffen, als die Werbung für ausländische Betriebsstätten im jeweiligen Inland – wenngleich mittels nationaler Regelungen – reguliert werden soll. Ein Eingriff in die Artt. 15 Abs. 1, 16 EU-GR-Charta ist erfolgt.

(cc) Rechtfertigung

Der Eingriff kann gerechtfertigt sein.

(aaa) Gesetzesvorbehalt

Eingriffe in die europäischen Grundrechte sind gemäß Art. 52 Abs. 1 S. 1 EU-GR-Charta nur gerechtfertigt, soweit sie gesetzlich vorgesehen sind, wobei sie gemäß Art. 52 Abs. 1 S. 2 EU-GR-Charta am Grundsatz der Verhältnismäßigkeit als Schranken-Schranke im Rahmen der Wechselwirkung der Grundrechte zu gegenläufigen gleichrangigen oder übergeordneten Prinzipien zu messen sind.

Die Richtlinie im Sinne des Art. 288 Abs. 3 AEUV ist im ordentlichen Gesetzgebungsverfahren im Sinne der Artt. 289 Abs. 3, 46ff. AEUV erlassen worden und als Gesetzgebungsakt einzustufen, sodass die Voraussetzungen für die Rechtfertigung insoweit erfüllt sind.

(bbb) Verhältnismäßigkeit

Die Richtlinie muss bezüglich der Artt. 15 Abs. 1, 16 EU-GR-Charta verhältnismäßig sein. Der Grundsatz der Verhältnismäßigkeit ergibt sich als Schranken-Schranke im Rahmen der Wechselwirkung aus dem Grundrecht bzw. aus Art. 52 Abs. 1 S. 2 EU-GR-Charta. Nach diesem Grundsatz muss ein grundrechtsverkürzendes Gesetz geeignet und erforderlich sein, um den erstrebten Zweck zu erreichen. Ein Gesetz ist geeignet, wenn mit seiner Hilfe der erstrebte Erfolg gefördert werden kann. Es ist erforderlich, wenn der Gesetzgeber nicht ein anderes, gleich wirksames, aber das Grundrecht nicht oder weniger stark einschränkendes Mittel hätte wählen können. Bei der Beurteilung der Eignung und Erforderlichkeit des gewählten Mittels zur Erreichung der erstrebten Ziele sowie bei der in diesem Zusammenhang vorzunehmenden Einschätzung und Prognose der dem Einzelnen oder der Allgemeinheit drohenden Gefahren steht dem Gesetzgeber auf Unionsebene ebenso wie dem nationalen Gesetzgeber ein Beurteilungsspielraum zu, welcher je nach der Eigenart des maßgeblichen auf die Union im Rahmen der begrenzten Einzelermächtigung übertragenen Sachbereichs, den Möglichkeiten, sich ein hinreichend sicheres Urteil zu bilden, und der auf dem Spiel stehenden Rechtsgüter nur in begrenztem Umfang gerichtlich überprüft werden kann. Ferner muss bei einer Gesamtabwägung im Rahmen der Verhältnismäßigkeit im engen Sinne zwischen der Schwere des Eingriffs und dem Gewicht sowie der Dringlichkeit der ihn rechtfertigenden Gründe die Grenze der Zumutbarkeit für die Adressaten des Verbots gewahrt sein. Durch die Maßnahme dürfen die Adressaten nicht übermäßig belastet werden.

(aaaa) Legitimer Zweck

Es muss mit der Richtlinie ein legitimer Zweck verfolgt werden, wobei ein solcher Zweck wegen der weiten Einschätzungsprärogative des Gesetzgebers auf Unionsebene im Bereich der im Rahmen der begrenzten Einzelermächtigung auf die Union übertragenen Hoheitsgewalt lediglich nicht willkürlich sein darf, wenngleich bezüglich der Betroffenheit der Berufswahl ein für ein besonders wichtiges Gemeinschaftsgut zwingender Zweck verfolgt werden muss. Bezogen auf alle betroffenen Unternehmer handelt es sich bei der Richtlinie lediglich um eine Berufsausübungsregelung, da diese dadurch nicht an der Wahl des Berufes als Glücksspielebetreiber gehindert werden. Der Zweck, der mit der Richtlinie erfüllt wird, ist der Schutz vor Spielsucht, der über die auf Unionsebene zu beachtenden Verfassungsüberlieferungen der Mitgliedstaaten – zum Beispiel Art. 2 Abs. 2 S. 1 GG – im Sinne des Art. 2 EUV ebenso zu berücksichtigen ist, wie die in Art. 3 Abs. 1 EU-GR-Charta als gegenläufiges Grundrecht zu berücksichtigende Unversehrtheit der Person. Dies ist kein willkürliches Anliegen. Ein legitimer Zweck besteht.

(bbbb) Eignung

Die Richtlinie muss im Hinblick auf den verfolgten Zweck geeignet sein. Es muss also der gewünschte Erfolg gefördert werden (BVerfGE 96, 10, 23; 67, 157, 173). Dabei genügt es auf Gesetzesebene, wenn die abstrakte Möglichkeit der Eindämmung der Werbung gefördert wird.

(cccc) Erforderlichkeit

Die mittels der Richtlinie getroffene Regelung darf nicht über das zur Verfolgung ihres Zweckes notwendige Maß hinaus-, also nicht weitergehen, als der mit ihr intendierte Schutzzweck reicht (BVerfGE 79, 179, 198; 100, 226, 241; 110, 1, 28). Es darf zur Erreichung des Zwecks kein gleich geeignetes milderes Mittel ersichtlich sein. In der Richtlinie wird nur restriktiv der Schutz mittels Eingrenzung der Werbung durch nationale Vorschriften vorgegeben. Bei Berücksichtigung der Einschätzungsprärogative des Unionsgesetzgebers ist kein milderes gleich geeignetes Mittel zur Erreichung des Zwecks ersichtlich. Es war erforderlich, die Richtlinie zu beschließen.

(dddd) Verhältnismäßigkeit i.e.S. (Disproportionalität)

Der Erlass der Richtlinie darf nicht unverhältnismäßig im engen Sinne, also nicht disproportional zum angestrebten Zweck sein und somit nicht in einem erheblichen Missverhältnis dazu stehen. Voraussetzung für die Verhältnismäßigkeit im engen Sinne ist es, dass der Eingriff in angemessenem Verhältnis zu dem Gewicht und der Bedeutung des Grundrechts steht. Ist nicht nur die subjektive Berufswahl, die auf subjektive Kriterien des Einzelnen abzielt, betroffen, sondern die objektive Berufswahl, durch welche an vom Einzelnen nicht beeinflussbare Kriterien angeknüpft wird, bedarf es für die Verhältnismäßigkeit der

Regelung im engen Sinne einer schweren Gefahr für ein überragend wichtiges Gemeinschaftsgut, die mittels der Regelung abgewehrt werden soll.

Durch die Richtlinie wird mit der Gesundheit der Bevölkerung ein hohes Schutzgut geschützt, während bei den Glücksspielebetreibern lediglich die Berufsausübung betroffen ist. Die Berufsfreiheit wird durch das sich unter anderem aus Art. 6 Abs. 2 EUV ergebende Rechtsstaatsprinzip sowie gemäß Art. 52 Abs. 3 S. 1 EU-GR-Charta gegebenenfalls durch die Europäische Menschenrechtskonvention verstärkt, wenngleich bezüglich der Europäischen Menschenrechtskonvention keine Anhaltspunkte bestehen. Aufgrund der geringen Beeinträchtigung der Berufsausübung und dem hohen Schutzgut ist der Eingriff in die Berufsfreiheit gemäß den Artt. 15 Abs. 1, 16 EU-GR-Charta gerechtfertigt.

(dd) Zwischenergebnis

Durch den Erlass der Richtlinie wurde gerechtfertigt in die durch die Artt. 15 Abs. 1, 16 EU-GR-Charta geschützte Berufsfreiheit für Unternehmer eingegriffen.

(b) Sonstige Grundrechte

Sonstige Grundrechte sind nicht maßgeblich.

b) Auslegungsvorlage

Eine Vorabentscheidung des Gerichtshofes der Europäischen Union kann gemäß Art. 267 Abs. 1 lit. a AEUV auch bezüglich der Auslegung des primären Unionsrechts erfolgen. Insoweit ist maßgeblich, ob eine Auslegung des primären Unionsrechts dergestalt erfolgt, dass eine Rechtslage, die der im Glücksspielgesetz Schleswig-Holstein entspricht, mit dem Unionsrecht unvereinbar ist. Insoweit ist die Regelung bezüglich der Dienstleistungsfreiheit im Sinne des Art. 56 AEUV weiter gefasst als die Unionsrichtlinie. Zwar wird dem Gerichtshof der Europäischen Union lediglich eine unionsrechtliche Frage gestellt, ohne dass die nationale Norm vorgelegt werden darf, jedoch kann die Dienstleistungsfreiheit insoweit unabhängig von der Unionsrechtsmäßigkeit der Richtlinie verletzt sein.

aa) Anwendungsbereich

Ebenso wie bezüglich der Richtlinie sind der sachliche und der persönliche Anwendungsbereich der Dienstleistungsfreiheit gemäß den Artt. 56, 57 AEUV eröffnet, weil zumindest auch ausländische Glücksspielbetreiber in ihren Werbemöglichkeiten begrenzt sind, wobei eine Bereichsausnahme im Sinne des Art. 51 Abs. 1 AEUV i.V.m. Art. 62 AEUV nicht ersichtlich ist. A ist als Schwede Unionsbürger und als Inhaber einer dänischen Gesellschaft vom persönlichen Schutzbereich der Dienstleistungsfreiheit erfasst. Fraglich ist das Bestehen eines grenzüberschreitenden Elementes. A möchte seine Dienstleistung – das Angebot von Glücksspielen – nicht in Deutschland erbringen, sondern lediglich auf deutscher Seite der Grenze für sein Angebot werben. Für den Schutz durch die Artt. 56ff. AEUV kommt es aber nicht auf die Person des Erbringers an. Eine Dienstleistung ist schon grenzüberschreitend, wenn ein inländischer Empfänger sie in einem anderen Mitgliedstaat nachfragt, sodass insoweit eine passive Dienstleistungsfreiheit besteht (EuGH Rs. C-176/11). Von der Dienstleistungsfreiheit des A, nämlich dem Angebot von Glücksspielen in Dänemark, ist daher auch die Werbung dafür auf deutscher Seite umfasst. Ein grenzüberschreitendes Element besteht.

bb) Beeinträchtigung

Als Beeinträchtigungen kommen wiederum offene und verdeckte Diskriminierungen sowie offene und verdeckte Beschränkungen in Betracht. Da es sich bezüglich der Regelung im Glücksspielgesetz nicht um eine nationalitätsbezogene Regelung handelt, geht es um eine offene Beschränkung, da sie national geregelt ist (zum Ganzen: EuGH Rs. C-176/11)

Eine nationale Regelung, die bewirkt, dass die Werbung in einem Mitgliedstaat für Glücksspiele, die in anderen Mitgliedstaaten rechtmäßig veranstaltet werden, verboten ist, ist als eine Beschränkung des freien Dienstleistungsverkehrs einzustufen (vgl. in diesem Sinne EuGH, Urteil vom 8.7.2010, Sjöberg und Gerdin, C-447/08 und C-448/08, Slg. 2010, I-6921 Rn 33, 34).

Durch § 26 Abs. 2 GSpG wird der Zugang der nationalen Verbraucher zu den Dienstleistungen, die in Spielbanken mit Sitz in einem anderen Mitgliedstaat angeboten werden, behindert, indem die Werbung für diese Tätigkeiten in Schleswig-Holstein von einer Bewilligung abhängig gemacht wird, für die es unter anderem Voraussetzung ist, dass der Betreiber der betreffenden Spielbank nachweist, dass die gesetzlichen Spielerschutzbestimmungen des Mitgliedstaats, in dem die Spielbank betrieben wird, denen in Schleswig-Holstein zumindest gleichwertig ist.

Eine Regelung wie in § 26 Abs. 2 GSpG in Schleswig- Holstein ist als offene Beschränkung einzustufen.

cc) Rechtfertigung

Die erfolgte Beeinträchtigung der Dienstleistungsfreiheit kann gerechtfertigt sein. Insoweit kommen einerseits geschriebene, andererseits ungeschriebene Schranken in Betracht. Während bei offenen Diskriminierungen nur die geschriebenen Schranken anwendbar sind – auf diese ursprünglich bedachten Beeinträchtigungen in die Grundfreiheiten ist die geschriebene Schrankensystematik abgestimmt worden –, gelten für offene und verdeckte Beschränkungen sowie für verdeckte Diskriminierungen als Beeinträchtigungen der Grundfreiheiten, die bei der Fassung der Verträge nicht bedacht worden sind, auch ungeschriebene Schranken.

(1) Geschriebene Rechtfertigungsgründe

Beeinträchtigungen der Dienstleistungsfreiheit im Sinne des Art. 56 AEUV können aufgrund der in Art. 52 Abs. 1 AEUV geregelten ausdrücklichen Schranken, die gemäß Art. 62 AEUV auch für die Dienstleistungsfreiheit gelten, gerechtfertigt sein. Danach sind Beeinträchtigungen möglich, die gesondert für Ausländer gelten und aus Gründen der öffentlichen Sittlichkeit, Ordnung und Sicherheit oder Gesundheit gerechtfertigt sind. Die geschriebene Schranke des Art. 52 Abs. 1 AEUV ist allerdings nicht anwendbar, weil keine Sonderregelung für Ausländer ersichtlich ist. Es sind vom Glücksspielgesetz nämlich auch deutsche Glücksspielbetreiber erfasst, die im Ausland tätig sind.

(2) Ungeschriebene Rechtfertigungsgründe, gegenläufige Unionsprinzipien und Verhältnismäßigkeit

Neben der ausdrücklich für die Grundfreiheiten geschriebenen Schranken sind gegenläufige geschriebene Unionsprinzipien wie die gemäß Art. 6 Abs. 1 S. 1, 2 EUV als primäres Unionsrecht gleichrangig mit den Verträgen geltende EU-Grundrechte-Charta oder die mittelbar gemäß Art. 6 Abs. 3 EUV geltende Europäische Menschenrechtskonvention zu berücksichtigen. Gleiches gilt für die in Art. 5 Abs. 1 S. 2 EUV geregelten Grundsätze der Subsidiarität und der Verhältnismäßigkeit.

In diesem Kontext sind als ungeschriebene Rechtfertigungsgründe auch zwingende Erfordernisse des Allgemeinwohls zu berücksichtigen (EuGH, Rs. 120/78, Urteil vom 20.2.1979, Slg. 1979, 649, Rz. 14, „Cassis-de-Dijon"; zum Ganzen: EuGH Rs. C-176/11). Zu den zwingenden Gründen des Allgemeinwohls, die mittlerweile partiell kodifiziert sind, gehört auch das Recht auf körperliche und geistige Unversehrtheit gemäß Art. 3 Abs. 1 EU-GR-Charta, welches durch die Bekämpfung der Spielsucht geschützt wird. Beschränkungen der Glücksspieltätigkeiten sind auch durch ergänzende zwingende Gründe des Allgemeininteresses wie dem Verbraucherschutz, die Betrugsvorbeugung und die Vermeidung von Anreizen für die Bürger zu übermäßigen Ausgaben für das Spielen gerechtfertigt (vgl. in diesem Sinne: EuGH, Urteil vom 8.9.2010, Carmen Media Group, C-46/08, Slg. 2010, I-8149, Rn 55).

Allerdings sind auch diese „immanenten Schranken“ nur im Rahmen besonderer Voraussetzungen wie insbesondere der Verhältnismäßigkeit maßgeblich.

Die Beschränkungen müssen geeignet sein, die Erreichung des verfolgten Ziels zu gewährleisten, und dürfen nicht weitreichender sein als es zur Erreichung dieses Ziels erforderlich ist. In diesem Zusammenhang ist eine nationale Regelung nur geeignet, die Verwirklichung des geltend gemachten Ziels zu gewährleisten, wenn sie tatsächlich dem Anliegen gerecht wird, es in kohärenter und systematischer Weise zu erreichen. Keinesfalls dürfen die Beschränkungen nicht diskriminierend angewandt werden (vgl. in diesem Sinne: EuGH, Urteil vom 8.9.2009, Liga Portuguesa de Futebol Profissional und Bwin International, C-42/07, Slg. 2009, I-7633. Rn 59–61 m.w.N.).

Mittels der nationalen Regelung in Schleswig-Holstein wird das Ziel verfolgt, die Verbraucher vor den Gefahren des Glücksspiels zu schützen.

Die Regelung der Glücksspiele gehört zu den Bereichen, in denen beträchtliche sittliche, religiöse und kulturelle Unterschiede zwischen den Mitgliedstaaten bestehen. In Ermangelung einer Harmonisierung des betreffenden Gebiets ist es Sache der einzelnen Mitgliedstaaten, in diesen Bereichen im Einklang mit ihrer eigenen Wertordnung zu beurteilen, welche Erfordernisse sich aus dem Schutz der betroffenen Interessen ergeben (Urteil Liga Portuguesa de Futebol Profissional und Bwin International, Rn 57 m.w.N.).

Allein der Umstand, dass ein Mitgliedstaat ein anderes Schutzsystem als ein anderer Mitgliedstaat gewählt hat, kann daher keinen Einfluss auf die Beurteilung der Verhältnismäßigkeit der einschlägigen Bestimmungen haben. Diese sind allein im Hinblick auf die von den zuständigen Stellen des betroffenen Mitgliedstaats verfolgten Ziele und auf das von ihnen angestrebte Schutzniveau zu beurteilen (Urteil Liga Portuguesa de Futebol Profissional und Bwin International, Rn 58 m.w.N.).

Da es den Mitgliedstaaten freisteht, die Ziele ihrer Politik auf dem Gebiet der Glücksspiele festzulegen und das angestrebte Schutzniveau genau zu bestimmen (vgl. Urteil Liga Portuguesa de Futebol Profissional und Bwin International, Rn 59 m.w.N.), geht eine Regelung wie die in Schleswig-Holstein nicht über das Erforderliche hinaus, sofern sie darauf beschränkt ist, für die Erteilung der Werbebewilligung den Nachweis zu fordern, dass die anwendbare Regelung in dem anderen Mitgliedstaat einen im Wesentlichen gleichwertigen Schutz vor den Gefahren des Glücksspiels gewährleistet wie in ihr selbst.

Anders wäre es allerdings – und die Regelung müsste als unverhältnismäßig angesehen werden –, falls gefordert werden würde, dass in dem anderen Mitgliedstaat identische Vorschriften gelten, oder wenn Vorschriften verlangt werden würden, die in keinem unmittelbaren Zusammenhang mit dem Schutz vor den Gefahren des Glücksspiels stehen.

In § 26 Abs. 2 S. 2 GSpG Schleswig-Holstein ist nicht vorgesehen, dass in den jeweiligen Nachbarstaaten identische Spielerschutzvorschriften gelten müssen. Vielmehr wird lediglich ein im Wesentlichen gleiches Schutzniveau gefordert. Die Beeinträchtigung der Dienstleistungsfreiheit ist gerechtfertigt.

3. Zwischenergebnis

Das Verwaltungsgericht wird das Verfahren bezüglich der Gültigkeit der Richtlinie 2012/44/EG und bezüglich der unionsrechtlichen Frage der Auslegung der Dienstleistungsfreiheit im Sinne des Art. 56 AEUV nicht dem Gerichtshof der Europäischen Union gemäß Art. 267 AEUV vorlegen.[21] Eine etwaige eingeschränkte Verwerfungskompetenz des Verwaltungsgerichts im Rahmen des Anwendungsvorrangs des Unionsrechts und eine etwaige gefestigte Rechtsprechung des Gerichtshofes der Europäischen Union sind nicht maßgeblich, weil eine Vereinbarkeit mit Unionsrecht besteht.

III. Vorlage beim Bundesverfassungsgericht

Eine auf die Vorlage des Verwaltungsgerichts erfolgte konkrete Normenkontrolle im Sinne des Art. 100 Abs. 1 GG hat Erfolg, soweit sie zulässig und begründet ist.

1. Zulässigkeit

Die konkrete Normenkontrolle beim Bundesverfassungsgericht muss zulässig sein.

a) Zuständigkeit des Bundesverfassungsgerichts

Das Bundesverfassungsgericht ist nur zuständig, wenn ihm ein Verfahren ausdrücklich enumerativ zugewiesen ist. Dem Bundesverfassungsgericht ist das

---

21 Die Fallfrage kann auch derart ausgestaltet sein, dass eine Aussetzung des Verfahrens und eine Prüfung des Verfassungsgerichts gefordert sind. Entsprechend der Aufgabenstellung sind die Voraussetzungen aber im verwaltungsgerichtlichen Gutachten im Rahmen der Prüfungskompetenz des Verwaltungsgerichts zu prüfen.

konkrete Normenkontrollverfahren gemäß den Artt. 93 Abs. 1 Nr. 5, 100 Abs. 1 GG i.V.m. § 13 Nr. 11 BVerfGG zugewiesen, bei dem es darum geht, dass seitens des Bundesverfassungsgerichtes ein nachkonstitutionelles Gesetz, welches von einem Fachgericht vorgelegt wird, geprüft wird.

2. Verfahrensabhängige Zulässigkeitsvoraussetzungen

Jedem dem Bundesverfassungsgericht enumerativ zugewiesenen Verfahren sind verfahrensabhängige Zulässigkeitsvoraussetzungen zugeordnet, die erfüllt sein müssen und sich für das konkrete Normenkontrollverfahren aus den § 13 Nr. 11 BVerfGG i.V.m. den §§ 80 ff. BVerfGG ergeben.

a) Vorlageberechtigtes Gericht

Zunächst muss das dem Bundesverfassungsgericht vorlegende Gericht vorlageberechtigt im Sinne des § 80 Abs. 1 BVerfGG i.V.m. Art. 100 Abs. 1 GG sein. Vorlageberechtigte Gerichte im Sinne des § 80 Abs. 1 BVerfGG sind alle sachlich unabhängigen Spruchkörper, die in einem formellen Gesetz als Gericht bezeichnet oder denen gerichtliche Aufgaben überantwortet worden sind (BVerfGE 6, 55, 63). Das gilt jedenfalls für Verwaltungsgerichte im Sinne des § 40 Abs. 1 S. 1 VwGO, also auch für das vorlegende Verwaltungsgericht. Das Verwaltungsgericht ist vorlageberechtigt.

b) Vorlagegegenstand

Es muss sich bei § 26 GSpG um einen vorlagefähigen Vorlagegegenstand im Sinne des § 80 Abs. 1 BVerfGG i.V.m. Art. 100 Abs. 1 GG, also um ein vorlagefähiges Gesetz handeln, bezüglich dessen das Bundesverfassungsgericht im Sinne des § 81 BVerfGG Rechtsfragen prüft.[22] Gesetze könnten insoweit sämtliche abstrakt-generellen Regelungen sein. Dazu würden allerdings z.B. auch Verordnungen gehören, die mittels delegierter Legislativgewalt von der Exekutive erlassen worden sind und bezüglich derer die Fachgerichte nicht nur die Prüfungs-, sondern auch die Verwerfungskompetenz zumindest zwischen den Beteiligten in Verfahren indirekten Rechtsschutzes haben. Im direkten Rechtsschutzverfahren gegen eine Verordnung könnte ein Oberverwaltungsgericht – soweit eine prinzipale Normenkontrolle im Sinne des § 47 Abs. 1 VwGO vorgesehen ist – sogar allgemein verbindlich im Sinne des § 47 Abs. 5 S. 2 VwGO ver-

22 Beim Vorlagegegenstand geht es um eine ähnliche Prüfung wie beim besonderen Rechtsschutzbedürfnis der Verfassungsbeschwerde (Rechtswegerschöpfung und Subsidiarität).

werfen. Insoweit ist § 81 BVerfGG verfassungskonform im Sinne des sich unter anderem aus Art. 20 Abs. 3 GG ergebenden Rechtsstaatsprinzips dahingehend auszulegen, dass das Bundesverfassungsgericht als Hüter der Verfassung möglichst geringfügig mit Verfahren behelligt werden soll, sodass Gesetze im Sinne des Art. 100 Abs. 1 GG – welcher in praktischer Konkordanz mit Art. 20 Abs. 3 GG anzuwenden ist – restriktiv anzunehmen sind.

Gesetze sind insoweit jedenfalls geltende formelle und nachkonstitutionelle Bundes- oder Landesgesetze, für welche bei den Instanzgerichten zwar eine Prüfungskompetenz, jedoch keine Verwerfungskompetenz besteht, weil sie ausschließlich dem Bundesverfassungsgericht zugewiesen ist. Ein Gesetz ist im Sinne dieser Normen jedenfalls gültig, wenn es gemäß Art. 82 GG durch die Verkündung im Bundesgesetzblatt in Kraft getreten ist. Es ist formell und nachkonstitutionell, wenn es durch den Rechtssetzungsakt eines Legislativorgans nach dem 23.5.1949 in Kraft getreten ist.

Nur insoweit bedarf es durch die alleinige Zuweisung der Verwerfungskompetenz zum Bundesverfassungsgericht dem erhöhten Schutz des parlamentarischen Gesetzgebers, während vorkonstitutionelle Gesetze grundsätzlich auch durch die Instanzgerichte zumindest zwischen Verfahrensbeteiligten verworfen werden können.

§ 26 GSpG ist als formelles Landesgesetz erlassen worden. Ob ausnahmsweise auch Verordnungen bzw. vorkonstitutionelle Gesetze Gegenstand der Vorlage sein können, ist irrelevant.

c) Überzeugung bezüglich der Verfassungswidrigkeit

Das vorlegende Gericht muss von der Verfassungswidrigkeit des Gesetzes überzeugt sein, wobei eine Überzeugung über bloße Zweifel der Vereinbarkeit des Gesetzes mit grundgesetzlichen Vorschriften hinausgeht. Das vorlegende Verwaltungsgericht wird § 26 GSpG für verfassungswidrig halten und somit von der Verfassungswidrigkeit des Gesetzes überzeugt sein, soweit es sich für eine Vorlage entscheiden wird.

d) Entscheidungserheblichkeit

Es ist eine Voraussetzung für eine Vorlage im konkreten Normenkontrollverfahren im Sinne des Art. 100 Abs. 1 S. 1 GG beim Bundesverfassungsgericht, dass es auf dessen Gültigkeit bei der Entscheidung ankommt. Die Verfassungsmäßigkeit des § 26 Abs. 2 GSpG ist entscheidungserheblich, da der Erfolg der Klage des A von dessen Wirksamkeit abhängig ist. Sind die für die Genehmigung vorgesehenen Erfordernisse zur Erbringung nicht verfassungsgemäß, hätte A einen Anspruch auf die Erteilung der Genehmigung und die Klage wäre erfolgreich.

e) Ordnungsgemäßer Antrag

Der Antrag ist schriftlich und begründet und damit im Sinne des § 80 Abs. 2 BVerfGG i.V.m. § 23 Abs. 1 BVerfGG[23] ordnungsgemäß gestellt worden.

3. Zwischenergebnis

Der Antrag des Verwaltungsgerichts beim Bundesverfassungsgericht wäre zulässig.

2. Begründetheit

Der Antrag des Verwaltungsgerichts wäre begründet, soweit § 26 GSpG mit dem Grundgesetz unvereinbar ist. Dann würde das Bundesverfassungsgericht den verfahrensgegenständlichen § 26 GSpG gemäß § 78 S. 1 BVerfGG i.V.m. § 82 Abs. 1 BVerfGG mit Gesetzeskraft im Sinne des § 32 Abs. 2 S. 1 BVerfGG für nichtig erklären. Das konkrete Normenkontrollverfahren ist ein objektives Beanstandungsverfahren, sodass eine objektive Verfassungswidrigkeit des Gesetzes entsprechend dem in Art. 100 Abs. 1 GG enthaltenen Prüfungsmaßstab des Grundgesetzes maßgeblich ist.

a) Formelle Verfassungsgemäßheit

Die Regelung des § 26 GSpG ist formell verfassungsgemäß erlassen worden.

b) Materielle Verfassungsgemäßheit

§ 26 GSpG kann auch materiell verfassungsgemäß sein. Insoweit ist die objektive Verfassungsmäßigkeit maßgeblich, wobei lediglich ein Verstoß gegen die Berufsfreiheit in Betracht kommt.

---

23 Zwar ist der Antrag im Sinne des § 23 BVerfGG eine allgemeine Verfahrensvoraussetzung, jedoch in Verknüpfung mit § 80 Abs. 2 BVerfGG bei den besonderen Voraussetzungen zu erörtern.

aa) Anwendbarkeit nationaler Grundrechte

Fraglich ist, ob die nationalen Grundrechte – insbesondere die nationalen Freiheitsgrundrechte – anwendbar sind. Sie können aufgrund des Anwendungsvorranges des Unionsrechts unanwendbar sein. Grundrechte der EU-Grundrechte-Charta sind zwar wegen des in Art. 6 Abs. 1 EUV enthaltenen Verweises und der dort geregelten Gleichsetzung mit den Verträgen der Europäischen Union als primäres Unionsrecht einzustufen, jedoch werden sie seitens des Bundesverfassungsgerichtes grundsätzlich nicht geprüft, da es sich bei den Unionsgrundrechten nicht um spezifisches Verfassungsrecht handelt. Selbst wenn die Unionsgrundrechte von der Prüfungskompetenz des Bundesverfassungsgerichts zur präzisen Abgrenzung von den nationalen Grundrechten umfasst sein sollten, kann aus ihnen jedenfalls keine Beschwerdebefugnis für eine Verfassungsbeschwerde abgeleitet werden, da es sich insoweit nicht um das Prüfungsspektrum des Bundesverfassungsgerichts handelt.

(1) Verhältnis der Unionsgrundrechte zu nationalen Grundrechten

Zunächst ist der Anwendungsvorrang des Unionsrechts relevant, falls eine Kollisionslage des Anwendungsbereiches der nationalen Grundrechte mit dem Anwendungsbereich der Unionsgrundrechte besteht.

(a) Anwendungsvorrang des Unionsrechts

Das Unionsrecht als Europarecht im engen Sinne stellt einen eigenen Rechtskreis dar, der aus deutscher Sicht auf der Übertragung von Hoheitsgewalt im Sinne des Art. 23 GG im Rahmen der begrenzten Einzelermächtigung im Sinne des Art. 5 Abs. 1 S. 2 EUV i.V.m. Art. 5 Abs. 2 EUV auf die Europäische Union als supranationale Einrichtung basiert. Insoweit gilt der Anwendungsvorrang des Unionsrechts, der sich einerseits aus dem in den Verträgen der Europäischen Union verankerten Gebot der effektiven Durchführung des Unionsrechts – effet utile – ergibt, andererseits jedenfalls aus dem nationalen Zustimmungsgesetz in Verbindung mit der Übertragung der Hoheitsgewalt auf die Europäische Union als Rechtsanwendungsbefehl, wobei das Zustimmungsgesetz letztlich gemäß Art. 23 Abs. 1 S. 3 GG als deklaratorische Norm an Art. 79 Abs. 2, 3 GG zu messen ist.

Der Anwendungsvorrang des Unionsrechts kann allerdings nur insoweit maßgeblich sein, als auf Unionsebene Regelungen bestehen. Da es sich beim Unionsrecht um einen eigenständigen Rechtskreis handelt, ergibt sich aus einer Unvereinbarkeit des nationalen Rechts mit dem Unionsrecht nicht die Nichtigkeit des nationalen Rechts, sondern dessen Unanwendbarkeit. Besonders problematisch ist dies bezüglich des Grundgesetzes, da die Unionsgewalt im Rahmen begrenzter Einzelermächtigung nur besteht, soweit Hoheitsgewalt in mit dem Grundgesetz vereinbarer Weise auf die Europäische Union übertragen worden ist und Art. 79 Abs. 2 , 3 GG i.V.m. Art. 23 Abs. 1 S. 3 GG letztendlich den maßgeblichen Maßstab für die Verfassungsmäßigkeit der Übertragung von Hoheitsgewalt auf die Europäische Union und damit für die letztverbindliche innerstaatliche Wirkung darstellt – unabhängig von einer Bindung im Außenverhältnis. Somit ist eine unionsrechtskonforme Auslegung des Grundgesetzes ebenso problematisch wie eine Kollision des Unionsrechts mit dem Grundgesetz.

Die Anwendbarkeit der nationalen Grundrechte aufgrund des Unionsrechts ist jedoch nur insoweit problematisch, als europäische Grundrechte im Sinne der EU-Grundrechte-Charta anwendbar sind. Auch in der Europäischen Menschenrechtskonvention enthaltene Grundrechte können maßgeblich sein.

(b) Anwendbarkeit der Europäischen Menschenrechtskonvention

Die Europäische Menschenrechtskonvention ist auf einen völkerrechtlichen Vertrag zurückzuführen, der anders als das allgemeine Völkerrecht, welches gemäß Art. 25 S. 1 GG unmittelbar gilt, keine unmittelbare Wirkung in der Bundesrepublik Deutschland entfaltet, sondern transformiert werden musste. Durch die Transformation hat die Europäische Menschenrechtskonvention den Rang einfachen Rechts und steht nicht wie das allgemeine Völkerrecht zwischen dem einfachen Recht und dem Verfassungsrecht. Über die Auslegung der Europäischen Menschenrechtskonvention entscheidet grundsätzlich der Europäische Gerichtshof für Menschenrechte, nachdem gemäß Art. 35 Abs. 1 EMRK der nationale Rechtsweg erschöpft ist, zu dem auch die Anrufung des Bundesverfassungsgerichtes gehört, wobei Individualbeschwerden in Art. 34 EMRK geregelt sind. Der Europäische Gerichtshof für Menschenrechte, der ebenfalls nur aufgrund dieser völkerrechtlichen Basis agiert, gehört wiederum nicht zur supranationalen Einrichtung der Europäischen Union, sodass seine Entscheidungen nicht als Unionsrecht einzustufen sind. Es ist zwar korrekt, dass in Art. 6 Abs. 3 EUV auf die Europäische Menschenrechtskonvention ebenso wie auf die EU-Grundrechte-Charta in Art. 6 Abs. 1 EUV Bezug genommen wird, jedoch fehlt eine Bezugnahme auf Entscheidungen des Europäischen Gerichtshofes für Menschenrechte, sodass diese Urteile weder primäres noch sekundäres Unionsrecht darstellen. Selbst wenn die Europäische Menschenrechtskonvention aufgrund der Bezugnahme in Art. 6 Abs. 1 EUV als unmittelbarer Bestandteil des primären Europarechts einzustufen sein sollte, sind Entscheidungen des Europäischen Gerichtshofes für Menschenrechte vom Unionsrecht im Sinne des Art. 6 EUV nicht mehr erfasst, sondern können nur mittelbar maßgeblich sein, weil die Europäische Menschenrechtskonvention bei der Auslegung der EU-Grundrechte-Charta gemäß Art. 52 Abs. 3 EU-GR-Charta und auch im Allgemeinen gemäß Art. 6 Abs. 3 EUV auf Unionsebene zu berücksichtigen ist.

Gegebenenfalls wird der Gerichtshof der Europäischen Union auf Entscheidungen des Europäischen Gerichtshofes für Menschenrechte insoweit Bezug nehmen, als sie zur Auslegung der Europäischen Menschenrechtskonvention relevant sind. Die Europäische Menschenrechtskonvention könnte als Primärrecht über Art. 6 Abs. 1 EUV gleichrangig neben der EU-Grundrechte-Charta einzustufen sein, jedoch ist der Verweis auf die Europäische Menschenrechtskonvention anders als bezüglich der EU-Grundrechte-Charta in Art. 6 Abs. 3 EUV, in dem eine Gleichstellungsklausel bezüglich des europäischen Primärrechts enthalten ist. Daher ist die Europäische Menschenrechtskonvention nicht als primäres EU-Recht im engen Sinne, sondern als subsidiär gegenüber der Grundrechte-Charta in ihren grundlegenden Rechtsinhalten einzustufen.

Beim Bundesverfassungsgericht kann die Europäische Menschenrechtskonvention als einfaches nationales Recht nur mittels des unter anderem in Art. 20 Abs. 3 GG verankerten Rechtsstaatsprinzips berücksichtigt werden. Das Rechtsstaatsprinzip ist bei verfassungsrechtlichen Prüfungen zu berücksichtigen und kann mittelbar durch einfaches Recht – die Europäische Menschenrechtskonvention ist national transformiert worden – beeinflusst werden. Somit können die Normen der Europäischen Menschenrechtskonvention und somit ebenso die Entscheidungen des Europäischen Gerichtshofes für Menschenrechte, welche auf die Europäische Menschenrechtskonvention bezogen sind, als Indiz für rechtsstaatliche Grundsätze bei der verfassungsrechtlichen Prüfung des Art. 20 Abs. 3 GG einfließen.

Während die EU-Grundrechte-Charta gemäß Art. 6 Abs. 1 EUV als den Verträgen gleichrangig eingestuft ist und daher als primäres Unionsrecht gilt, besteht auf die Europäische Menschenrechtskonvention kein Verweis, sondern sie gilt gemäß Art. 6 Abs. 3 EUV für die Europäische Union zunächst nur als allgemeiner Grundsatz, wenngleich die Europäische Union der Europäischen Menschenrechtskonvention im Sinne des Art. 6 Abs. 2 EUV beizutreten beabsichtigt. Aufgrund der Europäischen Menschenrechtskonvention können nationale Grundrechte nicht gesperrt werden, da sie mangels einer Gleichstellung mit den Verträgen wie in Art. 6 Abs. 1 EUV kein klassisches primäres Unionsrecht mit der Folge des Anwendungsvorranges des Unionsrechts darstellen.

(c) Anwendbarkeit der EU-Grundrechte-Charta

Die europäischen Grundrechte der EU-Grundrechte-Charta sind integraler Bestandteil der allgemeinen Rechtsgrundsätze und mittels des in Art. 6 Abs. 1 EUV enthaltenen Verweises und der dort geregelten Gleichsetzung mit den Verträgen der Europäischen Union primäres Unionsrecht.

Die EU-Grundrechte-Charta gilt gemäß Art. 51 Abs. 1 EU-GR-Charta für die Organe und Einrichtungen der Union unter Einhaltung des Subsidiaritätsprinzips und für Mitgliedstaaten ausschließlich bei der Durchführung des Rechts der Union, wobei gemäß Art. 51 Abs. 2 EU-GR-Charta weder neue Zuständigkeiten noch neue Aufgaben für die Union begründet werden. Auch die in den Verträgen festgelegten Zuständigkeiten und Aufgaben werden durch die EU-Grundrechte-Charta nicht geändert. Die EU-Grundrechte-Charta ist gemäß Art. 52 Abs. 4 EU-GR-Charta im Sinne der nationalen Grundrechte auszulegen.

Zwar gilt die EU-Grundrechte-Charta gemäß Art. 51 Abs. 1 S. 1 EU-GR-Charta nur für die Organe und Einrichtungen der Union unter Einhaltung des Subsidiaritätsprinzips und für Mitgliedstaaten ausschließlich bei der Durchführung des Rechts der Union, wobei gemäß Art. 51 Abs. 2 EU-GR-Charta weder neue Zuständigkeiten noch neue Aufgaben für die Union begründet werden. Jedoch ist fraglich, wie die Durchführung des Rechts der Union zu verstehen ist. Bei weiter Auslegung der „Durchführung" wäre jedes mitgliedstaatliche Handeln im gesamten Geltungsbereich des Unionsrechts zum Beispiel auch im weiten Geltungsbereich der Grundfreiheiten erfasst (vgl. EuGH Rs. C-617/10 [Äckberg Fransson] vom 26.2.2013).[24] Bei einer derart weiten Auslegung würde der Europäischen Union durch die Rechtsprechung des Gerichtshofes der Europäischen Union allerdings eine Kompetenz-Kompetenz über den in Art. 51 Abs. 2 EU-GR-Charta geregelten Bereich hinaus zugesprochen werden mit der Folge, dass das Bundesverfassungsgericht im Rahmen der Ultra-vires-Kontrolle – unter Umständen nach einer Vorlage beim Gerichtshof der Europäischen Union gemäß Art. 267 AUEV zwecks einer Selbstkorrektur – auf die nationalen Grundrechte abstellen würde. Somit kann die EU-Grundrechte-Charta gemäß Art. 51 Abs. 1

---

24 Der Anwendungsbereich der EU-GR-Charta gemäß Art. 51 Abs. 1 S. 1 EU-GR-Charta als primäres Unionsrecht (Art. 6 Abs. 1 EUV) ist nach dem EuGH insoweit weit auszulegen, als mitgliedstaatliches Handeln in den Geltungsbereich des Unionsrechts fällt (in allen unionsrechtlich geregelten Fallgestaltungen im gesamten Geltungsbereich des Unionsrechts; EuGH Rs. C-617/10 [Äckberg Fransson] vom 26.2.2013).

Die Entscheidung des EuGH ist grundlegend, weil die EU-GR-Charta nach dem EuGH nunmehr nicht nur bei Unionsakten bzw. der 1:1-Umsetzung anwendbar ist, sondern darüber hinaus z.B. auch im Geltungsbereich der Grundfreiheiten. Insoweit wären nationale Grundrechte in ihrem Anwendungsbereich massiv eingeschränkt, soweit das BVerfG bei der Solange-Rechtsprechung bleibt, die es vereinzelt bereits von der Prüfungsebene auf die Verwerfungsebene verlagert hat. Denkbar erscheint auch eine Ultra-vires-Kontrolle durch das BVerfG, wobei fraglich ist, inwieweit das BVerfG dem EuGH im Rahmen einer Vorlage nach Art. 267 AEUV die Möglichkeit zur Selbstkorrektur einräumen wird.

S. 1 EU-GR-Charta nicht bei jedem unionsrechtlichen Bezug angewendet werden, sondern nur, soweit es um Unionsakte, eine Eins-zu-eins-Umsetzung des Unionsrechts oder eine Konstellation geht, die zumindest einen erheblichen Bezug zum Unionsrecht aufgrund dortiger Regelungen hat.

Gegenstand des Vorlageverfahrens ist § 26 GSpG, also kein Unionsrechtsakt. Allerdings gelten die Unionsgrundrechte gemäß Art. 51 Abs. 1 EU-GR-Charta auch für nationale Rechtsakte der Mitgliedstaaten, soweit Unionsrecht durchgeführt wird. Es handelt sich bei nationalen Rechtsakten unter anderem in solchen Konstellationen ausschließlich um die Durchführung des Unionsrechts, soweit national gemäß Art. 288 Abs. 3 S. 1 AEUV in den Mitgliedstaaten umzusetzende Richtlinien eins zu eins ihrem Inhalt nach national umgesetzt werden. Insoweit ist bezüglich des „Ob" der Umsetzung des in einer europäischen Richtlinie enthaltenen Inhalts – diesbezüglich besteht gemäß Art. 288 Abs. 3 S. 1 AEUV eine Umsetzungspflicht eng am Wortlaut der Richtlinie – und bezüglich des „Wie" der Umsetzung zu differenzieren, welches den Mitgliedstaaten überlassen ist.

Sollten Unionsgrundrechte anwendbar sein, sind nationale Grundrechte grundsätzlich solange nicht Gegenstand der nationalen verfassungsgerichtlichen Prüfung – wenngleich sie nicht verdrängt werden und grundsätzlich anwendbar bleiben –, als auf der Unionsebene hinreichender Grundrechtsschutz besteht, der mit dem nationalen Grundrechtsschutz vergleichbar ist.[25] Aus-

25 Beachte für die Solange-Rechtsprechung die Entscheidung des BVerfG zum Datenschutz (vgl. BVerfG, Beschluss vom 24.1.2012 – 1 BvR 1299/05 m.w.N.):

Bezüglich des § 113a TKG handelte es sich um eine 1:1-Umsetzung einer Richtlinie. Die Rechtsprechung des Bundesverfassungsgerichts in diesem Urteil ist nicht konsequent. Einerseits wird die Solange-Rechtsprechung aufgeweicht, indem nationale Grundrechte geprüft werden, obwohl es sich um eine 1:1-Umsetzung der Richtlinie handelt mit dem Hinweis, dass zumindest bei Rechtssatzverfassungsbeschwerden eine Verlagerung auf die Verwerfungsebene erfolgt, sodass bei einem Verstoß gegen das Grundgesetz eine Vorlage beim EuGH bezüglich einer Richtlinie notwendig ist und im Anschluss ggf. das nationale Gesetz verworfen wird. Andererseits stellt das BVerfG im Ergebnis die Verfassungswidrigkeit des § 113a TKG fest, ohne dem EuGH die Richtlinie vorzulegen. Zudem ist die Konstruktion mit dem nationalen rechtsstaatlichen Nichtigkeitsdogma bei Normen nicht vereinbar. Prüft das BVerfG als für die Verwerfung formeller nachkonstitutioneller Gesetze zuständiges Gericht und gelangt im Ergebnis zu einem Verfassungsverstoß, ist – es gibt keine höhere verfassungsrechtliche Prüfungsinstanz – eine Nichtigkeit des Gesetzes anzunehmen, da die Feststellung des BVerfG keine Gestaltungswirkung hätte, sondern deklaratorisch ist, sodass die Verwerfung in der Prüfung enthalten wäre und es sich bei letzterer nur noch um einen formalen Akt handeln würde. Die Feststellung der Verfassungswidrigkeit des § 113a TKG durch das BVerfG trotz Nichtvorlage bzgl. der Richtlinie beim EuGH lässt sich allenfalls über die Artt. 20, 79 Abs. 3 i.V.m. Art. 23 Abs. 1 S. 3 GG erklären. Konsequent wäre es gewesen, sich von der Solange-Rechtsprechung vollständig abzukehren – kaum sinnvoll – oder einen nicht hinreichenden Grundrechtsschutz in der EU-GR-

nahmsweise kann eine Verlagerung der Sperrwirkung der Unionsrechtsgrundrechte von der Prüfungsebene auf die Verwerfungsebene erfolgen, soweit eine enge Verknüpfung des „Ob“ und des „Wie“ besteht und es letztlich um besonders wichtige Freiheitsrechte mit erheblicher Eingriffsrelevanz geht.

Sind in einer Richtlinie keine Vorgaben über das „Wie“, also über die Durchführung derselben, enthalten – mangels insoweit auf die Europäische Union übertragener Hoheitsgewalt gemäß Art. 288 Abs. 3 AEUV dürfen derartige Vorgaben in einer Richtlinie auch nicht enthalten sein –, kann die Anwendbarkeit der nationalen Grundrechte bezüglich der in einem nationalen Gesetz enthaltenen Durchführungsvorschriften nicht ausgeschlossen sein, da das Gesetz insoweit nicht Ausdruck der Eins-zu-eins-Umsetzung einer Richtlinie ist (vgl. BVerfGE 113, 273, 300, Europäischer Haftbefehl; BVerfGE 125, 260, 308, Vorratsdatenspeicherung; BVerfGE 118, 79, 95f.; BVerfGE 22, 293; BVerfGE 37, 271; BVerfGE 73, 339; BVerfGE 102, 147; BVerfGE 113, 273, 300).

Letztlich übt das Bundesverfassungsgericht seine Gerichtsbarkeit über die Anwendbarkeit des Unionsrechts, das als Grundlage für ein Verhalten deutscher Gerichte und Behörden im Hoheitsbereich der Bundesrepublik Deutschland in Anspruch genommen wird, grundsätzlich nicht aus und überprüft dieses Recht nicht am Maßstab der Grundrechte des Grundgesetzes, solange durch die Europäische Union – unter Berücksichtigung der Rechtsprechung des Europäischen Gerichtshofs – generell ein wirksamer Schutz der Grundrechte gewährleistet wird, der dem vom Grundgesetz jeweils als unabdingbar gebotenen Grundrechtsschutz im Wesentlichen gleich zu achten ist, zumal er den Wesensgehalt der Grundrechte generell verbürgt (vgl. BVerfGE 73, 339/387; 102, 147/162f.). Diese Grundsätze gelten auch für innerstaatliche Rechtsvorschriften, mittels derer zwingende Vorgaben einer Richtlinie in deutsches Recht umgesetzt werden. Verfassungsbeschwerden, die gegen die Anwendung von in diesem Sinne verbindlichem Recht der Europäischen Union gerichtet sind, sind grundsätzlich unzulässig (vgl. BVerfGE 118, 79/95; 121, 1/15). Nationale Grundrechte sind aber insoweit anwendbar, als der Gesetzgeber bei der Umsetzung des Unionsrechts Gestaltungsfreiheit hat, also durch das Unionsrecht nicht determiniert ist (vgl. BVerfGE 121, 1/15).

Der Landesgesetzgeber ist bezüglich des „Ob“ in § 26 GSpG jedenfalls über die Umsetzung der Richtlinie 2012/44/EG hinausgegangen, soweit eine Erlaubnispflicht eingeführt wurde. Auch das „Wie“ ist seitens des nationalen Gesetz-

---

Charta anzunehmen und diese Möglichkeiten jeweils mit der Wesentlichkeit des Grundrechtseingriffes zu verknüpfen.

Für die Examensklausur erscheint diese Aufweichung der Solange-Rechtsprechung nicht verallgemeinerungsfähig.

gebers in eigener Verantwortung geregelt worden, sodass die nationalen Grundrechte letztlich anwendbar sind.

(2) Zwischenergebnis

Die nationalen Freiheitsrechte sind anwendbar.

bb) Anwendbarkeit des Art. 12 Abs. 1 GG

Bezüglich der Berufsfreiheit aus Art. 12 Abs. 1 GG könnte durch § 26 GSpG ein Schutzbereichseingriff erfolgt sein. Die Berufsfreiheit aus Art. 12 Abs. 1 GG ist allerdings im Rahmen des persönlichen Schutzbereiches aber als „Deutschengrundrecht" ausgestaltet. Durch § 26 GSpG werden neben im Ausland tätigen Deutschen jedoch auch Ausländer betroffen.

Insofern könnte Art. 12 Abs. 1 GG europarechtskonform dahingehend weit auszulegen sein, dass auch EU-Ausländer Deutsche im Sinne des Grundgesetzes sind. Eine europarechtskonforme Auslegung des Grundgesetzes ist jedoch problematisch, weil die Europäische Union nur als supranationale Einrichtung ausgestaltet ist, auf die im Rahmen der begrenzten Einzelermächtigung im Sinne des Art. 23 Abs. 1 S. 2 GG Hoheitsgewalt übertragen wird. Die Europäische Union ist hingegen kein europäischer Bundesstaat, weil es keine europäische Verfassung gibt, durch die das Grundgesetz im Sinne des Art. 146 GG ersetzt wird, und weil keine originäre Verfassungsgewalt auf die Europäische Union übertragen worden ist, sondern vielmehr nur im Rahmen der begrenzten Einzelermächtigung Randbereiche des Grundgesetzes vom Unionsrecht tangiert werden. Insoweit besteht bezüglich jeder Übertragung der Hoheitsgewalt auf die Europäische Union im Rahmen der begrenzten Einzelermächtigung im Sinne des Art. 23 Abs. 1 S. 2 GG der Vorbehalt des Art. 23 Abs. 1 S. 3 GG i.V.m. Art. 79 Abs. 2, 3 GG. Hinzu kommt, dass eine Auslegung methodisch durch den Wortlaut begrenzt ist. Eine Auslegung des Wortes „Deutscher" im Sinne des Diskriminierungsverbotes gemäß Art. 18 Abs. 1 AEUV ist jedoch nicht möglich, sodass sich aus dem Anwendungsvorrang des Unionsrechts – unabhängig davon, ob dieser aus Art. 4 Abs. 3 EUV im Sinne des effet utile oder aus dem Zustimmungsgesetz mit dem jeweiligen Akt zur Übertragung der Hoheitsgewalt in Verbindung mit Art. 23 Abs. 1 GG abgeleitet wird – nur die Möglichkeit der Nichtanwendung des nationalen Rechts ergeben kann. Der „Terminus" des Unionsbürgers kann jedoch nicht in die Verfassung hineingelesen werden, da eine Änderung des Grundgesetzes in die Kompetenz des nationalen Gesetzgebers fällt und mangels diesbezüglicher Kompetenz der Europäischen Union nicht auf den Anwendungsvorrang des Unionsrechts zurückgeführt werden kann.

Eine europarechtskonforme Auslegung des Grundgesetzes ist daher jedenfalls zu vermeiden, weshalb zum Beispiel auch das aktive und passive Wahlrecht für EU-Ausländer in Art. 28 Abs. 1 S. 3 GG explizit in das Grundgesetz aufgenommen worden ist. Eine europarechtskonforme Auslegung des Art. 12 Abs. 1 GG erfolgt somit nicht (in der Formulierung missverständlich: BVerfG am 19.7.2011, Az.: 1 BvR 1916/09: „vertraglich veranlasste Anwendungserweiterung des Grundgesetzes“), zumal der Wortlaut als Grenze der Auslegung nicht beachtet würde.

Die Berufsfreiheit gemäß Art. 12 Abs. 1 GG ist bezüglich der Unionsausländer nicht anwendbar, soweit es um Deutsche geht, die im Ausland Glücksspielbetreiber sind, hingegen schon.

cc) Vereinbarkeit des Gesetzes mit Art. 2 Abs. 1 GG und Art. 12 Abs. 1 GG

Die Regelung in § 26 GSpG könnte bezüglich der Unionsausländer mit Art. 2 Abs. 1 GG unvereinbar sein, während bezüglich der Deutschen Art. 12 Abs. 1 GG maßgeblich ist.

(1) Schutzbereich

Der Schutzbereich des Art. 2 Abs. 1 GG muss eröffnet sein. Der Schutz des Art. 2 Abs. 1 GG umfasst entweder ein unbenanntes Freiheitsrecht – gegebenenfalls unter Berücksichtigung eines Persönlichkeitskerns – oder die allgemeine Handlungsfreiheit. Da Art. 2 Abs. 1 GG bezüglich des § 26 GSpG jedoch nur als Auffanggrundrecht anwendbar ist, weil EU-Ausländer durch Art. 12 Abs. 1 GG nicht geschützt werden, kommt es für den Schutzbereich des Art. 2 Abs. 1 GG auf die Berufsfreiheit an. Durch die Berufsfreiheit werden die Berufsausübung und die Berufswahl geschützt. Ein Beruf ist jede auf Dauer angelegte Tätigkeit, die in ideeller wie in materieller Hinsicht der Schaffung bzw. Erhaltung einer Lebensgrundlage dient, soweit sie ihrem Wesen nach nicht sozial- bzw. gemeinschaftsschädlich ist. Das Betreiben von Spielcasinos stellt, da es dem Erwerb einer Lebensgrundlage dient, einen Beruf dar. Der Schutzbereich des Art. 12 GG gilt auch für den Bereich der Werbung, da es sich insoweit um die berufliche Außendarstellung handelt. Der sachliche Schutzbereich des Art. 2 Abs. 1 GG ist betroffen – ebenso der persönliche, der nicht auf Deutsche beschränkt ist. Für die vom Glücksspielgesetz betroffenen Deutschen ist die Berufsfreiheit im Sinne des Art. 12 Abs. 1 GG als Schutzbereich betroffen, während für die übrigen Unionsbürger Art. 2 Abs. 1 GG bezüglich der Berufsfreiheit gilt.

(2) Eingriff

Es muss ein Eingriff in den Schutzbereich der Berufsfreiheit erfolgt sein. Staatliches Handeln stellt grundsätzlich einen Grundrechtseingriff dar, soweit dadurch grundrechtliche Schutzpositionen verkürzt werden. Um diesen weiten Eingriffsbegriff der Grundrechte mittels praktischer Konkordanz mit dem Rechtsstaatsprinzip in Einklang zu bringen, ist bezüglich der Anforderungen an einen Eingriff auf dessen Art abzustellen. Somit ist grundsätzlich zwischen klassischen Eingriffen – final unmittelbar durch Rechtssetzungsakte – und unmittelbaren Eingriffen im Übrigen – durch schlichtes Verwaltungshandeln – sowie mittelbaren Eingriffen zu differenzieren, wobei solche unmittelbaren Eingriffe gesondert zu behandeln sind, durch die lediglich das Umfeld der Maßnahme betroffen wird. Ist ein Eingriff bei finalen unmittelbaren Eingriffen – sei es, dass er durch einen Rechtssetzungsakt erfolgt oder durch schlichtes Verwaltungshandeln – nicht näher zu erörtern, ist ein mittelbarer Grundrechtseingriff nur bei Intention bzw. besonderer Intensität anzunehmen, wobei im Rahmen der Berufsfreiheit insofern die Termini „subjektiv" und „objektiv berufsregelnde Tendenz" gelten. Die Kriterien der subjektiv bzw. objektiv berufsregelnden Tendenz sind bei unmittelbaren Eingriffen, die lediglich das Umfeld der Maßnahme betreffen, entsprechend anwendbar.

Durch § 26 GSpG wird die Werbung für die Glücksspielveranstalter unmittelbar durch ein Gesetz beeinträchtigt, sodass zumindest das Umfeld der beruflichen Tätigkeit beeinträchtigt wird und ein unmittelbarer Eingriff erfolgt. Ein unmittelbarer Eingriff ist gegeben, der jedenfalls berufsregelnde Tendenz in Form der Intention hat, weil es vom Gesetzgeber bezweckt wird, das Glücksspiel einzudämmen, sodass es letztlich irrelevant ist, ob es sich um einen klassischen Eingriff oder einen solchen unmittelbaren Eingriff handelt, durch den lediglich das Umfeld des Grundrechts tangiert wird.

(3) Rechtfertigung

Der Eingriff in die Grundrechte der Gesetzesadressaten kann gerechtfertigt sein. Für die Rechtfertigung von Grundrechtseingriffen in Art. 2 Abs. 1 GG gilt grundsätzlich ein einfacher Gesetzesvorbehalt, weil von den Schrankentrias des Art. 2 Abs. 1 GG aufgrund einer praktischen Konkordanz mit dem sich unter anderem aus Art. 20 Abs. 3 GG ergebenden Rechtsstaatsprinzip lediglich noch die verfassungsmäßige Ordnung zur Anwendung gelangt, zumal die Sittengesetze und die Rechte anderer darin enthalten sind. Da Art. 2 Abs. 1 GG bezüglich der Berufsfreiheit lediglich als Auffanggrundrecht fungiert, ist die Rechtfertigungssystematik des Art. 12 Abs. 1 S. 2 GG auf Art. 2 Abs. 1 GG zu übertragen. Gemäß Art. 12 Abs. 1 S. 2 GG kann die Berufsausübung aufgrund eines Gesetzes geregelt werden, wobei dieser Gesetzesvorbehalt wegen des einheitlichen weiten Schutzbereiches auf der Rechtfertigungsebene einheitlich auch für die Berufswahl gilt. Zwar ist die Formulierung „aufgrund" eines Gesetzes typisch für einen einschränkenden Gesetzesvorbehalt, jedoch enthält Art. 12 Abs. 1 S. 2 GG den Terminus „geregelt". Das bedeutet, dass es anders als bei den Termini „eingeschränkt" bzw. „beschränkt" an der Zielrichtung fehlt, sodass der Regelungsvorbehalt wie ein einfacher Gesetzesvorbehalt zu behandeln ist mit der Folge, dass die zusätzlichen Voraussetzungen des Art. 19 Abs. 1 GG oder zusätzliche Qualifizierungen zur Rechtfertigung eines Eingriffes in Art. 12 Abs. 1 GG nicht erfüllt sein müssen. Somit gilt parallel zum einheitlichen Schutzbereich der Berufsfreiheit des Art. 12 Abs. 1 S. 1 GG die einheitliche Rechtfertigungssystematik des Regelungsvorbehaltes als einfacher Gesetzesvorbehalt. Dies wird – soweit es um nicht deutsche Unionsbürger geht – auf Art. 2 Abs. 1 GG übertragen, bei dem ohnehin ein einfacher Gesetzesvorbehalt gilt. Der Regelungsvorbehalt des Art. 12 Abs. 1 S. 2 GG gilt für Art. 12 Abs. 1 GG und für Art. 2 Abs. 1 GG. Anhaltspunkte für einen Verstoß gegen den Wesentlichkeitsgrundsatz sind nicht ersichtlich.

(4) Verhältnismäßigkeit bzgl. Berufsfreiheit

Da das Gesetz objektiv verfassungsgemäß sein muss und es somit auch bezüglich des Gesetzes eines Schutzbereichseingriffes in die Berufsfreiheit im Sinne des Art. 12 Abs. 1 GG bzw. des Art. 2 Abs. 1 GG bedarf, muss zumindest bezüglich eines Gesetzesadressaten der Schutzbereichseingriff durch das Gesetz gegeben sein. Das Gesetz kann bezüglich der Berufsfreiheit im Sinne des Art. 12 GG verhältnismäßig sein.

(a) Zweck

Dem Gesetz muss ein legitimer Zweck zugrunde liegen. Wegen der weiten Einschätzungsprärogative des Gesetzgebers als Repräsentant des Volkes im Sinne des Art. 20 Abs. 2 S. 1 GG ist der Zweck grundsätzlich nur insoweit überprüfbar, als er nicht willkürlich bzw. nicht offensichtlich verfassungswidrig sein darf. Im Rahmen der Berufsfreiheit genügt hinsichtlich eines Eingriffes in die Berufsausübung als Zweck jeglicher Gemeinwohlbelang. Ist allerdings die Berufswahl betroffen, muss die Regelung zum Schutz eines besonders wichtigen Gemeinschaftsgutes zwingend sein. Eine Erweiterung der Überprüfbarkeit des Gesetzeszwecks zulasten der Einschätzungsprärogative des Gesetzgebers bei der Berufswahl ist bezüglich des Demokratieprinzips im Sinne des Art. 20 Abs. 2 S. 1 GG nicht verfassungswidrig, weil der Handlungsspielraum des Gesetzgebers durch die weite Auslegung im Rahmen der Rechtfertigungssystematik des Art. 12 Abs. 1 S. 2 GG für die Berufswahl erweitert worden ist. Insoweit hätte der Gesetzgeber Eingriffe in die Berufswahl nur mittels verfassungsimmanenter Schranken rechtfertigen können. Wurde der Spielraum des Gesetzgebers aber zunächst erweitert, darf die Einschätzungsprärogative beim Gesetzeszweck wieder verkürzt werden.

Unabhängig davon, ob durch das Glücksspielgesetz die Berufsausübung oder die Berufswahl betroffen sind, soll durch das Glücksspielgesetz jedenfalls die Bevölkerung vor Spielsucht geschützt werden, sodass Art. 2 Abs. 2 S. 1 GG als Schutzgut maßgeblich ist. Daher handelt es sich jedenfalls um besonders wichtige Gemeinschaftsgüter, zu deren Erhaltung es zwingend ist, die Werbung für das Glücksspiel einzudämmen, sodass die Zwecksetzung sogar für eine Berufswahlregelung hinreichend wäre.

(b) Eignung

Eine Maßnahme ist geeignet, wenn durch sie der Zweck gefördert wird, wobei auch insoweit die Einschätzungsprärogative des Gesetzgebers zu berücksichtigen ist. Durch das Glücksspielgesetz wird die Verbreitung des Glücksspiels verringert und somit der Schutzzweck in Gestalt des Schutzes der Bevölkerung gefördert.

(c) Erforderlichkeit

Die Regelung muss auch erforderlich sein. Eine Regelung ist erforderlich, wenn kein gleich geeignetes milderes Mittel denkbar ist, wobei wiederum die Einschätzungsprärogative des Gesetzgebers zu berücksichtigen ist. Gegenüber einem repressiven Verbot wären möglicherweise ein repressives Verbot mit Befreiungsvorbehalt oder ein präventives Verbot mit Erlaubnisvorbehalt mildere Mittel. Ein repressives Verbot mit Befreiungsvorbehalt ist insoweit milder, als eine Rückausnahme vorgesehen ist, wenngleich sie wegen der Verfassungsmäßigkeit des vollständigen repressiven Verbotes außerhalb des grundrechtsrelevanten Bereiches ist – ausgenommen einer Fernwirkung der als objektive Werteordnung im Sinne des Art. 1 Abs. 3 GG rechtsstaatlich zu berücksichtigenden Grundrechte. Präventive Verbote mit Erlaubnisvorbehalt sind gegenüber repressiven Verboten mildere Mittel, als sie zwar anders als repressive Verbote – repressive Verbote enthalten ein vollständiges Verbot – mit der Versagung der spontanen Grundrechtsausübung sowie den Versagungsgründen zwei Grundrechtseingriffsregelungen enthalten, jedoch ist die bei präventiven Verboten mit Erlaubnisvorbehalt erforderliche Erlaubnis im Übrigen in der Regel zu erteilen, soweit nicht verfassungsrechtliche Gründe entgegenstehen.

In § 26 GSpG ist jedenfalls bereits ein präventives Verbot mit Erlaubnisvorbehalt geregelt worden, da klare Voraussetzungen für die Erteilung der Genehmigung geregelt worden sind. Die Regelung des § 26 GSpG war erforderlich.

(d) Verhältnismäßigkeit i.e.S. bzgl. der Berufsfreiheit

Das Glücksspielgesetz kann verhältnismäßig im engen Sinne sein. Das setzt voraus, dass zwischen Mittel und Zweck keine Disproportionalität besteht. Sind nicht nur die Berufsausübung oder die subjektive Berufswahl, die auf subjektive Kriterien des Einzelnen abzielt, betroffen, sondern ist es die objektive Berufswahl, welche an vom Einzelnen nicht beeinflussbare Kriterien anknüpft, bedarf es für die Verhältnismäßigkeit der Regelung im engen Sinne einer schweren Gefahr für ein überragend wichtiges Gemeinschaftsgut, die mittels der Regelung abgewehrt werden soll. Da es sich bei § 26 GSpG nur um eine Berufsausübungsregelung handelt, darf lediglich keine Disproportionalität zwischen Mittel und Zweck entstehen.

Zweck der Norm ist es, die zunehmende Spielsucht zu bekämpfen und sicherzustellen, dass die unternommenen Bemühungen zur Bekämpfung der Spielsucht nicht dadurch unterlaufen werden, dass Bewohner grenznaher Gebiete in EU-Nachbarländer ausweichen.

Verglichen mit dem Zweck der Bekämpfung der Spielsucht, der als besonders hoch eingestuft werden muss, steht das Erfordernis einer Beibringung von Nachweisen nicht außer Verhältnis. Insbesondere ist diese Beibringung nur für die Durchführung von Werbemaßnahmen erforderlich, während das Betreiben des Glücksspiels weiter möglich bleibt.

Die Norm ist daher verhältnismäßig im engen Sinne.

(5) Zwischenergebnis

Der Eingriff in Art. 12 Abs. 1 GG bzw. in Art. 2 Abs. 1 GG ist gerechtfertigt.

IV. Zwischenergebnis

Das Verwaltungsgericht wird weder eine Vorlage beim Gerichtshof der Europäischen Union gemäß Art. 267 AEUV noch beim Bundesverfassungsgericht gemäß Art. 100 GG vornehmen, sodass es bezüglich des Erfolges der Klage bei der Lösung der Gesetzesanwendung bleibt. A hat die gemäß § 26 Abs. 2 S. 2 GSpG erforderlichen Nachweise nicht beigebracht mit der Folge, dass kein Anspruch besteht.

C. Ergebnis

A wird mit seiner Klage nicht erfolgreich sein. Sie wird abgewiesen.

Besonderes Verwaltungsrecht – Fall 19 – UmweltR: „Tierschutz im Wandel"

H betreibt im Bundesland L im Landkreis K eine Legehennenanlage auf der Grundlage einer immissionsschutzrechtlichen Genehmigung vom 16.4.1996. Die Legehennen werden in herkömmlichen Käfigen – sogenannten Legebatterien – gehalten.

Bei der Erteilung der Genehmigung waren die Anforderungen an die Legehennenhaltung in der Verordnung zum Schutz von Legehennen bei Käfighaltung (Hennenhaltungsverordnung) vom 10.12.1987 geregelt. Diese Verordnung ist aufgrund einer Entscheidung des Bundesverfassungsgerichts nach jahrzehntelanger Diskussion über die herkömmliche Käfighaltung als nichtig einzustufen.

Im Recht der Europäischen Gemeinschaft – nunmehr Europäische Union – waren in der Richtlinie 1999/74/EG Mindestanforderungen zum Schutz der Legehennen bestimmt. Die Haltung der Legehennen in herkömmlichen Käfigen war danach bis zum 31.12.2011 zulässig. Unter anderem zur Umsetzung dieser Richtlinie wurde am 28.2.2002 die Erste Verordnung zur Änderung der Tierschutz-Nutztierhaltungsverordnung erlassen, mittels derer ein Regelungen an die Anforderungen für die Haltung der Legehennen enthaltender Abschnitt 3 in die Tierschutz-Nutztierhaltungsverordnung (TierSchNutztV) vom 25.10.2001 eingefügt wurde. Danach sollte die herkömmliche Käfighaltung ab dem 1.1.2007 verboten sein. Durch die Zweite Verordnung zur Änderung der Tierschutz-Nutztierhaltungsverordnung vom 1.8.2006 wurde die Laufzeit für herkömmliche Käfiganlagen unter bestimmten Voraussetzungen bis zum 31.12.2008 mit Verlängerungsoption bis zum 31.12.2009 verlängert. Nach dem Inkrafttreten der Dritten Verordnung zur Änderung der Tierschutz-Nutztierhaltungsverordnung vom 30.11.2006 waren die für die Legehennenhaltung maßgeblichen Übergangsvorschriften in § 33 Abs. 3 und Abs. 4 TierSchNutztV (alte Fassung) geregelt. In der Sache bis heute unverändert bestehen die Übergangsvorschriften seit Inkrafttreten der Vierten Verordnung zur Änderung der Tierschutz-Nutztierhaltungsverordnung vom 1.10.2009 in § 38 Abs. 3 und Abs. 4 TierSchNutztV.

Die Haltung in Legebatterien, wie sie von H betrieben werden, entspricht nach dem Ablauf der aktuell vorgesehenen Übergangsfristen nicht mehr den Mindestanforderungen nach der geänderten TierSchNutztV. Für eine Umrüstung seiner Anlage auf die neuen Haltungsformen müsste H mindestens 30 Euro je Tierplatz aufwenden. Seit dem Jahr 2002 bemüht H sich um die Klärung, ob er seinen Betrieb nach dem Ablauf der Übergangsfristen jedenfalls so lange in der bisherigen Form weiterführen darf, bis die zuständige Behörde die immissionsschutzrechtlichen

Genehmigungen aufgehoben oder geändert hat. Diese teilte ihm jedoch mit, sie sähe keinen Anlass zur Aufhebung der Genehmigung. Für den Vollzug der TierSchNutztV sei – das trifft zu – ausschließlich das Veterinäramt des Landkreises zuständig. Als der Ablauf der Übergangsfristen unmittelbar bevorsteht, kündigt das Veterinäramt H ein ordnungsbehördliches Einschreiten gemäß §16a Abs. 1 S. 1 TierSchG für den Fall eines Verstoßes gegen die TierSchNutztV an.

Daraufhin beantragt H beim örtlich zuständigen Verwaltungsgericht festzustellen, dass ihm durch die formell und materiell rechtmäßig erteilte Genehmigung aus dem Jahr 1996 Bestandsschutz gegenüber der nachträglichen Rechtsänderung der TierSchNutztV vermittelt werde, sodass dem Veterinäramt ein ordnungsbehördliches Einschreiten verwehrt sei. H vertritt den Standpunkt, dass die TierSchNutztV auf Altanlagen nicht unmittelbar anwendbar sei. Dafür bedürfe es einer Aufhebung oder Änderung der ursprünglich erteilten Genehmigung oder einer nachträglichen Anordnung. Durch eine Anpassungspflicht an die geänderte Rechtslage werde er in seinen Grundrechten verletzt. Insbesondere werde ihm durch die notwendige Umrüstung eine unzumutbare wirtschaftliche Belastung auferlegt.

Wird H mit seiner Klage beim Verwaltungsgericht Erfolg haben?

Bearbeitungsvermerk:
Für die Bearbeitung ist die geltende Rechtslage zugrunde zu legen. Gehen Sie davon aus, dass im Bundesland L keine Ausführungsvorschriften zu den §§ 61 Nr. 3 und 78 Abs. 1 Nr. 2 VwGO bestehen. Soweit es auf das Verwaltungsverfahrensgesetz ankommt, ist das Gesetz des Bundes anzuwenden. Es ist zu unterstellen, dass die Rechte und Pflichten der Betreiber der Tierhaltungsanlagen durch die TierSchNutztV unmittelbar gestaltet werden. Die Verfassungsmäßigkeit des § 2a Abs. 1 TierSchG ist nicht zu prüfen. Die Vereinbarkeit der Übergangsregelungen in § 38 Abs. 3 und Abs. 4 TierSchNutztV mit Art. 20a GG ist nicht zu prüfen.[1] Eine Vereinbarkeit der Anpassungspflicht mit dem Grundrecht auf Berufsfreiheit aus Art. 12 GG ist zu unterstellen.

Schwerpunkte
Maßnahmen nach § 16a TierSchG
Umgang mit Tieren im Sinne des § 2 TierSchG

---

1 **Beachte:** Das BVerfG hat §38 Abs. 3 und Abs. 4 TierSchNutztV in seiner Entscheidung vom 12.10.2010 für mit Art. 20a GG unvereinbar erklärt. Die Bestimmungen blieben bis zum 31. März 2012 anwendbar. Auf die Vereinbarkeit der Übergangsbestimmungen mit Art. 20a GG kommt es nicht an.

Vertiefung
BVerwG, Urteil vom 23.10.2008, NVwZ 2009, 650; BVerwG, Urteil vom 30.4.2009, NVwZ 2009, 1441; BVerfG, Beschluss vom 14.1.2010, NVwZ 2010, 771.

Gliederung

A. Sachurteilsvoraussetzungen (+)
  I. Rechtsweg (+)
  II. Zuständigkeit (+)
  III. Beteiligte (+)
  IV. Statthafte Klageart
  V. Besondere Sachurteilsvoraussetzungen (+)
    1. Besondere Prozessführungsbefugnis (+)
    2. Feststellungsinteresse (+)
    3. Keine Subsidiarität (+)
    4. Klagebefugnis (+)
    5. Vorverfahren (+)
  VI. Zwischenergebnis
B. Begründetheit (–)
  I. Rechtsgrundlage (+)
  II. Voraussetzungen (–)
    1. Formelle Rechtmäßigkeit (+)
    2. Materielle Rechtmäßigkeit (+)
      a) Bestandsschutz (–)
      b) Anwendbarkeit der TierSchNutztV auf Altanlagen (+)
      c) Verfassungsmäßigkeit der Anpassungspflicht (+)
      aa) Art. 14 Abs. 1 GG (–)
      (1) Schutzbereich
      (a) Persönlicher Schutzbereich
      (b) Sachlicher Schutzbereich
      (aa) Institutsgarantie
      (bb) Individualgarantie
      (2) Ungerechtfertigter Eingriff durch § 6 Abs. 1 Nr. 2 BImSchG
      (3) Ungerechtfertigter Eingriff durch Übergangsregelungen der TierSchNutztV
      bb) Art. 12 Abs. 1 GG (–)
      cc) Art. 20 Abs. 3 GG (–)
      dd) Parlamentsvorbehalt (–)
      ee) Zwischenergebnis

III. Rechtsfolge
IV. Zwischenergebnis
C. Ergebnis

Lösungsvorschlag

Die folgende Lösung ist als Lösungsvorschlag zu verstehen und ausführlicher, als es in der Klausurbearbeitung verlangt werden kann. Aufgrund der wissenschaftlichen Freiheit können andere Lösungswege vertreten werden, soweit sie dogmatisch begründbar sind. Die Nachweise aus Rechtsprechung und Literatur sowie die das Verständnis fördernden Randbemerkungen sind in der Examensklausur auszusparen. Die Abkürzung „Alt." steht für Alternativfall, nicht für Alternative.

H wird mit seiner Klage jedenfalls erfolgreich sein, soweit die Sachurteilsvoraussetzungen erfüllt sind und die Klage begründet ist.

A. Sachurteilsvoraussetzungen

Die Sachurteilsvoraussetzungen können erfüllt sein.[2]

I. Rechtsweg

Ein Rechtsweg muss eröffnet sein. Der Verwaltungsrechtsweg kann mangels aufdrängender Sonderzuweisung gemäß § 40 Abs. 1 S. 1 VwGO eröffnet sein. Im Übrigen kommt ein Verweisungsbeschluss im Sinne des § 17a Abs. 2 S. 1 GVG i.V.m. § 173 VwGO in Betracht. Der Verwaltungsrechtsweg ist eröffnet, soweit ein Hoheitsträger durch die streitentscheidende öffentlich-rechtliche Norm einseitig berechtigt oder verpflichtet wird bzw. soweit aufgrund typisch hoheitlichen Handelns zwischen den Beteiligten ein Subordinationsverhältnis besteht.

---

2 **Hinweis:** Andere Aufbauvarianten werden vertreten (z.B. dreistufig oder Prüfung des Verwaltungsrechtsweges als Untergliederungspunkt der Zuständigkeit des Gerichts). Derartige Aufbauvarianten sind aber mit § 17a Abs. 2 GVG bzw. mit der Überschrift des 6. Abschnitts der VwGO sowie mit § 83 VwGO unvereinbar und daher bei exakter dogmatischer Zuordnung der Prüfungspunkte nicht zu empfehlen. Die Überschrift „Sachurteilsvoraussetzungen" anstelle der Überschrift „Zulässigkeit" ist sinnvoll, weil nach § 63 Nr. 3 VwGO auch der Beigeladene zu den Beteiligten gehört, das Fehlen einer notwendigen Beiladung im Sinne des § 65 Abs. 2 VwGO aber nur dazu führt, dass das Urteil keine materielle Rechtskraft entfaltet.

Zum Aufbau der Prozessstation: Heinze/Starke JURA 2012, 175 ff.

H geht es um die Feststellung bezüglich des durch die ihm erteilten immissionsschutzrechtlichen Genehmigungen vermittelten Bestandsschutzes gegenüber einem ordnungsbehördlichen Einschreiten des Veterinäramtes. Maßgebliche Normen im Sinne des § 40 Abs. 1 S. 1 VwGO sind daher § 16a Abs. 1 S. 1 TierSchG und die §§ 4 Abs. 1 S. 1 und 6 Abs. 1 BImSchG sowie die Vorschriften der TierSchNutztV. § 16a Abs. 1 S. 1 TierSchG ist die ordnungsbehördliche Generalklausel im Tierschutzgesetz, durch welche die zuständige Behörde einseitig berechtigt wird, hoheitliche Anordnungen zu erlassen.

Nach § 4, Abs. 1 S. 1 BImSchG i.V.m. § 6 Abs. 1 BImSchG ist die immissionsschutzrechtliche Genehmigung zu erteilen, wenn sichergestellt ist, dass die sich aus § 5 und einer aufgrund des § 7 erlassenen Rechtsverordnung ergebenden Pflichten erfüllt werden und andere öffentlich-rechtliche Vorschriften und Belange des Arbeitsschutzes der Errichtung und dem Betrieb der Anlage nicht entgegenstehen, sodass die Behörde einseitig zur Erteilung der Genehmigung verpflichtet wird, wobei zu den öffentlichen Vorschriften im Sinne des § 6 Abs. 1 Nr. 2 BImSchG auch die TierSchNutztV gehört. §§ 4 Abs. 1 S. 1 und 6 Abs. 1 BImSchG verpflichten die Behörde gegenüber dem Bürger einseitig zur Erteilung der Genehmigung. Zwar ist die Genehmigung des H als Verwaltungsakt im Sinne des § 35 S. 1 VwVfG einzustufen, jedoch ist dieser Rechtssetzungsakt als solcher nicht Gegenstand des Begehrens des H, sodass ein diesbezügliches Subordinationsverhältnis für die Eröffnung des Verwaltungsrechtsweges nicht entscheidend ist. Jedenfalls besteht ein Sachzusammenhang zu den benannten Normen und zur öffentlich-rechtlich erteilten Genehmigung, sodass der Verwaltungsrechtsweg zunächst eröffnet wäre.

Da die Streitigkeit mangels doppelter Verfassungsunmittelbarkeit nicht verfassungsrechtlicher Art und eine abdrängende Sonderzuweisung nicht ersichtlich ist, bleibt es bei der Eröffnung des Verwaltungsrechtsweges. Der Verwaltungsrechtsweg ist gemäß § 40 Abs. 1 S. 1 VwGO eröffnet.

II. Zuständigkeit

Das Verwaltungsgericht ist gemäß § 45 VwGO als Eingangsinstanz für öffentlich-rechtliche Streitigkeiten sachlich zuständig, da Anhaltspunkte für abweichende Regelungen wie zum Beispiel § 50 VwGO nicht ersichtlich sind, sodass kein Verweisungsbeschluss gemäß § 17a Abs. 2 GVG i.V.m. § 83 VwGO gefasst wird.[3]

3 Die örtliche Zuständigkeit ist anzusprechen, wenn es dafür Anhaltspunkte im Sachverhalt gibt. Im Übrigen ist die Prüfung derselben sinnvoll – allerdings nicht notwendig. Gegebenenfalls ist die örtliche Zuständigkeit im Anschluss an die sachliche Zuständigkeit zu prüfen. Ist

III. Beteiligte

H und der Landkreis K als Rechtsträger des Veterinäramtes können Beteiligte des Verfahrens sein. Beteiligte sind nach § 63 Nr. 1, 2 VwGO jedenfalls unter anderem der Kläger und der Beklagte, während beteiligungsfähig nach § 61 Nr. 1 VwGO natürliche und juristische Personen sind. Behörden sind im Bundesland L nicht gemäß § 61 Nr. 3 VwGO i.V.m. dem Landesrecht beteiligungsfähig. Als Kläger ist H gemäß § 61 Nr. 1 Alt. 1 VwGO beteiligungsfähig und gemäß § 62 Abs. 1 Nr. 1 VwGO prozessfähig.

Beklagter ist der Landkreis K als Gebietskörperschaft des öffentlichen Rechts, vertreten durch die Behörde. Der Landkreis ist gemäß § 61 Nr. 1 Alt. 2 VwGO beteiligungsfähig und mangels Anhaltspunkten bezüglich des für die Behörde handelnden Organwalters gemäß § 62 Abs. 3, Abs. 1 Nr. 1 VwGO prozessfähig.

IV. Statthafte Klageart

Die statthafte Klageart ergibt sich aus dem klägerischen Begehren im Sinne des § 88 VwGO unter Berücksichtigung des Anwendungsvorranges maßnahmespezifischer Rechtsschutzformen und des rechtsstaatlichen Grundsatzes der Effektivität des Rechtsschutzes. Dem klägerischen Begehren entspricht in der Regel die effektivste Klageart, also nach Möglichkeit die Anfechtungsklage gemäß § 42 Abs. 1 Alt. 1 VwGO als Gestaltungsklage der Verwaltungsgerichtsordnung, soweit sie zielführend ist, es sei denn, es gibt einen anders lautenden Antrag als Ausdruck eines Begehrens, das nicht überschritten werden darf. Voraussetzung der Anfechtungsklage gemäß § 42 Abs. 1 Alt. 1 VwGO ist, dass der Kläger die Aufhebung eines gegenwärtig wirkenden Verwaltungsaktes erstrebt. Ein Verwaltungsakt ist gemäß § 35 S. 1 VwVfG jede Verfügung, Entscheidung oder andere hoheitliche Maßnahme, die eine Behörde zur Regelung eines Einzelfalles auf dem Gebiet des öffentlichen Rechts trifft und die auf unmittelbare Rechtswirkung nach außen gerichtet ist. Das Veterinäramt hat ein ordnungsbehördliches Einschreiten lediglich angekündigt. Einer solchen Ankündigung fehlt die Regelungswirkung, sodass es um ein Realhandeln der Verwaltung geht und die Anfechtungsklage somit nicht statthaft ist.

H beantragt die Feststellung, dass dem Veterinäramt ein ordnungsbehördliches Einschreiten aufgrund des durch die Genehmigung vermittelten Bestands-

---

sie jedoch gemäß § 52 Nr. 2 VwGO ausnahmsweise von der Klageart abhängig, muss sie von der sachlichen Zuständigkeit getrennt nach der Klageart oder deren besonderen Sachurteilsvoraussetzungen bzw. Sachentscheidungsvoraussetzungen erörtert werden, obwohl § 17a Abs. 2 GVG gemäß § 83 VwGO entsprechend anwendbar ist.

schutzes für seine Anlage verwehrt ist. In Betracht kommt als statthafte Klageart eine allgemeine Feststellungsklage im Sinne des § 43 Abs. 1 Alt. 1 VwGO, mittels derer das Bestehen oder Nichtbestehen eines konkreten Rechtsverhältnisses festgestellt werden kann. Ein konkretes Rechtsverhältnis ist eine rechtliche Beziehung zwischen Personen oder von Personen zu Sachen, die sich aus einer rechtlichen Regelung ergibt. H begehrt Feststellung, dass sich für ihn im Verhältnis zum Landkreis aus dem Gesetz bzw. der Verordnung kein Rechtsverhältnis dahingehend ergibt, dass das Veterinäramt nach Ablauf der Übergangsfristen bei Verstößen gegen die TierSchNutztV gemäß § 16a Abs. 1 S. 1 TierSchG ordnungsbehördlich gegen seine Legebatterieanlage einschreiten darf. Es handelt sich dabei um die Feststellung des Nichtbestehens eines gegenwärtigen – nicht eines zukünftig entstehenden – Rechtsverhältnisses im Sinne des § 43 Abs. 1 Alt. 1 VwGO, weil die zukünftig geltenden Regelungen einschließlich der Übergangsregelungen bereits bestehen und nicht erst zukünftig geschaffen werden, sodass maßgeblich ist, ob sich aus bereits bestehenden Regelungen ein Rechtsverhältnis ergibt. Die statthafte Klageart ist die allgemeine Feststellungsklage gemäß § 43 Abs. 1 Alt. 1 VwGO.

V. Besondere Sachurteilsvoraussetzungen

Die besonderen Sachurteilsvoraussetzungen können erfüllt sein.

1. Besondere Prozessführungsbefugnis

Mangels planwidriger Regelungslücke und vergleichbarer Interessenlage, die nur bei einem auf einen Verwaltungsakt bezogenen Verfahren bestünden, ist § 78 Abs. 1 Nr. 1 VwGO als nach der gesetzlichen Überschrift des 8. Abschnittes der Verwaltungsgerichtsordnung nur direkt für Anfechtungs- und Verpflichtungsklagen geltende Norm nicht analog anwendbar. Da es sich bei der besonderen Prozessführungsbefugnis um eine Art Prozessstandschaft handelt, bedarf es einer solchen auch nicht zwingend, sodass es insoweit keinen besonders Prozessführungsbefugten gibt.

2. Feststellungsinteresse

Zugunsten des H muss gemäß § 43 Abs. 1 VwGO ein Feststellungsinteresse bestehen. Grundsätzlich bedarf es insoweit eines schützenswerten rechtlichen, wirtschaftlichen oder ideellen Interesses. Da dem Kläger durch dieses weite Feststellungsinteresse weitgehende Klagemöglichkeiten eröffnet werden, gelten sie bei gegenwärtigen Rechtsverhältnissen. Bei erledigten Rechtsverhältnissen besteht mangels gegenwärtiger Betroffenheit ein geringeres Rechtsschutzbedürfnis des Klägers, sodass insoweit erhöhte Anforderungen an das Feststellungsinteresse zu stellen sind, zumal die Gerichte aufgrund des sich unter anderem aus Art. 20 Abs. 3 GG ergebenden Rechtsstaatsprinzips entlastet werden können. Bei erledigten Rechtsverhältnissen bedarf es somit eines qualifizierten Feststellungsinteresses, welches dem der Fortsetzungsfeststellungsklage entspricht, die ebenfalls auf erledigte Konstellationen bezogen ist.

Da das Veterinäramt angekündigt hat, es werde bei Verstößen gegen die TierSchNutztV künftig ordnungsbehördlich gegen die Anlage des H vorgehen, ein solches Einschreiten zwar noch nicht erfolgt ist, aber aufgrund der unterbliebenen Umrüstung der Anlage weiterhin bevorsteht, hat sich das Rechtsverhältnis zwischen H und dem Landkreis nicht erledigt. Es genügt daher ein einfaches Feststellungsinteresse. Der Ablauf der Übergangsfristen und somit das ordnungsbehördliche Einschreiten des Veterinäramtes stehen kurz bevor. H kann deshalb ein schützenswertes rechtliches Interesse an der Feststellung geltend machen. In Anbetracht der Höhe der Umrüstungskosten hat H auch ein schützenswertes wirtschaftliches Feststellungsinteresse.

3. Keine Subsidiarität

Nach § 43 Abs. 2 S. 1 VwGO kann die Feststellung nicht begehrt werden, soweit der Kläger seine Rechte durch eine Gestaltungs- oder Leistungsklage verfolgen kann oder hätte verfolgen können. Die Ankündigung ordnungsbehördlichen Einschreitens stellt keinen Verwaltungsakt, sondern bloßes Realhandeln der Verwaltung dar. Dagegen kann nicht mittels Gestaltungsklage in Form der Anfechtungsklage vorgegangen werden. Voraussetzung für eine allgemeine Leistungsklage wäre es gewesen, dass ein Anspruch geltend gemacht werden könnte. Ein vorbeugender Unterlassungsanspruch kommt nicht in Betracht, da nicht ersichtlich ist, dass ein Abwarten des Eingriffes unzumutbar wäre. Allenfalls wäre ein schlichter Abwehr- und Unterlassungsanspruch gegen die Ankündigung der Behörde möglich, wobei die Eingriffsqualität derselben problematisch ist. Jedenfalls entfällt die Subsidiarität der allgemeinen Feststellungsklage gegenüber der allgemeinen Leistungsklage bei verfassungskonformer Reduktion im Sinne des sich unter anderem aus Art. 20 Abs. 3 GG ergebenden Rechtsstaatsprinzips, weil insoweit keine Gefahr der Umgehung besonderer Sachurteilsvoraussetzungen besteht und die Behörde sich – dies kann wegen der Möglichkeit der Vollstreckung gegen Behörden gemäß § 172 VwGO in Leistungskonstellationen kritisch betrachtet werden – an einen nicht vollstreckbaren Feststellungstenor halten wird. Die allgemeine Feststellungsklage des H ist nicht gemäß § 43 Abs. 2 S. 1 VwGO subsidiär.

4. Klagebefugnis

Eine Klagebefugnis analog § 42 Abs. 2 VwGO zur Vermeidung von Popularklagen ist nur erforderlich, wenn eine planwidrige Regelungslücke bei vergleichbarer Interessenlage besteht. Während es in Dreipersonenkonstellationen um einen Antrag bezüglich eines Drittverhältnisses geht, welches nicht auf ein subjektives Recht des Klägers bezogen ist und es somit einer analogen Anwendung des § 42 Abs. 2 VwGO bedarf, ist in Zweipersonenkonstellationen im konkreten Rechtsverhältnis unmittelbar das subjektive Recht des Klägers enthalten mit der Folge, dass keine planwidrige Regelungslücke besteht. H beantragt Feststellung bezüglich eines eigenen Rechtsverhältnisses, sodass es keiner analogen Anwendung des § 42 Abs. 2 VwGO bedarf.

5. Vorverfahren

Ein Vorverfahren war nicht erforderlich, da es sich nicht um eine beamtenrechtliche Konstellation im Sinne des § 54 Abs. 2 BeamtStG oder des § 126 Abs. 2 BBG handelt.

VI. Zwischenergebnis

Die Sachurteilsvoraussetzungen sind erfüllt.

B. Begründetheit

Die allgemeine Feststellungsklage des H im Sinne des § 43 Abs. 1 Alt. 1 VwGO ist begründet, soweit zwischen ihm und dem Landkreis als Gebietskörperschaft des öffentlichen Rechts kein Rechtsverhältnis dahingehend besteht, dass das Veterinäramt nach Ablauf der Übergangsfristen bei Verstößen gegen die TierSchNutztV ordnungsbehördlich gegen seine Legebatterieanlage einschreiten darf. Maßgeblich ist also, ob eine Maßnahme gegenüber H rechtmäßig ist, wenn die Übergangsvorschrift abgelaufen ist.

I. Rechtsgrundlage[4]

Da das ordnungsbehördliche Einschreiten des Veterinäramtes gegen die Legebatterieanlage des H als Eingriff in dessen Grundrechte – zum Beispiel in die

4 „Rechtsgrundlage“ ist der weitere Terminus, in dem der Terminus „Ermächtigungsgrundlage“ enthalten ist. Der Begriff der Ermächtigungsgrundlage darf nur verwendet werden, wenn es zwingend einer Grundlage bedarf, durch welche die Verwaltung erst ermächtigt wird, wäh-

Berufsfreiheit aus Art. 12 Abs. 1 GG – einzustufen ist, bedarf es einer Rechtsgrundlage in Form einer Ermächtigungsgrundlage. Als solche ist § 16a Abs. 1 S. 1 TierSchG maßgeblich.

II. Voraussetzungen

Ein ordnungsbehördliches Einschreiten des Veterinäramtes gegen die Anlage des H kann rechtmäßig sein.

1. Formelle Rechtmäßigkeit

Das Veterinäramt ist nach Landesrecht die für Anordnungen im Sinne des § 16a Abs. 1 S. 1 TierSchG zuständige Behörde, welche sämtliche für die jeweilige Handlungsform maßgebenden Verfahrens- und Formvorgaben einhalten würde.

2. Materielle Rechtmäßigkeit

Nach § 16a Abs. 1 S. 1 TierSchG trifft die Behörde die zur Beseitigung festgestellter Verstöße und zur Verhinderung künftiger Verstöße notwendigen Anordnungen. Materielle Voraussetzung einer behördlichen Anordnung gemäß § 16a Abs. 1 S. 1 TierSchG ist tierschutzwidriges Verhalten. Die Haltung der Legehennen in den seitens des H verwendeten herkömmlichen Käfigen – sogenannten Legebatterien – ist nach Ablauf der Übergangsvorschriften nicht mit der TierSchNutztV vereinbar. Dabei handelt es sich um eine Rechtsverordnung im Sinne des § 2a Abs. 1 TierSchG. Das Verhalten des H ist demnach grundsätzlich tierschutzwidrig.

Dem Veterinäramt ist ein Einschreiten dennoch verwehrt, wenn ein ordnungsbehördliches Einschreiten gegen die Haltung der Legehennen in herkömmlichen Käfigen einer vorherigen Aufhebung in Form des Widerrufes oder der Rücknahme der immissionsschutzrechtlichen Genehmigungen vom 16.4.1996 bedürfte, weil sich anderenfalls eine Legalisierungswirkung ergäbe.

---

rend der Begriff Rechtsgrundlage auch verwendet werden darf, wenn der Gesetzgeber eine Grundlage geschaffen hat, die er nicht hätte schaffen müssen, weil die Verwaltung auch ohne die Norm hätte handeln dürfen.

a) Bestandsschutz

Fraglich ist zunächst, ob durch die H erteilten immissionsschutzrechtlichen Genehmigungen Bestandsschutz vor nachträglichen Änderungen der tierschutzrechtlichen Anforderungen vermittelt wird.

Der Zweite Teil des Bundesimmissionsschutzgesetzes über Errichtung und Betrieb von Anlagen ist in zwei Abschnitte unterteilt worden. Es wird zwischen genehmigungsbedürftigen und nicht genehmigungsbedürftigen Anlagen unterschieden. Gemäß § 4 Abs. 1 S. 1 BImSchG bedürfen die Errichtung und der Betrieb von Anlagen, die aufgrund ihrer Beschaffenheit oder ihres Betriebs in besonderem Maße geeignet sind, schädliche Umwelteinwirkungen hervorzurufen oder in anderer Weise die Allgemeinheit oder die Nachbarschaft zu gefährden, erheblich zu benachteiligen oder erheblich zu belästigen, einer Genehmigung. Die Bundesregierung bestimmt gemäß § 4 Abs. 1 S. 3 BImSchG nach Anhörung der beteiligten Kreise nach § 51 BImSchG durch Rechtsverordnung mit Zustimmung des Bundesrates die Anlagen, die einer Genehmigung bedürfen. Dies ist in der Vierten Verordnung zur Durchführung des Bundesimmissionsschutzgesetzes erfolgt. Genehmigungsbedürftige Anlagen im Bereich der Nahrungs-, Genuss- und Futtermittel und landwirtschaftliche Erzeugnisse sind unter Nr. 7 des Anhangs zur 4. BImSchV aufgeführt, wobei die Anlage des H erfasst ist.

Nach § 6 Abs. 1 Nr. 1, 2 BImSchG ist die immissionsschutzrechtliche Genehmigung zu erteilen und somit die Anlage genehmigungsfähig, wenn sichergestellt ist, dass die sich aus § 5 BImSchG und einer aufgrund des § 7 BImSchG erlassenen Rechtsverordnung ergebenden Pflichten erfüllt werden sowie andere öffentlich-rechtliche Vorschriften und Belange des Arbeitsschutzes der Errichtung und dem Betrieb der Anlage nicht entgegenstehen. Zu den öffentlichen Vorschriften im Sinne des § 6 Abs. 1 Nr. 2 BImSchG gehört auch die TierSchNutztV. Durch die immissionsschutzrechtliche Genehmigung wird einerseits der Betrieb der genehmigten Anlage gestattet. Andererseits wird mittels der Genehmigung festgestellt, dass die Anlage mit den zur Zeit der Erteilung der Genehmigung geltenden öffentlich-rechtlichen Vorschriften vereinbar ist (zum Ganzen: BVerwG NVwZ 2009, 650).

Mit der Feststellungswirkung wird an den Zeitpunkt der Genehmigungserteilung angeknüpft. Auf nachträgliche Rechtsänderungen ist sie nicht erstreckt, sodass nicht festgestellt wird, dass die Anlage mit nachträglich geänderten öffentlich-rechtlichen Vorschriften vereinbar ist. Im Immissionsschutzrecht ist kein Grundsatz enthalten, dass dem Betreiber eingeräumte Rechtspositionen trotz Rechtsänderungen zu belassen sind und nur gegen Entschädigung entzogen werden dürfen (zum Ganzen: BVerwG NVwZ 2009, 650; BVerwG NVwZ 2009, 1441). Eine derartige Rechtsposition ergibt sich auch nicht aus einem im Sinne des Art. 14 Abs. 1 S. 2 GG einfachgesetzlich definierten Eigentum. Maßgeblich ist, ob die Verpflichtung, die Anlage nachträglichen Rechtsänderungen anzupassen, auf einer verfassungsgemäßen gesetzlichen Grundlage beruht und auch in ihrer konkreten Ausgestaltung verfassungskonform ist.

Im Anwendungsbereich des § 6 Abs. 1 Nr. 1 BImSchG folgt die Anpassungspflicht an nachträgliche Rechtsänderungen aus den dynamischen Betreiberpflichten[5] im Sinne des § 5 BImSchG, zu deren Umsetzung die §§ 7, 17, 20, 21 BImSchG geschaffen worden sind. Für Rechtsänderungen im Bereich der öffentlich-rechtlichen Vorschriften im Sinne des § 6 Abs. 1 Nr. 2 BImSchG ist im Bundesimmissionsschutzgesetz keine ausdrückliche Anpassungspflicht vorgesehen. Ebenso fehlt es an einer speziellen Rechtsgrundlage für die Umsetzung nachträglicher Änderungen. Im Anwendungsbereich des § 6 Abs. 1 Nr. 2 BImSchG ist bezüglich der Verpflichtung zu nachträglichen Änderungen nur das einschlägige Fachrecht entscheidend, sodass für H die tierschutzrechtlichen Vorschriften, insbesondere die §§ 2, 2a TierSchG und die Regelungen der TierSchNutztV, von Bedeutung sind.

Zur Erhaltung der Genehmigungsfähigkeit im Sinne des § 6 Abs. 1 Nr. 2 BImSchG einer genehmigungsbedürftigen Anlage nach dem Bundesimmissionsschutzgesetz besteht daher die Pflicht, sich nachträglichen fachgesetzlichen Rechtsänderungen anzupassen. Durch die immissionsschutzrechtliche Genehmigung wird kein Bestandsschutz gegenüber Rechtsänderungen vermittelt (vgl. zum Ganzen: BVerwG NVwZ 2009, 650; BVerwG NVwZ 2009, 1441).

b) Anwendbarkeit der TierSchNutztV auf Altanlagen

Fraglich ist darüber hinaus, ob die Vorschriften der geänderten TierSchNutztV auch auf Altanlagen unmittelbar anwendbar sind oder ob es einer Aufhebung oder Änderung der ursprünglich erteilten Genehmigungen oder nachträglicher immissionsschutzrechtlicher Anordnungen gemäß § 17 BImSchG bedarf. Das ist von den Handlungsmöglichkeiten der Verwaltung abhängig. Die Verwaltung kann real handeln oder Recht setzen. Als Rechtssetzungsakte stehen der Verwaltung die Verordnung, die Satzung, der Verwaltungsakt, die Zusicherung, deren Rechtsnatur problematisch ist, und der öffentlich-rechtliche Vertrag zur Verfügung. Die Wahl der Handlungsform ist der Behörde im Rahmen ihres Auswahlermessens im Einzelfall überlassen. Somit kann die Anpassung bestehender Anlagen an nachträgliche Rechtsänderungen entweder im Wege einer konkretisierenden behördlichen Anordnung, oder durch eine unmittelbar an-

5 Betreiberpflichten ergeben sich bei nicht genehmigungsbedürftigen Anlagen aus § 22 BImSchG.

wendbare und hinreichend konkrete Rechtsvorschrift erfolgen (zum Ganzen: BVerwG NVwZ 2009, 650).

Als solche unmittelbar anwendbare und hinreichend konkrete Rechtsvorschrift ist die TierSchNutztV einzustufen. Durch sie werden unmittelbar die Pflichten der Betreiber der Haltungsanlagen für Legehennen zu Erwerbszwecken und die Anforderungen an die Haltungseinrichtungen gestaltet. Damit wird durch die TierSchNutztV unmittelbar auf die Rechtsposition der Betreiber bereits zugelassener Anlagen zur Haltung von Legehennen eingewirkt. Eine Aufhebung oder Änderung der ursprünglichen Genehmigungen oder eine nachträgliche immissionsschutzrechtliche Anordnung sind zur Durchsetzung der Anforderungen der Verordnung nicht erforderlich. Bei einem Verstoß gegen diese Anforderungen ist es die Aufgabe der Tierschutzbehörde, die notwendigen Anordnungen zu treffen (zum Ganzen: BVerwG NVwZ 2009, 650). Somit wäre H von den Anpassungen erfasst.

c) Verfassungsmäßigkeit der Anpassungspflicht

Im Rahmen einer verfassungskonformen Auslegung bzw. verfassungskonformen Reduktion[6] auf Tatbestandsseite ist es somit maßgeblich, ob die Anpassungspflicht des H an die TierSchNutztV mit dem Grundgesetz vereinbar ist. Wäre sie verfassungswidrig, wäre der Anwendungsbereich der Verordnung verfassungskonform dahingehend zu reduzieren, dass H nicht an die Regelung gebunden ist. In Betracht kommen Verstöße der Anpassungspflicht gegen die Eigentumsfreiheit aus Art. 14 Abs. 1 GG, gegen die Berufsfreiheit aus Art. 12 Abs. 1 GG sowie gegen die Grundsätze des Vertrauensschutzes und der Rechtssicherheit, die sich aus dem unter anderem in Art. 20 Abs. 3 GG verankerten Rechtsstaatsprinzip ergeben.

aa) Art. 14 Abs. 1 GG

Ein ungerechtfertigter Eingriff in das Eigentum im Sinne des Art. 14 Abs. 1 GG kann erfolgt sein.

(1) Schutzbereich

Der Schutzbereich des Art. 14 Abs. 1 GG – Eigentum bzw. Erbrecht – kann betroffen sein.

---

6 Eine verfassungskonforme Auslegung bzw. verfassungskonforme Reduktion erfolgt auf Tatbestandsseite, soweit es eine Breitenwirkung gibt. Im Übrigen erfolgt sie auf Rechtsfolgenseite. Voraussetzung für beide Möglichkeiten ist allerdings ein Spielraum auf der jeweiligen Ebene.

(a) Persönlicher Schutzbereich

Persönlich können sich auf das Grundrecht der Eigentumsfreiheit aus Art. 14 Abs. 1 GG seinem Wesen nach nicht nur natürliche Personen, sondern gemäß Art. 19 Abs. 3 GG auch inländische juristische Personen des Privatrechts und andere Personenvereinigungen berufen (dazu: BVerfGE 4, 17; 21, 208f.; 50, 321; 66, 130). H ist als natürliche Person somit vom personellen Schutzbereich des Art. 14 Abs. 1 GG erfasst.

(b) Sachlicher Schutzbereich

Auch der sachliche Schutzbereich kann betroffen sein.

(aa) Institutsgarantie

Durch Art. 14 Abs. 1 S. 1 GG werden das Eigentum und das Erbrecht unter anderem als Institut, also als Einrichtung gewährleistet. Der in Art. 14 Abs. 1 S. 1 GG geregelten Garantie des Eigentums kommt dabei eine doppelte Bedeutung zu. Einerseits wird das Eigentum als Institut geschützt, sodass eine Institutsgarantie – gleichbedeutend mit der institutionellen Garantie und der Einrichtungsgarantie – besteht. Das Eigentum ist gemäß Art. 14 Abs. 1 S. 2 GG einfachgesetzlich definiert.

Als Rechtsinstitut ist das Privateigentum im Wesentlichen durch die Privatnützigkeit und die grundsätzliche Verfügungsbefugnis über das Eigentumsobjekt gekennzeichnet (BVerfGE 24, 389; 68, 367; 104, 8). Ein elementarer Bestandteil der Verfügungsbefugnis ist die Freiheit, das Eigentum zu veräußern oder Dritten zur Nutzung zu überlassen (BVerfGE 79, 290; 98, 35f.). Aufgrund der Gewährleistung der Institutsgarantie ist es verboten, dass Sachbereiche, die zum elementaren Bestand grundrechtlich geschützter Betätigung im vermögensrechtlichen Bereich gehören, der Privatrechtsordnung entzogen werden (BVerfGE 24, 389), sodass der Staat verpflichtet ist, das Eigentum im Sinne des Art. 14 Abs. 1 S. 2 GG normativ zu schützen.

Damit sind vom Schutz des Art. 14 Abs. 1 GG grundsätzlich alle vermögenswerten Rechte, die dem Berechtigten von der Rechtsordnung in der Weise zugeordnet sind, dass er die damit verbundenen Befugnisse nach eigenverantwortlicher Entscheidung zu seinem privaten Nutzen ausüben darf, erfasst (BVerfGE 24, 489; 93, 141).

(bb) Individualgarantie

Daneben wird der Bestand des Eigentums gewährleistet, sodass dem Einzelnen konkrete Eigentumspositionen zugewiesen sein können, die im Rahmen einer

Individualgarantie – gleichbedeutend mit der Bestandsgarantie – geschützt sind. Dadurch wird dem Träger des Grundrechts ein Freiheitsraum im vermögensrechtlichen Bereich in Form eines Rechts auf Nichtbeeinträchtigung zugesichert, um ihm dadurch eine eigenverantwortliche Gestaltung seines Lebens zu ermöglichen (BVerfGE 50, 339; 97, 371; 102, 15). Geschützt wird der konkrete Bestand an vermögenswerten Gütern des Eigentümers vor ungerechtfertigten Eingriffen durch die öffentliche Gewalt (BVerfGE 49, 226), soweit sie einfachgesetzlich im Sinne des Art. 14 Abs. 1 S. 2 GG definiert sind. Eine bereichsspezifische Eigentumsdefinition ergibt sich aus Art. 14 Abs. 1 S. 2 GG i.V.m. § 903 BGB. Die auf Grundlage einer immissionsschutzrechtlichen Genehmigung errichtete und in Betrieb genommene Anlage kann eine derartige geschützte Rechtsposition darstellen.

Allerdings ist der Eigentumsschutz im Sinne des Art. 14 Abs. 1 GG nicht auf das zivilrechtliche Eigentum begrenzt, sondern wird durch eine Definition im Sinne des Art. 14 Abs. 1 S. 2 GG in den §§ 4, 6 BImSchG ergänzt. Auf der Grundlage der immissionsschutzrechtlichen Genehmigung tätigt der Anlagenbetreiber erhebliche Investitionen in die Anlage. Zum verfassungsrechtlichen Eigentumsschutz gehört deshalb grundsätzlich auch die durch die immissionsschutzrechtliche Genehmigung vermittelte Rechtsposition (zum Ganzen: BVerfG NVwZ 2010, 771) als bereichsspezifisch definiertes Eigentum. Die auf Grundlage einer immissionsschutzrechtlichen Genehmigung errichtete und in Betrieb genommene Anlage ist eine mittels Art. 14 Abs. 1 S. 2 GG i.V.m. dem Bundesimmissionsschutzgesetz geschützte Rechtsposition.

(2) Ungerechtfertigter Eingriff durch § 6 Abs. 1 Nr. 2 BImSchG

In das einfachgesetzlich definierte Eigentum könnte ungerechtfertigt eingegriffen worden sein. Zwar ist das Verwaltungsgericht nicht zur Verwerfung eines nachkonstitutionellen Parlamentsgesetzes befugt, sondern müsste nach der Wahrnehmung seiner Prüfungskompetenz gemäß Art. 100 Abs. 1 GG dem die Prüfungs- und die Verwerfungskompetenz innehabenden Bundesverfassungsgericht vorlegen, jedoch besteht einerseits die Prüfungskompetenz des Verwaltungsgerichts und andererseits besteht als milderes Mittel die Möglichkeit einer verfassungskonformen Auslegung bzw. Reduktion. Ein Eingriff könnte somit darin bestehen, dass es unterlassen worden ist, einen Bestandsschutz in § 6 Abs. 1 Nr. 2 BImSchG zu regeln, wobei es zur Rechtfertigung eines Eingriffes gemäß Art. 14 Abs. 1 S. 2 GG eines einfachen formellen Gesetzes bedürfte.

§ 6 Abs. 1 Nr. 2 BImSchG ist eine Inhalts- und Schrankenbestimmung im Sinne des Art. 14 Abs. 1 S. 2 GG und als einfachgesetzliche Regelung ausgestaltet. Allerdings handelt es sich dabei nicht um einen Eingriff, sondern um eine

Definition des Schutzbereiches des Art. 14 Abs. 1 GG, sodass maßgeblich ist, ob das Eigentum einfachgesetzlich nur hinreichend definiert sein könnte, soweit auch ein Bestandsschutz geregelt ist (zum Ganzen folgend: vgl. BVerfG NVwZ 2010, 771). Dabei ist die Einschätzungsprärogative des Gesetzgebers zu berücksichtigen, sodass es aufgrund des Art. 14 Abs. 1 GG nicht geboten ist, öffentlichrechtlichen Erlaubnissen stets einen unbedingten Bestandsschutz einzuräumen, wenn der Gestaltungsspielraum des Gesetzgebers aus dessen Sicht unter Beachtung verfassungsrechtlicher Grenzen dahingehend ausgefüllt werden soll, dass dynamische Anpassungen nicht ausgeschlossen werden. Sofern eine dynamische Anpassung bestehender Anlagen aufgrund hinreichend gewichtiger öffentlicher Belange an veränderte rechtliche Anforderungen erforderlich ist, darf der Gesetzgeber entsprechende Regelungen treffen, solange sichergestellt ist, dass im Einzelfall die besondere Bedeutung des Privateigentums und der sich primär aus den Grundrechten und subsidiär aus dem Rechtsstaatsprinzip ergebende Grundsatz der Verhältnismäßigkeit berücksichtigt werden.

Die Betreiber immissionsschutzrechtlich genehmigter Anlagen könnten zwar dadurch in einer mit Art. 14 Abs. 1 GG unvereinbaren Weise schutzlos gestellt werden, dass die Verpflichtung zur Anpassung einer immissionsschutzrechtlichen Anlage an nachträgliche Rechtsänderungen im Anwendungsbereich des § 6 Abs. 1 Nr. 2 BImSchG allein an das jeweils einschlägige Fachrecht geknüpft wird. Allerdings müssen die einschlägigen Vorschriften des Fachrechts, in denen die Anpassungspflicht der Anlagenbetreiber normiert wird, ihrerseits in ihrer konkreten Ausgestaltung verfassungsgemäß sein. Sie müssen daher insbesondere den Anforderungen des unter anderem in Art. 14 Abs. 1 GG verankerten rechtsstaatlichen Grundsatzes des Vertrauensschutzes genügen. Außerdem müssen derartige Fachregelungen mit den rechtsstaatlichen Rückwirkungsverboten vereinbar sein. Die Anlagenbetreiber werden letztlich also nicht dadurch verfassungswidrig schutzlos gestellt, dass die Anpassungspflicht an nachträgliche – sich auf § 6 Abs. 1 Nr. 2 BImSchG auswirkende – Aspekte geknüpft ist (vgl. zum Ganzen: BVerfG NVwZ 2010, 771).

Gegen die höherrangigen Vorgaben aus Art. 14 Abs. 1 GG ist nicht dadurch verstoßen worden, sodass der Gesetzgeber das Eigentum im Sinne des § 14 Abs. 1 S. 2 GG nicht mit einem Bestandsschutz formuliert hat.

(3) Ungerechtfertigter Eingriff durch Übergangsregelungen der TierSchNutztV

Möglicherweise wird durch die Übergangsregelungen des § 38 Abs. 3 und Abs. 4 TierSchNutztV ungerechtfertigt in das Grundrecht des H als einem der Normenadressaten aus Art. 14 Abs. 1 GG eingegriffen. Bei Rechtsverordnungen als untergesetzliche Rechtssetzungsakte der Verwaltung hat das Verwaltungsgericht nicht nur die Prüfungskompetenz, sondern auch die Verwerfungskompetenz. In der Verordnung ist geregelt, dass die Normadressaten ihre Käfighaltung für Hennen nach Ablauf der Übergangsfrist ändern müssen. Nach Ablauf der Übergangsfristen kann H seinen Betrieb also nicht mehr in der bisherigen Form mit Legehennenhaltung in herkömmlichen Käfigen fortführen. Er müsste erhebliche Investitionen für die Umrüstung in Höhe von € 30,– je Tierplatz tätigen. Dies ist als Eingriff einzustufen, wobei es gemäß Art. 14 Abs. 1 S. 2 GG zur Rechtfertigung eines Eingriffes eines Gesetzes bedarf. Als solches Gesetz ist § 2a TierSchG maßgeblich, durch den als Ermächtigungsgrundlage eine Durchbrechung der Gewaltenteilung in Form einer Verordnung im Sinne des Art. 80 Abs. 1 GG ermöglicht wird, denn die Exekutive darf demnach die abstrakt-generelle Regelung erlassen. Im Rahmen dieses Eingriffes sind der Grundsatz der Verhältnismäßigkeit sowie rechtsstaatliche Prinzipen eines etwaigen Rückwirkungsverbotes zu berücksichtigen.

Der Gesetzgeber muss einen verfassungsrechtlich legitimen Zweck verfolgen, soweit er mittels einer Rechtsänderung in durch Art. 14 Abs. 1 S. 2 GG geschützte Rechtspositionen eingreift. Inhalts- und Schrankenbestimmungen im Sinne des Art. 14 Abs. 1 S. 2 GG als Neudefinition des Eigentums sind als eigenständiger Eingriff einzustufen und nur zulässig, soweit sie durch Gründe des öffentlichen Interesses unter Berücksichtigung des Verhältnismäßigkeitsgrundsatzes gerechtfertigt sind (zum Ganzen: BVerfG NVwZ 2010, 771). Neben dem verfassungsrechtlich legitimen Zweck bedarf es der Eignung, der Erforderlichkeit und der Angemessenheit des Eingriffes.

Die TierSchNutztV mit den geänderten Anforderungen an die Legehennenhaltung und den Übergangsfristen für Altanlagen ist geschaffen worden, um die Vorgaben des Tierschutzgesetzes auch in Bezug auf die Haltung der Legehennen umzusetzen und diesen Vorgaben widersprechende Haltungsformen zu unterbinden. Der in Art. 20a GG als Staatszielbestimmung verankerte Tierschutz ist ein wichtiges Anliegen mit Verfassungsrang und zudem einfachgesetzlich im Tierschutzgesetz spezifiziert. Zur Erreichung dieses Ziels ist das vollständige Verbot der Haltung in herkömmlichen Käfigen nach Ablauf der Übergangsfristen geeignet, weil der Zweck durch die Modifizierungen in der Tierhaltung zumindest gefördert wird. Zur Erforderlichkeit darf es unter allen zur Verfügung stehenden Mitteln kein milderes Mittel gleicher Eignung und Wirksamkeit geben. Als milderes Mittel wäre zwar die Ausklammerung der Altanlagen aus dem Geltungsbereich der geänderten TierSchNutztV denkbar, jedoch wäre ein solches eingeschränktes Verbot nicht in gleicher Weise wie ein vollständiges Verbot zur Förderung des Tierschutzes geeignet. Es wurde das relativ mildeste Mittel gewählt.

Das Verbot der Haltung in herkömmlichen Käfigen muss schließlich verhältnismäßig im engen Sinne sein. Das bedeutet, dass der Eingriff nicht außer

Verhältnis zum verfolgten Zweck stehen und für den Adressaten keine unzumutbare Belastung darstellen darf. Maßgeblich ist insoweit eine umfassende Abwägung der betroffenen Rechte, Rechtsgüter und Interessen. Zwar bedeutet die Umrüstungspflicht für H als einen der Normenadressaten nach Ablauf der Übergangsfristen eine erhebliche wirtschaftliche Belastung. Die nachträgliche Änderung der Haltungsanforderungen könnte sich aber nur dann als unzumutbar erweisen, wenn verfassungsrechtlich auf den Fortbestand der alten Rechtslage vertraut werden durfte.

Ein schutzwürdiges Vertrauen besteht, soweit es sich bei der Änderung der TierSchNutztV um eine verfassungsrechtlich unzulässige Rückwirkung handelt. Das Rückwirkungsverbot beruht auf dem sich unter anderem aus Art. 20 Abs. 3 GG ergebenden Rechtsstaatsprinzip. Es sind die echte und die unechte Rückwirkung zu differenzieren. Die echte Rückwirkung stellt einen Akt dar, in dem die Anordnung enthalten ist, die Rechtsfolge solle schon für einen Zeitraum vor dem Zeitpunkt der Verkündung der Norm gelten und somit für bereits abgewickelte, der Vergangenheit angehörende Sachverhalte bzw. Tatbestände anwendbar sein, um ihnen neue Rechtsfolgen zuzuweisen. Eine derartige echte Rückwirkung kann nur bei einem zwingenden öffentlichen Interesse oder bei fehlender Vertrauensschutzwürdigkeit des Bürgers möglich sein. Sie ist rechtsstaatlich grundsätzlich verboten. Bei einer unechten Rückwirkung wird der Anwendungsbereich einer gesetzlichen Regelung auf gegenwärtig bestehende oder andauernde Rechtsbeziehungen ausgedehnt oder es wird bezüglich solcher Rechtsbeziehungen eine neue Norm geschaffen, sodass Sachverhalte erfasst werden, die bereits vor der Verkündung im Erststadium entstanden waren mit der Folge, dass die Normanwendung in ihren Auswirkungen zu einer Entwertung von vorhandenen Positionen führt (BVerfGE 72, 200, 242; 105, 17, 37f.).

Durch Tatbestände, bei denen der Eintritt ihrer Rechtsfolgen von Gegebenheiten aus der Zeit vor der Verkündung abhängig gemacht wird, werden vorrangig Grundrechte berührt. Die unechte Rückwirkung unterliegt weniger strengen Beschränkungen als die Rückbewirkung von Rechtsfolgen (BVerfGE 72, 200, 242; 92, 277, 344; 97, 67, 79). Die unechte Rückwirkung muss in der Regel je nach Intensität lediglich verhältnismäßig sein, wobei die Verhältnismäßigkeit regelmäßig durch Übergangsregelungen hergestellt werden kann.

Die Vorschriften der TierSchNutztV sind als unechte Rückwirkung einzustufen, da durch sie bereits in der Vergangenheit begründete, aber noch andauernde Rechtsverhältnisse für die Zukunft abgeändert werden (zum Ganzen: BVerfG NVwZ 2010, 771). Für die verfassungsrechtliche Zulässigkeit dieser unechten Rückwirkung kommt es darauf an, ob das Vertrauen der Betroffenen, auch des H, auf Dauer nach Maßgabe der zum Zeitpunkt der Genehmigungserteilung geltenden Rechtslage betreiben zu können, schutzwürdig war und den vom Verordnungsgeber verfolgten Zweck des ethologischen Tierschutzes überwiegt (zum Ganzen auch im Folgenden: BVerwG NVwZ 2009, 650).

Weder aus dem Grundsatz der Verhältnismäßigkeit noch aus dem Gebot des Vertrauensschutzes ergibt sich eine Verpflichtung zu einer Übergangsregelung, durch die jedem Betroffenen die Fortsetzung einer früheren Tätigkeit ohne Rücksicht auf deren Umfang gestattet wird. Auch ein Recht darauf, von Neuregelungen verschont zu bleiben, bis einmal getätigte Investitionen sich vollständig amortisiert haben, besteht nicht. Der Verordnungsgeber muss auch nicht jeden Einzelfall und jede konkrete Disposition berücksichtigen. Vielmehr ist er auch bei Übergangsregelungen befugt, zu typisieren und von atypischen Ausnahmefällen abzusehen (zum Ganzen: BVerwG NVwZ 2009, 650). Die enttäuschte Erwartung, getätigte Investitionen würden amortisiert werden, ist nicht grundsätzlich durch Art. 14 Abs. 1 GG geschützt (zum Ganzen: BVerwG NVwZ 2009, 1441). Im Rahmen der geänderten TierSchNutztV wird den Betreibern von Anlagen mit herkömmlicher Käfighaltung bis zum 31.12.2008 Zeit gegeben, die Anlage an die neue Rechtslage anzupassen. Unter bestimmten Voraussetzungen konnte die Übergangsfrist sogar weiterhin verlängert werden.

Die Anlagenbetreiber hatten somit ausreichend Gelegenheit, sich auf die neuen Regelungen einzustellen. Es ist schon fraglich, ob die Anlagenbetreiber angesichts der jahrzehntelangen Diskussion über herkömmliche Käfighaltung überhaupt ein schutzwürdiges Vertrauen auf den Fortbestand der geltenden Rechtslage entwickeln konnten. Jedenfalls seit Erlass der Richtlinie 1999/74/EG vom 19.7.1999 stand es jedoch fest, dass die bisher praktizierte Form der Legehennenhaltung längstens bis zum genannten Stichtag zulässig sein würde. Insgesamt betrug die Übergangsfrist für die herkömmliche Käfighaltung seit Erlass der EG-Richtlinie mehr als zehn Jahre (vgl. zum Ganzen: BVerwG NVwZ 2009, 650; BVerwG NVwZ 2009, 1441; BVerfG NVwZ 2010, 771). Die Betreiber einschließlich des H durften also nicht darauf vertrauen, ihre Anlagen über den Stichtag hinaus unverändert nach Maßgabe der alten Rechtslage betreiben zu können.

bb) Art. 12 Abs. 1 GG

Die Anpassungspflicht an die geänderte TierSchNutztV ist mit der Berufsfreiheit im Sinne des Art. 12 GG vereinbar (zum Ganzen: BVerwG NVwZ 2009, 650).[7]

---

7 Die Vereinbarkeit mit der Berufsfreiheit im Sinne des Art. 12 GG ergibt sich aus dem Bearbeitungsvermerk.

cc) Art. 20 Abs. 3 GG

Auch eine Verletzung der sich unter anderem aus Art. 20 Abs. 3 GG ergebenden rechtsstaatlichen Grundsätze der Rechtssicherheit und des Vertrauensschutzes kommt nicht in Betracht. Nur in Konstellationen echter Rückwirkung sind diese gegenüber gesetzgeberischen Anliegen generell vorrangig (zum Ganzen: BVerwG NVwZ 2009, 650), und bei den geänderten Vorgaben für Legehennenhaltung einschließlich der Übergangsfristen handelt es sich um eine verhältnismäßige unechte Rückwirkung.

dd) Parlamentsvorbehalt

Möglicherweise war aber der Gesetzgeber im Hinblick auf den Parlamentsvorbehalt verpflichtet, den gesamten Sachbereich einschließlich der Übergangsregelungen für Altanlagen selbst zu regeln. Der Vorbehalt des Gesetzes kann unter anderem aus den Grundrechten und aus einer praktischen Konkordanz zwischen dem Demokratieprinzip im Sinne des Art. 20 Abs. 1, 2 GG – daraus ergäbe sich ein Totalvorbehalt – und dem sich unter anderem aus Art. 20 Abs. 3 GG ergebenden Rechtsstaatsprinzip abgeleitet werden. Wesentliches ist danach vom Gesetzgeber selbst zu regeln. Je wesentlicher eine Materie ist, desto höher sind die Anforderungen an die Regelungsdichte des Gesetzes. Andererseits bedarf es einer rechtsstaatlichen effektiven Verwaltung, sodass auch die Exekutive als Verordnungsgeberin aufgrund ihrer Sachnähe Regelungsspielräume im Sinne eines Verwaltungsvorbehaltes haben muss. Bezüglich der Legehennenhaltung ist zu beachten, dass der Erkenntnisstand im Bereich des ethologischen Tierschutzes noch immer ungesichert ist. Somit ist es rechtsstaatlich geboten, von einer detaillierten gesetzlichen Regelung abzusehen und die nähere Ausgestaltung dem Verordnungsgeber zu überlassen, der die Regelungen rascher und einfacher dem neuesten Stand der Erkenntnisse im ethologischen Bereich anpassen kann (zum Ganzen: BVerwG NVwZ 2009, 650). Dies gilt auch für die Bemessung der Übergangsfristen, da diese sich von der Bestimmung und Ausgestaltung der Haltungsanforderungen nicht sinnvoll trennen lassen (zum Ganzen: BVerwG NVwZ 2009, 1441; BVerfG NVwZ 2010, 771). Die Regelung der Übergangsfristen für Altanlagen durch den Verordnungsgeber verstößt nicht gegen Vorgaben des Parlamentsvorbehaltes.

ee) Zwischenergebnis

Die Pflicht des H zur Anpassung an die geänderte TierSchNutztV nach Ablauf der Übergangsfristen ist somit verfassungsgemäß, sodass es keiner verfassungskonformen Auslegung bzw. Reduktion bedarf. Ein ordnungsbehördliches

Einschreiten des Veterinäramtes bei Verstößen gegen die TierSchNutztV gemäß § 16a Abs. 1 S. 1 TierSchG ist rechtmäßig.

III. Rechtsfolge

In § 16a Abs. 1 S. 1 TierSchG ist der zuständigen Behörde Ermessen im Sinne des § 40 VwVfG eingeräumt worden, das in Entschließungs- und Auswahlermessen zu unterteilen ist. Die Behörde darf insoweit nicht ermessensfehlerhaft handeln, weil Ermessensfehler gemäß § 114 S. 1 VwGO gerichtlich überprüfbar sind. Ermessensausfall, Ermessensüberschreitung und Ermessensfehlgebrauch sind nicht ersichtlich, weil die Regelungen insbesondere im Hinblick auf die Grundrechte verhältnismäßig sind und das Ermessen somit nicht überschritten worden ist, weil dies im Einzelfall ebenso zu beurteilen ist, wie auf der normativen Ebene. Wegen der Bedeutung des Staatsziels Tierschutz aus Art. 20a GG ist ein ordnungsbehördliches Einschreiten bei Verstößen gegen die Vorgaben der TierSchNutztV zur Käfighaltung von Legehennen somit auch im Einzelfall gegenüber H nicht unverhältnismäßig, weil keine verfassungsrechtlichen Rechte bzw. Rechtsgüter dem ordnungsbehördlichen Handeln entgegenstehen.

IV. Zwischenergebnis

Das Handeln der Behörde ist rechtmäßig, sodass ein Rechtsverhältnis zwischen H und dem Rechtsträger der Behörde dahingehend besteht, dass ordnungsbehördlich gegen H vorgegangen werden darf. Die Feststellungsklage des H ist unbegründet.

C. Ergebnis

Die Klage ist zulässig, die Sachurteilsvoraussetzungen sind erfüllt, jedoch ist die Klage unbegründet, sodass H nicht erfolgreich sein wird.

Besonderes Verwaltungsrecht – Fall 20 – StraßenR: „Das BierBike" (Berlin)

K ist in der Unterhaltungsbranche tätig. Er betreibt fünf sogenannte „BierBikes" und vermietet diese an Gruppen bis zu 16 Personen. Im Preis enthalten ist die Zurverfügungstellung einer Person, durch die das BierBike gesteuert wird.

Bei dem BierBike handelt es sich um ein Gefährt mit vier Rädern. Es hat eine Länge von 6 m, eine Breite von 3 m, eine Höhe von 2,5 m und ein Leergewicht von 1.100 kg. Fortbewegt wird es durch die jeweiligen Gruppenteilnehmer, indem diese – vergleichbar einem Fahrrad – Pedale betätigen. Jeder Gruppenteilnehmer hat einen festen Platz auf dem Gefährt, der sich jeweils an einer der Längsseiten des BierBikes befindet und mit einer Rückenlehne und einem Tretlager mit Pedalen vor dem Sitz ausgestattet ist. Zwischen den Teilnehmern befindet sich ein Tisch, auf dem typischerweise die Getränke der Gruppenteilnehmer abgestellt werden.

Die Fortbewegung des BierBikes erfolgt allein durch die Muskelkraft der Teilnehmer. Gelenkt und gebremst wird das BierBike ausschließlich von einem Fahrer, der bei K angestellt ist und nicht zur Fortbewegung des Gefährts beiträgt.

Das BierBike ist mit einem deutlich sichtbaren Bierfass sowie einer Zapf- und Soundanlage ausgestattet und wird zumeist für Feiern, wie z.B. Junggesellenabschiede, gemietet. Die Aufschrift „www.x.de" ist für jedermann erkennbar außen auf dem Gefährt aufgedruckt. Das Logo enthält ein Bierfass mit Rädern und die Werbung enthält die Formulierung „Partyfahrrad für Spaß unter Freunden". Auf der Internetseite „www.x.de" wird das Wort „Feiern" hervorgehoben, und es heißt dort: „BierBikes garantieren jede Menge Spaß und ein unvergessliches Ereignis." Zudem besteht eine Verlinkung zu YouTube, bei der die Äußerungen dreier Gruppenteilnehmer mit dem Verweis auf einen kolossalen Partyspaß verfilmt worden sind. Zum bestellten Zeitpunkt wird das BierBike von K zu einem vereinbarten Standort im öffentlichen Straßenverkehr gebracht. Von diesem Punkt ausgehend startet die jeweilige Gruppe ihre Tour. Nach Beendigung der Tour, bei der jeweils etwa 10 bis 15 km im öffentlichen Straßenverkehr zurückgelegt werden, holt K das BierBike mit einem Anhänger wieder ab und verbringt es zu seinem Geschäftssitz. Über eine Genehmigung für die Betreibung des BierBikes verfügt K nicht.

Mit Bescheid vom 13.11. untersagt die zuständige Straßenaufsichtsbehörde schriftlich nach vorheriger Anhörung des K diesem die Benutzung des BierBikes auf den öffentlichen Straßen, Wegen und Plätzen in Berlin zunächst bis zum 31.12. desselben Jahres.

Zur Begründung führt die Behörde im Wesentlichen aus, dass K über keine Sondernutzungserlaubnis verfüge. Eine solche sei aber erforderlich, da es sich bei der Verwendung des BierBikes nicht um einen erlaubnisfreien Gemeingebrauch handele. Durch den Betrieb des Gefährts würden regelmäßig andere Verkehrsteilnehmer gefährdet, indem die zumeist betrunkenen Gruppenteilnehmer sich nicht an die Anweisungen des Lenkenden halten. Dadurch komme es häufig zu einem unerwarteten abrupten Anhalten des BierBikes, auf das andere Verkehrsteilnehmer reagieren müssten. Ein Überholen des BierBikes sei zudem aufgrund des Umfangs des Gefährts nicht ohne Komplikationen möglich. Darüber hinaus würden Verkehrsteilnehmer beschimpft und es besteht eine Verletzungsgefahr durch auf die Straße gefallene oder geworfene Gläser.

K hält das Vorgehen der Behörde für rechtswidrig. Bei dem BierBike handele es sich um ein mehrrädriges Fahrrad, das bestimmungsgemäß zur Fortbewegung im öffentlichen Straßenverkehr verwendet werde. Auch Fahrradrikschas würden von der Rechtsprechung als Fahrräder eingestuft.

Dass die Nutzung des BierBikes neben der Fortbewegung auch noch kommunikativen Zwecken diene, unterstütze eher noch die vorzunehmende Einordnung als (kommunikativen) Gemeingebrauch. Der Meinungsaustausch werde schließlich von Art. 5 GG geschützt.

Die Verfolgung gewerblicher Zwecke mit der Vermietung des BierBikes dürfe nicht dazu führen, dass eine Einordnung als Sondernutzung vorzunehmen sei. Auch z.B. von Spediteuren werde nicht erwartet, dass sie eine Sondernutzungsgenehmigung bei der Nutzung öffentlicher Straßen vorweisen. Bei dem Betrieb des BierBikes gehe es in erster Linie um die Fortbewegung auf öffentlichen Straßen, vergleichbar mit einer Kutschfahrt. Auch auf einer solchen werden gelegentlich Getränke konsumiert, ohne dass sie als Sondernutzung eingestuft werde. Darüber hinaus gebe es durchaus Fahrten, bei denen kein Alkohol konsumiert werde, z.B. bei der Vermietung an Kindergruppen. Zudem sei der Lenkende des Gefährts stets nüchtern und die Teilnehmer seien verpflichtet, sich an seine Anweisungen zu halten. Dies sei bislang auch immer geschehen. Im Notfall könne der Steuermann das BierBike auch alleine fortbewegen. Zudem sei eine sofortige Abholung durch K bei Anruf durch den Steuermann sichergestellt.

Am 2.12. des Jahres, in dem der Bescheid ergangen ist, legt K Widerspruch gegen die Untersagungsverfügung ein. Die zuständige Widerspruchsbehörde weist den Widerspruch mit Bescheid vom 31.12. desselben Jahres in Schriftform zurück.

K erhebt am 8.1. des Folgejahres Klage beim örtlich zuständigen Verwaltungsgericht Berlin und begehrt umfassenden Rechtsschutz bezüglich der Untersagungsverfügung.

Wie wird das Verwaltungsgericht entscheiden?

Schwerpunkte
Abgrenzung Straßenrecht zum Straßenverkehrsrecht
Sondernutzung und Gemeingebrauch inkl. verfassungskonformer Auslegung
Fortsetzungsfeststellungsklage

Vertiefung
VG Düsseldorf, 16 K 8009/09; BVerwG, Beschluss vom 28.8.2012, NVwZ 2012, 1623.

Gliederung

A. Sachurteilsvoraussetzungen (+)
- I. Rechtsweg (+)
- II. Zuständigkeit (+)
- III. Beteiligte (+)
- IV. Statthafte Klageart
  - 1. Systematik und Wortlaut (–)
  - 2. Analogie vor Klageerhebung (+)
  - 3. Analogie im Verpflichtungsfall (–)
  - 4. Zwischenergebnis
- V. Besondere Sachurteilsvoraussetzungen (+)
  - 1. Besondere Prozessführungsbefugnis (+)
  - 2. Fortsetzungsfeststellungsinteresse (+)
  - 3. Weitere besondere Sachurteilsvoraussetzungen im Sinne der §§ 42 Abs. 2, 68 ff. VwGO (+)
    - a) Zeitraum vor der Erledigung (+)
    - aa) Klagebefugnis (+)
    - bb) Vorverfahren und Widerspruchsfrist (+)
    - cc) Klagefrist (+)
    - b) Zeitraum nach Erledigung (–)
- VI. Allgemeines Rechtsschutzbedürfnis (+)
- VII. Zwischenergebnis

B. Begründetheit (–)
  I. Rechtsgrundlage
  II. Voraussetzungen (+)
    1. Formell (+)
    2. Materiell (+)
      a) Erlaubnispflichtige Sondernutzung im Sinne des § 11 Abs. 1 BerlStrG (+)
      aa) Art des Transportmittels (+)
      bb) Objektive Ermittlung des verfolgten Zwecks (+)
      cc) Kommunikativer Gemeingebrauch (–)
      dd) Zwischenergebnis
      b) Ordnungspflicht
  III. Rechtsfolge
  IV. Zwischenergebnis
C. Ergebnis

Lösungsvorschlag

Die folgende Lösung ist als Lösungsvorschlag zu verstehen und ausführlicher, als es in der Klausurbearbeitung verlangt werden kann. Aufgrund der wissenschaftlichen Freiheit können andere Lösungswege vertreten werden, soweit sie dogmatisch begründbar sind. Die Nachweise aus Rechtsprechung und Literatur sowie die das Verständnis fördernden Randbemerkungen sind in der Examensklausur auszusparen. Die Abkürzung „Alt.“ steht für Alternativfall, nicht für Alternative.

Die Klage des K hat Erfolg, soweit die Sachurteilsvoraussetzungen erfüllt sind und soweit sie begründet ist.

A. Sachurteilsvoraussetzungen

Die Sachurteilsvoraussetzungen müssen erfüllt sein.[1]

---

1 **Hinweis:** Andere Aufbauvarianten werden vertreten (z.B. dreistufig oder Prüfung des Verwaltungsrechtsweges als Untergliederungspunkt der Zuständigkeit des Gerichts). Derartige Aufbauvarianten sind aber mit § 17a Abs. 2 GVG bzw. mit der Überschrift des 6. Abschnitts der VwGO sowie mit § 83 VwGO unvereinbar und daher bei exakter dogmatischer Zuordnung der Prüfungspunkte nicht zu empfehlen. Die Überschrift „Sachurteilsvoraussetzungen“ anstelle der Überschrift „Zulässigkeit“ ist sinnvoll, weil nach § 63 Nr. 3 VwGO auch der Beigeladene zu den Beteiligten gehört, das Fehlen einer notwendigen Beiladung i.S.d. § 65 Abs. 2 VwGO aber nur dazu führt, dass das Urteil keine materielle Rechtskraft entfaltet.

I. Rechtsweg

Der Verwaltungsrechtsweg kann mangels aufdrängender Sonderzuweisung gemäß § 40 Abs. 1 S. 1 VwGO eröffnet sein. Im Übrigen kommt ein Verweisungsbeschluss im Sinne des § 17 a Abs. 2 GVG i.V.m. § 173 VwGO in Betracht. Der Verwaltungsrechtsweg ist eröffnet, wenn die streitentscheidende öffentlich-rechtliche Norm einen Hoheitsträger einseitig berechtigt oder verpflichtet bzw. wenn aufgrund typisch hoheitlichen Handelns zwischen den Beteiligten ein Subordinationsverhältnis besteht.

Als Rechtsgrundlage kommt § 14 Abs. 1 S. 1 BerlStrG in Betracht – eine Norm, durch die der Hoheitsträger berechtigt wird, eine Verfügung zu erlassen.

Jedenfalls hat die zuständige Behörde von ihrer Hoheitsgewalt Gebrauch gemacht, indem sie K die Benutzung des BierBikes bis zum 31.12. untersagte. Wählt die Verwaltung eine typisch hoheitliche Handlungsform, entsteht ein Subordinationsverhältnis, das zur Eröffnung des Verwaltungsrechtsweges führt. Da die Streitigkeit mangels doppelter Verfassungsunmittelbarkeit – ein Streit zwischen Verfassungsorganen über Verfassungsrecht – nicht verfassungsrechtlicher Art und eine abdrängende Sonderzuweisung nicht ersichtlich ist, bleibt es bei der Eröffnung des Verwaltungsrechtsweges.

II. Zuständigkeit

Das Verwaltungsgericht ist gemäß § 45 VwGO als Eingangsinstanz für den von der zuständigen Behörde erlassenen Verwaltungsakt sachlich zuständig, da Anhaltspunkte für abweichende Regelungen wie z.B. § 50 VwGO nicht ersichtlich sind. Das Verwaltungsgericht ist auch im Sinne des § 52 VwGO örtlich zuständig, sodass kein Verweisungsbeschluss gemäß § 17a Abs. 2 GVG i.V.m. § 83 VwGO gefasst werden wird.[2]

III. Beteiligte

K und das Land Berlin als Körperschaft öffentlichen Rechts können Beteiligte des Verfahrens sein. Beteiligte sind nach § 63 Nr. 1, 2 VwGO unter anderem der Kläger und der Beklagte, beteiligungsfähig nach § 61 Nr. 1 VwGO natürliche

---

2 Die örtliche Zuständigkeit ist anzusprechen, wenn es dafür Anhaltspunkte im Sachverhalt gibt. Im Übrigen ist die Prüfung derselben sinnvoll – allerdings nicht notwendig. Gegebenenfalls ist die örtliche Zuständigkeit im Anschluss an die sachliche Zuständigkeit zu prüfen. Ist sie jedoch gemäß § 52 Nr. 2 VwGO ausnahmsweise von der Klageart abhängig, muss sie von der sachlichen Zuständigkeit getrennt nach der Klageart oder deren besonderen Sachurteilsvoraussetzungen bzw. Sachentscheidungsvoraussetzungen erörtert werden, obwohl § 17a Abs. 2 GVG gemäß § 83 VwGO entsprechend anwendbar ist.

und juristische Personen. Behörden sind gemäß § 61 Nr. 3 VwGO i.V.m. dem AG VwGO in Berlin nicht beteiligungsfähig. Als Kläger ist K gemäß § 61 Nr. 1 Alt. 1 VwGO beteiligungsfähig und gemäß § 62 Abs. 1 Nr. 1 VwGO prozessfähig.

Als Beklagter ist das Land Berlin als Körperschaft, vertreten durch die Behörde, gemäß §§ 63 Nr. 2, 61 Nr. 1 Alt. 2 VwGO beteiligungs- und mangels Anhaltspunkten bezüglich des für die Behörde handelnden Organwalters gemäß § 62 Abs. 3, 1 VwGO prozessfähig.

IV. Statthafte Klageart

Die statthafte Klageart richtet sich gemäß § 88 VwGO nach dem klägerischen Begehren unter Berücksichtigung des Anwendungsvorranges maßnahmespezifischer Rechtsschutzformen und des rechtsstaatlichen Grundsatzes der Effektivität des Rechtsschutzes. Dem klägerischen Begehren entspricht i.d.R. die effektivste Klageart, also nach Möglichkeit die Anfechtungsklage gemäß § 42 Abs. 1 Alt. 1 VwGO als Gestaltungsklage der Verwaltungsgerichtsordnung,[3] es sei denn, es gibt einen ausdrücklichen Antrag, der nicht überschritten werden darf. Voraussetzung der Anfechtungsklage ist, dass der Kläger die Aufhebung eines gegenwärtig wirkenden Verwaltungsaktes erstrebt. Ein Verwaltungsakt ist gemäß § 35 S. 1 VwVfG i.V.m. § 1 VwVfG Bln jede Verfügung, Entscheidung oder andere hoheitliche Maßnahme, die eine Behörde zur Regelung eines Einzelfalls auf dem Gebiet des öffentlichen Rechts trifft und die auf unmittelbare Rechtswirkung nach außen gerichtet ist. K wurde die Benutzung des BierBikes durch den Bescheid vom 13.11., bestätigt durch den Widerspruchsbescheid vom 31.12., bis zum Jahresende verboten. Der Bescheid enthält gegenüber K eine verbindliche Regelung, sodass ein Verwaltungsakt gegeben ist. Das Verbot kann sich allerdings bereits erledigt haben und somit nicht mehr wirksam sein. Eine Erledigung kann gemäß § 43 Abs. 2 VwVfG i.V.m. § 1 VwVfG Bln durch Rücknahme, Widerruf, anderweitige Aufhebung, Zeitablauf oder andere Weise erfolgen. Das gegenüber K bis zum 31.12. ausgesprochene Verbot hat sich durch Zeitablauf zum Jahresende erledigt. Die Anfechtungsklage ist nicht statthaft.

In Betracht kommt als statthafte Klageart eine Fortsetzungsfeststellungsklage gemäß § 113 Abs. 1 S. 4 VwGO als besondere und damit gegenüber der allgemeinen Feststellungsklage gemäß § 43 Abs. 1 VwGO speziellere Feststellungsklage.[4]

---

3 Die Anfechtungsklage ist besonders rechtsschutzintensiv, weil das Gericht als Judikative mittels einer Durchbrechung der Gewaltenteilung einen Verwaltungsakt als Rechtssetzungsakt der Exekutive aufhebt.

4 Die FFK ist nach h.M. eine eigenständige besondere Feststellungsklage, nicht jedoch ein Unterfall der allgemeinen Feststellungsklage, weil die allgemeine Feststellungsklage anders

1. Systematik und Wortlaut

Der im Gesetz ausdrücklich geregelte Fall der Fortsetzungsfeststellungsklage erfasst die Erledigung des Verwaltungsaktes nach Klageerhebung. Zwar hat der Gesetzgeber in § 113 Abs. 1 S. 4 VwGO die Formulierung „vorher“ gewählt, jedoch ist damit nicht eine Erledigung vor Klageerhebung, sondern in der Regel der Zeitpunkt vor der letzten mündlichen Tatsachenverhandlung gemeint. Wie sich nämlich der Überschrift des 9. Abschnittes der Verwaltungsgerichtsordnung entnehmen lässt, regeln die §§ 81 ff. VwGO – also auch § 113 Abs. 1 S. 4 VwGO – Geschehnisse nach dem Eintritt der Rechtshängigkeit. Zudem besteht ein Annex des § 113 Abs. 1 S. 4 VwGO zu § 113 Abs. 1 S. 1 VwGO, in dem die Anhängigkeit einer Klage vorausgesetzt wird. Die Untersagung, das BierBike weiterhin auf öffentlichen Straßen zu nutzen, hat sich nicht erst nach Klageerhebung, sondern bereits vor Klageerhebung, nämlich am 31.12. um 24:00 Uhr erledigt.

2. Analogie vor Klageerhebung

Fraglich ist, ob die Fortsetzungsfeststellungsklage über den Gesetzeswortlaut bei Erledigung vor Klageerhebung analog anwendbar ist.

Unabhängig von einer möglichen gewohnheitsrechtlichen Anerkennung der Anwendung der Fortsetzungsfeststellungsklage bei einer Erledigung eines Verwaltungsaktes vor Klageerhebung ist die Analogie auch dogmatisch begründbar.[5] Eine analoge Anwendung der Fortsetzungsfeststellungsklage bei einer Erledigung des Verwaltungsaktes vor Klageerhebung setzt eine planwidrige Gesetzeslücke voraus. Es darf daher keine andere normierte Klageart bei Erledigung vor Klageerhebung einschlägig sein. Eine Anfechtungsklage kommt jedenfalls

---

als die FFK nicht von einer anderen Klageart abhängig ist (Heinze/Sahan JA 2007, 806 ff. m.w.N.). Deshalb kann nicht beim Prüfungspunkt „statthafte Klageart“ zunächst nur die Feststellungsklage genannt werden, um dann erst bei den besonderen Sachurteilsvoraussetzungen die Merkmale der FFK zu nennen. Im Übrigen müsste dies ggf. konsequent dann auch für die Verpflichtungsklage gelten, die lediglich eine besondere Leistungsklage ist.

5 Die These, dass es einer Erörterung des Streitstandes nicht mehr bedarf, weil das BVerwG die analoge Anwendung der FFK nicht mehr ausdrücklich benennt, ist nicht haltbar. Zwar erörtert das BVerwG die genaue Klageart nicht, jedoch prüft es bei erledigten Verwaltungsakten eingeschränkt die besonderen Sachurteilsvoraussetzungen der §§ 68 ff. VwGO und stellt insoweit eine Abhängigkeit zur Anfechtungs- bzw. Verpflichtungsklage her. Eine solche Abhängigkeit von einer anderen Klageart gibt es bei der allgemeinen Feststellungsklage nicht. Somit ergibt sich aus den Erörterungen des BVerwG, dass es noch immer eine analoge Anwendung des § 113 Abs. 1 S. 4 VwGO annimmt, nicht aber auf eine allgemeine Feststellungsklage gemäß § 43 Abs. 1 VwGO abstellt.

Zur Fortsetzungsfeststellungsklage insgesamt: Heinze/Sahan JA 2007, 806 ff.

deshalb nicht in Betracht, weil dem Kläger wegen des Wegfalls der Beschwer das Rechtsschutzbedürfnis, dessen besondere Ausprägung die Klagebefugnis darstellt, fehlt. Eine Nichtigkeitsfeststellungsklage ist nur bei einem nach § 44 VwVfG i.V.m. § 1 VwVfG Bln nichtigen Verwaltungsakt die geeignete Klageart, jedoch gerade nicht bei der Feststellung der bloßen Rechtswidrigkeit eines Verwaltungsaktes. Die einzige in Betracht kommende Klageart ist die allgemeine Feststellungsklage nach § 43 Abs. 1 VwGO, von der auch erledigte konkrete Rechtsverhältnisse erfasst sind. Es müsste somit die zur analogen Anwendung der Fortsetzungsfeststellungsklage bei einer Erledigung des Verwaltungsaktes vor Klageerhebung erforderliche gesetzliche Regelungslücke abgelehnt werden, wenn die allgemeine Feststellungsklage einschlägig wäre. Die allgemeine Feststellungsklage setzt aber voraus, dass das Bestehen oder Nichtbestehen eines konkreten Rechtsverhältnisses festgestellt werden soll.

Ein konkretes Rechtsverhältnis ist eine rechtliche Beziehung zwischen Personen oder Personen und Sachen, die sich aus einer rechtlichen Regelung ergibt. Ein Verwaltungsakt ist jedoch selbst ein Rechtssetzungsakt der Exekutive und stellt daher eine rechtliche Regelung dar. Ein Verwaltungsakt kann daher zwar auf einem Rechtsverhältnis beruhen oder ein solches begründen, jedoch kann er selbst kein solches darstellen, weil zwischen der Regelung selbst und der von ihr ausgehenden Rechtsbeziehung zu trennen ist. Auf das dem Verwaltungsakt vor- oder nachgelagerte Rechtsverhältnis als konkretes Rechtsverhältnis im Rahmen einer allgemeinen Feststellungsklage kann für die Ablehnung einer gesetzlichen Regelungslücke bei der Erwägung einer analogen Anwendung der Fortsetzungsfeststellungsklage nicht abgestellt werden, weil das vor- oder nachgelagerte Rechtsverhältnis nicht Gegenstand des Klageantrages ist. Darüber hinaus würde das vorgelagerte Rechtsverhältnis, selbst wenn es trotz des anders lautenden Klageantrages als konkretes Rechtsverhältnis herangezogen werden würde, keinen zwingenden Schluss auf die Rechtswidrigkeit des erledigten Verwaltungsaktes zulassen, sodass mit der allgemeinen Feststellungsklage insoweit keine das Klageziel erreichende Feststellung getroffen werden kann. Auch eine die Feststellung des Bestehens oder des Nichtbestehens des nachgelagerten Rechtsverhältnisses betreffende Klage lässt keinen zwingenden Schluss auf die Rechtmäßigkeit des dem Kläger gegenüber erlassenen Verwaltungsaktes zu, weil ein solcher schon mit seiner Rechtswirksamkeit Wirkung entfaltet. Des Weiteren spricht für einen Ausschluss der allgemeinen Feststellungsklage, dass eine Anfechtungs- bzw. eine Verpflichtungsklage entsprechend dem Gesetzeswortlaut des § 43 Abs. 2 S. 1 VwGO „hätte erhoben werden können", wenn sich der Verwaltungsakt nicht erledigt hätte. Zudem erscheint es systemfremd, je nach dem zufälligen Zeitpunkt der Erledigung des Verwaltungsaktes unterschiedliche Klagearten (Anfechtung und allgemeine Feststellung) mit unterschiedlichem Klagegegenstand und unterschiedlichen Zulässigkeitsvoraussetzungen für dasselbe Klagebegehren heranzuziehen.

Ein weiteres Argument für die Annahme einer planwidrigen Gesetzeslücke und somit für eine analoge Anwendung der Fortsetzungsfeststellungsklage bei einer Erledigung des Verwaltungsaktes vor Klageerhebung ergibt sich aus dem Sinn und Zweck der Regelung des § 113 Abs. 1 S. 4 VwGO. Der Gesetzgeber sah offenbar ein Bedürfnis für die Schaffung einer Regelung, die eine Klagemöglichkeit für den Fall der Erledigung eines Verwaltungsaktes gewährte. Für den Fall der Erledigung eines Verwaltungsaktes nach Klageerhebung wurde deshalb § 113 Abs. 1 S. 4 VwGO geschaffen. Die Schaffung einer lediglich deklaratorischen Norm wäre überflüssig gewesen und somit kaum erfolgt. Wäre ein Verwaltungsakt ein konkretes Rechtsverhältnis, hätte § 113 Abs. 1 S. 4 VwGO keinen Regelungsinhalt mehr. Zwar könnte darauf abgestellt werden, dass durch § 113 Abs. 1 S. 4 VwGO geregelt würde, dass eine Umstellung der Klage unabhängig von § 91 VwGO jederzeit auf Antrag erfolgen könnte, jedoch ist dies bei der allgemeinen Feststellungsklage ebenfalls ohne Klageänderung nach § 264 Nr. 3 ZPO i.V.m. § 173 VwGO möglich. § 264 Nr. 3 ZPO ist in Verbindung mit § 173 S. 1 VwGO anwendbar, weil in der Verwaltungsgerichtsordnung keine abschließende Regelung enthalten ist, denn in § 91 VwGO sind zwar die Voraussetzungen über die Klageänderung enthalten, jedoch ergibt sich aus § 264 Nr. 3 ZPO, dass es sich um keine Klageänderung handelt. Eine derartige Regelung gibt es in der Verwaltungsgerichtsordnung nicht mit der Folge, dass die Zivilprozessordnung gemäß § 173 S. 1 VwGO anwendbar ist.

Würde § 113 Abs. 1 S. 4 VwGO also überflüssig, bedeutet dies, dass der Gesetzgeber zumindest die Erledigung eines Verwaltungsaktes nach Klageerhebung als nicht von der allgemeinen Feststellungsklage erfasst ansah. Daraus folgt, dass der Gesetzgeber selbst davon ausging, die allgemeine Feststellungsklage erfasse nicht die Feststellung der Rechtswidrigkeit von Verwaltungsakten als Rechtssetzungsakte – seien sie erledigt oder nicht. Vielmehr lässt sich aus der Schaffung der Fortsetzungsfeststellungsklage für die Erledigung eines Verwaltungsaktes nach Klageerhebung schließen, dass die allgemeine Feststellungsklage lediglich bei Realakten oder sonstigen Rechtsbeziehungen die statthafte Klageart darstellt. Würde die allgemeine Feststellungsklage auch Verwaltungsakte als Rechtssetzungsakte erfassen, hätte der Gesetzgeber für den Fall der Erledigung eines Verwaltungsaktes nach Klageerhebung nämlich keine Fortsetzungsfeststellungsklage zu schaffen brauchen. Vielmehr wäre mit der allgemeinen Feststellungsklage schon eine einschlägige Klageart vorhanden gewesen.

Die Regelung über die Feststellung der Nichtigkeit eines Verwaltungsaktes nach § 43 Abs. 1 Alt. 2 i.V.m. § 43 Abs. 2 S. 2 VwGO steht dieser Argumentation nicht entgegen. Zwar könnte angeführt werden, dass die Nennung der Feststellung der Nichtigkeit eines Verwaltungsaktes gerade zeige, dass Verwaltungsakte als Rechtssetzungsakte von der allgemeinen Feststellungsklage sowohl bezüglich ihrer Nichtigkeit als auch bezüglich ihrer Rechtmäßigkeit erfasst seien. Jedoch muss die in § 43 Abs. 2 S. 2 VwGO genannte Nichtigkeitsfeststellung als vom Gesetzgeber gewollte Ausnahmeregelung dahingehend betrachtet werden, dass nichtige Verwaltungsakte von der allgemeinen Feststellungsklage erfasst sind. Wäre nämlich schon die Feststellung der Rechtswidrigkeit eines Verwaltungsaktes von der allgemeinen Feststellungsklage erfasst, wäre die Benennung des nichtigen Verwaltungsaktes in § 43 VwGO überflüssig, weil dieser dann „erst recht“ von der allgemeinen Feststellungsklage umfasst wäre.

Auch die in §43 Abs. 2 S. 1 VwGO benannte Subsidiarität der allgemeinen Feststellungsklage gegenüber der Gestaltungsklage lässt nicht den Schluss zu, die Feststellung der Rechtswidrigkeit von Verwaltungsakten sei von der allgemeinen Feststellungsklage erfasst. Es könnte zwar darauf abgestellt werden, dass die Anfechtungsklage, welche die Aufhebung rechtswidriger Verwaltungsakte betrifft, die einzige in der Verwaltungsgerichtsordnung vorgesehene Gestaltungsklage ist. Schon aus dem Vorhandensein der Subsidiaritätsregelung des §43 Abs. 2 S. 1 VwGO bezüglich der Feststellungsklage gegenüber der Gestaltungsklage könnte daher geschlossen werden, dass rechtswidrige Verwaltungsakte von §43 VwGO grundsätzlich erfasst seien, weil die Subsidiaritätsregelung insoweit überflüssig sein könnte, wenn rechtswidrige Verwaltungsakte nicht von der Feststellungsklage erfasst wären, weil die Feststellungsklage dann niemals in Konkurrenz zur Anfechtungsklage als einziger Gestaltungsklage stehen könnte.

Gegen eine solche Argumentation spricht allerdings, dass sich ein Konkurrenzverhältnis der Klagearten im Sinne der Subsidiaritätsregelung des § 43 Abs. 2 S. 1 VwGO nicht nur ergeben kann, wenn in dem durch die Gestaltungsklage anfechtbaren Verwaltungsakt das Rechtsverhältnis der Feststellungsklage gesehen wird. Erfasst die allgemeine Feststellungsklage nur das dem Verwaltungsakt nachgelagerte Rechtsverhältnis, kann aber der Verwaltungsakt als vorgelagerter Rechtssetzungsakt durch eine Gestaltungsklage in Form der Anfechtungsklage beseitigt werden, besteht schon insoweit ein Konkurrenzverhältnis der Gestaltungsklage zur Feststellungsklage, als die Aufhebung des vorgelagerten Verwaltungsaktes den Rechtsstreit beendet. Eine das nachgelagerte Rechtsverhältnis betreffende allgemeine Feststellungsklage wird überflüssig. Durch die Subsidiaritätsklausel wird somit sichergestellt, dass primär die Anfechtung des vorgelagerten Verwaltungsaktes verfolgt wird. Es besteht also ein Konkurrenzverhältnis der Anfechtungsklage zur allgemeinen Feststellungsklage, obwohl der anfechtbare Verwaltungsakt kein Rechtsverhältnis im Sinne des §43 VwGO darstellt, sodass die Subsidiaritätsklausel nicht überflüssig ist, wenn Verwaltungsakte als von der allgemeinen Feststellungsklage nicht erfasst angesehen werden. Aus dem Bestehen der Subsidiaritätsklausel lässt sich daher nicht schließen, dass rechtswidrige Verwaltungsakte von § 43 VwGO erfasst sind.

Die Feststellung der Rechtswidrigkeit von Verwaltungsakten ist von der allgemeinen Feststellungsklage somit nicht erfasst. Wäre das anders, wäre schon die Erschaffung der Fortsetzungsfeststellungsklage für die Erledigung nach Klageerhebung überflüssig, weil die allgemeine Feststellungsklage insoweit hinreichend gewesen wäre.

Sind von der allgemeinen Feststellungsklage nach alledem keine Verwaltungsakte erfasst, ist die allgemeine Feststellungsklage bei der Erledigung eines Verwaltungsaktes vor Klageerhebung nicht statthaft. Auch eine von einem Kläger begehrte Feststellung des Bestehens eines Anspruches auf Aufhebung eines Verwaltungsaktes ist somit sogar unabhängig davon, dass sie nicht dem Klageantrag entspricht, nicht von der allgemeinen Feststellungsklage nach § 43 Abs. 1 VwGO erfasst. Da der Gesetzgeber die Fortsetzungsfeststellungsklage nur für die Konstellation der Erledigung nach Klageerhebung geschaffen und dabei die Möglichkeit der Erledigung vor Klageerhebung übersehen hat, besteht insoweit eine Regelungslücke im Gesetz. Um den in Art. 19 Abs. 4 GG verfassungsrechtlich vorgesehenen Rechtsschutz zu gewähren und diesen nicht vom Zufall abhängig zu machen – ob die Erledigung vor oder nach Klageerhebung erfolgt, ist häufig vom Zufall abhängig – ist diese Regelungslücke planwidrig. Aufgrund der vorstehend angeführten identischen Interessenlage ist § 113 Abs. 1 S. 4 VwGO bei einer Erledigung vor Klageerhebung analog anzuwenden.

3. Analogie im Verpflichtungsfall

Zwar ist auch eine zweite Analogie der Fortsetzungsfeststellungsklage bezüglich eines Verpflichtungsfalles denkbar, jedoch hat K einen belastenden Bescheid erhalten. Es handelt sich also um eine Abwehr-, nicht um eine Leistungskonstellation.

4. Zwischenergebnis

Die Fortsetzungsfeststellungsklage gemäß § 113 Abs. 1 S. 4 VwGO ist aufgrund der Erledigung des Versammlungsverbotes vor Klageerhebung in einfach analoger Anwendung die statthafte Klageart.[6]

---

6 Auch mit etwas weniger Begründungsaufwand bei der Herleitung der analogen Anwendung lässt sich eine Prädikatsnote erreichen. Nur ein Verweis auf Gewohnheitsrecht genügt auf-

V. Besondere Sachurteilsvoraussetzungen

1. Besondere Prozessführungsbefugnis[7]

§ 78 VwGO als Regelung der besonderen Prozessführungsbefugnis ist gemäß der Abschnittsüberschrift des 8. Abschnitts der Verwaltungsgerichtsordnung bei Anfechtungs- und Verpflichtungsklagen anwendbar. Analog ist § 78 VwGO in Verfahren anwendbar, bei denen es um Verwaltungsakte geht, weil insoweit eine vergleichbare Interessenlage bei planwidriger Regelungslücke besteht. Da mit der Fortsetzungsfeststellungsklage gemäß § 113 Abs. 1 S. 4 VwGO die Feststellung der Rechtswidrigkeit eines Verwaltungsaktes erstrebt wird, ist § 78 VwGO insoweit analog anwendbar. Besonders prozessführungsbefugt ist analog § 78 Abs. 1 Nr. 1 VwGO das Land Berlin als Rechtsträger.

2. Fortsetzungsfeststellungsinteresse

Da es sich bei der Fortsetzungsfeststellungsklage um eine besondere Feststellungsklage handelt, ist ein Feststellungsinteresse in der Form eines Fortsetzungsfeststellungsinteresses erforderlich, für dessen Beurteilung der Zeitpunkt der letzten mündlichen Tatsachenverhandlung oder (bei Entscheidung ohne mündliche Verhandlung) der Zeitpunkt der Gerichtsentscheidung maßgeblich ist. Dabei gibt es drei berücksichtigenswerte Interessen, die Wiederholungsgefahr, das Rehabilitierungsinteresse, welches besonders schwerwiegende Grundrechtseingriffe einschließt, und die Vorbereitung eines Amtshaftungsanspruches als Präjudizinteresse.

Das Fortsetzungsfeststellungsinteresse der Vorbereitung eines Amtshaftungsanspruches kann nur in dem bezüglich des Erledigungszeitpunktes gesetz-

---

grund des Streitstandes zu diesem Thema hingegen nicht einmal im Ansatz überdurchschnittlichen Anforderungen.

7 § 78 VwGO enthält nach h.M. eine Regelung über die besondere Prozessführungsbefugnis, die von der Beteiligungsfähigkeit und der Passivlegitimation zu trennen ist (MA: § 78 VwGO als Sonderregelung der Passivlegitimation, die aber in der Sachstation, also der Begründetheit, zu prüfen ist, da „Passivlegitimation“ der Terminus für den materiell richtigen Klagegegner ist). Die besondere Prozessführungsbefugnis ist ein Unterpunkt bei den besonderen Sachurteilsvoraussetzungen und wird teilweise (vertretbar aber bzgl. der materiell-rechtlichen Passivlegitimation verwechslungsfähig) mit „Klagegegner“ überschrieben.

Einige Argumente für die h.M.:
- § 78 VwGO steht systematisch bei den besonderen Sachurteilsvoraussetzungen
- Gesetzgebungskompetenzen
- falsche Behörde bzw. falscher Rechtsträger können nicht zum materiell richtigen Anspruchsgegner im Sinne einer Passivlegitimation werden.

Zum Ganzen: Ehlers, Festschrift für Menger, S. 379 ff.; Hufen, Verwaltungsprozessrecht, § 12, Rn 38 ff. m.w.N.; vgl. OVG Münster NVwZ 1990, 188.

lich ausdrücklich geregelten Fall der Fortsetzungsfeststellungsklage ein solches Interesse begründen – bei Erledigung nach Klageerhebung. Sollte die Fortsetzungsfeststellungsklage auch bei Erledigung des Verwaltungsaktes vor Klageerhebung analog anwendbar sein, lässt sich aus der Prozessökonomie insoweit kein Fortsetzungsfeststellungsinteresse ableiten, denn in dieser Konstellation könnte der Betroffene unmittelbar das für das Haftungsrecht zuständige Gericht anrufen, welches dann auch für die inzident relevanten öffentlich-rechtlichen Rechtsprobleme zuständig wäre, wenngleich beim Verwaltungsgericht anders als beim ordentlichen Gericht gemäß § 86 VwGO der Amtsermittlungsgrundsatz gilt. Unabhängig davon, ob dieses Interesse auch bei einer Erledigung vor Klageerhebung besteht, geht es K jedenfalls nicht um eine Amtshaftung.

Ein Rehabilitierungsinteresse des K ist nicht ersichtlich. Jedenfalls besteht aber eine Wiederholungsgefahr, weil K die Vermietung der BierBikes weiterhin durchführen, sie weiter nutzen möchte und somit ein unter im Wesentlichen unveränderten tatsächlichen und rechtlichen Umständen vergleichbarer Verwaltungsakt als Rechtssetzungsakt mit beachtlicher Wahrscheinlichkeit gegenüber K ergehen wird.

3. Weitere besondere Sachurteilsvoraussetzungen im Sinne der §§ 42 Abs. 2, 68 ff. VwGO

Möglicherweise sind die besonderen Sachurteilsvoraussetzungen der Anfechtungsklage aus den §§ 42 Abs. 2, 68 ff. VwGO bei der Fortsetzungsfeststellungsklage analog anwendbar.[8] Relevant ist dabei der Zeitpunkt der Erledigung, sodass für die analoge Anwendbarkeit der §§ 42 Abs. 2, 68 ff. VwGO zwischen dem Zeitraum vor der Erledigung und dem Zeitraum nach der Erledigung zu differenzieren ist.

a) Zeitraum vor der Erledigung

Jedenfalls für den Zeitraum vor der Erledigung des Verwaltungsaktes sind die §§ 42 Abs. 2, 68 ff. VwGO analog anwendbar; anderenfalls könnte aus einer mangels Klagebefugnis oder aufgrund einer Verfristung unzulässigen Anfechtungs- oder Verpflichtungsklage eine zulässige Fortsetzungsfeststellungsklage werden. Die besonderen Sachurteilsvoraussetzungen der Anfechtungsklage würden umgangen, sodass die für eine analoge Anwendung der §§ 42 Abs. 2,

8 Es handelt sich um eine analoge Anwendung der §§ 42 Abs. 2, 68 ff. VwGO, weil nunmehr aus der Sicht der FFK geprüft wird (Zeitraum vor und nach Erledigung), obwohl die FFK vor der Erledigung tatsächlich noch eine Anfechtungsklage war, bei der die Voraussetzungen direkt anwendbar sind.

68 ff. VwGO erforderliche planwidrige Gesetzeslücke und die vergleichbare Interessenlage insoweit gegeben sind.

aa) Klagebefugnis

K muss bis zur Erledigung klagebefugt gewesen sein. Die Klagebefugnis analog § 42 Abs. 2 VwGO setzt die Möglichkeit der Verletzung eines subjektiven Rechts voraus. Subjektive Rechte leiten sich aus Sonderbeziehungen, einfachen Gesetzen, subsidiär aus Grundrechten ab, wobei aufgrund des weiten Schutzbereiches des Art. 2 Abs. 1 GG bei unmittelbaren Grundrechtseingriffen für das subjektive Recht direkt auf Grundrechte abgestellt werden kann.[9] K war Adressat des Bescheides, der ein Veranstaltungsverbot enthält, sodass zumindest die Möglichkeit bestand, dass er bis zur Erledigung des Bescheides in seinen Grundrechten aus der Berufsfreiheit im Sinne des Art. 12 Abs. 1 GG, subsidiär der allgemeinen Handlungsfreiheit aus Art. 2 Abs. 1 GG verletzt worden ist.

bb) Vorverfahren und Widerspruchsfrist

Ein Vorverfahren ist gemäß § 68 Abs. 1 S. 1 VwGO ordnungsgemäß durchgeführt worden.

cc) Klagefrist

Die Klagefrist von einem Monat nach Zustellung des Widerspruchsbescheides analog § 74 Abs. 1 S. 1 VwGO muss bis zur Erledigung des Veranstaltungsverbotes eingehalten worden sein. Dabei ist nicht maßgeblich, ob K tatsächlich Klage erhoben hatte, sondern nur, ob er bis zur Erledigung noch hätte Klage erheben können. Der Widerspruchsbescheid wurde K am 31.12. bekanntgegeben und hat sich am selben Tag erledigt. Somit hätte K bis zur Erledigung am 31.12. um 24:00 Uhr eine Anfechtungsklage erheben können. Eine Verfristung ist nicht gegeben.

b) Zeitraum nach Erledigung

Für den Zeitraum nach der Erledigung des Verwaltungsaktes wären die besonderen Sachentscheidungsvoraussetzungen aus den §§ 42 Abs. 2, 68 ff. VwGO

---

9 **Zur Klagebefugnis:** Ist jemand Adressat eines belastenden Verwaltungsaktes, kann beim subjektiven Recht wegen des unmittelbaren Grundrechtseingriffes nach h.M. direkt auf Grundrechte abgestellt werden. Mittlerweile wird (dogmatisch überzeugend) auch insoweit vermehrt auf vorrangige speziellere subjektive Rechte abgestellt, wenn es sie gibt.

nur anwendbar, wenn die Fortsetzungsfeststellungsklage einen Sonderfall der Anfechtungsklage darstellen würde.[10] Es müsste insoweit gegebenenfalls noch ein Fortsetzungsfeststellungswiderspruchsverfahren durchgeführt sowie die Klagefrist aus §74 VwGO auch für diesen Zeitraum beachtet werden. Da der Fortsetzungsfeststellungsklage aber das für die Anfechtungsklage typische Alleinstellungsmerkmal der Gestaltungsfunktion fehlt, ist die Fortsetzungsfeststellungsklage als besondere Feststellungsklage einzuordnen. Für den Zeitraum nach der Erledigung bedarf es daher keiner entsprechenden Heranziehung der §§42 Abs.2, 68ff. VwGO. Eine für die analoge Anwendung der §§42 Abs.2, 68ff. VwGO erforderliche planwidrige Gesetzeslücke besteht, anders als für den Zeitraum vor Klageerhebung, nicht. Deshalb besteht für den Zeitraum nach der Erledigung eines Verwaltungsaktes weder eine Bindung an ein Vorverfahren noch eine Bindung an Fristen, es sei denn, ein Vorverfahren ist – so grundsätzlich im Beamtenrecht nach den §§126 Abs.2 BBG, 54 Abs.2 BeamtenStG i.V.m. dem Landesrecht – vorgesehen. Nach Ablauf eines längeren Zeitraumes kann das Fortsetzungsfeststellungsinteresse allenfalls (z.B. wegen des Wegfalls der Rehabilitationsmöglichkeit) verwirkt sein.[11] Für den Zeitraum nach Erledigung gelten für K keine weiteren besonderen Sachurteilsvoraussetzungen.

VI. Allgemeines Rechtsschutzbedürfnis

Für das Fehlen des allgemeinen Rechtsschutzbedürfnisses sind keine Anhaltspunkte ersichtlich.

VII. Zwischenergebnis

Nach alledem sind die Sachurteilsvoraussetzungen der Klage des V erfüllt.

B. Begründetheit

Die Fortsetzungsfeststellungsklage ist analog § 113 Abs. 1 S. 1, 4 VwGO begründet, soweit der erledigte Verwaltungsakt rechtswidrig war und der Kläger dadurch in seinen Rechten verletzt worden ist. Eine Rechtsverletzung der Berufs-

---

10 Nach h.M. sind besondere Voraussetzungen für den Zeitraum nach der Erledigung nicht erforderlich. Ausnahme: Im Beamtenrecht ist nach den §§ 54 Abs. 2 BeamtenStG, 126 Abs. 2 BBG grundsätzlich ein Vorverfahren erforderlich. Das Landesrecht kann aber gemäß § 54 Abs. 2 BeamtenStG Ausnahmen enthalten.

11 Auch eine Verwirkung der FFK ist gemäß § 242 BGB i.V.m. Art. 20 Abs. 3 GG denkbar.

freiheit aus Art. 12 Abs. 1 GG, jedenfalls aber subsidiär der allgemeinen Handlungsfreiheit als Auffanggrundrecht aus Art. 2 Abs. 1 GG, ist bei Rechtswidrigkeit der Untersagungsverfügung gegeben.

I. Rechtsgrundlage

Als Rechtsgrundlage für das erledigte Nutzungsverbot bis zum 31.12. kommt § 14 Abs. 1 S. 1 BerlStrG in Betracht, nach dem die Behörde die zur Einhaltung des Gemeingebrauches im Sinne des Berliner Straßengesetzes erforderlichen Verfügungen durchsetzen kann.

II. Voraussetzungen

Die formellen und materiellen Voraussetzungen können erfüllt gewesen sein.

1. Formell

Formell hat die zuständige Behörde gehandelt. Die erforderliche Anhörung im Sinne des § 28 Abs. 1 VwVfG i.V.m. § 1 VwVfG Bln wurde durchgeführt. Da an einen Verwaltungsakt gemäß § 37 Abs. 2 S. 1 VwVfG i.V.m. § 1 VwVfG Bln keine besonderen Anforderungen gestellt werden, ist mit der schriftlichen Erteilung des Veranstaltungsverbotes seitens der Behörde formgerecht gehandelt worden.

2. Materiell

Materiell muss die Untersagungsverfügung zur Durchführung des Berliner Straßengesetzes erfolgt sein. Das ist anzunehmen, soweit ein Verstoß gegen eine Regelung des Berliner Straßengesetzes untersagt und gegen einen Pflichtigen gerichtet wird. K hat gegen das Berliner Straßengesetz verstoßen, wenn er eine erlaubnispflichtige Sondernutzung im Sinne des § 11 Abs. 1 BerlStrG ohne Sondernutzungserlaubnis vorgenommen hat. Die Sondernutzungserlaubnis ist jedenfalls nicht entbehrlich, weil eine spezielle Erlaubnis im Sinne des § 29 Abs. 2, 3 StVO die Sondernutzungserlaubnis verdrängt, denn es gibt keine Anhaltspunkte für die Anwendbarkeit des § 29 Abs. 2, 3 StVO.

a) Erlaubnispflichtige Sondernutzung im Sinne des § 11 Abs. 1 BerlStrG

K hat keine Erlaubnis. Fraglich ist jedoch, ob es sich bei der Vermietung bzw. Benutzung des BierBikes und der Zurverfügungstellung des Steuermannes um eine erlaubnispflichtige Sondernutzung im Sinne des § 11 Abs. 1 BerlStrG oder um Gemeingebrauch im Sinne des § 10 Abs. 2 S. 1 BerlStrG handelt. Gemäß § 10 Abs. 2 S. 1, 3 BerlStrG gehört die Nutzung eines Weges zu gewerblichen Zwecken nicht zum Gemeingebrauch. Maßgeblich ist somit, zu welchem Zweck das Bier-Bike eingesetzt wird.

aa) Art des Transportmittels

Der Zweck des Transportmittels könnte sich bereits aus dessen Art ergeben (vgl. dazu VG Düsseldorf, Urteil vom 6.10.2010, 16 K 8009/09, Rn 18ff.). Nach § 10 Abs. 2 S. 3 BerlStrG können solche Benutzungsarten vom Gemeingebrauch ausgeschlossen sein, die zwar einerseits Teilnahme am Straßenverkehr darstellen, andererseits aber wegen des über die Straßenbenutzung hinaus verfolgten anderweitigen Zwecks nicht mehr als Teilnahme am Straßenverkehr anmuten, weil die Merkmale der Straßenbenutzung zu Zwecken des Verkehrs nicht mehr überwiegen (vgl. BVerwG, Urteil vom 22.1.1971 – VII C 61/70 –, GewArch. 1971, 139 sowie Urteil vom 3.6.1982 – 7 C 73/79 –, NJW 1982, 2332; siehe auch OLG Düsseldorf, Beschluss vom 1.7.2010 – IV-4 RBs 25/10; BVerwG, Beschluss vom 28.8.2012, NVwZ 2012, 1623). Um eine effektive Gefahrenabwehr im Sinne des sich u.a. aus Art. 20 Abs. 3 GG ergebenden Rechtsstaatsprinzips zu gewährleisten, ist bei verfassungskonformer Auslegung des § 10 BerlStrG nicht die formale Teilnahme am Straßenverkehr, sondern der materielle Zweck maßgeblich. Es kommt daher entgegen der Auffassung des K nicht darauf an, ob das BierBike als Fahrrad im Sinne des Straßenverkehrsrechts einzustufen ist, zumal das BierBike als mehrrädriges Fahrzeug ohnehin nicht den Vorstellungen des Gesetzgebers von einem Fahrrad entspricht. Das ergibt sich aus sich der in § 2 Abs. 4 Satz 5 StVO für Fahrräder normierten Pflicht zur Radwegebenutzung und an der aus § 21 Abs. 3 StVO folgenden grundsätzlichen Unzulässigkeit der Personenbeförderung. Auch mit einem – sei es als Fahrrad, sei es als sonstiges Straßenfahrzeug im Sinne des § 63 StVZO – den straßenverkehrsrechtlichen Vorschriften genügenden Fahrzeug kann eine Straße nämlich über den Gemeingebrauch hinaus genutzt werden. Der Zweck des Transportmittels ergibt sich nicht aus dessen Art.

bb) Objektive Ermittlung des verfolgten Zwecks

Maßgeblich für den Zweck des BierBikes ist somit eine verobjektivierte Sicht. Im Vordergrund des Einsatzes des Bierbikes steht aus verobjektivierter nicht die Nutzung der öffentlichen Straßen zu Verkehrszwecken. Zwar wird das als Mehrpersonenfahrzeug konzipierte BierBike durch die Betätigung der Pedale auch in Bewegung gesetzt; die damit verbundene Ortsveränderung ist jedoch lediglich ein Nebeneffekt. Aus den konkreten Umständen, insbesondere aufgrund der äußeren Aufmachung des thekenähnlichen Fahrzeugs, das mit einem nicht zu übersehenden Bierfass ausgestattet ist und deutlich sichtbar die Aufschrift „x.de“ sowie ein großes Bierfass auf Rädern im Logo trägt, und aufgrund der Werbung für das Gefährt als „Partyfahrrad für Spaß unter Freunden“ (www.x.de) wird deutlich, dass der Hauptzweck des Betriebes dieses Fahrzeugs nicht der Personentransport, sondern der Betrieb einer mobilen Plattform ist, der dem geselligen, mit dem Konsum von vorwiegend alkoholischen Getränken verbundenen Zusammensein einer Gruppe von Personen dient. K betreibt im Schwerpunkt faktisch einen – nicht ortsgebundenen – Selbstbedienungsausschank bzw. eine bewegliche Veranstaltungsfläche. K verfolgt damit ganz überwiegend verkehrsfremde, vom Gemeingebrauch nicht mehr gedeckte Zwecke. Auf der Internetseite des K www.x.de wird das Feiern ebenfalls hervorgehoben, auch durch die Aussage „BierBikes garantieren jede Menge Spaß und ein unvergessliches Ereignis.“ Auch dies zeigt, dass es K vorrangig um die gewerbliche Veranstaltung bzw. Organisation von Feiern geht.

Auch das Verhalten der jeweiligen Gruppenteilnehmer spricht dafür, dass Teilnahme am Straßenverkehr nicht entscheidend ist. Gerade durch das Verhalten der auf dem BierBike fahrenden Personen drängt sich für außenstehende Dritte der Eindruck auf, dass für die an Bord des Fahrzeuges befindlichen Personen die Teilhabe am Straßenverkehr allenfalls von sekundärer Bedeutung ist, sodass für diese das Feiern und der Spaßfaktor eindeutig im Vordergrund stehen. Dies wird auch bei Verfolgung der Verlinkung auf der Internetseite www.x.de zu YouTube deutlich, bei der auf drei eingestellte verfilmte Erinnerungen von Gästen verwiesen wird, die Äußerungen derselben zum kolossalen Partyspaß enthalten.

Darüber hinaus ist es Voraussetzung für eine gemeingebräuchliche Straßennutzung, dass die Straße in der üblichen Weise zum Verkehr benutzt wird (vgl. BVerfG, Beschluss vom 10.12.1975 – 1 BvR 118/71; BVerfGE 40, 371). Davon kann nicht mehr ausgegangen werden, wenn andere Verkehrsteilnehmer durch die Straßennutzung in ihrem Gemeingebrauch unzumutbar beeinträchtigt werden und damit die Gemeinverträglichkeit überschritten wird (vgl. BVerwG, Urteil vom 4.3.1966 – IV C 2.65; VGH BW, Urteil vom 17.8.1988 – 14 S 689/87; GewArch. 1988, 370, Fickert, Straßenrecht in NRW, § 14, Rn 46, Hengst/Majcherek, StrWG NRW, § 18, Rn 2.5). Beim BierBike des K ist eine erhebliche, das Maß des Zumutbaren überschreitende Beeinträchtigung der übrigen Verkehrsteilnehmer gegeben. Das BierBike ist mit seinen 1100 kg Leergewicht ein ausgesprochen langsames und schwerfälliges Gefährt. Es kann nur eine Geschwindigkeit von ca. 6 km/h erreichen, dies allerdings nur, wenn die Mitfahrer das wollen und entsprechend in die Pedale treten, ansonsten ist das Fahrzeug langsamer und bewegt sich allenfalls mit Schrittgeschwindigkeit durch die Straßen oder bleibt sogar stehen, ohne dass der Steuermann dies beeinflussen kann. Insbesondere bei dem üblicherweise im BierBike angestrebten und erreichten Alkoholpegel lässt die Kraft der Gruppenteilnehmer zur Fortbewegung bei zunehmender Zeitdauer der Fahrt regelmäßig nach. Das BierBike stellt damit für den sonstigen fließenden Verkehr ein erhebliches Hindernis dar, das wegen seiner beträchtlichen Breite von ca. 2,25 m auch nicht ohne Komplikationen überholt werden kann. Dabei hängt es vom Willen der überwiegend unter Alkoholeinfluss stehenden Benutzer ab, ob das Fahrzeug stehen bleibt und ist somit nicht vergleichbar mit einem Pannenfahrzeug, das wegen eines technischen Defektes liegen bleibt.

Nach alledem ist der Zweck des BierBikes bei verobjektivierter Sicht nicht die Nutzung öffentlicher Straßen zu Verkehrszwecken, sondern das Verbringen eines feucht-fröhlichen Events. Es handelt sich beim Betreiben des BierBikes nicht um klassischen Gemeingebrauch.

cc) Kommunikativer Gemeingebrauch

Es kann sich beim Betrieb des BierBikes allerdings um kommunikativen Gemeingebrauch handeln, der mittels einer verfassungskonformen Auslegung des Gemeingebrauches auf Tatbestandsebene nicht als Sondernutzung einzustufen, sondern wie ein klassischer Gemeingebrauch zu behandeln ist.[12] Für die Demokratie schlechthin konstituierende Grundrechte wie die z.B. Meinungsfreiheit im Sinne des Art. 5 Abs. 1 GG, die insoweit zu berücksichtigen sein können (vgl. BayVGH vom 4.7.1996 BayVBl 1996, 165; ebenso OVG Niedersachsen vom 13.11.1995 NVwZ-RR 1996, 247/248; OVG Bremen vom 25.2.1997, 285/286; unentgeltliches Verteilen von Zeitschriften ohne Hilfsmittel Gemeingebrauch), stehen in keinem Zusammenhang zu BierBikes. Die Berufsfreiheit im Sinne des Art. 12 Abs. 1 GG ist dem Gemeingebrauch anderer aus Art. 2 Abs. 1 GG i.V.m. Art. 3 Abs. 1 GG sowie der Sicherheit des Straßenverkehrs und der damit geschützten Rechtsgüter Körper und Leben Dritter aus Art. 2 Abs. 2 S. 1 GG untergeordnet. Bei einem BierBike steht die kommerzielle Unterhaltung im Vordergrund, nicht die öffentliche Meinungsbildung. Zudem ist der fließende Verkehr nicht vom kommunikativen Gemeingebrauch umfasst. Der Betrieb einschließlich der Ver-

---

12 Die verfassungskonforme Auslegung auf Tatbestandsseite erfolgt i.d.R. in Konstellationen mit Breitenwirkung. Sie ist auf die Norm bezogen, nicht nur auf den Einzelfall. Es geht also nicht um das BierBike des K, sondern um ein BierBike allgemein. Lediglich die Subsumtion ist auf Tatbestandsebene einzelfallbezogen. Anders ist dies bei einer verfassungskonformen Auslegung auf Rechtsfolgenseite (Ermessensüberschreitung) bezogen auf Verwaltungsakte. Dort geht es nur um den Einzelfall.

mietung und Zurverfügungstellung eines Steuermannes ist auch kein kommunikativer Gemeingebrauch.

dd) Zwischenergebnis

Die Nutzung des BierBikes stellt eine erlaubnispflichtige Sondernutzung dar.

b) Ordnungspflicht

K vermietet das BierBike, stellt es mit Steuermann zur Verfügung, bringt es an vereinbarte Orte und holt es wieder ab. Diese Handlungen erfolgen zumindest teilweise – Abstellen und Abholen – auf der Straße, sodass K insoweit Handlungsstörer im engen Sinne gemäß § 13 Abs. 1 ASOG, der im besonderen Gefahrenabwehrrecht des § 14 Abs. 1 S. 1 BerlStrG ergänzend angewandt wird, ist.[13] Im Übrigen ist er bei im Hinblick auf eine effektive Gefahrenabwehr im Rechtsstaat verfassungskonformer Auslegung Handlungsstörer in Form eines Zweckveranlassers im Sinne des § 13 Abs. 1 ASOG, da er die Sondernutzung durch Dritte, denen er das BierBike zur Verfügung stellt, intendiert.

III. Rechtsfolge

Rechtsfolge ist Ermessen der Behörde im Sinne des § 40 VwVfG i.V.m. § 1 VwVfG Bln. Eine Ermessensreduktion auf null ist ebenso wenig ersichtlich wie ein Ermessensausfall. Eine verfassungskonforme Auslegung auf Rechtsfolgenseite wegen eines unverhältnismäßigen Grundrechtseingriffes im Rahmen der Ermessensüberschreitung ist zwar grundsätzlich möglich, jedoch mit gleicher Argumentation wie auf Tatbestandsebene auch bezogen auf K nicht anzunehmen. Ermessensfehler sind somit nicht ersichtlich.

IV. Zwischenergebnis

Die Klage ist unbegründet.

C. Ergebnis

Die Klage wird abgewiesen.

---

13 Eine Zustandsstörereigenschaft ist eher abzulehnen, weil die Störung und damit die Verletzung des BerlStrG weniger vom BierBike ausgehen, sondern wegen der Sondernutzungserlaubnis bereichsspezifisch an die Person angeknüpft wird.

Besonderes Verwaltungsrecht – Fall 21 – WaffenR: „Waffen weg!“

Dem W wurde im Jahr 2002, noch unter Geltung der alten Rechtslage nach dem Waffengesetz 1976, eine Waffenbesitzkarte ausgestellt. Am 16. März 2003 wurde er wegen Anstiftung zum Meineid gemäß den §§ 154 Abs. 1, 26 StGB rechtskräftig verurteilt. Durch den Fehler eines Sachbearbeiters erhielt das zuständige Landratsamt davon zunächst keine Kenntnis. Erst am 1. April 2012 gelangt die Verurteilung des W zur Kenntnis des zuständigen Sachbearbeiters im Landratsamt. Daraufhin widerrief das zuständige Landratsamt des Landkreises B im Bundesland L mit Bekanntgabe am 10. April 2012 schriftlich die dem W erteilte Waffenbesitzkarte, nachdem sie ihn angehört hatte. Die Behörde begründet den Widerruf damit, dass von der Verurteilung des W zwingend auf seine Unzuverlässigkeit geschlossen werden müsse.

W ist empört. Er macht zutreffend geltend, dass durch seine Verurteilung die Verweigerung der Waffenbesitzkarte nach dem bei Eintritt ihrer Rechtskraft noch geltenden Waffengesetz 1976 nicht gerechtfertigt werden konnte. Andernfalls ergäben sich ungerechte Ergebnisse: In Konstellationen, in denen unter Geltung des früheren Waffengesetzes nach der Verurteilung wegen eines Verbrechens eine waffenrechtliche Erlaubnis erteilt worden ist, könne diese nunmehr mangels einer nachträglich eingetretenen Tatsache nicht mehr widerrufen werden. Zudem sei der Widerruf nicht mit dem unter anderem in Art. 30 Abs. 3 GG geregelten rechtsstaatlichen Vertrauensschutzgebot vereinbar. W macht daneben geltend, dass der Widerruf jedenfalls verwirkt oder aber wegen Ablaufs der Frist gemäß den §§ 49 Abs. 2 S. 2, 48 Abs. 4 VwVfG ausgeschlossen sei.

Am 2. Mai 2012 beantragt W beim örtlich zuständigen Verwaltungsgericht zu klären, dass er einstweilen wieder zum Waffenbesitz berechtigt zu sei. Zeitgleich erhebt er Widerspruch beim Landratsamt gegen den Widerruf der Waffenbesitzkarte.

Wird W mit seinem Antrag beim Verwaltungsgericht erfolgreich sein?

Bearbeitungsvermerk

Soweit es auf ein Verwaltungsverfahrensgesetz ankommt, ist bei der Bearbeitung das Verwaltungsverfahrensgesetz des Bundes anzuwenden. Gehen Sie davon aus, dass im Bundesland L keine Ausführungsvorschriften zu § 61 Nr. 3 VwGO und zu § 78 Abs. 1 Nr. 2 VwGO erlassen worden sind.

Schwerpunkte
Grundzüge des Waffengesetzes
Aufhebung einer Waffenbesitzkarte

Vertiefung
BVerwG, Urteil vom 16.5.2007, NVwZ 2007, 1201; VGH Mannheim, Beschluss vom 19.8.2004, NJOZ 2006, 52.

Gliederung

A. Sachentscheidungsvoraussetzungen
  I. Rechtsweg (+)
  II. Zuständigkeit (+)
  III. Beteiligte (+)
  IV. Statthafte Verfahrensart
  V. Besondere Sachentscheidungsvoraussetzungen (+)
    1. Besondere Prozessführungsbefugnis (+)
    2. Antragsbefugnis (+)
  VI. Allgemeines Rechtsschutzbedürfnis (+)
    1. Gesetzliche Suspendierung
    2. Aussetzungsantrag
    3. Rechtsschutz in der Hauptsache
      a) Ausnahmslose Betreibung der Hauptsache
      b) Grundsätzliche Entbehrlichkeit des Betreibens der Hauptsache
      c) Differenzierte Betrachtung
      d) Zwischenergebnis
    4. Verfristung der Hauptsache (–)
  VII. Zwischenergebnis
B. Begründetheit (–)
  I. Rechtmäßigkeit des Widerrufs der Erteilung der Waffenbesitzkarte (+)
    1. Rechtsgrundlage (+)
    2. Voraussetzungen (+)
      a) Formelle Voraussetzungen (+)
      b) Materielle Voraussetzungen (+)
      aa) Erlaubnis „nach diesem Gesetz“ (+)
      bb) Nachträglicher Eintritt einer Tatsache (+)
      cc) Versagungsgrund (+)
      (1) Wortlaut (+)

(2) Historie (+)
(3) Sinn und Zweck des Gesetzes (+)
(4) Systematik (+)
(5) Etwaiger Widerspruch (–)
(6) Vertrauensschutzgebot, Art. 20 Abs. 3 GG (–)
(a) Echte Rückwirkung
(b) Unechte Rückwirkung
(7) Verfristung gemäß den §§ 49 Abs. 2 S. 2, 48 Abs. 4 S. 1 VwVfG (–)
(8) Verwirkung (–)
c) Zwischenergebnis
3. Rechtsfolge
II. Aussetzungs-/Vollziehungsinteresse
C. Ergebnis

Lösungsvorschlag

Die folgende Lösung ist als Lösungsvorschlag zu verstehen und ausführlicher, als es in der Klausurbearbeitung verlangt werden kann. Aufgrund der wissenschaftlichen Freiheit können andere Lösungswege vertreten werden, soweit sie dogmatisch begründbar sind. Die Nachweise aus Rechtsprechung und Literatur sowie die das Verständnis fördernden Randbemerkungen sind in der Examensklausur auszusparen. Die Abkürzung „Alt." steht für Alternativfall, nicht für Alternative.

W wird mit seinem Antrag beim Verwaltungsgericht jedenfalls erfolgreich sein, soweit die Sachentscheidungsvoraussetzungen erfüllt sind und der Antrag zulässig sowie begründet ist.

A. Sachentscheidungsvoraussetzungen

Die Sachentscheidungsvoraussetzungen können erfüllt sein.[1]

1 **Hinweis:** Andere Aufbauvarianten werden vertreten (z.B. dreistufig oder Prüfung des Verwaltungsrechtsweges als Untergliederungspunkt der Zuständigkeit des Gerichts). Derartige Aufbauvarianten sind aber mit § 17a Abs. 2 GVG bzw. mit der Überschrift des 6. Abschnitts der Verwaltungsgerichtsordnung sowie mit § 83 VwGO unvereinbar und daher bei exakter dogmatischer Zuordnung der Prüfungspunkte nicht empfehlenswert. Die Überschrift „Sachurteilvoraussetzungen" bzw. „Sachentscheidungsvoraussetzungen" anstelle der Überschrift „Zulässigkeit" ist unter anderem sinnvoll, weil nach § 63 Nr. 3 VwGO auch der Beigeladene zu den

I. Rechtsweg

Ein Rechtsweg muss eröffnet sein. Der Verwaltungsrechtsweg kann mangels aufdrängender Sonderzuweisung gemäß § 40 Abs. 1 S. 1 VwGO eröffnet sein. Unter Umständen kommt ein Verweisungsbeschluss gemäß § 17a Abs. 2 GVG i.V.m. § 173 VwGO in Betracht. Der Verwaltungsrechtsweg ist eröffnet, wenn ein Hoheitsträger durch die streitentscheidende öffentlich-rechtliche Norm einseitig berechtigt oder verpflichtet wird bzw. soweit aufgrund typisch hoheitlichen Handelns zwischen den Beteiligten ein Subordinationsverhältnis besteht.

Als Rechtsgrundlage für den Widerruf – der als Widerruf bezeichnete Bescheid ist mangels gegenteiliger Anhaltspunkte auch als solcher zu behandeln – der Waffenbesitzkarte kommen § 49 VwVfG bzw. § 45 Abs. 2 WaffG in Betracht. Durch beide Normen werden Hoheitsträger zum hoheitlichen Handeln in Form eines Aufhebungsbescheides gegenüber Bürgern berechtigt. Sie sind öffentlich-rechtlicher Natur. Jedenfalls hat das zuständige Landratsamt von seiner Hoheitsgewalt Gebrauch gemacht, indem es W die Waffenbesitzkarte durch einen Verwaltungsakt im Sinne des § 35 S. 1 VwVfG entzog, welcher als Kehrseite der ursprünglichen Erteilung der Waffenbesitzkarte – ebenfalls ein Verwaltungsakt im Sinne des § 35 S. 1 VwVfG – gemäß § 10 Abs. 1 S. 1 WaffG einzustufen ist. Wählt die Verwaltung eine typisch hoheitliche Handlungsform, entsteht zudem ein Subordinationsverhältnis, aus dem sich die Eröffnung des Verwaltungsrechtsweges ergibt. Da die Streitigkeit mangels doppelter Verfassungsunmittelbarkeit nicht verfassungsrechtlicher Art und eine abdrängende Sonderzuweisung nicht ersichtlich ist, ist der Verwaltungsrechtsweg eröffnet.

II. Zuständigkeit

Im Verfahren des einstweiligen Rechtsschutzes ist unabhängig davon, um welches Verfahren im einstweiligen Rechtsschutz es sich handelt, gemäß den §§ 123 Abs. 2 S. 1, 80 Abs. 5 S. 1, 80a Abs. 3 S. 1, 2 VwGO das Gericht der Hauptsache zuständig. Außer beim einstweiligen Rechtsschutz im Sinne des § 47 Abs. 6 VwGO – insoweit wäre wie in der Hauptsache stets das Oberverwaltungsgericht zuständig – ist in der Hauptsache in der Regel gemäß § 45 VwGO das Verwaltungsgericht als Eingangsinstanz für den von der zuständigen Behörde erlassenen Verwaltungsakt sachlich zuständig. Das wäre lediglich anders, wenn es Anhaltspunkte für abweichende Regelungen wie z.B. § 50 VwGO gäbe, die

---

Beteiligten gehört, das Fehlen einer notwendigen Beiladung im Sinne des § 65 Abs. 2 VwGO aber nur dazu führt, dass die Entscheidung keine materielle Rechtskraft entfaltet.

Zum gesamten Aufbau: Heinze/Starke JURA 2012, 175 ff.

jedoch nicht ersichtlich sind, sodass kein Verweisungsbeschluss gemäß den §§ 17a Abs. 2 GVG, 83 VwGO gefasst werden wird.[2]

III. Beteiligte

W und der Landkreis B als Gebietskörperschaft des öffentlichen Rechts können Beteiligte des Verfahrens sein. Ob sich die Beteiligungsfähigkeit aus der direkten Anwendung der §§ 63, 61, 62, 65 VwGO ergibt oder ob die Normen wegen des Wortlautes in § 63 VwGO – Kläger und Beklagter – analog anzuwenden sind, ist irrelevant, wenngleich sich aus der gesetzlichen Abschnittsüberschrift des 7. Abschnitts des zweiten Teils der Verwaltungsgerichtsordnung „Allgemeine Verfahrensvorschriften" ergeben kann, dass sämtliche Verfahren und damit auch die Verfahren des einstweiligen Rechtsschutzes von der direkten Anwendung erfasst sind. Beteiligte sind im Sinne des § 63 Nr. 1, 2 VwGO jedenfalls unter anderem der Antragsteller und der Antragsgegner, beteiligungsfähig nach § 61 Nr. 1 VwGO natürliche und juristische Personen. Behörden sind im Bundesland L nicht gemäß § 61 Nr. 3 VwGO i.V.m. dem Landesrecht beteiligungsfähig. Als Antragsteller ist W gemäß § 61 Nr. 1 Alt. 1 VwGO beteiligungsfähig und gemäß § 62 Abs. 1 Nr. 1 VwGO prozessfähig.

Antragsgegner ist der Landkreis B als Gebietskörperschaft des öffentlichen Rechts, vertreten durch die Behörde. Der Landkreis ist gemäß den §§ 63 Nr. 2, 61 Nr. 1 Alt. 2 VwGO beteiligungsfähig und mangels Anhaltspunkten bezüglich des für die Behörde handelnden Organwalters gemäß § 62 Abs. 1, 3 VwGO prozessfähig.

IV. Statthafte Verfahrensart

Die statthafte Verfahrensart ist gemäß den §§ 88, 122 Abs. 1 VwGO i.V.m. § 80 Abs. 7 VwGO oder § 123 Abs. 4 VwGO oder § 80a Abs. 3 S. 2 VwGO aus dem Antragsbegehren zu ermitteln. Gemäß § 123 Abs. 5 VwGO sind die Verfahren nach den §§ 80, 80a VwGO gegenüber der einstweiligen Anordnung nach § 123 Abs. 1 VwGO spezieller.

Der Antrag gemäß § 80 Abs. 5 S. 1 VwGO ist statthaft, soweit der Antragsteller die Suspendierung, also die Herstellung bzw. Wiederherstellung der auf-

2 Die örtliche Zuständigkeit ist anzusprechen, wenn es dafür Anhaltspunkte im Sachverhalt gibt. Im Übrigen ist die Prüfung derselben sinnvoll – allerdings nicht notwendig. Gegebenenfalls ist die örtliche Zuständigkeit im Anschluss an die sachliche Zuständigkeit zu prüfen. Ist sie jedoch gemäß § 52 Nr. 2 VwGO ausnahmsweise von der Klageart abhängig, muss sie von der sachlichen Zuständigkeit getrennt nach der Klageart oder deren besonderen Sachurteilsvoraussetzungen bzw. Sachentscheidungsvoraussetzungen erörtert werden, obwohl § 17a Abs. 2 GVG gemäß § 83 VwGO entsprechend anwendbar ist.

schiebenden Wirkung eines Rechtsbehelfs bzw. Rechtsmittels bezüglich eines Verwaltungsaktes begehrt. Ein Verwaltungsakt ist gemäß § 35 S. 1 VwVfG jede Verfügung, Entscheidung oder andere hoheitliche Maßnahme, die eine Behörde zur Regelung eines Einzelfalles auf dem Gebiet des öffentlichen Rechts trifft und die auf unmittelbare Rechtswirkung nach außen gerichtet ist. W hat seinen Antrag mit dem Ziel gestellt, einstweilen wieder zum Waffenbesitz berechtigt zu sein.

Dies ist dahingehend auszulegen, dass der Widerruf der Waffenbesitzkarte suspendiert werden soll, damit diese einstweilen wieder gilt. Der Widerruf der Waffenbesitzkarte ist als Kehrseite der als Verwaltungsakt erfolgten Erteilung der Waffenbesitzkarte ebenfalls ein Verwaltungsakt, da Rechtssetzungsakte der Verwaltung schon wegen des sich unter anderem aus Art. 20 Abs. 3 GG ergebenden Rechtsstaatsprinzips durch gleichfalls hinreichend bestimmte Rechtssetzungsakte aufzuheben sind. Somit ist der Antrag des W als Suspendierungsantrag durch den Widerspruch bezüglich des Widerrufs der Waffenbesitzkarte auszulegen, weil nach der Suspendierung des Widerrufs der Waffenbesitzkarte diese wieder gilt. Der Antrag gemäß § 80 Abs. 5 S. 1 VwGO ist statthaft.

V. Besondere Sachentscheidungsvoraussetzungen

Die besonderen Sachentscheidungsvoraussetzungen müssen erfüllt sein. Ausdrückliche Regelungen über die besonderen Sachentscheidungsvoraussetzungen gibt es für das Verfahren nach § 80 Abs. 5 S. 1 VwGO nicht.

1. Besondere Prozessführungsbefugnis

§ 78 VwGO als Regelung der besonderen Prozessführungsbefugnis ist gemäß der Abschnittsüberschrift des 8. Abschnitts der Verwaltungsgerichtsordnung bei Anfechtungs- und Verpflichtungsklagen anwendbar. Analog ist § 78 VwGO bei Verfahrensarten anwendbar, bei denen es um Verwaltungsakte geht, weil insoweit eine vergleichbare Interessenlage bei planwidriger Regelungslücke besteht. Da beim Verfahren nach § 80 Abs. 5 S. 1 VwGO die Suspendierung eines Verwaltungsaktes erstrebt wird, ist § 78 VwGO insoweit analog anwendbar. Besonders prozessführungsbefugt ist analog § 78 Abs. 1 Nr. 1 VwGO der Landkreis B als Rechtsträger der Behörde.

2. Antragsbefugnis

W muss zwecks der Vermeidung eines Popularantrages analog § 42 Abs. 2 VwGO antragsbefugt sein. Die Antragsbefugnis nach § 42 Abs. 2 VwGO setzt die

Möglichkeit der Verletzung eines subjektiven Rechts voraus. Subjektive Rechte ergeben sich grundsätzlich aus Sonderrechtsbeziehungen, einfachen Gesetzen und subsidiär aus Grundrechten, wobei aufgrund des weiten Schutzbereiches des Art. 2 Abs. 1 GG bei unmittelbaren Grundrechtseingriffen für das subjektive Recht direkt auf Grundrechte abgestellt werden kann, wenngleich spezielle Grundrechte insoweit primär maßgeblich sind. Ob es sich beim Widerruf der Waffenbesitzkarte um einen belastenden Verwaltungsakt handelt, durch den klassisch und damit unmittelbar in die Grundrechte des W – jedenfalls Art. 2 Abs. 1 GG – eingegriffen wird, ist problematisch, weil die Erteilung der Waffenbesitzkarte zunächst eine Leistung darstellt, welche durch den Widerruf aufgehoben wird. Die Modifizierung einer Leistung ist aber nicht zwingend als Eingriff einzustufen, sondern nur, soweit auf die Leistung ein grundrechtlicher Anspruch besteht. Dies ist letztlich irrelevant, da durch den Widerruf der Waffenbesitzkarte in das spezielle subjektive Recht des W aus der erteilten Waffenbesitzkarte als Sonderrechtsbeziehung eingegriffen worden ist. Außerdem besteht die Möglichkeit, dass W durch den Widerruf in seinen subjektiven Rechten aus §§ 2 Abs. 2, 4 Abs. 1 und 10 Abs. 1 S. 1 WaffG verletzt ist. Folglich ist W aufgrund der Möglichkeit einer Verletzung seiner subjektiven Rechte aus der bestehenden Sonderrechtsbeziehung und aus dem Waffengesetz analog § 42 Abs. 2 VwGO antragsbefugt.

VI. Allgemeines Rechtsschutzbedürfnis

Aus dem unter anderem in Art. 20 Abs. 3 GG enthaltenen Rechtsstaatsprinzip ergibt sich für das Prozessrecht das Erfordernis des allgemeinen Rechtsschutzbedürfnisses als allgemeine Sachentscheidungsvoraussetzung.

1. Gesetzliche Suspendierung

Dem Antragsteller fehlt das allgemeine Rechtsschutzbedürfnis, soweit der Suspensiveffekt bereits aufgrund der gesetzlichen Regelung des § 80 Abs. 1 VwGO eingetreten ist oder vom Antragsteller außergerichtlich ohne Schwierigkeiten herbeigeführt werden kann. Möglicherweise ist der Suspensiveffekt gemäß § 80 Abs. 2 S. 1 Nr. 3 VwGO i.V.m. § 45 Abs. 5 WaffG nicht eingetreten. Nach § 45 Abs. 5 WaffG haben Widerspruch und Anfechtungsklage gegen Maßnahmen nach Abs. 1 und Abs. 2 S. 1 keine aufschiebende Wirkung, sofern die Erlaubnis wegen der Nichtgegebenheit oder des Entfallens der Voraussetzungen nach § 4 Abs. 1 Nr. 2 zurückgenommen oder widerrufen wird. Das Landratsamt hat mit dem Widerruf der Waffenbesitzkarte eine Maßnahme nach § 45 Abs. 2 S. 1 WaffG getroffen. Der Widerruf muss wegen des Entfallens der Voraussetzungen nach

§ 4 Abs. 1 Nr. 2 WaffG erfolgt sein. Nach § 2 Abs. 2 WaffG bedarf der Umgang mit Waffen oder Munition, die in der Anlage 2 (Waffenliste) Abschnitt 2 zu diesem Gesetz genannt sind, der Erlaubnis. Voraussetzungen für die Erlaubnis sind gemäß § 4 Abs. 1 Nr. 2 WaffG unter anderem die erforderliche Zuverlässigkeit im Sinne des § 5 WaffG und persönliche Eignung im Sinne des § 6 WaffG. Die Behörde hat angeführt, dass aufgrund der rechtskräftigen Verurteilung des W zwingend auf dessen Unzuverlässigkeit geschlossen werden müsse. Der Widerruf wurde somit auf das Entfallen einer Voraussetzung nach § 4 Abs. 1 Nr. 2 WaffG gestützt. Aus dem Widerspruch bzw. einer Anfechtungsklage ergibt sich deshalb gemäß § 45 Abs. 5 WaffG keine aufschiebende Wirkung. Somit gab es für W keine andere Möglichkeit, die Suspendierung des Widerrufs herbeizuführen, als einen Antrag nach § 80 Abs. 5 S. 1 VwGO beim Verwaltungsgericht zu stellen. Insoweit ist W das allgemeine Rechtsschutzbedürfnis nicht abzusprechen.

2. Aussetzungsantrag

Um ein Rechtsschutzbedürfnis zu haben, könnte für den Antragsteller ein vorheriger Antrag nach § 80 Abs. 6 S. 1 VwGO auf Aussetzung im Sinne des § 80 Abs. 4 S. 1 VwGO erforderlich sein. Das wäre nur anzunehmen, wenn der Verweis in § 80 Abs. 6 S. 1 VwGO auf § 80 Abs. 2 S. 1 Nr. 1 VwGO nur eine deklaratorische Funktion hätte. Dem Wortlaut nach ist § 80 Abs. 6 S. 1 VwGO abschließend. Die Norm soll nur in den dort explizit benannten Konstellationen angewandt werden, zumal im Gegensatz zur Analogie eine plangemäße Regelungslücke für verbleibende Konstellationen anzunehmen ist. Aus einem Umkehrschluss aus § 80 Abs. 6 S. 1 VwGO ergibt sich somit, dass in Konstellationen außerhalb des § 80 Abs. 2 S. 1 Nr. 1 VwGO vor der Betreibung des einstweiligen Rechtsschutzes kein Aussetzungsantrag bei der Behörde zu stellen ist. Das Rechtsschutzbedürfnis ist W insoweit nicht abzusprechen.

3. Rechtsschutz in der Hauptsache

Es könnte erforderlich sein, vor oder gleichzeitig mit Beantragung des einstweiligen Rechtsschutzes den Rechtsschutz in der Hauptsache durch Klageerhebung bzw. durch Einlegung[3] eines gegebenenfalls trotz Entbehrlichkeit des Vorverfahrens statthaften Widerspruches zu verfolgen.

---

3 Ein Widerspruch wird gemäß § 69 VwGO erhoben, während in § 70 Abs. 1 S. 2 VwGO und § 75 S. 2 VwGO der Terminus „Einlegung" verwendet wird.

a) Ausnahmslose Betreibung der Hauptsache

Die Erforderlichkeit der vorherigen oder gleichzeitigen Verfolgung des Rechtsschutzes in der Hauptsache könnte sich ausnahmslos daraus ergeben, dass eine Suspendierung, also eine Herstellung bzw. Wiederherstellung der aufschiebenden Wirkung bei Gericht sinnvoll nur erfolgen kann, wenn dies zuvor schon bei der Behörde beantragt worden ist (vgl. VG Göttingen, 1. Kammer, Beschluss vom 9.1.2013 – 1 B 7/13 m.w.N.). Insbesondere dient z.B. ein Widerspruchsverfahren der Selbstkontrolle der Verwaltung im Sinne des Art. 20 Abs. 3 GG, sodass ihr selbst die Möglichkeit zur Suspendierung gegeben werden müsste. Durch die Möglichkeit der Verwaltung, jederzeit nach § 80 Abs. 4 S. 1 VwGO die Vollziehung auszusetzen, wird die effektive Selbstkontrolle noch nicht zwingend gewährleistet, weil die Verwaltung naturgemäß in der Regel nur tätig und aussetzen wird, wenn sie davon Kenntnis erlangt, dass der Bürger mit der Bescheidung nicht einverstanden ist.

Jedenfalls in den Konstellationen, in denen das Widerspruchsverfahren gemäß § 68 Abs. 1 S. 2 VwGO entbehrlich ist, bedarf es keiner vorherigen Betreibung der Hauptsache, weil in § 80 Abs. 5 S. 2 VwGO gesetzlich geregelt ist, dass der Antrag nach § 80 Abs. 5 S. 1 VwGO schon vor Erhebung der Anfechtungsklage zulässig ist. Das Erfordernis der vorherigen oder gleichzeitigen Verfolgung der Hauptsache kann in der Konstellation des § 80 Abs. 5 S. 2 VwGO auch nicht mittels einer verfassungskonformen Auslegung oder Reduktion im Sinne des Art. 20 Abs. 3 GG aus Gründen der Selbstkontrolle der Verwaltung notwendig sein, weil der Wortlaut die Grenze der Auslegung darstellt und der Wortlaut des § 80 Abs. 5 S. 2 VwGO insoweit nicht auslegungsfähig und nicht reduzierungsbedürftig ist. Die Annahme eines solchen Erfordernisses wäre in den Konstellationen der Entbehrlichkeit des Vorverfahrens gesetzeswidrig. Zum einen ist möglicherweise auch bei der Entbehrlichkeit des Widerspruchsverfahrens ein Widerspruch statthaft, um die rechtsstaatliche Selbstkontrolle der Verwaltung im Sinne des Art. 20 Abs. 3 GG zu ermöglichen, zum anderen ist der Widerspruch in den Normen über die Entbehrlichkeit – § 68 Abs. 1 S. 2 VwGO gegebenenfalls in Verbindung mit dem Landesrecht – nicht verboten worden, jedoch kann insoweit jedenfalls kein Widerspruchsverfahren erzwungen werden, weil eine Entbehrlichkeit gesetzlich geregelt ist.

Da das Widerspruchsverfahren für A nicht gemäß § 68 Abs. 1 S. 2 VwGO – auch nicht in Verbindung mit dem Landesrecht des Bundeslandes H – entbehrlich ist, ist nicht unmittelbar die Klage statthaft mit der Folge, dass sich daraus noch keine Entbehrlichkeit des vorherigen Betreibens der Hauptsache in Form eines Widerspruchsverfahrens ergibt.

b) Grundsätzliche Entbehrlichkeit des Betreibens der Hauptsache

Unabhängig davon, ob ein Widerspruchsverfahren gemäß § 68 Abs. 1 S. 2 VwGO entbehrlich ist oder nicht, könnte das vorherige Betreiben der Hauptsache entbehrlich sein. Das könnte sich daraus ergeben, dass durch das Erfordernis des vorherigen Betreibens der Hauptsache die Überlegungsfristen des Betroffenen im Sinne des § 70 Abs. 1 S. 1 VwGO oder nach § 74 Abs. 1 S. 2 VwGO für den Betroffenen verkürzt werden würden, weil er, um einstweiligen Rechtsschutz zu erlangen, schon vor Ablauf dieser Fristen in der Hauptsache tätig werden müsste. § 80 Abs. 5 S. 2 VwGO wäre dann eine deklaratorische Regelung, von der auch Konstellationen erfasst wären, in denen das Widerspruchsverfahren erforderlich wäre. Sinnvoll kann eine differenzierte Betrachtung sein.

c) Differenzierte Betrachtung

Bei differenzierter Betrachtung ist zwischen Konstellationen mit dem Erfordernis eines Widerspruchsverfahrens und ohne Erfordernis eines Widerspruchsverfahrens zu trennen. Sollte ein Widerspruchsverfahren gemäß § 68 Abs. 1 S. 2 VwGO entbehrlich sein, ist der Wortlaut des § 80 Abs. 5 S. 2 VwGO maßgeblich, sodass die Klage vor Stellung des Antrages auf einstweiligen Rechtsschutz nicht erhoben worden sein muss. Ist ein Widerspruchsverfahren allerdings erforderlich, ist vor Stellung des Antrages der Widerspruch einzulegen. Einerseits ist der Wortlaut des § 80 Abs. 5 S. 2 VwGO begrenzt, sodass die Norm eine Ausnahmeregelung darstellt, andererseits kann sinnvoll nur etwas suspendiert werden, das zuvor im Sinne der in einem Rechtsstaat im Sinne des Art. 20 Abs. 3 GG erforderlichen Selbstkontrolle der Verwaltung bei der Behörde beantragt worden ist, zumal dies zu einer Entlastung der Gerichte führt.

Auch die Überlegungsfrist des § 70 Abs. 1 VwGO steht insoweit nicht entgegen. Während die Klagefrist aus § 74 Abs. 1 VwGO bei Entbehrlichkeit des Widerspruchsverfahrens nicht durch das Erfordernis des vorherigen Betreibens der Hauptsache verkürzt werden darf, ist dies bei der Widerspruchsfrist aus den genannten rechtsstaatlichen Gründen anders. Während die Hemmschwelle zur Erhebung einer Klage als Rechtsmittel höher als bei Stellung eines Antrages auf einstweiligen Rechtsschutz ist – schließlich besteht ein hohes Kostenrisiko sowie die psychische Belastung eines lange dauernden Verfahrens – ist die Hemmschwelle für die Einlegung eines Widerspruches als Rechtsbehelf geringer als beim einstweiligen Rechtsschutz. Wenn sich der Antragsteller bereits zu einem gerichtlichen Antrag im einstweiligen Rechtsschutz entschieden hat, ist es weniger problematisch, Widerspruch einzulegen.

Nach alledem ist bei der Erforderlichkeit eines Vorverfahrens vor Stellung des Antrages im Sinne des § 80 Abs. 5 S. 1 VwGO die Einlegung des Widerspruches erforderlich, um zu verdeutlichen, dass die Hauptsache auch tatsächlich betrieben wird. Aus rechtsstaatlichen Gründen im Sinne des Art. 20 Abs. 3 GG sowie aus Gründen des effektiven Rechtsschutzes im Sinne des Art. 19 Abs. 4 GG genügt die Einlegung des Widerspruches zeitgleich mit der Stellung des Antrages im einstweiligen Rechtsschutz, solange die Erhebung des Widerspruches nicht rechtsmissbräuchlich spät erfolgt, obgleich die Selbstkontrolle der Verwaltung insoweit minimiert wird.

d) Zwischenergebnis

Das Widerspruchsverfahren des W war nicht entbehrlich, jedoch hat er zeitgleich mit der Stellung des Antrages nach § 80 Abs. 5 S. 1 VwGO Widerspruch beim Landratsamt als zuständiger Behörde im Sinne des § 70 Abs. 1 S. 1 VwGO eingelegt. Eine missbräuchliche Verzögerung des W ist nicht ersichtlich. Das allgemeine Rechtsschutzbedürfnis ist W somit nicht aufgrund des Nichtbetreibens der Hauptsache abzusprechen.

4. Verfristung der Hauptsache

Ein Rechtsschutzbedürfnis für einstweiligen Rechtsschutz besteht nur, soweit Rechtsschutz in der Hauptsache möglich ist, dessen Sachentscheidungs- bzw. Sachurteilsvoraussetzungen also nicht offensichtlich unerfüllt sind bzw. bleiben werden. Dies ist anzunehmen, wenn der Rechtsbehelf bzw. das Rechtsmittel in der Hauptsache offensichtlich verfristet ist.

Die Widerspruchsfrist beginnt gemäß § 70 Abs. 1 S. 1 VwGO mit der Bekanntgabe des Verwaltungsaktes. Die Bekanntgabe richtet sich nach den §§ 43, 41 VwVfG und erfolgte am 10.4.2012. Nach welcher Vorschrift sich der Fristbeginn berechnet, ist problematisch. Insoweit können die §§ 57 Abs. 2 VwGO, 222 Abs. 1 ZPO, 187 ff. BGB zur Anwendung gelangen. Dafür spricht, dass die Ermittlung des Fristbeginns mittels der gesetzlichen Fiktion letztlich dazu dient, die Einhaltung der Klagefrist nach § 70 VwGO klären. Für Fristen der Verwaltungsgerichtsordnung gilt § 57 Abs. 2 VwGO. Anders kann dies bezüglich der Ermittlung der Bekanntgabe zum Beispiel im Hinblick auf eine gesetzliche Fiktion im Sinne des § 41 Abs. 2 VwVfG zu beurteilen sein, weil es sich insoweit um das Verwaltungsverfahren bis zum Zeitpunkt der Bekanntgabe handelt und diesbezüglich § 31 Abs. 1 VwVfG maßgeblich sein kann. Da der Bekanntgabezeitpunkt jedoch feststeht, und es um die Berechnung der Fristdauer geht, erfolgt diese nach den §§ 57 Abs. 2 VwGO, 222 Abs. 1 ZPO, 187 ff. BGB.

Ist für den Beginn einer Frist ein Ereignis maßgeblich, wird gemäß § 187 Abs. 1 BGB bei der Berechnung der Frist der Tag nicht mitberechnet, in welchen das Ereignis fällt. Das im Sinne des § 187 Abs. 1 BGB maßgebliche Ereignis ist die Bekanntgabe am 10.4.2012. Dieser Tag ist für den Fristbeginn nicht zu berücksichtigen, weil er gemäß § 187 Abs. 1 BGB nicht mitgerechnet wird. Für den Beginn der Berechnung der Monatsfrist ist daher nicht der 10.4.2012 um 24:00 Uhr, sondern der 11.4.2012 um 00:00 Uhr maßgeblich. Als nach Monaten berechnete Frist endete sie gemäß § 188 Abs. 2 BGB als solche Frist, deren Beginn ein Ereignis gemäß § 187 Abs. 1 BGB zugrunde liegt, mit dem Ablauf desjenigen Tages, welcher durch seine Benennung oder Zahl dem Tage entspricht, in welchen das Ereignis fällt. Das Ereignis war die Bekanntgabe am 10.4.2012, sodass die Frist am 10.5.2012 um 24:00 Uhr endete. Der am 2.5.2012 eingelegte Widerspruch ist nicht verfristet.

VII. Zwischenergebnis

Die Sachentscheidungsvoraussetzungen des Verfahrens nach § 80 Abs. 5 S. 1 VwGO sind erfüllt.

B. Begründetheit

Der Antrag des W gemäß § 80 Abs. 5 S. 1 VwGO auf Suspendierung des Widerrufs seiner Waffenbesitzkarte ist begründet, soweit eine etwaige Vollziehungsanordnung nach § 80 Abs. 2 S. 1 Nr. 4 VwGO rechtswidrig ist bzw. bei summarischer Prüfung das Aussetzungsinteresse des W als Antragsteller das Vollziehungsinteresse der Behörde überwiegt.[4] Da der Entfall des Suspensiveffektes auf der gesetzlichen Regelung des § 80 Abs. 2 S. 1 Nr. 3 VwGO i.V.m. § 45 Abs. 5 WaffG beruht, nicht aber auf einer behördlichen Vollziehungsanordnung nach § 80 Abs. 2 S. 1 Nr. 4 VwGO, kommt es auf die Rechtmäßigkeit einer Vollziehungsanordnung nicht an.

Das Aussetzungsinteresse überwiegt das Vollziehungsinteresse, soweit der Verwaltungsakt rechtswidrig ist, weil durch einen rechtswidrigen Verwaltungsakt materiell-rechtlich grundsätzlich kein Grundrechtseingriff gerechtfertigt werden soll und somit kein Vollziehungsinteresse des behördlichen Rechtsträgers bezüglich eines solchen Verwaltungsaktes besteht.[5] Ist der Verwaltungsakt

---

4 Wegen der Formulierung „bzw." ist der Obersatz auch in Konstellationen verwendbar, in denen es keine Vollziehungsanordnung gibt. Ein klarstellender zweiter Satz ist jedoch sinnvoll, um den Leser der Klausur für unterschiedliche Prüfungsmaßstäbe in Konstellationen mit Vollziehungsanordnung und ohne Vollziehungsanordnung zu sensibilisieren.

5 **Es gilt:**

- bei rechtswidrigen Verwaltungsakten überwiegt das Aussetzungsinteresse

rechtmäßig, überwiegt das Vollziehungsinteresse in Konstellationen des § 80 Abs. 2 S. 1 Nr. 1–3 VwGO, weil im Gesetz insoweit eine gesetzgeberische Wertung dahingehend enthalten ist, dass in derartigen Konstellationen bei rechtmäßigen Verwaltungsakten stets vollzogen werden soll. In Konstellationen einer Vollziehungsanordnung im Sinne des § 80 Abs. 2 S. 1 Nr. 4 VwGO bedarf es hingegen grundsätzlich einer eigenen Abwägung des Gerichts, weil der Gesetzgeber insoweit die Anordnung der sofortigen Vollziehbarkeit nicht selbst getroffen, sondern sie der Behörde überlassen hat, deren diesbezügliche Entscheidung gesetzlich überprüfbar ist.

Eine Ausnahme erfolgt insoweit, als es in einigen Konstellationen aufgrund der Erledigung nicht zu einer Hauptsacheentscheidung kommen wird, sodass es zur Gewährung eines im Sinne des Art. 19 Abs. 4 GG und im Sinne des sich unter anderem aus Art. 20 Abs. 3 GG ergebenden Rechtsstaatsprinzips bezüglich des Aussetzungs- und des Vollziehungsinteresses nur auf die Rechtmäßigkeit bzw. Rechtswidrigkeit des Verwaltungsaktes ankommt – auch in Konstellationen des § 80 Abs. 2 S. 1 Nr. 4 VwGO.

Da der Suspensiveffekt des Widerspruches bzw. der Anfechtungsklage bezüglich der Waffenbesitzkarte gemäß § 80 Abs. 2 S. 1 Nr. 3 VwGO i.V.m. § 45 Abs. 5 VwGO entfällt, ist nur die Rechtmäßigkeit des Widerrufs maßgeblich.

I. Rechtmäßigkeit des Widerrufs der Erteilung der Waffenbesitzkarte

Der Widerruf der Waffenbesitzkarte kann rechtswidrig gewesen sein.

1. Rechtsgrundlage

Es kann eine Rechtsgrundlage geben. Während es sich bei der Aufhebung rechtswidriger Verwaltungsakte regelmäßig[6] um eine Rücknahme handelt, werden rechtmäßige Verwaltungsakte widerrufen. Soweit keine Spezialregelungen

---

- bei rechtmäßigen Verwaltungsakten überwiegt in Konstellationen des § 80 Abs. 2 S. 1 Nr. 1–3 VwGO das Vollziehungsinteresse
- in Konstellationen des § 80 Abs. 2 S. 1 Nr. 4 VwGO bedarf es einer Abwägung (Ausnahmen: Zeitmoment, sodass keine Hauptsache stattfinden wird; Drittbetroffenheit)
- Besonderheiten auch bei § 80a VwGO.

6 Eine analoge Anwendung der Widerrufsvorschriften auf rechtswidrige Verwaltungsakte kann bei planwidriger Regelungslücke mit vergleichbarer Interessenlage erfolgen, denn wenn schon ein rechtmäßiger Verwaltungsakt aufgehoben werden kann, gilt dies erst recht für einen rechtswidrigen Verwaltungsakt.

bestehen, sind die Generalklauseln der §§ 48, 49 VwVfG maßgeblich.[7] Mangels Anhaltspunkten für die ursprüngliche Rechtswidrigkeit der Erteilung der Waffenbesitzkarte sowie aufgrund der als Indiz zu berücksichtigenden behördlichen Bezeichnung der Aufhebung als Widerruf, handelt es sich um einen solchen. Eine Auslegung bzw. eine Umdeutung im Sinne des § 47 VwVfG kommen daher nicht in Betracht.

Als Rechtsgrundlage für den Widerruf der Waffenbesitzkarte kommen sowohl § 49 Abs. 2 S. 1 Nr. 3 VwVfG als Vorschrift des allgemeinen Verwaltungsverfahrensrechts als auch § 45 Abs. 2 WaffG als Vorschrift des besonderen Verwaltungsrechts in Betracht.[8] Da das Waffengesetz gegenüber dem Verwaltungsverfahrensgesetz als spezielle bereichsspezifische Regelung einzustufen ist, wird § 49 VwVfG verdrängt, sodass § 45 Abs. 2 WaffG als Rechtsgrundlage vorrangig maßgeblich ist.

2. Voraussetzungen

Die Voraussetzungen für den Widerruf der Erteilung der Waffenbesitzkarte können erfüllt gewesen sein.

a) Formelle Voraussetzungen

Die formellen Voraussetzungen können erfüllt gewesen sein. Formell hat das Landratsamt als zuständige Behörde widerrufen. Eine Anhörung ist gemäß § 28 Abs. 1 VwVfG ordnungsgemäß erfolgt. Nach § 37 Abs. 2 S. 1 VwVfG kann ein

---

7 **System der §§ 48, 49 VwVfG:**

Rechtsgrundlage für die Rücknahme ist immer § 48 Abs. 1 S. 1 VwVfG mit unterschiedlichem Vertrauensschutz, wobei auch für die Vergangenheit zurückgenommen werden kann. Bei belastenden Verwaltungsakten besteht kein Vertrauensschutz, bei Geld- oder teilbaren Sachleistungen auf der Primärebene im Sinne des § 48 Abs. 1 S. 2 VwVfG i.V.m. § 48 Abs. 2 VwVfG, bei sonstigen Begünstigungen auf der Sekundärebene gemäß § 48 Abs. 3 VwVfG.
Rechtsgrundlage beim Widerruf:
- bei Belastungen § 49 Abs. 1 VwVfG ohne Vertrauensschutz für die Zukunft
- bei Geld- oder teilbaren Sachleistungen primär § 49 Abs. 3 S. 1 VwVfG auch für die Vergangenheit

Vertrauensschutz auf der Primärebene mittels der Voraussetzungen, sekundär ergänzend § 49 Abs. 2 VwVfG für die Zukunft (Vertrauensschutz auf der Sekundärebene gemäß § 49 Abs. 6 VwVfG)
- bei sonstigen Begünstigungen gemäß § 49 Abs. 2 VwVfG für die Zukunft (Vertrauensschutz auf der Sekundärebene gemäß § 49 Abs. 6 VwVfG)

8 Soweit allgemeine Regelungen durch Spezialregelungen verdrängt werden, ist stets die Reichweite der Sperrwirkung zu beachten.

Verwaltungsakt schriftlich, elektronisch, mündlich oder in anderer Weise erlassen werden. Auch im Waffengesetz sind für den Widerruf der Erlaubnis keine besonderen Formvorgaben geregelt worden. Das Landratsamt hat den schriftlichen Bescheid auch ordnungsgemäß im Sinne des § 39 Abs. 1 VwVfG begründet. Der Widerruf der Waffenbesitzkarte ist formell rechtmäßig.

b) Materielle Voraussetzungen

Gemäß § 45 Abs. 2 S. 1 WaffG ist eine „nach diesem Gesetz" erteilte Erlaubnis zu widerrufen, wenn bezüglich einer zunächst rechtmäßig erteilten Erlaubnis nachträglich Tatsachen eintreten, die zur Versagung hätten führen müssen. Ursprünglich wurde W die Waffenbesitzkarte rechtmäßig erteilt.

aa) Erlaubnis „nach diesem Gesetz"

Die dem W im Jahr 2002 erteilte Waffenbesitzkarte muss als Erlaubnis nach dem Waffengesetz 2002 zu qualifizieren sein.

Gemäß § 2 Abs. 2 WaffG bedarf der Umgang mit Waffen oder Munition, die in der Anlage 2 (Waffenliste) Abschnitt 2 zum Waffengesetz genannt sind, der Erlaubnis. Umgang mit einer Waffe oder Munition hat nach § 1 Abs. 3 WaffG, wer diese erwirbt, besitzt, überlässt, führt, verbringt, mitnimmt, damit schießt, sie herstellt, bearbeitet, instand setzt oder damit Handel treibt. Die Termini „Waffe" und „Munition" sowie die Einstufung eines Gegenstandes nach § 1 Abs. 2 Nr. 2 lit. b WaffG als Waffe, die Termini der Arten des Umgangs und sonstige waffenrechtliche Begriffe sind nach § 1 Abs. 4 WaffG in der Anlage 1 (Begriffsbestimmungen) zum Waffengesetz geregelt. Gemäß § 10 Abs. 1 S. 1 WaffG wird die Erlaubnis zum Erwerb und Besitz einer Waffe durch eine Waffenbesitzkarte oder durch die Eintragung in eine bereits vorhandene Waffenbesitzkarte erteilt.

Eine Waffenbesitzkarte ist damit grundsätzlich als Erlaubnis nach dem Waffengesetz 2002 zu qualifizieren. Die Waffenbesitzkarte des W wurde ihm jedoch bereits im Jahr 2002 noch unter Geltung der alten Rechtslage nach dem Waffengesetz 1976 erteilt. Fraglich ist, ob eine solche Alterlaubnis auch als eine „Erlaubnis nach diesem Gesetz" im Sinne des § 45 Abs. 2 WaffG zu qualifizieren ist. Erlaubnisse „nach diesem Gesetz" sind jedenfalls solche Gestattungen, die nach dem Inkrafttreten des Waffengesetzes 2002 am 1. April 2003 erlassen worden sind. In § 58 Abs. 1 S. 1 WaffG ist jedoch geregelt worden, dass Erlaubnisse im Sinne des Waffengesetzes in der Fassung der Bekanntmachung vom 8. März 1976 (BGBl. I S. 432), zuletzt geändert durch das Gesetz vom 21. November 1996 (BGBl. I S. 1779) – Waffengesetz 1976 – fortgelten, soweit nicht nachfolgend Abweichendes bestimmt worden ist. Daraus folgt, dass zu Erlaubnissen im Sinne des § 45 Abs. 2 S. 1 WaffG auch solche Erlaubnisse gehören, die auf der Grundlage des Waffengesetzes 1976 erlassen wurden sind (vgl. BVerwG NVwZ 2007, 1201, 1202).

bb) Nachträglicher Eintritt einer Tatsache

Eine weitere Voraussetzung für den Widerruf einer Erlaubnis nach § 45 Abs. 2 S. 1 VwGO ist der nachträgliche Eintritt einer bzw. mehrerer Tatsachen. Dies sind nur solche Tatsachen, die nach der Erteilung der waffenrechtlichen Erlaubnis eingetreten sind. Das Inkrafttreten des Waffengesetzes ist keine „Tatsache". Eine solche ist aber die rechtskräftige Verurteilung des W wegen Anstiftung zum Meineid gemäß den §§ 154 Abs. 1, 26 StGB (vgl. BVerwG NVwZ 2007, 1201, 1202). Die Rechtskraft der Verurteilung des W ist am 16.3.2003, also nach der Erteilung der Waffenbesitzkarte, jedoch vor dem Inkrafttreten des Waffengesetzes 2002 eingetreten. Es ist fraglich, ob von § 45 Abs. 2 S. 1 WaffG auch Umstände erfasst sind, die während der Geltung des früheren Waffengesetzes eingetreten sind. Dem Gesetz sind keine weiteren zeitlichen Einschränkungen zu entnehmen, aus denen sich ableiten lässt, dass nur solche Tatsachen erfasst sind, die unter Geltung des neuen Waffengesetzes eingetreten sind. Folglich können auch Umstände maßgeblich sein, die sich bereits während der Geltung des Waffengesetzes 1976 verwirklicht haben (vgl. BVerwG NVwZ 2007, 1201, 1202). Die rechtskräftige Verurteilung des W ist folglich eine Tatsache, die gemäß § 45 Abs. 2 S. 1 WaffG nach der Erteilung der Waffenbesitzkarte eingetreten ist.

cc) Versagungsgrund

In § 45 Abs. 2 S. 1 WaffG ist geregelt, dass die nachträgliche Tatsache zur Versagung der Erlaubnis hätte führen müssen. Die allgemeinen Voraussetzungen für Waffen- und Munitionserlaubnisse ergeben sich aus den §§ 4 ff. WaffG. Nach § 4 Abs. 1 WaffG ist es eine Voraussetzung für die Erteilung einer Erlaubnis, dass der Antragsteller das achtzehnte Lebensjahr im Sinne des § 2 Abs. 1 WaffG vollendet hat, die erforderliche Zuverlässigkeit im Sinne des § 5 WaffG und die persönliche Eignung im Sinne des § 6 WaffG besitzt, die erforderliche Sachkunde im Sinne des § 7 WaffG nachgewiesen hat, ein Bedürfnis nachgewiesen hat und bei der Beantragung eines Waffenscheins oder einer Schießerlaubnis eine Haftpflichtversicherung in Höhe von einer Million Euro nachweist.

Dass W das achtzehnte Lebensjahr im Sinne des § 4 Abs. 1 Nr. 1 WaffG bereits vollendet hat, wird bisher nicht infrage gestellt. Keine Zweifel bestehen auch an seiner persönlichen Eignung, dem Sachkundenachweis, dem Bedürfnisnachweis bzw. dem Nachweis der erforderlichen Haftpflichtversicherung.

Die Behörde hat den Widerruf damit begründet, dass die Unzuverlässigkeit des W aufgrund der rechtskräftigen Verurteilung angenommen werden müsse. In § 5 WaffG ist die erforderliche Zuverlässigkeit näher geregelt. Unterschieden wird zwischen solchen Tatsachen, aus denen sich nach Absatz 1 stets der Ausschluss der Zuverlässigkeit ergibt und solchen im Sinne des Absatzes 2, die lediglich im Regelfall der erforderlichen Zuverlässigkeit entgegenstehen. Gemäß § 5 Abs. 1 Nr. 1 lit. a WaffG besitzen solche Personen nicht die erforderliche Zuverlässigkeit, die wegen eines Verbrechens rechtskräftig verurteilt worden sind, wenn seit dem Eintritt der Rechtskraft der letzten Verurteilung noch keine zehn Jahre verstrichen sind. W wurde wegen einer Anstiftung zum Meineid gemäß den §§ 154 Abs. 1, 26 StGB rechtskräftig verurteilt. § 154 Abs. 1 StGB ist aufgrund der dort geregelten Mindestfreiheitsstrafe von einem Jahr als ein Verbrechen im Sinne des § 12 Abs. 1 StGB einzustufen. Nach § 26 StGB wird der Anstifter gleich einem Täter bestraft. Die Anstiftung zu einem Verbrechen ist der täterschaftlichen Begehung des Verbrechens gleichgesetzt. W ist demzufolge gemäß § 5 Abs. 1 Nr. 1 lit. a WaffG wegen eines Verbrechens verurteilt werden. Die Rechtskraft des Urteils ist am 16. März 2003 eingetreten. Zur Zeit des Widerrufs am 10. April 2012 waren seit dem Eintritt der Rechtskraft somit noch nicht zehn Jahre vergangen. W war daher unzuverlässig im Sinne der §§ 4 Abs. 1 Nr. 2, 5 Abs. 1 Nr. 1 lit. a WaffG.

Mit der rechtskräftigen Verurteilung des W gemäß den §§ 154 Abs. 1, 26 StGB gab es eine Tatsache, die gemäß § 45 Abs. 2 S. 1 WaffG zur Versagung der Erlaubnis hätte führen müssen. Anderes könnte sich jedoch daraus ergeben, dass die Rechtskraft der Verurteilung vor dem Inkrafttreten des neuen Waffengesetzes am 1. April 2003 eingetreten ist. Denn nach dem bei Eintritt der Rechtskraft noch geltenden Waffengesetz 1976 konnte die Verweigerung der Waffenbesitzkarte durch die Verurteilung nicht gerechtfertigt werden, weil sich aus ihr keine Unzuverlässigkeit ergab.

Fraglich ist, ob das Tatbestandsmerkmal „die zur Versagung hätten führen müssen" in § 45 Abs. 2 S. 1 WaffG nach dem früheren oder nach dem zur Zeit des Widerrufs geltenden Recht zu beurteilen ist. Maßgeblich ist insoweit die Gesetzesauslegung im Sinne der Methodenlehre.

(1) Wortlaut

Die Formulierung „die zur Versagung hätten führen müssen" ist ein Irrealis der Vergangenheit. Das ist ein Indiz dafür, dass es auf den Zeitpunkt des Eintritts der Tatsachen ankommt, indem eine hypothetische Prüfung eines Erlaubnisantrags zu diesem Zeitpunkt erfolgen soll. Dieses sprachliche Verständnis passt jedoch nur zum Regelfall des Eintritts der Tatsache nach dem Inkrafttreten des

Waffengesetzes 2002. Für Übergangskonstellationen wie solche, in denen die Tatsache vor der Geltung der neuen Rechtslage eingetreten ist, der Widerruf aber danach erfolgt ist, passt die sprachliche Fassung nicht. Im Wortlaut des § 45 Abs. 2 S. 1 WaffG wird zwar eine fiktive Prüfung, die auf vergangene Tatsachen bezogen worden ist, angeordnet, jedoch wird die Anwendung des neuen Rechts nicht ausgeschlossen (zum Ganzen: vgl. BVerwG NVwZ 2007, 1201, 1202).

(2) Historie[9]

Mit der Neuregelung des Waffenrechts 2002 wurde eine „Verschärfung der Anforderungen an die Zuverlässigkeit von Waffenbesitzern" bezweckt. So sollte der missbräuchliche Umgang unter anderem mit Waffen eingedämmt werden (Begr. zum GesetzE der BReg., BT-Drcks. 14/7758, S. 1). Aus der Begründung geht nicht hervor, dass mit „Waffenbesitzern" nur solche gemeint sein könnten, die erst nach der Neuregelung Waffen erwerben würden. Das Ziel der „Eindämmung" ist ein Indiz für die Einbeziehung des vorhandenen Bestandes, weil dieses Ziel nur so umfassend erreicht werden kann.

Aus der Einzelbegründung zu § 44 des Entwurfs des Waffengesetzes – dem jetzigen § 45 WaffG – (BT-Drcks. 14/7758, S. 79) ergibt sich, dass der Gesetzgeber seinen Entscheidungen den Schutz der Allgemeinheit zugrunde legen wollte. Dies geht schon daraus hervor, dass die Aufhebung waffenrechtlicher Erlaubnisse bei Gegebenheit der tatbestandlichen Voraussetzungen nicht in das Ermessen der Behörden gestellt wird, sondern zwingend ist. In diesem Zusammenhang wird erneut der Schutz der Allgemeinheit als lenkendes Motiv hervorgehoben. Die Orientierung am Schutz der Allgemeinheit wird auch in der Begründung zu der den Widerruf betreffenden Entwurfsregelung des § 44 Abs. 2 WaffG deutlich. In dieser wird die Pflicht zum Widerruf bei Kenntniserlangung von den Versagungstatbeständen betont und im Übrigen auf die Begründung zu Absatz 1 derselben Vorschrift verwiesen, in der die zeitlich unbegrenzte Rücknahmepflicht hervorgehoben wird.

Auch aus der Einzelbegründung zu § 5 Abs. 1 Nr. 1 WaffG ergibt sich, dass das Vertrauen auf die Zuverlässigkeit eines Waffenbesitzers bei der dort zugrunde gelegten rechtskräftigen Verurteilung wegen einer Verletzung der Rechtsordnung für die Dauer von zehn Jahren als nicht wiederherstellbar einge-

9 Eine historische Auslegung sollte in der Klausur grundsätzlich nur erfolgen, wenn im Sachverhalt historische Vorgaben gemacht worden sind. Vertretbar ist sie auch, wenn es sich um eine allgemein bekannte Historie handelt. Im Übrigen sollte auf eine historische Auslegung in einer Klausur tendenziell verzichtet werden.

stuft worden ist (BT-Drcks. 14/7758, S. 54). Darin kommt eine stets auf die Zukunft gerichtete Prognose zum Ausdruck. Aus der Begründung ist nicht ersichtlich, dass der Gesetzgeber diese Prognose bei einer Verurteilung noch unter der Geltung des Waffengesetzes 1976 nicht anstellen wollte.

Somit ergeben sich aus den Gesetzesmaterialien zwar keine eindeutigen Rückschlüsse auf die Vorstellung des Gesetzgebers zur Behandlung der Problematik, jedoch ist eine Tendenz dahingehend erkennbar, dass die neue Rechtslage seit ihrem Inkrafttreten auch auf Altfälle uneingeschränkt anwendbar sein soll (vgl. BVerwG NVwZ 2007, 1201, 1202).

(3) Sinn und Zweck des Gesetzes

Gemäß § 1 Abs. 1 WaffG ist im Gesetz der Umgang mit Waffen oder Munition unter Berücksichtigung der öffentlichen Sicherheit und Ordnung geregelt. Der Gesetzgeber wollte, wie oben bereits erwähnt, durch die Verabschiedung des Waffengesetzes 2002 den Schutz der Allgemeinheit vor unzuverlässigen Waffenbesitzern verstärken. Wenn die Inhaber der Alterlaubnisse nicht sofort dem verschärften Rechtsregime des neuen Gesetzes unterworfen wären, würde dieses Ziel aber über einen längeren Zeitraum verfehlt werden. Aus dem Sinn und dem Zweck der Neuregelung des Waffengesetzes ergäbe es sich, das Merkmal „die zur Versagung hätten führen müssen" auch bei Alterlaubnissen uneingeschränkt nach der neuen Rechtslage zu beurteilen (vgl. BVerwG NVwZ 2007, 1201, 1203).

(4) Systematik

In § 45 Abs. 2 WaffG ist der Widerruf einer rechtmäßigen waffenrechtlichen Erlaubnis geregelt, während in § 45 Abs. 1 WaffG die Voraussetzungen der Rücknahme einer rechtswidrigen Erlaubnis stehen. Absatz 2 wurde damit anders als Absatz 1 nicht für die Korrektur einer rechtswidrigen Erlaubniserteilung geschaffen, für die es auf die tatsächlichen und rechtlichen Umstände zur Zeit der Erlaubniserteilung ankommt. Schon wegen seines Regelungscharakters wird in § 45 Abs. 2 WaffG in die Zukunft, nicht in die Vergangenheit verwiesen. Dies spricht dafür, dass § 45 Abs. 2 S. 1 WaffG i.V.m. § 5 WaffG uneingeschränkt auf Alterlaubnisse anwendbar ist.

Bestätigt wird diese Annahme durch die Übergangsregelung in § 58 WaffG. In § 58 Abs. 1 S. 1 WaffG ist explizit die Fortgeltung der Erlaubnisse, die unter der Geltung des alten Waffengesetzes erteilt wurden, geregelt. Sie sind somit als Erlaubnisse „nach diesem Gesetz" einzustufen. Hinsichtlich ihres Fortbestands müssen sie daher uneingeschränkt dem neuen Recht unterliegen. In § 58 WaffG ist keine gegenteilige, die Altbesitzer schonende Vorschrift enthalten. Ähnliches ergibt sich aus den Übergangsvorschriften in § 58 Abs. 7, 9 WaffG, nach denen die nunmehr angeordneten Verbote nur unter bestimmten Voraussetzungen nicht für Altbesitzer gelten sollen.

Zudem ergibt sich die uneingeschränkte Anwendbarkeit der neuen Rechtslage auf Alterlaubnisse aus § 4 Abs. 3 WaffG. Danach hat die zuständige Behörde die Inhaber waffenrechtlicher Erlaubnisse in regelmäßigen Abständen bezüglich ihrer Zuverlässigkeit zu prüfen. Diese Prüfung kann nur nach den Maßstäben des neuen Waffenrechts erfolgen. Das gilt auch für im Sinne des § 58 Abs. 1 S. 1 WaffG übergeleitete Alterlaubnisse. Der Inhaber einer waffenrechtlichen Erlaubnis muss demnach stets nach den jeweils geltenden rechtlichen Maßstäben zuverlässig sein, damit ihm der risikobehaftete Umgang mit Waffen weiter gestattet bleiben kann (vgl. BVerwG NVwZ 2007, 1201, 1203).

(5) Etwaiger Widerspruch

Bei Anwendung der Auslegungsmethoden ergibt sich, dass das Merkmal „die zur Versagung hätten führen müssen“ uneingeschränkt nach dem Waffengesetz 2002 zu beurteilen ist – auch, wenn die Waffenbesitzkarte bei Geltung des alten Rechts erteilt worden und die Tatsache vor Inkrafttreten des neuen Waffengesetzes eingetreten ist.

Fraglich ist, ob im Hinblick auf das sich unter anderem aus Art. 20 Abs. 3 GG ergebende Rechtsstaatsprinzip zur Schaffung der Rechtssicherheit eine andere Bewertung geboten ist, um widersprüchliche Ergebnisse zu vermeiden. W führt zutreffend aus, dass in Konstellationen, in denen bei Geltung des früheren Waffengesetzes nach der Verurteilung wegen eines Verbrechens eine waffenrechtliche Erlaubnis erteilt worden ist, diese nunmehr mangels einer nachträglich eingetretenen Tatsache nicht mehr widerrufen werden kann. Eine Rücknahme gemäß § 45 Abs. 1 WaffG ist mangels rechtswidriger Erlaubnis insoweit nicht möglich.

Jedoch kann die Auslegung einer Vorschrift nicht maßgeblich dadurch bestimmt werden, dass das gesetzgeberische Ziel möglicherweise nicht in allen denkbaren Konstellationen erreicht wird. Ist vor dem Inkrafttreten des neuen Waffengesetzes in einem derartigen hypothetischen Fall in Kenntnis der Straftat die Erlaubnis erteilt worden, so ist dieser Umstand in die Entscheidung zur Erlaubniserteilung eingeflossen. Anders ist dies, wenn das Verbrechen nach Erteilung der Erlaubnis begangen wurde. Dieser Umstand konnte gerade nicht bei der Entscheidung zur Erlaubniserteilung berücksichtigt werden und kann daher nunmehr einer Bewertung nach dem geltenden Recht zugeführt werden (vgl. BVerwG NVwZ 2007, 1201, 1203). Insoweit ist kein verfassungsrechtlich erheblicher Widerspruch ersichtlich.

(6) Vertrauensschutzgebot, Art. 20 Abs. 3 GG

W macht auch einen Verstoß gegen das Vertrauensschutzgebot als weiteren Bestandteil des sich unter anderem aus Art. 20 Abs. 3 GG ergebenden Rechtsstaatsprinzips geltend. Fraglich ist, ob die uneingeschränkte Anwendung des neuen Rechts auch auf Inhaber der Alterlaubnisse als verbotene echte Rückwirkung einzustufen ist.

(a) Echte Rückwirkung

Die echte Rückwirkung stellt einen legislativen Akt dar, in welchem die Anordnung enthalten ist, die Rechtsfolge solle schon für einen Zeitraum vor dem Zeitpunkt der Verkündung der Norm gelten und somit für bereits abgewickelte, der Vergangenheit angehörende Sachverhalte bzw. Tatbestände anwendbar sein, um ihnen neue Rechtsfolgen zuzuweisen. Eine derartige echte Rückwirkung kann nur bei einem zwingenden öffentlichen Interesse oder bei fehlender Vertrauensschutzwürdigkeit seitens des Bürgers möglich sein. Sie ist rechtsstaatlich grundsätzlich verboten. Es wird bei W nicht in abgewickelte, der Vergangenheit angehörende Tatbestände eingegriffen. Vielmehr treten die mit den geänderten Widerrufsregelungen verbundenen Rechtsfolgen erst nach dem Inkrafttreten des Waffengesetzes 2002 ein. Nur tatbestandlich wird an Ereignisse vor diesem Zeitpunkt angeknüpft, an die aber neue Rechtsfolgen allein mit Wirkung für die Zukunft geknüpft werden. Eine grundsätzlich verbotene echte Rückwirkung ist nicht ersichtlich.

(b) Unechte Rückwirkung

Es kann sich bei W um eine tatbestandliche Rückanknüpfung in Form einer unechten Rückwirkung handeln. Bei einer unechten Rückwirkung wird der Anwendungsbereich einer gesetzlichen Regelung auf gegenwärtig bestehende oder andauernde Rechtsbeziehungen ausgedehnt oder es wird bezüglich solcher Rechtsbeziehungen eine neue Norm geschaffen, sodass Sachverhalte erfasst werden, die bereits vor der Verkündung im Erststadium entstanden waren mit der Folge, dass die Normanwendung in ihren Auswirkungen zu einer Entwertung von vorhandenen Positionen führt (BVerfGE 72, 200, 242; 105, 17, 37 f.).

Durch Tatbestände, bei denen der Eintritt ihrer Rechtsfolgen von Gegebenheiten aus der Zeit vor der Verkündung abhängig gemacht wird, werden vorrangig Grundrechte berührt. Die unechte Rückwirkung unterliegt weniger strengen Beschränkungen als die Rückbewirkung von Rechtsfolgen (BVerfGE 72, 200, 242; 92, 277, 344; 97, 67, 79). Die unechte Rückwirkung muss in der Regel je nach Intensität lediglich verhältnismäßig sein, wobei die Verhältnismäßigkeit z.B. häufig durch Übergangsregelungen hergestellt werden kann.

An den noch nicht abgeschlossenen Tatbestand einer unter Geltung des alten Rechts erteilten waffenrechtlichen Erlaubnis werden mit Wirkung für die Zukunft neue Rechtsfolgen geknüpft, indem die Voraussetzungen eines Widerrufs nach §§ 45 Abs. 2, 5 WaffG abgesenkt werden.

Fraglich ist, ob das enttäuschte Vertrauen des W gegenüber den Zielen des Gesetzgebers vorrangig ist, sodass die unechte Rückwirkung ausnahmsweise unzulässig ist. Der Gesetzgeber wollte mit der Neuregelung des Waffenrechtes maßgeblich den Schutz der Allgemeinheit vor unzuverlässigen Waffenbesitzern verstärken. Er kam damit auch den Schutzpflichten nach, die ihm gegenüber der Bevölkerung gemäß Art. 2 Abs. 2 S. 1 GG obliegen. Aufgrund der hohen Bedeutung der Rechtsgüter Leben und körperliche Unversehrtheit, die sich aus Art. 2 Abs. 2 S. 1 GG ergeben, überwiegt das Vertrauen des W auf das unveränderte Fortbestehen der Widerrufsvoraussetzungen nach dem Waffengesetz 1976 nicht die vom Gesetzgeber verfolgten Ziele (vgl. BVerwG NVwZ 2007, 1201, 1204).

Somit ist das Tatbestandsmerkmal „die zur Versagung hätten führen müssen" uneingeschränkt nach dem Waffengesetz 2002 zu beurteilen. Das gilt auch, wenn die Waffenbesitzkarte bei Geltung des alten Rechts erteilt worden und die Tatsache vor dem Inkrafttreten des neuen Waffengesetzes eingetreten ist. Die tatbestandlichen Voraussetzungen des § 45 Abs. 2 S. 1 WaffG sind erfüllt.

(7) Verfristung gemäß den §§ 49 Abs. 2 S. 2, 48 Abs. 4 S. 1 VwVfG

Möglicherweise ist das Widerrufsrecht durch den Ablauf der Jahresfrist gemäß den §§ 49 Abs. 2 S. 2, 48 Abs. 4 S. 1 VwVfG ausgeschlossen. Bei verfassungskonformer Auslegung (zum Ganzen bei § 48 Abs. 4 VwVfG: BVerwGE GS 70, 356) im Sinne des sich unter anderem aus Art. 20 Abs. 3 GG ergebenden Rechtsstaatsprinzips gilt die Frist nicht nur für Tatsachen, sondern auch für Rechtsanwendungsfehler. Aufgrund effektiver Verwaltung ist zudem die Kenntnis des einzelnen Bearbeiters in der Behörde – ausnahmsweise eines Handelnden einer Behördeneinheit, soweit rechtsstaatlich geboten – maßgeblich. Aus ebensolchen Effektivitätsgründen ist die Frist nicht als Bearbeitungsfrist, sondern als Entscheidungsfrist einzustufen, sodass sie erst beginnt, wenn alle zur Aufhebung erheblichen Tatsachen bzw. Rechtsfehler bekannt sind. Der Lauf der Jahresfrist kann mithin nicht vor dem 1. April 2012 begonnen haben, sodass sie im Mai 2012 noch nicht verstrichen ist.

Außerdem ist der Widerruf der Waffenbesitzkarte im Waffengesetz abschließend geregelt, soweit er zwingend vorgeschrieben ist. Eine Heranziehung der Jahresfrist nach dem allgemeinen Verwaltungsverfahrensrecht ist damit ausgeschlossen, weil der Gesetzgeber die grundrechtlichen Schutzpflichten, auf denen die gebundene Entscheidung beruht, als zu wichtig eingestuft hat, um eine Verfristung vorzusehen (vgl. BVerwG NVwZ 2007, 1201, 1204). Sie wäre mit dem beabsichtigten Schutz der Allgemeinheit nicht vereinbar. Der Widerruf der Waffenbesitzkarte war nicht durch einen Fristablauf ausgeschlossen.

(8) Verwirkung

Fraglich ist, ob sich etwas anderes daraus ergibt, dass die Verurteilung schon im Jahr 2003 erfolgte, während der Widerruf der Waffenbesitzkarte dagegen erst im Jahr 2002, also fast zehn Jahre später, ausgesprochen wurde. Eine Verwirkung durch Zeitablauf könnte gegeben sein. Der Einwand der Verwirkung ist im bürgerlichen Recht als Ausdruck von Treu und Glauben gemäß § 242 BGB anerkannt und muss im öffentlichen Recht wegen des sich unter anderem aus Art. 20 Abs. 3 GG ergebenden Rechtsstaatsprinzips anwendbar sein.

Allerdings ist der Widerruf nach § 45 Abs. 2 S. 1 WaffG als gebundene Entscheidung ausgestaltet. Unabhängig davon, ob eine solche gebundene Entscheidung, die auf Gründen des Allgemeinwohls beruht, verwirkt werden kann, ist es jedenfalls Voraussetzung, dass neben dem Zeit- auch ein Umstandsmoment bestehen muss, aufgrund dessen der Betroffene darauf vertrauen durfte, dass die Behörde von ihrer Befugnis keinen Gebrauch mehr machen werde. Die Behörde hat erst am 1. April 2012 Kenntnis von der rechtskräftigen Verurteilung des W erlangt. Erst ab diesem Zeitpunkt war sie in der Lage, die Waffenbesitzkarte zu widerrufen und hat dies bereits mit dem Bescheid vom 10. April 2012 getan. Das Landratsamt hat gegenüber W keinen Vertrauenstatbestand dahingehend geschaffen, dass es nicht einschreiten werde. Es hat das Widerrufsrecht nicht verwirkt (vgl. BVerwG NVwZ 2007, 1201, 1205). Außerdem stehen der Verwirkung ebenfalls die grundrechtlichen Schutzpflichten gegenüber anderen Bürgern vor Waffenbesitzern entgegen.

c) Zwischenergebnis

Sowohl die formellen als auch die materiellen Voraussetzungen eines Widerrufs gemäß § 45 Abs. 2 S. 1 WaffG sind erfüllt.

3. Rechtsfolge

§ 45 Abs. 2 S. 1 WaffG ist als gebundene Entscheidung ausgestaltet. In der Rechtsfolge steht der Behörde keinerlei Ermessensspielraum zu.

II. Aussetzungs-/Vollziehungsinteresse

Der Widerruf der Waffenbesitzkarte gemäß § 45 Abs. 2 S. 1 WaffG war rechtmäßig. Nach der gesetzgeberischen Wertung, die in § 80 Abs. 2 S. 1 Nr. 3 VwGO zum Ausdruck kommt, überwiegt das besondere öffentliche Vollziehungsinteresse das Aussetzungsinteresse des W.

C. Ergebnis

W wird mit seinem Antrag nicht erfolgreich sein.

www.ingramcontent.com/pod-product-compliance
Lightning Source LLC
LaVergne TN
LVHW021002300926
849160LV00007B/222